中国思想政治工作年鉴

（2015年3月～2017年12月）

《中国思想政治工作年鉴》编撰委员会　编

中共中央党校出版社
2018年5月

图书在版编目（CIP）数据

中国思想政治工作年鉴. 2015.3–2017.12 / 张蔚萍主编. -- 北京：中共中央党校出版社, 2018.5

ISBN 978-7-5035-5813-9

Ⅰ. ①中… Ⅱ. ①张… Ⅲ. ①政治工作—中国—2015–2017—年鉴 Ⅳ. ①D64-54

中国版本图书馆 CIP 数据核字(2018)第 091430 号

中国思想政治工作年鉴. 2015.3–2017.12

主　　编　张蔚萍
策划统筹　井　琪
责任编辑　冯　研
版式设计　刘广通
责任印制　宋文东
责任校对　刘广通
出版发行　中共中央党校出版社
地　　址　北京市海淀区大有庄 100 号
电　　话　(010)62805830(总编室)　(010)62805821(发行部)
(010)62805034(网络销售)　(010)62805822(读者服务部)
传　　真　(010)62881868
经　　销　全国新华书店
印　　刷　天津市武清区雍阳印刷厂
开　　本　787 毫米×1092 毫米
字　　数　1900 千字
印　　张　66
版　　次　2018 年 5 月第 1 版　　2018 年 5 月第 1 次印刷
定　　价　500.00 元

网　　址:www.dxcbs.net　　邮箱:zydxcbs2018@163.com
微 信 ID:中共中央党校出版社　　新浪微博:@党校出版社

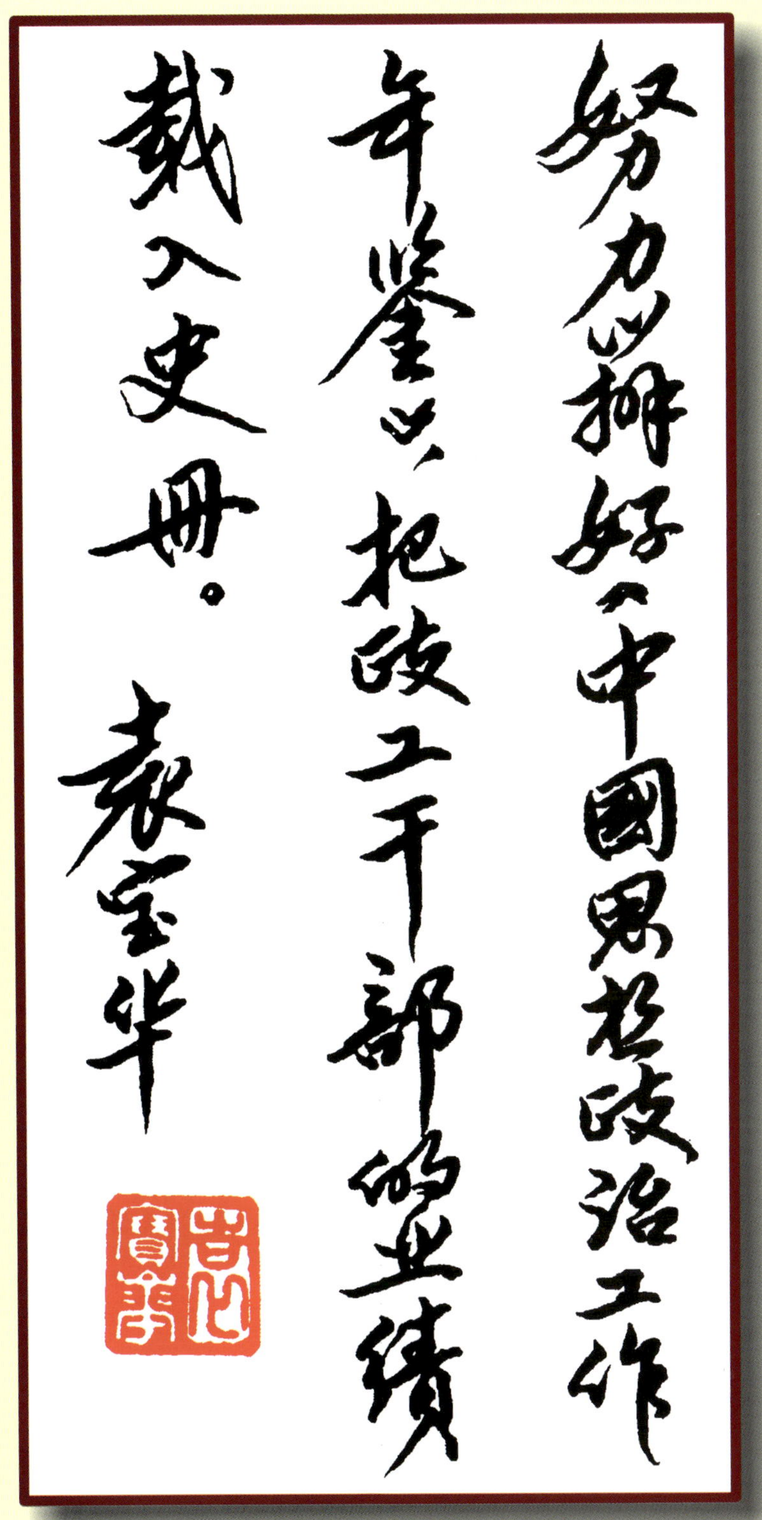

中国思想政治工作研究会原会长、原国家经委主任袁宝华为年鉴题词：“努力办好《中国思想政治工作年鉴》，把政工干部的业绩载入史册。”

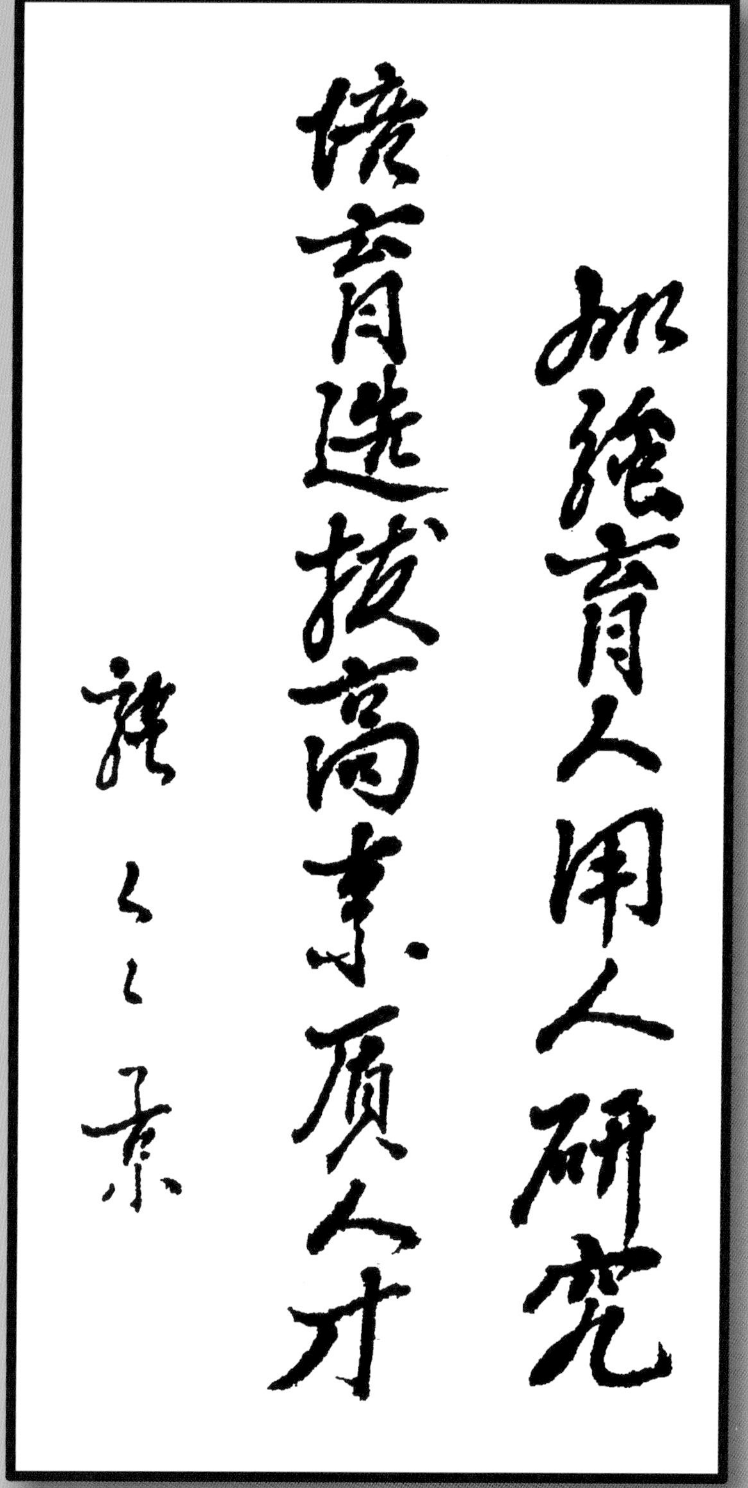

中共中央组织部原部长、全国党建研究会会长张全景为年鉴题词：“加强育人用人研究培育选拔高素质人才。”

編好中國思想政治工作
年鑒爲提高政工幹部
素質加強與改進思想
政治工作服務

趙荫華

中国思想政治工作研究会原常务副会长、原国家经委副主任赵荫华为年鉴题词:“编好‘中国思想政治工作年鉴’为提高政工干部素质加强与改进思想政治工作服务。”

1994年9月23日，时任中共中央政治局常委、书记处书记的胡锦涛同志，在中共中央党校与出席全国思想政治工作科学专业委员会第一次特约研究员会议的全体代表合影。（资料照片）

《中国思想政治工作年鉴》
编 撰 委 员 会

《中国思想政治工作年鉴》

目　录

第一部分　政工大事纪实

第二部分　学习贯彻中共十九大精神

第三部分　学习习近平新时代中国特色社会主义思想

第四部分　学习贯彻十八届六中全会精神

第五部分　“两学一做”专题研究

第六部分　毛泽东思想研究

第七部分　党的建设专题研究

第八部分　政工专业职称评定工作专辑

第九部分　思想政治工作专题研究与创新

第十部分　廉政建设与反腐败斗争

第十一部分　“一带一路”研究

第十二部分 政法专题研究

第十三部分 高校思想政治工作研究

第十四部分　军队思想政治工作

第十五部分　企业思想政治工作研究

第十六部分　中国传统文化与治国理政研究

第一部分

政工大事纪实

2015 年 3 月

中共中央党校举行春季学期开学典礼

3 月 1 日,中共中央党校举行 2015 年春季学期开学典礼。中国浦东、井冈山、延安干部学院通过视频会议系统同步举行开学典礼。

刘云山强调,领导干部做到忠诚干净担当,既要靠内在的自觉和自律,也需要有良好的政治生态来保障。营造良好政治生态,首先要让党内政治生活进一步严肃起来。要推动党员干部严格遵守党内政治生活准则,增强党内生活的政治性原则性战斗性,坚决反对形形色色的潜规则、大大小小的关系网,激发党员干部队伍的正能量和精气神。要加强忠诚干净担当教育、发挥好正反两方面典型案例的教育警示作用,推动领导干部加强党性修养、改进工作作风,做良好政治生态的建设者和促进者。要把忠诚干净担当作为选人用人的重要导向,作为严明吏治、严格干部管理的重要内容,作为考核评价干部的重要依据,鲜明有力地确立起来,认认真真地贯彻下去,形成干部工作的清风正气,让党和人民需要的好干部大量涌现出来。

中宣部发布“时代楷模”邹碧华先进事迹

3 月 3 日,中央宣传部公开发布“时代楷模”邹碧华的先进事迹。

邹碧华 1967 年生,1999 年入党,历任上海市高级人民法院副庭长、庭长,2012 年起任上海市高级人民法院党组成员、副院长、审判委员会委员。邹碧华投身司法事业 26 年,先后指导或参与审理了上海社保基金追索案等一大批在全国具有重大影响的案件,勇当全国司法改革的探路先锋,为上海法院司法改革试点作出突出贡献。2014 年 12 月 10 日不幸因公殉职,年仅 47 岁。

全国政协召开十二届三次会议

3 月 3 日 ~13 日,中国人民政治协商会议第十二届全国委员会第三次会议在北京召开。

会议通过了政协第十二届全国委员会第三次会议关于常务委员会工作报告的决议、政协第十二届全国委员会提案委员会关于政协十二届三次会议提案审查情况的报告、政协第十二届全国委员会第三次会议政治决议。

开幕式上,俞正声代表政协第十二届全国委员会常务委员会,向大会报告工作。俞正声从 8 个方面总结了过去一年人民政协的工作。他强调,习近平总书记在庆祝人民政协成立 65 周年大会上的重要讲话和《中共中央关于加强社会主义协商民主建设的意见》,就发展社会主义协商民主作出战略部署,对发展社会主义民主政治、建设社会主义政治文明具有重大而深远的意义。齐续春向大会报告提案工作情况，一年来，共提交提案6101件，其中，大会提案5875件，平时提案226件。经审查，立案5052件，截至2015年2月20日，已办复提案5046件，办复率为99.8%。

闭幕式上俞正声说，会议期间习近平等党和国家领导同志出席大会开幕会和闭幕会，深入小组与政协委员共商国是，认真听取意见和建议。中国共产党带领我们的国家和人民正行进在实现中华民族伟大复兴中国梦的历史征程中，我们正在亲身参与具有许多新的历史特点的伟大斗争，我们必须认清使命、勇于担当。我们要毫不动摇地坚持中国共产党的领导，增强中国特色社会主义道路自信、理论自信、制度自信，用共同奋斗目标、共同历史命运和共同文化传承，广泛凝聚改革共识、发展共识、法治共识、反腐败共识和价值观共识，不断夯实共同团结奋斗的思想政治基础，为坚持和发展中国特色社会主义，为全面建成小康社会、全面深化改革、全面依法治国、全面从严治党汇聚起强大正能量。

中宣部公布第一批全国学雷锋活动示范点和全国岗位学雷锋标兵

3月4日，为贯彻落实中共中央办公厅《关于培育和践行社会主义核心价值观的意见》和《关于深入开展学雷锋活动的意见》精神，在“3·5”学雷锋日前夕，中宣部向全社会公布了第一批50个全国学雷锋活动示范点和50名全国岗位学雷锋标兵。

十二届全国人大三次会议召开

3月5日至15日，第十二届全国人民代表大会第三次会议在北京召开。

开幕式上，李克强向大会作政府工作报告时指出，时代赋予中国发展兴盛的历史机遇。我们要紧密团结在以习近平同志为总书记的党中央周围，高举中国特色社会主义伟大旗帜，凝神聚力，开拓创新，努力完成今年经济社会发展目标任务，为实现“两个一百年”奋斗目标、建成富强民主文明和谐的社会主义现代化国家、实现中华民族伟大复兴的中国梦作出新的更大贡献。

会议经表决，通过了关于政府工作报告的决议，通过了关于2014年国民经济和社会发展计划执行情况与2015年国民经济和社会发展计划的决议，决定批准关于2014年国民经济和社会发展计划执行情况与2015年国民经济和社会发展计划草案的报告，批准2015年国民经济和社会发展计划；通过了关于2014年中央和地方预算执行情况与2015年中央和地方预算的决议，决定批准关于2014年中央和地方预算执行情况与2015年中央和地方预算草案的报告，批准2015年中央预算。通过了关于修改立法法的决定。通过了关于全国人大常委会工作报告的决议。通过了关于最高人民法院工作报告的决议、关于最高人民检察院工作报告的决议等。

《“四个全面”学习读本》出版发行

3月18日，由人民日报社组织编写的《“四个全面”学习读本》一书，由人民出版社出版，面向全国公开发行。

《“四个全面”学习读本》一书，在收入这五篇评论员文章的基础上，首次系统梳理了习近平总书记的公开讲话、出版图书中关于“四个全面”的精辟论述，并进行分类整理；同时全面、系统地解读了“四个全面”的思想脉络和深刻内涵，对每一个“全面”都以近万字的篇幅进行了深入诠释。

“四个全面”的提出，标志着以习近平同志为总书记的党中央治国理政总体框架更加完整、日臻成熟。“四个全面”既是重大的战略布局，也体现治国理政的重要战略思想，为中国特色社会主义理论体系注入了新的内涵，赋予了新的时代特征。审读过此书的专家评价，《“四个全面”学习读本》是各级干部和广大群众准确领会、认真贯彻“四个全面”的权威读本。

中共中央致电祝贺老挝人民革命党成立60周年

3月22日，中国共产党中央委员会致电老挝人民革命党中央委员会，热烈祝贺老挝人民革命党成立60周年。

中共中央政治局举行第二十一次集体学习

3月24日，中共中央政治局就深化司法体制改革、保证司法公正进行第二十一次集体学习。吉林省社会科学院黄文艺教授就这个问题进行讲解，并谈了意见和建议。

习近平主持学习并强调，深化司法体制改革，建设公正高效权威的社会主义司法制度，是推进国家治理体系和治理能力现代化的重要举措。公正司法事关人民切身利益，事关社会公平正义，事关全面推进依法治国。要坚持司法体制改革的正确政治方向，坚持以提高司法公信力为根本尺度，坚持符合国情和遵循司法规律相结合，坚持问题导向、勇于攻坚克难，坚定信心，凝聚共识，锐意进取，破解难题，坚定不移深化司法体制改革，不断促进社会公平正义。

刘云山同部分高校党委书记、校长座谈

3月27日，刘云山同在中央党校学习的部分高校党委书记、校长座谈，强调高校党建是整个党的建设的重要组成部分，是办好中国特色社会主义大学的根本保证。思想政治工作是立德树人的重要工作，事关青年学生健康成长。要加强马克思主义理论教育，完善相关学科设置和教材体系。要深入学习研究中国特色社会主义理论体系，深入学习研究习近平总书记系列重要讲话精神，把社会主义核心价值观贯穿教书育人全过程，打牢道路自信、理论自信、制度自信的思想基础。思想政治理论课是大学生思想政治教育的主渠道，要坚持与时俱进、树立问题导向，充分发挥思想政治理论课的应有作用。要坚持中国特色社会主义办学方向，加强对师生的思想政治引领，认真落实责任、积极改进创新，推动高校党的建设和思想政治工作取得新成效。

2015 年 4 月

全国党史研究室主任会议召开

4 月 8 日，全国党史研究室主任会议在北京召开。

栗战书强调，要深入学习贯彻习近平总书记关于党的历史和党史工作地位作用的重要论述，充分认识做好新形势下党史工作的重要意义，牢牢把握党史工作的正确方向，统筹推进党史工作全面发展，掌握做好党史工作的看家本领。党史工作要坚持党性原则，首要的是坚持以科学理论为指导，核心是同以习近平同志为总书记的党中央保持高度一致，关键是严格遵守党的政治纪律、政治规矩。党史研究要坚持“一突出”“两跟进”，进一步突出开创和发展中国特色社会主义时间段历史研究，即时跟进十八大以来党中央的决策部署，即时跟进以习近平同志为总书记的党中央的理论发展。各级党委和党史部门要站在坚持和发展中国特色社会主义、实现中华民族伟大复兴中国梦的高度，进一步坚定对党的历史伟业的自信心和自豪感，增强做好党史工作的责任感、使命感和紧迫感，更好地肩负起以史鉴今、资政育人的历史责任和历史使命。

总政印发《军队党组织发展党员工作规定》

4 月 13 日，经中央军委主席习近平批准，总政治部印发新修订的《军队党组织发展党员工作规定》。

《规定》的修订和颁布实施，是深入贯彻党中央、习主席关于加强新形势下党员队伍建设新部署新要求，贯彻《中国共产党发展党员工作细则》精神的重要举措，对于确保发展党员质量、保持党员队伍先进性和纯洁性具有重要意义。《规定》充分体现党的十八大、十八届三中、四中全会和习主席系列重要讲话精神，体现全面从严治党要求，体现强军目标对党员队伍建设的新要求，注重吸纳部队实践探索的新经验，是做好新形势下发展党员工作的重要遵循。

中宣部等印发《关于加强基层宣传思想文化工作的意见》

4 月 15 日，中央宣传部、中央文明办、文化部、国家新闻出版广电总局印发《关于加强基层宣传思想文化工作的意见》，强调要坚持围绕中心、服务群众，坚持立足实际、因地制宜，坚持整合资源、共建共享，坚持改革创新、务求实效，着力加强基层思想政治工作，着力加大优质文化产品和服务供给，着力加强设施阵地和工作队伍建设，使基层宣传思想文化工作强起来。

加强基层宣传思想文化电视电话会召开

4 月 15 日，加强基层宣传思想文化工作电视电话会议在北京召开。刘奇葆强调，要把今年作为宣传文化系统“基层工作加强年”，坚持重心下移、力量下沉，进一步增添措施、整合资源，在基层、在群众中把工作扎实深入地开展起来，推动宣传思想文化工作不断开创新局面。

中央军委印发《严格军队党员领导干部纪律约束的若干规定》

4 月 17 日，经习近平主席批准，中央军委印发《严格军队党员领导干部纪律约束的若干规定》。总政治部、军委纪委发出《通知》，要求全军和武警部队认真抓好学习宣传和贯彻落实。

《规定》深入贯彻习主席系列重要讲话精神特别是关于加强纪律建设的重要指示，紧紧围绕实现党在新形势下的强军目标，认真落实依法治军、从严治军要求，对严格军队党员领导干部纪律约束作出明确规定，是新形势下严格党员领导干部纪律约束、加强军队纪律建设的重要指导性文件。《规定》要求，必须把听党指挥落实到行动上，必须保持坚定正确的政治信仰，必须防止和纠正政治上的自由主义，必须认真贯彻民主集中制原则，必须落实党的组织生活制度，必须严格执行请示报告制度，必须纠治选人用人上的不正之风，必须严守财经纪律，必须持续反“四风”改作风，必须破除特权思想和特权现象。

中央军委印发《关于建设对党绝对忠诚、聚焦打仗有力、作风形象良好政治机关和政治干部队伍的意见》

4 月 19 日，中央军委印发《关于建设对党绝对忠诚、聚焦打仗有力、作风形象良好政治机关和政治干部队伍的意见》，要求各级深入学习贯彻习主席系列重要讲话精神，着眼践行军队政治工作时代主题，不断提高政治机关和政治干部队伍建设水平，为推进新形势下政治建军提供坚强组织保证和力量支撑。

中央办公厅印发《关于在县处级以上领导干部中开展“三严三实”专题教育方案》

4 月 19 日，中央办公厅印发《关于在县处级以上领导干部中开展“三严三实”专题教育方案》，对 2015 年在县处级以上领导干部中开展“三严三实”专题教育作出安排。

《方案》要求，开展“三严三实”专题教育，要深入学习贯彻党的十八大和十八届三中、四中全会精神，深入学习贯彻习近平总书记系列重要讲话精神，紧紧围绕协调推进“四个全面”战略布局，对照“严以修身、严以用权、严以律己，谋事要实、创业要实、做人要实”的要求，聚焦对党忠诚、个人干净、敢于担当，着力解决“不严不实”问题，切实增强践行“三严三实”要求的思想自觉和行动自觉，努力在深化“四风”整治、巩固和拓展党的群众路线教育实践活动成果上见实效，在守纪律讲规矩、营造良好政治生态上见实效，在真抓实干、推动改革发展稳定上见实效。

《方案》强调，坚持从严要求，强化问题导向，真正把自己摆进去，着力解决理想信念动摇、信仰迷茫、精神迷失，宗旨意识淡薄、忽视群众利益、漠视群众疾苦，党性修养缺失、不讲党的原则等问题；着力解决滥用权力、设租寻租，官商勾结、利益输送，不直面问题、不负责任、不敢担当，顶风违纪还在搞“四风”、不收敛不收手等问题；着力解决无视党的政治纪律和政治规矩，对党不忠诚、做人不老实，阳奉阴违、自行其是，心中无党纪、眼里无国法等问题，推动各级领导干部把“三严三实”作为修身做人用权律己的基本遵循、干事创业的行为准则，争做“三严三实”的好干部。

“三严三实”专题教育工作座谈会在京召开

4月21日，“三严三实”专题教育工作座谈会在北京召开。

刘云山说，“三严三实”体现着共产党人的价值追求和政治品格，明确了领导干部的修身之本、为政之道、成事之要。开展专题教育，目的是推动领导干部自觉践行“三严三实”，在深化“四风”整治、巩固和拓展党的群众路线教育实践活动成果上见实效，在守纪律讲规矩、营造良好政治生态上见实效，在真抓实干、推动改革发展稳定上见实效。要充分认识专题教育的重要意义，积极主动做好工作，把中央要求落到实处。“三严三实”专题教育不是一次活动，要把专题教育融入经常性学习教育之中。

赵乐际主持会议，强调抓好专题教育，关键是要深入学习贯彻习近平总书记系列重要讲话精神，把思想和行动统一到中央部署要求上来。要把专题教育与中心组学习、“三会一课”、年度民主生活会结合起来，实现由被动向主动的转变、由“不敢”向“不想”的转变。要扎实做好专题党课、专题学习研讨、专题民主生活会和组织生活会、整改落实和立规执纪等工作，坚持问题导向，在解决不严不实的突出问题上取得新进展。要落实组织实施的责任，确保专题教育取得实效。

《习近平关于全面依法治国论述摘编》出版发行

4月28日，中共中央文献研究室编辑的《习近平关于全面依法治国论述摘编》由中央文献出版社出版，在全国发行。

《摘编》共分8个专题，收入193段论述，摘自习近平同志2012年12月4日至2015年2月2日期间的讲话、报告、批示、指示等30多篇重要文献。

《中央国家机关贯彻落实全面从严治党要求实施方案》印发

4月28日，中央国家机关工委印发《中央国家机关贯彻落实全面从严治党要求实施方案》。《方案》以习近平总书记关于新形势下从严治党的8条要求为指导，紧密结合中央国家机关实际，提出了落实全面从严治党的总体要求、重点任务和具体举措。

庆祝“五一”国际劳动节暨表彰全国劳动模范和先进工作者大会举行

4月28日，2015年庆祝“五一”国际劳动节暨表彰全国劳动模范和先进工作者大会在北京人民大会堂隆重举行。习近平发表讲话，代表党中央、国务院，向全国各族工人、农民、知识分子和其他各阶层劳动群众，向人民解放军指战员、武警部队官兵和公安民警，向香港同胞、澳门同胞、台湾同胞和海外侨胞，致以节日的祝贺；向为改革开放和社会主义现代化建设作出突出贡献的劳动模范和先进工作者，致以崇高的敬意。还代表中国工人阶级和广大劳动群众，向全世界工人阶级和广大劳动群众，致以诚挚的问候。

习近平强调，我们所处的时代是催人奋进的伟大时代，我们进行的事业是前无古人的伟大事业。全面建成小康社会，进而建成富强民主文明和谐的社会主义现代化国家，根本上靠劳动、靠劳动者创造。无论时代条件如何变化，我们始终都要崇尚劳动、尊重劳动者，始终重视发挥工人阶级和广大劳动群众的主力军作用。这就是我们今天纪念“五一”国际劳动节的重大意义。

刘云山宣读《中共中央、国务院关于表彰全国劳动模范和先进工作者的决定》。决定指出，2010 年以来特别是党的十八大以来，各行各业涌现出一大批爱岗敬业、勇于创新、品格高尚、业绩突出的先进模范人物，党中央、国务院决定授予 2064 人全国劳动模范荣誉称号、授予 904 人全国先进工作者荣誉称号。

中央党校举行 2015 年春季学期第一批进修班毕业典礼

4 月 29 日，中共中央党校举行 2015 年春季学期第一批进修班毕业典礼。刘云山出席毕业典礼，并为学员颁发毕业证书。本期毕业学员共 592 人。

2015 年 5 月

《马克思恩格斯列宁哲学论述摘编》出版

5 月 5 日，为配合党员领导干部学习马克思主义哲学，根据中央实施的马克思主义理论研究和建设工程的安排，中共中央编译局选编的《马克思恩格斯列宁哲学论述摘编》（党员干部读本）由中央编译出版社出版。

中共中央党校举行春季学期第二批进修班开学典礼

5 月 13 日，中共中央党校举行 2015 年春季学期第二批进修班开学典礼。

刘云山指出，营造良好政治生态，首先应从党内政治生活严起，彰显党内政治生活的本质，发挥好锻炼党性的熔炉作用。要用好党的群众路线教育实践活动成果，推动党的组织生活制度化、经常化、规范化，严格贯彻执行民主集中制，用好批评和自我批评这个锐利武器，为净化政治生态营造好的“气候”环境。严格的纪律性是铸就良好党风的重要保证，要严明党的政治纪律和政治规矩，推动党员干部认真学习党章，学习党纪党规，绷紧纪律和规矩这根弦，弄清楚哪些能做、哪些不能做，努力做遵规守纪的模范。

社会主义核心价值观宣传研究座谈会举行

5 月 18 日，学术理论报刊社会主义核心价值观宣传研究座谈会在北京举行，中宣部出版局、国家新闻出版广电总局新闻报刊司组织部分学术理论报刊代表和相关专家学者进行座谈。正式发布了《2014 年我国学术理论报刊关于社会主义核心价值观宣传研究专题审读报告》。

中央统战工作会议召开

5 月 18 日至 20 日，中央统战工作会议在北京召开。习近平出席并发表讲话，俞正声作总结讲话。

习近平表示，这些年来，在党中央领导下，统一战线高举爱国主义、社会主义旗帜，牢牢把握大团结大联合的主题，增进对中国特色社会主义的道路自信、理论自信、制度自信，促进政党关系、民族关系、宗教关系、阶层关系、海内外同胞关系和谐，巩固和发展团结、奋进、开拓、活跃的局面，为推动经济社会发展、维护社会和谐稳定、促进祖国统一作出了重要贡献。做好新形势下统战工作，必须掌握规律、坚持原则、讲究方法，最根本的是要坚持党的领导，实行的政策、采取的措施都要有利于坚持和巩固党的领导地位和执政地位。做好新形势下统战工作，必须正确处理一致性和多样性关系，不断巩固共同思想政治基础，同时要充分发扬民主、尊重包容差异，尽可能通过耐心细致的工作找到最大公约数。做好新形势下统战工作，必须善于联谊交友,统一战线是做人的工作,搞统一战线是为了壮大共同奋斗的力量。培养使用党外代表人士,是我们党的一贯政策。要加大党外代表人士培养、选拔、使用工作力度,努力培养造就一支自觉接受中国共产党领导、坚定不移地走中国特色社会主义道路、具有较强代表性和参政议政能力的党外代表人士队伍。党外代表人士工作的重点是科学使用、发挥作用,关键是加强培养、提高素质。要引导党外优秀人才自觉学习中国特色社会主义理论,自觉践行社会主义核心价值观,自觉弘扬中华传统美德。

俞正声指出,习近平总书记的重要讲话,科学回答了新形势下需要不需要统一战线,需要什么样的统一战线,以及怎样巩固和发展统一战线等重大问题,是指导统一战线事业发展的纲领性文献。要认真学习贯彻习近平总书记重要讲话精神,扎实推进各领域统战工作,不断开创党的统一战线事业新局面。

全国国家安全机关总结表彰大会召开

5 月 19 日,全国国家安全机关总结表彰大会在北京召开。习近平会见全体与会代表,并发表重要讲话。他强调,国家安全机关是维护国家主权、安全、发展利益,建设和发展中国特色社会主义的特殊力量,为保卫社会主义国家政权、保持社会和谐稳定、保护人民生命财产安全发挥了重要作用。党的十八大以来,在党中央领导下,各级国家安全机关围绕中心、服务大局,为维护国家安全和社会大局稳定作出了重要贡献。实践证明,国家安全干警不愧是党和人民可以信赖的忠诚卫士,不愧是甘于奉献的无名英雄,党和人民永远不会忘记。当前,我国正处在全面建成小康社会、全面深化改革、全面依法治国、全面从严治党的重要时期,面临复杂多变的安全和发展环境,各种可以预见和难以预见的风险因素明显增多,维护国家安全和社会稳定任务繁重艰巨。要高度重视加强国家安全工作,把思想和行动统一到党中央对国家安全工作的决策部署上来,依法防范、制止、打击危害我国家安全和利益的违法犯罪活动。各级党委和政府要重视、理解、支持国家安全机关工作,同心协力开创国家安全工作新局面。坚定理想信念,对党绝对忠诚,是党和人民对国家安全机关的一贯要求,新的历史条件下仍然要坚定不移坚持和加强。要总结经验,从严管理,努力打造一支坚定纯洁、让党放心、甘于奉献、能拼善赢的干部队伍。

中宣部发布“时代楷模”廉福章和南京火车站“158”雷锋服务站先进集体先进事迹

5 月 20 日,中央宣传部公开发布“时代楷模”廉福章和江苏南京站“158”雷锋服务站先进集体的先进事迹。

廉福章生前是青海省海北藏族自治州人大常委会主任。他毕生恪守崇高的理想信念和真挚的为民情怀,永葆共产党人拒腐蚀、永不沾的政治本色,把毕生精力倾注到民族地区改革建设事业中,作出了经得起实践和人民检验的业绩。廉福章同志是践行党的群众路线的好党员、好干部,他的先进事迹和崇高精神,体现了信念坚定、对党忠诚的政治品质,牢记宗旨、为民服务的公仆情怀,勤政务实、敢于担当的过硬作风，清正廉洁、个人干净的高尚情操，生动诠释了“三严三实”要求，不愧为共产党人的优秀代表。

“158”雷锋服务站是江苏南京火车站学雷锋先进集体。长期以来，一代代铁路职工坚持“以服务为宗旨、待旅客如亲人”的理念，立足岗位学雷锋、走向社会做公益，为南来北往的旅客提供贴心的服务，孕育形成了“敬业爱岗甘当螺丝钉、无私奉献甘当践行者、温暖社会甘当一团火”的“158”精神，成为全国铁路学雷锋志愿服务的一面旗帜。他们的先进事迹和崇高精神，体现了工人阶级的伟大品格，展示了“爱岗敬业、争创一流，艰苦奋斗、勇于创新，淡泊名利、甘于奉献”的劳模精神，生动诠释了社会主义核心价值观的要求，为全社会树立了学习的榜样。

中央政治局审议《中国共产党党组工作条例（试行）》

5月29日，中共中央政治局召开会议，审议通过《中国共产党党组工作条例（试行）》。

会议认为，《条例》对党组的设立、职责、组织原则、议事决策等作出全面规范，对监督检查、责任追究提出明确要求，是党组工作方面一部基础主干党内法规，是党组设立和运行的总依据总遵循。《条例》的制定和实施对进一步规范党组工作、加强和改善党的领导、更好发挥党的领导核心作用、巩固党的执政地位、提高党的执政能力具有十分重要的意义。会议同意公开发布《条例》全文。

2015 年 6 月

中央全面深化改革领导小组召开第十三次会议

6 月 5 日，中央全面深化改革领导小组召开第十三次会议，习近平主持并讲话。他强调，试点是改革的重要任务，更是改革的重要方法。试点能否迈开步子、趟出路子，直接关系改革成效。要牢固树立改革全局观，顶层设计要立足全局，基层探索要观照全局，大胆探索，积极作为，发挥好试点对全局性改革的示范、突破、带动作用。会议审议通过了《关于在深化国有企业改革中坚持党的领导加强党的建设的若干意见》、《关于加强和改进企业国有资产监督防止国有资产流失的意见》、《关于完善国家统一法律职业资格制度的意见》、《关于招录人民法院法官助理、人民检察院检察官助理的意见》、《关于进一步规范司法人员与当事人、律师、特殊关系人、中介组织接触交往行为的若干规定》。

全国农村基层党建工作召开

6 月 5 日至 6 日，全国农村基层党建工作座谈会在杭州召开。

刘云山强调，做好“三农”工作关键在农村基层党组织，坚持农村基层党组织领导核心地位，是坚持党在农村领导地位的内在要求。要引导农村基层党组织强化政治引领功能，重视做好思想政治工作，推动党的路线方针政策在农村落地生根；扎实推进基层服务型党组织建设，多为群众办好事办实事，不断提升服务能力；加强对村级各种组织的统一领导，敢于负责、主动作为，促进村级其他组织沿着正确方向健康发展。抓好农村基层党建，重在解决问题。要完善农村基层党组织设置，选好用好农村基层党组织带头人，做好大学生村官和选派“第一书记”工作，加强农村党员队伍建设，让农村基层党建强起来。要围绕中心、服务大局，推动农村基层党组织切实担起促进农村改革发展和改善民生的责任，以农村发展成效检验党建工作成果。各级党委要认真落实农村基层党建责任制，列出责任清单，强化工作问责，狠抓任务落实；各级党委书记要经常深入基层、走村入户，成为熟悉农村情况、善抓农村党建的书记。

中央国家机关部门机关党委书记培训班开班

6 月 9 日，中央国家机关部门机关党委书记培训班在北京开班。

中央国家机关党委负责人指出，中央国家机关要在“三严三实”专题教育中走在前面、做出表率。要抓住理论学习、作风建设、纪律约束三个重点，突出修身、用权、律己三个方面，做到与当前工作紧密结合，努力将教育成果转化为推动事业发展的强大精神动力，为全面完成党中央、国务院确定的改革发展任务提供坚强保证。中央国家机关各部门机关党委书记要围绕落实全面从严治党要求,进一步强化意识、明确责任、提升能力,做一名让党放心、让党员干部和群众满意的合格机关党委书记。

周永康一审被判处无期徒刑

6月11日,天津市第一中级人民法院依法对周永康受贿、滥用职权、故意泄露国家秘密案进行了一审宣判,认定周永康犯受贿罪,判处无期徒刑,剥夺政治权利终身,并处没收个人财产;犯滥用职权罪,判处有期徒刑七年;犯故意泄露国家秘密罪,判处有期徒刑四年,三罪并罚,决定执行无期徒刑,剥夺政治权利终身,并处没收个人财产。周永康当庭表示,服从法庭判决,不上诉;进入司法调查以来,办案机关依法办案、文明执法,讲事实、讲道理,充分体现了我国司法的进步,使他认识到自己违法犯罪的事实给党的事业造成的损失,给社会造成了严重影响,再次表示认罪悔罪。

中共中央举行纪念陈云同志诞辰110周年座谈会

6月12日,中共中央在人民大会堂举行纪念陈云同志诞辰110周年座谈会。

习近平在讲话中回顾了陈云同志一生的丰功伟绩,总结了陈云同志为我国革命、建设、改革作出的卓越贡献,强调陈云同志是伟大的无产阶级革命家、政治家,杰出的马克思主义者,是中国社会主义经济建设的开创者和奠基人之一,党和国家久经考验的卓越领导人,是以毛泽东同志为核心的党的第一代中央领导集体和以邓小平同志为核心的党的第二代中央领导集体的重要成员,为新中国的建立、为社会主义基本经济制度和政治制度的确立、为改革开放和社会主义现代化建设建立的功勋,党和人民将永远铭记。陈云同志身上表现出来的坚定理想信念、坚强党性原则、求真务实作风、朴素公仆情怀、勤奋学习精神,永远值得我们学习。我们纪念陈云同志,就要学习他坚守信仰的精神。无论处于顺境还是逆境,陈云同志始终坚守对马克思主义、共产主义的信仰不动摇。全党同志一定要坚守共产党人精神家园,把改造客观世界和改造主观世界结合起来,切实解决好世界观、人生观、价值观问题,练就共产党人的钢筋铁骨,铸牢坚守信仰的铜墙铁壁,矢志不渝为中国特色社会主义共同理想而奋斗。

中共中央印发《中国共产党党组工作条例(试行)》

6月16日,经中共中央批准,《中国共产党党组工作条例(试行)》正式颁布。

《条例》共分8章、39条,对党组设立、职责、组织原则、议事决策等作出全面规范,对监督检查、责任追究提出明确要求,是党组工作方面的基础主干党内法规,是党组设立和运行的总依据总遵循。《条例》的制定和实施,对于加强和改善党的领导,提高党的执政能力,更好发挥党总揽全局、协调各方的领导核心作用,确保党始终成为中国特色社会主义事业的坚强领导核心,具有十分重要的意义。

第十一次中越两党理论研讨会举行

6月17日,第十一次中越两党理论研讨

会在上海开幕。刘奇葆和越共中央政治局委员丁世兄出席开幕式。

本次研讨会的主题是“社会发展和治理创新”。刘奇葆在题为《中国社会建设的实践探索和主要经验》的主旨报告中指出，社会建设是中国特色社会主义事业的重要组成部分，当前中国正在协调推进“四个全面”战略布局，对加强社会建设提出了新的更高要求，要扎实推进社会建设各项工作，确保整个社会既充满活力又和谐有序。刘奇葆强调，必须保障和改善民生，实现经济发展和民生改善良性循环；必须维护公平正义，充分激发社会活力；必须改进治理方式，妥善化解社会矛盾；必须坚持改革创新，建立科学有效的社会体制；必须注重价值引领，巩固社会和谐的思想道德基础；必须加强党的领导，为社会建设提供坚强政治保证。丁世兄作了题为“革新时期越南共产党领导社会管理与发展工作”的主旨报告。

纪念陈云同志诞辰 110 周年学术研讨会在京召开

6 月 18 日，中共中央文献研究室、中国中共文献研究会在北京举办“陈云思想生平研究会成立大会暨纪念陈云同志诞辰 110 周年学术研讨会”。

研讨会围绕习近平总书记在纪念陈云同志诞辰 110 周年座谈会上的重要讲话深入学习交流。研讨会后，举行了陈云思想生平研究会成立大会。对于进一步加强和深化对陈云同志的生平业绩、思想理论和精神风范的研究和宣传，具有重要意义。中共中央文献研究室编辑出版了《永远的陈云》一书。

马克思主义理论研究和建设工程工作座谈会召开

6 月 23 日，马克思主义理论研究和建设工程工作座谈会在北京召开。

刘云山指出，工程实施以来取得重要阶段性成果，高扬了伟大旗帜，发挥了引领示范效应，创新了理论工作机制，促进了党的思想理论建设。面对“四个全面”战略布局新要求，面对思想理论工作新任务，马克思主义理论研究只有进行时，没有完成时；马克思主义理论研究和建设工程应当与时俱进，长期抓下去。深入实施工程不是权宜之计，而是全面推进马克思主义理论学习研究宣传。要联系新的实际，继续加强马克思列宁主义、毛泽东思想、邓小平理论、“三个代表”重要思想、科学发展观的研究，引导干部群众坚定道路自信、理论自信、制度自信。要紧跟党的理论创新步伐，深入研究阐释习近平总书记系列重要讲话的重大意义，研究阐释讲话蕴含的新思想新观点新论断，帮助人们领会精神实质；围绕讲话精神设立一批重大课题，组织力量综合研究、专题研究，与理论学习和理论宣传贯通起来，更好用讲话精神武装头脑、指导实践、推动工作。

总政治部和共青团中央联合印发《深化共建共育做好青年官兵与青少年学生社会主义核心价值观培育工作的意见》

6 月 23 日，总政治部、共青团中央联合印发《深化共建共育做好青年官兵与青少年学生社会主义核心价值观培育工作的意见》。

《意见》指出，当前，社会各种思想文化

交流交融交锋更加频繁，对部分青年官兵和青少年学生树立正确的世界观人生观价值观带来冲击和影响，迫切需要采取有效措施加以应对解决。《意见》强调，长期以来，人民军队在革命建设改革的伟大历史进程中，所做出的巨大牺牲和建立的不朽功勋，所形成的光荣传统和传承的优良作风，是在广大青少年学生中开展核心价值观教育的生动教材和鲜活载体。地方具有的丰富教学资源、强大科技和知识优势，是培养有灵魂、有本事、有血性、有品德的新一代革命军人的重要支撑。军地携手、共建共育，具有积极而深远的意义。《意见》明确，深化共建共育要发挥军地优势，搞好军地联动，努力形成活动共建、精神共育，资源互补、协同推动的良好局面。

中共中央政治局召开会议审议《中国共产党巡视工作条例(修订稿)》《关于推进领导干部能上能下的若干规定(试行)》

6月26日，中共中央政治局召开会议，审议通过《中国共产党巡视工作条例(修订稿)》、《关于推进领导干部能上能下的若干规定(试行)》，习近平主持会议。

会议认为，《中国共产党巡视工作条例》修订充分吸收巡视工作实践创新成果，注重解决巡视工作面临的新情况新问题，进一步明确巡视工作定位，围绕党的政治纪律、组织纪律、廉洁纪律、群众纪律、工作纪律和生活纪律，深化巡视监督内容，对机构设置、工作职责、方式权限、纪律要求等作出明确规范，对于推动依法依规开展巡视，更好发挥巡视利剑作用具有重大意义。

会议指出，全面从严治党，关键是从严管好用好领导干部。推进干部能上能下，重点是解决能下问题。在干部工作中，既要把党和人民需要的好干部选准用好，又要把那些存在问题或者相形见绌的干部调整下来。制定和实施《关于推进领导干部能上能下的若干规定(试行)》，是全面从严治党、从严管理干部的重要举措，对于促使干部自觉践行“三严三实”要求，解决为官不正、为官不为、为官乱为等问题，建设高素质干部队伍，完善从严管理干部制度体系，具有重要意义。

中宣部发布“时代楷模”汪勇和毛丰美先进事迹

6月26日，中央宣传部公开发布“时代楷模”汪勇和毛丰美的先进事迹。

汪勇是陕西省西安市公安局新城分局韩森寨派出所副所长、咸东社区民警。他以对党和人民的赤胆忠诚和对公安事业的执着追求，立足基层、恪尽职守，帮扶困难群众，化解矛盾纠纷，着力为广大辖区群众热忱服务，在平凡的岗位上做出了不平凡的业绩，赢得了群众的拥护和爱戴。毛丰美生前是辽宁省凤城市凤山经济开发区大梨树村党委书记、村委会主任。担任村书记30多年来，他模范践行党的群众路线，开拓进取、勇于担当，团结带领村民艰苦创业、苦干实干，把昔日贫困落后的穷山村建设成为富裕文明的社会主义新农村，是新时期农村基层党员干部的优秀代表。

中共中央政治局举行第二十四次集体学习

6月26日，中共中央政治局就加强反腐倡廉法规制度建设进行第二十四次集体学习。习近平主持学习。

习近平发表讲话指出,再过几天,我们将迎来中国共产党成立94周年。今天,中央政治局集体学习安排党建方面的内容,题目是加强反腐倡廉法规制度建设,以此来纪念党的94岁生日。我们党长期执政,既具有巨大政治优势,也面临严峻挑战,必须依靠党的各级组织和人民的力量,不断加强和改进党的建设、管理、监督。铲除不良作风和腐败现象滋生蔓延的土壤,根本上要靠法规制度。要加强反腐倡廉法规制度建设,把法规制度建设贯穿反腐倡廉各个领域、落实到制约和监督权力各个方面,发挥法规制度的激励约束作用,推动形成不敢腐不能腐不想腐的有效机制。要健全问责机制,坚持有责必问、问责必严,把监督检查、目标考核、责任追究有机结合起来,形成法规制度执行强大推动力。问责的内容、对象、事项、主体、程序、方式都要制度化、程序化。要把法规制度执行情况纳入党风廉政建设责任制检查考核和党政领导干部述职述廉范围,通过严肃追究主体责任、监督责任、领导责任,让法规制度的力量在反腐倡廉建设中得到充分释放。纪律检查机关要加大监督检查力度,对有令不行、有禁不止的,不仅要严肃查处直接责任人,而且要严肃追究相关领导人员的责任。

中宣部召开“我们的价值观·我们的中国梦”主题教育实践活动经验交流会

6月27日,中宣部在包头市召开“我们的价值观·我们的中国梦”主题教育实践活动经验交流会,强调要深入学习贯彻习近平总书记系列重要讲话精神,着眼协调推进“四个全面”战略布局,深化中国梦学习宣传教育,深化社会主义核心价值观学习教育实践,不断巩固全党全国人民团结奋斗的共同思想道德基础,凝聚起同心共筑中国梦的强大力量。

中央组织部召开专题会议研究部署贯彻落实《干部任用条例》和推进“三严三实”专题教育工作

6月29日,中央组织部召开会议,研究部署进一步贯彻落实《干部任用条例》和推进“三严三实”专题教育工作。

赵乐际指出,条例是选人用人的基本遵循。要紧紧围绕协调推进“四个全面”,从严从实落实条例规定的用人原则、标准、程序、纪律,选拔那些能够推动全面建成小康社会的干部、想改革谋改革善改革的干部、尊法学法守法用法的干部、自觉履行全面从严治党责任的干部。要采取有效措施切实防止“带病提拔”,坚决整治选人用人不正之风,以清朗的用人风气,推动政治生态“山清水秀”。开展“三严三实”专题教育,要强化责任落实,深化学习研讨,着力解决不严不实问题,防偏防空防虚,促使各级领导干部都严起来、实起来,攻坚克难、锐意进取,推进改革发展稳定各项事业。赵乐际指出,“三严三实”关键在实践,领导干部要自觉把人做好、把事做好,保持严和实的好作风、形成严和实的新气象。

习近平会见全国优秀县委书记

6月30日,习近平在北京会见全国优秀县委书记,代表党中央向受到表彰的全国优秀县委书记表示热烈的祝贺,向全国广大共产党员和党务工作者致以节日的问候。经党中央同意，中央组织部决定，对在县（市、区、旗）委书记岗位上取得优异成绩的102名同志授予全国优秀县委书记称号。

习近平指出，在党的生日前夕，以中央组织部名义再次表彰一批优秀县委书记，非常有意义。这是一个崇高的荣誉。大家是从全国2800多名县（市、区、旗）委书记中选出来的，都在各自岗位上作出了出色业绩，得到了群众认可，是我们领导干部中的标杆。党中央决定开展这次表彰活动，意义还在于为广大干部成长指明正确的途径。

习近平给广大县委书记提出4点要求。一是要做政治的明白人，对党绝对忠诚，始终同党中央在思想上政治上行动上保持高度一致，坚定理想信念，坚守共产党人的精神家园，自觉践行社会主义核心价值观，自觉执行党的纪律和规矩，真正做到头脑始终清醒、立场始终坚定。二是要做发展的开路人，勇于担当、奋发有为，适应和引领经济发展新常态，把握和顺应深化改革新进程，回应人民群众新期待，坚持从实际出发，带领群众一起做好经济社会发展工作，特别是要打好扶贫开发攻坚战，让老百姓生活越来越好，真正做到为官一任，造福一方。三是要做群众的贴心人，坚持全心全意为人民服务的根本宗旨，自觉贯彻党的群众路线，心系群众、为民造福，心中始终装着老百姓，先天下之忧而忧，后天下之乐而乐，真正做到心系群众、热爱群众、服务群众。四是要做班子的带头人，带头讲党性、重品行、作表率，带头搞好“三严三实”专题教育，带头抓班子带队伍，带头依法办事，带头廉洁自律，带头接受党和人民监督，带头清清白白做人、干干净净做事、堂堂正正做官，真正做到率先垂范、以上率下。

2015 年 7 月

中央全面深化改革领导小组召开第十四次会议

7 月 1 日，中央全面深化改革领导小组召开第十四次会议，习近平主持并讲话。他强调，领导干部是否做到严以修身、严以用权、严以律己，谋事要实、创业要实、做人要实，全面深化改革是一个重要检验。要把“三严三实”要求贯穿改革全过程，引导广大党员、干部特别是领导干部大力弘扬实事求是、求真务实精神，理解改革要实，谋划改革要实，落实改革也要实，既当改革的促进派，又当改革的实干家。

会议审议通过了《环境保护督察方案（试行）》、《生态环境监测网络建设方案》、《关于开展领导干部自然资源资产离任审计的试点方案》、《党政领导干部生态环境损害责任追究办法（试行）》、《关于推动国有文化企业把社会效益放在首位、实现社会效益和经济效益相统一的指导意见》。

习近平给国测一大队回信勉励广大共产党员

7 月 1 日，习近平给国家测绘地理信息局第一大地测量队 6 位老队员、老党员回信，充分肯定国测一大队爱国报国、勇攀高峰的感人事迹和崇高精神，对全国测绘工作者和广大共产党员提出殷切希望。

国测一大队成立于 1954 年，主要从事大地测量工作。61 年来，国测一大队完成了珠穆朗玛峰高程测量、南极重力测量、中国地壳运动观测网络建设、西部无人区测图、海岛（礁）测绘、汶川地震灾后重建测绘等工作，曾受到国务院通令嘉奖，被授予“功勋卓著、无私奉献的英雄测绘大队”称号。

中央党的群团工作会议召开

7 月 6 日至 7 日，中央党的群团工作会议在北京召开。习近平出席并讲话。

习近平指出，由党中央召开党的群团工作会议，在党的历史上还是第一次。这次会议的主要任务是分析研究新形势下党的群团工作面临的新情况新问题，贯彻落实《关于加强和改进党的群团工作的意见》，总结成功经验，解决突出问题，推动改革创新，努力开创党的群团工作新局面。

他强调，中国特色社会主义事业是亿万人民的事业，党的群团工作肩负着庄严使命。工会、共青团、妇联等群团组织一定要坚持解放思想、改革创新、锐意进取、扎实苦干，切实保持和增强党的群团工作和群团组织的政治性、先进性、群众性，组织动员广大人民群众更加紧密地团结在党的周围，把广大人民群众对美好生活的追求汇聚成强大动力，共同谱写实现“两个一百年”奋斗目标、实现中华民族伟大复兴中国梦的新篇章。

习近平参观《伟大胜利·历史贡献》主题展览

7月7日，在全民族抗战爆发78周年之际，习近平前往中国人民抗日战争纪念馆，参观纪念中国人民抗日战争暨世界反法西斯战争胜利70周年主题展览《伟大胜利·历史贡献》。他强调，全党全国各族人民要牢记由鲜血和生命铸就的中国人民抗日战争的伟大历史，牢记中国人民为维护民族独立和自由、捍卫祖国主权和尊严建立的伟大功勋，牢记中国人民为世界反法西斯战争胜利作出的伟大贡献，珍视和平、警示未来，坚定不移走和平发展道路，坚定不移维护世界和平，万众一心把中国特色社会主义推向前进。

展览以“铭记历史、缅怀先烈，珍爱和平、开创未来”为主题，通过1170幅照片、2834件文物和大量视频影像，全景式展现了全体中华儿女冒着敌人炮火共赴国难，英勇抵抗日本军国主义侵略的光辉历史，突出表现了中国共产党在抗战中的中流砥柱作用，反映了中国作为东方主战场为世界反法西斯战争胜利作出的不可磨灭的贡献。

纪念刘少奇《论共产党员的修养》发表75周年学术研讨会论文集出版

7月8日，由刘少奇思想生平研究会编辑的《提高党员修养是党的建设的永久性课题——纪念刘少奇〈论共产党员的修养〉发表75周年学术研讨会论文集》，由中央文献出版社出版。

该书收入了2014年11月在河南渑池举办的“党员修养与党的建设”学术研讨会的研究成果。这些成果对《论共产党员的修养》的历史地位和深远影响、思想内涵和理论价值、现实意义和指导作用等进行了深入研讨，对于深刻理解习近平总书记关于党性修养的重要论述，更加有力地贯彻执行中央关于作风建设的决策部署和深入开展“三严三实”专题教育，都具有重要参考价值。

中央政法委举行第十八次全体会议

7月9日，中央政法委第十八次全体会议暨中央司法体制改革领导小组专题会议在北京召开，研究司法体制改革有关工作。

孟建柱指出，随着司法体制改革试点工作的不断深入，新情况、新问题不断涌现。我们要坚定信心、保持定力，紧紧咬住司法改革目标任务不放松，切实把司法体制改革试点这项工作做好。要切实把思想认识统一到中央决策部署上来，牢固树立改革的大局观，从国家和人民事业长远发展出发，坚持原则、遵循规律，不折不扣地按照中央的部署和要求推进司法体制改革，确保改革方向、目标、原则符合中央精神。要坚持问题导向，敢于动真碰硬，着力解决影响司法公正、制约司法能力的突出问题。要关心、爱护基层，充分调动广大司法人员积极性，增强司法人员的职业荣誉感，提高司法队伍的专业化职业化水平。要完善司法责任制，必须强调司法亲历性、权责一致性，确保司法人员既有责任心又有积极性。要切实提高办案质量和效率，维护好社会的公平正义。

中央组织部印发《通知》要求认真学习贯彻习近平总书记重要指示精神，扎实推进“三严三实”专题教育

7月13日，中共中央组织部印发通知，

对认真学习贯彻习近平总书记重要指示精神、扎实推进“三严三实”专题教育提出要求。

《通知》指出，习近平总书记在浙江和贵州考察、会见全国优秀县委书记、主持召开中央全面深化改革领导小组第十四次会议时，对开展“三严三实”专题教育、践行“三严三实”要求作出重要指示。习近平总书记强调，在县处级以上领导干部中开展“三严三实”专题教育，是今年党的建设的一项重要任务，要突出问题导向，贯彻从严要求，既巩固和扩大从严治党成果，又有效解决党的建设面临的新问题。习近平总书记的重要指示精神，对于高标准高质量开展专题教育、确保取得实效，具有十分重要的指导意义。各级党委（党组）要认真组织学习，领会精神实质，抓好贯彻落实。

中央党校举行 2015 年春季学期毕业典礼

7 月 15 日，中共中央党校举行 2015 年春季学期毕业典礼。

中央党校本期毕业学员 1161 人。毕业典礼上，8 位毕业学员代表作了发言。学员们普遍反映，通过党校学习培训，对习近平总书记系列重要讲话精神学习理解进一步深化，提高了理论素养、增强了党性修养、开阔了眼界视野，精神上补了“钙”、思想上充了“电”、工作上加了“油”，理想信念进一步坚定、“三个自信”进一步增强。大家表示，一定把在党校的学习收获转化为进一步做好工作的责任和本领，以“三严三实”要求修身做人、干事创业，在各自的岗位上做出新的贡献。

中宣部召开“全民敬业行动”工作经验交流会

7 月 15 日，中宣部在濮阳市召开“全民敬业行动”工作经验交流会。

近年来，濮阳开展以“全力干好八小时、用心做好手上事”为主题的全民敬业行动，不断深化社会主义核心价值观建设实践。濮阳深入落实敬业标准、开展敬业培训，将敬业作为考核评价的主要依据，成立敬业评价委员会，实行台账管理，注意结果运用。去年全市涌现出最美敬业人 1100 人，打造了市公用事业局“老李热线”、盟城社区“老王帮你修”、濮阳七中“都娟名师工作室”等敬业品牌。

会议指出，要大力倡导“敬业”的价值理念，弘扬忠于职守的工作态度、干一行爱一行的职业情感、精益求精的职业追求，引导人们立足岗位、恪尽职守。要将全民敬业行动与正在开展的“三严三实”专题教育活动结合起来，与“大众创业、万众创新”的要求结合起来，与本行业、本单位的实际业务结合起来，把全民敬业打造成覆盖广泛的响亮品牌。

中共中央政治局会议决定召开十八届五中全会

7 月 20 日，中共中央政治局召开会议，决定今年 10 月在北京召开中国共产党第十八届中央委员会第五次全体会议，主要议程是，中共中央政治局向中央委员会报告工作，研究关于制定国民经济和社会发展第十三个五年规划的建议。中共中央总书记习近平主持会议。

中共中央决定给予令计划开除党籍开除公职处分

7月20日，中共中央政治局会议审议并通过中共中央纪律检查委员会《关于令计划严重违纪案的审查报告》，决定给予令计划开除党籍、开除公职处分，对其涉嫌犯罪问题及线索移送司法机关依法处理。

经查，令计划严重违反党的政治纪律、政治规矩、组织纪律、保密纪律；利用职务便利为多人谋取利益，本人或通过家人收受巨额贿赂；违纪违法获取党和国家大量核心机密；严重违反廉洁自律规定，本人及其妻收受他人钱物，为其妻经营活动谋取利益；与多名女性通奸，进行权色交易；对亲属利用其职务影响力敛财牟利负有重要责任。调查中还发现令计划其他涉嫌犯罪线索。令计划的行为完全背离了党的性质和宗旨，严重违反党的纪律，极大损害党的形象，社会影响极其恶劣。根据《中国共产党纪律处分条例》，参照《行政机关公务员处分条例》的有关规定，决定给予令计划开除党籍、开除公职处分，将令计划涉嫌犯罪问题及线索移送司法机关依法处理。

《习仲勋与群众路线》(上册)出版座谈会举行

7月22日，《习仲勋与群众路线》(上册)出版座谈会在中央党校举行。

《习仲勋与群众路线》(上册)是一本采访实录，包括31位曾经在习仲勋同志身边工作或者近距离接触过他的干部、群众的25篇采访记录，42万多字，100多幅图片，其中许多图片是首次公开发表。

会议认为，《习仲勋与群众路线》(上册)选取“由群众评说群众领袖”这样一个独特视角，采用访谈形式，通过讲述人的回忆，真实还原了习仲勋同志深入群众、扎根群众、奉献群众的鲜活历史场景，生动再现了他践行党的群众路线的朴实无华人生。通过阅读这些访谈，读者仿佛跟随习仲勋同志的足迹，重新走过了一段贴近群众之旅，重新经受了一次精神净化之行。

全国青联十二届全委会全国学联二十六大在京召开

7月24日，中华全国青年联合会第十二届委员会全体会议、中华全国学生联合会第二十六次代表大会在北京人民大会堂开幕。习近平发来贺信，代表党中央向大会召开表示热烈祝贺，向全国各族各界青年和青年学生、向广大海外中华青年表示诚挚问候。赵乐际宣读了习近平的贺信。李源潮代表党中央向大会致祝词。

出席全国青联十二届全委会的委员1311名，出席全国学联二十六大的代表538名。大会总结全国青联和全国学联5年来的工作，研究确定未来5年的工作任务，修改《中华全国青年联合会章程》和《中华全国学生联合会章程》，审议通过《关于践行“勤学修德明辨笃实”要求，大力弘扬社会主义核心价值观的决议》，确定中华全国学生联合会会徽，选举产生新一届全国青联和全国学联领导机构。

全国网络精神文明建设工作座谈会召开

7月24日，中央文明办在合肥召开网络

精神文明建设工作座谈会。

会议强调，要主动顺应互联网迅猛发展的时代潮流，深刻认识网络精神文明建设工作的重大意义，强化网络思维，积极抢占信息传播技术制高点，不断创新内容形式、方式方法、途径载体，加强中华优秀传统文化、红色文化、道德模范和先进典型的网上宣传教育，深入开展网上"讲文明树新风"活动、精神文明创建活动和网络公益、网络文明传播活动，大力倡导网络文明新风。积极拓展"两微一端"阵地，做好"微传播"文章，推动"个性化"信息服务，引导广大网民特别是青少年踊跃参与"微公益"，传播"微文明"，汇聚"微力量"，共同营造社会文明风尚。

中共中央召开党外人士座谈会

7月24日，中共中央在中南海召开党外人士座谈会，就当前经济形势和下半年经济工作听取各民主党派中央、全国工商联负责人和无党派人士代表的意见和建议。习近平主持座谈会并发表讲话。李克强通报了上半年经济工作有关情况，介绍了中共中央关于做好下半年经济工作的考虑。

座谈会上，民革中央主席万鄂湘、民盟中央主席张宝文、民建中央主席陈昌智、民进中央主席严隽琪、农工党中央主席陈竺、致公党中央主席万钢、九三学社中央主席韩启德、台盟中央主席林文漪、全国工商联副主席黄荣、无党派人士代表林毅夫先后发言。他们赞同中共中央、国务院对当前我国经济形势的分析和下半年经济工作的考虑，并就加强宏观调控、稳步推进"一带一路"和"长江经济带"建设、促进国内统一市场法治建设、促进农村金融创新、挖掘潜力扩大内需、推动医改深化和健康服务业升级、完善环保产业政策、发展养老服务业、激发民间投资潜力、激发基层财政资金整合活力、以"互联网+"助推扶贫攻坚、加大小微企业扶持力度、推进国际产能和创新合作等内容提出意见和建议。

习近平讲话表示，今年是我国经济社会发展承上启下的重要一年，保持经济社会稳定发展大局，为"十二五"圆满收官，为"十三五"开局奠定好的基础，是我们面临的重要任务。当前，我国经济运行总体是好的，同时也面临一些突出矛盾和问题，需要集思广益、真抓实干加以解决。大家在发言中就全面认识当前经济形势、做好经济工作提出了很好的意见和建议，我们将认真研究、积极吸纳。希望各民主党派、工商联和无党派人士正确认识当前经济形势，把思想和行动统一到中共中央决策部署上来，广泛团结各自成员和所联系群众，形成支持改革发展的高度共识；发挥人才荟萃的智力优势、联系广泛的资源优势，紧紧围绕经济社会运行和全面深化改革、全面依法治国的重大问题，深入调查研究，为中共中央决策提供前瞻性、可操作性的意见和建议，推动我国经济社会发展行稳致远。

中组部发出通知要求在"三严三实"专题教育中联系反面典型深入开展研讨

7月27日，中共中央组织部发出通知，要求在"三严三实"专题教育学习研讨中，以周永康、薄熙来、徐才厚、令计划、苏荣等严重违纪违法案件为反面教材，聚焦严守党的政治纪律和政治规矩，组织县处级以上领导干部深刻总结反思，汲取教训、引以为戒，真正在思想上、工作上、作风上严起来、实起来。

中共中央办公厅印发《推进领导干部能上能下若干规定（试行）》

7月28日，中共中央办公厅印发了《推进领导干部能上能下若干规定（试行）》，并发出通知，要求各地区各部门遵照执行。

通知指出，《规定》按照全面从严治党、从严管理干部要求，对解决干部能上不能下问题作出具体规定，规范了工作程序，建立了工作责任制，是做好新时期干部工作的重要遵循。《规定》的颁布实施，对于贯彻落实党的十八大和十八届三中、四中全会精神，贯彻落实习近平总书记系列重要讲话精神，完善从严管理干部队伍制度体系，着力解决为官不正、为官不为、为官乱为等问题，推动形成能者上、庸者下、劣者汰的用人导向和从政环境，建设高素质干部队伍，具有十分重要的意义。各级党委（党组）要将推进领导干部能上能下纳入全面从严治党、从严管理干部的重要内容，坚持原则、敢于负责，做到真管真严、敢管敢严、长管长严。要正确把握政策界限，注意保护干部干事创业、改革创新的积极性。要加强督促检查，对贯彻落实《规定》不力的，严肃追究责任。

共青团十七届四中全会召开

7月29日，共青团十七届四中全会在北京召开。

会议传达了中央党的群团工作会议精神。大家表示，习近平总书记的重要讲话饱含着对共青团组织和共青团干部的关心爱护和殷切期望，指明了共青团事业改革发展的前进方向，一定要认真贯彻落实，团结凝聚广大团员青年为实现中国梦作出青春贡献。

李源潮指出，共青团要深入学习领会习近平总书记重要讲话精神，联系实际提高认识、统一思想，抓好贯彻落实。坚持党的领导，始终沿着中国特色社会主义青年运动方向前进，团结广大青年坚定不移跟着党为中国特色社会主义事业而奋斗。切实保持和增强共青团工作和共青团组织的政治性、先进性、群众性，更好发挥党的助手和后备军作用。围绕青年最迫切、最直接、最现实的要求，满腔热情地为广大青年服务。要防止和克服各种脱离群众的现象，牢固树立良好的工作作风和群众作风。要积极推进共青团工作改革创新，调整组织设置，拓展服务职能，下大气力开展网上工作，整合资源创新青年工作品牌，不断增强生机活力。

中共中央政治局召开会议

7月30日，中共中央政治局召开会议，分析研究当前经济形势和经济工作，研究进一步推进西藏经济社会发展和长治久安工作，决定设立中央统一战线工作领导小组。习近平主持会议。

中共中央决定给予郭伯雄开除党籍处分

7月30日，中共中央政治局会议审议并通过中央军委纪律检查委员会《关于对郭伯雄组织调查情况和处理意见的报告》，决定给予郭伯雄开除党籍处分，对其涉嫌严重受贿犯罪问题及线索移送最高人民检察院授权军事检察机关依法处理。

经查，郭伯雄利用职务便利，为他人谋取职务晋升等方面利益，直接或通过家人收受贿赂，严重违反党的纪律，涉嫌受贿犯罪，情节严重，影响恶劣。

会议强调，人民军队始终是党和人民信赖的队伍。改革开放以来，在党中央坚强领导下，国防和军队建设取得了显著成就，人民军队在维护国家主权、安全、发展利益，保卫人民安定生活等方面作出了重大贡献。各地区各部门要一如既往关心和支持军队建设改革，维护和促进军政军民团结，为实现强军目标提供坚强保障。军队各级要深入抓好思想政治建设和作风建设，认真贯彻落实全军政治工作会议精神，坚持思想领先，坚持练兵备战，坚持严字当头，坚持以身作则，继承发扬党和军队光荣传统和优良作风，永葆人民军队政治本色，确保高度稳定和集中统一，不断凝聚强军兴军的强大正能量。

中宣部发布“时代楷模”第二炮兵某洲际战略导弹旅和黄志强先进事迹

7月30日，中央宣传部公开发布“时代楷模”第二炮兵某洲际战略导弹旅和黄志强先进事迹。

第二炮兵某洲际战略导弹旅是我国第一支战略导弹部队。组建56年来，他们始终不忘历史责任、聚焦强军目标，以忠诚基因铸魂励志，以担当精神真打实备，以严实要求锤炼作风，精练苦练战略铁拳，倾心铸就大国重器，圆满完成建设、改革和军事斗争准备各项任务，不愧为绝对忠诚可靠的战略力量，仗剑卫国的“东风第一枝”，投身强军兴军实践的先锋劲旅。在他们身上，生动体现了对党忠诚、信念坚定的政治品质，牢记宗旨、献身使命的责任担当，开拓进取、攻坚克难的拼搏精神，恪尽职守、敬业奉献的务实作风，展示了有灵魂、有本事、有血性、有品德的新一代革命军人的良好精神风貌，为全社会树立起学习榜样。

黄志强同志生前是中国工程院院士，解放军总医院专家组组长，我国肝胆外科奠基人之一。他从小经历抗日战争，立下学医报国远大志向，从医77年，将全部心血和精力投入国家和军队医学事业，鞠躬尽瘁直至生命最后一息，铸就了大医为民、德技双馨的人生丰碑。曾荣获国家科技进步奖一等奖，被总后勤部授予科学技术“一代名师”荣誉称号。2007年，中央军委给黄志强记一等功。他的先进事迹和崇高精神，生动体现了爱党报国、矢志不移的忠诚品格，开拓创新、勇攀高峰的雄心壮志，心系军民、践行宗旨的高尚情操，躬身为桥、甘为基石的人梯精神，诠释了“三严三实”要求，树立了共产党人的良好形象。

中共中央政治局举行第二十五次集体学习

7月30日，中共中央政治局就中国人民抗日战争的回顾和思考进行第二十五次集体学习。习近平主持学习。军事科学院军事历史和百科研究部部长曲爱国同志就这个问题进行讲解。

习近平强调，今年是中国人民抗日战争暨世界反法西斯战争胜利70周年。安排这次学习，目的是回顾中国人民抗日战争的伟大进程，肯定中国人民抗日战争为世界反法西斯战争胜利作出的伟大贡献，展现我们维护第二次世界大战胜利成果和国际公平正义的坚定决心，宣示中国人民牢记历史、不忘过去，珍爱和平、开创未来的积极姿态。深入开展中国人民抗日战争研究,必须坚持正确历史观、加强规划和力量整合、加强史料收集和整理、加强舆论宣传工作,让历史说话,用史实发言,着力研究和深入阐释中国人民抗日战争的伟大意义、中国人民抗日战争在世界反法西斯战争中的重要地位、中国共产党的中流砥柱作用是中国人民抗日战争胜利的关键等重大问题。要推动海峡两岸史学界共享史料、共写史书,共同捍卫民族尊严和荣誉。

国防部举行招待会庆祝解放军建军 88 周年

7 月 31 日,中华人民共和国国防部在人民大会堂举行招待会,热烈庆祝中国人民解放军建军 88 周年。

修订廉政准则和党纪处分条例座谈会召开

7 月 31 日,王岐山分别主持召开座谈会,就修订廉政准则和党纪处分条例征求意见。

王岐山指出,依法治国必然要求依规治党,全面从严治党永远在路上,制度创新是永恒的课题。不同时期党面临的形势和任务、特点和问题各不相同。党章党规党纪始终坚持理想信念宗旨不变,又根据变化着的形势和任务不断丰富完善。修订党规党纪永远是一个过程,迈出的每一步都是万里长征的第一步。我们要从党史中获得启示,坚持问题导向、确定正确方向,这个方向就是确保党始终成为中国特色社会主义的坚强领导核心、解决人民群众反映集中的问题。要坚持纪严于法、纪在法前,实现纪法分开。制度的生命在于执行,执行制度最终靠人。与时俱进是我们党的理论品质。党的制度是在马克思主义中国化进程中探索出来的,要推进理论创新和制度创新,加强党章党规党纪教育,运用辩证唯物主义和历史唯物主义,探究党内规则的理论源头,研究中国特色社会主义政党理论,为全面从严治党、推进党内法规制度建设提供理论支撑。

省区市和部分部门单位“三严三实”专题教育工作座谈会召开

7 月 31 日,省区市和部分部门单位“三严三实”专题教育工作座谈会在京召开,刘云山出席并讲话,强调要深入学习贯彻习近平总书记重要指示精神,以先进典型为标杆、以反面典型为镜鉴,认真查找解决不严不实突出问题,把“三严三实”专题教育引向深入。

2015 年 8 月

中共中央印发《中国共产党巡视工作条例》

8 月 13 日，中共中央印发《中国共产党巡视工作条例》，并发出通知，要求各地区各部门认真遵照执行。

《巡视工作条例》是规范巡视工作、强化党内监督的重要基础性法规，对于落实全面从严治党、依规治党要求，贯彻中央巡视工作方针，深入推进党风廉政建设和反腐败斗争，加强党组织领导班子和干部队伍建设，推动党的先进性和纯洁性建设，具有十分重要的意义。

通知要求，各级党组织要从全面从严治党的战略高度，切实学习好、宣传好、贯彻好《巡视工作条例》。派出巡视组的党组织及巡视机构要严格依照《巡视工作条例》开展工作，认真履行职责，充分发挥巡视利剑作用。被巡视党组织领导班子及其成员要自觉接受巡视监督，积极配合巡视工作，认真抓好整改落实。有关机关和职能部门要按照《巡视工作条例》规定，积极为巡视组开展工作提供信息、人员、专业等支持。广大党员干部要深刻理解《巡视工作条例》精神，切实提高党章意识，严格遵守党规党纪，模范遵守国家法律法规。中央巡视工作领导小组要抓好《巡视工作条例》的贯彻落实，适时对《巡视工作条例》实施情况进行专项检查，确保各项规定要求落到实处。

全国农村精神文明建设工作经验交流会召开

8 月 14 日，全国农村精神文明建设工作经验交流会在湖州召开。

刘奇葆强调，要深入贯彻落实习近平总书记系列重要讲话精神特别是关于美丽乡村建设的重要指示精神，秉持“绿水青山就是金山银山”的发展理念，牢牢把握培育和践行社会主义核心价值观这个根本任务，以美丽乡村建设为主题，深化文明村镇创建活动，以精神文明建设的新成就扮靓美丽乡村、美丽中国。

中央全面深化改革领导小组举行第十五次会议

8 月 18 日，中央全面深化改革领导小组召开第十五次会议。会议审议通过了《关于改进审计查出突出问题整改情况向全国人大常委会报告机制的意见》、《关于完善人民法院司法责任制的若干意见》、《关于完善人民检察院司法责任制的若干意见》、《统筹推进世界一流大学和一流学科建设总体方案》、《全面改善贫困地区义务教育薄弱学校基本办学条件工作专项督导办法》、《关于建立居民身份证异地受理挂失申报和丢失招领制度的意见》。

中央党内法规工作联席会议制度建立

8月24日，为贯彻落实党的十八届四中全会关于“完善党内法规制定体制机制”要求，中央批准建立中央党内法规工作联席会议制度。中央党内法规工作联席会议在中央书记处领导下开展工作，主要职责是研究中央党内法规制定工作规划和年度工作计划、统筹协调综合性中央党内法规制定工作、推动已出台中央党内法规的贯彻实施等。联席会议办公室设在中央办公厅法规局。

栗战书强调，建立中央党内法规工作联席会议制度，搭建一个统一、权威、高效的跨部门会商协作机制，有利于统筹推进中央党内法规建设各项工作，汇聚各方面智慧和力量，提高党内法规制定质量，推动党内法规的实施和执行。联席会议各成员单位要高度重视，认真履职，加强沟通，密切配合，为加快形成完善的党内法规体系作出贡献。

习近平《做焦裕禄式的县委书记》出版发行

8月26日，习近平《做焦裕禄式的县委书记》一书，由中央文献出版社出版。该书收入习近平在中央党校县委书记研修班学员座谈会上的讲话、在会见全国优秀县委书记时的讲话等六篇文稿。

习近平强调，做县委书记，就要做焦裕禄式的县委书记。当好县委书记必须始终做到心中有党，心中有民，心中有责，心中有戒；要做政治的明白人，发展的开路人，群众的贴心人，班子的带头人；要把强县与富民统一起来，把改革和发展结合起来，把城镇和乡村贯通起来，扎扎实实打好扶贫开发攻坚战。这些讲话立意高远，内涵丰富，对于培养造就一支高素质干部队伍特别是县委书记队伍，把协调推进“四个全面”战略布局落到实处，具有十分重要的指导意义。

中宣部发布“时代楷模”金春燮和郑福来先进事迹

8月27日，中央宣传部公开发布“时代楷模”金春燮和郑福来的先进事迹。

金春燮是吉林省延边朝鲜族自治州汪清县关工委主任，他长期致力于挖掘和保护当地丰富的红色资源，考证全县烈士牺牲地和抗战遗址，整理抗战书籍资料，组织抗战故事报告，有力传承和弘扬了伟大的抗战精神。郑福来是北京市丰台区卢沟桥镇居民，曾任新中国卢沟桥镇首任镇长，他常年在卢沟桥上为参观者义务讲解抗战历史，经常深入党政机关、企事业单位、学校、社区和军营，用自己的亲身经历讲述抗战故事，使人们牢记用鲜血和生命铸就的伟大历史。

统一战线纪念中国人民抗日战争暨世界反法西斯战争胜利70周年座谈会举行

8月31日，统一战线纪念中国人民抗日战争暨世界反法西斯战争胜利70周年座谈会召开。

孙春兰指出，抗日战争的胜利，是中国人民的胜利，也是抗日民族统一战线的胜利。在中国共产党倡导下建立的抗日民族统一战线,最广泛地团结了一切可以团结的抗日力量,铸成了全民族抗战的坚固长城。历史经验表明,巩固发展最广泛的爱国统一战线,必须坚持中国共产党领导,坚持爱国主义,坚持大团结大联合,坚持求同存异,坚持正确的政策策略。要增强在中国共产党领导下、走中国特色社会主义道路的高度自信,围绕全面建成小康社会献计出力,坚决维护祖国统一、民族团结和国家安全,为坚持和发展中国特色社会主义凝聚强大力量。

2015 年 9 月

纪念中国人民抗日战争暨世界反法西斯战争胜利 70 周年大会隆重举行

9 月 3 日，纪念中国人民抗日战争暨世界反法西斯战争胜利 70 周年大会在北京天安门广场隆重举行，以盛大阅兵仪式，同世界人民一道纪念这个伟大的日子。习近平发表讲话并检阅受阅部队。李克强主持纪念大会。

习近平发表重要讲话，他指出，今天，是一个值得世界人民永远纪念的日子。70 年前的今天，中国人民经过长达 14 年艰苦卓绝的斗争，取得了中国人民抗日战争的伟大胜利，宣告了世界反法西斯战争的完全胜利，和平的阳光再次普照大地。我们纪念中国人民抗日战争暨世界反法西斯战争胜利 70 周年，就是要铭记历史、缅怀先烈、珍爱和平、开创未来。

习近平代表中共中央、全国人大、国务院、全国政协、中央军委，向全国参加过抗日战争的老战士、老同志、爱国人士和抗日将领，向为中国人民抗日战争胜利作出重大贡献的海内外中华儿女致以崇高的敬意，向支援和帮助过中国人民抵抗侵略的外国政府和国际友人表示衷心的感谢，向参加今天大会的各国来宾和军人朋友们表示热烈的欢迎。

阅兵仪式开始，习近平乘车依次检阅 11 个徒步方队、27 个装备方队。阅兵分列式由空中护旗方队率先亮相，两架直升机分别悬挂中华人民共和国国旗和中国人民解放军军旗飞过天安门广场，直升机群在空中组成“70”字样，教练机拉出 7 道彩烟。在摩托车队护卫下，抗战老兵、英烈子女和支前模范乘车方队缓缓驶来。陆海空三军仪仗队高擎八一军旗通过天安门广场。八路军、新四军、东北抗联、华南游击队等抗战英模部队，组成 10 个气势恢宏的方队，在 20 名将军率领下接受检阅。“狼牙山五壮士”英模部队、“平型关大战突击连”英模部队、百团大战“白刃格斗英雄连”英模部队、夜袭阳明堡“战斗模范连”英模部队、“雁门关伏击战英雄连”英模部队、“刘老庄连”英模部队、“攻坚英雄连”英模部队、“东北抗联”英模部队、“华南游击队”英模部队、武警部队抗战英模部队……一个个闪光的名字，一面面光荣的旗帜。来自阿富汗、白俄罗斯、柬埔寨、古巴、埃及、斐济、哈萨克斯坦、吉尔吉斯斯坦、老挝、墨西哥、蒙古国、巴基斯坦、塞尔维亚、塔吉克斯坦、瓦努阿图、委内瑞拉、俄罗斯等五大洲 17 个国家的军队方队或代表队，高举本国国旗、军旗，依次通过天安门广场，精神抖擞地接受检阅。由坦克、战车、火炮、导弹、无人机等组成的地面装备方队隆隆驶来。受阅的 500 余台各型装备，编成地面突击、防空反导、海上攻击、战略打击、信息支援、后装保障 6 个模块，体现了信息化战争的联合性特点和人民解放军保卫祖国安全、人民安宁生活的能力。这些装备全部为国产现役主战装备,84%是首次亮相,充分展示了我国国防和军队现代化建设的辉煌成就。鹰击长空,壮志凌云,由陆海空三军航空兵编成的9个空中梯队呼啸而来。预警机、轰炸机、加油机、歼击机、舰载机等183架战机,以新颖的编队低空飞过天安门广场。当70架直升机组成的编队最后通过,7万羽和平鸽展翅高飞,7万只气球腾空而起,《歌唱祖国》的激昂乐曲响彻整个广场。习近平等向各界群众挥手致意,广场内外成为一片欢腾的海洋。纪念大会圆满结束。

中共中央党校举行秋季学期开学典礼

9月7日,中共中央党校举行2015年秋季学期开学典礼。

刘云山指出,党校姓党是党校工作的根本原则。坚持党校姓党,重要的是坚持坚定正确的政治方向、贯彻实事求是的思想路线、落实从严治校的基本方针。要把党的基本理论教育和党性党风教育作为主课,深化中国特色社会主义理论体系学习教育,深化对习近平总书记系列重要讲话精神的学习教育,深化党章和党纪党规的学习教育。要坚持实事求是的思想方法和工作方法,弘扬理论联系实际的学风,提高教学和科研工作的针对性实效性。要严明制度、严肃纪律,把从严治校要求体现到党校工作和学员管理各方面,使党校成为不正之风的“净化器”。

西藏自治区举行成立五十周年庆祝大会

9月8日,西藏各族各界干部群众约2万人欢聚拉萨市布达拉宫广场,热烈庆祝西藏自治区成立50周年。

洛桑江村宣布大会开始。刘延东宣读贺电。俞正声向西藏自治区赠送了习近平总书记题词“加强民族团结·建设美丽西藏”贺匾,并讲话说,首先代表中共中央、全国人大常委会、国务院、全国政协、中央军委,向西藏各族干部群众、各界人士,向人民解放军驻藏部队指战员、武警西藏部队官兵和政法干警,表示热烈的祝贺和亲切的慰问;向所有为西藏自治区改革发展稳定作出贡献的同志们、朋友们,致以崇高的敬意;向所有关心西藏、热爱西藏、支持西藏发展进步的港澳同胞、台湾同胞、海外侨胞和国际友人,表示衷心的感谢。

1965年9月1日,西藏自治区第一届人民代表大会在拉萨胜利召开,宣告西藏自治区正式成立。50年来,中国共产党领导西藏各族人民把贫穷落后的旧西藏,改造发展为生机勃勃的社会主义新西藏,在中华民族自强不息的历史画卷上写下了浓墨重彩的一笔。这些辉煌成就的取得,是以毛泽东、邓小平、江泽民同志为核心的党的三代中央领导集体和以胡锦涛同志为总书记的党中央高瞻远瞩、英明决策的结果,是党的十八大以来以习近平同志为总书记的党中央继往开来、正确领导的结果,是西藏各族干部群众团结一心、艰苦奋斗的结果,是全国各族人民大力支援、真诚帮助的结果。这些辉煌成就的取得,充分展示了我国社会主义制度的巨大优越性,彰显了民族区域自治制度的强大生命力。中央殷切希望西藏各族干部群众坚持党的治藏方略,把维护祖国统一、加强民族团结作为工作的着眼点和着力点,坚持依法治藏、富民兴藏、长期建藏、凝聚人心、夯实基础,确保国家安全和长治久安,确保经济社会持续健康发展,确保各族人民物质文化生活水平不断提高,确保生态环境良好,共同建设更加美好的新西藏,创造更加幸福的新生活。

随后,举行了充满吉祥喜庆气氛的盛大群众游行。游行分为“奋进西藏”“七彩西藏”“筑梦西藏”三个单元,30 多个群众游行方队、彩车,在欢快的音乐中依次通过布达拉宫广场。

学习贯彻习近平主席重要讲话座谈会举行

9 月 8 日,国防大学举办学习贯彻习近平主席在纪念中国人民抗日战争暨世界反法西斯战争胜利 70 周年大会上的重要讲话座谈会。来自中央党校、中央党史研究室、军事科学院等军地领导和专家学者围绕中华民族走向伟大复兴的历史转折点、中国共产党对抗战历史的新认识、中国共产党是抗日战争的中流砥柱等问题进行了交流探讨。

“2015 中国共产党与世界对话会”在北京召开

9 月 8 日至 10 日,“2015 中国共产党与世界对话会”在北京召开。对话会由当代世界研究中心和中央纪委国际合作局联合主办,主题为“从严治党:执政党的使命”。

会议期间,与会中外专家学者围绕“从严治党:执政党的使命”主题展开深入研讨,分享观点,建言献策,并对中国共产党从严治党的背景、举措、实践等有了更加客观全面的了解。中外代表积极肯定会议的成功举办。一些政要和政党领导人表示,通过这一平台聆听各国精英关于政党治理的真知灼见,受益匪浅。学者们对“零距离”与中共领导人当面交流感到兴奋,认为中共从严治党的理论思想、制度创新和实践成果等为他们的相关研究提供了鲜活独特的素材,并对明年对话会的举办和主题表示期待。

中共中央政治局召开会议审议《生态文明体制改革总体方案》《关于繁荣发展社会主义文艺的意见》

9 月 11 日,中共中央政治局召开会议,审议通过了《生态文明体制改革总体方案》、《关于繁荣发展社会主义文艺的意见》。习近平主持会议。

会议认为,生态文明体制改革是全面深化改革的应有之义。《生态文明体制改革总体方案》是生态文明领域改革的顶层设计。推进生态文明体制改革首先要树立和落实正确的理念,统一思想,引领行动。要树立尊重自然、顺应自然、保护自然的理念,发展和保护相统一的理念,绿水青山就是金山银山的理念,自然价值和自然资本的理念,空间均衡的理念,山水林田湖是一个生命共同体的理念。推进生态文明体制改革要坚持正确方向,坚持自然资源资产的公有性质,坚持城乡环境治理体系统一,坚持激励和约束并举,坚持主动作为和国际合作相结合,坚持鼓励试点先行和整体协调推进相结合。

会议指出,文艺是民族精神的火炬,是时代前进的号角。实现中华民族伟大复兴,离不开中华文化繁荣兴盛,离不开文艺事业繁荣发展。举精神旗帜、立精神支柱、建精神家园,是当代中国文艺的崇高使命。弘扬中国精神、传播中国价值、凝聚中国力量,是文艺工作者的神圣职责。繁荣发展社会主义文艺，要坚持以人民为中心的创作导向，为人民抒写、为人民抒情，建立经得起人民检验的评价标准。要聚焦中国梦的时代主题，培育和弘扬社会主义核心价值观，唱响爱国主义主旋律，传承和弘扬中华优秀传统文化，让中国精神成为社会主义文艺的灵魂。要把创新精神贯穿创作生产全过程，高度重视和切实加强文艺理论和评论工作，大力发展网络文艺，加强文艺阵地建设，推动优秀文艺作品走出去。要把思想道德建设放在队伍建设首位，培养造就文艺领军人物和高素质文艺人才，做好新的文艺组织和新的文艺群体工作，努力建设德艺双馨的文艺队伍。

中共中央政治局举行第二十六次集体学习

9月11日，中共中央政治局就践行“三严三实”举行第二十六次集体学习，习近平主持学习。

习近平强调，党中央在部署这次专题教育时明确提出要以上率下，中央政治局这次集体学习以“三严三实”为题，就是落实这一要求的行动。中央政治局每位同志都要以身作则，为全党做好示范。在县处级以上领导干部中开展“三严三实”专题教育，是今年党的建设的一个工作重点，所有党员、干部都要按照“三严三实”要求鞭策自己。在引领社会风尚上，各级领导干部要当好旗帜和标杆，全体党员要发挥先锋模范作用。下一步，“三严三实”专题教育要从多方面继续努力。党委（党组）要强化主体责任，党委（党组）书记要敢抓敢管，在以身作则上见表现，在遵规守矩上见行动，在整改落实上见实效。要坚持以正反典型为镜子，实行组织力量、班子力量、个人力量、群众力量相结合，在查找和解决不严不实突出问题上下功夫。要开好专题民主生活会和组织生活会，联系班子和个人实际深入查摆问题，严肃认真开展批评和自我批评。在此基础上进一步立规执纪，推动领导干部践行“三严三实”制度化、常态化、长效化。要把专题教育同推进改革发展稳定工作紧密结合起来，努力营造积极向上、干事创业、风清气正的良好政治生态，激励领导干部积极应对和引领经济发展新常态，积极应对工作中存在的突出矛盾和问题，积极应对各种风险和隐患，扎扎实实把党和国家各项工作落到实处。

中共中央国务院印发《关于深化国有企业改革的指导意见》

9月13日，中共中央、国务院印发《关于深化国有企业改革的指导意见》。这是新时期指导和推进国有企业改革的纲领性文件，必将开启国有企业发展的新篇章。

《指导意见》共分8章30条，从改革的总体要求到分类推进国有企业改革、完善现代企业制度和国有资产管理体制、发展混合所有制经济、强化监督防止国有资产流失、加强和改进党对国有企业的领导、为国有企业改革创造良好环境条件等方面，全面提出了新时期国有企业改革的目标任务和重大举措。

中直工委召开落实党风廉政建设主体责任和监督责任座谈会

9月16日，中直工委召开中直机关落实党风廉政建设主体责任和监督责任座谈会。

会议强调，中直机关各单位要坚持把深

入学习贯彻习近平总书记系列重要讲话精神作为推动党风廉政建设和反腐败工作的首要政治任务，紧紧抓住党风廉政建设主体责任这个“牛鼻子”，注重发挥党员领导干部“关键少数”作用，切实抓好中直机关基层组织落实党风廉政建设主体责任和监督责任实施办法的贯彻执行，进一步深化学习认识，加强组织领导，严格责任追究，真正把思想和行动统一到党中央对现阶段党风廉政建设和反腐败斗争形势的总体判断上来，统一到中央关于党风廉政建设“两个责任”部署要求上来，切实在深入学习贯彻习近平总书记系列重要讲话精神上作表率，在同以习近平同志为总书记的党中央保持高度一致上作表率，在贯彻落实党中央各项决策部署上作表率。要加强理想信念教育，筑牢党风廉政建设思想之基，坚持把对党绝对忠诚作为中直机关工作的生命线，作为对党员干部最重要最根本的政治要求，真正使对党绝对忠诚坚如磐石、永不动摇。要严明党的政治纪律和政治规矩，以高度的政治自觉模范践行党章和党内政治生活准则，始终在纪律和规矩之下行动，切实做政治的明白人，始终同以习近平同志为总书记的党中央保持高度一致，确保中央政令畅通，确保中央令行禁止，确保中央决策部署贯彻落实。要持之以恒抓好纠正“四风”工作，坚持不懈推进党的群众路线、群众观点学习教育，扎实开展“三严三实”专题教育，着力构建党风廉政建设常态化长效化机制，凝聚形成推动中直机关事业发展的强大力量。

今年首轮中央巡视整改情况已全部公布

9月17日，中央纪委监察部网站公布了中船重工、中远集团、国机集团、通用技术集团在2015年首轮中央巡视后的整改情况。至此，该轮中央巡视的25家单位的整改情况已全部公布。

中办印发《关于在深化国有企业改革中坚持党的领导加强党的建设的若干意见》

9月20日，中共中央办公厅印发《关于在深化国有企业改革中坚持党的领导加强党的建设的若干意见》。

《意见》指出，坚持党的建设与国有企业改革同步谋划，充分发挥党组领导核心作用、党委政治核心作用、基层党组织战斗堡垒作用和党员先锋模范作用；坚持党管干部原则，从严选拔国有企业领导人员，建立适应现代企业制度要求和市场竞争需要的选人用人机制；严格落实国有企业党建工作责任制，切实履行党风廉政建设主体责任和监督责任；把加强党的领导和完善公司治理统一起来，明确国有企业党组织在公司法人治理结构中的法定地位；坚持从严教育管理国有企业领导人员，强化对国有企业领导人员特别是主要领导履职行权的监督；适应国有资本授权经营体制改革需要，加强对国有资本投资、运营公司的领导；把建立党的组织、开展党的工作，作为国有企业推进混合所有制改革的必要前提。

当前，国有企业改革正处于攻坚期和深水区，党的领导只能加强，不能削弱。《意见》强调，各地区各有关部门党委（党组）和各国有企业党组（党委）要切实加强对国有企业党建工作的领导和指导，不断完善党委（党组）抓、书记抓、各有关部门抓，一级抓一级、层层抓落实的党建工作格局，确保党的领导、党的建设在国有企业改革中得到充分体现和切实加强。

深化“三严三实”专题教育工作座谈会召开

9月21日，部分地方单位深化“三严三实”专题教育工作座谈会在北京召开，刘云山出席并强调要深入学习贯彻习近平总书记在中央政治局第二十六次集体学习时的重要讲话，按照立根固本、落细落小、修枝剪叶、从谏如流的要求，从严从实推进专题教育，确保取得党和人民满意的成效。

座谈会上，与会同志普遍反映专题教育开展以来，领导干部党性修养有了新提高，作风有了新变化，中央政治局以“三严三实”为题进行集体学习，又一次为全党作出表率，为专题教育注入新动力。刘云山听取发言后说，习近平总书记重要讲话明确提出践行“三严三实”的新要求，各级领导干部要时时铭记、事事坚持、处处上心，切实发挥旗帜和标杆作用。

第四次中老两党理论研讨会举行

9月21日，第四次中老两党理论研讨会在云南昆明举行。刘奇葆和老挝人民革命党中央政治局委员、政府副总理宋沙瓦出席开幕式。

本次研讨会的主题是“社会发展和治理创新”。刘奇葆在题为《创新社会治理，增进民生福祉》的主旨报告中指出，中国共产党高度重视社会建设，党的十八大以来，以习近平同志为总书记的党中央大力推进民生工作和社会治理工作，切实解决人民最关心最直接最现实的利益问题，社会建设取得新的重大进展和成效。宋沙瓦随后作主旨报告，阐述了老挝人民革命党加强党在社会发展和治理方面领导作用的做法和经验。

中宣部发布“时代楷模”李文祥和李登海先进事迹

9月25日，中央宣传部公开发布“时代楷模”李文祥和李登海的先进事迹。

李文祥同志是河南省濮阳市农民，他1947年参军入伍，先后参加了济南、淮海、渡江和平潭岛等战役，荣获“战斗英雄”、特等人民功臣等称号。1962年，他积极响应国家号召，主动回乡务农，50年如一日带领群众脱贫致富，为党和人民再立新功，被评为全国道德模范。李登海同志是国家玉米工程技术研究中心（山东）主任、山东登海种业股份有限公司名誉董事长。40多年来，他以国家粮食安全为己任，致力于高产玉米的育种、攻关和推广，培育的玉米新品种先后两次创造世界夏玉米单产最高记录，选育的玉米优良品种增加经济效益1100多亿元，被誉为“中国紧凑型杂交玉米之父”，获得全国道德模范、全国优秀共产党员等称号。

中共俄共“共同胜利的70年”研讨会举行

9月26日，由中国共产党和俄罗斯联邦共产党共同举办的“共同胜利的70年”研讨会在俄罗斯哈巴罗夫斯克市举行。刘奇葆和俄共中央第一副主席、国家杜马第一副主席梅利尼科夫出席研讨会并致辞。

刘奇葆在题为《共同的胜利 · 共同的责任》的致辞中指出，在世界反法西斯战争中，中国是亚洲主战场，俄罗斯是欧洲主战场，两国人民同仇敌忾、浴血奋战，为夺取最终胜利付出的牺牲最大，作出的贡献也最大。中共俄共共同纪念世界反法西斯战争胜利70周年，反映了两党共同的历史观，体现了中俄两国人民共同的历史记忆。中国和俄罗斯作为联合国创始成员国和战后国际秩序的主要缔造者，对地区及世界的和平、安全、稳定负有共同的责任。两国人民要携起手来，以坚定的决心和努力，坚决捍卫二战历史真相，坚决捍卫二战胜利成果，坚决捍卫维护和平的坚强决心，推动建设持久和平、共同繁荣的世界。梅利尼科夫在致辞中表示，中俄两国对世界反法西斯战争胜利持有相同立场，两国要一道坚决反对篡改历史、教育青年一代尊重历史，为世界和平稳定和多极化发展作出决定性贡献。

烈士纪念日向人民英雄敬献花篮仪式隆重举行

9月30日，烈士纪念日向人民英雄敬献花篮仪式在北京隆重举行。党和国家领导人习近平、李克强、张德江、俞正声、刘云山、王岐山、张高丽等，同首都各界代表一起出席仪式。

2015 年 10 月

中央党校实施马克思主义理论骨干人才培养计划

10 月 8 日，中央党校举行首次招收的 2015 级马克思主义理论骨干人才培养计划博士生开学典礼。

为适应当前我国马克思主义理论研究和队伍建设的需要，根据党中央和中央领导同志要求，中央党校从今年起，每年主要从高等学校和党校青年教师中定向招收、培养 100 名马克思主义理论博士研究生。该计划属于国民教育序列，对完成规定课程，经考试考核合格，并通过毕业论文答辩的，按照国家规定颁发毕业证书、授予博士学位。

中央国家机关工委召开“从严治党”总结交流会

10 月 9 日，中央国家机关工委召开落实《中央国家机关贯彻落实全面从严治党要求实施方案》工作推进会，总结中央国家机关落实全面从严治党要求、推动《实施方案》落实情况，交流经验做法，推进全面从严治党要求在中央国家机关更好落地。

李智勇指出，《实施方案》是对全面从严治党要求的具体化，是中央国家机关落实全面从严治党要求的“规划图”“路线图”，是推动机关党建重点难点问题解决的制度保障，也是当前和今后几年机关党建的总抓手。对于《实施方案》在落实中存在的部门进展不平衡、“上紧下松”、认识不到位等问题，李智勇要求各部门机关党委履行好落实《实施方案》的主体责任，对《实施方案》提出的重大任务举措和部门党组（党委）的决议、决定，加以细化、实化，狠抓落实。要着力推动四个方面的重点工作：一是抓好党建工作领导小组的运行；二是组织好年度述职评议考核；三是抓好“制度群”建设，逐步建立以《中国共产党党和国家机关基层组织工作条例》和《实施方案》为主，配套衔接、具体可行、便于操作的全面从严治党“制度群”；四是抓好机关党建制度改革的试点工作，推动机关党委工作机构与干部人事等部门合署办公、交叉任职，机关党务干部和业务干部交流任职等制度。

首届世界马克思主义大会举行

10 月 10 日，由北京大学主办的首届世界马克思主义大会在北京举行。来自世界近 20 个国家的 400 多名马克思主义研究学者和中国问题研究专家受邀参加，中外学者将在“马克思主义的起源和发展”“马克思主义与经济全球化”“中国道路与中国话语体系”等 8 个专题论坛上发表讲演，并就“落后国家发展道路与马克思主义”等话题展开高端对话。

据悉，这是中国目前举办的规模最大、参会学者层次最高的马克思学术研究与讨论大会。受邀前来的世界知名学者有40多位，包括埃及经济学家萨米尔·阿明、耶鲁大学教授约翰·罗默、哈佛大学教授罗德里克·麦克法夸尔等。

刘云山出席朝鲜劳动党成立70周年庆祝活动

10月10日，刘云山应邀出席朝鲜劳动党成立70周年庆祝活动，与朝鲜劳动党第一书记金正恩等朝党和国家领导人以及10万平壤各界群众一起观看了阅兵式和群众游行。

11日上午，刘云山专程赶赴安州祭扫中国人民志愿军烈士陵园，向中国人民志愿军烈士敬献花篮并默哀。安州志愿军烈士陵园共安葬志愿军烈士1156人。

中央政治局召开会议审议《中国共产党廉洁自律准则》《中国共产党纪律处分条例》

10月12日，中共中央政治局召开会议，研究制定国民经济和社会发展第十三个五年规划重大问题，审议通过《中国共产党廉洁自律准则》、《中国共产党纪律处分条例》。习近平主持会议。

会议决定，中国共产党第十八届中央委员会第五次全体会议于10月26日至29日在北京召开。

中共中央政治局举行第二十七次集体学习

10月12日，中共中央政治局就全球治理格局和全球治理体制进行第二十七次集体学习。习近平主持。外交学院秦亚青教授就这个问题进行讲解。

习近平讲话指出，我们参与全球治理的根本目的，就是服从服务于实现“两个一百年”奋斗目标、实现中华民族伟大复兴的中国梦。要审时度势，努力抓住机遇，妥善应对挑战，统筹国内国际两个大局，推动全球治理体制向着更加公正合理方向发展，为我国发展和世界和平创造更加有利的条件。国际社会普遍认为，全球治理体制变革正处在历史转折点上。国际力量对比发生深刻变化，新兴市场国家和一大批发展中国家快速发展，国际影响力不断增强，是近代以来国际力量对比中最具革命性的变化。现在，世界上的事情越来越需要各国共同商量着办，建立国际机制、遵守国际规则、追求国际正义成为多数国家的共识。经济全球化深入发展，把世界各国利益和命运更加紧密地联系在一起，形成了你中有我、我中有你的利益共同体。很多问题不再局限于一国内部，很多挑战也不再是一国之力所能应对，全球性挑战需要各国通力合作来应对。我们提出“一带一路”倡议、建立以合作共赢为核心的新型国际关系、坚持正确义利观、构建人类命运共同体等理念和举措，顺应时代潮流，符合各国利益，增加了我国同各国利益汇合点。

第五届全国道德模范座谈会召开

10月13日，第五届全国道德模范座谈会在北京召开。习近平作出批示，向受表彰的全国道德模范致以热烈祝贺和崇高敬意。

习近平指出，隆重表彰全国道德模范，对展示社会主义思想道德建设的丰硕成果，彰显中华民族昂扬向上的精神风貌，凝聚全国各族人民团结奋进的力量，具有重要意义。

他强调，道德模范是道德实践的榜样。要深入开展宣传学习活动，创新形式、注重实效，把道德模范的榜样力量转化为亿万群众的生动实践，在全社会形成崇德向善、见贤思齐、德行天下的浓厚氛围。要持续深化社会主义思想道德建设，弘扬中华传统美德，弘扬时代新风，用社会主义核心价值观凝魂聚力，更好构筑中国精神、中国价值、中国力量，为中国特色社会主义事业提供源源不断的精神动力和道德滋养。

座谈会上宣读了表彰决定，王福昌等62名同志被授予第五届全国道德模范荣誉称号，廖理纯等265名同志被授予第五届全国道德模范提名奖。第五届全国道德模范代表、云南省怒江傈僳族自治州人大常委会退休干部高德荣，往届全国道德模范代表、鞍钢集团矿业公司齐大山铁矿公路管理员郭明义，以及有关方面负责同志分别发言。第五届全国道德模范代表、海军大连舰艇学院学员旅145队学员官东宣读了《第五届全国道德模范倡议书》。

《习近平关于协调推进“四个全面”战略布局论述摘编》出版发行

10月13日，中共中央文献研究室编辑的《习近平关于协调推进“四个全面”战略布局论述摘编》一书，由中央文献出版社出版。

摘编共分6个专题，收入287段论述，摘自习近平同志2012年11月15日至2015年9月3日期间的讲话、报告、批示、指示等110多篇重要文献。

全面从严治党与延安精神研讨会召开

10月13日，由陕西省委和人民日报社联合主办的全面从严治党与延安精神研讨会在人民大会堂召开。赵正永、杨振武、何毅亭、陈向群出席并讲话。杜飞进主持研讨会。会上，陕西省委常委、组织部部长毛万春，陕西省委常委、延安市委书记徐新荣，中央文献研究室副主任孙业礼，中央党史研究室副主任高永中，陕西省咸阳市旬邑县委书记高玉峰，延安大学教授高尚斌，人民日报社理论部主任张首映先后作交流发言。

亚洲政党丝绸之路专题会议开幕

10月14日，亚洲政党丝绸之路专题会议在北京开幕。刘云山出席并发表题为《深化丝路政党合作，共同开创美好未来》的主旨演讲。

刘云山说，由中国国家主席习近平倡议、中国政府积极推动的“一带一路”建设，与和平发展的时代主题相契合，与中国改革开放的进步大势相一致，与构建人类命运共同体的现实需要相适应。这次会议以“重塑丝绸之路，促进共同发展”为主题，顺应了亚洲及丝路沿线国家深化合作的愿望，必将对推动“一带一路”建设、促进共同繁荣发展，产生深远影响。重塑丝绸之路，特别需要弘扬丝路精神。各国政党和政治家有责任携起手来，加强政党间对话与合作，为促进共同发展作出积极努力。要在引领国家关系发展、促进和平合作，在增进政治互信、坚持开放包容，在推动人文交流、促进互学互鉴，在助力经济社会发展、实现互利共赢上发挥积极作用。中国共产党愿与沿线国家政党加强合作，推动“一带一路”建设成为造福各国人民、惠及子孙后代的惠民工程。

塞浦路斯总统阿纳斯塔夏季斯，柬埔寨

人民党主席、首相洪森，蒙古民主党主席、议长赞·恩赫包勒德，格鲁吉亚议长乌苏帕什维利，亚洲政党国际会议联合主席德贝内西亚分别致辞，均表示，“一带一路”是致力于各国共同繁荣发展的伟大倡议。感谢中国共产党举办这次重要会议，为亚洲各国政党共商发展战略规划对接、共享发展机遇提供重要契机。相信会议将取得丰硕成果，凝聚各国各方共识和参与热情，为“一带一路”倡议做出亚洲各国朝野政党的积极贡献，推动相关建设广泛惠及各国人民。

坚持和发展中国特色社会主义学习实践活动经验交流暨中期推动会召开

10月14日，坚持和发展中国特色社会主义学习实践活动经验交流暨中期推动会在北京召开。

民革中央常务副主席齐续春、民盟中央主席张宝文、民建中央主席陈昌智、民进中央主席严隽琪、农工党中央主席陈竺、致公党中央主席万钢、九三学社中央主席韩启德、台盟中央主席林文漪、无党派人士代表郭雷先后发言，介绍了各自开展坚持和发展中国特色社会主义学习实践活动的情况，交流了经验和体会，提出了下一阶段活动的思路和任务。

俞正声指出，协调推进“四个全面”战略布局，召开中央统战工作会议和颁发《中国共产党统一战线工作条例（试行）》，为发展统一战线和多党合作事业提供了难得的发展机遇。要适应形势任务变化，着眼增进政治共识，更加注重开拓创新，更加注重扩大影响，更加注重提高实效，把学习实践活动不断引向深入。

中组部通知要求深化县级“三严三实”专题教育

10月15日，中共中央组织部印发《关于深化县级“三严三实”专题教育着力解决基层干部不作为乱作为等损害群众利益问题的通知》，要求认真贯彻落实习近平总书记重要批示精神，在县级“三严三实”专题教育中，着力解决基层干部不作为、乱作为等损害群众利益问题。

中宣部发布“时代楷模”贠恩凤和段江华先进事迹

10月15日，中央宣传部公开发布“时代楷模”贠恩凤和段江华的先进事迹。

贠恩凤是原陕西省广播电视民族乐团团长，著名女高音歌唱家。从艺60多年来，她始终坚持以人民为中心的创作导向，连续20多个春节主动下基层义务演出，多次把演唱所得捐赠给灾区群众和贫困孩子，被誉为“敬业奉献的楷模”“人民的艺术家”。段江华是湖南师范大学美术学院绘画系主任。从事美术教育25年来，他把德艺双馨作为人生追求，勇攀艺术高峰，乐于奉献社会，多次捐画义卖，捐赠灾区、资助学生。今年3月，他不顾个人安危，将一名不慎落水的女童救上岸，在当地引起热烈反响，被誉为“最美画家”“最美老师”。

全国社会组织党的建设工作座谈会召开

10月16日，全国社会组织党的建设工作座谈会在北京召开。

赵乐际强调，要深入学习贯彻习近平总

书记系列重要讲话精神，贯彻《关于加强社会组织党的建设工作的意见（试行）》，按照“四个全面”战略布局，坚持实事求是、改革创新，充分发挥党的政治优势和组织优势，把党的领导与社会组织依法自治统一起来，把社会组织自身发展与坚持中国特色社会主义方向结合起来，保证社会组织健康有序发展。

中共中央印发《干部教育培训工作条例》

10月18日，中共中央印发了《干部教育培训工作条例》，并发出通知，要求各地区各部门认真遵照执行。

通知指出，《条例》体现了中央关于干部教育培训工作的新精神新要求，吸收了干部教育培训实践中创造的新经验新成果，根据新形势新任务对干部教育培训制度进行了改进完善，是做好干部教育培训工作的基本遵循。《条例》的颁布实施，对培养造就信念坚定、为民服务、勤政务实、敢于担当、清正廉洁的好干部，推动学习型、服务型、创新型马克思主义执政党建设和学习型社会建设，推进国家治理体系和治理能力现代化，具有十分重要的意义。

中共中央印发《中国共产党廉洁自律准则》

10月21日，中共中央印发《中国共产党廉洁自律准则》，并发出通知要求各地区各部门认真遵照执行。

通知指出，《准则》贯彻党的十八大和十八届三中、四中全会精神，坚持依规治党与以德治党相结合，紧扣廉洁自律主题，重申党的理想信念宗旨、优良传统作风，重在立德，是党执政以来第一部坚持正面倡导、面向全体党员的规范全党廉洁自律工作的重要基础性法规，是对党章规定的具体化，体现了全面从严治党实践成果，为党员和党员领导干部树立了一个看得见、够得着的高标准，展现了共产党人的高尚道德追求，对于深入推进党风廉政建设和反腐败斗争，加强党内监督，永葆党的先进性和纯洁性，具有十分重要的意义。

中共中央印发《中国共产党纪律处分条例》

10月21日，中共中央印发《中国共产党纪律处分条例》，并发出通知，要求各地区各部门认真遵照执行。

通知指出，《条例》贯彻党的十八大和十八届三中、四中全会精神，坚持依规治党与以德治党相结合，围绕党纪戒尺要求，开列负面清单，重在立规，是对党章规定的具体化，划出了党组织和党员不可触碰的底线，对于贯彻全面从严治党要求，把纪律和规矩挺在前面，切实维护党章和其他党内法规的权威性、严肃性，保证党的路线、方针、政策、决议和国家法律法规的贯彻执行，深入推进党风廉政建设和反腐败斗争具有十分重要的意义。

学习贯彻《干部教育培训工作条例》座谈会召开

10月22日，学习贯彻《干部教育培训工作条例》座谈会在北京召开。

赵乐际指出，《干部教育培训工作条例》体现了党中央关于干部教育培训工作的新精神新要求，吸收了干部教育培训实践的新经验新成果，要认真学习、大力宣传、严格执行。要始终坚持干部教育培训的正确政治方向，坚持党性原则、遵循党的政治路线、恪守党的政治纪律和政治规矩，并具体落实到教材内容、教师队伍、教学实践中。要始终突出理想信念、党性教育，重点开展好习近平总书记系列重要讲话精神、党章的教育培训。要始终注重干部专业化能力培训，着力提高协调推进"四个全面"的能力。要始终重视干部教育培训的改革创新，创新办学模式、培训内容、方式方法，进一步提高教育培训的质量和效益。要始终坚持从严治校、从严治教、从严治学，把"三严三实"贯穿干部教育培训全过程，保持良好的教学秩序和学习风气。

中央巡视工作动员部署会议召开

10 月 23 日，中央巡视工作动员部署会议在北京召开。2015 年中央第三轮巡视将对教育部等 31 家单位党组织进行专项巡视。

会议指出，依法治国、依规治党，党规党纪就是制度的笼子。新修订的廉洁自律准则强调"四个必须"，提出"八条规范"，确立高标准；党纪处分条例划出党员的行为底线，是管党治党的戒尺；党政领导干部选拔任用工作条例是选对人、用好人的标准；巡视工作条例是对党章确定的巡视规则的遵循和具体化，是中央巡视工作方针的制度化。这些都为深入开展巡视工作提供了有力武器。巡视要聚焦全面从严治党，紧紧围绕坚持党的领导这个根本。党要管党、从严治党，是管全党、治全党，首先就要尊崇党章。中国共产党只有一部党章，对 8700 万党员和所有党组织都有效管用。习近平总书记系列重要讲话，无论涉及哪个方面工作，都无不要求坚持党的领导、加强党的建设。巡视首先要检查被巡视党组织是否维护党章权威、贯彻从严治党方针、发挥党的领导核心作用。党的工作领域各有不同，但落实管党治党主体责任是共同的政治任务，都必须用实际行动落实党的十八大和十八届二中、三中、四中全会精神，同党中央保持高度一致。巡视是对党组织和党员领导干部的巡视，是政治巡视不是业务巡视。我们党是执政党，所有违纪问题发展到一定程度，归根结底都是破坏政治纪律，最终都会削弱党的执政能力、动摇党的执政基础。要通过巡视严明政治纪律，确保中央政令畅通、维护党的集中统一。

刘奇葆同新任县委宣传部长培训班学员座谈

10 月 23 日，刘奇葆在同新任县委宣传部长培训班学员座谈时强调，思想政治工作是我们党的最大特色、最大优势，是党的全部工作的生命线。要深刻把握基层思想政治工作的新特点新要求，增强责任感、使命感和主动性、创造性，以更大的决心和力度抓好各项任务的落实，不断开创基层思想政治工作新局面。

要坚持以理想信念教育为核心，深入学习贯彻习近平总书记系列重要讲话精神，不断深化中国梦宣传教育，培育和践行社会主义核心价值观，求取团结奋进的最大公约数。要坚持以理顺情绪化解矛盾为重点，扎实开展形势政策教育，抓好法治意识、国家意识、社会责任意识宣传教育，培育理性平和的社会心态。要坚持以阵地建设为依托，推进基层综合性文化服务中心建设，推动公益广告走进城乡基层，积极搭建思想政治工作平台。要坚持以创新发展为动力，注重实践育人、文化育人、典型育人，善于运用互联网开展工作,使思想政治工作更好体现时代要求、富有生机活力。要坚持以队伍建设为支撑,按照“紧跟中央、安心热爱、钻研求索、积极作为”的要求,抓好基层工作队伍的配备和培训,努力增强做好思想政治工作的本领。

中共十八届五中全会举行

10月26日至29日,中国共产党第十八届中央委员会第五次全体会议在北京召开。中央政治局主持会议,习近平作重要讲话。

全会听取和讨论习近平受中央政治局委托作的工作报告,习近平就《建议(讨论稿)》向全会作说明。通过了《中共中央关于制定国民经济和社会发展第十三个五年规划的建议》和《中国共产党第十八届中央委员会第五次全体会议公报》。

全会号召,全党全国各族人民要更加紧密地团结在以习近平同志为总书记的党中央周围,万众一心,艰苦奋斗,共同夺取全面建成小康社会决胜阶段的伟大胜利。

中办印发《关于认真学习贯彻〈中国共产党廉洁自律准则〉和〈中国共产党纪律处分条例〉的通知》

10月28日,中共中央办公厅印发《关于认真学习贯彻〈中国共产党廉洁自律准则〉和〈中国共产党纪律处分条例〉的通知》。

中央纪委常委会召开学习贯彻五中全会精神会议

10月30日,中央纪委常委会召开会议,传达学习党的十八届五中全会和习近平总书记重要讲话精神,结合纪检工作实际,就贯彻落实全会精神作出部署。王岐山主持会议。

会议强调,各级纪委要把思想和行动统一到五中全会精神上来,全面履行党章赋予的职责,加强对全会精神贯彻情况的监督检查,坚决维护中央权威,确保中央政令畅通。

2015 年 11 月

学习贯彻党的十八届五中全会精神中央宣讲团动员会召开

11 月 4 日，学习贯彻党的十八届五中全会精神中央宣讲团动员会在北京召开，习近平对做好宣讲工作作出重要批示。

他指出，组织中央宣讲团集中宣讲，是学习宣传贯彻十八届五中全会精神的重要举措，任务重大、意义重大。希望宣讲团的同志们增强使命感和责任感，学深学透全会精神，准确把握“十三五”时期我国经济社会发展的指导思想、总体思路、目标任务、重大举措。宣讲过程中，要紧密结合实际，回答热点难点问题，回应群众关注关切，把全会精神讲全、讲准、讲透，增强宣讲的针对性、生动性和实效性。各地要广泛组织面向基层的对象化、分众化、互动化宣讲活动，通过多层次、广覆盖的宣讲，推动全会精神深入群众、深入人心，引导广大干部群众把思想和行动统一到全会精神上来，同心同德为落实好“十三五”时期各项任务、全面建成小康社会努力奋斗。

中宣部发布“时代楷模”广西军区某边防团十连和郭峰先进事迹

11 月 5 日，中央宣传部公开发布“时代楷模”广西军区某边防团十连和郭峰的先进事迹。

广西军区某边防团十连，坚持以强军目标为指引，铁心跟党走、铁拳守边关、铁纪正作风、铁血凝友情，打造了风清气正、团结奋进的战斗集体，圆满完成守边固边任务，连队党支部被评为“全军先进基层党组织”。郭峰是北京军区某兵种训练基地三级军士长，入伍 17 年来始终把“当精兵、当尖兵、当好兵”作为不懈追求，刻苦钻研武器装备，倾心传授战斗本领，成长为矢志强军、精武强能的“全能士官”，曾多次立功受奖，荣立一等功。

中央党校举行 2015 年秋季学期第一批进修班毕业典礼

11 月 6 日，中共中央党校举行 2015 年秋季学期第一批进修班毕业典礼，刘云山出席并为学员颁发毕业证书。

中央党校本期毕业学员共 741 人。毕业典礼上，5 位毕业学员代表作了发言。学员们普遍反映，通过党校学习培训，进一步深化了对习近平总书记系列重要讲话精神的理解和把握，坚定了理想信念；进一步强化了运用马克思主义立场观点方法分析研究解决问题的能力，提升了理论素养；进一步强化了忠诚、干净、担当和纪律规矩意识，提高了党性修养。大家表示，一定要把在党校学到的理论、知识运用到实际工作中去，转化为实实在在的工作成果，以踏石留印的精神、求真务实的作风贯彻落实好党的十八届五中全会精神，为协调推进“四个全面”战略布局、夺取全面建成小康社会决胜阶段的伟大胜利贡献自己的力量。

中央全面深化改革领导小组召开第十八次会议

11月9日，习近平主持召开中央全面深化改革领导小组第十八次会议并发表讲话。会议审议通过了《全国总工会改革试点方案》、《上海市群团改革试点方案》、《重庆市群团改革试点方案》、《关于加快实施自由贸易区战略的若干意见》、《关于促进加工贸易创新发展的若干意见》、《推进普惠金融发展规划(2016～2020年)》、《关于深入推进城市执法体制改革改进城市管理工作的指导意见》、《国家高端智库建设试点工作方案》。

习近平强调，党的十八届五中全会通过的《中共中央关于制定国民经济和社会发展第十三个五年规划的建议》，是指导我国改革发展的纲领性文件。我国发展走到今天，发展和改革高度融合，发展前进一步就需要改革前进一步，改革不断前进也能为发展提供强劲动力。在全面贯彻党的十八届五中全会精神过程中，要发挥改革的突破性和先导性作用，增强改革创新精神，提高改革行动能力，着力推进国家治理体系和治理能力现代化，着力推进各方面制度更加成熟更加定型，依靠改革为科学发展提供持续动力。

中央党校举行秋季学期第二批入学学员开学典礼

11月12日，中共中央党校举行2015年秋季学期第二批入学学员开学典礼。

刘云山强调领导干部要认真学习贯彻党的十八届五中全会精神，牢固树立和自觉践行五大发展理念，努力锻造推动经济社会发展的过硬能力，肩负起决胜全面建成小康社会的历史使命。

《胡耀邦文选》出版

11月19日，为纪念胡耀邦同志诞辰100周年，中共中央文献编辑委员会编辑的《胡耀邦文选》由人民出版社出版在全国发行。

这部文选，收入了胡耀邦同志1952年5月至1986年10月这段时间内的重要著作77篇，约49万字，包括文章、讲话、报告、谈话、批示、书信、题词等，相当一部分是第一次公开发表。这些著作集中反映了胡耀邦同志为推动社会主义革命和建设、为推动改革开放和社会主义现代化、为推动中国特色社会主义事业作出的贡献和提出的重要思想观点，集中反映了胡耀邦同志信念坚定、心系人民的高尚品格，实事求是、勇于开拓的探索精神，公道正派、清正廉洁的优良作风。

中共中央举行纪念胡耀邦同志诞辰100周年座谈会

11月20日，中共中央在人民大会堂举行座谈会，纪念胡耀邦同志诞辰100周年，习近平出席并讲话。

习近平在讲话中回顾了胡耀邦同志一生的丰功伟绩，总结了胡耀邦同志为我国革命、建设、改革作出的卓越贡献，强调胡耀邦同志是久经考验的忠诚的共产主义战士，伟大的无产阶级革命家、政治家，我军杰出的政治工作者，长期担任党的重要领导职务的卓越领导人，为中华民族独立和解放、为社会主义革命和建设、为中国特色社会主义探索和开创建立了不朽功勋。胡耀邦同志把自己的一生献给了党和人民。他的一生，是光辉的一生、战斗的一生。在为党和人民事业的不懈奋斗中，他夙夜在公、呕心沥血，鞠躬尽瘁、死而后已，书写了无愧于共产党员称号的人生。

他强调，我们纪念胡耀邦同志，就是要学习他坚守信仰、献身理想的高尚品格。胡耀邦同志认为，理想是我们这个国家和民族的一个非常重要的精神支柱，我们的最高理想是共产主义，一定要讲基本原则、基本精神，不能离开这个最终目标。打铁还需自身硬，硬就硬在我们共产党人有着坚定的理想信念。全党同志要坚定理想信念，增强中国特色社会主义道路自信、理论自信、制度自信，真正做到虔诚而执着、至信而深厚。我们纪念胡耀邦同志，就是要学习他心在人民、利归天下的为民情怀。全党同志要时刻把人民的安危冷暖放在心上，把中央的要求与人民的期待紧密结合起来，出实招、办实事、求实效，把心思和精力都用在为群众谋利益、谋福祉上，不断让人民群众得到实实在在的好处。我们纪念胡耀邦同志，就是要学习他实事求是、勇于开拓的探索精神。就是要学习他公道正派、廉洁自律的崇高风范。

全国基层党建创新论坛举行

11 月 20 日，第三届全国基层党建创新论坛暨基层党建创新最佳和优秀案例颁奖仪式举行。

本届共征集到 2300 多个基层案例，最终评选出浙江省嘉兴市委组织部“以 96345 党员志愿者服务为载体，打通联系服务群众‘最后一公里’”等 30 个最佳案例和福建省福州市台江区委组织部“打造‘党员诚信店’品牌，破解非公党建难题”等 60 个优秀案例。

中共中央政治局召开会议审议《关于打赢脱贫攻坚战的决定》《关于加强和改进新形势下党校工作的意见》

11 月 23 日，中共中央政治局召开会议，审议通过《关于打赢脱贫攻坚战的决定》、《关于加强和改进新形势下党校工作的意见》，听取关于巡视 55 家国有重要骨干企业有关情况的专题报告。习近平主持会议。

中共中央政治局举行第二十八次集体学习

11 月 23 日，中共中央政治局就马克思主义政治经济学基本原理和方法论进行第二十八次集体学习，习近平主持学习。教育部社会科学委员会顾海良教授就这个问题进行讲解。

习近平指出，面对极其复杂的国内外经济形势，面对纷繁多样的经济现象，学习马克思主义政治经济学基本原理和方法论，有利于我们掌握科学的经济分析方法，认识经济运动过程，把握社会经济发展规律，提高驾驭社会主义市场经济能力，更好回答我国经济发展的理论和实践问题，提高领导我国经济发展能力和水平。马克思主义政治经济学是马克思主义的重要组成部分，也是我们坚持和发展马克思主义的必修课。学习马克思主义政治经济学，是为了更好指导我国经济发展实践，既要坚持其基本原理和方法论，更要同我国经济发展实际相结合，不断形成新的理论成果。要坚持和完善社会主义基本经济制度，毫不动摇巩固和发展公有制经济，毫不动摇鼓励、支持、引导非公有制经济发展，推动各种所有制取长补短、相互促进、共同发展，同时公有制主体地位不能动摇，国有经济主导作用不能动摇，这是保证我国各族人民共享发展成果的制度性保证，也是巩固党的执政地位、坚持我国社会主义制度的重要保证。要坚持社会主义市场经济改革方向，坚持辩证法、两点论，继续在社会主义基本制度与市场经济的结合上下功夫，把两方面优势都发挥好。

中央军委改革工作会议举行

11月24日至26日，中央军委改革工作会议在北京举行，习近平出席并讲话。

习近平强调，深化国防和军队改革是实现中国梦、强军梦的时代要求，是强军兴军的必由之路，也是决定军队未来的关键一招。把握深化国防和军队改革的指导思想，关键是要抓住党在新形势下的强军目标这个“牛鼻子”，坚持用强军目标审视、引领、推进改革。要着眼于贯彻新形势下政治建军的要求，推进领导掌握部队和高效指挥部队有机统一，形成军委管总、战区主战、军种主建的格局。坚持坚定正确的政治方向，通过一系列体制设计和制度安排，把党对军队绝对领导的根本原则和制度进一步固化下来并加以完善，强化军委集中统一领导，更好使军队最高领导权和指挥权集中于党中央、中央军委。对领导管理体制和联合作战指挥体制进行一体设计，通过调整军委总部体制、实行军委多部门制，组建陆军领导机构、健全军兵种领导管理体制，重新调整划设战区、组建战区联合作战指挥机构，健全军委联合作战指挥机构等重大举措，着力构建军委——战区——部队的作战指挥体系和军委——军种——部队的领导管理体系。

要着眼于打造精锐作战力量，优化规模结构和部队编成，推动我军由数量规模型向质量效能型转变。坚持精简高效的原则，裁减军队员额30万，精简机关和非战斗机构人员，使军队更加精干高效。调整改善军种比例，优化军种力量结构，根据不同方向安全需求和作战任务改革部队编成，推动部队编成向充实、合成、多能、灵活方向发展。推进以效能为核心的军事管理革命，树立现代管理理念，完善管理体系，优化管理流程，不断提高军队专业化、精细化、科学化管理水平。要着眼于抢占未来军事竞争战略制高点，充分发挥创新驱动发展作用，培育战斗力新的增长点。要着眼于开发管理用好军事人力资源，推动人才发展体制改革和政策创新，形成人才辈出、人尽其才的生动局面。要着眼于贯彻军民融合发展战略，推进跨军地重大改革任务，推动经济建设和国防建设融合发展。着力解决制约军民融合发展的体制机制问题，努力构建统一领导、军地协调、顺畅高效的组织管理体系，国家主导、需求牵引、市场运作相统一的工作运行体系，系统完备、衔接配套、有效激励的政策制度体系，形成全要素、多领域、高效益的军民融合深度发展格局。完善民兵预备役、国防动员体制机制。在国家层面加强对退役军人管理保障工作的组织领导，健全服务保障体系和相关政策制度。下决心全面停止军队有偿服务。

深化国防和军队改革是一场整体性、革命性变革。根据改革总体方案确定的时间表，2020年前要在领导管理体制、联合作战指挥体制改革上取得突破性进展，在优化规模结构、完善政策制度、推动军民融合发展等方面改革上取得重要成果，努力构建能够打赢信息化战争、有效履行使命任务的中国特色现代军事力量体系，完善中国特色社会主义军事制度。全军要以高度的历史自觉和强烈的使命担当，以踏石留印、抓铁有痕的精神，坚决打赢改革这场攻坚仗，努力交出让党和人民满意的答卷。

纪念邓力群同志诞辰100周年座谈会举行

11月25日，纪念邓力群同志诞辰100周年座谈会在北京举行。刘云山出席座谈会并在会前会见了邓力群同志亲属。

邓力群同志是中国共产党第十二届中央委员、中央书记处书记，原中央顾问委员会委员。刘奇葆在座谈会上深切缅怀了邓力群同志的崇高品格和革命风范，强调要学习他坚守崇高理想信念的革命精神、坚持理论联系实际的优良作风、刻苦学习敏于求知的可贵品质、严于律己廉洁奉公的高尚情操。强调要紧密团结在以习近平同志为总书记的党中央周围，万众一心、艰苦奋斗，为实现中华民族伟大复兴的中国梦作出更大贡献。

中央扶贫开发工作会议召开

11月27日至28日，中央扶贫开发工作会议在北京召开。中西部22个省区市党政主要负责同志向中央签署脱贫攻坚责任书。

习近平强调，这次中央扶贫开发工作会议是党的十八届五中全会后召开的第一个中央工作会议，体现了党中央对扶贫开发工作的高度重视。要坚持精准扶贫、精准脱贫，重在提高脱贫攻坚成效。要解决好“怎么扶”的问题，按照贫困地区和贫困人口的具体情况，实施“五个一批”工程。一是发展生产脱贫一批，引导和支持所有有劳动能力的人依靠自己的双手开创美好明天，立足当地资源，实现就地脱贫。二是易地搬迁脱贫一批，贫困人口很难实现就地脱贫的要实施易地搬迁，按规划、分年度、有计划组织实施，确保搬得出、稳得住、能致富。三是生态补偿脱贫一批，加大贫困地区生态保护修复力度，增加重点生态功能区转移支付，扩大政策实施范围，让有劳动能力的贫困人口就地转成护林员等生态保护人员。四是发展教育脱贫一批，治贫先治愚，扶贫先扶智，国家教育经费要继续向贫困地区倾斜、向基础教育倾斜、向职业教育倾斜，帮助贫困地区改善办学条件，对农村贫困家庭幼儿特别是留守儿童给予特殊关爱。五是社会保障兜底一批，对贫困人口中完全或部分丧失劳动能力的人，由社会保障来兜底，统筹协调农村扶贫标准和农村低保标准，加大其他形式的社会救助力度。要加强医疗保险和医疗救助，新型农村合作医疗和大病保险政策要对贫困人口倾斜。要高度重视革命老区脱贫攻坚工作。越是进行脱贫攻坚战，越是要加强和改善党的领导。脱贫攻坚任务重的地区党委和政府要把脱贫攻坚作为“十三五”期间头等大事和第一民生工程来抓，坚持以脱贫攻坚统揽经济社会发展全局。要层层签订脱贫攻坚责任书、立下军令状。要建立年度脱贫攻坚报告和督察制度，加强督察问责。要把脱贫攻坚实绩作为选拔任用干部的重要依据，在脱贫攻坚第一线考察识别干部，激励各级干部到脱贫攻坚战场上大显身手。要把夯实农村基层党组织同脱贫攻坚有机结合起来，选好一把手、配强领导班子。

李克强指出，要着力增强集中连片特困地区发展能力，国家“十三五”规划中确定的交通、水利、电力、信息等重大基础设施项目和重大生态工程要向这些地区倾斜，适当提高农村公路建设补助标准，实施农村饮水安全巩固提升工程，制定和实施贫困村通动力电规划，加快推进宽带网络覆盖贫困村，逐步对25度以上该退的陡坡耕地开展退耕还林还草。调整完善资源开发收益分配政策，更多让当地和群众受益。要发挥好新型城镇化和农业现代化对脱贫的辐射带动作用，让符合条件的贫困地区农业转移人口及其家属落户，国家扶持“三农”的政策、资金和项目向贫困地区倾斜，实施贫困村“一村一品”产业推进行动。“十三五”期间对1000万左右贫困人口开展易地扶贫搬迁，确保搬迁对象有业可就、稳定脱贫。要以精准帮扶促进贫困地区民生改善，通过输出劳务、发展产业、加强培训、推动创业促进有劳动能力的贫困人口就业，找到适合自己的脱贫致富门路。加强教育扶贫，对贫困家庭的高中学生，要全部免除学杂费，扩大重点高校面向贫困地区定向招生计划。推进大病医疗保险全覆盖，提高贫困地区医疗服务能力，加强传染病、地方病等防治。加快推进贫困地区农村危房改造。把完全或部分丧失劳动能力的贫困人口全部纳入农村低保。

2015 年 12 月

中央企业党的建设工作座谈会召开

12 月 1 日，中央企业党的建设工作座谈会在北京召开。

赵乐际指出，中央企业是全面建成小康社会的重要力量，是中国特色社会主义的重要支柱，是党执政的重要基础。要坚持党的领导这个重大政治原则，坚决贯彻落实党的路线方针政策、党中央的决策部署要求。充分发挥企业党组（党委）领导核心和政治核心作用、基层党组织战斗堡垒作用、党员先锋模范作用，把党的政治优势、组织优势、群众工作优势，转化为创新优势、发展优势、竞争优势。中央企业领导人员要讲政治守纪律懂规矩，对党绝对忠诚，做事干干净净，保持人格力量。要认真落实全面从严治党责任，坚持党管干部原则，从严选拔、管理、监督企业领导人员。加强企业基层党组织和党员队伍建设，确保机构健全、人员到位、活动经常、工作有效。推进党的建设与企业改革发展紧密结合，切实增强国有经济活力、控制力、影响力、抗风险能力，在夺取全面建成小康社会决胜阶段的伟大胜利、实现“两个一百年”奋斗目标中作出新的更大贡献。

中央全面深化改革领导小组召开第十九次会议

12 月 9 日，习近平主持召开中央全面深化改革领导小组第十九次会议并讲话。

会议审议通过了《国务院部门权力和责任清单编制试点方案》、《关于做好新时期教育对外开放工作的若干意见》、《关于整合城乡居民基本医疗保险制度的意见》、《关于解决无户口人员登记户口问题的意见》、《中国三江源国家公园体制试点方案》、《关于在全国各地推开司法体制改革试点的请示》、《公安机关执法勤务警员职务序列改革试点方案》、《公安机关警务技术职务序列改革试点方案》、《中央全面深化改革领导小组 2015 年工作总结报告》、《中央全面深化改革领导小组 2016 年工作要点》。

全国党校工作会议召开

12 月 11 日至 12 日，全国党校工作会议在北京召开。习近平出席并讲话。

习近平说，党校事业是党的事业的重要组成部分，党校是我们党教育培训党员领导干部的主渠道。从中央到地方建立党校体系，专门教育培训干部，是我们党的一大政治优势。各级党委应该充分认识加强和改进新形势下党校工作的重大意义，增强使命感、责任感、紧迫感，把我们党的这个独特优势保持好、发挥好。党校姓党，就是要坚持一切教学活动、一切科研活动、一切办学活动都坚持党性原则、遵循党的政治路线，坚持以党的旗帜为旗帜、以党的意志为意志、以党的使命为使命，严守党的政治纪律和政治规矩，坚持在党爱党、在党言党、在党忧党、在党为党，归根到底一句话，就是要在思想上政治上行动上自觉同党中央保持高度一致。党校姓党，决定了党校工作的重心必须是抓党的理论教育和党性教育。党校姓党，决定了党校科研要紧紧围绕党的中心工作展开，在党的思想理论研究方面有所作为，为坚持和巩固党对意识形态工作的领导、巩固马克思主义在意识形态领域的指导地位作出积极贡献。党校教师是我们党直接掌握的一支教师队伍，是我们党一支不可多得的理论力量。对党校教师来说，首先要做到自觉坚持党校姓党、党校教师姓党，时刻牢记自己党校教师的身份，热爱党校，珍惜荣誉，在自身党性锻炼上更要严格，用实际行动影响和带动学员。各级党校要坚持把从严治党要求和从严治校方针结合起来，坚持严以治校、严以治教、严以治学，把校风建设作为作风建设的重点。

中央经济工作会议举行

12 月 14 日至 16 日，中央经济工作会议在北京举行。习近平分析了当前国内国际经济形势，总结 2016 年经济工作，阐明经济工作指导思想，部署 2017 年经济工作。李克强在讲话中阐述了明年宏观经济政策取向，对明年经济工作作出具体部署，并作总结讲话。

会议指出，党的十八大以来，我们初步确立了适应经济发展新常态的经济政策框架。第一，作出经济发展进入新常态的重大判断，把认识、把握、引领新常态作为当前和今后一个时期做好经济工作的大逻辑。第二，形成以新发展理念为指导、以供给侧结构性改革为主线的政策体系，引导经济朝着更高质量、更有效率、更加公平、更可持续的方向发展，提出引领我国经济持续健康发展的一套政策框架。第三，贯彻稳中求进工作总基调，强调要保持战略定力，坚持问题导向、底线思维，发扬钉钉子精神，一步一个脚印向前迈进。党中央对经济形势作出的重大判断、对经济工作作出的重大决策、对经济工作思想方法作出的重大调整，经受了实践检验，是符合实际的。全党同志要坚定信心，按照党中央确定的思路和方法，朝着我们的奋斗目标不断前进。

会议强调，稳中求进工作总基调是治国理政的重要原则，也是做好经济工作的方法论，明年贯彻好这个总基调具有特别重要的意义。稳是主基调，稳是大局，在稳的前提下要在关键领域有所进取，在把握好度的前提下奋发有为。要继续实施积极的财政政策和稳健的货币政策。财政政策要更加积极有效，预算安排要适应推进供给侧结构性改革、降低企业税费负担、保障民生兜底的需要。货币政策要保持稳健中性，适应货币供应方式新变化，调节好货币闸门，努力畅通货币政策传导渠道和机制，维护流动性基本稳定。要在增强汇率弹性的同时，保持人民币汇率在合理均衡水平上的基本稳定。要把防控金融风险放到更加重要的位置，下决心处置一批风险点，着力防控资产泡沫，提高和改进监管能力，确保不发生系统性金融风险。要坚持基本经济制度，坚持社会主义市场经济改革方向，坚持扩大开放，稳定民营企业家信心。要加强预期引导，提高政府公信力。按照守住底线、突出重点、完善制度、引导舆论的思路，深入细致做好社会托底工作，扩大人民群众获得感，维护社会和谐稳定。

中央农村工作会议召开

12月24日至25日，中央农村工作会议在北京召开。会议讨论了《中共中央、国务院关于落实发展新理念加快农业现代化实现全面小康目标的若干意见（讨论稿）》。

习近平强调，重农固本，是安民之基。“十二五”时期，我国农业农村发展成果丰硕，为我们赢得全局工作主动发挥了重要作用。同时，必须看到，我国农业农村发展面临的难题和挑战还很多，任何时候都不能忽视和放松“三农”工作。“十三五”时期，必须坚持把解决好“三农”问题作为全党工作重中之重，牢固树立和切实贯彻创新、协调、绿色、开放、共享的发展理念，加大强农惠农富农力度，深入推进农村各项改革，破解“三农”难题、增强创新动力、厚植发展优势，积极推进农业现代化，扎实做好脱贫开发工作，提高社会主义新农村建设水平，让农业农村成为可以大有作为的广阔天地。

李克强指出，“十二五”以来，“三农”工作取得显著成绩，成为经济社会发展的突出亮点。“十三五”时期，要落实发展新理念，破解发展新难题，夯实现代农业基础，调整优化农业结构，发挥多种形式适度规模经营引领作用，着力提高农业质量效益和竞争力。要注意分析粮食丰收后出现的新情况，有针对性地采取措施，继续调动农民发展现代农业的积极性。要加快农村基础设施建设，把社会事业发展的重点放在农村和接纳农业转移人口较多的城镇，推动新型城镇化与新农村建设协调发展。推进体制机制创新，激发亿万农民创业创新活力，培育新产业新业态，不断拓展农业农村发展新空间、农民增收致富新渠道。

中宣部发布“时代楷模”高思杰和崔光日先进事迹

12月25日，中央宣传部公开发布“时代楷模”高思杰和崔光日的先进事迹。

高思杰是安徽省阜阳市广播电视台外宣科副科长。他忠诚党的宣传事业，坚持以人民为中心的工作导向，把火热实践作为报道主题，把普通百姓作为报道主角，采写编发了大量鲜活生动的新闻稿件，积极传播党的声音，弘扬社会主流价值，并用善行义举做“无言的宣传”，展示了新时期宣传思想文化工作者的良好形象。崔光日是吉林省延边朝鲜族自治州汪清县公安局交警大队城区中队指导员。他长期战斗在治安、缉私、缉毒、交通管理等基层一线，无论在哪个岗位都履职尽责，面临困难和危险总是冲在前头，特别是在身患重病后仍坚守岗位忘我工作，不愧为新时期广大基层公安民警的优秀代表。

中共中央政治局召开专题民主生活会

12月28日至29日，中共中央政治局于召开专题民主生活会，围绕中央政治局带头践行严以修身、严以用权、严以律己、谋事要实、创业要实、做人要实的要求，联系中央政治局工作，联系党的十八大以来中央抓作风建设的实际，联系自身执行中央八项规定的实际，联系严格教育管理家属子女和身边工作人员的实际，联系周永康、薄熙来、徐才厚、郭伯雄、令计划等人案件的深刻教训，进行党性分析，开展批评和自我批评，总结党的十八大以来作风建设的实践，研究加强党风廉政建设、加强中央政治局自身建设的措施。会议审议了《关于三年来中央政治局贯彻执行中央八项规定、落实加强作风建设措施情况的报告》、《关于对中央政治局践行“三严三实”要求、加强自身建设征求意见情况的报告》。

习近平在讲话中肯定了中央政治局带头践行“三严三实”取得的成效,对中央政治局各位同志的对照检查发言进行了总结。就中央政治局当好“三严三实”表率提出4点要求。

中共中央政治局举行第二十九次集体学习

12月30日,中共中央政治局,就中华民族爱国主义精神的历史形成和发展进行第二十九次集体学习。习近平主持学习。清华大学陈来教授就这个问题进行讲解。

习近平指出,爱国主义是中华民族精神的核心。弘扬爱国主义精神,必须把爱国主义教育作为永恒主题。要把爱国主义教育贯穿国民教育和精神文明建设全过程。要深化爱国主义教育研究和爱国主义精神阐释,不断丰富教育内容、创新教育载体、增强教育效果。要充分利用我国改革发展的伟大成就、重大历史事件纪念活动、爱国主义教育基地、中华民族传统节庆、国家公祭仪式等来增强人民的爱国主义情怀和意识,运用艺术形式和新媒体,以理服人、以文化人、以情感人,生动传播爱国主义精神,唱响爱国主义主旋律,让爱国主义成为每一个中国人的坚定信念和精神依靠。要结合弘扬和践行社会主义核心价值观,在广大青少年中开展深入、持久、生动的爱国主义宣传教育,让爱国主义精神在广大青少年心中牢牢扎根,让广大青少年培养爱国之情、砥砺强国之志、实践报国之行,让爱国主义精神代代相传、发扬光大。弘扬爱国主义精神,必须尊重和传承中华民族历史和文化。对祖国悠久历史、深厚文化的理解和接受,是人们爱国主义情感培育和发展的重要条件。中华优秀传统文化是中华民族的精神命脉。要努力从中华民族世世代代形成和积累的优秀传统文化中汲取营养和智慧,延续文化基因,萃取思想精华,展现精神魅力。要以时代精神激活中华优秀传统文化的生命力,推进中华优秀传统文化创造性转化和创新性发展,把传承和弘扬中华优秀传统文化同培育和践行社会主义核心价值观统一起来,引导人民树立和坚持正确的历史观、民族观、国家观、文化观,不断增强中华民族的归属感、认同感、尊严感、荣誉感。

中共中央政治局召开会议研究部署党风廉政建设和反腐败工作

12月30日,中共中央政治局召开会议,听取中央纪律检查委员会2015年工作汇报,研究部署2016年党风廉政建设和反腐败工作;审议通过《关于全面振兴东北地区等老工业基地的若干意见》。习近平主持会议。会议同意明年1月12日至14日召开十八届中央纪律检查委员会第六次全体会议。

陆军领导机构、火箭军战略支援部队成立大会举行

12月31日,中国人民解放军陆军领导机构、中国人民解放军火箭军、中国人民解放军战略支援部队成立大会在八一大楼隆重举行。习近平向陆军、火箭军、战略支援部队授

予军旗并致训词，代表党中央和中央军委向同志们、向全军部队致以热烈祝贺，强调要坚持以党在新形势下的强军目标为引领，深入贯彻新形势下军事战略方针，全面实施改革强军战略，坚定不移走中国特色强军之路，时刻听从党和人民召唤，忠实履行党和人民赋予的神圣使命，为实现中国梦强军梦作出新的更大的贡献。

习近平发表二〇一六年新年贺词

12 月 31 日，新年前夕，国家主席习近平通过中国国际广播电台、中央人民广播电台、中央电视台，发表了二〇一六年新年贺词。

2016 年 1 月

《习近平关于严明党的纪律和规矩论述摘编》出版发行

1 月 1 日，由中共中央纪律检查委员会、中共中央文献研究室编辑的《习近平关于严明党的纪律和规矩论述摘编》一书，由中央文献出版社、中国方正出版社出版在全国发行。

《论述摘编》共分 7 个专题：加强纪律建设是全面从严治党的治本之策；严明党的纪律，首要的就是严明政治纪律；严明党的组织纪律，增强组织纪律性；创新党内法规制度，把各项纪律和规矩立起来；使纪律真正成为带电的高压线；抓住领导干部这个“关键少数”；落实管党治党责任，强化监督执纪问责。书中收入 200 段论述，摘自习近平同志 2012 年 11 月 16 日至 2015 年 10 月 29 日期间的讲话、文章等 40 多篇重要文献。其中许多论述是第一次公开发表。

中央军委印发《关于深化国防和军队改革的意见》

1 月 1 日，中央军委印发《关于深化国防和军队改革的意见》。

《意见》强调，党的十八大以来，党中央、中央军委和习主席围绕实现强军目标，统筹军队革命化、现代化、正规化建设，统筹军事力量建设和运用，统筹经济建设和国防建设，制定新形势下军事战略方针，提出一系列重大方针原则，作出一系列重大决策部署。贯彻落实党中央、中央军委和习主席的重大战略谋划和战略设计，必须深化国防和军队改革，全面实施改革强军战略，坚定不移走中国特色强军之路。要坚持以下基本原则：坚持正确政治方向，坚持向打仗聚焦，坚持创新驱动，坚持体系设计，坚持法治思维，坚持积极稳妥。

《意见》指出，深化国防和军队改革的指导思想是，深入贯彻党的十八大和十八届三中、四中、五中全会精神，以马克思列宁主义、毛泽东思想、邓小平理论、“三个代表”重要思想、科学发展观为指导，深入贯彻习主席系列重要讲话精神特别是国防和军队建设重要论述，按照“四个全面”战略布局要求，以党在新形势下的强军目标为引领，贯彻新形势下军事战略方针，全面实施改革强军战略，着力解决制约国防和军队发展的体制性障碍、结构性矛盾、政策性问题，推进军队组织形态现代化，进一步解放和发展战斗力，进一步解放和增强军队活力，建设同我国国际地位相称、同国家安全和发展利益相适应的巩固国防和强大军队，为实现“两个一百年”奋斗目标、实现中华民族伟大复兴的中国梦提供坚强力量保证。

2016年2月

中国人民解放军战区成立大会举行

2月1日，中国人民解放军战区成立大会在北京八一大楼隆重举行。

习近平向东部战区、南部战区、西部战区、北部战区、中部战区授予军旗并发布训令，强调建立东部战区、南部战区、西部战区、北部战区、中部战区，组建战区联合作战指挥机构，是党中央和中央军委着眼实现中国梦强军梦作出的战略决策，是全面实施改革强军战略的标志性举措，是构建我军联合作战体系的历史性进展，对确保我军能打仗、打胜仗，有效维护国家安全，具有重大而深远的意义。

中央人才工作协调小组举行第四十二次会议

2月2日，中央人才工作协调小组举行第四十二次会议。

赵乐际指出，破解发展难题、增强发展动力、厚植发展优势，需要充分发挥人才第一资源的作用。人才工作要主动服务党和国家工作大局，认真落实党的十八届五中全会通过的“十三五”规划建议关于人才工作的重要部署，围绕“一带一路”建设、京津冀协同发展、长江经济带建设、精准扶贫等重大战略，大力引进、培养急需紧缺人才。要优化人才资源配置，清除人才流动障碍，提高社会横向和纵向流动性，鼓励人才向基层和艰苦边远地区等最需要的地方流动。完善人才激励政策，健全市场化、社会化人才服务体系。坚持党管人才原则，调动各地各部门和用人单位积极性，精准推进各项工作落实，营造识才爱才敬才用才的社会环境、政策环境、文化环境。

中办国办印发《关于进一步加强和改进离退休干部工作的意见》

2月4日，中共中央办公厅、国务院办公厅印发《关于进一步加强和改进离退休干部工作的意见》。

《意见》指出，离退休干部工作是党的组织工作和人事工作的重要组成部分，承载着党中央关心爱护广大离退休干部的重要任务，具有特殊重要的地位。要按照党中央关于全面做好离退休干部工作的要求，牢牢把握为党和人民的事业增添正能量的价值取向，以充分体现离退休干部特点和优势、更好服务党和国家工作大局为方向，积极稳妥推进离退休干部工作转型发展，激励广大离退休干部为全面建成小康社会，实现“两个一百年”奋斗目标和中华民族伟大复兴的中国梦贡献智慧和力量。要加强离退休干部思想政治工作，引导离退休干部牢固树立纪律和规矩意识，始终严守政治纪律和政治规矩，严格用党章党规党纪规范自己的言行，在大是大非面前旗帜鲜明、立场坚定。要认真做好离休干部服务管理工作，进一步完善退休干部服务管理办法，加强离退休干部活动阵地、学习阵地建设，完善离退休干部困难帮扶机制，注意发挥家庭在养老中的基础性作用，教育引导家庭成员切实履行应尽义务。

中央领导同志看望老同志

2月5日，春节前夕，习近平等党和国家领导人分别看望或委托有关方面负责同志看望了江泽民、胡锦涛、李鹏、朱镕基、李瑞环、吴邦国、温家宝、贾庆林、宋平、李岚清、曾庆红、吴官正、李长春、罗干、贺国强和田纪云、迟浩田、姜春云、钱其琛、王乐泉、王兆国、回良玉、刘淇、吴仪、曹刚川、曾培炎、王刚、王汉斌、何勇、王丙乾、邹家华、王光英、布赫、铁木尔·达瓦买提、彭珮云、周光召、曹志、李铁映、司马义·艾买提、何鲁丽、丁石孙、许嘉璐、蒋正华、顾秀莲、热地、盛华仁、路甬祥、乌云其木格、华建敏、陈至立、周铁农、司马义·铁力瓦尔地、蒋树声、桑国卫、唐家璇、梁光烈、戴秉国、肖扬、韩杼滨、贾春旺、叶选平、杨汝岱、任建新、宋健、钱正英、孙孚凌、万国权、胡启立、陈锦华、赵南起、毛致用、王忠禹、李贵鲜、张思卿、罗豪才、张克辉、郝建秀、徐匡迪、张怀西、李蒙、廖晖、白立忱、陈奎元、阿不来提·阿不都热西提、李兆焯、黄孟复、张梅颖、张榕明、钱运录、孙家正、李金华、郑万通、邓朴方、厉无畏、陈宗兴、王志珍等老同志，向老同志们致以诚挚的节日问候，衷心祝愿老同志们新春愉快、健康长寿。

《习近平关于科技创新论述摘编》出版发行

2月14日，中共中央文献研究室编辑的《习近平关于科技创新论述摘编》一书，由中央文献出版社出版在全国发行。

《论述摘编》共分8个专题：创新是引领发展的第一动力；实施创新驱动发展战略，推进以科技创新为核心的全面创新；科技创新是提高社会生产力和综合国力的战略支撑；坚定不移走中国特色自主创新道路；加快科技体制改革步伐；牢牢把握科技进步大方向；牢牢把握产业革命大趋势；牢牢把握集聚人才大举措。书中收入189段论述，摘自习近平同志2012年12月7日至2015年12月18日期间的讲话、文章、贺信、批示等50多篇重要文献。

中组部追授李培斌“全国优秀共产党员”荣誉称号

2月15日，中共中央组织部决定，追授李培斌同志“全国优秀共产党员”称号。

李培斌，男，汉族，山西省阳高县人，1965年9月出生，1984年7月参加工作，1990年11月入党，党的十八大代表，中华全国人民调解员协会常务理事。曾担任阳高县马家皂乡农业技术推广员、司法助理员，龙泉镇司法所所长、阳高县信访服务中心主任。2015年10月15日，李培斌同志因连续工作，劳累过度，突发心肌梗塞不幸去世，年仅50岁。

李培斌同志是新时期共产党人的先进代表，是群众心目中的好党员、好干部。他始终把党的事业放在心中最高位置，在基层司法调解岗位上，用心维护着基层党员干部的形象，赢得了群众的信任。30多年来，他先后成功调解矛盾纠纷数千起，化解群体性事件上百起，教育60多名刑释解教人员迷途知返，挽救了50多个濒临破裂的家庭，被当地群众亲切地称为“李司法”。他始终把群众装在心中，时时处处关心群众疾苦，千方百计帮助群众解决困难，及时把党和政府的温暖送到群众心坎上。他对调解工作十分上心，对群众利益十分关心，对自己的地位、利益却看得很淡，从未向组织提过个人要求，坦坦荡荡做人，干干净净做事，始终保持一身正气、清正廉洁。

党的新闻舆论工作座谈会召开

2月19日，党的新闻舆论工作座谈会在北京召开，习近平主持并讲话。

他强调，党的新闻舆论工作是党的一项重要工作，是治国理政、定国安邦的大事，要适应国内外形势发展，从党的工作全局出发把握定位，坚持党的领导，坚持正确政治方向，坚持以人民为中心的工作导向，尊重新闻传播规律，创新方法手段，切实提高党的新闻舆论传播力、引导力、影响力、公信力。

浦东井冈山延安干部学院和全国组织干部学院工作座谈会召开

2月19日，中国浦东、井冈山、延安干部学院和全国组织干部学院工作座谈会召开。

赵乐际指出，要加强理论教育和党性教育，突出习近平总书记系列重要讲话精神学习培训，引导学员深刻领会治国理政新理念新思想新战略，掌握贯穿其中的马克思主义立场观点方法。抓好党章、廉洁自律准则和党纪处分条例的学习培训，强化学员党的意识、纪律意识、规矩意识，引导学员自觉用党章党规党纪约束言行、检身正己。坚持质量立院、开门办院、特色强院，不断提高教学科研能力和水平。落实“三严三实”要求，坚持严以治院、严以治教、严以治学，真情关怀、加强培养，营造尊师重教氛围，打造党性过硬、作风过硬、业务过硬的“安专迷”师资队伍，形成党的干部教育培训机构应有的政治品格、风骨气韵。

中央宣传文化单位领导干部专题会议召开

2月21日，中央宣传文化单位领导干部学习贯彻习近平总书记在党的新闻舆论工作座谈会上重要讲话精神专题会议在北京召开。会议传达了习近平总书记重要讲话精神，11家中央宣传文化单位负责同志作了发言。

刘云山强调，做好党的新闻舆论和宣传思想工作，关键是强化宣传文化单位领导班子思想政治建设，做到讲政治、强党性、敢担当、勇创新、严律己。要增强政治意识、大局意识、核心意识、看齐意识，在思想上政治上行动上同以习近平同志为总书记的党中央保持高度一致，主动自觉地向党中央看齐，维护党中央权威。要认真践行党管宣传、党管意识形态、党管媒体的根本原则，把正确导向要求体现在工作各个方面。要切实担负起巩固壮大主流思想舆论的责任，落实好抓党建、带队伍的责任。要以改革创新精神破解难题，把握宣传思想工作规律，贯彻好时度效的要求，提高工作科学化水平。要按照“三严三实”改进作风，有针对性地排查廉政风险点，树立宣传文化单位良好形象。

中央全面深化改革领导小组召开第二十一次会议

2月23日，中央全面深化改革领导小组召开第二十一次会议，习近平主持并讲话。

他强调，各地区各部门要牢固树立全局意识、责任意识，把抓改革作为一项重大政治责任，坚定改革决心和信心，增强推进改革的思想自觉和行动自觉，既当改革促进派、又当改革实干家，以钉钉子精神抓好改革落实，扭住关键、精准发力，敢于啃硬骨头，盯着抓、反复抓，直到抓出成效。

会议听取了经济体制和生态文明体制改革专项小组关于生态文明体制改革总体方案推进落实情况汇报、社会体制改革专项小组关于司法体制改革推进落实情况汇报、党的纪律检查体制改革专项小组关于党的纪律检查体制改革推进落实情况汇报，全国人大常委会法工委关于立法主动适应改革需要推进落实情况汇报、科技部关于深化科技体制改革推进落实情况汇报、公安部关于深化公安改革推进落实情况汇报，上海市关于推进落实中央部署改革试点任务情况汇报、湖北省关于建立和实施改革落实督察机制情况汇报、福建省三明市关于深化医药卫生体制改革情况汇报、浙江省开化县关于“多规合一”试点情况汇报。

全国老龄工作委员会召开第十八次全体会议

2月23日，全国老龄工作委员会第十八次全体会议在北京举行。

习近平对加强老龄工作作出重要指示强调，有效应对我国人口老龄化，事关国家发展全局，事关亿万百姓福祉。要立足当前、着眼长远，加强顶层设计，完善生育、就业、养老等重大政策和制度，做到及时应对、科学应对、综合应对。此事要提上重要议事日程，“十三五”期间要抓好部署、落实。李克强作出批示指出，要围绕科学应对人口老龄化问题，结合“十三五”规划编制实施，抓紧研究提出相关政策建议，并注重可操作性。

王勇主持会议并讲话，要坚决贯彻落实习近平总书记的重要指示精神，各成员单位和有关部门要结合自身职能，抓住重点任务，明确完成时间表、路线图和责任状。要各司其职、协调配合，把工作做细、做实，确保各项工作按质、按量、按时落到实处。要着眼于解决老年群众最关心最直接最现实的利益问题，让老年群众得到看得见、摸得着的实惠，切实增加获得感、幸福感。

中央巡视工作动员部署会议召开

2月23日，中央巡视工作动员部署会议召开，王岐山出席并讲话。会议传达了习近平总书记关于巡视工作的重要指示。

会议指出，习近平总书记系列重要讲话是做好巡视工作的思想武器和行动指南。中央巡视组背负着中央的权威，首先要全面、科学、系统、准确地学习领会讲话精神，密切联系党史、国史，结合世情、国情、党情，追根溯源，把握思想理论脉络。讲话源自我们党光荣辉煌、艰苦卓绝的奋斗史，源自中华民族五千年灿烂的文明史，既有历史的传承、又有文化的源流，重要的是拥有坚定信念和责任担当。要树立马克思主义学风，密切联系思想、工作和生活实际，学深悟透、融会贯通，内化于心、外化于行，真正把武器用起来，承担起中央交给的光荣而神圣的使命。

2016年中央第一轮巡视将对中央宣传部、国家发展改革委、工业和信息化部、国家民委、民政部、司法部、人力资源和社会保障部、农业部、国家卫生计生委、国务院国资委、海关总署、工商总局、质检总局、新闻出版广电总局、食品药品监管总局、国家旅游局、国家宗教局、国家信访局、国家粮食局、国家能源局、国家国防科工局、国家烟草专卖局、国家外专局、国家公务员局、国家邮政局、国家文物局、国家中医药管理局、全国总工会、全国妇联、全国供销合作总社、全国老龄办、中国农业科学院等32家单位党组织开展专项巡视,同时对辽宁、安徽、山东、湖南等4个省进行“回头看”。

中组部印发《关于学习贯彻习近平总书记重要批示精神加强党委(党组)领导班子建设的通知》

2月25日,中共中央组织部印发《关于学习贯彻习近平总书记重要批示精神加强党委(党组)领导班子建设的通知》。

《通知》指出,最近,习近平总书记就学习毛泽东同志《党委会的工作方法》作出重要批示,对各级党委(党组)领导班子成员特别是主要负责同志重温这篇著作提出明确要求。各级党委(党组)要充分认识习近平总书记重要批示的深刻意义,把《党委会的工作方法》纳入“学党章党规、学系列讲话,做合格党员”学习教育重要内容,在学习掌握科学的工作方法和领导艺术、学习掌握其中蕴含的政治纪律和政治规矩上下功夫,真正把握《党委会的工作方法》的基本思想,提高领导能力和水平。要结合贯彻落实《中国共产党地方委员会工作条例》《中国共产党党组工作条例(试行)》,全面加强党委(党组)领导班子思想政治建设、作风建设和能力建设,切实提高贯彻执行民主集中制自觉性,更好发挥党总揽全局、协调各方的领导核心作用,为协调推进“四个全面”战略布局、贯彻落实五大发展理念提供坚强政治保证和组织保证。

毛泽东《党委会的工作方法》单行本出版

2月26日,为落实习近平总书记就学习毛泽东同志《党委会的工作方法》作出的重要批示,配合中共中央组织部印发的《关于学习贯彻习近平总书记重要批示精神加强党委(党组)领导班子建设的通知》要求,方便广大党员领导干部学习重温毛泽东同志这篇著作,《党委会的工作方法》单行本已由人民出版社出版在全国发行。

贯彻落实古田全军政工会议精神工作推进会召开

2月26日,贯彻落实古田全军政治工作会议精神工作推进会在北京召开,总结分析全军贯彻落实工作形势,研究部署进一步做好“下篇文章”的意见措施。

范长龙指出,习主席亲自提议在古田召开全军政工会并发表重要讲话,把新形势下政治建军的理论和实践推进到一个新阶段,充分体现了军队最高统帅对新形势下政治建军的战略设计。贯彻新形势下政治建军要求,就是要坚持党对军队的绝对领导,增强政治意识、大局意识、核心意识、看齐意识,坚决听从党中央、中央军委和习主席指挥。要深入开展党史军史和优良传统教育,把我军性质、宗旨和本色保持好。要保持高压态势,强化党委的主体责任和纪委的监督责任,发挥纪检、巡视、审计等职能部门作用,把从严执纪压力向基层传导，纯正军队政治生态，努力实现部队作风根本好转。

许其亮指出，习主席始终把政治建军摆在首位，无论谋划军队建设改革，还是指导军事斗争实践，第一位的都是强调政治建设。我们要从看齐追随的高度把政治建军牢牢抓在手上，坚定不移沿着习主席开辟的新形势下政治建军道路走下去。要把贯彻古田全军政工会精神作为长期战略任务，锲而不舍年复一年紧抓不放。要把习主席系列重要讲话精神作为旗帜在强军征程中始终高举，以强烈的政治担当、历史担当抓好学习宣传贯彻，在改造学习中推动学习落地，坚决维护和贯彻军委主席负责制，坚定自觉地向党看齐。要围绕改革、强军、打赢发挥政治工作生命线作用。坚持思想先行，强固组织优势，扭住人这个核心要素，坚定不移深化整顿，站在政治高度全面彻底肃清郭伯雄、徐才厚案件流毒影响，塑造绿水青山的政治生态。

中办印发《关于在全体党员中开展“学党章党规、学系列讲话，做合格党员”学习教育方案》

2月28日，中共中央办公厅印发《关于在全体党员中开展“学党章党规、学系列讲话，做合格党员”学习教育方案》，并发出通知，要求各地区各部门认真贯彻执行。

通知指出，开展“学党章党规、学系列讲话，做合格党员”学习教育（以下简称“两学一做”学习教育），是面向全体党员深化党内教育的重要实践，是推动党内教育从“关键少数”向广大党员拓展、从集中性教育向经常性教育延伸的重要举措。各地区各部门各单位党委（党组）要充分认识开展“两学一做”学习教育对于推动全面从严治党向基层延伸、保持发展党的先进性和纯洁性的重大意义，作为一项重大政治任务，尽好责、抓到位、见实效。要把思想建设放在首位，教育引导党员尊崇党章、遵守党规，以习近平总书记系列重要讲话精神武装头脑、指导实践、推动工作，着力解决党员队伍在思想、组织、作风、纪律等方面存在的问题，努力使广大党员进一步增强政治意识、大局意识、核心意识、看齐意识，坚定理想信念、保持对党忠诚、树立清风正气、勇于担当作为，充分发挥先锋模范作用。

2016 年 3 月

中共中央党校举行春季学期开学典礼

3 月 1 日，中共中央党校举行 2016 年春季学期开学典礼。刘云山强调领导干部要深入学习贯彻习近平总书记系列重要讲话精神，在增强政治意识、大局意识、核心意识、看齐意识上带好头作表率，切实把向党中央看齐体现在思想和工作的各个方面。

看齐是重大的政治原则，是党的力量所在、优势所在。协调推进“四个全面”战略布局，贯彻落实好五大发展理念，决胜全面建成小康社会，关键在党，在党中央集中统一领导，在全党队列整齐、步调一致。讲看齐，对党员干部来说，不是个人的小事，而是事关政治方向的大事；不是一般的品行要求，而是党性要求。要做到经常、主动向党中央看齐，要靠理想、靠党性、靠纪律。各级领导干部要把理想信念作为“主心骨”，越是社会思潮多元多变，越要忠诚于党的信仰信念，坚守共产党人的命脉和灵魂，坚定中国特色社会主义道路自信、理论自信、制度自信。要把锤炼党性作为终身课题，自觉接受党内政治生活锻炼，用好民主生活会这个平台，用好批评和自我批评这一武器，随时修正错误、改正缺点。要认真学习贯彻党章和各项党规党纪，严守党的政治纪律和政治规矩，深刻汲取周永康、薄熙来、徐才厚、郭伯雄、令计划等人的反面教训，知敬畏、明底线，更好规范自己的行为。各级党委要把看齐意识作为干部教育的重要内容，作为干部选拔任用的重要标准，推动领导干部在思想政治素养上有一个大的提高。

国家行政学院举行春季学期开学典礼

3 月 2 日，国家行政学院 2016 年春季学期开学典礼暨省部级领导干部打赢脱贫攻坚战专题研讨班开班式在北京举行。

有关方面负责人指出，党中央、国务院历来高度重视扶贫工作，改革开放特别是党的十八大以来，扶贫开发事业不断取得新的显著成绩。他强调，确保到 2020 年农村贫困人口实现脱贫，是党中央、国务院作出的重大决策，是全面建成小康社会最艰巨的任务。打赢脱贫攻坚战，必须深入学习贯彻习近平总书记、李克强总理关于扶贫开发工作的重要讲话和指示精神，围绕“四个全面”战略布局，以创新、协调、绿色、开放、共享的发展理念为引领，更加注重脱贫攻坚与经济发展、借助外力与激发内力、精准帮扶与区域开发、开发建设与生态环境保护有机结合，以更坚定决心、更精准举措、更过硬作风从严从实推动党中央、国务院决策部署落实，确保决战决胜。

全国政协十二届四次会议召开

3 月 3 日至 14 日，中国人民政治协商会议第十二届全国委员会第四次会议在北京召开。俞正声代表政协第十二届全国委员会常务委员会,向大会报告工作。

会议通过了政协第十二届全国委员会第四次会议关于常务委员会工作报告的决议、政协第十二届全国委员会提案委员会关于政协十二届四次会议提案审查情况的报告、政协第十二届全国委员会第四次会议政治决议。

俞正声指出,紧紧围绕全面建成小康社会献计出力,是人民政协义不容辞的责任。要自觉服从服务全面建成小康社会大局,把坚持和发展中国特色社会主义作为巩固共同思想政治基础的主轴,毫不动摇坚持中国共产党的领导,坚持和完善中国共产党领导的多党合作和政治协商制度,确保正确政治方向;要始终聚焦全面建成小康社会目标,把为“十三五”时期发展献计出力作为履行职能的主线,贯彻创新、协调、绿色、开放、共享发展理念,紧扣经济社会发展的重大问题、全面深化改革的难点问题、推动创新创造的关键问题,深度调研、集中议政、有效监督,努力提出更多真知灼见;要广泛汇聚全面建成小康社会力量,更好发挥人民政协作为爱国统一战线组织作用,正确处理一致性与多样性关系,扩大团结面,增进共识度,努力形成共创伟业的良好局面。广大政协委员要积极投身全面建成小康社会实践,进一步增强政治意识、大局意识、责任意识,充分发挥委员主体作用,做到懂政协、会协商、善议政,坚持建真言、谋良策、出实招,客观理性、拒绝极端主张,脚踏实地、力戒虚浮作风,在政协工作中履职尽责,在本职岗位上建功立业,在界别群众中示范引领,为推动党和国家事业发展作出新贡献。

十二届全国人大四次会议召开

3月5日至16日,第十二届全国人民代表大会第四次会议在北京召开。李克强代表国务院向大会作政府工作报告。

大会批准通过了关于政府工作报告的决议。通过了关于国民经济和社会发展第十三个五年规划纲要的决议。通过了关于2015年国民经济和社会发展计划执行情况与2016年国民经济和社会发展计划的决议。通过了关于2015年中央和地方预算执行情况与2016年中央和地方预算的决议。通过了慈善法。通过了关于全国人大常委会工作报告的决议。通过了关于最高人民法院工作报告的决议、关于最高人民检察院工作报告的决议。通过了关于确认全国人大常委会接受黄润秋辞去第十二届全国人大常委会委员职务的请求的决定。

张德江强调,党的十八大以来,以习近平同志为总书记的党中央毫不动摇坚持和发展中国特色社会主义,勇于实践、善于创新,深化对共产党执政规律、社会主义建设规律、人类社会发展规律的认识,形成一系列治国理政新理念新思想新战略,为在新的历史条件下深化改革开放、加快推进社会主义现代化提供了科学理论指导和行动指南。在新的奋斗征程上,我们要切实增强政治意识、大局意识、核心意识、看齐意识,全面贯彻落实以习近平同志为总书记的党中央治国理政新理念新思想新战略,不断开拓发展新境界。

中央全面深化改革领导小组召开第二十二次会议

3月22日,中央全面深化改革领导小组

召开第二十二次会议，习近平主持并讲话。会议审议通过了《关于推行法律顾问制度和公职律师公司律师制度的意见》、《关于健全生态保护补偿机制的意见》、《关于建立贫困退出机制的意见》、《关于加强儿童医疗卫生服务改革与发展的意见》、《关于深化投融资体制改革的意见》、《关于建立法官检察官逐级遴选制度的意见》、《关于从律师和法学专家中公开选拔立法工作者、法官、检察官的意见》、《关于加强和规范改革试点工作的意见》。

习近平强调，夺取全面建成小康社会决胜阶段的胜利，很关键的一条是通过全面深化改革推动落实新发展理念。要围绕形成有利于落实新发展理念的体制机制，加大改革力度，直面经济发展新常态下面临的矛盾和挑战，对准瓶颈和短板，精准对焦、协同发力，努力在增强创新能力、推动发展平衡、改善生态环境、提高开放水平、促进共享发展上取得新突破。

全国党建研究会第六次会员代表大会召开

3月23日，全国党建研究会第六次会员代表大会在北京召开。

习近平作出重要指示，向大会召开表示热烈祝贺，向全国广大党建研究工作者致以诚挚问候，希望全国党建研究会坚持正确政治方向，发挥党建高端智库作用，发扬成绩，发挥优势，围绕协调推进“五位一体”总体布局和“四个全面”战略布局，深入研究党建理论和实际问题，深入总结全面从严治党实践经验，为构建中国化的马克思主义党建理论体系，为加强和改善党的领导、确保党始终成为中国特色社会主义事业的坚强领导核心作出新的更大的贡献。

刘云山指出，做好新形势下的党建研究工作，重要的是把握政治方向、体现高端特色、坚持问题导向。要深入学习贯彻习近平总书记系列重要讲话精神，深入领会党中央治国理政新理念新思想新战略，无论是制定研究规划，还是开展课题研究，都要体现好党中央的决策部署，体现好全面从严治党的要求。要围绕推进党的建设新的伟大工程，凝练主攻方向，注重研究质量，推出更多高水平的研究成果，在构建中国化的马克思主义党建理论体系上取得新进展。要坚持理论联系实际，带着问题研究，对准问题思考，深入研究党的建设的重大理论和实际问题，深入总结党的十八大以来党的建设的新鲜经验，为加强新形势下党的建设提供有力理论支撑。

会议表彰了研究会2015年度课题调研优秀成果和第十三届全国优秀党建读物评选获奖作品，将选举产生第六届理事会及其领导机构。

军办印发《关于开展改革强军主题教育活动和“学党章党规、学系列讲话，做合格党员”学习教育的意见》

3月24日，中央军委办公厅印发《关于开展改革强军主题教育活动和“学党章党规、学系列讲话，做合格党员”学习教育的意见》，就在全军开展改革强军主题教育活动、在全军党员中开展“学党章党规、学系列讲话，做合格党员”学习教育作出部署。

《意见》强调，“学党章党规、学系列讲话，做合格党员”学习教育要把党的思想建设放在首位,把政治纪律和政治规矩教育作为重点突出出来,以尊崇党章、遵守党规为基本要求,以党支部为基本单位,以七项组织生活制度为基本形式,以落实党员教育管理制度为基本依托,突出正常教育,突出问题导向,突出领导干部重点,教育引导党员自觉按照党员标准规范言行,在推进政治建军、改革强军、依法治军实践中发挥先锋模范作用。学党章党规,要着力明确基本标准、树立行为规范;学系列讲话,要坚定对习主席的矢志追随和信赖拥戴;做合格党员,就要做讲政治、有信念,讲规矩、有纪律,讲道德、有品行,讲奉献、有作为的党员。要围绕铸牢忠诚品格、强化党性观念、深化整风整改、促进改革强军,区分层次解决突出问题。学习教育贯穿全年、融入经常,重点采取6个方面推进措施:组织专题学习讨论,党小组要定期组织党员集中学习,讨论设置4个专题,党支部每两月围绕一个专题组织讨论;创新方式讲好党课,一般在党支部范围内进行,采取灵活多样形式增强吸引力感染力;开展党员承诺践诺,引导党员始终铭记党员身份,立足本职岗位作贡献;召开专题组织生活会,搞好党性分析,查摆解决在思想、组织、作风、纪律等方面存在的问题;开展民主评议党员,按照个人自评、党员互评、民主测评、组织评定的程序进行;党员领导干部要作表率,主动把自己摆进去,自觉走在前面、深学一层。

中宣部发布"时代楷模"黄志丽和李培斌先进事迹

3月25日,中央宣传部公开发布"时代楷模"黄志丽和李培斌的先进事迹。

黄志丽是福建省漳州市芗城区人民法院党组成员、民事审判第一庭副庭长。她扎根基层审判一线,坚持公正文明司法,自觉抵制金钱案、关系案、人情案,有力地维护了群众合法权益和社会公平正义,展示了新时期人民法官司法为民的良好形象,被授予"全国道德模范"等荣誉称号。李培斌是山西省阳高县龙泉镇司法所原所长。他长期战斗在基层司法调解岗位上,调解矛盾纠纷数千起,化解群体性事件上百起,千方百计帮助群众解决困难,有效防范化解了影响社会安定的问题,被授予"全国优秀共产党员"等荣誉称号。

国务院召开第四次廉政工作会议

3月28日,国务院召开第四次廉政工作会议,李克强发表讲话。

他强调,地方各级政府和国务院各部门要认真贯彻习近平总书记在十八届中央纪委六次全会上的重要讲话精神,落实中央纪委六次全会部署,持续深化改革、严格依法行政、注重源头反腐,不断把政府系统党风廉政建设和反腐败工作推向深入,为实现全面建成小康社会决胜阶段良好开局提供保障。反腐倡廉必须坚持全面从严治党,各级领导要坚持"一岗双责",做到业务工作和廉政建设两手抓、两促进。国务院相关部门要高度重视和配合做好中央巡视工作,按要求抓好自查自纠,对发现的问题严肃认真整改。

2016 年 4 月

《习近平总书记系列重要讲话读本(2016 年版)》出版发行

4 月 5 日,中共中央宣传部组织编写的《习近平总书记系列重要讲话读本(2016 年版)》一书,由学习出版社、人民出版社出版在全国发行。

《习近平总书记系列重要讲话读本(2016 年版)》,围绕实现中华民族伟大复兴的中国梦、坚持和发展中国特色社会主义,围绕协调推进全面建成小康社会、全面深化改革、全面依法治国、全面从严治党“四个全面”战略布局,围绕牢固树立创新、协调、绿色、开放、共享的发展理念,统筹推进经济、政治、文化、社会、生态文明五位一体建设,围绕加强国防和军队建设,推动构建以合作共赢为核心的新型国际关系,学习掌握科学的思想方法和工作方法等十六个专题,全面准确深入阐释了以习近平同志为总书记的党中央治国理政新理念新思想新战略。

中宣部中组部通知认真组织学习《习近平总书记系列重要讲话读本(2016 年版)》

4 月 5 日,中共中央宣传部、中共中央组织部联合发出关于认真组织学习《习近平总书记系列重要讲话读本(2016 年版)》的通知。

“两学一做”学习教育工作座谈会召开

4 月 6 日,“两学一做”学习教育工作座谈会在北京召开。习近平作出重要指示。

习近平强调,“两学一做”学习教育是加强党的思想政治建设的一项重大部署,是协调推进“四个全面”战略布局特别是推动全面从严治党向基层延伸的有力抓手,基础在学,关键在做,各级党组织要履行抓好“两学一做”学习教育的主体责任,坚持区分层次,突出问题导向,确保取得实际成效。

加强党的建设,首要任务是加强思想政治建设,关键是教育管理好党员、干部。基层是党的执政之基、力量之源。只有基层党组织坚强有力,党员发挥应有作用,党的根基才能牢固,党才能有战斗力。开展“两学一做”学习教育,要把全面从严治党落实到每个支部、每名党员。组织开展“两学一做”学习教育,是各级党组织及其负责人的主体责任,要抓紧抓实抓好。各级党组织书记要管好干部、带好班子,也要管好党员、带好队伍,掌握抓党员队伍建设的方法要求。要坚持区分层次,及时指导,一把钥匙开一把锁,防止走过场和形式主义。县处级以上党员领导干部要在学习教育中作出表率,紧密联系领导工作实际,学得更多一些、更深一些,要求更严一些、更高一些,努力提高思想政治素养和理论水平。

军队“两学一做”学习教育工作座谈会召开

4月15日，军队“学党章党规、学系列讲话，做合格党员”学习教育工作座谈会在北京召开。

许其亮强调，开展“两学一做”学习教育，要坚持思想领先，核心是把学习贯彻习主席系列重要讲话精神作为首要任务，把强化绝对忠诚、听党指挥的政治品格作为根本要求。注重体系学习、强根固本，增强政治意识、大局意识、核心意识、看齐意识，把贯彻和维护军委主席负责制作为最紧要的政治和最大规矩，坚决听从党中央、中央军委和习主席指挥，强化党性洗礼，树起先锋形象，扭住解决问题，深入彻底肃清郭伯雄、徐才厚流毒影响，引导党员干部始终走正道、永远跟党走，不断纯净政治生态。教育要紧扣深化改革这个主线来推进，把“两学一做”学习教育与改革强军主题教育统筹结合起来，把专题学习讨论与“新体制、新职能、新使命”大讨论贯通起来，着眼抓基层打基础保稳定这个重心来落实，推动全面从严治党在基层落地生根。

中央全面深化改革领导小组召开第二十三次会议

4月18日，中央全面深化改革领导小组召开第二十三次会议，习近平主持并讲话。

他强调，改革既要往有利于增添发展新动力方向前进，也要往有利于维护社会公平正义方向前进，注重从体制机制创新上推进供给侧结构性改革，着力解决制约经济社会发展的体制机制问题；把以人民为中心的发展思想体现在经济社会发展各个环节，做到老百姓关心什么、期盼什么，改革就要抓住什么、推进什么，通过改革给人民群众带来更多获得感。

会议审议通过了北京市、广东省、重庆市、新疆维吾尔自治区关于进一步规范领导干部配偶、子女及其配偶经商办企业行为的规定（试行）、《关于建立公平竞争审查制度的意见》、《专业技术类公务员管理规定（试行）》、《行政执法类公务员管理规定（试行）》、《关于推进家庭医生签约服务的指导意见》、《关于建立完善守信联合激励和失信联合惩戒制度加快推进社会诚信建设的指导意见》、《关于加强民办学校党的建设工作的意见（试行）》、《民办学校分类登记实施细则》、《营利性民办学校监督管理实施细则》、《保护司法人员依法履行法定职责的规定》、《宁夏回族自治区空间规划（多规合一）试点方案》、《党的十八届五中全会有关改革举措实施规划（2016～2020年）》。

中共中央致电祝贺古共七大召开

4月18日，中国共产党中央委员会致电古巴共产党第七次全国代表大会，热烈祝贺大会胜利召开。

网络安全和信息化工作座谈会召开

4月19日，网络安全和信息化工作座谈会在北京召开，习近平主持并讲话。

座谈会上，中国工程院院士、中国电子科技集团公司总工程师吴曼青，安天实验室首席架构师肖新光，阿里巴巴集团董事局主席马云，友友天宇系统技术有限公司首席执行官姚宏宇，解放军驻京某研究所研究员杨林，北京大学新媒体研究院院长谢新洲，北京市委网信办主任佟力强，华为技术有限公司总裁任正非，国家计算机网络与信息安全管理中心主任黄澄清，复旦大学网络空间治理研究中心副主任沈逸先后发言。分别就实现信息化发展新跨越、加快构建信息领域核心技术体系、互联网企业的国家责任、实现网信军民融合深度发展、发挥新媒体在凝聚共识中的作用、突破信息产业发展和网络安全保障基础理论和核心技术、加强网络信息安全技术能力建设顶层设计等谈了意见和建议。

习近平强调，要按照创新、协调、绿色、开放、共享的发展理念推动我国经济社会发展，是当前和今后一个时期我国发展的总要求和大趋势，我国网信事业发展要适应这个大趋势，在践行新发展理念上先行一步，推进网络强国建设，推动我国网信事业发展，让互联网更好造福国家和人民。

全国宗教工作会议召开

4 月 22 日至 23 日，全国宗教工作会议在北京召开。习近平出席并讲话，李克强主持会议。

习近平强调，新形势下，我们要坚持和发展中国特色社会主义宗教理论，全面贯彻党的宗教工作基本方针，分析我国宗教工作形势，研究我国宗教工作面临的新情况新问题，全面提高宗教工作水平，更好组织和凝聚广大信教群众同全国人民一道，为实现“两个一百年”奋斗目标、实现中华民族伟大复兴的中国梦而奋斗。

俞正声总结指出，习近平总书记的重要讲话，从党和国家事业发展全局的战略高度，科学分析了宗教工作面临的形势和任务，明确提出了中国特色社会主义宗教理论，深刻阐述了宗教工作的一系列重大理论和实践问题，标志着我们党对宗教问题和宗教工作的认识达到了新的高度，是指导我们做好新形势下宗教工作的纲领性文献。学习贯彻会议精神，关键是深入学习领会习近平总书记重要讲话精神，准确把握坚持宗教工作基本方针的关键所在，深入领会讲话中关于宗教问题的新思想新观点新要求，切实把思想和行动统一到讲话精神上来。要深刻理解宗教工作的特殊重要性，更加积极主动地做好新形势下宗教工作；深刻理解宗教工作的本质是群众工作，善于用群众工作的思路和办法开展工作；深刻理解我国宗教的社会作用，最大限度发挥宗教的积极作用，最大限度抑制宗教的消极作用；深刻理解坚持我国宗教中国化方向，不断提高宗教与社会主义社会相适应的广度和深度；深刻理解构建积极健康的宗教关系，使宗教关系和谐真正能落到实处；深刻理解提高宗教工作法治化水平，依法正确处理宗教领域各种矛盾和问题。各地区各部门要切实抓好会议精神的贯彻落实，加强学习宣传，切实解决问题，落实工作责任，确保中央精神和要求落到实处。

中央纪委举办派驻纪检组组长培训班

4 月 24 日，中央纪委举办派驻纪检组组长副组长培训班，王岐山出席开班式并讲话。

会议要求，全面从严治党不是口号，而是实实在在的行动。中央纪委派驻机构是党中央设在各个部门的监督“探头”，要聚焦监督执纪问责，全面履行党章赋予的职责。全面从严治党，从宽松软走向严紧硬是一个长期的过程，必须在坚持中深化、在深化中坚持。要拉长耳朵、瞪大眼睛，发现问题、及时处置。要对照各部门党委（党组）制定的落实中央八项规定精神有关规定，开展“回头看”，看看是否真正贯彻执行。要带着实际情况、带着具体问题向中央纪委报告，与驻在部门党组织沟通，把握“树木和森林”关系，见事见人见物。增强政治意识，提高政治警觉性和政治鉴别力，监督检查党的路线方针政策执行情况。该发现的问题没有发现就是失职，发现问题不处理、不报告就是渎职，都要严肃问责。

全国政法队伍建设工作会议召开

4月25日，全国政法队伍建设工作会议在北京召开。习近平就政法队伍建设作出重要指示，对党的十八大以来政法队伍建设取得的成绩给予充分肯定，对新形势下政法队伍建设提出明确要求。孟建柱传达了习近平重要指示并就学习贯彻习近平重要指示作了部署。

会议提出，全国政法机关要认真学习贯彻习近平总书记重要指示精神，紧紧围绕维护社会大局稳定、促进社会公平正义、保障人民安居乐业的总任务，牢牢把握政治过硬、业务过硬、责任过硬、纪律过硬、作风过硬的总要求，坚持中国特色社会主义政法队伍正规化、专业化、职业化方向，以深化司法体制改革为动力，以现代科技手段应用为支撑，以制度建设为保证，着力破解制约政法队伍建设的体制性、机制性、保障性难题，深入推进思想政治、业务能力、纪律作风建设，不断提高政法队伍思想政治素质和履职能力水平，为履行好党和人民赋予的职责使命提供有力保障。

纪念荣毅仁同志诞辰100周年座谈会举行

4月26日，纪念荣毅仁同志诞辰100周年座谈会在北京举行。荣毅仁同志曾任国家副主席，第六、七届全国人大常委会副委员长，第五届全国政协副主席，全国工商联主席，中国国际信托投资公司董事长。

张德江在讲话中全面回顾了荣毅仁同志的生平业绩和卓越贡献。他说，荣毅仁同志是伟大的爱国主义、共产主义战士，为国家强盛、民族振兴、人民幸福作出了重要贡献；是中国现代民族工商业者的杰出代表，工商联的杰出领导人，赢得了全国工商界的尊重和信赖；是改革开放的先锋人物，中国国际信托投资公司的创始人，为社会主义现代化建设作出了卓越贡献；是杰出的社会活动家，卓越的国家领导人，为建立中国特色社会主义法律体系、坚持和完善人民代表大会制度，为坚持和完善中国共产党领导的多党合作和政治协商制度、巩固和发展爱国统一战线，为振兴中华、祖国统一作出了杰出贡献。我们纪念荣毅仁同志，就是要学习他热爱祖国，对党和人民无限忠诚，对共产主义和中国特色社会主义充满信心；学习他坚持原则、实事求是，富有开拓进取、敢于担当的革命精神和无私奉献、恪尽职守的敬业精神；学习他胸怀坦荡、光明磊落的崇高品格和严以律己、平易近人的优良作风。

中央党校举行 2016 年春季学期第一批进修班毕业典礼

4 月 28 日，中共中央党校举行 2016 年春季学期第一批进修班毕业典礼。刘云山出席毕业典礼，并为学员颁发毕业证书。

中央党校本期毕业学员共 554 人。学员普遍反映，通过党校学习培训，进一步增强了在思想上政治上行动上同以习近平同志为总书记的党中央保持高度一致的自觉性和坚定性；强化了党的意识，坚定了“三个自信”，进一步筑牢了忠诚、干净、担当的思想基础，提升了践行“三严三实”的行动自觉；开阔了视野，丰富了知识结构，进一步提升了从党和国家工作大局高度观察问题、研究问题、解决问题的能力。

中共中央政治局召开会议分析研究当前经济形势和经济工作

4 月 29 日，中共中央政治局召开会议，分析研究当前经济形势和经济工作，习近平主持会议。

会议强调，要按照中央经济工作会议决策部署，贯彻党的十八届五中全会精神，落实创新、协调、绿色、开放、共享的发展理念，坚持宏观政策要稳、产业政策要准、微观政策要活、改革政策要实、社会政策要托底的总体思路。要坚持适度扩大总需求，实行积极的财政政策和稳健的货币政策，坚定不移以推进供给侧结构性改革为主线，加快培育新的发展动能，改造提升传统比较优势，全面落实“去产能、去库存、去杠杆、降成本、补短板”五大重点任务。要确保党中央确定的政策不走样、不变形，确保各项政策落实到位。宏观经济政策要增强针对性。要保持股市健康发展，充分发挥市场机制调节作用，加强基础制度建设，加强市场监管，保护投资者权益。要保持人民币汇率基本稳定，逐步形成以市场供求为基础、双向浮动、有弹性的汇率运行机制。要按照加快提高户籍人口城镇化率和深化住房制度改革的要求，有序消化房地产库存，注重解决区域性、结构性问题，实行差别化的调控政策。要保持就业基本稳定，在调整经济结构的过程中妥善处理员工就业问题，既帮助他们解决生活困难，又帮助他们提高再就业能力。要关注物价变化，保障有效供给，积极稳妥推进价格改革。要坚持基本经济制度，深化国有企业改革，促进非公有制经济健康发展，扩大对外开放，吸引外国资本来华投资，稳定发展预期，增强市场信心。

五一劳动奖表彰大会举行

4 月 29 日，庆祝“五一”国际劳动节暨全国五一劳动奖表彰大会在北京人民大会堂举行。

李建国向全国各族工人、农民、知识分子和其他各阶层劳动群众致以节日的问候，并向获得全国五一劳动奖的集体和个人表示祝贺。今年共有 192 个先进集体荣获全国五一劳动奖状，898 名先进个人荣获全国五一劳动奖章，896 个先进集体荣获全国工人先锋号。

中宣部发布“时代楷模”王家元和崔根良先进事迹

4 月 29 日，中央宣传部公开发布“时代楷模”王家元和崔根良的先进事迹。

王家元是四川省宜宾市筠连县腾达镇春

风村党支部书记。他团结带领全村干部群众科学实干、顽强苦干、创新巧干，开凿出山公路，发展特色产业，打造旅游品牌，带动邻村共同致富，使一穷二白的“石头村”发展成全省富裕文明的新农村，获得“全国劳动模范”“全国优秀党务工作者”等荣誉称号。崔根良是亨通集团党委书记。他以产业报国为己任，努力依靠科技创新，打破国外技术垄断，打造拥有核心技术和自主产权的民族企业，成功走出一条创业创新之路，获得“全国劳动模范”等荣誉称号，当选第十二届全国人大代表。

2016 年 5 月

第二十届“中国青年五四奖章”评选揭晓

5 月 3 日，共青团中央、全国青联决定授予 27 人第二十届“中国青年五四奖章”，授予 5 个青年集体“中国青年五四奖章集体”。

军委纪委举办派驻纪检组干部集中培训

5 月 3 日至 4 日，军委纪委派驻纪检组干部集中培训在北京举办。这次集中培训标志着军队派驻纪检组正式进入监督序列，标志着我军纪检监察体制改革又向前推进一步。

许其亮强调，要牢记习主席的期望重托，从贯彻全面从严治党，深入推进政治建军、改革强军、依法治军的高度，深刻领会习主席决策调整组建新的军委纪委、向军委机关部门和战区派驻纪检组的战略意图，强化责任担当，扎实走开具有我军特色的派驻监督路子，不断开创军队党风廉政建设和反腐败斗争新局面。要认清肩负的使命职责，真正立起“派”的权威、发挥“驻”的优势，为在新起点上建设世界一流军队提供有力的作风纪律保证。要立起自身建设的高标准，从一开始就要把队伍建好、把形象立好、把局面开好，做到政治上坚定纯洁，能力上强而又强，作风上既严又实，当好军委纪委的“代表队”。

实行派驻监督，在我军历史上是第一次。这次采取单独派驻和联合派驻的方式，共向军委机关部门和各战区派驻 10 个纪检组。为使派驻纪检干部更好提高履职能力，在新形势新任务新体制下充分发挥监督作用，军委纪委以“知使命、明职责、勇担当”为主题，组织了为期两天的集中培训。培训结束后，各纪检组分别进驻军委机关部门和各战区，正式展开派驻监督工作。

学习贯彻《关于深化人才发展体制机制改革的意见》座谈会召开

5 月 6 日，学习贯彻《关于深化人才发展体制机制改革的意见》座谈会在北京召开。

习近平作出指示强调，办好中国的事情，关键在党，关键在人，关键在人才。综合国力竞争说到底是人才竞争。要加大改革落实工作力度，把《关于深化人才发展体制机制改革的意见》落到实处，加快构建具有全球竞争力的人才制度体系，聚天下英才而用之。要着力破除体制机制障碍，向用人主体放权，为人才松绑，让人才创新创造活力充分迸发，使各方面人才各得其所、尽展其长。要树立强烈的人才意识，做好团结、引领、服务工作，真诚关心人才、爱护人才、成就人才，激励广大人才为实现“两个一百年”奋斗目标、实现中华民族伟大复兴的中国梦贡献聪明才智。

中共中央致电祝贺朝鲜劳动党七大召开

5月6日，中国共产党中央委员会致电朝鲜劳动党第七次代表大会，祝贺大会召开。

中央军委颁发《军队建设发展“十三五”规划纲要》

5月12日，中央军委颁发《军队建设发展“十三五”规划纲要》。

规划纲要根据党和国家战略部署，围绕实现党在新形势下的强军目标，贯彻新形势下军事战略方针，对“十三五”时期军队建设发展作出总体部署，是军队筹划组织各项建设和工作的基本依据。

第七次全国人民防空会议召开

5月13日，第七次全国人民防空会议在北京举行。习近平亲切会见与会代表，李克强出席会议并讲话。65个全国人民防空先进城市、35个全国人民防空先进集体、45个全国人民防空先进工作者受到表彰。

习近平首先代表党中央、国务院和中央军委，向出席第七次全国人民防空会议的代表和人防战线的全体同志致以诚挚的问候，向受到表彰的人民防空先进城市、先进集体、先进工作者表示热烈的祝贺。他指出，人民防空是国之大事，是国家战略，是长期战略。新形势下，希望人防战线的同志们强化政治意识、大局意识、国防意识、责任意识，贯彻总体国家安全观，为建设强大巩固的现代人民防空体系作出新贡献。要坚持人民防空为人民，铸就坚不可摧的护民之盾。要提升履行使命任务能力，提高防空袭斗争能力，有效履行战时防空、平时服务、应急支援职能使命。要转变人防建设发展方式，树立和落实新发展理念，深化改革，推进军民融合，努力实现更好质量、更高效益、更可持续的发展。要发挥军政共同领导优势，各级党委和政府以及军事机关要加强组织领导。

中共中央党校举行春季学期第二批入学学员开学典礼

5月16日，中共中央党校举行2016年春季学期第二批入学学员开学典礼。

刘云山强调领导干部要按照党中央关于“两学一做”学习教育部署，带头深入学习贯彻习近平总书记系列重要讲话，发挥好示范带动作用，发挥好领学促学作用，更好用党的理论创新成果武装头脑、指导实践。

哲学社会科学工作座谈会召开

5月17日，习近平主持召开哲学社会科学工作座谈会。中国社科院研究员汝信、北京大学国家发展研究院教授林毅夫、中国社科院马克思主义研究院研究员钟君、敦煌研究院研究员樊锦诗、复旦大学中国研究院教授张维为、北京师范大学文学院教授康震、中国政法大学教授马怀德、武汉大学马克思主义学院教授沈壮海、国防大学战略研究所教授金一南、中国人民大学重阳金融研究院研究员王文先后发言。他们分别介绍了哲学、经济学、科学社会主义、历史学、政治学、文学、法学、马克思主义理论、军事学等学科和领域的研究进展，并就如何推动哲学社会科学工作创新发展提出了意见和建议。

习近平强调，一个没有发达的自然科学的国家不可能走在世界前列，一个没有繁荣的哲学社会科学的国家也不可能走在世界前列。坚持和发展中国特色社会主义，哲学社会科学具有不可替代的重要地位，哲学社会科学工作者具有不可替代的重要作用。坚持和发展中国特色社会主义，必须高度重视哲学社会科学，结合中国特色社会主义伟大实践，加快构建中国特色哲学社会科学。

党和国家功勋荣誉表彰工作委员会召开第一次全体会议

5月18日，党和国家功勋荣誉表彰工作委员会第一次全体会议在北京召开。刘云山主持并讲话，栗战书传达了习近平的重要指示精神。会议审议通过了《党和国家功勋荣誉表彰工作委员会工作规则》《党和国家功勋荣誉表彰工作委员会办公室工作细则》《党和国家功勋荣誉表彰工作委员会重点任务分工方案》。

习近平在指示中指出，建立健全党和国家功勋荣誉表彰制度，是完善和发展中国特色社会主义制度、推进国家治理体系和治理能力现代化的必然要求，是培育和弘扬社会主义核心价值观、增强中国特色社会主义事业凝聚力和感召力的重要手段。要加强统筹规划，从党和国家工作大局出发，牢牢把握正确方向，加强科学谋划，确保功勋荣誉表彰制度有效管用、稳定持久；要突出功绩导向，坚持以德为先，以功绩为重要衡量标准，严格掌握标准，做到宁缺毋滥，经得起实践、人民、历史检验；要坚持依法依规，严格按照规定的标准和程序开展工作，完善配套法规，维护功勋荣誉表彰的公正性和权威性；要抓好功勋荣誉表彰制度的宣传解读，阐释重大意义，为实现“两个一百年”奋斗目标、实现中华民族伟大复兴的中国梦汇聚强大精神力量。

《习主席国防和军队建设重要论述读本(2016年版)》印发全军

5月18日，军委政治工作部组织对2014年8月出版的《习主席国防和军队建设重要论述读本》进行修订，编写了《习主席国防和军队建设重要论述读本(2016年版)》，由解放军出版社出版，印发全军。

《读本》围绕国防和军队建设的历史方位、党在新形势下的强军目标、新形势下军事战略方针、正确把握军队建设发展战略指导、贯彻新的历史条件下政治建军方略、坚定自觉地抓备战谋打赢、全面实施改革强军战略、深入推进依法治军、全面加强军队党的建设、实施军民融合发展战略、军事辩证法等11个专题，全面准确地阐述了习主席国防和军队建设重要论述的重大意义、科学内涵、精神实质和实践要求，是部队官兵和院校学员学习贯彻习主席国防和军队建设重要论述的重要辅助材料。

党内法规制度建设专题研讨班举办

5月19日，中央办公厅会同中央组织部在中央党校举办党内法规制度建设专题研讨班。

为期5天的研讨班以深入学习贯彻习近平总书记全面从严治党、依规治党的重要思想为主题，对党内法规制度建设重大理论和实践问题进行了深入研讨。大家认为，党的十八大以来，以习近平同志为总书记的党中央高度重视制度治党、依规治党，作出了一系列重大决策部署，党内法规制度建设正在全面加强。要积极推进党内法规工作理念、思路和方法创新，坚持问题导向，认真研究解决当前党内法规制度建设存在的系统性协调性科学性不够、制度执行不力、人才队伍缺乏等问题，加快构建依规治党的法规制度体系。

中宣部发布“时代楷模”李保国和万少华先进事迹

5月26日，中央宣传部发布“时代楷模”李保国和万少华的先进事迹。

李保国生前是河北农业大学教授、博士生导师。他把太行山区生态治理和群众脱贫奔小康作为自己的毕生追求，坚持30年扎进太行山，用科技力量帮助百姓脱贫致富，创建了一套完整的山区生态开发模式，探索出了经济社会与生态效益同步提升的扶贫新路，赢得山区人民的爱戴。万少华是浙江省衢州市柯城区人民医院医生。他多年坚持利用业余时间，带领团队义务上门为侵华日军细菌战烂脚病受害者提供优质医疗服务，在减轻老人身体伤痛的同时，也给他们送上了亲人般的关爱和抚慰，以大爱仁心抚慰民族伤痛，赢得了患者的信任和尊敬。

中共中央政治局举行第三十二次集体学习

5月27日，中共中央政治局就我国人口老龄化的形势和对策举行第三十二次集体学习。习近平主持学习。徐绍史、李立国、尹蔚民、李斌分别就我国人口老龄化形势、加强和改进老龄工作、促进老龄事业发展谈了意见和建议。

习近平强调，坚持党委领导、政府主导、社会参与、全民行动相结合，坚持应对人口老龄化和促进经济社会发展相结合，坚持满足老年人需求和解决人口老龄化问题相结合，努力挖掘人口老龄化给国家发展带来的活力和机遇，努力满足老年人日益增长的物质文化需求，推动老龄事业全面协调可持续发展。

《习近平关于深化国防和军队改革重要论述摘编》印发部队

5月29日，中央军委深化国防和军队改革领导小组组织编印了《习近平关于深化国防和军队改革重要论述摘编》。

该书内容摘自习主席2012年11月至2015年11月期间的讲话、批示等重要文献，集中体现了习主席改革强军重大战略思想。中央军委政治工作部下发《关于认真组织学习〈习近平关于深化国防和军队改革重要论述摘编〉的通知》，对部队学习使用提出要求。

全国科技创新大会两院院士大会中国科协第九次全国代表大会召开

5月30日，全国科技创新大会、中国科学院第十八次院士大会和中国工程院第十三次院士大会、中国科学技术协会第九次全国代表大会在人民大会堂隆重召开。习近平出席并发表讲话。

习近平强调，科技兴则民族兴，科技强则国家强。今天，我们在这里召开这个盛会，就是要在我国发展新的历史起点上，把科技创新摆在更加重要位置,吹响建设世界科技强国的号角。实现“两个一百年”奋斗目标,实现中华民族伟大复兴的中国梦,必须坚持走中国特色自主创新道路,面向世界科技前沿、面向经济主战场、面向国家重大需求,加快各领域科技创新,掌握全球科技竞争先机。这是我们提出建设世界科技强国的出发点。他提出5点要求。一是夯实科技基础,在重要科技领域跻身世界领先行列。二是强化战略导向,破解创新发展科技难题。三是加强科技供给,服务经济社会发展主战场。四是深化改革创新,形成充满活力的科技管理和运行机制。五是弘扬创新精神,培育符合创新发展要求的人才队伍。

2016 年 6 月

全国军队转业干部安置工作会议举行

6 月 7 日，2016 年全国军队转业干部安置工作会议在北京举行。

日前，习近平在中共中央政治局常委会会议审议深化国防和军队改革期间军队转业干部安置工作文件时发表重要讲话。他指出，要充分认识做好深化国防和军队改革期间军转安置工作的重大意义，把做好军转安置工作作为关系国防和军队改革的一件大事、一项政治任务摆在突出位置，加强组织领导。军转干部是党和国家的宝贵财富，是建设中国特色社会主义的重要力量。军队干部转业地方工作，是他们人生的重大转折，要安置好，也要使用好，继续发挥他们的作用。要严肃安置工作纪律，不允许以任何理由拒绝接收军转干部，确保党中央政令畅通。军转干部安置工作的出路在于深化改革。要坚持为经济社会发展和军队建设服务的方针，贯彻妥善安置、合理使用、人尽其才、各得其所的原则，推进退役军官安置管理保障体制机制改革和政策制度创新，逐步完善服务保障体系和相关政策法规。要营造支持国防和军队改革、关心爱护军转干部的浓厚社会氛围。要教育广大军转干部保持和发扬人民军队优良传统，自觉服从国防和军队改革大局，听从组织安排，积极到党和人民最需要的地方建功立业。

中宣部等七部门印发《通知》要求组织开展纪念中国共产党成立 95 周年群众性主题教育活动

6 月 11 日，中央宣传部、中央网信办、中央文明办、教育部、全国总工会、共青团中央、全国妇联联合印发《通知》，强调要以纪念中国共产党成立 95 周年为契机，以社会主义核心价值观建设为根本，以理想信念教育为核心，以爱党爱国爱社会主义为主题，广泛组织开展群众性主题教育活动，在全社会唱响共产党好、社会主义好、改革开放好、伟大祖国好的时代主旋律。

李保国同志先进事迹报告会举行

6 月 12 日，李保国同志先进事迹报告会在人民大会堂举行。习近平对李保国同志先进事迹作出批示指出：“李保国同志 35 年如一日，坚持全心全意为人民服务的宗旨，长期奋战在扶贫攻坚和科技创新第一线，把毕生精力投入到山区生态建设和科技富民事业之中，用自己的模范行动彰显了共产党员的优秀品格，事迹感人至深。李保国同志堪称新时期共产党人的楷模，知识分子的优秀代表，太行山上的新愚公。广大党员、干部和教育、科技工作者要学习李保国同志心系群众、扎实苦干、奋发作为、无私奉献的高尚精神，自觉为人民服务、为人民造福，努力作出无愧于时代的业绩。”

李保国生前是河北农业大学教授、博士生导师。他把太行山区生态治理和群众脱贫奔小康作为毕生追求，每年深入基层200多天，让140万亩荒山披绿，带领10万农民脱贫致富。常年高强度工作让李保国积劳成疾，今年4月10日凌晨，58岁的他突发心脏病，经抢救无效去世。李保国去世后被追授“全国优秀共产党员”“时代楷模”“全国优秀教师”等荣誉称号。他的先进事迹被媒体广泛报道，在全社会引起热烈反响。

报告会前，刘云山亲切会见报告团成员，向李保国亲属表示慰问，并颁发中央组织部追授李保国同志的“全国优秀共产党员”证书。

《十八大以来重要文献选编》中册出版发行

6月14日，中共中央文献研究室编辑的《十八大以来重要文献选编》中册，由中央文献出版社出版在全国发行。

《十八大以来重要文献选编》中册，收入自2014年3月十二届全国人大二次会议后至2015年10月党的十八届五中全会这段时间内的重要文献，共67篇，约51万字。其中，习近平总书记的文稿26篇，其他中央领导同志的文稿17篇，中共中央、全国人大、国务院的有关文件24篇。

中央政法委通知要求学习黄志丽事迹

6月16日，中央政法委发出通知，要求全国政法机关和全体政法干警，认真学习宣传黄志丽同志的先进事迹，将学习宣传活动作为践行社会主义核心价值观、加强过硬政法队伍建设、开展“两学一做”学习教育的一项重要内容，教育和引导广大干警以黄志丽同志为榜样，求实进取，践行司法为民，敢于担当，维护公平正义，为推进平安中国、法治中国建设作出新的贡献。

通知要求，全体政法干警要学习黄志丽同志忠诚于党、信念坚定的政治品格，始终保持强烈的责任感和使命感，坚定不移做中国特色社会主义法治道路的建设者、捍卫者。要学习她扎根基层、一心为民的公仆情怀，始终牢记全心全意为人民服务的宗旨，把人民群众对美好生活的向往、对公平正义的追求、对安定和谐的期待，作为奋斗目标和行动指南。要学习她公正司法、能动司法的职业追求，带头信仰法治、坚守法治、厉行法治，让人民群众感受到公平正义就在身边。要学习她严于律己、清正廉洁的高尚情操，恪守职业道德，筑牢拒腐防变的警戒线，树立新时期政法干警的良好形象。

中央国家机关“两优一先”表彰大会举行

6月24日，中央国家机关优秀共产党员、优秀党务工作者和先进基层党组织表彰大会在北京举行。表彰了中央国家机关150个先进基层党组织、150名优秀共产党员、80名优秀党务工作者。

中央国家机关党委负责同志向受到表彰的先进集体和个人表示祝贺，希望中央国家机关以“两优一先”表彰为契机，在“两学一做”学习教育中模范带头、争创一流。要始终尊崇党章、遵守党规，以习近平总书记系列重要讲话精神武装头脑、指导实践、推动工作，做“四讲四有”合格党员。要强化基础在学、突出关键在做，牢固树立“四个意识”，进一步坚定理想信念,自觉向党中央看齐,不折不扣贯彻落实党的理论和路线方针政策。要着力服务大局,把学习教育同本部门本单位中心工作结合起来,做到两手抓、两促进。

纪念李德生同志诞辰100周年座谈会举行

6月24日,纪念李德生同志诞辰100周年座谈会在北京举行。

李德生同志曾任安徽省委第一书记、解放军总政治部主任、北京军区司令员、沈阳军区司令员、国防大学政治委员、中央军委委员、中共中央副主席、中顾委常委,是中共第九届中央政治局候补委员,第十、十一、十二届中央政治局委员,第十届中央政治局常委,1988年被授予上将军衔。

许其亮在座谈会上回顾了李德生同志光辉战斗的一生和卓越的历史贡献,强调要学习他对党忠心耿耿、对事业矢志不渝的崇高品格,敢于迎难而上、勇于担当重任的胆略魄力,善于总结经验、积极开拓进取的创新精神,求实务实为民、淡泊个人名利的优秀品质。

《中国共产党的九十年》正式出版

6月26日,由中共中央党史研究室编写的《中国共产党的九十年》正式出版发行,向党的生日献上一份礼物。该书分为新民主主义革命时期、社会主义革命和建设时期、改革开放和社会主义现代化建设新时期三册,共60余万字。

该书记述了中国共产党从1921年成立至2012年十八大召开90多年的历史,准确生动地展现了中国共产党90多年的奋斗历程、光荣传统、优良作风、宝贵经验和伟大成就。90多年来,党团结带领全国各族人民,完成和推进了三件大事:完成了新民主主义革命,实现了民族独立、人民解放;完成了社会主义革命,确立了社会主义基本制度;进行了改革开放新的伟大革命,开创、坚持、发展了中国特色社会主义。中国特色社会主义是党和人民90多年奋斗、创造、积累的根本成就,是贯穿党的全部历史的一条红线,也是贯穿编写工作的一条红线。

中央全面深化改革领导小组召开第二十五次会议

6月27日,中央全面深化改革领导小组召开第二十五次会议。习近平主持并强调,地方是推进改革的重要力量。各级党委要坚决贯彻落实党中央改革部署,牢固树立政治意识、大局意识、核心意识、看齐意识,增强改革定力,聚集改革资源,激发创新活力,抓实目标任务、精准落地、探索创新、跟踪问效、机制保障,更加富有成效地抓好改革工作。

会议审议通过了《关于完善人大代表联系人民群众制度的实施意见》、《关于推进以审判为中心的刑事诉讼制度改革的意见》、《关于设立统一规范的国家生态文明试验区的意见》、《国家生态文明试验区(福建)实施方案》、《关于加快推进失信被执行人信用监督、警示和惩戒机制建设的意见》、《关于海南省域"多规合一"改革试点情况的报告》、《2015年各地全面深化改革推进情况和工作建议综合报告》。

中央政治局召开会议审议《中国共产党问责条例》

6月28日,中共中央政治局召开会议,

审议通过《中国共产党问责条例》。习近平主持会议。

会议认为，问责条例是全面从严治党的利器。条例贯彻党章，坚持问题导向，紧紧围绕坚持党的领导、加强党的建设、全面从严治党、维护党的纪律、推进党风廉政建设和反腐败工作开展问责。对于失职失责造成严重后果、人民群众反映强烈、损害党执政的政治基础的都要严肃追究责任，既追究主体责任、监督责任，又追究领导责任。要把责任压给各级党组织，分解到组织、宣传、统战、政法等党的工作部门，释放有责必问、问责必严的强烈信号。问责条例是全面从严治党的重要制度，制度的生命在于执行。全面从严治党、推进标本兼治，最根本的就在于各级领导干部要把管党治党的责任担当起来。各级党组织都要把自己摆进去，联系实际、以上率下，敢于较真碰硬、层层传导压力，让失责必问成为常态。要紧紧围绕贯彻党的路线方针政策、协调推进"四个全面"战略布局强化问责，倒逼责任落实，确保党中央的集中统一领导，确保党中央政令畅通，确保党的团结统一。

中共中央政治局举行第三十三次集体学习

6 月 28 日，中共中央政治局就严肃党内政治生活、净化党内政治生态进行第三十三次集体学习。习近平在主持学习。中共中央组织部高选民就这个问题进行讲解。

习近平强调，我们党 95 年的奋斗历程充分表明，严肃认真的党内政治生活、健康洁净的党内政治生态，是党的优良作风的生成土壤，是党的旺盛生机的动力源泉，是保持党的先进性纯洁性、提高党的创造力凝聚力战斗力的重要条件，是党团结带领全国各族人民完成历史使命的有力保障，是我们党区别于其他非马克思主义政党的鲜明标志。抓好了党内政治生活，全面从严治党就有了重要基础。全党同志都要行动起来，为开展严肃认真的党内政治生活、净化党内政治生态作出贡献。

中央直属机关优秀共产党员优秀党务工作者先进基层党组织表彰大会召开

6 月 29 日，中央直属机关优秀共产党员、优秀党务工作者、先进基层党组织表彰大会在北京召开。会议表彰了中央直属机关 149 名优秀共产党员、70 名优秀党务工作者、70 个先进基层党组织。

栗战书在讲话中回顾了中国共产党成立 95 年来波澜壮阔的光辉历程，特别是党的十八大以来以习近平同志为总书记的党中央统筹推进"五位一体"总体布局，协调推进"四个全面"战略布局，为实现"两个一百年"奋斗目标、实现中华民族伟大复兴的中国梦所进行的伟大实践和取得的历史性功绩。栗战书指出，历史证明，中国共产党的领导是取得一切胜利的根本保证，我们必须毫不动摇地坚持；中国特色社会主义道路、理论和制度是中国人民富起来、中华民族强起来的唯一正确选择，我们必须毫不动摇地坚持；党的十八大以来习近平总书记系列重要讲话所阐释的新理念新思想新战略，是推进中国特色社会主义事业、实现中华民族伟大复兴中国梦的引领旗帜和科学指南，我们必须毫不动摇地坚持。

2016 年 7 月

庆祝中国共产党成立 95 周年大会在京隆重举行

7 月 1 日，庆祝中国共产党成立 95 周年大会在北京人民大会堂隆重举行。刘云山宣读《中共中央关于表彰全国优秀共产党员、优秀党务工作者和先进基层党组织的决定》。

习近平发表讲话表示，在 95 年波澜壮阔的历史进程中，中国共产党紧紧依靠人民，跨过一道又一道沟坎，取得一个又一个胜利，为中华民族作出了伟大历史贡献。历史告诉我们，历史和人民选择中国共产党领导中华民族伟大复兴的事业是正确的，必须长期坚持、永不动摇；中国共产党领导中国人民开辟的中国特色社会主义道路是正确的，必须长期坚持、永不动摇；中国共产党和中国人民扎根中国大地、吸纳人类文明优秀成果、独立自主实现国家发展的战略是正确的，必须长期坚持、永不动摇。面向未来，面对挑战，全党同志一定要不忘初心、继续前进，并就不忘初心、继续前进提出 8 个方面的要求。一是坚持不忘初心、继续前进，就要坚持马克思主义的指导地位，坚持把马克思主义基本原理同当代中国实际和时代特点紧密结合起来，推进理论创新、实践创新，不断把马克思主义中国化推向前进。二是坚持不忘初心、继续前进，就要牢记我们党从成立起就把为共产主义、社会主义而奋斗确定为自己的纲领，坚定共产主义远大理想和中国特色社会主义共同理想，不断把为崇高理想奋斗的伟大实践推向前进。三是坚持不忘初心、继续前进，就要坚持中国特色社会主义道路自信、理论自信、制度自信、文化自信，坚持党的基本路线不动摇，不断把中国特色社会主义伟大事业推向前进。四是坚持不忘初心、继续前进，就要统筹推进“五位一体”总体布局，协调推进“四个全面”战略布局，全力推进全面建成小康社会进程，不断把实现“两个一百年”奋斗目标推向前进。五是坚持不忘初心、继续前进，就要坚定不移高举改革开放旗帜，勇于全面深化改革，进一步解放思想、解放和发展社会生产力、解放和增强社会活力，不断把改革开放推向前进。六是坚持不忘初心、继续前进，就要坚信党的根基在人民、党的力量在人民，坚持一切为了人民、一切依靠人民，充分发挥广大人民群众积极性、主动性、创造性，不断把为人民造福事业推向前进。七是坚持不忘初心、继续前进，就要始终不渝走和平发展道路，始终不渝奉行互利共赢的开放战略，加强同各国的友好往来，同各国人民一道，不断把人类和平与发展的崇高事业推向前进。八是坚持不忘初心、继续前进，就要保持党的先进性和纯洁性，着力提高执政能力和领导水平，着力增强抵御风险和拒腐防变能力，不断把党的建设新的伟大工程推向前进。

全党同志一定要不忘初心、继续前进，永

远保持谦虚、谨慎、不骄、不躁的作风,永远保持艰苦奋斗的作风,勇于变革、勇于创新,永不僵化、永不停滞,继续在这场历史性考试中经受考验,努力向历史、向人民交出新的更加优异的答卷。

全国国有企业改革座谈会召开

7月4日,全国国有企业改革座谈会在北京召开。

习近平作出指示强调,国有企业是壮大国家综合实力、保障人民共同利益的重要力量,必须理直气壮做强做优做大,不断增强活力、影响力、抗风险能力,实现国有资产保值增值。要坚定不移深化国有企业改革,着力创新体制机制,加快建立现代企业制度,发挥国有企业各类人才积极性、主动性、创造性,激发各类要素活力。要按照创新、协调、绿色、开放、共享的发展理念的要求,推进结构调整、创新发展、布局优化,使国有企业在供给侧结构性改革中发挥带动作用。要加强监管,坚决防止国有资产流失。要坚持党要管党、从严治党,加强和改进党对国有企业的领导,充分发挥党组织的政治核心作用。各级党委和政府要牢记搞好国有企业、发展壮大国有经济的重大责任,加强对国有企业改革的组织领导,尽快在国有企业改革重要领域和关键环节取得新成效。

李克强批示指出,长期以来,国有企业为推动经济社会发展、提升综合国力作出了重大贡献。当前,面对新常态、新形势,要认真贯彻党中央、国务院决策部署,牢固树立新发展理念,坚持不懈推动国有企业改革,积极推进建立现代企业制度和完善的法人治理结构,遵循市场规律,瘦身健体提质增效,淘汰过剩落后产能,以推动供给侧结构性改革。紧紧抓住世界新科技革命和产业变革的机遇,落实创新驱动发展战略,积极发展新经济,依托“互联网+”和大众创业、万众创新,弘扬企业家精神和工匠精神,不断创新技术、产品与服务,提高主业的核心竞争力,推动传统产业改造升级。按照突出重点、规范有序、量力而行、防范风险的要求,更加扎实有效地推进“引进来”和“走出去”。各地区、各部门要着力破除体制机制障碍,完善监管制度,积极为国有企业改革营造良好环境。

中共六大会址常设展览馆建成仪式在莫斯科举行

7月4日,中国共产党第六次全国代表大会会址常设展览馆建成仪式在俄罗斯莫斯科举行。习近平和俄罗斯总统普京分别就中共六大会址常设展览馆建成致贺辞。

中共六大会址常设展览馆是迄今为止中国在海外的唯一一个关于中共党史的常设展览馆。2010年3月,时任中国国家副主席习近平访问俄罗斯期间与俄时任总理普京就中共六大会址修复工程达成共识。2013年3月,习近平主席与普京总统共同见证签署《中华人民共和国政府和俄罗斯联邦政府关于互设文化中心的协定》的补充议定书,确定中共六大会址常设展览馆作为莫斯科中国文化中心的分支机构管理和运营,并与戈洛杰茨副总理共同出席了中共六大会址修复工程启动仪式。在中俄两国领导人高度重视和亲自推动下,中共六大会址修复工程和常设展览馆展陈工作作为中俄人文合作委员会的重点工作顺利推进。2016年6月20日,全部修复工程竣工并顺利通过中俄联合竣工验收。7月4日，中共六大会址常设展览馆举行建成仪式并正式对外开放。

令计划一审被判处无期徒刑

7月4日，天津市第一中级人民法院依法对中国人民政治协商会议第十二届全国委员会原副主席、中共中央统战部原部长令计划受贿、非法获取国家秘密、滥用职权案进行了一审宣判，认定令计划犯受贿罪，判处无期徒刑，剥夺政治权利终身，并处没收个人全部财产；犯非法获取国家秘密罪，判处有期徒刑五年；犯滥用职权罪，判处有期徒刑四年，决定执行无期徒刑，剥夺政治权利终身，并处没收个人全部财产。令计划当庭表示服从判决，不上诉。

纪念全民族抗战爆发79周年仪式举行

7月7日，纪念全民族抗战爆发79周年仪式在中国人民抗日战争纪念馆举行。

此次展览分为"抗战英烈名录""东北抗战英烈""八路军及华北抗战英烈""新四军及华中抗战英烈""华南抗战英烈"五部分，共有160幅图片、99件(组)文物。展览通过中国共产党抗战英烈的光辉事迹，充分展示中国共产党人为抗战胜利作出的巨大牺牲和中国共产党在抗日战争中的中流砥柱作用。

马克思主义中国化光辉历程主题展览开幕

7月10日，"旗帜——马克思主义中国化的光辉历程"主题展览在北京开幕。展览由中央编译局、北京市委宣传部和北京市西城区委共同主办，集中展示了建党95年来马克思主义中国化的历史进程及主要成果。

刘奇葆参观时强调，马克思主义是共产党人的"真经"。我们党之所以能够团结带领全国各族人民，取得革命、建设、改革的伟大胜利，就在于始终把马克思主义这一科学真理作为行动指南，并坚持在实践中不断丰富和发展马克思主义。要始终坚持以马克思主义为指导，坚定共产主义远大理想和中国特色社会主义共同理想，进一步增强道路自信、理论自信、制度自信、文化自信。要不忘初心、继续前进，坚持把马克思主义基本原理同当代中国实际和时代特点紧密结合起来，不断推进马克思主义中国化、时代化、大众化，继续发展21世纪马克思主义、当代中国马克思主义。习近平总书记系列重要讲话是马克思主义中国化最新成果。要以学习宣传贯彻讲话精神为重点，深入开展党中央治国理政新理念新思想新战略重大主题宣传，更好地用党的理论创新成果武装头脑、指导实践、推动工作。当前，要认真组织习近平总书记在庆祝中国共产党成立95周年大会上的重要讲话精神的学习宣传贯彻，帮助干部群众全面准确理解和把握讲话精神，进一步统一思想行动、凝聚奋进力量。

中宣部发布"时代楷模"李守江和骆抗先先进事迹

7月14日，中央宣传部公开发布"时代楷模"李守江和骆抗先的先进事迹。

李守江是国家开发投资公司新疆罗布泊钾盐有限公司党委书记、总经理。他16年坚守在茫茫戈壁，带领"国投罗钾人"克服种种难以想象的困难，建成了世界最大的硫酸钾肥生产基地，创造了"罗钾速度"和"罗钾质量"，在"死亡之海"谱写了辉煌篇章。骆抗先是南方医科大学南方医院感染内科主任医师、教授、博士生导师。从医 62 年来，他始终坚持医德为先、患者至上，先后救治数十万乙肝患者，率先提出“无症状慢性活动性肝炎”理论，为我国乙型肝炎防治工作做出突出贡献。

中央党校举行 2016 年春季学期毕业典礼

7 月 15 日，中共中央党校举行 2016 年春季学期毕业典礼。刘云山出席毕业典礼，并为学员颁发毕业证书。

中央党校本期毕业学员 1003 人。毕业典礼上，7 位毕业学员代表作了发言。学员们普遍反映，通过党校学习培训，进一步提高了思想认识，提升了理论水平；进一步提高了党性修养，坚定了理想信念，强化了纪律和规矩意识；进一步拓展了战略视野，提高了思维能力；进一步增强了改革意识，提升了领导能力。大家表示，要认真学习习近平总书记“七一”重要讲话，不忘初心、继续前进，牢记全心全意为人民服务宗旨，积极投身“两学一做”学习教育，永不停步持续改进作风，在增强“四个意识”上作表率，在贯彻落实党中央治国理政新理念新思想新战略上当先锋。

中共中央印发《中国共产党问责条例》

7 月 17 日，中共中央印发《中国共产党问责条例》，并发出通知，要求各地区各部门认真遵照执行。

《条例》以党章为根本遵循，全面贯彻党的十八大和十八届三中、四中、五中全会精神，深入贯彻习近平总书记系列重要讲话精神，聚焦全面从严治党，突出管党治党政治责任，着力解决一些党组织和党的领导干部党的领导弱化、党的建设缺失、全面从严治党不力，党的观念淡漠、组织涣散、纪律松弛、不担当、不负责等突出问题，体现了党的十八大以来管党治党理论和实践创新成果，是全面从严治党重要的制度遵循，对于统筹推进“五位一体”总体布局和协调推进“四个全面”战略布局，实现党的历史使命，具有十分重要的意义。

通知强调，各级党组织和党的领导干部要深刻领会党中央意图，牢固树立政治意识、大局意识、核心意识、看齐意识，自觉同以习近平同志为总书记的党中央保持高度一致，抓好《条例》的学习宣传和贯彻落实，把管党治党的责任担当起来。要密切联系实际，把自己摆进去，以身作则、以上率下，敢于较真碰硬、层层传导压力，让失责必问、问责必严成为常态。要言出纪随，抓住典型问题，勇于铁面问责，发挥震慑警示效应，唤醒责任意识，激发担当精神。

部分省区“两学一做”学习教育工作座谈会召开

7 月 24 日，部分省区“两学一做”学习教育工作座谈会在兰州召开。座谈会上，甘肃、山东、河南、陕西、青海、宁夏、新疆等省区党委负责同志交流了工作情况。

刘云山在讲话中强调，深化“两学一做”学习教育，要坚持融入日常、抓在经常，注重发挥党支部主体作用和先进典型引领作用，用好“三会一课”等基本形式，鼓励基层探索行之有效的途径载体，让每一名党员都认真学起来、扎实做起来。要强化问题导向，在增强党性观念、严格党内政治生活、提振干事创业精气神上聚焦用力，以解决问题的成效检验学习教育的成果。要紧密结合改革发展稳定、结合各自本职工作推进学习教育，把打赢脱贫攻坚战作为重要任务，抓党建促扶贫，加强贫困地区领导班子和党员干部队伍建设，更好带领群众脱贫致富奔小康。对贫困县党政主要负责同志要立下军令状，群众不脱贫就不得离开原岗位，直到完成脱贫任务。要把防汛抗洪抢险救灾作为学习教育的实践课堂，激励党员干部冲在一线，发挥好先锋模范作用。

中共中央政治局召开会议决定召开十八届六中全会

7 月 26 日，中共中央政治局召开会议，决定今年 10 月在北京召开中国共产党第十八届中央委员会第六次全体会议，主要议程是，中共中央政治局向中央委员会报告工作，研究全面从严治党重大问题，制定新形势下党内政治生活若干准则，修订《中国共产党党内监督条例（试行）》。会议分析研究当前经济形势，部署下半年经济工作。习近平主持会议。

中共中央政治局举行第三十四次集体学习

7 月 26 日，中共中央政治局就深化国防和军队改革进行第三十四次集体学习。习近平主持学习。中央军委深化国防和军队改革领导小组专家咨询组副组长蔡红硕同志就这个问题进行讲解。

习近平强调，深化国防和军队改革是一场整体性、革命性变革，要坚持以党在新形势下的强军目标为引领，贯彻新形势下军事战略方针，全面实施改革强军战略，着力解决制约国防和军队建设的体制性障碍、结构性矛盾、政策性问题，推进军队组织形态现代化，进一步解放和发展战斗力，进一步解放和增强军队活力，建设同我国国际地位相称、同国家安全和发展利益相适应的巩固国防和强大军队，为实现“两个一百年”奋斗目标、实现中华民族伟大复兴的中国梦提供坚强力量保证。

2016 年“全国道德模范故事汇”基层巡演启动

7 月 27 日，2016 年“全国道德模范故事汇”基层巡演启动仪式暨首场演出在中国人民大学举行，此次演出由中央文明办、中国文联等部门主办，旨在示范推动各地以文艺形式宣传道德模范，培育向上向善、诚信互助的社会风尚。

中直机关举办“两学一做”学习教育专题党课报告会

7 月 27 日，中直工委举办中直机关“两学一做”学习教育专题党课报告会。

会议要求，中直机关各级党组织和广大党员要把学习贯彻习近平总书记“七一”重要讲话精神作为一项重要政治任务，牢固树立和自觉践行政治意识、大局意识、核心意识、看齐意识，采取有力措施，切实把“两学一做”学习教育引向深入。

会议强调，牢固树立和自觉践行“四个意识”，必须增强政治意识，始终坚定正确的政治方向，坚持把对党绝对忠诚作为根本政治要求，严守党的政治纪律和政治规矩，始终在纪律和规矩之下行动，自觉做政治上的明白人。必须增强大局意识，始终从大局出发，以大局为重，坚持一切服从服务大局，真抓实干，勇于担当，以实际行动确保党中央各项决策部署在中直机关不折不扣贯彻落实。必须增强核心意识，坚决维护党中央的集中统一领导，坚决维护以习近平同志为总书记的党中央权威，真正做到思想上十分自觉、理论上十分清醒、行动上十分坚定。必须增强看齐意识，坚定不移向党中央看齐，更加自觉主动地向党的理论路线方针政策看齐，向党的十八大和十八届三中、四中、五中全会精神看齐，始终在思想上政治上行动上同以习近平同志为总书记的党中央保持高度一致。要深入开展“两学一做”学习教育，坚持以尊崇党章、遵守党规为基本要求，以用习近平总书记系列重要讲话精神武装党员为根本任务，周密安排，精心组织，确保中直机关“两学一做”学习教育取得扎实成效。

全国双拥模范城(县)命名暨双拥模范单位和个人表彰大会举行

7月29日，全国双拥模范城(县)命名暨双拥模范单位和个人表彰大会在北京举行。大会宣读了关于命名416个市(区)县为全国双拥模范城(县)，关于表彰64个爱国拥军模范单位和拥政爱民模范单位，关于表彰100位爱国拥军模范和拥政爱民模范的决定。

习近平强调，双拥运动是我党我军我国人民特有的优良传统和政治优势。坚如磐石的军政军民团结，永远是我们战胜一切艰难险阻、不断从胜利走向胜利的重要法宝。“军民团结如一人，试看天下谁能敌”，永远是颠扑不破的真理。当今世界正在发生深刻复杂的变化，我们党、国家、军队建设事业站在了新的历史起点上，需要全党全军全国各族人民同心同德、团结奋进。我们要充分认清加强军政军民团结的重要意义，发扬光大爱国拥军、爱民奉献优良传统，根据时代变化和工作要求，不断改进创新、与时俱进，全面提高新形势下双拥工作水平，发挥双拥工作联系军地军民的桥梁纽带作用，更好服务党和国家工作大局、国防和军队建设全局。

李克强讲话指出，党中央、国务院和中央军委历来高度重视拥军优属、拥政爱民工作。新形势下加强双拥工作、巩固军政军民团结，有利于激发人民群众爱国拥军热情，集聚各方力量支持强军建设，保障国泰民安。要全力支持国防和军队建设改革，统筹经济发展和巩固国防，探索建立平时服务与战时支前军地协调机制，优先保证军事用地，优先修建国防道路，协助完善战备、医疗等配套设施和公共服务，引导优势企业参与军品科研生产。要积极协调解决好部队官兵面临的现实困难。一是拓宽“后路”，拿出特殊措施和倾斜政策，全力保障退役军人安置，各级党政机关、国有企事业单位特别是中央企业要适当多接收一些退役军人，支持退役军人参与大众创业、万众创新。二是巩固“后院”，完善抚恤优待政策体系，不断提高抚恤待遇水平，全面落实军队离退休干部政治待遇、生活待遇。做好军属随调随迁、安置就业、创业扶持等工作。三是扶持“后代”，政府、社会和学校要更多关心军人子女教育，落实好现有优待政策，在优质教育资源配置、就近入学、随父母调动转学等方面提供支持，尤其要对边远艰苦地区的军人子女给予特殊照顾。同时，要充分发挥军队优势，大力支援经济社会建设。围绕国家重大战略，积极参与交通、通信等重大项目建设和国防科技协同创新，培育壮大新动能，继续在抢险救灾、扶贫帮困、维护稳定等方面发挥重要作用，更好推动军民深度融合发展。

部分地区和部门“两学一做”学习教育工作座谈会召开

7月30日，部分地区和部门“两学一做”学习教育工作座谈会在北京召开。天津、浙江、湖北、四川等省市党委和中央直属机关工委、中央国家机关工委、教育部、国资委等单位负责同志作了发言。

刘云山在讲话中指出，深化学习教育，要把深入学习习近平总书记“七一”重要讲话同学习党章党规、学习系列讲话贯通起来，弘扬良好学风，坚持不忘初心、继续前进，把讲话精神转化为提升党性修养、推动实际工作的强大动力。党校、行政学院、干部学院要把讲话精神作为培训的重要内容，教育部门和高校要把讲话精神体现到学校思想政治教育之中。学习教育的成效，最终要落实到解决问题上。要联系各地区各部门各单位实际，引导党员干部认真落实全面从严治党要求，带着具体问题学、对着突出问题改，在坚定理念信念、增强宗旨意识、强化纪律观念上取得新进步。要立足本职工作抓好学习教育，与落实新发展理念、推进供给侧结构性改革结合起来，与完善基层治理体系、维护社会和谐稳定结合起来。特别要围绕打赢脱贫攻坚战，抓党建促扶贫，加强贫困地区领导班子和党员干部队伍建设，推动各方面落实扶贫具体任务。广大党员要在防汛抗洪抢险救灾中接受考验，充分发挥先锋模范作用。

国防部举行庆祝解放军建军89周年招待会

7月31日，中华人民共和国国防部在人民大会堂举行招待会，热烈庆祝中国人民解放军建军89周年。

2016年8月

中办印发《共青团中央改革方案》

8月2日，中共中央办公厅印发《共青团中央改革方案》。

《方案》从四大方面、十二个领域提出了改革措施。第一，改进团中央领导机构人员构成、机构设置和运行机制。第二，改革团中央机关干部选拔、使用和管理。第三，改革创新团的工作、活动和基层组织建设。第四，加大党委和政府对共青团工作的支持保障力度。

刘云山看望慰问北戴河暑期休假专家

8月5日，受习近平总书记委托，刘云山在北戴河看望暑期休假专家，代表党中央、国务院向广大专家人才致以诚挚问候。

邀请专家暑期到北戴河休假，是党和国家重视和关心专家人才的一项制度性安排。自2001年以来，党中央、国务院先后邀请16批900多位专家学者参加休假活动。参加今年休假活动的56位专家主要是以国家“万人计划”专家为主体的国内各领域优秀人才代表，他们在各自领域都作出了重要贡献。

推进“一带一路”建设工作座谈会召开

8月17日，推进“一带一路”建设工作座谈会在北京人民大会堂召开，习近平出席并讲话。

座谈会上，国家发展改革委主任徐绍史、外交部部长王毅、福建省委书记尤权、新疆维吾尔自治区党委书记张春贤、广东省委书记胡春华、陕西省委书记娄勤俭、中国交通建设集团有限公司董事长刘起涛、华立集团董事局主席汪力成、中科院“一带一路”战略研究中心主任刘卫东先后发言。他们结合实际，从不同角度就推进“一带一路”建设工作介绍了情况，谈了意见和建议。

习近平讲话强调，党的十八大以后，党中央着眼于我国“十三五”时期和更长时期的发展，逐步明确了“一带一路”建设、京津冀协同发展、长江经济带发展3个大的发展战略。2014年我们通过了《丝绸之路经济带和21世纪海上丝绸之路建设战略规划》，2015年对外发布了《推动共建丝绸之路经济带和21世纪海上丝绸之路的愿景与行动》，有关地方和部门也出台了配套规划，在国际上引起较大反响。已经有100多个国家和国际组织参与其中，我们同30多个沿线国家签署了共建“一带一路”合作协议、同20多个国家开展国际产能合作，联合国等国际组织也态度积极，以亚投行、丝路基金为代表的金融合作不断深入，一批有影响力的标志性项目逐步落地。“一带一路”建设从无到有、由点及面，进度和成果超出预期。

就推进“一带一路”建设提出8项要求。一是要切实推进思想统一，坚持各国共商、共建、共享,遵循平等、追求互利,牢牢把握重点方向,聚焦重点地区、重点国家、重点项目,抓住发展这个最大公约数,不仅造福中国人民,更造福沿线各国人民。中国欢迎各方搭乘中国发展的快车、便车,欢迎世界各国和国际组织参与到合作中来。二是要切实推进规划落实,周密组织,精准发力,进一步研究出台推进"一带一路"建设的具体政策措施,创新运用方式,完善配套服务,重点支持基础设施互联互通、能源资源开发利用、经贸产业合作区建设、产业核心技术研发支撑等战略性优先项目。三是要切实推进统筹协调,坚持陆海统筹,坚持内外统筹,加强政企统筹,鼓励国内企业到沿线国家投资经营,也欢迎沿线国家企业到我国投资兴业,加强"一带一路"建设同京津冀协同发展、长江经济带发展等国家战略的对接,同西部开发、东北振兴、中部崛起、东部率先发展、沿边开发开放的结合,带动形成全方位开放、东中西部联动发展的局面。四是要切实推进关键项目落地,以基础设施互联互通、产能合作、经贸产业合作区为抓手,实施好一批示范性项目,多搞一点早期收获,让有关国家不断有实实在在的获得感。五是要切实推进金融创新,创新国际化的融资模式,深化金融领域合作,打造多层次金融平台,建立服务"一带一路"建设长期、稳定、可持续、风险可控的金融保障体系。六是要切实推进民心相通,弘扬丝路精神,推进文明交流互鉴,重视人文合作。七是要切实推进舆论宣传,积极宣传"一带一路"建设的实实在在成果,加强"一带一路"建设学术研究、理论支撑、话语体系建设。八是要切实推进安全保障,完善安全风险评估、监测预警、应急处置,建立健全工作机制,细化工作方案,确保有关部署和举措落实到每个部门、每个项目执行单位和企业。

全国农村精神文明建设工作经验交流会召开

8月22日至23日,中宣部、中央文明办在哈尔滨市召开全国农村精神文明建设工作经验交流会。

会议指出,要深入学习贯彻习近平总书记关于"三农"工作的重要指示精神,以创新、协调、绿色、开放、共享的新发展理念引领农村精神文明建设,做到认识到位、行动自觉、成效实在,增强做好工作的责任感。要坚持以人民为中心的工作导向,着力抓好社会主义核心价值观宣传教育、文明家庭创建、农村移风易俗等工作,努力实现乡风民风美起来、人居环境美起来、文化生活美起来,进一步增强农民群众的获得感。要着眼落实"十三五"规划,加大文明村镇创建力度,多办好事实事,让广大农民群众共享创建成果。要以县域为重点整体推进,动员各方资源,坚持因地制宜,发挥文化育人作用,进一步增强农村精神文明建设的动力和活力。

中央直属机关工委召开"两学一做"学习教育工作座谈会

8月25日,中直机关"两学一做"学习教育工作座谈会在北京召开。

会议强调,"两学一做"学习教育是推动党内教育从"关键少数"向广大党员拓展、从集中性教育向经常性教育延伸的有力举措,是加强党的思想政治建设的重大部署。中直机关各级党组织要深入学习贯彻习近平总书记等中央领导同志关于学习教育的重要指示精神，切实把思想和行动统一到党中央部署要求上来。要认真贯彻“基础在学、关键在做”要求，切实把学习教育的成效体现到强化理论武装、坚定理想信念上；体现到践行党章要求、对党绝对忠诚上；体现到增强政治意识、大局意识、核心意识、看齐意识，始终同以习近平同志为总书记的党中央保持高度一致上；体现到强化问题导向、抓好整改落实上；体现到服从服务大局、推动中央决策部署贯彻落实上；体现到勇于担当、真抓实干上，不断推动中直机关学习教育向更深程度、更高水平发展。

中宣部发布“时代楷模”高宝来和刘芳先进事迹

8月26日，中央宣传部公开发布“时代楷模”高宝来和刘芳的先进事迹。

高宝来生前是北京市公安局海淀分局恩济庄派出所民警，35年来扎根基层一线，总结出一套系统的驻区民警工作办法。在生命的最后5年里，他每天在小学门前疏导车辆，保护学生交通安全，被誉为“孩子眼中的警察爷爷”，去年5月因病去世，被追授“全国道德模范”“全国公安系统一级英雄模范”等荣誉称号。刘芳是贵州省贵阳市白云区第三中学教师，身患眼疾仍听读书籍教材，坚持为学生上课。双目失明后，她担任心理辅导教师，开展心理健康教育讲座，帮助农村留守儿童解决成长中的问题，引导他们健康成长，受到家长和学生的信任和喜爱。

全国党委秘书长会议召开

8月29日，全国党委秘书长会议在北京召开。

栗战书强调，全国党委办公厅系统要深入学习贯彻习近平总书记“七一”重要讲话精神，深刻理解党的十八大以来党中央提出的一系列新理念新思想新战略，深刻认识党和国家事业发展取得的新变化新成就，切实增强道路自信、理论自信、制度自信、文化自信，始终同以习近平同志为总书记的党中央保持高度一致。要认清形势，把握大局，不断强化政治意识、大局意识、核心意识、看齐意识，自觉维护以习近平同志为总书记的党中央的集中统一领导。要努力提高党委办公厅工作的科学化、规范化水平，高标准、高水平、高质量地做好“三服务”工作，确保中央重大决策部署落地生根。

中央全面深化改革领导小组召开第二十七次会议

8月30日，中央全面深化改革领导小组召开第二十七次会议，习近平主持并讲话。他强调，当前和今后一个时期，是全面深化改革的施工高峰期，是落实改革任务的攻坚期，抓谋划、抓统筹、抓落实的任务依然艰巨繁重。要按照既定的时间表、路线图，更加注重发挥经济体制改革的牵引作用，更加有针对性解决各领域各层面各环节的矛盾和问题，强化基础支撑，注重系统集成，完善工作机制，严格督察落实，不断提高改革精准化、精细化水平，坚定不移把全面深化改革推向前进。

会议审议通过了《关于构建绿色金融体系的指导意见》、《关于完善产权保护制度依法保护产权的意见》、《关于创新政府配置资源方式的指导意见》、《关于实行以增加知识价值为导向分配政策的若干意见》、《关于进一步推广深化医药卫生体制改革经验的若干意见》、《脱贫攻坚责任制实施办法》、《关于完善农村土地所有权承包权经营权分置办法的意见》、《重点生态功能区产业准入负面清单编制实施办法》、《生态文明建设目标评价考核办法》、《关于在部分省份开展生态环境损害赔偿制度改革试点的报告》、《关于从事生产经营活动事业单位改革的指导意见》、《关于公共文化设施开展学雷锋志愿服务的实施意见》、《关于清理规范改革试点情况的报告》、《关于全面深化改革重要举措出台和落实情况的评估报告》。

2016年9月

中共中央党校举行秋季学期开学典礼

9月1日，中共中央党校举行2016年秋季学期开学典礼。

刘云山指出，我们坚定文化自信，是有充分理由的，关键是要看到我们深厚的文化根脉和独特的文化优势。中华文化优势，在于有生生不息、博大精深的中华优秀传统文化，有党领导人民创造的激昂向上的革命文化和生机勃勃的社会主义先进文化；根本的还在于有贯穿其中的科学理论指导、坚定理想信念、正确价值追求，有以爱国主义为核心的民族精神和以改革创新为核心的时代精神。这些宝贵文化资源，铸就了中华民族持久而强大的凝聚力向心力，滋养着当代中国的发展进步，是应当很好坚守的精神高地，是我们保持文化自信的坚强基石。坚定文化自信，是为了实现文化自强，也就是增强我国文化软实力，建设社会主义文化强国。要牢牢把握社会主义先进文化前进方向，把“不忘本来、吸收外来、面向未来”作为重要方针落实到文化建设各个方面。要礼敬和弘扬中华优秀传统文化，大力培育践行社会主义核心价值观，巩固团结奋斗的共同思想基础。要以博采众长的心态参与文明交流互鉴，辩证取舍、择善而从，吸收借鉴人类一切文明有益成果。要深入推进文化理念、内容形式、手段载体和体制机制改革创新，推动文化事业全面繁荣和文化产业快速发展。要牢固树立以人民为中心的工作导向，坚持把社会效益放在首位，正确处理社会效益和经济效益的关系，以更多精品力作丰富人民精神世界、增强人民精神力量。

纪念抗日战争胜利71周年座谈会举行

9月2日，纪念中国人民抗日战争暨世界反法西斯战争胜利71周年座谈会在北京举行。71年前，中国人民经过艰苦卓绝的浴血奋战，打败了穷凶极恶的日本军国主义侵略者，赢得了近代以来中国反抗外敌入侵的第一次完全胜利，开辟了中华民族伟大复兴的光明前景。

座谈会由中央宣传部、中央统战部、中央党史研究室、中央军委政治工作部联合举办。座谈会上，来自中央党史研究室、中央统战部、中央军委政治工作部的有关负责同志和抗战老战士、青年学生代表先后发言，从不同角度回顾了中国人民抗日战争的峥嵘岁月，阐述了中国人民抗日战争暨世界反法西斯战争胜利的伟大意义，充分表达了中国人民铭记历史、缅怀先烈、珍爱和平、开创未来的决心和信心。

国家行政学院举行开学典礼

9月2日，国家行政学院2016年秋季学期开学典礼暨省部级领导干部“推进供给侧结构性改革”研讨班开班式举行。

中央国家机关党委负责同志指出，推进供给侧结构性改革是以习近平同志为总书记的党中央统筹推进“五位一体”总体布局、协调推进“四个全面”战略布局，综合研判世界经济形势和我国经济发展新常态作出的重大战略部署，是当前和今后一个时期我国经济工作的主线。要有力有度有效落实好“三去一降一补”重点任务，减少无效供给，扩大有效供给。要通过重点领域改革创新，提高供给体系质量和效率。要处理好重大关系，调动各方面积极性，扎实落实好改革任务。要通过供给侧结构性改革，使我国供给能力更好满足广大人民日益增长的物质文化需要，加快经济结构调整和转型升级，为我国经济保持中高速增长、迈向中高端水平奠定坚实基础。

中央社会主义学院举行开学典礼

9 月 2 日，中央社会主义学院 2016 年秋季开学典礼举行。

严隽琪强调，民主党派要深入学习习近平总书记“七一”重要讲话精神，坚持中国共产党领导，强化政治共识，践行政治承诺，通过履职为改革发展凝聚广泛共识。

党委中心组学习经验交流座谈会召开

9 月 10 日至 11 日，党委中心组学习经验交流座谈会在长春召开。

刘云山指出，我们党依靠学习走到今天，也必然依靠学习走向未来。面对新的形势和任务，我们要不忘初心、继续前进，重要的是抓好领导干部这个“关键少数”，加强和改进党委中心组学习，推动全党全社会大兴学习之风。要适应事业发展的新要求，把握好学习的主题和重点，强化学习责任，注重学习质量，以学习提升思想作风、能力素养和工作本领。党委中心组学习具有很强的示范性，应当有更高的标准和要求。要弘扬理论联系实际的学风，在读原著、学原文、悟原理上作示范，在真信、真用、真行上作示范。要强化问题导向，同研究解决改革发展稳定的突出问题、党的建设面临的紧迫问题结合起来，把学习成果转化为落实新发展理念、推动经济社会持续健康发展的生动实践，转化为从严管党治党、严肃党内政治生活的实际成效。各级党委要加强组织领导，结合“两学一做”学习教育，创新学习方式、完善学习制度、健全考核评价机制，不断提升党委中心组学习的科学化规范化水平。

中央军委联勤保障部队成立大会举行

9 月 13 日，中央军委联勤保障部队成立大会在北京举行。习近平向武汉联勤保障基地和无锡、桂林、西宁、沈阳、郑州联勤保障中心授予军旗并致训词，代表党中央和中央军委向联勤保障部队全体指战员致以热烈的祝贺。他强调，要牢记使命、勇挑重担，以党在新形势下的强军目标为引领，深入贯彻新形势下军事战略方针，推进政治建军、改革强军、依法治军，按照联合作战、联合训练、联合保障的要求加快部队建设，努力建设一支强大的现代化联勤保障部队。

《胡锦涛文选》发行

9 月 19 日，中共中央文献编辑委员会编辑的《胡锦涛文选》第一卷、第二卷、第三卷由人民出版社出版在全国发行。

《胡锦涛文选》收入了胡锦涛同志在1988年6月至2012年11月这段时间内具有代表性、独创性的重要著作，共有报告、讲话、谈话、文章、信件、批示等242篇，很大一部分是第一次公开发表。《胡锦涛文选》第一卷以1988年6月8日胡锦涛同志在贵州省毕节地区开发扶贫、生态建设试验区工作会议上的讲话《建立毕节开发扶贫生态建设试验区》为开卷篇，以2002年9月2日胡锦涛同志在中共中央党校秋季开学典礼上的讲话《以扎实工作迎接党的十六大召开》为结束篇，收入了胡锦涛同志的著作74篇。第二卷以2002年12月6日胡锦涛同志在西柏坡学习考察时的讲话为开卷篇，以2007年10月15日胡锦涛同志在中国共产党第十七次全国代表大会上的报告《高举中国特色社会主义伟大旗帜，为夺取全面建设小康社会新胜利而奋斗》为结束篇，收入了胡锦涛同志的著作82篇。第三卷以2007年12月17日胡锦涛同志在新进中央委员会的委员、候补委员学习贯彻党的十七大精神研讨班上的讲话《深入学习领会科学发展观》为开卷篇，以2012年11月8日胡锦涛同志在中国共产党第十八次全国代表大会上的报告《坚定不移沿着中国特色社会主义道路前进，为全面建成小康社会而奋斗》为结束篇，收入了胡锦涛同志的著作86篇。

中共中央政治局召开会议讨论拟提请十八届六中全会审议的文件

9月27日，中共中央政治局召开会议，研究全面从严治党重大问题。习近平主持会议。

会议决定，中国共产党第十八届中央委员会第六次全体会议于10月24日至27日在北京召开。中共中央政治局听取了《关于新形势下党内政治生活的若干准则》、《中国共产党党内监督条例》稿在党内外一定范围征求意见的情况报告，决定根据这次会议讨论的意见进行修改后将文件稿提请十八届六中全会审议。

中共中央政治局举行第三十五次集体学习

9月27日，中共中央政治局就二十国集团领导人峰会和全球治理体系变革进行第三十五次集体学习。习近平主持学习。外交学院高飞教授就这个问题进行讲解，并谈了意见和建议。

习近平强调，随着国际力量对比消长变化和全球性挑战日益增多，加强全球治理、推动全球治理体系变革是大势所趋。我们要抓住机遇、顺势而为，推动国际秩序朝着更加公正合理的方向发展，更好维护我国和广大发展中国家共同利益，为实现“两个一百年”奋斗目标、实现中华民族伟大复兴的中国梦营造更加有利的外部条件，为促进人类和平与发展的崇高事业作出更大贡献。

中央单位巡视工作座谈会召开

9月28日，学习贯彻习近平总书记关于巡视工作论述暨中央单位巡视工作座谈会召开。

王岐山指出，要通过“两学一做”学习教育，提高中央单位巡视工作的政治站位，做到用心学习、学以致用。党中央对巡视工作领导坚强有力，多次专题研究，听取每一轮巡视情况汇报，习近平总书记先后发表15次重要讲话。要把学习领会习近平总书记关于巡视工作的重要论述，同学习党章党规、系列讲话结合起来，学思践悟、融会贯通。巡视是落实全面从严治党要求，为党的肌体作体检。政党就要讲政治，执政党更要讲政治。党的十八大提出“五位一体”总布局，反映了人民群众与时俱进的诉求，本身就是政治。中央部委的工作直接关乎“五位一体”建设，中央部委的巡视必须准确把握政治定位，增强“四个意识”，围绕党的领导、党的建设、从严治党、党风廉政建设和反腐败工作，着力发现落实“五位一体”建设、“四个全面”战略布局、五大发展理念存在的突出问题，保证党中央的决策部署落到实处。党组(党委)要担负起从严治党主体责任，一把手听取巡视情况汇报不能念稿子空论，要点人点事，对问题提出具体的处置要求。

中共中央举行纪念刘华清同志诞辰100周年座谈会

9月28日，中共中央举行纪念刘华清同志诞辰100周年座谈会。习近平出席并讲话。

习近平在讲话中回顾了刘华清同志的一生，强调刘华清同志作为党的第三代中央领导集体的成员，参与党、国家、军队的一系列重大决策，为坚持和发展中国特色社会主义作出了贡献。刘华清同志的一生，是光辉的一生、战斗的一生。他为我国革命建设改革事业、为国防和军队建设建立的功勋，党和人民将永远铭记。在革命建设改革各个历史时期，涌现出一代又一代不懈奋斗的优秀共产党人。刘华清同志就是其中的优秀代表，他的革命精神和高尚品格永远值得我们学习。我们纪念刘华清同志，就是要学习他恪守信仰、不忘初心的不懈追求，学习他一心向党、始终忠诚的坚强党性，学习他勇于开拓、锐意改革的创新精神，学习他矢志强军、献身国防的使命担当，学习他求真务实、真抓实干的优良作风，学习他洁身修德、清廉自律的高尚情操。

中共中央举行学习《胡锦涛文选》报告会

9月29日，中共中央在北京举行学习《胡锦涛文选》报告会。习近平发强调，当前要把学习《胡锦涛文选》摆在党的思想政治建设和党员、干部理论学习培训的重要位置，通过学习加深对党的十八大以来提出的治国理政新理念新思想新战略的理解，继续开拓创新，继续奋发进取，为实现“两个一百年”奋斗目标、实现中华民族伟大复兴的中国梦而不懈奋斗。

中共中央决定指出，全党同志要充分认识学习《胡锦涛文选》的重要性和必要性，潜心研读原著，把握精神实质，真正学通弄懂。全党同志和全国各族人民要紧密团结在以习近平同志为总书记的党中央周围，高举中国特色社会主义伟大旗帜，深入学习贯彻习近平总书记系列重要讲话精神，不断增强政治意识、大局意识、核心意识、看齐意识，同心同德，扎实工作，开拓进取。

烈士纪念日向人民英雄敬献花篮仪式举行

9月30日，烈士纪念日向人民英雄敬献花篮仪式在北京隆重举行。党和国家领导人习近平、李克强、张德江、俞正声、刘云山、王岐山、张高丽等，同首都各界代表一起出席仪式。

国务院举行国庆招待会

9月30日，国务院在人民大会堂举行国庆招待会，热烈庆祝中华人民共和国成立六十七周年。习近平、李克强、张德江、俞正声、刘云山、王岐山、张高丽等党和国家领导人与1200多位中外人士欢聚一堂，共庆共和国华诞。

2016 年 10 月

中共中央政治局举行第三十六次集体学习

10 月 9 日，中共中央政治局就实施网络强国战略进行第三十六次集体学习。习近平主持学习。清华大学微电子与纳电子学系主任、微电子学研究所所长魏少军教授就这个问题进行讲解。

习近平强调，网络信息技术是全球研发投入最集中、创新最活跃、应用最广泛、辐射带动作用最大的技术创新领域，是全球技术创新的竞争高地。我们要顺应这一趋势，大力发展核心技术，加强关键信息基础设施安全保障，完善网络治理体系。要紧紧牵住核心技术自主创新这个“牛鼻子”，抓紧突破网络发展的前沿技术和具有国际竞争力的关键核心技术，加快推进国产自主可控替代计划，构建安全可控的信息技术体系。要改革科技研发投入产出机制和科研成果转化机制，实施网络信息领域核心技术设备攻坚战略，推动高性能计算、移动通信、量子通信、核心芯片、操作系统等研发和应用取得重大突破。随着互联网特别是移动互联网发展，社会治理模式正在从单向管理转向双向互动，从线下转向线上线下融合，从单纯的政府监管向更加注重社会协同治理转变。我们要深刻认识互联网在国家管理和社会治理中的作用，以推行电子政务、建设新型智慧城市等为抓手，以数据集中和共享为途径，建设全国一体化的国家大数据中心，推进技术融合、业务融合、数据融合，实现跨层级、跨地域、跨系统、跨部门、跨业务的协同管理和服务。要强化互联网思维，利用互联网扁平化、交互式、快捷性优势，推进政府决策科学化、社会治理精准化、公共服务高效化，用信息化手段更好感知社会态势、畅通沟通渠道、辅助决策施政。

中宣部召开繁荣文艺创作经验交流会

10 月 10 日，中宣部在北京召开繁荣文艺创作经验交流会。

刘奇葆指出，文艺工作座谈会召开两年来，我国文艺创作活力迸发，精品力作不断涌现，文化消费更加旺盛，队伍面貌发生可喜变化，文艺气象焕然一新。要进一步繁荣文艺创作，着力提高原创能力，从基础环节扶持原创，多措并举引导原创；着力聚焦现实题材，突出中国梦主题，关注和记录伟大时代，推出更多震撼人心的优秀作品；着力提高作品质量，不断提升作品的精神高度、文化内涵、艺术价值；着力强化文艺批评，创新批评形式，倡导良好的批评风气，引领文艺创作方向；着力加强人才和团队培养，造就一支高素质文艺人才队伍。强有力的文艺政策是助推精品创作生产的重要保障。要用好用足现有政策，并根据实践发展及时推出和完善有关政策，加强政策落实的统筹协调和指导督促，营造有利于文艺创作繁荣的良好环境。

全军各大单位和军委机关各部门党委书记专题会议召开

10月10日，全军各大单位和军委机关各部门党委书记专题会议在北京召开，研究部署全面彻底肃清郭伯雄、徐才厚流毒影响，深入推进正风反腐、纯净政治生态工作。

范长龙指出，全面彻底肃清郭伯雄、徐才厚流毒影响，是习主席和中央军委部署的一项重大而严肃的政治任务。要深刻领悟党中央、习主席正风反腐的决心意图，充分认清深化肃清郭伯雄、徐才厚流毒影响的紧迫性艰巨性，进一步警醒起来、重视起来，按照军委明确的工作任务和时间节点，全面彻底抓好思想清理和组织清理工作，为实现强军目标奠定坚实的思想、政治和组织基础。

全国国有企业党的建设工作会议召开

10月10日至11日，全国国有企业党的建设工作会议在北京召开，习近平出席并讲话。

习近平强调，要通过加强和完善党对国有企业的领导、加强和改进国有企业党的建设，使国有企业成为党和国家最可信赖的依靠力量，成为坚决贯彻执行党中央决策部署的重要力量，成为贯彻新发展理念、全面深化改革的重要力量，成为实施"走出去"战略、"一带一路"建设等重大战略的重要力量，成为壮大综合国力、促进经济社会发展、保障和改善民生的重要力量，成为我们党赢得具有许多新的历史特点的伟大斗争胜利的重要力量。要坚持有利于国有资产保值增值、有利于提高国有经济竞争力、有利于放大国有资本功能的方针，推动国有企业深化改革、提高经营管理水平，加强国有资产监管，坚定不移把国有企业做强做优做大。

全国社会治安综合治理创新工作会议召开

10月10日至11日，全国社会治安综合治理创新工作会议在南昌召开。

习近平日前就加强和创新社会治理作出指示指出，近年来，政法综治战线认真贯彻党中央决策部署，一手抓突出问题整治、一手抓社会治理创新，平安建设取得新成效。要更加注重联动融合、开放共治，更加注重民主法治、科技创新，提高社会治理社会化、法治化、智能化、专业化水平，提高预测预警预防各类风险能力。要坚持问题导向，把专项治理和系统治理、综合治理、依法治理、源头治理结合起来。要完善社会治安综合治理体制机制，加快建设立体化、信息化社会治安防控体系。各级党委和政府要高度重视社会治理工作，落实社会治安综合治理领导责任制，切实肩负起促一方发展、保一方平安的政治责任。

会议强调，政法综治战线要认真学习领会习近平总书记重要指示精神，全面贯彻党的十八大和十八届三中、四中、五中全会精神，紧紧围绕"五位一体"总体布局和"四个全面"战略布局，牢牢把握推进国家治理体系和治理能力现代化的总要求，主动适应新形势，切实增强工作前瞻性，坚持立足当前与着眼长远相结合，积极推动理念、制度、机制、方法创新，为全面建成小康社会创造安全稳定的社会环境。

中央全面深化改革领导小组召开第二十八次会议

10月11日，中央全面深化改革领导小组召开第二十八次会议，习近平主持并讲话。

习近平强调，中央和国家机关有关部门是改革的责任主体，是推进改革的重要力量。各部门要坚决贯彻落实党中央决策部署，坚持以解放思想、解放和发展社会生产力、解放和增强社会活力为基本取向，强化责任担当，以自我革命的精神推进改革，坚决端正思想认识，坚持从改革大局出发，坚定抓好改革落实。

会议审议通过了《关于推进防灾减灾救灾体制机制改革的意见》、《关于全面推行河长制的意见》、《关于深化统计管理体制改革提高统计数据真实性的意见》、《关于进一步把社会主义核心价值观融入法治建设的指导意见》、《关于全面放开养老服务市场提升养老服务质量的若干意见》、《关于推进安全生产领域改革发展的意见》、《关于促进移动互联网健康有序发展的意见》、《关于深入推进经济发达镇行政管理体制改革的指导意见》、《关于进一步健全相关领域实名登记制度的总体方案》、《省级空间规划试点方案》。

纪念红军长征胜利80周年大会举行

10月21日，纪念红军长征胜利80周年大会在北京人民大会堂隆重举行，习近平发表重要讲话。

习近平强调，从1934年10月至1936年10月，红军第一、第二、第四方面军和第二十五军进行了伟大的长征。我们党领导红军，以非凡的智慧和大无畏的英雄气概，战胜千难万险，付出巨大牺牲，胜利完成震撼世界、彪炳史册的长征，宣告了国民党反动派消灭中国共产党和红军的图谋彻底失败，宣告了中国共产党和红军肩负着民族希望胜利实现了北上抗日的战略转移，实现了中国共产党和中国革命事业从挫折走向胜利的伟大转折，开启了中国共产党为实现民族独立、人民解放而斗争的新的伟大进军。这一惊天动地的革命壮举，是中国共产党和红军谱写的壮丽史诗，是中华民族伟大复兴历史进程中的巍峨丰碑。穿越历史的沧桑巨变，回望80年前那段苦难和辉煌，我们更加深刻地认识到，长征在我们党、国家、军队发展史上具有十分伟大的意义，对中华民族历史进程具有十分深远的影响。长征是一次理想信念的伟大远征，党和红军几经挫折而不断奋起，历尽苦难而淬火成钢，归根到底在于心中的远大理想和革命信念始终坚定执着，始终闪耀着火热的光芒。长征是一次检验真理的伟大远征，真理只有在实践中才能得到检验，真理只有在实践中才能得到确立，经过长征，党和红军不是弱了，而是更强了，因为我们党找到了中国革命的正确道路，找到了指引这条道路的正确理论。长征是一次唤醒民众的伟大远征，充分展示了中国共产党性质和宗旨的力量，充分说明了中国共产党必须在人民中间生根开花，必须紧紧依靠人民来克服困难、赢得胜利。长征是一次开创新局的伟大远征，面对乱云飞渡、惊涛骇浪，我们党表现出无所畏惧的伟大实践精神，表现出浴火重生的伟大创造精神，在血与火中趟出了一条走向新生、走向胜利的革命道路。

长征胜利80年来，我们党团结带领全国

各族人民，不断推进革命、建设、改革伟大事业，进行了一次又一次波澜壮阔的伟大长征，夺取了一个又一个举世瞩目的伟大胜利。我们这一代人，继承了前人的事业，进行着今天的奋斗，更要开辟明天的道路。蓝图已绘就，奋进正当时。前进道路上，我们要大力弘扬伟大长征精神，激励和鼓舞全党全军全国各族人民特别是青年一代发愤图强、奋发有为，继续把革命前辈开创的伟大事业推向前进，在实现“两个一百年”奋斗目标、实现中华民族伟大复兴中国梦新的长征路上续写新的篇章、创造新的辉煌。

中共十八届六中全会举行

10 月 24 日至 27 日，中国共产党第十八届中央委员会第六次全体会议在北京举行。

全会听取和讨论了习近平受中央政治局委托作的工作报告，审议通过了《关于新形势下党内政治生活的若干准则》和《中国共产党党内监督条例》，审议通过了《关于召开党的第十九次全国代表大会的决议》。习近平就《准则（讨论稿）》和《条例（讨论稿）》向全会作了说明。

全会充分肯定党的十八届五中全会以来中央政治局的工作。高度评价全面从严治党取得的成就，认为党的十八大以来，以习近平同志为核心的党中央身体力行、率先垂范，坚定推进全面从严治党，坚持思想建党和制度治党紧密结合，集中整饬党风，严厉惩治腐败，净化党内政治生态，党内政治生活展现新气象，赢得了党心民心，为开创党和国家事业新局面提供了重要保证。

全会决定中国共产党第十九次全国代表大会于 2017 年下半年在北京召开。

全会号召全党同志紧密团结在以习近平同志为核心的党中央周围，全面深入贯彻本次全会精神，牢固树立政治意识、大局意识、核心意识、看齐意识，坚定不移维护党中央权威和党中央集中统一领导，继续推进全面从严治党，共同营造风清气正的政治生态，确保党团结带领人民不断开创中国特色社会主义事业新局面。

中央政治局召开会议分析研究当前经济形势和经济工作

10 月 28 日，中共中央政治局召开会议分析研究当前经济形势和经济工作，习近平主持会议。

会议指出，前三季度，我国经济运行总体平稳，结构调整取得积极进展，高新技术产业发展迅速，服务业继续较快增长，金融市场平稳运行，改革开放不断深化，绿色发展成效显现，城镇新增就业好于预期，城乡居民收入和经济增长保持协调，社会大局保持稳定。特别是各地区各部门推进供给侧结构性改革的主动性增强，去产能、去库存、降成本、补短板等取得进展，去杠杆新举措开始实施，经济发展新动能加快成长。同时，经济走势继续分化，地区、产业、企业之间增长情况差异较大，经济运行中的矛盾和问题仍然较多。我们要正视矛盾和问题，保持战略定力，按经济规律办事，扎扎实实做好各项工作。要针对当前经济发展新常态特征更加明显的实际，继续坚持适度扩大总需求，以推进供给侧结构性改革为主线，注重预期引导，要深化、细化、具体化政策组合，加大工作落实力度，确保实现今年经济社会发展预期目标，确保实施“十三五”规划良好开局。

2016年11月

习近平会见中国国民党主席洪秀柱

11月1日，中共中央总书记习近平在北京会见了洪秀柱主席率领的中国国民党大陆访问团。

习近平强调，两岸是割舍不断的命运共同体。坚持体现一个中国原则的“九二共识”政治基础，维护台海和平稳定，维护两岸关系和平发展，是两岸同胞的民意主流。确保国家完整不被分裂，维护中华民族根本利益，是全体中华儿女共同意志。实现民族复兴，再创中华盛世荣景，是不可阻挡的历史潮流。就两岸关系发展提出六点意见：第一，坚持体现一个中国原则的“九二共识”。第二，坚决反对“台独”分裂势力及其活动。第三，推进两岸经济社会融合发展。第四，共同弘扬中华文化。第五，增进两岸同胞福祉。第六，共同致力于实现中华民族伟大复兴。

洪秀柱表示，国共两党应继续在“九二共识”，反对“台独”的基础上，加强沟通机制，推动扩大两岸经贸和民间交流往来，促进两岸青年交流，发扬灿烂的中华文化，支持大陆台商发展，积极探讨推动两岸和平制度化，共同维护两岸关系和平发展，增进同胞福祉，开创中华民族复兴的光明前景。

《关于新形势下党内政治生活的若干准则》《中国共产党党内监督条例》发布

11月2日，新华社发布党的十八届六中全会审议通过的《关于新形势下党内政治生活的若干准则》和《中国共产党党内监督条例》。

《准则》分三大板块、12个部分。第一板块是序言，属于总论，阐述党内政治生活的重大作用和历史经验、存在的突出问题、面临的形势任务以及新形势下加强和规范党内政治生活的重要性紧迫性，提出加强和规范党内政治生活的目标要求。第二板块是分论，是主体部分，围绕坚定理想信念、坚持党的基本路线、坚决维护党中央权威、严明党的政治纪律、保持党同人民群众的血肉联系、坚持民主集中制原则、发扬党内民主和保障党员权利、坚持正确选人用人导向、严格党的组织生活制度、开展批评和自我批评、加强对权力运行的制约和监督、保持清正廉洁的政治本色12个方面分别提出明确要求、作出具体规定。第三板块是结束语，主要讲加强组织领导和督促检查、高级干部带头示范，确保各项任务落到实处。

《条例》共8章、47条，也分三大板块。第一章是总则，构成第一板块，列了9条，主要明确立规目的和依据。第二章至第五章构成第二板块，是条例的主体部分，分别就党的中央组织、党委（党组）、党的纪律检查委员会、基层党组织和党员这四类监督主体的监督职责以及相应监督制度作出规定。第六章至第八章构成第三板块，列了11条，分别就党内监督和外部监督相结合、整改和保障、附则等作出规定。

中央党校举行 2016 年秋季学期第一批进修班毕业典礼

11 月 4 日，中共中央党校举行 2016 年秋季学期第一批进修班毕业典礼。

中央党校本期毕业学员共 448 人。毕业典礼上，4 位学员代表作了发言。学员普遍反映，通过党校学习培训，提高了在思想上政治上行动上同以习近平同志为核心的党中央保持高度一致的自觉性和坚定性；增强了"四个意识"特别是核心意识、看齐意识，进一步筑牢了忠诚、干净、担当的思想基础；开阔了视野，丰富了知识结构，进一步提升了从党和国家工作大局高度观察问题、研究问题、解决问题的能力。

纪念孙中山先生诞辰 150 周年大会举行

11 月 11 日，纪念孙中山先生诞辰 150 周年大会在北京人民大会堂隆重举行。

习近平强调，中国共产党人是孙中山先生革命事业最坚定的支持者、最忠诚的合作者、最忠实的继承者。我们对孙中山先生最好的纪念，就是团结一切可以团结的力量，调动一切可以调动的因素，把孙中山先生等一切革命先辈为之奋斗的伟大事业继续推向前进，把近代以来一切仁人志士为之奋斗的伟大事业继续推向前进，把近代以来中国人民和中华民族为之奋斗的伟大事业继续推向前进。

俞正声在主持大会时说，习近平总书记的重要讲话，深切缅怀了孙中山先生为民族独立、社会进步、人民幸福而不懈奋斗的光辉一生，高度评价了孙中山先生领导近代中国民族民主革命的不朽功勋，回顾总结了中国共产党继承孙中山先生遗志、领导全国各族人民英勇奋斗的艰辛历程和伟大成就，深刻阐明了全体中华儿女共同致力实现中华民族伟大复兴的历史使命，郑重重申了维护祖国统一的严正立场和坚定决心。让我们更加紧密地团结在以习近平同志为核心的中共中央周围，高举中国特色社会主义伟大旗帜，同心同德、艰苦奋斗，为实现祖国和平统一大业、实现中华民族伟大复兴的中国梦作出新的更大贡献。

中央党校举行秋季学期第二批入学学员开学典礼

11 月 14 日，中共中央党校举行 2016 年秋季学期第二批入学学员开学典礼。

刘云山讲话强调领导干部要深入学习贯彻党的十八届六中全会精神，自觉在思想上政治上行动上同以习近平同志为核心的党中央保持高度一致，坚持严字当头、重点发力、问题导向、以上率下，把全面从严治党部署变为实际行动。推进全面从严治党，既需要全方位用劲，也需要重点发力，落实好全会通过的准则和条例。要注重抓好思想教育，深入学习习近平总书记系列重要讲话精神，深入学习党中央治国理政新理念新思想新战略，坚定理想信念，加强党内政治文化建设，涵养风清气正的政治生态。要注重严明政治纪律，切实增强"四个意识"特别是核心意识、看齐意识，坚定维护党中央权威，铭记共产党人的政治身份，做到对党忠诚老实。要注重强化自我监督，弘扬自我革命精神，增强搞好党内监督的自觉性，引导党员干部自警自律，增强政治免疫力。要注重明责问责，推动各级党组织认真落实管党治党主体责任，严肃追责问责，把加强和规范党内政治生活、加强党内监督的要求落实到管党治党各方面。落实全会精神，必须抓好“关键少数”。各级领导干部要深入学习全会精神，带头把自己摆进去，联系实际解决问题，坚持以上率下，发挥示范作用。要在增强核心意识上作表率，深刻认识习近平总书记作为党中央的核心、全党的核心，是实践和历史的选择，是全党和人民的选择，维护核心是党和国家根本利益所在。增强核心意识，就是要使维护核心成为思想自觉，成为党性观念，成为纪律要求，成为实际行动。要在敢于担当上作表率，坚持原则、坚守正道，带头落实党中央决策部署。要旗帜鲜明支持和保护担当者，使敢担当、敢作为在干部队伍中蔚然成风。

中共中央举行纪念朱德同志诞辰130周年座谈会

11月29日，中共中央举行纪念朱德同志诞辰130周年堂座谈会。习近平出席并讲话。

习近平指出，朱德同志在近70年的革命生涯中，为中国革命成功、为中国人民解放事业立下了丰功伟绩，为我国社会主义革命和建设事业建立了不朽功勋，深受全党全军全国各族人民爱戴和崇敬。朱德同志在毕生奋斗中表现出来的思想品德和精神风范，是党和人民的宝贵精神财富。

习近平强调，我们纪念朱德同志，就是要学习他追求真理、不忘初心的坚定信念。对马克思主义的信仰，对社会主义和共产主义的信念，是共产党人的政治灵魂，是共产党人经受住各种考验的精神支柱。只有理想信念坚定的人，才能始终不渝、百折不挠，不论风吹雨打，不怕千难万险，坚定不移为实现既定目标而奋斗。就是要学习他无限忠诚、光明磊落的坚强党性。就是要学习他实事求是、求真务实的思想方法。就是要学习他心系人民、艰苦朴素的公仆情怀。就是要学习他一生学习、一生向前的奋斗精神。

中国文联第十次全国代表大会、中国作协第九次全国代表大会召开

11月30日，中国文学艺术界联合会第十次全国代表大会、中国作家协会第九次全国代表大会在北京开幕。习近平出席并讲话。

习近平强调，代表党中央向大会的召开表示热烈的祝贺，向全体代表和全国广大文艺工作者致以诚挚的问候。文运同国运相牵，文脉同国脉相连。广大文艺工作者要坚持以人民为中心的创作导向，坚持为人民服务、为社会主义服务，坚持百花齐放、百家争鸣，坚持创造性转化、创新性发展，高擎民族精神火炬，吹响时代前进号角，把艺术理想融入党和人民事业之中，做到胸中有大义、心里有人民、肩头有责任、笔下有乾坤，推出更多反映时代呼声、展现人民奋斗、振奋民族精神、陶冶高尚情操的优秀作品，努力筑就中华民族伟大复兴时代的文艺高峰。给广大文艺工作者提出4点希望：第一，希望大家坚定文化自信，用文艺振奋民族精神。第二，希望大家坚持服务人民，用积极的文艺歌颂人民。第三，希望大家勇于创新创造，用精湛的艺术推动文化创新发展。第四，希望大家坚守艺术理想，用高尚的文艺引领社会风尚。

中央政治局召开会议审议规范党和国家领导人有关待遇等文件

11月30日，中共中央政治局召开会议，习近平主持。

会议审议通过规范党和国家领导人有关待遇等文件、《中国共产党工作机关条例（试行）》、《关于县以上党和国家机关党员领导干部民主生活会的若干规定》。

2016年12月

全国生态文明建设工作推进会议召开

12月2日，全国生态文明建设工作推进会议湖州市召开。习近平对生态文明建设作出重要指示强调，生态文明建设是“五位一体”总体布局和“四个全面”战略布局的重要内容。各地区各部门要切实贯彻新发展理念，树立“绿水青山就是金山银山”的强烈意识，努力走向社会主义生态文明新时代。要深化生态文明体制改革，尽快把生态文明制度的“四梁八柱”建立起来，把生态文明建设纳入制度化、法治化轨道。要结合推进供给侧结构性改革，加快推动绿色、循环、低碳发展，形成节约资源、保护环境的生产生活方式。要加大环境督查工作力度，严肃查处违纪违法行为，着力解决生态环境方面突出问题，让人民群众不断感受到生态环境的改善。各级党委、政府及各有关方面要把生态文明建设作为一项重要任务，扎实工作、合力攻坚，坚持不懈、务求实效，切实把党中央关于生态文明建设的决策部署落到实处，为建设美丽中国、维护全球生态安全作出更大贡献。

李克强作出批示指出，生态文明建设事关经济社会发展全局和人民群众切身利益，是实现可持续发展的重要基石。近年来，各地区各部门按照党中央、国务院决策部署，采取有效措施，在推动改善生态环境方面做了大量工作，取得积极进展。希望牢固树立新发展理念，以供给侧结构性改革为主线，坚持把生态文明建设放在更加突出的位置。着力调整优化产业结构，积极发展生态环境友好型的发展新动能，坚决淘汰落后产能。着力通过深化改革完善激励约束制度体系，建立保护生态环境的长效机制。着力依法督察问责，严惩环境违法违规行为。着力推进污染防治，切实抓好大气、水、土壤等重点领域污染治理。依靠全社会的共同努力，促进生态环境质量不断改善，加快建设生态文明的现代化中国。

中国文学艺术界联合会第十届全国委员会、中国作家协会第九届全国委员会全体会议举行

12月3日，中国文学艺术界联合会第十届全国委员会、中国作家协会第九届全国委员会全体会议在北京举行。

刘云山指出，为国家立心、为民族铸魂、为人民立传是文艺工作的神圣职责。要树立高度的文化自信，高扬我们的文化旗帜，坚守我们的文化立场，彰显我们的文化优势，以文化的自信建设自信的文化，凝聚实现中华民族伟大复兴的精神力量。要用社会主义核心价值观引领文艺创作生产，坚持正确的历史观、民族观、国家观、文化观，弘扬中华优秀传统文化、革命文化和社会主义先进文化，引导全社会树立正确的价值追求。要树立以人民

为中心的创作导向，把人民作为文艺表现主体，健全深入生活、扎根人民的长效机制，为人民提供更多更好的精神食粮。要聚力文化精品创作生产，提升文艺创新创造能力，推动实现从"高原"到"高峰"的突破，努力写出中华民族新史诗。文艺工作者是人类灵魂工程师，以文化人、责任为大。要带头践行社会主义核心价值观，坚守社会责任、注重人格修为、追求德艺双馨。要严肃认真考虑作品社会效果，坚持把社会效益放在首位，讲品位、讲格调、讲操守，敢于向炫富竞奢的浮夸说"不"，向低俗媚俗的炒作说"不"，向见利忘义的陋行说"不"，努力成为良好社会风尚的引领者。

中组部修订《党委（党组）讨论决定干部任免事项守则》

12 月 4 日，中组部修订印发《党委（党组）讨论决定干部任免事项守则》。

《守则》明确，选拔任用干部必须坚持党章规定的干部条件，坚持党管干部原则，坚持德才兼备、以德为先，坚持五湖四海、任人唯贤，坚持事业为上、公道正派，坚持注重实绩、群众公认，坚持信念坚定、为民服务、勤政务实、敢于担当、清正廉洁的好干部标准，强化党委（党组）的领导和把关作用，树立正确的用人导向。《守则》还明确了"凡提四必"和"三个不上会""两个不得""五个不准"的要求。"凡提四必"，即讨论决定前，对拟提拔或进一步使用人选的干部档案必审、个人有关事项报告必核、纪检监察机关意见必听、线索具体的信访举报必查，坚决防止"带病提拔"。"三个不上会"，即讨论决定时，没有按规定进行酝酿动议、民主推荐、组织考察的不上会，没有按规定核实清楚有关问题的不上会，没有按规定向上级报告或报告后未经批复同意的干部任免事项不上会。"两个不得"，即不得以个别征求意见、领导圈阅等形式代替党委（党组）会集体讨论决定干部任免，党委（党组）主要负责人不得凌驾于组织之上，反对和防止个人或者少数人专断。"五个不准"，即不准任人唯亲，不准突击提拔调整干部，不准临时动议决定干部，不准超职数配备、超机构规格提拔任用干部，不准泄露讨论决定情况，坚决防止和纠正选人用人上的不正之风。

中共中央举行纪念万里同志诞辰 100 周年座谈会

12 月 5 日，中共中央举行纪念万里同志诞辰 100 周年座谈会。习近平出席并讲话。

习近平强调，在我们党走过的 95 年光辉历程中，涌现出一代又一代优秀中国共产党人，万里同志就是其中一位杰出代表。他的一生，是革命的一生、战斗的一生、全心全意为人民服务的一生，是追求真理、追求进步、为共产主义事业奋斗的一生。他为祖国和人民建立的功绩值得我们铭记，他的革命精神和崇高风范值得我们学习。我们纪念万里同志，就是要学习他坚定理想、坚守信仰的崇高精神。就是要学习他忠诚于党、坚持真理的坚强党性。就是要学习他实事求是、勇于探索的开拓精神。就是要学习他锐意改革、攻坚克难的政治担当。就是要学习他尊重人民、依靠人民的人民立场。就是要学习他严于律己、勤政廉政的优良作风。党的作风正，人民心气顺，党和人民就能同甘共苦。我们要坚持严字当头，持之以恒加强作风建设，坚持和发扬党的光荣传统和优良作风，永葆共产党人拒腐蚀、永不沾的政治本色，凝聚起推动党和人民事业不断从胜利走向胜利的强大力量。

全国高校思想政治工作会议召开

12 月 7 日至 8 日，全国高校思想政治工作会议在北京召开。习近平出席并讲话。

习近平指出，教育强则国家强。我国有独特的历史、独特的文化、独特的国情，决定了我国必须走自己的高等教育发展道路，扎实办好中国特色社会主义高校。我国高等教育发展方向要同我国发展的现实目标和未来方向紧密联系在一起，为人民服务，为中国共产党治国理政服务，为巩固和发展中国特色社会主义制度服务，为改革开放和社会主义现代化建设服务。我们的高校是党领导下的高校，是中国特色社会主义高校。办好我们的高校，必须坚持以马克思主义为指导，全面贯彻党的教育方针。要坚持不懈传播马克思主义科学理论，抓好马克思主义理论教育，为学生一生成长奠定科学的思想基础。要坚持不懈培育和弘扬社会主义核心价值观，引导广大师生做社会主义核心价值观的坚定信仰者、积极传播者、模范践行者。要坚持不懈促进高校和谐稳定，培育理性平和的健康心态，加强人文关怀和心理疏导，把高校建设成为安定团结的模范之地。要坚持不懈培育优良校风和学风，使高校发展做到治理有方、管理到位、风清气正。要教育引导学生正确认识世界和中国发展大势，从我们党探索中国特色社会主义历史发展和伟大实践中，认识和把握人类社会发展的历史必然性，认识和把握中国特色社会主义的历史必然性，不断树立为共产主义远大理想和中国特色社会主义共同理想而奋斗的信念和信心；正确认识中国特色和国际比较，全面客观认识当代中国、看待外部世界；正确认识时代责任和历史使命，用中国梦激扬青春梦，为学生点亮理想的灯、照亮前行的路，激励学生自觉把个人的理想追求融入国家和民族的事业中，勇做走在时代前列的奋进者、开拓者；正确认识远大抱负和脚踏实地，珍惜韶华、脚踏实地，把远大抱负落实到实际行动中，让勤奋学习成为青春飞扬的动力，让增长本领成为青春搏击的能量。教师是人类灵魂的工程师，承担着神圣使命。传道者自己首先要明道、信道。高校教师要坚持教育者先受教育，努力成为先进思想文化的传播者、党执政的坚定支持者，更好担起学生健康成长指导者和引路人的责任。要加强师德师风建设，坚持教书和育人相统一，坚持言传和身教相统一，坚持潜心问道和关注社会相统一，坚持学术自由和学术规范相统一，引导广大教师以德立身、以德立学、以德施教。高校党委对学校工作实行全面领导，承担管党治党、办学治校主体责任，把方向、管大局、作决策、保落实。要加强高校党的基层组织建设，创新体制机制，改进工作方式，提高党的基层组织做思想政治工作能力。要做好在高校教师和学生中发展党员工作，加强党员队伍教育管理，使每个师生党员都做到在党爱党、在党言党、在党为党。

中共中央政治局召开会议
审议《关于加强国家安全工作的意见》

12 月 9 日，中共中央政治局召开会议，分析研究 2017 年经济工作，审议通过《关于加强国家安全工作的意见》。习近平主持会议。

会议指出,2017 年要召开党的十九大,也是实施“十三五”规划的重要一年和推进供给侧结构性改革的深化之年,做好经济工作意义重大。要全面贯彻党的十八大和十八届三中、四中、五中、六中全会精神,统筹推进“五位一体”总体布局和协调推进“四个全面”战略布局,坚持稳中求进工作总基调,适应把握引领经济发展新常态,牢固树立和贯彻落实新发展理念,坚持以提高发展质量和效益为中心,坚持宏观政策要稳、产业政策要准、微观政策要活、改革政策要实、社会政策要托底的政策思路,坚持以推进供给侧结构性改革为主线,适度扩大总需求,加强预期引导,深化创新驱动,全面做好稳增长、促改革、调结构、惠民生、防风险各项工作,促进经济平稳健康发展和社会和谐稳定。稳中求进工作总基调是我们治国理政的重要原则,对指导明年经济工作具有特别重要的意义。要在保持社会稳定的前提下,推进关键领域工作取得突破。

会议认为,国家安全是国家生存发展的前提、人民幸福安康的基础、中国特色社会主义事业的重要保障。党的十八大以来,党中央高度重视国家安全工作,推动国家安全工作在制度、法治、方略、工作举措上取得了新的明显进展。当前,我国社会政治大局总体稳定,但国家安全环境仍然复杂,对做好新形势下国家安全工作提出了更高要求。要准确把握我国国家安全所处的历史方位和面临的形势任务,认清加强国家安全工作的极端重要性,强化责任担当,加强国家安全能力建设,切实做好国家安全各项工作,切实维护国家主权、安全、发展利益,不断开创国家安全工作新局面。必须坚持总体国家安全观,以人民安全为宗旨,统筹国内国际两个大局,统筹发展安全两件大事,有效整合各方面力量,综合运用各种手段,维护各领域国家安全,构建国家安全体系,走中国特色国家安全道路;必须坚持集中统一、高效权威的国家安全领导体制;必须坚持国家安全一切为了人民,一切依靠人民;必须坚持社会主义法治原则;必须开展国家安全宣传教育,增强全社会国家安全意识。

中共中央政治局举行第三十七次集体学习

12 月 9 日,中共中央政治局就我国历史上的法治和德治进行第三十七次集体学习,习近平主持学习。中国政法大学法律史学研究院院长朱勇教授就这个问题进行讲解。

习近平强调,法律是准绳,任何时候都必须遵循;道德是基石,任何时候都不可忽视。在新的历史条件下,我们要把依法治国基本方略、依法执政基本方式落实好,把法治中国建设好,必须坚持依法治国和以德治国相结合,使法治和德治在国家治理中相互补充、相互促进、相得益彰,推进国家治理体系和治理能力现代化。

第一届全国文明家庭表彰大会举行

12 月 12 日,第一届全国文明家庭表彰大会在北京举行。习近平亲切会见全国文明家庭代表。

本次活动以爱国守法、遵德守礼、平等和谐、敬业诚信、家教良好、家风淳朴、绿色节俭、热心公益 8 个方面为评选标准,从全国范围评选了 300 户文明家庭。

《习近平关于全面从严治党论述摘编》出版发行

12月13日，中共中央文献研究室编辑的《习近平关于全面从严治党论述摘编》一书，由中央文献出版社出版在全国发行。

《论述摘编》共分10个专题：全面从严治党，确保党始终成为中国特色社会主义事业的坚强领导核心；党要管党首先要从党内政治生活管起，从严治党首先要从党内政治生活严起；坚定理想信念，补足精神之钙；牢固树立“四个意识”，坚决维护党中央权威；坚持把纪律挺在前面，严明政治纪律和政治规矩；从严治吏，培养选拔党和人民需要的好干部；作风建设永远在路上；以零容忍态度惩治腐败；加强党内监督，发挥巡视利剑作用；落实全面从严治党主体责任。书中收入371段论述，摘自习近平同志2012年11月15日至2016年10月27日期间的讲话、文章等80多篇重要文献。其中许多论述是第一次公开发表。

中央经济工作会议举行

12月14日至16日，中央经济工作会议在北京举行。

习近平讲话分析了当前国内国际经济形势，总结2016年经济工作，阐明经济工作指导思想，部署2017年经济工作。李克强在讲话中阐述了明年宏观经济政策取向，对明年经济工作作出具体部署，并作总结讲话。

中央农村工作会议召开

12月19日至20日，中央农村工作会议在北京召开。

会前，习近平主持召开中央政治局常委会会议，专门研究“三农”工作并发表重要讲话。习近平指出，今年农业农村形势总体较好，明年“三农”工作要继续为全局作贡献。要坚持新发展理念，把推进农业供给侧结构性改革作为农业农村工作的主线，培育农业农村发展新动能，提高农业综合效益和竞争力。要始终重视“三农”工作，持续强化重农强农信号；要准确把握新形势下“三农”工作方向，深入推进农业供给侧结构性改革；要在确保国家粮食安全基础上，着力优化产业产品结构；要把发展农业适度规模经营同脱贫攻坚结合起来，与推进新型城镇化相适应，使强农惠农政策照顾到大多数普通农户；要协同发挥政府和市场“两只手”的作用，更好引导农业生产、优化供给结构；要尊重基层创造，营造改革良好氛围。

李克强在国务院常务会议上要求，要持续抓好“三农”工作，大力推进农业供给侧结构性改革，加快现代农业建设，积极调整农业结构，发展多种形式适度规模经营，深入开展农村“双创”，推动新型城镇化与农业现代化互促共进。深入推进脱贫攻坚，提高贫困地区和贫困群众自我发展能力。促进农业提质增效和农民持续增收，拓展农村发展空间。

会上传达学习了习近平重要讲话和李克强指示要求，讨论了《中共中央、国务院关于深入推进农业供给侧结构性改革加快培育农业农村发展新动能的若干意见(讨论稿)》。会议要求，进一步推进精准扶贫各项政策措施落地生根，确保2017年再脱贫1000万人以上。

全国老干部工作先进集体和先进工作者表彰大会召开

12月23日，全国老干部工作先进集体

和先进工作者表彰大会在北京召开。习近平作出指示，代表党中央向大会的召开致以热烈的祝贺，向全国广大老干部致以诚挚的问候。大会对106个全国老干部工作先进集体和306名先进个人进行了表彰。

习近平指出，老干部是党执政兴国的重要资源，是推进中国特色社会主义伟大事业的重要力量。广大老干部对党怀有深厚感情，对党的事业无比忠诚，体现了老干部忧党爱国为民的情怀。希望广大老干部珍惜光荣历史，不忘革命初心，永葆政治本色，继续做全面从严治党的坚定支持者和模范践行者，继续讲好中国故事、弘扬中国精神、传播好中国声音，积极为实现“两个一百年”奋斗目标和中华民族伟大复兴的中国梦贡献智慧和力量。老干部工作承担着党中央关心爱护老干部的重要任务，是一项需要付出、需要奉献的重要工作。长期以来，广大老干部工作者爱岗敬业、任劳任怨，为老干部工作作出了重要贡献。老干部工作部门和老干部工作者要认真学习先进典型，用心用情做好工作，努力在平凡的岗位上作出不平凡的业绩。

刘云山指出，要深入把握党的十八届六中全会提出的新要求，引导广大老干部发扬政治强、觉悟高、党性好的优势，助力严肃党内政治生活，关心党内政治文化建设，做全面从严治党的坚定支持者和模范践行者，带动更多党员增强“四个意识”，发挥先锋模范作用。要围绕党和国家工作大局推进老干部工作，深入开展为党和人民事业增添正能量活动，发挥好老干部在推动落实新发展理念、促进改革发展稳定、弘扬社会主义核心价值观等方面的重要作用。要满腔热忱做好服务保障工作，认真落实各项有关政策，多办实事好事，让老干部在政治上有荣誉感、组织上有归属感、生活上有幸福感。各级党委和政府要加强对老干部工作的领导和指导，及时协调解决工作中遇到的问题。老干部工作部门要以改革创新精神做好工作，认真履职尽责、提高工作水平。要加强老干部工作队伍建设，把严格管理和关心爱护结合起来，让老干部工作者干事有心劲、发展有奔头，用心用情做好工作。

全国党内法规工作会议召开

12月24日至25日，全国党内法规工作会议在北京召开。习近平作出指示，党的十八大以来，党中央高度重视党内法规制度建设，推动这项工作取得重要进展和成效。加强党内法规制度建设是全面从严治党的长远之策、根本之策。我们党要履行好执政兴国的重大历史使命、赢得具有许多新的历史特点的伟大斗争胜利、实现党和国家的长治久安，必须坚持依法治国与制度治党、依规治党统筹推进、一体建设。要按照十八大和十八届三中、四中、五中、六中全会部署，认真贯彻落实《中共中央关于加强党内法规制度建设的意见》，以改革创新精神加快补齐党建方面的法规制度短板，力争到建党100周年时形成比较完善的党内法规制度体系，为提高党的执政能力和领导水平、推进国家治理体系和治理能力现代化、实现中华民族伟大复兴的中国梦提供有力的制度保障。

刘云山指出，落实好习近平总书记重要指示和党中央部署，要牢牢把握党内法规制度建设的正确方向，以党章为根本依据，切实体现党的意志主张，体现全面从严治党要求，强化“四个意识”特别是核心意识、看齐意识，坚持依法治国与制度治党、依规治党统筹推进、一体建设，推动党的制度优势更好转化为治国理政的实际效能。要突出工作重点，坚持目标导向和问题导向相统一，抓紧建立和完善主干性、支撑性党内法规制度，健全相关配套法规制度，统筹推进立改废释工作，加快形成内容科学、程序严密、配套完备、运行有效的党内法规制度体系。要以改革创新精神推进党内法规制度建设，在解决突出问题、补齐法规制度短板上下功夫，提高党内法规制度质量。要抓好党内法规制度的落实，发挥领导干部带头示范作用，加强监督检查和追责问责，注重以良好的党内政治文化提升法规制度的执行力影响力。中央各部门和地方各级党委要强化政治责任和领导责任，把党内法规制度建设纳入党的建设总体安排，与党建其他工作一同部署、抓好落实，为党内法规制度建设提供有力保证。

中宣部授予陈清洲“时代楷模”荣誉称号

12 月 26 日，中宣部发布“不忘初心的好民警”陈清洲的先进事迹，授予陈清洲“时代楷模”荣誉称号。

陈清洲现任福建省厦门市公安局集美分局指挥情报中心教导员，他出生在革命家庭，自幼受祖辈和父辈的影响，打下深深的“红色印记”。参加工作成为人民警察后，他始终传承共产党人的红色基因和精神族谱，坚定正确的理想信念，牢记全心全意为人民服务的根本宗旨，二十年如一日奋战在公安基层一线，忠诚履职、忘我工作、积极推动改变当地落后的交通状况，长年走进学校、企业、社区宣传交通安全、治安防范和反诈骗知识，开办微博积极帮助寻找走失人员，为广大群众办了大量的好事实事，今年 9 月因积劳成疾病倒在工作岗位上。陈清洲曾先后荣立个人一等功 1 次、二等功 2 次、三等功 2 次，被广大干部群众誉为“不忘初心的好民警”。

中共中央政治局召开民主生活会

12 月 26 日至 27 日，，中共中央政治局于召开民主生活会。习近平主持并讲话。会议审议了《关于贯彻执行中央八项规定精神、落实加强作风建设措施的情况报告》。

中央政治局同志的发言把握和体现了 4 个重点。一是对加强和规范新形势下党内政治生活、党内监督重要性和必要性的认识，自觉以身作则、为全党全社会作出示范。二是对增强政治意识、大局意识、核心意识、看齐意识的认识，自觉遵守党的政治纪律和政治规矩，自觉同以习近平同志为核心的党中央保持高度一致，自觉维护党中央权威，扎扎实实贯彻落实好党中央决策部署。三是对作出重大决策部署必须深入开展调查研究，做到科学决策、民主决策、依法决策的认识，加强对党和国家工作重大问题和突出矛盾的调查研究。四是对中央政治局带头执行中央八项规定、带头自律和接受监督、保持清正廉洁政治本色的认识，对个人廉政情况作出报告，坚持用党和人民赋予的权力为人民服务。

会议认为，《关于新形势下党内政治生活的若干准则》规定，中央政治局每年要召开民主生活会。要落实好这一规定，把每次民主生活会都开好、开出高质量，在全党起到示范作用。在全党开展“学党章党规、学系列讲话，做合格党员”学习教育，是党中央根据全面从严治党形势作出的重要决策。在党中央领导下，各级党组织共同努力，学习教育取得积极成效。全面从严治党要敢管敢严、真管真严、长管长严。只有全党身板直、腰杆硬，才能赢得人民信任，才能巩固党的执政地位，才能保证革命先辈们用鲜血和生命打下的红色江山代代相传。

习近平在讲话中对中央政治局各位同志的对照检查发言进行了总结，并就中央政治局贯彻落实《准则》、《条例》提出了要求。

中直机关学习贯彻党的十八届六中全会精神交流会召开

12 月 27 日，中直工委召开中直机关学习贯彻党的十八届六中全会精神交流会。

会议要求，中直机关各级党组织和广大党员要深入学习贯彻六中全会精神，带头坚决维护以习近平同志为核心的党中央，带头坚决维护以习近平同志为核心的党中央权威，带头坚决同以习近平同志为核心的党中央保持高度一致，带头坚决贯彻落实党中央各项决策部署，为更好落实全面从严治党要求、推动中直机关事业发展提供坚强保证。

中共中央政治局召开会议研究部署党风廉政建设和反腐败工作

12 月 28 日，中共中央政治局召开会议，听取中央纪律检查委员会 2016 年工作汇报，研究部署 2017 年党风廉政建设和反腐败工作。习近平主持会议。

会议强调，2017 年，要全面贯彻党的十八大和十八届三中、四中、五中、六中全会精神，统筹推进“五位一体”总体布局，协调推进“四个全面”战略布局，坚持稳中求进工作总基调，严肃党内政治生活，强化党内监督，深化国家监察体制改革，强化监督执纪问责，驰而不息纠正“四风”，持续形成高压态势，净化党内政治生态，推动全面从严治党向纵深发展。

会议同意明年 1 月 6 日至 8 日召开十八届中央纪律检查委员会第七次全体会议。

全国政协举行新年茶话会

12 月 30 日，中国人民政治协商会议全国委员会在全国政协礼堂举行新年茶话会。习近平、李克强、张德江、俞正声、刘云山、王岐山、张高丽等同各民主党派中央、全国工商联负责人和无党派人士代表、中央和国家机关有关方面负责人以及首都各族各界人士代表欢聚一堂，共迎 2017 年元旦。

习近平代表中共中央、国务院和中央军委，向各民主党派、工商联和无党派人士、各人民团体，向全国广大工人、农民、知识分子、干部和各界人士，向人民解放军指战员、武警官兵和公安干警，向香港特别行政区同胞、澳门特别行政区同胞、台湾同胞和海外侨胞，向关心和支持中国现代化建设的国际友人，致以节日的问候和美好的祝福，祝大家新年好。

习近平讲话强调，一个时代有一个时代的主题，一代人有一代人的使命。新长征路上，每一个中国人都是主角、都有一份责任。让我们大力弘扬愚公移山精神，大力弘扬将革命进行到底精神，在中国和世界进步的历史潮流中，坚定不移把我们的事业不断推向前进，直至光辉的彼岸。

习近平发表二〇一七年新年贺词

12 月 31 日，新年前夕，国家主席习近平通过中国国际广播电台、中央人民广播电台、中央电视台、中国国际电视台（中国环球电视网）和互联网，发表了二〇一七新年贺词。

2017 年 1 月

全国宣传部长会议召开

1 月 3 日，全国宣传部长会议在北京召开。

刘云山指出，做好今年宣传思想工作，要在整体推进中重点发力。要深化习近平总书记系列重要讲话精神学习研究宣传，加强对治国理政新理念新思想新战略宣传阐释，更好用党的理论创新成果武装头脑、指导实践。要充分展示党的十八大以来各项事业取得的成就和经验，深入宣传以新发展理念引领经济发展新常态的生动实践，宣传深化供给侧结构性改革的进展成效，积极做好热点问题舆论引导。要持续推进社会主义核心价值观建设，注重家庭家教家风，发挥法治保障作用，强化良好政治文化对主流价值的引领。要坚持把社会效益放在首位，深化文化体制改革，加快文化事业文化产业发展，推出更多优秀文化产品。要切实做好对外宣传工作，加强对外传播能力建设，提升讲好中国故事的能力，增强我国国际话语权。

刘奇葆主持会议并作工作部署，强调要全面贯彻中央精神，为党的十九大胜利召开营造良好的理论氛围、舆论氛围、文化氛围、社会氛围。要坚持用习近平总书记系列重要讲话精神武装全党、教育人民，为党的十九大召开做好思想理论准备；牢牢掌握意识形态工作主动权，巩固和发展主流意识形态；着力提高新闻舆论传播力引导力影响力公信力，凝聚推进改革发展的强大正能量；突出抓好引领和融入，持续推进社会主义核心价值观建设；聚焦聚力精品创作生产，推进社会主义文艺繁荣发展；全面推进文化改革发展，加快文化小康建设步伐；加强改进对外宣传，提升中国话语国际影响力。要落实全面从严治党要求，建强领导班子和干部队伍。

十八届中央纪委七次全会召开

1 月 6 日，中国共产党第十八届中央纪律检查委员会第七次全体会议在北京召开，习近平、李克强、张德江、俞正声、刘云山、张高丽出席会议，王岐山主持会议代表中央纪律检查委员会常务委员会作题为《推动全面从严治党向纵深发展，以优异成绩迎接党的十九大召开》的工作报告。

习近平讲话强调，管党治党不仅关系党的前途命运，而且关系国家和民族的前途命运，必须以更大的决心、更大的气力、更大的勇气抓紧抓好。只有把党建设好，我们才能带领人民成功应对重大挑战、抵御重大风险、克服重大阻力、解决重大矛盾，不断从胜利走向新的胜利。党的十八大以来，我们把全面从严治党纳入战略布局、着力从严从细抓管党治党，加强和规范党内政治生活、着力净化党内政治生态，严抓中央八项规定精神落实、着力从作风建设这个环节突破，严明党的政治纪律和政治规矩、着力真管真严、敢管敢严、长管长严，坚持反腐败无禁区、全覆盖、零容忍，着力遏制腐败滋生蔓延势头，惩治群众身边的不正之风和腐败问题、着力增强人民群众获得感，全面强化党内监督、着力发挥巡视利剑作用，推动全面从严治党不断向纵深发展。党的十八大以来，我们在开展党风廉政建设和反腐败斗争中得到了一些重要启示，主要是：一是要坚持高标准和守底线相统一，教育引导党员、干部自觉向着理想信念高标准努力，同时要以党的纪律为尺子，使党员、干部知敬畏、存戒惧、守底线。二是要坚持抓惩治和抓责任相统一，对“四风”问题露头就打、执纪必严，同时要落实主体责任和监督责任，督促党的各级组织和领导干部强化责任担当。三是要坚持查找问题和深化改革相统一，从问题入手，抽丝剥茧，查找根源，深化改革，破立并举，确保公权力在正确轨道上运行。四是要坚持选人用人和严格管理相统一，既把德才兼备的好干部选出来、用起来，又加强管理监督，形成优者上、庸者下、劣者汰的好局面。这些重要启示和经验，要长期坚持。全面从严治党取得显著成效，但仍然任重道远。落实中央八项规定精神是一场攻坚战、持久战，要坚定不移做好工作。要做到惩治腐败力度决不减弱、零容忍态度决不改变，坚决打赢反腐败这场正义之战。要敢于坚持原则，完善配套措施，推动问责制度落地生根。要积极稳妥推进国家监察体制改革，加强统筹协调，做好政策把握和工作衔接。各级纪委要强化自我监督，自觉接受党内和社会监督，建设一支让党放心、人民信赖的纪检干部队伍，为全党全社会树起严格自律的标杆。各级党委要认真落实党中央关于换届工作的部署，坚持党管干部原则不动摇，加强领导，严格把关，严肃纪律，确保换届工作正确方向。

中共中央国务院举行
国家科学技术奖励大会

1月9日，中共中央、国务院在北京隆重举行国家科学技术奖励大会。习近平、李克强、刘云山、张高丽出席大会。李克强代表党中央、国务院在大会上讲话。

习近平向获得2016年度国家最高科学技术奖的中国科学院物理研究所赵忠贤院士和中国中医科学院屠呦呦研究员颁发奖励证书。向获得国家自然科学奖、国家技术发明奖、国家科学技术进步奖和中华人民共和国国际科学技术合作奖的代表颁奖。2016年度国家科学技术奖共授奖279个项目、7名科技专家和1个国际组织。其中，国家最高科学技术奖2人；国家自然科学奖42项，其中一等奖1项、二等奖41项；国家技术发明奖66项，其中一等奖3项、二等奖63项；国家科学技术进步奖171项，其中特等奖2项、一等奖20项、二等奖149项；授予5名外籍科技专家和1个国际组织中华人民共和国国际科学技术合作奖。

李克强讲话代表党中央、国务院，向全体获奖人员表示热烈祝贺，向全国广大科技工作者致以崇高敬意和诚挚问候，向参与和支持中国科技事业的外国专家表示衷心感谢。要全面提高科技创新能力，筑牢国家核心竞争力的基石。瞄准前沿、紧扣需求、前瞻部署，推进国家科技重大项目、重大工程和重大基础设施建设。加强基础研究和原始创新，建立长期稳定的支持机制，鼓励科研人员潜心研究。建立以企业为主体、以市场为导向的技术创新机制，利用互联网等新平台新模式，集聚优化创新要素，提高科技创新和成果转化效率。要深化科技体制改革，深入推进科技领域“放管服”，赋予科研院所和高校更大的科研自主权，赋予创新领军人才更大的人财物支配权。加大成果处置、收益分配、股权激励等政策落实力度，使创新者得到应有荣誉和回报。着力激发全社会创新潜能，既支持本土人才勇攀高峰，也吸引海归人才、外国人才来华创业创新，为他们施展才华提供更大空间。要推动科技创新成果向各行业各领域覆盖融合，促进新技术、新业态、新模式与一二三产业融合发展，使传统产业焕发新的活力。要支持企业与高校、科研院所、创客合作创新，着力提升“中国制造”的品质和“中国创造”的影响力。加强知识产权保护，严厉打击侵权假冒行为。

中共中央政治局常务委员会召开会议听取工作报告

1月10日，中共中央政治局常务委员会召开会议，听取全国人大常委会、国务院、全国政协、最高人民法院、最高人民检察院党组工作汇报，听取中央书记处工作报告。习近平主持并讲话。

会议强调，今年我们将召开党的十九大，也是实施“十三五”规划的重要一年、推进供给侧结构性改革的深化之年。全国人大常委会、国务院、全国政协、最高人民法院、最高人民检察院党组要坚决维护党中央权威，在思想上政治上行动上始终同以习近平同志为核心的党中央保持高度一致，抓好党中央重大决策部署落地生根，确保党中央令行禁止。要扎实做好党中央部署的各项工作，紧紧围绕大局履职尽责，坚持稳中求进工作总基调，着力防范和化解各种风险，促进经济平稳健康发展和社会和谐稳定。要落实全面从严治党责任，严肃党内政治生活，自觉接受党内监督和各方面监督，加强党组自身建设，不断提高党的建设水平。

中央党校举行2016年秋季学期毕业典礼

1月11日，中共中央党校举行2016年秋季学期毕业典礼。

中央党校本期毕业学员862人。毕业典礼上，7位毕业学员代表作了发言。学员们普遍反映，通过党校学习培训，进一步增强了同以习近平同志为核心的党中央保持高度一致的自觉性和坚定性，牢固树立了政治意识、大局意识、核心意识、看齐意识；进一步深化了对马克思主义基本原理的理解和掌握，坚定了理想信念；进一步强化了党性锻炼，筑牢了安身立命之本；进一步增长了知识，开阔了视野，增强了履职尽责本领。大家表示，回到工作岗位后，一定把在中央党校的学习成果转化为干好工作的精神力量和物质力量，把党的十八届六中全会精神和习近平总书记系列重要讲话精神学习贯彻好，把中央决策部署落到实处，以优异工作成绩迎接党的十九大胜利召开！

中共中央印发《县以上党和国家机关党员领导干部民主生活会若干规定》

1月12日，中共中央印发《县以上党和国家机关党员领导干部民主生活会若干规定》，并发出通知，要求各地区各部门认真遵照执行。

通知指出，民主生活会是党内政治生活的重要内容，是发扬党内民主、加强党内监督、依靠领导班子自身力量解决矛盾和问题的重要方式。坚持和完善民主生活会制度，是保证党的团结统一、保持党的先进性和纯洁性的一大法宝。各级党委（党组）要认真贯彻落实党的十八届六中全会精神，从全面从严治党、严肃党内政治生活的高度，充分认识坚持和完善民主生活会制度的重要性紧迫性，切实抓好《若干规定》的学习贯彻。要认真组织开展学习培训，使各级领导班子和党员领导干部深刻理解《若干规定》基本精神和要求，进一步增强开好民主生活会的思想自觉和行动自觉。各级党员领导干部要严格执行民主生活会制度，用好批评和自我批评的锐利武器，不断增强发现和解决自身问题的能力。上级党组织应当通过派出督导组、派人列席等方式，对下级单位召开的民主生活会进行督促检查和指导。对问题突出的领导班子，上级党组织主要负责人应当亲自过问，派出得力的负责人列席民主生活会，严肃指出问题、深入分析原因、切实帮助解决。中央组织部要会同中央纪委机关等单位加强督促指导，适时对《若干规定》实施情况进行专项检查，确保各项要求落到实处。

全国统战部长会议召开

1 月 16 日，全国统战部长会议在北京召开。

俞正声对过去一年统战工作给予充分肯定，强调为党的十九大召开营造良好氛围，是今年统战工作必须紧扣的中心，要扎实做好广泛凝聚共识、服务经济社会发展、维护社会和谐稳定的工作。要牢固树立“四个意识”，认真学习、理解和贯彻中央的方针，坚决执行党中央的各项政策，切实执行请示报告制度，坚定不移把维护以习近平同志为核心的党中央权威落实到行动中，落实到各项工作中。

中共中央印发《关于新形势下加强政法队伍建设的意见》

1 月 18 日，中共中央印发《关于新形势下加强政法队伍建设的意见》。

《意见》共 7 个部分 26 条，明确了新形势下政法队伍建设的指导思想、目标任务，提出了加强和改进政法队伍建设的政策措施。

中共中央政治局举行第三十八次集体学习

1 月 22 日，中共中央政治局就深入推进供给侧结构性改革进行第三十八次集体学习。习近平主持学习。国家发展改革委宏观经济研究院陈东琪研究员就这个问题进行讲解，并谈了意见和建议。

习近平强调，推进供给侧结构性改革是我国经济发展进入新常态的必然选择，是经济发展新常态下我国宏观经济管理必须确立的战略思路。必须把改善供给侧结构作为主攻方向，从生产端入手，提高供给体系质量和效率，扩大有效和中高端供给，增强供给侧结构对需求变化的适应性，推动我国经济朝着更高质量、更有效率、更加公平、更可持续的方向发展。

中共中央政治局召开会议

1 月 22 日，中共中央政治局召开会议，决定设立中央军民融合发展委员会；审议

《中央政治局常委会听取和研究全国人大常委会、国务院、全国政协、最高人民法院、最高人民检察院党组工作汇报和中央书记处工作报告的综合情况报告》。习近平主持会议。

中央领导同志看望老同志

1 月 25 日，春节前夕，习近平等党和国家领导人分别看望或委托有关方面负责同志看望了江泽民、胡锦涛、李鹏、朱镕基、李瑞环、吴邦国、温家宝、贾庆林、宋平、李岚清、曾庆红、吴官正、李长春、罗干、贺国强和田纪云、迟浩田、姜春云、钱其琛、王乐泉、王兆国、回良玉、刘淇、吴仪、曹刚川、曾培炎、王刚、王汉斌、何勇、王丙乾、邹家华、王光英、布赫、铁木尔·达瓦买提、彭珮云、周光召、曹志、李铁映、司马义·艾买提、何鲁丽、丁石孙、许嘉璐、蒋正华、顾秀莲、热地、盛华仁、路甬祥、乌云其木格、华建敏、陈至立、周铁农、司马义·铁力瓦尔地、蒋树声、桑国卫、唐家璇、梁光烈、戴秉国、肖扬、韩杼滨、贾春旺、叶选平、杨汝岱、任建新、宋健、钱正英、孙孚凌、万国权、胡启立、赵南起、毛致用、王忠禹、李贵鲜、张思卿、罗豪才、张克辉、郝建秀、徐匡迪、张怀西、李蒙、廖晖、白立忱、陈奎元、阿不来提·阿不都热西提、李兆焯、黄孟复、张梅颖、张榕明、钱运录、孙家正、李金华、郑万通、邓朴方、厉无畏、陈宗兴、王志珍等老同志，向老同志们致以诚挚的节日问候，衷心祝愿老同志们新春愉快、健康长寿。

2017 年 2 月

中央全面深化改革领导小组召开第三十二次会议

2 月 6 日，中央全面深化改革领导小组召开第三十二次会议，习近平强调，党政主要负责同志是抓改革的关键，要把改革放在更加突出位置来抓，不仅亲自抓、带头干，还要勇于挑最重的担子、啃最硬的骨头，做到重要改革亲自部署、重大方案亲自把关、关键环节亲自协调、落实情况亲自督察，扑下身子，狠抓落实。

会议审议通过了《新时期产业工人队伍建设改革方案》、《关于加强党对地方外事工作领导体制改革的实施意见》、《关于改革驻外机构领导机制、管理体制和监督机制的实施意见》、《关于改革对外工作队伍建设的实施意见》、《关于改革援外工作的实施意见》、《关于社会智库健康发展的若干意见》、《国家科技决策咨询制度建设方案》、《关于推进公共信息资源开放的若干意见》、《按流域设置环境监管和行政执法机构试点方案》、《外国人永久居留证件便利化改革方案》、《关于深化中央主要新闻单位采编播管岗位人事管理制度改革的试行意见》、《关于实行国家机关“谁执法谁普法”普法责任制的意见》；听取了《关于全国总工会改革试点工作总结报告》、《上海市委全面深化改革领导小组关于群团改革试点工作总结的报告》、《重庆市委全面深化改革领导小组关于群团改革试点工作总结的报告》。

省部级主要领导干部学习贯彻十八届六中全会精神专题研讨班开班

2 月 13 日，省部级主要领导干部学习贯彻十八届六中全会精神专题研讨班在中央党校开班。习近平出席并讲，开班式由李克强主持，张德江、俞正声、刘云山、王岐山、张高丽出席。

习近平强调，历史经验表明，我们党作为马克思主义政党，必须旗帜鲜明讲政治，严肃认真开展党内政治生活。讲政治，是我们党补钙壮骨、强身健体的根本保证，是我们党培养自我革命勇气、增强自我净化能力、提高排毒杀菌政治免疫力的根本途径。党的高级干部要注重提高政治能力，牢固树立政治理想，正确把握政治方向，坚定站稳政治立场，严格遵守政治纪律，加强政治历练，积累政治经验，自觉把讲政治贯穿于党性锻炼全过程，使自己的政治能力与担任的领导职责相匹配。维护党中央权威和集中统一领导，同坚持民主集中制是一致的。我们党历来高度重视发展党内民主。党的重大决策都要严格按照程序办事，充分发扬民主，广泛听取意见和建议，做到兼听则明、防止偏听则暗，做到科学决策、民主决策、依法决策。勇于自我革命，是我们党最鲜明的品格，也是我们党最大的优势。我们党之所以有自我革命的勇气，是因为我们党除了国家、民族、人民的利益，没有任何自己的特殊利益。不谋私利才能谋根本、谋大利，才能从党的性质和根本宗旨出发，从人民根本利益出发，检视自己；才能不掩饰缺点、不回避问题、不文过饰非，有缺点克服缺点，有问题解决问题，有错误承认并纠正错误。要兴党强党，就必须以勇于自我革命精神打造和锤炼自己。只有努力在革故鼎新、守正出新中实现自身跨越，才能不断给党和人民事业注入生机活力。各级党委和领导干部要担负起政治责任和领导责任，使贯彻《准则》、《条例》成为每一个党组织、每一名党员的自觉行动。领导干部特别是一把手要亲自抓、亲自管，确保贯彻落实不走偏、不走样。各级党组织要加强检查和考核，及时发现和解决问题，严格落实执纪问责，完善抓落实的长效机制。高级干部要以身作则、率先垂范，凡是要求党员、干部做到的自己必须首先做到，凡是要求党员、干部不做的自己必须首先不做。希望在座各位带个好头，在全面从严治党中作出新业绩、树立好形象。

国家安全工作座谈会召开

2月17日，国家安全工作座谈会在北京召开，习近平主持并讲话。

习近平对当前和今后一个时期国家安全工作提出明确要求，强调要突出抓好政治安全、经济安全、国土安全、社会安全、网络安全等各方面安全工作。要完善立体化社会治安防控体系，提高社会治理整体水平，注意从源头上排查化解矛盾纠纷。要加强交通运输、消防、危险化学品等重点领域安全生产治理，遏制重特大事故的发生。要筑牢网络安全防线，提高网络安全保障水平，强化关键信息基础设施防护，加大核心技术研发力度和市场化引导，加强网络安全预警监测，确保大数据安全，实现全天候全方位感知和有效防护。要积极塑造外部安全环境，加强安全领域合作，引导国际社会共同维护国际安全。要加大对维护国家安全所需的物质、技术、装备、人才、法律、机制等保障方面的能力建设，更好适应国家安全工作需要。坚持党对国家安全工作的领导，是做好国家安全工作的根本原则。各地区要建立健全党委统一领导的国家安全工作责任制，强化维护国家安全责任，守土有责、守土尽责。要关心和爱护国家安全干部队伍，为他们提供便利条件和政策保障。

中共中央政治局召开会议讨论政府工作报告

2月21日，中共中央政治局召开会议，习近平主持会议。

会议讨论国务院拟提请第十二届全国人民代表大会第五次会议审议的《政府工作报告》稿，审议《关于巡视中央和国家机关全覆盖情况的专题报告》和《关于推进“两学一做”学习教育常态化制度化的意见》。

中共中央政治局举行第三十九次集体学习

2月21日，中共中央政治局就我国脱贫攻坚形势和更好实施精准扶贫进行第三十九次集体学习，习近平主持学习。

习近平强调，言必信，行必果。农村贫困人口如期脱贫、贫困县全部摘帽、解决区域性整体贫困，是全面建成小康社会的底线任务，是我们作出的庄严承诺。要强化领导责任、强化资金投入、强化部门协同、强化东西协作、强化社会合力、强化基层活力、强化任务落实,集中力量攻坚克难,更好推进精准扶贫、精准脱贫,确保如期实现脱贫攻坚目标。

中央巡视工作动员部署会议召开

2月22日,十八届中央第十二轮巡视工作动员部署会议召开。会议传达了习近平关于巡视工作的指示。

十八届中央第十二轮巡视将对北京大学、清华大学、北京师范大学、中国农业大学、北京航空航天大学、北京理工大学、南开大学、天津大学、大连理工大学、吉林大学、哈尔滨工业大学、上海交通大学、同济大学、南京大学、东南大学、浙江大学、中国科学技术大学、厦门大学、山东大学、武汉大学、华中科技大学、中南大学、中山大学、重庆大学、四川大学、西安交通大学、西北农林科技大学、西北工业大学、兰州大学等29所中管高校党委开展专项巡视。同时,对内蒙古、吉林、云南、陕西等4个省区开展"回头看",对中央网络安全和信息化领导小组办公室、国务院扶贫开发领导小组办公室、中国铁路总公司、中国船舶重工集团公司等4个单位试点开展"机动式"巡视。

中共中央国务院印发《关于加强和改进新形势下高校思想政治工作的意见》

2月27日,中共中央、国务院印发《关于加强和改进新形势下高校思想政治工作的意见》。

《意见》分为七个部分:一、重要意义和总体要求;二、强化思想理论教育和价值引领;三、发挥哲学社会科学育人功能;四、加强对课堂教学和各类思想文化阵地的建设管理;五、加强教师队伍和专门力量建设;六、推进高校思想政治工作改革创新;七、加强和改善党对高校的领导。强调指出,高校肩负着人才培养、科学研究、社会服务、文化传承创新、国际交流合作的重要使命。加强和改进高校思想政治工作,事关办什么样的大学、怎样办大学的根本问题,事关党对高校的领导,事关中国特色社会主义事业后继有人,是一项重大的政治任务和战略工程。

中央财经领导小组召开第十五次会议

2月28日,中央财经领导小组召开第十五次会议,审议了《关于党的十八大以来中央财经领导小组工作和2017年重点工作的报告》。习近平发表讲话强调,做好经济工作是我们党治国理政的重大任务,要坚持宏观和微观、国内和国外、战略和战术紧密结合,坚持问题导向,及时研究重大战略问题,及早部署关系全局、事关长远的问题,对经济社会发展进行指导,把谋划大事和制定具体政策紧密结合起来,加强责任分工,一锤一锤钉钉子,直到产生实际效果。

会议听取了国家发展改革委、人民银行、住房和城乡建设部、工业和信息化部关于深入推进去产能、防控金融风险、建立促进房地产市场平稳健康发展长效机制、振兴制造业等工作思路的汇报。

2017 年 3 月

中共中央党校举行春季学期开学典礼

3 月 1 日，中共中央党校举行 2017 年春季学期开学典礼。中国浦东、井冈山、延安干部学院通过视频会议系统同步举行开学典礼。

刘云山说，加强党内政治文化建设，是保持党的先进性纯洁性的重要基础，是解决党内政治生活突出问题、深化全面从严治党的治本之举。要从政治上深刻认识加强党内政治文化建设的重大意义，注重正本清源，坚持问题导向，不断纯洁党内政治文化，为推进伟大斗争、伟大工程、伟大事业提供有力支撑。推进党内政治文化建设，要高扬马克思主义理论旗帜，以党的理论创新成果为引领，保持党内政治文化建设的正确政治方向；注重汲取中华优秀传统文化的政治智慧，结合全面从严治党实践进行创造性转化和创新性发展，引导党员干部自觉做到为政以德、正心修身；深入挖掘革命文化的精神特质和时代价值，把红色资源利用好、把红色传统发扬好、把红色基因继承好；牢牢把握社会主义先进文化前进方向，彰显党的文化立场和文化追求，引导党员干部坚定文化自信，履行好传播先进文化的重要责任；充分体现中国共产党的党性要求，增强党内政治生活的政治性、时代性、原则性、战斗性，使党内政治生活成为锤炼党性的“大熔炉”。领导干部要旗帜鲜明讲政治，带头坚定政治理想，带头锤炼政治品格，带头坚守政治价值，带头弘扬自我革命精神，在党内政治文化建设中发挥示范引领作用。要坚定对社会主义、共产主义的信仰信念，提高马克思主义理论素养，始终不忘初心、不忘根本。要牢固树立“四个意识”，自觉在思想上政治上行动上同以习近平同志为核心的党中央保持高度一致，严守党的政治纪律，坚定维护党中央权威，坚决反对个人主义、分散主义、自由主义、本位主义。要坚持共产党人的价值追求，模范践行社会主义核心价值观，注重家庭家教家风，自觉抵制各种不正之风。要严格自律、慎独慎微，以自我革命精神解决自身存在的问题，养成在党组织和群众监督之下工作和生活的良好习惯。

国家行政学院举行春季学期开学典礼

3 月 2 日，国家行政学院 2017 年春季学期开学典礼暨“省部级干部深化国有企业改革与‘三去一降一补’研讨班”开班式在北京举行。

国家有关方面负责同志指出，党的十八大以来，以习近平同志为核心的党中央高度重视和大力推动国有企业改革发展工作，取得重大进展和成效。他强调，今年是供给侧结构性改革深化之年。广大国有企业要深入贯彻落实党中央、国务院决策部署，按照新发展理念的要求，以落实“三去一降一补”五大任务为重点，推进结构调整、创新发展、布局优化，提升供给质量和效率，在供给侧结构性改革中发挥带动作用。要深化国有企业改革，加快建设中国特色现代国有企业制度，建立灵活高效的市场化经营机制，积极稳妥推动混合所有制改革，深化国资监管“放管服”改革，激发和弘扬企业家精神，不断提高企业活力和核心竞争力，以优异成绩迎接党的十九大胜利召开。

全国政协十二届五次会议召开

3月3日至13日，中国人民政治协商会议第十二届全国委员会第五次会议在北京召开。

开幕式上，俞正声作工作报告，从7个方面总结了过去一年人民政协的工作。马培华作提案工作情况的报告，提交提案5769件，立案4279件，截至2017年2月20日，99.84%的提案已经办复。

会议通过了政协第十二届全国委员会第五次会议关于常务委员会工作报告的决议、政协第十二届全国委员会提案委员会关于政协十二届五次会议提案审查情况的报告、政协第十二届全国委员会第五次会议政治决议。

俞正声在闭幕会讲话中说，今年，中国共产党将召开第十九次全国代表大会，这是党和国家政治生活中的一件大事。置身伟大时代，投身伟大事业，人民政协各级组织和广大政协委员责任重大、使命光荣。要提高政治站位，牢固树立政治意识、大局意识、核心意识、看齐意识，增强中国特色社会主义道路自信、理论自信、制度自信、文化自信，更加自觉地坚持中国共产党的领导，更加紧密地团结在以习近平同志为核心的中共中央周围，更加坚定地贯彻落实中共中央的各项决策部署。要有效凝心聚力，切实把坚持和发展中国特色社会主义作为巩固共同思想政治基础的主轴，努力画大同心圆，凝聚强大向心力，汇集更多同行者，形成广泛正能量。要勤勉履职尽责，紧扣经济社会发展献计出力，真诚协商、务实监督、深入议政，多建诤言，共谋良策，推动中共中央大政方针落地见效，促进人民福祉不断改善。要严格修身律己，认真学习贯彻中共十八届六中全会精神，守法遵章，拒奢尚俭，模范践行社会主义核心价值观，始终心系国事、情牵民生、德润人心，做一个有定力、有情怀、有担当、有作为的政协委员。

十二届全国人大五次会议召开

3月5日至15日，第十二届全国人民代表大会第五次会议在北京召开。

开幕式上李克强代表国务院向大会作政府工作报告时指出，使命重在担当，实干铸就辉煌。我们要更加紧密地团结在以习近平同志为核心的党中央周围，同心同德，开拓进取，努力完成今年经济社会发展目标任务，为实现“两个一百年”宏伟目标、建设富强民主文明和谐的社会主义现代化国家、实现中华民族伟大复兴的中国梦而不懈奋斗。2017年发展的主要预期目标是：国内生产总值增长6.5%左右，在实际工作中争取更好结果；居民消费价格涨幅3%左右；城镇新增就业1100万人以上，城镇登记失业率4.5%以内；进出口回稳向好，国际收支基本平衡；居民收入和经济增长基本同步；单位国内生产总值能耗下降3.4%以上，主要污染物排放量继续下降。2017年政府工作要把握好的五点：一是贯彻稳中求进工作总基调，保持战略定力；二是坚持以推进供给侧结构性改革为主线；三是适度扩大总需求并提高有效性；四是依靠创新推动新旧动能转换和结构优化升级；五是着力解决人民群众普遍关心的突出问题。2017 年要重点做好九个方面工作：一是用改革的办法深入推进“三去一降一补”；二是深化重要领域和关键环节改革；三是进一步释放国内需求潜力；四是以创新引领实体经济转型升级；五是促进农业稳定发展和农民持续增收；六是积极主动扩大对外开放；七是加大生态环境保护治理力度；八是推进以保障和改善民生为重点的社会建设；九是全面加强政府自身建设。

闭幕大会批准了政府工作报告、全国人大常委会工作报告等；通过民法总则，国家主席习近平签署第 66 号主席令予以公布；表决通过关于十三届全国人大代表名额和选举问题的决定等法律文件。

在完成各项议程后张德江发表讲话。他说，党的十八大以来，以习近平同志为核心的党中央团结带领全国各族人民坚持和发展中国特色社会主义，励精图治、奋发进取，勇于实践、开拓创新，统筹推进“五位一体”总体布局和协调推进“四个全面”战略布局，开创了党和国家事业发展新局面。我们十分自豪，在进行具有许多新的历史特点的伟大斗争实践中，习近平总书记在全党全军全国各族人民中树立起崇高威望，成为党中央的核心、全党的核心。习近平总书记系列重要讲话精神和治国理政新理念新思想新战略，深化了对共产党执政规律、社会主义建设规律、人类社会发展规律的认识，为在新的历史条件下全面建成小康社会、加快推进社会主义现代化提供了更加有力的科学理论指导。我们要牢固树立政治意识、大局意识、核心意识、看齐意识，深入学习贯彻习近平总书记系列重要讲话精神和治国理政新理念新思想新战略，自觉在思想上政治上行动上同以习近平同志为核心的党中央保持高度一致，坚决维护党中央权威和集中统一领导，切实把党的路线方针政策和党中央决策部署贯彻落实到实际工作中，不断推进伟大事业、伟大工程、伟大斗争取得新的伟大胜利。

中华优秀传统文化
传承发展工作座谈会召开

3 月 17 日，中华优秀传统文化传承发展工作座谈会召开。

刘奇葆强调要深入学习贯彻习近平总书记关于传承发展优秀传统文化的重要论述精神，贯彻落实《关于实施中华优秀传统文化传承发展工程的意见》，进一步坚定文化自信，坚持创造性转化、创新性发展，在扬弃继承、转化创新中传承发展优秀传统文化，不断推动中华文化现代化。要准确把握优秀传统文化的丰富内涵，深刻认识思想理念是骨骼、传统美德是经络、人文精神是血肉，共同构成优秀传统文化的有机统一体。要坚持以马克思主义为指导，来鉴别、传承、发展传统文化，做到客观、科学、礼敬。要坚持古为今用、守正开新，推动优秀传统文化融入国民教育、道德建设、文化创造和生产生活。要坚持不忘本来、吸收外来、面向未来，在交流互鉴中提升中华文化国际影响力。

中央全面深化改革领导小组
召开第三十三次会议

3 月 24 日，中央全面深化改革领导小组召开第三十三次会议，习近平主持并讲话。

马凯就抓好国有企业改革调研、孟建柱就司法体制改革推进落实、韩正就抓好上海自由贸易试验区改革试点、尹蔚民就推进有关制度创新、陈吉宁就扎实推进环保领域改革、韩长赋就推进农村改革工作、赵克志就抓好重点改革任务落实、夏宝龙就抓好全省改革工作、尤权就推进医药卫生体制改革、陈敏尔就抓实扶贫改革、许勤就深化科技创新供给侧结构性改革等方面情况作了汇报。会议审议通过了《全面深化中国（上海）自由贸易试验区改革开放方案》、《关于深化科技奖励制度改革的方案》。会议审议了农业转移人口市民化、改善贫困地区孩子上学条件、建立居民身份证异地受理挂失申报和丢失招领制度、解决无户口人员登记户口问题、推进家庭医生签约服务、全面推行河长制等民生领域改革落实情况的督察报告。

中办印发《关于推进“两学一做”学习教育常态化制度化的意见》

3 月 28 日，中共中央办公厅印发《关于推进“两学一做”学习教育常态化制度化的意见》。

通知强调，推进“两学一做”学习教育常态化制度化，要坚持全覆盖、常态化、重创新、求实效，坚持学做结合，依托党委（党组）理论学习中心组学习、党支部“三会一课”等基本制度，融入日常、抓在经常，防止形式主义，防止“两张皮”。要紧密联系本地区本部门本单位实际，联系党员思想工作实际，突出分类指导，组织党员、干部经常自省修身、打扫思想灰尘，有什么问题解决什么问题，什么问题突出重点解决什么问题。领导机关要带头学、带头做，党委（党组）理论学习中心组学习要把学党章党规、学系列讲话作为主要内容，党员领导干部要把自己摆进去，不断改造自己，提高思想政治觉悟。要把党支部建设作为最重要的基本建设，充分发挥党支部教育管理党员的主体作用，树立党的一切工作到支部的鲜明导向。各级党委（党组）要认真履行主体责任，每年要对开展“两学一做”学习教育情况进行评估总结，一级抓一级，层层抓落实，带动基层党组织和广大党员奋发有为、敢于担当、建功立业，更加紧密地团结在以习近平同志为核心的党中央周围，为统筹推进“五位一体”总体布局和协调推进“四个全面”战略布局提供坚强组织保证。

中办印发《中国共产党党委（党组）理论学习中心组学习规则》

3 月 30 日，中共中央办公厅印发《中国共产党党委（党组）理论学习中心组学习规则》。

《规则》作为关于中心组学习的一部专门党内法规，对于推动理论武装工作深入开展，提高领导干部的理论水平和工作能力，加强领导班子思想政治建设，具有十分重要的意义。《规则》以党章为根本遵循，明确党委（党组）理论学习中心组学习以政治学习为根本，以深入学习中国特色社会主义理论体系为首要任务，以深入学习贯彻习近平总书记系列重要讲话精神为重点，以掌握和运用马克思主义立场、观点、方法为目的，坚持围绕中心、服务大局，坚持知行合一、学以致用，坚持问题导向、注重实效，坚持依规管理、从严治学。《规则》共 5 章 17 条，对党委（党组）理论学习中心组学习的性质定位原则、内容形式要求、组织管理考核等方面作出明确规定。

2017 年 4 月

全国宣传部长座谈会召开

4 月 10 日，全国宣传部长座谈会在北京召开。

刘云山说，迎接党的十九大胜利召开，重要的是做好稳预期、稳思想、稳人心的工作，要坚持团结稳定鼓劲，做大做强正面宣传，壮大主流思想舆论。要深化对习近平总书记系列重要讲话精神的学习宣传，深入阐释系列重要讲话的重大意义、丰富内涵、科学体系和实践要求，阐释贯穿其中的马克思主义立场观点方法，更好用系列重要讲话精神武装头脑、指导工作。要组织好党中央治国理政新理念新思想新战略重大主题宣传，充分展示党的十八大以来取得的辉煌成就，讲好中国故事，讲好中国共产党的故事，引导干部群众坚定“四个自信”。要着眼促进改革发展稳定，加强对热点问题舆论引导，坚持主动引导、精准引导、有效引导，积极回应群众关切、合理引导社会预期，更好解疑释惑、增进共识、凝聚力量。宣传思想战线要带头加强理论武装，增强党的意识，增强担当精神，提升做好宣传思想工作的能力。要注重统筹协调，加强宣传文化部门与各有关部门的协同协作，动员各方面力量共同做好工作。宣传工作做得怎么样，重要的是看实际效果。要把握宣传规律、坚持与时俱进，积极推进宣传思想工作改进创新，丰富思想内涵、创新宣传方式，善于说理、善于分析，增强鲜活生动的内容，增强吸引力感染力，使宣传思想工作更接地气、富有成效，以优异成绩迎接党的十九大胜利召开。

中共中央印发《中国共产党工作机关条例（试行）》

4 月 12 日，中共中央印发《中国共产党工作机关条例（试行）》。

通知指出，《条例》是规范党的工作机关设立、职责和运行的基础主干党内法规，是继党组工作条例、地方党委工作条例之后，加强党的组织制度建设的又一重要成果，对于夯实党执政治国的组织制度基础，推进国家治理体系和治理能力现代化，提高党的领导水平和执政水平具有重要意义。各级党委要从坚定不移推进全面从严治党的战略高度，充分认识加强和改进党的工作机关工作的重要性和紧迫性，切实加强对《条例》实施的组织领导。要通过举办研讨班、培训班等形式，组织各级领导干部特别是党的工作机关领导班子成员认真学习《条例》，准确掌握《条例》内容，深刻领会《条例》精神，不断提高运用《条例》做好党的工作机关工作的能力和水平。各级党委和党的各级工作机关要对照《条例》规定，对党的工作机关的设立、领导机构和决策形式、工作规则等进行一次全面清理规范。中央有关部门要抓好督促落实，适时对《条例》实施情况进行专项检查，确保各项规定要求落到实处。

中央宣传部、中央政法委召开电视电话会议

4月13日，中央宣传部、中央政法委召开贯彻落实《关于进一步把社会主义核心价值观融入法治建设的指导意见》电视电话会议。

刘奇葆指出，把社会主义核心价值观融入法治建设是汲取中华民族传统治国智慧的当代选择，是坚持依法治国和以德治国相结合的必然要求，是推进国家治理体系和治理能力现代化的客观需要。要把核心价值观作为贯穿中国特色社会主义法律体系的主线，体现到宪法法律、法规规章、公共政策和党内法规制度中，鲜明法律制度规范的正确价值导向。要坚持用执法司法公正促进社会公正，依法依规惩治失德失范行为、净化社会空气，维护社会主流价值、醇化道德风尚。要深入开展法治宣传教育，推动全社会增强法治观念、树立法治信仰，营造守法治、讲道德的文化环境，使社会主义核心价值观得到普遍弘扬。

习近平对廖俊波同志先进事迹作出指示

4月14日，习近平对廖俊波同志先进事迹作出重要指示强调，廖俊波同志任职期间，牢记党的嘱托，尽心尽责，带领当地干部群众扑下身子、苦干实干，以实际行动体现了对党忠诚、心系群众、忘我工作、无私奉献的优秀品质，无愧于“全国优秀县委书记”的称号。广大党员、干部要向廖俊波同志学习，不忘初心、扎实工作、廉洁奉公，身体力行把党的方针政策落实到基层和群众中去，真心实意为人民造福。

廖俊波同志生前是福建省南平市委常委、副市长，武夷新区党工委书记，曾任政和县县委书记，2015年6月被中央组织部授予“全国优秀县委书记”称号。2017年3月18日，廖俊波同志在赶往武夷新区主持召开会议途中不幸发生车祸，因公殉职。

推进“两学一做”学习教育常态化制度化工作座谈会召开

4月16日，推进“两学一做”学习教育常态化制度化工作座谈会在北京召开。习近平作出指示强调，在全党开展“两学一做”学习教育，取得了显著成效。实践证明，“两学一做”学习教育是推进思想建党、组织建党、制度治党的有力抓手，是全面从严治党的基础性工程，要坚持不懈抓下去。要把思想政治建设摆在首位，坚持用党章党规规范党员、干部言行，用党的创新理论武装全党，引导全体党员做合格党员。要抓住“关键少数”，抓实基层支部，坚持问题导向，发挥先进典型示范作用。要落实各级党委（党组）主体责任，落实好“两学一做”学习教育常态化制度化各项举措，保证党的组织履行职能、发挥核心作用，保证领导干部忠诚干净担当、发挥表率作用，保证广大党员以身作则、发挥先锋模范作用，为统筹推进“五位一体”总体布局和协调推进“四个全面”战略布局提供坚强组织保证。

刘云山指出，习近平总书记重要指示充分肯定“两学一做”学习教育成效，深刻阐明推进“两学一做”学习教育常态化制度化的

重大意义、目标任务和基本要求，为我们做好工作提供了重要遵循。推进学习教育常态化制度化，要在真学实做上深化拓展，注重融入日常、抓在经常，引导广大党员深入学习党章党规，深入学习习近平总书记系列重要讲话精神和党中央治国理政新理念新思想新战略，增强“四个意识”，在思想上政治上行动上同以习近平同志为核心的党中央保持高度一致，做到政治合格、执行纪律合格、品德合格、发挥作用合格。要更好发挥“关键少数”示范带动作用，用有效制度机制推动领导干部以身作则、当好表率，带头旗帜鲜明讲政治、带头强化党性修养、带头严格自律，切实做到忠诚干净担当。要牢固树立党的一切工作到支部的鲜明导向，把“两学一做”作为“三会一课”基本内容固定下来、坚持下去，抓好基层支部相关制度建设，夯实党的组织基础。要完善查找解决问题的长效机制，经常进行党性体检，深化问题整改，在补齐基层党建短板、解决群众身边不正之风和腐败问题上持续用力。要推动学习教育与中心工作深度融合，激发党员干部干事创业的内生动力，凝心聚力促进改革发展稳定大局。各级党委要认真落实主体责任，把“两学一做”学习教育常态化制度化作为深化全面从严治党的重要任务，作为党建工作考核的重要内容，细化责任清单，加强分类指导，注重典型引路，充分调动基层单位的主动性创造性，以学习教育的新成效迎接党的十九大胜利召开。

中央全面深化改革领导小组召开第三十四次会议

4 月 18 日，中央全面深化改革领导小组召开第三十四次会议，习近平主持并讲话。

习近平强调，督察是抓落实的重要手段。各地区各部门要把抓改革落实摆到重要位置，投入更多精力抓督察问效，加强和改进督察工作，拓展督察工作广度和深度，点面结合，多管齐下，提高发现问题、解决问题的实效。

会议审议通过了《关于加快构建政策体系、培育新型农业经营主体的意见》、《关于进一步激发和保护企业家精神的意见》、《关于建立现代医院管理制度的指导意见》、《关于改革完善短缺药品供应保障机制的实施意见》、《关于办理刑事案件严格排除非法证据若干问题的规定》、《关于完善反洗钱、反恐怖融资、反逃税监管体制机制的意见》、《对省级人民政府履行教育职责的评价办法》、《关于禁止洋垃圾入境推进固体废物进口管理制度改革实施方案》。会议审议了《中央全面深化改革领导小组 6 个专项小组开展改革督察工作情况的报告》。

中办国办印发《领导干部报告个人有关事项规定》和《领导干部个人有关事项报告查核结果处理办法》

4 月 19 日，中共中央办公厅、国务院办公厅印发《领导干部报告个人有关事项规定》和《领导干部个人有关事项报告查核结果处理办法》。

这次修订出台的《规定》，坚持分类管理原则，抓住“关键少数”，进一步突出了对党政领导干部的监督，将国有企业、事业单位的报告对象范围作了适当调整。报告事项内容更加突出与领导干部权力行为关联紧密的家事、家产情况。《办法》明确了认定漏报、瞒报需要掌握的基本原则、具体情形和处理依据，规定了领导干部因不如实报告个人有关事项受到组织处理和纪律处分的影响期，为更加有效地强化查核结果运用提供了遵循。

通知指出，党的十八大以来，全面从严治党向纵深推进，领导干部个人有关事项报告工作也不断加强和改进。党的十八届六中全会对坚持和完善领导干部个人有关事项报告制度作出了新的明确规定。为更好适应新形势新要求，中央决定对2010年印发的《关于领导干部报告个人有关事项的规定》予以修订。修订出台的《规定》和新制定的《办法》，贯彻以习近平同志为核心的党中央坚定推进全面从严治党的部署要求，着眼于建立完善中国特色领导干部个人有关事项报告制度，总结党的十八大以来贯彻执行报告制度的实践经验，坚持突出重点，力求精准科学，强化监督约束，对报告主体、报告内容、抽查核实及结果处理等作出改进完善。《规定》、《办法》的印发实施，对于进一步严明党的政治纪律和组织纪律，从严管理监督干部，具有十分重要的意义。

中共中央政治局召开会议分析研究当前经济形势和经济工作

4月25日，中共中央政治局召开会议，分析研究当前经济形势和经济工作，审议《关于巡视中央政法单位情况的专题报告》，习近平主持会议。

会议认为，今年以来，在错综复杂的国内外形势下，各地区各部门按照党中央决策部署，主动适应经济发展新常态，坚持新发展理念，坚持以推进供给侧结构性改革为主线，积极推进结构调整和新旧动能转换，有效防控风险，推动经济社会发展取得了来之不易的成绩。一季度经济运行稳中向好、实现良好开局，增长和效益回升，市场预期改善，内需对经济增长的贡献加大，新技术新产品新服务不断涌现并快速成长，产业优化升级不断推进，就业继续增加，城乡居民收入增长有所加快。各方面对新发展理念和供给侧结构性改革的认识逐步加深、行动更为自觉，这对转变经济发展方式、保持经济平稳健康发展具有重要意义。在充分肯定成绩的同时也要看到，当前经济向好有周期性等因素，经济结构调整任重道远，面临不少挑战，必须坚持用新常态的大逻辑研判经济形势，坚定不移推进经济结构战略性调整。要按照党中央关于经济工作的决策部署，坚持稳中求进工作总基调，贯彻落实新发展理念，坚持以提高发展质量和效益为中心，积极推进供给侧结构性改革，全面做好稳增长、促改革、调结构、惠民生、防风险各项工作，及时解决经济运行中的突出矛盾和问题，确保经济平稳健康发展，确保供给侧结构性改革得到深化，确保不发生系统性金融风险。

中宣部授予“当代愚公”黄大发“时代楷模”荣誉称号

4月25日，中央宣传部发布“当代愚公”黄大发的先进事迹，授予黄大发“时代楷模”荣誉称号。

黄大发曾担任贵州省遵义市播州区平正仡佬族乡团结村党支部书记，20世纪60年代起，他带领200多名群众，历时30余年，靠着锄头、钢钎、铁锤和双手，硬生生在绝壁上凿出一条长9400米、地跨3个村的“生命渠”，结束了当地长期缺水的历史，使草王坝每年粮食产量从原来的6万斤增加到近百万斤，被当地群众亲切誉为“大发渠”。他带领群众树立主体意识，发扬自力更生精神，修村路、架电线、“坡改梯”、建学校，改变了当地贫穷落后的面貌，用实际行动践行了新时期愚公移山精神。

中共中央政治局举行第四十次集体学习

4月25日，中共中央政治局就维护国家金融安全进行第四十次集体学习。习近平主持学习并强调，金融安全是国家安全的重要组成部分，是经济平稳健康发展的重要基础。维护金融安全，是关系我国经济社会发展全局的一件带有战略性、根本性的大事。金融活，经济活；金融稳，经济稳。必须充分认识金融在经济发展和社会生活中的重要地位和作用，切实把维护金融安全作为治国理政的一件大事，扎扎实实把金融工作做好。

中国人民银行行长周小川就加强宏观调控、保障金融安全，中国银监会主席郭树清就化解银行体系风险、维护金融稳定，中国证监会主席刘士余就资本市场发展与风险管理，中国保监会副主席陈文辉就回归风险保障、强化保险监督、守住维护金融安全底线谈了认识和体会。

中央党校举行2017年春季学期第一批进修班毕业典礼

4月27日，中共中央党校举行2017年春季学期第一批进修班毕业典礼。

中央党校本期毕业学员共511人。毕业典礼上，3位学员代表作了发言。学员普遍反映，通过党校学习培训，深入学习领会了习近平总书记系列重要讲话精神和治国理政新理念新思想新战略，进一步增强了“四个意识”和“四个自信”；接受了触动心灵的党性教育，进一步坚定了理想信念，提高了能力水平。学员们一致表示，要更加紧密地团结在以习近平同志为核心的党中央周围，坚持不懈用习近平总书记系列重要讲话精神武装头脑、指导工作、规范行为，旗帜鲜明讲政治，脚踏实地干实事，以优异的工作成绩迎接党的十九大胜利召开。

2017 年 5 月

习近平签署命令发布《军事立法工作条例》

5 月 10 日，习近平签署命令发布《军事立法工作条例》，自 2017 年 5 月 8 日起施行。

《条例》共设 12 章 78 条，明确了新形势下军事立法工作的指导思想和基本原则；规定了制定军事法规、军事规章、军事规范性文件的权限；规范了制定军事法规制度的规划与计划、起草与呈报、审查、决定与发布、修改与废止等具体程序；规定了军事法规制度备案审查、清理汇编、适用与解释和体例规范等相关制度；完善了军事规范性文件的管理制度。

中央政法委员会召开第三十次全体会议

5 月 11 日，中央政法委员会第召开三十次全体会议。

孟建柱强调，要认真学习贯彻习近平总书记在中央政治局审议《关于巡视中央政法单位情况的专题报告》时的重要讲话精神，以高度的政治责任感扎实抓好巡视整改工作，切实加强政法机关党的建设和队伍建设，为政法事业健康发展提供坚强保证。

要坚持把思想政治建设放在首位，深入开展政治纪律和政治规矩教育，用中国特色社会主义理论武装头脑，进一步坚定理想信念，增强走中国特色社会主义法治道路的自觉性坚定性。要大力加强纪律作风建设，针对容易滋生执法司法腐败的重点领域和关键环节，健全完善执法司法权运行制约和监督体系，筑牢权力运行制度“堤坝”，有效防范廉政风险。要坚持正确的选人用人导向，把好政治关、廉洁关，让品行不端、投机钻营、跑官要官者没有市场，确保政法系统政治生态风清气正。

“一带一路”国际合作高峰论坛开幕

5 月 14 日，“一带一路”国际合作高峰论坛在北京开幕，习近平出席并发表题为《携手推进“一带一路”建设》的主旨演讲，强调坚持以和平合作、开放包容、互学互鉴、互利共赢为核心的丝路精神，携手推动“一带一路”建设行稳致远，将“一带一路”建成和平、繁荣、开放、创新、文明之路，迈向更加美好的明天。张高丽主持开幕式。俄罗斯总统普京、土耳其总统埃尔多安、联合国秘书长古特雷斯也在开幕式上致辞。

“一带一路”国际合作高峰论坛是中国首倡举办的“一带一路”建设框架内层级最高、规模最大的国际会议，主题是“加强国际合作，共建‘一带一路’，实现共赢发展”，由开幕式、领导人圆桌峰会、高级别会议三部分组成。包括 29 位外国元首和政府首脑在内的来自 130 多个国家和 70 多个国际组织约 1500 名代表出席此次高峰论坛。

习近平致信祝贺中国社会科学院建院40周年

5月17日，习近平致信祝贺中国社会科学院建院40周年，向全国广大哲学社会科学工作者致以诚挚问候。

习近平在贺信中指出，40年来，在党的领导下，中国社会科学院与时代同发展、与人民齐奋进，努力建设马克思主义理论阵地，发挥为党和国家决策服务的思想库作用，不断出成果、出人才，为推进马克思主义中国化、繁荣发展我国哲学社会科学作出了重要贡献。坚持和发展中国特色社会主义，是理论和实践的双重探索。希望中国社会科学院的同志们和广大哲学社会科学工作者，紧紧围绕坚持和发展中国特色社会主义，坚持马克思主义指导地位，贯彻"百花齐放、百家争鸣"方针，坚持为人民做学问理念，以研究我国改革发展稳定重大理论和实践问题为主攻方向，立时代潮头，通古今变化，发思想先声，繁荣中国学术，发展中国理论，传播中国思想，努力为发展21世纪马克思主义、当代中国马克思主义，构建中国特色哲学社会科学学科体系、学术体系、话语体系，增强我国哲学社会科学国际影响力作出新的更大的贡献。

中国特色哲学社会科学工作座谈会召开

5月17日，中宣部在北京召开构建中国特色哲学社会科学工作座谈会暨2017年度国家社科基金项目评审工作会议。

刘云山指出，坚持以马克思主义为指导是中国特色哲学社会科学的灵魂所在、优势所在。要深入学习贯彻习近平总书记系列重要讲话精神和治国理政新理念新思想新战略，深入研究阐释系列重要讲话的重大意义、丰富内涵和科学体系，掌握贯穿其中的马克思主义立场观点方法，把正确政治方向、价值取向、研究导向体现到哲学社会科学各学科各领域。要深入实施马克思主义理论研究和建设工程，深化马克思主义基本原理研究，深化马克思主义中国化成果研究，加强对重大实践经验的总结提炼，提高对深层次思想理论问题的辨析引导水平。提升原创能力是构建中国特色哲学社会科学的重要着力点。要立足当代中国实际，用中国理论解读中国实践，用中国实践丰富中国理论，在守正出新、博采众长中推进理论创新和学术创新，做中国学术的创造者、世界学术的贡献者。要坚持问题导向，深入研究改革发展稳定和我们党在新形势下治国理政的重大理论和现实问题，解决各学科专业重点难点问题。要加强统筹规划，发挥评价标准导向作用、重点工程项目带动作用，加快形成布局合理的学科体系、植根中国的学术体系、融通中外的话语体系，为构建中国特色哲学社会科学提供有力支撑。

全国公安系统英雄模范立功集体表彰大会举行

5月19日，全国公安系统英雄模范立功集体表彰大会在北京举行。习近平亲切会见大会代表并讲话。全国公安系统615个先进单位和1320名先进个人受到表彰。

习近平代表党中央、国务院和中央军委，向受到表彰的先进集体和先进个人表示热烈的祝贺，向全国公安战线的同志们表示诚挚的慰问。他强调，全国公安机关和公安队伍要坚持党对公安工作的领导，牢固树立“四个意识”，坚持人民公安为人民，全面加强正规化、专业化、职业化建设，做到对党忠诚、服务人民、执法公正、纪律严明。

《习近平论强军兴军》印发全军团以上领导干部

5月21日，军委政治工作部组织编印《习近平论强军兴军》，由解放军出版社出版印发全军团以上领导干部。

全书收录习主席2012年11月至2017年4月期间的重要文稿67篇，集中体现了习主席强军兴军的一系列重大战略思想、重大理论观点、重大决策部署。学好用好《习近平论强军兴军》，对于进一步深入学习党的十八大以来国防和军队建设新理念新思想新战略，进一步熟悉掌握习主席系列重要讲话蕴含的马克思主义立场、观点、方法，在新的起点上不断推进强军事业，具有十分重要的意义。

中央全面深化改革领导小组召开第三十五次会议

5月23日，中央全面深化改革领导小组召开第三十五次会议，习近平主持并强调，抓好试点对改革全局意义重大。要认真谋划深入抓好各项改革试点，坚持解放思想、实事求是，鼓励探索、大胆实践，敢想敢干、敢闯敢试，多出可复制可推广的经验做法，带动面上改革。

会议审议通过了《关于深化教育体制机制改革的意见》、《外商投资产业指导目录（2017年修订）》、《关于规范企业海外经营行为的若干意见》、《关于建立资源环境承载能力监测预警长效机制的若干意见》、《关于深化环境监测改革提高环境监测数据质量的意见》、《个人收入和财产信息系统建设总体方案》、《跨地区环保机构试点方案》、《海域、无居民海岛有偿使用的意见》、《关于检察机关提起公益诉讼试点情况和下一步工作建议的报告》。会议审议了《关于各地区各部门贯彻落实习近平总书记在中央全面深化改革领导小组第三十三次会议上重要讲话精神情况的报告》、《关于深化教育领域综合改革情况汇报》、《关于科技领域重点改革工作情况汇报》、《关于深化医药卫生体制改革进展情况汇报》、《关于足球领域重点改革工作情况汇报》。

中办印发《关于进一步加强党委联系服务专家工作的意见》

5月23日，中共中央办公厅印发《关于进一步加强党委联系服务专家工作的意见》。

《意见》指出，专家是党和国家的宝贵财富，是党执政兴国的重要依靠力量。重视联系服务专家是党的优良传统，也是做好知识分子工作的宝贵经验。要深入学习贯彻习近平总书记系列重要讲话特别是关于人才工作的重要指示精神，坚持党管人才原则，加强对专家的政治引领和政治吸纳，做到政治上充分信任、思想上主动引导、工作上创造条件、生活上关心照顾，推进党委联系服务专家工作制度化、科学化、常态化，最大限度地把各方面人才凝聚到党和国家事业中来，聚天下英才而用之。要开展专家国情研修，加强中国特色社会主义理论体系、社会主义核心价值观和奉献精神等教育培训。支持专家干事创业，对重点专家重点联系，精准施策、特殊支持。要把专家咨询作为科学决策、民主决策、依法决策的重要方式之一。要支持专家积极参与中国特色新型智库建设。要关心专家身心健康，定期组织专家体检、休假、疗养，为他们提供良好医疗保健服务。对作出突出贡献的专家和团队授予荣誉称号，予以表彰奖励。

习近平对黄大年同志先进事迹作出指示

5月25日，习近平对黄大年同志先进事迹作出重要指示指出，黄大年同志秉持科技报国理想，把为祖国富强、民族振兴、人民幸福贡献力量作为毕生追求，为我国教育科研事业作出了突出贡献，他的先进事迹感人肺腑。我们要以黄大年同志为榜样，学习他心有大我、至诚报国的爱国情怀，学习他教书育人、敢为人先的敬业精神，学习他淡泊名利、甘于奉献的高尚情操，把爱国之情、报国之志融入祖国改革发展的伟大事业之中、融入人民创造历史的伟大奋斗之中，从自己做起，从本职岗位做起，为实现“两个一百年”奋斗目标、实现中华民族伟大复兴的中国梦贡献智慧和力量。

黄大年同志是著名地球物理学家，生前担任吉林大学地球探测科学与技术学院教授、博士生导师。2009年，黄大年同志毅然放弃国外优越条件回到祖国，刻苦钻研、勇于创新，取得了一系列重大科技成果，填补了多项国内技术空白，今年1月8日不幸因病去世，年仅58岁。

第十三次中越两党理论研讨会举行

5月25日，第十三次中越两党理论研讨会在郑州开幕。刘奇葆和越共中央政治局委员、中央书记处书记、中央宣教部部长武文赏出席开幕式。

本次研讨会的主题是“新形势下加强和改进党对新闻舆论工作领导的经验做法”。刘奇葆在主旨报告中指出，中国共产党始终把新闻舆论作为治国理政、定国安邦的大事，党的十八大以来，以习近平同志为核心的中共中央大力加强和改进对新闻舆论工作的领导，不断提高新闻舆论传播力引导力影响力公信力，激发了全党全国人民共同奋斗、砥砺前行的强大正能量。面对新形势新任务给新闻舆论工作提出的新要求，中共坚持党管媒体原则，始终确保正确方向导向；坚持正面宣传为主，巩固壮大主流思想舆论；坚持妥善引导舆论，着力增进共识凝聚力量；坚持媒体融合发展，加快打造新型主流媒体；坚持创新新闻传播，增强工作针对性有效性；坚持科学规范管理，牢牢把握主导权主动权。武文赏作了题为《新形势下越南共产党领导新闻媒体工作的经验和做法》的主旨报告。

中央政治局召开会议审议《关于修改〈中国共产党巡视工作条例〉的决定》和《关于巡视中央意识形态单位情况的专题报告》

5月26日，中共中央政治局召开会议，审议《关于修改〈中国共产党巡视工作条例〉的决定》和《关于巡视中央意识形态单位情况的专题报告》。习近平主持会议。

会议指出，党的十八大以来，以习近平同志为核心的党中央把巡视作为推进全面从严治党的重大举措，对加强和改进巡视工作作出一系列重大决策部署，坚持党内监督和群众监督相结合，赋予巡视制度新的活力。实践证明，巡视工作是治标之举，也是治本之策，必须在坚持中深化、在深化中坚持，发挥标本兼治作用。党管意识形态是坚持党的领导的重要内容，各级党组织和党员领导干部要牢固树立“四个意识”，坚决维护以习近平同志为核心的党中央权威和集中统一领导，强化政治担当，落实意识形态工作责任制，紧密联系实际贯彻“五位一体”总体布局、“四个全面”战略布局，贯彻新发展理念。要坚定“四个自信”，用党的理论创新成果指导意识形态工作，坚持以人民为中心，把握正确政治方向、价值取向、舆论导向。加强党的建设，结合推进“两学一做”学习教育常态化制度化，管好导向、管好阵地、管好队伍，提升主流意识形态领域传播力、引导力、影响力、公信力。以巡视整改为契机，深入推进全面从严治党，坚持问题导向，敢于亮剑、主动作为，补齐短板、堵塞漏洞，深化改革、完善制度，做好稳预期、稳思想、稳人心工作，为党的十九大胜利召开营造良好思想舆论环境。

中共中央政治局举行
第四十一次集体学习

5 月 26 日，中共中央政治局就推动形成绿色发展方式和生活方式进行第四十一次集体学习。习近平主持学习时强调，推动形成绿色发展方式和生活方式是贯彻新发展理念的必然要求，必须把生态文明建设摆在全局工作的突出地位，坚持节约资源和保护环境的基本国策，坚持节约优先、保护优先、自然恢复为主的方针，形成节约资源和保护环境的空间格局、产业结构、生产方式、生活方式，努力实现经济社会发展和生态环境保护协同共进，为人民群众创造良好生产生活环境。

2017 年 6 月

《习近平关于社会主义经济建设论述摘编》出版发行

6 月 1 日，由中共中央文献研究室编辑的《习近平关于社会主义经济建设论述摘编》一书，由中央文献出版社出版在全国发行。

《论述摘编》共分 10 个专题：发展是解决我国一切问题的基础和关键；坚持以人民为中心的发展思想，用新发展理念统领发展全局；使市场在资源配置中起决定性作用和更好发挥政府作用；主动适应、把握、引领经济发展新常态，着力推进供给侧结构性改革；实施创新驱动发展战略；推进新型工业化、信息化、城镇化、农业现代化同步发展；实施精准扶贫、精准脱贫，坚决打赢脱贫攻坚战；实施“一带一路”建设、京津冀协同发展、长江经济带发展三大战略；在更大范围、更宽领域、更深层次上提高开放型经济水平；坚持稳中求进工作总基调，全面提高党领导经济工作水平。书中收入 494 段论述，摘自习近平同志 2012 年 11 月 15 日至 2017 年 3 月 12 日期间的讲话、报告、指示等 120 多篇重要文献。

中共中央印发《关于加强新形势下党的督促检查工作的意见》

6 月 5 日，中共中央印发《关于加强新形势下党的督促检查工作的意见》。

《意见》就深入贯彻党的十八大以来以习近平同志为核心的党中央对加强督促检查、抓好落实作出的一系列重要指示和部署，从指导思想、主要任务、工作原则、工作制度、效能建设、组织领导等方面，对加强新形势下党的督促检查工作提出明确要求和重要措施。

中宣部授予李浩“时代楷模”荣誉称号

6 月 16 日，中央宣传部发布李浩的先进事迹，授予他“时代楷模”荣誉称号。

李浩是空军某试验训练基地无人机飞行员。入伍 37 年来，他始终把个人价值追求融入改革强军事业，坚守对党的忠诚、对蓝天的热爱，自觉投身改革，服从组织安排，随部队多次转隶、无怨无悔。他 48 岁从“零”开始进入无人机全新领域，短短几年间就成长为部队首席无人机飞行员，圆满完成多次重大演训任务，为我军无人机新型作战力量建设作出了突出贡献。他曾先后荣立二等功 1 次、三等功 3 次，并被表彰为全军优秀共产党员。

贯彻落实党中央关于巡视中央意识形态单位有关精神专题会议召开

6 月 19 日，贯彻落实党中央关于巡视中央意识形态单位有关精神专题会议在北京召开。

刘奇葆指出，中央意识形态单位要牢固树立“四个意识”，旗帜鲜明讲政治，坚决维护以习近平同志为核心的党中央权威和集中统一领导。要强化正面宣传，提升主流意识形态传播力引导力影响力公信力，巩固马克思主义在意识形态领域的指导地位，巩固全党全国人民团结奋斗的共同思想基础。要强化阵地管理，牢牢把握正确政治方向、价值取向、舆论导向，把巡视整改工作作为一项长期任务持续深入推进，对意识形态工作方面存在的问题，做到条条要整改、件件有着落。要把全面从严治党要求落实到意识形态领域，通过加强党的建设巩固意识形态阵地，牢牢掌握意识形态工作的领导权、管理权、话语权。

中宣部追授廖俊波“时代楷模”荣誉称号

6月20日，中共中央宣传部发布廖俊波的先进事迹，追授他“时代楷模”荣誉称号。

2017年3月31日，习近平总书记对廖俊波同志先进事迹作出重要指示强调，廖俊波同志任职期间，牢记党的嘱托，尽心尽责，带领当地干部群众扑下身子、苦干实干，以实际行动体现了对党忠诚、心系群众、忘我工作、无私奉献的优秀品质，无愧于“全国优秀县委书记”的称号，广大党员、干部要向廖俊波同志学习，不忘初心、扎实工作、廉洁奉公，身体力行把党的方针政策落实到基层和群众中去，真心实意为人民造福。

廖俊波生前是福建省南平市委常委、副市长、武夷新区党工委书记。他入党25年来，始终信念坚定、不忘初心，对党和人民无限忠诚，在每一个工作岗位都倾心尽力为党和人民事业奋斗。他当事不推责、遇事不避难，时刻想着如何让老区人民尽快脱贫增收，常年奔忙在项目建设、园区开发、脱贫攻坚工作一线，从不利用权力、地位为自己和亲属谋取私利，以良好的形象和口碑赢得了党员、干部和群众的广泛赞誉。今年3月不幸因公殉职，年仅48岁。日前，中共中央追授廖俊波“全国优秀共产党员”荣誉称号。

廖俊波同志先进事迹报告会举行

6月21日，由中组部、中宣部和福建省委联合举办的廖俊波同志先进事迹报告会在人民大会堂举行。

刘云山会见了报告团成员，代表习近平总书记，代表党中央，向廖俊波同志家属表示亲切慰问，并颁发党中央追授廖俊波同志“全国优秀共产党员”证书、奖章。他说，廖俊波同志不仅是县委书记的榜样，而且是党员干部的一面旗帜，他把毕生的奋斗与党的事业融汇在一起，与人民群众的福祉联系在一起，生动诠释和践行了“为民、务实、清廉”、“忠诚、干净、担当”的要求。要认真贯彻习近平总书记重要指示精神，以先进典型为引领，深入学习廖俊波同志的先进事迹，学习他对党忠诚、心系群众、忘我工作、无私奉献的崇高精神，学习他知行合一、务实担当的优良作风，充分展现新时期中国共产党人的时代风采。事业发展需要廖俊波式的好干部，人民期盼更多廖俊波式的好干部。各级党组织要把廖俊波同志先进事迹和崇高精神作为深化“两学一做”学习教育的生动教材，引导广大党员对标先进、见贤思齐，做合格共产党员，发挥先锋模范作用。各级领导干部要用好廖俊波这面镜子，树立正确的政绩观，始终做到心中有党、心中有民、心中有责、心中有戒，把工作业绩写在大地上、写在群众的心坎里。组织部门、宣传部门要深入挖掘和宣传廖俊波同志的事迹和精神，大力营造学习先进、崇尚先进的浓厚氛围，向社会传递向上向善的正能量。要关心爱护基层党员干部，让他们安身、安心、安业，更好在基层一线建功立业。

第六次中老两党理论研讨会举行

6 月 22 日，第六次中老两党理论研讨会在博鳌开幕。刘奇葆和老挝人革党中央政治局委员、中央书记处书记、中组部部长占西，老挝人革党中央书记处书记、中宣部部长吉乔出席开幕式。

刘奇葆在主旨报告中指出，中老两党都是马克思主义执政党，都高度重视新闻舆论工作，把它作为传播真理、组织群众、推动工作的有力武器。这次中老两党理论研讨会围绕“新形势下加强和改进党对新闻舆论工作领导的经验做法”进行研讨交流、相互学习借鉴，有助于两党为推进各自国家社会主义现代化建设事业营造良好舆论环境。刘奇葆从坚持党管媒体原则、坚持正面宣传为主、坚持妥善引导舆论、坚持媒体融合发展、坚持创新新闻传播、坚持科学规范管理等方面，介绍了中共十八大以来以习近平同志为核心的中共中央加强和改进新闻舆论工作、不断提高新闻舆论传播力引导力影响力公信力、激发全党全国各族人民共同奋斗强大正能量的做法和经验。占西在主旨报告中介绍了老挝人革党加强和改进对新闻媒体工作领导的经验做法。

中直机关举办红色经典诵读主题党日活动

6 月 24 日，中央直属机关举办“不忘初心、继续前进”红色经典诵读活动。

诵读会上，中直机关党员代表重温红色经典中的名篇名段，感悟信仰的力量，传承红色基因，1100 多名与会党员举起右手，一起重温入党誓词。

中共中央印发《关于加强党内法规制度建设的意见》

6 月 25 日，中共中央印发《关于加强党内法规制度建设的意见》。

《意见》贯彻落实以习近平同志为核心的党中央关于全面从严治党、依规治党的重大决策部署，从指导思想、总体目标、加快构建完善的党内法规制度体系、提高党内法规制度执行力、加强组织领导等方面，对加强新形势下党内法规制度建设提出明确要求、作出统筹部署。

中央政治局召开会议审议《关于巡视 31 所中管高校党委情况的专题报告》

6 月 28 日，中共中央政治局召开会议，审议《关于巡视 31 所中管高校党委情况的专题报告》。习近平主持会议。

会议强调，办好中国特色社会主义高等教育，必须旗帜鲜明坚持党对高校工作的领导。高校党委要增强“四个意识”，落实管党治党、办学治校主体责任，坚定“四个自信”，贯彻党的教育方针政策，坚持社会主义办学方向，把立德树人作为根本任务，以实际行动维护党中央权威和集中统一领导。要深入研究高校党建工作特点和规律，创新体制机制和方式方法，推动形成党委统一领导、各部门各方面齐抓共管的工作格局，提高党建工作针对性和实效性，有效发挥基层党组织战斗堡垒作用和党员先锋模范作用。要以巡视整改为契机，严肃党内政治生活，加强高校领导班子建设，切实防范廉洁风险，营造风清气正的教书育人环境。要坚持问题导向，把深化高校改革和全面从严治党结合起来，明晰责任、完善制度、堵塞漏洞，确保高等教育事业始终沿着正确方向健康发展，为实现"两个一百年"奋斗目标和中华民族伟大复兴的中国梦提供人才保障和智力支持。

赵乐际同中央党校县委书记研修班学员座谈

6 月 29 日，赵乐际同中央党校第 11 期县委书记研修班学员座谈。

赵乐际指出，县一级处在承上启下的关键位置，县委书记肩负着重要职责。要做到心中有党，对党忠诚，以身许党，旗帜鲜明讲政治，始终在思想上政治上行动上同以习近平同志为核心的党中央保持高度一致。要做到心中有民，心里装着群众，时刻想着群众，紧紧依靠群众，千方百计为群众谋利益，与群众一块过、一块干，努力创造出经得起实践、人民、历史检验的业绩，让群众的日子越过越好。要做到心中有责，把对党负责、对人民负责、对历史负责统一起来，牢记统筹推进"五位一体"总体布局和协调推进"四个全面"战略布局、贯彻落实新发展理念、如期完成脱贫攻坚任务的责任，牢记推动人的全面发展、提高县域文明程度和群众健康水平的责任，牢记全面从严治党、营造良好政治生态的责任，不忘初心、奋发有为，联系实际创造性做好工作。要做到心中有戒，敬畏规矩、敬畏法律、力戒贪欲，严格遵守党章、党内政治生活准则、廉洁自律准则、中央八项规定精神，检身正己、廉洁自律。

2017 年 7 月

庆祝香港回归祖国 20 周年大会暨香港特别行政区第五届政府就职典礼举行

7 月 1 日,庆祝香港回归祖国 20 周年大会暨香港特别行政区第五届政府就职典礼在香港会展中心隆重举行。习近平出席并讲话他强调,“一国两制”是中国的一个伟大创举,是中国为国际社会解决类似问题提供的一个新思路新方案,是中华民族为世界和平与发展作出的新贡献,凝结了海纳百川、有容乃大的中国智慧。坚持“一国两制”方针,深入推进“一国两制”实践,符合香港居民利益,符合香港繁荣稳定实际需要,符合国家根本利益,符合全国人民共同意愿。中央贯彻“一国两制”方针坚持两点,一是坚定不移,不会变、不动摇;二是全面准确,确保“一国两制”在香港的实践不走样、不变形,始终沿着正确方向前进。

中央党校举行 2017 年春季学期毕业典礼

7 月 7 日,中共中央党校举行 2017 年春季学期毕业典礼。

中央党校本期毕业学员 1097 人。毕业典礼上,7 位毕业学员代表作了发言。学员们普遍反映,通过党校培训,收获很大。深入学习习近平总书记系列重要讲话精神和治国理政新理念新思想新战略,进一步增强了同以习近平同志为核心的党中央保持高度一致的自觉性和坚定性;经受严肃的党内政治生活锻炼,进一步坚定了理想信念,强化了纪律和规矩意识;潜心读原著、学原文、悟原理,促进了理论学习的系统化、贯通化;教学相长、学学相长,增长了知识、开阔了眼界,提高了能力水平。大家一致表示,一定要把学习的收获贯彻到实际工作中,体现到政治能力的提高上,体现到主观世界的改造上,体现到领导水平的提升上,更加扎实地落实党中央决策部署,以优异成绩迎接党的十九大胜利召开。

纪念全民族抗战爆发 80 周年仪式举行

7 月 7 日,纪念全民族抗战爆发 80 周年仪式在中国人民抗日战争纪念馆举行。

刘云山强调,长达 14 年艰苦卓绝的中国人民抗日战争,是一场促进民族觉醒、民族团结的战争,是一场改变国家地位、民族命运的战争,是一场维护人类正义、世界和平的战争。伟大抗战精神是中华民族的宝贵财富,是激励中华民族自强不息、奋勇前行的不竭动力。历史和事实证明,好战者必亡,一切企图否认甚至美化侵略历史、挑战人类良知、破坏国际互信的行径,都与历史进步潮流背道而驰。我们纪念全民族抗战爆发 80 周年,目的就是铭记历史、缅怀先烈、珍爱和平、开创未来,维护历史事实,维护公平正义,维护世界和平，推动构建人类命运共同体。我们要紧密团结在以习近平同志为核心的党中央周围，坚定不移走中国特色社会主义道路，大力弘扬伟大抗战精神，万众一心，众志成城，不忘初心，继续前进，以优异成绩迎接党的十九大胜利召开，为实现“两个一百年”奋斗目标、实现中华民族伟大复兴的中国梦，为推进人类和平与发展事业而努力奋斗。

全国司法体制改革推进会在贵阳召开

7月10日，全国司法体制改革推进会在贵阳召开。

习近平对司法体制改革作出指示强调，司法体制改革在全面深化改革、全面依法治国中居于重要地位，对推进国家治理体系和治理能力现代化意义重大。全国政法机关要按照党中央要求，坚定不移推进司法体制改革，坚定不移走中国特色社会主义法治道路。要遵循司法规律，把深化司法体制改革和现代科技应用结合起来，不断完善和发展中国特色社会主义司法制度。要全面落实司法责任制，深入推进以审判为中心的刑事诉讼制度改革，开展综合配套改革试点，提升改革整体效能。要统筹推进公安改革、国家安全机关改革、司法行政改革，提高维护社会大局稳定、促进社会公平正义、保障人民安居乐业的能力。各级党委要加强领导，研究解决重大问题，为推进司法体制改革提供有力保障。

第八次全国信访工作会议在北京召开

7月18日至19日，第八次全国信访工作会议在北京召开。习近平对信访工作作出指示，向全国信访系统广大干部职工致以诚挚的问候，向受到表彰的先进集体和先进工作者表示热烈的祝贺。各级党委、政府和领导干部要坚持把信访工作作为了解民情、集中民智、维护民利、凝聚民心的一项重要工作，千方百计为群众排忧解难。要切实依法及时就地解决群众合理诉求，注重源头预防，夯实基层基础，加强法治建设，健全化解机制，不断增强工作的前瞻性、系统性、针对性，真正把解决信访问题的过程作为践行党的群众路线、做好群众工作的过程。各级党委要加强对信访工作的领导，关心、支持、爱护信访干部，建设一支对党忠诚可靠、恪守为民之责、善做群众工作的高素质信访工作队伍，不断开创信访工作新局面。

全国城市基层党建工作经验交流座谈会在上海召开

7月18日至19日，全国城市基层党建工作经验交流座谈会在上海召开。

赵乐际指出，城市基层党建工作要与时俱进、改革创新，更加注重全面统筹，更加注重系统推进，更加注重开放融合，更加注重整体效应。要引导街道社区党组织聚焦教育管理监督党员和组织宣传凝聚服务群众的职责任务，充分发挥领导核心作用。要把加强基层党的建设、巩固党的执政基础作为贯穿社会治理和基层建设的一条红线，积极探索党建引领基层治理的有效路径。要强化街道党组织统筹协调功能，推进街道社区党建、单位党建、行业党建互联互动，扩大商务楼宇、各类园区、商圈市场、互联网业等新兴领域党建覆盖，健全市、区、街道、社区党组织四级联动体系。坚持实践、认识，再实践、再认识，不断总结经验、把握规律，把城市基层党建一步步推向深入，把各项工作做得更好，以优异成绩迎接党的十九大胜利召开。

中共中央政治局召开会议 分析研究当前经济形势和经济工作

7月24日，中共中央政治局召开会议分析研究当前经济形势，部署下半年经济工作。习近平主持会议。

会议强调，做好下半年经济工作，要坚持稳中求进工作总基调，更好把握稳和进的关系，把握好平衡，把握好时机，把握好度。要保持政策连续性和稳定性，实施好积极的财政政策和稳健的货币政策，坚持以供给侧结构性改革为主线，适度扩大总需求，加强预期引导，深化创新驱动，确保经济平稳健康发展，提高经济运行质量和效益；确保供给侧结构性改革得到深化，推动经济结构调整取得实质性进展；确保守住不发生系统性金融风险的底线。各方面要努力工作，保持社会大局稳定，尽职尽责为党的十九大召开创造良好环境。

中共中央决定对孙政才同志 涉嫌严重违纪问题立案审查

7月24日，鉴于孙政才同志涉嫌严重违纪，中共中央决定，由中共中央纪律检查委员会对其立案审查。

中共中央政治局举行 第四十二次集体学习

7月24日，中共中央政治局就推进军队规模结构和力量编成改革，重塑中国特色现代军事力量体系进行第四十二次集体学习。习近平主持学习。中央军委深化国防和军队改革领导小组专家咨询组副组长蔡红硕同志就这个问题进行讲解。

习近平指出，这是党的十八大以来中央政治局集体学习第三次以国防和军队建设为题了。强军是强国的一个重要战略支撑，也是我们党的一项重要战略任务。深化国防和军队改革是一次整体性、革命性变革，力度、深度、广度是新中国成立以来没有过的。我们要保持锐意改革的决心和信心，保持攻坚克难的勇气，保持抓铁有痕、踏石留印的劲头，夺取深化国防和军队改革全面胜利。要把统一思想认识贯穿始终，引导全军从思想上政治上行动上跟紧党中央和中央军委决策部署，跟紧国防和军队改革前进步伐，形成推进改革强军的强大势场。要把坚持问题导向贯穿始终，扭住深层次矛盾和重点难点问题持续用力、精准发力，确保改革不断取得突破。要把加强组织领导贯穿始终，把准改革方向，搞好研究论证，掌控节奏力度，加强检查督察，使各项改革举措落到实处。国防和军队改革取得了一批重大理论成果、实践成果、制度成果，要及时巩固拓展。要完善领导指挥体制，健全同新体制相适应的工作运行机制，做好军事法规立改废释工作，使新体制新编成的优势得到充分释放。要把推进军事管理创新摆上重要位置，下大气力更新管理理念、优化管理流程、转变管理模式，发展我军特色现代管理体制，在构建新型军事管理体制上迈出实质性步伐。各有关方面特别是地方党委和政府要千方百计帮助官兵解决后顾之忧。

省部级主要领导干部“学习习近平总书记重要讲话精神，迎接党的十九大”专题研讨班举行

7月26日至27日，省部级主要领导干部

“学习习近平总书记重要讲话精神,迎接党的十九大”专题研讨班在北京举行。习近平讲话强调,中国特色社会主义是改革开放以来党的全部理论和实践的主题,全党必须高举中国特色社会主义伟大旗帜,牢固树立中国特色社会主义道路自信、理论自信、制度自信、文化自信,确保党和国家事业始终沿着正确方向胜利前进。我们要牢牢把握我国发展的阶段性特征,牢牢把握人民群众对美好生活的向往,提出新的思路、新的战略、新的举措,继续统筹推进“五位一体”总体布局、协调推进“四个全面”战略布局,决胜全面建成小康社会,夺取中国特色社会主义伟大胜利,为实现中华民族伟大复兴的中国梦不懈奋斗。

李克强在主持时指出,习近平总书记的讲话十分重要。讲话科学分析了当前国际国内形势,深刻阐述了5年来党和国家事业发生的历史性变革,深刻阐述了新的历史条件下坚持和发展中国特色社会主义的一系列重大理论和实践问题,深刻阐明了未来一个时期党和国家事业发展的大政方针和行动纲领,提出了一系列新的重要思想、重要观点、重大判断、重大举措,具有很强的思想性、战略性、前瞻性、指导性。要认真学习领会,切实把思想和行动统一到讲话精神上来,并以此指导和推动各项工作,增强政治意识、大局意识、核心意识、看齐意识,自觉在思想上政治上行动上同以习近平同志为核心的党中央保持高度一致,抓好各项决策部署贯彻落实,以优异成绩迎接党的十九大胜利召开。

刘云山在结业式上作总结,习近平总书记重要讲话深刻阐述了新的历史条件下坚持和发展中国特色社会主义的一系列重大理论和实践问题。大家通过学习,深化了对讲话重大政治意义、理论意义、实践意义的认识,深化了对讲话丰富内涵、精神实质、基本要求的认识,武装了头脑、明确了方向。要认真组织好讲话精神的学习宣传贯彻,联系以习近平同志为核心的党中央治国理政实践,联系党和国家的历史性变革和历史性成就,引导广大党员干部把思想和行动统一到讲话精神上来,增强维护核心的思想自觉和行动自觉。要以讲话精神为指导,扎实做好迎接党的十九大宣传工作,做好改革发展稳定各项工作,深入推进全面从严治党。

中央军委举行颁授“八一勋章”和授予荣誉称号仪式

7月28日,中央军委颁授“八一勋章”和授予荣誉称号仪式在北京隆重举行。习近平向麦贤得、马伟明、李中华、王忠心、景海鹏、程开甲、韦昌进、王刚、冷鹏飞、印春荣等获得“八一勋章”的同志颁授勋章和证书,向获得“学习践行党的创新理论模范连”荣誉称号的陆军某部装甲步兵3连颁授奖旗。

新设立的“八一勋章”,是由中央军委决定、中央军委主席签发证书并颁授的军队最高荣誉。“八一勋章”“共和国勋章”“七一勋章”“友谊勋章”位于党和国家功勋荣誉表彰制度体系的最高层级。在中国人民解放军建军90周年之际,中央军委首次颁授“八一勋章”,充分体现了对英模典型的崇高敬意和高度褒奖,必将极大提振军心士气、激发昂扬斗志,激励全军汇聚起为实现中国梦强军梦而奉献的强大正能量。

中央军委举行晋升上将军衔仪式

7月28日,中央军委晋升上将军衔仪式

在北京八一大楼举行。习近平向中部战区司令员韩卫国、陆军政治委员刘雷、空军政治委员于忠福、火箭军政治委员王家胜、战略支援部队司令员高津颁发晋升上将军衔的军官命令状。

全国宣传部长专题工作会议召开

7月28日，中宣部召开全国宣传部长专题工作会议，学习贯彻习近平总书记在省部级主要领导干部专题研讨班上的重要讲话精神。

刘奇葆指出，习近平总书记重要讲话，提出了一系列新的重要思想、重要观点、重大判断、重大举措，是指导党和国家事业发展的行动纲领，为开好党的十九大奠定了重要政治、思想和理论基础。要深刻认识讲话的重大政治意义、理论意义、实践意义，深刻把握讲话的丰富内涵、精神实质、基本要求，增强维护核心的思想自觉和行动自觉，切实抓好各项决策部署贯彻落实。要以习近平总书记重要讲话精神为指导，迅速兴起迎接党的十九大宣传热潮。要深化习近平总书记系列重要讲话精神和治国理政新理念新思想新战略的学习宣传，浓墨重彩展示十八大以来党和国家事业发生的历史性变革，精心组织主题宣传教育和文化活动，推动形成团结奋进的舆论氛围。

庆祝中国人民解放军建军90周年阅兵在朱日和联合训练基地举行

7月30日，庆祝中国人民解放军建军90周年阅兵在朱日和联合训练基地隆重举行。习近平检阅部队并发表讲话。

阅兵开始，五星红旗冉冉升起，全场齐声高唱国歌。习近平乘车依次检阅护旗方队、人员方阵、装备方队。“同志们好！同志们辛苦了！”习近平向受阅部队表示亲切问候。“主席好！为人民服务！”官兵们的回答声震长空。习近平乘检阅车返回检阅台。护旗方队徐徐驶来，拉开了阅兵分列式的序幕。鲜艳的中国共产党党旗、中华人民共和国国旗、中国人民解放军军旗，在200余名官兵护卫下迎风招展。41架直升机组成“八一”标识和“90”字样，飞临检阅台上空，象征着人民军队走过了90年光辉历程。34个地面方队和空中梯队，组成陆上作战群、信息作战群、特种作战群、防空反导作战群、海上作战群、空中作战群、综合保障群、反恐维稳群、战略打击群9个作战群，按作战编组依次通过检阅台。

习近平讲话指出，90年前，南昌城头一声枪响，宣告中国诞生了中国共产党领导的新型人民军队。90年来，人民军队高举着党的旗帜，脚踏着祖国的大地，背负着民族的希望，浴血奋战，勇往直前，战胜一切敌人，征服一切困难，为中国人民站起来、富起来、强起来建立了不朽的功勋！我们的人民军队不愧是听党指挥的英雄军队，不愧是忠心报国的英雄军队，不愧是为中华民族伟大复兴英勇奋斗的英雄军队。安享和平是人民之福，保卫和平是人民军队之责。天下并不太平，和平需要保卫。今天，我们比历史上任何时期都更接近中华民族伟大复兴的目标，比历史上任何时期都更需要建设一支强大的人民军队。我们要深入贯彻党的强军思想，坚定不移走中国特色强军之路，努力实现党在新形势下的强军目标，把我们这支英雄的人民军队建设成为世界一流军队。

习近平要求全军将士们，坚定不移坚持党对军队绝对领导的根本原则和制度，永远听党的话、跟党走，党指向哪里、就打到哪里；坚定不移坚持全心全意为人民服务的根本宗旨，始终同人民站在一起，时刻把人民放在心头，永远做人民子弟兵；坚定不移坚持战斗力这个唯一的根本的标准，聚焦备战打仗，锻造召之即来、来之能战、战之必胜的精兵劲旅；坚定不移坚持政治建军、改革强军、科技兴军、依法治军，全面提高国防和军队现代化建设水平。

2017 年 8 月

庆祝中国人民解放军建军 90 周年大会举行

8 月 1 日，庆祝中国人民解放军建军 90 周年大会在北京人民大会堂举行。习近平在会上发表重要讲话强调，人民军队的历史辉煌，是鲜血生命铸就的，永远值得我们铭记。人民军队的历史经验，是艰辛探索得来的，永远需要我们弘扬。人民军队的历史发展，是忠诚担当推动的，永远激励我们向前。中华民族实现伟大复兴，中国人民实现更加美好生活，必须加快把人民军队建设成为世界一流军队。我们要不忘初心、继续前进，坚定不移走中国特色强军之路，把强军事业不断推向前进，努力实现党在新形势下的强军目标。

内蒙古各族各界庆祝自治区成立 70 周年

8 月 8 日，内蒙古自治区成立 70 周年庆祝大会在内蒙古少数民族群众文化体育运动中心举行。俞正声出席并讲话。刘延东宣读了中共中央、全国人大常委会、国务院、全国政协、中央军委关于庆祝内蒙古自治区成立 70 周年的贺电。随后，举行了盛大群众行进表演。表演分为“亮丽内蒙古”“草原交响曲”“共圆中国梦”三个篇章，共祝伟大祖国繁荣昌盛、内蒙古明天更加美好。

刘云山看望慰问北戴河暑期休假专家

8 月 9 日，受习近平总书记委托，刘云山在北戴河看望暑期休假专家，代表党中央、国务院向广大专家人才致以诚挚问候。

每年暑期邀请优秀专家人才到北戴河休假，是党和国家人才工作的一项制度安排。参加今年休假活动的 57 位专家，主要是国家科技重大专项、国家重点工程建设项目和重大基础研究项目等的总指挥、总设计师、首席科学家和项目负责人。

《习近平的七年知青岁月》出版发行

8 月 17 日，系列采访实录《习近平的七年知青岁月》由中共中央党校出版社出版在全国发行。

1969 年 1 月，习近平总书记 15 岁时来到陕西省延川县文安驿公社梁家河大队插队落户，直至 1975 年 10 月。这组采访实录共采访了 29 人，其中既有同他一起插队的北京知青，又有同他朝夕相处的当地村民，还有当年同他相知相交的各方面人士。这些受访者通过自己的亲身经历，用真实的历史细节讲述了习近平总书记当年“苦其心志、劳其筋骨、饿其体肤、空乏其身”的历练故事，再现了习近平总书记知青时期的艰苦生活和成长历程。这部书，是当代青年树立正确人生观、励志成才的鲜活教材，是党员干部锤炼党性、提升素质的生动范本,也是国际社会全面深入了解中国共产党领导人的珍贵历史资料。

群团改革工作座谈会召开

8月26日,群团改革工作座谈会召开。

习近平日前作出指示指出,党的群团工作是党的一项十分重要的工作,群团改革是全面深化改革的重要任务。2015年,党中央召开群团工作会议,对党的群团工作和群团改革作出全面部署。两年来,群团改革取得积极成效,成绩值得肯定。要认真总结经验,继续统一思想、抓好落实,切实把党中央对群团工作和群团改革的各项要求落到实处。要推动各群团组织结合自身实际,紧紧围绕增强"政治性、先进性、群众性",直面突出问题,采取有力措施,敢于攻坚克难,注重夯实群团工作基层基础。中央书记处要加强对群团改革的指导,中央改革办要加强对群团改革方案落实的督察,各级党委要负起组织推进群团改革的责任,正确把握方向,及时了解情况,认真解决难题,以改革推动群团组织提高工作和服务水平,努力开创党的群团工作新局面。

《习近平关于社会主义政治建设论述摘编》出版发行

8月27日,中共中央文献研究室编辑的《习近平关于社会主义政治建设论述摘编》一书,由中央文献出版社出版发行。

《论述摘编》共分9个专题:坚定不移走中国特色社会主义政治发展道路;坚持党的领导,发挥党总揽全局、协调各方的领导核心作用;与时俱进完善人民代表大会制度;推进协商民主广泛多层制度化发展;全面推进依法治国,加快建设社会主义法治国家;深化行政体制改革,推动政府职能转变;巩固和发展最广泛的爱国统一战线;全面贯彻党的民族政策和宗教政策;加强和改进新形势下党的群团工作。书中收入330段论述,摘自习近平同志2012年11月15日至2017年5月3日期间的讲话、报告、谈话、指示等70多篇重要文献。

中共中央政治局召开会议

8月31日,中共中央政治局召开会议,研究中国共产党第十八届中央委员会第七次全体会议和中国共产党第十九次全国代表大会筹备工作。习近平主持会议。

会议决定,中国共产党第十八届中央委员会第七次全体会议于2017年10月11日在北京召开。中共中央政治局将向党的十八届七中全会建议,中国共产党第十九次全国代表大会于2017年10月18日在北京召开。

2017 年 9 月

中共中央党校举行秋季学期开学典礼

9 月 1 日,中共中央党校举行 2017 年秋季学期开学典礼。

刘云山指出,政治标准是衡量领导干部的首要标准,提高领导能力第一位的是提高政治能力。党组织选拔任用干部,首先看干部政治上清醒不清醒、坚定不坚定,说到底就是看政治能力强不强。作为领导干部,必须提高政治站位、政治觉悟,增强政治定力、政治担当,做政治上的明白人。领导干部提高政治能力,根本途径是加强政治历练,把讲政治贯穿党性锻炼全过程。要锤炼对党忠诚的政治品格,坚定理想信念,牢固树立"四个意识",增强维护核心的思想自觉和行动自觉,在思想上政治上行动上同以习近平同志为核心的党中央保持高度一致。要提升马克思主义理论素养,深入学习领会习近平总书记系列重要讲话精神和治国理政新理念新思想新战略,提高运用科学理论分析解决实际问题的水平。要自觉接受党内政治生活锻炼,严守党的政治纪律和政治规矩,增强政治洞察力判断力,弘扬良好的党内政治文化,在复杂斗争实践中增长才干。民心是最大的政治,要牢固树立以人民为中心的工作导向,增强做好群众工作的本领,提高为人民服务的能力。

国家行政学院举行开学典礼

9 月 2 日,国家行政学院秋季学期开学典礼暨省部级干部"推进生态文明建设与低碳发展专题研讨班"开班式在北京举行。

国家有关方面负责同志指出,党的十八大以来,以习近平同志为核心的党中央从统筹推进"五位一体"总体布局和协调推进"四个全面"战略布局的高度,对生态文明建设提出一系列重要论述,作出一系列重大决策部署,推动生态文明建设取得重大进展和积极成效。他强调,要认真学习贯彻习近平总书记系列重要讲话精神和关于生态文明建设的重要论述,牢固树立新发展理念,大力弘扬塞罕坝精神,为子孙后代留下天更蓝、山更绿、水更清的优美环境。要紧紧抓住环境污染综合治理、自然生态系统保护与修复、资源集约节约利用等重点工作,强化标准和生态红线硬约束,加强绩效考核和督察问责,合力推进生态文明建设,以优异成绩迎接党的十九大胜利召开。

纪念抗日战争胜利 72 周年座谈会举行

9 月 3 日,由中央宣传部、中央统战部、中央党史研究室、中央军委政治工作部联合举办的纪念中国人民抗日战争暨世界反法西斯战争胜利 72 周年座谈会在北京举行。

座谈会上,来自中央统战部、中央党史研

究室、中央军委政治工作部的有关负责同志和抗战老战士、青年学生代表先后发言,从不同角度深刻阐释了中国人民抗日战争暨世界反法西斯战争胜利的伟大意义。大家表示,要紧密团结在以习近平同志为核心的党中央周围,大力弘扬伟大抗战精神,不忘初心,继续前进,以优异成绩迎接党的十九大胜利召开,为决胜全面建成小康社会、夺取中国特色社会主义伟大胜利、实现中华民族伟大复兴的中国梦,为推进人类和平与发展事业而努力奋斗。

纪念姚依林同志诞辰100周年座谈会举行

9月6日,纪念姚依林同志诞辰100周年座谈会在北京人民大会堂举行。姚依林同志曾任中国共产党第十一届中央书记处书记,第十二届中央书记处书记、中央政治局候补委员、委员,第十三届中央政治局委员、常委,国务院副总理。

李克强说,姚依林同志是党和国家的优秀领导人、杰出的无产阶级革命家、我国经济工作的卓越领导人。他从一个爱国学生走上革命道路,在60年革命生涯中,把毕生精力贡献给了党和人民,为中华民族独立和解放、为社会主义革命和建设、为改革开放和社会主义现代化建设事业建立了不朽功勋。特别是新中国成立后,参与了国家若干重大经济政策的研究、制定和具体组织实施;党的十一届三中全会后,坚定不移地贯彻党的基本路线,为加强和改善党的领导,为维护国家的社会政治稳定,为深化改革、扩大开放、促进国民经济发展作出了重大贡献。姚依林同志的一生,是革命的一生、战斗的一生、全心全意为人民服务的一生,是追求真理、追求进步、为共产主义事业奋斗的一生。我们纪念姚依林同志,就是要学习他坚守信仰、献身理想的高尚品格,学习他实事求是、真抓实干的务实精神,学习他锐意改革、勇于开拓的使命担当,学习他尊重人民、依靠人民的人民立场,学习他严于律己、勤政廉政的优良作风。

王锐同志先进事迹报告会举行

9月7日,中宣部、中央军委政治工作部和共青团中央在人民大会堂举行陆军第74集团军某旅班长王锐同志先进事迹报告会。

《习近平关于青少年和共青团工作论述摘编》出版发行

9月10日,中共中央文献研究室编辑的《习近平关于青少年和共青团工作论述摘编》由中央文献出版社出版在全国发行。

《论述摘编》共分8个专题:青少年是国家的未来和民族的希望;为实现中华民族伟大复兴的中国梦而奋斗是中国青年运动的时代主题;引导青少年树立和践行社会主义核心价值观;勇做走在时代前列的奋进者、开拓者、奉献者;共青团要紧紧围绕党和国家工作大局找准工作切入点、结合点、着力点;团的干部必须心系青年、心向青年;今天做祖国的好儿童,明天做祖国的建设者;加强党对青少年和共青团工作的领导。书中收入189段论述,摘自习近平同志2012年11月29日至2017年5月3日期间的讲话、演讲、批示、贺信、回信等40多篇重要文献。

中管高校党的建设工作推进会召开

9月14日,中央组织部、教育部在北京

召开中管高校党的建设工作推进会。

会议强调，习近平总书记关于高等教育事业发展和高校党的建设重要论述，特别是要努力提高高等教育发展水平、加强党对高校的领导、坚持社会主义办学方向、做好高校思想政治工作、落实高校管党治党责任等一系列重要指示精神，是中管高校深化巡视整改、加强党的建设的基本要求和根本遵循，必须熟记在心，坚决贯彻落实。中管高校作为高校的标杆，党建也应该是标杆，要深刻把握重要地位和职责使命，把抓整改、强党建作为落实全面从严治党要求的紧迫任务，与推进高校改革发展稳定和“双一流”建设有机结合，确保成为坚持党的领导、培养中国特色社会主义事业合格建设者和接班人的坚强阵地。

中央纪委网站推出举报曝光专区

9 月 15 日，为紧盯重要时间节点，驰而不息纠正“四风”，严防反弹回潮，中央纪委监察部网站推出“中秋国庆期间违反中央八项规定精神问题监督举报曝光专区”。

中宣部举办省区市及副省级城市新任党委宣传部部长研讨班

9 月 11 日至 15 日，中宣部在京举办省区市及副省级城市新任党委宣传部部长研讨班。

刘奇葆强调，宣传部长岗位重要、责任重大。要讲政治、敢担当，按照政治家的标准严格要求自己；要明大局、识大势，从党和国家事业全局的高度来谋划宣传思想工作；要把导向、管阵地，不给错误思想提供传播渠道；要抓重点、善统筹，在重点突破中实现工作整体推进；要重实干、谋创新，使宣传思想工作始终充满生机活力。

中共中央政治局召开会议研究拟提请党的十八届七中全会讨论的文件等

9 月 18 日，中共中央政治局召开会议，习近平主持会议。

会议研究拟提请党的十八届七中全会讨论的十八届中央委员会向中国共产党第十九次全国代表大会的报告稿、《中国共产党章程（修正案）》稿、十八届中央纪律检查委员会向中国共产党第十九次全国代表大会的工作报告稿，审议《关于五年来中央政治局贯彻执行中央八项规定并以此带动全党加强作风建设情况的报告》。

全国社会治安综合治理表彰大会召开

9 月 19 日至 20 日，全国社会治安综合治理表彰大会在北京举行，会上宣读了表彰决定，并为获奖的先进单位和先进个人颁奖。会议以电视电话会议形式开至全国县以上政法综治单位。习近平会见与会代表并讲话。

习近平首先代表党中央、国务院向受到表彰的先进集体和先进个人表示热烈的祝贺，向辛勤工作在全国社会治安综合治理战线上的同志们表示诚挚的慰问。他强调发展是硬道理，稳定也是硬道理，抓发展、抓稳定两手都要硬。要坚定不移走中国特色社会主义社会治理之路，善于把党的领导和我国社会主义制度优势转化为社会治理优势，着力推进社会治理系统化、科学化、智能化、法治化，不断完善中国特色社会主义社会治理体系，确保人民安居乐业、社会安定有序、国家长治久安。

中央军民融合发展委员会召开第二次全体会议

9月22日，中央军民融合发展委员会召开第二次全体会议，习近平主持并强调，推动军民融合发展是一个系统工程，要善于运用系统科学、系统思维、系统方法研究解决问题，既要加强顶层设计又要坚持重点突破，既要抓好当前又要谋好长远，强化需求对接，强化改革创新，强化资源整合，向重点领域聚焦用力，以点带面推动整体水平提升，加快形成全要素、多领域、高效益的军民融合深度发展格局。

会议审议通过了《“十三五”国防科技工业发展规划》、《关于推动国防科技工业军民融合深度发展的意见》、《“十三五”期间推进军事后勤军民融合深度发展的实施意见》、《经济建设与国防建设密切相关的建设项目贯彻国防要求管理办法（试行）》，部署了当前和今后一个时期工作。

中办国办印发《关于深化教育体制机制改革的意见》

9月24日，中央办公厅、国务院办公厅印发《关于深化教育体制机制改革的意见》，并发出通知。

习近平参观“砥砺奋进的五年”大型成就展

9月25日，习近平前往北京展览馆，参观“砥砺奋进的五年”大型成就展。

他强调，党的十八大以来的5年，是党和国家发展进程中很不平凡的5年。5年来，党中央团结带领全党全国各族人民，统筹推进“五位一体”总体布局、协调推进“四个全面”战略布局，团结一心，与时俱进，顽强拼搏，攻坚克难，推动中国特色社会主义事业取得长足发展、人民生活得到显著改善，党和国家事业取得历史性成就、发生历史性变革。要广泛宣传党的十八大以来党和国家事业发展的生动实践、重大成就、宝贵经验，唱响主旋律，弘扬正能量，激励全党全国各族人民坚定中国特色社会主义道路自信、理论自信、制度自信、文化自信，振奋精神、砥砺奋进、再接再厉，深入推进伟大斗争、伟大工程、伟大事业，为实现“两个一百年”奋斗目标、实现中华民族伟大复兴的中国梦继续奋斗，迎接党的十九大胜利召开。

“十月革命与中国特色社会主义”理论研讨会举行

9月26日，“十月革命与中国特色社会主义”理论研讨会在北京举行。

刘奇葆指出，十月革命开辟了人类历史新纪元，给中国送来了马克思列宁主义。一百年来，我们国家和民族发生历史巨变，归根于选择了十月革命开辟的社会主义道路，归根于党带领人民把马克思列宁主义基本原理同我国具体实际相结合，走出了一条实现民族复兴的阳关大道。今天，我们纪念十月革命、沿着社会主义道路继续前进，就是要紧密团结在以习近平同志为核心的党中央周围，毫不动摇坚持和发展马克思主义，毫不动摇坚定社会主义、共产主义理想信念，毫不动摇坚持和发展中国特色社会主义，毫不动摇坚持党对中国特色社会主义事业的坚强领导，毫不动摇推进人类和平与发展的崇高事业，奋力实现“两个一百年”奋斗目标和中华民族伟大复兴的中国梦。

第十四届精神文明建设“五个一工程”表彰座谈会召开

9月27日，第十四届精神文明建设“五个一工程”表彰座谈会在北京召开。16家组织工作先进单位和67部获奖作品受到表彰。

习近平日前作出指示强调，精神文明建设“五个一工程”实施20多年来，以弘扬先进文化、多出优秀作品为目标，推出一大批思想精深、艺术精湛、制作精良的作品，成为精神文化产品创作生产的示范工程、响亮品牌，丰富了人民精神文化生活，发挥了以优秀的作品鼓舞人的重要作用。希望广大文艺工作者坚持以人民为中心的创作导向，坚持“二为”方向、“双百”方针，坚持创造性转化、创新性发展，精益求精、潜心磨砺，以传世之心打造传世之作，不断创作生产优秀作品，书写和记录人民的伟大实践、时代的进步要求，唱响主旋律、传递正能量，塑造中国形象、弘扬中国精神，坚定人民信心、振奋人民精神，为实现“两个一百年”奋斗目标、实现中华民族伟大复兴的中国梦提供强大精神力量。

《习近平关于社会主义生态文明建设论述摘编》出版发行

9月29日，中共中央文献研究室编辑的《习近平关于社会主义生态文明建设论述摘编》由中央文献出版社出版在全国发行。

《论述摘编》共分7个专题：建设生态文明，关系人民福祉，关乎民族未来；贯彻新发展理念，推动形成绿色发展方式和生活方式；按照系统工程的思路，全方位、全地域、全过程开展生态环境保护建设；环境保护和治理要以解决损害群众健康突出环境问题为重点；完善生态文明制度体系，用最严格的制度、最严密的法治保护生态环境；强化公民环境意识，把建设美丽中国化为人民自觉行动；积极参与国际合作，携手共建生态良好的地球美好家园。书中收入259段论述，摘自习近平同志2012年11月15日至2017年9月11日期间的讲话、报告、谈话、指示、批示、贺信等80多篇重要文献。

中共中央政治局举行第四十三次集体学习

9月29日，中共中央政治局就当代世界马克思主义思潮及其影响进行第四十三次集体学习。习近平主持学习并讲话，中国社会科学院信息情报研究院姜辉研究员就这个问题作了讲解。

习近平强调，我们党是用马克思主义武装起来的政党，马克思主义是我们共产党人理想信念的灵魂。发展21世纪马克思主义、当代中国马克思主义，必须立足中国、放眼世界，保持与时俱进的理论品格，深刻认识马克思主义的时代意义和现实意义，锲而不舍推进马克思主义中国化、时代化、大众化，使马克思主义放射出更加灿烂的真理光芒。

中共中央决定给予孙政才开除党籍、开除公职处分

9月29日，中共中央政治局会议审议并通过中共中央纪律检查委员会《关于孙政才严重违纪案的审查报告》，决定给予孙政才开除党籍、开除公职处分，将其涉嫌犯罪问题及线索移送司法机关依法处理。

烈士纪念日向人民英雄敬献花篮仪式举行

9月30日,烈士纪念日向人民英雄敬献花篮仪式在北京天安门广场隆重举行。党和国家领导人习近平、李克强、张德江、俞正声、刘云山、王岐山、张高丽等,同首都各界代表一起出席仪式。

国务院举行国庆招待会

9月30日,国务院在人民大会堂举行国庆招待会,热烈庆祝中华人民共和国成立六十八周年。习近平、李克强、张德江、俞正声、刘云山、王岐山、张高丽等党和国家领导人与1200多位中外人士欢聚一堂,共庆佳节。

2017 年 10 月

《列宁全集》第二版增订版 60 卷全部出版

10 月 5 日，中共中央编译局编译的《列宁全集》第二版增订版 60 卷由人民出版社出版。

据中央编译局介绍，增订版从 2010 年正式启动，历时近 8 年完成。为保持经典著作版本的延续性，方便读者学习使用，增订版沿用《列宁全集》第二版的编辑体例和技术规格，全部 60 卷分为三大部分：第 1 ~ 43 卷为著作卷，第 44 ~ 53 卷为书信卷，第 54 ~ 60 卷为笔记卷。各卷正文前面刊有编辑凡例和编者前言，正文后面附有注释、人名索引、文献索引和列宁生平大事年表。

《习近平关于社会主义社会建设论述摘编》出版发行

10 月 8 日，中共中央文献研究室编辑的《习近平关于社会主义社会建设论述摘编》由中央文献出版社出版在全国发行。

《论述摘编》共分 9 个专题：人民对美好生活的向往，就是我们的奋斗目标；促进社会公平正义，让广大人民群众共享改革发展成果；不断促进教育发展成果更多更公平惠及全体人民；把做好就业工作摆到突出位置，多渠道创造就业岗位；建设更加公平可持续的社会保障制度；加快推进健康中国建设；加强和创新社会治理，完善中国特色社会主义社会治理体系；切实维护公共安全和社会稳定，着力建设平安中国；坚持总体国家安全观，走出一条中国特色国家安全道路。书中收入 326 段论述，摘自习近平同志 2012 年 11 月 15 日至 2017 年 9 月 19 日期间的讲话、报告、演讲、指示、批示、贺信等 140 篇重要文献。

中国共产党第十八届中央纪律检查委员会第八次全体会议公报

10 月 9 日，中国共产党第十八届中央纪律检查委员会第八次全体会议在北京举行。

全会审议并通过了十八届中央纪律检查委员会向中国共产党第十九次全国代表大会的工作报告，同意将报告提请中国共产党第十八届中央委员会第七次全体会议审议。

全会审议并通过中央纪律检查委员会常务委员会关于李刚、曲淑辉同志严重违纪问题的审查报告和撤销刘生杰同志中央纪委委员职务的报告，确认中央纪律检查委员会常务委员会之前作出的给予李刚同志留党察看一年处分、给予曲淑辉同志留党察看二年处分和撤销刘生杰同志中央纪委委员职务的决定。

脱贫攻坚先进事迹报告会举行

10 月 9 日，脱贫攻坚先进事迹报告会在北京举行，会议传达了习近平重要指示和李克强批示,对全国脱贫攻坚奖获奖者进行了表彰。

习近平对脱贫攻坚工作作出重要指示强调,社会主义是干出来的。脱贫攻坚是硬仗中的硬仗,必须付出百倍努力。全党全社会要再接再厉、扎实工作,坚决打赢脱贫攻坚战,在全面建成小康社会的征程上不断创造新的业绩。摆脱贫困,为广大人民群众谋幸福,是我们党和国家推动发展的根本目的。党的十八大以来,党中央作出到2020年现行标准下农村贫困人口实现脱贫的庄严承诺。各地区各部门认真贯彻党中央决策部署,贫困地区广大干部群众自强自立、苦干实干,全党全社会用心用力帮扶,深入推进精准扶贫、精准脱贫,创新体制机制,推动脱贫攻坚取得显著进展,成绩值得充分肯定。

李克强作出批示指出,打赢脱贫攻坚战,是保障全体人民共享改革发展成果、实现共同富裕的重大举措。这次评选表彰的获奖者常年奋斗在脱贫攻坚主战场和基层一线,他们在各自岗位上积极发挥模范带头作用,做出了不平凡的感人业绩,谨向受到表彰的同志表示热烈祝贺！当前,脱贫攻坚已经到了决战决胜阶段。各地区各部门要深入学习贯彻习近平总书记系列重要讲话精神和治国理政新理念新思想新战略,坚持精准扶贫精准脱贫基本方略,坚持以深度贫困地区为重点,以先进典型为榜样,以更强的责任感、更硬的举措、更大的气力,着力破解制约脱贫的关键瓶颈和突出困难,着力提高脱贫攻坚实效,着力增强贫困地区自我发展能力。支持关心基层扶贫工作者工作生活,进一步凝聚全社会力量,奋发进取,实干苦干,确保贫困群众如期实现脱贫,为实现全面建成小康社会奋斗目标作出更大贡献。

中办编辑出版《中央党内法规和规范性文件汇编（1949年10月~2016年12月）》

10月9日,中央办公厅编辑出版《中央党内法规和规范性文件汇编(1949年10月~2016年12月)》。

《汇编》共收录中央党内法规和规范性文件260件:包括1949年10月至2012年6月期间出台,经过集中清理后继续有效且向社会公开的中央党内法规和规范性文件,以及2012年7月至2016年12月期间出台,现行有效且向社会公开的中央党内法规和规范性文件。

中共十八届七中全会举行

10月11日至14日,中国共产党第十八届中央委员会第七次全体会议在北京举行。

全会总结了党的十八大以来5年的工作。一致认为,这5年是党和国家发展进程中极不平凡的5年,改革开放和社会主义现代化建设取得了历史性成就。5年来,以习近平同志为核心的党中央迎难而上、开拓进取,革故鼎新、励精图治,以巨大的政治勇气和强烈的责任担当,进行具有许多新的历史特点的伟大斗争,提出一系列新理念新思想新战略,出台一系列重大方针政策,推出一系列重大举措,推进一系列重大工作,解决了许多长期想解决而没有解决的难题,办成了许多过去想办而没有办成的大事,推动党和国家事业发生历史性变革。5年来的成就是全方位的、开创性的,5年来的变革是深层次的、根本性的。这些历史性成就和历史性变革,标志着我国发展站到了新的历史起点上,对党和国家事业发展具有重大而深远的意义。

会议决定中国共产党第十九次全国代表大会于10月18日在北京召开。

全会听取和讨论了习近平受中央政治局委托作的工作报告。会议讨论并通过了党的十八届中央委员会向中国共产党第十九次全国代表大会的报告,讨论并通过了党的十八届中央纪律检查委员会向中国共产党第十九次全国代表大会的工作报告,讨论并通过了《中国共产党章程(修正案)》,决定将这3份文件提请中国共产党第十九次全国代表大会审查和审议。习近平就党的十八届中央委员会向中国共产党第十九次全国代表大会的报告讨论稿向全会作了说明,刘云山就《中国共产党章程(修正案)》讨论稿向全会作了说明

《习近平关于社会主义文化建设论述摘编》出版发行

10月15日电,中共中央文献研究室编辑的《习近平关于社会主义文化建设论述摘编》由中央文献出版社出版在全国发行。

《论述摘编》共分8个专题:坚定文化自信,建设社会主义文化强国;坚持以马克思主义为指导,牢牢掌握意识形态工作领导权、管理权、话语权;高度重视理论建设,加快构建中国特色哲学社会科学;培育和践行社会主义核心价值观;提高全民族思想道德水平;坚持以人民为中心的创作导向;推动文化事业全面繁荣和文化产业快速发展;提高国家文化软实力,讲好中国故事。书中收入361段论述,摘自习近平同志2012年11月15日至2017年7月26日期间的讲话、报告、演讲、指示、批示、贺信等70多篇重要文献。

《党的十八大以来大事记》出版发行

10月17日,中共中央党史研究室编写的《党的十八大以来大事记》由人民出版社、中共党史出版社联合出版在全国新华书店发行。

《大事记》通过一件件大事、一个个史实、一组组数字,详细记载了以习近平同志为核心的党中央治国理政伟大实践及提出的一系列新的重要思想、重要观点、重大判断、重大举措,集中反映了五年来党和国家事业取得的历史性成就和发生的历史性变革,全面展现了我国社会主义经济建设、政治建设、文化建设、社会建设、生态文明建设以及国防和军队现代化、中国特色大国外交、港澳工作和对台工作、党的建设取得的巨大成就。《大事记》的编发,对于进一步坚定中国特色社会主义道路自信、理论自信、制度自信、文化自信,增强全党全军全国各族人民全面建成小康社会、实现中华民族伟大复兴中国梦的信心和底气,具有十分重要的意义。

中国共产党第十九次全国代表大会在京开幕

10月18日至24日,举世瞩目的中国共产党第十九次全国代表大会在北京召开。

大会由李克强主持。习近平代表第十八届中央委员会向大会作了题为《决胜全面建成小康社会 夺取新时代中国特色社会主义伟大胜利》的报告,报告共分13个部分:一、过去五年的工作和历史性变革;二、新时代中国共产党的历史使命;三、新时代中国特色社

会主义思想和基本方略；四、决胜全面建成小康社会，开启全面建设社会主义现代化国家新征程；五、贯彻新发展理念，建设现代化经济体系；六、健全人民当家作主制度体系，发展社会主义民主政治；七、坚定文化自信，推动社会主义文化繁荣兴盛；八、提高保障和改善民生水平，加强和创新社会治理；九、加快生态文明体制改革，建设美丽中国；十、坚持走中国特色强军之路，全面推进国防和军队现代化；十一、坚持"一国两制"，推进祖国统一；十二、坚持和平发展道路，推动构建人类命运共同体；十三、坚定不移全面从严治党，不断提高党的执政能力和领导水平。

大会在选举产生新一届中央委员会和中央纪律检查委员会，通过关于十八届中央委员会报告的决议、关于十八届中央纪律检查委员会工作报告的决议、关于《中国共产党章程（修正案）》的决议后在人民大会堂胜利闭幕。

大会号召，全党全国各族人民要紧密团结在以习近平同志为核心的党中央周围，高举中国特色社会主义伟大旗帜，认真学习贯彻习近平新时代中国特色社会主义思想，锐意进取，埋头苦干，为实现推进现代化建设、完成祖国统一、维护世界和平与促进共同发展三大历史任务，为决胜全面建成小康社会、夺取新时代中国特色社会主义伟大胜利、实现中华民族伟大复兴的中国梦、实现人民对美好生活的向往继续奋斗。

党的十九届一中全会召开

10 月 25 日，中国共产党第十九届中央委员会第一次全体会议在北京举行。

全会选举了中央政治局委员、中央政治局常务委员会委员、中央委员会总书记；根据中央政治局常务委员会的提名，通过了中央书记处成员，决定了中央军事委员会组成人员；批准了十九届中央纪律检查委员会第一次全体会议选举产生的书记、副书记和常务委员会委员人选。

习近平出席军队领导干部会议

10 月 26 日，习近平出席在北京召开的军队领导干部会议并发表讲话。

习近平强调，中国特色社会主义进入了新时代，国防和军队建设也进入了新时代。人民军队要不忘初心、牢记使命，认真学习贯彻党的十九大精神，深入学习贯彻新时代党的强军思想，坚定不移走中国特色强军之路，全面推进国防和军队现代化，为实现党在新时代的强军目标、到本世纪中叶把人民军队全面建成世界一流军队、实现中华民族伟大复兴的中国梦而努力奋斗。

中央政治局召开会议研究部署学习宣传贯彻党的十九大精神

10 月 27 日，十九届中共中央政治局召开会议，研究部署学习宣传贯彻党的十九大精神，审议《中共中央政治局关于加强和维护党中央集中统一领导的若干规定》和《中共中央政治局贯彻落实中央八项规定的实施细则》，习近平主持会议。

会议强调，学习宣传贯彻党的十九大精神是当前和今后一段时期全党全国的首要政治任务。要把学习党的十九大精神作为党的理论武装工作的重点任务，面向全体党员开展多形式、分层次、全覆盖的学习培训。要推动全党牢固树立政治意识、大局意识、核心意识、看齐意识，在政治立场、政治方向、政治原则、政治道路上同以习近平同志为核心的党中央保持高度一致，自觉维护以习近平同志为核心的党中央权威和集中统一领导。要大力弘扬马克思主义学风，切实提高推动发展、解决问题的能力，坚定自觉地把党中央各项决策部署落到实处。

中共中央政治局举行第一次集体学习

10 月 27 日，十九届中共中央政治局就深入学习贯彻党的十九大精神进行第一次集体学习。习近平在主持学习时强调，党的十九大在政治上、理论上、实践上取得了一系列重大成果，就新时代坚持和发展中国特色社会主义的一系列重大理论和实践问题阐明了大政方针，就推进党和国家各方面工作制定了战略部署，是我们党在新时代开启新征程、续写新篇章的政治宣言和行动纲领。贯彻落实党的十九大精神，在新时代坚持和发展中国特色社会主义，要求全党来一个大学习。李克强、栗战书、汪洋、王沪宁、赵乐际、韩正就深刻领会和贯彻落实党的十九大精神谈了体会。

习近平带领中共中央政治局常委瞻仰上海中共一大会址和浙江嘉兴南湖红船

10 月 31 日，习近平带领中共中央政治局常委李克强、栗战书、汪洋、王沪宁、赵乐际、韩正，专程从北京前往上海和浙江嘉兴，瞻仰上海中共一大会址和浙江嘉兴南湖红船，回顾建党历史，重温入党誓词，宣示新一届党中央领导集体的坚定政治信念。习近平讲话强调，只有不忘初心、牢记使命、永远奋斗，才能让中国共产党永远年轻。只要全党全国各族人民团结一心、苦干实干，中华民族伟大复兴的巨轮就一定能够乘风破浪、胜利驶向光辉的彼岸。

2017 年 11 月

学习贯彻党的十九大精神中央宣讲团动员会召开

11 月 1 日，学习贯彻党的十九大精神中央宣讲团动员会在北京召开。

王沪宁表示，要牢牢把握在学懂弄通做实上下功夫的要求，精心做好党的十九大精神集中宣讲，推动学习宣传贯彻工作往实里走、往深里走，引导全党自觉维护习近平总书记党中央的核心、全党的核心地位，维护党中央权威和集中统一领导。党的十八大以来党和国家事业之所以全面开创新局面，根本在于以习近平同志为核心的党中央举旗定向、运筹帷幄，在于习近平新时代中国特色社会主义思想的科学指引。要紧紧围绕习近平新时代中国特色社会主义思想这个主线，讲清楚党的十九大的鲜明主题，讲清楚习近平新时代中国特色社会主义思想的丰富内涵，讲清楚党的十八大以来党和国家事业发生的历史性变革，讲清楚中国特色社会主义进入新时代的重大意义，讲清楚我国社会主要矛盾变化的深远影响，讲清楚“两个一百年”奋斗目标，讲清楚坚定不移全面从严治党的重大部署，把广大干部群众的思想和行动统一到党的十九大精神上来。参加宣讲的同志要全力以赴做好宣讲工作，认真学习备课，既全面系统又突出重点，全面准确宣讲，创新宣讲方式，回应干部群众关切，增强宣讲的针对性和实效性。要到企业、农村、机关、校园、社区，同干部群众开展面对面、互动式的宣讲，推动党的十九大精神走进基层、走进群众。

中央党校举行 2017 年秋季学期第一批进修班毕业典礼

11 月 3 日，中共中央党校举行 2017 年秋季学期第一批进修班毕业典礼。

中央党校本期毕业学员 453 人。毕业典礼上，3 位学员代表作了发言。学员一致认为，在中央党校学习期间正值党的十九大胜利召开，见证了我们党发展史上具有里程碑意义的时刻，终身难忘。通过党校培训，集中学习了党的十九大精神，接受了系统的党的理论教育和党性教育，进一步增强了学习贯彻习近平新时代中国特色社会主义思想的自觉性和坚定性，进一步树牢了“四个意识”、坚定了“四个自信”，学出更坚定的信仰、更强烈的担当、更纯粹的忠诚和觉悟。大家一致表示，回去后要把学习宣传贯彻党的十九大精神作为首要政治任务，在学懂、弄通、做实上狠下功夫，切实把思想和行动统一到党的十九大精神上来，坚持不懈用习近平新时代中国特色社会主义思想武装头脑、指导实践、推动工作，坚决维护以习近平同志为核心的党中央权威和集中统一领导，不忘初心，牢记使命，为决胜全面建成小康社会、夺取新时代中国特色社会主义伟大胜利、实现中华民族伟大复兴的中国梦、实现人民对美好生活的向往作出更大贡献。

中央军委印发《关于全面深入贯彻军委主席负责制的意见》

11月5日，中央军委印发《关于全面深入贯彻军委主席负责制的意见》。

《意见》指出，中央军委实行主席负责制，是党和国家军事领导制度长期发展的重大成果，凝结着我们党建军治军的宝贵经验和优良传统。全面深入贯彻军委主席负责制，关系人民军队建设根本方向，关系新时代强国强军事业发展，关系党和国家长治久安，关系中国特色社会主义前途命运。要以习近平新时代中国特色社会主义思想为指导，全面贯彻习近平强军思想，全面贯彻党对军队绝对领导的根本原则和制度，从政治上、思想上、组织上、制度上、作风上为贯彻军委主席负责制提供坚强保证，确保全军绝对忠诚、绝对纯洁、绝对可靠，坚决听习主席指挥、对习主席负责、让习主席放心。

《习近平谈治国理政》第二卷中英文版出版发行

11月7日，中央宣传部会同中央文献研究室、中国外文局编辑的《习近平谈治国理政》第二卷由外文出版社以中英文版出版，面向海内外发行。

习近平总书记是新时代中国特色社会主义思想的主要创立者。2014年9月出版发行的《习近平谈治国理政》，收入了习近平总书记在党的十八大闭幕后至2014年6月13日期间的重要著作，受到国内外读者的广泛关注和好评。此后3年多来，习近平总书记又发表一系列重要讲话，提出一系列具有开创性意义的新理念新思想新战略，使党的创新理论更加丰富、更加系统。第二卷收入了习近平总书记在2014年8月18日至2017年9月29日期间的讲话、谈话、演讲、批示、贺电等99篇，分为17个专题。为便于读者阅读，本书作了必要注释。本书还收入习近平总书记这段时间内的图片29幅。

中直机关举行学习贯彻党的十九大精神报告会

11月7日，中直机关学习贯彻党的十九大精神报告会在北京举行。

丁薛祥强调，认真学习贯彻党的十九大精神是中直机关党建工作的首要政治任务和头等大事，要加强组织领导，周密部署安排，层层压实责任，狠抓督查落实，切实在学懂弄通做实上下功夫，努力在深入学习贯彻习近平新时代中国特色社会主义思想上作表率，在始终同以习近平同志为核心的党中央保持高度一致上作表率，在坚决贯彻落实党中央各项决策部署上作表率。中直机关作为服务和推动党中央决策部署贯彻落实的政治机关，没有脱离政治的业务，也没有脱离业务的政治，各级党组织和广大党员干部要提高政治站位，强化“四个意识”，坚决维护习近平总书记的核心地位，坚决维护党中央权威和集中统一领导。要按照新时代党的建设总要求，突出政治建设的统领地位，自觉用习近平新时代中国特色社会主义思想武装头脑，狠抓基层组织建设，坚定不移全面从严治党，推动中直机关党的建设和各项事业再上新台阶。

中共中央党校举行秋季学期第二批入学学员开学典礼

11月15日，中共中央党校举行2017年秋季学期第二批入学学员开学典礼。

陈希强调，我们有幸处在中国特色社会主义新时代，更有责于这个新时代、奉献于这个新时代。要牢固树立政治意识、大局意识、核心意识、看齐意识，适应新时代中国特色社会主义的发展要求，坚决贯彻落实党的十九大确定的大政方针、发展战略、政策措施。始终保持忠于党、忠于马克思主义信仰、忠于人民的政治自觉，坚持以马克思主义政治观对照自己、改造自己、提高自己；始终保持马克思主义知行统一观，坚持理论联系实际，不断提高政治素养和实际工作本领；始终保持勇于负责担当、百折不挠落实的钉钉子精神，把雷厉风行和久久为功有机结合起来；始终保持不谋私利、不搞特权的敬畏戒惧，以自己的言行诠释共产党人干净的内涵、清廉的本色。

全国精神文明建设表彰大会举行

11月17日，全国精神文明建设表彰大会在北京举行。习近平亲切会见参加大会的新一届全国文明城市、文明村镇、文明单位、文明校园、未成年人思想道德建设工作先进代表和全国道德模范代表，向全体代表表示热烈的祝贺，勉励他们再接再厉，在社会主义精神文明建设中再立新功、作出表率。

王沪宁在表彰大会上表示，习近平总书记亲切会见全体与会同志，充分体现了总书记对社会主义精神文明建设的高度重视，对精神文明建设战线同志们的殷切关怀。5年来，社会主义精神文明建设取得了历史性成就、发生了历史性变革，根本在于以习近平同志为核心的党中央坚强领导，在于习近平新时代中国特色社会主义思想科学指引。在新时代抓好精神文明建设，要把学习宣传贯彻党的十九大精神作为首要政治任务，重中之重是加强习近平新时代中国特色社会主义思想的学习教育和宣传阐释。要积极培育和践行社会主义核心价值观，加强理想信念教育，大力弘扬中华优秀传统文化、革命文化、社会主义先进文化，深化群众性精神文明创建活动，坚持以人民为中心的工作导向，注重典型示范引领，更好构筑中国精神、中国价值、中国力量。要加强党的领导，推动各项工作改进创新，激励人们为实现党的十九大确定的目标任务而奋斗。

十九届中央全面深化改革领导小组召开第一次会议

11月20日，十九届中央全面深化改革领导小组召开第一次会议电，习近平主持并强调，过去几年来改革已经大有作为，新征程上改革仍大有可为。各地区各部门学习贯彻党的十九大精神，要注意把握蕴含其中的改革精神、改革部署、改革要求，接力探索，接续奋斗，坚定不移将改革推向前进。

会议审议通过了《关于建立国务院向全国人大常委会报告国有资产管理情况的制度的意见》、《关于加强贫困村驻村工作队选派管理工作的指导意见》、《农村人居环境整治三年行动方案》、《关于在湖泊实施湖长制的指导意见》、《全面深化新时代教师队伍建设改革的意见》、《关于拓展农村宅基地制度改革试点的请示》、《关于改革完善全科医生培养与使用激励机制的意见》、《中央团校改革方案》、《关于立法中涉及的重大利益调整论证咨询的工作规范》、《关于争议较大的重要立法事项引入第三方评估的工作规范》、《关于加强知识产权审判领域改革创新若干问题的意见》、《关于贯彻落实党的十九大精神坚定不移将改革推向深入的工作意见》、《中央全面深化改革领导小组工作总结》、《中央全面深化改革领导小组工作规则(修订稿)》、《中央全面深化改革领导小组专项小组工作规则(修订稿)》、《中央全面深化改革领导小组办公室工作细则(修订稿)》。会议审议了《关于加大督察力度狠抓改革落实情况的报告》。

《习近平谈治国理政》第二卷出版座谈会召开

11月24日,《习近平谈治国理政》第二卷出版座谈会在北京召开。

王沪宁表示,2014年编辑出版的《习近平谈治国理政》第一卷,受到国内外读者广泛关注和好评。《习近平谈治国理政》第二卷生动记录了以习近平同志为核心的党中央团结带领全党全国各族人民在新时代坚持和发展中国特色社会主义的伟大实践,集中反映了习近平新时代中国特色社会主义思想形成发展的轨迹和成果,充分体现了为推动构建人类命运共同体、促进人类和平与发展事业贡献的中国智慧和中国方案。要深刻把握习近平新时代中国特色社会主义思想产生的时代背景,深刻把握这一重要思想为发展马克思主义作出了重大原创性贡献,深刻把握这一重要思想为实现中华民族伟大复兴提供了行动指南,深刻把握这一重要思想为推动构建人类命运共同体、开辟人类更加美好的发展前景指明了前进方向。《习近平谈治国理政》第二卷与先期出版的第一卷,构成一脉相承、有机统一的整体,要学好用好这部重要著作,在学懂弄通做实上下功夫,深化理论学习,深化宣传普及,深化研究阐释,深化对外宣传,推动习近平新时代中国特色社会主义思想深入人心,增进国际社会对习近平新时代中国特色社会主义思想的认识和理解。

中办国办印发《领导干部自然资源资产离任审计规定(试行)》

11月28日,2017年6月中央全面深化改革领导小组会议审议通过了《领导干部自然资源资产离任审计暂行规定》。之后,中共中央办公厅、国务院办公厅印发了文件,《规定》对领导干部自然资源资产离任审计工作提出具体要求,并发出通知,要求各地区各部门结合实际认真遵照执行。

第三届中非政党理论研讨会举行

11月29日,第三届中非政党理论研讨会在北京举行。

第三届中非政党理论研讨会由中共中央对外联络部在中国共产党与世界政党高层对话会框架下举办。研讨会主题为“构建中非命运共同体:政党的使命和作用”。来自非洲近20个国家的60多名政党代表出席研讨会。

中共中央政治局召开会议审议《中国共产党党务公开条例(试行)》

11月30日,中共中央政治局召开会议

审议通过《中国共产党党务公开条例(试行)》,习近平主持会议。

会议指出,推进党务公开,是贯彻落实党的十九大精神的重要举措,是发扬党内民主、发展社会主义民主政治的必然要求,对于推进全面从严治党,加强党内监督,充分调动全党积极性、主动性、创造性具有重要意义。《条例》制定出台,为做好党务公开工作提供了基本遵循,有利于推进党务公开工作制度化、规范化、程序化。

2017 年 12 月

中国共产党与世界政党高层对话会召开

12 月 1 日,中国共产党与世界政党高层对话会在人民大会堂举行开幕式,习近平出席并发表题为《携手建设更加美好的世界》的主旨讲话,强调政党要顺应时代发展潮流、把握人类进步大势、顺应人民共同期待,志存高远、敢于担当,自觉担负起时代使命。中国共产党将一如既往为世界和平安宁、共同发展、文明交流互鉴作贡献。对话会以"构建人类命运共同体、共同建设美好世界:政党的责任"为主题,来自 120 多个国家的近 300 个政党和政治组织的领导人与会。

开幕式后举行第一次全体会议。柬埔寨人民党主席、政府首相洪森,缅甸国务资政昂山素季,俄罗斯统一俄罗斯党总委员会主席团副书记热列兹尼亚克,美国共和党全国委员会司库安东尼·帕克,埃塞俄比亚人民革命民主阵线副主席、政府副总理德梅克在全体会议上分别致辞,高度评价习近平关于构建人类命运共同体、携手建设更加美好世界的主张,表示愿与中国共产党一道,共同建设持久和平、普遍安全、共同繁荣、开放包容、清洁美丽的世界。

弘扬"红船精神"座谈会召开

12 月 4 日,弘扬"红船精神"座谈会嘉兴召开。

王沪宁出席会议并表示,习近平总书记提出并阐释了"红船精神"的深刻内涵和时代价值,并在瞻仰南湖红船时强调要结合时代特点大力弘扬"红船精神",让"红船精神"永放光芒。"红船精神"集中体现了中国共产党的建党精神,是中国革命精神之源,昭示着中国共产党人的初心。它所承载的首创精神、奋斗精神、奉献精神,是激励我们党顽强奋斗、不断发展壮大的精神动力,是我们党立党兴党、执政兴国的宝贵精神财富,也是新时代坚持和发展中国特色社会主义的坚强精神支撑,要在走好新时代的长征路上,不断赋予其新的时代内涵、绽放新的时代光芒。要把弘扬"红船精神"同深化党的十九大精神学习宣传贯彻结合起来,牢牢把握习近平新时代中国特色社会主义思想这个主线,在学懂弄通做实上下功夫。要深化对"红船精神"等革命精神的学习宣传,加强理论研究阐释,加大宣传力度,开展形式多样的教育实践,引导人们积极投身新时代中国特色社会主义伟大实践。

全军高级干部学习贯彻党的十九大精神专题研讨班开班

12 月 4 日,全军高级干部学习贯彻党的十九大精神专题研讨班在国防大学开班。

张又侠在研讨班开班动员时强调,学习贯彻党的十九大精神,是当前和今后一个时期全军首要政治任务,要坚决贯彻习主席

"军队要走在前列"的重要指示要求，进一步强化政治自觉，担起政治责任，抓住带根本性的问题深刻领悟，以扎实有力的举措推动党的十九大精神落到实处。

省部级干部学习贯彻习近平新时代中国特色社会主义思想和党的十九大精神研讨班举办

12 月 6 日，省部级干部学习贯彻习近平新时代中国特色社会主义思想和党的十九大精神集中轮训第一期研讨班在中央党校开班，王沪宁出席开班式。

王沪宁在讲话中表示，习近平新时代中国特色社会主义思想是党的十九大精神的灵魂和主线，学习贯彻党的十九大精神，最重要的是聚焦到这一重要思想上来。要认真学习党的十九大报告和新修订的党章，深入把握习近平新时代中国特色社会主义思想的历史地位和丰富内涵，深入把握中国特色社会主义进入新时代的重大意义，把思想和行动统一到习近平新时代中国特色社会主义思想和党的十九大精神上来。要坚持读原著、学原文、悟原理，全面把握、融会贯通。要弘扬理论联系实际的学风，紧密结合各地区各部门各单位实际工作，以钉钉子精神抓好党中央决策部署的落实，把学习成效转化为推动事业发展的实际行动，努力在新时代展现出新气象、新作为。

中共中央召开党外人士座谈会

12 月 6 日，中共中央在中南海召开党外人士座谈会，就今年经济形势和明年经济工作听取各民主党派中央、全国工商联负责人和无党派人士代表的意见和建议。习近平主持座谈会并讲话。李克强、俞正声、张高丽、王沪宁、韩正出席座谈会。李克强通报了今年经济工作有关情况，介绍了中共中央关于做好明年经济工作的考虑。

座谈会上，民革中央主席万鄂湘、民盟中央主席张宝文、民建中央主席陈昌智、民进中央主席蔡达峰、农工党中央主席陈竺、致公党中央主席万钢、九三学社中央主席韩启德、台盟中央主席林文漪、全国工商联主席高云龙、无党派人士代表林毅夫先后发言。他们拥护中共十九大的决策部署，赞成中共中央对当前我国经济形势的分析和明年经济工作的考虑，并就实施区域协调发展战略、加快建设创新型国家、促进科技型中小企业发展、提高金融监管效率、加快税收体制改革、激发民间投资活力、实施健康中国战略、推动绿色发展、坚决打赢蓝天保卫战、重视住房管理、落实乡村振兴战略、发挥民营企业在脱贫攻坚中的积极作用、加快向"一带一路"沿线国家走出去步伐、提高中医药国际市场竞争力、把握好在全球气候和环境治理中的主动权、做好争取台湾民心工作等提出意见和建议。

中共中央政治局召开会议分析研究 2018 年经济工作

12 月 8 日，中共中央政治局召开会议，分析研究 2018 年经济工作，习近平主持会议。

会议指出，2018 年是贯彻党的十九大精神的开局之年，是改革开放 40 周年，是决胜全面建成小康社会、实施"十三五"规划承上启下的关键一年。做好明年经济工作，要全面贯彻党的十九大精神，以习近平新时代中国特色社会主义思想为指导，加强党对经济工作的领导，坚持稳中求进工作总基调，坚持新发展理念，紧扣我国社会主要矛盾变化，按照高质量发展的要求，统筹推进“五位一体”总体布局和协调推进“四个全面”战略布局，坚持以供给侧结构性改革为主线，统筹推进稳增长、促改革、调结构、惠民生、防风险各项工作，大力推进改革开放，创新和完善宏观调控，推动质量变革、效率变革、动力变革，在打好防范化解重大风险、精准脱贫、污染防治的攻坚战方面取得扎实进展，引导和稳定预期，加强和改善民生，促进经济社会持续健康发展。

会议强调，稳中求进工作总基调是治国理政的重要原则，要长期坚持。推动高质量发展是当前和今后一个时期确定发展思路、制定经济政策、实施宏观调控的根本要求，必须深刻认识、全面领会、真正落实。要全面加强和改善党对经济工作的领导，不折不扣落实党中央战略部署和各项要求。在换届工作中，各级党委要加强领导和统筹，确保换届工作稳妥有序、风清气正，要树立正确政绩观，脚踏实地推进各项工作。在年终岁末，各地区各部门要切实做好保障和改善民生、加强生产安全、维护公共安全、保持社会稳定等有关工作。

中共中央政治局举行第二次集体学习

12月8日，中共中央政治局就实施国家大数据战略进行第二次集体学习。习近平主持学习。北京理工大学副校长、中国科学院院士梅宏就这个问题作了讲解。

习近平强调，大数据发展日新月异，我们应该审时度势、精心谋划、超前布局、力争主动，深入了解大数据发展现状和趋势及其对经济社会发展的影响，分析我国大数据发展取得的成绩和存在的问题，推动实施国家大数据战略，加快完善数字基础设施，推进数据资源整合和开放共享，保障数据安全，加快建设数字中国，更好服务我国经济社会发展和人民生活改善。

习近平指示纠正“四风”不能止步作风建设永远在路上

12月11日，习近平就新华社一篇《形式主义、官僚主义新表现值得警惕》的文章作出指示，纠正“四风”不能止步，作风建设永远在路上。

习近平指出，文章反映的情况，看似新表现，实则老问题，再次表明“四风”问题具有顽固性反复性。纠正“四风”不能止步，作风建设永远在路上。各地区各部门都要摆摆表现，找找差距，抓住主要矛盾，特别要针对表态多调门高、行动少落实差等突出问题，拿出过硬措施，扎扎实实地改。各级领导干部要带头转变作风，身体力行，以上率下，形成“头雁效应”。在即将开展的“不忘初心、牢记使命”主题教育中，要力戒形式主义，以好的作风确保好的效果。

南京大屠杀死难者国家公祭仪式举行

12月13日，中共中央、全国人大常委会、国务院、全国政协、中央军委在侵华日军南京大屠杀遇难同胞纪念馆隆重举行南京大屠杀死难者国家公祭仪式。习近平出席仪式。

俞正声讲话表示，今天，我们在这里隆重举行南京大屠杀死难者国家公祭仪式，为的是深切缅怀南京大屠杀死难者，缅怀惨遭日本侵略者杀戮的所有死难同胞，缅怀为中国人民抗日战争胜利献出生命的革命先烈和民族英雄，缅怀同中国人民携手抗击日本侵略者献出生命的国际战士和国际友人，宣示中国人民铭记历史、缅怀先烈、珍爱和平、开创未来的坚定立场，庄严表达走和平发展道路的崇高愿望。今天，中国人民比历史上任何时期都更接近、更有信心、更有能力实现中华民族伟大复兴。在新的征程上，中国人民将自觉坚持以习近平新时代中国特色社会主义思想为指导，在中国共产党坚强领导下，全面推进新时代中国特色社会主义伟大事业，不断创造更加美好的幸福生活。中国人民愿同世界各国人民一道，推动构建人类命运共同体，始终做世界和平的建设者、全球发展的贡献者、国际秩序的维护者，共同创造人类的美好未来。

10家习近平新时代中国特色社会主义思想研究中心（院）成立

12月14日，为进一步深化习近平新时代中国特色社会主义思想的研究阐释，经党中央批准，10家习近平新时代中国特色社会主义思想研究中心（院），在中央党校、教育部、中国社会科学院、国防大学、北京市、上海市、广东省、北京大学、清华大学和中国人民大学成立。

加强和改进高校思想政治工作座谈会召开

12月14日，中宣部、中组部、教育部党组在北京召开加强和改进高校思想政治工作座谈会。

会议强调，要深入学习贯彻习近平新时代中国特色社会主义思想和党的十九大精神，深入贯彻落实习近平总书记关于加强和改进高校思想政治工作的重要论述，努力开创新时代高校思想政治工作新局面。

黄坤明在讲话中充分肯定了一年来高校思想政治工作的进展成效，强调要准确把握党的十九大提出的新任务新要求，全面贯彻党的教育方针，进一步增强坚持社会主义办学方向的自觉性坚定性。要推动习近平新时代中国特色社会主义思想进教材进课堂进师生头脑，着力培养担当民族复兴大任的时代新人，扎实做好高校意识形态工作，全面落实新时代党的建设总要求，推动高校思想政治工作不断取得新成效新业绩。

中央经济工作会议在北京举行

12月18日至20日，中央经济工作会议在北京举行。习近平、李克强、张高丽、栗战书、汪洋、王沪宁、赵乐际、韩正出席会议。习近平在会上总结党的十八大以来我国经济发展历程，分析当前经济形势，部署2018年经济工作。李克强对明年经济工作作出具体部署，并作了总结讲话。

会议认为，做好明年经济工作，要全面贯彻党的十九大精神，以习近平新时代中国特色社会主义思想为指导，加强党对经济工作的领导，坚持稳中求进工作总基调，坚持新发展理念，紧扣我国社会主要矛盾变化，按照高质量发展的要求，统筹推进“五位一体”总体布局和协调推进“四个全面”战略布局，坚持以供给侧结构性改革为主线，统筹推进稳增长、促改革、调结构、惠民生、防风险各项工作，大力推进改革开放，创新和完善宏观调控，推动质量变革、效率变革、动力变革，在打好防范化解重大风险、精准脱贫、污染防治的攻坚战方面取得扎实进展，引导和稳定预期，加强和改善民生，促进经济社会持续健康发展。

中央党校党章党规研究中心成立

12 月 19 日，中央党校党章党规研究中心在中央党校成立。

为深入开展中央党校对于党内法规制度的学习、研究、宣传和教育工作，促进党内法规专门队伍建设，按照中央要求，中央党校决定成立中央党校党章党规研究中心。中心成立后即召开十九大党章学习研讨会。与会专家围绕“如何深入理解坚持党对一切工作的领导的精神实质”“如何准确把握新时代党的建设总体布局”等问题进行了深入研讨。与会专家一致认为，中央党校成立党章党规研究中心具有特殊意义。一方面，将党章党规研究成果融入高中级干部培训，对于提高领导干部依法执政、依规办事具有重要意义；另一方面，来自学员的反馈对于制定和修订党内法规也十分重要。

中共中央印发《中国共产党党务公开条例（试行）》

12 月 25 日，中共中央印发了《中国共产党党务公开条例（试行）》，并发出通知要求各地区各部门认真遵照执行。

通知强调，推进党务公开，是贯彻落实党的十九大精神，坚定不移全面从严治党，提高党的执政能力和领导水平的重大举措。这既是我们党“四个自信”的重要体现，也是增强全党“四个意识”的重要途径，对于发展党内民主，加强党内监督，充分调动全党积极性、主动性、创造性，对于推进社会主义民主政治建设，动员组织人民群众形成最大的同心圆和凝聚力，更好贯彻落实党的理论和路线方针政策，具有重要意义。《条例》的制定出台，为做好党务公开工作提供了基本遵循，标志着党务公开工作全面走上制度化、规范化、程序化轨道。

中共中央政治局召开民主生活会

12 月 25 日至 26 日，中共中央政治局召开民主生活会，以认真学习领会习近平新时代中国特色社会主义思想、坚定维护以习近平同志为核心的党中央权威和集中统一领导、全面贯彻落实党的十九大各项决策部署为主题，重点对照《中共中央政治局关于加强和维护党中央集中统一领导的若干规定》《中共中央政治局贯彻落实中央八项规定实施细则》，联系中央政治局工作，联系带头执行中央八项规定的实际，联系狠抓党的十九大决策部署的实际，进行自我检查、党性分析，开展批评和自我批评。习近平主持会议并讲话。

中央政治局同志的发言，把握和体现了 4 个重点。一是带头学习贯彻习近平新时代中国特色社会主义思想情况，真正学懂弄通做实，自觉用习近平新时代中国特色社会主义思想武装头脑、指导实践、推动工作。二是带头维护习近平总书记党中央的核心、全党的核心地位，维护党中央权威和集中统一领导情况，真正做到对党忠诚、襟怀坦白，守纪律、讲规矩，自觉在思想上政治上行动上同以习近平同志为核心的党中央保持高度一致。三是带头遵守、执行中央八项规定及实施细则情况，真正做到改进调查研究、精简会议活动、精简文件简报、规范出访活动、改进新闻报道、厉行勤俭节约，自觉反对特权、不搞特权。四是带头贯彻落实党的十九大决策部署情况，真正做到拿出实实在在的举措，真抓实干、埋头苦干，自觉把分管工作抓紧抓实、抓出成效。

全国行政学院院长会召开

12月26日，全国行政学院院长会议在北京召开。

杨晶强调，新时代要有新气象新作为。各级行政学院要深入学习贯彻党的十九大精神，以习近平新时代中国特色社会主义思想为指导，牢固树立"四个意识"，高扬学院"姓党"旗帜，充分发挥特色优势，做强培训主业，打造高端智库平台，更好服务党和政府科学决策、干部队伍建设和全面开放新格局。要加强党对行政学院工作的领导，建立完善质量立院、人才强院、从严治院体制机制，大力推动改革创新，不断开创新时代行政学院事业发展新局面，为决胜全面建成小康社会、夺取新时代中国特色社会主义伟大胜利、实现中华民族伟大复兴的中国梦作出新贡献。

中共中央政治局召开会议

12月27日，中共中央政治局召开会议，决定明年1月在北京召开中国共产党第十九届中央委员会第二次全体会议，主要议程是，讨论研究修改宪法部分内容的建议。会议听取中央纪律检查委员会工作汇报，研究部署2018年党风廉政建设和反腐败工作，同意明年1月11日至13日召开十九届中央纪律检查委员会第二次全体会议。习近平主持会议。

中央农村工作会议举行

12月28日至29日，中央农村工作会议在北京举行。会议深入贯彻党的十九大精神、习近平新时代中国特色社会主义思想，全面分析"三农"工作面临的形势和任务，研究实施乡村振兴战略的重要政策，部署2018年和今后一个时期的农业农村工作。会议讨论了《中共中央、国务院关于实施乡村振兴战略的意见（讨论稿）》。习近平、李克强、张高丽、栗战书、汪洋、王沪宁、赵乐际、韩正出席会议。

中宣部授予曲建武"时代楷模"荣誉称号

12月29日，中央宣传部发布曲建武的先进事迹，授予他"时代楷模"荣誉称号。

曲建武是大连海事大学2013级辅导员、马克思主义学院教师。工作30多年来，他无论是在高校辅导员岗位，还是担任地方教育行政部门领导职务，始终情系高校思想政治工作，不忘初心、牢记使命，积极传播先进思想文化，不断探索工作规律，立足本职岗位，在大学生思想政治教育方面作出突出业绩。2013年，出于多年来对学生工作的热爱，他主动辞去领导职务，毅然回到高校教书育人第一线，做一名任课教师和本科生辅导员，把自己的学识和心血奉献给学生与课堂。曲建武曾先后荣获"全国师德标兵""全国高校辅导员年度人物"等荣誉称号。

习近平发表二〇一八年新年贺词

12月31日，新年前夕，国家主席习近平通过中国国际广播电台、中央人民广播电台、中央电视台，发表了二〇一八年新年贺词。

第二部分

学习贯彻中共十九大精神

培养选拔干部必须突出政治标准

陈　希

习近平总书记在党的十九大报告中指出，要突出政治标准，提拔重用牢固树立“四个意识”和“四个自信”、坚决维护党中央权威、全面贯彻执行党的理论和路线方针政策、忠诚干净担当的干部。这一要求，体现了组织路线为政治路线服务的根本原则，凸显了干部工作的政治定位，具有鲜明导向性和现实针对性。

选拔党的干部，毫无疑义要突出政治标准，这是政党的政治属性决定的，是保证政党团结统一、实现政治主张和政治目标的必然要求。我们党作为马克思主义政党，历来把政治标准作为选人用人的首要标准。毛泽东同志指出，政治是主要的，是第一位的，干部要又红又专。邓小平同志提出干部队伍“四化”方针，强调首先是要革命化。江泽民同志指出，无论从事什么工作的干部，政治上必须合格，要确保各级领导权牢牢掌握在忠于马克思主义、忠于党、忠于人民的人手里。胡锦涛同志强调，选干部要坚持德才兼备、以德为先，把政治标准放在首位，坚决防止和纠正重才轻德现象。党的十八大以来，习近平总书记鲜明提出了新时期好干部标准和忠诚干净担当、“三严三实”“四有”“四个铁一般”等要求，归结起来就是干部首先要在政治上达标，选人用人首先要看政治素质。所以，突出政治标准是我们党选人用人的一贯方针，也是党的优良传统。

突出政治标准，在当前有着特别重要的意义，是进一步树立正确选人用人导向、建设高素质执政骨干队伍、夺取新时代中国特色社会主义伟大胜利的迫切需要。毋庸讳言，一个时期以来，党内忽视政治、淡化政治、削弱政治的现象比较突出，一些同志讲政治的自觉性降低，有的甚至对一些明显的政治问题视而不见、迟钝麻木；更有少数人无视党的政治纪律和政治规矩，大搞拉帮结派、结党营私、任人唯亲、封官许愿等活动，有的已经到了肆无忌惮、胆大妄为的地步。同时，一些党组织政治功能弱化、管党治党责任缺失，在政治上不设防、不把关，让一些政治上有问题的人混进领导班子。近年来，党中央严肃查处了周永康、薄熙来、郭伯雄、徐才厚、孙政才、令计划等政治野心家、阴谋家，他们暴露出来的问题深刻警示我们，干部政治上出问题，对党的危害绝不亚于腐败问题，其职务越高、平台越大，给党造成的损失越大。当前，我们正处于全面建成小康社会决胜阶段、中国特色社会主义进入新时代的关键时期，在新的历史起点上进行伟大斗争、建设伟大工程、推进伟大事业、实现伟大梦想，更需要全党旗帜鲜明讲政治，强化党的政治建设的统领地位，把党的政治建设作为党的根本性建设来抓，更需要建设一支政治过硬、堪当重任的优秀干部队伍。做到这一点，关键是抓好选人用人这个源头和风向标，把紧把严政治标准这个硬杠杠，真正把党和人民需要的好干部选出来、用起来。

突出政治标准选拔干部，总的是要贯彻习近平新时代中国特色社会主义思想，贯彻党的十九大对干部队伍建设提出的新要求，以党章为根本遵循，用《关于新形势下党内政治生活的若干准则》来衡量，具体应把握以下5个方面。

一、看政治忠诚，是否牢固树立“四个意识”

“天下至德，莫过于忠。”对党忠诚，是党员干部的首要政治品质和政治生命线。如果这一条不过关，其他都不过关。对党忠诚，不是有条件的而是无条件的，不是抽象的而是具体的，必须体现到对党的信仰、党的组织、党的事业的忠诚上。最重要的就是要把党放在心中最高位置，牢固树立党的领导是中国特色社会主义最本质特征和中国特色社会主义制度最大优势、党是最高政治领导力量的观点，坚持党对一切工作的领导；就是要牢固树立政治意识、大局意识、核心意识、看齐意识，自觉在思想上政治上行动上同以习近平同志为核心的党中央保持高度一致，坚决维护习近平总书记的核心地位，坚持党中央权威和集中统一领导。“四个意识”是意蕴深刻、相互联系的有机整体，集中体现了根本的政治立场、政治方向、政治原则。突出政治标准选拔干部，就要把是否对党忠诚、牢固树立“四个意识”作为首要标尺，大力选拔那些全面贯彻执行党的理论和路线方针政策，坚决贯彻党中央决策部署，坚持“四个服从”，始终与以习近平同志为核心的党中央对标看齐、保持高度一致的干部。对那些同党中央唱对台戏的人，那些对党中央大政方针态度暧昧甚至心怀不满的人，那些背离党中央决策部署阳奉阴违、另搞一套的人，那些心术不正、有政治野心的人，那些“身在曹营心在汉”、同党离心离德的人，绝对不能用，已在领导岗位的要坚决调整，情节严重的要严肃处理。

二、看政治定力，是否坚定“四个自信”

政治定力，最根本、最紧要的是理想信念的坚定性。对马克思主义的信仰，对社会主义和共产主义的信念，是共产党人的政治灵魂，是共产党人经受住任何考验的精神支柱。习近平总书记形象地指出，理想信念就是共产党人精神上的“钙”，精神上“缺钙”就会得“软骨病”。大量事实表明，一些领导干部政治上变质、经济上贪婪、道德上堕落、生活上腐化，说到底都是因为理想信念宗旨这个根基发生了动摇，世界观、人生观、价值观这个“总开关”出现了问题。有的不信马列信鬼神，不信理想信方术，不敬人民敬“大师”，精神极度空虚；有的把共产主义看成虚无缥缈的海市蜃楼，对社会主义前途命运丧失信心，思想消极颓废；有的把西方三权分立、多党制那一套奉为圭臬，价值观发生偏差；等等。思想滑坡是最危险的滑坡，信念动摇是最危险的动摇。选拔干部，必须深层次考察干部理想信念是否坚定，绝不能把那些没信仰或是具有伪信仰的人选进来。这方面，最主要的现实判断标准就是看干部能否坚定中国特色社会主义道路自信、理论自信、制度自信、文化自信。“四个自信”，源于党带领人民进行革命、建设、改革的伟大实践，体现了科学社会主义理论逻辑和中国社会发展历史逻辑的辩证统一，反映了当代中国发展进步的根本方向，是检验干部理想信念的“试金石”。在当今世界风云变幻、当代中国深刻变革、社会思想多元多变的背景下，党员干部只有坚定“四个自信”，才能不为任何风险所惧，不为任何干扰所惑，保持战略定力和前进动力，自觉成为共产主义远大理想和中国特色社会主义共同理想的坚定信仰者和忠实践行者。

三、看政治担当，是否坚持原则、敢于斗争

政治上敢不敢担当、能不能担当、有没有担当，最能检验党员干部的政治操守、政治品格。现实中，有些党员干部好像表现得政治上很成熟，但深入分析起来，其实是一种不问政治是非、不讲政治原则的圆滑。他们有的明哲保身、“爱惜羽毛”，在大是大非面前当所谓“开明绅士”，甚至在涉及党的领导和中国特色社会主义道路等原则问题的政治挑衅面前无动于衷、置身事外；有的见风使舵、投机钻营，对自己政治前途有利的就上，没利的就躲，遇到重大政治事件和敏感问题没有态度，甚至故意耍滑头、当“墙头草”。这些人表面上很风光，但骨头不硬，关键时刻靠不住。如果干部队伍中这样的人多了，就会贻害党和人民事业。今天，我们比历史上任何时期都更接近、更有信心和能力实现中华民族伟大复兴的目标，这既意味着我们已经积累起促成质变的历史性成果，也意味着我们到了最艰巨的攻坚阶段，不可避免地会遇到许多重大挑战、重大风险、重大阻力、重大矛盾。面对敌对势力加紧对我国实施西化、分化战略，面对意识形态领域的尖锐较量，面对激烈的国际政治斗争，面对艰巨繁重的改革发展稳定任务，等等，都需要广大党员干部强化政治担当、增强斗争精神，敢于亮剑、敢于碰硬、敢于攻坚、敢战能胜。各级党组织要在选人用人上树立鲜明导向，大力选拔使用那些敢担当、善作为，尤其是关键时刻站得出来、顶得上去的干部，坚决不用那些畏首畏尾、患得患失、溜肩耍滑的“骑墙派”“官油子”，大力营造为敢担当的干部担当、为敢负责的干部负责的浓厚氛围。

四、看政治能力，是否善于从政治上观察和处理问题

德为才之帅，才为德之资。党员干部特别是领导干部要履行好责任，必须有很强的能力作支撑。在所有能力中，第一位的是政治能力。习近平总书记多次强调，领导干部要注意加强政治历练，积累政治经验，使自己的政治能力与担任的领导职责相匹配。政治能力的内涵很丰富，最核心的是把握方向、把握大势、把握全局的能力，保持政治定力、驾驭政治局面、防范政治风险的能力。应当看到，不少领导干部在这些方面还有许多不适应、不符合的地方。比如，有的马克思主义理论功底不深，不善于从政治上看问题，把政治和经济、政治和技术、政治和业务割裂开来甚至对立起来；有的政治站位不高，全局观念不强，不能自觉做到在大局下思考和行动；有的缺乏政治敏锐性和政治鉴别力，对政治上的苗头性倾向性问题不能见微知著、防患未然，甚至对挑战政治底线的错误言论和不良风气听之任之、逃避责任、失职渎职，衡阳破坏选举案和南充、辽宁拉票贿选案就是例证。因此，政治能力绝不是可有可无的软性指标，而

是对领导干部的刚性要求。突出政治标准选拔干部，必须把好这一关，对政治能力不足的不能轻易放行，否则就可能耽误党和人民事业发展。

五、看政治自律，是否严格遵守党的政治纪律和政治规矩

严明纪律，是维护党的团结和集中统一的根本保证。在所有党的纪律中，政治纪律和政治规矩是最重要、最根本的。党员干部必须把严格遵守政治纪律和政治规矩作为安身立命的“压舱石”，在守纪律、讲规矩上作表率，自觉做政治上的明白人、老实人。就选拔使用干部而言，必须把政治纪律和政治规矩作为底线和红线，对那些视政治纪律和政治规矩为儿戏，我行我素、无所顾忌，违反“五个必须”要求、搞“七个有之”等活动的干部，实行“一票否决”，不但不能提拔还要严肃处理，使政治纪律和政治规矩真正成为“带电的高压线”。

突出政治标准选拔干部，前提和基础是把干部的政治表现考准考实。在新的社会环境中，干部活动空间越来越广，活动方式日趋多样，再加上政治素质属于人的内在品质，是思想深处的东西，具有一定的隐蔽性和复杂性，要准确识别和评价并不容易。必须针对这些情况，改进完善考察工作的理念思路、程序步骤、方式方法，确保精准科学选人用人。要经常性、近距离、有原则地接触干部，全方位、多角度、立体式考察干部，通过与干部谈心谈话，走进干部的工作圈、生活圈、社交圈，听取多方面意见特别是知情人意见等各种方式，把“听其言”和“观其行”结合起来，多方印证、全面掌握干部的真实表现，观察干部对重大问题的思考以看其见识见解，观察干部对群众的感情以看其禀性情怀，观察干部对待名利的态度以看其境界格局，观察干部的为人处世方式以看其道德品质，观察干部处理复杂问题的能力以看其综合素质，从中考察识别其政治品德和政治素养。要抓住重要行为特征加强分析研判，注重干部的一贯表现和全部工作，既从履行岗位职责中，又从完成急难险重任务中，特别是从关键时刻、重大关头的表现中，考察识别干部的政治品质和政治能力。要全面辩证、客观准确评价干部，对干部政治表现既要有定性判断，更要用事实说话，通过具体事例来体现，防止抽象的概念组合，避免模糊表述、千篇一律。特别是对个性鲜明、有魄力、能干事，但也容易得罪人的干部，一定要为他们说公道话，最大限度调动干部的积极性、主动性、创造性。

（作者：中共中央组织部部长）

深入学习贯彻党的十九大精神
奋力开拓新时代中国特色大国外交新局面

杨洁篪

党的十九大是在全面建成小康社会决胜阶段、中国特色社会主义进入新时代的关键时期召开的一次十分重要的大会，在党和国家发展史、中华民族复兴史上具有划时代的重大意义。习近平总书记所作的报告站在历史和时代的高度，深刻论述了新时代坚持和发展中国特色社会主义的一系列重大理论和实践问题，为党和国家事业发展描绘了宏伟蓝图、作出了战略部署、指明了前进方向。十九大报告系统阐述了新时代中国特色大国外交面临的新形势新任务新要求，是新的历史起点上推进对外工作的政治纲领和行动指南。我们要以习近平新时代中国特色社会主义思想为指引，深入贯彻落实党的十九大精神，不断开创对外工作新局面，为党和国家工作全局创造良好外部环境，为推进中国特色社会主义伟大事业作出应有贡献。

一、过去 5 年中国外交的历史性成就

党的十八大以来，以习近平同志为核心的党中央紧紧围绕实现“两个一百年”奋斗目标和实现中华民族伟大复兴中国梦，积极推进外交理论和实践创新，推动中国特色大国外交取得了许多历史性、开创性的重大成就。

坚持以习近平新时代中国特色社会主义思想为行动指南，全面推进中国特色大国外交。5 年来，习近平总书记以伟大政治家和战略家的远见卓识和非凡胆略，谋划运筹对外工作全局，指引中国外交开拓前行，更加自信、更加鲜明地展现出中国特色、中国风格、中国气派。在以习近平同志为核心的党中央领导下，我们积极倡导构建人类命运共同体，深入推进全方位外交布局，实施共建“一带一路”倡议，促进全球治理体系变革，坚定维护国家利益，为我国改革发展稳定营造了良好外部环境，为世界和平与发展作出了新的重大贡献。

构建全球伙伴关系网络，扩大同各方利益交汇点。5 年来，我们以周边和大国为重点，以发展中国家为基础，以多边为舞台，通盘谋划、整体运筹、全面推进各项对外工作。我们在相互尊重、平等互利的基础上，同世界上近百个国家和区域组织建立了不同形式的伙伴关系，拓展深化了全方位、宽领域、多层次的对外交往格局，形成了覆盖全球的“朋友圈”，与各国人民结伴而行、共创美好未来。

实施共建“一带一路”倡议，构筑对外开放新格局。5 年来，我们坚持推行互利共赢的开放战略，形成了以“一带一路”为统领的对外开放新格局。“一带一路”从倡议变为

行动，从理念转化为实践，快速成长为开放包容的国际合作平台、各方普遍欢迎的全球公共产品，100多个国家和国际组织积极支持和参与。我们成功举办首届“一带一路”国际合作高峰论坛，与沿线国家加强发展战略对接，形成共商共建共享的良好局面。

倡导构建人类命运共同体，促进全球治理体系变革。5年来，我们努力为完善全球治理贡献中国智慧，推动国际秩序和全球治理体系朝着更加公正合理方向发展。我们举办北京亚太经合组织领导人非正式会议、二十国集团领导人杭州峰会、金砖国家领导人厦门会晤等一系列主场外交，积极参与联合国维和行动，推进联合国2030年可持续发展议程、应对气候变化等国际发展与合作议程，不断增强国际社会应对共同挑战的能力。

捍卫国家主权安全利益，维护海外合法权益。5年来，我们始终把维护国家主权、安全放在第一位，在台湾、南海等一系列涉及我国重大核心利益的问题上，划出底线、捍卫底线，坚定维护国家领土主权和海洋权益，极大振奋了党心军心民心，也赢得了国际社会的广泛尊重。我们贯彻“外交为民”宗旨，构建完善海外利益保护体系，中国公民和企业的海外合法权益得到切实保障。

5年来，我们坚持统筹国内国际两个大局，开拓进取、攻坚克难，不断开创中国特色大国外交新局面，我国国际地位得到前所未有的提升，国际影响力、感召力、塑造力进一步提高。这些成就的取得，最根本的在于有习近平总书记这个全党领袖的领航掌舵，在于以习近平同志为核心的党中央的坚强领导，在于习近平新时代中国特色社会主义思想的科学指引。这是中国外交始终屹立时代潮流最前沿，站在国际道义制高点，在世界大变局中牢牢把握战略主动，在新时代不断谱写新篇章的强大动力和根本保证。

二、新时代对外工作面临新形势新任务新要求

党的十九大科学分析国内国际形势及其发展趋势，准确把握我国历史方位和国际地位，系统回答了中国推动建设什么样的世界、构建什么样的国际关系等重大问题，明确了对外工作的目标使命、中心任务、方针原则和战略部署，为新时代中国特色大国外交作出了顶层设计、开辟了前进道路。

（一）科学判断新时代中国外交面临的国际形势

党的十九大报告全面客观辩证地分析了我国所处的国际环境，作出了世界正处于大发展大变革大调整时期、和平与发展仍然是时代主题、我国发展仍处于重要战略机遇期等重大论断。这是我们谋划开展对外工作的基本出发点和立足点。

和平与发展仍然是时代主题。世界各国越来越成为相互依存、你中有我、我中有你的命运共同体，没有哪个国家能够独自应对人类面临的各种挑战，也没有哪个国家能够退回到自我封闭的孤岛。求和平、谋发展、促合作、图共赢，是各国人民的共同期待，也是不可阻挡、不可逆转的时代潮流。

当今世界正在发生前所未有的深刻变革。世界多极化、经济全球化、社会信息化、文化多样化深入发展，新兴市场国家和广大发展中国家快速崛起，推动国际力量对比更趋均衡，也日益重塑国际关系理论和实践。加强全球治理、推动全球治理体系变革既是

形势所需,也是大势所趋。

世界面临的不稳定性不确定性突出。世界经济增长动能不足,贫富分化日益严重,地区热点问题此起彼伏,恐怖主义、网络安全、重大传染性疾病、气候变化等非传统安全威胁持续蔓延,人类面临许多共同挑战。这些既是影响世界稳定安宁的主要因素,也凸显各国携手共建人类命运共同体的必要性和紧迫性。

综合判断,当前和今后一个时期,国际形势将继续处于深刻复杂变化之中,我国发展仍处于重要战略机遇期,前景十分光明,挑战也十分严峻。我们要坚定信心、锐意进取、居安思危、奋力前行,在风云变幻的国际局势中始终保持战略定力,掌握战略主动。

(二)明确提出新时代中国外交的目标使命

党的十九大报告指出:“中国共产党是为中国人民谋幸福的政党,也是为人类进步事业而奋斗的政党。中国共产党始终把为人类作出新的更大的贡献作为自己的使命。”这宣示了新时代中国特色大国外交的目标使命,表明中国外交不仅以为中国人民谋幸福为己任,也将为人类社会共同进步展现更大担当。

实现中华民族伟大复兴、带领人民创造美好生活是我们党矢志不渝的历史使命和奋斗目标。新时代中国特色大国外交就是要紧紧围绕党和国家工作大局,坚定维护国家主权、安全、发展利益,为和平发展创造更加有利的国际环境,维护和延长我国发展的重要战略机遇期,为实现“两个一百年”奋斗目标、实现中华民族伟大复兴的中国梦、实现人民对美好生活的向往提供有力支持和保障。

中国人民的梦想同各国人民的梦想息息相通,中国梦造福中国人民,也造福世界人民。中国将在新的发展征程中,为世界和平与发展作出应有的贡献。我们将通过自身稳定发展和对外开放,为世界发展提供新动力;通过中国特色社会主义道路、理论、制度和文化建设,为人类政治文明进步作出新探索;通过建设性参与解决国际地区问题,为世界变局注入更多稳定性和确定性;通过推动全球治理体系变革,为世界长远发展贡献更多中国智慧和力量。

(三)深入阐明新时代中国外交的中心任务

党的十九大报告明确提出,中国特色大国外交要推动构建新型国际关系、推动构建人类命运共同体,并将坚持推动构建人类命运共同体作为新时代坚持和发展中国特色社会主义的14条基本方略之一。

构建人类命运共同体,就是各国要同心协力建设持久和平、普遍安全、共同繁荣、开放包容、清洁美丽的世界。这一思想为人类社会实现共同发展、持续繁荣、长治久安绘制了蓝图,反映了中外优秀文化和全人类共同价值追求,指明了国际社会的前进方向,对中国和平发展、世界繁荣进步都具有重大而深远的意义。这一思想继承和发展了新中国不同时期重大外交思想和主张,是当代中国外交重大创新成果,是中国对世界的重要思想和理论贡献,已多次被联合国文件引用,产生日益广泛而深远的影响。

推动建设相互尊重、公平正义、合作共赢的新型国际关系,是通往人类命运共同体的基本路径。构建新型国际关系,就是要倡导各国秉持相互尊重原则,共同追求国际关系和国际秩序的公平正义，携手合作、同舟共济、互利共赢。相互尊重是前提，公平正义是准则，合作共赢是目标。构建新型国际关系的实质，就是要走出一条国与国交往的新路，为构建人类命运共同体开辟道路、积累条件。

（四）丰富发展新时代中国外交的方针原则

党的十九大报告重申，中国将高举和平、发展、合作、共赢的旗帜，恪守维护世界和平、促进共同发展的外交政策宗旨，坚定奉行独立自主的和平外交政策，坚定不移在和平共处五项原则基础上发展同各国的友好合作。这些外交方针原则充分体现了中国对外政策的稳定性和连续性，顺应时代潮流，经过实践检验，是中国外交必须长期坚持的基本方针。

同时，党的十九大报告针对新的形势变化和时代特征，进一步丰富和发展了和平发展战略思想。不仅强调中国始终不渝走和平发展道路、奉行互利共赢的开放战略，还突出坚持正确义利观，树立共同、综合、合作、可持续的新安全观；中国决不会以牺牲别国利益为代价来发展自己，也决不放弃自己的正当权益，任何人不要幻想让中国吞下损害自身利益的苦果；中国无论发展到什么程度，永远不称霸，永远不搞扩张，始终做世界和平的建设者、全球发展的贡献者、国际秩序的维护者。这是中国向世界作出的庄严承诺，反映了中国人民坚持和平发展的坚定决心、战略抉择和真诚愿望，是新时代中国外交的重要遵循和依归。

（五）全面深化新时代中国外交的战略部署

党的十九大报告对新时代对外工作重点任务作出了战略部署，提出了明确要求。

不断完善外交布局，打造全球伙伴关系网络。推进大国协调和合作，构建总体稳定、均衡发展的大国关系框架，按照亲诚惠容理念和与邻为善、以邻为伴周边外交方针深化同周边国家关系，秉持正确义利观和真实亲诚理念加强同发展中国家团结合作。这是中国不结盟政策的继承和发展，打破了非友即敌、结盟或对抗的冷战思维，为引领国家间关系提供了新思想、新模式。

坚持不懈推进“一带一路”建设，进一步深化全方位对外开放格局。坚持对外开放的基本国策，坚持打开国门搞建设，把“一带一路”与构建人类命运共同体更加紧密结合起来，与落实2030年可持续发展议程紧密结合起来，打造国际合作新平台，增强共同发展新动力。这将有力促进区域经济一体化和区域合作，为世界提供更多互利共赢的合作契机。

深度参与全球治理，积极引导国际秩序变革方向。秉持共商共建共享的全球治理观，推动全球治理体系朝着更加公正合理方向发展。倡导国际关系民主化，支持联合国发挥积极作用，支持扩大发展中国家的代表性和发言权。这体现了中国作为现行国际体系的参与者、建设者、贡献者的价值取向，是中国作为负责任大国对世界作出的重要贡献。

上述形势判断、目标使命、中心任务、方针原则和战略部署五位一体，构成新时代中国特色大国外交的基本架构体系，其中推动构建人类命运共同体、坚持正确义利观、遵循共商共建共享原则、推进“一带一路”建设等核心内容已写入党章，成为习近平新时代中国特色社会主义思想的重要组成部分，指引中国外交不断乘风破浪、胜利前进。

三、以党的十九大精神为指引，开创新时代对外工作新局面

学习宣传贯彻党的十九大精神是当前和今后一个时期全党全国的首要政治任务，是外交外事战线一切工作的中心主线。要以习近平新时代中国特色社会主义思想为指引，深入贯彻落实党的十九大精神，更加积极有为地推进中国特色大国外交，为不断推动党和国家事业迈上新台阶营造良好国际环境。

（一）坚持政治统领，更好用党的十九大精神武装头脑

要牢固树立“四个意识”，不断坚定“四个自信”，自觉同以习近平同志为核心的党中央保持高度一致，坚决维护核心、拥戴核心、服务核心。深刻领会和全面贯彻习近平新时代中国特色社会主义思想，着力在学懂弄通做实上下功夫，将其转化为推动对外工作的强大力量。始终坚持外交大权在以习近平同志为核心的党中央，不断加强党对对外工作的集中统一领导和全方位统筹协调，确保党中央对外大政方针和战略部署得到有力贯彻执行。大力宣传党的十九大新思想新理念新论断，增强国际社会的理解认同，不断提升我国国际影响力和感召力。

（二）加强战略谋划，更好聚焦服务党和国家中心工作

要以习近平新时代中国特色社会主义思想为行动指南，在党中央总体部署框架内，形成对外工作的具体战略、政策和举措。立足我国发展新的历史方位和“两步走”新的战略安排，统筹国内国际两个大局，谋划制定相适应的对外工作规划，为国内发展营造和平的国际环境和稳定的国际秩序。继续以打造全球伙伴关系网络为统领，加强与大国、周边和发展中国家等的交往与合作，不断深化完善对外战略布局。强化忧患意识和底线思维，有效防范抵御国际局势中的重大风险挑战，坚定维护国家主权、安全和发展利益。

（三）强化使命担当，更好增强对外工作主动性创造性

要坚持推进外交理论和实践创新，以构建新型国际关系、构建人类命运共同体为核心引领，不断推动中国与世界关系发展、不断深化对中国特色大国外交的规律性认识。准确把握习近平新时代中国特色社会主义思想的继承性创新性时代性，积极探索对外工作新思路新方式新举措，不断增强中国特色大国外交的生机活力。紧密结合我国对外工作实践，更加积极深入参与全球治理体系改革和建设，提出更多新理念新倡议新方案，为国际社会贡献更多中国智慧和力量。

（四）夯实战略保障，更好提高对外工作的能力和水平

要根据新形势新要求，提高对外工作战略性和前瞻性，善于把握内外全局，善于统筹不同领域，善于驾驭复杂局面，有效应对和处理对外工作中的新问题新挑战。充分发挥各部门各地方积极性和能动性，增强大局观念和协调意识，切实形成相互配合、协同发力的良好工作局面。从国家治理体系和治理能力现代化的高度，扎实推进对外工作体制机制改革，为对外工作不断提质增效提供有力支撑。进一步加强人才培养和组织能力建设，打造一支政治过硬、业务精湛、勇于担当、忠诚干净的外交外事干部队伍。

习近平总书记强调，中国特色社会主义进入了新时代，新时代要有新气象，更要有新

作为。党的十九大胜利闭幕后不久，习近平总书记同访华的美国总统特朗普及俄罗斯等国领导人在北京会晤，赴越南岘港出席亚太经合组织第二十五次领导人非正式会议并对越南、老挝进行国事访问，取得重要丰硕成果，谱写了新时代中国特色大国外交辉煌的新篇章。我们要更加紧密地团结在以习近平同志为核心的党中央周围，深入学习贯彻党的十九大精神，以习近平新时代中国特色社会主义思想为指引，锐意进取，埋头苦干，为实现决胜全面建成小康社会、夺取新时代中国特色社会主义伟大胜利作出新的更大贡献。

（作者：中共中央政治局委员，国务委员、国务院党组成员，中央外事工作领导小组办公室主任）

夺取新时代中国特色社会主义伟大胜利的政治宣言和行动纲领

——学习党的十九大报告的体会

徐光春

党的十九大是在全面建成小康社会决胜阶段、中国特色社会主义进入新时代的关键时期召开的一次十分重要的大会。习近平总书记所作的党的十九大报告(以下简称“报告”),站在历史和时代的高度,围绕坚持和发展中国特色社会主义这条主线,以马克思列宁主义、毛泽东思想、邓小平理论、“三个代表”重要思想、科学发展观为指导,全面贯彻党中央提出的新理念新思想新战略,总结了党的十八大以来党和国家事业取得的历史性成就和发生的历史性变革,深刻回答了新时代坚持和发展中国特色社会主义的一系列重大理论与实践问题,阐明了进入新时代党和国家工作的大政方针和战略部署,提出了一系列新的重要思想、重要观点、重大判断、重大举措,是习近平新时代中国特色社会主义思想的集中体现,是我们党团结带领全国各族人民夺取新时代中国特色社会主义伟大胜利的政治宣言和行动纲领,是一篇光辉的马克思主义纲领性文献。

一、中国特色社会主义进入了新时代

习近平总书记在报告中指出:“经过长期努力,中国特色社会主义进入了新时代,这是我国发展新的历史方位。”这是一个重大政治判断。

全方位的、开创性的历史性成就是进入新时代的重要体现。习近平总书记在报告中指出:“十八大以来的五年,是党和国家发展进程中极不平凡的五年。”面对国际国内复杂艰难的形势,“我们坚持稳中求进工作总基调,迎难而上,开拓进取,取得了改革开放和社会主义现代化建设的历史性成就”。报告从十个方面对这些历史性成就作了全面总结。这些全方位的、开创性的成就,充分体现了中国特色社会主义进入了新时代。

深层次的、根本性的历史性变革是进入新时代的重要标志。习近平总书记在报告中深刻回顾并总结了党的十八大以来一系列“深层次的、根本性的”历史性变革,指出这些历史性变革集中表现在两个“前所未有”上。历史性变革取得的成果,“意味着近代以来久经磨难的中华民族迎来了从站起来、富起来到强起来的伟大飞跃,迎来了实现中华民族伟大复兴的光明前景;意味着科学社会主义在21世纪的中国焕发出强大生机活力,在世界上高高举起了中国特色社会主义伟大旗帜;意味着中国特色社会主义道路、理论、制度、文化不断发展,拓展了发展中国家走向现代化的途径,给世界上那些既希望加快发展又希望保持自身独立性的国家和民族

提供了全新选择，为解决人类问题贡献了中国智慧和中国方案”。这“三个意味着”的精辟概括，成为中国特色社会主义进入新时代的重要标志。

社会主要矛盾的历史性变化是进入新时代的重要根据。习近平总书记在报告中指出：“中国特色社会主义进入新时代，我国社会主要矛盾已经转化为人民日益增长的美好生活需要和不平衡不充分的发展之间的矛盾。”强调，“我国社会主要矛盾的变化是关系全局的历史性变化，对党和国家工作提出了许多新要求”。我们党早在1956年党的八大上就正式提出我国社会主要矛盾问题，改革开放后又归纳精炼为“人民日益增长的物质文化需要同落后的社会生产之间的矛盾”。60多年来，无论是“人民日益增长的物质文化需要”方面，还是“落后的社会生产”方面，都发生了质的变化。党中央经过慎重研究，决定将关于我国社会主要矛盾的表述改为十九大报告的新提法，这是我们党一项新的重大的政治判断。矛盾是社会发展的动因，主要矛盾则是社会发展的主要动因。社会主要矛盾的历史性变化，反映了中国特色社会主义发展新的阶段性特点，也反映了党和国家事业发展的重点要求，是中国特色社会主义进入新时代的重要根据。

二、夺取新时代中国特色社会主义伟大胜利的政治宣言

习近平总书记在报告中，明确宣示了进入新时代我们党举什么旗、走什么路、以什么样的精神状态、担负什么样的历史使命、实现什么样的奋斗目标等重大问题，是我们党关于夺取新时代中国特色社会主义伟大胜利的政治宣言。

这一政治宣言集中体现在党中央确定的党的十九大会议主题上。即“不忘初心，牢记使命，高举中国特色社会主义伟大旗帜，决胜全面建成小康社会，夺取新时代中国特色社会主义伟大胜利，为实现中华民族伟大复兴的中国梦不懈奋斗”。报告强调，中国共产党人的初心和使命，就是为中国人民谋幸福，为中华民族谋复兴。这个初心和使命是激励中国共产党人不断前进的根本动力。全党同志一定要永远与人民同呼吸、共命运、心连心，永远把人民对美好生活的向往作为奋斗目标，以永不懈怠的精神状态和一往无前的奋斗姿态，继续朝着实现中华民族伟大复兴的宏伟目标奋勇前进。报告还指出，当前前景十分光明，挑战也十分严峻，全党同志一定要登高望远、居安思危，勇于变革、勇于创新，永不僵化、永不停滞，团结带领全国各族人民决胜全面建成小康社会，奋力夺取新时代中国特色社会主义伟大胜利。这些重要论述，把我们党夺取新时代中国特色社会主义伟大胜利政治宣言的主要精神讲得非常明确、非常深刻、非常透彻。

这一政治宣言集中体现在对中国特色社会主义新时代的重大判断上。习近平总书记在报告中，从五个方面对中国特色社会主义新时代是个什么样的时代作了精辟阐述。“这个新时代，是承前启后、继往开来、在新的历史条件下继续夺取中国特色社会主义伟大胜利的时代，是决胜全面建成小康社会、进而全面建设社会主义现代化强国的时代，是全国各族人民团结奋斗、不断创造美好生活、逐步实现全体人民共同富裕的时代，是全体中华儿女勠力同心、奋力实现中华民族伟大

复兴中国梦的时代，是我国日益走近世界舞台中央、不断为人类作出更大贡献的时代。”这一重大判断，既是对中国特色社会主义进入新时代的重大宣示，也是对我们党在新时代所肩负的任务、所担当的责任的重要宣示。

这一政治宣言还集中体现在对新时代中国共产党历史使命的深刻阐述上。报告第二部分专门阐述“新时代中国共产党的历史使命”。通过中国近代史的简要回顾，明确指出：“实现中华民族伟大复兴是近代以来中华民族最伟大的梦想”，中国共产党一经成立，就义无反顾地肩负起实现中华民族复兴的历史使命，“今天，我们比历史上任何时期都更接近、更有信心和能力实现中华民族伟大复兴的目标”。为了使我们党在中国特色社会主义进入新时代后更好地肩负起实现中华民族伟大复兴的历史使命，习近平总书记在报告中从三个方面提出了要求。一是实现伟大梦想，必须进行伟大斗争。报告用“五个更加自觉”的表述，提出了明确具体的要求。二是实现伟大梦想，必须建设伟大工程。报告对新时代如何建设伟大工程，确保我们党永葆旺盛生命力和强大战斗力等方面提出严格要求。三是实现伟大梦想，必须推进伟大事业。报告要求全党更加自觉地增强“四个自信”，既不走封闭僵化的老路，也不走改旗易帜的邪路，保持政治定力，坚持实干兴邦，始终坚持和发展中国特色社会主义。习近平总书记在报告中对伟大斗争、伟大工程、伟大事业、伟大梦想之间的相互关系作出科学论述之后，铿锵有力地说：“使命呼唤担当，使命引领未来。我们要不负人民重托、无愧历史选择，在新时代中国特色社会主义的伟大实践中，以党的坚强领导和顽强奋斗，激励全体中华儿女不断奋进，凝聚起同心共筑中国梦的磅礴力量！”把我们党夺取新时代中国特色社会主义伟大胜利的政治宣言，赋予鲜明的时代特色和昂扬的奋斗激情，展现了我们党的强烈使命担当和顽强奋斗精神。

三、夺取新时代中国特色社会主义伟大胜利的行动纲领

习近平总书记在报告中提出一系列具有全局性、战略性、前瞻性的行动纲领，事关党和国家事业继往开来，事关中国特色社会主义前途命运，事关最广大人民根本利益，是夺取新时代中国特色社会主义伟大胜利的行动纲领。

确立夺取新时代中国特色社会主义伟大胜利的指导思想。作为行动纲领，首先要明确指导思想，指导思想是行动纲领的魂。习近平总书记所作的报告把党的十八大以来党的理论创新成果概括为新时代中国特色社会主义思想，党的十九大通过的党章修正案把习近平新时代中国特色社会主义思想确立为我们党的行动指南，实现了党的指导思想的又一次与时俱进。这是党的十九大的一个重大历史贡献。习近平新时代中国特色社会主义思想，以全新的视野深化了对共产党执政规律、社会主义建设规律、人类社会发展规律的认识，从理论和实践结合上系统回答了新时代坚持和发展什么样的中国特色社会主义、怎样坚持和发展中国特色社会主义的一系列基本问题，在理论上有重大突破、重大创新、重大发展，在实践中显示出巨大的科学指导和战略引领作用。习近平新时代中国特色社会主义思想内涵丰富，其中最重要、最核心的内容就是报告中概括的“8 个明确”，高度

凝练、提纲挈领地点明了习近平新时代中国特色社会主义思想的主要内容,构成了系统完备、逻辑严密、内在统一的科学体系。全党要深刻学习领会习近平新时代中国特色社会主义思想的核心要义和丰富内涵,在各项工作中全面准确贯彻落实。

提出夺取新时代中国特色社会主义伟大胜利的基本方略。行动纲领的关键是“纲”,纲举目张。新时代坚持和发展中国特色社会主义的基本方略,就是这个行动纲领的“纲”。习近平总书记在报告中,从“14 个坚持”全面精辟地论述了坚持和发展中国特色社会主义的基本方略,涵盖了党的基本纲领、基本经验、基本要求,既是习近平新时代中国特色社会主义思想的重要内容,又是贯彻落实这一思想的实践要求。习近平总书记要求“全党同志必须全面贯彻党的基本理论、基本路线、基本方略,更好引领党和人民事业发展”。

作出夺取新时代中国特色社会主义伟大胜利的战略安排。作为行动纲领,必须从大方向、大政策、大战略方面,对未来发展作出科学安排。为夺取新时代中国特色社会主义伟大胜利,报告对实现“两个一百年”奋斗目标作出新的战略安排。习近平总书记在报告中提出“历史交汇期”,即“从十九大到二十大,是‘两个一百年’奋斗目标的历史交汇期。我们既要全面建成小康社会、实现第一个百年奋斗目标,又要乘势而上开启全面建设社会主义现代化国家新征程,向第二个百年奋斗目标进军”。综合分析国际国内形势和我国发展条件,党中央经过科学研究,提出“从 2020 年到本世纪中叶可以分两个阶段来安排”,“从全面建成小康社会到基本实现现代化,再到全面建成社会主义现代化强国,是新时代中国特色社会主义发展的战略安排”。我们要坚忍不拔、锲而不舍,奋力谱写社会主义现代化新征程的壮丽篇章!

明确夺取新时代中国特色社会主义伟大胜利的重大部署。作为行动纲领,必须对未来一个时期的发展作出周密部署。党的十九大报告从八个方面对夺取新时代中国特色社会主义伟大胜利作出了一系列重大工作部署。贯穿了统筹推进“五位一体”总体布局、协调推进“四个全面”战略布局的精神,涵盖了经济建设、政治建设、文化建设、社会建设、生态文明建设、国防和军队建设、祖国统一和外交、党的建设等事关党和国家事业发展全局的各项重要工作。这些部署深入贯彻了习近平新时代中国特色社会主义思想,充分体现了坚持和发展中国特色社会主义基本方略的精神,既有强烈的思想性,又有务实的可操作性,贯彻实施后必将有力地推进新时代中国特色社会主义的发展。

四、夺取新时代中国特色社会主义伟大胜利的根本保证

夺取新时代中国特色社会主义伟大胜利政治宣言和行动纲领的实施和实现,离不开中国共产党坚强有力的全面领导。习近平总书记在报告中指出:“中国特色社会主义进入新时代,我们党一定要有新气象新作为。”强调,“党要团结带领人民进行伟大斗争、推进伟大事业、实现伟大梦想,必须毫不动摇坚持和完善党的领导,毫不动摇把党建设得更加坚强有力”。为此,报告提出了一系列新要求,作出了一系列新部署。

要认清总形势。习近平总书记指出:“全面从严治党永远在路上。”全党要清醒认

识到，我们面临的执政环境是复杂的，影响党的先进性、弱化党的纯洁性的因素也是复杂的，党内存在的思想不纯、组织不纯、作风不纯等突出问题尚未得到根本解决。要深刻认识党面临的“四大考验”的长期性和复杂性，深刻认识党面临的“四种危险”的尖锐性和严峻性，坚持问题导向，保持战略定力，推动全面从严治党向纵深发展。这两个“要”，把新时代党的建设面临的总形势，阐述得很清晰、很全面、很精辟。

要把握总要求。习近平总书记在报告中明确提出了新时代党的建设总要求：坚持和加强党的全面领导，坚持党要管党、全面从严治党，以加强党的长期执政能力建设、先进性和纯洁性建设为主线，以党的政治建设为统领，以坚定理想信念宗旨为根基，以调动全党积极性、主动性、创造性为着力点，全面推进党的政治建设、思想建设、组织建设、作风建设、纪律建设，把制度建设贯穿其中，深入推进反腐败斗争，不断提高党的建设质量，把党建设成为始终走在时代前列、人民衷心拥护、勇于自我革命、经得起各种风浪考验、朝气蓬勃的马克思主义执政党。这一总要求，就是新时代党的建设的主题，新时代党的建设的纲领，新时代党的建设的思路。

要贯彻总部署。对于如何推进新时代党的建设，习近平总书记在报告中作出了全面的部署。总部署从把党的政治建设摆在首位、用新时代中国特色社会主义思想武装全党等八个方面作了系统阐述。既是新时代党的建设总要求的全面展开，又是对推进新时代党的建设的具体安排；既是对党的建设思想理论、优良传统的坚持和继承，又是对做好新时代党的建设从思想和工作层面的创新和发展。只要我们真正认清总形势、认真把握总要求、切实贯彻总部署，我们党就一定能够引领承载着中国人民伟大梦想的航船破浪前进，胜利驶向光辉的彼岸！

（作者：中央马克思主义理论研究和建设工程咨询委员会主任）

学习贯彻党章的核心、根本、关键及实质

曲青山

党章是党的总章程，是党的根本大法，集中体现党的性质、宗旨、最高理想、奋斗目标，集中体现党的理论和路线方针政策，规定党的重要制度，对推进党的事业、加强党的建设具有重要指导作用。2017 年 10 月 24 日，中国共产党第十九次全国代表大会通过的《中国共产党章程（修正案）》，是全党在新时代各项工作的根本遵循。当前，学习贯彻党章正在全党兴起。学习贯彻党章，必须在核心、根本、关键、实质四个方面下功夫。

一、学习贯彻党章，最核心的是以习近平新时代中国特色社会主义思想为行动指南

党章修正案规定："中国共产党以马克思列宁主义、毛泽东思想、邓小平理论、'三个代表'重要思想、科学发展观、习近平新时代中国特色社会主义思想作为自己的行动指南。"把习近平新时代中国特色社会主义思想确立为党的指导思想，写在党的旗帜上，是这次党章修改的最大亮点和最突出的历史贡献。学习贯彻党章，必须以习近平新时代中国特色社会主义思想为行动指南，这是学习贯彻党章最核心的问题。

党的十八大以来，以习近平同志为主要代表的中国共产党人，坚持以马克思列宁主义、毛泽东思想、邓小平理论、"三个代表"重要思想、科学发展观为指导，坚持解放思想、实事求是、与时俱进、求真务实，坚持辩证唯物主义和历史唯物主义，紧密结合新的时代条件和实践要求，以全新的视野深化对共产党执政规律、社会主义建设规律、人类社会发展规律的认识，进行艰辛理论探索，取得重大理论创新成果，创立了习近平新时代中国特色社会主义思想。习近平新时代中国特色社会主义思想，从理论和实践结合上系统回答了新时代坚持和发展什么样的中国特色社会主义、怎样坚持和发展中国特色社会主义这个重大时代课题，回答了新时代坚持和发展中国特色社会主义的总目标、总任务、总体布局、战略布局和发展方向、发展方式、发展动力、战略步骤、外部条件、政治保证等基本问题，并且根据新的实践对经济、政治、法治、科技、文化、教育、民生、民族、宗教、社会、生态文明、国家安全、国防和军队、"一国两制"和祖国统一、统一战线、外交、党的建设等各方面作出理论分析和政策指导，为新时代坚持和发展中国特色社会主义、推进党和国家事业提供了基本遵循，为发展 21 世纪马克思主义、当代中国马克思主义作出了历史性贡献。

新时代新使命新实践需要新的思想来指引。党的十八大以来的 5 年，党和国家事业之所以取得历史性成就、发生历史性变革，其中一个根本原因就是有习近平新时代中国特色社会主义思想的科学指引。当前和今后一个时期，我们要决胜全面建成小康社会，夺取

新时代中国特色社会主义伟大胜利，实现中华民族伟大复兴的中国梦，仍然离不开这个思想的科学指引。我们要以高度的责任感和使命感，全面深入学习贯彻，切实把思想和行动统一到习近平新时代中国特色社会主义思想上来。

二、学习贯彻党章，最根本的是不忘初心、牢记使命、永远奋斗

不忘初心，方得始终。中国共产党人的初心和使命是什么？就是为中国人民谋幸福，为中华民族谋复兴。这个初心和使命是激励中国共产党人不断前进的根本动力。党章修正案对总纲部分进行了修改，增写实现中华民族伟大复兴的中国梦内容，意义重大而深远。学习贯彻党章，必须不忘初心、牢记使命、永远奋斗，这是学习贯彻党章最根本的问题。

中国共产党成立近100年，百年恰是风华正茂。我们党立志于中华民族千秋伟业，从成立之日，就肩负起实现民族独立、人民解放和国家富强、人民幸福的两大历史任务。第一个历史任务即反帝反封建。从世界历史一般进程看，这个历史任务应该由中国资产阶级及其政党来承担。但是，由于中国资产阶级的天生软弱性，这个历史任务就落到了中国工人阶级及其政党——中国共产党的肩上。我们党团结带领人民找到了一条以农村包围城市、武装夺取政权的正确革命道路，进行了28年浴血奋战，完成了新民主主义革命，1949年建立了中华人民共和国，实现了中国从几千年封建专制政治向人民民主的伟大飞跃，胜利完成了党所肩负的实现民族独立、人民解放的历史任务。

第二个历史任务即实现社会主义现代化。这个历史任务是在社会主义革命和社会主义建设中推进的，是在改革开放新的伟大革命中推进的。中华人民共和国建立以后，我们党团结带领人民完成社会主义革命，确立社会主义基本制度，推进社会主义建设，完成了中华民族有史以来最为广泛而深刻的社会变革，为当代中国一切发展进步奠定了根本政治前提和制度基础。党的十一届三中全会以后，我们党团结带领人民进行改革开放新的伟大革命，破除阻碍国家和民族发展的一切思想和体制障碍，开辟了中国特色社会主义道路，使中国大踏步赶上时代，迎来了实现中华民族伟大复兴的光明前景。

中国特色社会主义进入了新时代。今天，我们比历史上任何时期都更接近、更有信心和能力实现中华民族伟大复兴的目标。全党必须准备付出更为艰巨、更为艰苦的努力。实现伟大梦想，必须进行伟大斗争、建设伟大工程、推进伟大事业。其中起决定性作用的是党的建设新的伟大工程。我们党要完成时代和人民赋予的历史使命，一定要永远与人民同呼吸、共命运、心连心，永远把人民对美好生活的向往作为奋斗目标，以永不懈怠的精神状态和一往无前的奋斗姿态，继续奋勇前进。

三、学习贯彻党章，最关键的是高举伟大旗帜、明确历史方位、坚决维护核心

旗帜就是信仰，就是方向。习近平总书记所作的党的十九大报告阐明了大会的主题，就是不忘初心，牢记使命，高举中国特色社会主义伟大旗帜，决胜全面建成小康社

会，夺取新时代中国特色社会主义伟大胜利，为实现中华民族伟大复兴的中国梦不懈奋斗。党章修正案阐述改革开放以来我们取得一切成绩和进步的根本原因时，在十八大以来我们党关于坚持和发展中国特色社会主义新的认识基础上，对内容作了充实，将发展了中国特色社会主义文化，同开辟了中国特色社会主义道路、形成了中国特色社会主义理论体系、确立了中国特色社会主义制度一道写入党章，同时增写坚定道路自信、理论自信、制度自信、文化自信的内容。中国特色社会主义是改革开放以来党的全部理论和实践的主题。学习贯彻党章，必须高举中国特色社会主义伟大旗帜，牢固树立中国特色社会主义道路自信、理论自信、制度自信、文化自信，确保党和国家事业始终沿着正确方向胜利前进。

历史方位就是国情，就是时代坐标。一部中国共产党的历史就是不断适应形势任务的发展变化，及时标定历史方位的历史。在革命、建设和改革各个时期，我们党总是根据世情国情党情的发展变化，明确党所处的历史方位，制定党在各个时期的路线方针政策。党的十九大报告指出：经过长期努力，中国特色社会主义进入了新时代，这是我国发展新的历史方位；中国特色社会主义进入新时代，我国社会主要矛盾已经转化为人民日益增长的美好生活需要和不平衡不充分的发展之间的矛盾。与之相适应，党章修正案在总纲部分对我国社会主要矛盾作了相应修改。这个重大政治论断，是在回顾和总结十八大以来党和国家事业取得历史性成就、发生历史性变革的基础上作出的；是在党的理论不断创新，党的执政方式和领导方式不断改进的情况下作出的；是在全面建成小康社会之后，就实现第二个百年奋斗目标，对未来30年进行两个阶段的战略性安排后作出的。学习贯彻党章，必须科学认识我国发展新的历史方位，全面贯彻党的基本理论、基本路线、基本方略，在继续推动经济发展的同时，更好解决我国社会出现的各种问题，更好实现各项事业全面发展。

中国特色社会主义最本质的特征是中国共产党的领导，中国特色社会主义制度的最大优势是中国共产党的领导。坚持党的领导，是当代中国的最高政治原则，是实现中华民族伟大复兴的关键所在。坚持党的领导，首先是坚持党中央权威和集中统一领导。党章修正案在党的建设基本要求第四项坚持民主集中制中增写：牢固树立政治意识、大局意识、核心意识、看齐意识，坚定维护以习近平同志为核心的党中央权威和集中统一领导。这对于维护党中央权威，维护全党集中统一，进而把全国各族人民紧密团结起来，为实现中华民族伟大复兴的中国梦而共同奋斗，具有重要意义。

核心就是领袖，就是统帅。一部中国共产党的历史就是不断维护党中央权威和集中统一领导，形成不同时期党的领导核心的历史。党成立以来，在大风大浪中、在斗争实践中、在历史考验中确立和形成了以毛泽东同志为核心的党的第一代中央领导集体，以邓小平同志为核心的党的第二代中央领导集体，以江泽民同志为核心的党的第三代中央领导集体，以胡锦涛同志为总书记的党中央，以习近平同志为核心的党中央。党的十八届六中全会确立习近平同志作为党中央的核心、全党的核心，这是历史的选择，人民的选择。党章修正案，进一步确认这一重大政治决定。学习贯彻党章，必须坚定执行党的政治路线，严格遵守政治纪律和政治规矩，在政治立场、政治方向、政治原则、政治道路上同以习近平同志为核心的党中央保持高度一致，坚定维护以习近平同志为核心的党中央权威和集中统一领导。

四、学习贯彻党章，最实质的是内化于心、外化于行

党的十九大报告强调：中国特色社会主义进入新时代，我们党一定要有新气象新作为。在新时代，伟大斗争在考验着我们，伟大工程在引领着我们，伟大事业在激励着我们，伟大梦想在感召着我们。党章修正案对总纲部分进行了修改，对条文部分相应进行了修改，实现了与时俱进，这是党的工作的需要，是党的建设的需要。写好党章、修改好党章不易，贯彻落实好党章更不易。学习贯彻党章，必须内化于心、外化于行，这是学习贯彻党章最实质的问题。

党的十九大闭幕仅一周，习近平总书记就带领中央政治局常委专程从北京前往上海和浙江嘉兴，瞻仰上海中共一大会址和浙江嘉兴南湖红船，回顾建党历史，重温入党誓词，宣示新一届党中央领导集体的坚定政治信念。习近平总书记在重温入党誓词后强调，入党誓词字数不多，记住并不难，难的是终身坚守。每个党员要牢记入党誓词，经常加以对照，坚定不移，终生不渝。同样道理，党章修正案，虽然只有十一章、共55条，记住其内容并不难，难的是经常加以对照，终身坚守，坚决贯彻执行。每一名党员，要从自身做起，从每一件小事做起，从现在做起，认认真真、扎扎实实，不折不扣、完完全全去履行党员义务，做一名名副其实的共产党员。

党章是全党必须遵循的总规矩。只要每一名党员干部特别是领导干部自觉学习党章、遵守党章、贯彻党章、维护党章，真正使党章内化于心、外化于行，全党8900多万名党员和450多万个党组织，就能汇聚起磅礴的力量。全党全国各族人民必将在以习近平同志为核心的党中央坚强领导下，在习近平新时代中国特色社会主义思想科学指引下，团结一心，众志成城，砥砺奋进，开拓创新，引领承载着中华民族伟大复兴的巨轮胜利驶向光辉的彼岸，最终实现我们的伟大梦想。

（作者：中共中央党史研究室主任）

新时代推进理论和实践创新的光辉篇章

——论党的十九大报告的十二个创新亮点

王伟光

党的十九大报告是中国共产党人站在时代高度，以巨大的政治勇气，推进理论创新和实践创新的思想结晶，是一篇光辉的马克思主义纲领性文献。报告宣告中国特色社会主义进入了新时代，阐释了习近平新时代中国特色社会主义思想，实现了党的指导思想的与时俱进，掀开了中华民族走向伟大复兴新时代的历史新篇章，掀开了中国人民奋斗不息走向美好生活新时代的历史新篇章，掀开了中国共产党人敢于斗争走向伟大胜利新时代的历史新篇章。报告是习近平新时代中国特色社会主义思想的集大成，处处闪耀着创新和发展马克思主义的真理光芒。

一、总结并阐述了党的十八大以来取得的历史性成就和发生的历史性变革

党的十八大以来的5年，是极不平凡的5年，以习近平同志为核心的党中央带领全党全国人民励精图治，奋力开拓，锐意创新，取得了改革开放和社会主义现代化建设的历史性成就。成就取得的根本原因，在于有习近平总书记作为党的领导核心的英明领导，在于有习近平新时代中国特色社会主义思想的正确指导。5年来，以习近平同志为核心的党中央以巨大的政治勇气和强烈的责任担当，提出一系列新理念新思想新战略，出台一系列重大方针政策，推出一系列重大举措，推进一系列重大工作，解决了许多长期想解决而没有解决的难题，办成了许多过去想办而没有办成的大事，推动党和国家事业发生历史性变革。这些变革力度之大、范围之广、效果之显、影响之深，在党的历史上、在新中国的历史上、在中华民族的历史上，都具有里程碑的意义。

二、强调并阐述了中国共产党人的初心和使命是激励中国共产党人不断前进的根本动力

党的十九大报告明确指出，不忘初心，方得始终。中国共产党人的初心和使命，就是为中国人民谋幸福，为中华民族谋复兴。这个初心和使命是激励中国共产党人不断前进的根本动力。报告总结了我们党对实践自己的初心和使命而不懈奋斗的百年艰辛历程，雄辩地说明中国共产党人的初心和使命，始终激励着中国共产党人前赴后继，流血牺牲，不懈奋斗，不断前进；也正是中国共产党人永远不忘初心、牢记使命，才能够取得今天这样伟大的成就。报告明确宣示，全面建设社会主义现代化强国，是中国共产党人的时代使命，这个时代使命激励着我们继续高举中国特色社会主义伟大旗帜，为实现“两个一百年”奋斗目标，实现中华民族伟大复兴的中国梦而不懈奋斗。

三、作出并阐述了中国特色社会主义进入了新时代的重大政治判断

经过长期努力，中国特色社会主义进入了新时代，这是我国发展新的历史方位。这个新时代，是承前启后、继往开来、在新的历史条件下继续夺取中国特色社会主义伟大胜利的时代，是决胜全面建成小康社会、进而全面建设社会主义现代化强国的时代，是全国各族人民团结奋斗、不断创造美好生活、逐步实现全体人民共同富裕的时代，是全体中华儿女勠力同心、奋力实现中华民族伟大复兴中国梦的时代，是我国日益走近世界舞台中央、不断为人类作出更大贡献的时代。作出中国特色社会主义进入了新时代的重大政治判断，有五个方面的依据：一是党的十八大以来的历史性新变革标志中国特色社会主义进入新时代；二是社会主义初级阶段社会主要矛盾的新变化决定中国特色社会主义进入新时代；三是中国社会发展变化的新特征显示中国特色社会主义进入新时代；四是历史交汇期新的历史任务和奋斗目标表明中国特色社会主义进入新时代；五是党的理论和实践实现与时俱进的创新说明中国特色社会主义进入新时代。需要指出的是，新时代中国特色社会主义所使用的时代概念不是历史观上的“大的历史时代”，而是从我们党和国家事业发展的角度提出来的。新时代特指中国特色社会主义发展已经站在一个新的历史起点上，进入一个新的历史阶段，处在一个新的历史方位上。

四、提出并阐述了我国社会主要矛盾发生了变化，但我国社会主义所处历史阶段没有改变的重大政治结论

中国特色社会主义进入新时代，我国社会主要矛盾已经转化为人民日益增长的美好生活需要和不平衡不充分的发展之间的矛盾。经过改革开放近40年的发展，我国社会主要矛盾的两个方面都发生了重大改变。一方面，我国生产力水平整体上升，当前突出的问题是发展的不平衡不充分；另一方面，人民不仅对物质文化生活提出了更高要求，而且在民主、法治、公平、正义、安全、环境等各方面的要求也日益增长，对美好生活的需要越来越强烈。应对这个重大变化，必须认识到我国社会主要矛盾的变化是关系全局的历史性变化，对党和国家工作提出了许多新要求。我们要在继续推动生产力发展的基础上，更好地解决发展的不平衡不充分问题，大力提升发展质量和效益，更好满足人民在经济、政治、文化、社会、生态等各方面日益增长的需要。同时，也必须认识到我国社会主要矛盾的变化，没有改变我们对我国社会主义所处历史阶段的判断，我国仍处于并将长期处于社会主义初级阶段的基本国情没有变，我国是世界最大发展中国家的国际地位没有变。我们要牢牢把握社会主义初级阶段这个基本国情，牢牢立足社会主义初级阶段这个最大实际，牢牢坚持党的基本路线这个党和国家的生命线、人民的幸福线。

五、确立并阐述了马克思主义中国化最新成果——习近平新时代中国特色社会主义思想

全面概括并阐述习近平新时代中国特色社会主义思想，集中体现为“8个明确”，这是党的十九大报告最大的也是最重要的理论贡献。习近平新时代中国特色社会主义思想是顺应时代要求、顺应人民期待，正确把握时代

课题的基础上产生出来的科学理论体系。它系统地回答了国内外形势变化和我国各项事业发展提出的新的时代课题,这就是必须从理论和实践的结合上系统回答新时代坚持和发展什么样的中国特色社会主义、怎样坚持和发展中国特色社会主义;解决了坚持和发展中国特色社会主义一系列基本问题,这就是新时代坚持和发展中国特色社会主义的总目标、总任务、总体布局、战略布局和发展方向、发展方式、发展动力、战略步骤、外部条件、政治保证等问题。习近平新时代中国特色社会主义思想,是对马克思列宁主义、毛泽东思想、邓小平理论、"三个代表"重要思想、科学发展观的继承和发展,是马克思主义中国化最新成果,是党和人民实践经验和集体智慧的结晶,是中国特色社会主义理论体系的重要组成部分,是全党全国人民为实现中华民族伟大复兴而奋斗的行动指南,必须长期坚持并不断发展。这一思想的主要创立者是习近平同志,他对创立这个思想体系起了决定性作用、作出了决定性贡献。习近平新时代中国特色社会主义思想作为21世纪马克思主义、当代中国马克思主义,必将引领中华民族走向光辉的未来。

六、明确并阐述了新时代坚持和发展中国特色社会主义的基本方略,形成了基本理论、基本路线、基本方略"三个基本"新提法

新时代坚持和发展中国特色社会主义的基本方略,是习近平新时代中国特色社会主义思想的具体体现,是在各项工作中贯彻落实的具体要求,是引领党和人民事业发展的行动指南。基本方略也是科学部署,涵盖政治经济文化社会生态党建安全国防外交等各个领域,覆盖党的工作所有方面,是统筹推进中国特色社会主义"五位一体"总体布局和协调推进"四个全面"战略布局的总要求。坚持习近平新时代中国特色社会主义思想,必须扎扎实实落实好新时代坚持和发展中国特色社会主义的基本方略。过去强调基本理论、基本路线、基本纲领、基本经验、基本要求"五个基本",这次则是明确了"三个基本"的新提法,即基本理论、基本路线和基本方略。其中,基本理论就是中国特色社会主义理论,基本路线就是党的基本路线,基本方略就是"14个坚持"。

七、概括并阐述了"四个伟大"的重大意义以及内在的逻辑关系

党的十九大报告对"四个伟大",即伟大斗争、伟大工程、伟大事业、伟大梦想的科学内涵、重大意义及其逻辑关系作了全面阐述。实现中华民族伟大复兴,是近代以来中华民族最伟大的梦想。实现伟大梦想,必须进行伟大斗争,建设伟大工程,推进伟大事业。要深刻理解"四个伟大"相互贯通、相互作用的关系。在"四个伟大"中,起决定性作用的是党的建设新的伟大工程,加强党的建设是重中之重,必须坚持全面从严治党永远在路上。伟大工程要结合伟大斗争、伟大事业、伟大梦想的实践来进行,确保党在世界形势深刻变化的历史进程中始终走在时代前列,在应对国内外各种风险和考验的历史进程中始终成为全国人民的主心骨,在坚持和发展中国特色社会主义的历史进程中始终成为坚强领导核心。

八、说明并阐述了决胜全面建成小康社会，开启全面建设社会主义现代化国家新征程的新要求

党的十九大报告对决胜全面建成小康社会、开启全面建设社会主义现代化国家新征程作了全面阐述。报告立足中国特色社会主义发展的新时代，着眼于党和国家事业发展的新起点，科学把握我国发展的新历史方位，描述了决胜全面建成小康社会，夺取新时代中国特色社会主义伟大胜利的宏伟蓝图，对决胜全面建成小康社会提出了新要求，作出了新部署。从十九大到二十大，是“两个一百年”奋斗目标的历史交汇期。我们既要全面建成小康社会、实现第一个百年奋斗目标，又要乘势而上开启全面建设社会主义现代化国家新征程，向第二个百年奋斗目标进军。从全面建成小康社会到基本实现现代化，再到全面建成社会主义现代化强国，是新时代中国特色社会主义发展的战略安排。这种战略谋划，反映了我们党的高度自信，体现了习近平总书记作为马克思主义政治家的高瞻远瞩和卓越智慧，必将极大地调动全党全国人民的积极性和创造性。

九、确定并阐述了全面建设社会主义现代化国家的战略任务和实现“两个一百年”奋斗目标的宏伟蓝图

党的十九大报告明确提出，综合分析国际国内形势和我国发展条件，从2020年到本世纪中叶可以分两个阶段来安排。第一个阶段，从2020年到2035年，在全面建成小康社会的基础上，再奋斗15年，基本实现社会主义现代化，把实现社会主义现代化的目标提前了15年。第二个阶段，从2035年到本世纪中叶，在基本实现现代化的基础上，再奋斗15年，把我国建成富强民主文明和谐美丽的社会主义现代化强国。习近平总书记对第二个百年奋斗目标作了原则性的远景规划和战略安排。值得注意的是，这里不再提“翻两番”这样的具体目标，这有利于进一步贯彻新发展理念。

十、确立并阐述了全面推进新时代中国特色社会主义“五位一体”总体布局和“四个全面”战略布局的新要求新部署新举措

习近平总书记在报告中论述了“五位一体”总体布局和“四个全面”战略布局的战略安排，对全面推进新时代中国特色社会主义经济、政治、文化、社会、生态文明建设，以及国防和军队建设、“一国两制”和祖国统一等一系列重大问题作了理论论述、政策应对，提出了具体举措。主要包括：贯彻新发展理念，建设现代化经济体系；健全人民当家作主制度体系，发展社会主义民主政治；坚定文化自信，推动社会主义文化繁荣兴盛；提高保障和改善民生水平，加强和创新社会治理；加快生态文明体制改革，建设美丽中国；坚持走中国特色强军之路，全面推进国防和军队现代化；坚持“一国两制”，推进祖国统一。

十一、强调并阐述了人类命运共同体的重大提法和坚持走和平发展道路的外交战略格局

习近平总书记在党的十九大报告中对国际形势作了深刻分析，并提出了对外工作总方针。强调中国应坚持和平发展道路，高举

和平、发展、合作、共赢的旗帜，恪守维护世界和平、促进共同发展的外交政策宗旨，坚定不移在和平共处五项原则基础上发展同各国的友好合作。强调中国积极促进“一带一路”国际合作，积极参与全球治理体系改革和建设，推动建设相互尊重、公平正义、合作共赢的新型国际关系，推动构建人类命运共同体，同各国人民一道，建设持久和平、普遍安全、共同繁荣、开放包容、清洁美丽的世界。

十二、确定并阐述了新时代党的建设总体要求

习近平总书记强调，打铁必须自身硬。党要团结带领人民进行伟大斗争、推进伟大事业、实现伟大梦想，必须毫不动摇坚持和完善党的领导，毫不动摇把党建设得更加坚强有力。党的十九大报告中明确提出新时代党的建设总要求是：坚持和加强党的全面领导，坚持党要管党、全面从严治党，以加强党的长期执政能力建设、先进性和纯洁性建设为主线，以党的政治建设为统领，以坚定理想信念宗旨为根基，以调动全党积极性、主动性、创造性为着力点，全面推进党的政治建设、思想建设、组织建设、作风建设、纪律建设，把制度建设贯穿其中，深入推进反腐败斗争，不断提高党的建设质量，把党建设成为始终走在时代前列、人民衷心拥护、勇于自我革命、经得起各种风浪考验、朝气蓬勃的马克思主义执政党。加强党的建设，一定要把党的政治建设摆在首位。全党必须增强政治意识、大局意识、核心意识、看齐意识，坚持党中央权威和集中统一领导，坚决维护习近平总书记的核心地位，坚定执行党的政治路线，严格遵守政治纪律和政治规矩，在政治立场、政治方向、政治原则、政治道路上同党中央保持高度一致。

总之，党的十九大报告进一步指明了党和国家事业的前进方向，是我们党团结带领全国各族人民在新时代坚持和发展中国特色社会主义的政治宣言和行动纲领，是一篇与时俱进的马克思主义纲领性文献，通篇闪耀着马克思主义真理的光芒，通篇体现了以习近平同志为核心的党中央引领新时代中国特色社会主义的理论成果、实践成果、创新成果。新时代、新思想、新目标、新征程、新战略、新举措、新篇章、新未来，必将激励全党全国各族人民万众一心，开拓进取，把新时代中国特色社会主义推向前进！

（作者：中国社会科学院院长、党组书记）

开启全面建设社会主义现代化国家新征程

李　伟

党的十九大报告通篇闪耀着马克思主义真理的光芒。在这份划时代的政治宣言和行动纲领中,习近平总书记向全党发出号召,要“决胜全面建成小康社会,开启全面建设社会主义现代化国家新征程”。提出这一重大时代课题,从历史维度看,体现了中国共产党人不忘初心,始终把为中国人民谋幸福、为中华民族谋复兴作为自己的使命;从现实维度看,体现了中国共产党人与时俱进,始终把人民过上更加美好生活的新期待作为自己新的努力方向;从未来维度看,体现了中国共产党人永不停步,始终把不断推进中国的文明进步作为激励自己前进的动力。开启现代化建设新征程并取得新的伟大胜利,必须坚持党对一切工作的领导,必须维护党中央权威,必须全面贯彻落实习近平新时代中国特色社会主义思想。

一、实现中华民族伟大复兴需要开启全面建设社会主义现代化国家新征程

实现中华民族伟大复兴,是近代以来中华民族最伟大的梦想。中华民族有五千多年的文明史,为人类作出了卓越的贡献。在西方文艺复兴之前很长的历史时期内,中国在经济、技术、文化等领域一直处于世界领先地位。著名经济史学家安格斯·麦迪森在其著作《中国经济的长期表现:公元 960 ~ 2030 年》指出:“中国现在是,而且一直就是世界上最大的政治实体。早在公元 10 世纪时,中国在人均产出上就已经是世界经济中的领先国家,而且这个地位一直延续至 15 世纪。在技术水平上,在对自然资源的开发利用上,以及对辽阔疆域的管理能力上,中国都超过了欧洲。”然而遗憾的是,由于中国未能跟上西方工业革命的步伐,鸦片战争又将中国推向半封建半殖民地的深渊,中国与西方世界的差距越来越大,并不断受到西方列强的欺凌。

在惨痛的现实和教训面前,自 19 世纪初期,中国的仁人志士开始认识到,要使中华民族自立于世界民族之林,实现民族复兴,就必须推进国家的现代化。他们为此进行了各种各样的尝试,付出了艰辛的努力,但直到新中国成立,中国的现代化并没有取得重大进展。新中国的成立,为现代化提供了根本的政治前提和制度基础。从此,在中国共产党的领导下,中国的现代化踏上起飞的进程,并取得一个又一个辉煌的成就。

在改革开放之前,以毛泽东同志为代表的中国共产党人,带领全国各族人民,为推进现代化进行了艰苦卓绝的努力,建立了独立的工业体系和国民经济体系,为 1978 年之后的发展奠定了一定的物质技术基础。

改革开放以后,邓小平同志提出了中国现代化“三步走”的战略构想。在这种构想之下,中国共产党带领全国人民通过改革旧体制、建立新体制,通过扩大开放、融入全球

经济，取得了现代化建设新的伟大成就，使中国人民的生活总体上达到了小康水平。现在，中国已经成为全球第二大经济体和上中等收入国家。2016 年，中国国内生产总值达 80 万亿元，相当于 11.2 万亿美元；人均国内生产总值达 5.4 万元，相当于 8100 美元左右。在经济实力和综合国力显著增强的同时，城乡人民生活水平和生活质量都有了很大提高。2015 年，中国人的平均预期寿命为 76.34 岁，比 1981 年提高了8.57 岁。

到 2020 年，我们将全面建成小康社会。到那时，中国社会生产力水平将进一步提高，综合国力将进一步增强，经济总量将更加接近美国的水平，人均收入与发达国家差距将进一步缩小，现行标准下的贫困人口将全部脱贫。但是，要清醒地认识到，全面建成小康社会只是我国现代化的新起点，必须在此基础上，开启现代化建设的新征程。一方面，我们在产业发展、科技创新、生态环境保护等领域与发达国家还有明显差距。另一方面，随着新科技革命成果的不断涌现及其广泛应用，从全球范围看，经济、社会、文化等领域将出现一系列新的变化，现代化无论在物质层面还是在精神层面都将会有更加丰富的内容。这些都要求我们在现代化的征程中不能止步不前，必须不断前行。

二、开启全面建设社会主义现代化国家新征程需要明确现代化的目标和方向

现代化是由传统社会向现代社会全方位转变的过程，既包括经济、政治、文化、社会、生态等领域的一系列变迁，也包括地区之间、城乡之间、社会各阶层之间利益格局的深刻变化，既充满着机遇，也充满了新的矛盾和挑战。先发国家的现代化基本上是一个自发的过程，往往在经济社会出现严重问题之后，才采取一些矫正和补救措施，在取得巨大成就的同时，也付出了巨大、惨痛的代价。国际经验表明，只有在准确把握现代化规律的基础上，通过制定和实施系统、协调的战略，妥善处理各种社会矛盾和利益关系，很好地驾驭现代化，现代化过程才能比较平稳，才能少付些代价。

中国的现代化是社会主义的现代化，应当也有条件以明确的目标和前瞻性的战略加以引导。我党历代领导人都非常注重通过明确目标并制定相应的战略来推动现代化。在新中国成立头 30 年的发展过程中，党中央先后提出了建设“强大的现代化的工业、现代化的农业、现代化的交通运输业和现代化的国防”，“在 20 世纪内，把中国建设成为一个具有现代农业、现代工业、现代国防和现代科学技术的社会主义强国”的目标。经过改革开放前 30 年的艰辛探索，我国建立了社会主义制度，在一穷二白基础上建成了独立的工业体系和国民经济体系。

改革开放后，党中央在上世纪 80 年代，在清醒认识基本国情和深刻分析国内外形势变化的基础上，提出了“三步走”的战略目标，即：第一步，从 1981 年到 1990 年，国民生产总值翻一番，解决人民的温饱问题；第二步，从 1991 年到上世纪末，国民生产总值再翻一番，人民生活达到小康水平；第三步，到 21 世纪中叶，人均国民生产总值达到中等发达国家水平，人民生活比较富裕，基本实现现代化，然后在这个基础上继续前进。之后，党中央又提出了“两个一百年”的奋斗目标，并

逐渐丰富现代化的目标要求，提出了“五位一体”的现代化建设总布局。

按照党的十八大提出的要求和十九大的部署，到2020年，中国将全面建成小康社会，现代化进入新的历史阶段。在新的历史阶段，如何更好更顺利地推进现代化，现在必须作出安排。在这种背景下，党的十九大对中国的现代化作出了新的部署，明确提出从2020年到本世纪中叶，现代化分两个阶段安排：第一个阶段，从2020年到2035年，在全面建成小康社会的基础上，再奋斗15年，基本实现社会主义现代化；第二个阶段，从2035年到本世纪中叶，在基本实现现代化的基础上，再奋斗15年，把我国建成富强民主文明和谐美丽的社会主义现代化强国。

党的十九大提出的社会主义现代化建设新目标、新部署，涉及经济、政治、文化、社会、生态等领域，突出了人的全面发展和实现共同富裕的要求，突出了社会公平正义的要求，突出了人与自然和谐相处、实现永续发展的要求，反映了人类社会发展进步的总趋势，回应了人民对过上美好生活的新向往，体现了发展的无限性和发展的阶段性的统一。这是以习近平同志为核心的党中央，根据时代条件的变化，深刻分析世情国情党情，准确认识把握共产党执政规律、社会主义建设规律和人类社会发展规律，作出的战略抉择，将指引中国现代化不断取得新的成就。

三、开启建设社会主义现代化国家新征程必须全面贯彻落实习近平新时代中国特色社会主义思想

推进新时代的现代化，是实现中华民族伟大复兴梦想的必然要求，是建设中国特色社会主义伟大事业的基本内容和主要方面，必然伴随着具有许多新的历史特点的伟大斗争，需要实现党在指导思想上的与时俱进。习近平新时代中国特色社会主义思想正是十八大以来我们党的重大理论创新成果，是推进中国现代化必须始终坚持的指导思想。

习近平新时代中国特色社会主义思想，继承和发展了马克思列宁主义、毛泽东思想、邓小平理论、“三个代表”重要思想、科学发展观，系统地回答了新时代坚持和发展中国特色社会主义的总目标、总任务、总体布局、战略布局和发展方向、发展方式、发展动力、战略步骤、外部条件、政治保证等基本问题，必须不折不扣地贯彻到现代化建设的各领域、全过程。

习近平新时代中国特色社会主义思想高屋建瓴，内容丰富，覆盖全面。在现代化建设的新征程中落实这一思想，应重点把握好以下五点。

（一）深刻认识和准确把握新时代我国社会主要矛盾的变化

现代化是一个不断演进的过程，也是一个由量变到质变循环往复、螺旋上升的过程，呈现出一系列阶段性变化的特征。在现代化的不同阶段，社会的主要矛盾及其所决定的主要发展任务有明显的不同。历史反复证明，只有正确认识和准确把握社会主要矛盾的变化，才能制定出正确的现代化战略、方针和政策。过去几十年，我国社会的主要矛盾是人民日益增长的物质文化需要同落后的社会生产之间的矛盾，现代化的主要任务是解决“从无到有”的问题，要优先解决温饱问题，以满足人们的生存需要；要随着生产力水平的提高，不断提升人们的生活水平和质量，

以满足人们不断增长的发展需要；要建立比较完整的产业体系、技术体系和国民经济体系，以为长远发展奠定必要的物质和技术基础。现在，中国的综合国力、生产力水平、经济实力、工业化程度都实现了历史阶段性的变化，发展已进入新的时代，我国社会的主要矛盾已经转化为人民日益增长的美好生活需要和不平衡不充分的发展之间的矛盾，现代化的主要任务是解决“从有到好”的问题，应该更加注重全面发展，更加注重平衡发展，更加注重共同富裕，更加注重增强人民的获得感、幸福感、安全感。

（二）切实贯彻以人民为中心的发展思想和新发展理念

习近平总书记在党的十九大报告中进一步强调，永远把人民对美好生活的向往作为中国共产党人的奋斗目标。中国的现代化必须体现以人民为中心的发展思想。要把实现人的全面发展和全体人民的共同富裕作为出发点和落脚点，谋划和布局未来的现代化，制定和实施现代化的战略、方针和政策。推进新时代的现代化建设，还必须全面贯彻创新、协调、绿色、开放、共享的发展理念。通过创新发展，解决传统发展动力减弱、发展方式粗放的问题，形成发展的新动力，奠定可持续发展的基础。通过协调发展，补足发展短板，优化经济结构，形成平衡发展的格局。通过绿色发展，满足人们对环境质量日益提高的要求，实现人与自然和谐共生。通过开放发展，更充分地发挥自身优势，更好地利用“两个市场”“两种资源”，形成构建人类命运共同体的强大合力。通过共享发展，缩小城乡、区域和社会各阶层收入差距，为最终实现共同富裕积累条件。

（三）统筹布局、协调推进现代化各领域的发展

现代化是一项复杂而又巨大的系统工程，统筹布局、协调推进各领域的发展，是持续推进现代化并实现既定目标的内在要求。经过数代人的努力，中国的现代化取得了历史性成就，但是各领域的发展并不平衡，其中有些方面的不平衡还相当突出。比如，发展质量和效益还不高，创新能力还不够强，生态环境问题凸出，人民群众在就业、教育、医疗、居住、养老等方面面临不少难题。这也是党的十九大判断社会主要矛盾已经转化的重要依据。推进新时代的现代化，必须更加注重顶层设计，更加注重统筹布局，更加注重协调推进各方面的建设。

（四）深化改革，建立更加完善的市场经济体制，推进国家治理体系和治理能力现代化

实现现代化的既定目标，必须形成持续发展的动力，也必须有效应对现代化过程中可能出现的风险和挑战。这就必然要建立更加完善的现代化经济体系，建立更加有效的国家治理体系，不断提高国家治理能力。现在，各领域改革和制度建设业已取得重大进展。我们要按照党的十九大的部署，完善产权制度，公平保护各类投资主体的合法权益；继续深化国有企业改革，发展各种形式的混合所有制经济；打破垄断，实施市场准入负面清单制度，创造公平的竞争环境；继续转变政府职能，调整中央与地方的关系，建立与市场经济发展要求相适应的行政管理体制，为市场发挥作用留下更广阔的空间；推动形成全面开放新格局，对外资全面实行准入前国民待遇加负面清单管理制度，放宽市场准入，平等对待在中国境内注册的所有企业；推动政治、司法等领域的改革，构建系统完备的国家治理体系。

（五）加强党对现代化的组织领导，推进党的建设伟大工程

与发达国家的现代化不同，中国的现代化是后发赶超型现代化，中国又是世界上人口规模最大、地区发展很不平衡的国家，现代化的任务艰巨。在现代化的过程中，经济、政治、社会、文化、生态等各个领域的矛盾会更加集中，解决这些矛盾的回旋余地会相对有限，面临的挑战可能会比先发国家更大。要顺利推进现代化，必须加强对现代化的组织领导。国际经验也表明，对于后发国家来说，只有加强对现代化的规划、引导和推动，才能使现代化不断迈上新台阶。在中国，规划、引导和推动现代化的重任，必然要由中国共产党来承担。在当下的中国，没有任何一个组织有中国共产党这样统筹谋划、引导推动现代化的能力。中国现代化的历史也表明，中国共产党不仅是"中国人民谋求民族独立、人民解放和国家富强、人民幸福"的主心骨，也是现代化的有力领导者、组织者和推动者。过去几十年，在中国共产党的领导下，中国的现代化取得了旷古未有的伟大成就。推进新时代的现代化，要一如既往地坚持党对现代化的组织领导。党要通过制定科学的、具有前瞻性的战略和目标，团结和带领全体人民完成现代化的各项任务，应对现代化的各种挑战。而要发挥好党对现代化的组织领导作用，必须按照党的十九大的要求，推进党的建设这一伟大工程，坚决维护以习近平同志为核心的党中央的权威，坚决服从党中央的集中统一领导，不断提高党的执政能力和领导水平。

迄今为止，中国社会主义现代化建设已经取得了辉煌成就；未来的现代化任务会更加艰巨、挑战会更加严峻。我们坚信，在以习近平同志为核心的党中央坚强领导下，中国在现代化的新征程上，一定能克服种种困难，一定能应对重重挑战，一定能完成各项任务，一定能取得更大成就。

（作者：国务院发展研究中心主任）

建设现代化经济体系

宁吉喆

习近平同志所作的党的十九大报告站在新的历史起点上，高瞻远瞩，审时度势，对建设现代化经济体系作出全面部署。我们要深刻认识建设现代化经济体系的重要意义、科学内涵和主要任务，扎实推进经济建设，为确保实现"两个一百年"奋斗目标和中华民族伟大复兴中国梦奠定坚实基础。

充分认识建设现代化经济体系的重要意义

建设现代化经济体系是开启全面建设社会主义现代化国家新征程的重大任务。上个世纪80年代，党中央提出我国社会主义现代化建设分三步走的战略目标。党的十八大强调实现"两个一百年"奋斗目标。党的十九大把握中国特色社会主义新时代发展大势，提出决胜全面建成小康社会、开启全面建设社会主义现代化国家新征程的战略目标：到2020年，全面建成小康社会；到2035年，基本实现社会主义现代化；到本世纪中叶，把我国建成富强民主文明和谐美丽的社会主义现代化强国。实现宏伟愿景，必须牢牢扭住经济建设这个中心，坚定不移把发展作为党执政兴国的第一要务，加快形成先进的生产力，构建雄厚的经济基础；加快建设现代化经济体系，推动新型工业化、信息化、城镇化、农业现代化同步发展，显著提高发展质量，不断壮大我国经济实力和综合国力。

建设现代化经济体系是紧扣我国社会主要矛盾转化推进经济建设的客观要求。长期以来，我国社会主要矛盾是人民日益增长的物质文化需要同落后的社会生产之间的矛盾。改革开放极大地解放和发展了我国社会生产力。2017年国内生产总值预计将超过80万亿元，稳居世界第二；工农业生产、基础设施、科技创新、市场建设也都取得长足进步，社会生产总体上已不再落后。同时，人民对美好生活的需要日益增长。但是，发展中不平衡不协调不可持续问题十分突出，我国人均国内生产总值和人均国民总收入仍低于世界平均水平。当前，我国社会主要矛盾已经转化为人民日益增长的美好生活需要和不平衡不充分的发展之间的矛盾。必须坚持创新、协调、绿色、开放、共享的发展理念，统筹推进"五位一体"总体布局，协调推进"四个全面"战略布局，推动城乡、区域、经济社会协调发展，处理好经济发展和环境保护的关系，实现国内发展和对外开放良性互动。这正是持续推进现代化经济体系建设的题中应有之义。

建设现代化经济体系是适应我国经济已由高速增长阶段转向高质量发展阶段的必然要求。从国内看，我国经济发展进入新常态，呈现增速转轨、结构转型、动能转换的特点。同时，长期积累的结构性矛盾仍然突出。我国改革已进入深水区、攻坚期，全面建成小康社会进入决胜期，国民经济正处在转变发展方式、优化经济结构、转换增长动力的攻关期。只有实现高质量发展，才能推动经济建设再上新台阶。从国际看，国际金融危机深层次影响还在持续，世界经济复苏进程仍然曲折，保护主义、单边主义、民粹主义以及逆全球化思潮抬头。只有实现我国经济高质量发展，才能在激烈的国际竞争中赢得主动。建设现代化经济体系，是我国发展的战略目标，更是我们跨越关口的迫切要求。必须坚定不移推进供给侧结构性改革，实现供需动态平衡，大力推动科技创新和体制创新，爬坡过坎，攻坚克难，努力实现更高质量、更有效率、更加公平、更可持续的发展。

深刻领会建设现代化经济体系的科学内涵

坚持质量第一、效益优先，以供给侧结构性改革为主线。高质量发展是强国之基、立业之本和转型之要，提高效率效益是发展的永恒主题。党的十八大以来，我国企业生产经营和整体经济增长的质量效益不断提高。目前，产品质量国家监督抽查合格率超过90%，重点工程质量优良率达到100%，规模以上工业企业主营业务收入利润率在6%以上。但发展质量和效益不高的问题仍相当突出。要进一步把提质增效放到经济工作的首要位置，融入经济发展各领域和全过程，推动经济发展质量变革、效率变革、动力变革，提高劳动生产率、资本产出率、全要素生产率。

着力加快建设协同发展的产业体系。实体经济是我国经济的主体，科技是第一生产力，创新是引领发展的第一动力，现代金融是现代经济的血脉，人力资源是世界上最宝贵的资源。把科技、劳动力与人才、资本等生产要素组合起来，协同投入实体经济，必将有力促进企业技术进步、行业供求衔接和产业优化发展。关键是把各种要素调动好、配置好、协同好，充分发挥科技创新成果转化为现实生产力的作用，发挥资本、资产、资金支持产业发展的作用，发挥各类劳动者和人才投身于创业创新的作用，协同促进实体经济和产业体系优质高效发展。

着力构建市场机制有效、微观主体有活力、宏观调控有度的经济体制。经过30多年努力，我国社会主义市场经济体制不断完善。近年来，“放管服”改革向纵深推进，有力激发和释放了市场活力。目前，我国市场主体已达9000多万户，其中企业约3000万户，再加上约2亿家庭经营的农户和城市非工商户创业者，形成了经济发展的重要微观基础。同时，宏观调控方式不断创新，实施正确的宏观经济政策，采取区间调控、定向调控、相机调控、精准调控等措施，经济运行保持在合理区间。建设现代化经济体系，要坚持社会主义市场经济改革方向，使市场在资源配置中起决定性作用，更好发挥政府作用，坚持简政放权、放管结合、优化服务，完善基本经济制度、现代市场体系和宏观调控体系，充分调动各类市场主体自主决策、自主经营的积极性主动性创造性；促进各级政府履行好经济调节、市场监管、公共服务、社会管理的应尽职责，从体制机制上保障我国经济创新力和竞争力不断增强。

进一步明确建设现代化经济体系的主要任务

深化供给侧结构性改革。这是建设现代

化经济体系的战略措施。随着我国社会主要矛盾转化和经济由高速增长阶段转向高质量发展阶段，制约经济持续健康发展的因素既有供给问题也有需求问题，既有结构问题也有总量问题，但供给侧和结构性问题是矛盾的主要方面。供给结构失衡，不能适应需求结构的变化；供给质量不高，不能满足人民美好生活和经济转型升级的需求；金融、人才等资源配置存在"脱实向虚"现象，影响了发展基础的巩固。必须把发展经济的着力点放在实体经济上，把提高供给体系质量作为主攻方向，显著增强我国经济质量优势。一是推动产业优化升级，加快发展先进制造业、现代服务业，加强基础设施网络建设，促进我国产业迈向全球价值链中高端。二是加快形成新动能，鼓励更多社会主体投身创新创业，在中高端消费、创新引领、绿色低碳、共享经济、现代供应链、人力资本服务等领域培育更多新增长点。三是改造提升传统动能，推动互联网、大数据、人工智能和实体经济深度融合，支持传统产业优化升级。四是坚持去产能、去库存、去杠杆、降成本、补短板，优化存量资源配置，扩大优质增量供给，实现供需动态平衡。

加快建设创新型国家。这是建设现代化经济体系的战略支撑。经过长期努力，我国科技发展成就显著，一些重大科技成果进入世界先进行列。但是，我国科技创新能力与经济实力还不相称，与经济建设主战场和人民美好生活的需求还不适应。必须坚定不移贯彻创新发展理念，深入实施科教兴国战略、人才强国战略、创新驱动发展战略，努力实现到2035年跻身创新型国家前列的目标。一是加强国家创新体系建设，强化基础研究、应用基础研究和战略科技力量，实现重大突破和颠覆性创新。二是建立以企业为主体、市场为导向、产学研深度融合的技术创新体系，促进科技成果转化。三是倡导创新文化，支持大众创业、万众创新，强化知识产权保护。四是实行更加积极、更加开放、更加有效的人才政策，培养和造就一大批具有国际水平的人才和高水平创新团队。

实施乡村振兴战略。这是建设现代化经济体系的重要基础。进入新世纪以来，我国农业已连续十几年获得丰收，粮食产量连续4年超过1.2万亿斤，农民收入增速连续7年快于城镇居民收入增速，农业的主要矛盾已由总量不足转变为结构性失衡，矛盾的主要方面在供给侧。必须始终把解决"三农"问题作为全党工作重中之重，建立健全城乡融合发展体制机制和政策体系，加快推进农业农村现代化，深化农业供给侧结构性改革。一是确保国家粮食安全，把中国人的饭碗牢牢端在自己手中。二是构建现代农业产业体系，发展多种形式规模经营，实现小农户和现代农业发展有机衔接。三是促进农村一二三产业融合发展，拓宽农民就业创业和增收渠道。四是巩固和完善农村基本经营制度，深化农村土地制度改革，深化农村集体产权制度改革。五是加强农村基层基础工作，健全乡村治理体系，建设社会主义新农村。

实施区域协调发展战略。这是建设现代化经济体系的内在要求。我国幅员辽阔，各地发展很不平衡。必须坚持协调发展理念，优化区域发展格局，推进新型城镇化，逐步缩小差距。一是协调推动西部大开发、东北振兴、中部崛起、东部率先发展。二是协调推动"一带一路"相关地区开放开发、京津冀协同发展、长江经济带保护发展、粤港澳大湾区建设。三是支持老少边穷地区加快发展，支持资源型地区经济转型发展，加快边疆发展，加快建设海洋强国。四是以城市群为主体构建大中小城市和小城镇协调发展的城镇格局，提高城市承载能力，加快农业转移人口市民化。

加快完善社会主义市场经济体制。这是建设现代化经济体系的制度保障。推动经济转型升级，要害在创新，关键靠改革。必须以完善产权制度和要素市场化配置为重点深化经济体制改革，坚决破除制约发展活力和动力的体制机制障碍。一是坚持和完善我国社会主义基本经济制度和分配制度，毫不动摇巩固和发展公有制经济，毫不动摇鼓励支持引导非公有制经济发展，完善国有资产管理体制，深化国有企业改革，支持民营企业发展。二是深化商事制度改革，全面实施市场准入负面清单制度，加快要素价格市场化改革，完善市场监管体制。三是创新和完善宏观调控，发挥国家发展规划战略性导向作用，健全财政、货币、产业、区域、消费、投资等经济政策协调机制，加快建立现代财政制度，深化金融体制改革。

推动形成全面开放新格局。这是建设现代化经济体系的必要条件。必须统筹国内国际两个大局，贯彻开放发展理念，坚持对外开放的基本国策，发展更高层次的开放型经济。一是以“一带一路”建设为重点，坚持引进来和走出去并重，形成陆海内外联动、东西双向互济的开放格局。二是拓展对外贸易，培育外贸新业态新模式，优化进出口结构。三是全面实行准入前国民待遇加负面清单管理制度，大幅度放宽市场准入，扩大服务业对外开放，优化区域开放布局。四是创新对外投资方式，促进国际产能合作，形成面向全球的贸易、投资、生产、服务网络。

（作者：国家发改委副主任、国家统计局局长）

新时代的历史方位

李洪峰

党的十九大作出中国特色社会主义进入新时代的重大政治判断，这是继新中国、新时期之后，我国发展新的历史方位。历史方位的变化，是时代和实践发展变化的重要标志。要结合党和国家正在做的事情、将要做的事情，深刻学习领会。

党的十八大是新时代的历史起点

党的十八大以来的5年，是党和国家发展进程中极不平凡的5年。5年来，以习近平同志为核心的党中央科学把握当今世界和当代中国发展大势，顺应实践要求和人民愿望，把握全局、运筹帷幄，统揽伟大斗争、伟大工程、伟大事业、伟大梦想，统筹推进“五位一体”总体布局，协调推进“四个全面”战略布局，以巨大的政治勇气和强烈的责任担当，提出一系列新理念新思想新战略，出台一系列重大方针政策，推出了一系列重大举措，推进了一系列重大工作，解决了许多长期想解决而没有解决的难题，办成了许多过去想办而没有办成的大事，推动党和国家事业发生历史性变革。

一是全面加强党的领导和全面从严治党发生历史性变革。针对过去一个时期党的领导弱化问题比较普遍的状况，党中央果断提出全面加强党的领导的重大政治要求，鲜明强调中国共产党是执政党，党的领导是做好党和国家各项工作的根本保证，绝对不能有丝毫动摇；强调党政军民学，东西南北中，党是领导一切的；强调全党必须增强政治意识、大局意识、核心意识、看齐意识，自觉在思想上政治上行动上同党中央保持高度一致。全面加强党的政治建设、思想建设、组织建设、作风建设、纪律建设、制度建设，改革和完善党的领导的体制机制，坚持民主集中制，严明党的政治纪律和政治规矩，提高党把方向、谋大局、定政策、促改革的能力和定力，确保党始终总揽全局、协调各方。针对新形势下党执政面临新的重大风险考验和党内存在的腐败等突出问题，党中央果断把全面从严治党纳入战略布局、作出重大部署，并以顽强的意志品质和空前的力度加以推进。出台并坚持实施中央八项规定，严厉整治“四风”问题，坚决反对特权。坚持反腐败无禁区、全覆盖、零容忍，严肃查处周永康、薄熙来、郭伯雄、徐才厚、孙政才、令计划等人的重大腐败案件。5年来反腐败斗争气势猛烈，决心、勇气、力度和成效之大，可谓史无前例。管党治党实现从宽松软到严紧硬的深刻转变。党内政治生活气象更新，党内政治生态明显好转，党在革命性锻造中更加坚强，焕发出新的强大生机活力。

二是发展理念和发展方式发生历史性变革。面对世界经济持续低迷和国内经济“三期叠加”以及发展不平衡、不协调、不可持续问题突出的不利条件和复杂形势，党中央果断作出我国经济发展进入新常态的重大判断，提出创新、协调、绿色、开放、共享的发展理念，加快完善使市场在资源配置中起决定性作用和更好发挥政府作用的体制机制，坚定不移推进供给侧结构性改革，接连推出“一带一路”建设、京津冀协同发展、长江经济带发展、创新驱动发展等重大战略，加快推进经济结构调整和新旧动能转换，大力推进精准扶贫、精准脱贫，5 年来，我国经济保持中高速增长。全面建成小康社会迈出重大步伐，民生和社会建设持续推进，公共服务水平全面提高，人民生活不断改善，城乡居民收入增速超过经济增速，脱贫攻坚成就巨大。

三是各方面体制机制发生历史性变革。党中央果断作出全面深化改革的重大战略决策和部署，成立中央全面深化改革领导小组，加强党对全国改革的顶层设计和集中统一领导，着力增强改革系统性、整体性、协同性，压茬拓展改革广度和深度。重要领域和关键环节改革取得突破性进展，主要领域改革主体框架基本确立。司法体制、农村土地“三权分置”、户籍制度、考试招生制度、公立医院、生态环保等关乎民生的改革举措陆续落地实施。使各方面体制机制弊端阻碍全社会创造力和发展活力的状况得到明显改变，人民群众的获得感不断增强。全面深化改革成为当代中国最鲜明的特征。

四是全面依法治国发生历史性变革。党中央果断作出全面推进依法治国的重大决策，统筹加强科学立法、严格执法、公正司法、全民守法各环节建设，统筹推进法治国家、法治政府、法治社会一体建设，开展国家监察体制改革试点，全面推进行政体制改革、司法体制改革、权力运行制约和监督体系建设，着力建设中国特色社会主义法治体系。有效提高了国家机构依法履职能力，有效提高了各级领导干部运用法治思维和法治方式解决问题、推动发展的能力，有效增强了全社会法治意识，有效促进了社会公平正义，维护了人民群众合法权益，显著增强了我们党运用法律手段领导和治理国家的能力。

五是国防和军队现代化发生历史性变革。在古田召开全军政治工作会议，对新形势下政治建军作出部署。坚持改革强军，全面深化国防和军队改革，形成军委管总、战区主战、军种主建新格局，人民军队组织架构和力量体系实现革命性重塑。坚持战斗力根本标准，推进科技兴军，加强练兵备战，注重军民融合。坚持依法治军、从严治军，推进治军方式根本性转变。加强党对人民军队的绝对领导，国防和军队改革取得历史性突破，实现了人民军队政治生态重塑、组织形态重塑、力量体系重塑、作风形象重塑，显著提高了国防实力和军队现代化水平。

六是推进中国特色大国外交发生历史性变革。党中央果断对外交总体布局作出战略谋划，坚持统筹国内国际两个大局，推进全方位外交，提出构建人类命运共同体，坚持正确义利观，阐明我国的发展观、合作观、安全观、全球治理观、经济全球化观等，倡议和推动“一带一路”建设，构建覆盖全球的伙伴关系网络，积极参与和引领全球治理改革，在对外工作上取得一系列新突破，形成全方位、多层次、立体化的外交布局。大大提高我国国际影响力、感召力、塑造力，推动构建新型国际关系，营造了我国发展的和平国际环境和良好周边环境，提高了我国参与全球治理的能力和水平，为我国发展在国际上赢得了战略主动，我国在国际力量对比中面临的不利状况得到明显改变。

5 年来的成就是全方位的、开创性的，5 年来的变革是深层次的、根本性的，对党和国家事业发展产生了重大而深远的影响，推动了我国经济实力、科技实力、国防实力、综合国力进入世界前列，推动我国国际地位实现前所未有的提升，党的面貌、国家的面貌、人民的面貌、军队的面貌、中华民族的面貌发生前所未有的变化，为新时代奠定了坚实的基础。

党的十九大是新时代的里程碑

党的十九大是在我国全面建成小康社会决胜阶段、中国特色社会主义进入新时代的关键时期召开的一次十分重要的大会。这次大会是当代中国最重大的政治事件，也是当代世界的重大政治事件。十九大在全党全国产生影响的广度深度前所未有，在世界受到关注的广度深度前所未有。十九大取得了历史性的理论成就、政治成就和组织成就。

党的十九大最重大的理论成就，是确立了习近平新时代中国特色社会主义思想的历史地位，举起了这面引领中华民族伟大复兴新征程的伟大旗帜。十九大最重大的政治成就，是作出全面建设社会主义现代化强国的战略安排和重大部署，开启了新时代的新征程。党的十九大的组织成就是，党的十九届一中全会选举产生了以习近平同志为核心的新一届中央领导集体，一批经验丰富、德才兼备、奋发有为的同志进入中央领导机构，充分显示了中国特色社会主义事业蓬勃兴旺、充满活力。十九大最重大的组织成就，是进一步确立了习近平总书记在全党的核心地位。习近平总书记的核心地位，是党的十八大以来 5 年党和国家事业取得历史性成就、发生历史性变革的决定性因素，是创立和形成习近平新时代中国特色社会主义思想的决定性因素，是开启新时代新征程的决定性因素。党的十九大这三大历史性成就，理论成就是灵魂和主线，政治成就是框架和支撑，组织成就是关键和保证，三者相互贯通、相互作用，共同铸成了新时代全面建设社会主义现代化强国的里程碑。

党的十九大对新时代这一新的历史方位的意义和内涵作了充分论述，讲了“三个意味着”和“五个时代”，归纳起来说，新时代就是中国强起来的时代，就是中国全面建设社会主义现代化强国的时代，就是中国走近世界舞台中央的时代。全面建设社会主义现代化强国，是新时代的战略目标。党的十九大围绕这个战略目标确定了一系列重大决策、重大部署、重大任务。主要有：第一，明确了不忘初心、牢记使命的新时代主题，明确回答了我们党在新时代举什么旗、走什么路、以什么样的精神状态、担负什么样的历史使命、实现什么样的奋斗目标的重大问题。第二，确立了习近平新时代中国特色社会主义思想的历史地位，为新时代党和国家事业发展提供强大的思想武器。第三，作出了我国社会主要矛盾已经转化为人民日益增长的美好生活需要和不平衡不充分的发展之间的矛盾等重大政治判断，对党和国家工作提出新要求。第四，明确了新时代中国共产党“四个伟大”的历史使命，彰显中国共产党的历史担当。第五，作出了分两步走全面建成社会主义现代化强国的战略安排，指明了党和国家新的战略目标。改革开放之后，我们党对我国社会主义现代化建设作出战略安排，提出“三步走”战略目标和“两个一百年”奋斗目标。从现在到2020年，是全面建成小康社会决胜期。要按照全面建成小康社会各项要求，紧扣我国社会主要矛盾变化，突出抓重点、补短板、强弱项，特别是要坚决打好防范化解重大风险、精准脱贫、污染防治的攻坚战，使全面建成小康社会得到人民认可、经得起历史检验。党的十九大对第二个百年奋斗目标进行了战略规划，将全面建设社会主义现代化国家分为两个阶段来安排。第一个阶段，从2020年到2035年，在全面建成小康社会的基础上，再奋斗15年，基本实现社会主义现代化。第二个阶段，从2035年到本世纪中叶，在基本实现现代化基础上，再奋斗15年，把我国建成富强民主文明和谐美丽的社会主义现代化强国。从全面建成小康社会到基本实现现代化，再到全面建成社会主义现代化强国，是新时代中国特色社会主义发展的战略安排。第六，作出了我国社会主义经济建设、政治建设、文化建设、社会建设、生态文明建设等方面的重大部署。第七，作出了国防和军队建设、港澳台工作、外交工作的重大部署。第八，作出了坚定不移全面从严治党的重大部署。强调党要团结带领人民进行伟大斗争、推进伟大事业、实现伟大梦想，必须毫不动摇坚持和完善党的领导，毫不动摇把党建设得更加坚强有力。

党的十九大所作出的新时代一系列战略部署，向世界充分展示了一个有深厚根基和充沛底气的中国。它的深厚根基，就在于我们的民族是伟大的民族，中华民族是历经磨难、不屈不挠的伟大民族；我们的人民是伟大的人民，中国人民是勤劳勇敢、自强不息的伟大人民；我们的政党是伟大的政党，中国共产党是敢于斗争敢于胜利的伟大政党，我们党领导全国人民建立新中国、开创新时期、开启新时代，实现了从站起来、富起来到强起来的伟大飞跃。今天13亿多中国人民意气风发、豪情满怀，我们960多万平方公里的祖国大地生机勃发、春意盎然，我们5000多年的中华文明光彩夺目、魅力永恒，我们党的领导和社会主义制度坚强牢固、充满活力，中国人民和中华民族前程远大、前途光明。它的充沛底气，就在于处在这样一个伟大的时代，我们倍感自信自豪，同时深感责任重大。我们要拿出勇气、拿出干劲，在一代一代中国共产党人团结带领人民创造的历史伟业的基础上，创造出无愧于时代的业绩，大踏步走向充满希望的未来。

新时代要有新作为

新时代是党领导人民长期奋斗的结果，也是我们迈向未来新的历史起点。新时代要有新状态，新时代要有新作为，新时代要开创新局面。

首先，要掌握新时代的新武器，坚持用习近平新时代中国特色社会主义思想武装全党。抓好学习坚持贯彻党的十九大精神这个首要政治任务，把思想和行动统一到党的十九大精神上来。坚持用习近平新时代中国特色社会主义思想武装全党，在全党开展好“不忘初心、牢记使命”的主题教育，深刻理解习近平新时代中国特色社会主义思想的科学体系、精神实质、丰富内涵、实践要求，不断开创新时代中国特色社会主义伟大事业新局面。

其次，要落实新时代的新部署，统筹推进

“五位一体”总体布局，协调推进“四个全面”战略布局。要按照党的十六大、十七大、十八大、十九大提出的全面建成小康社会的各项要求，突出抓重点、补短板、强弱项，夺取全面建成小康社会的伟大胜利。坚持以经济建设为中心，坚持稳中求进的工作总基调，贯彻新发展理念、建设现代化经济体系，坚持质量第一，效益优先，以供给侧结构性改革为主线，着力加快建设实体经济、科技创新、现代金融、人力资源协同发展的产业体系，着力构建市场机制有效、微观主体有活力、宏观调控有度的经济体制，不断增强我国经济创新力和竞争力。要深化供给侧结构性改革，加快建设创新型国家，实施乡村振兴战略，实施区域协调发展战略，推动形成全面开放新格局。坚持全面深化改革，加快完善社会主义市场经济体制，推进国家治理体系和治理能力现代化。坚持以人民为中心的发展思想，切实保障和改善民生，不断促进人的全面发展、全体人民共同富裕。我们要善于从变化了的我国社会主要矛盾出发谋划发展，把解决不平衡发展与不充分发展的问题有机统一起来，不断提高社会生产力水平，更好满足人民对美好生活的需要。

第三，要贯彻新时代的新要求，全面加强党的领导和党的建设。进行伟大斗争、建设伟大工程、推进伟大事业、实现伟大梦想，其中起决定性作用的是党的建设新的伟大工程。要全面贯彻新时代党的建设总要求，坚持和加强党的全面领导，坚持党要管党、全面从严治党，以加强党的长期执政能力建设、先进性和纯洁性建设为主线，以党的政治建设为统领，以坚定理想信念宗旨为根基，以调动全党积极性、主动性、创造性为着力点，全面推进党的政治建设、思想建设、组织建设、作风建设、纪律建设，把制度建设贯穿其中，深入推进反腐败斗争，不断提高党的建设质量，把党建设成为始终走在时代前列、人民衷心拥护、勇于自我革命、经得起各种风浪考验、朝气蓬勃的马克思主义执政党，确保党在世界形势深刻变化的历史进程中始终走在时代前列，在应对国内外各种风险和考验的历史进程中始终成为全国人民的主心骨，在坚持和发展中国特色社会主义的历史进程中始终成为坚强领导核心。在以习近平同志为核心的党中央坚强领导下，决胜全面建成小康社会，夺取新时代中国特色社会主义的伟大胜利！

（作者：上海党的建设研究院院长、中央纪委驻文化部纪检组原组长）

让改革发展成果更多更公平惠及全体人民

蔡　昉

带领人民创造美好生活，是我们党始终不渝的奋斗目标。党的十九大作出的一个重大政治判断是：我国社会主要矛盾已经转化为人民日益增长的美好生活需要和不平衡不充分的发展之间的矛盾。这对改善民生领域的工作提出更高、全新的要求，即必须坚持以人民为中心的发展思想，不断促进人的全面发展、全体人民共同富裕。习近平总书记所作的党的十九大报告抓住人民最关心最直接最现实的利益问题，对提高保障和改善民生水平作出了总体部署，提出了新思想和新举措。

一、坚持在发展中保障和改善民生

增进民生福祉是发展的根本目的。党的十八大以来，一大批惠民举措落地实施，人民生活明显改善，人民群众在改革发展中的获得感显著增强。脱贫攻坚战取得决定性进展，低收入群体收入加快增长，中等收入群体持续扩大。农村居民收入增长速度超过城镇居民，城乡居民收入增长跑赢了经济增长。就业状况持续改善，工资增长与劳动生产率提高的同步性增强，收入分配格局改变，居民收入基尼系数和城乡居民收入差距持续处于缩小的势头。基本公共服务均等化水平显著提升，覆盖城乡居民的社会保障体系基本建立，人民健康和医疗卫生水平大幅提高，保障性住房建设稳步推进。

民生领域这一系列开创性成就的取得，根本在于以习近平同志为核心的党中央坚持以人民为中心的发展思想，把增进民生福祉作为发展的根本目的，着眼于在发展中补齐民生短板，努力实现全体人民共同富裕；在于全党全国贯彻落实习近平新时代中国特色社会主义思想和基本方略。按照党的十九大精神和部署，深刻理解和领会习近平新时代中国特色社会主义思想的精神实质和丰富内涵，坚持以人民为中心和坚持在发展中保障和改善民生的基本方略，努力加以全面准确贯彻落实，也是在实现“两个一百年”奋斗目标、实现中华民族伟大复兴中国梦的过程中，做好民生工作的根本要求。

党的十九大报告作出重大政治判断，我国社会主要矛盾已经转化为人民日益增长的美好生活需要和不平衡不充分的发展之间的矛盾。解决发展不平衡不充分的问题，既要坚持发展，做大蛋糕，也要解决好发展的均衡性，分好蛋糕。“让改革发展成果更多更公平惠及全体人民”的要求，就是强调通过建立健全各项制度，完善社会政策，努力分好蛋糕。当前，民生领域还存在着不少短板，到2020年实现农村贫困人口全部脱贫任务艰巨，城乡区域发展和收入分配差距依然较大，就业、教育、医疗、居住、养老等公共服务领域，仍然存在着供给不足的问题。这些问题，必须在党的十九大精神引领下着力加以解决。

保障和改善民生要抓住人民最关心最直接最现实的利益问题，把做到幼有所育、学有所教、劳有所得、病有所医、老有所养、住有所居、弱有所扶作为工作的出发点和落脚点。保障和改善民生必须坚持的方式方法是既尽力而为，又量力而行；基本方针是坚持人人尽责，人人享有，坚持底线、突出重点、完善制度、引导预期；重点任务是完善公共服务体系，保障群众基本生活；工作目标是不断满足人民日益增长的美好生活需要，不断促进社会公平正义，形成有效的社会治理、良好的社会秩序。

二、打赢脱贫攻坚战，提高人民生活水平

让贫困人口和贫困地区同全国一道进入全面小康生活是我们党的庄严承诺。确保到2020年全面建成小康社会之时，我国现行标准下农村贫困人口实现脱贫，贫困县全部摘帽，解决区域性整体贫困，今后3年仍然需要每年解决上千万贫困人口脱贫的问题，时间相当紧迫、任务十分艰巨。习近平总书记指出："脱贫攻坚战的冲锋号已经吹响。我们要立下愚公移山志，咬定目标、苦干实干，坚决打赢脱贫攻坚战。"这场攻坚战是按照军令状、时间表和路线图必须完成的任务。

改善民生要坚持人人尽责、人人享有。提高收入水平，是人民最关心最直接最现实的利益问题之一，也是确保脱贫攻坚和社会政策托底效果长期可持续的关键。就业是最大的民生，也是人民收入水平不断提高的根本保障。因此，要坚持就业优先战略和积极就业政策。同时，按照新时代我国社会主要矛盾的特点，更加注重实现更高质量和更充分就业。我国已经进入一个新的人口转变阶段，劳动年龄人口处于负增长状态，就业岗位不足的压力大大缓解。如果说在这个阶段性变化之前，收入增长主要靠经济增长创造就业岗位，促进就业、再就业和劳动力转移，提高劳动参与率的话，今后进一步提高收入需要更加依靠在更加充分就业前提下提高就业质量。使市场在资源配置中起决定性作用，更好发挥政府作用，在就业领域的具体体现，就是一方面坚持市场配置劳动力资源，保持和增强用工灵活性；另一方面完善政府、工会、企业共同参与的协商协调机制，构建和谐劳动关系。此外，在就业的总量问题有所缓解的同时，就业的结构性矛盾仍然突出，人力资本与产业升级仍然不相适应，政府应提供全方位公共就业服务，促进高校毕业生等青年群体、农民工多渠道就业创业，提高劳动力市场供给与需求的匹配性，大规模开展职业技能培训，解决好结构性和摩擦性就业矛盾。

改善民生既要尽力而为，又要量力而行。习近平总书记指出：要坚持从实际出发，将收入提高建立在劳动生产率提高的基础上，将福利水平提高建立在经济和财力可持续增长的基础上。共享发展理念既强调共享这个出发点和落脚点，也不能失去发展这个基础和前提。党的十九大报告指出，坚持在经济增长的同时实现居民收入同步增长、在劳动生产率提高的同时实现劳动报酬同步提高。一方面，如果不能伴随着居民收入的同步增长和劳动报酬的同步提高，经济增长和劳动生产率提高就失去了为什么人

这个根本目标。另一方面,如果未能以经济增长和劳动生产率提高作为基础,居民收入增长和劳动报酬提高也会成为无源之水,也缺乏可持续性。

三、促进社会性流动,提高中等收入群体比重

提高人民收入水平的着力点是增加低收入者收入,调节过高收入,扩大中等收入群体,形成稳定的橄榄型社会结构。党的十九大报告在对2035年基本实现社会主义现代化的目标进行描述时,提出中等收入群体比例明显提高的目标要求。这对于缩小城乡、区域、行业和社会成员之间的收入差距的任务来说,既是一个重要的显示性指标,也是一条重要的实现途径。例如,中等收入群体的比重大小,对于用来描述社会收入分配状况的基尼系数这个指标,就起着关键性的作用。也就是说,中等收入群体比重提高,可以直接有效地降低基尼系数,带来收入分配状况明显改善的效果。

机会均等、渠道畅通的劳动力和人才的社会性流动是经济发展的动力、社会进步的体现、社会政策的要义和收入分配不断改善的途径。随着我国全面建成小康社会并开启全面建设社会主义现代化国家新征程,农村贫困人口实现脱贫,困难群众得到社会政策更好的托底保障,低收入群体的收入也将显著提高,就意味着越来越多的人口进入中等收入群体。按照一些国际组织的定义和学者的建议,中等收入群体可以是一个涵盖范围很大的群体。例如,以相对收入水平衡量,在社会平均收入中位数的75%～200%范围内,或者以绝对收入水平衡量,每人每天收入在10～100美元范围内,都可以被看作是中等收入群体。这个跨度很大的界定的意义在于,社会政策和相关的体制机制应该能够创造出必要的条件,促进人口、劳动力和人才的横向及纵向社会性流动,使城乡居民在摆脱贫困和低收入状况后,持续向更高收入水平升级。

促进社会性流动,需要破除妨碍劳动力和人才流动的体制机制弊端。首先,深化户籍制度改革,加快农业转移人口市民化进程。2016年我国常住人口城镇化率已达到57.4%,户籍人口城镇化率也达到41.2%。近年来,随着劳动年龄人口转为负增长,外出农民工的增长速度已经放缓,由此产生的提高劳动生产率的资源重新配置效应也有所弱化,保持农民收入的持续增长势头面临着重大的挑战。因此,必须在户籍制度改革方面有更大的举措,才能保持劳动力转移和以人为核心的新型城镇化推进的势头,为经济保持中高速增长提供持续动力。其次,政府着力搭建社会纵向流动的阶梯,鼓励人人向上。包括消除以户籍、行业、区域和所有制性质形成的体制障碍,增进教育、健康等人力资本培育体系的公平性,鼓励人人在参与社会财富创造的同时增加收入和积累财富,形成上下合力,阻断贫困代际传递,拓宽居民劳动收入和财产性收入渠道,让低收入者源源不断地跨入中等收入群体,使人人都有通过辛勤劳动实现自身发展的机会。

四、完善公共服务体系,促进社会公平正义

做到幼有所育、学有所教、劳有所得、病有所医、老有所养、住有所居、弱有所扶,既是

人民最关心最直接最现实的利益问题，也是改革发展成果更多更公平惠及全体人民的具体体现，要求下大力气完善公共服务体系。优先发展教育事业，办好人民满意的教育，应该特别注重推进教育公平，推动城乡义务教育一体化发展，努力让每个孩子都能享有公平而有质量的教育。加强社会保障体系建设，要按照兜底线、织密网、建机制的要求，全面建成覆盖全民、城乡统筹、权责清晰、保障适度、可持续的多层次社会保障体系。实施健康中国战略，为人民群众提供全方位全周期健康服务，深化医药卫生体制改革，积极应对人口老龄化。

党的十九大报告要求，履行好政府再分配调节职能，加快推进基本公共服务均等化，缩小收入分配差距。实现社会公平正义，既需要在初次分配中着力于创造均等的机会，不断提高一线劳动者的劳动报酬，完善市场评价要素贡献并按贡献分配的机制，也需要在再分配领域更好发挥政府的调节作用，完善以税收、社会保障、转移支付和基本公共服务均等化等手段为主的再分配机制。历史和国际的经验表明，初次分配并不能完全解决收入差距的问题，政府再分配职能不可或缺。在一些收入分配差距较小的发达国家，初次分配后的基尼系数并不小，通常是通过再分配手段，才把基尼系数降低到比较合理的水平。另外，要鼓励和支持慈善事业发展，发挥其回馈社会、扶贫济困的第三次分配功能。

让改革发展成果更多更公平惠及全体人民，需要加大再分配力度，提高再分配效率，增强再分配与初次分配之间的协调性。首先，继续深化收入分配制度改革，调节收入分配，要求政府通过法律手段和改革措施着眼于保护合法收入，规范隐性收入，遏制以权力、行政垄断等非市场因素获取收入，取缔非法收入。这是社会公平正义之源。其次，主要通过基本公共服务均等化、社会政策托底、保护弱势群体等方式保障基本民生，使发展成果惠及所有社会群体。需要强调的是，我国仍处于并将长期处于社会主义初级阶段，改善民生、加大再分配力度都不能脱离实际，提出过高要求，决不能开空头支票。习近平总书记以一些国家为例，提醒我们要吸取过度福利化和过度承诺导致效率低下、增长停滞、通货膨胀，收入分配最终反而恶化的教训。因此，在通过再分配手段改善民生方面，我们必须坚持既尽力而为又量力而行，一件事情接着一件事情办，一年接着一年干。

（作者：中国社会科学院副院长、党组成员）

把党的政治建设摆在首位

江金权

习近平总书记所作的党的十九大报告，第一次把党的政治建设纳入党的建设总体布局，并强调“以党的政治建设为统领”，“把党的政治建设摆在首位”，凸显党的政治建设的极端重要性。这是马克思主义党建理论的重大创新，意义重大而深远。

一、党的政治建设是党的根本性建设

政党本质上是特定阶级利益的集中代表者，是有着共同政治纲领、政治路线、政治目标的政治组织。政治属性是政党第一位的属性，政治建设是政党建设的内在要求。只有加强党的政治建设，才能保证党的政治方向对头、政治原则坚定、政治路线正确，才能统一全党意志、凝聚全党力量，为实现党的纲领和目标而共同奋斗。党的十九大报告强调把党的政治建设摆在首位，道理就在这里。

旗帜鲜明讲政治是我们党作为马克思主义政党的根本要求。我们党是中国工人阶级的先锋队，同时是中国人民和中华民族的先锋队，党的最高理想和最终目标是实现共产主义。党的性质就决定，我们党必须旗帜鲜明讲政治。毛泽东同志曾作出“革命的政治工作是革命军队的生命线”“政治工作是一切经济工作的生命线”等著名论断。邓小平同志强调，“到什么时候都得讲政治”。江泽民同志反复强调，必须“讲学习，讲政治，讲正气”。胡锦涛同志指出，“我们讲的政治，是马克思主义的政治，是建设有中国特色社会主义的政治”。讲政治，必然要求加强党的政治建设。虽然在党的十八大之前，尚未明确提出党的政治建设这个范畴，但讲政治一直贯穿党的建设实践中。

注重抓党的政治建设是党的十八大以来全面从严治党的成功经验。习近平总书记一针见血地指出，党内存在的很多问题，原因都是党的政治建设没有抓紧、没有抓实、没有抓好。他反复强调：“历史经验表明，我们党作为马克思主义政党，必须旗帜鲜明讲政治”；“政治问题，任何时候都是根本性的大问题。全面从严治党，必须注重政治上的要求”；“干部在政治上出问题，对党的危害不亚于腐败问题，有的甚至比腐败问题更严重。”几年来，党中央持之以恒推进全面从严治党，在强化党的领导、严肃党内政治生活、强化党内监督、加强党内教育、整顿作风和反腐败斗争等方面采取一系列重大举措，正是着眼于从政治上建设党。这些举措力度空前，取得了显著成效，特别是依纪依法查处周永康、薄熙来、郭伯雄、徐才厚、孙政才、令计划等野心家、阴谋家，清除了重大政治隐患，挽救了党，巩固了党的集中统一领导，党的面貌、党在人民群众中的形象发生了历史性变化。实践证明，抓住了党的政治建设，就抓住了党的建设的魂和根。这是党的十九大报告强调把党的政治建设摆在首位的实践依据。

党的政治建设决定党的建设的方向和效果。党的十九大重新确立了党的建设总要求，强调全面推进党的政治建设、思想建设、组织建设、作风建设、纪律建设，把制度建设贯穿其中，深入推进反腐败斗争。这其中，党的政治建设是最重要的，是统领、是核心；党的其他建设最终的着眼点和落脚点必须在政治建设上。没有政治建设这个“灵魂”和“根基”，其他建设都成了无用功。政治建设抓好了，政治方向、政治立场、政治大局把握住了，党的政治能力提高了，党的建设就铸了魂、扎了根。政治建设抓好了，对党的其他建设可以起到纲举目张的作用。因此，党的政治建设是党的根本性建设。

二、坚持党中央权威和集中统一领导是党的政治建设的首要任务

党的十九大报告明确指出：“保证全党服从中央，坚持党中央权威和集中统一领导，是党的政治建设的首要任务。”坚持党的领导是当代中国最重大的政治原则。习近平总书记强调，“坚持和完善党的领导，是党和国家的根本所在、命脉所在，是全国各族人民的利益所在、幸福所在”。坚持党的领导，首先是坚持党中央权威和集中统一领导。围绕这个首要任务，报告提出了一系列要求。

（一）全党同志要牢固树立政治意识、大局意识、核心意识、看齐意识

这“四个意识”是坚持党中央权威和集中统一领导的重要思想基础。对全党同志而言，坚持党中央权威和集中统一领导，就是最大的政治、最重要的大局。“四个意识”不是抽象的而是具体的，不只看表态、更要看行动、关键看成效。牢固树立“四个意识”，就是要在政治立场、政治方向、政治原则、政治道路上同党中央保持高度一致，自觉向党中央看齐，向习近平总书记看齐。党的基本路线是党的生命线，是看齐的“基线”，必须以实际行动保证党的基本理论、基本路线、基本方略的贯彻落实。

（二）全党同志要严守党的政治纪律和政治规矩

政治纪律和政治规矩是坚持党中央权威和集中统一领导的根本保证。习近平总书记指出：“党的纪律是多方面的，政治纪律是最重要、最根本、最关键的纪律，遵守党的政治纪律是遵守党的全部纪律的重要基础。”如果不严明政治纪律，允许党的组织和党员干部各搞一套、我行我素，我们党就会像苏共一样，分崩离析，哗啦啦地垮掉。我们必须牢记“五个必须”、严防“七个有之”，不搞小山头、小圈子、小团伙，严禁拉私人关系、培植个人势力、结成利益集团，自觉形成尊崇党章、遵守党纪的良好习惯，以实际行动保证全党统一意志、统一行动、步调一致向前进。

（三）要坚决防止和纠正自行其是、各自为政，有令不行、有禁不止，上有政策、下有对策等行为

坚持党中央权威和集中统一领导，就必须同各种违反这个重大政治原则的思想和行为作斗争。必须明确，全党只有党中央权威，党和国家重大决策部署的决定权在党中央，必须以实际行动维护党中央一锤定音、定于一尊的权威。党的任何组织和成员，无论处在哪个领域、哪个层级、哪个单位，都要服从党中央集中统一领导；凡属部门和地方职权范围内的工作部署，都要以坚决贯彻党中央

决策部署为前提,做到令行禁止,决不允许背着党中央另搞一套。

三、严肃党内政治生活

习近平总书记指出:“党要管党必须从党内政治生活管起,从严治党必须从党内政治生活严起。”严肃党内政治生活,既是党的政治建设的重要任务,又是加强党的政治建设的基本途径。

严格执行《关于新形势下党内政治生活的若干准则》。党的十八届六中全会总结我们党开展党内政治生活的历史经验,分析存在的突出问题,制定新的准则,为新形势下加强和规范党内政治生活提供了根本遵循。必须按照准则的总体要求和十二项内容,逐一对照落实,着力增强党内政治生活的政治性、时代性、原则性、战斗性。各级领导机关和领导干部特别是高级干部必须以身作则,模范遵守党章党规,严守党的政治纪律和政治规矩,率先垂范、以上率下,为全党全社会作出示范。要认真落实党委主体责任和纪委监督责任,加强对贯彻执行准则情况的督促检查,层层传导压力责任,严肃查处违反准则的行为,坚决维护准则的严肃性,决不能让准则成为“稻草人”。

坚持和完善民主集中制。民主集中制是党的根本组织原则,是党内政治生活正常开展的重要制度保障。要完善和落实民主集中制的各项制度,特别是要坚持集体领导制度,坚持科学民主依法决策,凡属重大决策、重要干部任免、重大项目安排和大额度资金使用,都必须集体讨论,按少数服从多数作出决定。党委(党组)主要负责同志要带头发扬民主,善于集中集体智慧,严格按程序、规矩办事,不搞一言堂、个人说了算甚至家长制。班子成员要增强全局观念和责任意识,维护班子团结,不得违背集体决定自作主张、自行其是,更不许把分管工作、分管领域当作“私人领地”。

坚持不懈开展批评和自我批评。批评和自我批评是我们党强身治病、保持肌体健康的锐利武器,也是加强和规范党内政治生活的重要手段。习近平总书记指出:党内政治生活质量在相当程度上取决于这个武器用得怎么样。对批评和自我批评这个武器,我们要大胆使用、经常使用、用够用好,使之成为一种习惯、一种自觉、一种责任,使这个武器越用越灵、越用越有效果。党内要开展积极健康的思想斗争,帮助广大党员、干部分清是非、辨别真假,坚持真理、修正错误,统一意志、增进团结,切实维护党的肌体的健康,维护风清气正的良好政治生态。

四、发展积极健康的党内政治文化

发展积极健康的党内政治文化,是党的政治建设的重大任务和崭新课题。习近平总书记指出:“我们的党内政治文化,是以马克思主义为指导、以中华优秀传统文化为基础、以革命文化为源头、以社会主义先进文化为主体、充分体现中国共产党党性的文化。”要以党内政治文化作为党的政治建设的价值导向和内在精神,引导全党同志永葆共产党人政治本色。

弘扬共产党人价值观,是发展积极健康的党内政治文化的核心内容。价值观同世界观、人生观一道,是人的思想的“总开关”,决定着思想觉悟、思想境界的高下。在长期实践中,我们党形成了以忠诚老实、公道正派、实事求是、清正廉洁等为主要内容的共产党人价值观,这是党员、干部必须遵循的行为规范。各级党组织要经常加强共产党人价值观教育,同时用好反面教材,使广大党员、干部明是非、辨真伪,养正气、祛邪气,管思想、固根本。

发展积极健康的党内政治文化,必须坚决抵制和反对各种腐朽、庸俗文化的侵蚀。在发展社会主义市场经济和对外开放的条件下,腐朽没落的思想观念、商品交换原则很容易向党内侵蚀。党员、干部必须以理想信念宗旨和共产党人价值观为立身之本,自觉防止各种庸俗文化的侵蚀。要旗帜鲜明抵制和反对个人主义、分散主义、自由主义、本位主义、好人主义、宗派主义和圈子文化、码头文化、关系学、厚黑学、官场术、“潜规则”等,堂堂正正做人,勤勤恳恳干事,干干净净为官。

五、自觉加强党性锻炼

党性是党员、干部立身、立业、立言、立德的基石,党性教育和党性锻炼是党的政治建设的经常性、基础性工作。习近平总书记多次强调,党员、领导干部要对党忠诚、个人干净、敢于担当,抓住了党员干部安身立命、为官用权的关键,为党员干部加强党性锻炼指明方向。加强党的政治建设,必须动员全党同志自觉加强党性锻炼,经常进行党性分析,把对党忠诚、为党分忧、为党尽职、为民造福作为根本政治担当。

永葆对党忠诚的政治品格。对党忠诚,首先要不忘初心,忠诚于共产主义理想和中国特色社会主义信念,深入学习党的基本理论特别是习近平新时代中国特色社会主义思想,从科学理论中获取理想信念的真理支撑、精神动力、精神支柱。要忠诚党的宗旨,牢固树立马克思主义群众观点,始终把人民放在心中最高位置,始终把实现好、维护好、发展好最广大人民的根本利益,作为作决策、想问题、办事情的出发点和落脚点。要忠诚于党的组织,襟怀坦白、光明磊落,说老实话、办老实事、做老实人,坚决反对搞两面派、做两面人。要时刻摆正个人在组织中的位置,正确看待个人的进退去留,坦然接受党组织和干部群众的选择,绝不能把党的事业当作个人进步的“垫脚石”。

坚守个人干净的为官底线。全党同志特别是高级干部要牢固树立权为民赋、权为民用的马克思主义权力观,真正从思想深处解决权从何来、为谁用权、怎样用权的问题。敬畏法纪,把对党纪国法的敬畏内化于心、外化于行,自觉坚持在法律约束下用权、在制度笼子里用权,做到谨遵法纪不出轨、严守法纪不越界。经常自警自省,对照“三严三实”要求反思自己、检讨自己。坚持慎独、慎微、慎友,时刻心存敬畏、手握戒尺,牢记人情里面有原则、交往之中有政治、亲情里面有底线、感情面前有原则,始终做到不放纵、不越轨、不逾矩。

强化敢于负责的担当精神。坚持原则、敢于担当是党员、干部必须具备的基本条件。要强化责任意识,尽责守责,面对大是大非敢于亮剑,面对矛盾敢于迎难而上,面对危机敢于挺身而出,面对失误敢于承担责任,面对歪风邪气敢于坚决斗争。坚持党的原则第一、党的事业第一、人民利益第一,干在实处、走在前列,面对急难险重任务要敢于负起责任、挑起重担,打头阵、啃“硬骨头”、涉险滩,用行动诠释忠诚、用担当彰显信仰。

不断提高政治能力。讲政治必然要求全党同志特别是高级干部有很强的政治能力，提高政治能力就成为党的政治建设的重要内容。政治能力，就是把握方向、把握大势、把握全局的能力，就是保持政治定力、驾驭政治局面、防范政治风险的能力。全党同志特别是高级干部必须加强政治能力训练，牢固树立政治理想，正确把握政治方向，坚定站稳政治立场，严格遵守政治纪律。要注意加强政治历练，积累政治经验，把政治能力训练贯穿党性锻炼全过程，使自己的政治能力与担当的领导职责相匹配，确保党的事业始终沿着正确的政治方向胜利前进。

（作者：中共中央政策研究室副主任）

忠诚为民　勇于担当

——学习党的十九大报告的体会

汤永刚

习近平总书记在党的十九大报告中强调，“要把人民对美好生活的向往作为奋斗目标，依靠人民创造历史伟业。”这是他始终坚持的立党为公、执政为民执政理念和“以人民为中心”价值追求的真实写照，是我们党的性质宗旨和思想路线的集中反映，是马克思主义群众观点和群众立场的生动体现。走进新时代、踏上新征程，我们要不忘初心、牢记使命，永远把人民的利益放在心中最高位置，永远保持同人民的血肉联系，善于从人民群众中汲取智慧和力量，努力实现决胜全面建成小康社会、夺取新时代中国特色社会主义的伟大胜利。

一、人民性是党的十九大报告的根本属性和贯穿始终的血脉、蕴含深处的灵魂

报告坚持人民至上，通篇贯穿着人民性这条主线，从人民的长远利益和根本利益立场出发，又落脚到人民的立场中去，这是报告的最显著特征。据统计，3 万多字的报告中，“人民”二字就出现了 203 次，“人的全面发展”强调了 3 次，“以人民为中心”提出了 4 次……对于中国共产党来讲，“人民”是最根本的哲学，人民的“美好生活”这一关键，不仅温暖人心、深得民心，更激励奋进、激发斗志；不仅凝聚民心、顺应民意，更汇聚民智、积聚民力。首次将保护“人格权”写入报告，处处以人民福祉为出发点和落脚点，充满家国情怀，直抵人心、激发共鸣。

报告深刻洞悉生产力和生产关系、经济基础和上层建筑之间基本矛盾及其发展规律，作出了中国特色社会主义进入新时代的科学判断，明确指出我国社会主要矛盾已经转化为人民日益增长的美好生活需要和不平衡不充分的发展之间的矛盾。当前，人民对美好生活需要具有变更性、多样性、广泛性、层次性，涵盖物质文化生活和民主、法治、公平、正义、安全、环境等诸多方面。尽管我国社会生产力水平总体上显著提高，社会生产能力在很多方面进入世界前列，更加突出的问题是发展不平衡不充分问题，这已经成为满足人民日益增长的美好生活需要的主要制约因素。我国社会主要矛盾的变化是关系全局的历史性变化，对党和国家工作提出了许多新要求，是十九大作出一系列战略部署的逻辑起点，体现了鲜明的民本意识和问题导向。

报告坚持以人民为中心的发展思想，作为新时代坚持和发展中国特色社会主义的十四条基本方略之一，摆在十分重要的地位，确立了新时代坚持和发展中国特色社会主义必须始终坚持恪守的基本原则，把增进

民生福祉作为发展的根本目的,把人民生活水平作为检验发展阶段的重要标准,分别从坚持人民当家做主、在发展中保障和改善民生、人与自然和谐共生等诸多方面形成了一个完整的战略体系。报告强调人民是历史的创造者,是决定党和国家前途命运的根本力量,要求我们必须坚持人民主体地位,坚持立党为公、执政为民,践行全心全意为人民服务的根本宗旨,把党的群众路线贯彻到治国理政全部活动之中,运用较大篇幅对就业、收入、脱贫攻坚等关系老百姓现实利益的民生问题作出安排。

报告强调要持之以恒正风肃纪,清醒地告诫全党,我们党来自人民、植根人民、服务人民,一旦脱离群众,就会失去生命力。用"两个凡是"即凡是群众反映强烈的问题都要严肃认真对待,凡是损害群众利益的行为都要坚决纠正,明确要求要加强作风建设,必须紧紧围绕保持党同人民群众的血肉联系,增强群众观念和群众感情,不断厚植党执政的群众基础。再次重申了我们党永远坚持群众观点、始终站在最广大人民群众的一边的鲜明立场。我们党的最大优势是密切联系群众,最大的风险是脱离人民群众,人民反对什么、痛恨什么,我们就要坚决防范和纠正什么,只有这样,我们才能赢得群众的拥护和支持,才能永远站于不败之地。

二、历史和现实雄辩地证明:人民是历史的创造者、群众才是真正的英雄

纵观古今、横看全球,任何时代、任何国家、任何社会,人民也只有人民才是推动历史前进的根本动力。古人讲,民为贵、君为轻、社稷次之,民惟邦本、本固邦宁,水能载舟、亦能覆舟等等,这些都深刻揭示了只有得民心者才能得天下的道理。只有始终保持与人民密不可分的血肉联系,俯首甘为孺子牛,心中始终装着人民群众,才能赢得人民群众的拥护和支持,才能从胜利不断走向新的胜利;反之,损害群众利益,骑在人民头上作威作福,导致民怨沸腾的,同人民群众的关系成为貌合神离的油水关系,甚至不共戴天的水火关系,终将被人民群众无情地扔到历史的垃圾堆里去,最终难逃人亡政息的厄运。

人民群众是我们共产党人的生命之基、力量之源、发展之本,群众路线是马克思主义的根本路线。马克思、恩格斯在《共产党宣言》中指出:"无产阶级的运动是绝对大多数人的、为绝大多数人谋利益的独立的运动。"《中国共产党党章》明确规定,中国共产党是"中国人民和中华民族的先锋队""代表中国最广大人民的根本利益",把全心全意为人民服务写在了党的旗帜上。《中华人民共和国宪法》明确规定,我国是工人阶级领导的以工农联盟为基础的人民民主专政的社会主义国家,中华人民共和国的一切权力属于人民。毛泽东同志指出,兵民是胜利之本,民心向背是革命成败的关键。"我们共产党人好比种子,人民好比土地。我们到了一个地方,就要同那里的人民结合起来,在人民中间生根、开花"。在《为人民服务》中强调:"我们这个队伍完全是为着人民解放的,是彻底地为人民的利益工作的。""只要我们为人民的利益坚持好的,为人民的利益改正错的,我们这个队伍就一定会兴旺发达起来。"正是对人民群众巨大力量的深刻认识,1949 年 10 月的开国大典上,毛主席在天安门城楼上振臂高呼"人民万岁"。邓小平同志坚持从人

民创造历史的活动中汲取思想营养和前进力量，他说“改革开放中许许多多的东西，都是群众在实践中提出来的”，要坚持人民主体地位，尊重人民首创精神，把人民拥护不拥护、赞成不赞成、高兴不高兴、答应不答应作为制定方针政策和作出决断的出发点和归宿。习仲勋同志强调：“江山就是人民，人民就是江山”，“把屁股端端地坐在老百姓的这一面”，被毛泽东同志称赞为“他是群众领袖，是一个从群众中走出来的群众领袖”。七年知青生涯，让习近平深深懂得：“脚踏在大地上，置身于人民群众中，会使人感到非常踏实，很有力量。”“要为人民做实事！”与群众“身挨身坐、心贴心聊”，要求“中南海要始终直通人民群众”，强调“紧紧依靠人民推动改革”。“检验我们一切工作的成效，最终都要看人民是否得到了实惠，人民生活是否得到了改善”。我们共产党人依靠人民打下江山，打下江山也是为了让人民过上更加幸福美好的新生活。只有不忘初心，方得始终，才能民富国强、江山永固，党的执政基础才能坚若磐石、稳如泰山。

回顾党96年的波澜壮阔的峥嵘岁月，我们党不忘初心、牢记使命，一路走来都是为人民谋幸福的。星星之火形成燎原之势，根源在于它诞生于人民，依靠的是“人民群众”，建立的是“人民政权”，拥有的是“人民军队”，致力的是“人民解放”。从长征路上的红军鞋，到淮海战役的小推车；从小岗村村民的红手印，到“最成功的脱贫故事”，人民的力量一旦被激发出来，就会产生改天换地的实践伟力。也正是亿万人民的全力托举，才让红船从南湖出发，穿越激流险滩，成为承载国家和民族希望的巨轮。可以说，一部党的历史就是一部组织群众、宣传群众、教育群众、引导群众从站起来到富起来再到强起来的苦难辉煌史，就是一部从翻身解放、当家作主，到共同富裕、全面发展的拼搏奋进史。党的历史告诉我们，人民“是历史的创造者，是决定党和国家前途命运的根本力量”，什么时候我们密切联系群众了，党的事业就蒸蒸日上、党的队伍就不断发展壮大，什么时候我们偏离群众路线了，党的事业就遭受挫折损失、党的形象就会受到破坏。

十八大以来，以习近平同志为核心的党中央坚持以人民为中心的发展理念，始终把人民利益摆在首位，坚持以上率下、推行《八项规定》，掀起了作风转变的时代狂潮，深化改革、加快发展，开启了实现中华民族伟大复兴的历史征程，关注民生、脱贫攻坚，奏响了向贫困宣战造福民众的雄壮号角、倡导绿色发展理念、加强生态环境保护，掀起了环保督查的专项行动，坚持反腐败无禁区、全覆盖、零容忍，坚定不移“打虎”“拍蝇”“猎狐”，形成并巩固发展了反腐败斗争的压倒性态势等等。正是这一系列深得民心、顺应民意、满足民愿的重大举措，力挽狂澜、扭转乾坤、安邦定国，实现了经济社会健康发展、人民生活不断改善、生态环境明显改善、党风政风日益好转，取得了辉煌成就、积累了宝贵经验，在党和国家建设发展史上留下了浓墨重彩的壮丽篇章。习近平总书记作为党中央的核心、全党的核心、人民军队的最高统帅，赢得了人民群众的衷心拥戴和国际社会的广泛赞誉。

三、开启新时代踏上新征程实现新跨越必须使人民在共建共享中有更多的获得感和幸福感

潮平两岸阔，风正一帆悬。党的十九大

擘画了新时代建设中国特色社会主义的宏伟蓝图，吹响了决胜全面建成小康社会、夺取新时代中国特色社会主义伟大胜利的历史号角，为我们指明了前进方向、增添了强大动力。新时代要有新形象，更要有新作为。我们党正团结带领十三亿中华儿女，满怀豪情、意气风发地踏上新的伟大征程，去迎接新胜利的曙光、创造更加幸福美好的明天。

只有赢得人民才能赢得未来。深入学习宣传贯彻党的十九大精神，顺利实现“两个一百年”和中华民族伟大复兴的中国梦，最关键的是要深刻领会和准确把握以人民为中心的执政理念，深刻把握以人民为中心思想的价值取向，坚持把人民利益放在第一位，注意倾听人民呼声，回应人民期待，始终把人民放在心中最高的位置。必须坚持把人民共创、共建、共享、共有、共同富裕作为根本出发点和归宿，始终牢记全心全意为人民服务的根本宗旨，深入践行“一切为了群众、一切依靠群众、从群众中来、到群众中去”的群众路线和工作路线，依靠人民群众走好新时期的长征路。

“历史是人民书写的，一切成就归功于人民。”这是同中外记者见面时习近平总书记的庄严宣示，彰显了坚定的人民立场，让人们看到中国共产党最大的政治优势、最鲜明的政治底色。光荣归于人民、感情系于人民、力量源于人民，这样的执政党无愧于人民政党，这样的百年大党永葆着赤子之心。习近平总书记强调，2020 年，我们将全面建成小康社会。全面建成小康社会，一个都不能少；共同富裕路上，一个都不能掉队。我们将举全党之力，坚决完成脱贫攻坚任务，确保兑现我们的承诺。我们将牢记人民对美好生活的向往就是我们的奋斗目标，坚持以人民为中心的发展思想，努力保障和改善好民生各项工作，不断增强人民的获得感、幸福感、安全感，不断推进全体人民共同富裕。这是我们党面向全世界发出的豪迈宣言，体现了党强烈的使命意识和责任担当。我们一定要谨记教导、不辱使命，永远与人民群众同呼吸、共命运、心连心，以扎实有效的工作把人民的利益实现好、维护好、发展好。

“大道之行，天下为公。”这句话深刻揭示了我们共产党人近百年所行大道的真谛所在，这是一条与人民群众心心相印、同甘共苦、团结奋斗的人间正道。我们坚信，在习近平新时代中国特色社会主义思想指引下，只要我们党永远“深深扎根人民、紧紧依靠人民”，“党始终同人民想在一起、干在一起”，永远忠于祖国、忠于人民，坚持把人民利益贯穿治国理政的全过程，就一定能够凝聚起全体人民同心共筑中国梦的磅礴力量，战胜前进道路上的任何艰难险阻，在推进改革开放进程中实现中华民族伟大复兴的光荣梦想，推动“中国号”巨轮劈波斩浪、胜利前行。

（作者：中共陕西省委办公厅主任）

决胜全面建成小康社会的动员令

国家发展改革委党组

习近平总书记在党的十九大报告中指出，从现在到2020年，是全面建成小康社会决胜期。决胜就是冲锋号，就是总动员，要求我们必须将全面建成小康社会作为当前全党面临的首要历史任务和重大历史责任，举全党全国之力，以时不我待、锐意进取的使命感和责任感，以决战决胜的精神状态和实际行动，确保第一个百年奋斗目标如期实现。

一、深刻领会决胜全面建成小康社会的重大意义

从党的十八大提出全面建成小康社会的奋斗目标，到党的十八届五中全会对全面建成小康社会进行总体部署，再到党的十九大明确提出决胜全面建成小康社会，开启全面建设社会主义现代化国家新征程，全面建成小康社会的宏伟蓝图正逐步变成现实。决胜全面建成小康社会对于实现"两个一百年"奋斗目标、实现中华民族伟大复兴具有重要的历史意义。

全面建成小康社会承载了我们党对人民和历史的庄严承诺。"民亦劳止，汔可小康。惠此中国，以绥四方。"小康社会自古以来就是人民孜孜以求的美好理想。改革开放以后，我们党对我国社会主义现代化建设作出了"三步走"的战略安排。在提前完成解决人民温饱问题、人民生活总体上达到小康水平这两个目标基础上，党的十六大提出要在本世纪头20年全面建设惠及十几亿人口的更高水平的小康社会；党的十七大提出了全面建设小康社会的目标要求；党的十八大明确提出到2020年全面建成小康社会。从"建设"到"全面建设"再到"全面建成"，是我们党着眼经济社会发展不同阶段和现代化建设新要求作出的庄严承诺，体现了党领导全国各族人民为之接续奋斗、久久为功的战略定力。全面建成小康社会，不仅将实现自古以来人们渴望小康的夙愿，也将极大地增强党的凝聚力、向心力和公信力，进一步激发全国各族人民的斗志和干劲，乘势而上，在党的带领下"撸起袖子加油干"，为实现下一个百年奋斗目标坚定向前、不懈进取。

决胜全面建成小康社会是推动解决新时代社会主要矛盾的重要过程。准确把握不同发展阶段我国社会主要矛盾变化，是成功推进党和国家事业发展的重要前提。党的十九大作出中国特色社会主义进入新时代的重大判断，明确指出我国社会主要矛盾已经转化为人民日益增长的美好生活需要和不平衡不充分的发展之间的矛盾。这一判断准确反映了我国发展的阶段性特征，推动解决这一矛盾，是当前和今后一个时期各项工作的主要着力点。决胜全面建成小康社会，就是要紧扣我国社会主要矛盾变化，着眼解决发展不平衡不充分的问题，统筹推进经济建设、政治建设、文化建设、社会建设、生态文明建设，大

力提升发展质量和效益，更好满足人民在经济、政治、文化、社会、生态等方面日益增长的需要，更好推动人的全面发展、社会全面进步。

决胜全面建成小康社会是开启全面建设社会主义现代化国家新征程的重要支撑。从全面建成小康社会到基本实现现代化，再到全面建成社会主义现代化强国，是新时代中国特色社会主义发展的战略安排。从时间节点看，全面建成小康社会不仅承接历史，而且连接未来，是实现第二个百年奋斗目标和中华民族伟大复兴的关键一步，是中国特色社会主义现代化进程中一个重要里程碑。从发展要求看，全面建成小康社会目标既强调发展水平的“小康”，更注重发展的质量和“全面性”，既满足当前发展需要，又着眼发展的可持续性。这一目标与全面建成社会主义现代化强国之间环环相扣，在时间上紧密衔接，在各项事业发展上全面对接。只有如期实现全面建成小康社会目标，才能为开启全面建设社会主义现代化国家新征程，向第二个百年奋斗目标进军奠定坚实基础、提供强大支撑。

二、准确把握全面建成小康社会决胜期的有利条件和困难挑战

党的十八大以来，在以习近平同志为核心的党中央坚强领导下，我们坚定不移贯彻新发展理念，坚持稳中求进工作总基调，统筹推进“五位一体”总体布局、协调推进“四个全面”战略布局，“十二五”规划胜利完成，“十三五”规划顺利实施，经济社会发展取得举世瞩目的巨大成就，发展质量和效益不断提升，为决胜全面建成小康社会打下了坚实基础。

经济平稳健康发展。在基数不断增大的情况下，经济保持中高速增长，2013～2016年国内生产总值年均增长7.2%，对世界经济增长的贡献率超过30%。供给侧结构性改革深入推进，供求关系得到改善，供给质量持续提升。经济结构不断优化，农业现代化稳步推进，战略性新兴产业蓬勃发展，服务业增加值在国内生产总值中占比超过半壁江山，消费成为经济增长的主要拉动力，城乡区域发展协调性增强。创新驱动发展战略大力实施，新旧动能有序转换。

全面深化改革取得重大突破。过去5年，改革全面发力、多点突破、纵深推进，推出1500多项改革举措，“放管服”、投融资、价格、国企国资、重点行业等重要领域和关键环节改革取得突破性进展，经济社会发展动力持续增强。

人民生活不断改善。脱贫攻坚战取得决定性进展，6000多万贫困人口稳定脱贫。就业状况持续改善，城镇新增就业年均1300万人以上。城乡居民收入增速超过经济增速，中等收入群体持续扩大。建立起覆盖城乡居民的社会保障网，人民健康和医疗卫生水平大幅提高。

生态环境治理明显加强。绿色发展理念深入人心，生态文明制度体系加快形成。主体功能区制度逐步健全，国家公园体制试点积极推进。全面节约资源有效推进，2013～2016年单位国内生产总值能耗累计下降17.9%，环境状况得到改善。

对外开放不断深入。“一带一路”建设成效显著，开放型经济新体制逐步健全。2016年货物贸易进出口总值达到3.68万亿

美元,利用外资1260亿美元,对外直接投资1701亿美元,年末外汇储备3.0105万亿美元,均居世界前列。

更为重要的是,我们党在不断探索实践的基础上取得重大理论创新成果,形成了习近平新时代中国特色社会主义思想,深刻揭示了新时代中国特色社会主义的本质特征、发展规律和建设路径,为决胜全面建成小康社会提供了强大动力和根本遵循。我们完全有能力、有条件、有信心如期实现全面建成小康社会目标。

与此同时,我们也清醒地认识到,全面建成小康社会仍存在不少短板弱项,解决不平衡不充分发展的问题,仍需付出艰苦努力。一是经济社会领域的重大风险隐患较多。金融风险、地方政府债务风险不容忽视,信息安全风险和社会不稳定因素仍然较多。二是脱贫攻坚任务艰巨。2016年底全国还有4000多万农村贫困人口,其中相当一部分居住在自然条件差、交通出行难、经济基础弱的深度贫困地区,解决这些贫困问题难度较之前更大。三是生态环境保护任重道远。环境保护仍滞后于经济社会发展,一些地区环境承载能力已经达到或接近上限,环境污染重、生态受损大、环境风险高,难以满足人民日益增长的优美生态环境需要。四是发展质量和效益还不高。创新能力还不够强,新旧发展动能转换难度较大,经济发展方式转变还不到位,实体经济水平有待提高。面对这些困难和挑战,必须按照全面建成小康社会的要求,突出抓重点、补短板、强弱项,以钉钉子精神逐一推动解决。

三、紧紧围绕决胜全面建成小康社会重点任务打好三大攻坚战

从现在到2020年只有3年左右时间,决胜全面建成小康社会任务艰巨繁重。我们要更加紧密地团结在以习近平同志为核心的党中央周围,全面贯彻落实党的十九大精神,以习近平新时代中国特色社会主义思想为指导,牢固树立“四个意识”和“四个自信”,坚持稳中求进工作总基调,紧扣社会主要矛盾变化,综合施策、精准发力,全面落实党的十九大部署的重大战略,着力打好三大攻坚战,确保顺利完成“十三五”规划目标任务,使全面建成小康社会得到人民认可、经得起历史检验。

坚决打好防范化解重大风险攻坚战。切实增强忧患意识和底线思维,把防控风险放在更加突出的位置,重点提高财政、金融、房地产、能源资源、生态环境等方面的风险防控能力,坚决守住不发生系统性区域性风险的底线。一是牢固树立总体国家安全观。高度关注苗头性倾向性潜在性问题,加强风险监测预警应急处置能力,密切跟踪研判和及时防范化解涉及经济安全、资源安全、生态安全等领域的各类风险隐患。二是密切加强经济运行监测分析。完善国际国内宏观经济运行监测预警体系,及时跟踪各领域、各地区、各行业经济走势,密切监测宏观经济、地区经济以及重点行业经济运行,及时精准研判经济发展态势趋势。三是更加注重政策预研储备。围绕巩固经济稳中向好势头,抓住主要矛盾,做好超前谋划,及时研究提出和用好用活操作性较强、成熟度较高的储备政策,并根据形势变化动态更新,增强应对复杂困难局面的信心和底气。四是积极引导社会预期。把预期管理作为宏观调控重要内容,提高政策透明度和可预期性,用稳定的宏观经济政策稳住市场预期,用重大改革举措落地增强

发展信心，用及时准确的政策解读来引导市场主体行为。

坚决打赢脱贫攻坚战。动员全党全国全社会力量，坚持精准扶贫、精准脱贫，聚焦深度贫困地区推进脱贫攻坚，确保到2020年我国现行标准下农村贫困人口实现脱贫，贫困县全部摘帽，解决区域性整体贫困，做到脱真贫、真脱贫。一是进一步推进精准脱贫政策措施落地生根。因地制宜实施易地搬迁，完善搬迁后续扶持政策，确保搬迁对象稳定脱贫；发展适宜特色产业，引导支持贫困群众用好各地资源优势改善生产生活条件；加强技能培训，提高贫困群众就业能力；完善生态补偿制度，提高生态补偿标准，让贫困群众从生态保护修复中多得实惠；实施好健康扶贫工程，努力防止因病致贫、因病返贫。二是重点攻克深度贫困地区脱贫任务。发挥集中力量办大事的制度优势，整合各方资源，加大投入支持力度和政策倾斜力度，再推出一批脱贫攻坚举措，再布局一批脱贫攻坚项目，着力健全深度贫困地区公共服务体系，加强基础设施建设，大力发展特色优势产业，持续改善生产生活条件。三是加快健全脱贫攻坚长效机制。坚持中央统筹省负总责市县抓落实的工作机制，加强东西部扶贫协作和对口支援。坚持专项扶贫、行业扶贫、社会扶贫互为补充的“三位一体”大扶贫格局，注重扶贫同扶志、扶智相结合，调动贫困群众脱贫致富积极性、主动性、创造性，培育和激发贫困地区发展内在动力，着力在强化扶贫精确度、实现稳定有质量脱贫、促进贫困地区可持续发展上下更大功夫。

坚决打好污染防治攻坚战。坚持绿水青山就是金山银山，牢固树立绿色发展理念，加快形成节约资源和保护环境的空间格局、产业结构、生产方式、生活方式。一是推进绿色发展。加快建立绿色生产和消费的法律制度与政策导向，推进资源全面节约和循环利用，发展绿色金融，壮大节能环保产业、清洁生产产业、清洁能源产业，推进能源生产和消费革命，建立健全绿色低碳循环发展的经济体系。二是强化污染防治。推动大气、水、土壤、固体废弃物等污染防治、处理等工作，构建政府主导、企业为主体、社会组织和公众共同参与的环境治理体系。三是加强生态保护。实施重要生态系统保护和修复重大工程，建立市场化、多元化生态补偿机制。四是改革监管体制。加强对生态文明建设的总体设计和组织领导，构建国土空间开发保护制度，完善主体功能区配套政策，建立以国家公园为主体的自然保护地体系。五是合作应对气候变化。坚持共同但有区别的责任原则、公平原则、各自能力原则，落实减排承诺，积极参与全球环境治理。

四、以新发展理念为引领建设现代化经济体系

我国经济已由高速增长阶段转向高质量发展阶段，正处在转变发展方式、优化经济结构、转换增长动力的攻关期。我们必须坚定不移贯彻新发展理念，坚持质量第一、效益优先，以供给侧结构性改革为主线，推动经济发展质量变革、效率变革、动力变革，不断推进现代化经济体系建设。

着力提高供给体系质量。推动实体经济优化结构，加快发展先进制造业，推动互联网、大数据、人工智能和实体经济深度融合，在中高端消费、创新引领、绿色低碳、共享经

济、现代供应链、人力资本服务等领域培育新增长点、形成新动能。推动传统产业优化升级,加快发展现代服务业,促进我国产业迈向全球价值链中高端。坚持去产能、去库存、去杠杆、降成本、补短板,优化存量资源配置,扩大优质增量供给,实现供需动态平衡。

加快培育发展新动能。深入实施创新驱动发展战略,加强国家创新体系建设,建立以企业为主体、市场为导向、产学研深度融合的技术创新体系。进一步强化基础研究和应用基础研究,拓展实施国家重大科技项目,努力实现重大技术突破和颠覆性创新。加快实施"互联网+"行动,大力发展数字经济、平台经济、智能经济,营造创新创业发展良好环境。

大力实施乡村振兴战略。坚持农业农村优先发展,加快推进农业农村现代化,构建现代农业产业体系、生产体系、经营体系,促进农村一二三产业融合发展,深化农业农村改革,促进农业提质增效。

全面实施区域协调发展战略。建立更加有效的区域协调发展新机制,加大力度支持老少边贫地区加快发展,推进西部开发、东北振兴、中部崛起、东部率先实现新突破,推动京津冀协同发展、长江经济带发展,以城市群为主体构建大中小城市和小城镇协调发展的城镇格局。

持续深化经济体制改革。紧紧围绕处理好政府和市场关系,以完善产权制度和要素市场化配置为重点深化经济体制改革。特别是要注重创新和完善宏观调控,发挥国家发展规划的战略导向作用,健全财政、货币、产业、区域等经济政策协调机制,增强消费对经济发展的基础性作用,发挥投资对优化供给结构的关键性作用。

推动形成全面开放新格局。积极促进"一带一路"国际合作,加强创新能力开放合作,实行高水平的贸易和投资自由化便利化政策,创新对外投资方式,积极促进国际产能合作,切实防范对外投资风险。

深刻认识和全面落实新时代党的建设总要求

全国党的建设研究会

中国特色社会主义进入新时代，我们党一定要有新气象新作为。党的十九大报告对新时代推进党的建设新的伟大工程作出了顶层设计和全面部署，提出了新时代党的建设总要求，为我们党在新的历史起点上全面加强党的建设指明了前进方向。我们必须深刻认识、全面理解这一总要求的重大意义和丰富内涵，增强思想自觉和行动自觉，扎扎实实地把总要求贯彻落实到党的建设各方面工作中去，把党建设得更加坚强有力。

一、深刻认识新时代党的建设总要求的重大意义

新时代党的建设总要求，是党的十九大立足我国发展新的历史方位和我们党新的历史使命，立足学习贯彻习近平新时代中国特色社会主义思想，立足加强党的建设面临的新情况新问题提出来的。贯彻落实这一总要求，意义重大而深远。

这是学习贯彻习近平新时代中国特色社会主义思想的内在要求。党的十九大把习近平新时代中国特色社会主义思想确立为我们党必须长期坚持的指导思想和行动指南，这是党的十九大的重大历史性贡献。习近平新时代中国特色社会主义思想，系统回答了新时代我们党坚持和发展什么样的中国特色社会主义、怎样坚持和发展中国特色社会主义的一系列重大理论和实践问题，是马克思主义中国化的最新成果，是我们党的重大理论创新。新时代党的建设总要求是习近平新时代中国特色社会主义思想的重要组成部分。只有按照新时代党的建设总要求不断加强党的建设，才能进一步推动全党用习近平新时代中国特色社会主义思想武装头脑，充分发挥这一重要思想对各方面工作和各项事业发展的根本指导作用，保证全党在这一重要思想的指引下统一意志、统一行动，团结一心、阔步前进。

这是立足我国发展新的历史方位、完成新时代党的历史使命和奋斗目标的必然要求。党的十九大作出了中国特色社会主义进入了新时代、我国社会主要矛盾已经转化为人民日益增长的美好生活需要和不平衡不充分的发展之间的矛盾等重大政治论断，深刻阐述了新时代中国共产党的历史使命和奋斗目标。毫不动摇坚持和完善党的领导，毫不动摇把党建设得更加坚强有力，这是我们党适应新时代要求、完成新时代历史使命和奋斗目标的基本前提和根本保证。新时代党的建设总要求从新时代、新征程、新使命、新目标对我们党提出的新要求出发，进一步回答了“建设什么样的党、怎样建设党”这一历史性课题，形成了党在新时代加强自身建设的总纲领。只有坚定不移地贯彻落实这一总要求，才能确保我们党始终走在时代前列，始终成为中国特色社会主义事业的坚强领导

核心。

这是提高党的长期执政能力和领导水平、确保党始终成为中国特色社会主义事业坚强领导核心的战略要求。中国特色社会主义最本质的特征是中国共产党领导，中国特色社会主义制度的最大优势是中国共产党领导，党是最高政治领导力量。坚持和加强党的全面领导，是中国、中国人民、中华民族的根本利益所在，任何时候、任何情况下都不能有丝毫动摇。在新时代，我们党要团结带领人民进行伟大斗争、推进伟大事业、实现伟大梦想，带领具有5000多年悠久历史、拥有13亿多人口的中国，建成富强民主文明和谐美丽的社会主义现代化强国，就必须进一步推进党的建设新的伟大工程，不断提高党的执政能力和领导水平。只有全面贯彻落实新时代党的建设总要求，加强党的长期执政能力建设，全面增强执政本领，做到既政治过硬，又本领高强，才能确保我们党始终成为中国特色社会主义事业的坚强领导核心。

这是推动全面从严治党向纵深发展、确保党永葆旺盛生命力和强大战斗力的现实要求。党的十八大以来，在以习近平同志为核心的党中央坚强领导下，我们党全面加强党的领导和党的建设，坚决改变管党治党宽松软状况，党内政治生活气象更新，党内政治生态明显好转，党的团结统一更加巩固，党群关系明显改善，党的创造力、凝聚力、战斗力显著增强，全面从严治党成效卓著。同时，要清醒地认识到，党的建设方面还存在不少薄弱环节，党内存在的思想不纯、组织不纯、作风不纯等突出问题尚未得到根本解决，“四大考验”是长期和复杂的，“四种危险”是尖锐和严峻的。要有效应对这些考验和危险，从根本上解决党内存在的突出问题，就必须全面贯彻落实新时代党的建设总要求，以更大的力度推动全面从严治党向纵深发展，确保我们党始终保持先进性和纯洁性，始终成为时代的先锋、民族的脊梁。

二、深入理解新时代党的建设总要求的丰富内涵

党的十九大对新时代党的建设总要求作了全面阐述，立意高远、内涵丰富，深刻回答了新的历史条件下加强党的建设的一系列根本性问题，丰富和发展了马克思主义建党学说，标志着我们党对执政党建设规律的认识达到了新的高度，为新时代推进全面从严治党提供了基本遵循。这个总要求，主要包括以下几个方面内容。

一是新时代党的建设的根本原则、指导方针和主线。总要求开宗明义提出，要“坚持和加强党的全面领导”，指明了新时代党的建设的根本原则，体现了“坚持党对一切工作的领导”的要求，抓住了党的建设的关键。总要求明确了“党要管党、全面从严治党”这一党的建设指导方针，体现了党的十八大以来党的建设最鲜明的主题，要求全党以对党和人民高度负责的精神，以严的态度、严的要求、严的措施、严的制度全面加强党的建设，落实好全面从严治党的各项任务。总要求提出新时代党的建设要“以加强党的长期执政能力建设、先进性和纯洁性建设为主线”。在原来党的执政能力建设的表述中增加“长期”二字，深刻昭示长期执政条件下提高党的执政能力和领导水平、保持党的先进性和纯洁性永远在路上，伴随党执政的全过程、伴随坚持和发展中国特色社会主义的壮

阔征程；蕴含着对党实现执政使命长期性、艰巨性的深远考量；揭示了马克思主义执政党建设的本质要求；反映了新时代党的执政能力建设的新特点和新要求，就是党的建设一切工作都必须聚焦到党的长期执政和国家的长治久安上。

二是新时代党的建设的总体布局。总要求进一步明确了新时代党的建设总体布局，即“以党的政治建设为统领，以坚定理想信念宗旨为根基，以调动全党积极性、主动性、创造性为着力点，全面推进党的政治建设、思想建设、组织建设、作风建设、纪律建设，把制度建设贯穿其中，深入推进反腐败斗争”。这一总体布局抓住了新时代党的建设的关键，概括了新时代党的建设的基本内容、重点领域及其相互关系。其中一项重大创新，是将政治建设、纪律建设纳入党的建设总体布局，突出了政治建设的统领地位、纪律建设这一治本之策，反映出我们党对共产党执政规律的深刻认识，抓住了新时代推进全面从严治党的“牛鼻子”。这一总体布局突出了“以坚定理想信念宗旨为根基”，表明崇高的奋斗目标、精神境界和价值追求是党的建设的“根”，必须打牢共产党人的精神支柱和思想根基。这一总体布局把调动全党积极性、主动性、创造性作为着力点，既强调充分发挥各级党组织和全体党员的作用，又强调尊重党员的主体地位，激发全党同志的担当精神和创造热情，集中全党的智慧和力量。这一总体布局将制度建设由原来的“五大建设”之一调整为“把制度建设贯穿其中”，更鲜明地体现了制度建设的地位、作用和要求。强调深入推进反腐败斗争，彰显了我们党正风肃纪、夺取反腐败斗争压倒性胜利的坚定决心。

三是新时代党的建设的总目标。总要求确立了新时代党的建设总目标，即“不断提高党的建设质量，把党建设成为始终走在时代前列、人民衷心拥护、勇于自我革命、经得起各种风浪考验、朝气蓬勃的马克思主义执政党”。总目标把不断提高党的建设质量摆在突出位置，意味着新时代党的建设必须坚持围绕中心、服务大局，注重内涵、讲求实效，不断提升党的建设水平，取得实实在在的成果，而不能重形式轻质量，不能搞形式主义、做表面文章。总目标涵盖了提高党的执政能力和领导水平，保持党的先进性和纯洁性，密切党同人民群众的血肉联系、不断增强党的“四自能力”、始终保持朝气蓬勃的政治品格和精神风貌等诸多方面，构成了一个有机统一的整体，集中体现了党的性质、宗旨和纲领，体现了新时代中国共产党人的价值取向、政治定力和使命担当。加强新时代党的建设，必须牢牢把握这个总目标，一步步朝着这个总目标迈进。

党的十九大报告在提出新时代党的建设总要求的基础上，部署了新时代党的建设8个方面重点任务。这些重点任务涉及党的建设各个方面、各个领域，突出了党的建设的主要矛盾和重点问题，是新时代党的建设总要求的具体化，是推动全面从严治党向纵深发展的实践路径。要把党的建设总要求落地生根、不断增强党的政治领导力、思想引领力、群众组织力、社会号召力，确保党在新时代的奋斗目标顺利实现，就必须扎扎实实地、高质量地完成这些重点任务。

新时代党的建设总要求和8个方面重点任务是一个紧密联系、相互作用、相辅相成的有机整体。其中，根本原则是依据，党的建设的一切活动都要遵循这个根本原则；指导方针是遵循，引领着党的建设沿着正确方向前进，党的建设的一切活动都要贯彻这一方针；主线是“纲”和“魂”，贯穿党的建设各个方面和全过程；总体布局是整体安排和重点领域，总体布局立起来了，党的建设就明确了框架格局，有了清晰的工作思路；总目标是指向和标准，党的建设的一切工作都要朝着这个目标来加强，依据这个标准来检验；8 个方面重点任务是主要工作，是实现目标的具体途径，任务明确了，落实总要求就有了实体支撑和有力抓手。贯彻落实新时代党的建设的重大部署，要深刻理解把握它们之间的内在联系，坚持协调推进、统筹推进、一体推进。

三、全面贯彻落实新时代党的建设总要求和重点任务，扎实推进全面从严治党

党的十九大报告提出的新时代党的建设总要求和重点任务，勾画了新时代党的建设的蓝图和路径，是进一步推进全面从严治党的顶层设计和战略部署。全党同志都要增强历史使命感和政治责任感，认真贯彻落实总要求和重点任务，以实际行动推进党的建设新的伟大工程。

一要着力抓好党的政治建设这一根本性建设。旗帜鲜明讲政治是我们党作为马克思主义政党的根本要求。党的政治建设是党的根本性建设，决定党的建设方向和效果。保证全党服从中央，坚持党中央权威和集中统一领导，是党的政治建设的首要任务。全党要坚定执行党的政治路线，严格遵守政治纪律和政治规矩，在政治立场、政治方向、政治原则、政治道路上同以习近平同志为核心的党中央保持高度一致。要严肃党内政治生活，严格尊崇党章，严格执行新形势下党内政治生活若干准则，严格贯彻民主集中制，努力营造风清气正的党内政治生态。加强党内政治文化建设，弘扬忠诚老实、公道正派、实事求是、清正廉洁等价值观，坚决防止和抵制各种消极腐朽思想文化的侵蚀。加强党性锻炼，不断提高政治觉悟和政治能力，做到对党忠诚、为党分忧、为党尽职、为民造福，永葆共产党人政治本色。

二要坚决贯彻落实用习近平新时代中国特色社会主义思想武装全党这一根本任务。习近平新时代中国特色社会主义思想，是一个内涵丰富、逻辑严谨、系统完整、博大精深的思想体系，是我们党必须长期坚持的指导思想。全党同志都要深入领会、准确把握其丰富内涵、精神实质、实践要求；深刻把握贯穿其中的马克思主义立场观点方法，把握新时代坚持和发展中国特色社会主义的基本方略。共产主义远大理想和中国特色社会主义共同理想，是中国共产党人的精神支柱和政治灵魂，也是保持党的团结统一的思想基础。要把坚定理想信念作为党的思想建设的首要任务，牢记党的宗旨，挺起共产党人的精神脊梁，解决好世界观、人生观、价值观这个“总开关”问题，自觉做远大理想和共同理想的坚定信仰者和忠实实践者。要坚持理论联系实际，学深悟透，学用结合，落实到党的建设各方面工作，贯彻到社会主义现代化建设全过程，使习近平新时代中国特色社会主义思想真正成为推动党和国家事业发展的强大思想武器和行动指南。

三要统筹推进新时代党的各方面建设。落实新时代党的建设总要求和重点任务，是

一项系统工程，需要着眼全局、统筹兼顾。要充分发挥各级党委总揽全局、协调各方的作用，坚持整体推进与重点突破相结合，既善于全面推进各方面、各领域党的建设，又善于抓住主要矛盾，突出重点，解决关键性紧迫性问题。要善于把握和运用党的建设规律，科学规划，合理设计，有序推进，不断改进和创新党的建设方式方法。要善于协调组织各级各部门党组织，调动各方面力量，形成落实党的建设总要求和各方面任务的整体合力。要善于将战略部署与战役落实紧密结合起来，既着眼于实现长远的战略目标，又精心组织好当前的每一场战役，一步一个脚印推动落实新时代党的建设任务。

四要把从严从实精神贯彻到新时代党的建设全过程。勇于自我革命、从严管党治党是我们党最鲜明的品格。党的十八大以来全面从严治党的卓著成效，为党和国家事业发展提供了坚强政治保证。贯彻落实新时代党的建设总要求和重点任务，必须坚持“严”字当头、“实”字托底。管党治党的认识和要求要严，决不能有松口气、歇歇脚的想法，必须始终拧紧从严治党的螺丝；党内政治生活要严，严明党的纪律，强化党内监督，发展积极健康的党内政治文化；对干部的选拔教育要严，严格按照好干部标准选拔任用干部，严格按照新时代、新使命的要求教育管理干部，努力建设高素质专业化干部队伍；正风肃纪要严，勇于直面问题，敢于刮骨疗毒，使党员、干部知敬畏、存戒惧、守底线，习惯在监督约束中工作生活；落实管党治党责任要严，进一步扩大党建责任制覆盖面，建立健全党建责任清单，健全党建责任监督、考核、评价机制，强化责任追究，保证责任落实，推动管党治党真正从宽松软走向严紧硬，不断开创新时代党的建设新局面。

牢牢把握社会主义初级阶段的基本国情

中共中央党史研究室理论研究中心

正确认识和准确把握社会主义初级阶段的基本国情，是决胜全面建成小康社会、夺取新时代中国特色社会主义伟大胜利的立足点和出发点。党的十九大报告明确指出，我国社会主要矛盾的变化，没有改变我们对我国社会主义所处历史阶段的判断，我国仍处于并将长期处于社会主义初级阶段的基本国情没有变。这是以习近平同志为核心的党中央准确把握社会主义初级阶段不断变化的新特点和新时代我国社会发展的阶段性特征作出的科学判断，为制定新时代党的方针政策提供了根本依据，丰富发展了中国特色社会主义理论体系。

一、我国处于社会主义初级阶段是我们党从历史探索中得出的科学论断

我国现在处于并将长期处于社会主义初级阶段，是我们党在继承发展马克思主义经典作家关于社会主义发展阶段理论的基础上，在长期社会主义建设实践的过程中，从社会性质和发展阶段上对我国国情所作的全局性、总体性判断，是我们党的一个重大理论创新。

马克思认为，消灭私有制之后建立起来的共产主义社会有一个从低级到高级、从不成熟到成熟、从不完善到完善的过程，他明确把共产主义社会区分为“第一阶段”、“高级阶段”两个既相互联系又相互区别的不同发展阶段。马克思的这一设想为后人继续探索社会主义发展阶段明确了方向。列宁首次提出用社会主义社会与共产主义社会代替原来的共产主义社会第一阶段与共产主义社会高级阶段，对社会主义和共产主义进行了区分。列宁认识到，社会主义本身是一个发展过程，需要分阶段逐步过渡，并提出“初级形式的社会主义”、“发达的社会主义”、“完全的社会主义”等概念。列宁关于“初级形式的社会主义”的提法蕴含了社会主义初级阶段的思想，反映了经济文化相对落后国家建设社会主义的复杂性和艰巨性。马克思、列宁关于社会主义和共产主义阶段划分论，为我们党认识和处理这一问题提供了理论依据。

1956 年我国社会主义改造基本完成后，我们党按照马克思主义经典作家的论述，根据中国具体实际，对我国基本国情及社会主义发展阶段作过一些探索。20 世纪 50 年代末，毛泽东曾提出，社会主义这个阶段，又可能分为两个阶段，第一个阶段是不发达的社会主义，第二个阶段是比较发达的社会主义。在 1962 年七千人大会上，他科学分析我国国情，指出：中国的人口多、底子薄，经济落后，要使生产力很大地发展起来，要赶上和超过世界上最先进的资本主义国家，没有一百多年的时间，我看是不行的。但由于“左”倾思想不断发展，我们党一度犯了超越社会发展阶段的错误，使我国社会主义建设事业受到

严重挫折。

改革开放以后，邓小平深刻总结历史经验教训，对我国所处历史方位作出科学判断，并将这一宝贵认识付诸改革开放的实践，形成了社会主义初级阶段理论。1987 年，党的十三大首次系统阐述了社会主义初级阶段理论，明确指出，社会主义初级阶段“特指我国在生产力落后、商品经济不发达条件下建设社会主义必然要经历的特定阶段。我国从五十年代生产资料私有制的社会主义改造基本完成，到社会主义现代化的基本实现，至少需要上百年时间，都属于社会主义初级阶段”。十三大还明确提出了党在社会主义初级阶段的基本路线。1992 年，党的十四大指出社会主义初级阶段理论是建设有中国特色社会主义理论的重要内容。1997 年，党的十五大对社会主义初级阶段主要特征、发展进程、主要矛盾、根本任务、基本制度、基本纲领作了进一步系统论述。2007 年，党的十七大强调我国仍处于并将长期处于社会主义初级阶段的基本国情没有变，人民日益增长的物质文化需要同落后的社会生产之间的矛盾这一社会主要矛盾没有变。2012 年，党的十八大提出，建设中国特色社会主义，总依据是社会主义初级阶段。2017 年，在党的十九大上，习近平总书记强调，全党要牢牢把握社会主义初级阶段这个基本国情，牢牢立足社会主义初级阶段这个最大实际，牢牢坚持党的基本路线这个党和国家的生命线、人民的幸福线。

二、新时代我国社会主要矛盾的变化与社会主义初级阶段基本国情的不变

进入中国特色社会主义新时代，随着我国经济社会的发展和现代化水平的提高，我国社会主要矛盾发生了变化。我国社会主要矛盾的变化并没有改变我们党对我国社会主义所处历史阶段的判断。

新中国成立特别是改革开放以来，党和国家事业发生历史性变革，改革开放和社会主义现代化建设取得历史性成就，党的面貌、国家的面貌、人民的面貌、军队的面貌、中华民族的面貌发生了前所未有的变化，中华民族正以崭新姿态屹立于世界东方。从党的十八大开始，中国特色社会主义进入新时代。我国在稳定解决十几亿人的温饱问题、总体上实现小康的基础上，将全面建成小康社会，人民美好生活的需要日益广泛，不仅对物质文化生活提出了更高要求，而且在民主、法治、公平、正义、安全、环境等方面的要求日益增长。我国社会生产力水平在总体上有了显著提高，社会生产能力在很多方面进入世界前列后，面临的更加突出的问题是发展不平衡不充分，这已经成为满足人民日益增长的美好生活需要的主要制约因素。这也充分说明，原来我国社会主要矛盾“人民日益增长的物质文化需要同落后的社会生产之间的矛盾”的表述，已经不能客观反映新实际和新变化。党的十九大报告关于社会主要矛盾的新表述，即“中国特色社会主义进入新时代，我国社会主要矛盾已经转化为人民日益增长的美好生活需要和不平衡不充分的发展之间的矛盾”，这是从历史和现实、理论和实践、国内和国际等结合上进行理性分析得出的重大判断。

党的十九大报告强调，必须认识到，我国社会主要矛盾的变化，没有改变我们对我国社会主义所处历史阶段的判断，我国仍处于并将长期处于社会主义初级阶段的基本国情

没有变。我们必须把握好这一“变”和“不变”的辩证关系。

对社会主义初级阶段的认识，不能仅仅从经济发展水平一个因素来看，而应从社会主义事业发展全局来看，涉及社会基本矛盾、总体战略布局、社会发展水平、人民对公平正义的要求等方面。从社会主义初级阶段的基本国情考察，新时代我国经济、政治、文化、社会和生态各方面还存在着种种新问题新矛盾。主要体现为：我国作为世界第二大经济体，人均国内生产总值只相当于世界平均水平的80%左右，发展不平衡不充分的一些突出问题尚未解决，在发展质量、创新能力、公共服务、生态保护等方面任重道远，民生领域还有不少短板，社会文明水平尚需提高，国家治理体系和治理能力有待加强，一些改革部署和重大政策措施需要进一步落实。这说明我国社会主要矛盾发生的阶段性变化，并没能从总体上改变我国生产力不够发达和生产关系不够完善的状况。党的十九大报告对我国社会主要矛盾与初级阶段基本国情“变”与“不变”的科学判断，是我们党把马克思主义唯物辩证法运用到中国社会发展的重要实践，是对马克思主义基本原理的重大发展，也是对世界社会主义的重要贡献。

三、立足社会主义初级阶段的实际贯彻落实党的十九大精神

党的十九大是我们党的历史上具有里程碑意义的一次代表大会，大会取得的政治成果、理论成果、制度成果，作出的重大战略部署和提出的重大创新举措，必将对今后一个时期党和国家事业发展产生重大而深远的影响。我们要紧密团结在以习近平同志为核心的党中央周围，立足我国社会主义初级阶段这个最大实际，紧扣我国社会主要矛盾变化，深入贯彻落实党的十九大精神，为实现中华民族伟大复兴的中国梦作出新贡献。

从基本国情出发贯彻落实基本方略。党的十八大以来，以习近平同志为核心的党中央，统揽“四个伟大”，统筹推进“五位一体”总体布局，协调推进“四个全面”战略布局，形成了新时代坚持和发展中国特色社会主义的基本方略。习近平新时代中国特色社会主义思想是指导思想层面的表述，在行动纲领层面称之为中国特色社会主义基本方略。这就是坚持党对一切工作的领导、坚持以人民为中心、坚持全面深化改革、坚持新发展理念、坚持人民当家作主、坚持全面依法治国、坚持社会主义核心价值体系、坚持在发展中保障和改善民生、坚持人与自然和谐共生、坚持总体国家安全观、坚持党对人民军队的绝对领导、坚持“一国两制”和推进祖国统一、坚持推动构建人类命运共同体、坚持全面从严治党。新时代坚持和发展中国特色社会主义，必须立足社会主义初级阶段这个最大实际，既要充分看到这些年来我国发展成绩巨大，有利条件不断增多，又要清醒看到发展中的困难、问题和不利因素，全面贯彻党的基本理论、基本路线、基本方略，更好推动人的全面发展、社会全面进步。

从基本国情出发决胜全面建成小康社会。党的十九大对新时代中国特色社会主义发展，作出从全面建成小康社会到基本实现现代化，再到全面建成社会主义现代化强国的战略部署。全面建成小康社会，实现第一个百年奋斗目标，是我们党向人民、向历史作出的庄严承诺。从现在到2020年，是全面建成小康社会决胜期。我们党要立足实际，团

结带领全国各族人民，按照全面建成小康社会各项要求，突出抓重点、补短板、强弱项，特别是要坚决打好防范化解重大风险、精准脱贫、污染防治的攻坚战，统筹推进经济建设、政治建设、文化建设、社会建设、生态文明建设，坚定实施科教兴国战略、人才强国战略、创新驱动发展战略、乡村振兴战略、区域协调发展战略、可持续发展战略、军民融合发展战略，努力建成经济更加发展、民主更加健全、科教更加进步、文化更加繁荣、社会更加和谐、人民生活更加殷实的小康社会，建成得到人民认可、经得起历史检验的小康社会，胜利实现第一个百年奋斗目标。在此基础上继续奋进，实现第二个百年奋斗目标，把我国建成富强民主文明和谐美丽的社会主义现代化强国。

从基本国情出发推进伟大事业。中国特色社会主义是改革开放以来党的全部理论和实践的主题，是党和人民历尽千辛万苦、付出巨大代价取得的根本成就，是当代中国发展进步的根本方向。建设中国特色社会主义，总依据就是社会主义初级阶段的基本国情。我们要承前启后、继往开来，牢牢把握我国正处于并将长期处于社会主义初级阶段的基本国情，牢牢立足社会主义初级阶段这个最大实际，牢牢把握我国发展的阶段性特征，牢牢把握人民群众对美好生活的向往，既要避免落后于实际、落伍于时代的问题，也要防止走入脱离实际、超越阶段而急于求成、急躁冒进的误区；既不走封闭僵化的老路，也不走改旗易帜的邪路。提出新的思路、新的战略、新的举措，真正做到既尽力而为又量力而行，保持艰苦奋斗的作风，更加自觉地增强中国特色社会主义道路自信、理论自信、制度自信、文化自信，始终坚持和发展中国特色社会主义这个最大的主题，不断丰富中国特色社会主义的实践特色、理论特色、民族特色、时代特色，全面推进中国特色社会主义伟大事业。

（执笔：刘学礼 孙 迪）

坚定不移走中国特色强军之路

军事科学院党委

党的十九大报告鲜明提出:“坚持走中国特色强军之路,全面推进国防和军队现代化。”这一重大部署,深刻揭示了人民军队建设发展的历史经验和内在规律,科学规划了新时代推进强军伟业的方向指引和根本路径。我们要深入学习贯彻党的十九大精神,以习近平新时代中国特色社会主义思想为行动指南,全面贯彻习近平强军思想,坚定不移沿着中国特色强军之路砥砺前行,不断书写强军兴军更为辉煌的时代篇章。

高举时代旗帜:始终以习近平强军思想为科学引领

沿着中国特色强军之路阔步前行,必须有先进的军事理论指导。党的十八大以来,习主席着眼实现中国梦强军梦,提出一系列国防和军队建设新理念新思想新战略,创立了习近平强军思想。这一党的军事指导理论最新成果,进一步深化了我们党对新形势下军事力量建设和运用规律的认识,进一步开拓了马克思主义军事理论和当代中国军事实践发展新境界,是坚定不移走好中国特色强军之路的强大思想武器和行动指南。5 年来,正是由于习近平强军思想的科学指引,我军实现了政治生态重塑、组织形态重塑、力量体系重塑、作风形象重塑,实现了体制一新、结构一新、格局一新、面貌一新。面对国家安全环境的深刻变化,面对强国强军的时代要求,我们要紧跟党的理论和实践创新步伐,进一步把认识向高处提领、学习向信仰扎根、工作向纵深推进,牢固确立习近平强军思想在国防和军队建设中的指导地位。坚持在掌握科学体系上下功夫,读原著、学原文、悟原理,做到及时学、跟进学、深入学,全面学习领会习近平强军思想的科学内涵、精神实质和实践要求,着重理解把握蕴含其中的马克思主义立场观点方法。坚持在弘扬优良学风上下功夫,学而信、学而用、学而行,切实找准理论指导实践的对接点结合点,进一步改造思想、净化灵魂,强化担当、提高能力。坚持在引领强军实践上下功夫,把学习成效落到实际工作中,聚力破解军队建设、改革和军事斗争准备的重大现实问题,全面推进军事理论现代化、军队组织形态现代化、军事人员现代化、武器装备现代化。

遵循根本原则:毫不动摇坚持党对人民军队的绝对领导

坚持党对人民军队的绝对领导,是党的十九大确定的新时代坚持和发展中国特色社会主义的基本方略之一。党对人民军队的绝对领导,体现了中国特色社会主义的本质特征,是党和国家的重要政治优势,是人民军队的建军之本、强军之魂。无论时代如何发展、形势如何变化,人民军队永远是党的军队、人民的军队。在这个重大原则问题上,我们头脑要特别清醒，态度要特别鲜明，行动要特别坚决，不能有任何动摇、任何迟疑、任何含糊。当前，意识形态领域斗争尖锐复杂，固根与腐根的较量、铸魂与蛀魂的拉锯、扛旗与易旗的掰腕异常激烈。我们要保持政治敏锐、增强政治定力、站稳政治立场，坚定不移坚持党对人民军队的绝对领导，确保人民军队永远听党话跟党走，确保党指向哪里就打到哪里。扎实抓好军魂教育和思想引导，深入开展“传承红色基因、担当强军重任”主题教育，强化政治意识、大局意识、核心意识、看齐意识，持续夯实维护核心、听从指挥的思想政治根基。全面贯彻党领导人民军队的一系列根本原则和制度，坚决维护和贯彻军委主席负责制，突出坚决维护核心这个根本政治要求，保证政令军令畅通和军队高度集中统一。自觉把听党指挥落实到具体行动上，深入抓好党中央、中央军委和习主席决策指示贯彻执行，确保任何时候任何情况下都坚决听从党中央、中央军委和习主席指挥，确保绝对忠诚、绝对纯洁、绝对可靠。

把握前进方向：实现党在新时代的强军目标、全面建成世界一流军队

党的十九大着眼实现中华民族伟大复兴的中国梦，进一步发出了实现党在新时代的强军目标、全面建成世界一流军队的伟大号召，指明了中国特色强军之路的前进方向。建设一支听党指挥、能打胜仗、作风优良的人民军队，是党在新时代的强军目标。强军目标总结了我们党建军治军的成功经验，考量了国际战略形势和国家安全环境的发展变化，明确了加强军队建设的聚焦点和着力点，是对人民军队发展方向的战略定位和对军队建设全局的顶层谋划，拎起了国防和军队建设的总纲。全面建成世界一流军队，既是实现强军目标的题中应有之义，又丰富拓展了强军目标的战略视野、思想内涵和实践要求。我们要坚持以强军目标为统揽，把强军目标要求贯彻到部队建设各领域全过程，引领国防和军队建设实现跨越式发展。着力抓好强军目标专题学习教育，真正使实现党在新时代的强军目标、全面建成世界一流军队成为广大官兵的价值追求和自觉行动，进一步凝聚强军兴军的意志力量。着力理清实现强军目标思路措施，结合实际制定路线图时间表，细化分解为部队发展的具体任务和指标，在全军形成聚焦强军目标的工作导向、评价导向、激励导向。着力推动强军目标扎实落地生根，一级抓一级，层层抓落实，奋力开创强军兴军新局面。

聚焦核心职能：着力锻造能打仗打胜仗的精兵劲旅

党的十九大报告指出：“军队是要准备打仗的，一切工作都必须坚持战斗力标准，向能打仗、打胜仗聚焦。”我军在不同历史时期虽然担负的具体任务不同，但第一使命、核心职能永远是战斗队。当前，我国正处于由大向强发展的关键阶段，面临的安全形势更加严峻复杂，迫切需要锻造一支召之即来、来之能战、战之必胜的精兵劲旅。要牢固树立战斗力这个唯一的根本的标准，坚持把提高战斗力作为各项建设的出发点和落脚点，全部心思向打仗聚焦，各项工作向打仗用劲，真正使战斗力标准这个硬杠杠在军队建设各领域立起来、落下去。深入贯彻新形势下军事战略方针，认真研究军事、研究战争、研究打仗，

探索把握现代战争规律和战争指导规律，努力提高战争指导水平。扎实做好各战略方向军事斗争准备，时刻保持箭在弦上、引而待发的高度戒备态势，确保遇有情况能够快速有效处置。深入开展实战化训练，坚持仗怎么打兵就怎么练，打仗需要什么就苦练什么，什么问题突出就重点解决什么问题，在近似实战的环境下摔打锤炼部队，切实提高部队实战能力。培育锻造敢打必胜的血性胆气，大力弘扬我军大无畏的革命英雄主义气概和英勇顽强的战斗作风，始终保持旺盛革命热情和高昂战斗意志，确保党中央、中央军委和习主席一声令下，拉得出、上得去、打得赢。

贯彻基本方略：坚持政治建军、改革强军、科技兴军、依法治军

党的十九大报告强调“坚持政治建军、改革强军、科技兴军、依法治军”，扭住了强军兴军的关键枢纽，使中国特色强军之路的战略布局更加科学完备。政治建军是立军之本，改革强军是必由之路，科技兴军是核心驱动，依法治军是重要保障，四者密切联系、相互支撑，是一个内在统一的有机整体。要更加坚定自觉地推进政治建军，深入贯彻古田全军政治工作会议精神，切实全面彻底肃清郭伯雄、徐才厚流毒影响，从思想上政治上组织上建设和掌握部队，着力培养有灵魂、有本事、有血性、有品德的新时代革命军人，锻造具有铁一般信仰、铁一般信念、铁一般纪律、铁一般担当的过硬部队。要更加坚定自觉地推进改革强军，深化军官职业化制度、文职人员制度、兵役制度等重大政策制度改革，推进军事管理革命，完善和发展中国特色社会主义军事制度。要更加坚定自觉地推进科技兴军，树立科技是核心战斗力的思想，扭住智能化这个重要发展方向，推进重大技术创新、自主创新，加快战略性、前沿性、颠覆性技术发展和新概念研究，建设创新型人民军队。要更加坚定自觉地推进依法治军，进一步强化全军官兵的法治信仰、法治思维、法治理念，加快构建中国特色军事法治体系，推动治军方式根本性转变，提高国防和军队建设法治化水平。

拓宽实践路径：扎实推进军民融合深度发展

以习近平同志为核心的党中央把军民融合发展上升为国家战略，是我们党长期探索经济建设和国防建设协调发展规律的重大成果，是从国家发展和安全全局出发作出的重大决策，是应对复杂安全威胁、赢得国家战略优势的重大举措。党的十九大报告进一步强调：“坚持富国和强军相统一，强化统一领导、顶层设计、改革创新和重大项目落实，深化国防科技工业改革，形成军民融合深度发展格局，构建一体化的国家战略体系和能力。”我们要深入贯彻党的十九大部署要求，在更广范围、更高层次、更深程度上推动军民融合发展战略落地落实。进一步增强融合理念，牢固树立大局意识和开放共享思想，着力跳出小而全、大而全观念和本位主义的禁锢，跳出自成体系、自我发展、自我保障的误区，更加积极主动地把军队建设融入国家经济社会发展体系，促进我军快速、高效、可持续发展。进一步聚焦重点领域，突出国防科技和武器装备，主动发现、培育、运用可服务于国防和军队建设的前沿尖端技术，捕捉军事能

力发展的潜在增长点，推动融合由传统领域向新兴领域拓展，提高海洋、太空、网络空间、生物、新能源等领域核心竞争力。进一步完善制度机制，结合深化国防和军队改革，加紧建立健全军民融合的组织管理体系、工作运行体系和政策制度体系，努力开创经济建设和国防建设协调发展、平衡发展、兼容发展新局面。

永葆初心本色：自觉践行全心全意为人民服务的根本宗旨

我军自成立之日起，就始终与人民同呼吸、共命运、心连心，完全彻底为人民利益而奋斗。正是由于紧紧依靠和广泛发动人民群众，军民风雨同舟、血脉相通、生死与共，人民军队才无往而不胜。不管现实社会如何变革、战争形态如何演变，人民群众永远是我军的坚强后盾和力量源泉，全心全意为人民服务的根本宗旨永远不能变、不能丢。现代战争是多维战场的对抗，民众参与战争的深度和广度不仅不会收缩，反而不断扩大。只有始终相信人民、紧紧依靠人民，善于从人民群众中汲取智慧，才能打赢未来信息化战争。我们要始终坚持一切为了人民、一切依靠人民，忠实履行为人民扛枪、为人民打仗的神圣职责，真正把人民群众装在心里、把人民利益举过头顶，永远做人民信赖、人民拥护、人民热爱的子弟兵。要积极参加和支援地方经济社会建设，自觉服从服务于党和国家工作大局，勇于承担抢险救灾等急难险重任务，扎实做好扶贫帮困、助学兴教、医疗扶持等工作，以实际行动为人民造福兴利。要大力弘扬拥政爱民的光荣传统，始终视人民为亲人、把驻地当故乡，协助地方政府做好维护社会稳定工作，不断巩固和发展坚若磐石的军政军民关系，最大限度汇聚强国强军的磅礴力量，共同为决胜全面建成小康社会、实现中华民族伟大复兴的中国梦而不懈奋斗。

第三部分

学习习近平新时代
中国特色社会主义思想

新时代与新思想

欧阳淞

"时代是思想之母,实践是理论之源。"习近平总书记在党的十九大报告中这一富含哲理的精彩名言,不仅深刻反映了马克思主义认识论的本质,而且为我们正确认识和把握新时代与习近平新时代中国特色社会主义思想提供了一把宝贵的钥匙。

一、新时代催生新思想

经过长期努力,党的十八大以来,中国特色社会主义进入了新时代,这是我国发展新的历史方位。新时代本质上是中华民族由富起来到强起来的时代。在中国共产党 90 多年的奋斗历程中,如果说新民主主义革命时期主要是解决站起来的问题,社会主义革命、建设时期和改革开放新时期的前一阶段主要是解决富起来的问题,中国特色社会主义新时代则主要是在长期努力的基础上解决强起来的问题。这一重大问题具体表现在改革发展稳定、治党治国治军、内政外交国防的各个方面,构成"时代之问"的问题群,集中体现为习近平总书记所说的"新时代坚持和发展什么样的中国特色社会主义、怎样坚持和发展中国特色社会主义"这一重大时代课题。而要系统回答这一重大时代课题和诸多实际问题,就需要从新时代的社会主要矛盾和新时代我们党的重大历史使命来加以分析,就迫切需要新的理论指导。新时代呼唤和催生能引领中国强起来的新思想,这是习近平新时代中国特色社会主义思想产生的时代背景。

就经济领域而言,受世所罕见的国际金融危机影响,我国经济增速明显放缓。虽然我国经济长期向好的基本面没有改变,但经济增速换挡、结构调整阵痛、动能转换困难相互交织,这是改革开放以来从未碰到的问题。习近平总书记深入分析国际经济形势和我国经济现状,作出了我国经济发展进入新常态的重大判断,解决了经济发展"怎么看"的问题。接着,习近平总书记又在调查研究、总结经验的基础上,先后提出了"以人民为中心"的发展思想和创新、协调、绿色、开放、共享的新发展理念,作出了"着力加强供给侧结构性改革"的重大决策,解决了"怎么办"的问题。习近平总书记正是从破解经济发展难题入手,开拓了马克思主义政治经济学的新境界。

就政治领域而言,习近平总书记指出,"中国特色社会主义民主是个新事物,也是个好事物",但"我们的民主法治建设同扩大人民民主和经济社会发展的要求还不完全适应";"我们中国共产党人能不能打仗,新中国的成立已经说明了";"我们中国共产党人能不能搞建设搞发展,改革开放的推进也已经说明了";"但是,我们中国共产党人能不能在日益复杂的国际国内环境下坚持住党的领导、坚持和发展中国特色社会主义,这个还需要我们一代一代共产党人继续作出回答"。围绕这些问题，习近平总书记发表了一系列重要讲话，强调坚定不移走中国特色政治发展道路，坚持党的领导、人民当家作主、依法治国有机统一；不断推进国家治理体系和治理能力现代化等，谱写了中国特色社会主义政治学新篇章。

就文化、社会、生态文明领域而言，习近平总书记针对这些方面存在的突出问题，提出了一系列重大思想观点。如在文化领域，提出培育和践行社会主义核心价值观，不断增强意识形态领域领导权和话语权，推动中华优秀传统文化创造性转化、创新性发展；在社会领域，提出增进民生福祉是发展的根本目的，深入开展精准扶贫、精准脱贫，保证全体人民在共建共享中有更多获得感；在生态文明领域，提出树立和践行绿水青山就是金山银山的理念，实行最严格的生态环境保护制度，建设美丽中国，等等，为推进这些方面建设提供了根本遵循，丰富和发展了中国特色社会主义文化、社会、生态文明建设思想。

就党的建设领域而言，新形势下，"四大考验""四种危险"更加尖锐地摆在全党面前。不断提高党的领导水平和执政水平、提高拒腐防变和抵御风险能力，是党巩固执政地位、实现执政使命必须解决好的重大课题。习近平总书记提出了"党要管党，全面从严治党"指导方针，并围绕落实这项方针提出了一系列重大思想，包括把政治建设摆在首位，确保党始终成为中国特色社会主义事业的坚强领导核心；党要管党首先要从党内政治生活管起，从严治党首先要从党内政治生活严起；坚定理想信念，补足精神之钙；打铁必须自身硬，以零容忍态度惩治腐败，不断增强党的自我净化、自我完善、自我革新、自我提高的能力等，实现了马克思主义党建理论的与时俱进。

习近平总书记还围绕解决新时代国防和军队建设、港澳台工作、外交等许多领域的突出问题，特别是围绕统筹推进"五位一体"总体布局、协调推进"四个全面"战略布局，提出了一系列新理念新思想新战略，极大丰富了中国特色社会主义的理论宝库。

总之，党的十八大以来，以习近平同志为主要代表的中国共产党人，顺应时代发展需要，从理论和实践的结合上系统回答了新时代坚持和发展中国特色社会主义的一系列重大问题。对坚持和发展什么样的中国特色社会主义，习近平总书记从理论渊源、历史根据、本质特征、独特优势、强大生命力等多方面多角度作出了深刻回答；对怎样坚持和发展中国特色社会主义，习近平总书记以一系列战略性、前瞻性、创造性的观点，深刻回答了新时代坚持和发展中国特色社会主义的总目标、总任务、总体布局、战略布局和发展方向、发展方式、发展动力、战略步骤、外部条件、政治保证等基本问题。这些思想观点，在理论上有重大突破、重大创新、重大发展，集中体现在党的十九大报告概括的"8 个明确"和"14 个坚持"之中。这些内容高度凝练、提纲挈领地点明了习近平新时代中国特色社会主义思想的丰富内涵和精神实质，构成了系统完备、逻辑严密、内在统一的科学体系。

新思想在新时代的热切期盼中诞生了，这是马克思主义中国化的必然结果，"但它不单是一个客观的自然历史过程，更是一个自觉的社会历史过程，是历史必然性同主体能动性的辩证统一过程"。在这个过程中，有一个主体客体之间的互动关系,"马克思主义中国化的主体就是真正掌握马克思主义理论、了解中国具体实际和时代特征、中国文化传统和中国社会大众需求、并真正把马克思主义运用于中国实际的中国马克思主义者"。习近平总书记以马克思主义政治家、理论家的深刻洞察力、敏锐判断力和战略定力,以有的放矢的科学态度,提出了一系列具有开创性意义的新理念新思想新战略,为新时代中国特色社会主义思想的创立发挥了决定性作用,作出了决定性贡献,成为这一思想的主要创立者,受到全党全军全国各族人民高度评价和衷心爱戴,成为党中央的核心、全党的核心。

二、新思想引领新时代

任何伟大的时代,都需要伟大的思想领航。党的十八大以来,以习近平同志为核心的党中央迎难而上、开拓进取、革故鼎新、励精图治,进行具有许多新的历史特点的伟大斗争,提出一系列新理念新思想新战略,出台一系列重大方针政策,推进一系列重大工作,解决了许多长期想解决而没有解决的难题,办成了许多过去想办而没有办成的大事,推动党和国家事业取得历史性成就,发生历史性变革,其根本原因,就是习近平新时代中国特色社会主义思想的科学指引。在这一思想的有力指引下,党的面貌、国家的面貌、人民的面貌焕然一新。

党的面貌的巨大变化集中体现在党在革命性锻造中更加坚强,焕发出新的强大生机活力。党的十八大以来,以习近平同志为核心的党中央全面加强党的领导和党的建设,坚决改变了管党治党宽松软状况。推动全党尊崇党章,增强"四个意识",严明党的政治纪律和政治规矩,全党维护党中央权威和集中统一领导的自觉性、坚定性大大增强。深入开展党的群众路线教育实践活动和"三严三实"专题教育,推进"两学一做"学习教育常态化,全党理想信念更加坚定,党性更加坚强。贯彻新时期好干部标准,选人用人状况和风气明显好转。出台中央"八项规定",严厉整治"四风",坚决反对特权,密切了党同人民群众的联系。以零容忍态度惩治腐败,坚持"打虎""拍蝇""猎狐"一起抓,反腐败压倒性态势已经形成并巩固发展。

国家面貌的巨大变化集中体现在我国经济实力、科技实力、国防实力、综合国力和国际影响力的显著增强上。经济保持中高速增长,在世界主要国家中名列前茅;供给侧结构性改革深入推进,去产能进展顺利;京津冀协同发展、长江经济带发展成效显著;城镇化率年均提高 1.2%,8000 多万农业转移人口成为城镇居民;生态环境治理成效显现。科技主要创新指标进入世界前列,重大科技创新成果不断涌现,首次荣获诺贝尔生理学或医学奖等国际权威奖项;战略高技术捷报频传,载人航天和探月工程、超算系统、国产首架大飞机 C919 和蛟龙号载人深潜器、新一代高铁和云计算等成就举世瞩目。国防和军队改革取得历史性突破,打破了总部体制、大军区体制和大陆军体制,形成"军委管总、战区主战、军种主建"的新格局,树立了新的"四梁八柱",使人民军队体制一新、结构一新、格局一新、面貌一新。国内生产总值达到 80 万亿元,稳居世界第二,对世界经济增长的平均贡献率超过 30%;高速铁路里程突破 2.2 万公里,位居世界第一;国家外汇储备超过 3 万亿美元，继续保持世界首位；“一带一路”建设不断推进。

人民面貌的巨大变化主要体现在中国人民的获得感全面提升。2016年，全国居民人均可支配收入23821元，比2012年增加了7311元，年均实际增长7.4%。农村贫困人口4335万人，比2012年减少5564万人，贫困发生率下降到4.5%，比2012年下降5.7%。参加基本养老，城镇基本医疗，失业、工伤和生育保险人数分别比2012年末增加9980万、20750万、2864万、2879万和3022万人，居民平均预期寿命由2010年的74.83岁提高到了2015年的76.34岁。5年来的变革，不仅带来了人民生活方面的有形变化，而且带来了文明风尚、精神面貌等方面的无形变化，爱国爱党、团结奋进、向上向善已经成为全国各族人民的精神主流。

党的十八大以来的发展实践，有力证明了习近平新时代中国特色社会主义思想的无比正确。习近平新时代中国特色社会主义思想具有强大的真理力量，无愧为新时代的思想灯塔和行动指南。

三、习近平新时代中国特色社会主义思想的鲜明特点和重大意义

以习近平同志为主要代表的中国共产党人创立习近平新时代中国特色社会主义思想的伟大实践，说明了“新中国成立以来特别是改革开放以来，中国发生了深刻变革，置身这一历史巨变之中的中国人更有资格、更有能力揭示这其中所蕴含的历史经验和发展规律，为发展马克思主义作出中国的原创性贡献。要有这样的理论自觉，更要有这样的理论自信”。习近平新时代中国特色社会主义思想开辟了马克思主义新境界、中国特色社会主义新境界、治国理政新境界、管党治党新境界，具有鲜明的特点。

一是一脉相承。以习近平同志为主要代表的中国共产党人所进行的理论创新，始终是在坚持马克思主义方向引领下的创新，这一思想与马克思列宁主义、毛泽东思想、邓小平理论、“三个代表”重要思想、科学发展观是一脉相承的。

二是与时俱进。这一思想特别注重运用马克思主义观察时代、解读时代、引领时代，郑重作出“经过长期努力，中国特色社会主义进入了新时代”的重大判断，深刻认识和准确把握新时代中国社会主要矛盾的转化、新时代中国共产党的历史使命，科学制定了新时代中国特色社会主义发展的战略安排，有力推进了马克思主义的时代化。

三是立足中国。这一思想立足我国实际，以我们正在做的事情为中心，聆听人民心声，回应现实需要，深入总结中国特色社会主义实践，更好实现马克思主义基本原理同当代中国具体实际相结合，有力推进了马克思主义中国化。

四是放眼世界。这一思想从世界社会主义500年的大视野，从当今世界“和平、发展、合作、共赢”的时代潮流来把握中国发展，既深刻把握历史的脉络和走向，又注意吸收人类文明有益成果，具有宏阔的世界眼光。

五是人民至上。这一思想坚持人民主体地位、尊重人民首创精神，始终为人民代言、为人民立言，体现了亲民、爱民、忧民、为民的真挚情怀。

六是民族风格。这一思想在坚持马克思主义基本原理和准确把握中国实际的同时，

对中国的文化传统和民族心理、民族特点有深刻的把握和独到的理解，使马克思主义在当代中国再一次获得了新鲜活泼的、为中国老百姓所喜闻乐见的中国作风和中国气派，形成了鲜明的民族风格，有力推进了马克思主义的大众化。

党的十九大通过的党章修正案把习近平新时代中国特色社会主义思想确立为我们党的行动指南，实现了党的指导思想的又一次与时俱进，具有十分重大的意义。首先，这一思想既坚持马克思主义，又发展马克思主义，实现了马克思主义中国化的又一次飞跃，为发展21世纪马克思主义、当代中国马克思主义作出了历史性贡献，开辟了马克思主义新境界，因而具有重大的理论意义。其次，这一思想源于实践又指导实践，为新时代坚持和发展中国特色社会主义，为把我国建设成为社会主义现代化强国，实现中华民族伟大复兴中国梦，规划了宏伟蓝图，指明了前进方向，注入了强大动力，因而具有重大的实践意义。再次，这一思想顺应“和平、发展、合作、共赢”的时代潮流，拓展了发展中国家走向现代化的途径，给世界上那些既希望加快发展又希望保持自身独立性的国家和民族提供了全新选择，为解决人类问题贡献了中国智慧和中国方案，因而具有重大的时代意义。

实践和理论的逻辑就是：新时代提出新课题，新课题催生新思想，新思想指引新实践。“把科学思想理论转化为认识世界、改造世界的强大物质力量，以更好坚持和发展中国特色社会主义。”这是习近平总书记对全党的殷殷嘱托，让我们为此而不懈努力！

（作者：中共党史学会会长、中央党史研究室原主任）

坚持和发展新时代中国特色社会主义的基本方略

施芝鸿

党的十九大深刻阐明了习近平新时代中国特色社会主义思想和基本方略,并且强调指出:作为习近平新时代中国特色社会主义思想精神实质和丰富内涵的“14 个坚持”,构成新时代坚持和发展中国特色社会主义的基本方略。要求全党同志必须全面贯彻党的基本理论、基本路线、基本方略,以更好引领党和人民事业发展。全面学习领会、贯彻落实习近平新时代中国特色社会主义思想和基本方略,需要从理论和实践的结合上搞清楚基本方略同指导思想的关系,基本方略同以往概括的党的基本理论、基本路线、基本纲领、基本经验、基本要求的关系,以及基本方略 14 条的内在逻辑、精髓要义及其相互关系。

一、习近平新时代中国特色社会主义思想和基本方略的关系,前者是党的指导思想和行动指南,后者是党的行动纲领

习近平总书记明确指出,新时代中国特色社会主义思想是指导思想层面的表述,在行动纲领层面的表述称之为新时代坚持和发展中国特色社会主义的基本方略。这是对我们党的新时代行动指南与行动纲领相互关系的精辟概括。一个马克思主义政党,既要有作为党的指导思想的行动指南,又要有体现党的指导思想的行动纲领。这两者既同等重要、缺一不可,又相互贯通、相辅相成,是携手共进的,又是与时俱进的。

我们党在革命建设改革各个历史时期,属于党的行动纲领层面的总路线或基本路线、基本纲领或行动纲领,都是同党在各个历史时期的行动指南相伴而生的。新民主主义革命总路线、总政策及三大纲领同新民主主义革命理论相伴而生;新中国成立后,党的过渡时期总路线同党的过渡时期理论相伴而生;改革开放和社会主义现代化建设历史新时期,党的基本路线、基本纲领,也同党在新时期的基本理论相伴而生。

深入研读习近平新时代中国特色社会主义思想和基本方略就可以看到,它们共同而各有侧重地体现了新时代坚持和发展中国特色社会主义这条主线。前者更多地是从理论和实践的结合上,系统回答新时代坚持和发展什么样的中国特色社会主义;后者更多地是从理论和实践的贯彻落实上,系统回答在新时代怎样坚持和发展中国特色社会主义。正因为这样,党的十九大报告明确指出:在新时代,中国特色社会主义基本方略就是“在各项工作中全面准确贯彻落实”“新时代中国特色社会主义思想的精神实质和丰富内涵”的。

二、习近平新时代中国特色社会主义基本方略同以往概括的党的基本纲领、基本经验、基本要求是继承与发展的关系

党的十九大报告以新时代中国特色社会

主义的 14 条基本方略来概括我们党新时代的行动纲领，可谓既神形兼备，又恰到好处。因为基本方略是一个思想张力和理论概括力都更强的理论概念，它是全面涵盖党的战略策略等行动纲领层面的。所以，习近平总书记明确指出：改革开放以来，我们党相继提出了基本理论、基本路线、基本纲领、基本经验、基本要求，构成了中国特色社会主义的“五个基本”。其中，基本理论和基本路线是管长远的。相对而言，不同时期形成的基本纲领、基本经验、基本要求，有些内容已经随着实践和理论发展而发展了。这次提出的新时代坚持和发展中国特色社会主义的基本方略，涵盖了此前提出的党的基本纲领、基本经验、基本要求的基本内容。正因为这样，党的十九大报告把“五个基本”简化整合为基本理论、基本路线、基本方略这“三个基本”。

上述简化整合，既体现了我们党对中国特色社会主义毫不动摇坚持同与时俱进发展的有机统一，也体现了继往与开来、承前与启后的有机统一。为了加深理解这一点，我们可以回过头去看看党的十七大报告中的以下这段论述：要“坚持中国特色社会主义经济建设、政治建设、文化建设、社会建设的基本目标和基本政策构成的基本纲领”。这段话表明，早在 10 年前我们党就已意识到，原先的经济建设、政治建设、文化建设这三大纲领，已涵盖不了党的十八大报告提出的中国特色社会主义总目标、总任务和总布局的宽广内涵了。此外，党的十七大报告对我国改革开放“十个结合”宝贵经验的概括，党的十八大以来我们党对建党 95 周年、红军长征胜利 80 周年、建军 90 周年等经验的总结，也都超出了原先党的基本经验的内涵；党的十八大以来我们党在改革发展稳定、内政外交国防、治党治国治军各方面提出的一系列新理念新思想新战略，在不少方面也已超出原先对坚持和发展中国特色社会主义提出的 8 个方面基本要求的内涵了。

上述情况表明，党的十九大用新时代中国特色社会主义基本方略简化整合原先的“五个基本”，不但符合我们党与时俱进的理论品格，而且符合以习近平同志为核心的党中央提出的“在理论上不断拓展新视野、作出新概括”的要求。同时这也表明，党的十六大报告关于“我们要突破前人，后人也必然会突破我们。这是社会前进的必然规律”是实实在在地体现在我们党的几代中央领导集体接力推进中国特色社会主义伟大事业历史进程中的。习近平总书记关于“新时代中国特色社会主义思想一是强调继承性、二是强调创新性、三是强调时代性”的论述，是对这一规律的精辟概括和科学揭示。

三、习近平新时代中国特色社会主义基本方略“14 个坚持”的内在逻辑、精髓要义及其相互关系

全面贯彻新时代坚持和发展中国特色社会主义基本方略，需要准确把握“14 个坚持”的以下 6 个鲜明特点。

第一，准确把握基本方略总体框架结构所蕴涵的 4 条逻辑线索。一是体现从坚持党的领导和全面从严治党到“五位一体”总体布局、“四个全面”战略布局、国防和军队建设、国家安全、“一国两制”和祖国统一、对外战略相叠加的逻辑线索；二是体现改革发展稳定、内政外交国防、治党治国治军的逻辑线索；三是体现坚持党的领导、人民当家作主、

依法治国有机统一的逻辑线索；四是体现党在新时代肩负的“四个伟大”历史使命的逻辑线索。这4条既交叉叠合又交相辉映的逻辑线索，全方位、多维度体现了对党的十八大以来我们党理论创新、实践创新、制度创新成果的大力度整合和全息化覆盖，是党在新时代具有很强思想性、战略性、前瞻性、指导性的行动纲领。

第二，准确把握基本方略所体现的新时代中国特色社会主义总体规律和各方面具体规律。14条基本方略，既在总体框架上又在具体条文上体现了习近平新时代中国特色社会主义思想中最核心、最关键、最重要的内容，是对新时代中国特色社会主义规律的总体把握。比如，“五位一体”总体布局、“四个全面”战略布局，同我们党在上世纪80年代提出的“三位一体”总体布局、“一个中心、两个基本点”战略布局相比，其内涵和外延都大为拓展了。14条基本方略中的每一条也都有同样的特点。比如，强调“发展必须是科学发展，必须坚定不移贯彻创新、协调、绿色、开放、共享的发展理念”，“必须坚持和完善我国社会主义基本经济制度和分配制度”，坚持“两个毫不动摇”，“使市场在资源配置中起决定性作用，更好发挥政府作用”。比如，强调“全面依法治国是中国特色社会主义的本质要求和重要保障”，“必须把党的领导贯彻落实到依法治国全过程和各方面，坚定不移走中国特色社会主义法治道路，完善以宪法为核心的中国特色社会主义法律体系，建设中国特色社会主义法治体系，建设社会主义法治国家”。比如，强调“文化自信是一个国家、一个民族发展中更基本、更深沉、更持久的力量”，“牢固树立共产主义远大理想和中国特色社会主义共同理想，培育和践行社会主义核心价值观，不断增强意识形态领域主导权和话语权”，“更好构筑中国精神、中国价值、中国力量，为人民提供精神指引”。比如，强调“建设生态文明是中华民族永续发展的千年大计。必须树立和践行绿水青山就是金山银山的理念”，“建设美丽中国，为人民创造良好生产生活环境，为全球生态安全作出贡献”。比如，强调“保持香港、澳门长期繁荣稳定，实现祖国完全统一，是实现中华民族伟大复兴的必然要求。必须把维护中央对香港、澳门特别行政区全面管治权和保障特别行政区高度自治权有机结合起来，确保‘一国两制’方针不会变、不动摇，确保‘一国两制’实践不变形、不走样。必须坚持一个中国原则，坚持‘九二共识’，推动两岸关系和平发展，深化两岸经济合作和文化往来，推动两岸同胞共同反对一切分裂国家的活动，共同为实现中华民族伟大复兴而奋斗”等，都是对新时代怎样坚持和发展中国特色社会主义的规律自觉认识和准确把握的体现。

第三，准确把握14条基本方略体现的坚持党对一切工作的领导和坚持全面从严治党的极端重要性。14条基本方略以坚持党对一切工作的领导牵头、以坚持全面从严治党收尾，紧紧扭住和高度聚焦中国共产党是当今中国最高政治领导力量，强调“党政军民学，东西南北中，党是领导一切的”，要求全党增强“四个意识”，自觉维护党中央权威和集中统一领导，自觉在思想上政治上行动上同党中央保持高度一致，完善坚持党的领导的体制机制，提高党把方向、谋大局、定政策、促改革的能力和定力，确保党始终总揽全局、协调各方。基本方略同时还强调:“勇于自我革命,从严管党治党,是我们党最鲜明的品格”,必须“把党的政治建设摆在首位,思想建党和制度治党同向发力,统筹推进党的各项建设,抓住‘关键少数’,坚持‘三严三实’,坚持民主集中制,严肃党内政治生活,严明党的纪律,强化党内监督,发展积极健康的党内政治文化,全面净化党内政治生态,坚决纠正各种不正之风,以零容忍态度惩治腐败,不断增强党自我净化、自我完善、自我革新、自我提高的能力,始终保持党同人民群众的血肉联系”等。这其中的内在逻辑就是:必须坚持在全面加强党的领导前提下全面从严治党,这表明我们党在新时代坚持搞的是立字当头、立破结合的自我革命,而不是那种“踢开党委闹革命”式的自我颠覆。这就从根本上保证了党的自我革命只会加强和改善党的领导,而决不是削弱、否定党的领导。

第四,准确把握14条基本方略阐明的坚持以人民为中心、坚持人民当家作主、坚持在发展中保障和改善民生的统一性。在14条基本方略中,对坚持以人民为中心、坚持人民当家作主、坚持在发展中保障和改善民生各写了一条,深刻阐明了“人民是历史的创造者,是决定党和国家前途命运的根本力量”,“增进民生福祉是发展的根本目的”。这“两个根本”,不但深刻表明了我们党治国理政的政治立场、依靠力量和发展目的,而且表明我们党始终“坚持人民主体地位,坚持立党为公、执政为民”,“把人民对美好生活的向往作为奋斗目标,依靠人民创造历史伟业”,“坚持党的领导、人民当家作主、依法治国有机统一是社会主义政治发展的必然要求”。强调党不但要把“保证人民当家作主落实到国家政治生活和社会生活之中”,而且要“把党的群众路线贯彻到治国理政全部活动之中”,坚持“多谋民生之利、多解民生之忧,在发展中补齐民生短板、促进社会公平正义,在幼有所育、学有所教、劳有所得、病有所医、老有所养、住有所居、弱有所扶上不断取得新进展”,“保证全体人民在共建共享发展中有更多获得感,不断促进人的全面发展、全体人民共同富裕”,“确保国家长治久安、人民安居乐业”。这些都是习近平总书记关于党的各级领导干部都必须做到“心中有党、心中有民”的重要思想在新时代党的基本方略中的生动体现,也是在伟大事业和伟大工程中坚持党性和人民性高度统一的生动体现。

第五,准确把握总体国家安全、国防和军队建设在基本方略中的重要地位和作用。14条基本方略从我国发展的历史方位出发,强调“坚持总体国家安全观”,“统筹发展和安全,增强忧患意识,做到居安思危,是我们党治国理政的一个重大原则。必须坚持国家利益至上,以人民安全为宗旨,以政治安全为根本,统筹外部安全和内部安全、国土安全和国民安全、传统安全和非传统安全、自身安全和共同安全,完善国家安全制度体系,加强国家安全能力建设,坚决维护国家主权、安全、发展利益”。强调“坚持党对人民军队的绝对领导”,“建设一支听党指挥、能打胜仗、作风优良的人民军队,是实现‘两个一百年’奋斗目标、实现中华民族伟大复兴的战略支撑”,“必须全面贯彻党领导人民军队的一系列根本原则和制度,确立新时代党的强军思想在国防和军队建设中的指导地位,坚持政治建军、改革强军、科技兴军、依法治军,更加注重聚焦实战,更加注重创新驱动,更加注重体系建设,更加注重集约高效,更加注重军民融合,实现党在新时代的强军目标”。这些充分体现了我们党把有效维护国家安全作为安邦定国的重要基石;把全面推进国防和军队现代化,贯彻新形势下军事战略方针,构建中国特色现代作战体系,作为党和人民赋予人民军队的新时代使命任务。

第六,准确把握推动构建人类命运共同体的负责任大国的使命担当。基本方略强调:“实现中国梦离不开和平的国际环境和稳定的国际秩序。必须统筹国内国际两个大局,始终不渝走和平发展道路、奉行互利共赢的开放战略,坚持正确义利观,树立共同、综合、合作、可持续的新安全观,谋求开放创新、包容互惠的发展前景,促进和而不同、兼收并蓄的文明交流,构筑尊崇自然、绿色发展的生态体系,始终做世界和平的建设者、全球发展的贡献者、国际秩序的维护者。”这些充分表明,中国共产党既是为中国人民谋幸福的党,也是为人类进步事业而奋斗的党。中国共产党始终把为人类作出新的更大的贡献作为自己的使命。

按照党的十九大报告和党的十九大通过的新党章要求,在中国特色社会主义新时代,坚持和发展这些更多把握了共产党执政规律、社会主义建设规律、人类社会发展规律的新时代中国特色社会主义基本方略,对全面贯彻落实习近平新时代中国特色社会主义思想,确保我们党始终成为中国特色社会主义事业坚强领导核心,确保我们党始终走在时代前列,确保承载着中国人民伟大梦想的中国特色社会主义航船始终破浪前进、胜利驶向光辉彼岸,确保更好实现人民对美好生活的向往,具有决定性作用。

(作者:全国政协社会和法制委员会副主任、中央政策研究室原副主任)

理论创新与实践创新的良性互动和新时代新思想的创立

李　捷

党的十九大的最大历史性贡献，就是把习近平新时代中国特色社会主义思想确立为我们党必须长期坚持的指导思想。2015 年 1 月 23 日，习近平总书记在中央政治局第 20 次集体学习时强调："要根据时代变化和实践发展，不断深化认识，不断总结经验，不断实现理论创新和实践创新良性互动，在这种统一和互动中发展 21 世纪中国的马克思主义。"党的十八大以来创立的习近平新时代中国特色社会主义思想，恰恰是在这种理论创新和实践创新的良性互动中形成并不断发展、不断推动党和国家事业发生历史性变革的。

一、习近平新时代中国特色社会主义思想是怎样创立的

人民情怀、问题导向、坚强意志、文韬武略、战略谋划、踏石留印，是习近平总书记的领袖风范和意志品质。这一点深深地印记在他所创立的习近平新时代中国特色社会主义思想之中，深深地印记在他带领全党全国各族人民共同开辟的中国特色社会主义新时代之中。

1. 习近平新时代中国特色社会主义思想，是在全面从严治党、严惩腐败中创立的。

习近平总书记坚持问题导向，以顽强的斗争精神、补天填海的气概，以"得罪千百人、不负十三亿"的使命担当，正风肃纪反腐，挽狂澜于既倒，逆转了多年形成的"四风"惯性。全面从严治党从中央政治局立规矩开始，从落实中央八项规定精神破题，从"打虎""拍蝇"的反腐攻坚战率先突破，严明党的纪律，严肃党内政治生活，强化党内监督，解决"灯下黑"，打通"中梗阻"，破除体制机制障碍、冲破利益藩篱，果断查处周永康、薄熙来、郭伯雄、徐才厚、孙政才、令计划严重违纪违法问题，铲除政治腐败和经济腐败相互交织的利益集团，有力维护了党中央权威和集中统一领导。5 年来波澜壮阔的实践充分证明，把全面从严治党摆上战略布局英明正确，在实现伟大复兴的关键时刻，校正了党和国家事业前进的航向，使党经历了革命性锻造。

2. 习近平新时代中国特色社会主义思想，是在正本清源、全面加强党的领导中创立的。

党政军民学，东西南北中，党是领导一切的。中国特色社会主义最本质的特征是中国共产党领导，中国特色社会主义制度的最大优势是中国共产党领导。但是很长时期以来，存在着党的领导被严重弱化、虚化的现象，甚至不敢理直气壮地讲坚持党的领导。党的十八大以来，习近平总书记在主持召开的一系列重要会议上，开宗明义就是旗帜鲜明地强调坚持党对一切工作的领导，无论哪个领域、哪个方面工作，无一不是从加强党的

领导抓起，最终落脚在强化党的建设上。通过这些举措，澄清了模糊认识，夺回丢失的阵地，把走弯了的路调直，树立起党中央的权威，弱化党的领导的状况得到根本性扭转。

3. 习近平新时代中国特色社会主义思想，是在形成“四个全面”战略布局中创立的。

党的十八大以来，国内外形势变化和我国各项事业发展都给我们提出了一个重大时代课题，这就是必须从理论和实践结合上系统回答新时代坚持和发展什么样的中国特色社会主义、怎样坚持和发展中国特色社会主义。从打通历史与现实、理论与实践、国内与国际的战略层面来说，破解这一重大时代课题的总枢纽，就在于如何统揽伟大斗争、伟大工程、伟大事业、伟大梦想，如何统筹推进“五位一体”总体布局。经过一段实践探索创新，习近平总书记从坚持和发展中国特色社会主义全局出发，系统提出并形成了全面建成小康社会、全面深化改革、全面依法治国、全面从严治党的“四个全面”战略布局，并通过十八届三中、四中、五中、六中全会，形成了协调推进“四个全面”战略布局的时间表、路线图、任务书、军令状。“四个全面”战略布局，既有战略目标，也有战略举措，每一个“全面”都具有重大战略意义。全面建成小康社会是我们的战略目标，全面深化改革、全面依法治国、全面从严治党是三大战略举措，形成了“四个全面”相辅相成、相互促进、相得益彰的治国理政新格局，使我们党的长期执政水平进入了一个新境界。与此同时，还提出坚持“四个自信”，为中国特色社会主义注入新的时代内涵，进一步增强坚持和发展中国特色社会主义的政治定力，为实现党和国家的宏伟目标提供强大精神支撑。

4. 习近平新时代中国特色社会主义思想，是在扎实推进“五位一体”总体布局中创立的。

党的十八大以来，我国经济发展的显著特征就是进入新常态。增长速度要从高速转向中高速，发展方式要从规模速度型转向质量效率型，经济结构调整要从增量扩能为主转向调整存量、做优增量并举，发展动力要从主要依靠资源和低成本劳动力等要素投入转向创新驱动。这些变化，是我国经济向形态更高级、分工更优化、结构更合理的阶段演进的必经过程。能不能带领全党和全国人民实现如此广泛而深刻的转变，对党的治国理政能力是一个新的巨大挑战。

为了紧紧抓住并处理好适应、把握引领经济发展新常态这个贯穿发展全局和全过程的大逻辑，习近平总书记深刻总结我国和世界各国发展经验，提出了创新、协调、绿色、开放、共享的新发展理念，把它作为转换思想的新理念、推动工作的指挥棒，推动中国特色社会主义“五位一体”建设总体布局在顶住巨大风险压力、攻坚克难中上了新台阶，开创了稳中求进的新格局。

经济建设上，提出要坚持质量第一、效益优先，贯彻落实以人民为中心的发展思想，以供给侧结构性改革为主线，推动经济发展质量变革、效率变革、动力变革，提高全要素生产率，坚定实施科教兴国战略、人才强国战略、创新驱动发展战略、乡村振兴战略、区域协调发展战略、可持续发展战略、军民融合发展战略，突出抓重点、补短板、强弱项，坚决打好防范化解重大风险、精准脱贫、污染防治的攻坚战。

政治建设上，提出坚持中国特色社会主义政治发展道路，发展社会主义协商民主，健全民主制度，丰富民主形式，拓宽民主渠道，保证人民当家作主落实到国家政治生活和社会生活之中。提出全面依法治国是中国特色社会主义的本质要求和重要保障。必须把党的领导贯彻落实到依法治国全过程和各方面，坚定不移走中国特色社会主义法治道路，完善以宪法为核心的中国特色社会主义法律体系，建设中国特色社会主义法治体系，建设社会主义法治国家。

文化建设上，提出要培育和践行社会主义核心价值观，牢牢掌握意识形态工作领导权，不断巩固马克思主义在意识形态领域的指导地位，巩固全党全国人民团结奋斗的共同思想基础。提出推动中华优秀传统文化创造性转化、创新性发展，继承革命文化，发展社会主义先进文化，提高国家文化软实力。

社会建设上，提出增进民生福祉是发展的根本目的。要在发展中补齐民生短板、促进社会公平正义，深入开展脱贫攻坚，保证全体人民在共建共享发展中有更多获得感，不断促进人的全面发展、全体人民共同富裕。加强和创新社会治理，维护社会和谐稳定，确保国家长治久安、人民安居乐业。

生态文明建设上，提出要坚持人与自然和谐共生。必须树立和践行绿水青山就是金山银山的理念，像对待生命一样对待生态环境，统筹山水林田湖草系统治理，实行最严格的生态环境保护制度，形成绿色发展方式和生活方式，坚定走生产发展、生活富裕、生态良好的文明发展道路，建设美丽中国，为全球生态安全作出贡献。

5. 习近平新时代中国特色社会主义思想，是在构建中国特色大国外交、构建人类命运共同体中创立的。

党的十八大以来，中国正在前所未有地稳步走进世界舞台中心，中国理念、中国发展、中国方案也前所未有地受到国际社会特别是广大发展中国家的关心关注和赞誉。同时，中国强大起来以后，会不会重蹈“国强必霸”的历史覆辙，也成为国际社会关注的话题。习近平总书记提出，中国人民的梦想同各国人民的梦想息息相通，实现中国梦离不开和平的国际环境和稳定的国际秩序。中国始终高举和平发展合作共赢的旗帜，始终不渝走和平发展道路，坚持正确义利观，树立共同、综合、合作、可持续的新安全观。习近平总书记还首创“一带一路”建设，提出并倡导共商共建共享原则。坚持推动构建人类命运共同体，坚决反对逆全球化和贸易保护主义，始终做世界和平的建设者、全球发展的贡献者、国际秩序的维护者。

以上这些新理念新思想新战略，从时代和实践中来，具有坚实的实践基础，又强有力地指导和推动党的十八大以来的伟大实践，使党和国家事业发展出现了历史性变革，为新时代坚持和发展中国特色社会主义、推进党和国家事业提供了基本遵循，为发展21世纪马克思主义、当代中国马克思主义作出了历史性贡献，充分显示了习近平新时代中国特色社会主义思想的科学性、时代性、真理性、实践性的高度统一。

二、中国特色社会主义新时代是怎样开辟的

上面，我们着重从实践创新对理论创新的推动上，回顾了习近平新时代中国特色社

会主义思想的创立过程。下面，我们再从理论创新对实践创新的推动上，看一下中国特色社会主义新时代是如何开辟的。

我们有充分的理由说，中国特色社会主义新时代，是在习近平新时代中国特色社会主义思想指导下开辟的。

习近平新时代中国特色社会主义思想在形成和发展过程中，即在实践中发挥了巨大指导作用，根本原因就在于，它继承和发扬马克思主义理论品质，以发现问题、解决问题为导向，将坚定信仰信念、鲜明人民立场、强烈历史担当、求真务实作风、勇于创新精神和科学方法论贯穿于发现问题、解决问题、指导实践的全过程之中，呈现出当代中国马克思主义实践第一的鲜明理论特色。

党的十八大以来，在习近平新时代中国特色社会主义思想的指导下，解决了许多长期想解决而没有解决的难题，办成了许多过去想办而没有办成的大事，推动党和国家事业发生历史性变革，集中地体现在打了几个攻坚战、啃下了几个硬骨头。

第一，打赢了强力反腐败、持久反“四风”的攻坚战。

第二，打赢了中国经济发展稳中求进、企稳向好、迅速转型升级的攻坚战。

第三，打赢了精准扶贫、深度贫困地区扶贫攻坚战。

第四，打赢了污染治理、生态治理攻坚战。

第五，打赢了意识形态和网络治理攻坚战。

第六，打赢了确立党对军队绝对领导与国防和军队改革攻坚战。

第七，打赢了全面加强党的领导、扭转党的领导弱化虚化被动局面攻坚战。

这些带有根本性、全局性、开创性的攻坚战的胜利，彰显了习近平新时代中国特色社会主义思想的巨大威力，推动我国经济由高速增长阶段转向高质量发展阶段，推动我国发展站到了新的历史起点上，促成了我国社会主要矛盾的转化，推动中国特色社会主义进入新时代。正如刘云山同志所说：“实践和理论的逻辑就是：新时代提出新课题，新课题催生新理论，新理论引领新实践。党的十八大以来这5年，党和国家各项事业之所以能开新局、谱新篇，根本的就在于有习近平新时代中国特色社会主义思想的科学指引。”

习近平新时代中国特色社会主义思想的创立过程深刻生动地说明，习近平总书记所指出的“要根据时代变化和实践发展，不断深化认识，不断总结经验，不断实现理论创新和实践创新良性互动，在这种统一和互动中发展21世纪中国的马克思主义”，实际上是对马克思主义中国化基本经验的深刻总结。

马克思主义中国化，立足点是马克思主义基本原理同中国实际相结合，同中华传统文化精华相融合；取之不尽用之不竭的力量源泉是时代变化和实践发展；有效途径是“三个不断”，即不断深化认识，不断总结经验，不断实现理论创新和实践创新良性互动。

不断深化认识，是理论创新的基本前提。如果思想僵化了、停滞了，甚至偏离了正确政治方向，就会犯颠覆性的无可挽回的历史性错误。所以党的十九大报告告诫全党同志要“永不僵化、永不停滞”。

不断总结经验，是理论创新的根本途径。总结经验的大忌有二。一是浅尝辄止，浮于表面。二是虚夸浮夸，“工作干得好，不如总结搞得好”。总结好的经验,必须靠真抓实干,必须靠真正解决问题,必须靠实践创新。所以党的十九大报告告诫全党同志要“勇于变革、勇于创新”。

不断实现理论创新和实践创新良性互动,是理论创新的最佳状态和最高境界。时代是思想之母,实践是理论之源。我们要在迅速变化的时代中赢得主动,要在新的伟大斗争中赢得胜利,要在伟大实践中推进实践基础上的理论创新,就要在坚持马克思主义基本原理的基础上,以更宽广的视野、更长远的眼光来思考和把握国家未来发展面临的一系列重大战略问题,在理论上不断拓展新视野、作出新概括,不断推进理论创新、实践创新、制度创新、文化创新以及其他各方面创新。

我们要珍惜并自觉运用马克思主义中国化的上述基本经验,在理论创新和实践创新的统一和互动中发展21世纪中国的马克思主义,21世纪中国的马克思主义一定能够展现出更强大、更有说服力的真理力量。

三、习近平新时代中国特色社会主义思想有哪些原创性的理论贡献

党的十八大以来,围绕时代课题产生的理论创新与实践创新的良性互动,催生了许多原创性的理论贡献。这些原创性理论贡献,集中体现在党的十九大报告中概括提出的“八个明确”上。

第一个明确,指明了新时代坚持和发展中国特色社会主义的总任务及其实现途径。

第二个明确,指明了新时代我国社会主要矛盾的转化及其解决途径。

第三个明确,强调中国特色社会主义事业总体布局是“五位一体”、战略布局是“四个全面”,强调“坚定道路自信、理论自信、制度自信、文化自信”。

第四个明确,指明了全面深化改革总目标。

第五个明确,指明了全面推进依法治国总目标。

第六个明确,指明了党在新时代的强军目标。

第七个明确,指明了中国特色大国外交的两大目标任务,即:推动构建新型国际关系,推动构建人类命运共同体。

第八个明确,指明了加强党的全面领导的极端重要性,提出新时代党的建设总要求,突出政治建设在党的建设中的重要地位。

这“八个明确”与“十四个坚持”紧密相连,为我们全面把握习近平新时代中国特色社会主义思想的核心要义、深刻内涵、实践要求,提供了一把思想的锁钥。正如刘云山同志指出的那样,在习近平新时代中国特色社会主义思想中,“最重要、最核心的内容就是党的十九大报告概括的‘八个明确’”,“这‘八个明确’,高度凝练、提纲挈领地点明了习近平新时代中国特色社会主义思想的主要内容,构成了系统完备、逻辑严密、内在统一的科学体系”。“围绕贯彻落实习近平新时代中国特色社会主义思想,报告提出了新时代中国特色社会主义基本方略,并概括为‘十四个坚持’”。“这‘十四个坚持’,既是习近平新时代中国特色社会主义思想的重要组成部分,也是落实习近平新时代中国特色社会主义思想的实践要求”。我们对“八个明确”和“十四个坚持”这两者同习近平新时代中国特色社会主义思想的关系上,既要做全

面的统一的理解和把握,也要注意到这两者出发点相同又各有侧重的情况。

习近平新时代中国特色社会主义思想的这些原创性理论贡献,不仅全面地系统地丰富和发展了中国特色社会主义理论体系,而且对马克思主义基本原理的丰富发展,也作出原创性的贡献。

在政治经济学原理方面,坚持发展论与阶段论的辩证统一,提出了在我国正处于并将长期处于社会主义初级阶段不变的社会历史条件下,我国社会主要矛盾已经发生了从人民日益增长的物质文化生活需要和落后的社会生产之间的矛盾转变为人民日益增长的美好生活需要和不平衡不充分的发展之间的矛盾的重要变化;坚持运用好"看不见的手"与"看得见的手"的辩证统一,提出了充分发挥市场在资源配置中的决定性作用和更好发挥政府作用的重要理论;坚持发展是执政兴国第一要务与坚持以人民为中心的发展思想的辩证统一,提出了我国经济发展进入新常态的重要论断,创造性地提出贯彻落实新发展理念;坚持社会供给与社会有效需求的辩证统一,提出深入推进供给侧结构性改革的重大决策。

在科学社会主义原理方面,提出中国特色社会主义是科学社会主义理论逻辑与中国社会发展历史逻辑的统一;提出要坚定中国特色社会主义道路自信、理论自信、制度自信、文化自信;提出以人民为中心的发展思想;提出社会主义意识形态建设必须把握和处理的七个重大关系;提出中国特色社会主义最本质的特征是中国共产党领导,中国特色社会主义制度的最大优势是中国共产党领导,党是最高政治领导力量。

在马克思主义国家学说方面,提出全面深化改革的总目标是坚持和完善中国特色社会主义制度,不断推进国家治理体系和治理能力现代化;提出发展社会主义协商民主,健全民主制度,丰富民主形式,拓宽民主渠道,保证人民当家作主落实到国家政治生活和社会生活之中;提出全面依法治国是中国特色社会主义的本质要求和重要保障。

在马克思主义国际政治学说方面,提出坚持推动构建人类命运共同体;提出打破"国强必霸"的旧时代逻辑,顺应和平发展合作共赢的时代潮流,实现中国梦与世界人民美好梦想的互联互通共享。

在马克思主义执政党建设学说方面,提出打铁必须自身硬,党要团结带领人民进行伟大斗争、推进伟大事业、实现伟大梦想,必须毫不动摇坚持和完善党的领导,毫不动摇把党建设得更加坚强有力;提出新时代党的建设总要求,是要坚持和加强党的全面领导,坚持党要管党、全面从严治党,以加强党的长期执政能力建设、先进性和纯洁性建设为主线,以党的政治建设为统领,以坚定理想信念宗旨为根基,以调动全党积极性、主动性、创造性为着力点,全面推进党的政治建设、思想建设、组织建设、作风建设、纪律建设,把制度建设贯穿其中,深入推进反腐败斗争,不断提高党的建设质量,把党建设成为始终走在时代前列、人民衷心拥护、勇于自我革命、经得起各种风浪考验、朝气蓬勃的马克思主义执政党;提出"不忘初心、牢记使命、永远奋斗"的新时代共产党人精神;提出构建党统一指挥、全面覆盖、权威高效的监督体系,把党内监督同国家机关监督、民主监督、司法监督、群众监督、舆论监督贯通起来。

当今，中国正在日益走近世界舞台的中心，遇到并要着力破解的许多难题，既是从自身发展与国家治理中提出来的，也是各国发展与全球治理面临的共同课题。党的十八大以来马克思主义中国化的伟大实践又一次证明，当代中国的马克思主义不仅具有鲜明的时代特色和中国特色，而且能够在占世界总人口四分之一的文明古国中，以其具有普遍意义的原创性理论创造，不断为马克思主义基本原理注入新鲜的时代内涵和实践内涵。我们坚持的理论自信，不仅包括对理论在中国广袤土地上的真理性的自信与坚守，而且更应当包括对这一理论对于世界发展进步的真理性的自信与坚守。我们完全有理由自信！

（作者：求是杂志社社长）

新思想有何伟大贡献与历史地位

李君如

党的十九大是一次划时代的会议。这次大会在理论创新上的最大成果，就是把党的十八大以来形成的创新理论确定为习近平新时代中国特色社会主义思想，并在党章中确立了这一新时代新思想的历史地位。当前，我们要认真学习习近平新时代中国特色社会主义思想，深刻领会这一实现民族复兴行动指南的科学内涵、本质特征及其历史地位。

引人注目的理论探索和创新

党的十八大以来，以习近平同志为核心的党中央站在新的历史起点上，把握当今世界和当代中国的发展大势，顺应实践要求和人民愿望，推出一系列重大战略举措，出台一系列重大方针政策，提出一系列重大创新理论，推动党和国家事业发生历史性变革。

回顾这五年党的理论创新和理论武装工作历程，我们学习研究习近平总书记创造性提出的中国梦思想、“四个全面”战略布局、治国理政新理念新思想新战略，以及与此相联系的国家治理体系和治理能力现代化的思想、全面依法治国的思想、创新协调绿色开放共享的发展新理念、全面从严治党和自我革命的思想，等等。党的十九大前，我们又对新的实践中形成的创新理论进行了全面梳理和总结，进一步深化了对以习近平同志为核心的党中央在理论工作中取得的历史性成就的认识。

党的十九大在对过去五年工作的总结中，提出“中国特色社会主义进入新时代”这一极其重大的结论，阐述了新时代中国共产党的历史使命，引人注目地提出我们在艰辛的理论探索和理论创新中已经形成了习近平新时代中国特色社会主义思想，并在党的代表大会上把这一新时代的新思想确定为“全党全国人民为实现中华民族伟大复兴而奋斗的行动指南”。毫无疑问，这是党的十九大在理论创新中作出的历史性贡献。

什么是习近平新时代中国特色社会主义思想？党的十九大修订通过的党章指出：“习近平新时代中国特色社会主义思想是对马克思列宁主义、毛泽东思想、邓小平理论、‘三个代表’重要思想、科学发展观的继承和发展，是马克思主义中国化最新成果，是党和人民实践经验和集体智慧的结晶，是中国特色社会主义理论体系的重要组成部分，是全党全国人民为实现中华民族伟大复兴而奋斗的行动指南，必须长期坚持并不断发展。”这五个“是”，精辟地概括了这一科学思想的理论来源、本质特征、实践基础、理论属性和历史定位。

回答时代和实践的重大课题

思想是时代之母，实践是理论之源。理论逻辑从来都是实践逻辑的科学反映。认真学习习近平新时代中国特色社会主义思想，必须把这一思想的形成过程及其解决的问题,放到党自改革开放以来实践创新和理论创新的历史长河中去考察、去领会。

党的十九大修订通过的党章,在对中国共产党理论创新进程的回顾中精辟地指出,党的十一届三中全会以来,以邓小平同志为主要代表的中国共产党人,总结新中国成立以来正反两方面的经验,解放思想,实事求是,实现全党工作中心向经济建设的转移,实行改革开放,开辟了社会主义事业发展的新时期,逐步形成了建设中国特色社会主义的路线、方针、政策,阐明了在中国建设社会主义、巩固和发展社会主义的基本问题,创立了邓小平理论;党的十三届四中全会以来,以江泽民同志为主要代表的中国共产党人,在建设中国特色社会主义的实践中,加深了对什么是社会主义、怎样建设社会主义和建设什么样的党、怎样建设党的认识,积累了治党治国新的宝贵经验,形成了"三个代表"重要思想;党的十六大以来,以胡锦涛同志为主要代表的中国共产党人,坚持以邓小平理论和"三个代表"重要思想为指导,根据新的发展要求,深刻认识和回答了新形势下实现什么样的发展、怎样发展等重大问题,形成了以人为本、全面协调可持续发展的科学发展观。

从中可以看到,中国共产党理论创新的脉络是:在总结历史经验、开辟新时期中形成了邓小平理论;在进一步深化对"什么是社会主义、怎样建设社会主义"和"建设什么样的党、怎样建设党"的认识中形成了"三个代表"重要思想;在回答"实现什么样的发展、怎样发展"过程中形成了科学发展观。

这也就是说,中国共产党的理论创新,是在回答时代和实践提出的重大课题中不断推进、不断发展的。理论创新从来都不是在书斋里提出和完成的,而是在人民伟大的实践中、在党依靠人民解决实践中不断出现的矛盾中提出和完成的。

唯物辩证法告诉我们,实践是不断发展的,矛盾是不断解决不断发生的。中国共产党人从来不幻想哪一天没有矛盾、哪一天不需要斗争、哪一天可以高枕无忧,而是敢于"到中流击水",顺应时代潮流、把握时代潮流,并审时度势引领时代潮流。

党的十八大以来,以习近平同志为主要代表的中国共产党人,面临的是什么问题?党的十九大报告说:"国内外形势变化和我国各项事业发展都给我们提出了一个重大时代课题,这就是必须从理论和实践结合上系统回答新时代坚持和发展什么样的中国特色社会主义、怎样坚持和发展中国特色社会主义。"正是围绕这个重大时代课题,顺应时代发展的进步潮流,进行艰辛的理论探索,创立了习近平新时代中国特色社会主义思想。

马克思主义中国化最新成果

认真学习习近平新时代中国特色社会主义思想,必须全面认识这一思想的本质特征、科学内涵及其主要内容。

我们党自毛泽东同志开始,形成了一个好传统,那就是"马克思主义中国化"。我们党始终坚持把马克思主义作为我们的指导思想,同时又始终坚持把马克思主义同中国实际结合起来,并且坚持在不断发展的实践中丰富和发展马克思主义,形成中国化的马克思主义。习近平新时代中国特色社会主义思想完全是马克思主义的,又完全是中国化的,而且完全是具有新时代特点的中国化的。因此,这一科学思想的本质特征用一句话来表达就是马克思主义中国化的最新成果。

在马克思主义思想史上,任何一个科学思想理论的本质特征都是体现在其科学内涵及主要内容上的。习近平新时代中国特色社会主义思想也不例外。关于这一科学思想的科学内涵及其主要内容,党的十九大报告讲了八个“明确”:明确坚持和发展中国特色社会主义,总任务是实现社会主义现代化和中华民族伟大复兴,在全面建成小康社会的基础上,分两步走在本世纪中叶建成富强民主文明和谐美丽的社会主义现代化强国;明确新时代我国社会主要矛盾是人民日益增长的美好生活需要和不平衡不充分的发展之间的矛盾,必须坚持以人民为中心的发展思想,不断促进人的全面发展、全体人民共同富裕;明确中国特色社会主义事业总体布局是“五位一体”、战略布局是“四个全面”,强调坚定道路自信、理论自信、制度自信、文化自信;明确全面深化改革总目标是完善和发展中国特色社会主义制度、推进国家治理体系和治理能力现代化;明确全面推进依法治国总目标是建设中国特色社会主义法治体系、建设社会主义法治国家;明确党在新时代的强军目标是建设一支听党指挥、能打胜仗、作风优良的人民军队,把人民军队建设成为世界一流军队;明确中国特色大国外交要推动构建新型国际关系,推动构建人类命运共同体;明确中国特色社会主义最本质的特征是中国共产党领导,中国特色社会主义制度的最大优势是中国共产党领导,党是最高政治领导力量,提出新时代党的建设总要求,突出政治建设在党的建设中的重要地位。

这八个方面的概括,包括总任务、主要矛盾、总体布局和战略布局、改革、法治、强军、外交、党的领导和党的建设,把党的十八大以来党和人民创造的主要经验以及党的十九大提出的新战略新任务,都概括到了这个科学思想之内。由于这些科学思想的主要提出者和奠基人是习近平同志,所以党的十九大把党的十八大以来理论创新中形成的这一重大理论成果,命名为习近平新时代中国特色社会主义思想。

中华民族伟大复兴行动指南

认真学习习近平新时代中国特色社会主义思想,还必须全面认识这一思想的历史使命和历史地位。

中国共产党是中国工人阶级的先锋队,同时是中国人民和中华民族的先锋队。从党成立之日起,就肩负起在中国实现社会主义和共产主义、实现中华民族伟大复兴的历史使命。以习近平同志为核心的党中央以高度的历史担当精神,自觉承担起这样的历史使命,在党的十八大召开后就发出了为实现中华民族伟大复兴中国梦而奋斗的号召。

事实上,习近平总书记在治国理政的时候,一而再、再而三提出了这样一个问题:“我是谁,从哪里来,到哪里去?”2014 年 5 月 4 日,他在同北大师生座谈时说:“一个民族、一个国家,必须知道自己是谁,是从哪里来的,要到哪里去,想明白了、想对了,就要坚定不移朝着目标前进。”2015 年 11 月 3 日,他在同参加第二届“读懂中国”国际会议的外方代表座谈时又一次讲到:“我们从哪里来,我们走向何方?中国到了今天,我无时无刻不提醒自己要有这样一种历史感。”他还说:“伫立在天安门广场的人民英雄纪念碑有一组浮雕，表现的是1840年鸦片战争到1949年中国革命胜利的全景图。我们一方面缅怀先烈，一方面沿着先烈的足迹向前走。我们提出了中国梦，它的最大公约数就是中华民族伟大复兴。”

在中国共产党领导下，今天我们比历史上任何时期都更接近、更有信心和能力实现中华民族伟大复兴的目标。中国特色社会主义进入新时代，从根本上说意味着近代以来久经磨难的中华民族迎来了从站起来、富起来到强起来的伟大飞跃。让中华民族“强起来”，是新时代的本质特点。一个“强”字，涵盖了中国人自鸦片战争以来梦寐以求的强国梦、强军梦，以及今天中国人要建设文化强国、科技强国、航天强国、网络强国、交通强国、质量强国等一系列民族复兴的梦想。

还要注意到，党的十九大有一个突出的亮点，那就是始终从中华民族和中国共产党的关系来阐明新时代中国共产党的历史使命。

党的十九大报告开宗明义地指出，大会的主题是：不忘初心，牢记使命，高举中国特色社会主义伟大旗帜，决胜全面建成小康社会，夺取新时代中国特色社会主义伟大胜利，为实现中华民族伟大复兴的中国梦不懈奋斗。

在论述新时代中国共产党的历史使命时，更是明确指出，实现中华民族伟大复兴是近代以来中华民族最伟大的梦想。中国共产党一经成立，就把实现共产主义作为党的最高理想和最终目标，义无反顾肩负起实现中华民族伟大复兴的历史使命，团结带领人民进行了艰苦卓绝的斗争，谱写了气吞山河的壮丽史诗。

党的十九大修订通过的党章，在把习近平新时代中国特色社会主义思想和马克思列宁主义、毛泽东思想、邓小平理论、“三个代表”重要思想、科学发展观一道确立为党的指导思想时，也明确界定这一马克思主义中国化的最新成果是全党全国人民为实现中华民族伟大复兴而奋斗的行动指南，必须长期坚持并不断发展。

一个讲的是“十九大的主题”，一个讲的是“新时代中国共产党的历史使命”，一个讲的是党的指导思想，三个重大论断强调的都是中华民族伟大复兴和中国共产党的关系。这不应该引起我们重视吗？我们学习贯彻十九大精神，一个重要的任务就是要清醒地认识到新时代中国共产党人的初心和使命是什么，坚定不移地为中国人民谋幸福，为中华民族谋复兴。

总之，习近平新时代中国特色社会主义思想作为马克思主义中国化的最新成果，是中华民族在决胜全面建成小康社会基础上，开启全面实现社会主义现代化，一洗中华民族1840年以来的历史耻辱，实现民族复兴的行动指南。这就是这一科学思想的伟大贡献和历史地位。

（作者：中共中央党校原副校长）

坚定不移走中国特色社会主义法治道路 建设良法善治的法治中国

——学习贯彻习近平新时代全面依法治国重要思想

汪永清

伟大的时代呼唤科学的理论，伟大的实践催生深刻的思想。党的十八大以来，习近平总书记以马克思主义政治家、理论家的深刻洞察力、敏锐判断力和战略定力，把全面依法治国纳入“四个全面”战略布局，提出了一系列开创性的新理念新思想新战略，创造性地发展了中国特色社会主义法治理论，形成了马克思主义法治思想中国化的最新成果，是习近平新时代中国特色社会主义思想的重要组成部分，为社会主义法治建设迈进新时代、开启新征程、谱写新篇章提供了强大思想武器和科学行动指南。

党的十九大报告把坚持全面依法治国确立为习近平新时代中国特色社会主义思想和基本方略的重要内容，对过去5年法治建设历史性成就进行深入总结，对新时代深化依法治国实践作出全面部署，标志着全面依法治国进入新的发展阶段。站在新的历史起点上，我们要按照党的十九大作出的战略部署，深入学习贯彻习近平新时代中国特色社会主义思想，坚定不移走中国特色社会主义法治道路，加快建设社会主义法治国家，为建设富强民主文明和谐美丽的社会主义现代化强国、实现中华民族伟大复兴的中国梦提供有力法治保障。

一、深刻认识全面依法治国的战略考量和历史使命，自觉做社会主义法治的坚定信仰者、忠诚实践者

全面依法治国是中国特色社会主义的本质要求和重要保障，是实现国家治理体系和治理能力现代化的必然要求，事关我们党执政兴国，事关人民幸福安康，事关党和国家长治久安。

全面依法治国是深刻总结中外治国理政经验教训的战略抉择。习近平总书记指出，法治兴则国家兴，法治衰则国家乱。综观世界近现代史，一些国家虽然一度实现快速发展，但并没有顺利迈进现代化的门槛，而是陷入这样或那样的“陷阱”，出现经济社会发展停滞甚至倒退的局面，这在很大程度上与法治不彰、法治乏力有关。从新中国建设历程看，我们既收获过重视法治的丰硕成果，也有过忽视法治的曲折经历。经验教训告诉我们，为子孙后代计、为长远发展谋，必须坚定不移厉行法治，深化依法治国实践。

全面依法治国是决胜全面建成小康社会的重要保障。习近平总书记从坚持和发展中国特色社会主义出发，科学提出了“四个全面”战略布局，深刻指出了“四个全面”的内在关系。其中，全面建成小康社会是战略目

标，全面依法治国是重要保障。只有发挥好法治的经济发展助推器、社会运行调节器作用，才能确保全面建成小康社会目标如期实现。深化依法治国实践，就是要完善加强产权保护、维护契约自由、保障交易安全、促进公平竞争的法律制度，运用法治思维和法治方式调节社会关系、化解社会矛盾、维护社会稳定，拓展法治在保障民权、化解民忧、改善民生上的重要功能，满足人民日益增长的美好生活需要，促进经济社会持续健康发展。

全面依法治国是创造更高水平的社会主义制度文明的必由之路。习近平总书记站在历史和时代的高度，对事关党和国家长治久安的制度建设问题作出了深远思考和战略谋划。他强调，推进国家治理体系和治理能力现代化，必须坚持依法治国，为党和国家事业发展提供根本性、全局性、长期性的制度保障。深化依法治国实践，就是要加快建设中国特色社会主义法治体系，推动形成系统完备、科学规范、运行有效的制度体系，创造更高水平的社会主义制度文明，为人类制度文明进步作出充满中国智慧的贡献。

二、牢牢把握全面依法治国的根本方向和总体思路，推动法治中国建设沿着正确道路阔步前行

习近平总书记强调，全面推进依法治国，必须走对路；如果路走错了，南辕北辙了，那再提什么要求和举措也都没有意义了。实践证明，只要方向不偏、路子不错，就能积跬步以至千里，达到胜利的彼岸。

坚定不移走中国特色社会主义法治道路。习近平总书记强调，中国特色社会主义法治道路，本质上是中国特色社会主义道路在法治领域的具体体现，是建设社会主义法治国家的唯一正确道路；这条道路的核心要义，是坚持中国共产党的领导，坚持中国特色社会主义制度，贯彻中国特色社会主义法治理论；全面推进依法治国，必须从我国实际出发，挖掘和传承中华法律文化精华，借鉴国外法治有益成果，又不照抄照搬别国模式。这些重要论述深刻揭示了中国特色社会主义法治道路的根本属性、核心要义和基本要求，科学指明了新时代法治中国建设的正确方向。要增强道路自信、理论自信、制度自信、文化自信，沿着中国特色社会主义法治道路砥砺前行，既不走封闭僵化的老路，也不走改旗易帜的邪路。

坚持党的领导、人民当家作主、依法治国有机统一。习近平总书记指出，把坚持党的领导、人民当家作主、依法治国有机统一起来是我国社会主义法治建设的一条基本经验；党的领导是中国特色社会主义最本质的特征，是社会主义法治最根本的保证；坚持人民主体地位，必须坚持法治为了人民、依靠人民、造福人民、保护人民，要把体现人民利益、反映人民愿望、维护人民权益、增进人民福祉落实到依法治国全过程；依法治国是党领导人民治理国家的基本方式，要改进党的领导方式和执政方式，增强依法执政本领。党的十九大提出，成立中央全面依法治国领导小组，加强对法治中国建设的统一领导。要深刻认识这一决定的重大意义，更好发挥好党总揽全局、协调各方的领导核心作用，推动法治中国建设在新时代大踏步前进。始终坚持党的领导、人民当家作主、依法治国有机统一，推动理论认识更加深入、制度安排更加完善、政治优势更加凸显。

坚持把全面贯彻实施宪法作为首要任务。习近平总书记强调，宪法是国家的根本法，是治国安邦的总章程；坚持依法治国首先要坚持依宪治国，坚持依法执政首先要坚持依宪执政；宪法的根基在于人民发自内心的拥护，宪法的伟力在于人民出自真诚的信仰。这些重要论述深刻指出了宪法和宪法实施的重要性，对于树立宪法权威、弘扬宪法精神，具有重要指导意义。要按照党的十九大部署，加强宪法实施和监督，推进合宪性审查工作，落实国家宪法日和宪法宣誓制度，把全面贯彻实施宪法提高到新水平。

坚持以良法善治为发展方向。习近平总书记指出，法律是治国之重器，良法是善治之前提；立法、执法、司法活动都要体现社会主义道德要求，使社会主义法治成为良法善治；推进科学立法、民主立法、依法立法，以良法促进发展、保障善治。这些重要论述深刻阐明了良法与善治的关系，明确指出了社会主义法治的发展方向。要按照党的十九大部署，制定出更多反映客观规律、体现人民意志、解决实际问题的良法，实现权利有保障、权力受制约、违法必追责、正义可预期、公平看得见的善治状态。

坚持共同推进、一体建设的工作布局。习近平总书记强调，要准确把握全面推进依法治国工作布局，坚持依法治国、依法执政、依法行政共同推进，坚持法治国家、法治政府、法治社会一体建设；能不能做到依法治国，关键在于党能不能坚持依法执政，各级政府能不能依法行政；法治国家、法治政府、法治社会三者各有侧重、相辅相成。这些重要论述，对于优化整体布局、促进协调发展，具有重要指导意义。要坚持把全面依法治国作为一项系统工程，在共同推进上着力，在一体建设上用劲，推动法治中国建设不断提质增效。

坚持以规范和约束公权力为价值取向。习近平总书记指出，纵观人类政治文明史，权力是一把双刃剑，在法治轨道上行使可以造福人民，在法律之外行使则必然祸害国家和人民；把权力关进制度的笼子里，就是要依法设定权力、规范权力、制约权力、监督权力。这些重要论述深刻揭示了法律与权力的关系，对于形成职权由法定、有权必有责、用权受监督、滥权必追责的权力运行格局，具有重要指导意义。各级领导干部作为“关键少数”，要带头尊法学法守法用法，强化对法治的追求、信仰和执守，绝不允许以言代法、以权压法、逐利违法、徇私枉法。

坚持依法治国和依规治党有机统一。习近平总书记强调，在我们国家，法律是对全体公民的要求，党内法规制度是对全体党员的要求，而且很多地方比法律的要求更严格；必须坚持依法治国与制度治党、依规治党统筹推进、一体建设；坚持纪严于法、纪在法前，实现纪法分开。这些重要论述深刻阐述了国家法律与党规党纪的关系，对于把党纪挺在法律前面，把执法和执纪贯通起来，确保党员干部正确行使权力，具有重要指导意义。要统筹推进依法治国与依规治党，更加注重党内法规同国家法律的衔接协调，努力形成国家法律法规和党内法规制度相辅相成、相互促进、相互保障的格局。

坚持依法治国和以德治国相结合。习近平总书记指出，法安天下，德润人心；法律是成文的道德，道德是内心的法律；既重视发挥法律的规范作用，又重视发挥道德的教化作用，实现法律和道德相辅相成、法治和德治相得益彰。这些重要论述深刻揭示了法律和道德、法治和德治的内在联系，对于使德法共治这一中华古老治理智慧在新时代焕发出新活力具有重要指导意义。要更加注重强化道德对法治的支撑作用，运用法治手段解决道德领域突出问题，把法治宣传教育和思想道德建设结合起来，不断提高全民族法治素养和道德素质。

三、全面推进科学立法、严格执法、公正司法、全民守法，奋力谱写新时代中国特色社会主义法治新篇章

全面依法治国是国家治理领域的一场深刻革命，必须准确把握全面依法治国重点任务，锲而不舍深化依法治国实践，充分释放社会主义法治优越性，让法治成为国家核心竞争力。

深入推进科学立法、民主立法、依法立法，不断完善中国特色社会主义法律体系。习近平总书记指出，坚持立法先行，发挥立法引领和推动作用；抓住提高立法质量这个关键，努力使每一项立法都符合宪法精神、反映人民意愿、得到人民拥护；坚持改革决策和立法决策相统一、相衔接，改革和法治同步推进。这些重要论述科学揭示了立法工作的规律特点，明确提出了立法工作的方向、目标、要求。党的十八大以来，民法典编纂迈出关键性步伐，民生领域立法实现新突破，国家安全法律制度体系基本形成，重点领域立法硕果累累。通过立法落实改革决策，根据法律授权开展改革试点，通过修改法律巩固改革成果，实现立法和改革协同推进。新形势下，要按照党的十九大部署，深入推进科学立法、民主立法、依法立法，进一步提高立法质量，使所立之法遵法理、合事理、通情理，以良法促进发展、保障善治。

深入推进依法行政，加快建设法治政府。习近平总书记强调，各级政府一定要严格依法行政，切实履行职责，该管的事一定要管好、管到位，该放的权一定要放足、放到位，坚决克服政府职能错位、越位、缺位现象；坚持法定职责必须为、法无授权不可为，健全依法决策机制，完善执法程序，严格执法责任，做到严格规范公正文明执法；加快建设职能科学、权责法定、执法严明、公开公正、廉洁高效、守法诚信的法治政府。这些重要论述深刻揭示了依法行政的规律特点，明确指出了法治政府建设的目标、原则、任务。党的十八大以来，加大简政放权力度，大幅取消和下放行政审批事项，推行政府权力清单、责任清单制度，完善依法决策程序，政府工作法治化水平不断提高。推进商事登记制度改革，全面推开税费改革，简化办事手续环节，降低了经济社会运行的制度成本，激发了市场活力和社会创造力。世界银行发布的全球 2017 年营商环境报告显示，近 3 年我国营商便利度在全球排名跃升了 18 位。到 2020 年基本建成法治政府，是全面建成小康社会的重要目标之一。要按照党的十九大部署，深入推进依法行政，加大关系人民群众利益重点领域的执法力度，提高严格规范公正文明执法水平，确保 2020 年基本建成法治政府这一任务如期完成。

全面深化司法体制改革，努力让人民群众在每一个司法案件中感受到公平正义。习近平总书记指出，司法是维护社会公平正义的最后一道防线；我们推进司法体制改革，是

社会主义司法制度自我完善和发展，走的是中国特色社会主义法治道路；要全面落实司法责任制，深入推进以审判为中心的刑事诉讼制度改革，开展综合配套改革试点，提升改革整体效能。这些重要论述深刻揭示了司法的重要地位和功能，科学指明了司法体制改革的方向、原则、重点。党的十八大以来，全国政法机关坚持正确改革方向，敢于啃硬骨头、涉险滩、闯难关，做成了想了很多年、讲了很多年但没有做成的改革，公正高效权威的社会主义司法制度不断完善，人民群众对司法公正的认可度明显提高。在人员总编制未增加情况下，人均办案量普遍增长 20% 以上，结案率上升 18% 以上，一审后当事人服判息诉率达 92.4%，二审后服判息诉率超过 98%。司法体制改革是司法领域一场深刻的自我革命。要按照党的十九大部署，深化司法体制综合配套改革，全面落实司法责任制，努力让司法更公正、更高效、更权威。

深入推进全民守法，加快建设法治社会。习近平总书记要求，坚持把全民普法和守法作为依法治国的长期基础性工作；深入开展法制宣传教育，弘扬社会主义法治精神，引导群众遇事找法、解决问题靠法；充分调动人民群众投身依法治国实践的积极性和主动性，使尊法、信法、守法、用法、护法成为全体人民的共同追求。这些重要论述深刻指出了推进全民守法的方向、任务，为建设法治社会提供了根本遵循。党的十八大以来，落实“谁执法谁普法”的普法责任制，推进涉法涉诉信访工作改革，加快公共法律服务体系建设，人民群众遇事找法、办事循法意识不断增强。推进多层次多领域依法治理，完善多元化纠纷解决机制，加快社会诚信制度建设，推动守法诚信成为全体公民的自觉行动。在我们这样一个有 13 亿多人口的发展中大国，让人人尊法、信法、守法、用法、护法，是一项长期艰巨的任务。要按照党的十九大部署，加大全民普法力度，加快建设社会主义法治文化，推动宪法法律至上、法律面前人人平等等法治理念深入人心，让法治成为全社会的生活方式。

（作者：中央政法委秘书长）

中国特色社会主义新时代的纲和魂

——学习习近平新时代中国特色社会主义思想的认识和体会

袁曙宏

思想是一个人的灵魂，也是一个国家、一个政党、一个民族的灵魂。思想决定方向，方向决定道路，道路决定命运。习近平总书记深刻指出："指导思想是一个政党的精神旗帜。"古今中外历史兴衰和治乱交替的经验教训无不表明：思想兴则国家兴，思想强则国家强；思想乱则国家乱，思想亡则国家亡。党的十九大最重大的理论创新、最重要的政治成果、最深远的历史贡献，就是把习近平新时代中国特色社会主义思想写入党章，确立为我们党必须长期坚持的指导思想，为全党全国人民决胜全面建成小康社会、夺取新时代中国特色社会主义伟大胜利、实现中华民族伟大复兴的中国梦筑牢了共同思想基础、凝聚了磅礴精神力量，立起了中国特色社会主义新时代的纲和魂。

一、马克思主义中国化的最新成果和历史性飞跃

中国共产党是高度重视理论建设和思想指导的党。建党96年来，我们党之所以能够历经考验磨难无往而不胜，关键就在于保持和发扬马克思主义政党与时俱进的理论品格，坚持在实践中不断丰富和发展马克思主义。党的十八大以来，以习近平同志为主要代表的中国共产党人，紧密结合新的时代条件和实践要求，以全新的视野深化对共产党执政规律、社会主义建设规律、人类社会发展规律的认识，进行艰辛理论探索，取得重大理论创新成果，全面系统回答了新时代坚持和发展什么样的中国特色社会主义、怎样坚持和发展中国特色社会主义这个重大时代课题，创立了习近平新时代中国特色社会主义思想，实现了党的指导思想的又一次与时俱进，实现了马克思主义基本原理同中国实际相结合的又一次历史性飞跃。

习近平新时代中国特色社会主义思想内涵十分丰富，其中最重要、最核心的内容就是党的十九大报告概括的"8个明确"。这一思想回答了新时代坚持和发展中国特色社会主义的总目标、总任务、总体布局、战略布局和发展方向、发展方式、发展动力、战略步骤、外部条件、政治保证等基本问题，贯穿改革发展稳定、内政外交国防、治党治国治军等各个领域，涵盖经济、政治、法治、科技、文化、教育、民生、民族、宗教、社会、生态文明、国家安全、国防和军队、"一国两制"和祖国统一、统一战线、外交、党的建设等各个方面，极具战略性、前瞻性、创造性、指导性，在理论上有重大突破、重大创新、重大发展，形成了一个系统完备、逻辑严密、内在统一的科学理论体系。

习近平新时代中国特色社会主义思想在马克思主义中国化进程中具有里程碑意义。这一思想洞察时代风云、把握时代大势、引领

时代潮流、勇担时代使命，闪耀着新时代的思想光芒，实现了真理性与实践性、继承性与创新性、民族性与世界性的有机统一，是对马克思列宁主义、毛泽东思想、邓小平理论、“三个代表”重要思想、科学发展观的继承和发展，是马克思主义中国化最新成果，是党和人民实践经验和集体智慧的结晶，是中国特色社会主义理论体系的重要组成部分，是全党全国人民为实现中华民族伟大复兴而奋斗的行动指南，为奋力推进新时代中国特色社会主义提供了思想灯塔和科学指导。

习近平新时代中国特色社会主义思想的主要创立者是习近平同志。在领导全党全国推进党和国家事业的伟大实践中，习近平总书记以马克思主义政治家、理论家的深刻洞察力、敏锐判断力和战略定力，以巨大的政治勇气和强烈的责任担当，不断推进实践基础上的理论创新，提出了一系列具有开创性意义的新理念新思想新战略，为新时代中国特色社会主义思想的创立发挥了决定性作用、作出了决定性贡献。

党的十八大以来，习近平新时代中国特色社会主义思想以其强大的真理力量、人格力量和实践力量，给全党以方向、给人民以力量、给国家以希望。我们党和国家事业之所以能取得全方位、开创性的历史性成就和深层次、根本性的历史性变革，我们党、国家和军队之所以能实现凤凰涅槃、浴火重生，更加强大、更有力量，最根本的就在于有以习近平同志为核心的党中央的坚强领导，有习近平新时代中国特色社会主义思想的领航指引。

二、新时代中国特色社会主义的总纲领、总设计、总指引

伟大的时代产生伟大的思想，而伟大的思想又深刻影响和作用于伟大的时代。习近平新时代中国特色社会主义思想是我们党在中国特色社会主义新时代举什么旗、走什么路的政治宣言，是夺取新时代中国特色社会主义伟大胜利的行动纲领，系统规划了今后30多年实现“两个一百年”奋斗目标、实现中华民族伟大复兴中国梦的“总蓝图”和“时间表”、“路线图”、“施工图”，开启了全面建设富强民主文明和谐美丽的社会主义现代化强国新征程。

坚持和发展中国特色社会主义，是改革开放以来我们党全部理论和实践的鲜明主题，也是习近平新时代中国特色社会主义思想的核心要义。今年是俄国十月革命100周年，明年我们就将迎来改革开放40周年。百年来的艰辛探索和近40年的巨大成就告诉我们，中国特色社会主义道路来之极其不易。特别是在西方国家出现经济困境、民主乱象、人权乱景、安全困局的情况下，“中国之治”和“世界之乱”形成鲜明对照，这条道路就更加显示出其独特价值和重大意义，必须长期坚持、永不动摇、不断发展。

习近平新时代中国特色社会主义思想对坚持和发展中国特色社会主义具有重大指导意义。这一思想把中国特色社会主义和实现社会主义现代化、实现中华民族伟大复兴有机贯通起来，深刻揭示了新时代中国特色社会主义的本质特征、发展规律和建设路径，进一步彰显了中国特色社会主义的时代特色、实践特色、理论特色、民族特色，开辟了马克思主义新境界、中国特色社会主义新境界、治国理政新境界和管党治党新境界。正是在这一思想的科学指引下，中国特色社会主义阔步迈进了新时代，这意味着近代以来久经磨

难的中华民族迎来了从站起来、富起来到强起来的伟大飞跃，迎来了实现中华民族伟大复兴的光明前景；意味着科学社会主义在21世纪的中国焕发出强大生机活力，在世界上高高举起了中国特色社会主义伟大旗帜；意味着中国特色社会主义道路、理论、制度、文化不断发展，拓展了发展中国家走向现代化的途径，给世界上那些既希望加快发展又希望保持自身独立性的国家和民族提供了全新选择，为解决人类问题贡献了中国智慧和中国方案。

新时代中国特色社会主义基本方略，也就是党的十九大报告概括的"14个坚持"，涵盖坚持党的领导和"五位一体"总体布局、"四个全面"战略布局，涵盖国防和军队建设、维护国家安全、对外战略，体现了党的基本纲领、基本经验、基本要求的内涵，是对以习近平同志为核心的党中央治国理政重大方针、重大原则的最新概括，是贯彻落实习近平新时代中国特色社会主义思想的实践要求，是习近平新时代中国特色社会主义思想的重要组成部分，为在新时代坚持和发展中国特色社会主义提供了根本遵循和行动纲领。

三、统一全党全国人民思想意志的精神旗帜和力量源泉

大时代大目标需要党和国家思想意志的高度集中统一。邓小平同志强调指出："集中统一，最重要的是思想上的统一。"中国特色社会主义进入新时代，要求我们党必须始终高举习近平新时代中国特色社会主义思想的伟大旗帜，凝聚起全党全国人民毫不动摇坚持和发展中国特色社会主义的最强大精神力量。

中国共产党96年的奋斗史，就是一部不断实现思想统一的前进史。正是由于我们党在革命、建设时期创立了毛泽东思想，做到了全党思想和行动上的高度集中统一，实现了全党的大团结，才从根本上改变了旧中国积贫积弱、一盘散沙、落后挨打的命运，创建了中华人民共和国，建立了社会主义基本制度，使中国人民真正站了起来。正是由于我们党在改革开放历史新时期创立了邓小平理论、"三个代表"重要思想和科学发展观，做到了全党思想和行动上的高度集中统一，实现了全党的大团结，才从根本上改变了思想僵化、发展滞后、封闭贫穷的面貌，开创了改革开放和社会主义现代化建设的新局面，使中国人民真正富了起来。正是由于我们党在中国特色社会主义新时代创立了习近平新时代中国特色社会主义思想，做到了全党思想和行动上的高度集中统一，实现了全党的大团结，才从根本上改变了党风、政风、社会风气，改变了党的面貌、国家的面貌、人民的面貌、军队的面貌、中华民族的面貌，开启了中国特色社会主义新时代。

反观前苏联共产党，在拥有近2000万党员、执政74年之后却丢掉了政权、亡党亡国，且在被解散时竟然没有党员公开站出来抗争，对比何其强烈和深刻。苏共失败的惨痛教训告诉我们，一个执政党如果没有远大的理想、坚定的信念和必胜的意志，没有建立在科学指导思想基础上的高度集中统一，再多的人数、再大的体量也不过是一个虚肿的巨人，一击就垮。

从现在到2020年，是全面建成小康社会的决胜期。从十九大到二十大，是"两个一百年"奋斗目标的历史交汇期。要有效应对

重大挑战、抵御重大风险、克服重大阻力、解决重大矛盾，统揽伟大斗争、伟大工程、伟大事业、伟大梦想，就必须始终坚持以习近平新时代中国特色社会主义思想武装全党、指导实践、推动工作。要把深入学习宣传贯彻习近平新时代中国特色社会主义思想作为当前和今后一个时期全党的首要政治任务，同牢固树立政治意识、大局意识、核心意识、看齐意识紧密结合起来，同坚决维护习近平总书记作为党中央的核心、全党的核心紧密结合起来，同坚决维护以习近平同志为核心的党中央权威和集中统一领导紧密结合起来，同坚决贯彻落实党中央决策部署紧密结合起来，坚决把思想和行动统一到习近平新时代中国特色社会主义思想上来。

96 年前，中国共产主义运动的先驱李大钊曾说："黄金时代，不在我们背后，乃在我们面前；不在过去，乃在将来。"今天，我们比历史上任何时期都更接近、更有信心和能力实现中华民族伟大复兴的目标。在习近平新时代中国特色社会主义思想的科学指引下，新时代中国特色社会主义的伟大实践必将创造更加璀璨、更加辉煌的成就，在中华人民共和国发展史、中华民族发展史上留下一座功勋卓著的丰碑，在世界社会主义发展史、人类社会发展史上谱写一曲光彩夺目的华章。

（作者：国务院法制办公室党组书记、副主任）

深入学习掌握习近平新时代中国特色社会主义思想的权威读本

——学习《习近平谈治国理政》第二卷

闻 言

刚刚闭幕的中共十九大，把习近平新时代中国特色社会主义思想确立为党必须长期坚持的指导思想，提出了新时代坚持和发展中国特色社会主义的基本方略。国际社会和国内各方面对此高度关注，希望更多了解习近平新时代中国特色社会主义思想的形成发展过程和丰富内涵。为回应国内外关切，继2014年9月编辑出版《习近平谈治国理政》后，中央宣传部（国务院新闻办公室）会同中央文献研究室、中国外文局编辑出版了《习近平谈治国理政》第二卷。

这部著作分17个专题，收入2014年8月18日至2017年9月29日期间习近平同志的重要文稿99篇，进一步充分反映了习近平同志以非凡的政治智慧、顽强的意志品质、强烈的责任担当，推动改革开放和社会主义现代化建设取得历史性成就，推动党和国家事业全面开创新局面、发生历史性变革，赢得全党全军全国各族人民高度评价和衷心爱戴，成为党中央的核心、全党的核心的历史进程，反映了习近平同志作为新时代中国特色社会主义思想的主要创立者，以马克思主义政治家、理论家、战略家的深刻洞察力、敏锐判断力和战略定力，提出一系列具有开创性意义的新理念新思想新战略，为新时代中国特色社会主义思想的创立发挥的决定性作用、作出的决定性贡献，为国际社会和国内外读者深入了解中共十九大精神，科学把握习近平新时代中国特色社会主义思想的丰富内涵和精神实质提供了权威读本。在学习中，我们感觉这部著作有以下几个特点。

一、生动记录了以习近平同志为核心的党中央谋篇布局，在实践创新中推进理论创新的历史进程

这部著作的开卷篇，题为“努力开创中国特色社会主义事业更加广阔的前景”，点明了全书的主题。中国特色社会主义是改革开放以来党的全部理论和实践的主题。党的十八大以来，国内外形势变化和我国各项事业发展都给我们提出了一个重大时代课题，这就是必须从理论和实践结合上系统回答新时代坚持和发展什么样的中国特色社会主义、怎样坚持和发展中国特色社会主义，包括新时代坚持和发展中国特色社会主义的总目标、总任务、总体布局、战略布局和发展方向、发展方式、发展动力、战略步骤、外部条件、政治保证等基本问题。党的十八大以来，围绕这个重大时代课题，以习近平同志为核心的党中央坚持以马克思主义为指导，紧密结合新的时代条件和实践要求，以全新的视野深

化对共产党执政规律、社会主义建设规律、人类社会发展规律的认识，推动党的理论创新不断取得新的重大成果，创立了习近平新时代中国特色社会主义思想。

这部著作第一个专题所收8篇文稿，集中反映了习近平同志在中国共产党成立95周年等重大时间节点，深刻总结历史和现实经验，对新时代坚持和发展中国特色社会主义一些根本性、方向性、原则性问题的深入思考和提出的重大思想。

这一时期，以习近平同志为核心的党中央从坚持和发展中国特色社会主义全局出发提出并形成了“四个全面”战略布局。党的十八届三中、四中、五中、六中全会相继就全面深化改革、全面依法治国、全面建成小康社会、全面从严治党进行专题研究和部署，体现了对坚持和发展中国特色社会主义的整体设计。习近平同志围绕协调推进“四个全面”战略布局作了大量阐述。这部著作的第二到第五个专题集中收入了习近平同志这方面的文稿。

发展是解决我国一切问题的基础和关键。“十三五”规划是全面建成小康社会最后一个发展规划，对于决胜全面小康至关重要。习近平同志在领导制定落实“十三五”规划的过程中，提出并深刻阐述了创新、协调、绿色、开放、共享的发展理念。这部著作的第六个专题收入了习近平同志这方面的3篇文稿。

面对世界经济复苏乏力、局部冲突和动荡频发、全球性问题加剧的外部环境，面对我国经济发展进入新常态等一系列深刻变化，习近平同志坚持稳中求进工作总基调，牢牢把握经济社会发展主动权，统筹推进“五位一体”总体布局，推动经济建设取得重大成就，民主法治建设迈出重大步伐，思想文化建设取得重大进展，人民生活不断改善，生态文明建设成效显著，党和国家事业全面开创新局面。这部著作的第七到第十一专题，收入的是习近平同志这些方面有代表性的文稿。

经济建设方面，着重收入了习近平同志作出我国经济发展进入新常态的重大战略判断，对新常态应该怎么看、新常态下怎么干的分析和部署，以及新常态下推进供给侧结构性改革，重点实施“一带一路”建设、京津冀协同发展、长江经济带建设三大战略等问题的论述。

政治建设方面，着重反映了习近平同志坚持中国特色社会主义政治发展道路，加强人民当家作主制度保障、推进协商民主广泛多层制度化发展的思考，以及习近平同志在中央民族工作会议、全国宗教工作会议、中央统战工作会议、中央党的群团工作会议上提出的一系列新的思想观点。

这一时期，继全国宣传思想工作会议之后，党中央先后召开文艺工作座谈会、党的新闻舆论工作座谈会、网络安全和信息化工作座谈会、哲学社会科学工作座谈会等系列重要会议，对文化工作作出部署。这部著作收入了习近平同志在这些会议上的讲话，充分反映了习近平同志对新的时代条件下文化建设中具有方向性、全局性、战略性重大问题的思考。

全面建成小康社会决胜阶段必须着重抓重点、补短板、强弱项。这一时期中央加大了民生工作和生态文明建设等方面工作的力度。这部著作收入了习近平同志围绕这些问题发表的重要讲话和作出的重要批示。

加强国防和军队建设是坚持和发展中国特色社会主义的内在要求，是实现中华民族伟大复兴的战略支撑。这一时期，国防和军队改革取得历史性突破，形成军委管总、战区主战、军种主建新格局，人民军队组织架构和力量体系实现革命性重塑，强军兴军开创新局面，人民军队在中国特色强军之路上迈出坚定步伐。这些也在这部著作中得到了充分体现。

习近平同志在庆祝香港回归祖国20周年大会暨香港特别行政区第五届政府就职典礼上的讲话、在庆祝澳门回归祖国15周年大会暨澳门特别行政区第四届政府就职典礼上的讲话、在新加坡同台湾方面领导人马英九会面时的谈话，充分体现了十八大以来港澳台工作取得的新进展。

坚持和发展中国特色社会主义，实现中华民族伟大复兴的梦想，离不开和平的国际环境和稳定的国际秩序。这一时期，中国全方位外交布局深入展开。中央召开外事工作会议，中国成功举办首届“一带一路”国际合作高峰论坛、亚太经合组织领导人非正式会议、二十国集团领导人杭州峰会、金砖国家领导人厦门会晤等重要国际会议，习近平同志深入阐述了推进中国特色大国外交、推动构建人类命运共同体、促进全球治理体系变革的重要思想和主张。考虑到国外读者的需求，这部著作用较大篇幅，分四个专题，收入习近平同志这方面的20篇文稿。

二、集中反映了习近平新时代中国特色社会主义思想的丰富内涵

党的十九大用“8个明确”概括了习近平新时代中国特色社会主义思想的主要内容，提出了新时代坚持和发展中国特色社会主义的14条基本方略。习近平新时代中国特色社会主义思想，是指导思想层面的表述，在行动纲领层面称之为中国特色社会主义基本方略。《习近平谈治国理政》第二卷对此都有比较充分的反映。

坚持和发展中国特色社会主义，总任务是实现社会主义现代化和中华民族伟大复兴，在全面建成小康社会的基础上，分两步走在本世纪中叶建成富强民主文明和谐美丽的社会主义现代化强国。这部著作中“现代化”作为关键词出现了60多次，“伟大复兴”出现50多次，习近平同志的重要讲话都是围绕这样一个总任务展开的。

新时代我国社会主要矛盾是人民日益增长的美好生活需要和不平衡不充分的发展之间的矛盾，必须坚持以人民为中心的发展思想，不断促进人的全面发展、全体人民共同富裕。这一时期，习近平同志多次强调：人民对美好生活的向往更加强烈，人民群众的需要呈现多样化多层次多方面的特点，要顺应人民群众对美好生活的向往，坚持以人民为中心的发展思想，并对我国发展不平衡不充分的问题进行阐述，提出解决对策。这就为党的十九大对我国社会主要矛盾变化作出新的重大判断奠定了基础。

中国特色社会主义事业总体布局是“五位一体”、战略布局是“四个全面”，强调坚定道路自信、理论自信、制度自信、文化自信。统筹推进“五位一体”总体布局、协调推进“四个全面”战略布局，是这一时期推进中国特色社会主义事业的实践载体。习近平同志这方面的文稿极为丰富，这部著作

对其中的每一个方面都设立了专题，并将“四个自信”贯穿其中。

全面深化改革总目标是完善和发展中国特色社会主义制度、推进国家治理体系和治理能力现代化。这是党的十八届三中全会提出来的。这一时期习近平同志着重抓改革落实。他强调，要围绕全面深化改革的总目标，坚决破除利益固化藩篱，坚决清除妨碍社会生产力发展的体制机制障碍，让制度更加成熟定型，让发展更有质量，让治理更有水平，让人民更有获得感。

全面推进依法治国总目标是建设中国特色社会主义法治体系、建设社会主义法治国家。这是党的十八届四中全会明确的。习近平同志强调：全面依法治国，最根本的是坚持中国共产党的领导。必须把党的领导贯彻落实到依法治国全过程和各方面，坚定不移走中国特色社会主义法治道路。

党在新时代的强军目标是建设一支听党指挥、能打胜仗、作风优良的人民军队，把人民军队建设成为世界一流军队。这一时期，围绕这一目标，习近平同志坚持党对军队的绝对领导这一建军之本、强军之魂，着重阐述了坚持政治建军、改革强军、科技兴军、依法治军，更加注重聚焦实战，更加注重创新驱动，更加注重体系建设，更加注重集约高效，更加注重军民融合等问题。

中国特色大国外交要推动构建新型国际关系，推动构建人类命运共同体。习近平同志始终坚持统筹国内国际两个大局，这一时期，深刻阐发了始终不渝走和平发展道路、奉行互利共赢的开放战略，坚持正确义利观，树立共同、综合、合作、可持续的新安全观，始终做世界和平的建设者、全球发展的贡献者、国际秩序的维护者等重要思想。

中国特色社会主义最本质的特征是中国共产党领导，中国特色社会主义制度的最大优势是中国共产党领导，党是最高政治领导力量，习近平新时代中国特色社会主义思想提出新时代党的建设总要求，突出政治建设在党的建设中的重要地位。这一时期，全面从严治党成效尤为卓著，理论创新成果十分丰富。习近平同志着重阐述了把党的政治建设摆在首位，思想建党和制度治党同向发力，统筹推进党的各项建设，抓住“关键少数”，坚持民主集中制，严明党的纪律，强化党内监督，发展积极健康的党内政治文化，全面净化党内政治生态，坚决纠正各种不正之风，以零容忍态度惩治腐败，不断增强党自我净化、自我完善、自我革新、自我提高的能力，始终保持党同人民群众的血肉联系等问题。

对于怎样更好地坚持党对一切工作的领导，坚持以人民为中心，坚持全面深化改革，坚持新发展理念，坚持人民当家作主，坚持全面依法治国，坚持社会主义核心价值体系，坚持在发展中保障和改善民生，坚持人与自然和谐共生，坚持总体国家安全观，坚持党对人民军队的绝对领导，坚持“一国两制”和推进祖国统一，坚持推动构建人类命运共同体，坚持全面从严治党，习近平同志的著作中都作了深刻阐述，提出了一系列新理念新思想新战略。

习近平同志这些理论创新成果深刻回答了新时代坚持和发展什么样的中国特色社会主义，怎样坚持和发展中国特色社会主义这一重大时代课题，为开创中国特色社会主义新局面、创造人民群众更加美好的生活提供了科学理论指导和行动指南，也为促进世界和平与发展事业、构建人类命运共同体贡献了中国智慧。

三、鲜明体现了习近平同志治国理政的思想方法、风格特点和大国领袖风采

这部著作记录了这一时期以习近平同志为核心的党中央提出一系列新理念新思想新战略，出台一系列重大方针政策，推出一系列重大举措，推进一系列重大工作，解决许多长期想解决而没有解决的难题，办成许多过去想办而没有办成的大事的历史进程，特别是勇于直面问题，敢于刮骨疗毒，正风肃纪、反腐惩恶，消除了党和国家内部存在的严重隐患，促使党内政治生活气象更新的历史进程，充分体现了习近平同志的巨大政治勇气和顽强意志品质。

习近平同志总是站在国内大局和国际大局相互联系的高度审视中国和世界的发展，把党和人民事业放到历史长河和全球视野中来谋划，以小见大、见微知著，在解决突出问题中实现战略突破，在把握战略全局中推进各项工作。在这部著作中，他反复强调：要善于从全局上思考问题，既要坚持全面系统的观点，又要抓住关键，以重要领域和关键环节的突破带动全局。要突出问题导向，强化顶层设计，保持战略定力、战略自信、战略耐心，坚持战略思维、创新思维、辩证思维、法治思维、底线思维，等等。这些都鲜明地体现了习近平同志治国理政的思想方法和风格特色。

这部著作从很多方面展现了习近平同志的个性魅力。习近平同志善于结合自己的经历谈对一些问题的看法和体会，很有感染力，书中这方面的文稿，可以使人们更好地了解习近平同志的成长经历，兴趣爱好；习近平同志善于讲故事，讲话有吸引力，可读性强；习近平同志善于用典，书中有很多注释，其中不少是历史典故和引语的注释，体现了习近平同志的深厚文化底蕴；习近平同志语言生动活泼，接地气，“打铁必须自身硬”，“发扬钉钉子精神”，“讲信义、重情义、扬正义、树道义”，“房子是用来住的、不是用来炒的”等个性化语言，既体现了他的语言特色，也拉近了与广大读者的距离。这本书还精选了习近平同志 20 多幅照片，读者也可以从中一睹大国领袖的风采。

《习近平谈治国理政》第二卷与此前出版的《习近平谈治国理政》一道，集中反映了习近平新时代中国特色社会主义思想的发展脉络、主要内容和精神实质，对于广大干部群众深入学习领会党的创新理论，兴起学习宣传贯彻党的十九大精神热潮，具有重要推动作用。中国特色社会主义进入新时代，意味着中国特色社会主义道路、理论、制度、文化不断发展，拓展了发展中国家走向现代化的途径，给世界上那些既希望加快发展又希望保持自身独立性的国家和民族提供了全新选择，为解决人类问题贡献了中国智慧和中国方案。新时代，是我国日益走近世界舞台中央、不断为人类作出更大贡献的时代。这套书是中国特色社会主义迈入新时代的真实写照，适应新时代外宣要求，对于展示当代中国和中国共产党的良好形象，引导国际社会更加全面客观地认识和理解中国发展道路、发展理念、发展方式，具有重要意义。

深刻领会习近平新时代中国特色社会主义思想

中共中央党校中国特色社会主义理论体系研究中心

共产党是高度重视理论建设和富于理论创造精神的政党。聆听时代声音，反映实践要求，谱写伟大思想新篇章，是党团结带领人民不断从胜利走向胜利的重要法宝。党的十九大报告把十八大以来党的理论创新成果概括为习近平新时代中国特色社会主义思想，实现了党的指导思想的又一次与时俱进。习近平新时代中国特色社会主义思想是马克思主义中国化最新成果，是党和人民实践经验和集体智慧的结晶，是中国特色社会主义理论体系的重要组成部分，是全党全国人民为实现中华民族伟大复兴而奋斗的行动指南。

一、马克思主义中国化最新成果

中国共产党96年的历史就是一部马克思主义中国化的历史。马克思主义中国化究其根本就是站在时代潮头，把马克思主义与中国国情相结合。改革开放以来，坚持和发展中国特色社会主义成为我们党全部理论和实践的鲜明主题。正如习近平总书记指出的："坚持和发展中国特色社会主义是一篇大文章，邓小平同志为它确定了基本思路和基本原则，以江泽民同志为核心的党的第三代中央领导集体、以胡锦涛同志为总书记的党中央在这篇大文章上都写下了精彩的篇章。现在，我们这一代共产党人的任务，就是继续把这篇大文章写下去。"

党的十八大以来，在时代步伐越来越强劲、越来越迅捷的脉动中，中国发展站在了新的历史方位上。国内外形势正在发生着深刻而复杂的变化，有些特点是过去从未有过的。全球政治经济深度交融又问题纷争。世界各国、各经济体、各社会组织关系的错综复杂程度是19、20世纪难以想象的。同时，现代科技进步、特别是以互联网为代表的信息化技术推动着社会形态和社会发展方式深刻转型，新的组织形态、新的生产形态、新的消费形态乃至新的人与人、人与社会、人与自然的关系形态等不断涌现。更重要的是，中国特色社会主义的实践奇迹与西方资本主义内生矛盾的蔓延激化，使中国之治与西方之乱恰成鲜明对照。金融危机、难民问题以及西方越来越多的"黑天鹅"事件等等，宣告了历史终结论的破产。而中国特色社会主义"风景这边独好"的实践，充分彰显了中国特色社会主义道路自信、理论自信、制度自信、文化自信。

当代中国发展的历史方位也面临重大转换。经过60多年特别是改革开放30多年的高歌猛进，中国特色社会主义进入了新时代。我国的经济实力、科技实力、国防实力、综合国力进入世界前列，我国国际地位实现了前所未有的提升，党的面貌、国家的面貌、人民的面貌、军队的面貌、中华民族的面貌发生了前所未有的变化，中华民族正以崭新姿态屹立于世界的东方。

正是立足于对21世纪时代特征的深刻洞察和当代中国发展方位的科学判断，以习近平同志为核心的党中央在坚定不移坚持马克思主义基础上，不断发展和创新马克思主义。习近平新时代中国特色社会主义思想以宏大的战略眼光勾勒出21世纪中国和21世纪马克思主义的光明前景，以科学的理论逻辑回答了新一代马克思主义者面对的时代课题与实践挑战，系统回答了“新时代坚持和发展什么样的中国特色社会主义、怎样坚持和发展中国特色社会主义”，以其对历史经验的深刻总结，对历史规律的深刻揭示，对现实问题的深入分析，对未来发展的深入思考，成为马克思主义中国化最新成果。

二、中国特色社会主义理论体系的重要组成部分

坚持和发展中国特色社会主义，是中国共产党人的庄严使命，也是中国共产党人对中国人民的郑重承诺。同时，又是一项长期的艰巨的历史任务，是一条前人没有走过甚至没有详细描绘过的新路。关于建设什么样的社会主义、怎样建设社会主义这个根本问题，虽然早已破题但远未结题。完成使命、兑现承诺，必须勇于实践、勇于变革、勇于创新，以我国改革开放和现代化建设的实际问题、以我们正在做的事情为中心，着眼于马克思主义理论的运用，着眼于对实际问题的理论思考，着眼于新的实践和新的发展。

党的十八大以来，国内外形势变化和我国各项事业发展都给我们提出了一个重大时代课题，这就是必须从理论和实践结合上系统回答新时代坚持和发展什么样的中国特色社会主义、怎样坚持和发展中国特色社会主义。围绕这个重大时代课题，以习近平同志为核心的党中央坚持以马克思列宁主义、毛泽东思想、邓小平理论、“三个代表”重要思想、科学发展观为指导，坚持解放思想、实事求是、与时俱进、求真务实，坚持辩证唯物主义和历史唯物主义，紧密结合新的时代条件和实践要求，以全新的视野深化对共产党执政规律、社会主义建设规律、人类社会发展规律的认识，进行艰辛理论探索，取得了重大理论创新成果，形成了习近平新时代中国特色社会主义思想。

这一思想最重要、最核心的内容就是党的十九大报告概括的“8个明确”：明确坚持和发展中国特色社会主义，总任务是实现社会主义现代化和中华民族伟大复兴，在全面建成小康社会的基础上，分两步走在本世纪中叶建成富强民主文明和谐美丽的社会主义现代化强国；明确新时代我国社会主要矛盾是人民日益增长的美好生活需要和不平衡不充分的发展之间的矛盾，必须坚持以人民为中心的发展思想，不断促进人的全面发展、全体人民共同富裕；明确中国特色社会主义事业总体布局是“五位一体”、战略布局是“四个全面”，强调坚定道路自信、理论自信、制度自信、文化自信；明确全面深化改革总目标是完善和发展中国特色社会主义制度、推进国家治理体系和治理能力现代化；明确全面推进依法治国总目标是建设中国特色社会主义法治体系、建设社会主义法治国家；明确党在新时代的强军目标是建设一支听党指挥、能打胜仗、作风优良的人民军队，把人民军队

建设成为世界一流军队；明确中国特色大国外交要推动构建新型国际关系，推动构建人类命运共同体；明确中国特色社会主义最本质的特征是中国共产党领导，中国特色社会主义制度的最大优势是中国共产党领导，党是最高政治领导力量，提出新时代党的建设总要求，突出政治建设在党的建设中的重要地位。

这“8 个明确”，高度凝练、提纲挈领地点明了习近平新时代中国特色社会主义思想的主要内容，构成了系统完备、逻辑严密、内在统一的科学体系。

三、全党全国人民为实现中华民族伟大复兴而奋斗的行动指南

马克思主义中国化就是要拿马克思主义这个“矢”来射中国这个“的”，解决中国的实际问题。随着中国特色社会主义进入新时代，我国社会生产力水平显著提高，社会生产能力在很多方面进入世界前列，中华民族正以崭新姿态屹立于世界的东方。

正如邓小平同志当年指出的“发展起来以后的问题不比不发展时少”，甚至可能更复杂、更棘手。比如，进入经济发展新常态意味着我们过去已经熟悉了的、用得很好的办法很可能不再管用也不再能用，墨守成规、因循守旧不仅不可能实现有效的发展还会带来严峻的经济问题、环境问题乃至社会政治问题；比如，改革进入攻坚期、深水区，好吃的肉都吃掉了，剩下的都是难啃的硬骨头，全面深化改革必须坚决破除一切不合时宜的思想观念和体制机制弊端，突破利益固化的藩篱；比如，党面临的“四大考验”是长期的和复杂的，面临的“四种危险”是尖锐的和严峻的，等等。这些都是摆在中国共产党面前的新问题、难问题。

如何有效应对重大挑战、抵御重大风险、克服重大阻力、解决重大矛盾，把新时代中国特色社会主义推向前进，这就要求，要有战略遵循，有行动纲领，要根据新的实践对经济、政治、法治、科技、文化、教育、民生、民族、宗教、社会、生态文明、国家安全、国防和军队、“一国两制”和祖国统一、统一战线、外交、党的建设等各方面作出理论分析和政策指导。党的十九大报告围绕贯彻落实习近平新时代中国特色社会主义思想，提出了新时代坚持和发展中国特色社会主义的基本方略，并概括为“14 个坚持”。习近平新时代中国特色社会主义思想，是指导思想层面的表述，在行动纲领层面称之为中国特色社会主义基本方略。

基本方略既在总体框架上又在具体条文上体现了习近平新时代中国特色社会主义思想中最核心、最关键、最重要的内容，是对新时代中国特色社会主义规律的总体把握。比如，充分体现了中国特色社会主义“五位一体”总体布局、“四个全面”战略布局。比如，强调“发展必须是科学发展，必须坚定不移贯彻创新、协调、绿色、开放、共享的发展理念”，“必须坚持和完善我国社会主义基本经济制度和分配制度”。比如，强调“党政军民学，东西南北中，党是领导一切的”，要求全党增强“四个意识”，自觉维护党中央权威和集中统一领导，自觉在思想上政治上行动上同党中央保持高度一致，完善坚持党的领导的体制机制，提高党把方向、谋大局、定政策、促改革的能力和定力，确保党始终总揽全局、协调各方。比如，深刻阐明了“人民是历史

的创造者，是决定党和国家前途命运的根本力量"，"增进民生福祉是发展的根本目的"，深刻表明了我们党治国理政的政治立场、依靠力量和发展目的，等等。

总之，基本方略全方位、多维度体现了党的十八大以来我们党理论创新、实践创新、制度创新的成果，是党在新时代具有很强思想性、战略性、前瞻性、指导性的行动纲领，我们必须全面贯彻党的基本理论、基本路线、基本方略，更好引领党和人民事业发展。

（执笔：辛鸣）

中国梦是中华民族近代以来最伟大的梦想

——学习领会习近平总书记关于中国梦的重要论述

教育部中国特色社会主义理论体系研究中心

《习近平谈治国理政》第二卷是深入学习领会党的十九大精神、习近平新时代中国特色社会主义思想的权威读本，真实记录并生动反映了3年多来习近平新时代中国特色社会主义思想的发展脉络和主要内容。这一重要思想是实现中华民族伟大复兴中国梦的总指引、总根基，为我们在新时代更好地进行伟大斗争、建设伟大工程、推进伟大事业和实现伟大梦想，提供了科学的理论指导和行动指南。

一、中国梦贯穿中华民族从“站起来”到“富起来”再到“强起来”的全过程

中华民族是一个具有5000多年悠久历史和灿烂文明的伟大民族。鸦片战争后，中国陷入内忧外患的黑暗境地，中国人民经历了战乱频仍、山河破碎、民不聊生的深重苦难。正是从那时起，中华儿女开始把实现民族复兴作为最迫切的愿望和最伟大的梦想。为了实现民族复兴，无数仁人志士不屈不挠、前仆后继，进行了可歌可泣的斗争，但终究都没能改变旧中国的社会性质和中国人民的悲惨命运。

中国共产党从成立之日起，就把实现共产主义作为自己的最高理想和最终目标，义无反顾地肩负起了实现中华民族伟大复兴的历史使命。我们党团结带领人民经过28年的浴血奋战，胜利完成了新民主主义革命，推翻了压在中国人民头上的帝国主义、封建主义、官僚资本主义三座大山，建立了中华人民共和国，实现了中国从几千年封建专制政治向人民民主的伟大飞跃——“中国人民从此站起来了”。

新中国成立后，我们党团结带领人民进行了社会主义改造，确立了社会主义基本制度，推进了社会主义建设，完成了中华民族有史以来最为广泛而深刻的社会变革，为当代中国一切发展进步奠定了根本政治前提和制度基础。党的十一届三中全会以来，我们党团结带领人民进行改革开放新的伟大革命，开辟了中国特色社会主义道路，极大地解放和发展了社会生产力，增强了综合国力，提高了人民生活水平，实现了从温饱不足到总体小康再向全面小康迈进的跨越，使中国人“唱着春天的故事，改革开放富起来”。

党的十八大以来，以习近平同志为核心的党中央举旗定向、运筹帷幄，以巨大的政治勇气和强烈的责任担当，统筹推进“五位一体”总体布局、协调推进“四个全面”战略布局，解决了许多长期想解决而没有解决的难题，办成了许多过去想办而没有办成的大事，推动党和国家事业发生历史性变革，中国特色社会主义进入了新时代。习近平总书记在党的十九大报告中强调，“中国特色社会主

义进入新时代，意味着近代以来久经磨难的中华民族迎来了从站起来、富起来到强起来的伟大飞跃，迎来了实现中华民族伟大复兴的光明前景”。在中国特色社会主义新时代，我们要从全面建成小康社会到基本实现现代化，再到全面建成社会主义现代化强国，奋力谱写社会主义现代化征程的壮丽篇章。

“事非经过不知难”。《习近平谈治国理政》第二卷和先前出版的《习近平谈治国理政》，生动记录了以习近平同志为核心的党中央正本清源、攻坚克难、谱写新篇的不平凡历程，充分反映了习近平总书记为创立新时代中国特色社会主义思想所发挥的决定性作用、作出的决定性贡献。我们要结合党的十八大以来走过的非凡历程、取得的历史性成就、发生的历史性变革，精心研读这部经典性著作。

二、中国梦集中体现了中华民族的最高利益和根本利益

实现中华民族伟大复兴的中国梦不仅凝聚了几代中国人的理想夙愿，而且集中体现了中华民族和中国人民的最高利益和根本利益。习近平总书记指出：“中国梦的本质是国家富强、民族振兴、人民幸福”，是“中华民族的最高利益和根本利益”。正是实现中华民族伟大复兴这一共同梦想，才把国家、民族和个人连接为一个荣辱与共的命运共同体。只有这面旗帜，才能巩固全国各族人民大团结，加强海内外中华儿女大团结，齐心协力走向中华民族伟大复兴的光明前景。

实现中国梦意味着必须实现国家富强。国家富强既体现为国家经济实力强、科技实力强、国防实力强等“硬实力”方面的“富强”，又体现为国民素质高、民族凝聚力强、文化创新力强、国际影响力强等“软实力”方面的“富强”。习近平总书记指出：“实现中华民族伟大复兴，需要物质文明极大发展，也需要精神文明极大发展”，“一个民族的复兴需要强大的物质力量，也需要强大的精神力量。没有先进文化的积极引领，没有人民精神世界的极大丰富，没有民族精神力量的不断增强，一个国家、一个民族不可能屹立于世界民族之林”。

实现中国梦意味着必须实现民族振兴。民族振兴在不同的历史时期有着不同的内涵要求。在革命战争年代，民族振兴主要体现为实现民族独立和人民解放；在社会主义建设和改革开放时期，民族振兴主要体现为中华民族在经济、政治、文化、社会、生态等各方面的发展和进步。我们今天强调实现民族振兴，主要是指在中国共产党领导下通过自力更生、艰苦奋斗，推进新时代中国特色社会主义伟大事业，实现中华民族伟大复兴的战略目标和远大追求。

实现中国梦意味着必须实现人民幸福。人民是历史的创造者，是决定党和国家前途命运的根本力量。习近平总书记指出：“实现中国梦，就是要实现人民幸福”，“中国梦最根本的是实现中国人民的美好生活”。这集中体现了我们党全心全意为人民服务的根本宗旨，体现了我们党“立党为公、执政为民”的执政理念。

三、实现中国梦是新时代中国共产党人的崇高历史使命

实现中华民族伟大复兴的中国梦是新时代中国共产党人的崇高历史使命。习近平总

书记在党的十九大报告中强调,实现伟大梦想,必须进行伟大斗争,建设伟大工程,推进伟大事业。伟大斗争,伟大工程,伟大事业,伟大梦想,紧密联系、相互贯通、相互作用,是一个有机统一体。

实现中国梦必须进行伟大斗争。马克思主义认为,人类社会是在矛盾运动中前进的,有矛盾就会有斗争。习近平总书记指出:“发展中国特色社会主义是一项长期的艰巨的历史任务,必须准备进行具有许多新的历史特点的伟大斗争。”在中国特色社会主义新时代,我们要积极主动地进行具有许多新的历史特点的伟大斗争,坚决同那些削弱、歪曲、否定党的领导和我国社会主义制度的言行进行斗争,坚决同那些损害人民利益、脱离群众的行为进行斗争,坚决同那些顽瘴痼疾进行斗争,坚决同那些分裂祖国、破坏民族团结和社会和谐稳定的行为进行斗争,坚决同那些在政治、经济、文化、社会等领域和自然界出现的困难和挑战进行斗争。要充分认识中国特色社会主义新时代进行“伟大斗争”的长期性、复杂性和艰巨性,不断提高斗争本领,夺取新时代伟大斗争的新胜利。

实现中国梦必须建设伟大工程。历史已经反复证明,没有中国共产党的领导,实现中华民族伟大复兴就只能是空想。中国特色社会主义最本质的特征是中国共产党领导,中国特色社会主义制度的最大优势是中国共产党领导。坚持和完善党的领导,是党和国家的根本所在、命脉所在,是全国各族人民的利益所在、幸福所在。习近平总书记在党的十九大报告中指出:“党要团结带领人民进行伟大斗争、推进伟大事业、实现伟大梦想,必须毫不动摇坚持和完善党的领导,毫不动摇把党建设得更加坚强有力”,确保党在世界形势深刻变化的历史进程中始终走在时代前列,在应对国内外各种风险和考验的历史进程中始终成为全国人民的主心骨,在坚持和发展中国特色社会主义的历史进程中始终成为坚强领导核心。

实现中国梦必须推进伟大事业。习近平总书记指出:“中国特色社会主义是改革开放以来党的全部理论和实践的主题,是党和人民历尽千辛万苦、付出巨大代价取得的根本成就。”中国特色社会主义道路是实现社会主义现代化、创造人民美好生活的必由之路,中国特色社会主义理论体系是指导党和人民实现中华民族伟大复兴的正确理论,中国特色社会主义制度是当代中国发展进步的根本制度保障,中国特色社会主义文化是激励全党全国各族人民奋勇前进的强大精神力量。当前中国特色社会主义进入新时代,全党要更加自觉地增强中国特色社会主义道路自信、理论自信、制度自信和文化自信,坚定不移把中国特色社会主义事业不断推向前进。

四、新时代中国特色社会主义实践为实现中国梦提供了难得历史机遇

中国特色社会主义新时代,是承前启后、继往开来、在新的历史条件下继续夺取中国特色社会主义伟大胜利的时代,是决胜全面建成小康社会、进而全面建设社会主义现代化强国的时代,是全国各族人民团结奋斗、不断创造美好生活、逐步实现全体人民共同富裕的时代,是全体中华儿女勠力同心、奋力实现中华民族伟大复兴中国梦的时代,是我国日益走近世界舞台中央、不断为人类作出更

大贡献的时代。正是这样一个新时代，为13亿多中华儿女实现中国梦提供了难得的历史机遇。

实现中国梦必须积极投身新时代中国特色社会主义伟大事业。只有社会主义才能救中国，只有中国特色社会主义才能发展中国。如今中国特色社会主义进入新时代，我国社会主要矛盾已经转化为人民日益增长的美好生活需要和不平衡不充分的发展之间的矛盾。我们要准确把握我国社会主义初级阶段不断变化的新特点，牢牢坚持党的基本路线，坚持以人民为中心的发展思想，统筹推进“五位一体”总体布局、协调推进“四个全面”战略布局，在继续推动经济发展的同时，更好地推进党和国家各项事业全面发展，推动人的全面发展和社会全面进步。

实现中国梦必须积极投身决胜全面建成小康社会和建设社会主义现代化强国伟大实践。党的十九大对新时代中国特色社会主义发展目标和发展战略作出了新规划，强调从现在到2020年是全面建成小康社会决胜期；从2020年到本世纪中叶分为两个阶段：第一个阶段是从2020年到2035年，基本实现社会主义现代化；第二个阶段是从2035年到本世纪中叶，把我国建成富强民主文明和谐美丽的社会主义现代化强国。这是党中央对实现中华民族伟大复兴历程的新规划和新安排。全体中华儿女要积极投身决胜全面建成小康社会和建设社会主义现代化强国伟大实践，坚忍不拔、艰苦奋斗，努力谱写社会主义现代化建设的新篇章。

实现中国梦必须为推动构建人类命运共同体而不懈努力。习近平总书记多次强调：“中国梦既是中国人民追求幸福的梦，也同世界人民的梦想息息相通”，“实现中华民族伟大复兴是海内外中华儿女的共同梦想”，中国梦“是和平、发展、合作、共赢的梦”。在党的十九大报告中，他再次强调指出：“中国人民的梦想同各国人民的梦想息息相通，实现中国梦离不开和平的国际环境和稳定的国际秩序。”实现中国梦，我们就要推动构建人类命运共同体，促进全球治理体系变革，为人类和平与发展事业作出新的更大贡献。

（执笔：韩振峰）

主动适应、把握、引领经济发展新常态

——学习领会习近平总书记关于经济建设的重要论述

浙江省中国特色社会主义理论体系研究中心

党的十八大以来，我国坚定不移贯彻新发展理念，坚决端正发展观念、转变发展方式，发展质量和效益不断提升。我们能够取得经济建设的历史性成就，关键是有以习近平同志为核心的党中央坚强领导，有习近平新时代中国特色社会主义思想的指导。习近平总书记关于经济建设的重要论述，是习近平新时代中国特色社会主义思想的重要组成部分。近日，《习近平谈治国理政》第二卷出版，其中第七专题是“适应、把握、引领经济发展新常态”，为我们深入学习领会党的十九大精神，深刻把握新时代的新要求，更加自觉坚定地推进决胜全面建成小康社会，提供了重要遵循。

一、经济发展进入新常态是以习近平同志为核心的党中央作出的重大战略判断

经济发展进入新常态，是以习近平同志为核心的党中央综合分析世界经济长周期和我国发展阶段性特征及其相互作用作出的重大战略判断，深刻反映了我国经济由高速增长阶段向高质量发展阶段转变的重要特征。

经济发展进入新常态是基于国际经济发展周期变化的科学判断。2008 年国际金融危机以后，世界经济进入以长期结构性调整为基础的经济增长减速期、贸易发展低迷期，导致我国出口需求增速明显放缓。伴随世界经济复苏的不稳定不确定因素增多，世界经济格局正在发生重大变化，外部需求萎缩将成为常态，进而带动我国经济增长由高速转向中高速，这就要求我们必须把增长动力更多放在创新驱动和扩大内需特别是消费需求上来，要把适应新常态、把握新常态、引领新常态作为贯穿发展全局和全过程的大逻辑。

经济发展进入新常态是基于当前我国经济发展阶段的准确把握。改革开放以来，我们用几十年时间走完了发达国家几百年走过的发展历程，经济总量跃升为世界第二，制造业规模跃居世界第一，创造了发展奇迹。然而，随着经济总量不断扩大，我们在发展中遇到一系列新情况新问题。当前，我国经济发展进入新常态，是国际经济发展周期变化下我国经济结构重大调整和发展环境深刻变化的必然结果。我们要准确把握经济发展大势，既看到经济增速换挡的表象，更要从本质上把握发展方式转变、结构调整和动力转换的趋势，推动我国经济向形态更高级、分工更优化、结构更合理的阶段演进。

经济发展进入新常态是基于我国仍处于重大战略机遇期的理性抉择。经济发展新常态下，尽管我国经济面临较大下行压力，但经济发展长期向好的基本面没有变，经济韧性好、潜力足、回旋空间大的基本特质没有变，经

济持续增长的良好支撑基础和条件没有变，经济结构调整优化的前进态势没有变，我国发展仍处于可以大有作为的重要战略机遇期的判断没有变，改变的是重要战略机遇期的内涵和条件。这就要求我们保持战略定力，增强发展自信，在着力解决人民日益增长的美好生活需要和不平衡不充分的发展之间的社会主要矛盾中主动适应、把握和引领经济发展新常态，推动经济持续健康发展。

二、坚持以新发展理念引领经济发展新常态

习近平新时代中国特色社会主义思想立足时代之基，回答时代之问，提出了一系列具有开创意义的新理念新思想新战略。坚持新发展理念是其重要内容，是引领经济发展新常态、推动经济持续健康发展的行动指南。

新发展理念提供了经济发展新常态的思想指导。新常态下我国经济发展的基本特征，决定了我们必须更加注重以新发展理念为指导，积极创造出新的增长空间。坚持创新发展理念，着力解决发展动力问题；坚持协调发展理念，着力解决发展不平衡问题；坚持绿色发展理念，着力解决人与自然和谐问题；坚持开放发展理念，着力解决发展内外联动问题；坚持共享发展理念，着力解决社会公平正义问题。

新发展理念回应了经济发展新常态的本质要求。当前，我国经济发展呈现速度变化、结构优化、动力转换三大特点，我们要着眼于全局性、根本性、方向性和长远性问题，强化综合治理导向，妥善处理好经济发展各类问题。创新、协调、绿色、开放、共享的新发展理念，作为一个系统化的逻辑体系，不仅找准了改革发展稳定，以及稳增长、促改革、调结构、惠民生、防风险之间的平衡点，而且是解决我国发展不平衡、不协调、不可持续问题，引领经济朝着更高质量、更有效率、更加公平、更可持续方向发展的“组合拳”。

新发展理念指明了经济发展新常态的方向路径。新发展理念直面我国经济社会发展的现实问题，具有强烈的问题导向，为我们破解发展难题、增强发展动力、厚植发展优势提供了路线图。创新发展理念要求我们把创新作为引领发展的第一动力，不断推进理论创新、制度创新、科技创新、文化创新等各方面创新，切实增强自主创新能力。协调发展理念要求我们着力推动区域协调发展、城乡协调发展、物质文明和精神文明协调发展、经济建设和国防建设融合发展，不断增强发展整体性。绿色发展理念要求我们把生态文明建设融入经济发展各方面和全过程，致力于实现可持续发展。开放发展理念要求我们实行更加积极主动的开放战略，推动形成全面开放新格局。共享发展理念要求我们从人民最关心最直接最现实的利益问题出发，着力构建公平公正、共建共享的发展新机制。

三、坚定不移深化供给侧结构性改革

深入推进供给侧结构性改革是主动适应、把握和引领经济发展新常态的重大理论创新和实践创新，是建设现代化经济体系的重要抓手，必须坚定不移地加以推行。

加快形成以供给侧结构性改革为主线的政策框架。把发展经济的着力点放在实体经济上，在适度扩大总需求的同时深化供给侧结构性改革，用改革的办法矫正供需结构错

配和要素配置扭曲。把提高供给体系质量作为主攻方向,更加注重把握市场行为和政府作用的关系,更多依靠完善产权制度和要素市场化配置机制、法治手段推进改革,向振兴实体经济发力聚力。在坚持宏观政策要稳、产业政策要准、微观政策要活、改革政策要实、社会政策要托底的政策思路前提下,坚持去产能、去库存、去杠杆、降成本、补短板,优化存量资源配置,扩大优质增量供给,实现供需动态平衡。加快发展先进制造业,推动互联网、大数据、人工智能和实体经济深度融合,在中高端消费、创新引领、绿色低碳、共享经济、现代供应链、人力资本服务等领域培育新增长点、形成新动能,促进我国产业迈向全球价值链中高端。

加快形成以创新为主要引领的经济体系和发展模式。加快建设创新型国家,大力实施创新驱动发展战略。瞄准世界科技前沿,强化基础研究,实现前瞻性基础研究、引领性原创成果重大突破,最大限度解放和激发科技作为第一生产力所蕴藏的巨大潜能,为建设现代化经济体系提供战略支撑。牢牢抓住人才这一创新的核心要素,加快培养造就一大批具有国际水平、富有创新精神、敢于承担风险的创新型人才队伍。充分激发新型工业化、信息化、城镇化、农业现代化"四化"同步发展中蕴含的巨大潜在需求,推动信息化和工业化深度融合,工业化和城镇化良性互动,城镇化和农业现代化互促互进,创造新的发展动力和增长空间。

加快形成以"一带一路"建设为重点的全面开放新格局。"一带一路"建设是我国扩大对外开放的重大战略举措和经济外交的顶层设计,要全面谋划全方位对外开放大战略,坚持引进来和走出去并重,努力在更大范围、更宽领域、更深层次上提高开放型经济水平,进而推动全球治理体系变革。以打造命运共同体和利益共同体为合作目标,聚焦构建互利合作网络、新型合作模式、多元合作平台,聚焦携手打造绿色、健康、智力、和平丝绸之路,将"一带一路"建设推向前进。加强"一带一路"建设同京津冀协同发展、长江经济带发展等国家战略的对接,同西部开发、东北振兴、中部崛起、东部率先发展、沿边开发开放的结合,带动形成陆海内外联动、东西双向互济的开放格局。

四、坚持稳中求进工作总基调,推动我国经济行稳致远

稳中求进工作总基调是我们治国理政的重要原则,也是做好经济工作的方法论。只有深刻理解、坚持和贯彻好这一总基调,全面提高党领导经济工作水平,才能推动经济行稳致远。

把握好"稳"和"进"有机统一、相互促进的辩证关系。稳中求进的根本点在于稳定大局,不断进取。"稳"是为了求"进",既"稳"且"进"是大格局。要坚持以人民为中心的发展思想,以稳定经济运行为重点,守住资源、环境和生态底线,守住保障和改善民生的底线,守住防范系统性风险的底线,切实解决发展中存在的不平衡、不协调、不可持续问题。在"稳"的前提下,要把领导经济工作的立足点转到提高发展质量和效益上来,加快形成新的经济发展方式,在把握好度和节奏的同时,以提高全要素生产率引导产业结构优化升级,实现新旧增长动能转换,最终把新常态引领到新方位。

建设现代化经济体系不断增强经济创新力和竞争力。在全球经济大格局中，中国作为世界第二大经济体已成为结构性改革的引领者，为世界经济增长注入强大动力。我国经济已由高速增长阶段转向高质量发展阶段，正处在转变发展方式、优化经济结构、转换增长动力的攻关期，建设现代化经济体系是跨越关口的迫切要求和我国发展的战略目标。推动经济行稳致远必须加快建设现代化经济体系，加快完善社会主义市场经济体制，坚持质量第一、效益优先，推动经济发展质量变革、效率变革、动力变革，提高全要素生产率，着力加快建设实体经济、科技创新、现代金融、人力资源协同发展的产业体系，着力构建市场机制有效、微观主体有活力、宏观调控有度的经济体制，不断增强我国经济创新力和竞争力，推动新时代中国经济走向更高水平。

全面提高党领导经济工作的科学化水平。新常态下，我国发展领域不断拓宽、分工日趋复杂、形态更加高级、国际国内联动更加紧密，对党领导发展的能力和水平提出了更高要求。要加强党领导经济工作制度化建设，更加注重对国内外经济形势的分析和预判，完善党委研究经济发展战略、定期分析经济形势、研究重大方针政策的工作机制，提高科学决策、科学管理水平。提高党领导经济工作法治化水平，坚持法治思维，增强法治观念，依法调控和治理经济，依法协调和处理各种利益问题，自觉运用法治思维和法治方式推进经济发展。增强党领导经济工作专业化能力，深入把握和运用市场经济规律，不断提升领导经济发展、提高经济社会发展质量和效益的能力和水平。

（执笔：陈柳裕）

携手共创人类的美好未来

——深入学习领会习近平总书记关于构建人类命运共同体的重要思想

广东省中国特色社会主义理论体系研究中心

在全党上下兴起学习宣传贯彻党的十九大精神热情的背景下,《习近平谈治国理政》第二卷正式出版,是党和国家政治生活中的一件大事盛事。其中第十七个专题,标题就是“推动构建人类命运共同体”,收入了包括今年1月18日习近平总书记在联合国日内瓦总部的演讲在内的4篇具有经典性、标志性的重要文献。构建人类命运共同体是习近平新时代中国特色社会主义思想的重要组成部分,是新时代坚持和发展中国特色社会主义的基本方略之一,是中国站立时代潮头、引领人类文明进步方向的鲜明旗帜。《习近平谈治国理政》第二卷的出版,对于我们深入学习习近平新时代中国特色社会主义思想,深刻领会人类命运共同体所蕴涵的理论内涵、历史底蕴和时代意义适逢其时,具有重要指导作用。

对世界文明走向的科学回答

党的十九大指出,中国共产党是为中国人民谋幸福的政党,也是为人类进步事业而奋斗的政党。中国共产党始终把为人类作出新的更大的贡献作为自己的使命。构建人类命运共同体,就是要建设持久和平、普遍安全、共同繁荣、开放包容、清洁美丽的世界。这是中国在世界文明发展的关键历史节点,对“世界怎么了、我们怎么办”这个重大问题的深刻回答。

科学把握世界发展大势,引领经济全球化走向。当今世界,经济全球化深入发展,各国相互联系和依存日益加深。经济全球化在推动人类文明发展进步的同时,也产生了发展失衡、治理困境、数字鸿沟、公平赤字等问题。面对发展中产生的这些问题,包括发达国家在内的国际社会感到焦虑迷茫、忧心忡忡。习近平总书记明确指出,我们不能就此把经济全球化一棍子打死,而是要适应和引导好经济全球化,消解经济全球化的负面影响,让它更好惠及每个国家、每个民族。构建人类命运共同体深刻指明了走出经济全球化困境的正确道路,那就是以合作应对一切挑战,引导好经济全球化走向。“积力之所举,则无不胜也;众智之所为,则无不成也。”要推动经济全球化朝着开放、包容、普惠、平衡、共赢的方向发展,让经济全球化正面效应更多释放,实现经济全球化进程再平衡。

汲取中华优秀传统文化养分,寻求解决全球问题之道。中华传统文化强调和合理念,主张天下为公、和而不同、以和为贵,推崇不同国家、不同文化“美美与共,天下大同”,蕴含着丰富的人类命运共同体基因。构建人类命运共同体,就是要在新高度上弘扬光大中华优秀传统文化的和合精神,推动各国实现以合作谋和平、促发展,解决全人类面临的共同问题。正如习近平总书记所强调的，只要我们牢固树立人类命运共同体意识，携手努力、共同担当，同舟共济、共渡难关，就一定能够让世界更美好、让人民更幸福。

履行大国历史担当，推动世界和平发展。中国的发展壮大是影响国际关系格局演变的重要因素，国际上有赞许、理解、信任，也有困惑、疑虑、误解。对此，习近平总书记反复强调，中国始终是世界和平的建设者、全球发展的贡献者、国际秩序的维护者。党的十九大指出，中国人民愿同各国人民一道，推动人类命运共同体建设，共同创造人类的美好未来！中国提出和推动构建人类命运共同体，就是要进一步将自身发展经验和机遇同世界各国分享，欢迎各国搭乘中国发展的“顺风车”，为国际社会提供更多公共产品，实现各国共同发展。

建立包容互惠、利益融合的伙伴关系

伙伴精神是人类命运共同体意识的重要体现。党的十九大旗帜鲜明地指出，中国积极发展全球伙伴关系。构建人类命运共同体，意味着国家不论大小、强弱、贫富，都是国际社会大家庭的一员，都应平等相待，既把自己发展好，也帮助其他国家发展好，形成平等均衡的新型全球发展伙伴关系。

坚持联动发展，谋求开放创新、包容互惠的发展前景。当今世界面临的保护主义、“逆全球化”暗潮等挑战，根源在于西方资本主导的经济全球化追求我赢你输、赢者通吃，没有让各国共享全球发展利益。应对这些挑战，根本之道在于各国秉承开放精神，加强沟通和协调，紧密对接发展战略，促进贸易和投资自由化便利化，不断扩大利益交汇点，打造开放共赢的合作模式，推动世界经济走上强劲、可持续、平衡、包容增长之路。建设创新型世界经济，开辟增长源泉；建设开放型世界经济，拓展发展空间；建设联动型世界经济，凝聚互动合力；建设包容型世界经济，夯实共赢基础。

坚持共商共建共享，走对话而不对抗、结伴而不结盟的国与国交往新路。习近平总书记强调，各国要相互尊重、平等协商，坚决摒弃冷战思维和强权政治，走对话而不对抗、结伴而不结盟的国与国交往新路。伙伴关系倡导共商共建共享的全球治理观，倡导国际关系民主化，遵循联合国宪章宗旨和原则以及国际关系基本准则处理国家间关系。要坚持以平等为基础，推动国际经济秩序顺应新兴市场和广大发展中国家力量上升的历史趋势，促进全球治理体系朝着更加公正合理的方向发展，国际规则由各国共同书写、全球事务由各国共同治理、发展成果由各国共同分享，确保各国机会平等、规则平等、权利平等。

营造公道正义、共建共享的安全格局

实现各国普遍而持久的安全，是构建人类命运共同体的题中应有之义。面对当今世界错综复杂的安全威胁，任何国家单打独斗都不行，迷信武力更不行。基于对国际安全环境的科学判断，习近平总书记提出共同、综合、合作、可持续的新安全观，倡导各国携手合作，构建普遍安全的人类命运共同体。

坚持对话协商，实现持久安全。习近平总书记强调，沟通协商是化解分歧的有效之策，政治谈判是解决冲突的根本之道。构建人类命运共同体，要坚持以对话解决争端、以协商化解分歧，维护国际公平正义，反对把自己的意志强加于人，反对干涉别国内政，反对以强凌弱。为此，要坚持改革创新，完善全球安全治理体系，不断提高全球安全治理的整体性和协同性，实现共同治理。

坚持互利共赢，实现普遍安全。习近平总书记指出，安全问题是双向的、联动的，只顾一个国家安全而罔顾其他国家安全，牺牲别国安全谋求自身的所谓绝对安全，不仅是不可取的，而且最终会贻害自己。构建人类命运共同体，要坚定奉行双赢、多赢、共赢理念，在谋求自身安全时兼顾他国安全，努力走出一条互利共赢的安全之路。要摈弃唯我独尊、损人利己、以邻为壑等狭隘思维，尊重和保障每一个国家的安全，尊重并照顾各方合理安全关切。坚持法治精神，确保国际法平等统一适用，反对双重标准。

统筹应对传统和非传统安全威胁，反对一切形式的恐怖主义。习近平总书记指出，安全问题同政治、经济、文化、民族、宗教等问题紧密相关，非传统安全威胁和传统安全威胁相互交织。构建人类命运共同体，要通盘考虑安全问题的历史经纬和现实状况，多管齐下、综合施策，协调推进地区安全治理，既着力解决当前突出的地区安全问题，又统筹谋划如何应对各类潜在的安全威胁。恐怖主义是人类公敌，要加强协调，建立全球反恐统一战线，反对一切形式的恐怖主义，为各国人民撑起安全伞。

促进和而不同、兼收并蓄的文明交流

习近平总书记强调，文明交流互鉴，是推动人类文明进步和世界和平发展的重要动力。构建人类命运共同体不是否认和排斥各国、各民族文明的独特性，而是坚持把人类文明多样性作为世界的基本特征，通过交流互鉴，让文明多样性成为人类社会发展进步的重要动力。

以文明交流超越文明隔阂。文明贵在沟通。习近平总书记指出，“国之交在于民相亲，民相亲在于心相通”。文明隔阂容易带来对其他文明的片面认知和狭隘偏见，导致不该有的冲突。随着经济全球化的深入发展，由文明隔阂导致的偏见与冲突愈发显著。构建人类命运共同体，迫切需要建立多层次文明合作机制，搭建更多文明合作平台，开辟更多文明合作渠道，促进不同文明背景的人们深入交流，增进彼此了解。

以文明互鉴超越文明冲突。文明贵在平等。习近平总书记指出，“我们要尊重各种文明，平等相待，互学互鉴，兼收并蓄”。人类文明各有千秋，没有高低之别，更无优劣之分。文明之间需要对话，而不是排斥；需要交流，而不是取代。构建人类命运共同体，需要各国从本国、本民族实际出发，秉持平等谦虚的态度，积极了解各种文明的真谛，择善而从，积极吸纳其他文明中的有益成分，使不同文明的优秀成分呈现蓬勃生机。

以文明共存超越文明优越。文明贵在包容。习近平总书记指出，“物之不齐，物之情也”，“如果万物万事都清一色了，事物的发展、世界的进步也就停止了”。每个国家、每个民族，不分强弱、不分大小，其文明都应当得到承认和尊重，而不能搞唯我独尊，“只此一家，别无分店”。历史反复证明，任何想以强制手段来解决文明差异的做法都不会成

功,反而会给世界文明带来灾难。构建人类命运共同体,就要努力维护世界文明的多样性,让世界文明之园姹紫嫣红,生机盎然,真正实现各美其美、美人之美、美美与共。

构筑尊崇自然、绿色发展的生态体系

生态兴则文明兴,生态衰则文明衰。习近平总书记强调,建设生态文明关乎人类未来。国际社会应该携手同行,共谋全球生态文明建设之路。构建人类命运共同体的过程必然同时是构筑良好自然生态体系的过程,要解决好工业文明带来的矛盾,以人与自然和谐相处为目标,实现世界的可持续发展和人的全面发展,构筑尊崇自然、绿色发展的全球生态体系。

坚持环境友好,走绿色低碳循环可持续发展之路。绿水青山就是金山银山。习近平总书记指出,要正确处理好经济发展同生态环境保护的关系,牢固树立保护生态环境就是保护生产力、改善生态环境就是发展生产力的理念。保护优先不是在自然生态面前自我桎梏,而是要推动自然资本大量增值,让良好生态环境成为经济发展和人民生活的增长点。要加快建立完善绿色生产和消费的法律制度和政策机制,建立健全绿色低碳循环发展的经济体系,推动全球绿色发展合作,开拓生产发展、生活富裕、生态良好的文明发展道路。

保护好人类赖以生存的地球家园。宇宙只有一个地球,人类共有一个家园,珍爱和呵护地球是人类的唯一选择。习近平总书记强调,“气候变化是全球性挑战,任何一国都无法置身事外”。构建人类命运共同体,要凝聚全球力量,应对气候变化。气候变化的历史责任不同,各国发展需求和能力也存在差异。要推动建立公平有效的全球应对气候变化机制,坚持“共同但有区别的责任”原则,推动各国尤其是发达国家多一点共享、多一点担当,实现互惠共赢。

(执笔:周　薇　符永寿)

第四部分

学习贯彻十八届六中全会精神

从党的总任务总目标总布局看全面从严治党

施芝鸿

从2013年到2016年相继召开的党的三中至六中全会，其主题依次分别对应了“四个全面”战略布局中的每一个“全面”：三中全会对应的是全面深化改革，四中全会对应的是全面依法治国，五中全会对应的是全面建成小康社会，六中全会对应的是全面从严治党。这是以习近平同志为核心的党中央根据“四个全面”战略布局，对这四次中央全会议题的整体设计，也是深入推进“四个全面”战略布局的整体部署。

刚刚闭幕的党的十八届六中全会，是在一个重要历史节点上召开的。毫无疑问，这次全会将以郑重确立我们党的“一个领导核心”、审议通过管党治党的“两个重要文件”、完善“四个全面”战略布局、强化全党“四个意识”、坚决做到“四个服从”、提高全党“四自能力”、成功经受“四大挑战”、有效克服“四种危险”，确保我们党团结带领人民不断开创中国特色社会主义事业新局面为鲜明特色的一次里程碑式的会议，载入我们党的光荣史册。确立习近平同志为我们党的领导核心，是十八届六中全会作出的最重要的决定和最重大的历史贡献。历史和现实都将证明，这对实现我们党在中华民族伟大复兴的新长征路上坚持和发展中国特色社会主义的最核心使命，对全面建成小康社会进而实现第二个百年奋斗目标，都称得上是善莫大焉、功莫巨焉。

以习近平同志为核心的党中央，决定用一次中央全会专题研究党内政治生活和党内监督问题，是在新形势下深化全面从严治党、解决党内存在的突出矛盾和问题的迫切需要。六中全会审议通过的《准则》和《条例》这两个管党治党的重要文件，必将在解决党内存在的突出矛盾和问题过程中深化全面从严治党、完善“四个全面”战略布局，这既是由全面从严治党作为党的十八大以来以习近平同志为核心的党中央抓党的建设的鲜明主题决定的，也是由全面从严治党在“四个全面”战略布局中的引领地位和保证作用决定的。

“四个全面”战略布局和“五位一体”总体布局都聚焦于全面建成小康社会奋斗目标和坚持发展中国特色社会主义这个我们党在新长征路上最核心的使命

党的十八大以来，以习近平同志为核心的党中央在治国理政和管党治党新的伟大实践中，先后提出了“五位一体”总体布局和“四个全面”战略布局。“五位一体”、“四个全面”，都是我们党在建设中国特色社会主义新长征中对党和国家事业的科学布局，都是聚焦全面建成小康社会这个承载着中华民族千年梦想、承载着中国人民对美好生活不懈追求的奋斗目标提出来的，也是聚焦坚持和发展中国特色社会主义这个在新长征路上我们党最核心的使命提出来的。正如习近平总书记在庆祝中国共产党成立95周年大会上的讲话(以下简称“七一”讲话)中指出的那样:“全面建成小康社会,是我们党向人民、向历史作出的庄严承诺,是13亿多中国人民的共同期盼。为实现这一目标,党的十八大以来,我们党形成并积极推进经济建设、政治建设、文化建设、社会建设、生态文明建设五位一体的总体布局,形成并积极推进全面建成小康社会、全面深化改革、全面依法治国、全面从严治党的战略布局。‘五位一体’和‘四个全面’相互促进、统筹联动,要协调贯彻好。”同时,也正如习近平总书记在学习《胡锦涛文选》报告会上的讲话中指出的那样:“坚定中国特色社会主义道路自信、理论自信、制度自信、文化自信,不断夺取中国特色社会主义新胜利,是当代中国共产党人最核心的使命。”

全面建成小康社会奋斗目标,是我们党在进入21世纪不久的2002年召开的党的十六大首次提出的。到2020年如期全面建成小康社会,则是党的十八大和十八大以来,以习近平同志为核心的党中央作为庄严承诺、作为对13亿中国人民立下的军令状提出来的。进入21世纪后的近20年来,经过几届中央领导集体带领人民群众接力奋斗、不懈奋斗,现在全面建成小康社会已进入决胜阶段。在向着第一个百年奋斗目标发起最后冲刺的关键时刻,党中央先后提出的“五位一体”总体布局和“四个全面”战略布局,为我们党团结带领全国各族人民建成高质量的全面小康社会,进而实现第二个百年奋斗目标奠定了坚实基础。

“五位一体”总体布局和“四个全面”战略布局的内在联系是怎样的呢?正如习近平总书记指出的那样,这两者是相互促进、统筹联动的。“五位一体”总体布局,是对中国特色社会主义在经济、政治、文化、社会、生态文明五大领域的一种横向布局,它是全面指导我们党领导的中国特色社会主义伟大事业的;而包括全面从严治党在内的“四个全面”战略布局,则是从纵向上为“五位一体”总体布局提供目标引领、动力支撑、法治保障、政治的和组织的保证,它既全面引领中国特色社会主义伟大事业,又全面引领党的建设新的伟大工程和党领导的具有许多新的历史特点的伟大斗争。因此,“四个全面”战略布局是实现“五位一体”总体布局的根本保证,也是夺取全面建成小康社会和中国特色社会主义新胜利的根本保证。同时还要看到,“四个全面”战略布局中的全面建成小康社会,是对“五位一体”总体布局的总囊括和全覆盖;而全面深化改革、全面依法治国、全面从严治党,也对“五位一体”总体布局及其涉及的五大建设领域分别起到了改革的推动作用、法治的保障作用、党的建设的保证作用。

现在党内外都有这样一个共同的感觉:经过认真学习、全面贯彻党的十八大和十八届三中、四中、五中全会精神,全面建成小康社会和夺取中国特色社会主义新胜利的光明前景,从来没有像今天这样深入人心、深得民心;全面深化改革,从来没有像今天这样涉及的领域如此之广、触及的固化利益如此之深;全面依法治国,从来没有像今天这样被提到继实现党的工作中心由“以阶级斗争为纲”转到以经济建设为中心上来的第一次伟大历史转折之后,又把包括以经济建设为中心的党和国家各项工作纳入法治化轨道的第二次伟大历史转折这样的崇高地位;全面从严治党,也从来没有像今天这样决心如此坚定、措施如此有力、效果如此明显。所有这些都表明:“四个全面”战略布局中的每一个“全面”都不能少、都不能缺。它同“五位一体”总体布局一样,都是当代中国共产党人在新长征路上须臾不可偏离、丝毫不可偏废的,都是必须始终全面坚持、一以贯之的。

“四个全面”战略布局与习近平总书记最近提出的我们党在新长征路上的总任务、总目标、总布局的内涵外延是有机统一、相辅相成的

在通过召开四次中央全会对协调推进“四个全面”战略布局作出顶层设计和整体部署的同时,2016 年 1 月 29 日,习近平总书记在主持中央政治局第 30 次集体学习时提出,抓准、抓住、抓好“十三五”时期我国发展的战略重点,是保证“十三五”发展开好头、起好步的关键,也是保证全面建成小康社会决胜阶段获得全胜的关键。他还强调,对“十三五”发展战略重点,要从“五位一体”总体布局、“四个全面”战略布局、五大新发展理念、五大支柱性政策和补短板防风险这五个方面来把握,通过抓好这五大发展战略重点带动发展全局,把“十三五”发展宏伟蓝图一步一步变为现实。

2016 年 10 月 21 日,习近平总书记又在纪念红军长征胜利 80 周年大会上,从当代中国共产党人要走好今天的长征路这个高度提出,要把握方向、统揽大局、统筹全局,为实现我们党的总任务、总目标、总布局而矢志奋斗。他指出,坚持和发展中国特色社会主义的总任务,是要实现社会主义现代化和中华民族伟大复兴;总目标,是要一心一意为实现“两个一百年”奋斗目标而努力工作,不断把完成总任务的历史进程推向前进;总布局,是要统筹国内国际两个大局,统筹党和国家事业发展全局,统筹推进“五位一体”总体布局,协调推进“四个全面”战略布局。习近平总书记提出的党在新长征路上的总任务总目标总布局的重大理论概括,进一步丰富发展了党中央治国理政、管党治党的新理念新思想新战略。

习近平总书记所说的实现社会主义现代化和中华民族伟大复兴这个党在新长征路上的总任务,是在把上个世纪 80 年代邓小平同志提出的我们党要为实现推进现代化建设、完成祖国统一、维护世界和平与促进共同发展这三大历史任务不懈奋斗,同党的十八大报告提出的“两个一百年”奋斗目标和十八大闭幕后不久习近平总书记提出的实现中华民族伟大复兴中国梦紧密结合起来的基础上,科学提炼和精辟概括出来的。

习近平总书记所说的一心一意为实现“两个一百年”奋斗目标而努力工作、不断把完成总任务的历史进程推向前进这个党在新长征路上的总目标,也是按照党的十八大和十八届三中、四中、五中、六中全会精神提出来的。2013 年 1 月 28 日,习近平总书记在主持中央政治局第三次集体学习时指出:“党的十八大明确提出了‘两个一百年’奋斗目标,我们还明确提出了中华民族伟大复兴中国梦的奋斗目标。”这就是说,“两个一百年”奋斗目标归根到底是聚焦于、服务于实现中华民族伟大复兴这个总目标的。

党的十八大以来,习近平总书记围绕这个总目标、着眼于统筹推进“五位一体”总体布局,先后提出了“15 + 1 + 1”的系列奋斗目标,即要通过“两个一百年”持续奋斗,着力把我国建成社会主义经济强国、制造强国、贸易强国、科技强国、航天强国、海洋强国、人才强国、文化强国、网络强国、宽带中国、数字中国、法治中国、平安中国、美丽中国、健康中国；以及到2020年确保我国现行标准下所有农村贫困人口实现精准脱贫、确保我国现有贫困县全部脱贫摘帽的脱贫攻坚目标；还有一个在新形势下建设一支听党指挥、能打胜仗、作风优良的人民军队的强军目标。同时，习近平总书记还着眼于协调推进“四个全面”战略布局，在由他主持起草的党的十八届三中、四中、五中、六中全会文件中，先后提出了全面深化改革总目标、全面依法治国总目标、全面建成小康社会和全面从严治党新的目标要求。这样鲜明而又系统的目标导向，同习近平总书记一贯强调的问题导向是紧密相联、相辅相成的，目标导向引领问题导向，问题导向服从和服务于目标导向。

习近平总书记所说的党在新长征路上的总布局，就是立于时代潮头、紧扣新的历史特点、科学谋划党和国家事业发展全局。这个全局既包括统筹国内国际两个大局，统筹推进“五位一体”总体布局，协调推进“四个全面”战略布局，也包括习近平总书记提出的“一带一路”倡议、长江经济带建设、京津冀协同发展这三大发展战略所规划的我国现代化建设空间布局，还包括党的十八大以来以习近平同志为核心的党中央围绕推动建设人类命运共同体所展开的全方位外交布局，等等。

六中全会完善“四个全面”战略布局与我们党提出的在新长征路上要奋力夺取伟大事业、伟大工程、伟大斗争新胜利

在六中全会完善“四个全面”战略布局的基础上，现在我们党把统筹推进“五位一体”总体布局、协调推进“四个全面”战略布局、全面推进党的建设新的伟大工程，同夺取坚持和发展中国特色社会主义伟大事业新进展、夺取推进党的建设新的伟大工程新成效、夺取具有许多新的历史特点的伟大斗争新胜利，作为一个完整系统的重大理论和实践要求提到了全党同志面前，这对于走好我们这一代人的长征路、实现“两个一百年”奋斗目标、实现中华民族伟大复兴中国梦，都是具有重大现实意义和长远历史意义的。

2016年6月28日，习近平总书记在主持中央政治局第三十三次集体学习时提出，我们党正在团结带领全国各族人民推进中国特色社会主义伟大事业，实现“两个一百年”奋斗目标、实现中华民族伟大复兴的中国梦，进行具有许多新的历史特点的伟大斗争，这就需要坚持以改革创新精神全面推进党的建设新的伟大工程。严肃党内政治生活、净化党内政治生态是伟大斗争、伟大工程的题中应有之义，是我们党坚持党的性质和宗旨的重要法宝，是我们党实现自我净化、自我完善、自我革新、自我提高的重要途径。抓住了这个点，我们党就能更好凝心聚魂、强身健体。这是习近平总书记首次把伟大事业、伟大工程、伟大斗争“三个伟大”联为一体，作出的关乎党和国家事业发展全局的又一重大理论概括。

党的十八大之前，我们党强调提出，要把伟大事业与伟大工程这“两个伟大”有机结合起来、辩证统一起来，既要推进中国特色社会主义伟大事业，又要推进党的建设新的伟大工程；伟大事业需要伟大工程来支撑，伟大工程必须紧紧围绕伟大事业来进行，两者须臾不可分离，须臾不可偏废。党的十八大以来，随着“必须准备进行具有许多新的历史特点的伟大斗争”这一重大历史课题的提出，以习近平同志为核心的党中央，就把十八大前我们党一直强调的伟大事业、伟大工程这“两个伟大”，扩展为包括进行具有许多新的历史特点的伟大斗争在内的“三个伟大”。

“具有许多新的历史特点的伟大斗争”，其内涵就是习近平总书记在今年“七一”重要讲话中指出的：“要时刻准备应对重大挑战、抵御重大风险、克服重大阻力、解决重大矛盾，坚持和发展中国特色社会主义，坚持和巩固党的领导地位和执政地位，使我们的党、我们的国家、我们的人民永远立于不败之地。”这里点到的“四个重大”、“两个坚持”、“一个使”，就是对“具有许多新的历史特点的伟大斗争”的科学内涵最权威、最准确的概括。

在今年“七一”重要讲话中，习近平总书记指出，在全面建成小康社会、实现“两个一百年”奋斗目标这一新的历史条件下，我们党面临着同构成对党的执政地位最大威胁的腐败的长期斗争，面临着同一切弱化党的先进性、损害党的纯洁性问题的长期斗争，面临着同可能导致我们党失去执政资格、被历史淘汰的党内突出问题的长期斗争，面临着同精神懈怠的危险、能力不足的危险、脱离群众的危险、消极腐败的危险这“四种危险”的长期斗争，面临着同人民群众反映强烈的“四风”问题的长期斗争。可以说，作风建设永远在路上，正风反腐只有进行时、没有完成时，这也是习近平总书记提出的“必须准备进行具有许多新的历史特点的伟大斗争”在党建领域特别是全面从严治党方面的重要体现。

最近，在纪念红军长征胜利80周年大会上的讲话中，习近平总书记指出，在新的长征路上，我们还有许多“雪山”、“草地”需要跨越，还有许多“娄山关”、“腊子口”需要征服，一切贪图安逸、不愿继续艰苦奋斗的想法都是要不得的，一切骄傲自满、不愿继续开拓前进的想法都是要不得的。这段重要论述的核心要义，同习近平总书记在今年“七一”重要讲话中强调的“历史总是要前进的，历史从不等待一切犹豫者、观望者、懈怠者、软弱者。只有与历史同步伐、与时代共命运的人，才能赢得光明的未来”是互为补充的，同今年4月26日习近平总书记在知识分子、劳动模范、青年代表座谈会上提出的广大青年在创新创业中“要敢于做先锋，而不做过客、当看客”的思想也是相得益彰的。

应该看到，党的十八大以来，习近平总书记的系列重要讲话，特别是今年“七一”重要讲话、纪念长征胜利80周年讲话和他在党的十八届六中全会上的重要讲话，既提出了我们党在新长征路上最核心的使命是夺取中国特色社会主义新胜利，又反复强调要确保党始终成为中国特色社会主义事业的坚强领导核心；既抓住如期全面建成小康社会这个庄严承诺不放，又不断完善包括全面建成小康社会在内的“四个全面”战略布局；既向全党同志提出强化“四个意识”、提高“四自能力”，又要求全党同志成功经受“四大挑战”、有效克服“四种危险”；既对全党同志提出不忘初心、继续前进的要求，又对全党同志寄予安不忘危、走好我们这一代人长征路的期望。所有这些，都是我们党的领导核心在新的历史条件下，统筹推进“五位一体”总体布局、协调推进“四个全面”战略布局、全面推进党的建设新的伟大工程的生动体现，是把伟大事业、伟大工程、伟大斗争这“三个伟大”有机结合起来、全面抓在手上的生动体现。

学习贯彻党的十八届六中全会精神，就要深刻领会六中全会完善“四个全面”战略布局与新长征中党的总任务总目标总布局的内在联系，提高紧紧围绕核心、永远不忘初心，高度聚焦中心、上下勠力同心的自觉性、坚定性，在以习近平同志为核心的党中央坚强领导下，满怀信心地在新的长征路上攻坚克难、战胜追兵阻敌，更加奋发有为地砥砺前行。

（作者：全国政协社会和法制委员会副主任、中央政策研究室原副主任）

党的十八大以来管党治党新实践的制度结晶

张　毅

党的十八大以来，以习近平同志为核心的党中央提出“四个全面”战略布局，作出管党治党新部署，开展管党治党新实践，取得一系列丰硕的实践成果、理论成果和制度成果，为修订完善《中国共产党党内监督条例》（以下简称《条例》）奠定了坚实的实践基础和理论基础。《条例》充分吸收和体现了这些新要求、新经验和新成果。

一、以贯彻中央八项规定精神为抓手持续推进作风建设

党的作风是党的形象，关系人心向背，关系党的生死存亡。作风建设核心问题是保持党同人民群众的血肉联系。党的十八大以来，党中央以锲而不舍、驰而不息的精神狠抓作风建设。中央政治局从自身做起，制定执行改进工作作风、密切联系群众的八项规定，成为新一届党中央加强作风建设的切入点和动员令。在中央率先垂范下，各地区各部门以严实有力的措施抓好八项规定精神的落实。三年多来，各级纪检监察机关坚持党内监督和人民群众监督有机结合，严肃查处通报违反中央八项规定精神的问题10余万起。为进一步巩固扩大作风建设成果，推动全面从严治党向基层延伸，我们党又先后开展党的群众路线教育实践活动、“三严三实”专题教育和“两学一做”学习教育。党中央的这些重大部署和举措，极大地提升了党的作风和形象，改善了党群干群关系，密切了新时期党同人民群众的血肉联系，增强了我们党在长期执政条件下自我净化、自我完善、自我革新、自我提高的能力，也为修订完善党内监督条例打下了重要实践基础。

《条例》将作风建设和落实中央八项规定精神纳入党内监督的主要内容。明确规定要对“落实中央八项规定精神，加强作风建设，密切联系群众，巩固党的执政基础情况”进行监督；明确提出“中央政治局、中央政治局常务委员会定期研究部署在全党开展学习教育，以整风精神查找问题、纠正偏差；听取和审议全党落实中央八项规定精神情况汇报，加强作风建设情况监督检查”；“中央政治局委员应当严格执行中央八项规定”；明确要求巡视内容要包括“落实中央八项规定精神”情况；“对违反中央八项规定精神的，严重违纪被立案审查开除党籍的，严重失职失责被问责的，以及发生在群众身边、影响恶劣的不正之风和腐败问题，应当点名道姓通报曝光”。

二、严明党的政治纪律政治规矩

加强纪律建设是全面从严治党的治本之策。党要管党、从严治党，首先要靠严明的纪律和规矩，特别是要严明党的政治纪律，严肃党内政治生活，坚持党的民主集中制。

党的纪律是多方面的，但政治纪律是最

重要最根本最关键的纪律，遵守党的政治纪律是遵守党的全部纪律的最重要基础。《条例》坚持党对政治纪律政治规矩的要求，突出强调党内监督的内容包括“维护党中央集中统一领导，牢固树立政治意识、大局意识、核心意识、看齐意识，贯彻落实党的理论和路线方针政策，确保全党令行禁止情况”；“落实全面从严治党责任，严明党的纪律特别是政治纪律和政治规矩，推进党风廉政建设和反腐败工作情况”。要求“中央委员会成员必须严格遵守党的政治纪律和政治规矩，发现其他成员有违反党章、破坏党的纪律、危害党的团结统一的行为应当坚决抵制，并及时向党中央报告”，“纪律检查机关必须把维护党的政治纪律和政治规矩放在首位，坚决纠正和查处上有政策、下有对策，有令不行、有禁不止，口是心非、阳奉阴违，搞团团伙伙、拉帮结派，欺骗组织、对抗组织等行为”。

民主集中制是我们党的根本组织制度和领导制度，也是党的政治纪律政治规矩的基本原则。《条例》贯彻习近平总书记关于民主集中制的重要思想，将“坚持民主集中制，严肃党内政治生活，贯彻党员个人服从党的组织，少数服从多数，下级组织服从上级组织，全党各个组织和全体党员服从党的全国代表大会和中央委员会原则情况”纳入党内监督内容，强调“党内监督要贯彻民主集中制，依规依纪进行”。

三、从严管理监督干部

党要管党，首先是管好干部；从严治党，关键是从严治吏。党的十八大以来，党中央提出要以严的标准要求干部、以严的措施管理干部、以严的纪律约束干部，打出了一套从严管理、监督干部的“组合拳”。《条例》坚持和发展这些经验做法，努力构建从严管理监督干部的长效机制。

一是落实新时期好干部标准。习近平总书记提出新时期好干部五条标准，即“信念坚定、为民服务、勤政务实、敢于担当、清正廉洁”。2014 年中央颁布的《党政领导干部选拔任用工作条例》把好干部标准贯彻体现到干部选拔任用的各个方面。《条例》明确把“坚持党的干部标准，树立正确选人用人导向，执行干部选拔任用工作规定情况”纳入党内监督的主要内容。

二是完善从严管理干部队伍的制度体系。党的十八大以来，中央有关部门先后制定实施了规范党政领导干部在企业兼职任职、个人有关事项报告抽查核实、领导干部出国（境）管理监督等一系列制度规定。加强对领导干部特别是“一把手”的监督管理，将其作为从严治吏的重中之重。《条例》进一步强调“党内监督的重点对象是党的领导机关和领导干部特别是主要领导干部”；“党内监督必须加强对党组织主要负责人和关键岗位领导干部的监督，重点监督其政治立场、加强党的建设、从严治党，执行党的决议，公道正派选人用人，责任担当、廉洁自律，落实意识形态工作责任制情况”；“党组织主要负责人个人有关事项应当在党内一定范围公开，主动接受监督”。

三是开展突出问题专项整治。党的十八大以来，我们党积极回应社会关切和期待，持续开展系列专项整治。《条例》巩固扩大专项整治工作成果，中央带头，从中央政治局做起，“自觉参加双重组织生活，如实向党中央报告个人重要事项。带头树立良好家风，加强对亲属和身边工作人员的教育和约束,严格要求配偶、子女及其配偶不得违规经商办企业、不得违规任职、兼职取酬”,等等。

四是严格日常管理监督。党的十八大以来,各级党组织立足抓早抓小抓预防,把干部管理监督关口前移,防止“小洞不补、大洞吃苦”。加大提醒教育力度,建立谈心谈话、诫勉、函询等制度,使严格管理干部常态化。《条例》完善干部日常管理监督机制,进一步强调“党委(党组)应当加强对领导干部的日常管理监督,掌握其思想、工作、作风、生活状况。党的领导干部应当经常开展批评和自我批评,敢于正视、深刻剖析、主动改正自己的缺点错误;对同志的缺点错误应当敢于指出,帮助改进”。

四、推进反腐败体制机制和实践创新

党的十八大以来,我们党以零容忍的态度重拳反腐,着力构建不敢腐、不能腐、不想腐的体制机制。

制定《党的纪律检查体制改革实施方案》,明确改革的时间表和路线图。实行党的纪律检查工作双重领导体制,逐渐化解“一把手”监督难问题。《条例》总结完善党的纪律检查体制改革经验,进一步明确党的各级纪律检查委员会的具体任务是:“加强对同级党委特别是常委会委员、党的工作部门和直接领导的党组织、党的领导干部履行职责、行使权力情况的监督;落实纪律检查工作双重领导体制,执纪审查工作以上级纪委领导为主,线索处置和执纪审查情况在向同级党委报告的同时向上级纪委报告,各级纪委书记、副书记的提名和考察以上级纪委会同组织部门为主;强化上级纪委对下级纪委的领导,纪委发现同级党委主要领导干部的问题,可以直接向上级纪委报告;下级纪委至少每半年向上级纪委报告1次工作,每年向上级纪委进行述职”。

发挥巡视“利剑”作用。党的十八大以来,党中央切实加强巡视工作,修订颁布《中国共产党巡视工作条例》,先后开展了11轮巡视,实现对省区市、中管国有重要骨干企业和中管金融单位巡视全覆盖,对中央部门基本实现全覆盖。《条例》充分吸纳巡视工作的做法和经验,进一步强调“巡视是党内监督的重要方式”。“中央和省、自治区、直辖市党委一届任期内,对所管理的地方、部门、企事业单位党组织全面巡视。巡视党的组织和党的领导干部尊崇党章、党的领导、党的建设和党的路线方针政策落实情况,履行全面从严治党责任、执行党的纪律、落实中央八项规定精神、党风廉政建设和反腐败工作以及选人用人情况”。中央巡视工作领导小组应当加强对省、自治区、直辖市党委,中央和国家机关部门党组(党委)巡视工作的领导。“省、自治区、直辖市党委应当推动党的市(地、州、盟)和县(市、区、旗)委员会建立巡察制度,使从严治党向基层延伸”。

五、加强党内制度建设

制度问题带有根本性、全局性、稳定性、长期性。党要管党、从严治党,最根本的还是要靠制度保证。党的十八大以来,中央一手抓制度建设,一手抓制度执行,着力用制度管党治党、管权治吏。党的十八大刚结束,中央就制定出台《关于改进工作作风、密切联系群众的八项规定》,随后相继印发《关于加强新形势下发展党员和党员管理工作的意见》《中共中央关于在全党深入开展党的群众路线教育实践活动的意见》《中国共产党党内法规制定条例》《中国共产党党内法规和规范性文件备案规定》《党政机关厉行节约反对浪费条例》《党政领导干部选拔任用工作条例(修订稿)》《关于加强基层服务型党组织建设的意见》《关于完善党员干部直接联系群众制度的意见》《中国共产党发展党员工作细则》《中国共产党党组工作条例(试行)》《中国共产党巡视工作条例》《推进领导干部能上能下若干规定(试行)》《中国共产党地方委员会工作条例》《中国共产党廉洁自律准则》《中国共产党纪律处分条例》《中国共产党问责条例》等,构建了以党章为根本、若干配套法规为支撑的党内法规制度体系,并狠抓制度执行,增强制度的刚性约束。《条例》正是为了落实全面从严治党要求,借鉴吸收了十八大以来从严治党的好经验、好做法,在2003年《中国共产党党内监督条例(试行)》基础上修订完善的,标志着党内制度建设的新成就,对于建立完善权力监督制约体系,加强和规范党内生活,推动制度治党依规治党具有重要的现实意义和深远的历史意义。

党的十八大以来,以习近平同志为核心的党中央,带领全党开创了党的建设新局面,开辟了管党治党的新境界,在加强党内监督方面积极探索实践。《条例》是对党的十八大以来管党治党理论实践的总结、提炼和升华。我们要学好用好《条例》,落实全面从严治党各项要求,推进党和国家事业健康发展,为实现“两个一百年”奋斗目标和中华民族伟大复兴的中国梦作出新贡献。

(作者:国务院国资委党委书记)

全面从严治党才能夯实党执政的政治基础

柳建辉

党要管党、从严治党是中国共产党领导革命、建设和改革的经验总结与政治优势，是中国共产党长期执政的必然要求。十八大以来，以习近平同志为核心的党中央，突出全面从严治党这个党的建设的鲜明主题，把全面从严治党纳入“四个全面”战略布局，坚持问题导向，“抓思想从严、抓管党从严、抓执纪从严、抓治吏从严、抓作风从严、抓反腐从严，全面从严治党取得重要阶段性成果，党内正气在上升，党风在好转，社会风气在上扬，为党和国家事业发展积聚了强大正能量”。历史和现实一再证明，办好中国的事情，关键在党，关键在党要管党、从严治党。

一、只有党要管党、从严治党，发挥好党的这一制胜法宝的作用，才能增强党的创造力凝聚力战斗力，永葆党的生机和活力

中国共产党的发展、壮大与党要管党、从严治党有着密不可分的联系，党要管党、从严治党始终是中国共产党加强自身建设的政治优势和一贯要求。党所具有的工人阶级先进政党的性质，决定了加强全面从严治党的必要性，党所担负的历史使命要求我们必须提升加强全面从严治党的自觉性，党内存在的一些尚未得到有效解决的突出矛盾和问题更迫切地要求我们必须加强全面从严治党的紧迫性、危机感。坚定推进从严治党，既是历史经验的总结也是现实要求的必然。正如习近平同志指出的：“我们党在长期实践中，不断总结自己正反两方面经验，也积极借鉴国外执政党建设的经验教训，深刻认识到了一些从严治党规律，这些都要继续运用好。”

领导一场伟大革命和从事伟大事业的党，没有严明的政治和组织纪律，就难以成就其伟业，履行其历史使命。党的一大通过的《中国共产党党纲》，一开始就突出强调党的保密纪律。党的二大通过的《中国共产党章程》，将“纪律”单独列为第四章，强调“党的纪律是党的各级组织和全体党员必须遵守的行为规则”。不仅如此，二大通过的《关于共产党的组织章程决议案》还明确我们共产党，不是“知识者所组织的马克思学会”，也不是“少数共产主义者离开群众之空想的革命团体”，“应当是无产阶级中最有革命精神的广大群众组织起来为无产阶级之利益而奋斗的政党，为无产阶级做革命运动的急先锋”。在此基础上，毛泽东领导秋收起义军进行“三湾改编”，首次提出把“支部建在连上”，古田会议又明确“思想建党”基本原则。

1938 年 10 月，毛泽东在党的六届六中全会报告中提出，“纪律是执行路线的保证，没有纪律，党就无法率领群众和军队进行胜利的斗争”。1939 年，毛泽东在《共产党人（发刊词）》中，首次把党的建设称为革命的“伟大的工程”。1945 年，党的七大又首次将

党的纪律写进党章总纲，同时将“四个服从”（即“党员个人服从所属党的组织，少数服从多数，下级组织服从上级组织，部分组织统一服从中央”）载入党章。1949 年 11 月，中共中央作出《关于成立中央及各级党的纪律检查委员会的决定》，成立了由朱德等 11 人组成的中央纪律检查委员会。可以说，从建党到“三湾改编”，从古田会议到党的六届六中全会，从延安整风到党的七届二中全会鲜明提出“两个务必”，从解放战争中的整党整军到新中国成立初开展整党整风，党和毛泽东都是为了党要管党、从严治党。

1956 年，党的八大通过的新党章，是中国共产党首部全国执政条件下党内根本法规，但“左”的错误的发展直到“文化大革命”对执政党建设的严重破坏，从反面证明了以党章为根本遵循，管党治党、从严治党的重要性。1978 年党的十一届三中全会，决定恢复并选举产生了中央纪律检查委员会。1980 年党的十一届五中全会，首次制定通过了《关于党内政治生活的若干准则》这一党内重要法规。1982 年党的十二大修改的党章，进一步形成新时期党要管党、从严治党的基本制度。1983 年，为领导好改革开放和以经济建设为中心等各项工作，全党开始整党。1985 年党中央在《关于农村整党的工作部署》中，首次使用“从严治党”。1987 年党的十三大则明确提出“必须从严治党，严肃执行党的纪律”。从十四大到十八大，我们党反复强调党要管党、从严治党。特别是 1995 年党的十四届四中全会，把新时期党的建设上升到“新的伟大工程”的战略高度，并为实施这一“新的伟大工程”，先后开展了“三讲”教育、保持党的先进性教育、科学发展观教育等党要管党、从严治党活动，取得成效。

十八大以来，以习近平同志为核心的党中央管党治党、从严治党不仅在“从严”上着力，而且明确要“全面”从严，使“全面从严治党”成为贯穿党中央工作的一条鲜明主线和协调推进“四个全面”战略布局的重要组成部分，并把制度治党、依规治党作为全面从严治党重要举措，先后制定完善了一系列党内法规。特别是《中国共产党巡视工作条例》、《中国共产党廉洁自律准则》和《中国共产党纪律处分条例》、《中国共产党问责条例》的出台，形成了以党章为根本遵循、以监督执纪、责任追究为导向的“制度群”，推动管党治党从宽松软走向严紧硬，制度的“笼子”越扎越紧。与此同时，中央出台八项规定，领导开展群众路线教育实践活动、“三严三实”专题教育、“两学一做”学习教育等，全面从严治党的效果愈益显现，党内政治生态、党员干部精神面貌、执政党自身建设等发生了深刻变化，成为十八大以来党和国家工作的一个突出亮点。正是在这个基础上，十八届六中全会专题研究全面从严治党，制定通过《关于新形势下党内政治生活的若干准则》（以下简称《准则》），修订《中国共产党党内监督条例（试行）》，就新形势下加强党的建设作出新的重大部署，进一步彰显了思想建党与制度治党相结合的特点，体现了全面从严治党的鲜明主题。这是党中央着眼于“四个全面”战略布局做出的整体设计，是党中央治国理政方略的渐次展开和深度推进。两个文件的制定和修订，着眼于推进全面从严治党、坚持思想建党和制度治党相结合，鲜明地反映了继承与创新的有机统一，着眼现实与谋划未来的有机统一，形成新的制度安排，为进一步推进全面从严治党、提高党的创造力凝聚力战斗力提供了更加有力的制度保障。可以说，十八届六中全会将党的建设这一“新的伟大工程”提升到一个新高度，充分反映了党要管党、从严治党始终是党加强自身建设的政治优势和一贯要求。

从党的建设“伟大的工程”到“新的伟大工程”，再到十八届六中全会将这一“新的伟大工程”提升到新高度，中国共产党在领导革命、建设和改革的各个历史时期，始终把党要管党、从严治党贯穿到思想、组织、作风、制度和反腐倡廉建设的各项实践中。伴随着党要管党、从严治党的不懈努力，中国共产党已发展成今天拥有8800多万党员的世界执政大党，并形成了党要管党、从严治党的成功经验和制度优势。尤其是以习近平同志为核心的党中央在党的历史上第一次明确提出“全面从严治党”，作为“四个全面”战略布局的重要组成部分，理论上实现了党要管党、从严治党战略思想的新发展，实践上开创了党要管党、从严治党的新局面，意义重大、影响深远。

二、只有党要管党、从严治党，始终把党的思想建设放在首位，以党章为根本遵循，才能开展严肃认真的党内政治生活

中国共产党从严治党的经验，集中起来，就是《准则》中提出的“党要管党必须从党内政治生活管起，从严治党必须从党内政治生活严起”。这是已经被党的历史充分证明了的科学结论。

开展严肃认真的党内政治生活，是中国共产党的优良传统，是区别于其他政党的鲜明标志。1929年12月，毛泽东在《古田会议决议》第一部分“关于纠正党内的错误思想”中，批评党内主观主义错误时指出：“纠正的方法：主要是教育党员使党员的思想和党内的生活都政治化，科学化”，并强调“批评的主要任务，是指出政治上的错误和组织上的错误。”此后，党在加强自身建设的长期实践中，把开展严肃认真的党内政治生活作为重要任务，并形成了以实事求是、理论联系实际、密切联系群众、批评和自我批评、民主集中制、严明党的纪律、惩前毖后、治病救人等为主要内容的党内政治生活基本规范。党的十一届五中全会，针对“文化大革命”中党内政治生活遭到严重破坏的教训，在通过的《关于党内政治生活的若干准则》中正式采用“党内政治生活”的概念。党的十二大党章及此后党章的总纲中，都明确提出党内政治生活的要求。这些重要规定和要求为严肃和规范党内政治生活，巩固党的团结和集中统一、保持党的先进性和纯洁性、增强党的生机活力，为保证完成党在各个时期的中心任务，发挥了重要作用。《准则》针对党内存在的突出矛盾和问题，从12个方面作出新规定，既指出了病症，也开出了药方，既有治标举措，也有治本方略。2017年2月13日，习近平在省部级主要领导干部学习贯彻十八届六中全会精神专题研讨班开班式上的重要讲话，专门就“新形势下加强和规范党内政治生活，要着力增强党内政治生活的政治性、时代性、原则性、战斗性”进行了深刻论述。讲话既强调严肃认真开展党内政治生活的重要性、必要性，又明确了党内政治生活“四个性”的各自内涵，是对全面从严治党思想的深化和发展，也是对十八届六中全会精神的

进一步展开和具体化。

这再一次证明，中国共产党作为马克思主义政党，必须旗帜鲜明讲政治，进一步加强和规范党内政治生活。

加强和规范党内政治生活，首先必须把党的思想建设放在首位，把坚定理想信念作为开展党内政治生活的首要任务。在建设中国特色社会主义的伟大征程中，共产主义远大理想和中国特色社会主义共同理想，是中国共产党人的精神支柱和政治灵魂，也是保持党的团结统一的思想基础。十八届六中全会强调，“坚定对马克思主义的信仰、对社会主义和共产主义的信念，是每一位共产党员的毕生追求”，各级领导干部特别是高级干部，应以实际行动来让广大党员和群众感受到理想信念的强大力量，做坚定中国特色社会主义道路自信、理论自信、制度自信和文化自信的守护者和践行者。只有坚持“四个自信”，才能更加坚定理想信念，而对党和人民的忠诚来自于坚定的理想信念。正如习近平指出的，对党绝对忠诚要害在“绝对”两个字，就是唯一的、彻底的、无条件的、不掺任何杂质的、没有任何水分的忠诚。各级领导干部特别是高级干部不能动摇基本政治立场，不能被错误言论所左右，不能在大是大非面前态度暧昧，必须旗帜鲜明，敢于亮剑护旗。同时，要坚持把党的思想路线贯穿于执行党的基本路线全过程，在实践中检验真理、发展真理，不断推进马克思主义中国化。

加强和规范党内政治生活，还必须以党章为根本遵循，严肃认真地开展党内政治生活。党章是全党必须遵循的总章程、总规矩。从一定意义上说，全面从严治党就是全面贯彻和不折不扣地执行党章。党章所蕴涵的党的纲领、路线、方针和政策，涵盖了党的政治路线、思想路线、组织路线、群众路线，体现了党的政治要求、思想要求、组织要求、作风要求、纪律要求和生活要求。新形势下，继承和弘扬从严治党的优良传统，就必须加强和规范党内政治生活。加强和规范党内政治生活，必须着力增强党内政治生活的政治性、时代性、原则性、战斗性，着力增强党自我净化、自我完善、自我革新、自我提高能力，着力提高党的领导水平和执政水平、增强拒腐防变和抵御风险能力，着力维护党中央权威、保证党的团结统一、保持党的先进性和纯洁性，努力在全党形成又有集中又有民主、又有纪律又有自由、又有统一意志又有个人心情舒畅生动活泼的政治局面。这“四个着力”的总要求，明确了加强和规范党内政治生活的目标方向，决定了加强和规范党内政治生活的内容方法，展现了加强和规范党内政治生活的政治生态前景，应该成为全党的自觉追求。

严肃认真开展党内政治生活，核心是全面提高党内政治生活质量，关键是着力增强党内政治生活的政治性、时代性、原则性、战斗性。“四个性”的要求，反映了党内政治生活的本质特征，是一个整体，共同发生作用。政治性是方向、是灵魂、是目标；时代性是内容指向、问题导向、活力所在；原则性是解决问题、处理矛盾的依规所在、把握标准和掌握底线；战斗性则是现实要求、形式追求和精神状态。四者相互关联，相互促进，又相互补充，既要有效发挥它们的各自作用，又要有效释放它们的整体效能。

加强和规范党内政治生活、强化党内监督，既是中国共产党加强自身建设的政治优势，也是新形势下推进全面从严治党的重要抓手。正如习近平同志指出的:“全面从严治党,既需要全方位用劲,也需要重点发力。加强和规范党内政治生活、加强党内监督就是重点发力的抓手”;“必须抓好思想教育这个根本,抓好严明纪律这个关键,抓好选人用人这个导向,用好组织生活这个经常性手段,抓住继承和创新这两个关键环节。”

三、只有党要管党、从严治党,始终坚持全心全意为人民服务的根本宗旨,才能始终保持党同人民群众的血肉联系

任何一个政党,失去民众的拥护和支持,就会失去根基、一事无成。作为马克思主义先进政党的中国共产党原本就来自人民,更必须站在人民的立场上想问题、做决策、办事情。这就是我们常讲的坚持全心全意为人民服务的根本宗旨、保持党同人民群众的血肉联系的道理。

要想赢得群众支持,就必须密切党群关系;密切党群关系,就必须从严治党、从严治军。井冈山斗争时期,毛泽东就提出了《三大纪律六项注意》,后来发展为《三大纪律八项注意》,对于整顿红军纪律、密切与人民群众的血肉联系发挥了至关重要的作用。1926年党中央向全党发出《关于坚决清洗贪污腐化分子的通告》,这是党的第一份反腐败文件。1927年5月的中共五大,第一次选举产生了中央监察委员会。从1932年2月开始,中央苏区开展了历时两年的惩腐肃贪运动。后来,毛泽东提出“两个务必”都是为了密切党群关系,从严治党、从严治吏。改革开放新时期,邓小平提出并始终坚持“三个有利于”的判断标准,把“人民高兴不高兴、人民满意不满意、人民答应不答应、人民赞成不赞成”作为干事创业的价值标准;在此基础上,江泽民、胡锦涛进一步强调中国共产党人要权为民所用、利为民所谋等执政理念,从根本上维护了人民利益,密切了党与人民群众的血肉联系。十八大以来,以习近平同志为核心的党中央,坚持不忘初心,继续前进,始终保持对人民的公仆情怀和赤子之心,把人民放在心中最高位置,对损坏人民利益的人和事坚持零容忍、真问责,赢得了党心、民心、军心!

事实说明,不管是在革命年代、建设时期还是建设中国特色社会主义的历程中,如果没有严明的纪律,不能保持党同人民群众的血肉联系,就没有老百姓的同甘共苦、同舟共济,革命就难以成功,建设就难以进行,改革开放就难以推动。党只有站在人民立场上,为群众办实事、解难事,当好人民公仆,对损坏人民利益的事坚持零容忍,才能从根本上赢得群众。因此,《准则》鲜明指出:“人民立场是党的根本政治立场,人民群众是党的力量源泉。”新形势下加强和规范党内政治生活,必须把坚持全心全意为人民服务的根本宗旨、保持党同人民群众的血肉联系作为根本要求。

四、只有党要管党、从严治党,始终坚持并完善民主集中制,既发扬民主又善于集中,才能坚定维护党的团结统一

思想建党的每一步都需要制度的保证。民主集中制是中国共产党的根本政治制度,是保证党内政治生活正常开展的重要制度保障,是党内民主的重要基础。早在新民主主义革命时期,党就强调:党的内部必须有适应于革命的组织与训练。凡一个革命的党,若是缺少严密的集权的有纪律的组织与训练,

那就只有革命的愿望便不能够有力量去做革命的运动。

从历史上看，民主集中制遭到破坏，中国共产党就处于险境。遵义会议前 14 年的革命历程中，囿于共产国际高度集中的领导体制，党不能正确处理与共产国际的关系，盲目服从共产国际，给中国革命带来极大损害。特别是王明"左"倾教条主义居于党内领导地位期间，党和红军的民主传统遭到严重破坏，致使中央红军遭受重创，被迫进行战略转移，中国革命几乎陷入绝境。

遵义会议及随后的几次会议在没有共产国际的干预下，按照民主集中制的原则解决了党和红军当时最急迫的军事问题，成为中国共产党从幼年走向成熟的转折标志。此后，在以毛泽东为代表的党中央领导下，实现了全党全军和各革命根据地的统一，各民族的统一，甚至是各种力量的统一，从而形成了革命的大团结。

党的十一届三中全会也是坚持民主集中制的典范，被誉为党的历史上的"第二次遵义会议"。这次会议解放思想，发扬民主，重新确立了实事求是的思想路线，确定以经济建设为中心，恢复正确的组织路线和组织原则，作出实行改革开放的伟大决策。这种既有民主又有集中的制度为党和国家正确地进行决策提供了可靠保障。

党的十八大以来，以习近平同志为核心的党中央认真汲取党的历史上制度治党的智慧和力量，坚持思想建党和制度治党紧密结合，强调从严治党就要遵守党章党规和国家宪法法律，坚持民主集中制，坚定不移维护党中央集中统一领导，落实好全面从严治党责任；严明党的纪律，首先是严明政治纪律和政治规矩；坚持集体领导，实行集体领导和个人分工负责相结合，党内监督和人民群众监督相结合；筑牢拒腐防变的思想防线和制度防线，加强对权力运行的制约和监督，着力构建不敢腐、不能腐、不想腐的体制机制；完善权力运行制约和监督机制，形成有权必有责、用权必担责、滥权必追责的制度安排等。十八届六中全会又根据党的历史经验和新的实践要求，明确了习近平的核心地位，正式提出"以习近平同志为核心的党中央"，并突出强调"坚决维护党中央权威、保证全党令行禁止，是党和国家前途命运所系，是全国各族人民根本利益所在，也是加强和规范党内政治生活的重要目的"。这是党要管党、从严治党的关键所在，重中之重。

坚持并完善民主集中制，是中国共产党的生命所系、力量所在。历史的使命，要求中国共产党既要有正确的科学理论、坚定的理想信念，又要有严格健全的民主集中制、严密的组织纪律。党创立至今所制定的一系列从严治党的制度规定，对于保证党的集中统一，形成有集中有民主、有纪律有自由的政治生态发挥了重要作用，对于全体党员向党中央看齐、向党的理论和路线方针政策看齐、向党中央决策部署看齐发挥了重要作用。

综上所述，全面从严治党的核心是加强党的领导，基础在全面，关键在严，要害在治，落实在行。贯彻十八届六中全会精神，就要坚定不移推进全面从严治党，确保党始终成为中国特色社会主义事业的坚强领导力量。只要全党紧密团结在以习近平同志为核心的党中央周围，只要各级党组织切实担负起全面从严治党的主体责任，特别是高级干部认真履行管党治党责任，在加强和规范党内政治生活、加强党内监督各个环节敢抓敢管，进一步发挥从严治党政治优势，扎紧从严治党制度"之笼"，真正把"治国必先治党，治党务必从严"落到实处，严肃党内政治生活、全面净化政治生态、全力培育健康向上的政治文化，我们就一定能实现"两个一百年"的奋斗目标和中华民族伟大复兴的中国梦。

（作者：中共中央党校副教育长、教授、博士生导师）

全面从严治党法治化的基本遵循

——学习《中国共产党党内监督条例》

戴小明

党的十八届六中全会聚焦全面从严治党的重大主题，适应时代变化新情况、事业发展新要求，审议通过《关于新形势下党内政治生活的若干准则》《中国共产党党内监督条例》（以下简称《条例》）。这是继巡视工作条例、廉洁自律准则、纪律处分条例、问责条例之后，党内法规建设的重要成果；是依法治国基本方略在党的建设领域的具体实践，从标准和手段上为全面从严治党确立法治支撑，为实现党内政治生活和党内监督制度化、规范化、程序化，推进党的建设新的伟大工程注入新动力，进一步扎紧全面从严治党的制度铁笼；是全面从严治党、依规管党治党、制度治党兴党的重大举措，充分体现了以习近平同志为核心的党中央坚定不移推进全面从严治党的坚强决心、历史担当和治理智慧，展示了党中央“全面从严治党永远在路上”的政治自觉和坚定信念，开创了党的建设新格局、新境界和新气象。

优化顶层设计，推进依规全面从严治党

治国必先治党，治党务必从严。加强党内监督是党的建设的基础工程，依法依规治党是党在全面依法治国大格局下管党治党的战略选择。党的十八届四中全会《决定》，深刻诠释了党的建设与法治建设相辅相成、共生共存的密切关系：“依法执政，既要求党依据宪法法律治国理政，也要求党依据党内法规管党治党。”《决定》同时将“完善的党内法规体系”明确纳入中国特色社会主义法治体系，并指出：“党内法规既是管党治党的重要依据，也是建设社会主义法治国家的有力保障。”《条例》以党章为根本遵循，坚持继承和创新的有机统一，系统总结党的建设的历史经验，直面当前党内监督存在的突出问题，充分吸收近年来特别是党的十八大以来全面从严治党的理论和实践成果，贯彻法治理念，运用法治思维，彰显法治原则，围绕权力、责任、担当设计制度规则，对强化新形势下的党内监督作出顶层设计，是全面从严治党法治化的重要制度创新。

《条例》共 8 章、47 条。第一章总则、列 9 条，主要明确立规目的和依据，阐述党内监督的指导思想、基本原则、监督内容、监督对象、监督方式以及强化自我监督、构建党内监督体系等重要问题。第二、三、四、五章、列 27 条，分别就党的中央组织、党委（党组）、党的纪律检查委员会、党的基层组织和党员这 5 类监督主体的监督职责以及相应监督制度作出规定，形成党中央统一领导，党委（党组）全面监督，纪律检查机关专责监督，党的工作部门职能监督，党的基层组织日常监督，党员民主监督的党内监督体系。尤其是对中央层

面提出专门要求，单独设立第二章“党的中央组织的监督”，突出对高级干部即党的中央委员会、中央政治局、中央政治局常务委员会成员的监督，以法宣示“党内监督没有禁区、没有例外”，是依规治党的重大突破，展现了党中央以身作则、率先垂范、以上率下的政治品格和担当精神。第六、七、八章、列11条，分别就党内监督和外部监督相结合、整改和保障、附则等作出规定。

立规宗旨明确，全面规定党内监督重点

中国共产党60多年的执政实践表明，办好中国的事情，关键在党，关键在党要管党、从严治党。全面从严治党，是依据党的领导地位和历史使命提出的党的建设新的伟大工程。党内监督是党的建设的重要内容，是全面从严治党的基础保障，是永葆党的肌体健康和执政活力的生命之源。“人民对美好生活的向往，就是我们的奋斗目标。”“新形势下，我们党面临着许多严峻挑战，党内存在着许多亟待解决的问题。尤其是一些党员干部中发生的贪污腐败、脱离群众、形式主义、官僚主义等问题，必须下大气力解决。全党必须警醒起来。打铁还需自身硬。我们的责任，就是同全党同志一道，坚持党要管党、从严治党，切实解决自身存在的突出问题，切实改进工作作风，密切联系群众，使我们党始终成为中国特色社会主义事业的坚强领导核心。”这是2012年11月15日习近平总书记在十八届中央政治局常委同中外记者见面时代表中国共产党人作出的庄严承诺。

《条例》第一条开宗明义立规目的：坚持党的领导，加强党的建设，全面从严治党，强化党内监督，保持党的先进性和纯洁性。第五条明确规定党内监督的任务：确保党章党规党纪在全党有效执行，维护党的团结统一，重点解决党的领导弱化、党的建设缺失、全面从严治党不力，党的观念淡漠、组织涣散、纪律松弛，管党治党宽松软问题，保证党的组织充分履行职能、发挥核心作用，保证全体党员发挥先锋模范作用，保证党的领导干部忠诚干净担当。同时，概括列举了党内监督八个方面的主要内容。第十七条规定：党内监督必须加强对党组织主要负责人和关键岗位领导干部的监督，重点监督其政治立场、加强党的建设、从严治党，执行党的决议，公道正派选人用人，责任担当、廉洁自律，落实意识形态工作责任制情况。

瞄准关键少数，紧盯主要领导特别监督

领导干部身份独特、地位重要、作用突出、影响重大，率先垂范方能上行下效。古语云：“君子之德风，小人之德草，草上之风，必偃。”习近平总书记则以强烈的忧患意识谆谆告诫全党：“如果管党不力、治党不严，人民群众反映强烈的党内突出问题得不到解决，那我们党迟早会失去执政资格，不可避免被历史淘汰。”并强调：“党要管党，首先是管好干部；从严治党，关键是从严治吏。”“要加强对一把手的监督，认真执行民主集中制，健全施政行为公开制度，保证领导干部做到位高不擅权、权重不谋私。”法律面前人人平等是法治的核心理念，法律是治国理政最大最重要的规矩，任何人都没有法律之外的绝对权力。党的执政地位和先锋队性质决定了深化全面从严治党，实现党内监督制度与时俱

进，净化党内政治生态，必须坚持纪严于法、纪在法前，领导干部严于一般党员干部，用纪律管住大多数，运用党内法规把党要管党落到实处，促进党员、领导干部带头遵守国家法律。党员干部必须时刻保持清醒，把纪律和规矩挺在前面，用铁的纪律从严治党，遵守宪法法律只是基本底线，而遵守和执行党纪党规意味着更高的标准、更严的要求。

权力就是责任，责任就要担当，绝对权力必然导致绝对腐败。加强党内监督，必须从领导干部特别是高级干部做起，这是《条例》的鲜明特色。《条例》破解一把手监督难题，在着眼对“最大多数”全覆盖的同时，致力对“关键少数”的精准监督。第六条规定：党内监督的重点对象是党的领导机关和领导干部特别是主要领导干部。第十四条规定：中央政治局委员应当严格执行中央八项规定，自觉参加双重组织生活，如实向党中央报告个人重要事项。中国共产党是一个有着 8800 多万名党员、3200 多个地方党委、440 多万个基层组织的世界第一大执政党。党的领导是中国特色社会主义最本质的特征。领导干部是中央治国理政新理念新思想新战略的具体实践者，是党风政风的引领者。面对具有许多新的历史特点的伟大斗争，只有通过加强重点监督，注重标本兼治，思想建党与制度治党紧密结合，从严治党与制度治党同步推进，才能持续培养造就具有铁一般信仰、铁一般信念、铁一般纪律、铁一般担当的干部队伍。

覆盖各级组织，明晰所有监督主体责任

党兴则国家兴民族兴，党强则国家强民族强。加强党的建设，推进全面从严治党，营造风清气正的党内政治生态，厚植党执政的政治基础，提高党的创造力凝聚力战斗力，有效提升党的领导水平和执政能力，实现党的能力提升和国家治理能力提升的同频共振，必须加强党内监督，全方位扎紧制度笼子，覆盖权力运行全过程，做到责任清晰，主体明确，从根本上解决主体责任缺失、监督责任缺位、制度空转悬置、管党治党宽松软的问题，为巩固党的执政地位强基固本。习近平总书记明确指出：“要把全面从严治党落实到每个支部、每名党员。”“基层是党的执政之基、力量之源。只有基层党组织坚强有力，党员发挥应有作用，党的根基才能牢固，党才能有战斗力。”《条例》全面压实监督责任，明确清晰地规定了党的中央组织、党委（党组）、党的纪律检查委员会、党的基层组织和党员的监督职责。

制度建设更带有根本性、全局性、稳定性、长期性。职权法定、权责统一的法治原则要求，有权必有责、有责要担当，用权受监督、失责必追究。《条例》突出“关键少数”，层层示范，传导压力，明确规定：党的中央委员会、中央政治局、中央政治局常务委员会全面领导党内监督工作。中央委员会全体会议每年听取中央政治局工作报告，监督中央政治局工作，部署加强党内监督的重大任务。党委（党组）在党内监督中负主体责任，书记是第一责任人，党委常委会委员（党组成员）和党委委员在职责范围内履行监督职责。党的各级纪律检查委员会是党内监督的专责机关，履行监督执纪问责职责。党的工作部门应当严格执行各项监督制度，加强职责范围内党内监督工作，既加强对本部门本单位的内部监督，又强化对本系统的日常监督。党的基

层组织应当发挥战斗堡垒作用,履行监督职责。党员应当本着对党和人民事业高度负责的态度,积极行使党员权利,履行监督义务。

构建监督体系,党内党外监督共同发力

监督是权力正确运行的根本保证,健全而有力的监督是防范政治腐败、权力滥用的有力武器。加强党内监督是马克思主义政党的一贯要求,加强权力监督是执政党建设的核心内容。从严治党,关键严在强化党内监督,党内监督失效必然导致其他监督失灵。为此,必须大力推进、完善党的制度建设的顶层设计,构建无禁区、全覆盖、零容忍的监督体系,即以党章为根本,以《条例》为龙头,以党内政治生活准则、问责条例、廉洁自律准则、纪律处分条例等党内法规为支撑,不断建立健全党内乃至整个国家治理完整科学的监督制度体系和运行机制,实现依法治国与依规治党的有机统一。习近平总书记深刻指出:“没有监督的权力必然导致腐败,这是一条铁律。”“强化党内监督,必须坚持、完善、落实民主集中制,确保党内监督落到实处、见到实效。要完善监督制度,做好监督体系顶层设计,既加强党的自我监督,又加强对国家机器的监督。要整合问责制度,健全问责机制,坚持有责必问、问责必严。”

人民是治国理政的力量源泉,从严治党必须依靠人民。中国共产党来自人民,失去人民拥护和支持,党就会失去根基。只有充分保障广大党员行使监督权利,激活党员干部的内生动力与监督活力,支持和保障群众监督,实现党内监督同国家监察、法律监督、民主监督、审计监督、司法监督、舆论监督、群众监督等监督形式的高度融合,形成党内监督与社会监督的良性互动,才能从人民群众中汲取治国理政、管党治党的智慧和力量,始终保持同人民群众的血肉联系。《条例》发力党内监督体系建构,汇聚协同监督合力,第三十七、三十八、三十九条作出规定:各级党委应当支持和保证同级人大、政府、监察机关、司法机关等对国家机关及公职人员依法进行监督,人民政协依章程进行民主监督,审计机关依法进行审计监督。有关国家机关发现党的领导干部违反党规党纪、需要党组织处理的,应当及时向有关党组织报告。审计机关发现党的领导干部涉嫌违纪的问题线索,应当向同级党组织报告,必要时向上级党组织报告,并按照规定将问题线索移送相关纪律检查机关处理。各级党组织应当支持民主党派履行监督职能,重视民主党派和无党派人士提出的意见、批评、建议,完善知情、沟通、反馈、落实等机制。各级党组织和党的领导干部应当认真对待、自觉接受社会监督,利用互联网技术和信息化手段,推动党务公开、拓宽监督渠道,虚心接受群众批评。

着力党内民主,保证权力规范有序运行

党内民主是党的生命,是党内政治生活积极健康的重要基础,是增强党的创新活力、巩固党的团结统一的重要保证。对此,习近平总书记早在浙江工作时就有深入思考,并提出要“进一步健全党员民主权利的保障机制,拓宽党内民主渠道,开辟党内民主新途径,完善党内情况通报、情况反映和党内重大决策征求意见制度,实现党员对党内事务的充分了解、广泛参与和有效监督”。《条例》第四条规定:党

内监督必须贯彻民主集中制，依规依纪进行，强化自上而下的组织监督，改进自下而上的民主监督，发挥同级相互监督作用。第四十三条规定：党组织应当保障党员知情权和监督权，鼓励和支持党员在党内监督中发挥积极作用。提倡署真实姓名反映违纪事实，党组织应当为检举控告者严格保密，并以适当方式向其反馈办理情况。对干扰妨碍监督、打击报复监督者的，依纪严肃处理。

全心全意为人民服务是中国共产党的根本宗旨，厉行权力监督、坚决反对腐败、建设廉洁政治是党的基本追求。民主是监督的基础，没有民主就没有监督，更不可能有严肃的党内政治生活。坚持民主集中制是强化党内监督的核心。健全党内民主制度，发展党内民主，就是要实现“党内监督没有禁区、没有例外”，形成民主、清朗的政治生态，以党内民主带动人民民主，推进国家治理体系和治理能力现代化。所以，加强党内监督，有效制约权力，确保党员领导干部正确运用手中权力，严格遵守国家法律，也是提高国家治理能力和治理水平的关键环节、关键举措。从严治党必须坚持制度面前人人平等，党内不允许有不受制约的权力，也不允许有不受监督的特殊党员。《条例》第三十四条明确规定：各级纪律检查机关必须加强自身建设，健全内控机制，自觉接受党内监督、社会监督、群众监督，确保权力受到严格约束。为保障权力的规范行使和有序运行，《条例》围绕建立健全巡视制度、组织生活制度、党内谈话制度（提醒谈话、诫勉谈话）、干部考察考核制度，以及领导干部述责述廉制度、领导干部个人有关事项报告制度、领导干部插手干预重大事项记录制度等作出具体规定。

天下之事，不难于立法，而难于法之必行。制度的生命力来自于执行。中央有部署，全党见行动。当前，深入学习贯彻党的十八届六中全会精神，是全党各级组织和广大党员干部共同的政治任务、政治责任，检验学习成效的标尺就是《条例》的规定要求。让我们不忘初心、继续前进，切实把思想和行动统一到六中全会的精神上来，全面落实党内监督责任，做到党中央提倡的坚决响应，党中央决定的坚决执行，党中央禁止的坚决不做，不断增强、牢固树立“四个意识”，特别是核心意识、看齐意识，更加紧密地团结在以习近平同志为核心的党中央周围，更加坚定地维护以习近平同志为核心的党中央权威，更加自觉地在思想上政治上行动上同以习近平同志为核心的党中央保持高度一致，更加扎实地把党中央的各项决策部署落到实处，在实现中华民族伟大复兴中国梦的进程中肩负起应有的历史使命和责任担当。

（作者：中共中央党校报刊社总编辑）

严肃党内政治生活　夯实全面从严治党基础

靳　诺

严肃党内政治生活是全面从严治党的基础。党的十八届六中全会指出："党要管党必须从党内政治生活管起，从严治党必须从党内政治生活严起。"六中全会审议通过的《关于新形势下党内政治生活的若干准则》(以下简称《准则》)，深刻阐述了新形势下严肃党内政治生活的重大意义，全面阐明了严肃党内政治生活的基本要求，是对我们党管党治党规律的科学总结和理论升华，为全面从严治党提供了重要遵循和制度保障。

一、深刻认识严肃党内政治生活的重大意义

严肃党内政治生活是马克思主义政党的本质要求，是我们党区别于其他政党的鲜明标志，也是我们党的优良传统和政治优势。

党的历史经验的科学总结。我们党历来重视党内政治生活，在革命、建设、改革的长期实践中，我们党敢于直面问题、纠正错误，具有强大的自我净化、自我完善、自我革新、自我提高能力，逐步形成了一整套行之有效的做法，就是经常性地开展严肃认真的党内政治生活。在我们党的历史上，党内政治生活不正常的时期，往往也是政治路线出现错误的时期。遵义会议前，党内政治生活中出现"家长制"等问题，使党和革命事业蒙受严重损失。1935 年遵义会议，毛泽东同志的正确意见最终得到采纳，党和红军的命运就此发生转折。"文化大革命"期间，党内政治生活受到严重破坏，党和人民的事业遭受严重挫折。党的十一届三中全会以后，我们党总结正反两方面经验教训，于 1980 年制定了《关于党内政治生活的若干准则》，对促进党内的团结统一、保证改革开放和社会主义现代化建设顺利进行，发挥了十分重要的作用。历史证明，什么时候党内政治生活严肃认真，党和人民的事业就兴旺发达；什么时候党内政治生活不正常，党和人民的事业就会遭受重大挫折。

解决党内突出矛盾和问题的迫切需要。近年来，一些地区和部门存在的党的领导弱化、党的建设缺失、从严治党不力等现象和问题，大多与党内政治生活不严肃、政治生态遭到"污染"有着密不可分的关系。有的党组织软弱涣散、纪律松弛，对党员干部疏于思想政治教育，疏于日常管理，民主集中制执行不好，选人用人不规范，以"好人主义"挑战纪律权威、以官僚主义挑战责任担当，管党治党失之于宽松软，"两个责任"落实不力。有的党员"四个意识"不强，认为"组织靠不住"、"组织对不住自己"，自由主义、个人主义严重；有的党员批评上级怕穿小鞋，批评同级怕伤和气，批评下级怕丢选票，自我批评怕丢面子。严肃党内政治生活、净化党内政治生态，是我们党实现自我净化、自我完善、自我革新、自我提高的重要途径。必须抓住这个关

键，我们党才能更好地凝心聚力、强身健体。

赢得伟大斗争、推进伟大工程的坚强保证。习近平总书记强调，我们党正在团结带领全国各族人民实现中华民族伟大复兴的中国梦，进行具有许多新的历史特点的伟大斗争，这就需要坚持以改革创新精神全面推进党的建设新的伟大工程。严肃认真的党内政治生活是党的旺盛生机的动力源泉，是保持党的先进性纯洁性、提高党的创造力凝聚力战斗力的重要条件，是党团结带领全国各族人民完成历史使命的有力保障。党的十八大以来，以习近平同志为核心的党中央坚持全面从严治党，把严肃党内政治生活、净化党内政治生态摆在更加突出的位置来抓，不断扎紧制度笼子，党内政治生活出现了许多新气象。但是，解决党内政治生活、政治生态中存在的问题决非一朝一夕之功。只有进一步加强和规范党内政治生活，才能让党员在持续不断的党性教育和积极健康的思想斗争中，清除政治灰尘，补足精神之"钙"，确保在任何情况下政治信仰不变、政治立场不移、政治方向不偏。

二、准确把握严肃党内政治生活的基本要求

习近平总书记强调，"严肃党内政治生活是一篇大文章"。必须以党章为根本遵循，坚持党的政治路线、思想路线、组织路线、群众路线，着力增强党内政治生活的政治性、时代性、原则性、战斗性，着力增强党自我净化、自我完善、自我革新、自我提高能力，着力提高党的领导水平和执政水平、增强拒腐防变和抵御风险能力，着力维护党中央权威、保证党的团结统一、保持党的先进性和纯洁性，努力在全党形成又有集中又有民主、又有纪律又有自由、又有统一意志又有个人心情舒畅生动活泼的政治局面。

贯彻执行民主集中制是根本保障。民主集中制是我们党的根本组织原则和领导制度，是规范党内政治生活、处理党内关系的基本准则。严肃党内政治生活，必须坚持和完善民主集中制。各级党组织和领导干部要增强贯彻执行民主集中制的自觉性，自觉做到"四个服从"，保证全党团结统一、步调一致。坚持集体领导制度，实行集体领导与个人分工负责相结合。完善党委（党组）会议事规则和决策程序，既讲民主，坚决反对"一言堂""家长制"，又讲集中，防止议而不决、决而不行，把民主基础上的集中和集中指导下的民主有机结合起来。

严明党的政治纪律和政治规矩是重要内容。加强党的纪律建设，是党的事业取得胜利的重要条件和可靠保证。我们党是靠革命理想和铁的纪律组织起来的马克思主义政党，纪律严明是党的光荣传统和独特优势。党面临的形势越复杂、肩负的任务越艰巨，就越要加强纪律建设，越要维护党的团结统一，确保全党统一意志、统一行动、步调一致前进。党员干部只有认真学习党规党纪，严格用党的纪律规矩规范自己的言行，切实把党的纪律规矩转化为自己的行为规范，时刻警示自己，才能筑牢拒腐防变的铜墙铁壁。

开展积极健康的批评和自我批评是有效武器。批评和自我批评是加强和规范党内政治生活的重要手段。中国共产党之所以能够历经挫折不断战胜困难，就在于具有一以贯之的开展批评和自我批评的优良作风，具有坚持真理、修正错误的巨大勇气。开展批评

和自我批评，就要坚持党的实事求是的思想路线，坚持"团结——批评——团结"以及"惩前毖后、治病救人"的方针，讲党性不讲私情、讲真理不讲面子。既要防止批评主观武断，也要杜绝批评庸俗化。批评要有根据，不歪曲事实，以帮助同志、增进团结、促进工作为目的。要坚持出于公心，不发泄私愤，不搞无原则纷争。自我批评要动真格，敢于"揭短亮丑"，不遮遮掩掩，不文过饰非。领导干部要以身作则，带头从谏如流、敢于直言。

增强党性原则基础上的团结是关键目标。团结出凝聚力，出战斗力。我们追求的团结是在坚持党性原则基础上的团结。党的组织在团结上出现这样那样的问题，根子都是因为少数党员干部党性不强、私心作怪。增进团结，必须在增强党性上下功夫，坚定理想信念，牢记党的性质和宗旨，牢记党对干部的要求，讲党性、顾大局、守纪律。要像爱护自己的眼睛一样，真心诚意地维护团结。团结不是一团和气，不是"你好我好大家好"。发现问题就要指出来，就要解决，违背原则就要坚决抵制、坚决纠正。增强团结，必须坚决维护党中央权威和党中央集中统一领导，自觉在思想上政治上行动上同以习近平同志为核心的党中央保持高度一致。党的各级组织、全体党员特别是高级干部要牢固树立政治意识、大局意识、核心意识、看齐意识，更加自觉地向以习近平同志为核心的党中央看齐，向党的理论和路线方针政策看齐，向党中央的决策部署看齐，做到党中央提倡的坚决响应、党中央决定的坚决执行、党中央禁止的坚决不做。

开好民主生活会是重要途径。党的组织生活是党内政治生活的重要内容和载体。"三会一课"、主题党日活动、双重组织生活、警示教育、党性定期分析、民主评议等这些好制度、好做法，都要真正坚持下来、严格起来。严肃组织生活，重在开好民主生活会。民主生活会是解决党内矛盾、加强党内团结的有效途径。民主生活会要坚持政治性、思想性和原则性，紧紧围绕实际，以解决贯彻党的路线方针政策中存在的倾向性问题、突出矛盾和党风问题为主要内容，真正入脑入心、敞开心扉、交流思想、提高认识、促进团结。

三、努力构建严肃党内政治生活的长效机制

严肃党内政治生活既需要思想觉悟，也需要制度保障。要通过建章立制，强化制度的硬约束，提高制度执行力。当前迫切需要执行好落实好已有的各项制度规定，特别是要认真学习贯彻《准则》。

抓住"关键少数"，发挥领导干部的表率作用。领导干部要自觉把党性作为立身、立业、立言、立德的基石。要坚定理想信念，对党忠诚，严守党的政治纪律和政治规矩，把对理想信念的追求体现到脚踏实地为党和人民的事业不懈奋斗上。要有高尚的精神追求，自觉践行和弘扬社会主义核心价值观。要坚持正确选人用人导向，坚决禁止跑官要官、买官卖官、拉票贿选等行为，坚决禁止向党伸手要职务、要名誉、要待遇行为，坚决禁止向党组织讨价还价、不服从组织决定的行为。要贯彻群众路线，为群众办实事、解难事，当好人民公仆，决不允许在群众面前自以为是、盛气凌人，决不允许当官做老爷、漠视群众疾苦，更不允许欺压群众、损害和侵占群众利

益。要保持清正廉洁的政治本色，坚决反对形式主义、官僚主义、享乐主义和奢靡之风，教育管理好亲属和身边工作人员，禁止利用职权或影响力为家属亲友谋求特殊照顾，禁止领导干部家属亲友插手领导干部职权范围内的工作、插手人事安排。

加强执行监督，确保党内政治生活的严肃性。各级党组织应把严肃党内政治生活的情况作为政治巡视和基层巡察的重要内容，常态化开展党内政治生活制度规范执行情况的监督检查，严格上级党组织派人参加下级党组织领导班子民主生活会制度，经常性了解下级党组织党内政治生活状况，及时发现和纠正存在的问题。严明纪律，坚持纪律面前一律平等，遵守纪律没有特权，执行纪律没有例外，党内决不允许存在不受纪律约束的特殊组织和特殊党员。任何党员，不论其职务高低，资历深浅，成就大小，都必须严格遵守党内组织生活制度。

创新方式方法，增强党内政治生活的吸引力和感染力。习近平总书记强调，党内政治生活一定要创新。要把握党内政治生活的特点和规律，积极适应新情况、探索新途径，紧跟时代步伐、紧贴党员实际、紧扣突出问题，探索更加符合实际、便于实行的党内组织生活方式方法，提高党内政治生活的吸引力和感染力，更好发挥党内政治生活的功能作用。既要坚持和发扬“三会一课”、交心谈心等优良传统，也要积极探索运用现代信息技术手段，创新党内政治生活形式，使党内政治生活更富有时代气息、更有效果。

（作者：中国人民大学党委书记）

在深化制度治党中完善党内法规制度

包心鉴

一、全面从严治党的一项重大任务

加强党内法规制度建设，既是全面从严治党的重大任务，又是全面依法治国的重要引领。党的十八大以来，以习近平为核心的党中央加大了党内法规制度建设的顶层设计和统筹协调力度。2013 年 11 月，中央办公厅发布了《中央党内法规制定工作五年规划纲要》(2013—2017 年)，确立了加强党内法规制度建设的指导思想、工作目标和基本要求。2015 年 8 月，中央批准建立了党内法规工作联席会议制度，统筹协调党内法规制度建设工作。2016 年 12 月，中央印发了《中共中央关于加强党内法规制度建设的意见》，召开了全国党内法规工作会议，对新形势下党内法规制度建设进行了总体谋划和系统安排，明确提出了党内法规制度建设的指导思想、目标任务和主要措施。特别是习近平总书记在 2016 年 12 月 23 日就党内法规制度建设作出重要指示，指出："党的十八大以来，党中央高度重视党内法规制度建设，推动这项工作取得重要进展和成效。加强党内法规制度建设是全面从严治党的长远之策、根本之策。我们党要履行好执政兴国的重大历史使命、赢得具有许多新的历史特点的伟大斗争胜利、实现党和国家的长治久安，必须坚持依法治国与制度治党、依规治党统筹推进、一体建设。要按照十八大和十八届三中、四中、五中、六中全会部署，认真贯彻落实《中共中央关于加强党内法规制度建设的意见》，以改革创新精神加快补齐党建方面的法规制度短板，力争到建党 100 周年时形成比较完善的党内法规制度体系，为提高党的执政能力和领导水平、推进国家治理体系和治理能力现代化、实现中华民族伟大复兴的中国梦提供有力的制度保障"。这一重要指示，把加强党内法规制度建设提到突出地位，为进一步完善党内法规制度体系指明了前进方向、提供了根本遵循。

党的十八大以来，在全面从严治党战略进程中，党内法规制度建设得到了历史性推进和加强。从中央政治局关于改进工作作风、密切联系群众"八项规定"的出台并持之以恒贯彻执行，到党的领导制度、组织制度、工作制度、干部选拔使用制度、党的纪律检查制度以及国有企业收入分配制度等一系列基本制度的规范化形成与贯彻；从禁止公款送礼、公款吃请、公款消费等一系列党风廉政建设规章制度的严格执行，到《中国共产党廉洁自律准则》、《中国共产党纪律处分条例》、《中国共产党问责条例》等正式颁布，严格的法规制度几乎覆盖党的建设各个方面和党员干部的一切行为，制度治党、制度反腐的作用和效果正在愈益凸显。党的十八届六中全会正式通过《关于新形势下党内政治生活的若干准则》和《中国共产党党内监督条例》，则是党的十八大以来党内法规制度建设里程碑式的标志，把党内法规制度建设推向了一个新的理论与实践高度。据不完全统计，十八大以来中央已制定修订了 74 部中央党内法规，超过现行有效的 170 多部中央党内法规的 40%。可以说，目前已初步形成了以党章为核心、以严格党内政治生活为重点、以净化优化党内政治生态为指向、以依法依规管好党的领导干部为关键的党内法规制度体系，党内生活尤其是政治生活基本实现了有法可依，党内法规制度对全面从严治党、从严管理干部、促进党风政风根本好转，发挥了强大的制度促进和法规保障作用，为在建党 100 周年时形成比较完善的党内法规制度体系，进一步提升党的执政能力和领导水平，更加有力地领导和推进国家治理现代化，提供了具有根本意义和长远意义的制度保障。

党的十八大以来的党内法规制度建设，有一个非常重要的指导思想，这就是习近平总书记关于制度治党的重要思想。坚持思想建党和制度治党相结合，凸显和深化制度治党，是党的十八大以来全面从严治党的突出内容和鲜明特点，也是加强党内法规制度建设的思想引领和强大动力。深入总结制度治党的历史经验，深入探索制度治党的基本规律，深入拓展制度治党的治理路径，是进一步加强党内法规制度体系建设的根本出发点和内在逻辑。

二、党的建设历史经验的深刻总结

改革开放之初，邓小平就旗帜鲜明地提出了重视党规党法建设和依靠制度管党治党的重要论断。在党的十一届三中全会主题报告中，邓小平明确指出："国要有国法，党要有党规党法。党章是最根本的党规党法。没有党规党法，国法就很难保障"。在《党和国家领导制度的改革》这篇纲领性文献中，邓小平反复阐述一个重要思想，这就是，要把党和国家的政治生活建立在不断完善的制度基础之上。他精辟指出："领导制度、组织制度问题更带有根本性、全局性、稳定性和长期性。""制度好可以使坏人无法任意横行，制度不好可以使好人无法充分做好事，甚至会走向反面。"这些重要论断，是对国际共产主义运动历史经验尤其是我们党领导革命和建设历史经验的精辟总结，是对马克思主义政党建设理论的创造性贡献。

在国际共产主义运动史上，曾经出现过斯大林破坏社会主义民主与法制的严重教训。在我国社会主义发展史上，曾经出现过"文化大革命"践踏社会主义民主与法制的严重挫折。产生这些问题的原因究竟是什么？是个人的素质还是制度的原因？邓小平鞭辟入里指出，领袖个人的因素固然是个重要原因，但是根本原因在于制度的缺失和漏洞。他说："斯大林严重破坏社会主义法制，毛泽东同志就说过，这样的事件在英、法、美这样的西方国家不可能发生。他虽然认识到这一点，但是由于没有在实际上解决领导制度问题以及其他一些原因，仍然导致了'文化大革命'的十年浩劫。不是说个人没有责任，而是说领导制度、组织制度问题更带有根本性、全局性、稳定性和长期性。这种制度问题，关系到党和国家是否改变颜色，必须引起全党的高度重视。"这一分析，切中要害，振聋发聩，深刻指明了社会主义国家执政党面临的最严重危险和要解决的最关键问题，深刻揭示了在长期执政条件下加强党的建设必须遵循的最基本规律。

事实上，任何一个政党，当它取得执政地位之后，如何重视制度建党、完善党内法规，以健全的党内法规制度确保党的执政功能和执政成效、防止个人专断和党的成员腐败，这个问题就被尖锐地提到关系党的执政地位乃至生死存亡的重要位置上来。作为社会主义大国的执政党，我们党队伍庞大、责任重大，制度问题在党执政过程中一直是关乎根本、影响全局的一个重大问题；是否具有健全的党内法规制度，是党内生活尤其是政治生活是否正常，整个国家能否沿着民主法治道路向前发展的一个关键因素；是否具有强烈的制度意识和党规党纪意识，是广大党员尤其是党的各级领导干部能否保持本色、为民执政、廉洁执政的一个关键因素。

早在1938年10月党的六届六中全会上，毛泽东就明确提出了“党内法规”建设任务。他说：“还须制定一种较详细的党内法规，以统一各级领导机关行动。”延安整风时期，一系列党内法规制度得以形成，毛泽东对制度建党给予了高度重视。民主人士黄炎培访问延安，与毛泽东促膝长谈，尖锐地提问：通过什么路径才能够防止“政怠宦成”、“人亡政息”的历史教训，跳出“其兴也浡焉，其亡也忽焉”的“周期率”？针对这一问题，毛泽东明确回答：“我们已经找到了新路，我们能够跳出周期率。这条新路，就是民主。只有让人民来监督政府，政府才不敢松懈；只有人人起来负责，才不会人亡政息”。这一解答，何等精辟！何等深邃！防止自身腐败，防止人亡政息，归根到底要靠党内民主制度。加强权力监督是民主制度的核心内容，只有以健全的党内民主制度和国家民主制度确保人民以高度负责的精神监督党和政府，才能避免“其兴也浡焉，其亡也忽焉”的“周期率”，彻底防止“政怠宦成”、“人亡政息”历史悲剧重演。

当年毛泽东找到了“制度建党”这条新路，但是却未能带领全党一以贯之地走下去，更未能成功解决在党执政之后如何确保党和国家政治生活民主化、制度化这一重大课题。五十年代后期直至“文化大革命”，我们党所以屡遭曲折，国家所以屡遭困境，一个根本原因就是对制度的淡漠、疏忽甚至否定。权力过分集中，党政不分、政企不分，个人凌驾于集体之上，党和国家制度形同虚设，有的甚至破坏殆尽，这样一种历史教训，不是哪一个人的责任，而是制度意识普遍缺失、制度建设长期懈怠的结果。所以“文化大革命”结束之后，邓小平对党的历史经验的总结和党的思想、组织、作风建设的思考，正是紧紧抓住制度建设这个根本环节，明确提出“制度管党”这个重大命题，牢牢抓住制度改革这个关键节点。邓小平尤其明确提出了加强制度建党管党要着重解决的要害问题，指出“关键是要健全干部的选举、招考、任免、考核、弹劾、轮换制度”，废除领导干部职务终身制，并亲自领导制定了一系列适应改革开放新形势新任务需要的党内法规制度。邓小平把党内制度改革和法规完善提到能否赢得人民信任的高度，提到能否巩固党的执政地位的高度，提到能否发展社会主义的高度，为在长期执政条件下推进党内民主和社会民主、确保党的先进性和纯洁性，提供了根本思想指导。

历史经验告诉我们，小治治事、中治治人、大治治制。“治理国家，制度是起根本性、全局性、长远性作用的。”正是在深入总结历史经验的基础上，针对新的历史条件下党的建设面临的现实问题，习近平高屋建瓴地提出了必须坚持“制度治党”、加强党内法规制度建设的重要思想。2014 年 10 月 8 日，在党的群众路线教育实践活动总结大会上的讲话中，习近平精辟指出：要“坚持思想建党和制度治党紧密结合。从严治党靠教育，也靠制度，二者一柔一刚，要同向发力、同时发力”。2014 年 10 月 20 日，在十八届四中全会作关于《中共中央关于全面推进依法治国若干重大问题的决定》的说明中，习近平明确指出：“在我们国家，法律是对全体公民的要求，党内法规制度是对全体党员的要求，而且很多地方比法律的要求更严格。”“全面从严治党，必须努力形成国家法律法规和党内法规制度相辅相成、相互促进、相互保障的格局。”2015 年 1 月 13 日，在十八届中纪委五次全会上的讲话中，习近平明确强调：“在改进作风问题上，我们不能退，也退不得，必须保持常抓的韧劲、长抓的耐心，在坚持中见常态，向制度建设要长效。”2015 年 3 月 5 日，在参加十二届全国人大三次会议上海代表团审议时，习近平深刻指出：“从严治党，关键是要抓住领导干部这个‘关键少数’，从严管好各级领导干部。从严管理干部，要坚持思想建党和制度治党紧密结合，既从思想教育上严起来，又从制度上严起来”。2015 年 6 月 28 日，在中央政治局第 24 次集体学习时，习近平从反腐倡廉角度进一步强调：“法规建设带有根本性、全局性、稳定性、长效性。要贯彻全面深化改革、全面依法治国的要求，加大反腐倡廉法规制度建设力度，把中央要求、群众期盼、实际需要、新鲜经验结合起来，本着于法周延、于事有效的原则制定新的法规制度、完善已有的法规制度、废止不适应的法规制度，努力形成系统完备的反腐倡廉法规制度体系”。2016 年 1 月 12 日，在十八届中央纪委六次全会上的讲话中，习近平从净化优化党内政治生态的高度进一步指明深化制度治党、加强党内法规制度建设的迫切性和重要性，指出：“要抓住建章立制，立‘明规矩’、破‘潜规则’，围绕发生的腐败案例，查找漏洞，吸取教训，着重完善党内政治生活等各方面制度，压缩消极腐败现象生存空间和滋生土壤，通过体制机制改革和制度创新促进政治生态不断完善。”这一系列重要论述，构成内涵丰富、思想深邃的关于制度治党和党内法规制度建设的重要思想，为在新的历史条件下抓住根本问题和要害问题全面从严治党、确保党的先进性和纯洁性，进一步指明了方向。

三、构建以制度从严和全覆盖为指向的党内法规制度体系

2016 年 12 月印发的《中共中央关于加强党内法规制度建设的意见》，彰显制度治党和依规治党精神，以完善制度体系、促进制度优化为目标，按照“规范主体、规范行为、规范监督”相统筹相协调原则，将党内法规制度体系概括为“1 + 4”的基本框架，即以党章为核心和统领，着力加强党的组织法规制度、党的领导法规制度、党的自身建设法规制度、党的监督保障法规制度四大板块。这一法规制度体系的建构，不啻是制度治党、依规治党的“四梁八柱”，彰显了以习近平为核心的党中央深化制度治党的顶层设计和全面从严治党的长远谋划。

全面从严治党，是党的十八大以来党的

建设的鲜明特点和突出主题，在“四个全面”战略布局中具有关键性、保障性地位与作用。加强党内法规制度建设，必须紧紧围绕全面从严治党这个总布局、总要求来谋划、来推进，通过制度的完善与优化，推动各级党组织切实担负起管党治党的主体责任。全面从严治党对党内法规制度建设的总要求，就是要严字当头、从严立规。制定党内法规制度要体现严的要求、严的基调，执行党内法规制度要强化严的标准、严的纪律，通过一项项严格有效管用的具体制度，推动解决管党治党宽松软的问题，着力解决党的领导和党的建设虚化弱化淡化的问题。“从严”，既是深化制度治党的根本出发点，也是党内法规制度建设必须坚持的根本原则。

全面从严治党，关键在“全面”。这就是要坚持全方位、全覆盖、全过程，把“从严”要求落实到思想建设、组织建设、作风建设、反腐倡廉建设和制度建设各个方面，全面从严规范各级党组织的工作、活动和全体党员的行为。这正是加强党内法规制度建设所要遵循的基本原则。

党内法规制度体系的全面性，体现在多个层面和多个领域。从名称上看，包括党章、准则、条例、规则、规定、办法、细则等 7 种类型；从位阶上看，自上而下包括中央党规、部委党规、地方党规 3 个层次；从重要性角度上看，包括根本性党规、支架性党规、配套性党规；从内涵上看，包括实体性规范、程序性规范、保障性规范、惩戒性规范等；从流程角度上看，包括主体规范、行为规范、监督规范、责任及救济规范等；从调整方式上看，包括激励性规范和制约性规范等；从约束对象上看，包括管人、管事、管权等类型；从领域上看，包括党的领导和执政活动、党的自身建设活动、党的机关运行保障活动等领域。《中共中央关于加强党内法规制度建设的意见》概括的“1 + 4”基本框架，正是党内法规制度体系全面性的集中体现。其中，党章是根本大法，是管党治党的总章程。党内法规制度建设从党章开始、以党章为核心；在党内法规制度体系中，党章的位阶最高，处于最顶层，准则、条例和规则、规定、办法、细则等，都源于党章，以党章精神为依据，以履行党章为指向。其他 4 个方面，党的组织法规制度，规范党的各级各类组织的产生和职责，旨在夯实管党治党、治国理政的组织制度基础；党的领导法规制度，规范党的领导和执政活动，为党发挥总揽全局、协调各方领导核心作用提供制度保证；党的自身建设法规制度，规范党的思想建设、组织建设、作风建设、反腐倡廉建设等自身建设活动，着力提高党的建设科学化水平；党的监督保障法规制度，规范对党组织工作、活动和党员行为的监督、考核、奖惩、保障等，确保行使好党和人民赋予的权力。总之，“1 + 4”党内法规制度体系，坚持了全面从严治党的战略要求，凸显了党章的统领地位，覆盖了党的领导和党的建设各个领域和一切方面，对推动形成完善的党内法规制度体系，具有重要的引领和指导作用。

四、正确认识和把握好一系列辩证关系

在全面从严治党这一总布局中，在深化制度治党这一关键性战略措施中，加强党内法规制度建设，需要正确认识和把握好一系列辩证关系：

——正确认识和把握好依法治国与制度

治党、依规治党的关系，坚持统筹推进、一体建设。依法治国和依规治党，是优化治国理政的两个基本要素，两者相辅相成、相得益彰，不可相互取代，更不可相互对立。习近平指出："新形势下，我们党要履行好执政兴国的重大职责，必须依据党章从严治党、依据宪法治国理政。""在我们国家，法律是对全体公民的要求，党内法规制度是对全体党员的要求，而且很多地方比法律的要求更严格。""全面推进依法治国，必须努力形成国家法律法规和党内法规制度相辅相成、相互促进、相互保障的格局。"深化制度管党治党、坚持依规管党治党，是全面依法治国的重要前提和政治保障。一方面，党内法规制度，是宪法和法律精神及其原则在党的建设上的具体化，是确保"党领导立法、保证执法、带头守法"的最基本的法律化和制度化规定；另一方面，党内法规制度的科学制定和严格执行，对于国家法律体系完善和法治化进程又具有重要的示范和促进作用。我们应从这样一种辩证关系中深刻把握"党"与"法"的关系，坚持依法治国与制度治党、依规治党统筹推进、一体建设。

——正确认识和把握好党纪与法律的关系，坚持纪在法前、纪严于法。制度与纪律、规矩有机联系，甚至融为一体。党内法规制度，在很大层面上是党的纪律与规矩的制度化。法律与纪律的关系，对于共产党员尤其是党员领导干部来说，是普遍性与特殊性的关系。法律是治国之重器，是任何组织和个人都必须遵守的底线，党的组织和个人也不例外，模范遵守国家法律，是每一个共产党员必须自觉履行的义务。但是仅仅做到这一点还远远不够，除了严守国法这个义务之外，党组织和党员个人还有一个必须履行的义务，这就是要严守党纪。因为党是肩负神圣使命的政治组织，是工人阶级和人民大众的先锋队，是由铁的纪律组织起来的先进集体。党的先锋队性质、历史使命和执政地位决定，党规党纪必然也必须严于国家法律。如果混淆了纪律和法律的界限，认为只要守法就可以了，把违纪当成"小节"，党员不违法就没人管、不追究，久而久之就必然会造成"要么是好同志，要么是阶下囚"的不正常现象。中央强调纪在法前，守纪严于遵法，就是针对长期以来纪法不分、重法轻纪的问题提出来的。这也是新的历史条件下加强党内法规制度建设的现实价值指向。

——正确认识和把握好"破"与"立"的关系，坚持"破"字当头、"立"在其中。长期以来，许多潜规则侵入党内，甚至大行其道，对党的肌体造成严重危害。在一些地方和部门，拉帮结派的山头主义、人身依附的宗派主义、我行我素的自由主义、不讲原则的好人主义、唯利是图的个人主义、游戏人生的享乐主义盛行，尤其是"一把手"搞家长制、独断专行，使党内政治生活变得低级庸俗、是非判断十分模糊，久而久之严重挫伤了广大干部群众的积极性，败坏了政治风气和社会风气，污染了党内党外的政治生态，带坏了一批党员干部，乃至发生"连锁式"、"塌方式"腐败。事实警示我们，加强党内法规制度建设，必须"破"字当头，坚决破除各类潜规则对党内生活尤其政治生活的侵蚀和破坏。潜规则不破，党风不可能好转，党内政治生态不可能净化。"破"中有"立"，"破"字当头、"立"在其中。所谓"立"，就是要坚定不移注重制度建设和完善，有针对性地制定和完善党内法规制度，以制度严纪律、以法规严规矩，发挥制度和法规的作用，彰显制度和法规的权威，通过完善制度的正能量，优化和固化“山清水秀”的政治生态，以正压邪，让“潜规则在党内以及社会上失去土壤、失去通道、失去市场”。

——正确认识和把握好信任与监督的关系，坚持制度激励和制度监督有机统一。深化制度治党，完善党内法规制度，彰显制度在净化优化党内政治生态中的常态效应，既要注重党的领导制度、组织制度、干部选拔使用制度等制度体系的不断完善，充分释放制度在促进人们善言善行中的导向与激励作用，营造自觉要求自己和不断完善自己的良好习惯与氛围，形成党内率先垂范、以身作则的正能量，又要突出强化党内监督制度的科学设计和严格执行。因为信任代替不了监督，任何人的行为都离不开监督，党员领导干部尤其离不开监督。有权必有责、有责要担当，用权受监督、失责必追究。党要管党、从严治党，无论是“管”抑或是“治”，都包含监督。完善党内监督制度，是深化制度治党的关键环节，是党内法规制度建设的重中之重。

——正确认识和把握好制度与道德的关系，坚持以思想道德建设涵养党内法规制度。无论对党的整体来说还是对党员个体来说，法规制度都具有强制性，是一种外在的约束力量。外因只有通过内因才能起作用，这就是要把严格的法规制度约束牢固建立在思想自觉和道德自省基础之上。这是全面从严治党、加强党内法规制度建设不可或缺的基础性环节。习近平指出：“抓作风建设要返璞归真、固本培元，在加强党性修养的同时，弘扬中华优秀传统文化。”“要坚持高标准和守底线相结合，既要注重规范惩戒、严明纪律底线，又要引导人向善向上，坚守共产党人精神追求，筑牢拒腐防变思想道德防线。”这一重要论述，体现了厚重的历史眼光和辨证的思维方法，是全面从严治党的重要引领，也是加强党内法规制度建设的重要遵循。中华优秀传统文化中“修齐治平”的价值追求，马克思主义学说中共产主义的崇高理想，我们党在长期实践中形成的守规矩讲纪律的优良传统，都是制定党内法规制度的丰富政治资源，都是加强和彰显制度治党、以规治党的重要前提和必要补充。只有站在顺应时代潮流和立足中国现实的层面上将这三者有机地统一起来、内在地融化在一起，才能汇聚起全面从严治党的巨大精神力量，释放出净化优化党内政治生态的巨大制度威力，确保我们党始终充满生机活力、永远立于不败之地。

五、以改革创新精神加快补齐重点方面党内法规制度短板

深化制度治党，基础是“制”、关键是“治”。无论是“制度”的健全完善，还是“治理”的坚强有力，都必须遵循一个基本的政治逻辑，这就是：改革是完善党内法规制度的必由之路，是深化制度治党的根本动力。加强党内法规制度体系建设，是一项创新性、创造性工程，必须大力弘扬改革创新精神，在全面深化改革中不断推进。党的十八大以来党内法规制度建设虽然取得了巨大成就，但与应对党面临的严峻挑战和全面从严治党的艰巨任务相比，还有不小的差距，现有党内法规制度还不同程度地存在着碎片化、粗放化以及虚化、老化等薄弱环节，有的方面还是明显短板。这些薄弱之处尤其是制度短板，正是

党的制度改革亟待突破和深化之处。

第一，进一步深化党的领导制度改革，在坚持民主集中制方面进一步完善党内法规制度。

民主集中制是党的根本组织原则、也是根本领导制度，是党内政治生活正常开展的重要制度保障。在民主集中制的领导体制中，关键又在于"一把手"这个"关键少数中的关键少数"。习近平强调："各级领导班子一把手是'关键少数'中的'关键少数'。一把手违纪违法最易产生催化、连锁反应，甚至造成区域性、系统性、塌方式腐败。许多违纪违法的一把手之所以从'好干部'沦为'阶下囚'，有理想信念动摇、外部'围猎'的原因，更有日常管理监督不力的原因。"针对权力过分集中的领导体制弊端，十八届三中全会《关于全面深化改革若干重大问题的决定》将"强化权力运行制约和监督体系"作为全面深化政治体制改革的重点内容，明确要求"必须构建决策科学、执行坚决、监督有力的权力运行体系；健全惩治和预防腐败体系，建设廉洁政治，努力实现干部清正、政府清廉、政治清明"。党的十八届六中全会通过的《关于新形势下党内政治生活的若干准则》明确规定："坚持集体领导制度，实行集体领导和个人分工负责相结合，其民主集中制的重要组成部分，必须始终坚持，任何组织和个人在任何情况下都不允许以任何理由违反这项制度。"《中国共产党党内监督条例》明确规定："党内监督必须贯彻民主集中制，依规依纪进行，强化自上而下的组织监督，改进自下而上的民主监督，发挥同级相互监督作用。""党内监督的重点对象是党的领导机关和领导干部特别是主要领导干部。"这些制度规定，为深化党的领导制度改革进一步指明了方向，但是需要进一步细化深化，尤其需要有针对性地制定出台有关法规制度予以规范。

第二，进一步深化党内民主制度改革，在激发党员主体性方面进一步完善党内法规制度。

党内民主是党的生命，是党内政治生活积极健康的重要基础。发展党内民主，实行党务公开，切实增强党员的主体意识和主体作用，无疑是深化党内民主制度改革的重中之重，是加强党内法规制度建设的基础内容。在这方面，目前的法规制度还比较笼统，有的甚至存在短板。我们党拥有8900万党员，如何增强党员的主体性，是直接关系到党是否充满活力、能否有效执政的基础性问题。如果绝大多数党员具有主体意识、积极发挥主体作用，那么有什么样的困难能够阻挡得了我们？现在的问题是，为数不少的党员缺乏主体性，相当部分甚至是"徒有其名"的党员。解决这一问题，归根到底要靠发展党内民主，从制度层面确保广大党员享有民主权利。《关于新形势下党内政治生活的若干准则》规定："必须尊重党员主体地位、保障党员民主权利，落实党员知情权、参与权、选举权、监督权，保障全体党员平等享有党章规定的党员权利、履行党章规定的党员义务……任何党组织和党员不得侵害党员民主权利。"这一制度规定，目标明确，但需要具体化的制度保障。在实际生活中如何确保每一个党员"四权"落到实处，促进广大党员自觉履行"四权"，发挥主体作用，显然还需要有针对性地制定一系列具体法规制度予以促进和保障。

第三，进一步深化党内监督制度改革，在切实把权力关进制度笼子方面进一步完善党内法规制度。

加强党内监督制度改革与建设，是十八大以来全面从严治党的重点。这方面的改革只能继续推进而不能有丝毫懈怠。十八届六中全会通过的《中国共产党党内监督条例》对党内监督制度作出进一步明确规定，强调党内监督要“尊崇党章，依规治党，坚持党内监督和人民群众监督相结合，增强党在长期执政条件下自我净化、自我完善、自我革新、自我提高能力，确保党始终成为中国特色社会主义事业的坚强领导核心”。强调党内监督的重点是“解决党的领导弱化、党的建设缺失、全面从严治党不力、党的观念淡薄、组织涣散、纪律松弛，管党治党宽松软问题，保证党的组织充分履行职能、发挥核心作用，保证全体党员发挥先锋模范作用，保证党的领导干部忠诚干净担当。”党内监督制度改革的总目标、总原则需要进一步深化细化，并通过有关法规制度和细则进一步向党的各个层级和各个领域延伸。这无疑是今后一个时期党内法规制度建设的主攻方向和重点任务。

第四，进一步深化干部人事制度改革，在提高选人用人公信度方面进一步完善党内法规制度。

坚持正确选人用人导向，是严肃党内政治生活的组织保证，是党内法规制度建设不可或缺的关键环节。《关于新形势下党内政治生活的若干准则》规定。“必须严格标准、健全制度、完善政策、规范程序，使选出来的干部组织放心、群众满意、干部服气。”而要做到这一点，最重要的是要从源头上解决“权力授受”问题。只有坚持“权为民所授”，才能做到“权为民所谋”、“权为民所用”，防止“权为私所有”、“权为私所用”，有效遏制和清除任人唯亲、以权谋私现象。“权为民所授”，就是要把好领导干部选拔任用关，完善和强化干部选拔过程中的民主化机制，让真实民意真正成为选拔任用干部的重要标准，把“党管干部”和“民管干部”有机地结合起来，使一切领导干部和所有国家工作人员从制度规范和制约中时刻意识到，自己手中的权力是人民授予的，必须用来全心全意为人民谋利益，始终做人民大众利益的“守护人”。人民是国家的主人，权力是人民对国家的委托，国家公共权力的本质和服务公共利益的职能，是深入改革干部选拔任用制度、加强有关法规制度建设的最根本逻辑依据。

（作者：济南大学政法学院名誉院长、教授、博士生导师）

深化推进全面从严治党　创新中国特色治党机制

王浦劬

中国共产党十八届六中全会公报和审议通过的文件(以下简称“全会文件”),紧紧围绕全面从严治党的主题,深刻阐述了长期执政的中国共产党保持先进性和纯洁性、拒腐防变和抵御风险的路径和抓手,着力部署了新的历史条件下深化推进全面从严治党的制度和措施,创新完善了中国特色治党的机理和机制,对于深入贯彻党的治国理政的战略和举措,深刻把握中国特色社会主义政党政治的特点和优势,具有重要而深远的理论和实践意义。

如果说全会的主题是全面从严治党,那么,贯穿全会文件的主线则是深化推进全面从严治党、创新中国特色治党机制,全会文件正是紧扣这一主线展开了系统论述。

深化推进全面从严治党的重要性和必然性

深化推进全面从严治党的重要性和必然性,本质上是为什么必须深化推进全面从严治党的问题。从现实和历史、当前与长远、实践与理论的结合来看,深化推进全面从严治党,既是中国共产党坚持和发展中国特色社会主义,贯彻国家治理战略,执政安邦兴国,承担中华民族伟大复兴历史使命的现实需要,也是探索和创新中国特色的治党机制,激活和提升党的自我净化、自我完善、自我革新和自我提高能力,使得长期执政的中国共产党保持先进性和纯洁性、抵御风险和拒腐防变的逻辑必然。

从现实来说,中国共产党的地位和使命,决定了党必须管党治党,管党治党必须从严。党的十八大以来,以习近平同志为核心的党中央提出了一系列治国理政新理念新思想,形成并积极推进“五位一体”的总体布局和“四个全面”的战略布局。而在贯彻落实国家治理的新理念新思想和新战略的历史进程中,党处于总揽全局、协调各方的至关重要的地位,“办好中国的事情,关键在党,关键在党要管党、从严治党。”因此,以全面从严治党,推进科学民主有效的治国理政,进而达成国家治理体系和治理能力现代化,全面建成小康社会,无疑是中国经济政治社会发展的基本路径和内在逻辑。由此可见,深化推进全面从严治党,“切实把党建设好、管理好,保持党的先进性和纯洁性,增强党的创造力凝聚力战斗力,提高党的领导水平和执政水平,确保党始终成为中国特色社会主义事业的坚强领导核心”,是贯彻实施党的治国理政战略和方略、实现中华民族伟大复兴的基石和前提。

另一方面,新的历史条件下,党内和社会政治生活面临着一些亟待解决的突出矛盾和问题,这些问题“严重侵蚀党的思想道德基础,严重破坏党的团结和集中统一,严重损害党内政治生态和党的形象,严重影响党和人民事业发展。”党的十八大以来，中央积极推进全面从严治党，采取一系列新的举措加大管党治党力度，取得显著成效。但是，应清醒认识到，解决这些突出矛盾和问题，净化党内政治生态和社会政治生态任重道远，只有深化推进全面从严治党，才能不断防范和解决党内存在的突出矛盾和问题，进而让党内政治生态风清气正，推进社会政治生态全面净化。

从长远来看，新中国建立以后，作为执政党和国家领导核心的中国共产党肩负起代表人民执掌政权、领导人民建设和治理社会主义新国家的历史任务，在不断探索建设和治理社会主义社会的路径和机制的同时，自身也面临着肌体不断遭受侵蚀的危险。进入新时期以来，党的执政环境和条件发生了很大变化，“党面临的‘四大考验’‘四种危险’是长期的、复杂的、严峻的。”由此更加尖锐地提出了具有历史和世界意义的政党政治命题，即在一党长期执政的情况下，怎样保持执政党的先进性和纯洁性，提高党的拒腐防变和抵御风险能力。“持续破解这一难题，党才能永葆先进性和纯洁性。”而破解这一难题的路径，在于创新政党治理机制。

近代以来，西方国家在多党政治形态下，为了保障作为统治阶级的资产阶级的根本利益，设置和运行了多党竞争机制，试图通过多党竞争从政党外部形成竞争或者反对压力，来平衡资产阶级内部不同集团的利益和政治诉求，约束执政党行为，保持党的基本属性并且提高政治能力。

在我国，中国共产党的先进性和纯洁性是通过党的政治路线、思想路线、组织路线和群众路线来实现的，同时，也是通过党内监督与党外监督包括国家机关、参政党、社会团体和人民群众的监督来实现的。

在新的历史条件下，面对新的形势、任务和党内政治生态，为了保证长期执政的党的先进性和纯洁性，提高党拒腐防变和抵御风险的能力，必须创新政党治理机制，提升对于党组织和党员的监督力度和效度。中国共产党的地位作用和中国特色社会主义政党政治的性质，决定了我国政党治理机制的创新不会采用西方多党制度的外部竞争治理机制，而必定是在坚持中国特色社会主义政治制度基础上的创新，必须是在坚持和完善党的领导意义上的创新，必然是在原有监督体系和机制的基础上的创新，尤其着力强化执政党的自我监督的创新，“历史和现实都证明，解决党自身存在的问题，根本要靠强化自我监督。党的执政地位决定，在党和国家各项监督制度中，党内监督是第一位的，党内监督缺失，其他监督必然失效。”这就要求深化推进全面从严治党，以改革创新精神加强党的建设，在“坚持党内监督和人民群众监督相结合”的同时，着重强化党的自我净化、自我完善、自我革新和自我提高能力，着力强化党内监督，由此创造性地构建党内监督为主，党内外监督结合的治党机制，从而开拓性地创新和建构中国特色的治党治理机制，全面提高党的建设科学化水平，深化推进全面从严治党由此成为创新中国特色治党机制的必然。

深化推进全面从严治党的价值目标和基本规范

深化推进全面从严治党的价值目标和

基本规范，实际上是按照什么价值目标和规则规范深化推进全面从严治党的问题，本质上是治理什么样的党的问题。按照全会文件，深化推进全面从严治党的总体目标和规范是“以党章为根本遵循，坚持党的政治路线、思想路线、组织路线、群众路线，着力增强党内政治生活的政治性、时代性、原则性、战斗性，着力增强党自我净化、自我完善、自我革新、自我提高能力，着力提高党的领导水平和执政水平、增强拒腐防变和抵御风险能力，着力维护党中央权威、保证党的团结统一、保持党的先进性和纯洁性，努力在全党形成又有集中又有民主、又有纪律又有自由、又有统一意志又有个人心情舒畅生动活泼的政治局面。”在此基础上，全会文件详细阐发了党内政治生活和党内监督的内容范畴、方向目标、原则要求和方法途径，这些阐发系统回答了长期执政的中国共产党按照什么价值规范和标尺实施自我净化、自我完善、自我革新和自我提高，保持党的先进性和纯洁性，它们既是深入推动党内政治生活和党内监督制度化、规范化、程序化的基础，也是深化推进全面从严治党、创新中国特色治党机制的目标依据和规则遵循。

研读全会文件可知，全会规定和阐发的价值规范和标尺，内含着新时期党的建设和治理继承与创新、思想与制度、目标与路径、内因与外因、组织与功能、党风与纪律、民主与集中、激励与规范的辩证统一，它们是中国共产党一以贯之的信仰信念、初心始衷、本质属性和根本立场在治党制度上的具体体现，也是对于新时期党自身基本构成要素的再度定准和创新阐述。

1. **价值体系**。理想和信仰是共产党人的核心价值，“共产主义远大理想和中国特色社会主义共同理想，是中国共产党人的精神支柱和政治灵魂，也是保持党的团结统一的思想基础”，是共产党人具有强大自我完善能力的思想根基，“我们党之所以能够经受一次次挫折而又一次次奋起，归根到底是因为我们党有远大理想和崇高追求。”对于深化推进全面从严治党来说，理想信仰是治党的价值目标、取向定位和思想准则。坚定理想与信仰，是治党的首要任务，是在思想建党的同时强化思想治党、强化理想与信仰对于治党的引领和导航作用的关键。

值得指出的是，共产党人的理想与信仰，不仅是对于未来美好社会憧憬，而且是基于对于历史发展规律的深刻认识和对于马克思主义科学理论的深刻理解，正因为如此，思想治党的根本规范在于，在实践中坚持与发展、学习和运用马克思主义和中国特色社会主义理论。

2. **政治路线**。“党在社会主义初级阶段的基本路线是党和国家的生命线、人民的幸福线，也是党内政治生活正常开展的根本保证。”以“一个中心两个基本点”为内容的党的基本路线，既是中国共产党人在社会主义建设实践中自我完善、自我革新和自我提高的治国理政历程的集中凝聚，又是深化推进全面从严治党的政治要求和立场所在；既是规范党组织和党员政治行为的指南针，也是鉴别党员政治合格性的识别器。显然，是否积极拥护、贯彻、践行和捍卫党的基本路线，是区分共产党人政治路线和政治实践选择正确与否的政治分水岭，是政治治党的首要标杆，考察和识别党的领导干部，“必须首先看是否坚定不移贯彻党的基本路线”。而一切违背、歪曲、否定党的基本路线的言行，都是从严治党必须克服的现象。

3. **组织原则**。“民主集中制是党的根本组织原则”，这一组织原则是党内政治生活正常开展和党内监督的重要制度保障。民主集中制是民主与集中的有机结合和辩证统一，在深化推进全面从严治党的意义上，党的民主集中制具体体现为坚持发扬党内民主和坚定维护中央权威。一方面，坚持发扬党内民主，党内决策、执行、监督等工作必须执行党章党规确定的民主原则和程序，同时，充分尊重党员主体地位并且保障党员民主权利。另一方面，“坚决维护党中央权威、保证全党令行禁止”，这就要求“坚持党员个人服从党的组织，少数服从多数，下级组织服从上级组织，全党各个组织和全体党员服从党的全国代表大会和中央委员会，核心是全党各个组织和全体党员服从党的全国代表大会和中央委员会”。

4. **党规党纪**。尊崇党章，依规治党，是新时期深化推进全面从严治党的基本原则，是法治思维在治党实践中的要求。这就表明，在深化推进全面从严治党的实践中，党章是治党的最高规则，党章党规构成了治党的系统制度和准则。在这其中，党纪的严明“是全党统一意志、统一行动、步调一致前进的重要保障，是党内政治生活的重要内容。必须严明党的纪律，把纪律挺在前面，用铁的纪律从严治党。”为此，全会文件在提出严明监督执纪的同时，特别强调指出政治纪律对于深化推进全面从严治党的极端重要性，“政治纪律是党最根本、最重要的纪律，遵守党的政治纪律是遵守党的全部纪律的基础”，进而规定了具有监督执纪操作性的党员政治纪律的“九个不准”。

5. **选用导向**。“坚持正确选人用人导向，是严肃党内政治生活的组织保证”，也是党的干部路线在深化推进从严治党方面的必然体现。政治路线确定以后，干部就是决定的因素，就此而言，深化推进从严治党，提高党的自我完善能力，关键在于干部治理。全会从选人用人导向的角度，对于干部治理规范进行了深入论述。全会文件阐述的创新规范在于，党在干部选用中必须贯彻公道正派导向，“把公道正派作为干部工作核心理念贯穿选人用人全过程，做到公道对待干部、公平评价干部、公正使用干部。”在干部选用和管理中强化党的领导，纠正不正之风。同时，辩证地实施干部治理，“既严格教育、严格管理、严格监督，又在政治上、思想上、工作上、生活上真诚关爱，鼓励干部干事创业、大胆作为”。据此，建立容错纠错机制，党组织为敢于担当的干部担当，为敢于负责的干部负责。

6. 作风规范。党的作风关乎人心向背和党的生死存亡，是深化推进全面从严治党的关键环节和枢纽。全会文件继承党的三大作风，并且针对新形势和新问题进行了规范创新，规定从严治党必须“坚持党的思想路线贯穿于执行党的基本路线全过程”“坚持理论联系实际，一切从实际出发，在实践中检验真理和发展真理”；必须“把坚持全心全意为人民服务的根本宗旨、保持党同人民群众的血肉联系作为加强和规范党内政治生活的根本要求”；必须“坚持不懈把批评和自我批评这个武器用好”。同时，“必须筑牢拒腐防变的思想防线和制度防线，着力构建不敢腐、不能腐、不想腐的体制机制，保持党的肌体健康和队伍纯洁”。在此基础上，全会文件对于作风规范作出了较为详细的规定，不仅使得党的作风治理具有明确的原则，而且更加具备可行性和实施性。

深化推进全面从严治党的实施机制

深化推进全面从严治党的实施机制，本质上是通过什么样的路径和机制来实施和推进深化全面从严治党的问题，或者说，是怎样实现党的自我完善的问题。全会文件显示，实施全面从严治党的总体思路，是思想建党与制度治党、弘扬信仰与制约权力、信任激励与严格监督、党内监督与外部监督有机结合起来，构建和形成全面从严治党的有效实施机制。

1. **思想治理**。思想治理，首先在于弘扬共产主义远大理想和中国特色社会主义共同理想，检测监督党员干部和党员理想信仰信念是否动摇滑坡，党的治理不仅据此确定党的发展方向和方位，而且以此来实现党的价值体系的引领，以理想和信仰的力量激发党员和党的领导干部不忘初心，追求崇高，继续前进，毕生奋斗。思想治理的重要机制还在于理论学习，通过彻底的理论的逻辑，“解决好世界观、人生观、价值观这个‘总开关’问题”，增强党的自我完善能力，坚定对中国特色社会主义的道路自信、理论自信、制度自信和文化自信，强化政治定力。同时，“领导干部特别是高级干部必须带头践行社会主义核心价值观，讲修养、讲道德、讲诚信、讲廉耻”，维护和保持党的纯洁性。

2. **制度治党**。全会文件特别强调党的治理的制度化、规范化、程序化，把制度治党作为新时期党的治理的至关重要的机制创设。制度治党，首先是尊崇党章、贯彻党章、维护党章，以党章为治党的根本遵循，“着力把党章关于党内政治生活和党内监督的要求具体化”，围绕党章形成和运行党规党纪。其次，建立健全党内政治生活制度体系，“聚焦党内政治生活和党内监督存在的薄弱环节，着力围绕理论、思想、制度构建体系，围绕权力、责任、担当设计制度”，形成体系化的党的动力活力激发制度与监督约束治理制度，“建立健全党中央统一领导，党委（党组）全面监督，纪律检查机关专责监督，党的工作部门职能监督，党的基层组织日常监督，党员民主监督的党内监督体系”。再次，切实遵章依规治党，把党的章程和方方面面的政治规矩、政治纪律、党规党纪和规章制度真正贯彻落实到党的思想、政治、组织和群众工作中，把思想建党与制度治党有机结合起来，使得治党的制度内化为党员干部和广大党员的党性修养和自觉行为。

3. **权力制约**。科学合理有效的权力制约和监督机制，是依规依纪治党的关键，也是保证党拒腐防变、清正廉洁和风清气正的措施。当前，完善治党的权力制约和监督机制，主要在于“强化自上而下的组织监督，改进自下而上的民主监督，发挥同级相互监督作用。”在这其中，强化自上而下的权力制约和监督，强化中央对于全党的集中统一领导，具有特殊重要意义，“坚决维护党中央权威、保证全党令行禁止，是党和国家前途命运所系，是全国各族人民根本利益所在，也是加强和规范党内政治生活的重要目的。坚持党的领导，首先是坚持党中央的集中统一领导。一个国家、一个政党，领导核心至关重要。全党必须自觉在思想上政治上行动上同党中央保持高度一致。”同时，建立健全巡视制度和巡察制度，发挥从严治党利剑作用。

4. **民主治理**。党的民主治理机制，是党实现自我净化、自我完善、自我革新和自我提高的长久可靠机制。实施党内民主治理，首先在于健全党员知情权、参与权、选举权、监督权落实机制。其次在于全体党员平等享有党章规定的党员权利、履行党章规定的党员义务，坚持党内民主平等的同志关系的保障机制。再次，在于依规设置和有效运行党内选举、决策、执行、监督的民主机制。与此同时，党的民主治理机制，也在于坚持和严格党的组织生活制度，创新方式方法，包括民主生活和组织生活会、党内谈话制度、领导干部述责述廉制度、个人有关事项报告制度、民主评议制度等等，借此民主治理的系统机制，不断提高党的政治生活和民主监督公开程度。

5. **责任治理**。建立和完善治党责任机制，按照党章党规党纪建立健全赋责、究责和追责制度，是落实从严治党的重要机制。作为执政党，代表人民掌握政权、运行治权，尤其需要责任治党和责任治理机制，按照有权必有责、用权必担责、滥权必追责的原则，在党的治理的方方面面，安排、设置和运行责任制度，保证党的领导干部在宪法和法律范围内活动，真正敬畏权力、敬畏责任、敬畏民意和敬畏职守，遵守规矩，信念坚定、为民服务、勤政务实、敢于担当、清正廉洁。而在党内监督方面，全会文件再次强调申述党内监督的责任，“党委（党组）在党内监督中负主体责任，书记是第一责任人，党委常委会委员（党组成员）和党委委员在职责范围内履行监督职责。”同时，“党的各级纪律检查委员会是党内监督的专责机关，履行监督执纪问责职责”。

6. **重点治理**。通过重点治理带动普遍治理，是全会治党机制创新的重要亮点。在这其中，首先是突出治党着力点，即增强党内政治生活的政治性、时代性、原则性、战斗性，增强党自我净化、自我完善、自我革新、自我提高能力，提高党的领导水平和执政水平、增强拒腐防变和抵御风险能力，维护党中央权威、保证党的团结统一、保持党的先进性和纯洁性。其次，突出治党需要解决的重点问题，主要是“党的领导弱化、党的建设缺失、全面从严治党不力，党的观念淡漠、组织涣散、纪律松弛，管党治党宽松软问题，保证党的组织充分履行职能、发挥核心作用，保证全体党员发挥先锋模范作用，保证党的领导干部忠诚干净担当。”再次，突出治理的重点对象，“新形势下加强和规范党内政治生活，重点是各级领导机关和领导干部，关键是高级干部特别是中央委员会、中央政治局、中央政治局常务委员会的组成人员。”而“党内监督必须加强对党组织主要负责人和关键岗位领导干部的监督”。第四，突出监督内容，“重点监督其政治立场、加强党的建设、从严治党，执行党的决议，公道正派选人用人，责任担当、廉洁自律，落实意识形态工作责任制情况。”通过突出重点，形成党员领导干部尤其是高级领导干部率先垂范、以上率下，在治党治国和风清气正方面为全党全社会作出示范，促进政治生态的根本转变。

7. **预防治理**。深化推进全面从严治党，目的在于保持长期执政的党的先进性和纯洁性，强化党在新的历史条件下拒腐防变和抵御风险的能力，提高党的自我完善能力，在党内政治生活和监督中，强化风险意识，提升防范能力，完善拒腐制度，建立健全预防机制，是达成治党目标的重要途径，也是全会的重要强调。在这其中，通过信仰确立、信念巩固、理论学习、党性修养、慎独慎微，建立健全党的领导干部和党员主观预防机制，通过持续教育、监督警示，“坚持惩前毖后、治病救人，抓早抓小、防微杜渐”，则是治党的客观预防机制。通过内外结合，真正形成治党的有力有效的预防机制，保证党的肌体健康健全，立于不败之地。

（作者：北京大学国家治理研究院院长）

全面从严治党的常态化制度化

——把握《中国共产党党内监督条例》的核心要义

冯颜利

《中国共产党党内监督条例(试行)》自2003年颁布施行以来,发挥了积极作用。但随着形势任务的发展变化,这个试行条例与新实践、新要求不相适应的问题不断显现。2016年10月27日,党的十八届六中全会以全面从严治党为主题,审议通过了《关于新形势下党内政治生活的若干准则》(以下简称《准则》)和《中国共产党党内监督条例》(以下简称《条例》)。《条例》共8章47条,分三大板块:第一大板块是第一章的总则9条,主要阐明了立规的目的、依据、指导思想、基本原则,监督的内容、对象、方式和监督体系等重要问题。第二板块是第二至第五章27条,是条例的主体部分,分别就中央组织监督、党委(党组)监督、纪委监督、基层组织和党员监督这四类主体的职责和监督制度进行了规定。其中单设了中央组织的监督,体现了党中央以身作则、以上率下的决心。第三板块是第六至第八章11条,分别就党内外监督相结合、整改和保障、附则等进行了规定。条例没有对实施细则授权,表明全党必须一致,不许变通打折扣。《条例》三大板块的核心要义主要可以从以下五个方面来理解和把握。

一、高度重视加强监督的时代价值

要理解好《条例》的核心要义,首先要重视加强监督的时代价值。深入把握颁布《条例》,加强监督,是为了进一步保护好党员干部。

党的十八大以来,以习近平总书记为核心的党中央铁腕反腐,"老虎""苍蝇"一齐打。在军队,包括两名中央军委副主席徐才厚、郭伯雄在内的数十名高级将领落马;在中央及省、部委,周永康、令计划、苏荣、蒋洁敏、周本顺、朱明国、黄兴国等被查,3年多来已先后有100多名省部级以上领导干部落马。党的十八届中央委员会中,有10名中央委员、13名中央候补委员被查。在地方,山西查处的省级干部就达7人之多;湖南衡阳贿选案处分467人,移送司法机关69人;四川南充贿选案查处477人;辽宁45名全国人大代表因拉票贿选当选无效、涉案的523名辽宁省人大代表也已全部辞职或被罢免。这些被查处的干部,主要是自身出了问题,但如果党内监督到位,及时发现问题,也许能挽救不少人。

这些被查处的腐败干部,过去都曾为党和国家做出过贡献。但是随着改革开放的深入,他们被腐朽思想侵蚀,失去了对共产主义的信仰,失去了共产党员的本色,这与党内民主生活流于形式、缺乏党内完善的监督机制是不无关系的。党员干部是党的宝贵财富,培养一个干部很不容易,《条例》的出台就是为了严格教育、严格考核和严格监督干部，使党员干部能够严格执行党的制度、纪律和规定，遵守规矩，自觉按照党的规章制度办事，更好地为人民群众服务。

习近平总书记指出：“党要管党、从严治党怎么抓？就从中央政治局抓起，正所谓‘子帅以正，孰敢不正？’上面没有先做到，要求下边就没有说服力和号召力。”《条例》的出台就是为了加强监督，保护党员干部。

一是明确重点。管好、保护好党员干部的重中之重是抓好“关键少数”，从领导干部尤其是高级领导干部抓起。《条例》指出，党内监督的重点对象是党的领导机关特别是主要领导干部。领导干部在个人修养上严于律己，才能起到模范带头作用，自己言行一致才能够让下属信服，做到令行禁止。

二是完善监督体制机制。《条例》中提出了包括建立完善基层巡察制度、完善党的组织生活制度、坚持党内谈话制度、严格执行干部考察考核制度等多项制度要求。需要注意的是，制度本身需要科学合理、务实管用、宽严相济、能解决问题，不能为了监督而监督，不能仅仅做到多和严，使得党内监督流于形式。

三是明确了党的纪律检查委员会（以下简称纪委）的监督权责。作为党内监督的专责机关，从“专门机关”到“专责机关”，突出了纪委的责任；纪委不但要监督保护其他党员干部，更要以身作则。《条例》指出，纪委的职责在于加强对所辖范围内党组织和领导干部遵守党章党规党纪、贯彻执行党的路线方针政策情况的监督检查；同时，纪委及其工作人员如有违反纪律问题的，必须从严处理。各级纪委必须加强自身建设，健全内控机制，自觉接受党内监督、社会监督、群众监督，确保权力受到严格约束。

二、坚定理想信念，严格遵纪守法

党的十八大以来，落马官员搞封建迷信、不信马列信鬼神的新闻频见报端。那些本该勤政为民、心系一方百姓的党员领导干部，竟不断上演求神拜佛、结交“大师”、迷信风水的荒唐戏码，这既败坏了党风政风，也带坏了社风民风。产生这种现象的主要原因就是部分党员领导干部理想信念淡薄，不把严格遵纪守法当回事儿。因此，《条例》首先强调的就是理想信念，严格遵纪守法。

理想信念是共产党人的精神支柱、政治灵魂，也是保持党的团结统一的思想基础。理想信念滑坡，官员意志就会衰退消沉，精神就会萎靡不振，工作就会不认真，心理上自然不安全，于是在封建迷信中寻找寄托。理想信念滑坡，官员就会热衷于烧香拜佛和算命看相，祈求升官发财，“王林们”就会乘虚而入。这些问题表明，党员干部理想信念一出问题，自我约束能力就不强，也就会失去了作为共产党人的政治本色。

刘奇葆同志指出：“坚定理想信念必须建立在对马克思主义的深刻把握上。”《条例》要求以马克思列宁主义、毛泽东思想、邓小平理论、“三个代表”重要思想、科学发展观为指导，深入贯彻习近平总书记系列重要讲话精神，围绕统筹推进“五位一体”总体布局和协调推进“四个全面”战略布局，尊崇党章，依规治党，坚持党内监督和人民群众监督相结合，增强党在长期执政条件下自我净化、自我完善、自我革新、自我提高能力，确保党始终成为中国特色社会主义事业的坚强领导核心。

要坚定信仰，就必须毫不动摇地坚持马克思主义的指导思想。腐败分子之所以演出了一幕幕“不信马列信鬼神”的戏码，正因为他们在得到权力之后，背离或者放弃了马克思主义，丧失了灵魂、迷失了方向，与党离心离德，最终做出了背离党和人民的错误行为。要坚定信仰，就必须熟练掌握马克思主义的立场、观点和方法。坚持用这些立场、观点和方法去观察问题、分析问题和解决问题，才能增强自身改造客观世界和主观世界的能力。要坚定信仰，就必须认真学习马克思列宁主义、毛泽东思想、中国特色社会主义理论体系、习近平总书记系列重要讲话精神，深入领会这些理论的丰富内涵和核心要义，筑牢理想信念之基。要坚定信仰，就必须认真学习党章党规。党章是管党治党的总章程，每一个党员都应该严格遵守党章党规的要求，严格要求自己，时刻提醒自己，以党章党规为戒律，不断地学习领会以加强党性修养。

三、实现党内监督全覆盖

“权力导致腐败，绝对权力导致绝对腐败”是英国历史学家阿克顿勋爵的名言。习近平总书记曾引用这句话用以告诫各级党员干部要“把权力关进制度的笼子中”。他指出，我们查处的腐败分子中，方方面面的一把手比例不低。这说明，对一把手的监督仍然是一个薄弱环节。由于监督不到位，少数一把手习惯凌驾于组织之上、凌驾于班子集体之上。

习近平总书记指出：这次颁布出台的《条例》“是完善‘四个全面’战略布局的需要”“是深化全面从严治党的需要”“是解决党内存在突出矛盾和问题的需要”。党内监督的全覆盖是全面从严治党的内在要求。《条例》规定的各类主体的监督职责，初步勾勒了党内监督的体系框架。当然，主要领导由于很难受到监督，因此，《条例》监督的重点是主要领导干部。

根据《条例》第九条规定：“建立健全党中央统一领导，党委（党组）全面监督，纪律检查机关专责监督，党的工作部门职能监督，党的基层组织日常监督，党员民主监督的党内监督体系。”

第一，党中央统一领导。一是党的中央委员会、中央政治局、中央政治局常务委员会全面领导监督；二是中央委员会成员、中央政治局成员要加强对所辖部门，以及直接分管部门、地方、领域党组织和领导班子成员的监督；三是党的中央委员会成员、中央政治局成员、中央政治局常务委员会成员要严于律己，主动开展监督并自觉接受监督，做出表率，以上率下；四是党的中央委员会成员、中央政治局成员、中央政治局常务委员会成员要定期同监督对象谈话，在监督的过程中发现的问题要及时向中央汇报，如实报告个人事项，管好身边人。

第二，党委（党组）全面监督。一是党委（党组）要加强领导，在同级发挥总揽全局、协调各方的领导作用，在党内监督中负主体责任，书记是第一责任人，党委常委会委员（党组成员）和党委委员在职责范围内履行监督职责；二是党委（党组）要领导本地区本部门本单位党内监督工作，加强对领导干部的日常监督管理，组织实施各项监督制度，抓好督促检查；三是党委（党组）要加强对同级纪委和所辖范围内纪律检查工作的领导；四是党委（党组）成员要积极开展党内民主生活，加强党内民主集中制，主动接受党内民主监督和同级纪委的监督；五是党委（党组）要管好班子、带好队伍，当好廉洁从政的表率，坚决纠正损害群众利益的行为，强化对权力运行的制约和监督，从源头上防止腐败，在干部的选用和任免上，要选好用好干部等。

第三，纪律检查机关专责监督。一是各级纪委是党内监督的专责机关，履行监督执纪问责等职责，在全面从严治党中找准职责定位，严明党的纪律，强化党内监督；二是各级纪委要加强对所辖范围内党组织和领导干部遵守党章党规党纪、贯彻执行党的路线方针政策情况的监督检查，把监督执纪问责制度化具体化，通过党内监督强化全面从严治党；三是各级纪委要加强对各级党委特别是常务委员会委员、党的工作部门和直接领导的党组织、党的领导干部履行职责、行使权力情况的监督，加强日常监督管理，实现作风建设、纪律建设常态化，完善党内监督法规；四是各级纪委要落实纪律检查工作的双重领导体制，强化上级纪委对下级纪委的领导；五是各级纪委要协助同级党委（党组）开展监督，检查和处理违纪违法的组织和干部，同级党委和上级纪委报告监督情况，起草、制定有关制度，并受理检举、控告、申诉，保障党员的权利等，增强贯彻《条例》的自觉性和坚定性。

第四，党的工作部门职能监督。一是党的工作部门是党委（党组）主体责任在不同领域的载体和抓手，党委办公厅、组织部、宣传部、统战部、政法委等工作部门都承担着相应的党内监督职责；二是党的工作部门要严格执行各项监督制度，加强职责范围内党内监督工作，既加强对本单位的内部监督，又加强对本系统的日常监督；三是党的工作处在党务工作的第一线，必须根据本单位系统工作的优势，适应新形势下党内监督的新要求，明确监督职责。

此外，党的基层组织要监督党员切实履行义务，维护和执行党的纪律。党员要积极行使党员权利，加强对党的领导干部的民主监督等。

四、党内监督和外部监督相结合

早在党的八大上，邓小平同志就指出：“我们需要实行党的内部的监督，也需要来自人民群众和党外人士对于我们党的组织和党员的监督。”开展党内监督，不仅有内部的自上而下、自下而上和平行监督等相结合的问题，而且还有一个党内监督与党外监督相结合的问题。坚持党内监督和党外监督相结合，不仅是党的建设工作的基本要求，也是党的群众路线的重要实现路径，更是中国共产党长期执政、多党合作的基本政治体制的重要体现。

第一，党内监督和人民群众监督相结合。党内监督和人民群众监督相结合是对党组织和党员监督的重要形式。新形势下，把党内监督和人民群众监督有机结合起来，对于健全党组织和党员的监督体系，保证党的组织充分履行职责、发挥核心作用，保证党员发挥先锋模范作用，保证党的领导干部忠诚干净担当，形成党风正、民心顺、事业兴的良好局面，都具有重要意义。要增强党在长期执政条件下自我净化、自我完善、自我革新、自我提高的能力，确保我党始终成为中国特色社会主义事业的坚强领导核心，就一定要把党内监督和人民群众的监督紧密结合到一起。

第二，让群众满意是我们党做好一切工作的价值取向和根本标准。群众意见是最好的一把尺子。各级党组织要让群众参与监督、评判，正确对待、虚心接受群众的批判和建议，有则改之，无则加勉，不能回避、抵触群众监督。要继续推进党务公开，增强党组织工作透明度。凡做出涉及群众切身利益的重要决策都应当向社会公开，对党员群众关注的重要事项要更加公开透明。要扩大党务信息的普及面，为党员群众提供方便、快捷的服务，使党务公开真正成为增进群众了解党组织的好形式。要畅通人民群众举报和监督渠道，认真做好信访监督工作，及时检查处理问题，还应及时将处理情况反馈给反映意见的群众。

第三，顺应时代发展，充分调动人民群众监督的积极性与主动性。在信息时代高速发展的当下，要发挥人民群众监督的积极性，除传统渠道监督外，还可以通过微信和微博的公众服务平台等自媒体和微媒体监督，努力创造条件鼓励人民群众进行舆论监督。孟建柱同志指出："广泛发动人民群众，推动形成人人要监督、人人愿监督、人人敢监督的良好氛围。"要充分发扬社会主义民主，贯彻党的群众路线，营造鼓励监督、保护监督的环境，激发人民群众主人翁意识和监督热情。长期以来，受各种因素影响，有的群众监督主体意识不强，不愿监督、不敢监督、不会监督等问题较为突出，影响了监督实效。

第四，充分发挥新闻媒体的舆论监督作用。舆论监督是中国特色社会主义监督体系的重要组成部分，有着其他监督形式无法比拟的优势，在推动改革发展，推进依法治国、依规治党，维护社会主义民主法治等方面发挥着重要作用。开展舆论监督必须明确人民立场是我们党的根本立场。新闻媒体必须坚决维护党和人民群众的根本利益，树立以人民为中心的工作导向，把服务群众同教育引导群众结合起来，把满足群众需求同提高群众素养结合起来。开展舆论监督要直面问题，新闻媒体应当肩负起社会哨兵的使命，直面工作中存在的问题，加强对党的路线方针政策落实情况、党规党纪执行情况的监督，加大对违纪违法行为、对侵害群众利益行为的曝光力度；直面社会丑恶现象，敢于揭露批判不道德行为和不良风气，激浊扬清、针砭时弊，将落脚点放在解决矛盾、改进工作上。开展舆论监督还要注重对比宣传，既要发挥先进典型的示范引领作用，又要发挥反面典型的警示震慑作用。

第五，充分发挥民主党派和无党派人士的监督作用。党的十八届六中全会公报指出，除了各级党委要支持和保证同级人大、政府、监察机关、司法机关等对国家机关及公职人员依法进行监督外，还要保证和支持人民政协依章程进行民主监督，审计机关依法进行审计监督。要支持民主党派履行监督职能，重视民主党派和无党派人士提出的意见、批评与建议。要认真对待、自觉接受社会监督。习近平总书记强调："要健全权力运行制约和监督体系，让人民监督权力、让权力在阳光下运行，确保国家机关按照法定权限和程序行使权力。我们要健全权力运行制约和监督体系，有权必有责，用权受监督，失职要问责，违法要追究，保证人民赋予的权力始终用来为人民谋利益。"

五、明确党内监督的权利与义务

马克思曾在《国际工人协会共同章程》中指出:“没有无义务的权利,也没有无权利的义务。”党内监督的权利和义务,就像一个硬币的两面,其主体是党员干部。不能把党员的权利和义务对立起来,既要避免“权利本位”倾向,防止有的领导干部成为“特殊党员”;又要防止“义务本位”倾向,只要求普通党员履行义务,漠视他们的民主权利。党章对党内监督做出了明确要求,强调要加强对党的领导机关和党员领导干部特别是主要领导干部的监督,不断完善党内监督制度。

在制度上,除《中国共产党章程》(2012年部分修改)外,近年党中央还颁布了《中国共产党党内监督条例(试行)》(2003年)、《中国共产党党员权利保障条例》(2004年)、《中国共产党党员领导干部廉洁从政若干准则》(2010年)、《中共中央政治局关于改进工作作风、密切联系群众的八项规定》(2012年)、《中国共产党纪律处分条例》(2015年)、《中国共产党巡视工作条例》(2015年)、《中国共产党问责条例》(2016年),加上十八届六中全会审议通过的《准则》《条例》,我们党已经构建了比较完善的党内监督制度体系,明确了党员干部监督的权利和义务。这些权利和义务的规定,奠定了党员坚实的主体地位;而关于党员监督的权利和义务的规定,更是直接赋予党员负有履行党内监督的重大使命。

这几年,在谈到党内监督乏力时常常听到这样一种议论:上级监督下级太远、同级监督同级太软、下级监督上级太难、组织监督时间太短、纪委监督为时太晚。这说明,党内监督如果仅靠组织和纪检部门来实施是远远不够的,还必须积极地借助全体党员参与的监督。但是,目前党员的监督并没有发挥应有作用,其原因主要在于党员主体地位的缺失和党员监督的职责与权利的落空。发挥党员的监督作用,保障党员的监督权利,是加强党内监督的必然要求,是发扬党内民主的重要渠道,也是全面从严治党的迫切需要。

2013年6月,习近平总书记指出:“党员是党的肌体的细胞。党的先进性和纯洁性要靠千千万万党员的先进性和纯洁性来体现,党的执政使命要靠千千万万党员卓有成效的工作来完成,党要管党、从严治党必须落实到党员队伍的管理中去。”要发挥党员的监督作用,就必须尊重党员的主体地位,保障党员的民主权利。根据《条例》第四十三条“党组织应当保障党员知情权和监督权,鼓励和支持党员在党内监督中发挥积极作用”和第四十四条“党组织应当保障监督对象的申辩权、申诉权等相关权利”的相关规定,要切实保障党员的各项权利。

第一,要切实保障党员的知情权,使党员更好地了解和参与党内事务。要健全党内情况通报制度,要从制度上保证党员了解党内事务的优先权,做到重要事件党内先通报,重要问题党内先讨论,重要决策党内先传达;要完善党务公开制度,做到公开重要决策,公开重大事项,公开党员群众关心的重大问题,形成“公开是原则,不公开是例外”的理念;要创新党务公开形式,让党员能够多渠道、全方位地了解党内事务。要充分利用科学技术的发展,发挥微博、微信等现代信息手段的作用;同时也要利用好传统形式,定期召开党内会议、下发党内文件,以确保重要信息传播的准确性、信息解读的权威性。

第二，要切实保障党员的监督权，使他们能够履行监督职责。要创造党内批评和自我批评的宽松环境。各级领导干部要允许不同意见的碰撞和争论，敢于对不良现象进行批判，同时勇于自我批评，普通党员才敢批评。要增强党员领导干部接受监督的意识。领导干部要正确对待监督，主动接受监督，习惯在监督下开展工作；要完善日常监督机制，畅通党员检举、揭发、申诉、控告等各类监督的渠道，有效发挥广大党员的监督作用；要完善对监督权人的保护制度，采取各种措施从根本上遏制打击报复现象，增强党员行使监督权的信心和勇气。

第三，要切实保障监督对象的申辩权、申诉权等相关权利。申辩权、申诉权是党员维护自身权益的重要方面。根据《中国共产党章程》第四条规定：党员有权“向党的上级组织直至中央提出请求、申诉和控告，并要求有关组织给以负责的答复”。党组织要客观看待和正确处理党员的申辩和申诉，对反映的问题要仔细调查，监督对象如没有不当行为，应予以澄清和正名；对不实反映和陷害诬告，要说清事实、澄清是非、消除影响，并在一定范围内公布；对以监督为名行诽谤、诬陷之实的，依据《中国共产党纪律处分条例》第六十九条规定严肃处理，涉嫌犯罪的移送司法机关处置，对公报私仇的行为，必须坚决制止纠正。对监督对象提出的申诉，有关党组织应当认真复议复查，并依据客观事实和纪律规定做出结论，对申诉有理需要改变或纠正的，应当实事求是予以改正；对于无理申诉的，应当批评教育，情节严重的要严肃处理。

党的十八届六中全会公报指出，党内监督的重点对象是党的领导机关和领导干部特别是主要领导干部。要建立健全党中央统一领导，党委（党组）全面监督，纪律检查机关专责监督，党的工作部门职能监督，党的基层组织日常监督，党员民主监督的党内监督体系。党的中央委员会、中央政治局、中央政治局常务委员会全面领导党内监督工作。党委（党组）在党内监督中负主体责任，书记是第一责任人，党委常委会委员（党组成员）和党委委员在职责范围内履行监督职责。党的各级纪律检查委员会要履行监督执纪问责职责。党的工作部门要加强职责范围内党内监督工作。党的基层组织要监督党员切实履行义务，维护和执行党的纪律。党员要积极行使党员权利，加强对党的领导干部的民主监督。

（作者：中国社会科学院马克思主义研究院国外马克思主义研究部主任、研究员、博士生导师）

“党内政治生活”的内涵界定探析

王久高

2016年10月27日，中国共产党第十八届中央委员会第六次全体会议通过《关于新形势下党内政治生活的若干准则》，这是中国共产党在面临国际国内新形势下坚持党要管党、从严治党方针的战略举措。12月26至27日，中共中央政治局召开民主生活会，中共中央总书记习近平主持会议并发表重要讲话，要求对照贯彻落实党的十八届六中全会精神，研究加强党内政治生活和党内监督措施。当前，全党上下都在认真学习、贯彻和落实十八届六中全会的精神和内容，学术界也在加强对党内政治生活相关问题的深入研究。本文试图在梳理“党内政治生活”源流的基础上，对“党内政治生活”概念的科学内涵作出自己的界定，以期引起学术界进一步的探讨和研究。

一、“党内政治生活”的源流

何谓“党内政治生活”？一般而言，人们提出一个科学的概念或范畴，大多是在经历了相对较长的实践或实验的基础上，得出的一种正确认识或界定。中国共产党是按照马克思列宁主义理论和原则建立起来的一个无产阶级政党，在领导中国革命、建设和改革的实践中，把无产阶级政党的基本理论与中国不同时期的实践以及中国的民族文化相结合，形成了自己一套自成体系的、独特的党建思想。今天，严肃党内政治生活成为中国共产党加强自身建设的一个重要内容和任务。但是，关于“党内政治生活”的内涵，尚未形成清晰、科学、权威的阐述和界定。之所以如此，一方面在于经典作家对于党内政治生活的理论阐述相对较少，另一方面在于关于严肃党内政治生活的实践、经验和理论等缺乏系统的总结和研究。中国共产党正式提出“党内政治生活”，则是1980年十一届五中全会通过的《关于党内政治生活的若干准则》（下称“1980年准则”）。2016年十八届六中全会通过的《关于新形势下党内政治生活的若干准则》（下称“2016年准则”），是对“1980年准则”的继承和发展。应当说，中国共产党制定的这两个关于党内政治生活的准则，是马克思主义政党中对党内政治生活的规范和要求最为系统和严格的。但是，这两个准则依然都没有对“党内政治生活”的内涵作出界定。这从另一个角度说明，党内政治生活建设亟须加强实践、探索、完善、总结和研究。当前，在全面从严治党的新形势下，“2016年准则”对严肃党内政治生活作出了新的战略部署和严格要求，这不仅为我们系统梳理和总结加强党内政治生活建设经验提供了契机，也为我们探讨和准确理解“党内政治生活”的科学内涵创造了条件。

如何科学地界定“党内政治生活”？首先，必须系统梳理和辨析马克思主义经典作家以及中国共产党人对“党内政治生活”以及相关概念的阐释。从目前的学术研究来看，列宁是最早提到“党内政治生活”概念的人。1915 年 5 月 21 日，列宁在《社会民主党人报》第 42 号上发表了《空泛的国际主义破产》一文，他在批判《我们的言论报》编辑部的政治立场时，指出“编辑部有两位编辑虽然同意该决议的总的内容，却声明他们将对俄国党内政治生活的组织方法问题，提出不同的意见”。在这句话中，列宁提到了“俄国党内政治生活的组织方法”。但是，列宁在这里没有就“俄国党内政治生活”及其“组织方法”展开论述。实际上，“俄国党内政治生活的组织方法”这个表述，落脚点在于“组织方法”，指的是列宁为首的俄国社会民主工党主张的民主集中制的组织原则。“俄国党内政治生活”到底指的是什么？列宁在引述时语义未明。1921 年成立的中国共产党，在建党的主要原则和政策等方面深受列宁主义和共产国际的影响。在中国共产党内，首次提到与“党内政治生活”概念相近的概念的是蔡和森。1926 年初，蔡和森在莫斯科担任中共驻共产国际代表团团长时，受邀向莫斯科中山大学旅俄支部作《中国共产党史的发展（提纲）》的报告。他在报告的第二部分“吾党产生的背景及其历史使命”之第四小部分“党的政治生活与劳动运动之进展”中，先后提及“党的政治生活”“内部生活”“内部思想”“党的内部精神状况”“党的内部生活”概念。其中，依据笔者对原文语境的理解，蔡和森论述的“党的政治生活”，相当于后来我们讲的党的政治路线及各项政治工作、方针和政策等。“党的内部生活”指的是党内的不同人的思想现状、政治主张和政策分歧等，蔡和森认为党的内部生活非常重要，对党的发展和影响至关重要，将之视为“根本的政治问题”。因此，从蔡和森的阐述可以看出，“党的政治生活”内涵和外延都比“党的内部生活”深远和宽广，前者指党的整个政治路线、政治工作活动等，后者侧重指党的领导人或党员的政治立场、思想认识和政策主张等；前者指向抽象概念的党，后者指向具体的党的领导人。当然，这二者之间又有着一定的联系，因为党的政治路线等主要通过党的领导人制定。可见，“党的政治生活”统领着“党的内部生活”，“党的内部生活”的现状又会影响到“党的政治生活”。从目前的文献看，蔡和森是较早对“党的政治生活”“党的内部生活”作出较为具体阐述的人，这两个概念与“党内政治生活”概念最为相近。

1929 年 12 月，毛泽东在其起草的红四军九大决议即古田会议决议中提出，要“教育党员使党员的思想和党内的生活都政治化，科学化”。首先，我们必须还原和深入历史，弄清和分析毛泽东说这句话的真正所指。古田会议首要解决的是纠正党内存在的非无产阶级思想倾向问题。会议指出了党内存在的单纯军事观点、极端民主化、非组织观点、绝对平均主义、主观主义、个人主义、流寇思想和盲动主义残余八种错误思想的表现，并提出了解决的办法。其中，毛泽东等在论述第五种错误思想——主观主义（唯心主义）时指出，主观主义在某些党员中浓厚地存在，这对分析政治形势和指导工作，都非常不利，必然导致机会主义和盲动主义。毛泽东还重点指出了党内存在的错误的批评方法（主观主义批评）及其危害，即批评无证据，只批评个人小的方面的缺点，不注重批评个人在政治上和组织上的错误。这不仅酿成党内的无原则纠纷，破坏党的组织，而且导致党内精神完全集注到小的缺点方面，人人变成了谨小慎微的君子，就会忘记党的政治任务，这是很大的危险。因此，会议决议指出，纠正的方法主要是教育党员使党员的思想和党内的生活都政治化、科学化。可以看出，毛泽东提出的“使党员的思想和党内的生活都政治化，科学化”，主要从思想方法方面解决党内存在的主观主义错误，是思想上建党的重要表现。为此，决议提出从三个方面解决：一是教育党员用马克思列宁主义的方法去作政治形势的分析和阶级势力的估量，以代替主观主义的分析和估量；二是使党员注意社会经济的调查和研究，由此来决定斗争的策略和工作的方法；三是党内批评要防止主观武断和把批评庸俗化，说话要有证据，批评要注意政治。因此，毛泽东在这里强调的“党员的思想和党内的生活都政治化，科学化”，主要是从思想认识、思想方法和工作方法三个层面来阐释的，并没有扩展到党内政治生活的其他方面。在这里，“党员的思想”和“党内的生活”是并列关系。其次，毛泽东没有直接提出“党内政治生活”概念。在起草决议时，毛泽东没有对“党内的生活”的内涵作出进一步的阐述，他所强调的“政治化”“科学化”主要指纠正主观主义错误，加强政治思想、政治路线教育，防止陷入机会主义、盲动主义和具体事务主义之中。更为重要的是，毛泽东没有直接提出“党内政治生活”的概念，更无从谈起他对党内政治生活的系统阐释。毛泽东强调的“党内的生活政治化”与“党内政治生活”内涵还是有较大的区别，前者主要从思想上建党的角度，强调党内生活的马克思主义化和政治化；后者的内涵比前者大得多，不仅包括思想路线，还包括政治路线、组织路线、群众路线、民主集中制、党的纪律要求等。

从目前的文献看，在1980年前，除了蔡和森使用并阐述过“党的政治生活”“党的内部生活”概念外，党的领导人使用更多的是“党内生活”“党的生活”等概念，并且不断丰富和发展“党内生活”“党的生活”建设的内容。例如，1938年10月，毛泽东在党的扩大的六届六中全会上强调了党内生活民主化问题。他指出：党的领导机关，全党的党员和干部“积极性的发挥，有赖于党内生活的民主化。党内缺乏民主生活，发挥积极性的目的就不能达到。大批能干人材的创造，也只有在民主生活中才有可能”。刘少奇在关于修改七大党章的报告和邓小平关于修改八大党章的报告中也提到“党内生活”或“党的内部生活”等概念。尽管中国共产党在长期的革命斗争中，特别是经过延安整风运动和党的第七次代表大会，全面总结了处理党内关系的正反两方面的经验，逐步形成了以实事求是、理论联系实际、党员和领导密切联系群众、开展批评与自我批评、坚持民主集中制为主要内容的党内政治生活准则，但是在相当长的一段时间内，党的领导人主要沿用“党内生活”“党的生活”“党的组织生活”等概念来笼统地表述党内政治生活建设的相关内容和准则活动，并没有直接提出、界定和使用“党内政治生活”的概念。因此，笔者认为，在整个民主革命时期以及社会主义革命和建设时期，尽管事实上中国共产党逐步形成了正确处理党内关系的党内政治生活的若干原则和方针政策，但是党的领导人并没有对“党内政治生活”的内涵作出科学界定，也没有对“党内生活”“党的生活”的内涵作出系统的阐释。这其中的原因是多方面的，但最主要的一点是将党内政治生活建设与党的生活建设、甚至与党的建设等同起来。

二、“党内政治生活”的正式提出

1980 年党的十一届五中全会通过的《关于党内政治生活的若干准则》，是中国共产党第一次用党内法规形式对党内政治生活的开展和运行作出详细的规定，同时也是第一次正式提出和使用“党内政治生活”的概念。为什么“1980 年准则”正式用了“党内政治生活”的规范表述？笔者认为，这应当从起草和落实“1980 年准则”的背景及其针对性来解释。与“党内生活”“党的生活”等表述相比，“党内政治生活”的表述明显加强了党内生活的政治性，突出了党内政治生活的严肃性和针对性。“1980 年准则”正式使用了“党内政治生活”的规范表述，主要有几个方面原因。首先，经过长达 20 多年的“左”倾错误尤其是“文化大革命”的冲击，从上至下党的各级组织、党员的党性观念、党的优良传统和作风，都遭到了严重破坏。党的权威和核心领导力的凝聚，需要先从整顿党的组织，肃清党内不正之风抓起。其次，“左”倾错误最大的危害是导致党的指导思想和政治路线错误，造成党和国家的工作重点严重偏轨，党和人民都遭受重大损失。再次，“左”倾错误在政治上组织上造成重大的危害和危险，即党内正常的政治生活受到严重破坏，不仅造成个人崇拜盛行，而且党内出现了野心家和派系斗争，导致党内出现分裂现象。最后，尽管“左”倾错误给党的破坏是全方位的，但政治路线和党内政治生活的破坏是最主要和严重的。因此，使用“党内政治生活”的表述，不仅区别了与“党内生活”“党的生活”的不同，凸显了政治性，而且加强了广大党员对党内政治生活的重要性和严肃性的认识，意识到党内政治生活不同于一般的党内生活或组织生活，而是仅次于党章要求的一项党内活动准则。正是因为充分认识到加强和严肃党内政治生活的重要性和紧迫性，中国共产党在恢复实事求是的思想路线和平反冤假错案的同时，为使党内政治生活逐步走上正轨，自 1977 年十一大之后，就在着手考虑制定《关于党内政治生活的若干准则》。1979 年 3 月 19 日，中共中央向全党公布了《关于党内政治生活的若干准则》（草稿），从十二个方面对党内政治生活加以规范，以此作为党章的具体补充，并要求全党开展学习讨论，提出修改意见。与此同时，中央纪律检查委员会专门成立了准则修改组，在近一年的时间里，吸收全国各级党组织提出的 1800 多条意见，对准则作了七次修改。1980 年 2 月 29 日，党的十一届五中全会正式通过了《关于党内政治生活的若干准则》。“1980 年准则”的制定和公布，是党中央汲取了几十年来处理党内关系的经验，特别是吸取了“文革”的沉痛教训，针对当时存在的党风党纪问题而实施的整党重大步骤和新的举措。“1980 年准则”具有强烈的针对性，其中最重要的是坚持党的政治路线和思想路线，坚持集体领导、反对个人专断，强调党的集中统一和党的纪律等方面的规定。这表明党中央对党内政治生活存在的重点问题把脉非常准确，清醒意识到健康的党内政治生活对党和国家的发展至关重要。此后，严肃和规范党内政治生活成为党的建设的一项重要内容。

“1980 年准则”第一次正式使用了“党内

政治生活”的概念，阐述了严肃党内政治生活的重要性、紧迫性，并从十二个方面对党内政治生活加以规范。遗憾的是，“1980 年准则”依然没有解释和界定“党内政治生活”概念的定义和内涵，只是从具体的内容方面阐释了应当遵守的规定和不得从事的行为。究其原因，一是关于一个概念的定义是一种抽象思维，相对比较难以准确地描述和界定；二是党内政治生活的实践多、要求多，但是缺乏系统总结和研究，理论研究和学术研究尚处于起始阶段，对党内政治生活诸多问题的认识有待进一步探索和深化。因此，党的十二大以后，关于党内政治生活重要性和各项内容的建设在实践中不断得到加强和推进。十二大及以后的党章在总纲中都明确地规定，党在自己的政治生活中正确地开展批评和自我批评，在原则问题上进行思想斗争，坚持真理，修正错误。在 1991 年庆祝中国共产党成立 70 周年大会上的讲话中，江泽民强调“决不能把商品交换原则引入党内政治生活”。在 2000 年提出“三个代表”重要思想时，江泽民又指出，“要坚决克服党内政治生活中存在的好人主义和庸俗作风”，要在党内政治生活中讲党性、讲原则。胡锦涛进一步提出，要“各级党组织和广大党员、干部特别是主要领导干部一定要自觉遵守党章，自觉按照党的组织原则和党内政治生活准则办事，任何人都不能凌驾于组织之上”。十八大以来，习近平把严肃党内政治生活提高到从严治党的新高度，多次阐述了严肃、严格党内政治生活的重要性和主要举措。尽管党内政治生活建设在实践中稳步推进，但是党和国家领导人以及学术界都没有阐释和界定“党内政治生活”，也缺乏对党内政治生活与党的建设其他方面内容关系的阐述和研究。2016 年 10 月，十八届六中全通过《关于新形势下党内政治生活的若干准则》，再次从十二个方面对新形势下党内政治生活的规范和建设作出了新的要求。严肃党内政治生活的重要性、紧迫性和实践性，要求理论界和学术界加强对党内政治生活诸多问题的研究，“党内政治生活”概念的科学界定成为不可回避的课题。

三、“党内政治生活”的内涵

“1980 年准则”和“2016 年准则”都对党内政治生活建设作出了系统的规定和要求。尤其十八大以来，以习近平同志为核心的党中央已经把严肃党内政治生活提升到全面从严治党战略高度，作为基础性工程来抓，要求党要管党必须从党内政治生活管起，从严治党必须从党内政治生活严起。那么，“党内政治生活”到底指的是什么？如何科学界定“党内政治生活”的内涵？对这些基本问题如果都没有阐释清楚，在实践中贯彻和落实严肃党内政治生活必然会大打折扣。

如何科学界定“党内政治生活”？笔者认为应当遵循唯物辩证法的逻辑与历史相统一的原则和方法。正如恩格斯所说：“历史从哪里开始，思想进程也应当从哪里开始，而思想进程的进一步发展不过是历史过程在抽象的、理论上前后一贯的形式上的反映。”科学界定“党内政治生活”的内涵，应当遵循以下四个尺度。

第一，马克思主义经典作家对党内政治生活的阐述。从上文的分析看，马克思主义经典作家对“党内政治生活”概念都没有直接的论述。但是，马克思主义经典作家对如何处理好无产阶级政党内部矛盾、民主集中制原则、严明纪律等论述相当丰富。这些与无产阶级政党党内政治生活内容相关的论述应当成为科学界定“党内政治生活”内涵的理论基础。

第二,中国共产党人对党内政治生活的探索与实践。中国共产党人把马克思主义理论与中国实践相结合,在加强自身建设方面形成了许多重要思想。其中,形成了以实事求是、理论联系实际、密切联系群众、批评和自我批评、民主集中制、严明党的纪律等为主要内容的党内政治生活基本规范。中国共产党人在党内政治生活方面的实践探索和经验教训,是科学界定“党内政治生活”内涵的参照系数。

第三,“1980 年准则”和“2016 年准则”应当成为科学界定“党内政治生活”内涵的直接依据。从马克思主义政党发展史看,中国共产党制定的“1980 年准则”和“2016 年准则”,是无产阶级政党关于党内政治生活建设最系统、最丰富的成果,是迄今为止最具可操作性的实践结晶。因此,必须依据“1980 年准则”和“2016 年准则”的精神、原则、内容和要求等,抽象出“党内政治生活”的科学内涵。

第四,习近平关于严肃党内政治生活的系列论述,应当成为科学界定“党内政治生活”内涵的最新指南。习近平是对党内政治生活论述最全面、最丰富、最系统的领导人,仅十八大以来,他在不同场合下关于党内政治生活的论述就达三十多次。关于严肃党内政治生活的系列论述,成为习近平全面从严治党思想的重要内容。因此,习近平关于党内政治生活论述的思想,应成为科学界定“党内政治生活”内涵的最新指南。

综上所述,笔者认为,“党内政治生活”的科学内涵界定如下:无产阶级政党为构建党内良性政治生态和实现政治路线,对其组织及其成员严格要求坚持和履行党性的一种行为规范和政治运行。笔者对“党内政治生活”内涵作出如此界定,主要基于以下三点考虑。

第一,严肃党内政治生活的目的是什么?开展严肃认真的党内政治生活,是马克思主义政党区别于其他政党的重要特征,是无产阶级政党的一种传统和优势。但是,严肃党内政治生活作为无产阶级政党加强自身建设的一项重要内容,它的最主要目的或目标是什么?这也是党内政治生活区别于党的建设其他方面内容的根本不同。笔者认为,无产阶级政党特别重视严肃党内政治生活,直接原因是总结了无产阶级政党党内斗争和路线斗争的经验教训而提出的。有学者指出,从世界范围看,不同国家无产阶级政党领导的革命斗争和改革的历程中,一个共性的难题或“阿喀琉斯之踵”就是如何正确处理好自己党内的人际关系和路线斗争等。历史证明,无产阶级政党党内没有健康良性的政治生活,党内的人际关系就会扭曲,党的政治路线斗争随之变得白热化或残酷化,从而导致党内政治路线无法执行或出现严重错误。因此,严肃党内政治生活的直接目的是规范党内政治生活的运行,构建党内良性的政治生态;最终目的是保证党能够制定出正确的政治路线,并保证它的顺利执行和实现。正如习近平指出的,党的基本路线(政治路线)是党和国家的生命线、人民的幸福线,也是党内政治生活正常开展的根本保证。“1980 年准则”和“2016 年准则”在总共的十二条具体内容中,分别把坚持党的政治路线作为严肃党内政治生活的最重要准则放在第一条和第二条。可见,坚持党的政治路线是严肃党内政治生活的最重要的目的和根本保证。这也是“党内政治生活”区别于“党的生活”“党的民主生活”最重要的一点,即强调“党内政治生活”的政治性。

第二,党内政治生活的属性是什么?无产阶级政党的自身建设有着多方面的内容,如思想建设、组织建设、作风建设、制度建设和反腐倡廉建设等,这些不同方面的建设有着各自的属性,可以归为不同的类别,在实践中分别采取措施加以建设。但是,党内政治生活在整个党的建设的体系中到底处于何种位置?它的属性是什么?习近平指出,严肃认真的党内政治生活是我们党坚持党的性质和宗旨、保持先进性和纯洁性的重要法宝,是解决党内矛盾和问题的“金钥匙”,是广大党员、干部锤炼党性的“大熔炉”,是纯洁党风的“净化器”。重要法宝、“金钥匙”“大熔炉”“净化器”,这些都是从党内政治生活的功能的角度来阐释的。从“1980 年准则”和“2016 年准则”十二个方面的内容来看,党内政治生活包涵着党的思想建设、政治建设、组织建设、作风建设、制度建设、反腐倡廉建设以及群众路线等多方面的内容。从党内政治生活所包含的内容及其功能来看,党内政治生活既是对党组织及其成员的一种行为规范,又是党内的一种政治运行活动。因此,党内政治生活准则是仅次于党章的党内重要法规,是对党章的重要补充。

第三,党内政治生活的主要内容是什么?马克思主义经典作家对党内政治生活的具体内容都有所阐述,但中国共产党先后制定的“1980 年准则”和“2016 年准则”,是迄今为止对党内政治生活的内容规定得最完整的法规。“1980 年准则”规定的十二方面内容是:坚持党的政治路线和思想路线;坚持集体领导,反对个人专断;维护党的集中统一,严格遵守党的纪律:坚持党性,根绝派性;要讲真话,言行一致;发扬党内民主,正确对待不同意见;保障党员的权利不受侵犯;选举要充分体现选举人的意志;同错误倾向和坏人坏事作斗争;正确对待犯错误的同志;接受党和群众的监督,不准搞特权;努力学习,做到又红又专。“2016 年准则”规定的十二个方面内容是:坚定理想信念;坚持党的基本路线;坚决维护党中央权威;严明党的政治纪律;保持党同人民群众的血肉联系;坚持民主集中制原则;发扬党内民主和保障党员权利;坚持正确选人用人导向;严格党的组织生活制度;开展批评和自我批评;加强对权力运行的制约和监督;保持清正廉洁的政治本色。科学界定“党内政治生活”内涵,就必须把这些内容抽象归纳出来和提炼出来。这些内容涉及党的思想建设、政治建设、组织建设、作风建设、制度建设、反腐倡廉建设等多方面,笔者把它们统一提炼为是坚持和履行党性的行为规范和政治运行活动。

总之,笔者对“党内政治生活”的科学内涵作出如上界定,是希望弄清党内政治生活的来龙去脉,厘清党内政治生活与党的建设其他方面内容的区别,深化对党内政治生活的认识。中国共产党已经把严肃党内政治生活作为全面从严治党的独特优势和内容来加强建设和践行,理论界和学术界有责任加强对党内政治生活诸多方面的深化研究。

（作者:北京大学马克思主义学院副教授）

把坚定理想信念作为开展党内政治生活的首要任务

颜晓峰

全面从严治党必须把思想建党与制度治党紧密结合起来，用科学理论、崇高理想统领党内政治生活。党的十八届六中全会强调，新形势下加强和规范党内政治生活，首要任务是坚定理想信念。科学信仰来自理论自觉，坚持不懈抓好理论武装，是牢固树立共产主义远大理想和中国特色社会主义共同理想的基本途径和基础建设。

一、马克思主义政党的理想信念建立在科学理论的基础上

人生有关于生活目标、价值追求的理想信念，政党有关于社会前景、奋斗目标的理想信念。马克思主义政党从诞生之始，就把推动社会历史发展进步，建立共产主义社会作为始终不渝的理想信念，一代代共产党人为此不惜牺牲、冲锋不止。马克思主义政党的理想信念，以人类社会发展规律为依据，以经济社会发展阶段为基础，以先锋队和人民群众共同奋斗为条件，有其科学的坚实的理论支撑。

科学理论证明理想信念符合规律。马克思主义是揭示人类社会发展规律的科学理论。这一科学理论从社会基本矛盾的运动出发，指明了一种社会形态向一种新的社会形态过渡，是一个自然的历史的过程。资本主义作为社会形态演变的特定阶段，创造了社会生产力和人类文明的奇迹，同时由于自身不可克服的内在矛盾，必然要被社会主义社会取代，并走向“环球同此凉热”的共产主义社会。共产主义理想不仅符合经济发展规律，而且符合人的发展规律。马克思曾指出，在未来社会形态的生产方式中，通过生产者的联合与社会的自觉控制，“靠消耗最小的力量，在最无愧于和最适合于他们的人类本性的条件下来进行这种物质变换”。因此，马克思主义为人类社会发展进步指明了方向，以实现人的自由而全面的发展和全人类解放为己任，反映了人类对理想社会的美好憧憬，自创立以来一直站在真理和道义的制高点。接受和信仰马克思主义，就是接受和信仰共产主义理想。

科学理论指明理想信念实现途径。人类社会发展规律，包含社会历史进程的复杂性，包含不同民族国家的多样性，包含历史过程某些不确定性和不可预料性。因此，远大理想依靠先进政党不懈奋斗、正确指导来推进，经过一个个历史时期和发展阶段来接近，按照普遍规律与特殊规律相结合的方式来实现，在把握机遇、应对风险，解决新问题、开辟新道路中走向美好未来。科学理论之所以成为科学理论，是因为没有把理想信念当成一厢情愿、一帆风顺的事情，而是用自然科学与哲学社会科学研究成果作理论基础，用人类社会发展的现实状况作实践证明。社会主义首先在一国或多国的胜利，在经济文化较为

落后的国家建立和建设社会主义，中国社会主义处于初级阶段的基本判断，实现“两个一百年”奋斗目标、实现中华民族伟大复兴中国梦的战略设计，都是将理想信念具体化、实践化、阶段化的创新发展，都是增强理想信念可感度、可行度、可信度的扎实进展。

科学理论解答理想信念现实问题。“理想很丰满，现实很骨感”。理想与现实之间存在着差距或反差，往往削弱、动摇了人们对理想信念的坚定程度。坚定理想信念，不是将现实世界理想化，不是无视通往理想未来的障碍和困难，不是只从意志毅力方面巩固强化，而是要用科学理论作出有说服力的解疑释惑，让人们正确认识现实生活中这样那样的矛盾和问题，正确看待前进道路上多种多样的曲折和艰难，从而把理想信念建立在符合实际和实践的基础上。可以说，只有经历科学理论的熏陶和武装，才能真正树立起理想信念，历经霜雪而更加坚强，饱受风浪而愈益忠诚。20 世纪 80 年代末 90 年代初，苏东剧变，世界社会主义运动遭遇重大挫折。这是“历史的终结”，还是历史的曲折？我们党高举中国特色社会主义伟大旗帜不动摇，发展和完善中国特色社会主义理论体系，深入探讨和回答“什么是社会主义，怎样建设社会主义”的重大问题，以理论的清醒和自觉进一步坚定了社会主义和共产主义的理想信念。

二、把坚定理想信念作为开展党内政治生活的首要任务，必须坚持不懈抓好理论武装

党的十八届六中全会以全面从严治党为主题，部署加强和规范党内政治生活，加强党内监督。《关于新形势下党内政治生活的若干准则》强调，必须高度重视思想政治建设，把坚定理想信念作为开展党内政治生活的首要任务。习近平总书记指出：“理论上清醒，政治上才能坚定。坚定的理想信念，必须建立在对马克思主义的深刻理解之上，建立在对历史规律的深刻把握之上。”这表明，坚定理想信念不是一个自发的过程，而是要经过科学理论内化于心、外化于行的过程，抓好理论武装是坚定理想信念的必要途径。

理想信念是党内政治生活的心灵纽带。共产党人的理想信念如同火炬和灯塔，照亮前程、指引方向，普照着党内政治生活的方方面面，是营造风清气正政治生态的“净化剂”，是解决党内存在突出矛盾和问题的“金钥匙”。我们党 90 多年来之所以能够从胜利走向新的胜利，归根到底是因为有远大理想和崇高追求。长征是一次理想信念的伟大远征，在风雨如磐的长征路上，崇高的理想、坚定的信念，激励和指引着红军战胜千难万险，一路向前。走好新的长征路，共产主义远大理想和中国特色社会主义共同理想，始终是中国共产党人的精神支柱和政治灵魂，是保持党团结统一的思想基础。我们党有 8900 多万名党员，440 多万个党组织，没有共同的理想信念，必将导致一盘散沙、各行其是，严重削弱党的战斗力。党内政治生活庸俗化、随意化、平淡化倾向，很大程度上是理想信念没有真正树立起来，政治生活准则失灵失效。要担当起、完成好党的历史使命，就必须用全党的共同理想取代各种潜规则，用先进的政治文化取代圈子文化，用纯洁的党内关系取代不正之风。

理论武装是坚定理想信念的基本方式。

我们党成立以来，坚持不懈用先进阶级的思想贯穿于党的思想政治建设之中，用马克思主义理论教育改造来自不同阶级群体的党员队伍，用共产主义远大理想引导激励全党进行伟大事业，保持了党的先进性和纯洁性，增强了党的凝聚力和战斗力。在革命、建设和改革的长期实践中，无论是处于顺境还是逆境，我们党从未动摇对马克思主义的信仰、对共产主义的信念，有力地证明了坚持不懈抓好理论武装、夯实理论根基的根本作用。一些党员、干部包括高级干部，理想信念动摇滑坡，走向严重违纪违法，首先起于思想的蜕变、理论的缺失、认知的错误。《准则》要求，坚定理想信念，必须加强学习。全党必须毫不动摇坚持马克思主义指导思想，党的各级组织必须坚持不懈抓好理论武装，广大党员、干部特别是高级干部必须自觉抓好学习、增强党性修养。在党内政治生活中，牢牢把理想信念立起来，紧紧把理论武装强起来，是贯彻六中全会精神的重要方面。

知行合一是抓好理论武装的重要条件。理论武装不仅是武装头脑，更重要的是指导实践；不仅是坚信远大理想，更重要的是践行理想追求。检验理论武装的效果，考察理想信念的坚定，既要看思想是否提高，认识是否到位，更要看是否言行一致、知行合一，把理想信念的坚定性体现在做好本职工作的过程中，自觉为推进中国特色社会主义事业而苦干实干，经受住各种赞誉和诱惑考验，经受住各种风险和挑战考验，永葆共产党人政治本色。一些党员、干部包括高级干部，说起大道理来毫不逊色，教育他人时有理有据，做起事来却是“两面人”，说的不信、信的不说，说的不做、做的不说，严重污染了党内政治生态，败坏了党内政治文化。通过抓好理论武装坚定理想信念，首先要解决思想作风、学风文风问题，在全党大力倡导知行合一，反对知行分离，在坚定理想信念上不仅要真懂真信，而且要真行真做。

三、学深学透马克思主义理论，夯实共产主义远大理想和中国特色社会主义共同理想的坚实根基

抓理论武装，马克思主义理论是基础。《准则》明确提出，坚定理想信念，就要把马克思主义理论作为必修课，认真学习马克思列宁主义、毛泽东思想、邓小平理论、“三个代表”重要思想、科学发展观，认真学习习近平总书记系列重要讲话精神，认真学习党章党规，不断提高马克思主义思想觉悟和理论水平。这是牢固树立共产主义远大理想和中国特色社会主义共同理想的必修课。

掌握马克思主义认识社会历史的世界观和方法论。马克思主义理论的生命力在于它的科学世界观和方法论，它揭示了人类社会的发展趋势和未来图景，是“伟大的认识工具”。理论武装，最重要的是系统掌握马克思主义基本原理，学会用马克思主义立场、观点、方法观察问题、分析问题、解决问题，特别是要聚焦现实问题，不断深化对共产党执政规律、社会主义建设规律、人类社会发展规律的认识。真理的价值不因岁月的流逝而过时，科学的力量不因时代的变化而销蚀。马克思主义对人类社会发展规律的深刻揭示，建立高于资本主义的社会制度、实现无产阶级和全人类解放的崇高理想，始终具有强大的说服力、影响力、感召力。掌握了马克思主义的世界观和方法论，就掌握了马克思主义

的真谛，传承了理想信念的真经。

推进理论创新，提供认识当今世界和当代中国的科学指导。世界在变化，理论也在与时俱进，我们党对实现共产主义远大理想和中国特色社会主义共同理想的认识也更加丰富、更加深刻。当今世界和当代中国，发展变化之快、面临问题之多、矛盾性质之复杂前所未有，迫切需要大力推进理论创新。理论创新的成果越成熟，用鲜活的马克思主义武装全党，正确认识前进道路上的新问题，从而坚定理想信念，就越有力度、厚度和深度。党的十八大以来，以习近平同志为核心的党中央，科学认识中国特色社会主义的发展阶段，系统谋划实现社会主义现代化和中华民族伟大复兴的总任务，有力指导了新形势下治国理政的伟大实践。深入学习贯彻习近平总书记系列重要讲话精神和治国理政新理念新思想新战略，就是坚定理想信念的理论武装。

增强抓好理论武装、坚定理想信念的实效。理论武装的实效如何，直接影响到理想信念的坚定程度。增强实效，首先要求对马克思主义的宣传阐释，能够符合党员、干部的认知特点，做到通俗易懂、引人入胜。特别是要适应新媒体时代的传播趋势，适应青年一代的信息传播方式，充分运用各种新媒体，让科学真理特别是理想信念深入大众、深入生活、深入人心。增强实效，更重要的是理论本身的全面性彻底性，抓住问题、抓住根本，对理论与实践、理想与现实、目标与条件的矛盾，作出深入的研究，给予深入的回答，用真理的力量说服人、教育人、支配人。

（作者：国防大学马克思主义研究所研究员）

第五部分

“两学一做”专题研究

构建治国理政新思想的纲领性文献

——深入学习习近平总书记《在庆祝中国共产党成立95周年大会上的讲话》

徐光春

2016年7月1日,习近平总书记发表了《在庆祝中国共产党成立95周年大会上的讲话》。这篇重要讲话,站在全局的高度、历史的高度、政治的高度和理论的高度,用马克思主义的科学理论、共产党人的革命精神、党的领袖的杰出智慧,从理论和实践、历史和现实、国内和国际、当前和长远的结合上,精辟深刻地总结了党领导革命、建设和改革的历史经验,科学正确地分析了党在新的历史阶段面临的新形势、新挑战,全面系统地回答了党在新的历史时期如何坚持和发展马克思主义,如何坚持和发展中国特色社会主义,如何把党建设好、把国家治理好等重大理论问题和实践问题。这篇重要讲话,在习近平总书记系列重要讲话和治国理政新理念新思想新战略中具有核心的作用、统领的作用、主导的作用,是党的十八大以来构建党治国理政新思想的纲领性文献,是马克思主义中国化最新最重要的理论成果,开创了马克思主义中国化的新境界。

一、马克思主义中国化党建和治国思想理论最新发展的重要成果

自中国共产党成立以来,以毛泽东、邓小平、江泽民、胡锦涛同志为主要代表的中国共产党人和以习近平同志为核心的党中央,始终把马克思主义基本原理同中国实际结合起来,在建设党和治理国家这两个事关党和国家前途命运的重大理论和实践问题上,相继提出过一系列思想理论,作出过一系列决策部署,把党的建设和国家治理不断推向前进。特别是党的十八大以来,无论是党的建设还是国家治理,都遇到一系列与过去不同的新情况新问题、新矛盾新挑战。面对这样复杂的新形势,如何把党进一步建设好,如何把国家进一步治理好,如何坚持和发展中国特色社会主义,这些重大问题严峻地摆在全党全国人民面前。为此,习近平总书记以崇高的使命担当、坚强的政治定力、高超的领导艺术、强烈的创新精神,谋划建设党和治理国家的良策,发表了一系列重要讲话,提出了一系列治国理政新理念新思想新战略。这些重要讲话精神和治国理政新理念新思想新战略的核心思想,在习近平总书记"七一"重要讲话中得到充分反映和集中体现,成为马克思主义中国化党建和治国思想理论最新发展的重要成果。

这个"新",体现在对党的历史经验作出了新的深刻总结。习近平总书记在讲话中用三个"深刻改变"、三个"伟大飞跃"、三个"新的蓬勃生机",先后阐述了中国产生共产党的重大影响,中国共产党95年来为中华民族作出的伟大历史贡献,中国共产党95年来领导中国人民取得的伟大胜利,对中国共产党近一个世纪艰难而光辉的历程,用新的认识、新的思想、新的角度、新的方法作了富有新意

的回顾。在这个基础上,习近平总书记用三个“历史告诉我们”深刻总结了我们党95年来的重大历史经验。三大历史经验,不仅是中国革命、建设和改革取得伟大胜利的根本原因,也是坚持和发展中国特色社会主义的根本条件;不仅是历史发展的必然结果,也是现实发展的必然要求;不仅是实践经验的新提炼,也是理论创新的新成果,是从新的高度、新的境界、新的视野、新的使命出发,对党重大历史经验的新总结。

这个“新”,也体现在对党面临的新的时代特点作出了新的精辟概括。改革开放和中国特色社会主义的提出和发展,已有30多年的历史,积累了丰富经验,取得了巨大成就。但是,30多年后的今天,世情国情党情发生了很大变化。因此,党的十八大提出了坚持和发展中国特色社会主义的重大历史命题,这表明中国特色社会主义的发展进入了一个新的历史阶段,坚持和发展中国特色社会主义成为以习近平同志为核心的党中央团结带领全国人民必须全力以赴为之推进的新的历史任务。要完成这一重大历史任务,首先要把面临的新的时代特点弄清楚。党的十八大以后,习近平总书记就这个问题讲过十分重要的意见。在“七一”重要讲话中,习近平总书记对这一新的时代特点作了新的进一步提炼和概括。他说:“党的十八大指出,坚持和发展中国特色社会主义是一项长期而艰巨的历史任务,必须准备进行具有许多新的历史特点的伟大斗争。这就告诫全党,要时刻准备应对重大挑战、抵御重大风险、克服重大阻力、解决重大矛盾,坚持和发展中国特色社会主义,坚持和巩固党的领导地位和执政地位,使我们的党、我们的国家、我们的人民永远立于不败之地。”用四个“重大”对新时代新的历史特点进行高度概括,很精辟,很深刻,很到位,很有新意,也很符合实际,能使全党同志对面临的新形势新特点有清醒的认识,有高度的警觉,有准确的把握,有利于统一思想、凝聚力量、稳妥应对、掌握主动。

这个“新”,还体现在对新的历史发展阶段如何建设好党、如何治理好国家作出了新的系统回答。坚持和发展中国特色社会主义是一篇大文章。党的十八大以后,以习近平同志为核心的党中央以高度自觉的担当意识下决心要在前人奋斗的基础上,继续把这篇大文章写下去,而且要写出彩。为此,就如何建设好党、如何治理好国家、如何坚持和发展中国特色社会主义的问题,习近平总书记发表了一系列重要讲话,提出了一系列新理念新思想新战略。习近平总书记“七一”重要讲话对这几个重大问题作了进一步集中系统的阐述。他首先明确指出:“面向未来,面对挑战,全党同志一定要不忘初心、继续前进。”“不忘初心、继续前进”是对全党同志从政治上、思想上、行动上提出的总要求。那么,如何做到“不忘初心、继续前进”?习近平总书记分别从八个方面进行了具体阐述,提出了明确要求。即坚持马克思主义的指导地位,坚定共产主义远大理想和中国特色社会主义共同理想,坚持中国特色社会主义道路自信、理论自信、制度自信、文化自信,统筹推进“五位一体”总体布局和协调推进“四个全面”战略布局,勇于全面深化改革,坚持一切为了人民、一切依靠人民,始终不渝走和平发展道路,保持党的先进性和纯洁性。讲话还强调建设同我国国际地位相称、同国家安全和发展利益相适应的巩固国防和强大军队,推进祖国和平统一进程、完成祖国统一大业。习近平总书记把马克思主义基本原理同当代中国实际和时代特点紧密结合起来,对新的历史时期如何建设好党、如何治理好国家、如何坚持和发展中国特色社会主义的新的系统阐述,具有鲜明的时代性、开拓性、思想性、理论性、创新性和实践性。

二、领导伟大斗争伟大工程伟大事业伟大梦想的行动纲领

党的十八大以后,摆在中国共产党面前的重大历史使命,就是要领导全党和全国人民进行具有许多新的历史特点的伟大斗争,不断把党的建设新的伟大工程推向前进,不断把中国特色社会主义伟大事业推向前进,实现中华民族伟大复兴的中国梦。能否推进伟大斗争、伟大工程、伟大事业、伟大梦想取得伟大胜利,这是对中国共产党领导水平和执政能力的重大历史性考验。伟大斗争、伟大工程、伟大事业、伟大梦想是一个相互关联的有机整体。伟大斗争的胜负决定伟大事业、伟大梦想的成败,伟大工程是决定伟大斗争胜负、伟大事业成败、伟大梦想实现与否的根本条件和重要保证,伟大事业、伟大梦想是伟大斗争、伟大工程的前进方向和奋斗目标。习近平总书记在“七一”重要讲话中,对这四个事关中国共产党和中国人民前途命运的特别重大的课题作了全面系统、深刻精辟的阐述。

在谈到如何进行伟大斗争时,习近平总书记用四个“重大”、两个“坚持”和一个“使”的表述,深刻阐明了我们党对于进行伟大斗争所要肩负的艰巨任务、所要遵循的重大原则、所要达到的根本目的。

在谈到如何建设伟大工程时,习近平总书记首先强调:“办好中国的事情,关键在党。中国特色社会主义最本质的特征是中国共产党领导,中国特色社会主义制度的最大优势是中国共产党领导。”他指出:“党和人民事业发展到什么阶段,党的建设就要推进到什么阶段。这是加强党的建设必须把握的基本规律。”并就如何保持党的先进性和纯洁性、如何全面从严治党、如何加强作风建设、如何反腐倡廉、如何提高干部队伍素质等新的历史时期党的建设的若干重大关键问题,分别作了重要阐述,提出新的明确要求。

在谈到如何推进伟大事业时,习近平总书记全面深刻地阐述了道路自信、理论自信、制度自信、文化自信对于把伟大事业推向前进的极端重要性。他指出:“我们要坚信,中国特色社会主义道路是实现社会主义现代化的必由之路,是创造人民美好生活的必由之路。我们要坚信,中国特色社会主义理论体系是指导党和人民沿着中国特色社会主义道路实现中华民族伟大复兴的正确理论,是立于时代前沿、与时俱进的科学理论。我们要坚信,中国特色社会主义制度是当代中国发展进步的根本制度保障,是具有鲜明中国特色、明显制度优势、强大自我完善能力的先进制度。”他创造性提出:“文化自信,是更基础、更广泛、更深厚的自信”;“我们要弘扬社会主义核心价值观,弘扬以爱国主义为核心的民族精神和以改革创新为核心的时代精神,不断增强全党全国各族人民的精神力量。”

习近平总书记“七一”重要讲话,以“动员全党全国各族人民更加充满信心朝着实现全面建成小康社会奋斗目标、实现中华民族

伟大复兴的中国梦胜利前进”为开篇，以“今天，我们比历史上任何时期都更接近中华民族伟大复兴的目标，比历史上任何时期都更有信心、有能力实现这个目标。我们完全可以说，中华民族伟大复兴的中国梦一定要实现，也一定能够实现”为尾声，要求全党同志一定要不忘初心、继续前进，继续在这场历史性考试中经受考验，努力向历史、向人民交出新的更加优异的答卷！由此，我们可以深刻体会到，习近平总书记“七一”重要讲话，始终把实现中华民族伟大复兴的中国梦，作为讲话的主线、主旨贯穿全篇。可以说，讲话对党领导伟大斗争、伟大工程、伟大事业阐述的重大思想，作出的重大部署，也就是对实现伟大梦想阐述的思想、作出的部署。从这个意义上说，习近平总书记“七一”重要讲话，是新的历史时期中国共产党领导全党和全国各族人民进行伟大斗争、建设伟大工程、推进伟大事业、实现伟大梦想的行动纲领。

三、推进实现“两个一百年”奋斗目标和中华民族伟大复兴中国梦的强大精神动力

习近平总书记“七一”重要讲话，开宗明义地指出，我们隆重集会，庆祝中国共产党成立95周年，目的就是“动员全党全国各族人民更加充满信心朝着实现全面建成小康社会奋斗目标、实现中华民族伟大复兴的中国梦胜利前进”。整篇讲话充满激情、充满希望、充满信心、充满力量，为“两个一百年”奋斗目标和中华民族伟大复兴中国梦的实现提供了强大的精神动力。

习近平总书记满怀深情地对中国共产党95年的奋斗历史进行了回顾和总结。习近平总书记回顾了中国产生共产党这一开天辟地的大事变，给中国和世界带来的深刻改变；回顾了中国共产党为中华民族作出的伟大历史贡献，使中国实现三次历史性的伟大飞跃；回顾了中国共产党领导中国人民取得的伟大胜利，使中华文明、使科学社会主义、使中华民族焕发出新的蓬勃生机。在这个基础上，习近平总书记深刻总结了中国共产党95年奋斗历程的重大历史经验。通过对中国共产党95年奋斗历程的深情回顾和历史经验的系统总结，极大地激发了全党和全国人民对共产党的热爱，对共产党革命精神的崇敬，对党和人民事业的坚信，对中国共产党奋斗95年所创造宝贵历史经验的珍惜，从而进一步增强了在以习近平同志为核心的党中央坚强领导下，奋力实现“两个一百年”奋斗目标和中华民族伟大复兴中国梦的勇气和力量。正如习近平总书记在讲话中指出的：“‘明镜所以照形，古事所以知今。’今天，我们回顾历史，不是为了从成功中寻找慰藉，更不是为了躺在功劳簿上、为回避今天面临的困难和问题寻找借口，而是为了总结历史经验、把握历史规律，增强开拓前进的勇气和力量。”

习近平总书记高瞻远瞩、运筹帷幄，以马克思主义者的深邃眼光和党的领袖的丰富智慧，对实现“两个一百年”奋斗目标和中华民族伟大复兴的中国梦，提出了“不忘初心、继续前进”的总要求和八个方面的具体要求。无论是总要求，还是八个方面的具体要求，都明于灯塔、重于泰山，不仅对全党全国的工作给予更加有力的指导，而且极大地振奋了全党同志、全国人民为实现“两个一百年”奋斗

目标和中华民族伟大复兴中国梦不懈奋斗的进取精神。这一总要求和八个方面的具体要求，使全党同志更加深刻地认识到坚持马克思主义的指导地位、坚持把马克思主义基本原理同当代中国实际和时代特点紧密结合起来，推进理论创新、实践创新的重要性必要性，从而更加努力地把马克思主义中国化推向前进；使全党同志更加深刻地认识到牢记我们党从成立起就把为共产主义、社会主义而奋斗确定为自己的纲领，坚定共产主义远大理想和中国特色社会主义共同理想的重要性必要性，从而更加努力地把为崇高理想奋斗的伟大实践推向前进；使全党同志更加深刻地认识到坚持中国特色社会主义道路自信、理论自信、制度自信、文化自信，坚持党的基本路线不动摇的重要性必要性，从而更加努力地把中国特色社会主义伟大事业推向前进；使全党同志更加深刻地认识到统筹推进“五位一体”总体布局，协调推进“四个全面”战略布局，全力推进全面建成小康社会进程的重要性必要性，从而更加努力地把实现“两个一百年”奋斗目标推向前进；使全党同志更加深刻地认识到坚定不移高举改革开放旗帜，勇于全面深化改革，进一步解放思想、解放和发展社会生产力、解放和增强社会活力的重要性必要性，从而更加努力地把改革开放推向前进；使全党同志更加深刻地认识到坚信党的根基在人民、党的力量在人民，坚持一切为了人民、一切依靠人民，充分发挥广大人民群众的积极性、主动性、创造性的重要性必要性，从而更加努力地把为人民造福事业推向前进；使全党同志更加深刻地认识到始终不渝走和平发展道路，始终不渝奉行互利共赢的开放战略，加强同各国的友好往来的重要性必要性，从而更加努力地同各国人民一道，把人类和平与发展的崇高事业推向前进；使全党同志更加深刻地认识到切实增强“四个意识”，坚决维护习近平总书记的核心地位，坚决维护党中央权威，始终保持党的先进性和纯洁性，着力提高执政能力和领导水平，着力增强抵御风险和拒腐防变能力的重要性必要性，从而更加努力地把党的建设新的伟大工程推向前进。

习近平总书记在讲话中阐述的重要思想、强调的重大原则、提出的殷切希望，闪烁着马克思主义的思想光芒，饱含着中国共产党人的革命激情，凝结着党和人民的崇高理想，鼓舞人心，振奋精神，激励斗志，必将有力地推动“两个一百年”奋斗目标和中华民族伟大复兴中国梦的实现。

（作者：中央马克思主义理论研究和建设工程咨询委员会主任）

习近平系列重要讲话精神研究综述

曲青山　刘荣刚

党的十八大以来，以习近平为核心的党中央高举中国特色社会主义伟大旗帜，围绕实现“两个一百年”奋斗目标和中华民族伟大复兴中国梦，统筹国内、国际两个大局，统筹伟大事业、伟大工程，团结带领全国各族人民开辟了治国理政新境界，开创了党和国家事业发展新局面。在中国特色社会主义伟大实践中，习近平围绕改革发展稳定、内政外交国防、治党治国治军发表了一系列重要讲话，提出了一系列新理念新思想新战略。广大党员干部群众深入学习贯彻习近平系列重要讲话精神的过程，也是对其研究深化的过程。党的十八大以来，全国社会各界特别是理论界学术界，对习近平系列重要讲话精神研究逐步深化，研究成果如雨后春笋般涌现：研究习近平系列重要讲话精神著述大量出版；《人民日报》、《光明日报》、《经济日报》、《求是》杂志等中央媒体以及各省市区主要报刊发表了许多学习贯彻习近平系列重要讲话精神的体会文章；全国主要社科期刊刊登了大量习近平系列重要讲话精神研究论文、文章；一些高等院校博士、硕士论文也将研究习近平系列重要讲话精神作为学术论文的选题；国家社会科学基金项目也加大了对习近平系列重要讲话精神研究的扶持力度，拟定了一批重要选题，分量逐年增加，范围不断扩大，推动了该研究的深入和升华。这些研究成果，内容广泛，形式多样，数量巨大，对深入学习领会习近平系列重要讲话精神发挥了重要作用。

一、习近平系列重要讲话精神研究的主要方面

党的十八大以来，理论界学术界围绕习近平关于改革发展稳定、内政外交国防、治党治国治军发表的一系列重要讲话，对实现中华民族伟大复兴中国梦、坚持和发展中国特色社会主义、协调推进“四个全面”战略布局、全面深化改革、全面依法治国、全面从严治党、五大发展理念、国际关系和我国外交战略等重要问题，进行广泛而深入研究，提出了许多有见地的观点。

（一）关于实现中华民族伟大复兴中国梦

党的十八大结束不久，2012 年 11 月 29 日，习近平在参观国家博物馆《复兴之路》展览时，提出实现中华民族伟大复兴的中国梦。中国梦提出后，引起全党全社会乃至全世界的高度关注。

对于什么是中国梦，如何认识中国梦，一些专家、学者从不同角度进行了解读。有学者指出，中国梦阐述的是中国未来发展走向的重大问题，可以从 5 个维度认识把握它的内涵和意义。一是命题的维度：中国梦是中华民族伟大复兴的形象表达；二是历史的维度：中国梦是近代以来中华民族的夙愿和梦

想;三是本质的维度:中国梦归根到底是人民的梦;四是实践的维度:实现中国梦要坚持和遵循“三个必须”,即必须走中国道路,必须弘扬中国精神,必须凝聚中国力量;五是世界的维度:中国梦是和平、发展、合作、共赢的梦。

关于中国梦的本质内涵,一些学者认为,实现中华民族伟大复兴即中国梦,其基本内涵是实现国家富强、民族振兴、人民幸福,奋斗目标是“两个一百年”,即到中国共产党成立一百年时全面建成小康社会,到新中国成立一百年时建成富强民主文明和谐的社会主义现代化国家。有学者认为实现中华民族伟大复兴,不是要恢复古代中国鼎盛时期的疆域版图,而是使中华民族为人类作出的贡献尽量占很大份额。实现中华民族伟大复兴的要义,主要是从对人类文明的贡献率意义上讲的。

学术界从多视角对中国梦进行了研究。有学者从中国现代化的角度进行了研究,指出中国梦把国家的追求、民族的向往、人民的期盼融为一体,以人们对美好生活的追求为落脚点,将中国现代化的发展目标、实践路径、推进模式等,与每个中国人的现实生活紧密关联在一起。中国梦集中涵盖了中国现代化发展的基本愿景、根本目标、核心理念与独特致思逻辑,在历史与现实、传统与现代、海内与海外、中国与世界的多维互动中,反映和呈现了中国现代化的全貌。有学者从培育和践行社会主义核心价值观的角度,提出中国梦是有价值追求的社会梦想。在国家层面上,要实现富强、民主、文明、和谐的价值目标;在社会层面上,要坚持自由、平等、公正、法治的价值取向;在公民个人层面上,要形成爱国、敬业、诚信、友善的价值准则。

(二)关于坚持和发展中国特色社会主义

党的十八大以来,以习近平为核心的党中央,坚持和发展中国特色社会主义,坚持道路自信、理论自信、制度自信、文化自信,领导人民进行具有许多新的历史特点的伟大斗争,不断开创了中国特色社会主义事业新局面。

对于什么是中国特色社会主义,有专家学者指出,中国特色社会主义是个总称谓、总概念、总范畴,旗帜、道路、理论、制度,是这个总称谓、总概念、总范畴涵义上的 4 个维度。它们分别回答了党在改革开放新时期中国特色社会主义的前进方向、发展道路、理论指导和制度保障,属于不同的领域,具有不同的涵义和功能,不能相互替代。它们在本质属性等方面存在诸多共同性,它们又相互联系、相互依存、相互贯通,构成一个相辅相成的内在统一体。

有学者指出,建设中国特色社会主义,是“我们正在进行具有许多新的历史特点的伟大斗争”,这一论断是我们党在全面审视和分析国内国际两个大局发展大势基础上作出的。从国际发展环境看,当前国际形势正处在新的转折点上,原有的全球政治经济均衡状态正在被打破,新的均衡尚未形成;从国内发展阶段看,我国正处于跨越“中等收入陷阱”并向高收入国家迈进的历史阶段,矛盾和风险比从低收入国家迈向中等收入国家时更多、更复杂。

建设中国特色社会主义,需要发挥理论指引的作用。有学者认为,以习近平为核心的党中央抓住中国特色社会主义的根本和关键问题，提出和实行了一系列新思想、新观点和新举措：坚持以民为本、以人为本，树立以人民为中心的工作导向，始终依靠人民建设中国特色社会主义；改善党的领导，加强党的建设，确保党在发展中国特色社会主义历史进程中始终成为坚强领导核心；坚持党性和人民性的统一，保持党和人民群众的血肉联系，将坚持人民主体地位和党的领导统一于中国特色社会主义伟大实践。这就为实现中华民族伟大复兴的中国梦奠定了坚实基础和重要前提。

一些学者认为，以习近平为核心的党中央，紧紧围绕坚持和发展中国特色社会主义这一主题，不断进行理论创新和实践探索，逐步形成以中华民族伟大复兴中国梦为奋斗目标、以“五位一体”为总体布局、以“四个全面”为战略布局、以新发展理念为科学引领的治国理政新理念、新思想、新战略，在新的历史起点上发展了21世纪中国马克思主义。这些新理念、新思想、新战略，形成了一个科学思想体系，深化了我们对中国特色社会主义规律的认识，续写了坚持和发展中国特色社会主义的新篇章。

（三）关于协调推进“四个全面”战略布局

党的十八大以来，以习近平为核心的党中央从坚持和发展中国特色社会主义全局出发，提出并形成了“四个全面”战略布局，在国内外引起强烈反响。

对于“四个全面”战略布局的提出，有专家学者认为，“四个全面”战略布局是我们党对于当代中国国情深刻把握的基础上提出的新理论。“三个没有变”、“三个前所未有”、“三期叠加”和“五个不会改变”等理论阐述，为“四个全面”战略布局奠定了扎实的现实基础。

有学者提出，党的十八大精神是“四个全面”的总源头。“全面建成小康社会”作为新形势下党治国理政战略布局中的战略目标，是十八大确定的。十八届三中全会作出的“全面深化改革”的战略部署，是十八大“全面深化改革开放”目标的具体化。“全面依法治国”也是从十八大提出的“全面推进依法治国”发展而来。“全面从严治党”虽然不是直接来源于、来自于十八大，但与十八大有着密不可分的关系。

对于“四个全面”战略布局间的关系，有学者指出，“四个全面”战略布局是一个有机联系、环环相扣的整体。从大的关系看，是目标引领举措。全面建成小康社会是战略目标，全面深化改革、全面依法治国、全面从严治党是三大战略举措，为全面建成小康社会提供动力源泉、法治保障和政治保证。从每一个“全面”之间的具体关系看，也都是彼此联系的。要把“四个全面”战略布局作为有机统一的整体来把握，使之相辅相成、相互促进、相得益彰，协调推进新形势下党治国理政的伟大实践。

有学者提出，党的十八届三中全会《关于全面深化改革若干重大问题的决定》是“改革纲领”，十八届四中全会《关于全面推进依法治国若干重大问题的决定》是“法治纲领”，十八届五中全会《关于制定国民经济和社会发展第十三个五年规划的建议》是“发展纲领”，这就构成了当前和今后一个时期我国的“三大纲领”。把十八届五中全会精神贯彻好、要求部署落实好，关键就在于协调推进“四个全面”，一体落实“三大纲领”。

“四个全面”战略布局与“五位一体”总体布局的关系,也引起很多研究者的重视。有学者认为,“四个全面”紧密联系于“五位一体”总体布局,并且来自这个总体布局。从其内涵的维度来看,“五位一体”总体布局的方向性质和目标任务涵盖着“四个全面”战略布局,做到“四个全面”是实现“五位一体”的内在要求。“四个全面”归根到底也都是为了更好地推进“五位一体”,服务于整个中国特色社会主义事业。

一些学者研究了“四个全面”战略布局与共产党执政规律的关系。指出,“四个全面”战略布局为中国共产党人执政方略增添了新内涵、新诠释:全面建成小康社会是执政目标的新概括,全面深化改革是执政路径的新拓展,全面依法治国是执政方式的新改进,全面从严治党是提升执政能力的新要求。“四个全面”战略布局是对治国理政规律的探索,形成了中国在新的历史条件下治国理政方略,为我们治国理政提供了基本遵循。

(四)关于全面深化改革

党的十八大以来,习近平关于全面深化改革的重要论述,进一步丰富了党的改革开放理论,为新时期全面深化改革提供了基本遵循。

有专家学者认为,从十八大以来习近平关于全面深化改革的重要论述中不难看出,不少思想观点都是对他以前相关论述的凝练、发展和升华,是他多年思考和实践的结晶。习近平在之前的各个工作时期,对改革开放发表过大量见解独到、内涵丰富的重要论述,不少内容与党的十八大以来的新思想、新观点、新论断高度契合。

一些学者认为,习近平对全面深化改革的历史方位、对象、内容、目标和方法等重大问题形成了系统看法和基本观点。习近平全面深化改革的重要思想,具有极其丰富的内容,主要特点表现在6个方面:一是进入攻坚期和深水区的改革思想;二是以经济体制改革为重点的各项改革协同配合推进的全面改革思想;三是“摸着石头过河”与“加强顶层设计”辩证统一的改革思想;四是按照内在规律领导中国改革的思想;五是始终坚持正确方向的改革思想;六是以完善和发展中国特色社会主义制度,推进国家治理体系和治理能力现代化为目标的改革思想。

理论界学术界十分关注习近平提出的全面深化改革应处理的几个关系。有学者指出,全面深化改革开放要处理好解放思想和实事求是的关系、整体推进和重点突破的关系、顶层设计和摸着石头过河的关系、胆子要大和步子要稳的关系、改革发展稳定的关系,在处理好五大关系中激发改革开放新活力。

有学者提出,党的十八大以来,我国改革开放更加注重改革开放的顶层设计、整体谋划;更加注重改革开放的全面性、协调性;更加注重问题导向、攻坚克难;更加注重以开放促改革、促发展。全面深化改革必须把握正确方向,即要始终高举中国特色社会主义伟大旗帜,坚持以中国特色社会主义理论体系为指导,以社会主义核心价值观为引领,不断拓展中国特色社会主义道路,完善中国特色社会主义制度,坚持和完善党的领导,自觉抵制改变中国特色社会主义性质的各种图谋。

(五)关于全面依法治国

全面依法治国是以习近平为核心的党中央为治国理政提出的重大战略任务,是事关党执政兴国的一个全局性问题。

一些专家学者从“四个全面”逻辑联系的高度,深刻论述了全面依法治国的重大意义,认为全面依法治国体现了法治保障的基础地位、法治价值的定向作用。其他三个“全面”同全面依法治国的内在关系,本质上是现代化与法治化、改革与法治、党和法的关系。没有法治的保障和支撑,其他三个“全面”就难以落实,“四个全面”的理论架构也会出现缺陷。“四个全面”没有公平正义的社会基础,全面小康社会就如镜中花、水中月;没有法治精神的引领,改革就会迷失方向;没有法治信仰和法律制度,党的宗旨就难以实现。

关于“党大还是法大”命题,是理论界学术界争论的一个热点问题。有学者认为,“党大还是法大”的问题,改革开放之初就有人提出。党的十八届四中全会《中共中央关于全面推进依法治国若干重大问题的决定》提出的“三统一”和“四善于”,是对党的领导和依法治国关系的高度概括、提炼和总结。我们党作为唯一的执政党,党的领导和依法治国是一致的,是分不开的。党的领导和依法治国关系,一是领导的关系,二是统一的关系,三是衔接的关系,四是遵守的关系,五是递进的关系。究竟党大还是法大,是有前提、有条件的。在不讲条件、不设前提的情况下,直接诘问“党大还是法大”,是一个伪命题。“权大还是法大”的问题,实际上是从“党大还是法大”问题衍生出来的,是对一些社会现象作出的概括。全面依法治国的要害问题,就是公权力是否得到有效约束、手握公权力的人能否依法办事、宪法和法律是否不折不扣得到遵行。

有学者提出,党的领导与法治的关系问题,不仅是一个法学问题,更是一个政治问题;不仅是一个理论问题,更是一个实践问题。把党的领导贯彻到依法治国全过程和各方面,一是党要领导立法,根据党和国家大局、人民群众意愿,立符合党的主张、尊重人民意愿、满足现实需要的良法。二是党要保证执法,建设职能科学、权责法定、执法严明、公开公正、廉洁高效、守法诚信的法治政府,坚持法定职责必须为、法无授权不可为。三是党要支持司法,为司法机关依法独立、公正行使职权提供坚实保障,健全监督制约司法活动的制度机制,保证司法权在制度的笼子里规范运行。四是党要带头守法,每个领导干部都必须服从和遵守宪法法律,不能把党的领导作为个人以言代法、以权压法、徇私枉法的挡箭牌,而应做尊法学法守法用法的模范,自觉为全社会作出表率。

(六)关于全面从严治党

党的十八大以来,以习近平为核心的党中央提出了全面从严治党的思想,持之以恒改作风,坚定不移惩腐败,坚持不懈严纪律,带头落实党风廉政建设主体责任,作出了榜样、树立了标杆。

对于全面从严治党思想的提出,有学者认为,全面从严治党思想肇始于中国共产党领导集体对党内存在的问题的深刻洞察。全面从严治党的全面性从内容上看,涵盖党的思想建设、组织建设、作风建设、反腐倡廉建设和制度建设的各个领域。全面从严治党思想的提出,是对马克思主义政党理论的又一次继承、发展与创新。

有学者指出,全面从严治党对于新形势下党的建设具有极为重要的意义,其长度表现为党的建设新常态,其力度集中在作风建设和反腐败斗争,其尺度归结到党的纪律和规矩,其广度覆盖了党的建设各个方面,其深度体现在思想建党和制度治党紧密结合,其效度落脚到取信于民、赢得民心。

习近平关于党的建设思想内涵丰富。有学者把习近平关于党的建设思想概括为"六论":一是从严治党"打铁论";二是思想建设"补钙论";三是组织建设"优化论";四是作风建设"抓早抓小论";五是反腐败"零容忍论";六是制度建设"笼子论"。也有学者归纳概括为10个方面,即党建"十论":党处于"关键"地位并负有重大历史责任;党面临严峻考验和许多新情况新问题;落实党要管党、从严治党任务一刻不能松懈;补足理想信念"精神之钙";以好干部标准选好用好干部;以踏石留印、抓铁有痕的劲头抓作风建设;权力关进制度的笼子里;以高压态势、零容忍态度惩治腐败;严明党的纪律,维护党的团结统一;党员领导干部要严于律己、率先垂范。认为习近平党的建设思想联结历史与现实、贯通认识与实践、统筹管党治党与治国理政,坚持党要管党、从严治党,重在实际成效、实践突破,紧扣执政使命、战略全局,体现出十分鲜明的特点与风格。

(七)关于五大发展理念

党的十八大以来,以习近平为核心的党中央,提出创新、协调、绿色、开放、共享的新发展理念,为我国实现全面建成小康社会宏伟目标和今后相当长一个时期的发展实践提供了理论指南。

关于新发展理念的提出及意义,一些学者认为,五大发展理念创造性地回答了新形势下我们要实现什么样的发展、怎样实现发展的重大问题,它是将当代中国发展战略目标与基本国情特别是社会主要矛盾相对照,坚持目标导向和问题导向相统一提出来的。有学者认为,十八届五中全会围绕发展问题,提出一系列重要的战略思想和战略举措。五大发展理念属于战略思维、哲学思维,具有前瞻性、整体性、统领性。供给侧结构性改革属于逻辑或设计层面的思维;去库存、去产能、去杠杆、降成本、补短板属于技术层面的思维。五大发展理念是以习近平为核心的党中央治国理政的新理念,是适应新阶段、应对新挑战、引领新常态的重要指导思想,体现了中国特色社会主义政治经济学的基本原则。

对于经济新常态,一些学者认为,以习近平为核心的党中央准确把握经济发展大局,作出了我国经济社会发展基本面长期趋好,但正处在从高速到中高速的增长速度换档期、结构调整阵痛期、前期刺激政策消化期"三期叠加"阶段的重要判断。提出经济新常态,主要基于以下几个方面的因素:一是全球经济格局深刻调整,外部需求出现常态萎缩;二是创新驱动竞争更为激烈,产业结构转型升级滞后;三是传统人口红利逐渐减少,资源环境约束正在加强;四是面临跨越中等收入陷阱挑战,改革红利有待强力释放。

有学者指出,对五大发展理念意义的认识既要从发展观的角度去理解,更要从中国道路与中国特色社会主义理论角度去理解。从发展观的角度看,五大发展理念是对科学发展观的继承、深化和发展,它在科学发展观的基础之上进一步提出并回答了发展动力(创新)、发展方式(协调和开放)、发展性质(绿色)和发展价值(共享)问题。表面上看,五大发展理念仍然是谈经济发展问题,但它实际上已经涉及包括政治、社会、文化与生态等整个社会多个层面联动发展问题，即它已上升到社会整体发展角度。而对于这一问题意义的理解自然要上升到中国道路与中国特色社会主义理论高度才能得到更全面理解。

（八）关于国际关系和我国外交战略

党的十八大以来，以习近平为核心的党中央在对外工作上提出一系列新理念新思想新战略，开创了中国特色大国外交新局面。

有学者提出，中国特色大国外交牢牢抓住服务中华民族伟大复兴这条主线，积极推动构建以合作共赢为核心的新型国际关系，推动全球治理体系改革向更加公正合理方向发展，坚持同世界各国共建和谐共生的人类命运共同体，向世界展现了一个社会主义大国、东方大国、发展中大国、文明大国的责任意识和使命担当。中国是一个社会主义大国，中国特色大国外交的核心价值与社会主义核心价值观是内在一致的。在对外关系的价值取向上，坚持独立自主、和平共处、和平发展、合作共赢，不走国强必霸的老路，也不走对抗冲突的险路，而是坚定不移地走和平发展道路。

有学者认为，党的十八大以来中国特色大国外交不断取得理论突破、推进实践创新。中国以推动国际体系和全球治理优化为重点，扩大了同广大发展中国家和地区的区域合作，推进了同发达国家的政治对话和经济合作，开展了元首外交和全方位、宽领域、多层次合作，体现了负责任大国的视野和胸怀。中国外交的战略布局体现了3个重点：一是大国关系；二是周边关系；三是地缘理念。

有学者认为，“中国特色的大国外交”命题的提出非常及时，它有两个关键：一是构建以合作共赢为核心的新型国际关系；二是中国将始终不渝坚持和平发展的战略。具体可概括为“三要”、“三不要”。“三要”即要和平、要发展、要合作。“三不要”即不扩张、不称霸、不结盟。

“一带一路”战略是理论界学术界研究的一个热点问题。一些专家学者指出：“一带一路”倡议是新时期中国对外关系的中长期战略。这个倡议本身包含了国际制度的合理诉求。作为快速发展的新兴大国，中国尚未形成自己明确系统的地区制度观和全球制度观。从国际制度的特征和行为逻辑出发，提出国际制度战略的一般框架，探索“一带一路”制度建设的必要性、紧迫性和可能性，对推动现有制度改革和新制度建立具有深远意义。

理论界学术界还围绕发展社会主义民主政治、建设社会主义文化强国、改善民生和创新社会治理、推进生态文明建设、全面推进国防和军队建设等问题，对习近平系列重要讲话精神进行了阐释、宣传和研究，也推出了不少成果。因篇幅所限，不再详述。

二、理论体系研究

党的十八大以来，理论界学术界在对习近平系列重要讲话精神主要内容进行研究的同时，也把系列重要讲话作为一个整体和体系，从理论定位、理论内容、理论主线、主要特点、方法论、产生条件等方面进行了研究，取得了丰硕成果，为党的理论与时俱进和创新积累了经验，打下了基础。

（一）关于理论定位

理论界学术界对习近平系列重要讲话精神的研究，虽然称谓上尚未统一，如一般称为习近平系列重要讲话、以习近平同志为核心的党中央治国理政新理念新思想新战略，也有的称为习近平治国理政思想、习近平优化治国理政的重大战略思想、习近平民族复兴战略思想等，但随着实践的发展，理论定位越来越明确。中共中央宣传部组织编写的《习近平总书记系列重要讲话读本（2016 年版）》，对习近平系列重要讲话作了目前最权威的定位。指出，习近平系列重要讲话是中国特色社会主义理论体系的最新成果，是马克思主义中国化最新成果，是指导具有许多新的历史特点的伟大斗争的鲜活的马克思主义。它进一步深化了我们党对共产党执政规律、社会主义建设规律、人类社会发展规律的认识，是中国革命、建设和改革的历史逻辑、理论逻辑和实践逻辑的贯通结合，升华了马克思主义发展新境界，续写了中国特色社会主义事业新篇章。

有学者从理论作用的角度，对以习近平为总书记的党中央治国理政新理念新思想新战略给予定位。指出，从政治意义上说，“三新”凝聚了全党全国各族人民共同意志，是坚持和发展中国特色社会主义、实现中华民族伟大复兴中国梦的根本遵循和行动指南。从理论意义上说，“三新”是马克思主义基本原理与当代中国实际相结合的伟大创造，是指导具有许多新的历史特点的伟大斗争的鲜活的马克思主义。从实践意义上说，“三新”确立了新形势下党和国家各项工作的发展思路和战略举措，是推动当前和今后一个时期我国经济社会发展的根本指针。从世界意义上说，“三新”为世界和平与发展贡献了独特的中国智慧，在人类思想宝库中绽放出耀眼光彩。

有学者认为，党的十八大以来，习近平提出一系列治国理政新理念新思想新战略，成为党和国家在新的历史条件下深化改革开放、加快推进社会主义现代化、坚持和发展中国特色社会主义的科学理论指导和正确行动指南。这些新理念新思想新战略闪烁着马克思主义的理论光芒，彰显了中国特色社会主义的实践特色，富有思想性、时代性、创新性和实践性，把中国化马克思主义特别是中国特色社会主义理论体系推进到一个新境界，是全面发展的 21 世纪中国的马克思主义。

一些学者在把握习近平系列重要讲话精神或“三新”基本内涵的基础上，对习近平系列重要讲话、“三新”进行了定位。有专家学者提出，“三新”是我们党科学把握当代中国实际和时代特征推进马克思主义中国化的最新成果，是推动具有许多新的历史特点的伟大斗争的锐利武器，是夺取全面建成小康社会新胜利、加快推进社会主义现代化的科学理论指导和行动指南。有专家学者把党的十八大以来习近平的理论贡献概括为优化治国理政重要思想，认为这一重要思想是中国特色社会主义理论体系的重要组成部分，是在新的历史条件下推进中国特色社会主义新发展、夺取中国特色社会主义新胜利、实现“两个一百年”奋斗目标和中华民族伟大复兴中国梦的思想指南。

（二）关于理论体系

理论界学术界普遍认为习近平系列重要讲话构成了一个逻辑严密的有机整体，但对其基本内涵和各方面之间关系的认识略有不同。

中共中央宣传部组织编写的《习近平总书记系列重要讲话读本（2016 年版）》，根据习近平治国理政提出的一系列新理念新思想新战略，把习近平系列重要讲话分为关于实现中华民族伟大复兴的中国梦、坚持和发展中国特色社会主义、协调推进“四个全面”战略布局、全面建成小康社会、全面深化改革、全面依法治国、全面从严治党、树立创新协调绿色开放共享的发展理念、促进经济健康持续发展、发展社会主义民主政治、建设社会主义文化强国、改善民生和创新社会治理、大力推进生态文明建设、全面推进国防和军队建设、国际关系和我国外交战略、科学的思想方法和工作方法等16个专题，并把这些专题分为6大方面：实现中华民族伟大复兴是居于引领地位的宏伟奋斗目标；坚持走中国特色社会主义道路，是实现中华民族伟大复兴的必由之路；协调推进全面建成小康社会、全面深化改革、全面依法治国、全面从严治党“四个全面”战略布局，是实现中华民族伟大复兴的重要保障；牢固树立创新、协调、绿色、开放、共享的新发展理念，统筹推进经济、政治、文化、社会、生态文明五位一体建设，为实现中华民族伟大复兴奠定坚实物质基础、凝聚强大精神力量；加强国防和军队建设，推动构建以合作共赢为核心的新型国际关系，为实现中华民族伟大复兴营造良好发展环境；学习掌握科学的思想方法和工作方法，不断提高解决改革发展基本问题的本领，为实现中华民族伟大复兴提供科学的世界观和方法论指引。16个专题、6大方面，构成了习近平系列重要讲话的基本内涵和逻辑框架。

刘云山从学习贯彻习近平系列重要讲话精神重在8个领会的角度，对习近平系列重要讲话的基本内涵作出概括。提出要深入领会关于坚持和发展中国特色社会主义的论述，坚定道路自信、理论自信、制度自信；领会关于实现中华民族伟大复兴的中国梦的论述，为国家富强、民族振兴、人民幸福不懈奋斗；领会关于全面深化改革开放的论述，激发全社会的发展动力和创造活力；领会关于推动科学发展的论述，促进经济社会持续健康发展；领会关于社会主义民主政治和依法治国的论述，坚持中国特色社会主义政治发展道路；领会关于宣传思想工作的论述，掌握意识形态工作的领导权管理权话语权；领会关于国际关系和我国外交战略的论述，坚持开放、合作、共赢的发展；领会关于党的建设的论述，提高从严管党治党的水平。同时还要认真领会关于加强国防和军队建设，贯彻“一国两制”、推进祖国统一大业等方面的重要论述。

有学者从理论基石、政治主题、伟大宣言、行动纲领、科学判断、基本原则、执政理念、发展理念、治国方略、重要观念、对外战略、军事思想等12个方面，系统梳理了习近平系列重要讲话所包含的基本理论观点。一是关于坚持和创新马克思列宁主义、毛泽东思想和中国特色社会主义理论体系的重要观点。二是关于高举中国特色社会主义伟大旗帜，坚持和发展中国特色社会主义的重要观点。三是关于实现“两个一百年”奋斗目标，实现中华民族伟大复兴中国梦的重要观点。四是关于全面建成小康社会、全面深化改革、全面依法治国、全面从严治党战略布局的重要观点。五是关于适应经济发展新常态，推动经济社会持续健康科学发展的重要观点。六是关于加强和改进宣传思想工作，牢牢掌握意识形态工作领导权管理权话语权的重要观点。七是关于保障和改善民生，加强社会管理创新和制度建设的重要观点。八是关于正确处理好经济发展同生态环境保护的关系,建设社会主义生态文明的重要观点。九是关于建设社会主义民主政治,走中国特色社会主义政治发展道路的重要观点。十是关于培育和弘扬社会主义核心价值观,建设社会主义文化强国的重要观点。十一是关于坚决维护国家核心利益,建立以合作共赢为核心的新型国际关系的重要观点。十二是关于牢牢把握党在新形势下的强军目标,加强国防和军队建设的重要观点。

有学者从《习近平谈治国理政》的篇章结构出发,对习近平治国理政思想的主要内容进行了归纳。认为习近平治国理政思想的主要内容有:第一,坚持和发展中国特色社会主义,这是主线。或者说,这是习近平治国理政思想的纲。第二,实现“两个一百年”的目标和中华民族伟大复兴的中国梦,这是目标。第三,以创新、协调、绿色、开放、共享的发展新理念,适应、把握、引领经济新常态,保持经济持续健康发展,这是中心任务。第四,坚持经济、政治、文化、社会、生态文明建设“五位一体”全面发展,这是工作总布局。第五,强调全面深化改革开放是发展的强大动力,创新是引领发展的第一动力,这是发展的动力。第六,坚持全面依法治国,建设社会主义法治国家,这是国家长治久安的法治保证。第七,形成社会主义核心价值观,做好意识形态工作这一极端重要的工作,这是改革发展稳定的思想保证。第八,在深化军队改革中加强国防建设,维护祖国统一,这是国家安全保证。第九,坚持走中国和平发展道路和促进世界和平,这是重要的国际环境保证。第十,坚持全面从严治党,惩治腐败和密切党群关系,增强党的领导和执政能力,这是根本的政治保证。这10个主要思想,前5个讲的是治国理政的纲领和目标任务、动力,后5个讲的是实现目标任务的保证,包括根本的政治保证、法治保证、思想保证、安全保证和国际环境保证。

有学者从坚持和发展中国特色社会主义的角度,对习近平治国理政思想的基本内容及内在逻辑进行了研究。认为习近平治国理政思想包括一条主线——坚持和发展中国特色社会主义;两个百年目标——实现中华民族伟大复兴的中国梦;三个价值引领——社会主义核心价值观;“四个全面”战略布局——治国理政的战略重点;五大发展理念——治国理政的思想指南。这五个方面一环套一环、一扣连一扣:有了发展中国特色社会主义这条主线,就要进一步明确这条主线的指向,即实现中国梦;有了这个目标,就必须明确实现目标的价值导向,这就是社会主义核心价值观;有了价值引领,还要进一步明确当前和今后一个时期的战略重点,这就是“四个全面”战略布局;实现这个战略布局,要靠五大发展理念。

(三)关于理论主线

对习近平系列重要讲话的贯穿主线或思想红线的探讨,是理论界学术界从整体上研究习近平系列重要讲话的一个重要方面。

有人提出,中华民族伟大复兴的中国梦是中国人民孜孜以求的奋斗目标,这是习近平系列重要讲话的主线。中国特色社会主义是实现中国梦的必由之路,社会主义核心价值观是实现中国梦的精神力量,推进国家治理体系和治理能力现代化是实现中国梦的内在要求,全面建成小康社会是实现中国梦的第一阶梯,全面深化改革是实现中国梦的强大动力,全面依法治国是实现中国梦的法治保障,全面从严治党是实现中国梦的根本保证,“一带一路”是实现中国梦的战略空间。

一些学者认为,习近平系列重要讲话主题高度集中,归根到底是对党的十八大精神的权威解读、精深阐释和进一步丰富发展,其主线和灵魂就是坚持和发展中国特色社会主义,着眼点就是进一步系统回答中国特色社会主义的基本问题。这些基本问题,有对建设中国特色社会主义总依据、总布局、总任务“三个总”的回答,有对中国特色社会主义经济建设、政治建设、文化建设、社会建设、生态文明建设“五位一体”总体布局的论述,有对坚持和发展中国特色社会主义道路、理论体系、制度“三位一体”的阐发,还有对坚持和发展中国特色社会主义“八项基本要求”的强调,涵盖中国特色社会主义的方方面面。坚持和发展中国特色社会主义如一条红线,贯穿我们党治国理政的方方面面,将其连接成一个完整的执政思想体系。

有学者提出,习近平治国理政思想是以坚持和发展中国特色社会主义为主题、以总布局各领域创新理论为支撑。指出,新思想在党中央治国理政新理念新思想新战略中占有核心地位。党的十八届五中全会在提出治国理政新理念新思想新战略这一概念之前,对坚持和发展中国特色社会主义作了专门阐述。这充分表明,党中央治国理政新理念新思想新战略是以坚持和发展中国特色社会主义为主题的科学体系的新发展。党中央围绕这一主题推进的理论创新,不仅体现在关于坚持和发展中国特色社会主义的论述中,还体现在关于推进中国特色社会主义总布局各个领域建设的论述中,前者是治国理政新思想的统领和灵魂,后者是支撑和展开。

(四)关于主要特点

理论界学术界从不同角度,对习近平系列重要讲话的主要特点进行了研究和归纳。

有学者认为,习近平治国理政思想有丰富的内容,具有8个显著特点:一是以人民为主体,二是实干兴邦,三是战略目标和战略举措相协调,四是经济新常态和创新驱动相互促进,五是制度现代化和人的能力现代化相结合,六是治国、治党、治军相辅相成,七是在优秀传统文化和现代化思想相融合中培育和践行社会主义核心价值观,八是刚柔相济参与全球治理。这些显著特点,表明我们党正在以坚定的道路自信、理论自信、制度自信,推进国家治理体系现代化,坚持和发展中国特色社会主义。

有学者指出,习近平系列重要讲话显示了对使命、责任、担当的清醒认识,显示了对世情、国情、党情的深刻把握,显示了理论逻辑、实践逻辑、历史逻辑的高度统一,具有鲜明特点:体现了坚定的理想信念与科学的创新精神的统一,体现了深邃的历史眼光与宽广的时代视野的统一,体现了深刻的理论思维与突出的实践指向的统一,体现了坚定的人民立场与鲜明的民族风格的统一。

有学者认为,习近平上任后,在治国理政方面体现出鲜明的“三整”特征,即整体思维、整体谋划和整体战略。在这些思维框架下,集中反映出4个特色鲜明的执政理念:铁腕治国、俯首为民、公平正义和独立自主。习近平记治国理念中蕴含着宏大的治国使命,可以概括为“5个重塑、重建或重构”,即重塑中共的执政形象、重建中国的官场生态、重构中国的秩序、重构中国的价值体系、重构中国的发展方式。有专家学者提出,习近平系列重要讲话形成了自己的特征。这些特征有5个要点:一是务实,二是开放,三是贯穿着真挚为民情怀,四是逻辑严谨,五是生动活泼。

(五)关于方法论

习近平系列重要讲话中蕴含的方法论,也是理论界学术界高度关注的一个重要问题。

有学者指出,习近平系列重要讲话内涵丰富宽广、思想深邃高远、文风清新朴实,善于运用古语、俗语和名言警句阐述问题,涵盖了我们党治国理政管党的各个方面,闪耀着马克思主义的思想光芒。习近平系列重要讲话精神,突出体现了十八大强调的全党要树立的“四种意识”:一是体现了强烈的使命意识,二是体现了深切的忧患意识,三是体现了鲜明的创新意识,四是体现了浓厚的宗旨意识;具有3个鲜明特点:一是宽广的世界眼光,二是深远的历史视野,三是一以贯之的务实精神。

有专家学者认为,习近平治国理政的世界观和方法论,创造性坚持和发展了辩证唯物主义和历史唯物主义,吸收了中华民族的优秀智慧,借鉴了当代世界的文明成果,具有丰富内涵和鲜明特点,主要有真挚为民的执政情怀、志存高远的坚定信念、求真务实的科学态度、不负重托的使命担当、统揽全局的战略智慧。这5个方面,相互联系、内在统一,反映出习近平治国理政的根本立场、奋斗目标、思想路线、精神动力和科学方法。

有学者指出,习近平系列重要讲话,既提出和阐明了实现中华民族伟大复兴的奋斗目标、战略布局、发展理念和各方面工作,部署了“过河”的任务,又阐述了科学的思想方法和工作方法,指明了如何解决“过河”的“桥或船”的问题。党的十八大以来,随着实现中华民族伟大复兴中国梦、“四个全面”战略布局、新发展理念等一系列治国理政新理念新思想新战略的提出和实施,党的思想方法和工作方法也势所必然、合乎规律地获得了新发展。“战略定力”、“底线思维”、“钉钉子精神”、“依靠学习走向未来”、“不断实现理论创新和实践创新良性互动”等一系列新范畴、新命题和大量思想深刻、话语朴实、风格清新的论述,丰富和发展了党关于思想方法和工作方法的理论。

有学者指出,习近平系列重要讲话所蕴含的马克思主义世界观和方法论,是当代中国的马克思主义哲学,是当代中国时代精神的精华。其唯物论底蕴是实事求是,辩证法底蕴是对立统一,认识论底蕴是实践第一,历史观底蕴是群众史观。有学者认为:习近平在系列重要讲话中,提出与论述了“‘摸着石头过河’与坚持顶层设计辩证统一”、“理论逻辑与历史逻辑辩证统一”、“鞋子合脚论”与“底线思维”、“以重大问题为导向”、“切实加强全体党员马克思主义群众观点和党的群众路线教育”、“正确处理新的实践中若干重大关系”等一系列方法论原则,将我们党执政治国的方法论提升到一个新境界。

(六)关于产生条件

习近平系列重要讲话,有其产生的基础和条件。有学者认为,习近平治国理政思想的提出不是偶然的,它有“三个来源”和“一个必要条件”。理论来源,是马克思列宁主义、毛泽东思想和中国特色社会主义理论体系,又是它的直接继承和发展。实践来源,是中国特色社会主义新的伟大实践和亿万人民的伟大创造,又是它的理论总结、理论概括和理论表达。文化来源,是源远流长、博大精深的中华历史文化和世界文明的优秀成果,又是它的积极弘扬和借鉴。“一个必要条件”,是我们党始终高度重视党的理论建设,高度重视党的思想路线建设,我们党是理论上成熟和不断发展的党。

有学者指出,党的十八大以来,习近平关于以人民为中心、为人民担当、大力发展农村经济、全面深化改革、“打铁还需自身硬”、全面从严治党、正确用人观、丰富人的精神世界、“踏石有印,抓铁有痕”、“钉钉子”等思想及风格,具有历史基础、实践基础、现实基础。习近平治国理政思想不是一下子形成的,而是在其长期工作和实践中逐渐积累、形成、发展起来的,他的许多思想不仅具有厚积薄发的特点,而且具有历史必然性。

有学者指出,习近平治国理政思想生成的主要基础,在于他长期基层工作的实践,使他明白人民真正需要的是什么,他急人民之急,念人民之苦,从而培养了深厚的人民情怀:担任陕北农村的村支书时,为解决村民做饭、照明困难,他远赴四川取经,建立全省第一个沼气化村;担任宁德地委书记时,他提出“四下基层(信访、办公、调研、宣传)”的要求,以群众满意为答案。他的“功成不必在我”的正确的政绩观是其事业成功的重要保证:在河北正定,他看准商机,力排众议,建设电视拍摄基地“荣国府”,创立“正定旅游模式”;主政福建时,制定“福州3820工程”为福州的产业群打下坚实基础;建设“数字福建”,使福建在2010年率先成为全国唯一一个实现全省医院就诊“一卡通”的省份。当人民把他推上党和国家领导人的职位时,他提出了人民对美好生活的向往就是我们的奋斗目标,以此体现他对民族、对人民、对党的责任担当。

有学者认为,习近平治国理政、建军治军的许多重大战略思想,是在福建、浙江、上海工作23年间,在华东这片沃土上生成、发展,并被实践证明为真理性认识,成为全党宝贵的精神财富。深入学习习近平《摆脱贫困》、《干在实处走在前列》、《之江新语》3部著作,从实践起点和思想源头上理解把握习近平系列重要讲话精神,追本溯源、温故知新、融会贯通,才能更加坚定对实现中国梦强军梦、“四个全面”战略布局的政治信仰和必胜信念。

党的十八大以来,理论界学术界从多领域、多角度、多层面对习近平系列重要讲话精神进行了研究,对广大党员干部群众深入学习贯彻习近平系列重要讲话精神,切实用讲话精神武装头脑、指导实践、推动工作,对推动全党不断进行理论创新,进一步开辟马克思主义发展新境界,发挥了重要作用。随着广大党员干部群众学习贯彻习近平系列重要讲话精神的进一步深入,理论界学术界对习近平系列重要讲话精神进行深化研究,应更加注重基础研究,在重大理论问题上多下工夫;更加注重整体研究,在构建理论体系上多下工夫;更加注重综合研究,在发挥多学科优势上多下工夫。只有这样,才能推出更多有质量、有见地的研究成果,更好地为党和国家的工作大局服务,为实现中华民族伟大复兴中国梦作出更大贡献。

(作者:曲青山,中共中央党史研究室主任、教授;刘荣刚,中共中央党史研究室宣传教育局副局长、编审)

科学把握党的历史的马克思主义重要文献

——学习习近平总书记《在庆祝中国共产党成立95周年大会上的讲话》

欧阳淞

在庆祝中国共产党成立95周年大会上，习近平总书记发表了重要讲话(以下简称“讲话”)。讲话深刻阐述了中国共产党成立95年来，为中华民族作出的三大历史贡献，中国、中华民族、中国人民所实现的三个伟大飞跃，以及由此构成的伟大胜利对中华民族、社会主义主张和新中国建设的巨大历史影响。讲话还深刻阐明了党的95年历史给予我们的三大历史启示，郑重提出并着重阐述了“不忘初心，继续前进”八个方面的要求。讲话立意高远、内涵丰富，视野宏阔、催人奋进，深刻反映了我们党对党的95年历史的总的看法，是一篇闪耀着马克思主义思想光辉的重要文献，对于我们更好地认识历史、把握现在、开辟未来，具有十分重大而深远的意义。

学习讲话，进一步加深对中国共产党伟大历史贡献的认识

习近平总书记在讲话中指出，“这个伟大历史贡献，就是我们党团结带领中国人民进行28年浴血奋战，打败日本帝国主义，推翻国民党反动统治，完成新民主主义革命，建立了中华人民共和国”，“实现了中国从几千年封建专制政治向人民民主的伟大飞跃”。“这个伟大历史贡献，就是我们党团结带领中国人民完成社会主义革命，确立社会主义基本制度，消灭一切剥削制度，推进了社会主义建设”，“实现了中华民族由不断衰落到根本扭转命运、持续走向繁荣富强的伟大飞跃”。“这个伟大历史贡献，就是我们党团结带领中国人民进行改革开放新的伟大革命，极大激发广大人民群众的创造性，极大解放和发展社会生产力，极大增强社会发展活力，人民生活显著改善，综合国力显著增强，国际地位显著提高”，“实现了中国人民从站起来到富起来、强起来的伟大飞跃”。习近平总书记关于我们党伟大历史贡献的论断，用极为精准的笔触，生动勾勒出我们党的历史的全部走向，反映出党的历史的主题和主线、主流和本质。

关于党的历史的主题和主线，习近平总书记曾经明确指出：“近代以来，中国人民面临着争取民族独立、人民解放和实现国家富强、人民共同富裕这两大历史任务，这就是党的历史发展的主题和主线。”中国共产党的全部历史，就都是围绕着这两大历史任务展开的。我们可以从党的历史的纵的走向来对主题主线作些分析。从纵向看，党的95年历史分为三个历史时期，这就是：新民主主义革命时期，28年；社会主义革命建设时期，29年；改革开放历史新时期，38年。在这三个历史阶段中，有两个开天辟地的大事变，一个是中国共产党的成立，一个是中华人民共和

国的成立。有两次最重要的历史转折，一次是遵义会议的召开，一次是党的十一届三中全会的召开。有一次最刻骨铭心、令人鼓舞的胜利，这就是中国人民抗日战争的胜利，这是中国人民近代以来反抗外来侵略者第一次取得完全胜利的战争，从而成为中华民族从衰败走向复兴的重要枢纽。在这三个阶段中，有危难之际的绝处逢生，有挫折之后的毅然奋起，有磨难面前的百折不挠。在各种困难和考验面前，党和人民饱受磨难而自强不息，历经曲折而愈挫愈勇，备尝艰辛而愈加成熟，充分体现了中国共产党人逢山开路、遇水架桥，不达胜利彼岸誓不罢休的英雄气概。

关于党的历史的主流和本质，我们可以从党的历史的横的布局来作些分析。中共中央关于加强和改进新形势下党史工作的意见指出：党的历史，是党领导全党同志和全国各族人民不断为实现民族独立、人民解放和国家富强、人民幸福而不懈奋斗的历史；是党坚持把马克思主义基本原理同中国具体实际相结合、不断探索适合中国国情的革命和建设道路，推进改革开放和社会主义现代化建设，推进马克思主义中国化、推进理论创新的历史；是党加强和改进自身建设、保持和发展党的先进性，不断经受住各种风险和挑战考验、发展壮大的历史。党的这三个方面的历史可以分别简称为党的不懈奋斗史、党的理论探索史和党的自身建设史。习近平总书记指出，这三个“史”，“就是党的历史发展的主流和本质”。其中，党的不懈奋斗史，我们要记住党团结带领人民完成和推进的三件大事：第一件大事是完成新民主主义革命，实现民族独立、人民解放；第二件大事是完成社会主义革命，确立社会主义基本制度；第三件大事是进行改革开放新的伟大革命，开创、坚持、发展中国特色社会主义。这三件大事分别和革命、建设、改革三个历史时期相对应，也分别与党的三大历史贡献相对应。关于党的理论探索史我们要记住两次飞跃、两大理论成果。第一次飞跃取得的第一个理论成果，指的是以毛泽东同志为主要代表的中国共产党人，把马克思列宁主义的基本原理同中国革命的具体实践结合起来所创立的毛泽东思想，毛泽东思想又在新中国成立以后的社会主义革命和建设中得到进一步发展；第二次飞跃和第二大理论成果指的是，以邓小平同志为主要代表的中国共产党人所创立的邓小平理论，以江泽民同志为主要代表的中国共产党人所创立的“三个代表”重要思想，以胡锦涛同志为主要代表的中国共产党人所创立的科学发展观，邓小平理论、“三个代表”重要思想、科学发展观都属于中国特色社会主义理论体系的范畴。习近平总书记系列重要讲话和治国理政新理念新思想新战略是中国特色社会主义理论体系的最新成果。这一理论体系的问世，是党的理论建设和发展史上的第二次飞跃。关于党的自身建设史，我们要记住两个工程，一个是民主革命时期党提出的“党的建设伟大工程”，一个是改革开放历史新时期，党提出的“党的建设新的伟大工程”。

正是因为党自成立以来，始终不渝地坚持党的历史的主题和主线，不为任何风险所惧，不为任何干扰所惑，坚定前行，我们党的历史的主流才能得以彰显，党的历史的本质才能得以保持，党的伟大历史贡献才能得以实现。

学习讲话，进一步加深对中国共产党领导中国人民取得伟大胜利重大意义的认识

习近平总书记在讲话中深刻指出：“中国共产党领导中国人民取得的伟大胜利，使具有5000多年文明历史的中华民族全面迈向现代化，让中华文明在现代化进程中焕发出新的蓬勃生机；使具有500多年历史的社会主义主张在世界上人口最多的国家成功开辟出具有高度现实性和可行性的正确道路，让科学社会主义在21世纪焕发出新的蓬勃生机；使具有60多年历史的新中国建设取得举世瞩目的成就，中国这个世界上最大的发展中国家在短短30多年里摆脱贫困并跃升为世界第二大经济体，彻底摆脱被开除球籍的危险，创造了人类社会发展史上惊天动地的发展奇迹，使中华民族焕发出新的蓬勃生机。”习近平总书记的这一重要论述，深刻阐明了中国共产党领导中国人民取得伟大胜利的三大意义，即：历史意义、理论意义和时代意义。这是以马克思主义的立场、观点、方法科学把握党的历史的必然结论，为我们正确对待党的历史作出了示范，提供了遵循。

加深对党领导人民取得伟大胜利重大意义的认识，就要坚定党的历史自信。自信源于党90多年来不懈的奋斗探索，源于党紧紧依靠人民，为中华民族作出的三个伟大历史贡献，源于基本的历史事实。在中国这样一个经济文化十分落后的东方大国，实现中国人民的两大历史任务，探索民族复兴的道路，过程极为艰难曲折。近代以来，中国人民进行了不屈不挠的斗争，许多仁人志士接受过诸多“主义”、“思想”，尝试过各种救国救民道路，但都失败了。直至找到了马克思主义、诞生了中国共产党，中国革命的面貌才焕然一新。90多年来，从烽火连天的革命战争时期，到激情燃烧的建设岁月，再到波澜壮阔的改革开放新时期，一代又一代共产党人在人民的支持和参与下，前赴后继，艰辛探索，建立了彪炳千秋的历史伟业。整个90多年党的历史，是几代共产党人在同一信仰凝聚下、在同一信念引领下、在同一追求驱动下团结带领人民始终不渝的奋斗探索历程，是我们赖以自豪和自信的根基。抚今追昔，我们对中国共产党以实现中华民族伟大复兴为己任、肩负人民希望而不懈奋斗探索的历史充满自信。

加深对党领导人民取得伟大胜利重大意义的认识，就要正确对待党在前进道路上经历的失误和曲折。习近平总书记指出，“艰难困苦，玉汝于成”，这是一切正义事业胜利的逻辑。从成功中吸取经验，从失误中吸取教训，不断开辟走向胜利的道路，这就是共产党人的历史进程。自己的经验，包括自己的失误，是最好的历史教科书。习近平总书记曾强调，对党的历史上曾经出现过的失误和曲折，应着重分析当时所处的社会环境，深入剖析产生问题的社会根源、历史根源和思想根源，研究防止重犯的办法、措施和制度。习近平总书记还对党史上一些重大问题作出深刻阐述，为全党正确对待党的历史作出了榜样、指明了方向。比如，他指出，改革开放前和改革开放后“这两个历史时期本质上都是我们党领导人民进行社会主义建设的实践探索”，虽然在进行社会主义建设的思想指导、方针政策、实际工作上有很大差别，但“不能用改革开放后的历史时期否定改革开放前的

历史时期,也不能用改革开放前的历史时期否定改革开放后的历史时期”。这一重要论述,为我们全面地、联系地、辩证地看待改革开放前和改革开放后两个历史时期乃至整个党的历史,具有重要的指导意义。

加深对党领导人民取得伟大胜利重大意义的认识,就要旗帜鲜明反对历史虚无主义。习近平总书记指出,历史虚无主义的要害,是从根本上否定马克思主义指导地位和中国走向社会主义的历史必然性,否定中国共产党的领导。要警惕和抵制历史虚无主义的影响,坚决抵制、反对党史问题上存在的错误观点和错误倾向。

只要我们坚持科学把握党的历史,正确对待党的历史,我们就能不断加深对党领导人民取得伟大胜利重大历史意义的认识,不断增进对党的深厚感情,坚定不移地跟党走,始终不渝地为维护党和人民的利益而奋斗!

学习讲话,进一步加深对中国共产党95年历程给予的重大历史启示的认识

在讲话中,习近平总书记用三个“历史告诉我们”深入阐释党的历史所给予我们的三大启示。这三大历史启示分别从党的领导,95年历程,党和人民的事业、道路和发展战略的角度,深刻阐明了坚持党的领导、不忘党的历程,做到三个“长期坚持,永不动摇”的重要性。这里仅就其中的“历程”谈点自己的认识和体会。

习近平总书记深刻指出:“历史告诉我们,95年来,中国走过的历程,中国人民和中华民族走过的历程,是中国共产党和中国人民用鲜血、汗水、泪水写就的,充满着苦难和辉煌、曲折和胜利、付出和收获,这是中华民族发展史上不能忘却、不容否定的壮丽篇章,也是中国人民和中华民族继往开来、奋勇前进的现实基础。”纵观90多年党的历史,中国共产党团结带领人民在前进道路上所遇到的艰难险阻是世界上其他任何政党所不能比拟的,但我们党总是以“狭路相逢勇者胜”的大无畏精神,屡克艰险,力挽狂澜。

在新民主主义革命时期,我们党曾遭遇大革命的失败,但中国共产党人“并没有被吓倒、被征服、被杀绝,他们从地下爬起来,揩干身上的血迹,掩埋好同伴的尸首,他们又继续战斗了”,很快掀起了土地革命战争的风暴,这是党在新民主主义革命时期遇到的第一个重大考验;正当工农武装割据的星星之火形成燎原之势时,第五次反“围剿”遭到失败,各路红军被迫实行战略转移。在巨大的伤亡面前,红军以“雄关漫道真如铁,而今迈步从头越”的豪迈气概,甩掉几十万围追堵截的敌军,战胜极端险恶的自然环境,并同张国焘的分裂活动进行坚决斗争,取得了长征的伟大胜利,这是党在新民主主义革命时期遇到的第二个重大考验;就在这时,亡国灭种的民族危机日益严重起来,面对武装到牙齿的日本侵略者,中国共产党振臂高呼,浴血奋战,充分发挥中流砥柱作用,广泛团结全国抗日力量,积极争取反法西斯国家和人士的支持,同仇敌忾,打败了日本侵略者,抗日战争为中华民族由近代以来陷入严重危机走向伟大复兴确立了历史转折点,这是我们党在新民主主义革命时期遇到的第三个重大考验;抗战胜利后,饱受战乱之苦的广大人民期盼和平,实现和平也成为中国共产党人的最大愿望,但“树欲静而风不止”,国民党悍然发

动了全面内战。怎样看待当时的形势，毛泽东同志在1946年底说了这样一句话，“我们只要熬过明年，后年就会好转。”时局的发展不出所料，1947年成为人民解放军的大转折之年，而1948年、1949年则成为解放军的大反攻之年和大胜利之年，党领导人民打败了国民党反动派，建立了新中国，这是党在新民主主义革命时期遇到的第四个重大考验。

进入社会主义革命和建设时期，历史翻开了崭新的一页。但新生的人民共和国能不能站稳脚跟，又成为中国共产党人在全国胜利后必须交出的第一张答卷。面对国民党残留下来的匪特，面对接管大城市之后的一系列难题，面对帝国主义的经济封锁和军事威胁，党和国家采取了强有力的措施，局面很快得到控制，经济迅速得到恢复。实践证明，帝国主义在东方的海岸上架起几尊大炮就想征服一个国家的历史，已经一去不复返了。党经受住了社会主义革命和建设时期的第一个考验。再往后，怎样实现由新民主主义到社会主义的转变，全面确立社会主义基本制度，怎样探索适合中国国情的社会主义建设道路，怎样彻底消除“文化大革命”的影响，正确解决党和国家向何处去的问题，怎样捍卫、坚持和发展中国特色社会主义，一场场考验又陆续摆在了党和人民的面前。党和人民也陆续向历史交出了优异的答卷。

党之所以总能战胜风险、力挽狂澜，是因为党的事业代表着历史前进的方向和中国最广大人民的根本利益，党的建设把党锻造得坚强而有力量。

从党的事业的角度看，党总能战胜风险、力挽狂澜，主要是因为“四个符合”：中国共产党人所从事的事业，符合科学社会主义基本原则，体现着人类社会历史发展的总趋势；符合中国实际，体现出鲜明的中国特色；符合最广大人民群众的根本利益，具有广泛牢固的群众基础；符合时代潮流，体现了共产党执政规律、社会主义建设规律和人类社会发展规律。这“四个符合”，归结起来就是符合历史潮流、时代潮流、发展规律和人民意愿。这四个方面都是决定事物发展的根本走向的，循之者必定畅行、遵之者必定成功、顺之者必定昌盛！

从党的建设的角度看，党总能战胜风险、力挽狂澜，主要是因为“五个注重”：一是十分注重党的思想建设。党重视指导思想的一脉相承和与时俱进；重视不断用马克思主义中国化的最新成果武装全党，统一全党的思想；重视党的实事求是思想路线的贯彻；重视历史经验的科学总结；重视学习、善于学习，使党能够不断适应具有新的历史特点的伟大斗争。二是十分注重党的组织建设。党特别重视党的中央委员会和中央政治局的建设，强调全党在思想上政治上行动上同党中央保持高度一致，坚决维护中央权威；重视在实际工作中坚持党的组织路线，重视党的干部队伍建设，重视各级党委会的建设以及基层组织建设、党员队伍建设；重视党内政治生活和组织生活，使全党始终保持超强的凝聚力和向心力。三是十分注重党的作风建设。党倡导理论联系实际、密切联系群众、批评和自我批评三大作风；倡导党的优良传统，树立先进典型，使党始终保持蓬勃朝气、昂扬锐气和浩然正气。四是十分注重党的反腐倡廉建设。党充分认识到，“打铁还需自身硬”，坚持党要管党、从严治党不动摇；党特别重视执政条件下尤其是市场经济条件下的反腐败斗争，坚持经济建设和反腐败两手抓、两手硬。五是十分注重党的制度建设。党充分认识到，建设好、管理好一个有几千万党员的大党，制度更带有根本性、全局性、稳定性、长期性。党重视以党章为根本，以民主集中制为核心坚持和完善党的领导制度，改革和完善党的领导方式和执政方式。党坚持突出重点，整体推进，构建内容协调、程序严密、配套完备、有效管用的制度体系。在以上五个注重中，我们党特别注重贯穿其中的政治建设。五大建设的每一个建设，都有坚定的政治立场、明确的政治目的和严格的政治要求。党高度重视党的领导核心地位的确立，强调“任何一个领导集体都要有一个核心”；党重视根据不同历史阶段的历史特点确定党的政治路线并坚定不移地加以贯彻；党在党内教育中强调教育内容的政治性；在党内生活中强调政治生活和组织生活的原则性；在作风培育中强调政治规矩；在纪律建设中强调政治纪律；在制度建设中强调党的集中统一，等等。党注重党的政治建设实际上是最为重要的一个注重。正是因为党的政治建设的加强，使党的五大建设有了一个主心骨，从而互相融合、互相支撑，使整个党的自身建设浑然一体，并使党的建设伟大工程和新的伟大工程有序衔接，不断为党的事业的向前发展提供坚实保证，从而更加坚强、更有力量，使党能化解各种风险，力挽狂澜。

再进一步说，党的事业之所以能具备“四个符合”，党的建设之所以能做到“五个注重”，最根本的又在于载入党章的党的性质、理想、宗旨和目标是明确的、科学的，是符合中国人民和中华民族的根本利益的，是全党一以贯之，身体力行的。就党的性质而言，党章规定，“中国共产党是中国工人阶级的先锋队，同时是中国人民和中华民族的先锋队”，这就决定了党必定具有坚实的阶级基础、广泛的群众基础，是既能永葆先进性纯洁性，又有超强社会影响力和巨大动员组织能力的工人阶级政党。就党的理想而言，党章规定，“党的最高理想和最终目标是实现共产主义”，同时规定，“中国共产党追求的共产主义远大理想，只有在社会主义社会充分发展和高度发达的基础上才能实现”。这就决定了共产党人精神追求的崇高和精神支柱的坚强。而“理想信念坚定，骨头就硬”，在胜利和顺境时就会不骄傲不急躁，在困难和逆境时就会不消沉不动摇，就能经受住任何风浪和困难的考验。就党的宗旨而言，党章规定，“中国共产党代表最广大人民的根本利益，坚持全心全意为人民服务”，“党除了工人阶级和最广大人民群众的利益，没有自己特殊的利益”。党把群众放在心上，群众就会把党放在心上。而有了最广大人民群众的支持和参与，“就没有克服不了的困难，就没有越不过的坎”。就党的目标而言，中国共产党是一个高度重视目标设定的党，自革命战争年代起，党就依据各个历史时期形势的变化，明确制定每个历史阶段的战略目标。有了战略目标，全党就会有更强的战略定力、更清晰的战略蓝图、更有力的战略措施、更主动的战略配合、更理想的战略成果。正是因为在革命建设改革和建党管党治党的实践中，党拥有“性质、理想、宗旨、目标”这些根本依据和重要基石，中国共产党才能始终保持着自己的先进性纯洁性，才能经得起胜利和挫折、高潮和低潮、顺境和逆境的考验，成为任何敌人和困难都压不倒、摧不垮的党。

学习讲话，进一步加深对当代中国共产党人重大历史使命的认识

习近平总书记在讲话中深刻指出：“今天，我们回顾历史，不是为了从成功中寻求慰藉，更不是为了躺在功劳簿上、为回避今天面临的困难和问题寻找借口，而是为了总结历史经验、把握历史规律，增强开拓前进的勇气和力量。”习近平总书记还指出：“要时刻准备应对重大挑战、抵御重大风险、克服重大阻力、解决重大矛盾，坚持和发展中国特色社会主义，坚持和巩固党的领导地位和执政地位，使我们的党、我们的国家、我们的人民永远立于不败之地。”这里的“两个坚持一个使”，就是我们当代中国共产党人的光荣历史使命，而“不忘初心，继续前进”八个方面的要求，就既是实现党的历史使命的题中之义，又是实现党的历史使命的根本保证。

当代中国共产党人要履行自己的历史使命，就必须坚持和发展中国特色社会主义，奋力实现中华民族的伟大复兴。回顾历史可以看出，我们党正是经过90多年的接续奋斗和接力探索，经过多次的失败和成功，经过正确和错误的反复比较，这才成功开创和发展了中国特色社会主义。马克思曾经说过：“人们自己开创自己的历史，但是他们并不是随心所欲地创造，并不是在他们选定的条件下创造，而是在直接碰到的、既定的、从过去承继下来的条件下创造。”中国特色社会主义就是这样，它承继着社会主义特别是科学社会主义的思想养料，承继着中国共产党团结带领人们实践探索所创造的思想、物质、制度条件和正反两方面的经验，承载着近代以来中国人民奋斗探索的光荣与梦想，有着深厚的理论基础、物质基础、制度基础和广泛的群众基础。中国特色社会主义，形成是合理的，发展是有规律的，成就是巨大的，胜利是必然的。习近平总书记强调指出：“党的十八大精神，说一千道一万，归结为一点，就是坚持和发展中国特色社会主义。”我们这一代共产党人的任务，就是要在以习近平同志为核心的党中央领导下，奋力把中国特色社会主义推进到新的发展阶段，再创中华民族伟大复兴新的辉煌。具体来说，就是要全面落实习近平总书记在讲话中所强调的“不忘初心，继续前进”八个方面的要求。这些要求，涉及指导思想、理想信念、方向道路、治国治党、内政外交等诸多领域，内涵丰富、寓意深远，贯穿的正是建党时中国共产党人葆有的那种奋斗精神，正是我们党对人民始终怀有的那颗赤子之心，体现的正是坚持和发展中国特色社会主义的本质要求。我们坚信，只要高举中国特色社会主义伟大旗帜，永葆这种奋斗精神，永怀这种赤子之心，惠及十几亿人口的小康社会一定能如期全面建成，富强民主文明和谐的社会主义现代化中国一定能卓立于世界东方，近代以来中华民族梦寐以求的“中国梦”一定能够实现！

当代中国共产党人要履行自己的历史使命，就必须坚持以人民为中心的发展思想。以习近平同志为核心的党中央，始终把人民放在我们党治国理政的核心位置。习近平总书记指出：“人民对美好生活的向往，就是我们的奋斗目标。”“中国梦归根到底是人民的梦，必须紧紧依靠人民来实现，必须不断为人民造福。”在庆祝中国共产党成立95周年大会上，习近平总书记进一步深刻指出：“带领

人民创造幸福生活，是我们党始终不渝的奋斗目标，我们要顺应人民群众对美好生活的向往，坚持以人民为中心的发展思想。”以人民为中心的发展思想，体现了人民是推动发展的根本力量的唯物史观，体现了我们党全心全意为人民服务的根本宗旨，体现了党一切为了群众，一切依靠群众和从群众中来，到群众中去的群众路线，体现了马克思主义关于逐步实现共同富裕的目标要求。坚持以人民为中心的发展思想，既是一个重大的理论问题，更是一个重大的实践问题。我们要按照习近平总书记的要求，把人民放在心中最高位置，将这一重大思想充分体现在经济社会发展的各个环节、各个领域，使改革发展成果更多更公平惠及全体人民，使共享发展的理念落地生根。

当代中国共产党人要履行自己的历史使命，就必须坚持和巩固党的领导地位和执政地位。在中国，没有中国共产党的领导，一切发展进步都无从谈起。“中国特色社会主义最本质的特征是中国共产党的领导，中国特色社会主义制度的最大优势是中国共产党的领导。”发展中国特色社会主义是一项长期的艰巨的历史任务，必须准备进行具有许多新的历史特点的伟大斗争。要完成这一历史任务，取得一场又一场斗争的胜利，必须坚持中国共产党的领导。“历史告诉我们，没有先进理论的指导，没有用先进理论武装起来的先进政党的领导，没有先进政党顺应历史潮流、勇担历史重任、敢于作出巨大牺牲，中国人民就无法打败压在自己头上的各种反动派，中华民族就无法改变被压迫、被奴役的命运，我们的国家就无法团结统一、在社会主义道路上走向繁荣富强。”坚持和加强党的领导，就要坚决维护党中央权威。党的十八届六中全会正式提出以习近平同志为核心的党中央，并写入全会文件，这是马克思主义政党建设的基本要义，是我们党的历史经验的深刻总结，是党和国家前途命运所系，是全国各族人民根本利益所在，是坚持和巩固党的领导地位和执政地位的第一位的要求。我们每一个共产党员，都要增强政治意识、大局意识、核心意识和看齐意识，向党中央看齐，向党的理论和路线方针看齐，向党中央决策部署看齐，坚决维护习近平总书记的核心地位，自觉地在思想上政治上行动上同以习近平同志为核心的党中央保持高度一致。坚持和加强党的领导，就要坚持党要管党，全面从严治党，保持党的先进性和纯洁性。“先进性和纯洁性是马克思主义政党的本质属性，我们加强党的建设，就是要同一切弱化先进性、损害纯洁性的问题作斗争，祛病疗伤，激浊扬清。”坚持和加强党的领导，就要坚持党的基本路线，坚持解放思想、实事求是、与时俱进、求真务实，坚持全心全意为人民服务，坚持民主集中制，着力提高执政能力和领导水平，着力增强抵御风险和拒腐防变的能力。我们党作为执政党，面临的最大威胁就是腐败。反腐倡廉，拒腐防变，必须警钟长鸣。各级领导干部要牢固树立正确的权力观，保持高尚精神追求，“敬畏人民，敬畏组织，敬畏法纪”，做到公正用权、依法用权、为民用权、廉洁用权，永葆共产党人的政治本色。

只要我们始终坚持和发展中国特色社会主义，始终坚持以人民为中心的发展思想，始终坚持和巩固党的领导地位和执政地位，我们的党、我们的国家和我们的人民就一定会永远立于不败之地。

综上所述，习近平总书记《在庆祝中国共产党成立95周年大会上的讲话》，运用的是马克思主义的世界观、方法论，总结的是党的95年历史，立足的是当代中国，面向的是21世纪，为全党全国各族人民“不忘初心，继续前进”指明了方向，必将激励一代又一代中国共产党人，紧紧依靠广大人民群众，决胜全面小康，实现第一个“一百年”的奋斗目标，进而奋力前行，实现第二个“一百年”的奋斗目标，实现中华民族伟大复兴的中国梦！习近平总书记《在庆祝中国共产党成立95周年大会上的讲话》是一篇科学对待党的历史的马克思主义光辉文献，是指引中国共产党更好担负历史使命的行动指南。

（作者：中共党史学会会长、中共中央党史研究室原主任）

以习近平总书记系列重要讲话精神为武器同历史虚无主义思潮做斗争

朱佳木

重视对党史国史的学习和对历史虚无主义思潮的抵制、批判,是习近平总书记系列重要讲话精神的重要组成部分。我们要开展同历史虚无主义的斗争,就要认真学习和切实掌握习近平总书记的系列重要讲话精神。

运用习近平总书记系列重要讲话精神认识历史虚无主义思潮的本质和危害性

历史虚无主义思潮究竟是一种什么思潮,是学术思潮还是政治思潮?我们同历史虚无主义思潮的斗争究竟是属于什么性质的斗争,是学术性的争论还是涉及制度存废、国家兴亡的政治斗争?对此,习近平总书记早在党的十八大闭幕后不久就给予过明确回答。他一针见血地指出:“古人说:‘灭人之国,必先去其史。’国内外敌对势力往往就是拿中国革命史、新中国历史来做文章,竭尽攻击、丑化、污蔑之能事,根本目的就是要搞乱人心。苏联为什么解体?苏共为什么垮台?一个重要原因就是意识形态领域的斗争十分激烈,全面否定了苏联历史、苏共历史,否定列宁,否定斯大林,搞历史虚无主义,思想搞乱了,各级党组织几乎没任何作用了,军队都不在党的领导之下了。最后,苏联共产党偌大一个党就作鸟兽散了,苏联偌大一个社会主义国家就分崩离析了。”在2013年中央政治局第七次集体学习会上,他又指出:“历史虚无主义的要害,是从根本上否定马克思主义指导地位和中国走向社会主义的历史必然性,否定中国共产党的领导。”

以上论述再清楚不过地告诉我们,先在苏联后在我国蔓延的历史虚无主义思潮,并不是什么学术思潮,而是专门拿共产党和社会主义国家历史做文章、专门为策动社会主义国家政治动乱造舆论、专门用来同社会主义制度打心理战的政治思潮,我们同这股思潮的斗争也不仅仅属于一般正确与错误的争论,而是关系到人心稳乱、政权安危的大是大非之争。

运用习近平总书记系列重要讲话精神揭批历史虚无主义思潮的虚伪性、荒谬性

应当看到,在世界社会主义运动处于低潮、互联网十分发达的今天,制造和散布谣言和谬论是很容易的。如果只就事论事,势必事倍功半、处处被动。我们要战胜历史虚无主义思潮、戳穿鼓吹者的鬼把戏,当然需要针对他们散布的种种谣言、谬论做具体的解疑释惑、澄清辟谣工作。但更为重要的

是,需要帮助广大群众学习和掌握马克思主义的历史观,从根上树立看待党史国史的正确立场、观点和方法,揭露和批判历史虚无主义思潮的虚伪性、荒谬性。在这方面,学习和运用习近平总书记的系列重要讲话精神,也是非常必要十分有益的。

牢牢把握党和国家历史发展的主题和主线、主流和本质。“牢牢把握党和国家历史发展的主题和主线、主流和本质”,是习近平总书记在2010年全国党史工作会议上提出的命题。其含意是,研究和宣传党的历史,应着重把握党的领导地位和核心作用形成的历史必然性,把握中国人民走上社会主义道路的历史必然性,把握通过改革开放和社会主义现代化建设实现中华民族伟大复兴的历史必然性,把握我们党在革命、建设、改革各个历史时期领导人民所取得的伟大胜利和辉煌成就,把握我们党在长期奋斗中积累的宝贵经验、形成的光荣传统和优良作风。我认为,看待党史要这样,看待国史同样要这样。因为只有把历史的主线、主流抓住了,才能正确看待其中的缺点、错误,才不会被历史虚无主义鼓吹者夸大这些缺点、错误的言论所欺骗和蒙蔽。

对于党和国家历史中的挫折和曲折,对于领袖和英模人物身上的缺点和错误,要不要正视呢?当然要正视。否定客观存在的错误,甚至掩饰错误、为错误辩护、把错误说成正确,同样是不对的。但正视错误,应当像习近平总书记所指出的那样,意在“总结和汲取历史教训,目的是以史为鉴、更好前进”,而不是要否定党和国家的历史,否定革命领袖和英模人物。他说:“不能把历史逆境中的挫折简单归咎于个人……苛求前人干出只有后人才能干出的业绩来”,不能因为革命领袖“有失误和错误就全盘否定,抹杀他们的历史功绩”,否则我们将会“陷入虚无主义的泥潭”。他强调:“新民主主义革命的胜利成果决不能丢失,社会主义革命和建设的成就决不能否定,改革开放和社会主义现代化建设的方向决不能动摇。”按照这些要求去做,我们就会避免出现“一叶障目、不见泰山”的现象。

正确认识改革开放前后两个历史时期的关系。利用改革开放前后两个历史时期在进行社会主义建设的思想指导、方针政策、实际工作上的差别而将它们加以割裂和对立,是历史虚无主义鼓吹者们喜欢作的一篇文章,也是许多群众特别是青年容易被误导的一个地方。所以,能否正确认识这两个历史时期的关系,很大程度上成为能否战胜这股思潮,能否把受其误导的群众争取过来的一个关键问题。对此,习近平总书记也给予了高屋建瓴的分析,为我们正确解决这个问题做出了示范。

习近平总书记首先实事求是地指出:“我们党领导人民进行社会主义建设,有改革开放前和改革开放后两个历史时期,这是两个相互联系又有重大区别的时期,但本质上都是我们党领导人民进行社会主义建设的实践探索。中国特色社会主义是在改革开放历史新时期开创的,但也是在新中国已经建立起社会主义基本制度、并进行了二十多年建设的基础上开创的。”然后,他提纲挈领地摆出了三点理由:“一是,如果没有1978年我们党果断地决定改革开放,并坚定不移地推进改革开放,坚定不移地把握改革开放的正确方向,社会主义中国就不可能有今天这样的大好局面,就有可能面临严重危机,就可能遇到像苏联、东欧国家那样的亡党亡国危机。同时,如果没有1949年建立新中国并进行社会主义革命和建设,积累了重要的思想、物质、制度条件,积累了正反两方面经验,改革开放也很难顺利推进。二是,虽然这两个历史时期在进行社会主义建设的思想指导、方针政策、实际工作上有很大差别,但两者绝不是彼此割裂的,更不是根本对立的。我们党在社会主义建设实践中提出了许多正确主张,当时没有真正落实,改革开放后得到了真正贯彻,将来也还是要坚持和发展的。三是,对改革开放前的历史时期要正确评价,不能用改革开放后的历史时期否定改革开放前的历史时期,也不能用改革开放前的历史时期否定改革开放后的历史时期。改革开放前的社会主义实践探索为改革开放后的社会主义实践探索积累了条件,改革开放后的社会主义实践探索是对前一个时期的坚持、改革、发展。”习总书记以上论述根据确凿、说理透彻,具有很强的说服力,得到了广大群众的普遍认同。也正因为如此,它击中了历史虚无主义的要害,戳到了它的痛处,使其鼓吹者十分恼火、恨得要命。我们要同这股思潮做斗争,就要紧紧抓住这个关键问题,不断宣传,深入阐述,帮助广大群众特别是青年学生识破将改革开放前后两个历史时期加以割裂和对立起来的荒谬性。

揭露和批驳历史虚无主义思潮下产生的各种谣言和谬论。除了要帮助群众从理论上树立马克思主义的历史观和看待党史国史的正确立场、观点、方法之外,我们也要注意澄清历史虚无主义思潮推动下产生的各种谣言,回应这股思潮影响下出现的各种糊涂观念。因为,历史虚无主义思潮之所以有一定欺骗性,与它常常编造所谓的“史实”和“理论”有很大关系。习近平总书记指出:“要警惕和抵制历史虚无主义的影响,坚决抵制、反对党史问题上存在的错误观点和错误倾向”,要“坚决反对任何歪曲和丑化党的历史的错误倾向”。只要我们下一番工夫,对历史虚无主义思潮鼓吹者制造的所谓“史实”和“理论”加以认真核对、考证、分析,它们就会露出马脚,人们就会发现它们其实都是经不起推敲的。

例如,有人为了给反对中国共产党执政寻找理由,造谣说三年困难时期“饿死了3600万人”,并以所谓“统计数据”和“县志记载”为证。这个谣言虽然与历史事实相去甚远,但对不十分了解那段历史的人却有很大欺骗性,如果不对这个谣言拿出的“证据”进行辨伪,要消除它的影响确实会有相当难度。最近,一位长期从事统计学研究和教学的教授,凭着学者的良心,大量查阅了县志,发现谣言制造者声称依据的县志,实际只是记载了人口的死亡数,并没有说那些人是饿死的,许多志书甚至连死亡数字都没有记载。这位教授还运用统计学的专业知识,对我国20世纪60年代人口统计中存在的具体问题进行了考证,指出所谓“饿死3600万人”的说法,不仅是把统计公式计算出的那个时期的人口减少数与死亡数、死亡数与饿死数有意混淆了,而且根据统计公式计算出来的那个时期人口减少的数字本身,也忽略了当时历史背景下几千万人口由农村进入城市又由城市下放农村过程中户籍漏报、补报、注销等实际情况。经过这番核对和考证，“饿死 3600 万人”这一说法的虚伪性被暴露在光天化日之下，使人们看清了它为迎合国外反华势力、达到某种政治诉求而刻意编造的真实面目。

现在有人质疑英雄行为，常常以“不符合生理常识”为论据。对于英雄人物做出常人看来难以忍受的事，用所谓生理常识来加以否定，是十分荒唐的。英雄人物当然是人，但他们又不是一般的人。习近平总书记指出：“在 20 世纪中国苦难而辉煌的历史进程中，涌现出一大批用特殊材料制成的优秀共产党人。”这些英雄人物就是这种用“特殊材料制成的人”。对他们的英雄行为，我们不能仅仅从生理上解释，还应当考虑到信仰、忠诚和意志等精神力量在他们身上的作用。英雄人物用坚强的意志战胜常人难以忍受的折磨，这在古今中外历史中比比皆是，为什么到了为中国革命和中华民族解放而献身的烈士身上，就要遭到无端质疑呢？

意识形态的载体基本上是报刊、书籍、影视、戏剧等，现在又加上了网络，它们中间除了哑剧、舞蹈、乐曲等等表现形式，绝大多数都要运用言论和读者、观众、听众进行交流。我们一方面要坚决维护《宪法》赋予公民的言论自由的权利，另一方面又要看到，国外敌对势力提出要和我们打“没有硝烟的战争”，其“武器”、“弹药”也离不开言论。所以，意识形态领域的斗争在某种意义上可以说就是言论之间的斗争。敌对势力对社会主义国家搞和平演变，反对共产党领导，丑化英雄人物，歪曲革命历史，都要利用言论，必然拿“言论自由”做幌子。对此，我们必须保持清醒头脑，分清什么是《宪法》上说的言论自由，什么是打着“言论自由”旗号对我们党和国家进行的“没有硝烟的战争”，绝不要上当受骗。

需要强调的是，对于那些污蔑烈士和英雄的言论既要针锋相对地反驳，也不能总跟在他们屁股后面被动应付。我们对这些言论应当通盘分析，然后有组织、有计划地和敌对势力打这场“没有硝烟的战争”。我们要拿出事实，进行辟谣、反驳；同时也要进行历史唯物主义基本理论和党史国史基本知识的宣传教育，有针对性地对各种奇谈怪论进行集中回应。

运用习近平总书记系列重要讲话精神增强同历史虚无主义思潮斗争的韧性

同历史虚无主义做斗争，没有斗争的韧性不行；要增强斗争的韧性，不充分认识同这股思潮斗争的重要意义，没有必胜的信心也不行。

习近平总书记一再强调，坚守新民主主义革命的胜利成果、肯定社会主义革命建设的成就、坚持改革开放和社会主义现代化建设的方向，是“党和人民在当今世界安身立命、风雨前行的资格”；“正确处理改革开放前后的社会主义实践探索的关系，不只是一个历史问题，更主要的是一个政治问题”。可见，反对历史虚无主义、维护党和国家的历史，同维护党的领导和社会主义制度、维护国家的和平和社会的稳定、维护人民的安宁幸福生活之间，有着直接的、密切的关系。

我们一些同志对于同历史虚无主义思潮的斗争，存在两种情绪。一种是看到这股思潮的蔓延，感到有些积重难返了，因而产生消极情绪；另一种态度虽然积极，但总想通过一两次斗争就把这股思潮打退，因而产生急躁情绪。这两种情绪说到底,都源于对历史虚无主义思潮的背景以及与之斗争的长期性、复杂性的特点,缺少足够的认识。

历史虚无主义思潮既然是国内外敌对势力鼓吹的旨在否定中国共产党领导和社会主义制度的政治思潮,背后就不可能没有国际资本的支持。苏东剧变后,世界社会主义运动进入低潮,西方敌对势力集中力量,加紧对我国进行西化和分化。这些年,我国综合国力明显上升,但经济科技军事上的西强我弱态势并未根本改变。历史虚无主义思潮在我国出现和蔓延,正是这种形势的一种反映。所以,同这股思潮做斗争,不可能是短时间的事。既然如此,斗争就不能缺少韧性。

韧性来自哪里?我认为首先来自对社会主义和共产主义必胜的坚定信念,其次来自对社会主义同资本主义两种制度长期斗争的清醒认识。习近平总书记反复强调:“对马克思主义的信仰,对社会主义和共产主义的信念,是共产党人的政治灵魂,是共产党人经受住任何考验的精神支柱。”同时他又强调:“资本主义最终消亡、社会主义最终胜利,必然是一个很长的历史过程”,所以要“充分估计到西方发达国家在经济科技军事方面长期占据优势的客观现实,认真做好两种社会制度长期合作和斗争的各方面准备”。既然同国际资本之间要有长期斗争的准备,那么,同以国际资本为后盾的历史虚无主义思潮之间做斗争,当然也要有长期的思想准备。要有长期准备,当然不是说只有等到世界社会主义运动高潮到来的时候、经济科技军事上我强西弱的时候才开始斗争。天底下任何胜利,不付出努力,不艰苦奋斗,靠等都是等不来的。我们要看到同历史虚无主义思潮斗争的必要性、重要性,看到这场斗争的长期性、艰巨性,更要看到这场斗争的必胜性,从而增强斗争的自觉性;要看到斗争中会有曲折,更要看到通过斗争取得的一个又一个胜利和阶段性成果,看到斗争一定会不断积小胜为大胜,直至取得最后胜利。我们不能因为斗争的长期性而悲观失望、丧失信心、“刀枪入库”、“解甲归田”;也不要寄希望于一两个回合就“得胜回朝”,更不要奢望“毕其功于一役”。同历史虚无主义做斗争,就要有这样的定力才行。

当前,我们国家经过60多年的奋斗,经济总量已经跃居世界第二位,中华民族距离伟大复兴从来没有像现在这样接近过,更加需要我们紧紧抓住和用好眼下仍然可以大有作为的战略机遇期,加快发展自己。积极开展同历史虚无主义思潮的斗争,坚决维护国家的意识形态安全,就是为了不让国内外敌对势力利用这股思潮搞乱人心、搞乱中国的阴谋得逞,不让苏联发生的悲剧在我国重演,不丧失中华民族难得的发展机遇,以确保建党一百年时全面建成小康社会、建国一百年时达到中等发达国家的水平。我们坚信,有以习近平同志为总书记的党中央的坚强领导,同历史虚无主义思潮的斗争一定会取得最后胜利,“两个一百年”奋斗目标一定会最终实现。历史虚无主义思潮和其他各种错误思潮阻挡不了中华民族伟大复兴的脚步,相反一定会被历史前进的巨轮碾得粉碎。

(作者:中国社会科学院原副院长)

重大决策 重要任务

——论推进“两学一做”学习教育常态化制度化

求是杂志评论员

不久前，习近平总书记对推进“两学一做”学习教育常态化制度化作出重要指示，中共中央办公厅印发了《关于推进“两学一做”学习教育常态化制度化的意见》，召开了推进“两学一做”学习教育常态化制度化工作座谈会。我们要深入学习贯彻习近平总书记重要指示精神，按照党中央的部署，积极推进“两学一做”学习教育常态化制度化。

习近平总书记强调，在全党开展“两学一做”学习教育，取得了显著成效。实践证明，“两学一做”学习教育是推进思想建党、组织建党、制度治党的有力抓手，是全面从严治党的基础性工程，要坚持不懈抓下去。要把思想政治建设摆在首位，坚持用党章党规规范党员、干部言行，用党的创新理论武装全党，引导全体党员做合格党员。要抓住“关键少数”，抓实基层支部，坚持问题导向，发挥先进典型示范作用。要落实各级党委（党组）主体责任，落实好“两学一做”学习教育常态化制度化各项举措，保证党的组织履行职能、发挥核心作用，保证领导干部忠诚干净担当、发挥表率作用，保证广大党员以身作则、发挥先锋模范作用，为统筹推进“五位一体”总体布局和协调推进“四个全面”战略布局提供坚强组织保证。这一重要指示，从党和国家全局高度充分肯定了“两学一做”学习教育取得的成效，深刻阐明了推进“两学一做”学习教育常态化制度化的重大意义、目标任务和基本要求，为我们做好工作提供了重要遵循。

在全体党员中开展“两学一做”学习教育，是以习近平同志为核心的党中央加强党的思想政治建设的一项重大部署，是继党的群众路线教育实践活动、“三严三实”专题教育之后深化全面从严治党的又一成功实践。一年多来，党中央高度重视“两学一做”学习教育，习近平总书记亲自指导、亲自推动，中央政治局带头开展学习教育、带头召开民主生活会，为全党作出有力示范。在党中央坚强领导下，各级党组织共同努力，坚持基础在学、关键在做，着力解决突出问题，扎实有序开展学习教育，推动了党内教育从“关键少数”向广大党员拓展、从集中性教育向经常性教育延伸，促进了广大党员干部深入学习习近平总书记系列重要讲话精神，受到了深刻的思想政治教育，“四个意识”显著增强；党内政治生活更加严格规范，锤炼党性的“熔炉”作用进一步彰显；基层党建突出问题得到有效解决，整体工作水平有了新提升；合格党员标准鲜明确立，展现了新时期党员干部良好风貌，取得重要进展和明显成效。

“两学一做”学习教育的成功实践，为全面从严治党提供了有益启示。一是坚持把思想建党放在首位，把党性教育和理论教育结合起来，坚持不懈用党的理论创新成果武装全党。二是坚持突出党内政治生活的政治教育功能，把“两学一做”学习教育纳入党的组织生活制度，持续用力、久久为功。三是坚持学做结合、以知促行，把思想引导和行为规范统一起来。四是坚持问题导向、从具体问题改起，切实做好打基础、利长远、补短板的工作。五是坚持抓好“关键少数”与抓实基层支部相结合，以上率下、层层推动，把全面从严治党要求层层压实，最终落实到每个支部、每名党员。以上“五个坚持”，是“两学一做”学习教育的成功经验，为“两学一做”学习教育常态化制度化奠定了坚实基础，我们要很好运用到今后工作之中。

推进“两学一做”学习教育常态化制度化，首先要深化学习，最根本的是坚持不懈用习近平总书记系列重要讲话精神武装头脑、指导实践、推动工作、规范行为。习近平总书记系列重要讲话是中国特色社会主义理论体系最新成果，是当代中国马克思主义最新发展，是我们党推进具有许多新的历史特点的伟大斗争、党的建设新的伟大工程、中国特色社会主义伟大事业的强大思想武器，是各级党组织和全体党员必须始终坚持的行动指南。要坚持读原著、学原文、悟原理，联系实际学、带着问题学、不断跟进学，深刻认识讲话的重大理论意义和实践意义，深刻理解讲话的时代背景、鲜明主题、科学体系，准确把握蕴含其中的治国理政新理念新思想新战略，领会掌握贯穿其中的马克思主义立场观点方法，自觉做到学而信、学而思、学而行。只有这样，才能不断增进对习近平总书记系列重要讲话精神和治国理政新理念新思想新战略的真理认同和实践认同，不断增强政治意识、大局意识、核心意识、看齐意识，筑牢维护习近平总书记核心地位、维护党中央权威的思想根基。学习党章党规，要深刻认识党章是管党治党的总规矩总遵循，践行党内政治生活准则、党内监督条例和廉洁自律准则等党内法规要求，用党章党规规范言行。要坚持“学”“做”结合，坚持全覆盖、常态化、重创新、求实效，紧密联系本地区本部门本单位实际，有什么问题解决什么问题，什么问题突出重点解决什么问题，引导全体党员按照“四讲四有”标准，做到政治合格、执行纪律合格、品德合格、发挥作用合格，不断提高思想政治觉悟。

推进“两学一做”学习教育常态化制度化，要抓住“关键少数”，坚持领导干部率先垂范。各级干部特别是领导干部是党治国理政的骨干，既负有领导责任，也负有示范责任。领导干部当表率，就要带头做合格党员、合格的领导干部，要求别人做的自己首先做到，要求别人不做的自己首先不做，切实做到忠诚干净担当。要带头学习，学深悟透习近平总书记系列重要讲话精神，始终坚定“四个自信”；要带头旗帜鲜明讲政治，牢固树立“四个意识”，坚决维护党中央权威和集中统一领导；要带头强化党性修养，以自我革命的精神查找差距、改进提高；要带头严格自律，弘扬良好党内政治文化；要带头担当负责，在改革发展稳定各项工作中当先锋。自身硬气才有公信力，以身作则才有感召力。领导干部在推进“两学一做”学习教育常态化制度化中发挥好引领示范作用，就能一级带动一级，层层传导压力，更好地推动全面从严治党向基层延伸、向纵深发展。

推进“两学一做”学习教育常态化制度

化，要抓实基层支部，抓好基层支部相关制度建设。党支部是党最基本的组织，是教育管理党员的基本单位，是党全部工作和战斗力的基础。要把党支部建设作为最重要的基本建设，充分发挥党支部教育管理党员的主体作用。要树立党的一切工作到支部的鲜明导向，注重把思想政治工作落到支部，把从严教育管理党员落到支部，把群众工作落到支部，不断夯实党的组织基础。“三会一课”是加强党员学习教育和日常管理的基本制度安排，要把“两学一做”作为“三会一课”基本内容固定下来、坚持下去。要让党支部在基层工作中唱主角，成为团结群众的核心、教育党员的学校、攻坚克难的堡垒。要完善查找解决问题的长效机制，聚焦基层党建工作短板，着力解决突出问题，集中力量攻坚克难，推动基层组织建设全面进步，在实现党的奋斗目标的历史进程中充分发挥出战斗堡垒作用。

推进“两学一做”学习教育常态化制度化，既是推动全面从严治党的重要任务，又是加强党的建设的长期任务。各级党组织要高度重视、精心组织，认真履行主体责任，认真落实习近平总书记重要指示精神和党中央部署安排，把学习教育同做好改革发展稳定各项工作结合起来，把“两学一做”学习教育常态化制度化作为党建工作考核的重要内容，细化责任清单，加强分类指导，注重典型引路，充分调动基层单位的主动性创造性，推动全面从严治党不断取得新成效，以学习教育的新成效迎接党的十九大胜利召开。

学习贯彻党章是“第一位的要求”

——学习习近平关于学习贯彻党章的重要论述

邱乘光

党的十八大以来，习近平明确提出了“全面从严治党”的战略要求并将其纳入了“四个全面”战略布局。为推动全面从严治党向基层延伸，进一步解决党员队伍中存在的各种问题，保持发展党的先进性和纯洁性，党中央决定在全体党员中开展“学党章党规、学系列讲话，做合格党员”(以下简称“两学一做”)学习教育。开展“两学一做”学习教育，是落实党章关于加强党员教育管理要求、面向全体党员深化党内教育的重要实践，是推动党内教育从“关键少数”向广大党员拓展、从集中性教育向经常性教育延伸的重要举措，是加强党的思想政治建设的重要部署。习近平强调指出：“‘两学一做’学习教育，基础在学，关键在做。”“基础在学，首先要学好党章。……不论是高级干部还是普通党员，要做合格党员，学习贯彻党章都是第一位的要求。”深入学习习近平关于学习贯彻党章的重要论述，牢牢把握做合格党员“第一位的要求”，对深入开展“两学一做”学习教育，推动全面从严治党向基层延伸，确保党在发展中国特色社会主义历史进程中始终成为坚强领导核心，具有重要意义。

一、重视党章及其建设是我们党的一个传统

习近平把学习贯彻党章视为“做合格党员”“第一位的要求”，既凸显了党章的重要地位和学习贯彻党章的重要性，也反映出习近平对党章的高度重视。事实上，无产阶级政党的建立和发展与党章是不可分割地联系在一起的。党章及党章建设本身就是党的建设的一个极其重要的方面。科学的党章是无产阶级政党组织统一、行动一致的重要保证，也是党生存、发展和夺取胜利的一个基本条件。高度重视党章及党章建设，既是马克思主义政党建设的一个重要原则，同时也是我们党的一个传统和经验。

在国际共产主义运动史上，各国无产阶级政党在创建之初，都以马克思主义建党学说为指导，结合自身建设的实践，制定自己的章程，并根据形势的发展、任务的变化和自身建设的需要，对原有的章程进行修订和补充。由马克思、恩格斯亲自起草的《共产主义者同盟章程》，就是第一个无产阶级政党章程。章程所确立的基本思想和原则都为以后各国无产阶级政党所遵循。列宁认为：“组织首先就是制定章程。”“章程是组织的形式表现”。无产阶级政党的章程是“一致通过的组织规则”，是“关于党组织的形式和准则的总的决议”。“为了保证党内团结，为了保证党的工作集中化，还需要有组织上的统一，而这种统一在一个已经多少超出了家庭式小组范围的党里面，如果没有正式规定的党章，没

有少数服从多数，没有部分服从整体，那是不可想象的。”因此，他在领导俄国党建设的实践中，始终高度重视党章的制定和修改。

重视党章及党章建设，也是中国共产党的一个传统。1921 年，党的一大即通过了包含有属于党章性质条文的《中国共产党第一个纲领》，将我们党正式定名为“中国共产党”，并且确定了“党的纲领”，规定了入党条件和接收手续、党的组织机构和组织原则等。党成立后，革命形势的迅速发展，要求尽快制定适应党的组织发展和革命斗争需要的正式党章。1922 年，党的二大完成了这一开创性工作，制定了第一部《中国共产党章程》，对“党员”、“组织”、“会议”和“纪律”等都作出了明确规定。从此，我们党有了管党治党的根本大法。从党的三大开始，形成了党的全国代表大会对党章进行修改的惯例。通过修改，使其更能适应形势的发展、任务的变化及党的自身建设的需要。正如习近平所指出的那样：“在 90 多年的奋斗历程中，我们党总是认真总结革命建设改革的成功经验，及时把党的实践创新、理论创新、制度创新的重要成果体现到党章中，从而使党章在推进党的事业、加强党的建设中发挥了重要指导作用。”

2012 年，党的十八大从继续推进党的理论创新、推进党和国家事业发展、推进党的建设新的伟大工程出发，对党章进行了重要修改，包括把科学发展观同马克思列宁主义、毛泽东思想、邓小平理论、“三个代表”重要思想一道，确立为党的行动指南；在党章中完整表述了中国特色社会主义道路、中国特色社会主义理论体系、中国特色社会主义制度，全面揭示了中国特色社会主义的科学内涵；把生态文明建设纳入中国特色社会主义事业总体布局；把加强党的执政能力建设、先进性和纯洁性建设，整体推进党的思想建设、组织建设、作风建设、反腐倡廉建设、制度建设，全面提高党的建设科学化水平，建设学习型、服务型、创新型的马克思主义执政党等内容写入党章，并对党员义务、党的基层组织和党的干部的要求作了充实。对于这次修改的意义，习近平明确指出：“通过这次修改，党章这个党的总章程更加完善，必将在推进党的事业和党的建设中更好发挥根本性规范和指导作用。”

也正因为如此，在党的十八届一中全会选举产生以习近平为总书记的新一届中央领导集体的第二天，习近平就在十八届中共中央政治局会议上专门作了《认真学习党章，严格遵守党章》的讲话，深刻阐述了学习贯彻党章的重要性。此后，他又多次强调要认真学习党章，全面掌握党章，牢固树立党章意识，严格遵守党章规定，自觉维护党章的权威性和严肃性，并明确指出：“全党学习贯彻党章的水平，决定着党员队伍党性修养的水平，决定着各级党组织凝聚力和战斗力的水平，决定着全面从严治党的水平。”由此足见习近平对党章及其建设的高度重视、对学习贯彻党章的高度重视，以及学习贯彻党章在管党治党中的重要地位和作用。

二、党章“是一面公开树立起来的旗帜”

一般说来，政党作为政治组织，既应有作为组织规程的章程，还应有集中体现其政治主张的纲领。前已述及，由马克思、恩格斯亲自起草的《共产主义者同盟章程》，就是第一个无产阶级政党的章程。而同样是由马克思、恩格斯亲自起草的《共产党宣言》，亦即第一个无产阶级政党（共产主义者同盟）的纲领。这个科学的纲领，为无产阶级和全人类指明了彻底解放的光明道路。160 多年来，各国无产阶级政党根据《共产党宣言》的基本原则制定和完善自己的纲领。

党的纲领规定着党的性质、宗旨、指导思想、目标任务和行动方略，是昭示社会的政治宣言，是一个政党举什么旗、走什么路、实现什么目标的根本标志，指引着党的前进方向；同时也是外界判定一个政党阶级属性、政治倾向、进步水平的重要根据。恩格斯曾明确指出：“一个新的纲领毕竟总是一面公开树立起来的旗帜，而外界就根据它来判断这个党。”马克思也认为，制定一个原则性纲领“就是在全世界面前树立起可供人们用来衡量党的运动水平的里程碑”。列宁则进一步指出：“一个政党如果没有纲领，就不可能成为政治上比较完整的、能够在事态发生任何转折时始终坚持自己路线的有机体。”

从马克思和恩格斯的党建理论与实践看，党的纲领和章程是党最基本的两大文献。但在后来的党建实践中，既有党的纲领与章程作为两个文件并存的，也有把党的纲领与章程纳入一个文件的。我们党即属于后一种情况。前已述及，1921 年中国共产党成立之时所制定的《中国共产党第一个纲领》，既包含了党的纲领，也包含了作为组织规程的章程内容，只是过于简单了。从 1922 年党的二大到 1928 年党的六大所制定和修改的章程都是纯粹的组织规程，而党的纲领的有些内容则往往以决议案、宣言等形式加以公布。但从 1945 年党的七大以后，都把纲领和章程纳入了一个文件即《中国共产党章程》，即在一部党章中分为总纲（纲领）部分和条文（章程）部分。总纲部分是党的简要纲领，既是党章的一部分，又是章程的前提和总则。条文部分的组织规程是以党的纲领为指导、为实现党的纲领服务。在党章中增写总纲部分，也就使党章兼有了纲领和章程的双重性质和双重作用。由于党章包含了纲领的内容，所以党章自然也就成了“一面公开树立起来的旗帜”。

从我们党的现行党章看，就总纲与条文所占篇幅而言，在 17300 多字的党章中，总纲部分长达 6400 多字，超过了总篇幅的三分之一；就总纲所阐述的主要内容而言，既明确规定了党的性质、最高理想和最终目标、指导思想和根本宗旨，也明确规定了党的基本路线、思想路线、工作路线和根本组织原则。此外，总纲部分还有对党的基本理论、基本纲领的阐述和对党的基本经验的总结，并明确规定了党在现阶段的基本任务和重大方针政策等。所以，从党章的基本内容来说，一个非常重要的方面，就是对党的性质和宗旨、党的路线和纲领、党的指导思想和奋斗目标作了明确规定，集中体现了我们党的理论基础和政治主张。这样“一面公开树立起来的旗帜”，不仅为外界判断我们这个党提供了重要根据，而且更为重要的是为广大党员把握党的性质、宗旨、指导思想、奋斗目标和行动方略提供了根本依据，同时也为动员和凝聚广大人民群众指明了正确的目标和方向。

总之，党章明确规定了党的纲领，是“一面公开树立起来的旗帜”，为全党统一思想、统一行动提供了政治基础和根本准则。所以习近平指出：“对我们这个拥有 8000 多万党员的大党来说，把全党同志的思想统一到党章上来，自觉按党章行动，具有十分重大的意义。”“党章在推进党的事业、加强党的建设中发挥了重要指导作用”。

三、党章是党的总章程、总规矩和根本大法

我们把党章形容为“一面公开树立起来的旗帜”，主要是因为党章中包含了党的纲领。就党章的整个内容和地位而言，党章则是党的总章程、总规矩，是党的根本大法。习近平明确指出：“党章是党的总章程，集中体现了党的性质和宗旨、党的理论和路线方针政策、党的重要主张，规定了党的重要制度和体制机制，是全党必须共同遵守的根本行为规范。没有规矩，不成方圆。党章就是党的根本大法，是全党必须遵循的总规矩。”习近平用“总章程”、“总规矩”和“根本大法”来定位党章，深刻而准确。正如他自己所指出的那样：“党章对党的性质、宗旨、指导思想、奋斗纲领和重大方针政策作出了明确规定，对党员权利和义务作出了明确规定，对党的制度和各级党组织的行为规范作出了明确规定，对党的各级领导干部的基本条件作出了明确规定，对党的纪律作出了明确规定”，“是全党必须共同遵守的根本行为规范”。这就决定了党章在党内的根本性指导地位和作用。

首先，这是由党章的内容所决定的。党章总纲部分对党的性质、最高理想和最终目标、指导思想和根本宗旨，党的基本路线、思想路线、工作路线和根本组织原则，以及党在现阶段的目标任务和重大方针政策等都作了明确规定，集中体现了全党的政治主张，集中反映了全党的整体意志，是统一全党思想和行动的政治纲领；党章条文部分对党员、党的组织制度、党的组织、党的干部、党的纪律等都作了明确规定，确立了全党最基本、最重要、最全面的行为规范。由这两个部分有机统一构成的党章，成为全党必须共同遵守的根本行为规范。这就从内容上决定了党章作为党的总章程、总规矩和根本大法的地位。

其次，这是由党章的效力所决定的。党内有很多法规，是一个法规体系。纵向说，包括党章，准则和条例，规则、规定、办法、细则等几个层次；横向看，包括党的领导和党的工作方面的党内法规，党的思想建设方面的党内法规，党的组织建设方面的党内法规，党的作风建设方面的党内法规，反腐倡廉建设方面的党内法规，党的民主集中制建设方面的党内法规，党的机关工作方面的党内法规等。但在这个党内法规体系中，党章具有最高效力，是党内的基本法，其作用相当于国家法律体系中的宪法。党内其他所有法规，都是党章的延伸或具体化，都从属于党章，必须以党章为根本依据而不得与党章的规定相违背、相冲突。也可以说，党章是党内的“母法”，党内其他法规则为党内的“子法”。这就从效力上决定了党章作为党的总章程、总规矩和根本大法的地位。

再次，这是由党章产生程序所决定的。党章作为具有最高效力的党内法规，不仅与党章的具体内容有关，而且与党章的产生（制定和修改）程序有关。从党章产生程序看，只有党的全国代表大会才能制定、修改和颁布。从党成立到现在，除“五大党章”是根据党的五大有关决议进行修改后由中央政治局会议通过之外，每次修改都是通过党的全国代表大会来完成的。众所周知，党的全国

代表大会是党的最高领导机关(也是党内最高权力机关),党章由党的全国代表大会制定(修改)和颁布,集中体现了全党的整体意志,这既从另一个方面说明了党章在党内具有至高无上的地位,同时也从产生程序上决定了党章作为党的总章程、总规矩和根本大法的地位。

最后,这也是由党章的作用所决定的。党章具有高度权威性,在党内生活中起着根本指导作用,是统一全党思想和行动最重要的基础。只有基于对党的政治纲领的认同,才会有全党思想政治上的统一;只有基于对组织规程的遵守,才会有全党组织上的统一;只有基于对党章的整体认同和遵守,才会有全党行动上的统一。具体而言,党章具有调整党内关系、指导党的工作、严明党的纪律、纯洁党的组织等重要作用。所以,习近平强调:“全党要牢固树立党章意识,真正把党章作为加强党性修养的根本标准,作为指导党的工作、党内活动、党的建设的根本依据,把党章各项规定落实到行动上、落实到各项事业中。建立健全党内制度体系,要以党章为根本依据;判断各级党组织和党员、干部的表现,要以党章为基本标准;解决党内矛盾,要以党章为根本规则。”“根本标准”、“根本依据”、“基本标准”、“根本规则”,这也就从作用上决定了党章作为党的总章程、总规矩和根本大法地位。

四、党章是全面从严治党的总依据和总遵循

治国必先治党,治党务必从严。坚持党要管党、从严治党,是我们党从长期实践中得出的重要结论,也是加强和改进新形势下党的建设必须长期坚持的指导原则。在新的历史条件下坚持和发展中国特色社会主义,实现全面建成小康社会战略目标并进而实现中华民族的伟大复兴,关键是要使我们的党始终成为坚强领导核心。党的十八大以来,以习近平为总书记的党中央清醒地认识到:党要管党,才能管好党;从严治党,才能治好党。对我们这样一个拥有8800多万党员、在一个有13亿多人口大国长期执政的党,管党治党一刻不能松懈。“如果管党不力、治党不严,人民群众反映强烈的党内突出问题得不到解决,那我们党迟早会失去执政资格,不可避免被历史淘汰。这决不是危言耸听。”因此,习近平在当选总书记伊始的中外记者见面会上,在谈到对民族、对人民、对党的责任时就明确指出:“打铁还需自身硬。我们的责任,就是同全党同志一道,坚持党要管党、从严治党,切实解决自身存在的突出问题,切实改进工作作风,密切联系群众,使我们的党始终成为中国特色社会主义事业的坚强领导核心。”正是基于这样的认识,习近平郑重提出了“全面从严治党”的战略要求并将其纳入“四个全面”战略布局。明确提出“全面从严治党”,既契合了全面建成小康社会、全面深化改革、全面依法治国对加强党的领导和党的建设的迫切需要,也体现了我们党面对长期复杂严峻的“四大考验”、面临更加尖锐地摆在全党面前的“四大危险”的高度清醒和自觉。

全面从严治党怎么“从严”?依据什么来“治”?这是推进全面从严治党必须首先明确的一个重要问题。人不以规矩则废,党不以规矩则乱。早在党的十一届三中全会前夕,邓小平同志就从加强社会主义法制的角

度强调党规党法的极端重要性。他明确指出:“国要有国法,党要有党规党法。党章是最根本的党规党法。没有党规党法,国法就很难保障。”在全面推进依法治国、加快建设法治中国的今天,党规党法仍然具有非常重要的地位和作用。依法治国、依法执政,既要求党依据宪法法律治国理政,也要求党依据党内法规管党治党。党内法规既是管党治党的重要依据,也是建设社会主义法治国家的有力保障。要充分发挥党内法规对建设社会主义法治国家的保障作用,首先必须依据党内法规来管党治党,切实把我们的党管好治好。所以,习近平一再强调,全面从严治党是依法依规治党,党章作为“党的根本大法”,“是全面从严治党的总依据和总遵循”。党的十八大通过的党章修正案,“对以改革创新精神全面推进党的建设新的伟大工程、提高党的建设科学化水平提出了明确要求”。“党章是我们立党、治党、管党的总章程,是全党最基本、最重要、最全面的行为规范。……我们要切实把党章学习好、遵守好、贯彻好,扎实推进党的工作和党的建设制度化、规范化、程序化。”

在不同历史时期,党所要解决的主要问题会有所不同,从严治党的重点也会有所不同,但都必须以党章为根本依据。只有以党章为总依据、总遵循,全面从严治党才能始终坚持正确方向,并能取得经得起历史和实践检验的成果。因此,习近平强调“必须依据党章从严治党”,“坚持用党章指导和规范党的建设各项工作”。当然,全面从严治党不仅要依据和遵循党章,同时还要依据和遵循其他党内法规。但由于党章在党内法规体系中具有最高权威和最高效力,从而决定了党章是全面从严治党的总依据和总遵循。

五、党章是全体党员言行的总规矩和总遵循

中国共产党是按照民主集中制的原则建立起来的,是一个有机统一的整体。其中每一个党组织都是这个有机整体的组成部分,每一个党员都是这个有机整体的细胞。连接、规范和约束这个有机整体中每一个组成部分、每一个细胞的最高行为准则就是党章。各级党组织作为这个有机整体的组成部分,当然要遵守和执行党章。但是,各级党组织也是由作为细胞的一个个具体党员组成的,因此,在归根结底的意义上,党员是党内活动的主体。要使党始终保持先进性和纯洁性,保持组织上的团结和思想上政治上行动上的统一,维护党的形象,巩固党的执政地位,实现党的执政使命,最根本的是要用党章来规范全体党员的言行。党章作为“党的根本大法”,就“是全体党员言行的总规矩和总遵循”。

党章作为党的根本大法,不仅对党的性质、宗旨、指导思想、奋斗目标和行动方略作出明确规定,构成了我们党的政治纲领,而且对党员权利和义务、党的制度和各级党组织的行为规范、党的各级领导干部的基本条件、党的纪律等作出明确规定,为党的各级组织和全体党员确立了总规矩和总遵循。要做一名合格党员,最基础、最根本的要求,就是学习贯彻党章,自觉用党章规范自己的一言一行。只有全面贯彻执行党章的各项规定,严格按照党章的要求去做,才能成为一名合格的共产党员。

现在,我们党内有一部分党员不合格,情

况可能千差万别，但归根结底，就是因为不遵守党章。比如周永康、薄熙来、徐才厚、令计划、苏荣等人，是怎么从党的高级领导干部走到人民的对立面上去的？他们自认为身居高位，谁也管不了，在他们眼里，哪里还有党章？哪里还有规矩？正是这个原因，他们与党离心离德、结党营私、卖官鬻爵、为所欲为，最终倒在反腐铁拳之下，成为党和人民的罪人。其结局可悲，其教训深刻。现实中，一些党组织软弱涣散、缺乏战斗力，一些党员党的意识淡薄、组织观念淡化，一些领导干部理想信念动摇、宗旨观念不强，说到底都与这些人党章意识不强、无视党章的权威性和严肃性、不能很好地遵守党章有关。无论是过去还是现在抑或是将来，一部分党员不遵守党章，不合格，都是影响党的先进性和纯洁性的一个重要因素。在新的历史条件下，我们要特别注意解决这方面的问题。

早在改革开放之初，邓小平同志就从坚持和改善党的领导的角度提出过这个问题，明确指出“我们的党员现在有一部分不合格”。所谓部分“党员不合格”，这里的“格”就是党章规定的党员的条件和标准，就是党章对党员提出的基本要求。“不合格”就是不合乎条件、标准和要求。从邓小平同志提出这个问题到今天已经30多年了，那么部分党员不合格的问题解决得怎么样了呢？应该说，在这30多年间，通过开展各种党内活动，党员素质有了很大的提高，广大党员在深化改革、加快发展、维护稳定的各项工作中发挥了先锋模范作用，并且涌现出大批像孔繁森、郑培民、任长霞、牛玉儒、沈浩等这样的好党员、好干部，充分展示了当代中国共产党人的风采和形象，赢得了人民群众的广泛赞誉。事实充分说明，党员队伍的主流和基本面是好的，是具有先进性的。但是，我们也必须正视，有相当一部分党员的素质还不够高，先进性发挥得还不够；也有一部分党员已经不合格或基本不合格，丧失了先进性；还有一部分党员问题相当严重，甚至已经腐败变质。近年来，各级纪检监察机关查处违纪党员的情况，已经非常清楚地说明了这个问题。

正是从这个实际问题出发，以习近平同志为总书记的党中央决定在全体党员中开展“两学一做”学习教育活动，将学习党章作为首要的内容，其目的就是要通过深入学习党章，唤醒广大党员的党章意识和党员意识，使广大党员深入理解党章，严格遵守党章，按照党章规定的党员标准严格要求自己，把党章作为最根本的行为规范，内化于心、外化于行，努力做一名合格党员。

六、基础在学，必须联系实际、深入思考学

“两学一做”基础在学，首先是学好党章。习近平关于学习贯彻党章的重要论述，不仅多方面地阐明党章在党内生活中的根本指导地位和作用，以及对党的事业的极端重要性，而且多方面地阐明了如何学习党章的问题，为广大党员学好党章提供了指导原则和科学方法。

首先，要深刻认识学习党章是全体党员的“基本功”和“必修课”。“欲知平直，则必准绳；欲知方圆，则必规矩。”一个拥有8800多万党员的大党，如果没有统一的规矩，将是难以想象的；如果虽然有了统一规矩，而广大党员却不去学习它，当然也就不可能自觉地遵守它，这同样是难以想象的。党章是党的

总章程和根本大法，是全党必须遵循的总规矩，也是全体党员言行的总规矩和总遵循。要成为一个合格的党员，最基本的就是必须遵守党章这个总规矩；而要遵守这个总规矩，首先就必须学习和掌握这个总规矩。不然，就永远不可能成为合格党员。因此，习近平特别强调：“学习党章是全体党员的基本功，这个功课要经常做。”对于各级领导干部来说，更“要把学习党章作为必修课，走上新的领导岗位的同志要把学习党章作为第一课”。深入开展“两学一做”学习教育，每个党员都必须扎实练好学习党章这项基本功。

其次，要原原本本学、反反复复学，全面掌握党章基本内容。现行党章虽然只有17300多字，但其内容非常丰富。就其主要内容而言，不仅明确规定了党的性质、宗旨、指导思想、奋斗目标和行动方略，而且明确规定了党员权利和义务、党的制度和各级党组织的行为规范、党的各级领导干部的基本条件、党的纪律等等。对这些重要内容，全党同志都要全面了解和掌握。所以，习近平强调，学习党章，首先是“要原原本本学、反反复复学，做到知其然”，亦即“全面掌握党章基本内容。”

再次，要联系实际学、深入思考学，加深理解，做到知其所以然。习近平明确指出：“学习党章不仅要原原本本学、反反复复学，做到知其然，而且要联系实际学、深入思考学，做到知其所以然。”他不仅从总体上提出方法指导，而且还提出具体要求，强调要联系党的历史和今天党所处的历史方位、承担的历史使命的实际，联系党的理论发展和今天坚定理想信念的实际，联系党的基本路线和今天做好各项工作的实际，联系党的性质宗旨和今天更好为人民服务的实际，联系党员义务权利和今天发挥好党员先锋模范作用的实际，联系党的纪律规矩和今天解决好党内存在的突出问题的实际，深入思考党章对党组织和党员、干部的要求是哪些、怎样身体力行，深入思考对照党章自己哪些没做到、应该如何提高，深入思考全面从严治党还有哪些环节需要加强、哪些制度需要完善。只有这样，才能深刻理解和把握，不仅“做到知其然”，而且“做到知其所以然”。

复次，要同学习党的十八大精神和党的基本理论紧密结合起来。我们现在的党章是党的十八大修改通过的。党的十八大在修改党章时，把我们党在推进中国特色社会主义伟大事业和党的建设新的伟大工程中取得的重大实践成果、理论成果、制度成果体现在了党章中。因此，习近平特别指出：“要把学习党章同学习党的十八大精神紧密结合起来，同学习中国特色社会主义理论体系紧密结合起来。”他还具体强调要深刻理解把科学发展观同马克思列宁主义、毛泽东思想、邓小平理论、“三个代表”重要思想一道确立为党的指导思想的重大意义，深入领会科学发展观的精神实质；深刻理解在党章中完整表述中国特色社会主义道路、理论体系、制度的重大意义，深入领会中国特色社会主义的科学内涵；深刻理解把生态文明建设纳入中国特色社会主义事业总体布局的重大意义，深入领会生态文明建设的指导原则和主要着力点；深刻理解党章增写党的建设总体要求新内容和关于党员、党的基层组织、党的干部新要求的重大意义，深入领会各项新内容新要求的科学内涵。

最后，要把党章的学习教育作为经常性

工作来抓,切实抓出成效。学习党章,既要增强广大党员学习的自觉性,也需要各级党组织认真对待,把抓好党章的学习教育作为党的建设的一项经常性工作。所以习近平提出:“要把党章学习教育作为经常性工作来抓,通过日常学习、专题培训等形式,组织党员学习党章。要把学习党章作为各级党校、干校培训党员领导干部的必备课程。要把检查学习和遵守党章情况作为组织生活会、民主生活会的重要内容。”同时要求广大党员要通过学习,“把党章融会贯通,做到学而懂、学而信、学而用”。

七、关键在做,必须把学的内容落实到做上

“两学一做”学是基础、做是关键。学习党章必须内化于心、外化于行,落实到遵守党章、贯彻党章、维护党章上来。习近平关于学习贯彻党章的重要论述,既提出了学的任务,更提出了做的要求,为广大党员如何在学习掌握党章的基础上贯彻落实党章提供了根本遵循。

首先,要坚定理想信念。贯彻和践行党章,首要的是必须坚定理想信念。坚定理想信念,坚守共产党人精神追求,始终是共产党人安身立命的根本。对马克思主义的信仰,对社会主义和共产主义的信念,是共产党人的政治灵魂,是共产党人经受住任何考验的精神支柱。习近平形象地说:“理想信念就是共产党人精神上的‘钙’,没有理想信念,理想信念不坚定,精神上就会‘缺钙’,就会得‘软骨病’。”“事实一再表明,理想信念动摇是最危险的动摇,理想信念滑坡是最危险的滑坡。”现实生活中,一些党员、干部出这样那样的问题,说到底是信仰迷茫、精神迷失。党章规定,中国共产党以马克思列宁主义、毛泽东思想、邓小平理论、“三个代表”重要思想和科学发展观作为自己的行动指南;党的最高理想和最终目标是实现共产主义。党章同时规定,中国共产党人追求的共产主义最高理想,只有在社会主义社会充分发展和高度发达的基础上才能实现。“革命理想高于天。没有远大理想,不是合格的共产党员;离开现实工作而空谈远大理想,也不是合格的共产党员。”贯彻和践行党章,“共产党员特别是党员领导干部要做共产主义远大理想和中国特色社会主义共同理想的坚定信仰者和忠实践行者。”

其次,要坚定政治立场。我们党是一个马克思主义政党,政治立场坚定是对党员最起码的要求。我们党之所以始终保持着先进性,一个重要原因就是对党员的政治立场一直有着严格要求。党章规定的入党誓词,明确要求党员“拥护党的纲领,遵守党的章程,履行党员义务,执行党的决定,严守党的纪律,保守党的秘密,对党忠诚,积极工作,为共产主义奋斗终身,随时准备为党和人民牺牲一切,永不叛党”。坚定政治立场,就是要始终保持政治上的清醒和坚定,在大是大非等原则问题上,旗帜鲜明,立场坚定,在思想上、政治上、行动上自觉同党中央保持高度一致。所以习近平一再要求:“每一个共产党员特别是领导干部都要牢固树立党章意识,自觉用党章规范自己的一言一行,在任何情况下都要做到政治信仰不变、政治立场不移、政治方向不偏。”

再次,要践行党的宗旨。全心全意为人民服务是我们党的根本宗旨,也是马克思主

义群众观点和党的群众路线的核心。党的根本宗旨是党的一切活动的根本目的,是党组织和全体党员一切言行所必须遵循的准则,必须落实到各级党组织和全体成员的实际行动上,落实到为人民服务的具体实践中。党章明确规定了党的宗旨。习近平强调能否践行党的根本宗旨是衡量一名共产党员、一名领导干部理想信念是否坚定的“客观标准”;要通过学习党章,加强党的宗旨意识教育,增强党员的宗旨意识。要注意拓宽为人民服务的途径渠道,通过各种途径、渠道和方式,从各个方面去践行党的宗旨、服务人民群众。

复次,要严守党的纪律。我们党是靠革命理想和铁的纪律组织起来的马克思主义政党,纪律严明是党的光荣传统和独特优势。党章对党的纪律作出了明确规定。习近平在党的十八届一中全会上即明确提出要“进一步严明党的纪律”,此后又反复强调这一点。他还把严明党的纪律与学习贯彻党章统一起来,强调党章是全党必须遵循的总规矩,要深入开展纪律教育,“使党员、干部增强纪律意识,把党章党规党纪刻印在心上,形成尊崇党章、遵守党纪的良好习惯”。“要养成纪律自觉,教育引导广大党员、干部特别是领导干部严格按党章标准要求自己,知边界、明底线,把他律要求转化为内在追求”。

此外,习近平还特别要求党员领导干部要在贯彻和遵守党章方面充分发挥模范和表率作用,强调凡是党章规定党员必须做到的领导干部要首先做到,凡是党章规定党员不能做的领导干部要带头不做;要严格按照党章规定的党员领导干部必须具备的六项基本条件,提高自身素质和能力,经常检查和弥补自身不足;要严格执行党章关于民主集中制的各项规定,并落实到制定政策、选人用人等领导工作各个环节;要带头执行党的政治纪律,自觉维护中央权威,保证中央政令畅通;要严格执行党章关于党内政治生活的各项规定,敢于坚持原则,勇于开展批评和自我批评,带头弘扬正气、抵制歪风邪气等等。

(作者:安徽省社会科学院学术委员会委员、马克思主义研究所研究员)

习近平治国理政系列重要讲话的方法论思想探析

刘明芝

以毛泽东、邓小平为代表的老一辈无产阶级革命家不但精通马克思主义理论，而且实现了马克思主义的中国化。他们能应中国革命与建设之所急所需，将马克思主义基本原理转化为方法论，用来指导中国革命与建设，使中国革命与建设从胜利走向胜利。党的十八大以来，习近平总书记发表了一系列治国理政的重要讲话，既坚定了马克思主义的正确方向，又把运用马克思主义解决中国实际问题的方法论思想推向深入。仔细研读习近平总书记的系列重要讲话，其以“五位一体”的总体布局、“四个全面”战略布局、“一带一路”战略构想、“五大发展理念”等为代表的治国理政的新理念、新战略、新思想清晰地展现在人们面前，其思想之深邃、逻辑之缜密甚是明显。讲话内容充满睿智，语言富有中国特色，从理论上彰显出马克思主义哲学的智慧与情怀，闪耀着马克思主义方法论思想的灿烂光辉，开创了马克思主义方法论思想的新境界。梳理、归纳习近平总书记系列重要讲话，其中的方法论思想主要表现为以下几个方面。

一、以“实事求是”与坚持“问题导向”的方法领航中国发展

实事求是是马克思主义哲学的一个基本观点，是马克思主义科学世界观和方法论建立的起点，也是马克思主义者思考问题的出发点。坚持马克思主义哲学的世界物质统一性原理，最根本的方法论要求就是一切从实际出发、实事求是。党的十八大以来，习近平总书记遵循一切从实际出发、实事求是的马克思主义方法论原则，从社会主义初级阶段这个中国最大的客观实际出发，注重调查研究并与改革开放出现的现实问题相结合，在“问题导向”中引领中国改革开放。习近平总书记指出，要学习与掌握世界的物质统一性原理，坚持物质决定意识，从客观实际出发来制定政策、推动工作。“调查研究是谋事之基、成事之道。没有调查，就没有发言权，更没有决策权。”马克思主义世界物质统一性原理告诉我们，客观的外部世界不以人的主观意志为转移，人们必须按照客观事物本来面目来认识世界和改造世界。只有进行深入细致的调查研究，才能把握事物的内在本质与世界的客观规律性，使思想、行动与决策更加符合客观实际。习近平总书记同时认为，只有在工作中贯彻实事求是的原则，努力把真实情况掌握得更多一些，才能为做好工作打下扎实的基础。在习近平总书记的系列重要讲话中，始终把实事求是的方法论原则作为思考问题的出发点，视为解决中国问题的客观依据。

不仅如此，习近平总书记还认为实事求是是绝对的、无条件的，是无论在何时、何地及何种条件下都必须执行的。他指出，实事

求是以及坚持实事求是得出的结论、取得的经验,必须随着时间、地点、条件的变化而变化;要根据我国不同发展阶段的新变化新特点,按照客观实际情况确定工作方针。习近平总书记清醒地认识到,不断坚持实事求是,立足国情、世情解决好发展中遇到的困难,对处在整体转型升级时期以及处在实现民族复兴关键时期的中国是何等重要。事实的确如此。"五位一体"总体布局、"四个全面"战略布局、五大发展理念、供给侧结构性改革等引领社会发展的一系列治国理政的新理念新思想新战略,都是从我国现实社会的客观需要、从最广大人民群众的强烈要求与热切期盼中得出来的,是针对我国社会存在的突出矛盾和问题而产生的。习近平总书记始终将实事求是作为一切工作的出发点,体现出他坚持一切从实际出发、实事求是的理论品格,是对马克思主义唯物论最好的坚持和运用。

此外,强烈的问题意识同样是习近平总书记治国理政系列重要讲话中的一个鲜明的特点。在2016年哲学社会科学工作座谈会、庆祝中国共产党建党95周年等讲话中,他都突出强调了这一点。只有本着实事求是的原则、带着强烈的问题意识对中国问题进行把脉,才能把中国在改革过程中出现的问题梳理得准、解决得好,使中国新时期的全面深化改革在良性轨道上阔步前进。

二、以远大的革命理想与务实的科学态度指导中国梦的实现

2012年,习近平总书记提出了"中国梦"的概念,指出实现中华民族伟大复兴就是中华民族近代以来最伟大的梦想,到中国共产党建党100年和新中国成立100年时中国将全面建成小康社会与实现社会主义现代化。此后,实现中国梦的奋斗目标得到了党内外人士的普遍赞誉与认可。实质上,中国梦关系中国未来发展方向与目标,是亿万中国人民对中华民族伟大复兴的憧憬和期待,是对国家富强、民族振兴、人民幸福的向往。

中国梦的提出并不意味着马上就能实现,它的实现需要亿万中国人民不懈奋斗与扎扎实实努力。首先,全体中国人民要弘扬民族精神,凝聚中国力量,走中国道路。中国人民只有把饱满的革命热情、奋发向上的进取精神与求真务实的精神风貌、脚踏实地的工作作风结合起来,通过一步一个脚印的努力才能逐步达到自己的目标、实现自己的理想。其次,将实现中国梦与全面深化改革有机统一起来。一方面,中国梦实现的前提与基础必须通过深化改革、发展经济来提供。只有通过全面深化改革与对外开放,才能使经济不断发展,物质财富才能得到进一步积累,实现中国梦才有强大的动力与保障。正如习近平总书记所言:"实现中华民族伟大复兴的中国梦,必须在新的历史起点上全面深化改革"。另一方面,全面深化改革需要有中国梦作为方向上的指导。在实践中只有把实现中国梦作为坐标,全面深化改革才会不偏离航程,在实现中国梦的总体要求下一步步推进。

力戒空谈、提倡实干是马克思主义的根本要求。有理想有梦想有抱负、守住发展机遇、破解发展难题,提倡实干精神、追求实际效果、脚踏实地走好每一步,是以习近平同志为代表的中国共产党人对马克思主义精神实质的透彻理解与最好的贯彻。2013年和2015年,党中央在全党分别开展了党的群众

路线教育实践活动和“三严三实”专题教育活动,体现的都是一个“实”字。比如,“三严三实”专题教育活动中的“修身”、“用权”、“律己”以及“谋事”、“创业”、“做人”,内容涵盖了领导干部工作和生活的方方面面,“严”和“实”是通过一件件事情、一点点修行积累起来的。践行“三严三实”的要求,必须重视量的积累,在落细、落小、落实上下功夫。习近平总书记指出:“真抓才能攻坚克难,实干才能梦想成真。我们要在全社会大力弘扬真抓实干、埋头苦干的良好风尚。”无论是基本实现现代化、全面建成小康社会,还是面向未来、实现中华民族伟大复兴都要靠实干。这些思想充分体现了习近平总书记深刻把握马克思主义哲学质量互变规律理论的精神实质,将其转换为指导实际工作的思路与方法。

三、以“摸着石头过河”与“顶层设计”的双重举措推进中国发展

“摸着石头过河”是我国改革开放之初在没有现成经验可以借鉴的情况下,采取先进行试点,以投石问路的方式寻找经济发展契机的办法。这种发展模式侧重于自下而上,通过实验、总结、推广的不断实践过程,在试验纠偏、总结经验的反复探索与研究中把握改革开放的规律性。这是一种务实的发展策略,与盲目冒进有本质的区别。邓小平指出,我们做的事情是一个试验,是新事物,要摸索前进,其办法是不断总结经验,有错就改,防止小错变成大错。在“摸着石头过河”的思想方法指导下,经过 30 多年的发展,我国实现了从农村到城市、从沿海到内地、从东部到西部、从局部到整体的渐进式发展。习近平总书记充分肯定了这一方法的重大意义,认为“摸着石头过河是富有中国智慧的改革方法,也是符合马克思主义认识论和实践论的方法”。这种先行试点、投石问路的改革办法把失误和风险降到了最低,保证了改革的稳步推进,符合“个别——一般—个别”的马克思主义认识论要求以及实践、认识、再实践、再认识的认识规律。

如果说在改革开放初期“摸着石头过河”能够适应当时形势发展的需要,那么在当前和今后全面深化改革的过程中,“顶层设计”就显得尤为重要。“顶层设计”是一个工程学术语,是在最高层次上寻求问题的解决之道。“顶层设计”的主要特征是顶层决定性、整体系统性与实际可操作性,对当前我国经济发展与深化改革具有重大的指导意义。与改革开放初期“摸着石头过河”这一自下而上的发展模式不同,“顶层设计”是在深化改革过程中自上而下的“系统谋划”。有了“顶层设计”意味着政府要为未来中国经济发展的巨轮当好“舵手”,做好“总设计师”。实践是认识的基础,一切理论、方针来源于实践。但当实践到一定程度、积累了一定经验、取得了一定认识时,就需要总结经验,反思与提升认识水平,为未来的实践行为走向理性的规划提出理论上的指导,即“顶层设计”。改革有了“顶层设计”,设计出更具框架性、全面性和根本性的总体方案,可以降低改革成本、把握改革方向。目前,中国已成为全球第二大经济体,经济规模越来越大,与此同时影响中国经济发展的因素也越来越复杂、积累的深层矛盾和问题越来越多,但我们已经积累了 30 多年的成功经验,“白手起家”的年代已经过去。总结、归纳改革经验,规划、提出新的发展思路、目标,我们的改革

开放就会一帆风顺。对此，习近平总书记指出：“改革推进到现在，必须在深入调查研究的基础上提出全面深化改革的顶层设计和总体规划，提出改革的战略目标、战略重点……提出改革总体方案、路线图、时间表。”这就是说，必须用系统、全局的眼光对现阶段的改革进行整体框架、关键领域、原则方向上的宏观设计与总体部署。

坚持“摸着石头过河”与加强“顶层设计”是辩证统一的。一方面，“顶层设计”目标的实现要通过“摸着石头过河”的行为来落实，“摸着石头过河”是“顶层设计”的实践基础。只有通过“摸着石头过河”的实践探索，“顶层设计”才能形成、丰富和完善。另一方面，“顶层设计”为“摸着石头过河”指明方向与路径，确保改革的规范性与正确性，避免在实践中走弯路。“摸着石头过河”与“顶层设计”的统一，使改革达到最优化，丰富了改革的方法论体系，是马克思主义实践与认识辩证关系以及认识规律的反复性与无限性原理在方法论上的生动体现。

四、以矛盾分析法与统筹兼顾思维方式科学处理改革中的难题

全面深化改革是一盘大棋，如何下好这盘大棋，万众瞩目。在治国理政的实践中，习近平总书记既站在大局的高度驾驭改革开放的航向，又始终坚持运用矛盾分析法这一方法论思想去面对、认识、解决全面深化改革过程中的各种矛盾和问题。

树立“绿水青山就是金山银山”的发展理念。唯物辩证法认为，矛盾的两个方面既对立又统一，并在一定条件下相互转化。“绿水青山就是金山银山”要求在现代化建设中，把经济发展与环境保护这一矛盾的两个方面的关系处理好。在现代化建设中经济发展无疑是重要的，它为保护环境提供资金上的保障。但经济发展不能忘掉生态保护，良好的生态环境为经济发展提供生态资源与天然基础。放弃经济发展、一味追求天然生态没有出路；而为了追求经济效益乱砍滥伐、毁坏生态系统更不可取。在我国，随着经济的快速发展，资源短缺、环境恶化已成为一个严重的社会问题。人们慢慢地认识到生态环境是人类自身生存发展的命脉，人与自然必须和谐相处，在发展中保护、在保护中发展，实现人口、资源、环境的有机统一，已逐渐变成人们的呼声与共识。习近平总书记认为，生态环境与生产力密切相关，保护与改善生态环境就是保护与发展生产力。生态环境决定发展潜力，生态优势能转化为经济优势。习近平总书记高度重视生态保护与生态经济发展问题，提出“绿水青山就是金山银山”的生态发展理念，他明确指出：“宁要绿水青山，不要金山银山，而且绿水青山就是金山银山。”他强调“金山银山”和“绿水青山”的内在统一。实际上，“金山银山”和“绿水青山”的内在统一体现的是人与自然、经济发展与环境保护的辩证关系，是在思维决策过程中兼顾矛盾的转化与统一，是我们建设社会主义生态文明过程中方向上的指导。习近平总书记用“绿水青山就是金山银山”的贴切比喻，把环境保护与经济发展有机联系起来，让老百姓直接感受到想拿“金山银山”就要保住“绿水青山”。这种把抽象的马克思主义唯物辩证法的哲学道理转换为大众百姓耳熟能详的语言，不能不说是方法论上的一种创造。

用“牵住牛鼻子”与“十个指头弹钢琴”的方法推进改革。“两点论”与“重点论”是马克思主义矛盾分析法中一个常谈常新的话题，是指在众多的矛盾及矛盾的两个方面中既要抓主要的，也不能忽视次要的。抓次要是建立在抓主要的基础上，抓主要也不能忘记次要。改革进入攻坚期和深水区，各项改革举措的互动性和关联性比改革初期明显增强，各个领域之间协调与配合的急迫性在加大。党的十八大以来，习近平总书记系列重要讲话中特别强调在全面深化改革中处理好整体推进和重点突破的关系以及统筹兼顾战略思想的重要性，注重把唯物辩证法的“两点论”与“重点论”这一方法论思想应用到实际工作中去，使处在深水区的改革能一步一个脚印地往前走。要统筹谋划好全面深化改革的各个方面，使各项改革能够相互促进、良性互动。深水区的改革可谓牵一发而动全身，要使改革继续下去并取得成功，必须使改革整体推进。但是，整体推进并不是平均用力、齐头并进，而是要抓住改革的主要矛盾和矛盾的主要方面，寻找难点、抓住重点，在重要领域与关键环节集中发力，使整体改革与重点推进并行前进。正所谓“我们既要注重总体谋划，又要注重牵住‘牛鼻子’。……既要讲两点论，又要讲重点论……眉毛胡子一把抓，是做不好工作的”。2014 年 2 月 7 日，习近平主席在索契接受俄罗斯电视台专访时指出，在中国当领导人，必须统筹兼顾、综合平衡，突出重点、带动全局，有时候要抓大放小，有时候又要以小带大，形象地说，就是要十个指头弹钢琴。这种既“牵住牛鼻子”又“十个指头弹钢琴”的形象比喻，把“两点论”与“重点论”的方法论思想发挥得淋漓尽致。

五、从以人民为中心的历史唯物主义高度推动社会发展

马克思主义唯物史观认为，生产力是社会历史发展的最终决定力量，人民群众是生产力中的主导因素，是社会历史的创造者。改革开放是中国亿万人民的事业，只有坚持以人为本，尊重人民的主体地位，发挥人民群众的首创精神，才能加快现代化进程，全面建成小康社会，实现中华民族伟大复兴的中国梦。习近平总书记系列重要讲话的字里行间，既坚持与继承了历史唯物主义关于人民群众是历史创造者的思想，又有其自身独特的“以人民为中心”的群众思想。习近平总书记“以人民为中心”的群众思想主要有这样几个方面：

一是尊重人民群众的主体地位和首创精神。习近平总书记强调，党和国家的一切执政活动、治理活动，都要尊重人民主体地位，尊重人民首创精神。要把政治智慧的增长、治国理政本领的增强扎根于人民的创造性实践之中。坚持党的群众路线，坚持人民主体地位，就要时刻把群众安危和冷暖放在心上，把群众工作做实、做深、做细、做透。人民群众是党的立根之本、力量之源，只有时刻把群众所关心的问题作为我们想问题、作决策、办事情的根本出发点和落脚点，多解决民生问题，使人民群众得到真正的实惠，党和人民的事业才能不断取得胜利。

二是主张拜人民为师、向人民学习。习近平总书记认为，中国梦归根到底是人民的梦，实现中国梦必须紧紧依靠人民，善于从人民群众的实践中汲取智慧和力量。在人民面前，我们永远是小学生，必须自觉拜人民为

师。在谈到文艺与人民的关系时,习近平总书记又强调“人民是文艺创作的源头活水……要虚心向人民学习、向生活学习,从人民的伟大实践和丰富多彩的生活中汲取营养”。只有坚持以人民为中心,才能够创造出无愧于历史与时代的优秀作品,促进文艺大发展。

三是以是否满足人民群众的根本利益为党的一切工作的标准。密切联系群众是党的三大优良作风之一。习近平总书记更加关注民生,把人民的幸福作为自己的价值追求和理想目标,指出:“我们党来自人民、服务人民,党的一切工作,必须以最广大人民根本利益为最高标准。”习近平总书记对人民根本利益的深切关注,是之前老一辈革命家所倡导的全心全意为人民服务根本宗旨在当代中国的生动诠释与延伸。

此外,全面从严治党、密切党群关系,也是习近平总书记以人民为中心的重要表现。前已述及,自党的十八大以来,以习近平同志为核心的党中央开始倡导全面从严治党,推出了一系列重要举措,如颁布“八项规定”、开展群众路线教育实践活动、反对形式主义官僚主义享乐主义和奢靡之风、进行“三严三实”专题教育活动,以及当前正在进行的“两学一做”学习教育等,这些活动“为民”思想浓厚,强调要与群众建立深厚的感情,深化了党员干部对马克思主义群众路线的认识和理解,改进了工作作风,广泛赢得了人民群众的信任和拥护,夯实了党的执政基础。

六、在强调历史与现实的统一中提高执政水平

历史唯物主义认为,社会历史的发展不以人的意志为转移。但历史能够透析现在、昭示未来,人们可以从历史中总结经验、认识规律,利用规律为人类造福。

中国共产党的历史中蕴含着许多在不同时期所形成的智慧结晶,对于研究新情况、解决新问题具有重要的借鉴意义和指导价值,对于我们肩负起实现中国梦的伟大使命具有重大的现实意义。没有对中国历史特别是中国近现代史和党史的深入研究,就不可能对中国特色社会主义发展规律有正确的认识。习近平总书记在系列重要讲话中十分重视向历史学习,指出:“历史是最好的教科书。学习党史、国史,是坚持和发展中国特色社会主义、把党和国家各项事业继续推向前进的必修课。”同时强调:“在革命、建设、改革各个历史时期,我们党运用历史唯物主义,系统、具体、历史地分析中国社会运动及其发展规律……推动党和人民事业取得了一个又一个胜利。”中国共产党在各个历史时期积累了许多有益经验,从历史中汲取智慧和营养,对正确认识党情、国情和开创未来十分必要。

唯物辩证法认为,联系是普遍存在的,世界上的一切事物都不能孤立地存在,都同周围的其他事物有某种联系或关系,历史、现实、未来之间的关系也是如此。习近平总书记不仅指出“历史是最好的教科书”,倡导向历史学习,而且还强调历史、现实、未来的有机统一性,认为“历史、现实、未来是相通的。历史是过去的现实,现实是未来的历史”。比如,在中国特色社会主义与科学社会主义的关系上,习近平总书记阐述了科学社会主义从无到有、从空想到科学、从理论到实践所经历的五百年的发展历程,认为科学社会主义是中国特色社会主义发展的历史基础,中

国特色社会主义汲取了科学社会主义思想宝库中的营养,是中国共产党人集体智慧的结晶。不断发展中国特色社会主义,是重温党史国史得出的必然结论。再比如,在看待改革开放前后两个不同历史时期的关系上,习近平总书记也强调二者的不可分割性与统一性,指出不能把前后两个三十年割裂或对立起来,要把二者作为一个前后联系的统一整体来看待,要将其置于整个中国特色社会主义发展的实践中去认识和理解。

习近平总书记系列重要讲话所蕴含的方法论思想,除了上述几个主要方面外,还包括“胆子大”与“步子稳”这一发挥主观能动性与尊重客观规律相结合的方法论思想。在全面深化改革进程中,他不断提出“胆子要大”、“敢于担当”、“敢于啃硬骨头”、“敢于涉险滩”等话语,但又告诫人们步子要稳、方向要准。习近平总书记深刻把握辩证唯物主义关于物质决定作用与意识反作用的辩证关系原理的精神实质,善于找出切合工作实际的方法论运用,其做法的确是当代中国践行马克思主义方法论的楷模,推动了马克思主义中国化、时代化、大众化的进程,开创了马克思主义及其方法论思想的新境界。

(作者:山东大学马克思主义学院教授)

党建"十论"及其内在逻辑与鲜明风格

——学习习近平总书记关于党的建设的新论述

商志晓

党的十八大以来,习近平总书记把握时代新要求和实践新发展,根据人民群众新期待,集中全党和全国人民智慧,围绕党和国家中心工作发表了一系列重要讲话,深刻回答了新的历史条件下一系列重大理论和现实问题,提出了许多富有创见的新思想、新观点、新论断、新要求。其中,关于党的建设的新论述和新认识,尤为丰富全面,尤为系统深刻。本文对习近平总书记关于党的建设的新论述和新认识进行认真梳理归纳,将之概括为十个方面,称为党建"十论"。透过党建"十论",可见习近平总书记从严治党、管党的鲜明风格及深刻意蕴。

一、党建"十论"的基本内容

所谓党建"十论",就是有关党的建设的十个方面的论题或观点。习近平总书记关于党的建设的新论述和新认识,在"十论"(引用了习近平总书记系列重要讲话)中得以完整体现和充分展示。

一论:党处于"关键"地位并负有重大历史责任。没有共产党,就没有新中国,就没有新中国的繁荣富强。坚持中国共产党这一坚强领导核心,是中华民族的命运所系。实现中华民族伟大复兴,关键在党。中国的事情要办好,首先中国共产党的事情要办好。党的形象和威望、党的创造力凝聚力战斗力不仅直接关系党的命运,而且直接关系国家的命运、人民的命运、民族的命运。中国共产党的领导是中国特色社会主义最本质的特征,中国共产党是中国特色社会主义事业的领导核心,必须加强和改善党的领导,充分发挥党总揽全局、协调各方的领导核心作用。在当前,我们党担负着团结带领人民全面建成小康社会、推进社会主义现代化、实现中华民族伟大复兴的重任。

二论:党面临严峻考验和许多新情况新问题。党面临的执政考验、改革开放考验、市场经济考验、外部环境考验具有长期性和复杂性,党面临的精神懈怠危险、能力不足危险、脱离群众危险、消极腐败危险具有尖锐性和严峻性,我们共产党人要有忧患意识,要有忧党、忧国、忧民意识,这是一种责任,更是一种担当。历史使命越光荣,奋斗目标越宏伟,执政环境越复杂,我们就越要增强忧患意识,越要从严治党,做到"为之于未有,治之于未乱",使我们党永远立于不败之地。在新形势下,我们党的自身建设面临一系列新情况新问题新挑战,新问题每时每刻都在出现,而且多数又是我们过去不熟悉或者不太熟悉的。全党同志特别是各级领导干部,都要有本领不够的危机感,都要努力增强本领,都要一刻不停地增强本领。

三论:落实党要管党、从严治党任务一刻

不能松懈。打铁还需自身硬。治国必先治党,治党务必从严。不管党、不抓党就有可能出问题甚至出大问题,结果不只是党的事业不能成功,还有亡党亡国的危险。当前,落实党要管党、从严治党的任务比以往任何时候都更为繁重、更为紧迫。从严治党,必须增强管党治党意识、落实管党治党责任。对我们这样一个拥有8800多万党员、在一个13亿多人口大国长期执政的党,管党治党一刻不能松懈。从严治党,必须增强管党治党意识、落实管党治党责任。我们取得的成绩越大,人民赞扬我们的声音越多,我们越要清醒认识党的历史和现实、优势和缺点、成绩和不足、矛盾和问题,坚持从严治党,切实把党管理好、建设好。

四论:补足理想信念“精神之钙”。坚定理想信念,坚守共产党人精神追求,始终是共产党人安身立命的根本。对马克思主义的信仰,对社会主义和共产主义的信念,是共产党人的政治灵魂,是共产党人经受住任何考验的精神支柱。理想信念就是共产党人精神上的“钙”,没有理想信念,理想信念不坚定,精神上就会“缺钙”,就会得“软骨病”。在现实生活中,一些党员、干部出这样那样的问题,说到底是信仰迷茫、精神迷失。革命理想高于天,理想指引人生方向,信念决定事业成败。共产党人必须加强思想政治建设,解决好世界观、人生观、价值观这个“总开关”问题。

五论:以好干部标准选好用好干部。党要管党,首先是管好干部;从严治党,关键是从严治吏。当干部就必须付出更多辛劳、接受更严格的约束。共产党员、领导干部要坚持全心全意为人民服务的根本宗旨,吃苦在前、享受在后,勤奋工作、廉洁奉公。一切迷惘迟疑的观点,一切及时行乐的思想,一切贪图私利的行为,一切无所作为的作风,都是与此格格不入的。好干部要做到信念坚定、为民服务、勤政务实、敢于担当、清正廉洁。成为好干部,就要不断改造主观世界、加强党性修养、加强品格陶冶,时刻用党章、用共产党员标准要求自己,时刻自重自省自警自励,老老实实做人,踏踏实实干事,清清白白为官。用一贤人则群贤毕至,见贤思齐就蔚然成风。选什么人就是风向标,我们要把选人用人作为关系党和人民事业的关键性、根本性问题来抓。

六论:以踏石留印、抓铁有痕的劲头抓作风建设。我们党作为马克思主义执政党,不但要有强大的真理力量,而且要有强大的人格力量;真理力量集中体现为我们党的正确理论,人格力量集中体现为我们党的优良作风。工作作风上的问题绝对不是小事,如果不坚决纠正不良风气,任其发展下去,就会像一座无形的墙把我们党和人民群众隔开,我们党就会失去根基、失去血脉、失去力量。“善禁者,先禁其身而后人”。作风问题的核心是党同人民群众的关系问题。“政之所兴在顺民心,政之所废在逆民心”。人心向背关系党的生死存亡。作风问题抓和不抓大不一样,小抓大抓也大不一样,只有动真格打硬仗,才能扫除顽瘴痼疾,取得人民满意的实效。解决作风问题是一项经常性工作,必须在抓常、抓细、抓长上下功夫。我们要对作风之弊、行为之垢来一次大排查、大检修、大扫除,解决形式主义、官僚主义、享乐主义和奢靡之风问题,做到为民务实清廉。抓作风建设,既要立足当前又要着眼长远,下功夫、用狠劲，持续努力、久久为功；既要着力治标又要注重治本，善始善终、善做善成，防止虎头蛇尾；要让全党全体人民来监督，让人民群众不断看到实实在在的成效和变化。

七论：把权力关进制度的笼子里。加强党的建设，必须营造一个良好的从政环境，也就是要有一个好的政治生态，建设廉洁政治。关键是要健全权力运行制约和监督体系，让人民监督权力，让权力在阳光下运行，把权力关进制度的笼子里。要从深化党的组织制度改革、干部人事制度改革、党的基层组织建设制度改革、人才发展体制机制改革等方面，建立起系统完备、科学规范、运行有效，更加成熟更加定型的党的建设制度体系。要更加科学有效地防治腐败，全面推进惩治和预防腐败体系建设，提高反腐败法律制度执行力，让法律制度刚性运行。

八论：以高压态势、零容忍态度惩治腐败。保持党的肌体健康，始终是我们党一贯坚持的鲜明政治立场。“物必先腐，而后虫生”。腐败问题越演越烈，最终必然会亡党亡国。我们要深刻认识反腐败斗争的长期性、复杂性、艰巨性，以猛药去疴、重典治乱的决心，以刮骨疗毒、壮士断腕的勇气，坚决把党风廉政建设和反腐败斗争进行到底。对一切违反党纪国法的行为，都必须严惩不贷，决不能手软。要坚持“老虎”“苍蝇”一起打，既坚决查处领导干部违纪违法案件，又切实解决发生在群众身边的不正之风和腐败问题。要加强党对党风廉政建设和反腐败工作的统一领导，明确党委负主体责任、纪委负监督责任，制定实施切实可行的责任追究制度。反腐倡廉必须常抓不懈，拒腐防变必须警钟长鸣。

九论：严明党的纪律、维护党的团结统一。我们党是靠革命理想和铁的纪律组织起来的马克思主义政党，纪律严明是党的光荣传统和独特优势。党面临的形势越复杂、肩负的任务越艰巨，就越要加强纪律建设，越要维护党的团结统一。严明党的纪律，首要的是严明政治纪律。要防止和克服地方和部门保护主义、本位主义，决不允许“上有政策、下有对策”，决不允许有令不行、有禁不止，决不允许在贯彻执行中央决策部署上打折扣、做选择、搞变通。要增强党内生活的政治性、原则性、战斗性，坚决反对党内生活中的自由主义、好人主义。遵守党的纪律是无条件的，要说到做到，有纪必执，有违必查，不能把纪律作为一个软约束或是束之高阁的一纸空文。批评和自我批评是清除党内政治灰尘和政治微生物的有力武器，必须以整风精神严格党内生活，着力提高领导班子发现和解决自身问题的能力。党性是党员干部立身、立业、立言、立德的基石，必须在严格的党内生活锻炼中不断增强。

十论：党员领导干部要严于律己、率先垂范。营造良好从政环境，要从各级领导干部首先是高级干部做起。领导干部要坚守正道、弘扬正气，坚持以信念、人格、实干立身；要襟怀坦白、光明磊落，对上对下讲真话、实话；要坚持原则、恪守规矩，严格按党纪国法办事；要严肃纲纪、疾恶如仇，对一切不正之风敢于亮剑；要艰苦奋斗、清正廉洁，正确行使权力，在各种诱惑面前经得起考验。各级领导干部特别是高级干部要自觉遵守廉政准则，决不允许以权谋私，决不允许搞特权，做到位高不擅权、权重不谋私。领导干部要心往一处想、劲往一处使，大事讲原则、小事讲风格。要牢记“空谈误国、实干兴邦”,立足本职、埋头苦干,从自身做起,从点滴做起。要求别人做到的自己首先做到,要求别人不做的自己绝对不做。

二、党建“十论”的内在逻辑

习近平总书记所阐述的党建“十论”,立足于我们党在党的建设方面取得的实践经验和认识成果,从世情、国情、党情出发,深刻阐明了新形势下我们党肩负的历史责任、面对的挑战困难、当前努力的方向和搞好自身建设的基本要求,立意高远,视域开阔,指向明晰。党建“十论”不是老话重复,而是在继承和坚持的基础上有新的发挥与发展;不是泛泛而谈,而是着眼于把党建设好并具有针对性的综合设计。党建“十论”包含着一系列管党治党的新思维、新观念,展现出一系列管党治党的新思路、新智慧,是一个系统完整的思想体系,具有缜密严谨的内在逻辑。

其一,“十论”的分解与归纳,契合习近平总书记的党建思想,既非大而化之,亦不细微琐碎。

怎样把握习近平总书记关于党的建设的一系列新论述和新认识,是我们在学习习近平总书记系列重要讲话过程中必然要思考的问题。对此,人们从自己的理解和不同角度会有各自的归纳与概括。比如,按照中央宣传部组织编写的《习近平总书记系列重要讲话读本》,我们可以从“管党治党一刻不能松懈”“补足共产党员精神上的‘钙’”“培养和选拔党和人民需要的好干部”“以踏石留印、抓铁有痕的劲头抓作风建设”“坚持以零容忍态度惩治腐败”“用铁的纪律维护党的团结统一”六个方面来把握;也可以此为基础,进一步细致划分出十几条或二十几条等,这都并无不可。而不管是概述为几个方面或者更多的条款,根本前提是必须合乎习近平总书记系列重要讲话精神,必须能够系统完整地反映出系列重要讲话的面貌。本文以“十论”来分解与归纳,正是在遵循习近平总书记党建思想的基础上,注意兼顾了“粗线条”与“细罗列”两种做法的优长,注意防止大块切割与面面俱到的不足,以适当、适中而又相对合适、合理的方式,将习近平总书记党建思想既系统完整又条目清晰地呈现出来。

当然,即便这样,仍有许多可商榷之处,如从减少项目角度看,一论与二论、五论与十论是否可以合并;从增加条款方面说,是否应把“严格遵守党章”“通过学习提高工作本领”单列,是否突出“党的教育实践活动的成功经验”“新形势下坚持从严治党的基本要求”等内容,是否体现执政党的战略任务,如“继续写好中国特色社会主义这篇大文章”“带领全国各族人民实现中华民族伟大复兴中国梦”“勇敢担负起全面深化改革的领导责任”“切实加强党对经济工作的领导”等方面,都是可以考虑的,也都是有其合理性的。这同时也要求我们,对丰富厚重的习近平总书记党建思想进行提炼,既不能过于简约化、简单化,又不可一味增设条目使之过于膨胀与庞杂。目前,暂以“十论”来把握,总体上还是必要的,也是比较恰当的。

其二,党建“十论”既呈现观点,又注重揭示其相互关系,遵循着党的建设的内在规律与逻辑。

如果只是把习近平总书记关于党的建设的一系列新论述和新认识,归纳概括为几个方面或十多项条目罗列出来,固然很必要,但是还很不够。对这样一个客观存在着的认识对象(即便是观念客体),我们要完整理解、科学把握、深入思考,绝不只是予以简单文字再现和理顺归类就能够做到的,而必须在系统掌握基本观点的基础上,理清其相互关系,揭示其蕴含的内在逻辑。这涉及要素与系统、部分与整体的辩证统一。毛泽东在研究战争时,对此有过深刻论述。他说:"……局部性的东西是隶属于全局性的东西的……然而全局性的东西,不能脱离局部而独立,全局是由它的一切局部构成的。"党建"十论"就是要素与系统、局部与整体的有机结合。

我们党在长期推进党的建设实践中,对党的建设的总体布局和科学体系有了准确把握,已形成系统化的理论认识。党的十八大确立了党的执政能力建设、先进性和纯洁性建设的主线地位,明晰了全面加强党的思想建设、组织建设、作风建设、反腐倡廉建设、制度建设的总体布局。习近平总书记关于党的建设的一系列新论述和新认识,既是对党的建设的总体布局和科学体系的展开,又是在内容和观点上的进一步丰富和深化。我们既要把它纳入已有的总体布局和科学体系中去把握和认识,又要在总体布局和科学体系视域下去发现和揭示其内在联系和基本结构。也就是说,党建"十论"既有"点"(观点),又有"面"(整体),是"点"与"面"的结合;各"论"之间是相通的、互联的、密切统一的,并非是单一的、孤立的、互不相干的。

从相互联系和整体系统的意义上看,党建"十论"中的四论、五论(包括十论)、六论、七论、八论分别对应了党的思想建设、组织建设、作风建设、制度建设、反腐倡廉建设,九论强调了党的纪律建设,它们既各自突出并深化了党的建设总体布局中某一方面的建设内容,又统集汇拢到党的建设总体布局这个整体系统中。而一论、二论、三论则分别突出了党的建设的地位意义、重要性紧迫性、原则方针等,连同其他七论,同力共向、合作共为,构成一个系统完整、有机联结的思想架构。可以说,党建"十论"遵循着党的建设的内在规律与逻辑,紧紧围绕党的执政能力建设、先进性和纯洁性建设主线,紧密结合当前形势要求与人民群众对党的建设的热切期待,完整而不是局部的、系统而不是孤立的、辩证而不是机械地将新时期党的建设的目标、任务、对策、途径等清晰明确地揭示和呈现出来,有力地指导着党的建设的实践发展和突破性推进。

其三,党建"十论"是一个整体,同时具有开放性,需要把立足当前与着眼发展有机结合起来。

源于习近平总书记系列重要讲话精神,源于新形势下党的建设的创新发展,党建"十论"紧密结合当前实际,是党的十八大以来党的建设现实发展的认识提炼和思维呈现,具有鲜明的现实性特征。党建"十论"的现实性,一是在于它总结实践经验,并在总结实践经验过程中使我们的认识和思维得以升华提高,既从现实中来又高于实际进程和具体事务,既密切结合党建实践又超越党建实践中的感悟感性;二是在于它检验自身并获得了客观实践的充分证明和坚固支撑,它自身的正确与科学不只是由自身逻辑来说明,更主要的是在现实过程和客观实践中得到了成果、效能的验证,在人民群众那里得到了积极回应、高度认可和充分肯定;三是在于它既立足现实,同时又面向未来,对当前以至今后的实践推进和发展具有指导意义，能够发挥引领方向、动员号召、校正偏误的重要作用。

党建“十论”的现实性特征，本身就包含着开放性意蕴，与开放性紧密相连。党建“十论”的开放性，一方面表现为它对党建未来实践发展的指导与引领，表现为它在肯定现实的同时又努力去超越现实，在借鉴当前经验的同时又不满足于当前已经获得的东西；另一方面从我们党的事业发展看，党建“十论”只是一定阶段上我们党对党的建设的经验总结、认识归纳和思维提炼，它本身是变动不居的，始终是朝向未来的。也就是说，党建“十论”不是凝固的，而是不断丰富完善的；今天的党建“十论”只是暂时的，是在不断推进的党建思想发展链条中的“过程存在”或“瞬间存在”。党的十八大以来，以习近平为总书记的中央领导集体管党治党、治国理政也是起步不久，尽管这两年多成就斐然，但相对于此后更长久的时间，毕竟还是短暂的；而愈是开局壮观夺目，愈是预示着今后会有更大的发展与成就。习近平总书记关于党的建设的新论述和新认识，是开放的，是不断充实和积累着的，在推动党的事业发展及推进党的建设实践的过程中，必然会获得更多的理论借鉴、更大的思想启迪、更为丰厚的思维养料。

科学把握党建“十论”的现实性与开放性，要求我们必须把立足当前与着眼发展有机结合起来。所谓立足当前，就是要看到党建“十论”具有深厚的现实基础，我们要立足当前来理解和运用；所谓着眼发展，就是要看到党建“十论”朝向未来的高远境界、指导实践的巨大功能、不断丰富提升的基本趋向，我们要以发展的思维与态度来认识把握、尊重维护、贯彻落实。

三、党建“十论”的鲜明风格

习近平总书记的党建“十论”，坚持马克思主义基本立场观点方法，继承我们党在长期革命、建设、改革实践中积累形成的党的建设理论，是与毛泽东思想、邓小平理论、“三个代表”重要思想、科学发展观中党的建设思想一脉相承的崭新认识成果。在党建“十论”中，既有此前我们党的领导集体涉及并论述过的内容，习近平总书记结合新的形势和任务予以进一步展开充实，赋予其显著的现实要求和时代标志；又有此前没有涉及或较少涉及而当前已经突出地摆在我们面前、需要高度重视并认真解决的问题，习近平总书记和新一届中央领导集体勇于担当、积极作为，在明晰怎么看、明确怎么办、指导怎么干中推进了我们党的思想理论建设。可以说，党建“十论”联结历史与现实、贯通认识与实践、统筹管党治党与治国理政，体现出十分鲜明的特点与风格。

其一，坚持党要管党、从严治党。在对党要管党、从严治党的认识上，我们党始终是清醒的、明确的。而在具体实施和贯彻落实上，则因不同时期及其环境、形势、任务的差别，呈现出不尽相同的模式、特点，包括工作力度及实践成效的区别。也不可否认，在个别时段和某些情况下，我们党疏于自身管理与整治，没有做好或没有达到从严治党，给予我们许多警示和教训。正是在继承发扬党要管党、从严治党的传统并深刻总结经验、汲取教训的基础上，习近平总书记和新一届中央领导集体自上任之始，就特别强调党要管党、从严治党问题，强调办好中国的事情，关键在党。在全国组织工作会议上,习近平总书记指出:“党要管党,才能管好党,从严治党,才能治好党。”在党的群众路线教育实践活动总结大会上,习近平总书记从八个方面论述了新形势下坚持从严治党问题,并强调指出:“历史使命越光荣,奋斗目标越宏伟,执政环境越复杂,我们就越要增强忧患意识,越要从严治党,做到‘为之于未有,治之于未乱’,使我们党永远立于不败之地。”“从严治党必须具体地而不是抽象地、认真地而不是敷衍地落实到位。”据统计,习近平总书记在上任两年多的时间里,在党的建设问题上,讲得最多的、最着重强调的、表述最鲜明最坚决的,就是“党要管党、从严治党”问题。

党建“十论”把坚持党要管党、从严治党问题强调出来,贯彻于党的建设的各个方面,以保持党同人民群众的血肉联系为重点加强作风建设,以完善惩治和预防腐败体系为重点加强反腐倡廉建设,确保党始终保持先进性和纯洁性。这契合了党加强自身建设的需要和人民群众的期待,也是现实所需、形势所迫。在世情、国情、党情发生深刻变化的新形势下,党必须直面“四大考验”,防范“四大危机”,努力提高领导水平和执政水平、提高拒腐防变和抵御风险能力,确保党在世界形势深刻变化的历史进程中始终走在时代前列,在应对国内外各种风险和考验的历史进程中始终成为全国人民的主心骨,在发展中国特色社会主义的历史进程中始终成为坚强的领导核心。

其二,重在实际成效、实践突破。党建“十论”虽着眼于党的建设本质和规律的把握,是思想范畴内的认识成果,但却并非纯粹观念自身演绎的抽象结论,不是理性思维逻辑推论的机械判断。党建“十论”因来源于客观现实,立足于实践基础,必然不会把认识停留在思维王国中孤芳自赏,不会局限于观念领域而把自己束之高阁;恰恰相反,它不仅不会远离现实实践,而是把触角进一步深入实践之中,把检验判定自身力量的裁量权交予现实实践,交予实际进展,交予党的建设取得的实际成效,交予人民群众对执政党作为的客观评判。这意味着,党建“十论”要超越认识界限,关注实践进程,发挥指导作用,力求在现实中得到实现。

习近平总书记在阐发关于党的建设的一系列新论述和新认识时,往往把贯彻落实和取得成效放在重中之重的地位上来对待、来考虑。他讲党要管党、从严治党,更重要的是强调把这一根本原则落实到行动中,通过具体措施和有效途径得以实现;他提出一系列创新观点,更重要的是要求思想与现实接轨、认识与实践连接,使倡导与号召不是只停留在文字和话语中,而是努力体现在行动中、体现在党的建设实践中。正是在这样一种“重在实际成效、重在实践突破”的原则指导下,党建“十论”发挥了重大指导作用,我们党在加大自身建设力度过程中努力推进实践创新,在实践中实现了一系列重大突破。比如,我们党创新教育实践活动方式方法,在践行群众路线方面就取得了效果显著、为人称道的新突破。在全党深入开展的群众路线教育实践活动,以为民务实清廉为主要内容,反对形式主义、官僚主义、享乐主义、奢靡之风,让每一位领导干部“照镜子、正衣冠、洗洗澡、治治病”,着力解决人民群众反映强烈的突出问题,赢得了人民群众的信任和拥护。整个活动进展有序、扎实深入,达到了预期目的,取得了重大成果。正如习近平总书记所讲的那样:“这次活动使党在群众中的威信和形象进一步树立,党心民心进一步凝聚,形成了推动改革发展的强大正能量。”“这次活动为我们进行具有许多新的历史特点的伟大斗争作了思想上组织上作风上的重要准备,其重大意义必将随着时间的推移不断显现出来。”

其三,紧扣执政使命、战略全局。党建“十论”不只是关注党的自身建设,更关注党的执政使命;不只是关注执政党和党的执政,更关注党所执政的国家的发展与人民的幸福。这里涉及的一个基本问题是,我们努力搞好党的建设,目的是不是仅在于把党建设好,把党建设好了又是为了什么。说到底,搞好党的建设是为了国家富强、民族振兴、人民幸福。因为我们是执政党,执政党就肩负着这样的重大使命和历史责任,只有把党建设好了,党坚强有力了,人民群众信赖并支持我们了,执政党的作用才能够充分发挥,才能够带领亿万人民去完成执政使命,从而给国家、民族、人民带来福祉。从这个角度说,党建“十论”既着眼于党的自身建设,同时也着眼于党的执政追求、党的领导地位、党的核心作用,着眼于党如何推进中国特色社会主义伟大事业不断发展;党建“十论”立足于新形势下党的建设伟大工程与中国特色社会主义伟大事业的相互促进、辩证统一,从人民愿望与期待、国家繁荣与和谐、民族团结与进步的需要出发,触及并论述了执政党应当担负的一系列事关全局、事关长远的战略任务。如继续写好中国特色社会主义这篇大文章、带领全国各族人民全面深化改革、加快建设社会主义法治国家、积极培育和践行社会主义核心价值观、努力实现中华民族伟大复兴中国梦等。

党建“十论”与这一系列战略任务紧密联系,不可分割,有的战略任务本身就是党建“十论”中的内容,有的则是党建“十论”涉及或内含于其中的。如此来看,党建“十论”就被赋予了向内和向外两种基本功能:向内的功能,是党怎样把自身建设好、把自己的事情办好;向外的功能,是解决好为什么把党建设好、建设好了用来干什么的问题,亦即发挥好执政党的领导核心作用。而不管是向内或向外,党建“十论”都是立足于党的建设大局,立足于党实现科学执政、民主执政、依法执政。面对“两个一百年”的奋斗目标,面对中华民族伟大复兴中国梦的实现,面对党的执政使命和艰巨任务,处于执政地位的中国共产党必须切实抓好自身建设,以为人称道的作风,以过硬的本领和水平,团结并带领全国各族人民共同奋斗;必须把党的建设伟大工程与中国特色社会主义伟大事业统筹谋划,合力推进,努力实现党的事业和国家的事业共同发展,真正把我们党建设成为一个亿万人民尊重与拥护、具有号召力影响力凝聚力战斗力的马克思主义执政党,把我们国家建设成为一个富强民主文明和谐的社会主义现代化强国。

(作者:山东师范大学党委书记、教授)

“两学一做”:把全面从严治党向纵深推进的战略举措

杨根乔

今年,党中央决定在全体党员中开展“学党章党规、学系列讲话,做合格党员”学习教育,这是协调推进“四个全面”战略布局特别是推动全面从严治党向基层延伸的战略部署,也是继党的群众路线教育实践活动与“三严三实”专题教育之后,推动学习教育和从严治党从“关键少数”向全体党员拓展、从集中性教育活动向经常性教育延伸,真正把全面从严治党向纵深推进、落实到基层的战略举措,是以习近平同志为核心的党中央承接不忘初心的历史血脉,坚持党要管党、全面从严治党,开启党的建设新征程、实现再出发的重大战略思考。前不久召开的党的十八届六中全会,又对新形势下加强党的建设作出新的重大部署,着力深化全面从严治党,已成为当前紧要而迫切的战略任务。

一、推进全面从严治党的战略部署

习近平同志强调:“部署‘两学一做’学习教育,就是要推动党内教育从‘关键少数’向广大党员拓展,从集中性教育向经常性教育延伸,坚定广大党员的马克思主义立场,保证全党始终在思想上政治上行动上同党中央保持高度一致,使我们党始终成为有理想、有信念的马克思主义政党。”这就把“两学一做”学习教育提到事关党的形象威信、事关党的事业兴衰、事关党的执政基础的高度来认识,是把全面从严治党向纵深推进、真正落实到基层的一项重大战略部署。

(一)深入总结全面从严治党历史经验作出的战略决策

习近平总书记在庆祝中国共产党成立95周年大会上的讲话中告诫全党同志“一定要不忘初心、继续前进”,“走得再远、走到再光辉的未来,也不能忘记走过的过去,不能忘记为什么出发”。这里,不忘初心,就是要学习尊崇党章党规,时刻不忘自己党员的身份,时刻不忘入党时许下的誓言。中国共产党历来高度重视党章党规与马克思主义理论的学习教育,始终把它作为党的建设的一项根本性工作来抓。自党成立开始就将马克思列宁主义作为自己的指导思想,党成立95年来先后制定通过了一部党纲和17部党章,以其统一全党的意志和行动。民主革命时期,延安整风所指定的22个文件中,就有要求党员和干部刻苦学习的马克思列宁主义文献与刘少奇《论共产党员的修养》、陈云论《怎样做一个共产党员》的文件,强调学习要做到“眼到”、“心到”、“手到”和“口到”。同时,党中央还对学习贯彻七大党章作出精心部署和安排,在全党形成了学习党章、遵守党章的热潮。通过学习教育,党在思想上和组织上达到了高度的统一,从而为夺取革命胜利奠定了坚实基础。新中国成立前夕,毛泽东就告诫全党要警惕资产阶级“糖衣炮弹”的进攻,做到“两个务必”。中国共产党成为执政党后,为巩固新生政权,从1950年下半年开始,党中央开展了为期四年的整党整风运动,对广大党员开展了在执政条件下做一名合格共产党员的教育。1956年9月,党的八大就执政条件下如何从思想政治上从严管党治党提出了新要求。改革开放以来,从20世纪80年代初进行全面整党,到90年代开展“三讲教育”,新世纪开展的保持共产党员先进性教育实践活动,再到党的十八大后开展的党的群众路线教育实践活动和“三严三实”专题教育,我们可以看出,注重从思想上政治上从严管党治党“是我们党的一贯要求和优良传统”。当前,在全体党员中开展“两学一做”学习教育,正是我们党在深入总结全面从严治党历史经验基础上作出的战略决策。

(二)理性应对全面从严治党内外环境深刻变化进行的战略选择

从世情看,世界由单极向多极发展的趋势未变,和平与发展仍是时代主题,合作与共赢仍是基本路径,然而我们应看到,世界秩序和全球治理进入深度调整期,各种不确定性因素和风险增加。最突出的是美国在全球的经济主导地位和对边缘地带的控制能力相对下降,中国的国际地位日益上升。中国的崛起不仅对美国的世界霸主地位构成挑战,而且引发了中国周边国家和国际社会的一系列反应,有的联手对我国进行牵制和打压。这意味着,我们国家的发展、我们党的建设面临着前所未有的多重严峻挑战。从国情看,我国正处于社会转型期、利益调整期、矛盾凸显期、经济换挡期,人民群众热切期待、全面建成小康社会的时间要求和执政党郑重兑现承诺的期限,使得全面从严治党、增强党的先进性、纯洁性,充分发挥党的领导核心作用,变得比以往任何时期更为紧迫,更为重要。从党情看,从党所处的地位、党所面临的国内外环境和党的队伍的状况看,党的建设进入全面从严治党新阶段。党的十八大以来,以习近平同志为核心的党中央高度重视党的建设,把全面从严治党纳入“四个全面”战略布局,制定和落实中央八项规定,开展党的群众路线教育实践活动和“三严三实”专题教育,举措有力,成效显著。但是也应看到,在新的形势下,党的建设形势依然严峻,党面临着“四大考验”与“四大危险”;一些党组织、干部队伍和党员队伍在思想上、政治上、组织上、纪律上、作风上仍然存在一些不容忽视的问题,应该特别引起重视的主要是理想信念滑坡、纪律规矩意识淡薄和组织功能弱化问题。这些都需要通过开展“两学一做”学习教育,着力增强全体党员干部政治意识、大局意识、核心意识、看齐意识,要在党言党、护党、爱党,切实做到为党分忧、为国尽责、为民奉献,形成一种能够克服一切艰难险阻的磅礴力量。

(三)不断筑牢全面从严治党“细胞工程”提出的战略需求

党员是党的肌体的细胞,从严治党务必筑牢党的这一细胞工程。2013年6月28日习近平总书记在全国组织工作会议上强调:“党员是党的肌体的细胞。党的先进性和纯洁性要靠千千万万党员的先进性和纯洁性来体现,党的执政使命要靠千千万万党员卓有成效的工作来完成,党要管党、从严治党必须落实到党员队伍的管理中去。”中国共产党成立95周年,建立新中国并执政67年,经历了革命、建设和改革,从领导人民为夺取全国政权而奋斗的党,成为领导人民掌握全国政权并长期执政的党。新形势下党的建设特别是党员、干部队伍建设也出现了许多亟待解决的突出问题:如理想信念模糊动摇,对共产主义缺乏信仰,对中国特色社会主义缺乏信心;党的意识淡化,看齐意识不强,不守政治纪律政治规矩;宗旨观念淡薄,利己主义严重;精神不振,工作消极懈怠;道德行为不端,贪图享受、奢侈浪费等。这些问题影响着党员队伍的生机活力,影响着党在人民群众中的形象和威信,削弱了党的创造力、凝聚力、战斗力,必须切实加以解决。只有面向全体党员开展“两学一做”学习教育,实现党内教育由少数性向全员性转变、由集中性向经常性转变、由被动性向示范性转变,把每个党员这个基础细胞都有效地激活,让每个党员从骨子里、血液中尊崇党章、遵守党规,不忘初心,守住共产党人为人做事的基准和底线,达到合格目标,真正做讲政治、有信念,讲规矩、有纪律,讲道德、有品行,讲奉献、有作为的合格党员,才能极大地增强凝聚力和战斗力,打牢党长期执政的根基。

二、体现全面从严治党的战略内涵

习近平同志强调,“‘两学一做’学习教育是加强党的思想政治建设的一项重大部署,是协调推进‘四个全面’战略布局特别是推动全面从严治党向基层延伸的有力抓手。”这就对“两学一做”学习教育的价值、要求、任务与目标给予了精准的定位,对于协调推进“四个全面”战略布局,特别是推动全面从严治党向纵深精细化推进,具有重大而深远的战略意义,我们必须认真学习、深刻领会贯穿其中的战略涵义。

(一)“两学一做”学习教育主要内容体现了全面从严治党的战略要求

“两学一做”即是“学党章党规,学系列讲话,做合格党员。”学党章党规,主旨在于明“规”立柱。学习党章党规,重在明确基本标准、树立行为规范。党章党规不但是党在理论上和政治上的基石,也是党在组织上和制度上的基石。抓住了学习贯彻党章党规这个根本,就抓住了全面从严治党的根本,就抓住了加强党员队伍建设的根本。学系列讲话,主旨在于明“理”铸魂。学习习近平总书记系列重要讲话,重在加强理论武装、统一思想行动。指导思想就是党的灵魂,党的十八大以来,习近平同志在治党、治国、治军、内政、外交、改革等方面发表了一系列重要讲话,形成一系列治国理政新理念新思想新战略,进一步丰富和发展了党的科学理论,为我们在新的历史起点上实现新的奋斗目标提供了基本遵循。在“两学一做”学习教育中,广大党员全面地而不是片面地、系统地而不是割裂地、具体地而不是抽象地学习系列讲话,实际上就是抓住了全面从严治党的灵魂,即用科学理论武装头脑,统一全党的思想。做合格党员,主旨在于明“做”求果。学是基础,做是关键;学是起点,做是落点;学是手段,做是目的;根本在于边学边做、学用结合,关键在于知行合一、经世致用。做合格共产党员,最根本的是增强政治意识、大局意识、核心意识、看齐意识。对于新形势下合格党员的标准,党中央从讲政治、有信念,讲规矩、有纪律,讲道德、有品行,讲奉献、有作为的角度,作了鲜明概括。这与好干部“二十字标准”、“三严三实”、“四个铁一般”、忠诚干净担当等全面从严治党的要求,是相互贯通、内在统一的。

(二)“两学一做”学习教育总体要求体现了全面从严治党的战略安排

“两学一做”是用实实在在的行动践行全面从严治党的战略安排。从抓新党员发展看,依据“控制总量、优化结构、提高质量、发挥作用”的总要求,严把党员入口关。从抓党内党员教育管理看,更加注重常态化学习、经常性教育,更加注重向全体党员延伸,消除影子党员和口袋党员,确保每一个党支部阵地全覆盖,每一个党员思想全达标,每一个党组织作用全发挥。从抓学习教育针对性看,进一步突出问题导向,“学”要带着问题学,“做”要针对问题改,着力解决一些党员理想信念模糊动摇、党的意识淡化、宗旨观念淡薄、精神不振、道德行为不端的问题,从而切实保持党的先进性和纯洁性,确保党的战斗力和凝聚力,始终成为带领全国各族人民共建全面小康、脱贫攻坚的领导力量。从抓学习教育的落实看,要求落实到每个支部、每名党员,不留死角,不搞“特区”,打通全面从严治党的“最后一公里”,使之落地生根,在扎根基层中结出硕果。

(三)“两学一做”学习教育根本目的体现了全面从严治党的战略目标

“两学一做”学习的目的是为了深入学习贯彻习近平总书记系列重要讲话精神,推动全面从严治党向基层延伸;巩固拓展党的群众路线教育实践活动和“三严三实”专题教育成果;进一步解决党员队伍在思想、组织、作风、纪律等方面存在的问题;保持发展党的先进性和纯洁性。这与全面从严治党的战略目标是完全一致的。习近平同志要求,深入把握从严治党规律,深入基层、深入实际,深入研究管党治党实践,使全面从严治党的一切努力都集中到增强党自我净化、自我完善、自我革新、自我提高能力上来,集中到提高党的领导能力和执政能力、保持和发展党的先进性和纯洁性上来,把党锻造成为中国特色社会主义事业的坚强领导核心。在“七一”重要讲话中习近平同志再次强调,全党要以自我革命的政治勇气,着力解决党自身存在的突出问题,不断增强党自我净化、自我完善、自我革新、自我提高能力,经受“四大考验”、克服“四种危险”,确保党始终成为中国特色社会主义事业的坚强领导核心。

三、拓展全面从严治党成果的战略路径

习近平同志强调:从严治党,既要靠教育也要靠制度。“两学一做”学习教育坚持正面教育为主,用科学理论武装头脑;坚持学用结合,知行合一;坚持问题导向,注重实效;坚持领导带头,以上率下;坚持从实际出发,分类指导,拓展了全面从严治党既靠教育,也靠制度的实践路径,体现了思想建党和制度治党紧密结合、刚柔相济的时代特色。

(一)“两学一做”学习教育把增强“四个意识”作为检验党员干部政治品格是否高尚的“试金石”,使全面从严治党在如何提高党员干部政治素养上有了更加明确的努力方向

当前,随着“两学一做”学习教育的开展,有的党员干部认为“两学一做”学习教育主要解决党内存在的一些突出问题,产生了短期行为、喘气歇脚、与己无关的思想;有的党员干部甚至认为“两学一做”学习教育只是一次活动和阶段性任务,应付一下就可以走过场,没有做好长期开展这项工作的思想准备。这些思想认识都是非常错误的。其

实,"两学一做"学习教育要解决的党员干部队伍存在的突出问题或多或少地在每个党员身上都存在,与己高度相关,必须深入学、认真做;党中央之所以没把"两学一做"学习教育定名为活动,就是因为要将"两学一做"学习教育长期开展下去,做到持之以恒、久久为功。要通过学习教育,强化政治意识,坚定理想信念,坚定对马克思主义的信仰,始终坚持正确的政治方向,在思想上、政治上、行动上同党中央保持高度一致;强化大局意识,善于从全局高度、用长远眼光观察形势、分析问题,自觉地在顾全大局的前提下做好本职工作;强化核心意识,就是要坚决维护中国共产党这个中国特色社会主义事业的领导核心,维护党中央作为全党的领导决策核心;维护以习近平同志为核心的党中央;强化看齐意识,就是经常、主动向党中央看齐,向党的理论和路线方针政策看齐,向党中央决策部署看齐,切实做到党中央提倡的坚决响应、党中央决定的坚决执行、党中央禁止的坚决不做。

(二)"两学一做"学习教育把"四讲四有"作为衡量党员干部行为举止合格与否的"总标尺",使全面从严治党在如何规范党员干部行为准则上有了更加严格的评价标准

目前,在一些党员干部中出现了学用分离的错误思想认识,有的党员干部认为"两学"只要学好党章党规、学好系列讲话就行,至于做合格党员是软任务,无须较真,敷衍一下就可以。实际上,深入开展"两学一做"学习教育,学是基础,做是关键。它明确要求广大党员干部必须坚持以知促行、知行合一,努力做"讲政治、有信念,讲规矩、有纪律,讲道德、有品行,讲奉献、有作为"的合格党员。"四讲四有"是新时期合格党员标准的高度概括和时代凝练,具有鲜明的实践特征。"两学一做"学习教育抓住"做"这个关键,以"四讲四有"为标准衡量"做"的要求、检验"做"的成效,真正把信仰的力量转化为行动的力量。首先,要把"四讲四有"内化为精神追求。"讲政治、有信念,讲规矩、有纪律,讲道德、有品行,讲奉献、有作为,"强调的是政治合格、守纪合格、品德合格、履责合格,使党员能够在党爱党、在党言党、在党忧党、在党为党。其次,要把"四讲四有"外化为自觉行动。一名真正的共产党员,要在平常时候能看得出来,关键时刻能上得去,危急关头能豁得出去,就必须坚定理想信念,对党忠诚,做党性坚定的模范;增强党的意识,遵守党的规矩,做遵纪守规的模范;坚持修身立德,确保廉洁自律,做品行端正的模范;树立争先意识,立足本职岗位,做干事创业的模范。再者,要把"四讲四有"固化为制度规范。"四讲四有"与好干部"二十字标准"、"三严三实"、"四个铁一般"、忠诚干净担当等要求是内在统一的,是新形势下合格党员标准的具体化。各级党组织要把"四讲四有"作为组织管理的原则和标准,融入党员培养发展、教育管理和干部考核评价、选拔使用等制度建设中去,发挥制度的规范作用和导向作用,使"四讲四有"成为引领党员干部行为的旗帜标杆。每一名党员干部都要以此来约束规范自己,经常对照这一标准来衡量、检视和提升自己,切实做到思想政治合格、执行纪律合格、道德品行合格、发挥作用合格。

(三)"两学一做"学习教育把解决"四不为"问题作为问责党员干部有无担当精神的"组合拳",使全面从严治党在如何严实党员干部作风上有了更加鲜明的正确导向

解决党员干部“不愿为、不敢为、不会为、不作为”的问题,是学习教育的重要任务。深入开展“两学一做”学习教育,必须突出问题意识与现实针对性,着力抓好以下工作。一要树立正确用人导向,提升“想为”之境界,解决“不愿为”问题。结合开展学习教育,贯彻习近平总书记关于好干部的“二十字标准”、“四有”、“五个必须”要求,形成按“三严三实”、“四讲四有”要求修身做人、用权律己的用人导向;严格落实领导干部能上能下若干规定,探索解决为官不为、为官乱为、为官不廉等问题的具体办法,保证能者上、庸者下、劣者汰。二要探索建立敢作敢为的保障机制,展示“敢为”之担当,解决“不敢为”的问题。对于敢于担当的党员干部要保护、表扬和使用,为敢于担当的党员干部撑腰、为勇于改革的党员干部鼓劲;建立允许失误、宽容失败的容错机制,把为推动改革发展的无意过失与谋取私利的故意行为区分开来,引导广大党员干部尽心谋事、尽力干事、尽责成事。三要加强学习教育,提高“善为”之能力,解决“不会为”的问题。以解决思想问题为根本,以强化党性教育为引导,按党章的要求来对照,用“三严三实”的标准来衡量,进一步确立正确的党员干部价值体系和行政伦理,确保广大党员干部对党和人民忠诚、对党的事业尽责,提升党员干部善谋良策、善抓落实和善带队伍的能力,以及党员干部能为会为的积极性、主动性和创造性。四要严格管理监督,弘扬“勤为”之作风,解决“不作为”的问题。建立完善一套行之有效的符合全面深化改革与新发展理念要求的党员干部绩效考核评价体系,探索实施党员干部业绩全程纪实具体办法,让考核真正考准、考实、考出优劣;以党纪政规刚性约束惩治不作为现象,并建立常态化机制,让做好了是本分、做不好是失职、该做不做要追责成为干事创业的常态,真正使党员干部做到提振精神不懈怠,勇于担当不推责,求真务实不虚浮。

(作者:安徽省社会科学院马克思主义研究所所长)

以“两学一做”践行规矩 净化党内政治生态

赵宬斐

近来，中共中央发布了《关于在全体党员中开展“学党章党规、学系列讲话，做合格党员”学习教育方案》。开展“两学一做”是中国共产党加强自身建设、贯彻从严治党、践行党内政治规矩的重要要求。把“两学一做”落实到讲纪律守规矩上，特别重视把党章和党规作为广大党员干部严格遵守的最基本行为准则。任何一名党员干部，要认真通过“两学一做”的学习教育，搞清楚什么是党内政治规矩，怎样遵守和践行规矩，知道哪些是不可逾越的“底线”，自觉按党章办事，自觉遵守党规，自觉践行“三严三实”要求。我们党是一个具有严明组织纪律的政党，是以人民群众根本利益为价值取向的政党，如果不守规矩则废、则乱，甚至丧失合法性。中国共产党之所以能够长期保持和巩固执政地位、保持生机活力，主要是靠立规矩、守规矩以及按规矩施政。

一、“规矩”：“两学一做”中的鲜明主线

开展“学党章党规、学系列讲话，做合格党员”的一项重要内容就是充分认识什么是规矩、如何讲规矩、怎样守规矩。“两学一做”中的鲜明主线就是全面贯彻学习好、践行好党内规矩。习总书记在十八届中央纪委会五次会议上对党内政治规矩曾进行过系统的论述。他说：“我们党的党内规矩是党的各级组织和全体党员必须遵守的行为规范和规则，党的规矩总的包括四个方面：其一，党章是全党必须遵循的总章程，也是总规矩；其二，党的纪律是刚性约束，政治纪律更是全党在政治方向、政治立场、政治言论、政治行动方面必须遵守的刚性约束；其三，国家法律是党员、干部必须遵守的规矩，法律是党领导人民制定的，全党必须模范执行；其四，党在长期实践中形成的优良传统和工作惯例。”。

习总书记谈到的党内政治规矩，不是简单指向具体的规矩，也不是某一条规定，而是涵盖了党章、党纪、国法，以及我党在长期革命斗争与建设过程中形成的优良传统与惯例。党内规矩是对全体党员及其干部各个方面的全方位要求，其中党章是中国共产党根本的政治规矩。因此，在“两学一做”中，最为首要的学习就是党章；其次是学习系列讲话，这是当代中国共产党领导集体紧密结合新形势、新情况，积极探索治党治国理政的主要经验与成果。“两学”重在让全体党员及其干部懂规矩，讲规矩；“一做”则重在让全体党员及其干部守规矩，将“两学”落实在自身行动上。因此，在“两学一做”中，把践行党内规矩作为新时期加强党的建设与党员干部教育的一个重要举措。通过“两学一做”，广大党员干部要深刻领会党内规矩的丰富内涵与重大意义，积极涵养现代党性品格，做一个合格的党员。

二、党内政治文化:讲规矩的母体

党内政治规矩内涵丰富,涉及范围较宽,其表现在诸多方面,党内政治文化则是规矩的母体。规矩是靠文化滋养的,有什么样的文化就可能孕育出什么样的规矩。有学者指出:“党的指导思想、宗旨目标、价值取向、执政理念、纲领章程、思想路线、方针政策、规章制度、自身建设、群众观点等的产生和形成、理论和实践、发展和完善、内化和外显、升华和结晶就是党内文化。”党内文化涉及党内哲学意识、政治、经济、文化等各个方面。由于政党是一个政治共同体与政治组织,因而,政党的文化更多展示出的是政治德性、政治价值与政治伦理。为什么党内文化与党内规矩具有内在深刻的关联性呢?党内文化是党内规矩产生的源泉,而党内政治规矩是党内政治文化的外在表现形式。美国政治学者阿尔蒙德指出:“政治文化是指每一种政治制度得以存在的价值依托,是一个民族在特定时期流行的一套政治态度、信仰和感情”。那么,对于一个政党来说,特别是作为执政党,党内政治文化就一定是政党发展的“生命线”与灵魂。

中国共产党的党内政治文化可以从以下几个方面给予概括:一是从政治精神层面来看,主要包括共产党员的基本政治理念、政治价值观与政治素养;二是从政治制度层面来看,主要包括中国共产党领导的多党合作制度、人民代表制度、党内系列法规制度;三是从政治行为层面来看,主要包括党的各级组织的政治行为能力、党员干部的政治生活作风及其政治方式等。党内政治文化对整个社会文化以及国家政治文化起着示范性、领导性与引导性功能,这就决定了党内政治规矩在整个政治生态中占据“政治主导性”;中国共产党民主集中制原则及其严格的党纪决定了党内政治规矩的“高权威性”。党内政治文化是由党内每一个个体共同创造和遵守,同时又对其潜移默化地熏陶,这就决定了党内规矩的“全体性和强制性”。从上述对党内政治文化的分析,习近平对党内规矩的概括都包含在我们党内政治文化中。当前,中国共产党突出推进廉政文化建设,主要在于提高党从政用权的心理认知,完善监督制度,从而进一步提升广大党员干部的守规矩、讲政治意识。

三、遵守党内政治纪律:讲规矩的前提

“两学一做”中首要的一条学习,即学党章党规。中共中央在提出“两学一做”的同时也鲜明地指出,一定要认真学习《中国共产党廉洁自律准则》和《中国共产党纪律处分条例》两项党规党纪。因此,我们讲党内规矩的首要前提就是遵守党纪。

俗话说,无规矩不成方圆,任何组织、群体和个人都需要规章制度加以适度规约,否则就会陷入一种混乱状态。作为一个执政党,严明的党纪国法是其得以生存的有力保障。党内政治纪律包含于党内的政治规矩之中,主要是党内政治规矩中的一些正式规定与条文。纪律是我们党执政之保障,习近平指出:“纪律是成文的规矩,一些未明文列入纪律的规矩是不成文的纪律;纪律是刚性的规矩,一些未明文列入纪律的规矩是自我约束的纪律。党内很多规矩是我们党在长期实践中形成的优良传统和工作惯例,经过实践

检验，约定俗成、行之有效，反映了我们党对一些问题的深刻思考和科学总结，需要全党长期坚持并自觉遵循。”与党内纪律相比较，党内政治规矩所涉及的范畴与内容更多更广，但是党内纪律却是党内规矩中最为核心、最为关键的规矩，党内纪律统帅整个党内政治规矩。如果党内纪律遭受践踏，我们党执政的根基与执政能力必然受到严重影响，这关系到我们党执政合法性问题。习近平指出：“严明党的纪律，首要的就是严明政治纪律。党的纪律是多方面的，但政治纪律是最重要、最根本、最关键的纪律，遵守党的政治纪律是遵守党的全部纪律的重要基础。政治纪律是各级党组织和全体党员在政治方向、政治立场、政治言论、政治行为方面必须遵守的规矩，是维护党的团结统一的根本保证。”党的政治纪律目标性十分明确，即要求各级党员干部始终坚持党的领导，在政治方向上始终做到方向明确与立场坚定、言论正确并高度与党中央一致。“遵守党的政治纪律，最核心的，就是坚持党的领导，坚持党的基本理论、基本路线、基本纲领、基本经验、基本要求，同党中央高度一致，自觉维护中央权威。”这也是党内最根本的政治规矩。对于广大党员来说，党的纪律还具有全体性的特质，党内任何人都不得例外。正如习近平所论述的：“要严格党的纪律，坚持党纪面前党员人人平等，对党内一切消极腐败现象认真查处、严肃执纪，不允许有不受纪律约束的特殊党员存在。为什么我们定了纪委书记、副书记提名和考察要以上级纪委会同组织部门为主？就是要做实纪委的监督权力，有了权力就要履责。任何一名党员，不论职务高低、资历深浅、成就大小，都必须自觉遵守党内政治生活准则，各级党员领导干部要率先垂范。”

四、党内组织：讲规矩的程序保障

党内组织是我党按照一定程序制定、遵守与活动的系列条款与程序。组织制度决定着党的具体存在和具体活动方式，规矩是组织运转的保障。我们党作为一个执政党，前提是一个组织。组织存在和发展的前提是有规矩、守规矩。习近平反复强调“规矩”，其实是在进一步突出我们党组织在新时期的作用与功能。我们党的组织性主要表现在如下几个方面：

1. **程序原则**。我们党已经过95年的风雨历程，其各方面的发展已趋向成熟，组织程序、具体工作程序也已固定下来。但是，当前仍存在一些党员干部在工作中越规办事、无视程序。对此，习近平批评道：“现在许多干部没有程序意识，‘迈过锅台上炕’，或者是做先斩后奏的‘事后诸葛亮’。”我们党是我们各项事业的领导核心，他进一步具体指出：“各方面党组织应该对党委负责、向党委报告工作。有的同志习惯把分管工作当成自己的禁脔，觉得既然分管就没有必要报告了，也不希望其他人来过问，有的甚至不愿意党委过问，不然就是党政不分了。这种想法是不正确的。党委是起领导核心作用的，各方面都应该自觉向党委报告重大工作和重大情况，在党委统一领导下尽心尽力做好自身职责范围内的工作。报告一下是有好处的，集思广益，群策群力，事情能办得更好。各地区各部门党委（党组）要加强向党中央报告工作，这也是一个规矩。”

2. **服从原则**。在党的组织体系中，要坚持“四个服从原则”，即个人服从组织、少数服从多数、下级服从上级、全党服从中央。这四个服从具有内在的逻辑统一性和互相关联性，构成了统一、有机的整体。前三个服从的落脚点是全党服从中央，其基础在于少数服从多数。这是马克思主义政党始终明确要坚持的党内生活根本准则。“四个服从”是我党在革命斗争与建设过程中对党内政治生活与组织秩序的精要概括。早在1956年，党的八大通过的党章对民主集中制有专门规定："党的各级组织实行集体领导和个人分工负责相结合的原则，任何重大问题都由集体决定，同时使个人充分发挥作用"，突出地强调了党的组织集体领导的重要性。党的十一届五中全会通过的《关于党内政治生活的若干准则》进一步对集体领导和个人分工制给予详细解释，指出在党内生活方面人人平等，任何人都不能超越党内规矩，要坚决服从党的组织制度安排和党纪国法的要求。2015年1月13日，在十八届中央纪委第五次全会习近平明确指出“严明政治纪律和政治规矩”，提出“五个必须、五个决不允许”的郑重要求。在当今风云变幻的国际国内环境下，我们党所肩负的神圣使命与伟大责任更加艰巨，不仅需要以完整、严密的组织系统作为基本的支撑，还必须以严明的纪律与规矩给予有力的制约。

3. **党性原则**。在党的组织文化理念中，党性原则是党内政治规矩重要的潜在因子，是党员干部认同组织凝聚力的依据与根源。对此，习近平指出："加强组织纪律性必须增强党性。党性说到底就是立场问题。我们共产党人特别是领导干部都应该心胸开阔、志存高远、始终心系党、心系人民、心系国家，自觉坚持党性原则。"党的各级领导干部和党员同志，要时刻保持鲜明的政治立场，坚持党性原则，忠诚于党组织，对党组织，真诚的信赖、支持、依靠与服从，自觉接受党组织的工作安排，坚决守规矩，不搞山头主义、不搞小圈子、不搞小集团，始终如一做一个光明磊落的党员。

五、党内民主集中制：讲规矩的根基

民主是现代政党制度政治文明的一个标志。中国共产党的十六大报告首次明确强调“党内民主是党的生命”。这个表述同时也体现在党的十七大和十八大报告中，不仅凸显了党内民主的价值和地位，同时也彰显出我党发展党内民主的坚定决心。党内民主的最集中体现就是党内集中制。习近平在十八届中纪委三次会议上指出“民主集中制，党内组织生活制度等党的组织制度都非常重要，必须严格执行。各级领导班子和领导干部都要严格执行请示报告制度。要切实加强组织管理，引导党员、干部正确对待组织的问题，言行一致、表里如一，讲真话，讲实话，讲心里话，接受党组织教育和监督。要切实执行组织纪律，不能搞特殊、有例外，各级党组织要敢抓敢管，使纪律真正成为带电的高压线。"我们党作为执政党，在党内实行民主集中制。这种制度是党内政治规矩的一个重要基础。坚持民主集中制与倡导党内政治规矩与政治纪律具有内在的一致性。发展党内民主使我们党更具活力；强调党内集中使我们党更具力量。2013年中央发布《中央党内法规制定工作五年规划纲要(2013～2017年)》强调："抓紧建立健全民主集中制的具体制度，着力构建党内民主制度体系，切实推动民主集中制具体化、程序化,真正把民主集中制重大原则落到实处。”为了更好发挥党内民主,就必须科学地优化党的集中领导,实行在广泛的党内民主基础上的集中领导,而不是简单的集领导权力于一身。党的十八届三中全会上作出成立全面深化改革领导小组的决定,就表明我党加强和提升顶层设计,在推进党内民主的同时,突出党中央集中统一领导的重要性。

六、党员干部的执行力:讲规矩的落脚点

“两学一做”中,如何把“学”与“做”密切结合好,关键在于党员干部的执行力。“执行力”一般理解为执行者贯彻与执行战略意图、完成预定目标的能力,是把战略和规划转化成为一种效果的行为。随着全球治理时代的到来,“执行力”概念越来越被赋予一些新的内涵与意义,且迅速从政治、经济、文化和社会等领域得以广泛拓展。对于党员干部来说,执行力就是严格遵守党纪党规与国法,忠实有效地贯彻和执行党的各项大政方针政策的态度与能力。缺乏执行力或执行力不够,一个政党、一个组织、一个团队以及每一个个体都无法有效地把好的政策执行下去,更谈不上创新。马克思在《哥达纲领批判》中曾说:“一步实际行动比一打纲领更重要”。美国学者艾利森也曾指出:“在实现政策目标的实际过程当中,90%的功能取决于有效的执行,只有10%的功能取决于方案。”这充分说明了执行的重要。在当前的“两学一做”中,党员干部的执行力主要从“一个根本点,四个突破点”反映出来。“一个根本点”,即看齐意识,这是全体党员干部做事的根本原则,是其作为一名合格党员的政治方向,坚定向党中央看齐,坚决维护党中央的权威。习近平曾言,“要把牢政治方向,强化组织意识,时刻想到自己是党的人,时刻不忘自己对党应尽的义务和责任,相信组织、依靠组织、服从组织,自觉维护党的团结统一。”强化领导干部的执行力主要从以下四点做起:

1. **责任意识**。具备了党员身份,就意味着一份沉甸甸的党员责任。高度的责任心是强化执行力的保障。我们党是为人民服务的执政党,因此,对人民负责、对党组织负责,是提高党员干部执政力的首要突破点。习近平对新时期“四有”领导干部提出明确的要求,他强调,“做县委书记就要做焦裕禄式的县委书记,始终做到心中有党、心中有民、心中有责、心中有戒。”心中既有责,行中须担当。习近平指出:“干部就要有担当,有多大担当才能干多大事业,尽多大责任。对广大党员干部而言,不能只想当官不想干事,只想揽权不想担责,只想出彩不想出力”。又特别强调:“为官一任、造福一方。不能干一年、两年、三年还是涛声依旧,每年都是重复昨天的故事。对定下来的工作部署,要一抓到底、善始善终。要有‘功成不必在我’的境界,像接力赛一样,一棒一棒接着干下去。”

2. **学习意识**。时代的迅速发展,使我们党迎来了众多机遇的同时,也面临众多挑战。这就给全体党员干部提出了更高的要求,党员干部只有坚持不断地努力学习,学习党的新理论新政策,学习国外积极的管理经验,学习新技术新手段。正如习近平所言,“在农耕时代,一个人读几年书,就可以用一辈子;工业经济时代,一个人读十几年书,才够用一辈子;到了知识经济时代,只有经常不断地抓

紧学习、坚持不懈地终身学习,才能够用一辈子。”他在2015年再次强调学习的重要性,因为“中国共产党依靠学习走到今天,也必然要依靠学习走向未来。我们的干部要上进,我们的党要上进,我们的国家要上进,我们的民族要上进,就必须大兴学习之风,坚持学习、学习、再学习,坚持实践、实践、再实践”。

3. **创新意识**。经济与社会日新月异的发展,只有创新并且不断地创新,我们党才能立足于当今时代的前沿。因此,提高执行力的关键在于创新。我们党先锋队的性质决定了我们党必须走创新之路,党的先进性,不是一个口号,不是一个结果,更不是一个静态概念,而是具体的、向上的、动态的一系列行动过程。这样的先进性是应对当今复杂多变的新形势的有力武器,党的先进性直接决定了全体党员干部创新的必要性,广大党员干部在思想理论和具体实践上努力克服安于现状的平庸思想,不断积极发挥自己的聪明才智,培育自身的创新意识,增强创新精神,提高创新能力。从而在全社会范围内作出先进表率,促进创新型国家的建立。

4. **监督意识**。对党员干部的监督,是增强其执行力的重要保障。权力易腐,但监督是权力最好的防腐剂。这种监督是针对党内的全体党员和干部,“各级党组织和领导干部要切实履行执纪职责,拒绝说情风、关系网、利益链。采取管用的措施提高组织管理的有效性,使危机问题能及时发现、及时查处。”从严治党必须先从严治吏,对党员干部的严格管理,将从严监督常态化。监督与第一个突破点“责任”是密不可分的,监督的实质是责任的落实,正如习近平所论述的,“落实党委的主体责任和纪委的监督责任,强化责任追究。反腐败体制机制改革,一个很重要的方面是理清责任、落实责任。不讲责任,不追究责任,再好的制度也会成为纸老虎、稻草人。”在加强党员干部“两学一做”的同时,还要高度警惕执行过程中可能存在的消极方面。例如,对大政方针机械教条地执行;对民情民生问题虚假敷衍地执行;对社会出现的矛盾纠纷,简单粗暴地执行。如果不及时克服这些问题,必将大大削弱我党的执政能力。

我们党内政治文化是党内政治规矩的灵魂与源泉;党内政治纪律是党内规矩的首要的、关键的规矩;党内组织的程序性与党性要素则是对党的领导干部与党员的组织生活要求;党内民主集中制则是党内政治规矩的制度要求;党员干部的执行力则是党内政治规矩的落脚点。党内规矩就是党法。当前形势下,全体党员干部必须在“两学一做”中积极传承中国民族优秀的规矩意识传统,严格践行党内政治规矩,完善民主与法规,加强监督与组织救济,使党内呈现清正严明的政治生态景观,形成弘扬正气的大气候。

(作者:杭州师范大学政治与社会学院教授)

第六部分

毛泽东思想研究

学习研究毛泽东思想　为实现新的历史任务而斗争

张全景

习近平总书记在纪念毛泽东同志诞辰120周年座谈会上的讲话中指出,“毛泽东同志是伟大的马克思主义者,伟大的无产阶级革命家、战略家、理论家,是马克思主义中国化的伟大开拓者,是近代以来中国伟大的爱国者和民族英雄,是党的第一代中央领导集体的核心,是领导中国人民彻底改变自己命运和国家面貌的一代伟人。”今天,我们要进行具有许多新的历史特点的伟大斗争,必须坚持毛泽东思想的指导,学习毛泽东的思想方法、工作方法和领导方法。

一、实现新的历史任务,进行新的伟大斗争,必须坚持马克思主义的理论指导

马克思列宁主义是我们立党立国的指导思想。这是中国人民经过长期艰难探索而作出的正确抉择。毛泽东说过:从1840年的鸦片战争到1919年五四运动的前夜,共计70多年中,中国人没有什么思想武器可以抵御帝国主义。中国人被迫从帝国主义的老家即西方资产阶级革命时代的武器库中学来了进化论、天赋人权论和资产阶级共和国等项思想武器和政治方案,组织过政党,举行过革命,以为可以外御列强,内建民国。但是这些东西也和封建主义的思想武器一样,软弱得很,又是抵不住,败下阵来,宣告破产了。

十月革命一声炮响,给我们送来了马克思列宁主义。中国工人阶级的先锋队在十月革命以后学了马克思列宁主义,成立了中国共产党。正如习近平总书记指出的那样:“马克思列宁主义,为中国人民点亮了前进的灯塔;1921年中国共产党的成立,使中国人民有了前进的主心骨。”经过28年艰苦曲折的斗争,我们党带领中国人民建立了新中国,马克思列宁主义也成为我们党的指导思想。毛泽东在中华人民共和国第一届全国人民代表大会第一次会议上的开幕词中,向全世界庄严宣告:“指导我们思想的理论基础是马克思列宁主义。我们有充分的信心,克服一切艰难困苦,将我国建设成为一个伟大的社会主义共和国。”马克思列宁主义永远是引领我们不断前进并取得胜利的伟大旗帜。

在新的历史时期,实现新的历史任务,进行新的伟大斗争,必须坚持马克思主义的立场、观点和方法。马克思主义的立场、观点和方法,实际上就是阶级立场、阶级观点和阶级分析的方法。《毛泽东选集》第一卷第一篇就是《中国社会各阶级的分析》,写得多么深刻、多么透彻啊!如何运用马克思主义的阶级分析的方法,毛泽东是我们的光辉典范。今天,我们也十分迫切需要有这样一篇文章,分析当前我国社会的阶层状况、主要矛盾和历史任务,指导我们开展新的伟大斗争。对于共产党来说,不讲马克思主义的阶级立场、

阶级观点、阶级分析，就不是共产党了。特别是在国际上还存在社会主义和资本主义两种制度的今天，讲阶级分析是最大的实事求是。这也是敌对势力一听阶级分析、阶级斗争就火冒三丈，恨得要死、怕得要命的关键所在。

在新的历史时期，实现新的历史任务，进行新的伟大斗争，必须坚持共产主义远大理想。不忘初心，继续前进。毛泽东在中国共产党第七次全国代表大会上的口头政治报告中指出："共产主义的纲领就是消灭私有制，消灭阶级"；有人说，"你们的纲领实在好，如果你们不叫共产党，我就加入"；"很多美国人也要我们改名称，我们若是改了名称，他们就喜欢了。他们喜欢我们改成国民党，大概世界上最好的名称莫过于国民党了"。说白了，共产党不讲共产主义了，那些反动派才放心。党的十八大以来，习近平总书记反复强调共产党员和党的各级领导干部必须坚定共产主义远大理想，具有十分强烈的现实针对性。我们一定要记住，中国人民和世界人民是向往共产主义的。这是历史发展的大趋势。

在新的历史时期，实现新的伟大任务，进行新的伟大斗争，必须坚持推进马克思主义中国化。毛泽东在读《政治经济学教科书》时的谈话中说过："马克思这些老祖宗的书，必须读，他们的基本原理必须遵守，这是第一。但是，任何国家的共产党，任何国家的思想界，都要创造新的理论，写出新的著作，产生自己的理论家，来为当前的政治服务，单靠老祖宗是不行的。"当然，马克思主义基本原理必须坚持。如果连马克思主义基本原理都否定了，还谈得上什么运用和发展马克思主义？还如何推进马克思主义中国化？还如何进行具有许多新的历史特点的伟大斗争？马克思主义不是教条，是行动的指南，必须与实际紧密结合，研究新情况，解决新问题。

二、实现新的历史任务，进行新的伟大斗争，必须把握中华民族和世界进步潮流

今年是十月革命胜利100周年。1917年列宁领导的俄国十月社会主义革命的胜利，标志着世界发展进入一个新的时代。毛泽东指出，"第一次帝国主义世界大战和第一次胜利的社会主义十月革命，改变了整个世界历史的方向，划分了整个世界历史的时代。"1920年，上海的党组织起草了《中国共产党宣言》，提出："共产主义者的目的是要按照共产主义者的理想，创造一个新的社会。……共产党将要引导革命的无产阶级去向资本家争斗，并要从资本家手里获得政权——这政权是维持资本家的国家的；并要将这政权放在工人和农人的手里，正如一九一七年俄国共产党所做的一样。"这说明，中国早期觉悟了的共产主义者，已经敏锐地意识到世界潮流发生的根本变化，并坚定地选择了共产主义这条新道路。

20世纪中叶，随着苏联社会主义建设的不断深入，随着帝国主义势力的逐渐衰退，随着中国共产党领导的中国革命的节节胜利，世界格局发生了根本性的变化。这种变化使得"西方资产阶级的文明，资产阶级的民主主义，资产阶级共和国的方案，在中国人民的心目中，一齐破了产。资产阶级的民主主义让位给工人阶级领导的人民民主主义，资产阶级共和国让位给人民共和国。这样就造成了一种可能性：经过人民共和国到达社会主

义和共产主义，到达阶级的消灭和世界的大同”。中国新民主主义革命胜利以后，中国共产党领导中国人民选择的是社会主义制度，而不是资本主义制度，这是符合中华民族和世界的进步潮流的。但是，社会主义革命和社会主义建设取得胜利后，仍然存在资本主义复辟的危险，苏联和东欧一批社会主义国家改变颜色，就证明了这一点。

当前，国际力量对比发生深刻变化，新兴市场国家和一大批发展中国家快速发展，国际影响力不断增强。这是近代以来国际力量对比中最具革命性的变化。同时，由于国际金融危机对世界经济的冲击，使得资本主义国家对社会主义国家的渗透更加猖狂、更加多样化，国际局势变得更加错综复杂。但是，我们要始终坚信，社会主义事业是工人阶级和世界各国人民的共同事业，是世界进步潮流，是实现中华民族伟大复兴中国梦的必由之路。我们必须坚持中国特色社会主义道路自信、理论自信、制度自信、文化自信。这样，进行具有许多新的历史特点的伟大斗争，就有了正确方向和充足底气。

三、实现新的历史任务，进行新的伟大斗争，必须坚持全心全意为人民服务

全心全意为人民服务是中国共产党的根本宗旨，是毛泽东思想的核心和本质。毛泽东和中国共产党在领导中国革命和建设的历史进程中，始终坚持人民的主体地位，坚持党的群众观点、群众路线。毛泽东在党的七大政治报告中指出：“人民，只有人民，才是创造世界历史的动力。”他始终把和最广大人民群众取得最密切的联系，作为共产党人区别于其他任何政党的显著标志和优良作风。

1945 年 7 月，毛泽东在延安回答黄炎培提出的如何跳出“其兴也勃焉”“其亡也忽焉”的历史周期律的问题时，自信地说：“我们已经找到新路，我们能跳出这周期律。这条新路，就是民主。只有让人民来监督政府，政府才不敢松懈。只有人人起来负责，才不会人亡政息。”

周恩来在《学习毛泽东》一文中指出，“毛主席坚持原则之中有两点值得我们学习：一、坚持方向；二、实现方向。方向的实现，只有一个人懂或者少数人赞成是不成的，要在群众中实现。要实现原则，就要使它具体化，使它能得到多数人的同意，多数人都来执行。坚持真理是会遇到困难的。毛主席不仅指出了原则，而且还制定具体的政策、策略来实现这个原则，每个历史时期的政策都是适合这个时期的。”“毛主席在坚持真理、实现真理中还有一个经验，就是他所提出的原则总是照顾大多数，为着大多数人民的利益。”

毛泽东思考任何问题的出发点和归宿都是以大多数人民的利益为准则。他不仅考虑人民的根本利益，而且还考虑到柴米油盐等细枝末节。他不愧为中国共产党的伟大领袖。

对于马克思主义执政党来说，坚持全心全意为人民服务始终是一个根本性的问题。苏联共产党的《联共（布）党史简明教程》的结束语中，曾经引用古希腊英雄安泰的故事——安泰力大无比，但是这力量来源于他的母亲大地之神盖伊。安泰是在空中被对手杀死的，因为他的双脚脱离了大地，也就无法补充和吸取能量了。如果把共产党比作安泰，人民群众就是大地母亲。不坚持人民主

体地位,不全心全意为人民服务,共产党就会失去人民群众的拥护和支持,就会一事无成。回顾苏联共产党的历史,真是一语成谶!

因此,我们要进行具有许多新的历史特点的伟大斗争,就必须坚持全心全意为人民服务的根本宗旨。只有这样,我们才能赢得最广大人民群众的支持和拥护,才能始终立于不败之地。

四、实现新的历史任务,进行新的伟大斗争,必须坚持中国共产党的领导

中国共产党的领导是中国特色社会主义最本质的特征。毛泽东在新中国社会主义建设伊始就说过:“中国共产党是全中国人民的领导核心。没有这样一个核心,社会主义事业就不能胜利。”这是被历史证明了的颠扑不破的真理。我们要坚定不移地改革开放,进行新的伟大斗争,实现新的伟大任务,必须按照党的十八届六中全会精神要求,全面加强党的建设,特别是加强干部队伍建设,抓好关键少数。

“纵观千古存亡局,尽在朝中任佞贤。”这是多么深刻的道理和活生生的现实啊!实现中华民族伟大复兴,进行具有许多新的历史特点的伟大斗争,关键在党。我们必须增强党要管党、从严治党的自觉,提高党的执政能力和领导水平,增强党自我净化、自我完善、自我革新、自我提高的能力。实践证明,以习近平同志为核心的党中央是有这个能力的,一定能够使我们党成为中国特色社会主义事业的坚强领导核心!

(作者:中共中央组织部原部长)

文章千古事　得失寸心知

——怎样看新中国成立后毛泽东对自己著述的评价？

陈　晋

新中国成立后，毛泽东主持编辑四卷《毛泽东选集》（以下简称《毛选》），还不时回顾过去的著述，谈论新近的文章，且多有评点。这既是梳理自己过去的思想心路，也难免拨响波澜壮阔的历史心曲，还涌动着回应现实需求的政治心潮。其间有多少回声，多少感慨，多少沉思，多少遗憾？其中滋味，正可谓是“文章千古事，得失寸心知”。

“是血的著作”

1964年，有人向毛泽东说到读《毛选》的事，毛泽东的回应别出一格：“《毛选》，什么是我的？这是血的著作。《毛选》里的这些东西，是群众教给我们的，是付出了流血牺牲的代价的。”

所谓“血的著作”，指《毛选》是斗争的产物，由问题“倒逼”出来，写文章是为记叙中国革命浴血奋斗的曲折过程，总结党和人民群众创造的经验，《毛选》的理论观点是付出巨大牺牲换来的。

这个基本定位，不是偶然之思，为毛泽东反复谈及。“我们有了经验，才能写出一些文章。比如我的那些文章，不经过北伐战争、土地革命战争和抗日战争，是不可能写出来的，因为没有经验。”中国革命“经历过好几次失败，几起几落。我写的文章就是反映这几十年斗争的过程，是人民革命斗争的产物，不是凭自己的脑子空想出来的”，“栽了跟头，遭到失败，受过压迫，这才懂得并能够写出些东西来”。

这些坦率的评判，表明毛泽东不愿把自己的著述等同于一般学者在书斋里写出的文字。理论源于实践，文章合为时而著，本就是写作规律。对这个规律，毛泽东不是泛泛而谈，还具体地列举了一些篇章内容。比如，他说，“解决土地问题，调查农村阶级情况和国家情况，提出完整的土地纲领，对我来说，前后经过十年时间，最后是在战争中、在农民中学会的。”“有了大革命失败的经验，十年内战根据地缩小的经验，才有可能写《新民主主义论》，不然不可能；才有可能写出几本军事著作（按：指《中国革命战争的战略问题》《抗日游击战争的战略问题》《论持久战》《战争与战略问题》）。”

因为是“血的著作”，总结了中国革命的实际经验，毛泽东对他的一些重要观点也就格外珍惜。1954年3月，英国共产党总书记波立特给中共中央来信，提出要在英译本《毛选》中删去《战争和战略问题》一文的头两段内容，理由是其中“革命的中心任务和最高形式是武装夺取政权，是战争解决问题”的论断，“并不适用于英国”，而且“会给我们在美国的同志招致很多困难”。毛泽东没有同意，让人在回复中表示，“该文件中所说到的原则，是马列主义的普遍真理，并不因为国际形势的变化，而须要作什么修正”，如果不合适英美读者，该文“可不包括在选集内”。也就是说，论述武装夺取政权的文章，宁肯不收入在西方发行的《毛选》，他也不愿删改。为什么？这个论断是从大革命失败后血的教训中得出来的，如果为了逢迎域外读者而让步删节，反倒显得对中国革命经验的总结不那么自信了。

对“血的著作”，毛泽东一向自信。1949年12月访问苏联时，他请斯大林派一位苏联理论家帮自己看看过去发表的文章，能否编辑成集。斯大林当即决定派哲学家尤金来中国做此事。后来毛泽东当面对尤金说：“为什么当时我请斯大林派一个学者来看我的文章？是不是我那样没有信心？连文章都要请你们来看？”“不是的，是请你们来中国看看，看看中国是真的马克思主义，还是半真半假的马克思主义。”

“是些历史事实的记录”

据逄先知回忆，毛泽东1960年春在广州通读《毛选》第四卷稿子时，特别兴奋。“读到《抗日战争胜利后的时局和我们的方针》《关于重庆谈判》等文章时，他不时地发出爽朗的笑声。”阅读旧著，回想当年金戈铁马、气吞万里如虎的魄力，运筹帷幄、决策千里之外的智慧，怎能不平添豪气，快意迭现。“这个第四卷我有兴趣。那个时候的方针是‘针锋相对，寸土必争’，不如此，不足以对付蒋介石。”此后，他还进一步说到，“《毛选》第四卷就是记录三年解放战争的事”，从中“可以看到蒋介石是怎样向我们发动进攻的，开始我们是怎样丢失很多地方的，然后怎样发动反攻打败他们的。可以看出我们党的一些倾向，一些错误思想，我们是怎样纠正的，才使革命得到了胜利。”当年的决策玄机，战争的推进波澜，历史的本来模样，仿佛定格在了自己留下的文献之中。

不光是《毛选》第四卷，写于革命年代的所有著述，都被毛泽东视为历史的记录。他多次同外宾讲，“《语录》和《选集》是写的一些中国的历史知识。我们的经验有限，只能供各国参考。”“我没有什么著作，只是些历史事实的记录。”虽是谦虚之辞，视旧著为“历史资料”“历史事实的记录”，倒也揭示了其著述与中国革命历史进程的紧密关联。

旧著虽是“历史事实的记录”，但其中一些重要观点对现实的指导意义毋庸置疑。毛泽东1951年着手编辑《毛选》时，专门到石家庄住了两个月突击，他说要抓紧时间编选，“现在中国需要”。60年代以后，他的看法似有变化，屡屡用“历史资料”来淡化其著述的现实作用，还说今天阅读只能“参考参考”。为什么会出现这个变化？主要是觉得，现实任务已发生重大变化，探索社会主义建设道路也已进行了十来年时间，需要总结新的经验，写出新的理论著述。1964年，有人提出要出版《毛选》第二版，毛泽东说：“现在学这些东西，我很惭愧，那些都是古董了，应当把现在新的东西写进去。”“老古董”的分量既已摆在那里，要紧的是写出“新东西”，这是典型的政治理论家与时俱进的心态。

“此文过去没有发表，现在也不宜发表”

编辑《毛选》，毛泽东的原则是精益求精。为避免不必要的现实困扰，他舍弃了一些个性鲜明、很富情感色彩的文章。写于1941年9月前后，长达5万多字的《关于一九三一年九月至一九三五年一月期间中央路线的批判》，便属此类。

这篇长文着力批判中共六届四中全会后中央发出的《关于争取革命在一省与数省首先胜利的决议》《在争取中国革命在一省与数省的首先胜利中中国共产党内机会主义的动摇》等9个文件。这9个文件比较集中地体现了土地革命时期的"左"倾路线及其政策。毛泽东此文的写法，很像是读这9个文件的笔记，直截了当地层层批驳，不仅点了当时好几位中央政治局委员的名字，而且用词辛辣、尖刻，挖苦嘲笑之语随处可见，写作时确实怀抱激愤之情。虽几次打磨，咄咄逼人的语气和文风，终究难以消除。当时没有发表，只给刘少奇、任弼时两人私下看过。在延安整风时如果发表，肯定不利于团结犯错误的同志。思考者可以个性化，文章家可以情绪化，政治家虽说不乏个性和情绪，行事却需控制，更不能"化"。毛泽东此后20多年再也没有提到过这篇文章，看起来真的是当作记录一段心曲的"历史资料"，永远地搁置起来了。

不知为什么，1964年春天他忽然把这篇文章批给刘少奇、周恩来、邓小平、彭真、康生、陈云、吴冷西、陈毅等人阅看，还说："请提意见，准备修改。"1965年1月，又批给谢富治、李井泉、陶铸阅看，还讲："此文过去没有发表，现在也不宜发表，将来(几十年后)是否发表，由将来的同志们去作决定。"

既然没有确定公开发表，为什么还要翻拣出来示人，准备花功夫重新修改呢？想来，在毛泽东心目中，此文未必纯属"历史资料"，其中或许藏伏着立足现实需要让他格外珍惜的东西。的确，这篇长文反映了党的一段历史，一段犯"左"倾错误因而遭受重大失败的历史。毛泽东倾注那样大的心血，摆出那么多鲜活生动的事例，放纵那样锋芒毕露的犀利文风，来总结这段历史的经验教训，怎么能让它永远尘封？他相信对后人是有启发作用的。再则，时过境迁，那些曾经在30年代犯过错误的同志看了此文，也不至于出现"怒发冲冠"的情绪反弹了。

1965年5月，毛泽东在长沙动手修改这篇文章，把标题改为《驳第三次"左"倾路线(关于一九三一年九月至一九三五年一月期间中央路线的批判)》。修改完后，一番犹豫，他依然没有公开发表，也没有内部印发。如何处理此文，毛泽东心里确实颇为纠结。将近10年之后，毛泽东又找出此文，打算印发给中央委员。又是一番犹豫，结果只是给当时的部分政治局委员看过。据说，1976年8月，毛泽东还请人把这篇文章读给他听。一个月后，他逝世了，带走了对这篇文章的深深情感和复杂心绪。

"《实践论》那篇文章好"

1956年3月14日，毛泽东会见并宴请越南劳动党总书记长征、印尼共产党总书记艾地。长征谈起毛泽东的著作，毛泽东表示，他对《实践论》"是比较满意的，《矛盾论》就并不很满意"。这个评价，他后来始终坚持。1965年1月9日会见美国记者斯诺，斯诺说到他在日内瓦参加了一次"北京问题专家"的学术会议，其中辩论的一个问题是，《矛盾论》是不是对马列主义作出了新的贡献。毛泽东接过话头回答："其实，《矛盾论》不如

《实践论》那篇文章好。《实践论》是讲认识过程,说明人的认识是从什么地方来的,又向什么地方去。"

在毛泽东心目中,哲学在一切学问中居于最高地位,其他领域的著述不过是中国革命过程中一些具体经验的总结和具体政策的表达,是根据哲学观点结合实际的运用。他明确讲过,"没有哲学家头脑的作家,要写出好的经济学来是不可能的。马克思能够写出《资本论》,列宁能够写出《帝国主义论》,因为他们同时是哲学家,有哲学家的头脑,有辩证法这个武器。"这样一来,似乎只有写出有创见的哲学论著,才能显出理论上的贡献和卓越,才能实现精神世界的飞跃和满足。

毛泽东对哲学有很深刻的研究和深切的运用。长征到陕北后,他开始总结土地革命时期"左"倾路线错误,但总体上,他不纠缠于一些事件的是是非非,而是告诫人们,犯错误的主要原因不是缺少经验,而是思想方法不对头。为纾解当时许多人在这个问题上的思想疙瘩,他在 1937 年写了《实践论》和《矛盾论》,一下子牵住了提高认识水平、促进思想转变的"牛鼻子",起到一通百通的作用。新中国成立后,在自己所有的著述中,毛泽东比较看重哲学"两论",并认为《实践论》最好,原因或许在于,作为哲学家,他特别看重自己的论著在世界观和方法论方面的独创性贡献。

毛泽东评判其哲学论著,内心有一个参照。马列"老祖宗"都是哲学大家,在他们面前,他从不造次。1961 年 12 月 5 日会见委内瑞拉外宾,对方谈到自己家里挂了马克思、列宁、斯大林和毛泽东的画像,毛泽东说:"我的画像不值得挂。马克思写过《资本论》,恩格斯写过《反杜林论》,列宁写过《谈谈辩证法问题》,他们的画像是应该挂的。"当然,他也并非觉得自己在哲学上对马克思主义完全没有贡献。1965 年 1 月 14 日,他在中央工作会议上讲:"马克思讲了自由是必然的认识和世界的改造,说从来的哲学家是各式各样地说明世界,但是重要的乃在于改造世界。我抓住了这句话,讲了两个认识过程,改造过程(按:指《实践论》)。单讲自由是必然的认识就自由了?没有实践证明嘛,必须在实践中证明。"把《实践论》放到马克思主义认识论发展史上来衡量,毛泽东认为是有独创性的。至于讲辩证法的《矛盾论》,他觉得超过前人的地方不明显。

"经过反复修改,才把意思表达得比较准确"

毛泽东说过,对自己发表过的东西,"完全满意的很少"。这透露的似乎是文章之外的心绪。实际上,他满意的旧作并不在少数。诸如《星星之火,可以燎原》《论持久战》《新民主主义论》等等,新中国成立后他屡屡谈及撰写这些论著的背景及其发挥的作用。就是对一些没有收入《毛选》的文章,他也时常眷顾。1961 年初,新发现写于 1930 年的一篇题为《调查工作》的文章,毛泽东如获至宝,"这篇文章我是喜欢的","过去到处找,找不到,像丢了小孩子一样"。1964 年,他把《调查工作》编入《毛泽东著作选读》,题目改为《反对本本主义》。1965 年,毛泽东还重读同样未收入《毛选》的《长冈乡调查》,并在上面批注:"错误往往是正确的先导,盲目的必然性往往是自由的祖宗。"对这些旧著,他不仅满意,而且继续从中汲取对现实有用的思想资源。

重要文稿公开发表前，毛泽东都要反复修改，哪怕是过去已经公开过的，他也决不草率印行。在主持编辑《毛选》的过程中，毛泽东不仅亲自选稿和确定篇目，对大部分文章进行精心修改，还具体地做词句数字、标点符号的校订工作，动手为部分文章撰写题解和注释。有的文章他重新拟定标题，比如，第一卷中的《中国的红色政权为什么能够存在?》，原题为《政治问题和边界党的任务》，改后的标题，一下子把文章主题拎出来了。他发表旧作时，既希望有“立此存照”的文献价值，又追求适应现实需求的思想价值。为此，毛泽东甚至说，“有些东西应该修改，比如第二次出版，应该有所修改，第三次出版，又应有所修改”。

好文章都是改出来的。毛泽东坦承，他的某些代表作的核心观点实际上是在修改过程中才逐渐成形的。1956 年 3 月 14 日，他对长征和艾地说：“《新民主主义论》初稿写到一半时，中国近百年历史前八十年是一个阶段、后二十年是一个阶段的看法，才逐渐明确起来，因此重新写起，经过反复修改才定了稿。”艾地听了感到惊讶：“印尼有许多同志认为毛主席思想成熟，写文章一定是一气呵成，不必修改。”毛泽东说，“那样的说法是不符合实际的”“我们头脑、思想对客观实际的反映，是一个由不完全到更完全、不很明确到更明确、不深入到更深入的发展变化过程，同时还要随着客观实际的发展变化而发展变化。写《新民主主义论》时，许多东西在起初是不明确的，在写的过程中才逐渐明确起来，而且经过反复修改，才把意思表达得比较准确”。这些话揭示了文章写作和修改的真实规律，是文章大家如鱼饮水、冷暖自知的深切体会。说完，毛泽东还补充一句，“过去写的文章，很多现在并不满意”，大概也是指还没有修改到位的意思。

“不适应新的需要，写出新的著作，形成新的理论，也是不行的”

大体从 1959 年起，毛泽东便生出一个心结，想对新中国成立后的社会主义革命和建设实践进行理论总结。1959 年辞去国家主席职务，他讲的一条理由，就是腾出更多时间去研究理论问题。

事实上，毛泽东在新中国成立后一直在做理论创新的事情，但他总感到不够理想，并且越来越有一种不那么自信的紧迫感和危机感。他感慨自己，“人老了，不知道是否还能写出些什么东西来”；也埋怨自己，“像《资本论》《反杜林论》这样的作品我没有写出来，理论研究很差。”有外宾问他有没有新的理论著作打算发表，毛泽东说，“可以肯定回答现在没有，将来要看有没有可能，我现在还在观察问题。”他还说，我们搞了 11 年社会主义，现在要总结经验。苏联的经验是苏联的经验，他们碰了钉子是他们碰了钉子，我们自己还要碰。

在理论创新方面，毛泽东很推崇列宁，认为列宁总是根据实践需要，不断进行理论创新。“单靠老祖宗是不行的。只有马克思和恩格斯，没有列宁，不写出《两个策略》等著作，就不能解决 1905 年和以后出现的新问题。单有 1908 年的《唯物主义和经验批判主义》，还不足以对付十月革命前后发生的新问题。适应这个时期革命的需要，列宁就写了《帝国主义论》《国家与革命》等著作。”反顾自己，毛泽东觉得新中国成立后还没有写出满意的理论新作："在第二次国内战争末期和抗战初期写了《实践论》《矛盾论》，这些都是适应于当时的需要而不能不写的。现在，我们已经进入社会主义时代，出现了一系列的新问题，如果单有《实践论》《矛盾论》，不适应新的需要，写出新的著作，形成新的理论，也是不行的。"

写出新的著作，实现理论创新，并不容易，因为社会主义建设才有一二十年的实践经验。但能不能通过对马列经典重新写序的方式，把中国社会主义建设的新经验融进去呢？毛泽东想到了这个主意。理由是马克思和恩格斯先后为《共产党宣言》写了七个序言。在这些序言中，马、恩反复强调，对《宣言》阐述的基本原理的实际运用，"随时随地都要以当时的历史条件为转移"。毛泽东很重视这个做法。1958 年 1 月 4 日在杭州的一个会议上，他提出："以后翻译的书，没有序言不准出版。初版要有序言，二版修改也要有序言。《共产党宣言》有多少序言？许多十七八世纪的东西，现在如何去看它。这也是理论与中国实际的结合，这是很大的事。"

1965 年 5 月，毛泽东准备尝试去做这件"很大的事"。他把陈伯达、胡绳、田家英、艾思奇、关锋等"秀才"召集到长沙，研究为马列经典著作"写序，作注"之事。他建议先为《共产党宣言》《国家与革命》等六本书写序言，六人一人一篇。毛泽东还表示，《共产党宣言》的序由他亲自来写。可惜，后来因为注意力的转移，这件事情没有继续下去。

毛泽东是有终极情怀的人。他把自己的著述放到历史的长河中审视，得出的评判另有一番滋味。1965 年会见斯诺时，斯诺说他相信毛泽东著作的影响，将远远超过我们这一代和下一代。毛泽东的回答出人意料："我不能驳你，也不可能赞成。这要看后人，几十年后怎么看。""现在我的这些东西，还有马克思、恩格斯、列宁的东西，在一千年以后看来可能是可笑的了。"

怎样看这段"文章千古"的评论？它反映的是虚无情绪吗？不是。毛泽东对马克思主义不是一般的信念坚定，他对未来的思考总是弥漫着深刻的哲学气氛。一千年或几千年以后，社会主义发展到新的天地，若真的像他在诗里说的，实现"环球同此凉热"，阶级、国家都消亡了，那么有关阶级、国家的著述，岂不失去了用武之地？文章能否"千古"，并不重要，只要寸心之间蕴含的理想主义能够"千古"，就是件让人欣慰的事情了。

（作者：中共中央文献研究室副主任）

毛泽东关于防止和反对“和平演变”的斗争历程及其基本理论

张蔚萍

中华人民共和国的成立，使以美国为首的帝国主义者感到恐怖，一直梦想消灭中国的社会主义制度。建国初期，艾奇逊致美国总统杜鲁门的信中，就建议制定一种新政策，即鼓励和支持“民主个人主义者”从内部推翻共产党统治。1953年前后，时任美国国务卿的杜勒斯提出“向苏联和中国推行和平演变”战略，得到了美国总统的大力支持。从此以后，毛泽东就领导中国共产党开展了反对“和平演变”斗争历程，大体经历了两个时期：

第一个时期，从1953年初到50年代末，这是“和平演变”与“和平防变”针锋相对的斗争初期。抗美援朝的胜利和我国政局的稳定，使美国企图把中国社会主义制度“消灭在摇篮里”的梦想破灭。1956年，杜勒斯看到一些人在“百花齐放、百家争鸣”中攻击中共，就给美国总统建议：要借此机会推行西方的“自由化”和“民主化”，但认为第一代变不了，第二代也难变，希望主要寄托在第三代和第四代人身上。同年6月21日，杜勒斯看到苏联出现反斯大林思潮和中国出现极右思潮，兴高采烈地在基瓦尼斯国际第41次年会上说：“许多年来，目前第一次看到了这样一种可能性，苏联和其他社会主义国家有可能实现和平演变”。1958年，杜勒斯在一次演讲中说：“要把和平演变作为颠覆社会主义国家的主要手段”，并且强调：“在共产主义世界中，中国共产主义是一个致命的危险”，“必须采取措施从内部促使其演变”。杜勒斯的追随者把杜勒斯提出的许多思想加以整理，形成了美国比较系统的“和平演变战略”，美国总统称赞“这是一种高尚战略”，“是不用武力就能打败任何社会主义国家的战略”。

杜勒斯提出的“和平演变”战略，一开始就引起了毛泽东主席的高度警惕。1956年11月，毛泽东在党的八届二中全会上就提醒党员领导干部要警惕杜勒斯借着一些人反斯大林扇风点火。他说：“我看有两把‘刀子’，一把是列宁，一把是斯大林。现在，斯大林这把刀子俄国人丢了。哥穆尔卡、匈牙利的一些人就拿起这把刀子杀苏联，反所谓斯大林主义。欧洲许多国家的共产党也批评苏联，这个领袖就是陶里亚蒂。帝国主义也拿这把刀子杀人，杜勒斯就拿起来耍了一顿。”1958年11月，杜勒斯又发表了关于推行“和平演变”的讲话，毛泽东得知这个信息后，在一次讲话中说：“杜勒斯比较有章程，是美国掌舵的，他的讲话要一个字一个字地看”。并且指示有关部门要继续关注动向，认真研究。1959年11月，毛泽东又亲自召开会议，印发了杜勒斯的两次讲话，指出：“杜勒斯要和平演变我们，大家要警惕！”他还特别强调：“杜勒斯搞和平演变，在社会主义国家内部有一定的社会基础。”由于毛泽东和党中央高度重视“和平演变”问题，杜勒斯和美国总统的阴谋活动没有得逞。

第二个时期，从 20 世纪 60 年代到 70 年代末期，这是“和平演变”与“和平防变”实际较量的时期。这一时期，美国对华采取了“遏制政策”和“交往接触”交替使用的策略，我党则以革命两手对付他们的两手。时任美国总统的肯尼迪提出，要在共产主义世界寻找裂缝，利用中苏矛盾同中国交往，“我们同东方交往越多，就能使他们受到西方典范力量更大的冲击，甚至共产党的杰出人物也难以抗拒。”肯尼迪的后继者尼克松也认为：“只有同中共接触，才能影响他们，才能直接传播西方的价值观和民主政治，才能把苏联正在演变的影响传播到中国。”以毛泽东为首的党中央，以革命两手对付反革命两手：首先对美国既要抵制又要大胆接触，美国要影响我们，我们也要影响他们；其次在国内要防止西方文化渗透，防止赫鲁晓夫式的人物特别是野心家、阴谋家篡夺领导权。基于这种认识，便发动了一场“文化大革命”，虽然有严重损失，然而却抵制了西方的文化渗透和颠覆，清除了党内的野心家和阴谋家，防止了苏联、东欧“和平演变”的悲剧在中国重演。

党的十一届三中全会以后，以邓小平为核心的第二代领导集体，在实施改革开放政策的同时，提醒全党要警惕西方的“和平演变”问题。他说：“西方国家正在打一场没有硝烟的第三次世界大战。所谓没有硝烟，就是要社会主义国家和平演变。”

毛泽东对西方“和平演变”的图谋早有察觉。早在延安时期，毛泽东同黄炎培先生谈话时，就提出了防止执政党蜕化变质和跳出历史周期率问题，强调解决这个问题的根本办法就是坚持民主，即在国体上要坚持人民当家作主，在政体上要实行民主集中制。建国前夕，毛泽东在七届二中全会上又提醒全党：夺取全国胜利以后，帝国主义者和国内反动派绝不会甘心自己的失败，全党要学会同“不拿枪的敌人”进行斗争，特别要警惕资产阶级“糖衣炮弹”的袭击。当美国国务卿艾奇逊提出依靠“民主个人主义者”从内部瓦解共产党的政策以后，毛泽东一连写了五篇政治评论进行揭露和批判，清除一些人头脑中的“崇美、恐美、亲美”思想。1953 年，当美国新任国务卿杜勒斯明确提出“和平演变”战略以后，毛泽东就提出了“和平防变”的一系列战略思想：一方面强调要认识反对和防止“和平演变”斗争的长期性、复杂性和曲折性，另一方面强调要把执政党自身建设好，坚持“民主防变”与“反腐防变”相结合；“政治防变”、“经济防变”与“文化防变”相结合；既要警惕和反对美国的“和平演变”战略，又要把着重点放在“内部防变“问题上，特别要防止领导核心在思想政治上和平演变。这就是毛泽东“和平防变”战略思想的精髓。这种战略思想的具体内容，主要有以下六个要点：

第一，论述了社会主义时期阶级斗争的长期性、复杂性和曲折性，强调急风暴雨式的群众性阶级斗争结束以后，仍然长期存在着“和平演变”和资本主义复辟的危险性。

1956 年，当社会主义改造取得胜利和党的工作重心将转入经济建设的时候，毛泽东提醒全党："现在一方面有社会主义世界同帝国主义世界的严重的阶级斗争；另一方面，就我国内部来说，阶级还没有最后消灭，阶级斗争还是存在的。这两点必须充分估计到。"《毛泽东著作选读》下册第803页）。20世纪60年代初，他针对着美国总统肯尼迪及其追随者对华推行两手策略，明确提出："美国的侵略政策和战争政策，也严重威胁着苏联、中国和其他社会主义国家，它还力图对社会主义国家推行和平演变政策，实行资本主义复辟，瓦解社会主义阵营。"（引自《人民日报》1964年1月13日）毛泽东这段论述虽然引起了我党领导核心的高度重视，但却没有引起苏联和东欧社会主义国家的高度重视。结果，终于发生了社会主义阵营被瓦解和苏东复辟资本主义的历史悲剧。那个时候，毛泽东深刻分析了国内外形势的变化，强调渗透与反渗透、演变与反演变的斗争将是长期的、复杂的，有时是很激烈的。只要全党高度警惕，防范措施得力，西方和平演变中国的图谋，就不可能得逞。这些思想武装了我党的领导骨干和共产党人，使西方把和平演变寄托在第三代、第四代及其以后几代人身上的图谋，始终未能得逞。

第二，论述社会主义国家出现"和平演变"和复辟资本主义的主要危险来自执政党内部，强调领导层要警惕出腐败分子、官僚主义和修正主义。

毛泽东同志在延安写《矛盾论》时就指出，任何事物，外因是变化的条件，内因是变化的依据，外因通过内因起作用。建国以后，他总结了国内外的经验教训，认为"和平演变"和复辟资本主义的主要危险来自共产党内部，多次在党内开展了反贪污、反腐败、反官僚主义的政治运动。1956年11月，他在中央一次会议上再次指出：我国的县级以上干部有几百万，国家命运就掌握在他们手里，我们一定要警惕，不要滋长腐败和官僚主义。20世纪60年代初，他面对苏联领导人赫鲁晓夫搞修正主义和复辟资本主义的危险，明确提出我们党也要警惕出修正主义；70年代初，他又针对林彪反党集团的阴谋活动，提出了"三要三不要"的原则，强调"要搞马克思主义，不要搞修正主义；要团结，不要分裂；要光明正大，不要搞阴谋诡计。"他把修正主义的实质，看成是资产阶级思想，后来又认为现代修正主义，不仅包括思想，而且包括政治、经济和文化。比如1964年他在同一个外国代表团谈话时，专门解释说："什么是修正主义？就是资产阶级的思想、政治、经济、文化。"这时，他提出反对修正主义，实质上是指反对资本主义复辟。他到了晚年，特别担心高层领导特别是中央出修正主义，强调中央和各级的领导权必须牢牢掌握在坚定的马克思主义者手中。毛泽东等老一辈逝世以后，邓小平在总结新时期的历史经验时，重申了毛泽东的这一光辉思想。他说："中国问题的关键在于共产党要有一个好的政治局，特别是好的政治局常委会。只要这个环节不发生问题，中国就稳如泰山。"毛泽东和邓小平这些思想，抓住了"和平防变"的要害。

第三，论述了识别香花和毒草的六条政治标准，强调最重要的是坚持共产党领导和走社会主义道路。

1957年前后，我们党为了推动思想文化发展和繁荣，提出了"百花齐放、百家争鸣"

的方针。杜勒斯认为,这是实施“和平演变”战略的好时机,于是利用西方传媒工具特别是美国之音,大肆鼓吹西方的“民主化”、“自由化”和“多党制”,国内的“民主个人主义者”积极响应和宣传,极少数右派分子向共产党发动了进攻,党内同志和广大群众一时分辨不清是非,思想政治和文化领域出现了混乱。在这种情况下,毛泽东同志及时提出了辨别是非和识别香花与毒草的六条政治标准:(1)有利于团结全国各族人民,而不是分裂人民;(2)有利于社会主义改造和社会主义建设,而不是不利于社会主义改造和社会主义建设;(3)有利于巩固人民民主专政,而不是破坏或者削弱这个专政;(4)有利于巩固民主集中制,而不是破坏或者削弱这个制度;(5)有利于巩固共产党的领导,而不是摆脱或者削弱这种领导;(6)有利于社会主义的国际团结和全世界爱好和平人民的国际团结,而不是有损于这些团结。毛泽东强调:“这六条标准中,最重要的是社会主义道路和党的领导两条。”毛泽东提出的六条政治标准,不仅在当时武装了党内外群众,挫败了西方敌对势力通过“民主化”、“自由化”和“多党制”颠覆我国政权的阴谋诡计,而且在新时期为党中央制定“四项基本原则”提供了理论指导,是我党长期反对“和平演变”的强大思想武器。

第四,论述了在意识形态领域社会主义和资本主义斗争的长期性,强调要加强思想政治工作,用社会主义思想占领舆论阵地。

毛泽东一开始就注意到杜勒斯及其追随者,把思想渗透作为“和平演变”的突破口,并且已经意识到这种斗争的长期性和复杂性。1957 年,他在《关于正确处理人民内部矛盾的问题》一文中,明确指出:“我国社会主义和资本主义之间在意识形态方面谁胜谁负的斗争,还需要一个相当长的时间才能解决。……如果对于这种形势认识不足,或者根本不认识,那就要犯绝大的错误,就会忽视必要的思想斗争。”1960 年 1 月,美国参议院外交委员会在《意识形态与外交事务》的研究报告中,明确提出了“和平演变”的两个基本途径:一是“用资本主义的思想体系摧毁社会主义思想体系”;二是“用西方的生活方式取代社会主义的生活方式”。其手段就是利用美国之音制造舆论和进行思想渗透,目的是颠覆社会主义政权。以毛泽东为核心的党中央,一直注视着帝国主义和国内亲西方势力动向,洞察他们进行思想渗透和制造舆论的目的在于颠覆社会主义政权,于是在 1962 年 9 月召开党的八届十中全会上,专门讨论了这个问题。毛泽东在这次全会的讲话中尖锐地指出:“凡是要推翻一个政权,总要先造成舆论,总要先做意识形态方面的工作。革命的阶级是这样,反革命的阶级也是这样。”为此,他旗帜鲜明地提出“要抓意识形态领域里的阶级斗争”。毛泽东还指出,抓意识形态方面工作,既要抓舆论宣传,又要抓思想政治工作,使社会主义意识形态占领舆论阵地,深入党内外群众的思想,这就筑起了“和平防变”的钢铁长城。

第五,论述了加强执政党领导和自身建设的科学理论,强调要培养和造就千百万社会主义事业的接班人。

西方敌对势力把“和平演变”的重点放在动摇共产党的领导核心地位问题上,极力推行西方的“多党制”和“轮流执政”,企图使国家摆脱共产党的领导。毛泽东对西方的这种图谋一直保持高度的警觉性，一再强调“中国共产党是全中国人民的领导核心。没有这样一个核心，社会主义事业就不能胜利。”（毛泽东1957年5月接见青年团的讲话）。为了保证执政党在社会主义国家的领导核心地位，毛泽东在中国创立了共产党领导的人民代表大会制和共产党领导的多党协商制，使中国共产党的领导核心地位，有了坚实的制度保证。毛泽东认为，仅仅有可靠的制度还不够，还必须加强执政党的自身建设，提高党员干部特别是领导干部的基本素质。制度加素质，就能巩固执政党的领导核心地位。在加强党的自身建设问题上，毛泽东还针对杜勒斯把“和平演变”的希望寄托在第三代、第四代人身上的图谋，在1964年6月召开的中央工作会议上，正式提出了培养和造就无产阶级革命事业接班人的问题。他指出：“为了保证我们的党和国家不改变颜色，我们不仅需要正确的路线和政策，而且需要培养和造就千百万无产阶级革命事业接班人。”他强调：“这是关系我们党和国家命运的生死存亡的极其重大的问题。这是无产阶级革命事业的百年大计、千年大计、万年大计。帝国主义的预言家们根据苏联发生的变化，也把‘和平演变’的希望，寄托在中国党的第三代或者第四代身上。我们一定要使帝国主义的这种预言彻底破产。我们一定要从上到下地、普遍地、经常不断地注意培养和造就革命事业的接班人。”毛泽东还提出了接班人的五项政治条件：一是要搞马克思主义、不搞修正主义；二是要为中国和世界大多数人谋利益；三是能够团结大多数人一起工作；四是要坚持民主集中制和群众路线；五是要谦虚谨慎、戒骄戒躁，富于自我批评精神。他还指出，这些接班人要在群众实践中和大风大浪中锻炼成长，在学习和实践中增长知识和本领。有了这些可靠的接班人，党领导的社会事业就一定能够取得胜利。

第六，论述了社会主义时期保护和发展生产力问题，强调要尽快把我国建设成为社会主义现代化强国。

这是我们党反对和防止“和平演变”的强大物质基础。对于这一点，毛泽东在我们党执政一开始就很重视。他在建国前夕召开的七届二中全会上就提出：进城之后“要以生产建设为中心”，强调各项工作“都是围绕着生产建设这一中心工作并为这个中心工作服务。”他认为：社会主义革命的目的是为了解放生产力，尽快建立社会主义的生产关系和经济基础。当社会主义改造取得胜利以后，他又强调“我们的根本任务已经由解放生产力变为在新的生产关系下面保护和发生生产力。”为了发展生产力，毛泽东和周恩来共同提出了工业现代化、农业现代化、国防现代化和科学技术现代化的宏伟目标，努力把我国建设成为社会主义现代化强国。他面对我国落后于帝国主义经济技术这一事实，提出“我们必须打破常规，尽量采用先进技术，在一个不太长的历史时期内，把我国建设成为一个社会主义的现代化强国。”他特别强调：“如果不在今后几十年内，争取彻底改变我国经济和技术远远落后于帝国主义国家的状态，挨打是不可避免的。”毛泽东还强调，发展生产力和实现四个现代化，最重要的是调动各行各业和全国人民的积极性。为此，就要正确处理“十大关系”，正确处理人民内部矛盾，鼓足干劲、力争上游，自力更生、艰苦奋斗，只有尽快把我国建设成为社会主义现代化强国，我们才能在反“和平演变”斗争中立于不败之地。

除了以上六个方面的论述外，毛泽东还提出了维护国家主权和民族尊严的思想，提出了建立广泛国际统一战线和划分三个世界的思想，等等。这些都是毛泽东反对和防止“和平演变”战略思想的重要内容。实践证明，毛泽东的上述论述，已经形成了我党“和平防变”的理论体系。它对于今天我党反对和防止“和平演变”，仍有现实指导意义。

（作者：中共中央党校教授、博士生导师）

毛泽东对党的建设的伟大贡献

张维列

我们党在建国以来若干历史问题决议中，从政治、经济、军事、外交、文化和党的建设等方面，全面论述了毛泽东同志的伟大贡献。毛泽东对中国革命和建设事业的伟大贡献，我国人民永远铭刻在心里。思想政治工作科学专业委员会及陕西一些单位纪念毛泽东同志诞辰115周年时，党中央领导亲笔写了“毛泽东同志永远活在人民心中”的题词，反映了老一辈领导人和全国人民对毛泽东同志的深切怀念。2009年举行建国60周年庆典时，游行方队醒目地打出了“毛泽东思想万岁”的宏大条幅，不仅反映了以胡锦涛为总书记的党中央坚定不移地高举毛泽东思想伟大旗帜的决心，而且反映了中国人民对毛泽东及其伟大思想的怀念和敬仰。许多老领导、老将军、老党员和人民群众眼含热泪观看游行方队从天安门经过。今天，我们聚集在人民大会堂纪念毛泽东同志诞辰116周年，不仅表明我们以崇敬的心情怀念毛泽东，而且表明我们要紧跟党中央永远高举毛泽东思想的伟大旗帜。毛泽东同志对中国革命和建设事业贡献是多方面的，今天我着重从党的建设方面谈谈毛泽东同志的伟大贡献。

我在中国人民大学中共党史系就读五年，在中央党校担任毛泽东思想研究室主任、副主任十多年。我这十多年着重研究毛泽东建党思想，有一点体会。我认为，毛泽东同志在党的建设方面的贡献，突出表现在两个大的方面：一是参与缔造和领导建设了伟大光荣正确的中国共产党，从而保证了中国革命和建设事业不断取得伟大胜利；二是创立和形成了毛泽东建党学说，为我们党加强和改进党的建设奠定了科学理论基础。

首先说一下毛泽东在实践上对缔造和建设中国共产党的贡献。中国共产党是革命和建设事业的领导核心，没有这个领导核心就不可能取得革命和建设的胜利。那么，中国共产党是怎样创立的？简单说，是以毛泽东为代表的中国马克思主义者在共产国际的帮助下创立起来的。中国共产党是怎样建设起来的？简单说，是以毛泽东为代表的马克思主义者在领导土地革命战争、抗日战争和解放战争的艰苦岁月中奋战出来的；是在领导社会主义革命和社会主义建设的曲折奋斗中锻炼出来的；是在不断把马克思主义中国化和纠正各种错误倾向中考验出来的。毛泽东同志等对党的建设的创造性贡献，突出地表现在能运用马列主义建党原理解决中国共产党建设实践中的一系列重大问题，具体来讲主要解决了以下五大问题：一是创造性地解决了在走农村包围城市最后夺取城市的道路中建设党的问题，使千百万农民革命者变成了工人阶级先锋战士，保证了新民主主义革命的伟大胜利；二是创造性地解决了在建立人民武装力量的过程中建设党的问题，使连排以上有支部、营团以上有党委，保证了党对人民军队的绝对领导；三是创造性地解决了在建立统一战线过程中建设党的问题，使中国共产党团结和吸引了各方面的优秀人才和社会力量，保证了我们党有广泛的社会影响并不断发展壮大；四是创造性地解决了在社会主义改造和建设中加强党的建设问题，使党的执政地位不断巩固和国力不断增强，保证了社会主义红旗在中国永远飘扬；五是创造性地解决了党自身建设中的一系列重大难题，比如，如何在长期执政中保持党的先锋队性质问题，如何在现代化建设中造就千百万社会主义事业的接班人问题，如何在和平建设时期防止党蜕化变质问题，等等。这些创造性地贡献，不仅使我们党夺取政权后巩固了政权，而且使新中国不断走向繁荣富强。我们今天能跃升到世界的第二位，同毛泽东同志对党的建设的伟大贡献是分不开的。现在，全世界大约有一百多个共产党，夺取政权的原来有十四个，可是现在已有十个亡党亡国。而我们党和国家在世界上却享有崇高的地位。我们可以自豪地说，中国共产党是一个伟大光荣正确的党。之所以伟大，是因为她始终坚持为人民谋利益的根本宗旨，在不断奋斗中使中国走向繁荣富强；之所以光荣，是因为她始终为人民解放事业不惜奋战和流血牺牲，在不断与时俱进中使人民获得安宁和幸福；之所以正确，是因为她始终进行"左"右两条战线斗争，在不断纠正错误中使党的路线方针政策沿着正确的方向前进。

其次，再讲一讲毛泽东同志在理论上对创立毛泽东建党学说的贡献。中国共产党之所以能成为伟大光荣正确的党，这同毛泽东建党学说指导党的建设密切不可分割。毛泽东建党学说这一科学概念是刘少奇同志在七大修改党章报告中提出来的。邓小平认为，毛泽东建党学说是经过实践在延安时期建立起来的，并且在以后的实践中不断丰富和发展，从而形成了完整的毛泽东建党学说。毛泽东建党学说的理论体系主要由三大部分组成：第一部分是关于中国建立一个什么样党的科学理论；第二部分是关于如何建设党的科学理论；第三部分是关于如何实现党的领导的科学理论。

关于建立一个什么样党的科学理论。旧中国是一个半殖民地半封建的国家，建立社会党、民主党和其他小资产阶级政党都不能改变中国贫穷落后的面貌，只有建立共产党才能使中国繁荣富强起来。毛泽东认为，中国共产党是中国工人阶级的先锋队，是最先进的党。党的先进性主要表现在以下四个方面：第一，有先进的指导思想，这就是马克思列宁主义；第二，有先进的阶级基础，这就是工人阶级领导的以工农联盟为基础；第三，有先进的政治纲领，这就是最低纲领新民主主义和最高纲领社会主义、共产主义；第四，有先进的宗旨，这就是全心全意为人民服务的根本宗旨。毛泽东同志提出的这些理论，科学地回答了在半殖民地半封建国家建立一个什么样党的问题。无论形势怎样变化，党的指导思想、阶级基础、最高纲领、根本宗旨都不会发生根本性的变化。就是说，只要坚持毛泽东建党学说的这些基本原理，党的先锋队性质就不会发生变化。在改革开放和发展市场经济的过程中，由于党中央坚定不移地坚持毛泽东建党学说这些基本原理，所以我们党始终保持着先锋队的性质和鲜红颜色。

关于如何建设党的科学理论。毛泽东同志认为，要保持党的先锋队性质，还必须解决如何建设党的问题。他在革命和建设实践中不断总结经验教训，提出了要抓“四大建设”和团结统一等五大原理。第一，要抓以理想信念为主要内容的思想建设，着重通过党性教育解决思想入党问题；第二，要抓以贯彻路线方针政策为主要内容的政治建设，着重通过实践活动解决政治立场和政治观点问题；第三，要抓以党员、干部队伍建设和民主集中制建设为主要内容的组织建设，着重通过提高党员干部素质来发挥各级党组织的战斗堡垒作用；第四，要抓以理论联系实际、密切联系群众和自我批评为主要内容的作风建设，着重通过整顿不正之风来端正党风和提高党的威望；第五，要积极开展反“左”反右的两条战线斗争，着重通过解决党内矛盾增强党的团结统一。毛泽东同志关于如何建设党的这些基本原理，对于保持党的先进性和提高党的战斗力，起了科学有效的指导作用。尽管这些原理会随着时代的变化将不断丰富发展，但它所揭示的党建基本规律，将启示指导我们加强和改进党的建设，使党永葆青春和活力。

关于如何实现党的领导的科学理论。毛泽东认为，党的领导是思想领导、政治领导、组织领导三位一体的统一，是中央、地方、基层三级党委实现领导的全方位统一。只有坚持这种统一，才能形成党的坚强领导核心。毛泽东关于实现党的领导的科学理论涉及很多方面，包括关于坚持党的领导重要性的理论，关于党的领导的科学含义和重要内容的理论，关于党委领导下的首长负责制理论，关于领导方法和艺术的理论，等等。但是，毛泽东关于实现党的领导理论的精神，后来邓小平同志概括为“出主意、用干部、造舆论”三句话九个字。所谓出主意，就是指党委在重要时刻应及时拿出好主意，促使领导班子作出正确决策。这是实现正确领导的前提条件。而要做到这一点，就必须深入实际进行调查研究，如果没有调查研究，就不会拿出好主意，就没有发言权。用干部，就是选拔使用人才问题，并把他们放在重要岗位上。毛泽东同志讲过，正确的政治路线确定以后，干部就是决定因素。所以，用干部是实现党的领导的关键环节。而要做到这一点，就必须了解干部，培养干部，建设高素质干部队伍。造舆论，就是做好宣传思想工作，使党的主张和党所用的干部得到群众真实的了解、真心的拥护。这样一来，实现党的领导不仅有了可靠的思想政治基础，而且有了可靠的群众基础。实践证明，毛泽东同志讲的这三句至理名言，是实现党的领导的经典和法宝。

总之，毛泽东同志在党的建设方面，不仅在实践上为建设一个伟大、光荣、正确的中国共产党做出了伟大贡献，而且在理论上为创立毛泽东建党学说科学体系做出了伟大贡献。中共中央依据毛泽东建党学说，对新形势下加强改进党的建设作出了重大部署，从而丰富发展了毛泽东建党学说。我们要把学习毛泽东建党学说与学习党中央的文件精神结合起来，以便把我们党建设得更好，这是以实际行动对毛泽东同志的最好纪念。

（此文是作者在纪念毛泽东同志诞辰116周年时的发言稿，发表时略作修改）

两个《历史决议》与马克思主义中国化

陈宇翔　李晓培

一、问题的提出

党的重要文献作为马克思主义中国化的阶段性成果，往往会对相关历史阶段的重要问题进行阐释说明并深刻总结经验教训，作出权威结论，引领马克思主义中国化的发展走向，是马克思主义中国化历史接续的"历史路标"。从一定程度上讲，马克思主义中国化就是在不断总结历史经验的基础上进行理论创新的动态发展过程。

马克思主义作为救国良方传入中国并被选为思想理论基础是中国人民"饱经苦难"的历史必然选择。然而选择了马克思主义，并不意味着"中国问题"就有了解决之道。探其根源，终不过是因为马克思主义只是"研究工作的指南"，而非"万能钥匙"。它的一般原理的实际运用只有与广大人民群众的实践相结合，转化为人民群众自己的意识和思想，才能产生强大的实践力量和有益的实践经验，进而上升到理论的高度，不断进行理论创新，推进马克思主义中国化的持续发展。历史和现实在这里提出了一个关键性问题：如何才能使马克思主义被群众掌握并产生实践力量，进一步推进马克思主义中国化。对此，习近平总书记指出："党的文献，不仅记录了党的奋斗历史，也承载着中国共产党人的伟大精神。"据此说明，党的文献作为连接马克思主义与"中国化"的纽带，始终伴随在马克思主义中国化的整个发展历程中，承载着马克思主义中国化的历史责任与历史使命——在历史经验的教训总结中实现理论创新。

理论来源于实践又高于实践，党的重要文献作为广大人民群众实践经验的总结，不仅以通俗易懂的语言风格和"中国风"的表达方式把高度理论抽象的马克思主义转化为人民大众喜闻乐见的民族语言，实现马克思主义理论的宣传普及，使人民大众深刻地理解"我们党在极其复杂的环境和完成伟大艰巨的任务中是怎样思考和作出重大决策的"，而且把这些经验教训提升到理论的高度，不断创造新的理论成果以适应时代的发展和实践的需要，集中展现了马克思主义中国化在理论总结和逻辑提升中走向深入发展的过程。毛泽东思想作为中国化的马克思主义正是在深刻总结中国革命和建设的实践经验基础上逐渐形成和发展起来的，它是中国共产党科学的指导思想，始终同党的命运、革命事业的命运和社会主义的命运休戚相关，集中体现在党的重要文献中。

《关于若干历史问题的决议》与《关于建国以来党的若干历史问题的决议》（以下均简称《历史决议》）作为马克思主义中国化历史进程中的两个重要文献，它们最伟大的贡献就是在党和国家的重要历史转折关口以大无畏的精神和勇气，遵循马克思主义中国化的根本原则和科学方法,实事求是地评价了毛泽东及毛泽东思想,成为树立与维护毛泽东思想的典范。两个《历史决议》对毛泽东思想的树立与维护是马克思主义中国化的重要节点,也是中国革命和特色社会主义走向胜利和不断取得成功的重要政治前提和思想保证。虽然它们是中国共产党人在不同历史时期对自身历史的不同叙述,但围绕的重点却是对毛泽东及毛泽东思想的评价问题,使其在马克思主义中国化的发展进程中呈现出一脉相承又与时俱进的逻辑特征,是对毛泽东思想共同的价值追求。故本文拟从树立与维护毛泽东思想的视角来探讨两个《历史决议》是马克思主义中国化的重要文献这一历史事实。

二、毛泽东思想的树立和维护是两个《历史决议》的核心主题

两个《历史决议》之所以围绕毛泽东及毛泽东思想这一中心议题展开,主要是因为救亡图存、民族振兴的内在诉求和现实需要,突出反映了对毛泽东及毛泽东思想认知的正确与否关涉党和国家未来的发展前途,由此正确认识了毛泽东及毛泽东思想的历史地位。

1. 1945 年《历史决议》以解决中国革命的指导思想为基点树立毛泽东思想

1945 年《历史决议》对毛泽东思想的树立是历史发展之必然。具体来看,主要从三个方面展开:

一是破除教条主义在党内思想上的禁锢。20 世纪 20 年代后期和 30 年代前期,中国共产党领导层内对共产国际决议、苏联经验神圣化的倾向随处可见,致使其忽视了中国国情,其结果是犯了一系列“左”倾错误,使教条主义在党内严重盛行。1935 年的遵义会议虽然制定了正确的路线,但党内许多干部仍然未能从思想路线高度上深刻认清“左”倾错误的根源。因此,历史上“左”倾机会主义长期统治的恶劣影响并未得到彻底清算,党内“思想上主观主义的遗毒仍然存在”。抗日战争爆发后,王明又教条地提出了两个“一切”的右倾口号,致使主观主义、宗派主义、党八股等“三风”问题浮上水面;与此同时,随着党的队伍的不断发展壮大,以农民和小资产阶级占大多数的大批新党员的加入又带来了非马克思主义的思想作风,对党员干部政治思想水平的提高带来了障碍。

二是共产国际的解散,中国共产党需要树立自己独立的思想旗帜。中国共产党自 1922 年成为共产国际的一个支部开始,就在其指导下对中国革命进行了积极的探索,取得了巨大的成绩。但与此同时,共产国际高度集中的组织形式也使中国共产党必须忠实于它的领导,从而使其独立自主的权力受到限制。为了进一步巩固世界反法西斯同盟,共产国际于 1943 年 5 月 15 日作出《关于提议解散共产国际的决定》。共产国际的解散,一方面说明党从其“决议”和经验的束缚中解放出来,走上了独立自主地制定符合实际的路线、方针和政策的道路;另一方面则说明党要独立自主地解决中国革命的问题就必须找寻一种适合中国特殊国情的、科学的指导思想来团结全党一致向前。

三是中国共产党必须在思想战线上对国民党的反共舆论进行有力反击。抗日战争的爆发使国共达成了第二次合作协议。但蒋介石并没有放弃反共的立场,国民党党内反共

声浪甚嚣尘上。从“一个主义”、“一个党”、“一个政府”、“一个统帅”、“一个命令”的鼓吹到“溶共”、“防共”、“限共”、“反共”方针的制定再到三次反共高潮的进攻，无时无刻不揭示出国民党独霸一方的企图。尤其是抗日战争即将进入反攻，胜利在望之际，蒋介石于1943年发表了《中国之命运》一文，宣称国民党是挽救民族危亡，实现革命成功的唯一政党，企图掠夺革命果实，并且借助共产国际的解散，叫嚣“中共系自外生成，今第三国际已告取消，各地支部全行解散，则中共失所秉承，自应乘此机会，宣告解散。”在这种形势下，中国共产党必须在思想上获得一致的统一来对抗国民党的进攻，以带领全党和全国人民取得抗日战争的胜利。因此，在思想战线上树立权威就成为中国共产党对国民党反共舆论的有力回击。有鉴于此，就必须在全党范围内树立起毛泽东思想作为正确领导的思路核心，才能从根本上解决思想路线问题，为中国革命的胜利奠定思想基础。这是因为自中国共产党成立以来，在领导全国人民开创的光辉历史中，毛泽东在党的几次重大历史关头都使中国革命在惊涛骇浪中转危为安，他对问题的看法、对前景的判断是其他人所“望尘莫及”的，这就使他在连续挫折中所树立起来的威望成为全党乃至全国人民所遵循的信条，尤其是遵义会议确定了毛泽东对党和军队的领导地位，对毛泽东思想的突出就成为历史发展的必然，而这也正是被中国革命实践所证明了的科学的指导思想。1945年《历史决议》正是在树立毛泽东思想之后使上述任务得到完满解决，成为马克思主义中国化的伟大理论成果，完成了马克思主义中国化的历史性飞跃。

2. 1981年《历史决议》以开启历史新征程为基点维护毛泽东思想

1949年新中国成立，中国社会基本结束了长期战乱，社会秩序越来越趋向安全。在相对和平的环境下，以毛泽东为代表的中国共产党人开启了社会主义建设的探索之路，取得了一定的成就。但由于自身经验的不足，加之对马克思主义教条式的理解和运用，使“左”的思想又开始抬头并持续发展，最终演变成为“文化大革命”这一事关中国前途命运的大悲剧。而在“文化大革命”中，林彪、“四人帮”完全歪曲与割裂了毛泽东思想的本来面目，大搞造神运动，全力鼓吹对毛泽东的个人崇拜，狭隘地认为毛泽东思想是毛泽东个人的思想观点，违背了毛泽东思想的精髓——实事求是，完全脱离了毛泽东思想的科学体系，使党、国家和人民遭受到了重大挫折，社会主义建设出现了停滞不前乃至倒退的局面。

历史是按照自己的方式向前发展的，“四人帮”被粉碎之后，势必有一个拨乱反正的过程。所谓“拨乱反正”，就是“拨林彪、‘四人帮’破坏之乱，回到毛泽东思想的正确轨道上来。”自1945年的《历史决议》树立了毛泽东思想的指导地位以来，中国共产党就把其作为中国革命和建设的行动指南，领导着党、国家和人民取得了一次又一次的胜利，它实事求是地反映了党的光辉历史，是在“结合”过程中逐步形成和发展起来的，是党的根本观点和根本方法，能够引导党从胜利走向未来。因此，确立毛泽东的历史地位，正确认识毛泽东晚年错误与毛泽东思想的关系就成为马克思主义中国化能否前进的重要前提和关键。然而一些党内领导人却背离了毛泽东思想的本来面目，没有使党从教条主义的束缚下解放出来，反而是继续沿着毛泽东的“本本主义”继续前行，提出了“两个凡是”的口号，为马克思主义中国化的持续前进设置了重重障碍，致使党的工作出现了两年左右徘徊的局面。

“问题堆积如山，工作百端待举”。面对积重难返的挑战，以邓小平为代表的中国共产党人在“解放思想、开动脑筋、实事求是，团结一致向前看”的正确方针指导下，全面开启了拨乱反正的进程。但是，随着各个部门拨乱反正工作的逐渐深入，尤其是十一届三中全会的胜利召开，对毛泽东思想的认识也出现了几种不同的看法。一是全盘肯定毛泽东的历史功绩，忽视了其在晚年犯下的错误，极力维护其历史地位。这是因为多年来对毛泽东个人权威的深化和个人崇拜的倾向，使许多民众对毛泽东晚年的错误还没有从思想上转变过来，尽管毛泽东已经不在人世，他的影响力仍然支配着中国的生活。二是随着思想解放运动的蓬勃发展，某些别有用心的人夸大毛泽东的晚年错误，妄想否定毛泽东及毛泽东思想的历史地位，进而否定中国共产党和社会主义制度，质疑中共的执政合法性。三是由于十一届三中全会确立了与毛泽东时代不同的主题，国际上认为中共要步苏联的后尘，全盘否定毛泽东及毛泽东思想。一时间，国际上出现了中共将要“非毛化”的舆论倾向。凡此种种，对毛泽东思想的维护“不但是中国共产党的利益所在，中华民族的利益所在，而且是国际共产主义运动的利益所在。”对此，以邓小平为代表的中国共产党人在“中国向何处去”的重要历史关头，以大无畏的精神和勇气作出了1981年的《历史决议》，这一发展结果必然是全党在取得思想共识的基础上作出的历史选择，从而完成了历史所赋予它的任务，为马克思主义中国化的接力探索奠定了正确的思想基础。

三、两个《历史决议》对毛泽东思想的树立与维护既一脉相承又与时俱进

列宁指出：“分析任何一个社会问题时，马克思主义理论的绝对要求，就是要把问题提到一定的历史范围之内”。可见，从“历史”中得出结论“不仅是‘胜于雄辩的东西’而且是证据确凿的东西”正是基于此种原因，邓小平借鉴了1945年《历史决议》的成功经验，让历史文献来证明毛泽东思想的价值趋向，从而使两个《历史决议》对毛泽东思想的树立与维护呈现出继承与发展的内在统一，从根本上维护了毛泽东及毛泽东思想的历史地位，在关键时刻指明了前进的道路。

1. 选择“历史研究”的“决议”模式

毛泽东曾经指出：“如果不把党的历史搞清楚，不把党在历史上所走的路搞清楚，便不能把事情办的更好。”因此，“要用这样的研究来使我们对今天的路线和政策有更好的认识，使工作做得更好。”正是基于对历史的本质认识，中国共产党人通过对党的历史的学习与教育总结出带有规律性的认识指导实践，从而可以准确地了解过去，把握现实，展望未来，从历史中吸取经验教训，探索新路。作为中国化马克思主义的毛泽东思想，正是在历史研究中树立与维护起来的，引导着中国革命和建设事业走向胜利。

1945年《历史决议》之所以能树立起毛泽东思想的指导地位，对《联共（布）党史简明教程》（以下简称《简明教程》）的有机借鉴无疑是一重要的原因。《简明教程》是联共

(布)中央审定的记述苏联革命与建设历史的正本,它在总结联共(布)领导的俄国十月革命和社会主义建设的历史经验的基础上,系统阐述了俄国马克思主义、联共(布)党的建设理论,尤其是在整体上始终按照领袖人物为中心建构社会主义意识形态,把斯大林塑造成为党的绝对核心。从总体上看,《简明教程》带有明确的政治性和宣传性,便于统一思想、凝聚人心,其传入恰好适应了中国革命发展和中共建设的客观需要,符合中共在实现思想统一以及普及学习马克思主义理论方面的现实需求。因此,在毛泽东同志的倡导下,在以延安为中心的全党范围内,开展了广泛的党史与《简明教程》的学习运动。通过对党的历史问题的阐述,广大党员干部认识到在中国革命长期的斗争实践中,只有毛泽东思想才是指导中国革命取得胜利的关键所在。所以,1945 年的《历史决议》作为延安整风运动的产物,以中央文件的"决议"形式,对中国共产党建党以来的历史问题进行了清理和总结,对党的路线进行了分析,使中共党内干部从根本上统一了思想,为马克思主义中国化的发展扫清了障碍。选择"决议"这样一种形式,是因为"决议"是经党内重要会议集体讨论通过的决策,是对某些重要问题或重要工作事项所作的决策性、规定性意见,具有一定的权威性和强制性。利用"决议"形式进行党史研究无疑是在当时的历史条件下最好的表达方式。

1981 年《历史决议》借鉴了 1945 年《历史决议》的经验。之所以会选择相同的模式,是因为两个《历史决议》所要解决的任务具有巨大的相似性,都是为了明辨是非,都是为了解决思想路线问题,都是为了解决马克思主义中国化的正确的道路问题。正所谓历史总是惊人的相似,却不是简单的重复。1981 年的《历史决议》对毛泽东思想的维护是对 1945 年《历史决议》的继承与创新。

2. 对毛泽东思想的继承与创新

"问题并不在于能不能批评毛泽东的错误,而是在于站在什么立场上,运用什么样的历史观和方法论来评价毛泽东这个历史人物。"1981 年《历史决议》作为马克思主义中国化历史进程中的里程碑,正是站在马克思主义理论的高度上,依据唯物主义历史观对党的历史经验的总结中科学评价了毛泽东及毛泽东思想,使它同毛泽东晚年错误思想区分开来,成功解决了马克思主义中国化的发展前途问题,从而成为科学评价领袖人物的典型范本。

习近平总书记指出:"对历史人物的评价,应该放在其所处时代和社会的历史条件下去分析,不能离开对历史条件、历史过程的全面认识和对历史规律的科学把握"。可见,对历史人物的评价应考虑把他放到整个社会的发展过程中进行全面、具体的思考,而不应根据其一时一事的言行加以片面渲染,以偏概全,随意评说。因此,以邓小平为代表的中国共产党人在 1981 年的《历史决议》中,从党领导人民创造的中国革命史入手,回顾了毛泽东对中国革命所作出的伟大贡献,用实践说话,摆正了毛泽东的历史功绩,并在此基础上系统地阐述了毛泽东思想的科学内涵:其一,指明毛泽东思想是"马克思列宁主义在中国的运用和发展",这就说明毛泽东思想作为中国化的马克思主义与马克思主义是从属的关系,是与马克思主义完全一致的科学体系,是马克思主义的继承与发展。其二，指明毛泽东思想“是被实践证明的理论原则和经验总结”，这就说明毛泽东思想既不是某个天才头脑中固有的理论概念，更不是天上掉下来的理论概念，它是从客观实践中产生又在客观实践中获得证明的科学理论，是对“马克思主义与中国具体实践结合”的最好论证，揭示了中国特殊国情下的革命和建设的客观规律。其三，指明毛泽东思想“是集体智慧的结晶”，这就说明毛泽东思想并不只是毛泽东本人的思想，“同时是他的战友、是党、是人民的事业和思想，是半个多世纪中国人民革命斗争经验的结晶”。并进一步提炼出毛泽东思想活的灵魂是贯穿于马克思主义中国化的立场、原则和方法，是对马克思列宁主义的丰富和发展。进而由此说明，毛泽东思想是一个理论成熟的科学体系，是从中国革命和建设的艰难探索中而来的，是同“左”右倾错误的斗争中而来的，是经过了实践检验确认为科学的马克思主义理论而来的。他的某些个别言论并不能算是科学体系，更不能成为判断历史功过的标准。

凡此种种，1981 年《历史决议》对毛泽东思想内涵的科学阐释，说明了中国共产党会一直坚定的以毛泽东思想为党的指导思想，举起毛泽东思想这面旗帜，继续推进马克思主义中国化的前进方向。中国特色社会主义的实践也证明了把毛泽东思想作为中国共产党的指导思想是实现中国繁荣富强的最坚固的基石。从而与 1945 年的《历史决议》遥相呼应，使之呈现出一脉相承的继承关系，是对毛泽东思想共同的价值追求。正如江泽民所指出的：“决议坚持马克思主义，实事求是地、客观公正地总结党的历史经验和评价党的领袖人物。决议排除了‘左’和右的干扰，统一了全党的思想，加强了全党的团结，激励着全党同志和全国人民满怀信心地去开辟未来。”

3. 理论反思中的“破”与“立”

1981 年《历史决议》对毛泽东思想的科学阐释突破了 1945 年《历史决议》对毛泽东思想认知的局限，但这并不等于前者是对后者的否定，而是随着实践的发展，根据新的实际情况作出的不同论断，是对马克思主义理论的创新与发展。

早在 1941 年 3 月，张如心就在其发表的《论布尔什维克的教育家》一文中指出：“应该忠实于列宁、斯大林的思想，忠实于毛泽东同志的思想”。随后，邓拓在 1942 年与 1944 年的撰文中也明确指出：“毛泽东同志的思想就是代表中国无产阶级及其政党——共产党的思想，就是党内布尔什维克的思想，就是最能代表中国革命人民利益的思想”。之后，王稼祥也于 1943 年 7 月在其发表的《中国共产党与中国民族解放的道路》一文中，提到：“中国民族解放整个过程中——过去现在与未来——的正确道路就是毛泽东同志的思想。”毋庸置疑，毛泽东思想的主要创立者是毛泽东本人，但毛泽东思想作为一个科学体系，并不能和毛泽东个人思想画等号。由此可见，当时的延安知识分子对毛泽东思想的认识确实存在一定的历史局限性。随后形成的 1945 年《历史决议》虽然从思想路线高度上突出了毛泽东本人的功绩，但“没有专门讲毛泽东思想的全部内容”，因而也是不完整的，也是带有历史局限性的。由此可见，把个人与集体混为一谈，对领袖和党的朴素感情多于理性认识，为新中国成立后马克思主义中国化的曲折发展埋下了隐患，是社会主义建设探索出现失误的一个重要因素。理论的形成和发展必然有一个“实践、认识、再实践、再认识”和由不完善到逐渐完善的过程。因此，在新的历史条件下，1981 年的《历史决议》突破了 1945 年《历史决议》的历史局限，不仅指出毛泽东对中国革命和建设作出的历史功绩，而且客观指出其所犯的错误；不仅把毛泽东的错误剥离出毛泽东思想的科学体系，而且在此基础上重新发展了毛泽东思想。把“破”与“立”有机结合起来，真正做到了解放思想、实事求是，使人们对毛泽东思想的认识趋于一致，从根本上维护了毛泽东思想的历史地位。

有的学者认为，既然 1945 年的《历史决议》有其历史局限性，就存在着还有没有坚持和借鉴的必要问题。答案当然是肯定的。早在 1942 年，毛泽东在《如何研究中共党史》一文中就明确表示历史是一个连续不断的发展过程，不能割断历史，不能用后人所达到的认识水平来苛求前人。习近平总书记也强调指出“不能用今天的时代条件、发展水平、认识水平去衡量和要求前人，不能苛求前人干出只有后人才能干出的业绩”。两个《历史决议》对马克思主义中国化历史经验的总结把历史的过去、现在和未来连接在一起，揭示了马克思主义中国化两个历史时期的正确关系，突出反映了我们党对毛泽东思想的核心地位所采取的一以贯之的科学态度，从而坚持了毛泽东思想作为中国化马克思主义的科学性、连续性和整体性。与此同时，苏联解体的经验教训也是值得我们所警惕的。众所周知，苏联失败的一个重要原因就是简单否定历史所造成的，尤其是苏共二十大对斯大林的全面批判，把《简明教程》列为“斯大林个人崇拜的百科全书”加以全盘否定，使苏联青年一代对苏联革命历史产生怀疑，进而怀疑到共产党的领导和社会主义制度。因此，俄罗斯教育部于 2004 年在重新反思历史的基础上再版了《简明教程》，运用马克思主义的立场、观点和方法对苏联历史作出了合乎实际的全面、客观的评价。所以，对 1945 年的《历史决议》不能简单地否定，要肯定其在马克思主义中国化进程中的历史贡献，对其作出实事求是的评价。

四、两个《历史决议》树立与维护毛泽东思想的主要经验

中国共产党自成立之初就致力于推进马克思主义的中国化，并在这个历史进程中产生了许多具有中国特色的宝贵的实践经验，这些经验集中体现在党的重要文献中。正是通过两个《历史决议》所总结的马克思主义中国化的历史经验，才使毛泽东思想作为适合中国需要的理论得到客观公正的评价，从而在历史经验的研究中理解其历史作用和深远意义。

1. 以马克思主义为指导原则树立与维护毛泽东思想

习近平总书记在 5 月 17 日召开的哲学社会科学工作座谈会上意味深长地指出：“坚持以马克思主义为指导，是当代中国哲学社会科学区别于其他哲学社会科学的根本标志，必须旗帜鲜明加以坚持。”旗帜问题至关重要，旗帜指引着方向，旗帜指引着未来。中国共产党自 1921 年成立以来就把马克思主义作为一切工作的方针而旗帜鲜明地加以坚持。之所以会选择马克思主义，是因为马克思主义揭示了人类社会发展的一般规律，

是“放之四海而皆准”的普遍原理，契合了中国近现代化的实际需求，是随着时代、实践和科学的发展而不断发展的理论体系。因此，只有把马克思主义的实际运用随时随地以具体的历史条件为转移，与中国的具体情况相结合，在实践中不断发展，才能显示其强大的生命力。

两个《历史决议》正是在牢牢把握马克思主义的实践本质基础上，站在马克思主义科学理论的高度，通过对以往历史经验的总结，观察和研究中国革命和建设中出现的问题，从而围绕毛泽东思想指导地位的确立这一中心议题展开。1945 年《历史决议》从政治上、军事上、组织上、思想上对历次“左”右倾错误的揭露和剖析反衬出毛泽东思想的基本轮廓和基本内容，论证了毛泽东思想的根本价值所在。1981 年《历史决议》所要解决的最根本的问题就是回到毛泽东思想的科学轨道上来，统一对毛泽东思想共识的凝聚，并以此为“标杆”不断探索中国特色社会主义的道路与规律，从而催生了适合中国国情的科学理论——邓小平理论的诞生，这是中国共产党从胜利走向胜利的理论基础。因此，两个《历史决议》作为坚持马克思主义指导原则的典范，反映了马克思主义与中国实践日益结合，排除万难，不断创新的历史。所以，必须坚持马克思主义的指导原则，坚持走马克思列宁主义与中国实践结合的正确道路，在此基础上不断地推动理论创新，从而实现中华民族伟大复兴的“中国梦”。

2. 以实事求是为思想路线树立与维护毛泽东思想

思想路线是一个政党制定路线、方针、政策的思想方法，关乎整个党的事业的兴衰成败，具有先导作用与启迪意义。把“实事求是”作为中国共产党的思想路线是在深刻总结历史上“左”右倾错误的斗争经验中逐渐形成和确立的。从一定程度上讲，中国共产党人创造性地运用毛泽东思想作为马克思主义的世界观和方法论去分析中国问题和解决中国问题的思想成果，就是在坚持贯彻实事求是思想路线的基础上不断突破旧的思想和观念从而达到不断创新发展的过程。

两个《历史决议》作为连接起马克思主义中国化整个发展历程的重要节点，不仅在总结历史经验的基础上反映了实事求是思想路线经历了否定之否定的曲折发展历程，而且反映了在实事求是的思想路线基础上不断丰富和发展的毛泽东思想的历史轨迹，彰显出中国共产党人在坚持实事求是的思想路线的指导下，不断推进马克思列宁主义在中国的理论创新。理论创新的首要任务和根本价值取向要求中国共产党人必须从实际出发，在实践中检验和发展理论。只有这样才能坚持正确的方向，推进马克思主义中国化的持续前进。两个《历史决议》对历史经验的总结正是中国特定时代条件下的产物，虽然它们是党在不同历史时期对自身历史的不同叙述，但都是围绕毛泽东思想这一主题展开，尤其是通过思想路线推进马克思列宁主义在中国的理论创新，完成了历史所赋予它们的任务，对马克思主义中国化的发展产生了不可估量的影响。两次拨乱反正，两个《历史决议》，体现了实事求是思想路线在马克思主义中国化进程中的重要性。此后，中国共产党一直秉承这个基本准则，把实事求是思想路线贯穿于中国特色社会主义的全过程，使中国的面貌焕然一新。由此可见，在中国共产党的发展历程中,如果从实事求是出发,马克思主义中国化前进的道路就会一帆风顺,如果不从实事求是出发,马克思主义中国化就会停滞不前。因此,要在深刻总结历史经验的基础上真正做到"靠马克思列宁主义的真理吃饭,靠实事求是吃饭,靠科学吃饭。"

3. 以"坚持真理、修正错误"为根本立场树立与维护毛泽东思想

中国共产党作为马克思主义的政党,是用科学理论武装起来的先进政党,是勇于坚持真理、修正错误的政党。只有坚持真理、修正错误,才能坚持人民的利益高于一切。正如毛泽东所指出:"共产党人必须随时准备坚持真理,因为任何真理都是符合人民利益的;共产党人必须随时准备修正错误,因为任何错误都是不符合人民利益的。"作为马克思主义具体化的毛泽东思想是经过中国革命和建设实践检验确认的中国化马克思主义的科学理论,反映了客观世界和社会发展的规律,符合人民群众的根本利益,是在我们党对历史经验的深刻总结中体现出来的。

两个《历史决议》正是党在不同时期运用"坚持真理、修正错误"这一根本立场和重要原则下总结历史经验的典范之作,使马克思主义中国化在过去、现在和未来实现了完满的衔接。从两个《历史决议》的形成过程来看,它们在起草之前都有一个思想解放的过程,都是通过思想斗争剖析了在马克思主义中国化进程中产生的"左"右倾错误,并在形成过程中通过广大党员干部广泛的集体讨论,反复修改,采用了批评与自我批评的方式,逐步修正了错误的认识,在修正错误的认识中提升了对毛泽东思想的认知,达到了一种思想的共识,从而通过一种党史文本的方式固定了中共党内的成果。虽然对毛泽东思想的认知经历了不完善到完善的发展过程,但正如马克思指出:"最好把真理比作燧石,它受到的敲打越厉害,迸发出的火花就越灿烂。"正是中国共产党在总结历史经验的基础上,在反思历史的过程中达到了思想认识的巨大飞跃,用毛泽东思想掌握了中国革命和建设的正确航向,克服了思想上的盲目性。

马克思曾指出:"对人类生活形式的思索,从而对它的科学分析,总是采取同实际发展相反的道路。这种思索是从事后开始的,就是说,是从发展过程的完成的结果开始的"。这种"从事后思索"的思维方法论,就是要求人们把现实实践作为事物发展的逻辑起点,追本溯源去探讨过去的历史,从而在探寻的过程中把握事物的真相,以达到重新审视和评估历史的作用。党的重要文献正是"从后思索"思维方法论最好的体现方式。它在立足现实实践的基础上,回看马克思主义中国化的发展历程,在过程中追寻事物的"真相",从而使实践中的智慧得到系统的总结,进而提升到理论,成为马克思主义中国化理论建构的重要来源,为马克思主义中国化作出了重要而又独特的贡献。由此观之,两个《历史决议》对毛泽东思想的树立与维护不但是马克思主义在中国的继承与发展,为中国广大的贫苦大众提供了翻身求解放的思想武器,而且为确立中国社会主义现代化建设奠定了根本的政治前提和理论基础。正是由于两个《历史决议》对毛泽东思想的正确总结和评价,才能使马克思主义中国化能够持续、健康、稳定地向前推进。

(作者单位:湖南大学马克思主义学院)

毛泽东民主思想对民粹主义的三重超越

赵士发　郑棪方

近些年来,民粹主义成为学界讨论的热门话题。在国内外,人们使用这一词语去指称各种社会现象,这使民粹主义一时成为世界性的社会思潮。在新的历史语境下,有人甚至将毛泽东的民主思想与民粹主义混为一谈,这就不能不引起中国马克思主义学界的重视。本文拟在厘清不同语境下民粹主义实质内涵的前提下,分析毛泽东民主思想对民粹主义的三重超越,以就教于学界同仁。

一、不同语境下的民粹主义

今天,民粹主义已经成为一个使用十分混乱的词语,有人用它指称美国总统特朗普的政策和思想,有人用它指代当今中国社会存在的仇富心理,还有人用它描述毛泽东领导的"文化大革命"等。究竟何为民粹主义?其实学界关于这个词语并没有一个统一的定义,它在不同的语境下具有不同的含义。

在西方语境中,民粹主义是与精英主义对立的平民主义,即对平民利益的捍卫,是一个较为含糊的非阶级性概念。但在实践中它却变成了资本用以实现自身统治意志的政治意识形态。对民粹主义,英国《不列颠百科全书》给出的解释是,一种捍卫平民利益的政治纲领或行动,通常与精英主义(elitism)相对立,以反对大商业大金融的利益为目标指向。但在资本主义国家,民粹主义通常被政客用作攻击对手的意识形态符码。贴上民粹主义的标签意味着对知识分子、对理性和秩序的否定。民粹主义甚至被妖魔化为反对大商业大金融的暴民运动,意味着社会动荡不安。由于平民、精英、理性、大商业等概念本身不很清晰,民粹主义这一概念在西方使用十分宽泛,含义是十分模糊的,有时它被用于同极权主义、纳粹主义、共产主义相提并论。

在马克思主义的语境中,民粹主义的含义是相对清晰的,它是一种非马克思主义的社会革命理论。从马克思恩格斯到列宁斯大林,再到毛泽东都明确批判过民粹主义,尤以列宁对俄国民粹主义的批判最为系统和尖锐。追溯民粹主义这一概念的起源,它首先产生于19世纪中期的俄国,当时的俄国资本主义并不发达,农奴制又出现了严重危机。在这样的国情下,一批以赫尔岑、车尔尼雪夫斯基等为代表的知识分子,主张依靠俄国农民,通过村社跨越资本主义社会发展阶段而直接建设完全的社会主义社会。他们宣扬农民是"本能的共产主义者"和"天生的革命者",是俄国革命的主要力量。可见,马克思主义语境下,民粹主义主要是指在无产阶级革命运动中出现的,主张不依靠无产阶级而直接依靠农民领导社会主义革命,不经过资本主义的发展阶段、在小农经济基础上走向社会主义社会的一种思潮。民粹派的主张是非马克思主义的,列宁在批判俄国民粹派时尖锐地指出，“他们总是以真正‘人民之友’的思想和策略的表达者自居，其实他们是社会民主党最凶恶的敌人。”

在中国语境中，民粹主义一词被用得十分混乱。中国学界对民粹主义概念的使用受到西方与马克思主义双重语境的影响。毛泽东从20世纪40年代以后，先后多次批判过俄国民粹主义，主张把马克思主义和民粹主义区别开来。20世纪60年代，美国学者莫里斯·迈斯纳在其文章《列宁主义和毛泽东主义：中国马克思列宁主义的若干民粹主义观点》中率先提出了“民粹主义的影响将成为毛泽东主义解释马克思主义的一个不可缺少的组成部分”的看法。在此之后，国外相继出现本杰明·史华慈、施拉姆等学者针对这一问题发表观点，他们也认为毛泽东思想中带有明显的民粹主义色彩。20世纪晚期，胡绳的《社会主义和资本主义的关系：世纪之交的回顾和前瞻》这一文章的发表，使得国内针对这一问题产生了较为激烈的讨论。在这篇文章中，胡绳同样选择俄国民粹主义作为比较对象，认为“毛泽东曾染上过民粹主义色彩”。学界当时针对胡绳这一文章涌现出多种不同的声音，有些学者如沙健孙反对胡绳的观点，认为毛泽东是坚定的马克思主义者，从未有过民粹主义思想；有些学者如何诚赞同胡绳的观点，认为毛泽东在社会主义建设时期犯下的错误是具有民粹主义色彩的。国内学界关于民粹主义的看法较为复杂，至少有如下几层含义，并各有体现：一是与精英主义相对的平民主义，如对改革开放以来仇富心理的看法；二是与民主相对的暴民运动与平民专政，如对中国革命与“文化大革命”的看法；三是排外的狭隘民族主义，如对文化保守主义的看法；四是不经过资本主义而过渡到社会主义的跨越论思想，如对十月革命的看法。

正是由于国内外学界对民粹主义的看法繁多，不同语境下的民粹主义含义各不相同，人们关于毛泽东民主思想与民粹主义的关系看法显得十分混乱，有必要对二者进行深入比较研究。纵观国内外关于毛泽东思想和民粹主义的讨论，笔者注意到无论是西方还是中国学者所谈论的民粹主义都是俄国民粹主义。比较毛泽东的民主思想和民粹主义，“是就它们某些独自显露出来的、相似的革命思想方法和具有某些共同的问题和困境而言的”。笔者之所以选择俄国民粹主义作为比较对象，主要基于以下几点原因：第一，民粹主义这一概念最早起源于俄国，俄国民粹主义拥有民粹主义的最典型形态。早在19世纪中后期，俄国就成为了历史上的第一波民粹主义浪潮的发生地，对后续的民粹主义产生着持久深远的影响。第二，俄国民粹主义产生时的背景与中国当时所处环境有一定的相似性，民粹主义产生时的俄国正处于农奴制危机，资本主义尚不发达，穷苦被压榨的农民占据俄国人口的大多数，一部分知识分子涌起，期待带领俄国农民做出社会的变革。而当时毛泽东思想产生发展的背景同样也是中国处于资本主义生产关系发展的薄弱阶段，面临着独立和发展的两大问题，占据中国大部分人数的农民有获取土地和改变地位的迫切需求。以毛泽东同志为核心的第一代中央领导集体重视人民、依靠人民，通过走群众路线完成了社会主义革命和社会主义建设。第三，在对待资本主义的态度上，俄国民粹主义不同于其他民粹主义，俄国民粹主义仇视资本主义，从根本上否定资本制度。而毛泽东对待资本主义的态度变化也成为学界讨论毛泽东思想和民粹主义关系的一个重要判别标准。

笔者依旧打算延续先前学界讨论，将俄国民粹主义视为比较对象，而选择毛泽东民主思想同俄国民粹主义比较的原因是：毛泽东民主思想是毛泽东关于人民思想的汇总与概括，强调重视人民、依靠人民、实现人民当家作主；俄国民粹主义推崇信仰人民、把人民置于核心诉求地位、关注人民的作用。如果就其对人民的态度上来看，很容易混淆二者。笔者试图多方面，从更宽广和更深度的层次探讨毛泽东民主思想与俄国民粹主义的不同，并针对学界质疑毛泽东民主思想包含民粹主义的声音给出自己的见解。下文我们从理论基础、实质内容、实践结果三方面分别来对比毛泽东民主思想和俄罗斯民粹主义。

二、毛泽东民主思想与民粹主义的理论基础

唯物史观和唯物辩证法是毛泽东民主思想的两大理论基石和理论源头，也正如此，毛泽东民主思想实现了对俄国民粹主义理论基础上的超越。

1. 唯物史观对唯心史观的超越，群众史观对英雄史观的超越

俄国民粹主义认为俄国可以跨越社会发展的资本主义阶段，直接过渡到社会主义。究其背后的理论基础，是因为他们总体上是历史唯心主义，民粹主义认为："历史只有在思维活动的影响下才会产生"，思想在社会发展中起决定作用，他们不承认社会发展的规律，"相信历史并无预定式样，并无'脚本'"。他们否认社会主义发展要有相对应的经济前提，认为何时何地都能够建立社会主义社会。他们试图借用村社这一古老的俄国生产组织到达社会主义，带有明显的空想社会主义色彩，俄国民粹主义这种"向后看而非向前看"的方式不符合社会发展的自身规律。

此外，俄国民粹主义遵循的是个人创造历史的唯心主义英雄史观，认为英雄在历史的整体进程中处于主导的地位。他们认为"思维只有在个人身上才是现实的"，"社会的进步是靠具有批判思维的个人取得的，没有他们，肯定不会有进步；没有这些人传播进步的愿望，进步也是极不稳固的"。俄国民粹主义否认人民创造历史，将人民视为"群氓"，认为正是具有"批判思维能力的个人"推动了历史的进步。

不同于俄国民粹主义，毛泽东继承马克思主义的唯物史观，并通过不断总结和概括中国革命与建设的实际经验，创造性地构建了独具特色的唯物史观，毛泽东的民主思想的形成也正是建立在唯物史观的基础上，因此也超越了俄国民粹主义。

"社会实践"是毛泽东唯物史观的理论基础和逻辑起点。毛泽东把实践视为人类社会产生、存在和发展的基础，并认为人类社会的实践活动具体表现为生产力与生产关系以及经济基础与上层建筑这两大矛盾，这两对矛盾是社会发展的基本矛盾，也是推动社会发展的根本动力。毛泽东认为生产力是最革命的因素、是推动社会变革的决定性力量，而是否有利于生产力的发展是衡量党的路线、方针、政策是否正确的根本标准。毛泽东将民主看作"一种手段"，他谈到："民主属于上

层建筑,属于政治这个范畴。这就是说,归根结蒂,它是为经济基础服务的。”毛泽东将民主视为兼具政治制度和社会意识形态双重属性的上层建筑,民主必须要符合生产力和生产关系的要求。

由此我们看出,相比于俄国民粹主义强调思维的第一性、夸大人的主体作用,否认历史规律的存在,认为可以忽视经济条件通过人的努力由农村公社跨过资本主义社会关系发展阶段直接过渡到社会主义社会这系列观点,毛泽东的民主思想认识到了实践的第一性;社会发展有其基本规律,生产力是社会发展的决定因素,当社会生产力没有发展到一定程度、生产力和生产关系之间矛盾的激烈程度未足以使得矛盾爆发,社会将不会更迭。

同时,毛泽东意识到了作为上层建筑的民主,它会随着经济基础的变化而变化,社会生产力的发展与民主政治制度的建设密切相关。中国跳过资产阶级民主这一阶段,历经新民主主义阶段的民主政治建设,投入到社会主义民主建设之中,正是这一科学理论的实践结果,它既适应生产力发展的必然要求,也符合了社会发展的客观规律。反观俄国民粹主义,在80年代,俄国民粹主义出现巨大危机,很大一部分原因就是因为俄国资本主义及其经济关系得到显著发展、工人阶级作为一支政治力量显露出来,使得民粹主义关于绕过资本主义,“直接过渡到社会主义”的理论受到相当大的质疑和冲击。从而我们可以看出,民粹主义的理论纲领和革命道路未能把握好社会变化发展的形势,当资本主义经济关系在俄国开始发展时,俄国民粹主义中的空想社会主义理论便受到动摇、逐渐丧失了生命力。

与俄国民粹主义遵循个人创造历史的英雄史观不同的是,毛泽东坚持的是群众史观。毛泽东的唯物史观将人视作一切存在中的最高存在者,是作为最基本的实践活动的物质生产活动的产物。人民群众在实践中创造着历史,推动着人类社会发展前进。毛泽东指出:“人民,只有人民,才是创造世界历史的动力。”在中国革命的具体实践中,为了适应革命的需要,毛泽东“民”的内涵是变化的,但是有一点是不变的,那就是依靠人民群众。毛泽东认为,人民群众是民主的主体,在他的唯物史观中,也充分肯定了人民群众的实践主体地位,两者在这一点也是相契合的。俄国民粹主义认为英雄在社会发展中处于主导地位,但同时俄国民粹主义的重要特征之一是信仰和崇尚俄国人民,理论基础在于相信人民、相信人民的力量。这样,俄罗斯民粹主义自身的理论体系就出现了一个矛盾。这种立场的两面性、以及从根本上否认人民群众创造历史的伟大作用使得俄国民粹主义较之毛泽东民主思想是落后的、值得质疑的。

2. 方法论的超越

俄国民粹主义信仰和崇拜人民,在他们看来,俄国人民首先是俄国的农民,农民是社会的主体,是“本能的社会主义者”和“天然的革命者”。即使后来伴随着俄国资本主义经济关系的发展,工人阶级逐渐强大起来,俄国民粹主义也没有完全摆脱早期民粹主义的思想,依然把农民当做革命的主体力量。在此基础上,俄国民粹主义否认只有无产阶级的领导才能进入社会主义,认为只要依靠农民,发展农村公社就可以过渡到社会主义。究其这一观点背后的原因,在于俄国民粹主义缺乏辩证的思维，没有意识到事物是矛盾的统一体，他们看见了俄国农民革命性的一面，却忽视了农民局限性的一面。

俄国民粹主义的理想目标是夺取中央政权，“最终的政治和经济理想是无政府主义和集体主义。”从他们的理想目标可以看出，俄国民粹主义把民主的理想绝对化，把民主主义推向了一个极端，而这样很容易导致的一个结果是：民粹主义很容易最后发展成为跟民主主义截然相反的反民主主义。俄国民粹主义没有认识到民主与集中的辩证关系，只看见了民主与集中的对立性，却未看见二者的统一性。

与俄国民粹主义不同，毛泽东充分地继承和吸收了马克思辩证法的精华，并在中国革命和社会主义建设的实践中不断丰富和创新辩证法思想。毛泽东指出：“事物的矛盾法则，即对立统一的法则，是唯物辩证法的最根本的法则。”在他本人民主思想的形成和发展中，毛泽东也充分运用了矛盾的分析方法，将其辩证法思想注入民主理论中，形成了独具特色的民主辩证法思想，实现了对俄国民粹主义的超越。

不同于俄国民粹主义对农民的过分崇拜，毛泽东民主思想认识到了农民的局限性，始终强调要坚持无产阶级的领导，用马克思主义对农民进行改造。另外，相比于俄国民粹主义对于人民定义的单调性，毛泽东民主思想中的人民内涵却随着形势的变化而不断变化，变化的原因也正是因为毛泽东运用辩证的思维认识到了事物矛盾的变化，认识到了人民的概念具有相对性和历史性的特点。

此外，在对待是否民主与集中只能二选一的问题上，毛泽东认识到了民主与集中辩证统一的关系，二者缺一不可，实现了对俄国民粹主义的超越。毛泽东指出民主是个相对概念，“在人民内部，民主是对集中而言，自由是对纪律而言。这些都是一个统一体的两个矛盾着的侧面，它们是矛盾的，又是统一的，我们不应当片面地强调某一个侧面而否定另一个侧面。”毛泽东将民主集中制视为政府的组织形式，认为民主和集中在表面上看来似乎彼此对立冲突，然而在某种特定的形式上是可以被统一起来的，二者之间并不存在不可打破的壁垒。一方面，真正的人民民主必须广泛地听取群众意见，确保人民群众有足够的自由支持政府、影响政府的政策。“如果不首先发扬民主，不让大家充分发表意见，集中制就建立不起来，即使勉强建立起来，也是空的、假的。”另一方面，这些来自人民群众的意见必须交由政府去执行，行政权力的集中化才能保证政策执行的顺利无阻。如果民主离开集中，很难形成统一的认识和指导，社会主义事业也就很难向前推进。因此，集中必须以民主为基础展开，而民主又必须在集中的指导下进行，两者在民主集中制原则下得以统一。

三、毛泽东民主思想与民粹主义的实质内容

毛泽东民主思想中的民主主体是人民，人民的概念具有相对性、历史性的特点，同时始终坚持无产阶级的领导，从革命实践主体和领导力量上实现了对俄国民粹主义的超越；毛泽东民主思想中坚持群众路线，号召人民直接参与到革命实践中，并坚持对人民的敌人实行专政，从斗争手段上实现了对俄国

民粹主义的超越；毛泽东民主思想认识到了民主发展的阶段性，从阶段认识上实现了对俄国民粹主义的超越。此外，笔者将在革命主体和领导力量的超越以及阶段认识上的超越这两部分里简要谈论下对迈斯纳和胡绳观点的看法。

1. 革命实践主体和领导力量的超越

俄国民粹主义的革命实践主体是人民，他们极度信仰和崇拜人民，认为“在人民中潜藏着社会真理”，“人民是真理的支柱”。俄国民粹主义的“人民”概念主要是指农民，农民是革命的主体力量，只要唤起农民，凭借村社，就可以过渡到社会主义。在涉及到对人民领导的问题上，早期革命民粹主义者认为俄罗斯知识分子和“批判思维的个体”应该到民间去，唤起人民投身到革命斗争中；自由民粹主义不再寄希望于农民革命，但依旧是号召知识分子向人民学习，采取和平的方式为农民谋福利。俄国民粹主义否认无产阶级的领导，寄希望于知识分子唤起农民。知识分子固然有其思维上的先进性，但是俄国当时知识分子的阶级性却使得他们和农民处于一种分割和脱离的状态，他们和农民有相当大的距离，不了解农民的状况，也不为农民所了解，并且，作为当时世世代代被压榨、缺乏文化教育的俄国农民而言，他们对于社会上层、文化人有一种天生的恐惧和敌意。在这样的背景下，企图通过知识分子唤醒农民，注定是失败的。

毛泽东认为民主的主体是人民，不同于俄国民粹主义对人民的单一狭窄诠释，毛泽东民主思想中“人民”的内涵是具体的、历史的，随着社会矛盾的变化而变化的。在抗日战争时期，凡属于抗日，皆属于人民范围；在解放战争时期，凡是反对美帝国主义和官僚资产阶级的都是人民；在社会主义建设时期，凡是支持和参加社会主义建设事业的都是人民。毛泽东民主思想中的民主主体是广泛的、发展变化的，而这也实现了对俄国民粹主义革命实践主体的超越。此外，毛泽东民主思想始终坚持无产阶级的领导，无产阶级之所以能成为中国革命和建设的领导力量，毛泽东最早在《中国社会各阶级的分析》中有说道：“工业无产阶级人数虽不多，却是中国新的生产力的代表者，是近代中国最进步的阶级，做了革命运动的领导力量。”毛泽东认识到了无产阶级是最有觉悟和组织的阶级，只有在无产阶级的领导下，广大人民才能取得革命的胜利和社会主义建设的成功，在领导力量上实现了对俄国民粹主义的超越。

迈斯纳认为毛泽东思想中含有民粹主义色彩，其中很重要的一个论点就是革命实践主体和领导力量。他通过将毛泽东思想分别和列宁主义和俄国民粹主义进行比较，得出毛泽东思想更多具有俄罗斯民粹主义色彩而非列宁主义的结论。在他看来，“毛泽东主义中的民粹主义倾向，是在一种视人民为有组织的整体并赞美他们自发的革命行动和集体潜力的强烈倾向中表现出来的”，而这是列宁从不曾表示过的。对于迈斯纳的这个论点，笔者有两点想法，首先，因为俄国和中国的具体国情不一样，所以毛泽东与列宁的具体革命实践方法也会出现不同，而这正是矛盾的普遍性与矛盾的特殊性相结合原理的体现。马克思主义从来不是千篇一律、一成不变的学说，它是科学的、发展的学说，迈斯纳忽视对当时中国国情的分析，并未充分把握马克思主义理论的实质，而得出毛泽东思想包含民粹主义倾向的结论是草率的。事实上,毛泽东的群众路线正是将马克思主义理论同中国的民主实践相结合的产物,它反映的是中国国情的需要,占据中国绝大多数的农民蕴含着反帝反封建的无穷力量,毛泽东正是把握中国这一具体实际而做出的重视农民、依靠农民的决策是科学的具有指导性和建设性的理论方针。此外,毛泽东在重视人民,赞美人民的同时,从来没有忽视对无产阶级的重视,正如前面所提到的一样,毛泽东始终坚持的一个前提即是无产阶级的领导。

2. 斗争手段的超越

俄国民粹主义的发展先后经历了革命民粹主义阶段和自由民粹主义阶段。革命民粹主义反对沙皇专制统治,在斗争手段上,一方面,他们发动大规模的"到民间去"活动,号召当时同情农奴的俄国青年知识分子到农村去,把革命的社会主义思想宣传给农民,鼓励农民跟他们一起革命;另一方面,俄国民粹派中的一部分成员开展恐怖活动,试图通过暗杀、暴动推翻专制制度。此后的自由民粹主义放弃了推翻沙皇专制统治,转向通过合法斗争改善农民的生产和生活条件。

俄国革命民粹派在人民群众中宣传革命的意识形态,但宣传往往也停留于浮面上,大多宣传者不了解农民的真正需求,往往讲许多社会主义思想的大道理,未能真正深入人民群众,也未能获得广大农民的支持。此外,一部分民粹派企图通过恐怖活动来推翻专制制度更是一种妄想,在专制统治力量依旧强大、民众基础尚未建立时,恐怖活动只会给革命带来危害。

毛泽东在革命实践的过程中,认识到了农民作为民主主力军的巨大力量,以发展农村基层民主来推动全国民主。同样也是选择从农村开始发展民主,但不同于俄国民粹主义倚重教育、文化宣传等只有对文化基础的人产生作用的形式,毛泽东关注的是调动农民直接参与民主革命实践,主张理论和实践要结合起来。为了调动农民直接参与民主革命活动,毛泽东始终坚持群众路线,从农民利益出发来分析问题,真正做到想农民所想,把土地革命作为中国民主革命的基本任务,通过满足农民的土地需求,调动农民参与群众运动的积极性,使农民成为民主解放的中坚力量,从而也实现了对俄国革命民粹主义的超越。

处于俄国民粹主义发展后期的自由民粹主义放弃了反对沙皇封建专制统治的传统,转向采取与沙皇当局协商来改善农民的生产和生活状况,从之前的革命道路转而走向了改良道路。显露了自由民粹主义的软弱性和不彻底性,同时也显现出了自由民粹主义并不是切实代表农民的利益,它代表的是小资产阶级的利益。与俄国自由民粹主义不同,毛泽东民主思想始终代表人民的利益,对待人民的敌人坚持实行专政,不妥协、不屈服,坚持通过革命运动推翻了压在人民头上的三座大山,实现了对俄国自由民粹主义的超越。

3. 阶段认识上的超越

俄国民粹主义厌恶资产阶级,对资本主义充满恐惧,主张通过村社绕过资本主义,直接过渡到社会主义。"所谓民粹主义,就是要直接由封建经济发展到社会主义经济,中间不经过发展资本主义的阶段。俄国的民粹派就是这样。当时列宁、斯大林的党是给了他们以批评的。最后,他们变成了社会革命党。他们'左'得要命,要更快地搞社会主义，不发展资本主义。结果呢，他们变成了反革命。布尔什维克就不是这样。他们肯定俄国要发展资本主义，认为这对无产阶级是有利的。”

与俄国民粹主义不同，毛泽东认为中国不能直接从封建社会过渡到社会主义社会，他强调“中国革命不能不做两步走，第一步是新民主主义，第二步才是社会主义。”同样，在对待民主问题上，毛泽东认为民主发展是随着社会经济政治制度的变化而变化的。毛泽东在《论联合政府》有这样说道：“没有一个由共产党领导的新式的资产阶级性质的彻底的民主革命，要想在殖民地半殖民地半封建的废墟上建立起社会主义社会来，那只是完全的空想。”因此，作为革命产物的民主制度也是要分阶段的，不能随意超越阶段。毛泽东看见了民主进程的阶段性，从阶段认识上实现了对俄国民粹主义的超越。

胡绳认为毛泽东曾染上民粹主义色彩的一个重要理由是毛泽东晚期在阶段认识上的失误，主要体现在毛泽东在社会主义经济建设期间提出的“一张白纸说”，“一张白纸没有负担，好写最新最美的文字，好画最新最美的画图”。在资本主义生产关系尚不发达，经济基础还未发展到向社会主义过渡的情况下，毛泽东认为阶级矛盾成为国内主要矛盾，发出了社会主义革命的号令，主张消灭资本主义，走向社会主义。毛泽东对新民主主义阶段形势的错误判断成为后来学者抨击的主要攻击点。在笔者看来，首先，评判毛泽东思想不可片面孤立化，毛泽东思想由各个阶段思想充实发展而成，以毛泽东具体某一时期的思想代替毛泽东整个思想体系从而进行评价概括，这种方法缺乏整体的视角，未免在结果上片面化，正如前面所提到的，毛泽东有正确认识到社会发展的阶段性，并提出了新民主主义理论，这是异于并且超越俄国民粹主义的。其次，当我们评价某一事物的时候，务必要联系事物所处的具体实践，毛泽东“一张白纸说”的提出背景是19世纪60年代农业、工业均处于落后的中国，当时的中国需要对于未来步向社会主义坚定的信心和勇气，对于经历抗日战争和解放战争的疲惫的中国人民而言，他们迫切需要一个摆脱压迫和剥削、能够满足基本需求和拥有一个美好未来的社会环境的存在，虽然毛泽东的“一张白纸说”在一定程度上急于求成，对当时形势做出了错误判断，但是在当时坚定了人民对社会主义的信心，给人民指明了社会前进方向，鼓励了人民去投身新中国建设。最后，依旧是回到阶段认识上来，俄国民粹主义寄希望于村社这古老的生产组织形式跨越资本主义社会过渡到社会主义社会，不同于俄国民粹主义“向后看”，毛泽东提出的是“向前看”的思想方针，无论是农业合作化还是大跃进活动，即使方式上存在过失，但都是旨在生产组织方式上的变革达到生产力发展的目的，这些都是对俄国民粹主义的超越。

四、毛泽东民主思想与民粹主义的实践结果

无论是俄国民粹主义还是毛泽东民主思想，都是出自对现状的不满，期望能够改变人民受剥削和压制的生活现状、国家处于危机的困境，希望能够使自己国家走向社会主义。但二者的实践结果却不尽相同，毛泽东民主思想获得了成功，而俄国民粹运动却以失败

告终,毛泽东民主思想从实践结果上来看也完成了对俄国民粹主义的超越。

俄国民粹主义是俄国历史上一场影响深远的活动,不可否认,俄国民粹主义宣传的人民至上、资本主义批判、理想主义思想对于当时的俄国乃至现在的世界都有巨大的启示作用。但从俄国民粹主义最终的实践结果来看,民粹主义运动是失败的,俄国民粹主义在俄国历史上未能付诸实践,更多地表现为是一种激进的社会思潮,而当马克思主义思想在俄国兴起时,也就彻底意味着俄国民粹主义的失败。

与俄国民粹主义不同,毛泽东民主思想的实践结果是成功的。在毛泽东民主思想的指导下,中国共产党通过走群众路线领导广大人民进行革命斗争先后获得抗日战争和解放战争的胜利,使中国人民摆脱了被剥削、被压榨的命运,建立了独立自主的社会主义性质的新中国。在新中国成立之后,依旧是在毛泽东民主思想的指导下,确立了我国人民民主专政的国家体制和人民代表大会的政治体制,确定了人民当家作主的地位,通过直接民主和间接民主相结合的方式切实保障人民群众的民主权利。毛泽东的民主思想成为中国特色社会主义民主政治建设的理论基础,为中国的民主政治建设指明了方向。毛泽东民主思想被实践证明了适合中国的革命和建设,而这也完成了对俄国民粹主义的超越。

通过比较俄国民粹主义和毛泽东民主思想的理论基础、实质内容、实践结果三个方面,我们可以认识到,毛泽东民主思想超越了俄国民粹主义,是更加科学和先进的理论。毛泽东民主思想是马列主义民主理论的普遍规律与中国具体国情相结合的光辉典范,我国当前民主政治建设中,应继续坚持毛泽东民主思想的指导,不断完善我国的民主政治建设。广大人民群众也应该认识到我国人民民主相比于民粹有着不可比拟的优越性,自觉抵制民粹主义的侵蚀。

(作者单位:武汉大学哲学学院)

从全面小康看毛泽东防止两极分化思想的时代价值

王立胜

到2020年全面建成小康社会是党的十八大确定的“两个一百年”的奋斗目标之一。全面建成小康社会必须贯彻习近平总书记提出的新发展理念。新发展理念倡导的“协调发展”“共享发展”理念对全面建成小康社会至关重要，防止两极分化应该贯串全面建成小康社会全过程。在这个历史背景下，重新学习毛泽东关于防止两极分化的思想十分必要。

一、防止两极分化是全面建成小康社会的题中应有之义

中国共产党作为执政党的根本执政目标是最大限度为人民群众谋利益，人民利益是党的工作的出发点和落脚点。在领导中国人民进行经济建设、发展生产力的过程中，防止贫富差距拉大尤其是防止两极分化始终是党的政策的重要关注点。全面小康的政策目标本身就内含防止两极分化的思想导向。

（一）全面小康的社会主义性质决定了在建成全面小康过程中必须防止两极分化

我们要建成的全面小康不是别的小康，是社会主义的全面小康，这是与资本主义小康和历史上其他社会形态下小康的本质区别。这就决定了全面小康必须体现社会主义的本质，对此，邓小平曾讲，“不坚持社会主义，中国的小康社会形成不了”。也就是说，全面建成小康就是一个坚持社会主义道路，不断实现社会主义本质，人民生活水平逐步普遍提高的社会发展过程。

追求共同富裕，防止两极分化是社会主义本质的具体体现。邓小平明确指出：“社会主义不是少数人富起来，大多数人穷，社会主义最大的优越性是共同富裕，这是体现社会主义本质的一个东西。”“社会主义与资本主义不同的特点就是共同富裕，不搞两极分化。”这样，全面小康必须以消灭剥削、消除两极分化，最终达到共同富裕为目标。

（二）全面小康的全面性决定了我们追求的是多领域均衡协同发展、不分地域、不让一个人掉队、不断发展的小康社会

全面小康，核心就在全面。这可以从三个方面来看。

一是从习近平总书记系列重要讲话精神的逻辑结构来看，“四个全面”作为实现中华民族伟大复兴中国梦的战略布局和战略举措，突出体现了发展和治理的系统性、整体性和协同性，其着重点和着眼点都在全面上。

“四个全面”战略布局是一个密不可分的有机整体，其中全面建成小康社会是目的，其他“三个全面”是手段。对于“四个全面”的内在联系，习近平总书记曾经指出：“全面建成小康社会是我们的战略目标，全面深化改革、全面依法治国、全面从严治党是三大战略举措。”也就是说，“四个全面”的总和是战略总体的全面，其中既有目标又有举措，既有全局又有重点，各个“全面”又都有自己的目

标、重点和途径。“发展是时代的主题和世界各国的共同追求,改革是社会进步的动力和时代潮流,法治是国家治理体系和治理能力现代化的重要保障,从严治党是执政党加强自身建设的必然要求。四者不是简单并列关系,而是有机联系、相互贯通的顶层设计。建成小康社会、焕发改革精神、增强法治观念、落实从严治党,‘四个全面’的主线,勾绘出的是社会主义中国的未来图景。”在“四个全面”中,“全面建成小康社会”是目标,是“一鸟”,是“一车”,“全面深化改革”和“全面依法治国”,是“鸟之两翼、车之两轮”,“全面从严治党”是根本组织保障。正是因为有了“建成小康社会”的全面的要求,才有了随之而来的其他“三个全面”。

二是从改革开放的进程来看,把“全面”确定为“小康社会”的核心目标要求是历史的必然,是我们党在带领全国人民奔小康的过程中,对小康内涵的认识不断深化、小康实践不断拓展,从而推动小康目标不断升级的必然结果。

1979 年 12 月 6 日,邓小平在会见日本首相大平正芳时首次使用了“小康”概念,并提出了在 20 世纪末我国达到“小康社会”的构想。1984 年 3 月 25 日,邓小平在与日本首相中曾根康弘的谈话中明确提出了“小康社会”的概念,并将它称为“新概念”:“翻两番,国民生产总值人均达到八百美元,就是到本世纪末在中国建立一个小康社会。这个小康社会,叫做中国式的现代化。翻两番、小康社会、中国式的现代化,这些都是我们的新概念。”从此以后,对小康社会的理解,突破了描述生活水平的界限,小康社会成为一个更加具有理论内涵的描述中国现代化发展战略的、体现经济和社会全面协调发展的新概念。

党的十二大正式引用了这一概念,并把它作为 20 世纪末的战略目标。1997 年江泽民在党的十五大报告中提出了“建设小康社会”的历史新任务。按《全国人民小康生活水平的基本标准》指标测算,到 1999 年我国总体已走完温饱阶段 94.6% 的路程,2001 年我国人均 GDP 突破 900 美元,实现了总体小康的目标。但是,总体小康是低水平的、不全面的、发展很不平衡的小康。所谓低水平,就是虽然我国经济总量已经达到一定规模,但人均水平还比较低。所谓不全面,就是当时的小康基本上还处于生存性消费的满足,而发展性消费还没有得到有效满足,社会保障还不健全,环境质量还有待提高。所谓发展很不平衡,是指地区之间、城乡之间,发展水平差距不小。

要推进小康社会建设,超越低水平、不全面、不均衡的小康阶段,我们建设小康社会的目标就必然升级为全面小康。在总体小康实现后,全面小康就理所当然地成为新目标。进入 21 世纪,随着总体小康的实现,我国的小康建设也进入了一个新阶段,这就是由实现总体小康升级到建设全面小康的阶段。

在这种形势下,2002 年党的十六大提出了到 2020 年全面建设小康社会的奋斗目标,并作出具体的战略部署。经过 10 年的努力,到 2012 年,全面建设小康社会取得巨大成就。

党的十八大在总结 10 年经验的基础上提出了全面建成小康社会的新的战略任务,以习近平同志为核心的党中央将全面建成小康社会作为党确定的“两个一百年”奋斗目标的第一个百年奋斗目标,无论在认识上还是行动上都更加自觉。

由20世纪末的总体小康到21世纪头10年的全面建设小康再到21世纪第二个10年的全面建成小康，小康目标要求也由不均衡、不全面到比较均衡比较全面再到完全均衡和真正的全面，小康目标体系不断升级，如果说总体小康是1.0版（1979～2000），那么本世纪头10年的小康目标就是2.0版（2001～2010），第二个10年尤其是十八大以来的小康是3.0版（2011～2020）。可见，全面小康是我们党在改革开放进程中，在建设小康的实践中，遵循认识逻辑和实践逻辑，对小康目标进行不断探索和升级的必然结果。

三是从党的十八届五中全会的精神来看，会议所提出的"五大发展理念"，尤其是其中的"协调发展"和"共享发展"的理念正是强调了"全面"的精神实质，并将这种精神贯彻在《中共中央关于制定国民经济和社会发展第十三个五年规划的建议》中，这是在实际操作层面解决发展的不平衡、不协调和不可持续问题，也就是实现发展的"全面"问题。

这一点从习近平在中共十八届五中全会上关于《中共中央关于制定国民经济和社会发展第十三个五年规划的建议》的说明中可以看到。大家一致认为，建议稿体现了"四个全面"战略布局和"五位一体"总体布局，反映了党的十八大以来党中央决策部署，顺应了我国经济发展新常态的内在要求，有很强的思想性、战略性、前瞻性、指导性。建议稿提出创新、协调、绿色、开放、共享的发展理念，在理论和实践上有新的突破，对破解发展难题、增强发展动力、厚植发展优势具有重大指导意义。建议稿坚持问题导向，聚焦突出问题和明显短板，回应人民群众诉求和期盼，提出一系列新的重大战略和重要举措，对保持经济社会持续健康发展具有重要推动作用。可以说，十八届五中全会的建议就是针对这些年全面小康社会建设过程中的一些"不全面"发力的。无论是"新发展理念"的确定，还是"聚焦突出问题和明显短板"的要求，都明确体现了这方面的特点。

全面建成小康社会的核心在于"全面"，这个"全面"具体体现在哪些方面呢？

第一，从领域来看，"全面"首先表现在涉及的领域是全面的，是经济、政治、文化、社会、生态文明建设五位一体的全面小康。具体来说，我们要建成的全面小康，是"干部清正、政府清廉、政治清明""找到全社会意愿和要求的最大公约数"的全面小康；是"破除城乡二元结构，建设农民幸福生活的美好家园"的全面小康；是"国家物质力量和精神力量都增强，全国各族人民物质生活和精神生活都改善"的全面小康；是"让人民群众在每一个司法案件中都感受到公平正义"的全面小康，是"望得见山、看得见水、记得住乡愁"的全面小康，领域的全面性集中体现于发展中国特色社会主义事业五位一体总体布局。

第二，从区域来看，全面小康的"全面"体现在到2020年全国各个地区都要迈入小康社会，不是一部分地区进入小康社会，而其他地区还处在贫困状态。尽管这个过程有先有后，有快有慢，但是，在整个社会经济持续健康发展的情况下，通过产业接替、结构转型升级，区域间的发展差距越来越小，所有地区按时全面建成小康社会。

第三，从人群来看，"全面"体现在覆盖的人群是全面的。它是不让一个人掉队的全面小康。

概括起来,就是各领域全面发展、各地区全面发展、各人群全面发展,消除各行业、各区域、各个人群之间的发展差距,防止出现两极分化,最终达到共同富裕。

(三)小康社会的人本性决定了全面小康必须以人为本、全面满足最广大人民群众物质文化需要和实际利益

全面小康是以人为本的小康,以人为本是小康社会的核心理念、本质要求和重要保证。其根本目的是实现最广大人民群众的利益。全面小康是“以实现人的全面发展为目标,从人民群众的根本利益出发谋发展、促发展,不断满足人民群众日益增长的物质文化需要,切实保障人民群众的经济、政治和文化权益,让发展的成果惠及全体人民”。习近平说:“我们将坚持以人为本,全面推进经济建设、政治建设、文化建设、社会建设、生态文明建设,促进现代化建设各个方面、各个环节相协调,建设美丽中国。”这些论述都是对全面小康人本性的突出强调。

坚持以人为本,就是要把人的全面发展视为全面小康的价值目标,始终把最广大人民群众的根本利益作为一切工作的出发点和落脚点,把促进人的全面发展贯穿于全面小康建设的全过程,落实到经济、政治、文化、社会建设的各方面,推进人的自然素质、社会素质和精神素质共同提高。具体来说,一是要尽快地使全国人民都过上殷实的小康生活,并不断向更高水平前进。二是要充分发挥人民群众的主观能动性和伟大创造精神,保证人民群众依法管理好自己的事情,实现自己的愿望和利益。三是要努力提高全民族的思想道德素质和科学文化素质,实现人们思想和精神生活的全面发展。四是要促进人和自然的协调与和谐,使人们在优美的生态环境中工作和生活。也就是在物质生活、精神文化和自然生态等方面,全面发展,共有共享,不断缩小现有差距,防止出现两极分化。

(四)小康社会的均衡性决定了全面小康必须不断缩小行业、地区和人群之间的差距,最终实现共同富裕

全面小康是均衡发展的小康,是社会各个领域如经济、社会、文化、生态的整体推进,是不同区域、行业和人群的均衡发展。由于我国各地区自然环境、资源条件、经济基础、文化背景存在着极大差别,地区之间的发展不均衡,加之我们是在非均衡发展的基础上实现总体小康目标的,而依靠非均衡发展实现的总体小康是低水平、不全面、不均衡的。仅仅是温饱有余,解决了衣食问题,在住房、交通、教育、医疗、卫生、环境等方面还有很大差距,东西之间、城乡之间、贫富之间还存在着很大的差距。要建成全面小康,我们的发展战略必须从原来的非均衡发展转向均衡发展,着重解决城乡之间、区域之间、阶层之间发展的不平衡,缩小地区经济发展差距,改变东、中、西部发展不平衡的状况,改变城乡二元经济结构,缩小城乡经济发展差距。其着眼点就在于消除局部贫困、少数贫困,在使贫困人口首先解决了温饱问题的基础上,进而达到小康生活水平,使全国人民走向共同富裕。

实现均衡发展,体现了社会主义本质要求,反映了中国最广大群众的最根本利益,体现了社会主义制度的优越性。

总之,无论是社会主义的本质要求,还是全面小康的全面性、人本性和均衡性,决定了全面小康是惠及最广大人民的、协调发展、共同富裕的小康，防止两极分化是全面小康的题中应有之义。

正因如此，邓小平反复强调，在小康社会建设中要防止出现贫富不均、贫富差距，要防止两极分化，不能出现两极分化。他指出："我们是允许存在差别的。像过去那样搞平均主义，也发展不了经济。但是，经济发展到一定程度，必须搞共同富裕。""如果搞两极分化，情况就不同了，民族矛盾、区域间矛盾、阶级矛盾都会发展，相应地中央和地方的矛盾也会发展，就可能出乱子。"他把"消除两极分化"提到社会主义本质的高度来把握。

可见，在邓小平的小康社会构想中，根本的方向是社会主义的，根本的目的是通过先富带动后富来激发各阶层的积极性发展生产力，但必须防止两极分化，实现共同富裕。全面小康是不能容忍两极分化存在的，如果出现了两极分化，那就意味着我们走到了邪路上去了。

二、防止在建成全面小康社会进程中"两极分化自然出现"

经过21世纪头10年的奋斗，全面建设小康社会取得重大进展。但是，全面建设小康社会存在的问题也是显而易见的。这表现在全面小康社会实现程度区域差距很大，东部地区为88.0%，中部地区77.7%，西部地区71.4%，东北地区82.3%。从10年来的年平均增长速度来看，东部地区增幅最高，提高23.7个百分点，中部地区次之，提高22.1个百分点，东北地区再次之，提高22.0个百分点，西部地区最低，提高18.2个百分点。同时，产业结构不合理，农业基础薄弱，资源环境约束加剧。

那么，如何看待这些差距，在全面建设小康社会过程中，会不会出现我们不希望看到的"两极分化"？目前是否已经出现了"两极分化"？对这个问题，理论界存在两种不同的看法。一种看法认为，中国现阶段确实存在着很大的贫富差距，出现贫富差距拉大的现象，但尚未达到两极分化的程度。

这种观点认为："两极分化具有特定的内涵，即少数一部分人占有大量的生产资料，并作为统治生产者和剥削生产者的手段无偿占有别人创造的剩余劳动；同时，广大劳动者失去生产资料，除了出卖劳动力之外一无所有。从而形成财富向少数人集中和积累、绝对贫困和相对贫困向多数人集中和积累的两极分化。两极分化是收入差距扩大并进一步发展的结果。如果用国际上比较流行的基尼系数来衡量的话，一般认为，基尼系数在0.3~0.4之间，说明收入差距比较合理，数值0.5以上说明收入差距过大，0.6被定为两极分化的警戒线，表明已经出现两极分化。但按照中国社会科学院经济研究所课题组的调查，包括各种集体福利和非正常收入的差距在内，我国目前的基尼系数为0.445。而据世界银行的测算，认为我国基尼系数已达到0.467。这两组数据都告诉我们，我国现阶段的贫富差距，总体上处于合理差距向过大差距过渡的过程中，并没有出现两极分化。""现阶段我国贫富差距是在居民总体收入水平提高的基础上产生的收入差距，是在全面建设小康社会的过程中，人民生活水平普遍提高的伴生现象，而不是以牺牲一部分人、一部分地区的利益，降低一部分人、一部分地区的收入为代价的。因此，这种差距是相对差距而不是绝对差距，在本质上与全面建设小康社会的实践活动是一致的。”

另一种观点认为随着贫富差距的拉大，中国已经出现了两极分化。这种结论一般是从经济学的角度进行实证性研究得出的。比如，经济学家李炳炎教授就认为中国基尼系数持续上升，已连续10年超过了国际警戒线。“自改革开放以来，基尼系数变化巨大，1978年为0.18，1981年为0.29（此前被国际上认为是世界上分配最公平的国家），2000年达到0.417超出国际公认的0.4的警戒线，此后一直居高不下，2005年中国基尼系数为0.458，2008年高达0.469，近两年持续攀升，实际已超过了0.5。超过世界所有发达国家和包括印度在内的所有周边国家。基尼系数的迅速扩大，表明我国居民收入分配差距呈现加速扩大趋势。”“财富集中度急剧上升。20世纪50～60年代，我国最高收入的20%人口在全部收入中占的比例大约为36%～37%，最低收入的20%人口约占7%～8%。到1995年，中国最富裕的20%家庭的收入占全部收入的比例达47.5%，而收入最低的20%家庭的收入占全部收入的比例则仅为5.5%，中国最上层20%家庭收入是最下层20%家庭收入的8.49倍。到1997年，中国最富裕的20%家庭的收入占全部收入的比例上升到50.4%，而收入最低的20%家庭的收入占全部收入的比例则下降到4.06%，最富裕的20%家庭与收入最低的20%家庭的收入之比达到12.41。2005年中国占总人口20%的最贫困人口占总收入或总消费的份额只有4.7%，而占总人口20%的最富裕人口占总收入或总消费的份额高达50%。另外，从1988年至2007年，收入最高10%人群和收入最低10%人群的收入差距，已从7.3倍上升到23倍。最新的世界银行报告指出，美国是5%的人口掌握了60%的财富，而中国则是1%的家庭掌握了全国41.4%的财富。”

持此观点的人普遍认为，我国财富聚集在少数人手中，全社会形成了一个财富分配的金字塔形结构，中国的财富集中度甚至远远超过了美国，成为全球两极分化最严重的国家。

到底有没有出现两极分化，应该允许争鸣。

两极分化是收入差距扩大并进一步发展的结果。我们认为，现阶段虽然出现贫富差距拉大的现象，但尚未达到两极分化的程度。但这绝不意味着可以忽视贫富差距的拉大。因为，收入差距或贫富差距的过分悬殊必然导致两极分化。也就是现实中存在着两极分化的趋势和可能。

邓小平也承认这一点，他认为两极分化会自然出现。1997年他石破天惊地做出了一个论断：“我们讲要防止两极分化，实际上，两极分化自然出现”。“少部分人获得那么多财富，大多数人没有，这样发展下去总有一天会出问题。分配不公，会导致两极分化，到一定时候问题就会出来。”这个结论基于对改革开放以来实践发展历程的敏锐观察，也是对未来社会发展的一种科学预测，同时也是对中国未来决策的一种警醒。

所以，邓小平始终高度重视贫富差距问题，不断强调要防止两极分化，一再指出：“这个问题要解决。过去我们讲先发展起来。现在看，发展起来以后的问题不比不发展时少。”“要利用各种手段、各种方法、各种方案来解决这些问题。”“现在，沿海地区先发展起来了，发展到一定程度，就要注意内地的发展，否则社会稳定不了。中国情况是非常特殊的，即使51%的人先富裕起来了，还有49%，也就是6亿多人仍处于贫困之中，也不会有稳定。”“可以设想，在本世纪末达到小康水平的时候，就要突出地提出和解决这个问题。”

我们党在实践中也始终高度重视这一问题。党的十八大更是明确指出，目前我国“城乡区域发展差距和居民收入分配差距依然较大；社会矛盾明显增多”，“必须坚持走共同富裕道路，共同富裕是中国特色社会主义的根本原则。要坚持社会主义基本经济制度和分配制度，调整国民收入分配格局加大再分配调节力度，着力解决收入分配差距较大问题，使发展成果更多更公平惠及全体人民，朝着共同富裕方向稳步前进”。

三、毛泽东防止两极分化思想

在毛泽东看来，社会主义制度的建立，就是要消灭剥削，消除两极分化，让广大人民都从革命和社会发展中得到好处。这是中国共产党领导中国革命的目的以及毛泽东和所有共产党人的理想。毛泽东认为，中国社会出现两极分化和平均主义这两种有损社会公平的现象，都是社会主义所不能容忍的。

（一）要防止两极分化必须走社会主义道路

共同富裕是生产力发展的结果，但生产力的发展，并不意味着必然导致共同富裕。社会主义的最终目标是实现劳动人民的共同富裕，反对两极分化，这是由社会主义的本质决定的。因此，要实现共同富裕，必须要有社会主义制度作保证。

毛泽东深刻地认识到了这一点，他多次强调，共同富裕必须走社会主义道路。1955年7月，他在《关于农业合作化问题》的报告中明确指出：“全国大多数农民，为了摆脱贫困，改善生活，为了抵御灾荒，只有联合起来，向社会主义大道前进，才能达到目的”，“对于他们说来，除了社会主义，再无别的出路”；1962年，毛泽东在北戴河中央扩大会议上讲：“单干势必引起两极分化。两年都不要，一年多就会出现阶级分化。其中有的还是共产党的支部书记，贪污多占，讨小老婆，放高利贷买地；另一方面是贫困农民破产，其中有四属户（指军、烈、工、干四属——笔者注）、五保户，这恰恰是我们的社会基础，是我们的依靠。”

为此，他主张要逐步地实现对于整个农业的社会主义改造，“在农村中消灭富农经济制度和个体经济制度，使全体农村人民共同富裕起来”。他还从巩固工农联盟的高度强调指出：“要巩固工农联盟，我们就得领导农民走社会主义道路，使农民群众共同富裕起来，穷的要富裕，所有农民都要富裕，并且富裕的程度要大大地超过现在的富裕农民。”

可见，毛泽东是把两极分化问题置于走社会主义道路还是走资本主义道路的高度来认识。他认为，如果出现了两极分化，中国就走到资本主义道路上去了。

毛泽东是从马克思关于财富的积累和贫困的积累这两极的共生角度来看待两极分化现象的。其理论假设是，在资本主义制度下，必定会出现这样一种社会现象：一极是财富的积累，另一极是贫困的积累。这种现象就是两极分化。马克思科学地分析了这种社会现象的根源，指出资本主义私有制造成了资本与劳动的对立，在这种对立的基础上产生了资本主义积累的一般规律，而两极分化则是资本主义积累一般规律发挥作用的必然结果。马克思主义的这一结论成为毛泽东观察中国问题的根本方法论。随着土地改革的完成，他发现："现在农村中存在的是富农的资本主义所有制和像汪洋大海一样的个体农民所有制。大家已经看见，在最近几年中间，农村中的资本主义自发势力一天一天地在发展，新富农已经到处出现，许多富裕中农力求把自己变为富农。许多贫农，则因为生产资料不足，仍然处于贫困地位，有些人欠了债，有些人出卖土地，或者出租土地。这种情况如果让它发展下去，农村中向两极分化的现象必然一天一天地严重起来。"

(二)大力发展生产力是消除两极分化的根本途径

新中国成立之初，毛泽东就指出，我们国家不富又不强。"我们还是一个农业国。在农业国的基础上，是谈不上什么强的，也谈不上什么富的。""我们的基本情况就是一穷二白。所谓穷就是生活水平低。为什么生活水平低呢？因为生产力水平低。"为了迅速实现人民共同富裕，消除贫穷，毛泽东提出要大力发展社会生产力。

1956年1月，他在最高国务会议第六次会议上的讲话中创造性地提出："社会主义革命的目的是解放生产力"，并指出对农业、手工业和资本主义工商业的社会主义改造"必然使生产力大大地获得解放"。"只有完成了由生产资料的私人所有制到社会主义所有制的过渡，才利于社会生产力的迅速向前发展……满足人民日益增长着的需要，提高人民的生活水平。"在党大的八大上，他明确指出："要把一个落后的农业的中国改变成为一个先进的工业化的中国。"

(三)必须从所有制层面上消除产生两极分化的根源

毛泽东认为，两极分化是资本主义私有制的产物，在本质上是资本主义生产关系的反映。只有从分析经济关系入手，才能抓住问题的实质，而在经济关系中，最根本的是所有制关系。消灭资本主义生产关系，重构所有制基础，才能从根本上防止两极分化。

在《关于农业合作化问题》中，毛泽东在点出问题的实质之后，接着给出了解决问题的方法："这就是在逐步地实现社会主义工业化和逐步地实现对于手工业、对于资本主义工商业的社会主义改造的同时，逐步地实现对于整个农业的社会主义的改造，即实行合作化，在农村中消灭富农经济制度和个体经济制度，使全体农村人民共同富裕起来。"1965年毛泽东重上井冈山，在5月25日送湖南省委书记张平化下山的时候，毛泽东对张平化说："我为什么把包产到户看得那么严重，中国是个农业大国，农村所有制的基础如果一变，我国以集体经济为服务对象的工业基础就会动摇，工业品卖给谁嘛！工业公有制有一天也会变。两极分化快得很，帝国主义从存在的第一天起，就对中国这个大市场弱肉强食，今天他们在各个领域更是有优势，内外一夹攻，到时候我们共产党怎么保护老百姓的利益，保护工人、农民的利益?！怎么保护和发展自己民族的工商业，加强国防？中国是个大国、穷国，帝国主义会让中国真正富强吗，那别人靠什么耀武扬威？仰人鼻息，我们这个国家就不安稳了"。

毛泽东上述论述含有深刻的内涵。他认

为，如果走了资本主义道路，不仅两极分化消除不了，而且在中国资本主义和外国帝国主义的内外夹攻下，中国也不会富强起来。所以，毛泽东进一步论证道："事情不是那么简单，人家资本主义制度发展了几百年，比社会主义制度成熟得多，但中国走资本主义道路走不通。中国的人口多，民族多，封建社会历史长，地区发展不平衡，近代又被帝国主义弱肉强食，搞得民不聊生，实际上四分五裂。我们这样的条件搞资本主义，只能是别人的附庸。帝国主义在能源、资金等许多方面都有优势。美国对西欧资本主义国家既合作又排挤，怎么可能让落后的中国独立发展，后来居上？过去中国走资本主义道路走不通，今天走资本主义道路，我看还是走不通。要走，我们就要牺牲劳动人民的根本利益，这就违背了共产党的宗旨。国内的阶级矛盾、民族矛盾都会激化，搞不好，还会被敌人利用。"

（四）实行按劳分配制度，但又要反对"资产阶级法权"

生产决定分配，生产方式决定分配方式，这是马克思主义的一个基本原理，也是毛泽东考虑经济问题所坚持的一个基本原则。据此，在社会主义公有制的条件下，中国只能实现按劳分配的分配制度。这是因为在社会主义公有制的条件下，生产资料归全体劳动者共同所有，劳动者都是平等的生产资料所有者。这种生产资料公有制，使得人们向社会提供的，除了自己的劳动，谁都不能提供其他任何东西，同时，除了个人的消费资料，没有任何东西可以转为个人的财产。在这种条件下，人们不可能不劳而获，只能依靠自己的劳动从社会领得消费品。当然，在社会主义条件下由于生产力还没有达到充分满足社会全体成员的生活需要和生产需要的程度，因而消费品还不可能按照劳动者的实际需要进行分配。劳动还不能成为人们生活的第一需要，而仅仅是谋生的手段。在这种条件下，要以劳动为尺度来分配个人消费品。也就是说，劳动者获得消费品的多少，不是根据他实际生活的需要，而是与他向社会提供的劳动量成比例。这是同共产主义分配原则不同之处。

在强调实行按劳分配原则的前提下，毛泽东还提出要"限制资产阶级法权"的思想。在毛泽东看来，按劳分配，在形式上是平等的，但实际上却不平等，是形式上的平等掩盖了事实上的不平等。在生产资料公有制的条件下，每一个人只能按照自己劳动的数量和质量来获取消费品，排除了剥削，这是平等的。但是，每一个人的劳动能力不一样，存在着体力、智力、学力以及劳动熟练程度的不同，再加上每个人赡养的人口的差异，如果按劳动数量和质量进行分配，每个人的实际生活水平肯定是不一样的，也就是说，实际上还是不平等的。

由此看来，按劳分配原则确实存在形式上平等掩盖着事实上不平等的现象，还存在资产阶级法权。在这个意义上，毛泽东提出要"限制资产阶级法权"，认为如果只讲按劳分配，人们由于先天条件、家庭负担的差别，久而久之难免两极分化。他一度主张取消薪金制、恢复供给制，提出"绝不要实行对少数人的高薪制度。应当合理地逐步缩小而不应当扩大党、国家、企业、人民公社的工作人员同人民群众之间的个人收入的差距。防止一切工作人员利用职权享受任何特权"。

（五）全国一盘棋，推动区域平衡协调发展

新中国建立之初，为了改变我国区域经济发展极端不平衡这一不合理的状况，防止区域之间、行业之间的发展差距越拉越大，实现共同富裕，毛泽东提出要做到“全国一盘棋”，实现均衡发展，在生产力的布局上实施均衡发展的战略方针。

在《论十大关系》中，毛泽东最早提出“利用和发展沿海工业”以促进内地工业的发展和生产力布局的合理化，处理好沿海与内地工业的关系，把国家经济建设的重心放在内地，其实质是内地（主要是西部）重点开发，其目的是缩小内陆与沿海的差距。“沿海的工业基地必须充分利用，但是，为了平衡工业发展的布局，内地工业必须大力发展。”“新的工业大部分应当摆在内地，使工业布局逐步平衡，并且利于备战。”在区域产业结构调整方面，毛泽东指出：“在优先发展重工业的条件下，发展工业和发展农业同时并举”，使二者保持适当的比例。

为促进沿海与内地的平衡发展，毛泽东亲自制定执行国民经济发展计划并实施区域投资倾斜政策来平衡分布人力、物力和财力，从而实现区域生产力的合理布局，“一五”计划（1953～1957 年）的制定和实施，充分体现了这一战略。

均衡发展战略的实施促进了内地的经济发展，改善了沿海与内地严重失衡的工业布局，缩小了东西部地区的经济差距。“从新中国成立起至 1978 年的 30 年间，以现价计算，国民经济总产值增长速度，东西部之比为 7.08 比 7.52，西部地区高于东部地区 0.44 个百分点；1978 年，东西部年人均收入差距已缩小到 200 元左右。”

（六）必须走共同富裕的道路

共同富裕是两极分化的反面。毛泽东反复强调要从根本上杜绝土地改革后农村出现两极分化，必须实现全体农民的共同富裕。

1953 年 12 月，中共中央发布的《关于发展农业生产合作社的决议》指出：“为着进一步地提高农业生产力，党在农村中工作的最根本的任务，就是要善于用明白易懂而农民所能接受的道理和办法去教育和促进农民群众逐步联合组织起来，逐步实行农业的社会主义改造，使农业能够由落后的小规模生产的个体经济变为先进的大规模生产的合作经济，以便逐步克服工业和农业这两个经济部门发展不相适应的矛盾，并使农民能够逐步完全摆脱贫困的状况而取得共同富裕和普遍繁荣的生活。”

共同富裕包括社会各阶级，包括社会所有成员，“而这个富，是共同的富，这个强，是共同的强，大家都有份，也包括地主阶级”。“对地主，在一定时期要剥夺他们的政治权利，改变成分后才可恢复公民权，加入合作社，那时就不叫地主而叫农民。对地主来说，这事实上是解放了他们。他们在全国总共三千万人，以后要同大家一起共同富裕起来。”共同富裕是社会主义制度的根本要求，“将来农民的生活要超过现在的富农。资本家如果将来饿肚子，这个制度就不好。如果大家生活不提高，革命就没有必要，因此生活福利都要逐步提高”。

（七）反对两极分化并不是要绝对平均

虽然毛泽东在社会主义建设实践过程中有时过分强调分配上的平均，但是，从理论上来看毛泽东绝对不是平均主义者。从红军时

代直至20世纪六七十年代,毛泽东经常批判绝对平均主义,认为这是农民小资产者的一种幻想。所以,在毛泽东那里,反对两极分化并不是追求绝对的平均主义。

在人民公社成立之初,针对部分人的错误认识,毛泽东指出:“他们误认人民公社一成立,各生产队的生产资料、人力、产品,就都可以由公社领导机关直接支配。他们误认社会主义为共产主义,误认按劳分配为按需分配,误认集体所有制为全民所有制。他们在许多地方否认价值法则,否认等价交换。因此,他们在公社范围内,实行贫富拉平,平均分配。”毛泽东对于各种“共产风”也一直持批评的态度。1959年,他在《在郑州会议上的讲话》一文中就指出,否认各个生产队和各个个人的收入应当有所差别的所谓平均主义是绝对平均主义的分配办法,是否认按劳分配、多劳多得的社会主义原则,是无偿占有别人的一部分劳动成果,这是十分不对的。在对待平均主义和两极分化的问题上,毛泽东运用辩证的方法来分析问题。他指出:“反对平均主义,是正确的;反对过头了,会发生个人主义。过分悬殊也是不对的,我们的提法是既反对平均主义也反对过分悬殊。”毛泽东对当时社会建设中出现的两极分化和平均主义两种社会现象都给予了充分关注,并为反对两极分化和平均主义提出了一些具体原则,这是值得我们认真学习和挖掘的宝贵思想资源。

(八)坚持人民利益高于一切,牢固树立群众观念

在毛泽东看来,人民为本,人民至上,是中国共产党人一切工作的出发点和最终归宿。坚持人民的利益高于一切,是共产党员一切言行的最高准绳。“共产党员无论何时何地都不应以个人利益放在第一位,而应以个人利益服从于民族的和人民群众的利益。”“我们共产党人区别于其他任何政党的又一个显著的标志,就是和最广大的人民群众取得最密切的联系。全心全意地为人民服务,一刻也不脱离群众,一切从人民的利益出发。”

坚持人民利益高于一切,就要实现和维护最大多数人的利益,努力使工人、农民、知识分子和其他劳动群众共同享受到经济社会发展的成果,要求各级领导机关和领导干部在想问题、办事情时,都要以满足最大多数人的利益为根本出发点,始终代表人民群众的利益、实践人民群众的利益,使人民从贫穷落后的困境中解放出来,走向共同富裕的生活。

毛泽东要求党和政府的各级领导,在制定政策和实施政策的过程中,“必须以合乎最广大人民群众的最大利益,为最广大人民群众所拥护为最高标准”。广大干部要有“人民利益高于一切”和对人民负责的意识。杜绝以权谋私的犯罪勾当、阻遏“率先致富”的可耻行为。

(九)重视理想信念和精神因素在实现共同富裕、防止两极分化中的作用

社会贫富两极分化的根本原因有两个:一是制度因素,主要指经济运行制度,包括财产所有制和财富分配制度;二是人的因素,主要指经济人的自私本性。

在毛泽东看来,树立坚定的共产主义理想信念、弘扬集体主义、艰苦奋斗等高尚精神是克服自私自利的念头、坚持共同富裕方向的精神支撑,是人民以主人翁态度从事社会主义经济建设,正确处理个人和集体、获取和奉献关系的精神动力。所以，毛泽东非常强调社会主义集体精神、无私奉献精神，倡导大公无私，强调思想政治功工作的作用，指出："政治工作是一切经济工作的生命线，在社会经济制度发生根本变革的时候，尤其是这样。""只要我们的思想工作和政治工作稍为一放松，经济工作和技术工作一定会走到邪路上去。"

毛泽东指出："社会主义社会要有'物质鼓励'和'精神鼓励'。"社会主义建设必须把物质作用与精神作用统一起来，两者不可偏废。提出要用崇高的共产主义理想和艰苦奋斗的精神，使人们超越由于按劳分配形成的对物质利益的追求。他认为，"在社会主义社会里，每个人进学校，学文化，学技术，首先应该是为了建设社会主义社会，为了巩固工业化，为了为人民服务，为了集体利益，而不应该是为了提高工资"。他还强调："把共产主义引导到平均主义是不好的，过分强调物质刺激也不好。报酬以不死人，维持人民健康为原则。这话是对党内讲，对先进分子讲的。国家建设也好，革命也好，要有一部分先锋分子、积极分子。我们为革命死了多少人，头都不要了，还给什么报酬。天天讲物质刺激，就会麻痹人的思想。写文章要多少稿费，钱多了，物质刺激也不起作用了。要培养共产主义风格，不计报酬，为建设事业而奋斗。""我们要提倡艰苦奋斗，艰苦奋斗是我们的政治本色。"针对少数人争名誉，争地位，比吃穿等，毛泽东号召："我们要保持过去革命战争时期的那么一股劲，那么一股革命热情，那么一种拼命精神，把革命工作做到底。"

毛泽东认为，反复强调物质刺激，就会"引导人走向个人主义"，就会导致人民追逐物质利益，从而产生两极分化。"应当强调艰苦奋斗，强调扩大再生产，强调共产主义前途、远景，要用共产主义理想教育人民。要强调个人利益服从集体利益，局部利益服从整体利益，眼前利益服从长远利益。要讲兼顾国家、集体和个人，把国家利益、集体利益放在第一位，不能把个人利益放在第一位。"

（十）反对特权，防止权力腐败，杜绝各种非法致富

所谓干部特权，是指某些领导干部把人民赋予的权力私有化，在政治、经济等方面为个人或小集团谋取私利的行为，权力腐败与非法致富是孪生的。反对特权，是毛泽东对领导干部的一贯要求。

新中国成立以后，毛泽东经常警告全党不要滋长官僚主义作风，不要形成一个脱离人民的"贵族阶层"。1958年8月30日毛泽东在中央政治局扩大会议上的讲话中指出，发薪水都要分等级，分将、校、尉，结果是脱离群众，兵不爱官，民不爱干，因为这一点和国民党差不多，衣分三色，食分五等，办公桌、椅子也分等，工人、农民不喜欢我们。不仅如此，毛泽东还提出党内不少领导干部享受着卫生、文艺、医疗等各个方面的好处，自觉高人一等。

毛泽东认为，干部特权产生的现实基础是资产阶级法权，一部分拥有权力的人群获取大大多于普通群众的利益，这样与生产资料直接结合的干部将不可避免地从拥有特权发展到剥削工人、农民，最终形成一个官僚特权阶层。为了限制资产阶级法权来达到消除干部特权，毛泽东从分配制度和干部与群众之间的关系两方面着手解决问题。在分配制度上，毛泽东强调反对干部高薪制，主张缩小收入差距。他明确表示："绝不要实行对少数人的高薪制度。应当合理地逐步缩小而不应当扩大党、国家、企业、人民公社的工作人员同人民群众之间的个人收入的差距，防止一切工作人员利用职权享受特权。"

新中国成立后，毛泽东提倡实行干部低薪、节俭保廉制度，因为他认为高薪、特权进而生活奢侈是干部腐败赖以产生的物质基础，并多次批评有些党员干部争名誉、争地位、比薪水、比吃穿、比享受的错误思想，要求党员干部应当注意，不要靠官，不要靠职位高，不要靠老资格吃饭。"要保持过去革命战争时期的那么一股劲，那么一股革命热情，那么一种拼命精神，把革命工作做到底。"针对新中国成立后一些党员干部执政后经不起资产阶级糖衣炮弹的打击、以权谋私、搞腐败的现象，毛泽东主张坚决打击，绝不手软，并及时开展始终坚持了反贪污腐败的斗争。

四、毛泽东防止两极分化思想的当代启示

防止两极分化是贯穿小康社会全过程的一项根本任务。如上所述，毛泽东关于防止两极分化的思想形成了一个系统的科学体系，它必将成为新时期中国共产党在领导全面建成小康社会过程中防止两极分化实践的重要思想资源。毛泽东防止两极分化思想对于目前的防止两极分化实践具有重要的启示。据初步梳理，我们可以归结为十大启示。

第一，坚持中国特色社会主义道路是防止两极分化的根本途径。

在毛泽东那里，所谓的两极分化，与资本主义道路就是同义词，在社会主义建设过程中，如果出现了两极分化，就等于走了资本主义道路。所以，他对两极分化的根本判断是在中国道路的选择这个层面作出的。在这一点上，邓小平与毛泽东的认识是一样的。邓小平曾经认为社会主义不可能出现两极分化，他甚至认为，如果出现两极分化，改革就失败了。改革开放近40年来，中国共产党领导中国人民，不断解放思想，开拓创新，探索出一条中国特色社会主义道路，这条道路是实现中华民族伟大复兴的具有中国特色的社会主义道路。这条道路引领着中国人民取得了辉煌的成就，既取得了经济、政治、文化、社会和生态各方面的巨大发展，又成功地坚持了社会主义的根本方向，形成了西方学术界称为"北京共识"的区别于"华盛顿共识"的"中国模式"或者"中国道路"。尽管目前还存在着这样那样的一些问题，但这些问题都是发展中的问题，是在全面建成小康社会的过程中可以克服的问题。所以，党的十八大作出了明确的结论："我们坚定不移高举中国特色社会主义伟大旗帜，既不走封闭僵化的老路、也不走改旗易帜的邪路。中国特色社会主义道路，中国特色社会主义理论体系，中国特色社会主义制度，是党和人民九十多年奋斗、创造、积累的根本成就，必须倍加珍惜、始终坚持、不断发展。"党的十八大号召大家要树立理论自信、道路自信、制度自信和文化自信。在新的实践中，防止两极分化必须坚持中国特色社会主义道路，这是历史的经验，也是未来的途径。

第二，大力发展生产力是防止两极分化的物质基础。

要从根本上防止两极分化，就要大力发展生产力。"以经济建设为中心是兴国之

要，发展仍是解决我国所有问题的关键。只有推动经济持续健康发展，才能筑牢国家繁荣富强、人民幸福安康、社会和谐稳定的物质基础。必须坚持发展是硬道理的战略思想，决不能有丝毫动摇。”社会主义建设的实践也证明：不发展生产力、不增强国家的经济实力就难以缩小贫富差距，实现共同富裕。

第三，毫不动摇地坚持公有制主体地位是防止两极分化的基本经济制度基础。

毛泽东历来是从所有制的角度看两极分化问题的。他认为，要从根本上防止两极分化的出现，只有建立生产资料的社会主义公有制度。也正是因为这个根本的观察问题的方法论原则，在整个社会主义建设过程中，他一直高度警惕所有制方面的变化，哪怕是一些细微的变化，比如，对包产到户的态度。邓小平也说过：“只要我国经济中公有制占主体地位，就可以避免两极分化。”改革开放以来，适应中国生产力发展的要求，我们探索建立了公有制为主体、多种所有制经济共同发展的基本经济制度。这项制度是中国特色社会主义制度的重要支柱，也是社会主义市场经济体制的根基。党的十八大重申：“要毫不动摇巩固和发展公有制经济，推行公有制多种实现形式，深化国有企业改革，完善各类国有资产管理体制，推动国有资本更多投向关系国家安全和国民经济命脉的重要行业和关键领域，不断增强国有经济活力、控制力、影响力。毫不动摇鼓励、支持、引导非公有制经济发展，保证各种所有制经济依法平等使用生产要素、公平参与市场竞争、同等受到法律保护。”在这一所有制结构政策的指导下，巩固和发展公有制经济是防止两极分化的根本经济制度基础，但问题在于随着非公有制经济的发展，出现这种两极分化的内在趋势还是存在的。所以防止这种趋势转变为现实是我们必须高度警惕的。在社会主义初级阶段我们必须坚持这样一种所有制结构，毫不动摇地支持发展非公有制经济，目的是促进生产力发展。所以，在目前情况下，我们既不能彻底消除两极分化现象，又不能听任贫富差距扩大所引发的社会矛盾的积累和发展。

根据毛泽东观点的启示，我们的现实选择有两方面。一方面必须强调要毫不动摇巩固和发展公有制经济，坚持和增强公有制的主体地位，使资本主义性质的经济成分始终处于辅助地位，以此为基础把贫富差距拉大现象限制在一定范围内，杜绝其蔓延到全社会。因为，如果公有制主体地位丧失，贫富差距现象必然扩大到全社会，社会矛盾势必激化，社会稳定的局势就会发生质的变化。另一方面我们还必须毫不动摇地鼓励、支持、引导非公有制经济发展，尤其要注意引导非公有制经济朝着有利于社会主义的方向发展，保障非公有经济中工人阶级的社会经济地位。这两条是根本性的措施，相互促进，相互制约，缺一不可。目前，社会上存在的所谓私有化主张和限制非公有经济发展的主张都是错误的。

第四，坚持按劳分配在分配结构中的主体地位是防止两极分化的分配制度保障。

改革开放以来，适应公有制为主体、多种所有制经济共同发展的基本经济制度，我们探索建立了按劳分配为主体、多种分配方式并存的分配制度。由于所有制结构的多元化特点，决定了分配结构的多元化样态。党的十八大重申：“完善按劳分配为主体、多种分配方式并存的分配制度，更大程度更广范围发挥市场在资源配置中的基础性作用。”按照毛泽东的观点，只要是坚持了按劳分配在分配结构中的主体地位，就为防止收入差距拉大奠定了分配制度基础。又由于中国目前处于社会主义初级阶段，非公有经济还必须鼓励和支持，所以，其他多种分配方式的存在也是必然的，但必须是居于辅助的地位。

第五，区域均衡发展是防止两极分化出现的空间战略安排。

党的十八大报告指出："继续实施区域发展总体战略，充分发挥各地区比较优势，优先推进西部大开发，全面振兴东北地区等老工业基地，大力促进中部地区崛起，积极支持东部地区率先发展。采取对口支援等多种形式，加大对革命老区、民族地区、边疆地区、贫困地区扶持力度。"

第六，追求共同富裕是防止两极分化的必然要求。

消灭阶级，消灭剥削，实现共同富裕，这是社会主义的本质要求。这是毛泽东的思想，也是邓小平的观点。共同富裕是两极分化的反面。防止两极分化必然追求共同富裕。但是，如何理解共同富裕呢？怎么样去追求共同富裕呢？这里的本质分歧是共同富裕的基础是什么。

按照毛泽东和邓小平的理解，共同富裕不仅仅是一个分配领域的概念，它更重要的是体现了一种本质的经济关系，其制度基础就是社会主义公有制。党的十八大报告指出："共同富裕是中国特色社会主义的根本原则。要坚持社会主义基本经济制度和分配制度，调整国民收入分配格局，加大再分配调节力度，着力解决收入分配差距较大问题，使发展成果更多更公平惠及全体人民，朝着共同富裕方向稳步前进。"十八大报告把共同富裕提到中国特色社会主义根本原则的高度来认识，并且把"坚持社会主义基本经济制度和分配制度"作为实现共同富裕和防止两极分化的前提来论述。

现在的问题是，有很多人离开了这个前提来谈共同富裕问题，把生活水平的提高看成是共同富裕，这也是那些主张民主社会主义的人的一个思想认识根源，他们离开社会主义所有制来谈共同富裕问题，看到的只是国家的分配政策，而看不到背后的剥削实质。于是他们就把瑞典等北欧国家的福利主义看作共同富裕的典型。正是据此，他们喊出了"只有民主社会主义才能救中国"的口号，希望中国走民主社会主义道路。他们没有认识到，北欧国家搞"福利社会主义"的实质和目的，是资产阶级缓和阶级矛盾进而巩固自己统治地位所采取的政策措施而已。共同富裕的制度基础是公有制，要从根本上实现共同富裕，必须大力发展公有制经济。

第七，追求绝对平均主义是防止两极分化的错误认识。

平均主义天然不是分化主义，平均就不是两极分化。这是没有疑义的。但是，为了防止两极分化，就走向了平均主义尤其是绝对平均主义，是中国共产党一直予以坚决反对的观点。况且那会背离了我们追求共同富裕的价值目标，导致的结果必定是共同贫穷。"人民公社化"和"文化大革命"的教训极其鲜明地说明了这一点。毛泽东在一定的时间和空间中也确实有这方面的失误甚至错误。但是，我们也知道，从全局看，从毛泽东的整个思想体系来看，从毛泽东革命和建设的整体实践看，毛泽东是极力反对平均主义尤其是绝对平均主义的。就这种主张来说，在改革开放以来的实践中，虽然有这种思潮存在，但始终处于非主流地位。一些被称为“老左派”的人物，以反对两极分化的名义，极力主张回到“人民公社化”和“文化大革命”那种社会氛围中去，这种思想在民间也在某种程度上容易引起社会底层群众的共鸣，时下暗流涌动的民粹主义倾向，在一定程度上也是对这种思潮的一种回应。这些我们必须予以时刻警惕。不能因为防止两极分化而使平均主义回潮。

第八，树立以人民为中心的发展观是防止两极分化的思想基础。

推动经济发展是党的中心工作，是第一要务，但我们的发展不是为了发展而发展，发展的终极目的是为了最大限度满足人民群众的日益增长的物质文化生活需要。相对于人民的需要来讲，发展是手段而不是目的。最终的标准是要看为谁发展，发展的目的是为了谁。树立为人民而发展的发展观就为防止两极分化奠定了世界观和价值观基础。

第九，注重精神文明建设，弘扬高尚的道德情操，树立共产主义理想信念，是防止两极分化的精神动力。

加强精神文明建设，树立倡导社会主义荣辱观，构建社会主义思想道德体系，发挥精神、道德的力量对缩小贫富差距的作用，大力提倡援助、带动、赞助高尚行为。市场竞争无情人有情，扶贫济困是中华民族团结互助的传统美德。这种精神是超出市场机制与政府调节力量之外的又一种可以影响分配的重要力量。

习近平总书记多次强调树立共产主义理想、坚定马克思主义信念的重要性，他把理想信念比喻为“精神上的‘钙’”，没有理想信念就会得“软骨病”，一到关键时刻是会导致亡党亡国的。在分配领域，只讲物质激励，不讲思想政治工作；只讲个人利益，不讲国家利益、集体利益，长此以往，形成一种惯性，“一切向钱看”，把个人获得物质利益看作人生的根本目的，看作社会发展的根本动力，其后果会是十分严重的。

第十，坚决反对特权，建立和完善法制体系，是防止两极分化的机制保障。

当代中国的贫富分化，不完全是市场化作用的结果，法制不健全、执行不力、维权成本太高、对各种非法致富的手段制裁不力等都对贫富分化起直接或间接作用。为此，需要全面推进依法治国，形成完备的法律规范体系、高效的法治实施体系、严密的法治监督体系、有力的法治保障体系，形成完善的党内法规体系。实现科学立法、严格执法、公正司法、全民守法，促进国家治理体系和治理能力现代化。进一步落实预防反腐败条例等等，让官员不敢腐、不能腐，逐步实现官民平等、城乡平等、公平竞争、和谐发展。应当说，党的十八大以后的强力反腐在这个方面起到了强烈的震撼和推动作用，在党的制度建设方面也向前迈进了一大步。尤其是党的十八届六中全会在深刻总结党的十八大以来管党治党新经验的基础上，制定了《关于新形势下党内政治生活的若干准则》，修订了《中国共产党党内监督条例（试行）》，必将巩固党的十八大以来从严治党所取得的辉煌成果，并将为新形势下加强和规范党内政治生活、强化党内监督提供新的制度遵循，也必将在反对特权、推动法制体系建设方面起到引领作用，这就从体制和机制方面为防止两极分化提供了长效性的保障。

（作者单位：中国社会科学院经济研究所）

毛泽东思想的哺育与雷锋精神的形成

刘建武　汤文娟

雷锋在谈到自己的成长与毛泽东思想的关系时说:“毛主席著作对我来说好比粮食和武器,好比汽车上的方向盘。人不吃饭不行,打仗没有武器不行,开车没有方向盘不行,干革命不学习毛主席著作不行!”“通过学习毛主席著作和自己的实践,我深刻地认识到毛泽东思想是做好一切工作的根本保证。今后,我要更好地学习毛泽东著作,用毛主席的思想武装自己的头脑,指导自己的一切行动,永远做一个有益于人民的人。”雷锋是这样说的,也是这样做的。雷锋精神的形成,除受中华民族优秀传统文化的熏陶外,更重要的是受到了毛泽东思想的影响。雷锋是毛泽东思想的努力学习者、忠诚信仰者和积极实践者,他从毛泽东的著作中寻找和确定了自己的人生目标和价值追求。可以说,没有毛泽东思想的哺育就不可能有雷锋精神的形成。

一、毛泽东思想是雷锋追求进步的精神动力

雷锋童年历尽磨难,可以说打从娘胎一出生就掉进了苦难的深渊,短短几年时间里,爷爷、爸爸、哥哥、弟弟、妈妈先后惨死,还不到七岁的雷锋就家破人亡成了孤儿,过着衣食无着的生活。正当雷锋被逼到绝境时,1949年8月,毛泽东领导的人民军队解放了湖南,雷锋和乡亲们一起在黄花塘附近迎接解放军,从那时起,他就下定决心,要“跟着毛主席一辈子”,这个决心鼓舞和伴随了他短暂而灿烂的一生。

(一)雷锋为什么会对学习毛泽东著作产生浓厚的兴趣

反反复复读毛泽东的书,是雷锋追求进步的重要表现之一。雷锋把科学理论比作“粮食”“武器”“方向盘”,刻苦钻研,努力学习。那么,雷锋为什么会对学习毛泽东著作产生如此浓厚的兴趣呢?

首先,雷锋对毛泽东著作的浓厚兴趣是与他新旧社会两重天的亲身经历紧密联系在一起的。在中国共产党的领导下,中国历史发生了根本性的转折,过去受苦受难的普通百姓成为新中国的主人,而这一点在雷锋的身上体现得尤为明显。过去欺压百姓的地主、恶霸受到了应有的惩罚,雷锋在政治上翻了身。轰轰烈烈的土地改革还使他分得了过去想都不敢想的二亩四分田,并得到了学习和工作的机会。同时,蒸蒸日上的国家建设也使雷锋备受鼓舞。这一系列的新变化,使雷锋深切体会到了一个千疮百孔的旧中国是怎样在党和毛泽东的领导下走向欣欣向荣的,对此他从心底里充满了感激之情。应当说,经历了苦难与厄运重创的雷锋,对于共产党、毛主席抱有浓重的感恩情结。在解放不久后,雷锋深知最该感谢、最该永世不忘的救星就是毛泽东,就是共产党。他要学写的第

一句话就是“毛主席万岁”，他做梦都想见的人是毛泽东，他最重要的愿望是早日加入中国共产党。如同他说的那样：“党和毛主席救了我的命，是我慈祥的母亲，我为党做了些什么？当我想起党的恩情，恨不得立刻掏出自己的心，当我想起我所经历的一切太平凡的时候，我就时刻准备着，当党和人民需要我的时候，我愿意献出自己的一切。”在毛泽东著作还没出版的时候，雷锋只能从别人口中得知毛泽东的故事，通过别人的转述，了解这位为人民利益而奋斗的伟大领袖。那时候，毛泽东著作的发行量还很少，只发到县委书记一级，雷锋作为县委书记的秘书可谓近水楼台，获得了先看先学的条件。雷锋深感以能够比别人先学毛泽东著作为荣，并经常与他人一起交流学习体会。学习毛泽东著作的热潮在望城县委之所以会提早掀起10年，雷锋就是重要的发起人。可以说，雷锋学习毛泽东著作的动力之源，首先是来源于他对新旧中国历史巨变的深刻感受。正是这种强烈对比使他产生了对毛泽东及其领导的事业的无比热爱，而学习毛泽东著作正是这种发自内心的热爱之情的体现。

其次，雷锋对毛泽东著作的浓厚兴趣是与毛泽东思想对他的教育引导紧密联系在一起的。毛泽东的著作，不仅深刻论述了中国革命的一系列基本问题，而且包含着十分丰富的无产阶级世界观、人生观、价值观理论，既是指导我国革命和建设的科学理论，也是人们在新时代如何为人处世和健康成长的指路明灯和行动指南。通过阅读毛泽东著作，雷锋的思想情感和精神境界不再简单地停留在对党和毛泽东的朴素感情上，而更多地体现在对毛泽东思想所揭示的社会发展规律和如何为人民的利益而无私奋斗等问题的思考和认识上。毛泽东著作深深吸引着善于思考和善于探索的雷锋，从中他获得了极大的精神动力。他说：“看一本学习毛泽东同志的思想方法和工作方法的书，真使我看得入了迷，越看越使我感到毛主席的英明和伟大。”“我学习了毛主席著作以后，懂得了不少道理，脑子里一豁亮，越干越有劲，总觉得这股劲儿永远也使不完。”正是这股干劲，使得雷锋基本上每天都在学习毛泽东著作，从1958年到1962年，雷锋研读了大量毛泽东著作，包括《毛泽东选集》以及一些单行本等，反复进行研读，时常还会写下读后感和标注书眉笔记。正是通过对毛泽东著作如饥似渴地认真学习，雷锋的思想观念得到了改造，政治觉悟得到了提高，理想境界得到了提升。

再次，雷锋对毛泽东著作的浓厚兴趣是与当时全国兴起的学习毛泽东思想热潮紧密联系在一起的。马克思说：“随着经济基础的变更，全部庞大的上层建筑也或慢或快地发生变革。”新中国诞生以后，中央十分重视思想建设和理论教育工作，1951年1月，中共中央作出了在全党建立对人民群众的宣传网的决定。同年2月，中央又发出了加强理论教育的决定，要求全党要系统地学习马克思主义、毛泽东思想。按照中央的要求和部署，通过出版、书刊、报纸、广播等渠道，在全国迅速开展了毛泽东思想的宣传教育活动。1951～1953年，《毛泽东选集》一至三卷出版，这是新中国成立后全国政治生活中的一件大事，成为普及毛泽东思想的重要开端。1960年9月，《毛泽东选集》第四卷出版后，从军队开始的学习毛泽东著作的热潮很快推向全国。在党中央的号召下，全国上下出现了学习毛泽东思想、读毛主席著作的热潮，各地党组织也开展了各种学习毛泽东思想的活动。有的地方成立了《毛泽东选集》学习小组，定期召开会议，结合当前工作展开讨论。有的地方报纸纷纷发表社论动员广大人民学习《毛泽东选集》等，社会各界和广大人民群众争先恐后加入到学习毛泽东著作的行列之中。在这种背景下，早已开始学习毛泽东思想的雷锋不仅学习积极性更加高涨，而且成了学习毛泽东著作的积极分子，成了学习和实践毛泽东思想的杰出代表。

（二）雷锋学习毛泽东著作方法多样

对于雷锋而言，学习毛泽东思想不是上级要求完成的任务，而是基于坚定信仰的自觉行动和精神追求。据雷锋的战友回忆，雷锋刻苦学习毛泽东著作不仅不放过一点空闲时间，走到哪里学到哪里，而且随时以毛泽东著作联系自己的思想实际，真正做到了学用结合。那么，雷锋是怎样学习毛泽东思想的呢？

一是雷锋通过发扬“挤”“钻”的钉子精神，刻苦钻研毛泽东著作。在学习毛泽东思想的过程中，雷锋从不抱怨工作忙，没有时间学。他认为，问题不在工作忙，而在于你愿不愿意学习，会不会挤时间，他说：“要学习的时间是有的，问题是我们善不善于挤，愿不愿意钻。一块好好的木板，上面一个眼也没有，但钉子为什么能钉进去呢？这就是靠压力硬挤进去的，硬钻进去的。由此看来，钉子有两个长处：一个是挤劲，一个是钻劲。我们在学习上，也要提倡这种‘钉子’精神，善于挤和善于钻。”雷锋是这么说的，也是这么做的。在鞍钢工作时，不管工作多么劳累，每天都要抽出时间学习毛泽东著作，他制订了早晨学习一小时，晚上学到10点甚至11点的自学计划。到部队后，尽管工作更忙，但雷锋的学习从未停歇过。雷锋一参军就到汽车连当汽车兵，工作岗位不固定，在紧张的施工任务中，整天驾驶着汽车东奔西跑，很难抽出固定的时间来学习。于是，他只好把书装在挎包里，随车带在身边，只要车子一停，没有其他工作，就坐在驾驶室里看上一阵子。每天出车回来，晚上的时间，除了参加连里的正常活动，总要抽出一些时间读书。有时熄灯号响了，他还舍不得放下手里的书，为了不影响同志们的休息，只好离开宿舍另找别的地方去读。因此，车场、工具棚、厨房、司务长宿舍都成了他夜间看书的好地方。有时连队干部在工地值夜班，他也到连部办公室去读书，一坐就是大半夜。雷锋以火一般的热情如饥似渴地学习毛泽东著作，在几年的时间里便读完了《毛泽东选集》1～4卷和部分毛泽东著作的单行本。

二是雷锋通过“问题——学习——实践——总结”的方法，潜心学习和研究毛泽东思想。雷锋在和指导员谈起学习毛泽东著作的情况时曾提出一个问题：“怎么样才能把毛泽东思想真正学到手呢？是不是把毛泽东著作都看下来，并且懂它的意思呢？”指导员提出，学习毛泽东的著作，一定要带着问题学，活学活用，学了就要用，要善于领会精神实质，要善于用毛泽东思想的立场、观点和方法来改造自己的思想，并在实践中努力把自己的工作干好。雷锋的特点不仅是善于学习，而且非常善于联系实际带着问题学。比如，他所在的班里调来一个战士，有的人嫌弃他落后，雷锋就和大家一起学习毛泽东关于如何对待落后同志的论述；执行繁重任务时个别同志有怕累情绪,他就和大家一起学习毛泽东关于如何树立不怕苦和累的论述。这些学习,都收到了立竿见影的效果。在不断地学习和实践中,雷锋形成了自己的学习公式:“问题——学习——实践——总结”。用他自己的话说,这个公式的基本精神就是“以实际问题为中心,按毛主席指示办事”。所谓问题,在雷锋那里,是从实践中来的,它或者是实际工作中遇到的问题,或者是自己的思想意识和思想方法问题,或者是对于国际、国内形势等的认识问题。雷锋认为学习就是为了更好地实践,反复实践比反复学习更加重要,不在反复实践中来体会,就不能深刻认识毛泽东思想的伟大意义,更不能正确掌握毛泽东分析问题和解决问题的立场、观点和方法。在雷锋看来,学习毛泽东著作就是要联系实际,在思想上有什么疙瘩时,在工作中有什么困难时,在生活上有什么问题时,到底应该怎么做,这些都可以在毛泽东著作中找到答案。做得怎么样?效果好不好?这些都可以用是否符合毛泽东思想来检验。雷锋真正做到了学用一致,做到了用毛泽东思想衡量自己的一言一行和一举一动。

(三)毛泽东思想是雷锋世界观人生观价值观形成的理论基础

在一个人成长和发展过程中,世界观人生观价值观起着至关重要的作用。雷锋精神之所以被后人广为传颂和学习,其中十分重要的一点,就是在毛泽东思想的正确引领下,雷锋树立了正确的世界观人生观价值观,形成了爱憎分明、言行一致、艰苦奋斗、服务人民、自强不息等优秀品质。

一是通过对毛泽东思想的学习,雷锋形成了唯物主义的世界观。毛泽东的著作充满着丰富的唯物辩证法思想,《矛盾论》所阐述的对立统一规律、矛盾普遍性和特殊性及同一性与斗争性辩证关系的原理,《实践论》关于主观和客观、理论与实践相统一的思想、关于实践是检验认识真理性的唯一标准的思想及关于深入实际调查研究的思想都对雷锋产生了深刻的影响。正是通过对毛泽东著作的学习,雷锋学会了从辩证唯物主义角度看待问题、分析问题并解决问题的能力。

二是通过学习毛泽东思想,雷锋形成了全心全意为人民服务的人生观。“为人民服务”就是要把是否符合人民利益作为判断一切工作的最高标准,以是否符合人民利益作为个人行为的最高道德准则。通过学习毛泽东为人民服务的思想,雷锋深深懂得了这样一个道理:一个人,一个共产党人,毕生只做好一件事,那就是全心全意为人民服务。正因为树立了“全心全意为人民服务”的人生观,雷锋就能够正确地处理好个人与他人、个人与集体、个人与国家的关系,做到处处严于律己、廉洁奉公、大公无私,事事先人后己、助人为乐、无私奉献。全心全意为人民服务贯穿于雷锋的一生,表现在了他的一言一行当中。正如雷锋所说:“我觉得自己活着,就是为了使别人过得更美好。”“我们吃饭是为了活着,可活着不是为了吃饭。我活着是为了全心全意为人民服务。”他在日记中写道:“人的生命是有限的,可是,为人民服务是无限的,我要把有限的生命,投入到无限的为人民服务之中去。”可以说,雷锋的一生就是全心全意为人民服务的一生。

三是通过学习毛泽东思想,雷锋形成了为实现共产主义而奋斗终生的价值观。一个人的所思所想、所作所为、精神境界、价值追求等，是与一个人的理想信念紧密联系在一起的。共产党人之所以能够做到公而忘私、大公无私，是与共产党人为共产主义而奋斗的理想目标联系在一起的。为共产主义而奋斗，并不是一句空话，而是要体现在自己的一言一行和一举一动之中。雷锋作为一名革命战士和共产党员，在毛泽东的为共产主义而奋斗的思想的熏陶和影响下，坚持理论和实践相结合，践行共产主义价值观，认为要为长远目标而奋斗，关键是把眼前的事情做好，从而成长为了一名脚踏实地的共产主义目标的追求者。正如雷锋所说："我活着是为了全心全意为人民服务，是为人类的解放事业一共产主义而斗争。"

二、雷锋是坚持不懈实践毛泽东思想的典范

雷锋学习毛泽东思想不是停留在口头上的"表决心"，而是把它变为了自己的具体实践。可以说，雷锋既是学习毛泽东思想的典范，又是实践毛泽东思想的典范。

（一）雷锋坚持不懈地用毛泽东思想改造自己主观世界

雷锋在学习钻研毛泽东思想的过程中，坚持不懈地用毛泽东思想改造自己的主观世界，并逐渐成为广大青年中改造主观世界的典范。

通过学习毛泽东思想，雷锋成为爱憎分明、立场坚定的人。爱憎分明是无产阶级道德的显著特点，"对待同志要像春天般的温暖，对待工作要像夏天一样的火热，对待个人主义要像秋风扫落叶一样，对待敌人要像严冬一样残酷无情。"雷锋的爱憎极为分明，他对阶级兄弟和劳动人民有深厚的感情，他对剥削和压迫人民的阶级敌人有刻骨的仇恨。1958 年 6 月 13 日，雷锋在日记中写道："读了《沉浮》以后，这本书给了我深刻的印象，通过沈浩如和简素华的恋爱故事教育了我。我认为简素华的那种坚强不屈的意志，那种高尚的共产主义风格，那种克服困难的决心和信心，那种艰苦朴素的工作作风，对群众那样的关怀，是值得我学习的。沈浩如同志是一个有严重资产阶级意识的人，处处只为个人打算，怕吃苦，他那些可耻的行为，我坚决反对。"

通过学习毛泽东思想，雷锋成了服务人民、助人为乐的人。毛泽东"为人民服务"思想本质上就是全心全意为大多数人谋利益。雷锋学习毛泽东著作，使他感受最深的是懂得了"怎样做人，为谁活着"的道理。他认定："一个革命者活着就应该把毕生精力和整个生命为人类解放事业——共产主义全部献出。"他把"毫不利己，专门利人"看作是一个人最大的幸福和快乐，并决心要把自己"有限的生命，投入到无限的为人民服务中去"。雷锋不仅有着这样的认识，更重要的是在自己的革命生涯中，完全做到了言行一致，无时无刻不忠实于这个信念。正是在"全心全意为人民服务"信念的影响下，他正确处理了个人与他人的关系，时刻秉持着先人后己、助人为乐的生活态度。雷锋短暂的一生是全心全意为人民服务、助人为乐、无私奉献的一生，留下了许多感人至深的故事。

通过学习毛泽东思想，雷锋成为艰苦奋斗、勤俭节约的人。艰苦奋斗、勤俭节约是共产党人的政治本色，同样也是经受考验和磨砺的重要精神支柱。艰苦奋斗、勤俭节约更是一种革命的拼搏精神、无私的奉献精神。

雷锋将毛泽东艰苦奋斗、勤俭节约的思想视为珍宝,时刻秉持着艰苦奋斗、勤俭节约的理念。在艰苦的条件下,雷锋积极响应国家勤俭节约的要求,处处坚持精打细算,还特意制作了一个收纳捡拾到的各种各样东西的百宝箱,以便随时使用。1961 年 4 月 30 日,雷锋在日记中写道:“毛主席的话给了我深刻的教育与启发。根据我国目前的情况来看,还存在着许多困难……为了克服这些困难,都要十分地听党和毛主席的话,一切作长期打算……注意节约。今天司务长发给我两套单军衣和两套衬衣,我只各领了一套,剩下那两套衣服交给了国家,以减少国家的开支,支援祖国的建设。”毛泽东提倡的艰苦奋斗、勤俭节约精神影响着雷锋的一言一行,雷锋成为自觉践行艰苦奋斗、勤俭节约的楷模。

(二)雷锋自觉地学习毛泽东倡导的先进模范人物

榜样的力量是无穷的,革命年代和和平时期涌现出的各式英雄人物自然而然地成为追求进步的人们学习的榜样。尤其是那些被毛泽东倡导学习的先进人物成了无数青年向往的楷模,雷锋就是在向这些英雄人物学习的过程中成长的。雷锋通过学习英雄人物身上的优秀品质,并以此作为人生追求的目标,从而明确了自己的人生信条。在雷锋 139 篇日记中,有近 30 篇记述了他如何以英雄人物为榜样来激励和完善自己。

比如,董存瑞英勇无畏、不怕牺牲的精神对雷锋产生了重要影响。董存瑞,1945 年 8 月参加八路军,1947 年加入中国共产党,先后荣立大功三次,小功四次,荣获勇敢奖章三枚、“毛主席奖章”一枚。1948 年 5 月 25 日,在解放隆化县的战斗中,因部队受阻于敌军的桥头暗堡,董存瑞毅然抱起炸药包,冲至桥下。因身边无处安放炸药包,董存瑞在危急时刻,毫不犹豫地用自己的身体充当支架,一手托炸药包,英勇牺牲。看到董存瑞英勇炸碉堡的故事,雷锋感动得热泪盈眶,同时被那崇高思想和英雄事迹深深地折服,并发自内心地佩服董存瑞。在得以亲自见到董存瑞的亲密战友郅顺义老英雄,听了他讲董存瑞的英雄事迹后表示:“董存瑞英雄对敌人万分的愤恨,对党和人民无限的忠诚,在战争当中,英勇顽强,丝毫不畏缩,为人民的解放牺牲自己。董存瑞英雄是我永远学习的好榜样,我一定要为党和人民的崇高事业,随时准备牺牲自己的一切,直至生命。”英雄人物的崇高品格深深地印在了雷锋的脑海里,雷锋总是以英雄为榜样,学以致用,在自己的生活工作中严格要求自己。

又比如,时传祥干一行、爱一行、专一行的螺丝钉精神对雷锋也有重要影响。时传祥,14 岁逃难从家乡来到北京,当起了淘粪工人,遭人白眼,受尽了压迫和凌辱。新中国成立后,人民当家做主,时传祥受到了应有的尊重。他对党满怀感激之情,觉得淘粪也是社会主义事业,所以他加入清洁队又继续为市民服务。他认为淘粪也是光荣的职业,他苦中作乐,任劳任怨,全心全意为人民服务。时传祥身上那种干一行、爱一行、专一行的螺丝钉精神深深地感染了雷锋,雷锋在日记中写道:“我觉得当一个大粪夫是非常光荣的。1959 年参加北京群英会的时传祥同志,不就是一个掏大粪的工人么?我要是能够当一个这样的大粪夫,那该多荣幸啊!”雷锋在时传祥身上认识到了为人民服务没有高低贵贱之分,都是光荣的,社会就像一架由多种部件构成的大机器,各个职业就像社会机器上的不同组成部件,而岗位职责则是衔接各种零部件并使机器有效运转的螺丝钉。他在鞍钢担任推土机驾驶员时,发现用推土机铲煤时往往会带一点泥土,而一点泥土掺在煤里会影响炼焦的质量,焦炭质量不好就会影响炼钢。为此,雷锋努力钻研推土机的落铲技术,尽力做到既能把煤铲干净,又不带进一点土。有时带进一点土,他就下车把土挑出来。雷锋善于发现问题,并及时寻找办法解决工作中的实际问题。当雷锋发现推土机往煤山上爬发动机会突然熄火的问题后,就仔细研究推土机的说明书,并根据发动机工作原理,找到了发动机熄火的原因并提出了解决办法。在任何一个工作岗位上,雷锋都始终忠实地履行着自己的职责,以自己的行动实践着“螺丝钉”精神,真正做了“一颗永不生锈的螺丝钉”。

还比如,向秀丽公而忘私、舍己为人的精神也对雷锋产生了重要影响。1958 年 12 月 13 日,向秀丽在化工车间为制造“甲基”的药剂投料加酒精时,一只装着 20 多公斤无水酒精的玻璃瓶突然滑落下来,瞬间,大量酒精因触到了工厂左边 10 个正在燃烧着的煤炉而燃烧起来,而旁边还放着金属钠,如果爆炸,足以毁掉整个工厂。在危急关头,向秀丽把个人安危置之度外,为前来抢救的人们赢得了时间,制止了一场危在眉睫的爆炸事故,而她自己却因为伤势太重而牺牲。在读《向秀丽》这本书时,雷锋感觉自己充满了正能量,浑身是劲,他在日记中写道:“我决心永远学习向秀丽同志坚定的阶级立场,敢于斗争的精神;学习她耐心帮助同志、处处为集体谋利益的精神;学习她对工作极端负责任的精神;学习她对党对人民无限忠诚的精神;学习她爱护国家财产胜过爱护自己生命的精神;学习她在紧急关头,挺身而出、英勇牺牲的精神……我时时刻刻都要以她为榜样,经常对照自己和鞭策自己,把自己锻炼成为一个坚强的无产阶级革命战士。”

(三)雷锋按照毛泽东要求全心全意为人民做好事

毛泽东“为人民服务”的思想是共产党人价值观的集中体现,雷锋奋斗的目标和追求就是为人民服务,雷锋精神的核心就是全心全意为人民服务,雷锋就是全心全意为人民做好事的典范。雷锋全心全意为人民服务的实践,既表现在国家和社会需要的关键时刻能够挺身而出,慷慨解囊;也体现在日常工作和生活中的一言一行和一举一动。

雷锋全心全意为人民做好事体现在他时刻把国家利益摆在首位。他希望把自己的全部力量贡献给伟大的祖国。1959 年 11 月的一晚,半夜突降大雨,正在看书学习的雷锋得知建筑焦炉的工地上还散放着 7200 袋水泥时,他不畏寒冷冲进雨中,用自己的棉被、衣服抢盖水泥,还发动 20 多名战友一起帮忙,避免了国家财产的损失。后来雷锋和战友雨夜抢救水泥的事迹还登上了《共青团员报》,雷锋却说:“我这么一点点贡献,比起党对我的要求和希望还是做得很不够。”1960 年 8 月,雷锋所在部队的驻地抚顺暴发洪水,雷锋不顾之前受伤的疼痛,和战友们一起奋斗在抗洪一线,连续抗洪七天七夜。面对国家利益受到威胁,雷锋总是毫不犹豫地站在最前线维护国家和集体的利益。在雷锋日记中就记录了类似的一件事情:“我看到一位同志做了一件损公利己的事,心里过不去,立即批评和制止了他。爱护国家和人民财产是我的责任,不能不管,今后还应该大胆地管。"

雷锋全心全意为人民做好事也体现在他为社会贡献自己的全部力量上。无论何时何地,雷锋的付出从不计个人得失和回报。有一次,雷锋在因腹疼到团部卫生连开药回来的路上,见本溪路小学的大楼正在施工,便推起一辆小车帮着运砖。当市二建公司敲锣打鼓送来感谢信时,部队领导才知道这件好事。还有一次,雷锋晚上起来上厕所看见炉子把地板都烧坏了,怕大家煤气中毒,赶紧浇灭了炉子,又怕大家冻坏身子,大半夜又到外边找来小木头柴,重新把炉子生着了。雷锋是孤儿又是单身汉,在工厂有工资,入伍时有200元的积蓄,为庆祝抚顺市望花区人民公社成立,他送去100元。在听说辽阳市遭受洪水灾害后,又毫不犹豫地寄过去100元。雷锋入伍当年每月有6元钱的津贴,全部用于帮助他人,而自己的袜子补了又补,平时连一瓶汽水都舍不得喝,等等。雷锋就是这样,为社会无私奉献,为他人全心全意。

雷锋全心全意为人民做好事还体现在他对待他人像春天般的温暖上。雷锋一生中不仅无微不至地关心、爱护、帮助战友,对群众也同样无微不至。他把人民大众视为自己的亲人,只要是人民群众需要的,不管分内分外都主动去干。在连队,公差勤务、内务卫生,他事事抢在前面;部队放电影,他为了让别人去看,自己主动留下站岗;平时战友的衣服、被子脏了,袜子破了,他不声不响地帮助洗净补好;谁要是生病了,他主动地去请军医,端水送饭;发现哪个同志有了缺点毛病,他利用一切机会找其谈心,热情帮助改正,对文化学习有困难的人,他也总是耐心辅导。人们形容"雷锋出差一千里,好事做了一火车"。比如因公外出时,雷锋帮助老奶奶提包袱,给老奶奶买早餐,给老人让座;见列车员忙不过来,就主动帮着扫地,擦玻璃,收拾桌子。

雷锋是平凡的,因为他同无数普普通通的青年一样,做着普普通通的事情,他没有重大的发明创造,也没有影响历史发展的丰功伟绩,他所做的这些好事是一般青年都能做到的。但雷锋又是伟大的,因为他做着这些平凡的好事,坚持了一生。雷锋用自己的一生实践了毛泽东的教导:"一个人做点好事并不难,难的是一辈子做好事,不做坏事。"

三、雷锋精神的形成离不开毛泽东思想的哺育

雷锋精神的形成不是自发的,从根本上看,是与雷锋在成长过程中学习、践行毛泽东思想紧密联系在一起的。

(一)毛泽东关于阶级和阶级斗争的思想与雷锋爱憎分明阶级立场的内在联系

毛泽东关于阶级和阶级斗争的思想是在中国革命实践过程中产生、形成与发展起来的,在《中国社会各阶级的分析》一文中毛泽东明确指出:"谁是我们的敌人?谁是我们的朋友?这个问题是革命的首要问题。"通过对中国社会各阶级的分析,得出了"一切勾结帝国主义的军阀、官僚、买办阶级、大地主阶级以及附属于他们的一部分反动知识界,是我们的敌人。工业无产阶级是我们革命的领导力量。一切半无产阶级、小资产阶级,是我们最接近的朋友。那动摇不定的中产阶级,其右翼可能是我们的敌人"。正是通过对中国社会各阶级状况的正确分析,解决了革命的领导力量、依靠力量、团结力量、

孤立力量和打击力量问题。

幼年雷锋身受地主阶级的残酷剥削和压迫，但是在受毛泽东思想的教育以前，他并没有阶级和阶级斗争的概念，他是在不断学习毛泽东著作中，逐步认识和领会阶级斗争学说的。这个学习过程，把从书本上学到的阶级和阶级斗争概念同阶级斗争的感性事实结合起来，因而对阶级和阶级斗争概念逐渐有了深刻的理解。雷锋在日记中写道："看问题不仅要看现象，还要从现象中抓住本质。有人说南方的地主剥削农民轻些，农民受的苦浅些，北方的地主狠些，剥削农民重些，农民受的苦深一些，这都是不正确的。张三地主是活阎王，李四地主是笑面虎，这绝不能说张三地主不好，李四地主好些。天下的乌鸦一般黑。"

这里，雷锋并不是用"我看到的南方地主和北方地主一样狠"这种经验事实，来驳斥"南方的地主剥削农民轻些"的观点，而是从一般的阶级斗争理论，从地主阶级同农民阶级的关系的实质来看问题，从而揭穿某些地主"好些"的假象。这里，雷锋并没有创立新的概念，而是把感性认识同从毛泽东著作中学到的阶级斗争理论结合起来。这样一结合，在他头脑里，对于地主阶级和地主阶级剥削农民的概念理解就更深刻了。新旧社会的鲜明对比，使得雷锋憎恨旧社会和剥削压迫人民的阶级敌人，热爱什么阶级和反对什么阶级就集中表现为爱憎分明的阶级立场。在刚开始，雷锋其实并不十分了解旧中国广大劳动人民的苦难生活和它的根源。指导员高士祥告诉雷锋："你的苦，我的苦，和所有劳动人民的苦是一样的。世界上比我们苦的人还多得很呢，不仅我们受过苦，而且所有工人农民都受过我们这样的苦。"然而，雷锋真正明白这个道理，还是在"两忆三查"运动中。1960年，部队开展了"两忆三查"运动。由于雷锋过去所受的苦难深重，工程兵政治部让他到所属部队去作巡回诉苦报告。许多干部战士听了他的报告，回忆起自己的苦难经历，忍不住流泪。当时雷锋还以为，在座的首长和同志们只是因为同情自己的苦难而流泪的。

雷锋回到运输连后，又参加了连里的忆苦大会。会上他听到班长的苦难经历，真是一字一泪的血泪史啊！雷锋还从俱乐部张贴的统计表中，看到了全连有85%的同志家庭受过苦，有不少的同志本人受过苦。雷锋这时才明白了，不光自己有苦，原来有这么多受苦的人。为什么许多干部和战士流泪？原来他们也有满肚子的苦水。不久，领导又让雷锋到兄弟连队和海军、空军部队去作诉苦报告，参加了那里的诉苦大会。他听到了一字一泪的控诉，看到了一笔又一笔的血泪账。他还在《前进报》上看到，上面有沈阳部队杜平副政委的题词："雷锋同志的苦难，是整个阶级、民族的苦难。在新中国成立前，受到像雷锋那样遭遇的人比比皆是。他只是千千万万受苦难人中的一个。"这些都让雷锋不由得细细思索起来，思想之门也随之豁然打开。

在全连"两忆三查"运动总结大会上，他激动地说："现在我才真正懂得了谁是我们的恩人，谁是我们的敌人。我们都是受苦人，我们的遭遇是一样的，我们的目标是一致的，同志们的苦就是我的苦，同志们的仇就是我的仇。"

"两忆三查"教育使雷锋牢固树立了阶级斗争观念。有一次，副指导员张耀荣在党团员积极分子大会上，根据当时国内阶级斗争情况，列举没有改造好的地主分子等在我国人民处于暂时困难时幸灾乐祸，并严肃地指出，被打倒的剥削者是不甘心灭亡的，只有向他们进行不调和的斗争，才能巩固住胜利果实。这些话，进一步激发了雷锋的阶级觉悟。他在记述这次会议的情况的日记里说："听首长说：因近两年来我国遭到特大的自然灾害，给我们造成了一些暂时的困难。可是目前阶级敌人有所抬头，想乘机破坏我们的社会主义建设。我听了心里直发火，恨之入骨。我家里很穷，父、母、哥、弟都死在民族敌人和阶级敌人的手里。这个血海深仇，使我永远铭记在心。解放后，伟大的共产党拯救了我，党像慈父般的哺育和教育着我，从记事那天起，党和毛主席便成了我心上的太阳；对阶级敌人更加憎恨。由于不断受到党的教育，懂得了阶级斗争。像我这样的穷苦人，不斗争就没有出路。"

正是基于阶级感情，雷锋才会说出"对待同志要像春天般的温暖，对待工作要像夏天一样的火热，对待个人主义要像秋风扫落叶一样，对待敌人要像严冬一样残酷无情"这样的话。

（二）毛泽东关于为实现共产主义而奋斗的思想与雷锋远大理想信念的内在联系

共产主义是共产党人的奋斗目标和远大理想，为实现共产主义而奋斗的思想，贯穿了毛泽东领导的中国革命与建设的整个过程。毛泽东是一个伟大的共产主义者，也十分重视对全体人民进行共产主义理想信念的教育，认为应当"强调共产主义前途、远景，要用共产主义理想教育人民"。

雷锋通过学习毛泽东思想，增强了为共产主义奋斗终生的自觉性，形成了为共产主义事业奋斗的目标，树立了远大的共产主义信念。雷锋树立共产主义信仰的过程，同其他人一样，也经历了一个从感性到理性、从特殊到一般的认识过程。首先是从感性认识开始的，比如优秀共产主义战士的英雄行为、一切追求进步的所作所为和党的号召以及社会的呼唤等都对雷锋共产主义理想的形成产生了极为重要的影响。正是通过不断的学习和思考，雷锋懂得了世界发展的辩证法，懂得了人类社会发展演变历史规律，懂得了人民群众在历史发展进程中的伟大作用。当年《人民日报》在讲到雷锋共产主义理想形成的原因时是这样说的："第一，雷锋并没有停顿在感性认识阶段。停顿在感性认识阶段，并不能树立共产主义世界观。第二，雷锋并不是自己根据感性经验去创立世界观的一般的理论范畴，而是在学习马列主义及毛泽东著作中，把感性认识和理性认识、把对于特殊的认识和一般的认识结合起来。"

在共产主义世界观的教育和学习中，要抓住什么根本的东西呢？用雷锋的话说，就是"为谁活着，怎样做人"。在雷锋共产主义信仰的形成过程中，党对于雷锋的培养，他自己的学习，都抓住了这个根本的东西，树立"毫不利己，专门利人"的共产主义品质。如果说，起初雷锋对于这一点还没有意识的话，那么在他自己的学习过程中，就越来越明确地意识到了。雷锋说："我学习了《毛泽东选集》一二三四卷以后，感受最深的是，懂得了怎样做人，为谁活着。"这是他学习的最深感受。雷锋的崇高品质，也是判断雷锋是否树立了共产主义世界观的重要标志。雷锋在自己日常的言行和平凡的工作中自觉地体现了

“毫不利己，专门利人”的共产主义精神，实践了“把自己的毕生精力和整个生命为人类的解放事业——共产主义全部献出”的诺言。

（三）毛泽东关于理论与实践相统一的思想与雷锋言行一致精神品质的内在联系

在中国革命和建设实践中毛泽东十分重视理论与实践的统一问题，一向反对理论与实践相脱离的倾向。

要做到理论与实践相统一，首先就是要做到一切从实际出发。一切从实际出发，就必须反对和克服本本主义，就必须做深入细致的调查。早在1930年，毛泽东就写下了《反对本本主义》，并提出了“没有调查，就没有发言权”的著名论断。在延安整风中又明确指出：“我们要在党内发动一个启蒙运动，使我们同志的精神从主观主义、教条主义的蒙蔽中间解放出来。”为了做到理论联系实际，毛泽东把理论和实践相结合、理论和实际相统一，提高到马克思主义基本原则的高度，把它作为“我们共产党人区别于其他任何政党的显著标志之一”。

雷锋学习毛泽东著作，不是生吞活剥地学，不是走形式、做样子，简单地背诵一些词句，而是学习毛泽东思想的精神实质，努力掌握其中的立场、观点、方法，并自觉地进行实践，成为一个真正的知行统一、言行一致、理论与实践相统一的人。对于一个人来说，理论与实践相统一、心里怎么想行动上就怎么做不是抽象的，而是非常具体的。雷锋说：“有了伟大的热情，才有伟大的行动！今天是星期日。有的同志叫我上街看电影……在这风和日丽的春天里，正是农忙的季节，公社的社员们都在紧张而又忙碌地耕地、播种。我是一个农家的孩子，现在虽然成了一名祖国的保卫者，可是我有责任支援农业，改变农村的面貌，为农业早日机械化、电气化贡献一点力量。想到这些，我哪里有心看电影呢？拿着铁锹跑到了抚顺李石寨人民公社万众生产大队，和社员们一起翻地。”1961年5月1日，他写道：“今天是伟大的五一国际劳动节，我感到特别的高兴。为了纪念这个伟大的节日，我没有上街看热闹，把房前屋后、室内室外干干净净地打扫了一遍，帮助炊事班洗菜、切菜、做饭，用了3个小时。”这就是理论与实践相一致、言行相统一的活生生的雷锋，日记真实地再现出他言行一致的风格和特点。

（四）毛泽东关于正确处理个人与他人关系的思想与雷锋舍己为人崇高境界的内在联系

毛泽东在处理个人与他人关系上，始终强调的是集体主义思想，并且严肃批评小团体主义“只注意自己小团体的利益，不注意整体的利益，表面上不是为个人，实际上包含了极狭隘的个人主义”。作为中国工人阶级先锋队的共产党人，坚持集体主义，必须抓住全心全意为人民服务这个核心和本质，正确认识和处理国家、集体、个人三者利益关系，所以，“要强调个人利益服从集体利益，局部利益服从整体利益，眼前利益服从长远利益。要讲兼顾国家、集体和个人，把国家利益、集体利益放在第一位，不能把个人利益放在第一位”。他要求广大党员必须坚持和弘扬无产阶级的集体主义原则，坚持和弘扬无产阶级大公无私的优秀品质和为全人类的解放事业奋斗终生的高尚精神，无论何时何地都必须以集体主义为出发点，以个人利益服从于民族的和人民群众的利益，而不应该也绝不能把个人利益放在第一位。

雷锋从毛泽东思想学习中深刻地懂得，没有阶级的解放就没有个人的解放，没有集体的幸福，就没有个人的幸福。他总是像爱护自己的生命一样爱护公共财物，总是抓住每一个可能的机会，关心和帮助他人。雷锋对同志、对人民充满深厚的爱，把党和人民的利益看得高于一切，自觉地将毕生的精力献给党和人民。1961 年 12 月 30 日，雷锋在日记中写道："我班乔安山同志的母亲病了，今天来信叫他请假回家看看，首长批准了他三天的假。可是他着急回家缺钱，想买点东西给母亲吃，钱又不够。正当他为难的时候，我一考虑心里过不去，我想：他的母亲就像我的母亲一样，他有困难，也等于是我的困难。我和他是阶级兄弟，应当互相帮助。想到这里，我立刻拿出了自己的十元津贴费，还买了一斤饼干，一起交给他，叫他带回家给母亲。"因为雷锋经常舍己为人，导致有人说他是"傻子"，雷锋却说："如果说这是'傻子'，那我心甘情愿做这样的'傻子'。革命需要这样的'傻子'，建设也需要这样的'傻子'。"雷锋的"傻"就是一种大智若愚舍己为人的"傻"，体现了舍己为人的崇高境界。

（五）毛泽东关于"做一个什么样的人"的思想与雷锋向往卓越人生追求的内在联系

毛泽东在《纪念白求恩》中提出了"做一个什么样的人"的问题，他说："白求恩同志毫不利己专门利人的精神，表现在他对工作的极端的负责任，对同志对人民的极端的热忱。每个共产党员都要学习他。不少的人对工作不负责任，拈轻怕重，把重担子推给人家，自己挑轻的。一事当前，先替自己打算，然后再替别人打算。出了一点力就觉得了不起，喜欢自吹，生怕人家不知道。对同志对人民不是满腔热忱，而是冷冷清清，漠不关心，麻木不仁。这种人其实不是共产党员，至少不能算一个纯粹的共产党员。从前线回来的人说到白求恩，没有一个不佩服，没有一个不为他的精神所感动。""我们大家要学习他毫无自私自利之心的精神。从这点出发，就可以变为大有利于人民的人。一个人能力有大小，但只要有这点精神，就是一个高尚的人，一个纯粹的人，一个有道德的人，一个脱离了低级趣味的人，一个有益于人民的人。"

在探究"人究竟为什么活着"的问题时，雷锋的回答与毛泽东的"做一个什么样的人"有着密不可分的联系。雷锋回答："我觉得要使自己活着，就是为了使别人过得更美好。""我觉得人生在世，只有勤劳，发奋图强，用自己的双手创造财富，为人类的解放事业——共产主义贡献自己的一切，这才是最幸福的。"雷锋是一个具有勇敢坚毅、开拓进取精神的人，一个具有极高的生命和道德自觉境界的人。雷锋从 1956 年 6 月小学毕业到 1960 年入伍的短短三年半中，曾经 7 次更换工作，每次更换工作都能使自己的人生价值得到提升并走向更大的辉煌，究其原因就是因为雷锋从根本上弄明白了毛泽东所说的"做一个什么样的人"的问题。

（刘建武，湖南省社会科学院院长；汤文娟，女，湖南科技大学马克思主义学院）

在延安精神及党的十九大精神里寻找改革动力

暨争登

革命圣地延安，既是红军长征胜利的落脚点，也是建立抗日民族统一战线，赢得抗日战争胜利，进而夺取全国胜利的解放战争的出发点。我们拜谒延安，追寻圣地，参观了宝塔山、凤凰山、南泥湾、革命纪念馆，以及抗大、枣园、杨家岭、王家坪等革命旧址，现场感受了老一辈无产阶级革命家在延安的艰苦岁月，深切体验了内涵丰富、源远流长的“延安精神”。

“延安精神”正是以毛泽东同志为首的中国共产党人把马克思列宁主义的科学思想体系与中华民族的优秀传统结合的产物，是中国共产党在长期革命斗争中所形成的优良传统和作风的结晶，是“井冈山精神”、“长征精神”的继承和发展，是一种具有中国特色的艰苦奋斗、艰苦卓绝、绝处逢生、绝地反击的无产阶级革命精神。

1941 年，由于日本帝国主义的疯狂进攻和残酷“扫荡”，国民党顽固派的军事包围和经济封锁，以及自然灾害的侵袭，使陕甘宁边区的财政、经济变得极为困难。为了战胜困难，坚持抗战，1942 年年底，党中央提出了“发展经济、保障供给”的方针，号召解放区军民自力更生，艰苦奋斗，开展大规模的生产运动。王震率领三五九旅开进野草丛生、野狼成群的南泥湾，既守卫延安南大门，又开荒生产，不到 3 年，便把这里变成了“陕北的好江南”。大生产运动不仅使陕甘宁边区克服了困难，渡过了难关，实现了自给自足，而且改善了党政、军政、军民关系，积累了生产建设的经验，培养和锻炼了一大批从事经济工作的专家和人才，为新中国的经济建设事业奠定了良好基础。1943 年 9 月，毛泽东视察南泥湾时高兴地说：“困难并不是不可征服的怪物，大家动手征服它，它就低头了。大家自力更生，吃的、穿的、用的都有了。目前我们没有外援，假定将来有了外援，也还是要以自力更生为主。”

毛主席和党中央在延安的 13 年，是艰难困苦的 13 年，是不屈不挠的 13 年，也是走向胜利的 13 年。在这辉煌的 13 年中，孕育了伟大的延安精神。伟大的延安精神是我们党的优良传统和宝贵财富，是我们战胜困难、取得胜利的法宝。坚定正确的政治方向，解放思想、实事求是的思想路线，全心全意为人民服务的根本宗旨，自力更生、艰苦奋斗的创业精神，是延安精神的主要内容。正如习近平同志特别强调所说，“我们党是一个具有长期奋斗历史和优良革命传统的党，也是一个紧跟时代步伐、善于与时俱进的党。党的建设必须坚持继承和创新相结合，结合时代条件发扬党的光荣传统和优良作风。”“全面从严治党要继续从延安精神中汲取力量。”老一辈革命家和老一代共产党人在延安时期留下的优良传统和作风，培育形成的延安精神，是我们党的宝贵精神财富。今天，全面从严治党仍然需要从延安精神中汲取力量，继续把抓理想信念贯穿始终，提高辩证思维、系统思维能力，保持党同人民群众的血肉联系，始终为党和人民的事业艰苦奋斗、不懈奋斗。

延安是中国共产党和军队的根据地，勤劳勇敢的老区人民用生命和鲜血哺育了中国革命；延安是中国抗日战争的总后方，在极其艰苦的条件下，广大军民开展了“自己动手、丰衣足食”的大生产运动，为夺取革命胜利奠定了物质基础；延安是毛泽东思想从形成、发展到成熟的圣地，毛主席关于中国革命的政治路线问题、军事问题、党建问题、哲学问题等一系列具有代表性的理论著作大多是在延安撰写的，党的七大把毛泽东思想确立为党的指导思想也是在这里。在中国共产党的历史上，马克思列宁主义同中国实际相结合的第一次历史性飞跃就是在延安实现的。

延安精神引导和哺育无产阶级革命者牢固树立马克思主义的世界观和方法论，牢固树立全心全意为人民服务的宗旨，激励着一代又一代中国共产党人为实现民族独立、人民解放和共产主义远大理想而前仆后继，英勇奋斗。延安精神引导和哺育无产阶级革命者坚持自力更生、艰苦奋斗的创业精神，使革命力量由小到大、由弱到强。延安精神把共产党人和革命者融入广大人民群众之中，官兵一致，军民一致，水乳交融，使中国共产党获得了最广大人民群众的拥护和支持，这是中国共产党从胜利走向胜利的最大政治优势。

延安精神是“星星之火，可以燎原”的精神。它让我们明白了在艰苦的条件下，矢志不移，信念不改，居斗室而忧心天下。延安是漫漫长夜中的一丝光亮，它照亮迷路人前进的方向，指引着中国革命蓬勃发展。延安精神更是默默无闻，勇挑重担的“骆驼精神”。“骆驼精神”是对我党优秀代表的道德品质和光辉人格的形象比喻，担负着沉重的担子，行走在极为漫长的路上，默默无闻，任劳任怨，一步一个脚印驼着重担向前。它体现着延安时期人民特有的品质和美德，是延安革命根据地得以巩固和发展的根本。

现如今，已经没有了硝烟弥漫、战火纷飞。虽然我们置身在一个和平的年代里，但是我们不能因此而忘了革命的基石。尤其需要通过“两学一做”学习教育，认真当好表率，紧密联系实际，深刻领会习近平总书记系列讲话的丰富内涵和核心要义，深刻领会党中央治国理政新理念新思想新战略，不断提高思想政治素养和理论水平；尤其需要学习贯彻党的十九大精神和习近平新时代中国特色社会主义思想，并以党的十九大精神为引领，以习近平新时代中国特色社会主义思想为指南，牢牢把握在学懂弄通悟透做实上下功夫的要求，更好地把思想和行动统一到党的十九大精神上来，把力量和智慧凝聚到实现党的十九大确定的各项任务上来。

当前，国有企业改革、电力体制改革等各项改革政策密集出台并逐步落地，在体制和技术的双重变革中，供电企业发展面临着前所未有的挑战和机遇。我们一定要解放思想、开阔视野，大力提升改革创新的意识和能力。中国南方电网有限责任公司“一主两翼、国际拓展”产业布局全面推开，互联网+、智能电网、分布式能源、电动汽车等新技术正在蓬勃发展，广州供电局有限公司四网融合、三表集抄、运监中心、智能电房、智慧营业厅的建设力争弯道超车，而成立综合能源服务公司，加快推进分布式发电、光伏发电、充电桩、合同能源管理、市场化售电、电能替代、楼宇节能等新兴竞争性业务，正向国际一流迈进。

我们将按照创建"两精两优、国际一流"即：创建管理精益、服务精细、业绩优秀、品牌优异的国际一流电网企业，"两个示范、一个率先"即：精益管理的示范、改革转型的示范、率先创建国际一流电网企业的发展战略目标定位，不忘初心，牢记使命，锐意进取，埋头苦干，以更高的政治站位、更好的奋斗姿态、更实的工作作为推动企业的改革发展。

在新一轮的供电行业变革中遇到困难时，我们更应该依靠自己的力量去解决问题，继承和发扬延安精神，并在延安精神及党的十九大精神里寻找改革动力，深刻领会十九大报告的丰富内涵，砥砺前行、锲而不舍，久久为功、驰而不息，奋勇迈进新时代特色的新长征路，用新思想武装头脑，用新作为开创未来。在改革推进安全生产、配电运维、电网建设、营销服务上苦练内功，在探索应用新发明、新技术、新理念、新模式上加快步伐，努力拼搏、奋发有为，由此创造出来一片属于自己的新天地。

（作者：中国南方电网有限责任公司广州供电局有限责任公司海珠供电局党委书记）

毛泽东关于重建民族文化自信的思考及启示

罗嗣亮

民族文化自信是道路自信、理论自信和制度自信的基础，是中国现代化实践和民族复兴的文化底蕴和精神支撑。作为近代以来让中国人民“站起来”的伟大人物毛泽东，一生对重建民族文化自信有过许多思考。早在五四时期，毛泽东就认为中国文明在世界文明中“要占个半壁的地位”。抗战时期，毛泽东提出，中国新文化应当是科学的、大众的，但首先必须是民族的。1956 年前后，毛泽东在《论十大关系》《同音乐工作者的谈话》等文本中多次谈到文化自信的问题。他一方面大力提倡向外国优秀文化学习，另一方面则明确强调：“学了外国的，就对中国的没有信心，那不好。”可以说，重建中国人的民族文化自信是毛泽东的毕生追求。

之所以要重建中国人的文化自信，最为浅显和直接的原因就在于一直以来都有一部分中国人在文化上缺乏自信。这种不自信体现在学术、教育、艺术、社会生活等诸多方面，总体而言，主要有如下几种表现：(1)崇洋心态。不仅社会精英和一般知识分子中有不少人盲目崇拜西方文化，“许多马克思列宁主义的学者也是言必称希腊”。(2)弱国心态。由于近代以来遭受帝国主义的欺凌，“有些人做奴隶做久了，感觉事事不如人，在外国人面前伸不直腰”。(3)鄙视本国传统文化。许多人认为中国传统文化无助于现代化，因此他们看不起，甚至全盘否定本民族文化遗产。(4)极端排外。也有一些人走向另一个极端，即排斥一切外国文化。这一类人表面上看来充满自信，实际上只是一种“虚假的自信”。

对于怎样摆脱这些病态心理，进而重建中国人的文化自信，毛泽东作了大量的思考，并提出了极富启发意义的原则。

一、清理和总结民族文化遗产

中华民族有着灿烂的古代文化，这种独特的文化不仅支撑了中国几千年的发展，而且辐射到周边国家，对世界文明产生了重要影响。近代以后，中国国力出现衰落，一些学者将其归因于文化的落后，如胡适认为，中国“百事不如人”，不但物质和制度上不如人，而且“道德不如人，知识不如人，文学不如人，音乐不如人，艺术不如人，身体不如人”，中国实现富强只能走“全盘西化”的道路。在他们看来，中国固有的文化和知识缺少条理，因此要借助西方知识系统将其“条理化”。在胡适、陈序经等学者的影响下，中国文化学术界一度“以西解中”成为一股潮流。毛泽东对这种盲目崇拜西方文化的倾向十分不满。早在延安时期，他就尖锐地指出：文学艺术中对外国人毫无批判的硬搬和模仿“乃是最没有出息的最害人的文学教条主义和艺术教条主义”。

毛泽东认为，消除这种错误的民族文化

观必须从清理和总结民族文化遗产做起。中国五千年文化的内容极其丰富,精华与糟粕并存,笼统地说民族文化是好是坏都不足为训,必须首先对其作具体、细致的清理和甄别工作。在他看来,这种清理工作“是发展民族新文化提高民族自信心的必要条件”。他认为清理民族文化遗产应坚持以下原则。

第一,要有选择地继承民族文化遗产。清理中国民族文化遗产,就要取其精华,去其糟粕。例如传统京剧虽是我国国粹,但也内含着十分浓重的封建思想,表现帝王将相、才子佳人生活情趣的内容居多。1951 年,毛泽东对包括京剧在内的传统戏曲提出“百花齐放,推陈出新”的方针,其重要内涵之一就是要去除其中的封建糟粕,发扬其艺术上、思想内容上的精华。

第二,要全面清理各民族的多样文化遗产。(1)全面清理中国各民族的文化遗产。在中华民族大家庭中,除汉族外,还有五十多个少数民族,各民族“虽然文化发展的程度不同,但是都已有长久的历史”。因此,清理民族文化遗产,就不仅要清理汉民族的文化遗产,也要清理少数民族的文化遗产。(2)全面清理封建主义和反封建主义两种文化遗产。按照列宁的观点,文化不仅具有民族性,也具有阶级性,“每一种民族文化中,都有两种民族文化”。毛泽东从列宁的观点中得到启发,认为中国封建时代的文化,既包括封建主义的文化,也包括反封建主义的文化。(3)全面清理有形和无形的文化遗产。相对于有形的文化遗产,如文物、典籍、历史建筑等而言,无形的文化遗产,如民间文艺、民俗、仪式等长期被人们轻视乃至忽视。然而,无形的文化遗产恰恰是民族个性的“活化石”。毛泽东说:“农民不能说没有文化,精耕细作,唱民歌、跳舞也是文化。”他认为,搜集和研究这些文化“可以懂得许多东西”。

第三,对待民族文化遗产要特别慎重。新中国成立后,毛泽东将《在延安文艺座谈会上的讲话》收入《毛泽东选集》时,将“借鉴”文化遗产修改为“继承和借鉴”文化遗产。这看似个别词句的变换,却反映了他对民族文化遗产更加注重继承的审慎态度。在领导手工业和工商业社会主义改造时,他特别强调,王麻子、张小泉的刀剪“一万年也不要搞掉”,瑞蚨祥、同仁堂“一万年要保存”,“我们民族好的东西,搞掉了的,一定都要来一个恢复,而且要搞得更好一些”。

清理民族文化遗产还只是树立民族传统文化自信的初步工作,更进一步且更难的工作在于总结这些遗产。事实上,许多人之所以对中国传统文化缺乏信心,就在于否认中国传统文化有自己的规律。毛泽东指出:“说中国民族的东西没有规律,这是否定中国的东西,是不对的。中国的语言、音乐、绘画,都有它自己的规律。过去说中国画不好的,无非是没有把自己的东西研究透,以为必须用西洋的画法。”在他看来,“全盘西化论”者的错误并不在于大力学习西方,而在于以西方的文化范式来套中国。这样的生搬硬套极可能导致掩盖中国文化的特质,甚至以西方文化之长来论中国文化之短。总之,讲清楚中国文化里面的规律和道理,是我们理解自己文化的关键,也是确立民族文化自信的认知基础。

二、扩大中外文化交流

中华文化之所以生生不息,很大部分的

原因在于其极强的包容性。然而,我国也有过因长期封闭而造成文化落后的惨痛教训。明朝中后期开始,统治者在政策上不断强化闭关锁国,在文化心态上固守传统的“天下观”,视中国为中心、外国为边缘,主张“以夏变夷”,反对“以夷变夏”。直到西方列强以武力打开国门后,这种盲目自信、保守落后的文化观才失去了政治屏障,然而文化保守主义和排外主义的思想和倾向直至20世纪上半叶在中国仍有较大影响。

在毛泽东看来,重建中华民族的文化自信必须彻底打破封闭保守的文化心态。他明确指出,极端排外的思想倾向,“像西太后反对‘洋鬼子’是错误的”。这种建立在盲目自信基础上的排外主义,不仅无助于文化的发展,甚至会窒息文化的生命力。而对于晚清洋务派所提出的“中学为体,西学为用”的思想,毛泽东同样不以为然。在1919年所写的《健学会之成立及进行》一文中,他批评“中学为体,西学为用”为“自大的思想”“空虚的思想”。在他看来,“体用二分”的思维模式将学习西方文化仅仅限制在“用”,即工具价值的层次上,是说不通也行不通的,“‘学’是指基本理论,这是中外一致的,不应该分中西”。固守“体用二分”的模式,必然导致对外国文化的轻视和对本土文化的高估,从而不利于在新的时代条件下培育中华民族的健康文化心态。

1. 学习“一切民族、一切国家的长处”

毛泽东曾对孟子所说的“夫物之不齐,物之情也”作出自己的解读,他说:“这就是说,事物的多样性是世界的实况。马克思主义也是承认事物的多样性的,这是同形而上学不同的地方。”文化同样是多样性的。一个民族及其文化之所以生存下来,必定有其长处。因此,各个民族之间的文化交流和相互学习是十分必要的。毛泽东在《论十大关系》中提出:“我们的方针是,一切民族、一切国家的长处都要学,政治、经济、科学、技术、文学、艺术的一切真正好的东西都要学。”

首先,学习西方文化要有开放包容的胸襟。毛泽东所说的“一切民族、一切国家”,既包括社会主义国家,也包括资本主义国家;“一切真正好的东西”则涵盖了文化领域的所有方面,突出强调了学习外国文化时应有的开放性和包容性。熟知中国历史的毛泽东注意到,中国最强盛的时期,往往是文化上最开放的时期。例如唐朝兴盛时,对外文化交往也出现盛况,“有人证明,我们现在用的乐器大部分是西域来的,就是从新疆以西的地区来的。我们这个民族,从来不拒绝接受别的民族的优良传统”。1956年,毛泽东讲到学习外国音乐的问题时说,“演些外国音乐,不要害怕”,“演外国音乐并没有使我们自己的音乐消亡了,我们的音乐继续在发展”。在他看来,各国之间在文化上取长补短,只会有益处。

其次,学习外国文化要有“以我为主”的意识。要判断何为“长处”、何为“真正好的东西”,就要求在学习外国文化时要有自己的独立思考,这是独立自主原则在文化工作中的体现。早在革命战争年代,毛泽东就指出:“我们中国人必须用我们自己的头脑进行思考,并决定什么东西能在我们自己的土壤里生长起来。”新中国成立初期,在文化上一度出现盲目效仿苏联的风气。例如宣传领域照搬《真理报》的一套,教育领域削弱文科和综合性大学,卫生领域片面强调专科治疗等,都引起了毛泽东的注意。他批评"文教工作中产生了教条主义",并提出要破除对苏联的迷信,"苏联的经验只能择其善者而从之,其不善者不从之"。进入20世纪60年代,毛泽东在努力探索社会主义文化道路的过程中始终对"以我为主"原则保持着清醒的认识。他不仅提出了"古为今用,洋为中用"的正确方针,而且一再提醒人们要注意外国文化中的腐朽落后因素,尤其要警惕西方资产阶级借文化交流之名,"用和平转变,腐蚀我们"。

2. 中国优秀文化"可以国际化"

我国曾经有过以"丝绸之路"为代表的中华文化国际化的辉煌历史,然而由于近代百年屈辱,中国曾一度被西方列强看作"东亚病夫","经济落后,文化也落后,又不讲卫生,打球也不行,游水也不行,女人是小脚,男人留辫子,还有太监……总而言之,坏事不少",这种种的负面文化形象成为中国人树立文化自信的极大障碍。在毛泽东看来,要消解这些负面文化形象,不仅应大力发展社会主义文化事业,进行文化革新和改造,还应积极推动中华优秀文化国际化。他说:"中国的豆腐、豆芽菜、皮蛋、北京烤鸭是有特殊性的,别国比不上,可以国际化。"在他看来,"在文化方面,各国人民应该根据本民族的特点,对人类有所贡献"。在吸收外国优秀文化的同时推进本国优秀文化国际化,有助于确立本国文化在世界文化舞台上的地位,从而增强人们对本国文化的认同和自信。

三、促进中国文化的转型和发展

毛泽东对中国文化的历史发展有两个基本判断:其一,"中国的长期封建社会中,创造了灿烂的古代文化"。尽管古代文化中也有某些糟粕性的内容,但整体而言在世界上处于领先地位,是先人留下的宝贵遗产。其二,"近代文化,外国比我们高,要承认这一点"。新中国成立初期,毛泽东经常以"一穷二白"来形容当时的经济文化状况,所谓"白",就是指文化、科技水平低,"很多地方不如人家,骄傲不起来"。毛泽东清醒地意识到,长期停滞不前的中国近代文化与文明古国、地理大国和人口大国的地位极不相称。

毛泽东曾提出,随着经济建设高潮的到来,中国将会"出现一个文化建设的高潮。中国人被人认为不文明的时代已经过去了,我们将以一个具有高度文化的民族出现于世界"。这是一个乐观的预言,更是一个豪迈的宣言。显然,在毛泽东看来,重建中华民族的文化自信,不能仅靠老祖宗留下的文化遗产,还必须发展具有现代品格的新文化。只有实现中国文化的转型和发展,才能凸显中国文化的现代魅力,为中国人树立文化自信提供更为直接的现实基础。

第一,要促进中国传统文化向科学的、民主的和大众的社会主义现代文化转型。中国传统文化是一种高度发达的古代文化,它在文学、艺术、伦理道德、史学、医学、历法等许多方面都取得了极高的成就。然而,如果将中国传统文化和西方古典文化相比照,仍可发现其存在的缺陷。毛泽东从青年时就开始不断对中国传统文化进行深刻的批判性思考。在他看来,首先,中国传统文化的一大弊病是缺乏科学精神,"中国人没有科学脑筋,不知分析与概括的关系……大帽子戴上头了,他的心便好过了"。他认为,这种笼统、含混,注重务虚而不注重务实的做学问的方法,使中国传统学术“累数千年而无进也”。其次，中国传统文化中虽有某些体现民主精神的精华，但本质上是一种专制文化。中国老百姓“迷信强权”，“心里没有民主的影子，不晓得民主究竟是甚么”。再次，中国传统文化基本上是一种精英文化，例如在乡村，文化权利极不平等，“历来只是地主有文化，农民没有文化”。因此，实现中国文化的现代转型，一方面应继承优秀文化遗产，另一方面则应革除传统文化中的各种积弊，使其转换为新的文化形态，以与现代社会相适应。

既然中国传统文化存在上述弊病，实现中国文化的现代转型，就必须朝着科学的、民主的和大众的方向迈进。在《新民主主义论》中，毛泽东提出，中国的新文化应当是“科学的”，它反对一切封建迷信思想，主张实事求是和客观真理；新文化也应当是“大众的”，“因而即是民主的。它应为全民族中百分之九十以上的工农劳苦民众服务，并逐渐成为他们的文化”。在建设社会主义初期，毛泽东又提出“百花齐放，百家争鸣”的基本方针，反对在文化工作上利用行政力量强制推行一种风格、一种学派，禁止另一种风格、另一种学派，强调文化上的是非问题应通过自由讨论去解决。这实际上是“民主的”方向在文化工作中的重要体现。

第二，要实现马克思主义与中国文化相结合。近代以来的历史表明，中国实现民族独立和走上现代化道路，所借助的有效思想武器既不是西方的自由主义，也不是儒家思想，而是马克思列宁主义。作为一种外来思想，马克思列宁主义之所以能指导中国实现民族独立和国家振兴，非常重要的一个原因就在于与中国实际相结合，也包括与中国文化相结合。对此，毛泽东有着异常清醒的认识。他不仅郑重地提出了“马克思主义中国化”的命题，而且严肃地指出：从孔夫子到孙中山，一切文化遗产都应当加以总结和继承，剔除其封建性的糟粕，吸收其民主性的精华。

在毛泽东看来，马克思主义与中国传统文化相结合，不仅可以促进马克思主义在中国文化土壤上生根、发芽和茁壮成长，也有利于中国文化从新民主主义文化向社会主义先进文化的发展和转型。“自从中国人学会了马克思列宁主义以后，中国人在精神上就由被动转入主动。从这时起，近代世界历史上那种看不起中国人，看不起中国文化的时代应当完结了。”马克思主义与中国传统文化相结合，不仅有力地促进了中国传统文化向科学的、民主的、大众的新文化转型，也为中国文化补充了新的精神内涵。例如，中国传统文化可以说是一种“崇古文化”，“以过去取向为第一序的价值优先”。在这种“崇古文化”的影响下，文化变迁常常采取“托古改制”的模式，表现为一种“向后看”的文化精神，而中国共产党人对马克思主义发展观点的强调和对共产主义理想的弘扬，则为中国文化补充了一种“向前看”的精神，极大地推动了中国文化的发展。

四、创造有独特民族风格的现代文化

马克思曾经预言，随着世界市场的开辟和各民族之间交往的深入，“民族的片面性和局限性日益成为不可能，于是由许多种民族的和地方的文学形成了一种世界的文学”。实际上，这里的“世界文学”并不是指世界上只存在一种单一模式的文学，而是指

"仍保持着各民族原有风格特色的、但同时又代表了世界最先进的审美潮流和发展方向的世界文学"。一个民族的文化能够体现世界最先进的潮流和方向，显然是其建构民族文化自信的重要基础，但是如果它失去了自己的民族特色，则将迷失自我，最终失去它在世界文化舞台上的位置。毛泽东敏锐地觉察到了这一点，20 世纪 60 年代时，他曾指出："我们中国的文工团到外国去演戏，演我们民族的戏剧、歌舞，大受别国人民的欢迎；如果我们全学外国的戏剧等在外国演出，人家是不欢迎的。"他认为，重建中华民族的文化自信，一方面必须促进中国文化的发展和转型，另一方面则应在推进文化现代化的同时，"创造出中国自己的、有独特的民族风格的东西"。

毛泽东没有对这种"独特的民族风格"作太多的解释，但他明确肯定鲁迅就是这种风格的典型代表："鲁迅的小说，既不同于外国的，也不同于中国古代的，它是中国现代的。"毛泽东对鲁迅及其作品有过多次评论，他认为，鲁迅"没有丝毫的奴颜和媚骨，这是殖民地半殖民地人民最可宝贵的性格"；鲁迅用望远镜和显微镜观察社会，所以看得远，看得真，他"懂得中国"；"我看鲁迅先生便是研究过大众语言的"；鲁迅不轻视中国的东西，他喜欢地方戏。可见，毛泽东所说的"独特的民族风格"，从内容上说主要指文化作品所体现的民族立场、民族精神和民族性格，从形式上说则主要指文化作品的语言、体裁、手法等所体现的民族特点，即民族形式。这与他在六届六中全会上提出的创造"新鲜活泼的、为中国老百姓所喜闻乐见的中国作风与中国气派"是一致的。

要形成这种"独特的民族风格"，首先，应促进中外文化"有机地结合"。中国古代和西方的优秀文化，两边都要学好，"要使两个半瓶醋变成两个一瓶醋"。至于如何实现中外文化的有机结合，毛泽东用了两个比喻：一个是"消化"。学习外国文化"如同我们对于食物一样，必须经过自己的口腔咀嚼和胃肠运动，送进唾液胃液肠液，把它分解为精华和糟粕两部分，然后排泄其糟粕，吸收其精华，才能对我们的身体有益，决不能生吞活剥地毫无批判地吸收"。另一个是"交配"。即使这种"交配"导致"不中不西""非驴非马"的东西出现也不要紧。事实上，外国文化来到中国都有一个本土化的过程，"搞久了就成了中国的了"。其次，"应该越搞越中国化，而不是越搞越洋化"。毛泽东指出，我们要学习外国的文化，但不等于简单套用外国的东西，不等于中国人写的东西变成洋腔洋调。"学外国织帽子的方法，要织中国的帽子。外国有用的东西，都要学到，用来改进和发扬中国的东西，创造中国独特的新东西。"从这里可以看到，毛泽东所说的"越搞越中国化"，并不是一种固守中国文化传统的做法，而是在融合中外文化的基础上对民族文化活力的重新激发，和对"外之既不后于世界之思潮，内之仍弗失固有之血脉"的具有现代特征的民族风格的探求。

五、对当今增强文化自信的启示

在毛泽东的推动下，中国文化在实现转型和发展的道路上取得了显著的成绩。马克思主义与中国文化日益结合，成为当代中国文化的灵魂；当代文化无论在科学性、民主性还是大众性的品格上，都让久陷沉沦的中国文化焕然一新。同时，中国共产党积极推进文化遗产保护、中外文化交流工作。20 世纪五六十年代，由中国民间文艺研究会主编的各种民间文学丛书、单行本就有 60 多种。享誉世界的藏族民间史诗《格萨尔王传》的搜集整理工作取得重要进展，搜集到的藏文手抄本译成汉文达 74 种，计 2500 万字。马克思、恩格斯、莎士比亚、雨果、歌德的作品被大量翻译成中文。值得一提的是，近代以来中外文化交流基本上是单向的“引进来”，这一时期出现了“引进来”和“走出去”共存的局面，领袖著作、古典文学哲学著作也被大量翻译成外文，走出国门。正是在取得这些成绩的基础上，不仅中华民族恢复了文化上的独立自主地位，而且普通群众成为文化的主人。也因此，在 20 世纪 50 年代，当法国的萨特和波伏娃一同访问中国时，他们深深感受到中国人的精神面貌发生了巨大的变化，“在这些脸庞上，你看不到奴性”，虽然不能苛求中国人“在一夜之间创造出一种新的文明”，但是“毋庸置疑，人民的文化水平已经有了显著的提高”。

当然，十年“文化大革命”所暴露出来的一些极端主义思维，是我们在重建中华民族文化自信的道路上必须时时警惕的。然而，在当下学术和媒体表达中，常常有人由否定“文化大革命”扩大到否定整个改革开放前三十年的文化建设与发展。例如有一种说法是：毛泽东时代对中国传统文化破坏得多、传承得少，导致“传统文化的断裂”和“中国意识的危机”。进而有人提出推行“尊孔读经”、恢复“中国固有道德”等主张，这种主张的指导思想的实质是与马克思主义文化观完全对立的文化复古主义。马克思主义与文化复古主义的根本区别就在于对文化遗产是批判地继承，还是全盘继承。文化复古主义迷恋过去，不可能解决现实的文化发展问题。中国共产党人坚持“推陈出新”“古为今用”的文化方针，除了强调对文化遗产的保护外，还积极推进传统文化的现代化。我们在汉字简化、戏曲改革、中西医结合，及国画、武术的传承和革新方面取得的显著成绩，不仅得到了国际社会的高度认可，也大大增强了中国人的文化自信。还有一种典型言论是，毛泽东对“资本主义文化一般采取虚无蔑视的态度”，追求闭关锁国的乌托邦。实际上，对于西方近代以来的优秀文化，毛泽东始终是持欣赏、称赞和积极吸收的态度的。即使在西方敌对势力对中国实行封锁、禁运的艰难环境下，毛泽东也没有放弃向外国学习。哪怕在“文化大革命”时期，“样板戏”中仍然不乏芭蕾舞、交响乐，毛泽东本人还两次作出批示，明确支持在美术教学中使用裸体模特。当然，毛泽东确实多次严厉地批判过帝国主义文化和资产阶级文化，在当时从确立我国社会主义文化的主体性和独立性来看，无疑是必要的。

改革开放后，中国共产党人一方面坚持毛泽东所确立的正确文化方针，另一方面纠正了“文化大革命”期间的错误做法，摆正了中国文化发展的航向。然而，我们也深知，中国文化发展水平与世界先进水平相比仍有较大差距，中华民族的文化自信尚未完全树立起来。为此，毛泽东对重建民族文化自信的思考，仍然可以为我们提供重要启示。

首先，中华优秀传统文化是重建民族文化自信最为深厚的文化土壤和根基。中华文明博大精深,是世界上唯一没有中断的古老文明。不但当代文艺、道德、教育、学术建设从优秀传统文化中获得源源不断的滋养,中国化的马克思主义也无法割断与她之间的精神血脉。费正清观察到,“共产党的自我批评在某种程度上使人回想起儒家修身自省的学说”,而原本儒家对父亲和皇帝的效忠则被毛泽东思想“转移到党和人民身上”。弘扬优秀传统文化,不仅是向世界展示中国文化形象的重要途径,也为构建社会主义先进文化提供了宝贵的精神源泉。正如习近平指出的:“中华文明绵延数千年,有其独特的价值体系。中华优秀传统文化已经成为中华民族的基因,植根在中国人内心,潜移默化影响着中国人的思想方式和行为方式。”弘扬优秀传统文化,要求清理民族文化遗产,更要求总结传统文化的精神内核,尤其是其独特的价值体系。唯如此,才能在人民群众中凝聚价值共识,汇集精神力量,增强其对国家和民族的文化自信。

其次,促进马克思主义等优秀外来文化与中国文化相结合、实现中国文化的现代转型和发展是重建民族文化自信的根本动力。在毛泽东看来,对中国这一历史悠久的国家而言,固然需要恢复其作为文明古国的自信,但更重要的则在于推进文化现代化,进而确立其作为现代文明国家和文化强国的自信。这一思想是十分珍贵的。环顾当今世界的文化强国,莫不拥有成熟和繁荣的现代文化。例如,美国不仅建立了实力雄厚的现代学术体系,还拥有全世界56%的广播和有线电视收入、85%的收费电视收入、55%的电影票房收入。新中国成立以来,我国文化事业、产业迅速发展,但与美国等文化强国相比,则还有很大的欠缺。学术领域,马克思主义与中国文化相结合并没有形成具有国际影响力的中国学派;文艺领域,国产影视剧所占国际市场份额还相当有限;社会生活领域,一些干部的官本位思想、一些群众的封建迷信思想都还十分严重。毛泽东提出的科学的、民主的和大众的文化仍然是中国文化转型和发展的方向。

再次,推进各族人民的文化认同和中华文化的国际化是重建民族文化自信的重要条件。毛泽东的文化观启示我们:重建民族文化自信,不仅需要让全国各族人民认同中华文化,也需要积极推进中华文化的国际化。中国是一个多民族国家,各少数民族在思想文化、文学艺术、建筑、服饰等方面为中华文化的宝库增添了许多珍宝。只有让各族人民认识到中华民族是一个文化共同体,才能增强其对自身民族和中华民族的双重文化自信,也才能消除民族矛盾和民族分裂主义的文化根源。同时,还要积极推进中华文化的国际化。近代以来,我国在文化交流上长期处于“逆差”地位。近年来,我们党提出要“扩大对外文化交流”,“推动中华文化走向世界”,表明党对掌握文化交流中的主动权有了深刻的自觉。积极推动中国优秀文化包括当代中国文化的国际传播,可以增进外国人对中华文化的了解,不仅有利于改变他们对中国的刻板印象,也有利于加强国内外文化的深入交流。

最后,建构中国特色、中国风格、中国气派的话语体系是重建民族文化自信的关键。毛泽东所说的中国的文化“是有道理的,问题是讲不大出来,因为没有多研究”,反映出他对中国文化话语权缺失的忧虑。在他这里,“以我为主”的意识不仅体现在对外国文化和中国传统文化的批判性继承和借鉴上，也体现在对具有独特民族风格的话语体系的建构上。今天摆在我们面前且愈益明显的事实是，中国不仅是一个具有五千多年深厚文化积淀、为人类文明作出重要贡献的国度，而且是成功地创造了中国特色社会主义发展模式，正在积极推动世界的发展和进步的国家。因此，我们不仅要理直气壮地讲出中国优秀传统文化的道理，也应当理直气壮地讲出中国道路和中国模式的道理。因为只有形成中国特色、中国风格、中国气派的话语体系，切实掌握对中国文化的话语权，才能最终重建民族文化的自信。

（作者单位：中山大学马克思主义学院）

第七部分

党的建设专题研究

把坚持党的思想路线贯穿于执行党的基本路线全过程

冷　溶

《关于新形势下党内政治生活的若干准则》(以下简称《准则》)提出“全党必须把坚持党的思想路线贯穿于执行党的基本路线全过程”。这一重要要求,深刻揭示了党的基本路线与党的思想路线之间的紧密联系,抓住了坚持党的基本路线的根本,对于全党在新的历史条件下毫不动摇地全面贯彻执行党的基本路线具有重要指导意义。

坚持党的思想路线对于执行党的基本路线至关重要

《准则》指出:“党在社会主义初级阶段的基本路线是党和国家的生命线、人民的幸福线,也是党内政治生活正常开展的根本保证。必须全面贯彻执行党的基本路线,把以经济建设为中心同坚持四项基本原则、坚持改革开放这两个基本点统一于中国特色社会主义伟大实践,任何时候都不能有丝毫偏离和动摇。”我国改革开放之所以能取得巨大成功,关键是我们始终坚持了党的基本路线。在基本路线的指引下,我们党团结带领全国人民克服各种困难,战胜各种风险,抵制各种干扰,全面推进改革开放和社会主义现代化建设,推动中国特色社会主义道路越走越宽广,党和国家事业发展不断开创新局面,马克思主义发展不断开辟新境界。

形成和确立基本路线非常不容易,是我们党坚持实事求是的思想路线,艰辛探索符合中国国情的社会主义建设道路取得的重大成果。新中国成立以后,在胜利完成社会主义改造任务后,党的八大制定了正确的政治路线,提出了尽快把我国从落后的农业国变为先进的工业国的一系列方针政策。但由于种种原因,党的指导思想脱离了实际,八大的正确路线没有坚持下去,导致我们在探索中出现了曲折和失误。党的十一届三中全会以后,我们党总结经验教训,深刻认识到只有坚持实事求是,一切从实际出发,我国社会主义现代化建设才能顺利进行。在这一正确思想路线指导下,我们党坚持真理、修正错误,作出把党和国家工作中心转移到经济建设上来、实行改革开放的历史性决策,同时及时地重申必须坚持四项基本原则。党的十三大提出我国正处于并将长期处于社会主义初级阶段,并制定了党在社会主义初级阶段的基本路线。社会主义初级阶段的提出和党的基本路线的确立,其根本原因就在于重新恢复了党的思想路线。

党的基本路线来源于党的正确思想路线,它的贯彻执行同样离不开党的思想路线。从改革开放以来的实践看,在坚持党的基本路线这一重大问题上,要始终做到全面理解和正确贯彻执行。习近平总书记指出,以经济建设为中心是兴国之要,四项基本原则是立国之本，改革开放是强国之路，三者是相互贯通、相互依存、不可分割的辩证统一关系。他特别强调："我们在实践中要始终坚持'一个中心、两个基本点'不动摇，既不偏离'一个中心'，也不偏废'两个基本点'，把践行中国特色社会主义共同理想和坚定共产主义远大理想统一起来，坚决抵制抛弃社会主义的各种错误主张，自觉纠正超越阶段的错误观念和政策措施。"这些精辟论述有很强的现实针对性和长远指导性。这里的关键是要坚持我们党实事求是的思想路线。

党的思想路线是我们党制定正确政治路线的前提和基础，也是始终如一地全面贯彻执行党的政治路线的关键所在。《准则》指出："全党必须把坚持党的思想路线贯穿于执行党的基本路线全过程，坚持解放思想、实事求是、与时俱进、求真务实，坚持理论联系实际，一切从实际出发，在实践中检验真理和发展真理，既反对各种否定马克思主义的错误倾向，又破除对马克思主义的教条式理解。"全党同志、党的各级领导干部特别是高级干部要深刻理解这个要求，把实事求是的精神体现到全部工作中，自觉做坚持实事求是的表率。

坚持从我国现阶段基本国情出发，全面贯彻执行党的基本路线

党的基本路线是在深刻认识社会主义初级阶段基本国情的基础上制定的。改革开放30多年来，我们取得了举世瞩目的发展成就，但正如习近平总书记明确指出的那样：我国仍处于并将长期处于社会主义初级阶段的基本国情没有变，人民日益增长的物质文化需要同落后的社会生产之间的矛盾这一社会主要矛盾没有变，我国是世界上最大发展中国家的国际地位没有变。这就是说，社会主义初级阶段仍然是当代中国的最大国情、最大实际。我们在任何情况下都要牢牢把握这个最大国情，推进任何方面的改革发展都要牢牢立足这个最大实际。这是我们全面贯彻执行党的基本路线的出发点。

坚持从社会主义初级阶段基本国情出发，既要看到这一基本国情没有变，也要看到我国经济社会发展在新的历史起点上呈现出来的新特点。任何超越现实、超越阶段而急于求成的倾向都要努力避免，任何落后于实际、无视深刻变化着的客观事实而因循守旧、固步自封的观念和做法都要坚决纠正。习近平总书记指出："准确把握我国不同发展阶段的新变化新特点，使主观世界更好符合客观实际，按照实际决定工作方针，这是我们必须牢牢记住的工作方法。"要清醒看到，经过30多年改革开放，我国基本国情的内涵在不断发生变化，今天的中国已经站在新的历史起点上。习近平总书记对"新起点"的内涵作了精辟阐释，指出："这个新起点，就是中国全面深化改革、增加经济社会发展新动力的新起点，就是中国适应经济发展新常态、转变经济发展方式的新起点，就是中国同世界深度互动、向世界深度开放的新起点。"我们必须紧紧立足新的历史起点上发展的新特点，不断适应变化了的客观实际提出的新要求，始终坚持和贯彻党的基本路线。

《准则》对新形势下坚持"一个中心、两个基本点"的每一个方面都提出了具体要求。关于"一个中心"，强调全党必须毫不动摇坚持以经济建设为中心，聚精会神抓好发展这个党执政兴国的第一要务，坚持以人民

为中心的发展思想，统筹推进“五位一体”总体布局和协调推进“四个全面”战略布局，坚持创新、协调、绿色、开放、共享的新发展理念，努力提高发展的质量和效益，不断提高人民生活水平，为实现“两个一百年”奋斗目标、实现中华民族伟大复兴的中国梦打下坚实物质基础。关于“四项基本原则”，强调根本是坚持党的领导，坚持中国特色社会主义道路、中国特色社会主义理论体系、中国特色社会主义制度、中国特色社会主义文化，做到头脑清醒、立场坚定，矢志不移坚持和发展中国特色社会主义。关于“改革开放”，强调发挥群众首创精神，勇于自我革命，勇于推进理论创新、实践创新、制度创新、文化创新以及其他各方面创新，坚定不移实施对外开放基本国策，决不能安于现状、墨守成规。新形势下，我们党领导人民全面深化改革，是为了推动中国特色社会主义制度自我完善和发展，推进国家治理体系和治理能力现代化，既不走封闭僵化的老路，也不走改旗易帜的邪路。

坚持解放思想、实事求是、与时俱进、求真务实

习近平总书记指出：“坚持解放思想，开拓进取，这是坚持实事求是的内在要求。”面对不断变化的客观实际，要全面贯彻执行党的基本路线，始终做到实事求是，使主观符合客观，认识就不能停止，思想就不能僵化，精神就不能懈怠。《准则》在这方面对全党提出了要求。

习近平总书记反复强调要准备进行具有许多新的历史特点的伟大斗争，这是全面审视国内国际两个大局和发展大势得出的重要判断。贯彻执行党的基本路线，必须紧密联系这些“新的历史特点”，紧紧围绕这场“伟大斗争”。当前和今后一个时期，我们在国际国内面临许多新形势新问题，矛盾风险挑战都不少，决不能掉以轻心。形势环境变化之快、改革发展稳定任务之重、矛盾风险挑战之多、对我们党治国理政考验之大，都是前所未有的。站在这一新的历史起点上，处在这一新的历史条件下，如何坚持住、执行好党的基本路线，对我们党是一个严峻考验。习近平总书记强调：要有新发展，有新突破，就必须进一步解放思想。解放思想是发展中国特色社会主义的一大法宝，是我们的强大思想武器，须臾不可忘记和丢掉。

习近平总书记还强调：“良好的精神状态，是做好一切工作的重要前提。”面对复杂多变的形势和艰巨繁重的任务，只有振奋起“精气神”，牢记“空谈误国，实干兴邦”，积极进取，勇于担当，奋发有为，才能真正破解发展难题，做出经得起实践、人民、历史检验的实绩。正因如此，习近平总书记十分重视和强调作风建设特别是干部的工作作风建设。他指出：事业成功的原因很多，奋发有为是主要因素。干部就要有担当，有多大担当才能干多大事业，尽多大责任才会有多大成就。面对工作难题，要豁得出来、顶得上去，真正成为带领人民群众战风险、渡难关的主心骨。

我们要按照《准则》要求，把解放思想、实事求是、与时俱进、求真务实的精神贯穿到改革发展的各项工作中，以勇于自我革命的气魄、坚忍不拔的毅力推进改革，敢于向积存多年的顽瘴痼疾开刀，敢于触及深层次利益关系和矛盾，坚决冲破陈旧思想观念束缚，坚决破除利益固化藩篱，坚决清除社会生产力发展的体制机制障碍，坚定不移推进经济体

制、政治体制、文化体制、社会体制、生态文明体制和党的建设制度等各个方面改革，努力开创各项工作新局面。

坚持理论创新，不断推进马克思主义中国化

把党的思想路线贯穿于执行党的基本路线全过程，很重要的一点就是要坚持理论创新。《准则》强调，要不断研究新情况、总结新经验、解决新问题，不断推进马克思主义中国化。

坚持理论创新是我们党的优良传统和优势。改革开放以来，我们党遵循实事求是的思想路线，坚持运用马克思主义立场观点方法观察世界、分析问题，勇于推进实践基础上的理论创新，为改革开放提供了强大的理论指导。实践发展永无止境，我们认识真理、进行理论创新就永无止境。习近平总书记强调："要使党和人民事业不停顿，首先理论上不能停顿。"今天，实现"两个一百年"奋斗目标、实现中华民族伟大复兴的中国梦，统筹推进"五位一体"总体布局和协调推进"四个全面"战略布局，有效应对前进道路上可以预见和难以预见的各种困难与风险，都会提出新的课题，迫切需要我们从理论上作出新的科学回答，理论创新的任务重大而艰巨。

马克思主义是我们认识世界、改造世界的强大思想武器。党的理论创新必须坚持把马克思主义基本原理同当代中国具体实际和时代特征相结合，落到治国理政和管党治党面临的重大理论和实践问题上来，落到提出解决问题的正确思路和有效办法上来。习近平总书记强调："只有聆听时代的声音，回应时代的呼唤，认真研究解决重大而紧迫的问题，才能真正把握住历史脉络、找到发展规律，推动理论创新。"我们要以更加宽广的眼界审视马克思主义在当代发展的现实基础和实践需要，坚持问题导向，坚持以我们正在做的事情为中心，不断推进马克思主义中国化，不断开辟马克思主义发展新境界，让当代中国马克思主义放射出更加灿烂的真理光芒。

党的十八大以来，以习近平同志为核心的党中央在治国理政的实践中积极推进党的理论创新，进一步丰富和发展了党的科学理论。习近平总书记系列重要讲话，集中体现了我们党理论创新和实践创新的最新成果，是中国特色社会主义理论体系最新成果，是马克思主义中国化最新成果，是指导具有许多新的历史特点的伟大斗争的鲜活的马克思主义。实践充分证明，党和国家各项事业之所以不断取得新成就、开创新局面，根本就在于以习近平同志为核心的党中央的坚强领导，根本就在于习近平总书记系列重要讲话精神的科学指导。全党同志要牢固树立"四个意识"，更加坚定地与以习近平同志为核心的党中央保持高度一致，更加自觉地用习近平总书记系列重要讲话精神指导各方面工作和实践。习近平总书记明确提出："要根据时代变化和实践发展，不断深化认识，不断总结经验，不断实现理论创新和实践创新良性互动，在这种统一和互动中发展21世纪中国的马克思主义。"这是当代中国共产党人的历史使命。

邓小平同志曾就坚持党的基本路线说过一句分量很重的话："基本路线要管一百年，动摇不得。只有坚持这条路线，人民才会相信你、拥护你。谁要改变三中全会以来的路线、方针、政策，老百姓不答应，谁就会被打倒。"他之所以这么讲，一方面是因为党的基

本路线至关重要，是“生命线”“幸福线”；另一方面也说明坚持党的基本路线不动摇绝非易事，需要真知、勇气和办法。靠什么才能获得真知、勇气和办法呢？从根本上说，要靠我们党实事求是的思想路线。

习近平总书记深刻指出：“实事求是，是马克思主义的根本观点，是中国共产党人认识世界、改造世界的根本要求，是我们党的基本思想方法、工作方法、领导方法。”“实践反复证明，坚持实事求是，就能兴党兴国；违背实事求是，就会误党误国。”只要我们始终坚持实事求是的思想路线，树立实事求是的科学态度，发扬实事求是的优良传统，在坚持和贯彻执行党的基本路线这个重大政治问题上就一定能够做到坚定不移、毫不动摇。

（作者：中共中央文献研究室主任）

推动全面从严治党向纵深发展

石仲泉

习近平同志在省部级主要领导干部“学习习近平总书记重要讲话精神，迎接党的十九大”专题研讨班开班式上的重要讲话（以下简称“7·26”重要讲话），对加强党的建设作出许多重要论述。他强调：“党要团结带领人民进行伟大斗争、推进伟大事业、实现伟大梦想，必须毫不动摇坚持和完善党的领导，毫不动摇推进党的建设新的伟大工程，把党建设得更加坚强有力”“全面从严治党永远在路上”。这些重要论述，是习近平同志在我国发展站到新的历史起点上、中国特色社会主义进入新的发展阶段的时代背景下对全面从严治党发出的新号召和动员令。我们要深入学习贯彻习近平同志重要讲话精神，推动全面从严治党向纵深发展，把党建设得更加坚强有力。

党的建设面临的新形势要求推动全面从严治党向纵深发展

党的十八大以来，党的建设新的伟大工程取得了重大成就。习近平同志在“7·26”重要讲话中指出：我们全面加强党的领导，大大增强了党的凝聚力、战斗力和领导力、号召力。我们坚定不移推进全面从严治党，着力解决人民群众反映最强烈、对党的执政基础威胁最大的突出问题，形成了反腐败斗争压倒性态势，党内政治生活气象更新，全党理想信念更加坚定、党性更加坚强，党自我净化、自我完善、自我革新、自我提高能力显著提高，党的执政基础和群众基础更加巩固，为党和国家各项事业发展提供了坚强政治保证。在全面从严治党已经取得重大成就的情况下，为什么还要继续推动全面从严治党向纵深发展呢？这是因为全面从严治党依然任重而道远，我们决不能因为取得重大成就就沾沾自喜、盲目乐观。在中国特色社会主义进入新的发展阶段后，全面从严治党仍然必须向纵深发展。

党面临的执政环境的复杂性要求推动全面从严治党向纵深发展。当前，全面建成小康社会正处于决胜阶段，中国特色社会主义发展正处于关键时期，中华民族伟大复兴也正处于关键时期。在这样一个决胜阶段和关键时期，各种矛盾叠加，各种风险隐患集聚，我们前进的路上有各种各样的“拦路虎”“绊脚石”，党面临的执政环境相当复杂，影响党的先进性、弱化党的纯洁性的各种因素也相当复杂。在这样的国内外形势下，在这样的执政环境中，我们必须推动全面从严治党向纵深发展，把党建设得更加坚强有力，使我们党能够团结带领人民有力应对重大挑战、抵御重大风险、克服重大阻力、解决重大矛盾。如果在全面从严治党取得重要阶段性成果时就沾沾自喜而不思进取，我们党就不可能有效应对“四大考验”、克服“四种危险”。

从根本上解决党内存在的深层次问题要

求推动全面从严治党向纵深发展。党内存在的深层次问题是多方面的，包括怎样在各种思想文化交流交融交锋日益频繁的新形势下，始终坚持马克思主义指导地位，使广大党员不断坚定对马克思主义的信仰、对社会主义和共产主义的信念；怎样增强党内政治生活的政治性、时代性、原则性、战斗性，反对党内政治生活庸俗化、随意化、平淡化，让批评和自我批评成为党内政治生活的常态；怎样解决一些地方特别是一些基层单位党的领导弱化和组织涣散、纪律松弛的问题；等等。党内存在的这些深层次问题，不是一天两天形成的，解决这些问题也决非一朝一夕之功。比如，当前严肃党内政治生活、净化党内政治生态虽然已经有了“起势”，但还没有形成“定势”；许多方面已经取得了“优势”，但还没有达到“胜势”。这就需要乘胜前进、顺势而为，继续推动全面从严治党向纵深发展。

防止已经初步解决的问题反弹回潮要求推动全面从严治党向纵深发展。已经初步解决的问题有可能反弹回潮，这是全面从严治党必须高度重视的问题。习近平同志指出：一些老问题死灰复燃、反弹回潮的隐患依然存在。2017 年 1 月，十八届中央纪委七次全会审议通过的工作报告《推动全面从严治党向纵深发展，以优异成绩迎接党的十九大召开》也指出：有的部门和单位，无视中央八项规定精神，“四风”问题禁而不绝，潜入地下的享乐奢靡和公款吃喝等老问题依然存在，隐形变异的腐败现象还在潜滋暗长。习近平同志在“7・26”重要讲话中强调，不能因为党的十八大以来全面从严治党取得的成果而沾沾自喜、盲目乐观。如果我们让已经初步解决的问题死灰复燃、反弹回潮，那就会失信于民，我们党就会面临更大的危险。只有推动全面从严治党向纵深发展，才能防止已经初步解决的问题死灰复燃、反弹回潮。

把全面从严治党的思路举措搞得更加科学、更加严密、更加有效

习近平同志在“7・26”重要讲话中强调：“全党要坚持问题导向，保持战略定力，推动全面从严治党向纵深发展，把全面从严治党的思路举措搞得更加科学、更加严密、更加有效，确保党始终同人民想在一起、干在一起，引领承载着中国人民伟大梦想的航船破浪前进，胜利驶向光辉的彼岸。”在中国特色社会主义新的发展阶段，我们尤其要把思想建党和制度治党的思路举措搞得更加科学、更加严密、更加有效，推动全面从严治党向纵深发展。

把思想建党的思路举措搞得更加科学、更加严密、更加有效。在新的发展阶段，思想建党要注意做好两方面的工作。一是把思想理论建设的思路举措搞得更加科学、更加严密、更加有效，进一步用马克思主义中国化最新成果武装全党。习近平同志在“7・26”重要讲话中指出：“我们坚持和发展中国特色社会主义，必须高度重视理论的作用，增强理论自信和战略定力。”党的十八大以来，以习近平同志为核心的党中央在坚持马克思主义基本原理的基础上，以更宽广的视野、更长远的眼光来思考和把握我们国家发展面临的一系列重大战略问题，不断推进理论创新，开辟了马克思主义发展新境界，形成了马克思主义中国化最新成果。在新的发展阶段，全面从严治党尤其需要用马克思主义中国化最新成果武装全党，进一步增强道路自信、理论自

信、制度自信、文化自信。二是把理想信念教育的思路举措搞得更加科学、更加严密、更加有效，进一步用坚定理想信念炼就共产党人的“金刚不坏之身”。坚定理想信念，坚守共产党人精神追求，始终是共产党人安身立命的根本。只有理想信念坚定，才能在大是大非面前旗帜鲜明，在风浪考验面前无所畏惧，在各种诱惑面前立场坚定，在关键时刻靠得住、信得过、能放心。要根本解决党内存在的一些深层次问题，防止已经初步解决的问题反弹回潮，必须从加强理想信念教育入手。理想信念问题具有长期性，即使一时解决了，也不等于永远、彻底解决。推动全面从严治党向纵深发展，必须把坚定理想信念摆在重要位置。

把制度治党的思路举措搞得更加科学、更加严密、更加有效。在新的发展阶段，制度治党尤其需要注意三个方面。一是在总的指导方针上继续坚持标本兼治，完善党内法规制度体系。标本兼治是我们党管党治党的一贯要求。习近平同志强调：“要坚持治标不松劲，不断以治标促进治本，既猛药去疴、重典治乱，也正心修身、涵养文化，守住为政之本。”在新的发展阶段，推动全面从严治党向纵深发展，必须继续坚持“标本兼治”，构建长效机制，完善党内法规制度体系，不断增强全面从严治党的系统性、创造性、实效性。二是把党内政治生活的思路举措搞得更加科学、更加严密、更加有效。严肃党内政治生活是党的建设中带有根本性、基础性的问题。一段时间，管党治党之所以失之于宽、失之于松、失之于软，一个重要原因就在于没有严肃的党内政治生活，没有严明的纪律规矩。党的十八大以来，经过几年努力，党内政治生活有了新气象，但仍然存在一些亟待解决的问题。应进一步加强制度建设，加强和规范党内政治生活，进一步严明政治纪律和政治规矩，使管党治党走向严紧硬。三是把反腐败斗争的思路举措搞得更加科学、更加严密、更加有效。党的十八大以来，我们通过制度建设加强对权力运行的制约和监督，把权力关进制度的笼子，努力形成不敢腐的惩戒机制、不能腐的防范机制、不易腐的保障机制。新形势下，党中央决定深化国家监察体制改革，整合反腐败力量，制定国家监察法，设立国家监察委员会，构建集中统一、权威高效的监察体系。这是在新的发展阶段推动全面从严治党向纵深发展的重要任务。

深刻认识全面从严治党永远在路上

“全面从严治党永远在路上”，这是习近平同志在“7·26”重要讲话中再次向全党作出的郑重宣示。党的十八大以来，以习近平同志为核心的党中央对管党治党的认识不断深化，从提出作风建设永远在路上，到提出党风廉政建设和反腐败斗争永远在路上，再到提出全面从严治党永远在路上，都体现了党中央对管党治党规律的深刻把握。

全面从严治党永远在路上是由党的性质和担负的历史使命决定的。中国共产党是中国工人阶级的先锋队，同时是中国人民和中华民族的先锋队。要保持先锋队的特质永不变色，确保我们党永葆旺盛生命力和强大战斗力，就要同一切影响先进性、弱化纯洁性的问题作斗争。这就必须坚持全面从严治党永远在路上。党的十八大以来，党中央一再号召全党要为实现“两个一百年”奋斗目标和中华民族伟大复兴的中国梦而奋斗。习近平同志在“7·26”重要讲话中指出:“2020年全面建成小康社会后,我们要激励全党全国各族人民为实现第二个百年奋斗目标而努力,踏上建设社会主义现代化国家新征程,让中华民族以更加昂扬的姿态屹立于世界民族之林。”这样艰巨而光荣的历史使命,决定了必须坚持全面从严治党永远在路上。

全面从严治党永远在路上是由党的执政地位和执政基础决定的。中国共产党成为执政党,是历史和人民的选择。我们党执政的基础和力量的源泉在于广大人民。“四风”等不良风气如果不坚决刹住,就会像一座无形的墙把党和人民群众隔离开,败坏党风政风,损害党的执政地位和执政基础。坚持全面从严治党,就是要厚植党的执政基础,使我们党永远赢得人民群众信任和拥护,使党的事业始终拥有不竭的力量源泉。

全面从严治党永远在路上是由“四个伟大”的有机统一决定的。习近平同志在“7·26”重要讲话中提出要进行伟大斗争、建设伟大工程、推进伟大事业、实现伟大梦想。“四个伟大”是有机统一的整体,离开建设伟大工程,就不可能进行伟大斗争、推进伟大事业、实现伟大梦想。在新的发展阶段,我们必须以更大力度推进党的建设新的伟大工程,推动全面从严治党向纵深发展,提高党的领导水平和执政水平,确保党始终成为中国特色社会主义事业的坚强领导核心。新形势下,最重要的就是要坚持党中央的集中统一领导,在各级党组织和广大党员、干部中强化政治意识、大局意识、核心意识、看齐意识,确保在思想上政治上行动上始终同以习近平同志为核心的党中央保持高度一致,更好进行伟大斗争、推进伟大事业、实现伟大梦想。

(作者:中共中央党史研究室原副主任)

党的十八大以来全面从严治党的经验弥足珍贵

全国党的建设研究会

党的十八大以来，以习近平同志为核心的党中央适应世情国情党情的深刻变化，着眼于推进中国特色社会主义伟大事业和党的建设新的伟大工程，将全面从严治党纳入"四个全面"战略布局，坚定不移坚持思想从严、管党从严、执纪从严、治吏从严、作风从严、反腐从严，开辟了管党治党新境界，取得了全面从严治党新成就，形成了弥足珍贵的经验。认真总结这些经验，对于认识和把握党的建设规律，推进党建理论和实践创新，开创全面从严治党新局面，具有重要意义。

一、坚持目标导向与问题导向相结合，正确把握着眼点和着力点，是全面从严治党的方向要求

党的十八大以来党中央对全面从严治党的部署，鲜明地体现了目标导向与问题导向的紧密结合。一方面，指明了全面从严治党的目标。习近平总书记指出："新的历史条件下，我们要更好进行具有许多新的历史特点的伟大斗争、推进中国特色社会主义伟大事业，就必须以更大力度推进党的建设新的伟大工程，坚定不移推进全面从严治党，切实把党建设好、管理好，保持党的先进性和纯洁性，增强党的创造力凝聚力战斗力，提高党的领导水平和执政水平，确保党始终成为中国特色社会主义事业的坚强领导核心。"这一重要论述从伟大事业、伟大工程、伟大斗争的高度对全面从严治党的目标作了深刻阐述，成为管党治党的重要遵循。近些年全面从严治党的实践，正是朝着这一目标一步步推进、一步步深化的。另一方面，体现了鲜明的问题导向。习近平总书记反复强调，要增强问题意识，突出问题导向。在总结党的群众路线教育实践活动经验时，他讲的第一条就是"必须突出重点、聚焦问题"。他对全党开展"两学一做"学习教育重要指示中明确要求，突出问题导向，学要带着问题学，做要针对问题改。党的十八大以来开展的集中教育活动和党内学习教育，都把查找和解决突出问题摆在重要位置，围绕解决问题提高思想认识，开展批评和自我批评，提出整改措施并抓好落实。实践证明，只有做到目标导向与问题导向相结合，才能正确把握全面从严治党的方向，找准着眼点和着力点，处理好一般和重点、当前与长远的关系，保证管党治党持续推进、步步深入。

二、坚持思想建党与制度治党相结合，同向发力、同时发力，是全面从严治党的根本经验

党的十八大以来，党中央高度重视党的思想建设，强调牢固树立正确的理想信念，补足精神上的钙；强调加强和规范党内政治生活、净化党内政治生态。组织全党深入学

习贯彻习近平总书记系列重要讲话精神和治国理政新理念新思想新战略，组织开展党的群众路线教育实践活动、“三严三实”专题教育和“两学一做”学习教育。全党同志坚定了理想信念，强化了宗旨意识，增强了遵守党的纪律规矩的自觉性。在加强思想建党的同时，党中央把制度治党摆上突出位置，并把两者紧密结合起来，实现同频共振，同向同时发力。从全面从严治党的现实需要出发，建立了一大批新的制度，出台了一批新的法规，党内法规体系初步形成。特别是党的十八届六中全会通过了《关于新形势下党内政治生活的若干准则》和《中国共产党党内监督条例》，谱写了制度治党的新篇章。坚持把纪律规矩挺在前面，落实全面从严治党主体责任和党风廉政建设主体责任，保证各项制度得到有效执行，特别是强化政治纪律和政治规矩；强调必须旗帜鲜明讲政治，牢固树立“四个意识”，坚决维护党中央权威，维护习近平总书记的核心地位，确保党中央政令畅通。习近平总书记深刻指出：“从严治党靠教育，也靠制度，二者一柔一刚，要同向发力、同时发力。”这是对全面从严治党经验的深刻总结。实践证明，只有将思想建党与制度治党紧密结合起来，才能为全面从严治党打下牢固的思想基础，提供可靠的制度保障，使我们党永葆先进性和纯洁性。

三、坚持严格选拔任用干部与严格教育管理监督干部相结合，建设高素质执政骨干队伍，是全面从严治党的关键举措

党的十八大以来，党中央坚持把全面从严治党的要求体现到干部工作的全过程和各方面，强调抓住领导干部这个“关键少数”。在严格选拔任用干部方面，坚持五湖四海、任人唯贤，坚持好干部标准，坚决防止“带病提拔”“带病上岗”；严格遵循干部选拔任用程序，强化党组织领导和把关作用，改进干部考核和民主推荐、民主测评方法，努力做到精准科学选人用人，树立正确用人导向。在严格教育管理监督干部方面，加强干部的理论武装和思想教育，提高理论水平和党性修养；严格落实领导干部报告个人有关事项等制度，加大提醒函询诫勉力度，用好监督执纪“四种形态”，拧紧干部监督管理的螺丝扣。实践证明，好干部是“选”出来的，更是“管”出来的。只有把严格选拔任用与严格教育管理监督紧密结合起来，把从严的要求贯穿干部工作全过程，才能打造出忠诚、干净、担当的执政骨干队伍，为党的事业发展提供有力的组织保证。

四、坚持强化政治功能与强化服务功能相结合，充分发挥基层党组织战斗堡垒作用，是全面从严治党的基础工程

党的十八大以来，党中央采取多方面措施，推动全面从严治党向基层延伸，全面推进基层党组织建设。一方面，注重强化基层党组织的政治功能。切实加强基层党组织领导班子建设，着力实现党的组织覆盖和工作覆盖，增强党组织的凝聚力战斗力。各领域基层党组织坚定不移贯彻落实党的路线方针政策，做好教育引导群众的工作，把群众紧密团结在党组织周围，为实现党的目标任务努力奋斗。另一方面，注重强化基层党组织的服务功能。着力建设服务型基层党

组织，创新服务方式，完善服务机制，提升服务本领。基层党组织和党员踏踏实实为群众做好事、办实事、解难事，让群众从改革发展中获得实实在在的利益。特别是着力做好扶贫攻坚工作，帮助困难群众摆脱贫困，过上丰衣足食的幸福生活。实践证明，政治功能是基层党组织之魂，服务功能是基层党组织之根，只有把基层党组织的政治功能和服务功能都摆在重要位置上，同时改进、一并加强，才能将全面从严治党的要求真正落实到基层，才能使党的执政基础不断巩固。

五、坚持加强党的作风建设与深入开展反腐败斗争相结合，始终保持党的先进性和纯洁性，是全面从严治党的重大任务

党的十八大以来，党中央把作风建设作为全面从严治党的切入点和突破口，持之以恒抓常、抓细、抓长。制定并严格施行八项规定，坚持以上率下，以踏石留印、抓铁有痕的劲头严厉整治“四风”，严肃查处违规现象，党的作风明显改善。加大反腐败斗争力度，“打虎”“拍蝇”“猎狐”同时进行，惩处了一大批不同层面的腐败分子。坚持标本兼治，注重从源头上防治腐败，健全权力运行制约和监督体系，把权力关进制度的笼子里，腐败现象蔓延的势头得到遏制，反腐败压倒性态势已经形成。实践证明，只有坚定不移地把加强作风建设与深入开展反腐败斗争紧密结合起来，扫除党的躯体上的灰尘，清除党的肌体中的毒瘤，才能始终保持党的先进性和纯洁性，维护党在人民群众中的良好形象，不断巩固党执政的群众基础。

六、坚持继承优良传统与推进改革创新相结合，与时俱进加强党的建设，是全面从严治党的基本路径

党的十八大以来，党中央强调，新形势下全面从严治党必须继承、发扬党的优良传统，教育引导广大党员干部弘扬艰苦奋斗、勤俭节约的优良作风，抵制和克服享乐主义、奢侈浪费的不良风气；弘扬批评和自我批评的作风，克服好人主义、一团和气的风气；弘扬焦裕禄精神，模范践行党的根本宗旨。党的优良传统为党员干部提供了丰富的精神营养，增添了为党的事业努力奋斗的精神力量。在继承发扬党的优良传统的同时，党中央适应时代发展、形势变化和党肩负的新的历史使命，大力推进党的建设领域的改革创新。习近平总书记对全面从严治党作出一系列重要论述，提出一系列新思想新观点新论断，推进了党的建设理论创新。党中央着力推动党的建设制度改革，加大党的建设制度创新力度。各级党组织以“敢为天下先”的勇气，从本地本单位实际出发，大胆探索，勇于突破，推进了各方面党建工作的创新。实践证明，只有将继承发扬党的优良传统与大力推进党的建设领域的改革创新结合起来，才能始终保持党的政治本色和政治优势，保证全面从严治党与新的时代条件和形势任务相适应，不断开创党的建设和党的事业新局面。

七、坚持依靠党的自身力量与依靠人民群众相结合，切实解决党内存在的问题，是全面从严治党的力量源泉

善于依靠自身力量解决党内存在的问

题，是我们党的独特优势。党的十八大以来，党中央充分发挥这一优势，组织动员各级党组织和广大党员参与到全面从严治党的各项活动和任务中来，既受到教育、得到提高，又为加强党的建设作出贡献。习近平总书记反复强调，要增强党自我净化、自我完善、自我革新、自我提高的能力。在充分发挥党的自身力量的同时，党中央坚持党的群众路线，相信和依靠群众，推进全面从严治党。无论是开展党的群众路线教育实践活动，还是落实八项规定精神；无论是解决党员干部中“不严不实”问题，还是深入开展反腐败斗争，都注意倾听群众意见，依靠群众监督，取得群众的支持。正如习近平总书记在党的群众路线教育实践活动工作会议上所指出的：“群众的眼睛是雪亮的。党员、干部身上的问题，群众看得最清楚、最有发言权。要坚持开门搞活动，一开始就扎下去听取群众意见和建议，每个环节都组织群众有序参与，让群众监督和评议，切忌‘自说自话、自弹自唱’，不搞闭门修炼、体内循环。”实践证明，只有将依靠党的自身力量与依靠人民群众紧密结合起来，全面从严治党才能获得广泛的支持，得到强大的力量支撑，保证各项任务有效完成。

八、坚持战略部署与战役落实相结合，着力提高管党治党的科学化水平，是全面从严治党的推进方式

党的十八大以来，党中央统筹推进“五位一体”总体布局和协调推进“四个全面”战略布局，确定了全面从严治党的重要战略地位，进一步明确了全面从严治党的战略部署。从作风建设作为突破口到打好反腐败攻坚战，从补钙壮骨、坚定理想信念到全面从严治党向基层延伸，每一个战略步骤都作出精心设计和安排，循序渐进、有条不紊推进。同时，组织好一场场战役，落实战略部署。从党的群众路线教育实践活动，到“三严三实”专题教育，再到“两学一做”学习教育，一个战役一个战役地打，一步一个脚印地向前迈进，取得了实实在在的效果。实践证明，只有做到战略部署与战役落实的有机结合，才能适应全面从严治党覆盖面广、整体性强的特征，增强全面从严治党的系统性、预见性、创造性、实效性，提高管党治党的科学化水平。

以改革创新精神加快补齐党建方面的法规制度短板

中共中央办公厅法规局

党的十八大以来，以习近平同志为核心的党中央高度重视全面从严治党、依规治党，党内法规制度建设取得了重要进展，为管党治党和治国理政提供了坚强的党内法规制度保障。

一、党内法规制度建设取得新进展和新成效

习近平总书记对党内法规制度建设提出了一系列重要思想和指示要求，概括起来主要有：强调法规制度带有根本性、全局性、稳定性、长期性；强调全面从严治党必须坚持思想建党和制度治党相结合，全方位扎紧制度笼子；强调要构建以党章为根本、若干配套党内法规为支撑的党内法规制度体系；强调要坚持问题导向，把中央要求、群众期盼、实际需要、新鲜经验结合起来；强调法规制度不在多而在精，确保每项法规制度立得住、行得通、管得了；强调加强党内法规制度执行力建设，坚决维护制度的严肃性和权威性；强调发挥领导干部这个“关键少数”的示范表率作用，上行下效、上率下行。2016 年 12 月 23 日，习近平总书记就党内法规制度建设专门作出重要指示，指出：党的十八大以来，党中央高度重视党内法规制度建设，推动这项工作取得重要进展和成效。加强党内法规制度建设是全面从严治党的长远之策、根本之策。我们党要履行好执政兴国的重大历史使命、赢得具有许多新的历史特点的伟大斗争胜利、实现党和国家的长治久安，必须坚持依法治国与制度治党、依规治党统筹推进、一体建设。要按照十八大和十八届三中、四中、五中、六中全会部署，认真贯彻落实《中共中央关于加强党内法规制度建设的意见》，以改革创新精神加快补齐党建方面的法规制度短板，力争到建党 100 周年时形成比较完善的党内法规制度体系，为提高党的执政能力和领导水平、推进国家治理体系和治理能力现代化、实现中华民族伟大复兴的中国梦提供有力的制度保障。习近平总书记的重要思想和指示要求，把加强党内法规制度建设这一重大课题突出地提到了全党面前，为党内法规工作指明了前进方向。

几年来，在党中央的高度重视下，党内法规制度体系建设取得重要进展和成效。编制了首个中央党内法规制定工作五年规划纲要，建立中央党内法规工作联席会议制度，出台了一大批标志性、关键性、引领性的党内法规，进一步夯实了全面从严治党的制度基础。

2016 年 12 月，党中央印发《中共中央关于加强党内法规制度建设的意见》（以下简称《意见》），召开全国党内法规工作会议，对

新形势下党内法规制度建设进行了顶层设计和系统安排，提出了党内法规制度建设的指导思想、目标任务和主要措施。《意见》坚持目标导向和问题导向，按照“规范主体、规范行为、规范监督”相统筹相协调原则，将完善的党内法规制度体系概括为“1 + 4”的基本框架，即在党章之下分为党的组织法规制度、党的领导法规制度、党的自身建设法规制度、党的监督保障法规制度四大板块，勾勒出了依规治党的“四梁八柱”。其中，党的组织法规制度规范党的各级各类组织的产生和职责，旨在夯实管党治党、治国理政的组织制度基础；党的领导法规制度规范党的领导和执政活动，为党发挥总揽全局、协调各方领导核心作用提供制度保证；党的自身建设法规制度规范党的思想建设、组织建设、作风建设和反腐倡廉建设等自身建设活动，着力提高党的建设科学化水平；党的监督保障法规制度规范对党组织工作、活动和党员行为的监督、考核、奖惩、保障等，确保行使好党和人民赋予的权力。这一体系划分凸显了党章的统领地位，契合党的领导和党的建设基本布局，是一个重大理论创新，对推动形成完善的党内法规制度体系具有重要指导作用，特别是将组织法规制度和党的领导法规制度各自单独成块，贯彻了习近平总书记提出的“夯实党执政治国的组织制度基础”的重要思想，也体现了邓小平同志关于“领导制度、组织制度问题更带有根本性、全局性、稳定性和长期性”的要求。

二、继续大力推进党内法规制度体系建设

新形势下，我们党要统筹推进“五位一体”总体布局和协调推进“四个全面”战略布局，必须进一步加大党内法规制度建设力度，加快构建完善的党内法规制度体系，切实从制度上把我们党建设好、建设强。当前，党内法规制度系统性、协调性还不够，主要是：四大板块中基础主干性党内法规不够齐全，存在不少法规制度空白；配套法规制度跟不上，无法形成上下紧密衔接的制度合力；一些法规制度冲突重复、叠床架屋，还有一些法规制度老化严重，明显滞后于实践。要如期形成比较完善的党内法规制度体系，必须聚焦问题，精准发力，以改革创新精神加快补齐党建方面的法规制度短板。

一是坚持以党章为根本遵循。党章是党的根本大法，是管党治党的总章程。党内法规制度是从党章开始的，在党内法规制度体系中，党章的位阶最高，处于最顶层，准则、条例和规则、规定、办法、细则等其他党内法规制度都源于党章，都能在党章中找到直接或者间接依据。习近平总书记在《认真学习党章 严格遵守党章》中鲜明指出，党章就是党的根本大法，是全党必须遵循的总规矩。建立健全党内法规制度体系，要以党章为根本依据。从党章出发，以党章为根本依据是制定党内法规制度必须遵循的重要原则。党的十八届六中全会审议通过的《关于新形势下党内政治生活的若干准则》和《中国共产党党内监督条例》，就是把党章关于党内政治生活和党内监督的要求具体化，推动党内政治生活和党内监督制度化、规范化、程序化。推进党内法规制度体系建设，必须牢固树立政治意识、大局意识、核心意识、看齐意识，坚持正确政治方向，始终高举党章、尊崇党章，坚决维护以习近平同志为核心的党中央权威

和集中统一领导,确保党的领导更加坚强、党的执政地位更加巩固。

二是坚持继承与创新相结合。“法与时转则治,治与世宜则有功。”既坚持过去行之有效的制度和规定,又结合新的时代特点,不断与时俱进,拿出新的办法和规定,这是党的十八大以来党内法规制度建设的一个鲜明特点。比如,2015 年修订的《中国共产党地方委员会工作条例》就是在保留原条例基本框架和主要原则的基础上,针对新情况新问题作出新规定。推进党内法规制度体系建设,必须深入贯彻党的十八大以来以习近平同志为核心的党中央治国理政新理念新思想新战略,反映党中央推进全面从严治党的新经验新举措,在理论创新、实践创新基础上实现制度创新,形成全面从严治党新的制度安排,大力推进工作理念、思路和方法创新,把新发展理念贯彻落实到党内法规工作中去,把握规律性,体现时代性、创新性。同时,要认真总结我们党在管党治党实践中的经验教训,继承和发扬我们党在长期实践中形成的制度规定和优良传统,不搞推倒重来、另起炉灶。

三是坚持探索在前、总结在后。习近平总书记指出,要把实践中行之有效的做法和经验用法规制度的形式固化下来、坚持下去,实现党内法规的与时俱进,这深刻揭示了制度源于实践,探索在前、总结在后的内在规律。党的十八大以来,我们党坚持有腐必反、有贪必肃,在深入推进党风廉政建设和反腐败斗争实践中,坚持标本兼治,逐渐向治本发力,制定修订了巡视工作条例、纪律处分条例、问责条例等一系列重大法规制度,扎紧扎牢了制度笼子,就是一个很好的例子。推进党内法规制度体系建设,必须遵循探索在前、实践在先,看看哪些做法可以上升为制度规定,以党内法规的形式固化下来;哪些制度经过实践检验是好的,必须长期坚持;哪些制度不适应实践需要,要结合新的情况继续完善。要鼓励基层试点,对于一些暂不适宜全面施行的重大制度设计,可以授权一些地方开展试点,及时总结经验,为全党全国提供可复制、可推广的制度成果。《意见》提出探索赋予副省级城市和省会城市党委在基层党建、作风建设等方面的党内法规制定权,就是为了鼓励有关地方党委先行先试、积极探索,为依规管党治党提供更多基层实践样本。

四是坚持立改废释并举。构建完善的党内法规制度体系是一个系统工程,需要协同推进立改废释工作,坚持科学立规、民主立规、依法立规,着力提高党内法规质量。要统筹“立”规,着眼于到建党 100 周年时形成比较完善的党内法规制度体系,编制中央党内法规制定工作第二个五年规划(2018 ~ 2022 年),按照轻重缓急进行分类梳理,确定重点制定项目,增强立规工作的系统性和前瞻性。要及时“改”规,根据党的建设实践的发展变化,及时修改完善那些不适应全面从严治党新形势新要求的法规制度,对相关联的党内法规制度探索开展一揽子修订,使已有的法规制度焕发新的生机活力。要适时“废”规,建立健全法规制度退出机制,通过集中清理、即时清理、专项清理,废止已经滞后于时代、不再具有现实规范意义的党内法规制度,避免“超期服役”。要积极“释”规,按照《中国共产党党内法规解释工作规定》要求,加大解释力度,明确条文含义,推动法规制度精准实施。

五是坚持中央党内法规制度和部门、地方党内法规制度建设协调推进。党内法规制度体系,是以党章为根本,以准则、条例等中央党内法规制度为主干,以中央部委和有关地方党委制定的党内法规制度为配套,由各层级党内法规制度组成的有机统一整体。推进党内法规制度体系建设,必须坚持上下一体、统筹推进。要按照“1＋4”的基本框架,抓紧做好“立柱架梁”工作,把主干性、支撑性的中央党内法规制度先建起来,抓紧制定出台相关准则和一批条例,比如,在党的领导法规制度板块,要制定党的宣传工作、群团工作、人才工作、政法工作、外事工作等方面的条例,其他板块也要根据实际研究制定或修订相关条例。要完善配套法规制度,凡是中央法规制度明确要求配套的,都要及时制定具体的配套法规制度,确保形成上下衔接、严密科学的制度体系。比如,《关于新形势下党内政治生活的若干准则》提出建立和完善近20项配套制度的任务,包括建立和完善民意调查、容错纠错、权力清单、领导干部个人重大事项报告、领导干部配偶子女从业行为等制度,这些都需要抓紧研究和推进。

法规制度的生命力在于执行。加强党内法规制度建设,要坚持制定和实施并重,既要注重抓好定制立规工作,又要下大气力抓贯彻执行,确保党内法规制度落实落地。贯彻执行法规制度没有绝招,关键在真抓、靠的是严管。要抓住领导干部这个“关键少数”,发挥领导机关和领导干部的示范引领作用。要加大监督检查力度,用监督传导压力,用压力推动落实。要发挥党内政治文化的支撑作用,弘扬社会主义法治精神,以良好的政治文化提升法规制度的执行力影响力。同时,探索开展党内法规执行情况和实施效果的评估,推动法规制度进一步完善和落实。党内法规制度建设政治性、政策性、理论性很强,需要高素质的干部人才队伍作保障。要按照《意见》要求,建设好党内法规专门工作队伍、理论研究队伍、后备人才队伍三支队伍,为党内法规事业长远发展提供强有力的人才支撑。

党的制度建设和党的建设制度改革之关联

丁俊萍

在党的建设研究领域,“党的制度”“党的制度建设”“党的建设制度”“党的建设制度改革”多个词汇相继使用,有时甚至并用。这些不同表述中都包含有“制度”二字,显然有其共通性,但内涵有其各自侧重点。本文主要考察党的制度的内涵及其特点、党的制度建设的内涵及其地位和作用、党的建设制度化历程、党的建设制度改革的内涵、重大意义以及深化党的建设制度改革的部署和实施等。

一、党的制度的内涵及其特点

制度是要求大家共同遵守的办事规程或行动准则。党的制度是党内各种行为规范的准则,是以党章为依据,以民主集中制为基础和核心、以完善党的领导体制和执政方式,保持党的先进性和纯洁性、增强党的凝聚力和战斗力为指向的党内一整套法规制度的总称,包括党内法规、条例、体制、规则、程序等。显然,党的制度本质上就是党的建设制度。对于马克思主义执政党来说,党的制度具有根本性、全局性、稳定性和长期性等鲜明特点。

其一,党的制度具有根本性的特点。党是一个庞大的组织体。党内各种关系、各级党组织、广大党员和干部的行为规范,都有赖于党的制度规定,都需要遵循党内规矩即党内法规、党的纪律。否则,就不可能形成一个先锋队组织,党也不可能有战斗力、凝聚力。与此相联系,党的建设是包括思想、组织、作风、反腐倡廉、制度等方面建设在内的系统工程,党的各方面建设互相渗透、互相依存,形成统一的整体,其中制度方面的建设具有根本性。只有具备好的制度保证,才能使党的思想、组织、作风、反腐倡廉等方面的建设得到贯彻落实。

其二,党的制度具有全局性的特点。党的制度是各级党组织和全体党员、干部都必须共同遵守的各种党内规章制度,对每一个党组织和党员干部都有约束力。有了好的制度并加以严格遵守,就可以有效地约束违背党的利益的行为,维护党的肌体的健康,保持党的先进性和纯洁性,为实现党的奋斗目标提供坚强保证。

其三,党的制度具有稳定性的特点。党的各项制度都是在实践中逐步形成并经过一定程序和相应权力机关制定和颁布的,一旦形成就不易变动。尽管随着形势的发展和客观条件的变化,一些党的制度需要修改和完善,有的甚至需要废除,但在没有修改和废除之前仍具有效力。相对于领导者个人的作风、习惯、经验等无形的、软性的因素来说,党的制度是有形的、刚性的因素,因此也就更具有稳定性。它“不因领导人的改变而改变,不因领导人的看法和注意力的改变而改变”。

其四,党的制度具有长期性的特点。党

在自身建设实践中积累了宝贵经验，形成了优良传统。只有把这些经验和传统加以总结提炼并形成制度，才有助于将其保存下来，发挥对今后党内政治生活的指导和规范作用，进而使党组织运行更为科学高效，党的战斗力、凝聚力不断增强，为党的事业持续发展提供坚强保证。

总之，“领导制度、组织制度问题更带有根本性、全局性、稳定性和长期性。这种制度问题，关系到党和国家是否改变颜色，必须引起全党的高度重视”。

二、党的制度建设及其地位和作用

建设，通常是指创立新事业或增加新设施，引申为政党、国家或社会组织的理论和实践活动。党的建设，广义是指政党为完成自身的使命而进行领导国家、社会和提高自身生机、活力的理论和实践活动。狭义是指马克思主义政党在马克思主义党的学说指导下进行的领导国家、社会和提高自身生机、活力的理论和实践活动。党的建设是一个不断推进的过程。作为党的建设系统工程有机组成部分之一的党的制度建设，就是随着党的自身发展而逐步建立、修正、丰富和完善党内各种行为规范准则并且严格执行党内各种行为规范准则，进而为党的建设科学化提供根本保障的过程。

党的制度建设在党的建设伟大工程中具有重要的地位和作用。

其一，它是党的建设系统工程的重要组成部分，在职责上有特定的范围和分工，主要从制度方面承担党的建设的任务，将党的建设的丰富经验、优良传统和理论、实践成果规范化、条文化，并督促党组织和党员干部贯彻执行和遵守，从而以制度形式保障党的建设。

其二，党的制度建设与党的其他方面的建设相互联系、相互促进。一方面，它以党的思想建设、组织建设、作风建设和反腐倡廉建设为其赖以进行和发展的前提和基础；另一方面，它又将党的其他方面建设的宝贵经验、优良传统和丰富成果上升到党内法规和制度的层次，为巩固和发展党的其他方面建设的成果提供制度保障，使其得到巩固和传承。

总之，党的制度建设是马克思主义执政党的一项根本性建设，它既贯穿、融会于其他各项建设之中，又以规范化、条文化的形式对党的建设起到支撑、承载和具体体现作用，是党的建设的根本保障。党的制度建设的这一重要地位和作用，正是由党的制度本身所具有的根本性、全局性、稳定性和长期性特点决定的。

三、党的建设制度化历程

党的建设制度化经历了一个长期发展的过程。民主革命时期，党对制度建设进行了初步探索，制定和逐步完善了党的章程，确立了民主集中制和党代表大会年会制，确立了党的领导、活动、纪律、监督等一系列制度，这些为党的制度建设奠定了初步基础。

新中国成立后，党对执政条件下自身的制度建设进行了探索，提出党的代表大会常任制；改进党的集体领导制度；初步构建了干部制度；加强了党的监督制度建设等。但由于党和国家领导制度不健全，由于民主集中制原则和集体领导原则逐步遭到破坏，党在探索社会主义建设道路中出现了严重失误，留下了惨痛教训。

改革开放之初，邓小平在深刻反思党的

历史上的经验教训基础上，明确提出了“执政党应该是一个什么样的党，执政党的党员应该怎样才合格，党怎样才叫善于领导”的问题，并在新的历史条件下对建设一个什么样的党、怎样建设党这一党的建设基本问题进行了深入思考和积极探索。强调制度建设，突出制度建党在党的建设中的地位和作用，正是这一思考和探索的重大成果。

邓小平在1980年《党和国家领导制度的改革》的重要讲话中，明确提出了党的制度建设问题，论述了制度建设的重要性。他指出：“要解决思想问题，也要解决制度问题。”“制度问题不解决，思想作风问题也解决不了。”在这篇重要讲话中，邓小平对制度问题的重要性及其在党的建设中的地位、作用、意义，对当时制度方面存在的弊端、危害以及如何进行制度建设，改革现行制度的指导思想、方法、步骤等，都作了深刻阐述。这实际上将党的制度建设纳入党的建设总体布局，并突出了制度建设的极端重要性，从而极大推进了党的建设制度化历程。

1983年，党的十二届二中全会在通过的《中共中央关于整党的决定》中提出，要努力建立、健全和改革党内生活的各种必要制度。1986年党的十二届六中全会通过的《中共中央关于社会主义精神文明建设指导方针的决议》提出，必须努力改革和完善党的组织制度和工作制度，严格执行党的纪律，建立和健全党内监督制度和人民监督制度，使各级领导干部得到有效监督。1987年党的十三大在总结了党的制度建设经验和研究经济体制改革对党的建设新要求的基础上，提出了切实加强党的制度建设的任务，指出了要在新的历史条件下，在党的建设上走出一条不搞政治运动，而靠改革和制度建设的新路子。这一时期，以邓小平为核心的党的第二代领导集体把党的制度建设放在党的建设中的突出地位，使党的制度建设在改革开放的历史条件下呈现出全新态势并取得重要成果。例如，1980年党的十一届五中全会通过的《关于党内政治生活的若干准则》，就是一部比较全面系统的党规党法。《准则》既概括了历史上处理党内关系和整顿党风的经验，又提出了体现时代特征的党的建设的任务和要求，是统一各级领导机关和全体党员行动的比较完备的法规，是对党章必不可少的具体补充，对于解决党的建设中各项重要问题具有重要理论意义和实践意义。

党的十三届四中全会以后，以江泽民为核心的党的第三代中央领导集体，注重用制度建设推进党的经常性工作。坚持把制度建设贯穿于思想建设、政治建设、组织建设、作风建设的全过程，推进党的制度建设的发展与创新。1994年党的十四届四中全会通过的《中共中央关于加强党的建设几个重大问题的决定》提出，要进一步贯彻执行民主集中制这一党的根本组织制度和领导制度，从而明确了民主集中制在党的制度体系中的突出地位。1999年1月，江泽民在党的十五届中央纪委第三次全会上指出，从严治党，严肃党纪，最根本的就是全党各级组织和全体党员、干部，都要做到严格按照党章办事，按照党内政治生活准则和党的各项规定办事，从而将从严治党与依照党内法规办事联系起来。2002年7月，中央修订印发的《党政领导干部选拔任用工作条例》坚持与时俱进、扩大民主、完善程序、创新制度，在促进优秀人才脱颖而出和干部能上能下方面，在建立科学的监督管理机制方面，迈出了新步伐。

党的十六大以后，以胡锦涛为总书记的党中央高度重视党的制度建设。2004 年 10 月，中央修订印发的《中国共产党党员权利保障条例》，进一步对党员的学习权、讨论权、知情权以及申诉权、控告权等作了制度性的规定。党的十六届四中全会通过的《中共中央关于加强党的执政能力建设的决定》提出，要建立和完善党内情况通报制度、情况反映制度、重大决策征求意见制度，建立健全常委会向全委会负责、报告工作和接受监督的制度。胡锦涛在十六届中央纪委第五次全会上强调，要继续在完善制度上下工夫，推进反腐倡廉工作的制度化、法制化，发挥法规制度的规范和保障作用。要进一步加强制度建设，加强以党章为核心的党内法规制度体系建设，着力提高制度的科学性、系统性、权威性。这不仅明确提出了党内法规制度体系建设的任务，而且明确了党章在党内法规制度体系中的核心地位。党的十七届四中全会通过的《中共中央关于加强和改进新形势下党的建设若干重大问题的决定》，在提出“党的建设科学化”重大命题和重大任务的同时，明确提出要不断推进党的建设实践创新、理论创新、制度创新，建立健全以党章为根本、以民主集中制为核心的制度体系，推进党的建设科学化、制度化、规范化。明确了党内制度体系的根本是党章，核心是民主集中制，并把这一制度体系建设作为推进党的建设科学化、制度化、程序化的主要内容。胡锦涛在庆祝中国共产党成立 90 周年大会上的讲话中指出，90 年来党的发展历程告诉我们，建设好、管理好一个有几千万党员的大党，制度更带有根本性、全局性、稳定性、长期性。在新的历史条件下提高党的建设科学化水平，必须坚持用制度管权管事管人，健全民主集中制，不断推进党的建设制度化、规范化、程序化。必须始终把制度建设贯穿党的思想建设、组织建设、作风建设和反腐倡廉建设之中，坚持突出重点、整体推进，继承传统、大胆创新，构建内容协调、程序严密、配套完备、有效管用的制度体系。明确了新形势下党的制度建设的目标和路径。

党的十八大进一步强调，要把制度建设摆在突出位置，并对党员干部联系群众制度、健全党内民主制度体系、深化干部人事制度改革、全面推进惩治和预防腐败体系建设等进行了部署。党的十八大之后，党的制度建设向着科学有效、务实管用的方向强力推进。

党的十八届三中全会吹响了全面深化改革的号角。会议通过的《中共中央关于全面深化改革若干重大问题的决定》用“六个紧紧围绕”阐明了全面深化改革的基本任务和总体思路，将党的建设制度改革同经济体制、政治体制、文化体制、社会体制、生态文明体制的改革一起进行整体部署，首次明确提出了“深化党的建设制度改革”的重大课题和重大任务，并且明确要求紧紧围绕提高科学执政、民主执政、依法执政水平深化党的建设制度改革，加强民主集中制建设，完善党的领导体制和执政方式，保持党的先进性和纯洁性，为改革开放和社会主义现代化建设提供坚强政治保证，从而为深化党的建设制度改革进一步指明了方向。党的制度建设也由此进入了一个新的发展阶段。它与党的建设制度改革联系在一起，与完善和发展中国特色社会主义制度，推进国家治理体系和治理能力现代化这一全面深化改革的总目标联系在一起，必将在实践中开辟党的建设新局面。

思想建党是中国共产党建设史上的一个优良传统和鲜明特点。在突出制度建党的今天，是否还需要思想建党，对此，习近平给予了明确回答。他在2014年10月党的群众路线教育实践活动总结大会上的讲话中谈到从严治党时，强调："坚持思想建党和制度治党紧密结合。从严治党靠教育，也靠制度，二者一柔一刚，要同向发力、同时发力。"从而进一步明确了制度建党和思想建党的关系，并对增强党的制度执行力提出了明确要求。

党的十八大以来，党的制度建设取得突破性进展。仅在2013年7月至2014年7月这一年时间里，中共中央及有关部门就先后颁布了19项制度，其中包括《关于党政机关停止新建楼堂馆所和清理办公用房的通知》《关于进一步规范省部级以下国家工作人员因公临时出国的意见》《中央和国家机关会议费管理办法》《关于进一步规范党政领导干部在企业兼职（任职）问题的意见》《党政机关厉行节约反对浪费条例》《关于改进地方党政领导班子和领导干部政绩考核工作的通知》《党政机关国内公务接待管理规定》《关于党员干部带头推动殡葬改革的意见》《建立健全惩治和预防腐败体系2013－2017年工作规划》《因公临时出国经费管理办法》《中央和国家机关外宾接待经费管理办法》《中央和国家机关培训费管理办法》《中央和国家机关差旅费管理办法》《党政领导干部选拔任用工作条例》《关于创新群众工作方法解决信访突出问题的意见》《关于厉行节约反对食品浪费的意见》《关于完善党员干部直接联系群众制度的意见》《关于全面推进公务用车制度改革的指导意见》《中央和国家机关公务用车制度改革方案》等。

为了解决世情国情党情深刻变化的新形势下党内法规制度中存在的不适应、不协调、不衔接、不一致问题，中共中央决定对党内法规制度进行集中清理，以解决好党内法规制度中存在的"四不"问题，于2013年8月，发布了《中共中央关于废止和宣布失效一批党内法规和规范性文件的决定》。根据该《决定》，1978年以来制定的党内法规和规范性文件，有300件被废止和宣布失效，467件继续有效，其中42件将作出修改。不仅如此，中央还强调，在开展集中清理工作的同时，要建立健全定期清理和即时清理机制，今后一般每5年对党内法规和规范性文件开展一次集中清理；同时，在制定或修改党内法规和规范性文件时，对与之不协调、不衔接、不一致的相关党内法规和规范性文件同步进行清理，实现清理工作经常化、制度化、规范化。集中清理党内法规和规范性文件，这在中国共产党历史上还是第一次。这次集中清理，对于全面摸清党内法规制度家底，有效维护党内法规制度协调统一，加快构建党内法规制度体系，切实提高党的建设科学化水平，具有重要而深远的意义。它是党的制度建设的一项基础工程，是深化党的建设制度改革的一项重大举措。

为了贯彻落实党的十八大、十八届三中全会关于全面深化改革总体部署、全面规划今后几年党的建设制度改革的重要举措，2014年8月29日，中共中央政治局召开会议，审议通过了《深化党的建设制度改革实施方案》，明确了深化党的建设制度改革的总体要求、基本目标、主要任务、具体举措等。《实施方案》在全面深化改革总目标下，回答了党的建设制度改革领域改什么、如何改、要取得什么样的效果等问题。总的原则是把握好正确的政治方向，坚持中国共产党的领导，紧紧围绕提高党科学执政、民主执政、依法执政水平，推进中国特色社会主义伟大事业来谋划、落实。《实施方案》全面阐述了党的建设制度改革的总体要求和基本目标，明确了重点内容和责任分工，规划了推进各项任务的时间表、路线图，体现了深化党的建设制度改革的顶层设计，是深化党的建设制度改革的"集结号""动员令"。

党的十八届四中全会通过的《中共中央关于全面推进依法治国若干重大问题的决定》，明确将党依据党内法规管党治党纳入依法治国、依法执政之中，强调加强党内法规制度建设。指出，党内法规既是管党治党的重要依据，也是建设社会主义法治国家的有力保障。党章是最根本的党内法规，全党必须严格遵行。完善党内法规制定体制机制，加大党内法规备案审查和解释力度，形成配套完备的党内法规制度体系。注重党内法规同国家法律的衔接和协调，提高党内法规执行力，运用党内法规把党要管党、从严治党落到实处，促进党员干部带头遵守国家法律法规。在此基础上进一步指出，党的纪律是党内规矩。党规党纪严于国家法律，党的各级组织和广大党员干部不仅要模范遵守国家法律，而且要按照党规党纪以更高标准严格要求自己。这就为形成配套完备的党内法规制度体系，并严格依据党内法规管党治党提供了理论和政策依据。从此，党的制度建设与全面推进依法治国紧密地联系在一起，与依据党内法规从严治党紧密地联系在一起，成为依法治国、建设社会主义法治国家的重要组成部分。

显然，改革开放以来，中国共产党不断加强党的制度建设：从在实践中重视党的制度建设，到思想上深刻认识领导制度、组织制度问题更带有根本性、全局性、稳定性和长期性；从强调解决制度问题、加强党的制度建设，到明确提出"深化党的建设制度改革"的重大课题和重大任务，推进国家治理体系和治理能力现代化，再到制定和实施《深化党的建设制度改革实施方案》，最后到强调依据党内法规管党治党，大力加强党内法规制度建设；从思想理论上认识和强调党的制度建设，到具体构建以党章为核心的党内法规制度体系，进而把党依据党内法规管党治党纳入依法治国、依法执政之中，使党的建设呈现出制度化、科学化、规范化趋势和全新面貌。这表明，中国共产党人对自身建设高度重视，对党的建设特别是党执政以后的自身建设规律的认识不断深化，对"四大考验""四个危险"下从严治党规律的认识不断深化。

四、深化党的建设制度改革的基本内涵及其重大意义

党的十八届三中全会提出的"深化党的建设制度改革"这一重大命题和重大任务，不同于以往所说的加强党的制度建设。

首先，从党的建设制度改革与党的制度建设的主要内容看，党的制度建设侧重于党的自身建设中制度方面的建设，而党的建设制度改革则侧重于党的建设的整体制度改革。

党的制度建设是党的建设的重要组成部分，侧重的是建设，主要是通过健全民主集中

制的各项制度、体制、机制保证党的组织健康良性运行。党的建设的各个方面如思想建设、组织建设、作风建设、反腐倡廉建设等都有制度方面的内涵和要求,都要靠加强党的制度建设来保障。党的制度建设主要是一个制定完善相关制度、强化制度执行的过程,其中制度制定涉及范围广泛,既包括不断修订完善党章这一党内根本法规,也包括根据党的建设的需要制定完善党内准则、条例、规则和具体的制度规范;在制度执行中既包括完善制度执行的体制机制,也包括提高执行各环节的能力水平成效等。

与党的制度建设相比较,党的建设制度改革是全面深化改革的重要组成部分,侧重的是改革,主要是改革党的制度中与党的建设规律、党内实际状况、党面临的形势任务要求、改革总体进程不相适应的部分,以改革为动力来实现党的制度的自我完善,以党的建设制度改革促进和保证党领导的整个改革事业。

因此,党的制度建设是党的建设制度改革的基础和前提,党的建设制度改革是在新的历史条件下加强党的制度建设的必然选择和逻辑延伸。从党的制度建设提升到党的建设制度改革,开拓了健全和完善党的制度的新路径,也开辟了党的制度建设的新领域、新境界。

其次,从党的制度建设和党的建设制度改革的地位和作用看,党的制度建设是"五位一体"的党的建设总体布局的一部分,与党的其他方面的建设如思想建设、组织建设、作风建设、反腐倡廉建设相联系。而党的建设制度改革是全面深化改革总体布局的重要组成部分,与完善和发展中国特色社会主义制度,推进国家治理体系和治理能力现代化相联系,与经济体制改革、政治体制改革、文化体制改革、社会管理体制改革、生态文明体制改革相联系。

在建设中国特色社会主义"五位一体"总体布局中,马克思主义执政党将为其提供路线方针政策的正确指引、凝聚各族人民力量的坚强核心、应对各种风险挑战的坚强领导。同样,在实施全面深化改革这一庞大的社会系统工程中,也必须在党的领导下进行,以党的建设制度改革加以保证,避免出现颠覆性错误,不能偏离全面深化改革的总目标,既不走封闭僵化的老路,也不走改旗易帜的邪路,始终保持改革的正确方向。因此,一方面要通过深化经济体制改革、政治体制改革、文化体制改革、社会管理体制改革、生态文明体制改革,来扫除阻碍经济社会发展的体制机制障碍,推进"五大建设",实现"两个一百年"的奋斗目标和中华民族伟大复兴的"中国梦";另一方面,要通过深化党的建设制度改革,建设学习型、服务型、创新型的马克思主义执政党,确保党始终成为中国特色社会主义事业的坚强领导核心。

再次,从党的制度建设和党的建设制度改革的指向看,党的制度建设是要通过健全民主集中制的各项制度、体制、机制来保障党的思想、组织、作风、反腐倡廉等方面建设的成果,从制度上保证党的组织健康良性运行;而党的建设制度改革是要改革党的建设制度中不适应新形势新任务新要求的部分、不符合党的建设面临的新情况新问题的部分,使党能够更好地发挥总揽全局、协调各方的领导核心作用,建设学习型、服务型、创新型的马克思主义执政党,提高党的领导水平和执政能力，协同推进各方面的改革，破除瓶颈、排除阻力、涉险过滩，确保改革取得成功。

因此，面对世情国情党情的深刻变化，面对“四大考验”和“四大危险”，必须通过改革使党的建设制度不断完善，既坚持已有的成功经验，又赋予时代化、科学化的新内容，使其在科学化、规范化、程序化、系统化等方面有一个新的提升，以适应全面深化改革的需要。

综上，深化党的建设制度改革在其基本内涵上有其特殊规定性。深化党的建设制度改革，就是提炼、升华那些在党的建设实践中创造出来的并且经过实践检验证明是有效管用的新成果，使之上升为理论原则和经验总结，并使之规范化、条文化，用以解决党的建设中面临和出现的新问题，以制度改革带动党的建设工作全局，开辟党的建设工作新局面，保持党的先进性和纯洁性，不断增强党的创造力凝聚力战斗力，确保党始终成为中国特色社会主义事业坚强领导核心。

深化党的建设制度改革具有重大意义。它是加强党对全面深化改革的领导、保障全面深化改革取得成功的必然要求。

中国共产党是中国特色社会主义事业的坚强领导核心，也是全面深化改革的坚强领导核心。《中共中央关于全面深化改革若干重大问题的决定》指出：“全面深化改革必须加强和改善党的领导，充分发挥党总揽全局、协调各方的领导核心作用，建设学习型、服务型、创新型的马克思主义执政党，提高党的领导水平和执政能力，确保改革取得成功。”只有按照以习近平为总书记的党中央关于全面深化改革的总体部署，紧紧围绕提高科学执政、民主执政、依法执政水平深化党的建设制度改革，加强民主集中制建设，完善党的领导体制和执政方式，保持党的先进性和纯洁性，提高党的领导水平和执政能力，全面深化改革才能取得成功。

党领导的伟大事业和党的建设伟大工程是紧密联系在一起的。党的建设制度改革与深化经济、政治、文化、社会、生态文明等方面的体制改革也是紧密联系在一起的。在实现“两个一百年”奋斗目标、实现中华民族伟大复兴的中国梦的进程中，只有以改革创新的精神全面推进党的建设新的伟大工程，提高党的领导水平和执政水平，才能更好地承担起光荣而艰巨的历史使命，从根本上保障伟大事业的发展。只有深化党的建设制度改革，才能为深化经济、政治、文化、社会、生态文明等方面的体制改革提供坚强的政治保障和组织保障。

深化党的建设制度改革适应了与建设中国特色社会主义“五位一体”总布局相联系的“五大体制”改革的需要，并为之提供正确的方向保证。不仅要在建设中国特色社会主义总体布局中加强党的建设，也要在全面深化改革的总体布局中加强党的建设制度改革，从而把伟大事业的推进和伟大工程的实施统一起来，把筹划领导改革和保障实施改革结合起来，增强改革的系统性、整体性、协同性，使全面深化改革得以顺利推进，不断增强全面深化改革的成效，为坚持和发展中国特色社会主义、实现“两个一百年”的奋斗目标、实现伟大的中国梦提供源源不断的推动力。

深化党的建设制度改革是全面深化改革的重要内容和重要保障，党领导和推动的改革事业越是向纵深推进，越需要加强党的自身建设,深化党的建设制度改革。国家治理体系和治理能力现代化内含着党的执政能力现代化,党的建设制度改革成效如何、进展如何,直接关系着全面深化改革总目标的实现与否。坚持正确改革方向,提高领导改革水平,都对党的建设提出了新的更高要求。深化党的建设制度改革,着眼点正是提高党的科学执政、民主执政、依法执政水平,出发点和落脚点正是保证全面深化改革顺利推进。必须按照这个着眼点、出发点和落脚点,不断深化党的建设制度改革,进一步提高党的建设科学化水平。

因此,深化党的建设制度改革,既是全面深化改革的重要内容和重要保障,又是使党更好成为全面深化改革的坚强领导核心的内在要求,具有极为重大的现实意义。

五、深化党的建设制度改革的部署和实施

由于党的建设制度改革是全面深化改革的重要内容和重要保障,党领导和推动的改革事业越是向纵深推进,越需要加强党的自身建设,越需要深化党的建设制度改革;由于国家治理体系和治理能力现代化内含党的建设制度体系和制度执行能力的现代化,党的建设制度改革成效如何、进展如何,直接关系着全面深化改革总目标的实现与否,所以,以习近平为总书记的党中央积极稳妥扎实深入推进党的建设制度改革,中共中央政治局通过的《深化党的建设制度改革实施方案》对此进行了部署。

深化党的建设制度改革,根本方向是加强和改善党的领导、提高党的执政能力、巩固党的执政地位。要通过深化改革,把党的领导更好体现到治国理政各方面之中,完善党总揽全局、协调各方的领导体制和工作机制,使之有利于党的政治领导、思想领导、组织领导的落实,有利于党的基本理论、基本路线、基本纲领、基本经验、基本要求的贯彻。

深化党的建设制度改革,要着眼于调动各级党组织和广大党员干部投身改革的积极性主动性创造性,营造鼓励改革、支持改革的良好环境,强化敢于担当、攻坚克难的用人导向,形成同心协力促改革、谋发展的强大力量。

深化党的建设制度改革,要坚持统筹谋划、突出重点,缺位的抓紧建立,不全面的尽快完善,不合理的坚决革除,不适应的努力改进,使党的建设制度更加成熟更加定型。

深化党的建设制度改革,要从四个方面着力:一是着力深化党的组织制度改革,重点是坚持和完善民主集中制、严格党内生活,进一步健全和完善党内民主制度体系。二是着力深化干部人事制度改革,要在完善科学有效的选人用人机制上下工夫,通过制度改革和严格执行制度,解决长期存在的老大难问题,使各方面优秀干部充分涌现。三是深化党的基层组织建设制度改革,着力点是使每个基层党组织都成为坚强战斗堡垒,党的组织、党的工作要做到全覆盖,让党的旗帜在每一个基层阵地上都高高飘扬。要加强党员队伍教育管理和服务,确保进口严、出口畅、管得好、作用大。四是深化人才发展体制机制改革。要完善人才工作领导体制和工作格局,形成具有国际竞争力的人才制度优势,把各方面优秀人才集聚到党和国家事业中来。

从党的十八届三中全会提出"深化党的建设制度改革"到中央政治局审议通过《深

化党的建设制度改革实施方案》,党的建设制度改革“实”字当头,真抓实干,深入展开。从干部政绩考核告别“唯 GDP”,到着力培养选拔党和人民需要的好干部;从健全改进作风常态化制度,到加强反腐败体制机制创新;从强调运用党内法规把党要管党、从严治党落到实处,促进党员、干部带头遵守国家法律法规,到在此基础上进一步指出党的纪律是党内规矩,党规党纪严于国家法律。党的建设制度改革不断取得新成果新成效。有理由相信,随着党的建设制度改革不断推进,随着系统完备、科学规范、运行有效,更加成熟、更加定型的党的建设制度体系逐步完善以及制度执行能力的不断提升,党的创造力凝聚力战斗力必将不断增强,党也必将更好地承担起光荣而艰巨的历史使命,为改革开放和社会主义现代化建设提供坚强政治保证。

（作者:武汉大学马克思主义学院教授、博士生导师）

全面从严治党和自我革命精神

甄占民

全面从严治党是党的十八届六中全会的鲜明主题，这一主题所蕴含的是自我革命精神，即全会强调的“自我净化、自我完善、自我革新、自我提高”的精神。这样的主题和这样的精神的高度统一，凝结着党加强自身建设的历史经验，反映了党的先进性质和崇高追求；这样的主题和这样的精神的高度统一，塑造着党的鲜明执政品格，彰显着党的独特政治优势，也构成党和国家开辟未来的“核心竞争力”。把全面从严治党的主题同自我革命的精神联系起来去思考、去把握，有利于我们更加深入地理解和贯彻六中全会的决策部署，有利于我们在新的历史起点上更好地推进党的建设新的伟大工程。

（一）

思考全面从严治党，首先要弄清为什么要严，深刻把握贯穿其中的内在思想逻辑。我们党是以马克思主义为科学指南的党，是中国工人阶级和中国人民、中华民族的先锋队，代表中国先进生产力的发展要求，代表中国先进文化的前进方向，代表中国最广大人民的根本利益。保持党的先进性质和宗旨，实现党的崇高使命和追求，必须在改造外部客观世界的同时，一刻不能放松自身这个主观世界的改造，不能放松对自身问题的解决，使自己始终跟上时代、实践和人民的要求。列宁讲过：“一个政党对自己的错误所抱的态度，是衡量这个党是否郑重，是否真正履行它对本阶级和劳动群众所负义务的一个最重要最可靠的尺度。公开承认错误，揭露犯错误的原因，分析产生错误的环境，仔细讨论改正错误的方法——这才是一个郑重的党的标志。”毛泽东同志曾形象地指出：“房子是应该经常打扫的，不打扫就会积满了灰尘；脸是应该经常洗的，不洗也就会灰尘满面。我们同志的思想，我们党的工作，也会沾染灰尘的，也应该打扫和洗涤。”习近平总书记反复强调“打铁还需自身硬”，这个“硬”就内含着锤炼自身、降解杂质、提高纯度硬度的必然要求。可以说，在自我革命中保持自身先进性质和保证事业顺利发展，是从严管党治党的基本出发点和落脚点。

思考全面从严治党，还要弄清如何去落实、去实现严的问题，深刻把握贯穿其中的精神动力。毫无疑问，全面从严治党是从思想、政治、组织、作风和制度等方面贯彻从严要求的过程，是覆盖每一个党的组织、党的成员、党的干部的过程，是真管真严、敢管敢严、长管长严的推进过程。这必然是一项十分艰巨的任务，特别是对于中国共产党这样一个有着庞大组织体系和众多成员的党来说，更是一项极其复杂的事情。要落实好这样的艰巨任务，除了严的标准、严的举措之外，真正带根本引领性和内在驱动力的，是一种坚持自我审视、反躬自省的高度清醒，是一种永不自满、永不懈怠的政治勇气。回顾党的历史,我们党一路走来,自身遇到不少困难、风险和问题,从建党初期的“思想不纯”和“左”倾右倾错误,到长征时期张国焘的分裂主义活动;从延安时期的主观主义、教条主义、经验主义,到新中国成立后的反右扩大化和“大跃进”,以至后来的“文化大革命”等,其中不少可谓是“灭门之灾”“覆党之险”。我们党何以能够一次次转危为安、化危为机,最为根本的还是保持了自我革命的精神,保持了承认并改正错误的勇气,一次次“拿起手术刀”来革除自身的病症,一次次靠自己解决了自己的问题。历史反复表明,高扬自我革命的精神,就能在革故鼎新、守正出新上不断实现大的跨越,就能不断给党和人民的事业注入生机活力。也只有这样,才能在增强主动精神中把严的要求和举措落到实处。

全面从严治党,无论从目的意义还是目标追求,无论从思想遵循还是动力支撑,都贯穿着强烈的自我革命精神。“形而上者谓之道,形而下者谓之器”。自我革命精神,作为我们党追求进步、自我完善的精神之魂,作为克服困难、战胜风险的基本理念,完全称得上是立党兴党之道。习近平总书记反复强调全党要保持清醒、居安思危,要增强忧患意识、树立问题导向,要应对“四大考验”、克服“四种危险”等,贯穿的是正视问题、解决问题的思想脉络,贯穿的是在自我革新中赢得党的创造力凝聚力战斗力的深刻道理。我们说十八届六中全会开辟了党的建设新的伟大工程的新境界,不仅体现在从严管党治党的举措和力度上,更体现在我们党自我革命的决心和意志上,这两个方面互为表里、有“形”有“魂”,进一步深化了我们对党的执政规律的认识,也是我们党执政睿智和担当精神的生动反映。

(二)

政党政治是现代政治的基本形式,政党治理也是当今世界的共同命题。尤其是对执政党而言,处在执政地位、掌控执政资源,很容易在主政惯性的影响下,在执政业绩光环的照耀下,出现忽略自身不足、忽视自身问题的现象,陷入“革别人命容易,革自己命难”的境地。从这个意义上讲,执政党有没有强烈的自我革命精神,有没有自我净化的过硬特质,就成为决定其前途命运的关键因素,也同样关系到一个国家和社会政治活力生命力的维系与构建。

中国共产党坚守自我革命精神的意义和价值,不仅以此创造着非凡的执政业绩,而且将其贯穿于治国理政的全部实践之中,形成了独树一帜的鲜明政治品格。从最基本、最现实的角度来看,突出地表现在两个方面。一是始终秉持着修齐才能治平、打铁还需自身硬的执政逻辑。“不患无位,患所以立”。有什么条件去执政,或者说靠什么资格担负起引领社会发展的使命,是执政党必须首先回答的问题。中国共产党在坚持立党为公、执政为民的总命题之下,坚持把伟大事业和伟大工程统筹起来、注重以伟大工程引领和保障伟大事业,坚持治国必先治党、治党务必从严的施政思路,彰显的是先改造自身再改造社会、先管好自己再管好国家的执政逻辑。要说执政的合理性,这是最基本的前提;要说执政的合法性,这也是最基本的条件。二是始终秉持着持恒追远、坚持真理修正错误的执政品格。治国理政的过程,是不断调整施政方向、修正施政行为的过程，而其修正自身的程度也相应决定着执政的高度和水平。中国共产党坚持用时代进步和实践发展的眼光来审视自身，坚持不懈地同自身存在的一切有违先进性的问题作斗争，在不断革故鼎新之中实现了自身的进步。现在，世人惊叹中国理论创新、实践创新、制度创新步伐之快，惊叹中国社会面貌变化之大，实际上在这些发展变化背后真正起支撑作用的，是我们党永不自满、永不懈怠的执政品格。

对于执政党的治理问题，有的人总喜欢拿我们党的问题特别是腐败现象来做文章，并由此产生对中国共产党领导的质疑，产生对西方多党制、“三权分立”等政治制度的迷恋。实际上，这既缺乏对不同政党性质宗旨的深刻认知，也缺乏对政党解决自身问题的态度、措施和力度的比较研究及实际分析。纵观各个国家执政党的发展历史，真正像中国共产党这样能够始终如一地正视自身问题、做到疾恶如仇，能够形成一整套自我约束纪律体系和制度体系，能够建立起一个庞大的纪检监察体系，能够严肃惩处一大批包括像周永康、薄熙来、郭伯雄、徐才厚、令计划这样腐化变质分子的，可以说是少之又少。反观西方国家的资产阶级政党，先不说其维护统治阶级利益、被资本和金钱所控制的性质，仅就其自身的管理而言，大都缺乏严密的组织，缺少日常的活动，更谈不上严格的自我监督和约束，常常是为了应对大选、上台掌权而进行临时登记、临时动员，因此也常常被称之为“投票党”“选举党”。再看一看近期的美国总统选举，共和党和民主党为争夺权力、搞垮对方不择手段，政党竞争变成了尔虞我诈，党派监督变成了相互攻讦，一场大选带来的是社会的撕裂，游行示威、对抗骚乱至今没有平息。由此可见，多党制、“三权分立”不是想象中的灵丹妙药，中国共产党建立形成的以自我革命精神为特质的管党治党模式，是经得起历史和实践检验的。

当然，我们党在强调依靠自身力量解决自身问题的同时，并不排斥而且还注重发挥外部力量的作用。对此，毛泽东同志在延安时期同黄炎培的“窑洞对”就作了鲜明回答：我们已经找到了跳出历史“周期律”的新路，“这条新路，就是民主。只有让人民起来监督政府，政府才不敢松懈。只有人人起来负责，才不会人亡政息”。针对我们党自身存在的毛病，毛泽东同志也指出：“我们要加强党内教育来清除这些毛病。我们还要经过和党外人士实行民主合作来清除这些毛病。这样的内外夹攻，才能把我们的毛病治好，才能把国事真正办好起来。”由延安局部执政走向全国执政，我们党建立“自律”和“他律”两种防错纠错机制的实践从未间断。邓小平同志在党的八大上指出：“我们需要实行党的内部的监督，也需要来自人民群众和党外人士对于我们党的组织和党员的监督。”改革开放以来，我们党更是加快了发展民主政治、加强民主监督方面的工作步伐。从建立和健全人民代表大会制度这一根本政治制度，到坚持和完善中国共产党领导下的多党合作和政治协商制度，到实施依法治国方略，推进依法治国、依法执政、依法行政，到建立基层群众自治制度，推进协商民主广泛制度化发展等，这些都有力地拓宽了各种党外的民主监督渠道。这也从另外一个方面证明了我们党对治理自身问题的包容性和开放性，并不存在所谓的“以党内监督代替党外监督”的问题。

对于运用党外监督力量的问题，党的十八届六中全会也给予了应有的关注并做出相应的部署。全会明确指出：党的各级组织和领导干部必须在宪法法律范围内活动，增强法治意识、弘扬法治精神，自觉按法定权限、规则、程序办事；要把党内监督同有关国家机关的监督、民主党派监督、群众监督、舆论监督等结合起来，以形成监督的合力。这也再一次表明，在弘扬自我革命精神、从严管党治党问题上，我们党始终保持着对自身性质和权力来源的清醒认知，保持着对政治文明发展一般规律的应有敬畏。作为一个在大国执政的大党，保持这样的认知和敬畏，不仅使党走出了一条独具特色和优势的管党治党之路，也在带领当代中国走出了一条独具特色和优势的政治发展之路，更为世界政治文明的发展贡献着中国智慧和中国答案。

（三）

我们党靠革命起家，毛泽东同志也曾把我们党比喻为“革命党”。可以说，革命精神已深深熔铸在党的基因和传统之中，也构成了党发展壮大的鲜明底色。在新的历史条件下，虽然说党所处的时代环境和所面临的时代课题，较之革命年代已经有了根本性变化，但是对于共产党人来讲，革命者的风范特别是马克思主义政党特有的自我革命精神，始终不能丢。推进伟大事业、建设伟大工程、夺取伟大斗争新胜利，也要求每一个党的组织、每一名党员干部在弘扬这一宝贵精神上做出不懈的努力。

第一，铸就保持初心的坚定意志。革命的动力来自革命的初心，有了对初心初衷的执着坚守，有了对理想信念的坚定追求，就有了正视自我、净化自我的意志和毅力。习近平总书记指出，“我们党之所以能够经受一次次挫折而又一次次奋起，归根到底是因为我们党有远大理想和崇高追求”。现在，国际国内形势都在发生深刻而复杂的变化，社会思潮多元多样，各种诱惑陷阱不少，很容易忘记初心初衷、产生方向迷惑，很容易陷入泥潭而不能自拔。在这样的情况下，作为一名党员干部，就需要经常问一问自己从哪里来、到哪里去，使命是什么、目标是什么，始终保持正确的前进方向。这也需要加强马克思主义的理论学习，特别是加强对习近平总书记系列重要讲话这一当代中国马克思主义的学习，筑牢“压舱石”，拧紧“总开关”，不断增强中国特色社会主义道路自信、理论自信、制度自信、文化自信，用信仰信念筑就自我革命的意志。

第二，涵养无私无畏的崇高境界。无私才能无畏，出以公心才能筑牢底气。我们党自我革命的勇气从哪里来？说到底，是从党的性质和人民立场中来，是从无私无畏的革命情怀中来。只有时时处处摆正公与私、义与利、是与非的关系，坚持“以革命利益为第一生命，以个人利益服从革命利益”，才能保持强大的人格力量，才能保持自我牺牲的崇高境界。因此，对于一名党员干部来说，必须不断加强党性修养、强化公仆本色，坚持党的事业第一、人民利益第一，保持克己奉公、大公无私的情怀，始终做到甘于奉献、甘于付出。也只有摆脱了个人利益的束缚、摆脱了部门和地方利益的局限，才能以浩然正气、昂扬锐气涵养自我革命的勇气。

第三，强化正视问题的行动自觉。自我革命本身就是对着问题去的,讳疾忌医是自我革命的天敌。高扬革命的精神,必须正视问题,强化问题意识、问题导向,把“否定之否定”作为自我提升的遵循。实际上,问题总是客观存在,有问题也不可怕,怕就怕在对问题熟视无睹、视而不见,结果造成小问题变成“大问题”,“小管涌”演变为“大塌方”。因此,这里的一个前提条件,就是要常于自省内省,善于对照党章和党纪党规,对照党的理论和路线方针政策,对照先贤先辈和先进典型,以“君子检身,常若有过”的态度来发现自身的不足和短板,并进行由浅入深、由表及里的分析,切实做到知耻而后勇。发现问题是为了解决问题,而解决问题的实效更能检验一个党组织、一名党员干部的担当和作为。对于那些影响党的先进性纯洁性的问题,对于那些党内政治生活和党内监督方面存在的问题,对于那些人民群众反映强烈的突出问题,必须拿出义无反顾、动真碰硬的勇气去解决,以永远在路上的劲头去解决,以实际成效取信于民。

第四,发挥以上率下的引领作用。领导干部是党的事业的组织者和推动者,特殊的岗位和职责也决定了对管党治党的特殊作用。在弘扬自我革命精神上,必须抓好“关键少数”,充分发挥领导干部的引领作用,这也是十八大以来管党治党的一条成功经验。一方面,要坚持以身作则、率先垂范,带头从严要求自己,带头解决自身问题,要求别人做到的自己首先做到,要求别人改正的自己首先改到位。另一方面,要守土有责、守土负责、守土尽责,主动负起管党治党的政治责任,深化落实全面从严治党的各项任务,不怕揭短亮丑,敢于纠错纠偏,严厉查处各种违纪违规现象,用一个个过硬的“小环境”构筑风清气正的“大生态”。唯有如此,才能在弘扬自我革命精神上形成强大合力,才能切实增强全党自我净化、自我完善、自我革新、自我提高的能力。

(作者:中共中央党校副校长)

净化党内政治生态的法治逻辑

单忠献

净化党内政治生态，营造良好从政环境，是以习近平同志为核心的党中央创造性提出的，旨在加强党的建设并提高党“自我净化、自我完善、自我革新、自我提高”能力的重大历史性命题，也是新时期全面从严治党宏大战略的重要任务构成。党和法的关系是政治和法治关系的集中反映，全面从严治党的过程也是党领导中国特色社会主义法治建设并以法治思维和方式开展治理的过程。因此，净化党内政治生态必然有着突出的法治遵循特征。

一、净化党内政治生态是政治系统运行法治化的内在要求

政治生态反映了政治系统内部的政治主体、政治规则、政治行为、政治文化心理等各种要素组成的政治生活状况以及与外部条件相互作用下的政治发展环境，是判断政治系统运行和政治秩序状况的重要依据。在建党九十余年历史中，中国共产党不断创新丰富马克思主义党建思想学说，政治生态和政治秩序伴随着管党治党制度的不断完善而持续优化，但同时在不同阶段也面临着一些造成党内政治生态破坏、危害政治秩序稳定的因素。党的十八大以来，针对国内外形势变化发展的需要和党风政风建设中存在的突出问题，习近平总书记把应对“四大考验”、化解“四大危险”作为新时期治国理政的重要突破，提出了全面从严治党的重大战略，净化党内政治生态就成为全面从严治党伟大工程的题中应有之义。

无论是国家层面的治理，还是执政党内部的自我治理，都具有实现预期政治秩序的目的性，而预期政治秩序的实现则有赖于法的建构和实施状况。马克思主义理论认为，法本身就是一种政治，法受政治的制约，同时又促进政治的发展。在论及法与政治的关系时，习近平总书记指出：“法治当中有政治，没有脱离政治的法治。”因此，在当代中国治国理政的“四个全面”战略布局中，以中国共产党加强自身建设为目的的全面从严治党战略和以提供中国特色社会主义法治保障的全面依法治国战略，有着更为紧密的内在逻辑关系。这一关系可以总结为，全面从严治党必然要走法治化路径，全面依法治国则是中国共产党的必然执政要求。

二、国家法律和党内法规是净化党内政治生态的制度遵循

党的十八届四中全会提出全面依法治国的“五大体系”，即完备的法律规范体系、高效的法治实施体系、严密的法治监督体系、有力的法治保障体系、完善的党内法规体系，正式将党内法规体系纳入中国特色社会主义法治体系之中。这一具有顶层设计意义的法治思想阐述，代表我国社会主义法治建设进入

了新阶段,不但拓宽了不同界域学者的研究视野,而且打破了仅以党内法规制度治党的认识局限性。它同时表明,国家法律和党内法规为党内机构和成员提供了价值取向一致、功能作用互补的制度遵循,共同构成了净化党内政治生态的行为准据。

从国家法律层面看,我国社会主义法律规范体系的建设经历了建国初期的初创、“文革”时期的破坏、改革开放初期的恢复发展、本世纪第一个十年的法律体系基本形成和十八大以来法律体系的完善等过程,目前较为完备的法律规范体系已奠定中国特色社会主义法治建设的制度基石。法治的本质在于良法善治,兼具社会治理的工具价值和目的要求,良法是前提,善治是结果。净化党内政治生态,治理少数党员干部的悖法乱行、肆意腐败,针对性、及时性、系统性的国家法律制度供给是基础。这就要求不断提高立法的科学化、民主化水平,针对危害公权力运行的新形势新特点新任务,完善反腐立法工作机制,提升与重构政治生态相关的立法质量,主动适应良好从政环境建设的发展需要。

从党内法规层面看,重视制度治党,加强制度约束,是党始终保持先进性和纯洁性的优良传统和在各个时期取得胜利的重要条件。习近平总书记在十八届中央纪委六次全会上强调,“要健全完善制度,以党章为根本遵循,本着于法周延、于事有效的原则,制定新的法规制度,完善已有的法规制度,废止不适应的法规制度,健全党内规则体系,扎紧党纪党规的笼子”。党的十八以来,党内法规进入了立法的高密度阶段,重新修订了党章,集中清理了一批党内规范性文件,完善制定了涵盖党的思想建设、组织建设、作风建设、反腐倡廉建设、民主集中制建设等方面的一系列制度规范,构建了全方位的党内规范体系,为净化党内政治生态提供了更加严格、更具针对性的制度保障。

三、法治思维和方式的知行合一是净化党内政治生态的重要路径

法治是治国理政的基本方式,也是净化党内政治生态的重要路径。这一路径主要表现为行为主体既要具有不断深化的法治思维养成,又要有高度自觉的法治方式实践。法治思维是在法治理念指导下形成的思维模式,其核心在于追求和实现公平正义的法律价值。法治方式则强调行为实施,体现的是以法治思维为指导处理和解决问题的行为方式。前者是后者实施的基础和前提,后者是前者的行为外化,二者统摄于法治之下,又分别从主体内在观念的建构和外化的实施行为反映了国家法治建设的状况。基于社会主体的思想行为状况考量,一个实现了法治的社会应是人们法治思维和法治方式高度统一的社会,其效果在于法治思维和法治方式的知行合一。

倡导法治思维和法治方式,提高党员干部运用法治思维和法治方式解决问题的能力,对改善党的领导和执政方式、净化党内政治生态具有深远意义。长期以来,形式主义、官僚主义、享乐主义和奢靡之风的存在,对党内政治生态造成了一定程度的污染。这说明,提高党员干部运用法治思维和法治方式的能力具有现实紧迫性和极其必要性。因此,净化党内政治生态的关键在于遏制治外法权,把权力关进制度的笼子里,使广大党员

干部成为法治的信仰者和守护者，在根植内心的法治思维支配下依法执政、讲纪守规，竭力追求行为的目的合法性、权限合法性、内容合法性、手段合法性以及程序合法性，确保决策科学、行为正当和结果公正，在党纪国法的规范下实现立党为公、执政为民的执政理念和践行心为民所系、权为民所用、利为民所谋的权力观。

四、党对法治建设的坚强领导是净化党内政治生态的根本保障

中国特色社会主义最本质的特征是中国共产党领导，中国特色社会主义制度的最大优势是中国共产党领导。习近平总书记指出："全面推进依法治国，方向要正确，政治保证要坚强。党的领导是社会主义法治最根本的保证。"从法理角度看，党对法治建设的领导是执政党必须担当的历史使命，是建设社会主义法治体系和建设法治国家、法治政府、法治社会的必然要求，具有无可辩驳、毋庸置疑的正当性；从党建要求看，坚持党的领导是根本，加强党的建设是关键，党对法治建设的领导是其探索和把握执政规律、夯实执政基础、提高执政能力、加强自身建设、实现自我发展的内在需要。

党对法治建设的领导主要体现在党治国理政理念的贯彻落实、法治建设方向的设计布局、具体主张在法治体系中的充分表达、在法治各个环节的组织指挥、国家法律和党内法规的合理衔接等一系列方面。这些方面都代表着党的执政意志，具有强烈的政治性特征，覆盖了对党内主体的权力边界划定和行为约束。在我国，法治体现了党的意志和人民意志的一致性，宣示了对党和人民共同利益的维护。因此，党对法治建设的领导本身就蕴含着其在立法、执法、守法以及支持司法方面的率先示范，并没有凌驾于国家法律和党内法规之上的任何法外特权。正是从这个意义上，党对法治建设的领导不仅是中国特色社会主义法治体系建设的根本保证，也是净化党内政治生态的根本保障。

（作者：中共青岛市崂山区委党校高级讲师）

以党建引领发展　让党旗飘扬心中

张平稳

党的十九大确立了举世瞩目、振奋人心的新的宏伟目标，开启了中华民族伟大复兴的新的伟大征程，我们九方圆公司全体干部职工热血沸腾、欢欣鼓舞。

平顶山市九方圆商贸有限责任公司的前身是组建于1957年6月的平顶山市二轻工业供销总公司。2003年11月，公司由集体企业改制为民营企业。目前，公司拥有正式职工170人，资产总值2000万元，年纳税金200万元，已发展成为集儿童用品商场管理、临街服装门店出租、文化艺术品传播及展销为一体的现代综合生活服务企业。

九方圆公司党总支下设机关、商城、退管和文化公司4个党支部，现有党员72名。由于公司党总支始终恪守“为员工谋福祉，为企业谋发展，为社会添财富，为党旗添光彩”的理念；始终坚持“以党建引领企业转型发展，以党建凝聚团队创业合力”不动摇，“持之以恒抓党建，思想武装促发展，以人为本聚合力，创新创业铸辉煌”，从容应对挑战，从而使企业成功转型，实现了从传统商贸业向现代服务业的历史跨越，先后获得省、市、区多项荣誉称号。其中，公司党总支被中共河南省委授予“全省‘五好’基层党组织”，被中共平顶山市委授予“先进基层党组织”、“企业党建示范点”，被中共新华区委授予“创先争优先进基层党组织”、“党建带团建工作先进单位”；公司被市委、市政府授予“优秀民营企业”、“和谐企业”、“十大成长之星企业”，被平顶山市总工会授予“五一劳动奖状”、“模范劳动关系和谐企业”；被中共新华区委、区政府授予“文明单位”、“和谐社区建设共驻共建先进单位”。我本人先后当选新华区人大常委、新华区中小企业协会会长、平顶山市炎黄文化研究会副会长，并被授予“平顶山市优秀中国特色社会主义事业建设者”、“平顶山市优秀共产党员”、“平顶山市劳动模范”、“平顶山市先进工作者”。

九方圆公司党建工作的主要经验和做法是：

一、积极探索创新，夯实党建基础

公司由集体改制为民营后，经济管理体制发生了根本性变化。党组织的领导模式、活动方式如何尽快适应新经济体制？公司党总支结合公司实际，及时调整党建工作思维方式，勇于探索党建工作模式，积极创新党建工作机制。

一是将党建工作纳入《公司章程》。把党组织的地位、作用、阵地、活动、经费等党建内容纳入《公司章程》，使公司党建工作有规可依。

二是组建公司领导班子时，实行“交叉任职，一人双岗，一担两责”，确保了党建工作与经济工作并轨运行、协调发展。

三是建立公司党政干部联席办公制度，党务与商务相互渗透、统筹安排。这样既有利于党政干部的及时沟通，也有效克服了政治工作和经济工作脱节的“两张皮”现象。

四是建立健全党建工作机制。为适应新形势对民营企业党建工作的新要求，公司党总支积极探索、不断创新，逐步建立健全了党员意识强化机制、党员教育培训机制、党员能力增长机制、党员进步激励机制、党员行为约束机制、党员队伍优化机制等六个机制，为有效开展党建工作夯实了基础。

二、教育培养并举，提升党建水平

为在公司培养造就一支“心中有党、心中有民、心中有责、心中有戒”，“忠诚、干净、担当、奉献”，“爱党、爱国、爱民、爱企”的党员骨干队伍，公司党总支坚持教育与培养并举，努力提升党建水平。

1. **坚持用科学理论武装党员**。公司党总支先后购进《习近平论治国理政》《科学发展观读本》《党建论》《中国共产党简史》《用领导方式转变加快发展方式转变》等书籍，利用“三会一课”、每周二理论学习日，组织党员认真学习。同时，利用党员现代远程教育网，有针对性地定期播放党建电教片，让公司党员在思想境界、道德情操、理论素养、工作方法上受到教育和启迪。为提升党总支班子成员的党建理论素养，2016 年 10 月以来，组织班子成员重点学习了习近平总书记《在庆祝中国共产党成立 95 周年大会上的讲话》，学习了中央党校教授张蔚萍撰写的《论新世纪领导干部思维方式和工作方式现代化》《论共产党的领导科学》等文章。通过学习，大家进一步深刻认识到：“中国特色社会主义最本质的特征是中国共产党领导，中国特色社会主义制度的最大优势是中国共产党领导。坚持和完善党的领导，是党和国家的根本所在、命脉所在，是全国各族人民的利益所在、幸福所在”，“党的领导是一个内涵丰富的集合概念，是‘指引’、‘服务’、‘保证’、‘协调’四位一体的统一”，“不管讲什么现代化，关键还是人的思想观念现代化和思维方式现代化，相应的还有工作方式现代化”，“要适应现代化时代的发展，努力开创新局面，除了艰苦奋斗和提高文化水平之外，主要还是用辩证唯物主义的世界观和方法论武装头脑的问题，特别是实现思维方式和工作方式的现代化问题。”

2. **坚持用专题活动教育党员**。公司党总支结合党的群众路线教育实践活动、“三严三实”专题教育、“两学一做”学习教育等，在党员中积极开展争做“讲政治、有信念，讲规矩、有纪律，讲道德、有品行，讲奉献、有作为”的合格党员，争做“为员工当表率、为企业增活力、为社会做奉献、为党旗添光彩”的优秀党员等系列主题实践活动，并切实做到系列活动与公司中心工作相结合、与本职岗位工作相结合。

3. **坚持用红色文化熏陶党员**。公司党总支每年“七一”前夕都组织党员和入党积极分子到革命传统教育基地接受红色教育，传承红色基因。近年来，先后组织了林州市、济源市、兰考县、桐柏县、郏县的“红色之旅”，近距离学习红旗渠精神、愚公移山精神、焦裕禄精神、革命老区精神和“知青精神”。

4. **坚持用新鲜血液充实组织**。公司党总支坚持在一线职工和商户中发展党员。近年来，共发展新党员 16 名，重点培养入党积极分子8名,其中在商户中发展党员5名、培养入党积极分子6名,另有8名商户向公司党组织递交了入党申请书。在商户中发展党员,让党员商户在公司商城党支部过组织生活、评选共产党员商户示范岗,这在平顶山地区是第一家,既解决了优秀商户入党难问题,又解决了流动党员教育管理难问题,还为党员商户发挥先锋模范作用搭建了平台。随着公司党员队伍不断壮大,共产党员已成为九方圆公司的中流砥柱。目前,公司中层干部90%以上都是共产党员,关键岗位的业务骨干也基本上是共产党员。

三、注重作用发挥,强化责任担当

1. 党员领导干部的勇于改革,使"僵尸"企业脱胎换骨、浴火重生。公司改制前,有70多名职工,经营场地是一个破烂的大院,经营的产品是一些小电器,公司月收入不到5万元,职工开基本工资都比较困难。"新世纪必须开辟新道路,新世纪必须拥有新气象"。2003年11月28日,企业改制工作圆满结束,九方圆公司应运而生。

2. 党员领导干部的勇于担当,使"过气"业态寿终正寝、转换跑道。为适应"商战"的需要,公司党总支审时度势,向公司董事会提出了九方圆公司"由单纯的物资购销向经营商场+工业物资购销转变、由单纯的自主经营向招租经营+自主经营转变"的建议,并理出了"以市场为导向,以提高效益为中心,改革企业发展模式,转变经济增长方式,创新经营管理手段,打造生机勃发、活力涌流的现代商贸企业"的发展思路。2004年12月,营业面积达5000平方米的九方圆商城全面建成。随着庆祝商城开业鞭炮的炸响,九方圆公司也由此开启了资本增值的过程。

3. 党员领导干部的勇于开拓,使"专营"企业多元发展、优势互补。为展示河南和平顶山的艺术成就,搭建一个文艺家通向市场的桥梁,公司党总支建议董事会,于2009年12月23日成立了河南九方圆文化艺术传播有限公司。2014年11月1日,"九方圆书画作品交易市场"在文化公司开市;2015年9月,举办了历时一个月的"平顶山市社会各界人士纪念抗日战争暨世界反法西斯战争胜利七十周年摄影、书画作品展览"。如果说是改制让企业起死回生的话,那么转入文化产业意味着九方圆迎来了自身发展的第二个春天。目前,九方圆文化艺术传播公司经营场所建筑面积近2000平方米,已发展成为集文化艺术品营销策划及宣传推介为一体的资源整合型企业。

4. 党员领导干部的"共享"实践,使"弱势"企业如鱼得水、活力奔流。为"引得进、留得住"商户,让商户实现"生意有钱赚,素质得提升,发展后劲足"的目标,公司将他们视为正式员工,除为他们统一配备夏秋两季工装外,公司的政治业务学习、技能培训、文体活动、党员发展、外出旅游都对他们开放,使他们拥有"来到九方圆,像家一样暖"的亲切感受。公司每年都会评选文明商户和优秀营业员,让他们在这里增强荣誉感。

5. 党员领导干部的"初心"不忘,使"新型"企业关系融洽、人和业兴。让员工"情感上有依托,事业上有奔头",是公司处理企业与职工关系的用力方向。公司党总支始终把提高职工工资福利、改善工作生活条件放在重要位置。从2005年以来,公司坚持每年为在岗职工发放价值达数千元劳保用品,每年都承诺为全体员工办理按年普涨工资、足额缴纳“五险一金”、报销深造书费、联系团购住房、外出参观学习等10件实事，到年底，全部予以兑现。对于离休干部，公司给他们办理了专项医疗保险，每月每人买3500元的保险，吃药住院实报实销。对于退休职工，每人每月给予150元的生活补助。职工家庭遇到不幸或生活困难，公司都会及时给予适当救济。一位困难职工身患绝症，公司第一时间组织全体员工及商户进行救助捐款活动。公司不仅把“蛋糕”做大，而且把“蛋糕”切好。公司于2010年底，开始实行员工工资福利集体协商签约制度，《工人日报》、人民网、中国工会新闻、根在中原网站对此进行了专题报道。

四、坚持以人为本，创建和谐企业

1. **注重培育企业文化**。公司坚持用社会主义核心价值观教育员工和商户，坚持用科学理论武装员工和商户头脑，坚持用社会主义先进文化熏陶员工和商户，雷打不动，数十年如一日，且主题贴近形势、活动丰富多彩。公司注重以升国旗仪式、文艺汇演联欢、体育运动会等健康有益活动，来促进企业文化建设，培养员工的团队意识，培育团队精神。公司还在充实和完善公司商城广播站、彩色电子屏、微信公众号、黑板报、宣传栏的基础上，兴建了多媒体教室并购买了投影机和音响设备，购置了桌凳，创办企业党建学校；于2010年12月创办了《九方圆》互联网站；于2014年10月编印了内部刊物《九方圆》季刊，现已出版了10期；于2015年6月创建了《九方圆》手机网站。公司党总支为传播正能量，创作了混声合唱《九方圆是我家》、二重唱《好朋友一辈子》、小合唱《感恩更幸福》。近年来，公司参加新华区迎“五一”全民健身活动月广播操比赛获得优胜奖；参加新华区“颂歌献给党，和谐新华大家唱”合唱比赛荣获“金奖”；2014年12月29日晚组织公司全体员工、商户及家属观看贺岁电影《智取威虎山》；2015年元月10日，同平顶山市体育局等单位举办了“全民健身幸福鹰城”系列活动之“九方圆杯”乒乓球、篮球比赛活动；2016年12月29日，九方圆书画院举行年终总结大会暨书画作品汇报展。

2. **塑造良好社会形象**。公司党总支恪守“上替党和政府分忧，下为困难群体解愁”的社会责任。近年来，公司安排就业岗位200多个，其中有60多人是下岗人员，“接收一个人，成全一个家”，为缓解社会就业压力尽到了责任。公司守法经营，照章纳税，已成为新华区纳税大户之一，为社会多项事业发展提供了财力支撑。公司党总支在关爱员工、注重内部亲和的同时，坚持回报社会，积极引导企业及员工为社会奉献爱心，塑造良好的社会形象。先后为四川汶川地震灾区捐款3万多元；为宝丰李庄乡杨树沟小学捐资2万多元改善办学条件；资助罗文等困难大学生2万多元进入高校学习；向失学女孩陈亚丹捐款2000元；向困难职工董炳炎救助捐款1万余元；参加平顶山市“庆六一心系留守流动儿童”圆梦行动启动仪式并捐款3000元；参加新华区“光彩助学”活动并向困难学生捐款1万元；出资1万元支持贫困山村的大学生村干部创业；到新鹰小学慰问残障儿童，给孩子们送去书包、水彩笔、扇子等物品。通过这些活动的开展，公司上下形成了关注弱势群体，积极参与公益事业，回报社会、体现爱心、奋力工作、和谐发展的良好局面，九方圆也由此获得了社会赞誉，赢得了公众的良好口碑。

党的十九大胜利闭幕后，公司党总支及时举行了大型文艺联欢会，党员和入党积极分子按捺不住激动心情，纵情讴歌党的丰功伟绩和中国特色社会主义新时代。作为一名“公改民”企业的掌舵人，尤其是作为一名民营企业党组织的负责人，我深感责任重大、使命光荣。在今后的工作中，公司党总支将以习近平新时代中国特色社会主义思想为指针，认真学习、宣传、贯彻、落实党的十九大精神，不忘初心，牢记使命，以“两学一做”学习教育常态化、规范化为载体，以员工对美好生活的向往为导向，以稳中求进为工作总基调，强化“四个意识”，在搞好企业经营管理，做强做大现代服务业，适应把握经济发展新常态的同时，继续强化企业党建工作的“生命线”地位，充分发挥党组织的战斗堡垒作用，以时不我待的紧迫感、舍我其谁的使命感，撸起袖子，攻坚克难，与时俱进，创先争优，为中国梦增光添彩！

（作者：河南省平顶山市九方圆商贸有限责任公司党总支书记、董事长）

对党忠诚必须纯粹

袁卫祥

2016 年 6 月，习近平总书记主持中共中央政治局集体学习时强调："高级干部要对党绝对忠诚，模范遵守党章，严格按党的制度和规矩办事，夙兴夜寐为党和人民工作，任何时候都不搞特权，都不破坏党的制度和规矩。"在庆祝建党 95 周年大会上，习近平总书记进一步强调："全党同志要切实做到对党忠诚、为党分忧、为党担责、为党尽责。"10 月 18 日，党的十九大报告再次提出："把对党忠诚、为党分忧、为党尽职、为民造福作为根本政治担当。"作为党员干部，对党忠诚必须纯粹。

一、准确理解对党忠诚必须纯粹

纯粹，就是"不掺杂别的成分"的意思。把它用到政治话语中来，特别是在形容对党忠诚的程度上，表示的就是唯一的、彻底的、无条件的、不掺杂任何杂质的、没有任何水分的忠诚。从三个方面来理解对党忠诚必须纯粹。

首先，忠诚高于一切。忠是崇敬恪守的意思，诚是言而有信，言行一致的意思。忠诚，即尽心尽力，没有贰心。忠诚有三层含义：其一是对领导者与被领导者的关系规范；其二是对具有普遍性的人的行为规范；其三是对行为主体与社会环境的规范。忠诚是最大的品德。"天下至德，莫大于忠"。忠诚是品德的核心，也是做人之本，立事之根。世界各国均把忠诚视为一个人高于一切的品德，中华民族更是视忠诚为精神的脊梁。忠诚的人最受欢迎。习近平总书记在福建工作时就指出："要说老实话，办老实事，做老实人，要以诚待人，这种人，领导愿意用，同事愿意和，部下愿意跟。"小到一个企业、一个团体，大到一个政党、一个国家，均是如此。对共产党人而言，忠诚是第一位的政治品格。作为一名党员干部，能力很重要，但忠诚是首要品质。习近平总书记对党员领导干部提出"忠诚、干净、担当"要求，其中忠诚就是摆在第一位。

其次，忠诚是对党忠诚。对党忠诚，即忠诚的对象是党。作为共产党员，首要的是对党忠诚。对党忠诚体现在四个层面：一是体现在忠诚于党的领导核心。坚持党的领导，首先是坚持党中央集中统一领导；维护党的权威，首先是维护党中央权威。当前，维护党中央权威首先要维护习近平总书记的核心地位，自觉向习近平总书记看齐，向党的理论和路线方针政策看齐，向党中央决策部署看齐。二是体现在忠诚于党的基本路线和方针政策。从政治伦理学角度来看，对党忠诚所指的是党员的政治忠诚，是指党员在对政党性质、宗旨、地位、历史使命以及党的纲领、路线和方针政策的理性认识基础上，形成的对党的事业稳定的情感态度以及持久的责任行为。简单来说，就是坚信党的最高理想和最终目标，任何时候、任何情况都不动摇。三是体现在忠诚于党所领导下的国家和人民。自党维护国家的法律制度、国家安全、荣誉和利益,维护最广大人民群众的根本利益。四是体现在忠于职守。做到尽职尽责、尽心尽力,公正公平、清正清廉。

再次,不纯粹的忠诚等于不忠诚。习近平总书记指出:“对党绝对忠诚要害在‘绝对’两个字,就是唯一的、彻底的、无条件的、不掺任何杂质的、没有任何水分的忠诚。”对党绝对忠诚,就是对党忠诚必须纯粹,是纯度为100% 的忠诚。有人说,只要大体上忠诚就行,没必要纠结小节细节不放,但实际上,只有100%的忠诚,没有99%的忠诚。“千里之堤溃于蚁穴”“苍蝇不叮无缝的蛋”,只要有“蚁穴”、有“裂缝”,就会被攻破、被叮上,从而走向忠诚的反面。很多腐败案例,都是从一点“小意思”、一个“小红包”、一种“小雅好”开始,然后一步步滑入背叛初心、失去忠诚的深渊,甚至“晚节不保”。之所以出现这些问题,探根寻底,还是对党忠诚不纯粹,不纯粹的忠诚等于不忠诚。

二、对党忠诚必须纯粹的理由及重要性

对党忠诚必须纯粹,是我党的一贯要求,也是我党始终保持先进性、纯洁性的重要保障。要凝聚全国人民的力量,实现中华民族伟大复兴的中国梦,对党忠诚是否纯粹更显重要。

对党忠诚必须纯粹是党性要求。习近平总书记多次论述对党忠诚问题,他指出:“领导干部讲党性,最重要的就是要忠于党、忠于人民。”在2011 年全国组织部长会议上,他强调,对党忠诚老实不仅是对党员的政治要求,而且是每个党员必须遵守的党性原则。列宁也曾经说过:“只有共产党真正成为革命阶级的先锋队,吸收了这个阶级的一切代表,集中了经过顽强的革命斗争的教育和锻炼的、完全觉悟的和忠诚的共产主义者,把自己跟本阶级的全部生活密切联系起来,再通过本阶级跟全体被剥削群众密切联系起来,取得这个阶级和这些群众的充分信任——只有这样的党才能在反对资本主义一切势力最无情最坚决的最后斗争中领导无产阶级。”党章第一章第三条明确指出:“维护党的团结和统一,对党忠诚老实,言行一致,坚决反对一切派别组织和小集团活动,反对阳奉阴违的两面派行为和一切阴谋诡计。”入党誓词中也提出了“对党忠诚”“永不叛党”等明确要求。“永不叛党”,就是永远忠诚于党,绝对忠诚于党。同时,我们党的宗旨是全心全意为人民服务,“全心全意”就是要求党员干部对人民群众服务是要纯粹的、完全的、彻底的,而不能是半心半意、三心二意的。由此可见,对党忠诚必须纯粹是党的性质和宗旨决定的。

对党忠诚必须纯粹是党的优良传统。回顾党的光辉历史,可以发现我党有一个优良传统和政治优势,就是重视党员对党忠诚纯粹的教育。建党初期,针对党员来源复杂和各种非无产阶级思想在党内广泛存在的情况,我党创造性地提出了着重从思想上建党,不断增强党员对党忠诚纯粹的自觉性和坚定性。抗战时期,毛泽东指出:“无产阶级,特别是它的先锋队——共产党,应该提出自己的无限积极性和忠诚,成为这些目标的模范。”这一时期党选拔干部时,都要求对党绝对忠诚老实,必须最忠实地为群众的利益而斗争。解放战争时期,随着解放区的不断扩大,党员

数量也随之急剧扩大，为使这些新党员对党忠诚纯粹，我党先后开展了整党整军运动，着重解决党员队伍中思想不纯、组织不纯、作风不纯的问题。新中国成立后，1956 年 9 月召开的党的八大，第一次将“对党忠诚老实，不隐瞒和歪曲事实真相”作为党员的义务写入党章。今天，以习近平同志为核心的党中央更是把对党绝对忠诚放在首位，强调“全党同志要强化党的意识，牢记自己的第一身份是共产党员，第一职责是为党工作，做到忠诚于组织，任何时候都与党同心同德”。

对党忠诚必须纯粹是全面从严治党的应有之义。办好中国的事情，关键在党，关键在党要管党、从严治党。党的十八大以来，以习近平同志为总书记的党中央从坚持和发展中国特色社会主义全局出发，提出并形成了“四个全面”的战略布局。其中，全面从严治党是以习近平同志为核心的党中央治国理政最鲜明的特征。党的十九大报告进一步指出：全面从严治党永远在路上…党内存在的思想不纯、组织不纯、作风不纯等突出问题尚未根本解决。坚持把思想建党和制度治党紧密结合，是全面从严治党的重要方式。而思想建党的根本目的就在于提高党员的忠诚度，使全党理想信念更加坚定、党性更加坚强。对此，党的十九大报告进行了重点阐述，强调“弘扬忠诚老实、公道正派、实事求是、清正廉洁等价值观，坚决防止和反对个人主义、分散主义、自由主义、本位主义、好人主义，坚决防止和反对宗派主义、圈子文化、码头文化，坚决反对搞两面派、做两面人”。因此，对党忠诚必须纯粹，既是中国特色社会主义新时代对党员干部的根本政治要求，也是党和人民事业从胜利走向胜利的坚强政治保证，更是全面从严治党的应有之义。

对党忠诚纯粹是党的事业的力量源泉。一个政党的凝聚力、影响力、战斗力，除了与其所提出的口号、目标、路线、方针、政策有关外，更重要的是还与他的政党成员尤其是党员干部的忠诚度有关。毛泽东曾经说过：“政治路线确定以后，干部就是决定的因素。”这里所讲的决定的因素，就是党的干部是否忠实地执行党的路线方针政策。只有对党纯粹忠诚，才有向心力、凝聚力，才可产生强大力量。每个人的阅历、学识、位置不同，对事物的认识、看问题的角度、得出的结论也就不同。如果思想上不统一，各吹各的号、各唱各的调，将一事无成。在这种情况下，就要做到个人服从组织、下级服从上级、少数服从多数、全党服从中央，在思想和行动上与党中央保持高度统一，忠诚执行党的方针政策，坚决落实党的决策部署，心往一处想、劲往一处使，这样才会形成强大的力量。

三、检验对党忠诚是否纯粹的几条重要标准

在实现中华民族伟大复兴中国梦的今天，检验对党忠诚是否纯粹的标准我认为主要有以下几个方面。

大是大非面前能否站稳立场。即是否讲政治。党的十九大报告指出：“把党的政治建设摆在首位。”“明辨是非、坚定立场”不是空洞的概念，而是体现在党员干部的一言一行上。比如，党员干部在反对民族分裂、维护祖国统一等大是大非问题面前，是不是做到了毫无畏惧、立场坚定？在面对各种思潮的诱惑和考验时，是不是保持了头脑清醒、坚决抵制？在遇到同事朋友传播政治谣言、乱开

政治玩笑时,是不是做到了旗帜鲜明、敢于制止?等等。党的十八大以来,习近平总书记多次强调要增强党员干部的政治定力,明确指出党员领导干部要坚守政治定力,做到政治信仰不变色、政治立场不动摇、政治方向不偏移。党的十八届六中全会通过的《关于新形势下党内政治生活的若干准则》(以下简称《准则》)明确要求,党员干部特别是高级干部在大是大非面前不能态度暧昧,不能动摇基本政治立场,不能被错误言论所左右,列出了新形势下党员干部在大是大非问题上的“负面清单”,划定了党内政治生活的“红线”。这些“负面清单”和“红线底线”,考验的是党员干部的政治立场和政治定力,反映的是党员干部对党的忠诚度。

急难险重时刻能否挺身而出。即是否敢担当。党章中要求党员遇到国家财产和人民群众生命财产受到严重威胁时,充分发扬社会主义新风尚,带头实践社会主义荣辱观,提倡共产主义道德,为了保护国家和人民的利益,在一切困难和危险的时刻挺身而出,英勇斗争,不怕牺牲。《党纪处分条例》也明确规定,遇到国家财产和人民群众生命财产受到严重威胁时,能救而不救,情节较重的,给予警告、严重警告或者撤销党内职务处分;情节严重的,给予留党察看或者开除党籍处分。党章党纪不允许党员“能救而不救”、做一名袖手旁观的“看客”。党员干部在关键时刻能否站得出来、危急关头能否豁得出来,直接检验对党是否绝对忠诚。需要指出的是,“急难险重”不仅仅是指困难和危险时刻,还包括脱贫攻坚、全面深化改革等“啃硬骨头”“涉险滩”的中心工作和重点攻坚。

失意委屈之时能否不忘初心。即是否有信仰。大事难事看担当,顺境逆境看襟怀。曾志同志在70多年的革命生涯中,先后失去了两位革命伴侣,三个儿子全部送人,七次受到不公正的处分和批判,但始终做到了信仰坚定。她说:“我对我选择的信仰至死不渝,我对我走过的路无怨无悔。”随着全面从严治党不断深入,对党员干部的要求越来越高,制度的笼子越扎越紧,在工作中不可避免会犯错误、被追责问责,甚至挨处分,在个人政治生涯中也不可能一帆风顺。检验一名党员干部对党忠诚是否纯粹,不仅看其身处顺境时的所作所为,更要看其身处逆境时能否坚守信仰、不忘初心,能否做到始终相信党、忠于党、服从党。

工作生活之中能否表里如一。即是否守纪律。对党忠诚是否纯粹,既要看关键时期,也要看平常时期;既要看大是大非,也要看细节小节。党的十八大以来,从开展党的群众路线教育实践活动,到“三严三实”专题教育,再到“两学一做”学习教育常态化制度化,都要求党员干部要做到“台上台下一个样、人前人后一个样、八小时之内和八小时之外一个样”,强调的就是平常时期要表里如一。再比如,向组织报告个人事项,是否做到了不隐瞒、不虚报?严肃党内政治生活,是否做到了按时交纳党费、按时参加组织生活?这些问题,既是组织要求、纪律要求,也是对党忠诚是否纯粹最基本的体现。

四、淬炼对党忠诚的纯粹度

对党忠诚是终身行为,必须经常淬炼,常去“渣滓”,常拂“尘埃”,才会越淬越纯、历久弥新。

常修立身之本。做官先做人,为政必修身。淬炼对党忠诚的纯粹度，首先要抓好道德修养和党性锻炼。人无德不立、官无德不为、国无德不兴。一些党员干部腐化堕落，背叛党、背叛人民，最后走向违法犯罪，首先是在道德修养上出了问题、有了裂痕。既要修“道德”，践行和弘扬社会主义核心价值观，还要修“官德”，老老实实做人、清清白白做官、干干净净做事。始终牢记第一身份是党员，第一职责是为党工作，第一要求是对党绝对忠诚。在十八届中纪委五次全会上，习近平总书记指出，对党忠诚就要自觉模范遵守党章党规党纪，讲规矩是检验党员干部对党忠诚的重要标准。始终把纪律和规矩挺在前面，慎权、慎独、慎微、慎友，严守纪律、严格自律。

常怀感恩之心。学会感恩，才会忠诚、才会有责任。以感恩之心对人，就不会心生怨念；以感恩之心对事，就不会心存私利；以感恩之心对待工作，就不会心有不至。也只有心存感恩，在碰到困难时才不会退缩，受到委屈时才不会抱怨，遇到挫折时才不会放弃。要感恩于党，想到没有党的培养就不会有今天，敢于与一切抹黑党的形象、损害党的利益、破坏党的规矩的人和事作斗争，全力维护党的权威。要感恩于人民，增强宗旨意识，时刻牢记“我是谁、为了谁、依靠谁”，走好群众路线，做好群众工作，维护群众利益。

常思为政之要。牢固树立“四个意识”，做到坚决维护党中央权威，坚决服从党中央集中统一领导，在思想上政治上行动上同以习近平同志为核心的党中央保持高度一致。严格按照《关于新形势下党内政治生活的若干准则》和《中国共产党党内监督条例》要求，身体力行、率先垂范，增强政治定力、纪律定力、道德定力、抵腐定力。切实践行“四有”要求，做到心中有党、心中有民、心中有责，心中有戒。“四有”不是以律条来规范约束，而是强调心中应当有，必须有，不可以没有，是属于“德行要求”的范畴，是对全体党员干部提出的要求。我们基层党员干部，直接与群众打交道，更应把“四有”标准作为从政准则，争做焦裕禄式的好干部。

常尽忠党之责。习近平总书记在接受俄罗斯电视台专访时表示，我的执政理念，概括起来说就是：为人民服务，担当起该担当的责任。对党忠诚是否纯粹，最终体现在是否担当起该担当的责任。党的十九大报告作出了中国特色社会主义进入了新时代、我国社会主要矛盾已经转化为人民日益增长的美好生活需要和不平衡不充分的发展之间的矛盾等准确判断，提出了新时代中国特色社会主义思想和基本方略，并对决胜全面建成小康社会、开启全面建设社会主义现代化国家新征程进行了安排。这就是新时代党员干部应该担当的责任和共同的使命，需要广大党员干部自觉以新时代中国特色社会主义思想武装头脑、指导实践，全面增强学习本领、政治领导本领、改革创新本领、科学发展本领、依法执政本领、群众工作本领、狠抓落实本领、驾驭风险本领，把对党忠诚化为提升执政能力、推进党的事业的具体行动，在各自的岗位上，担当起该担当的责任，不断取得新成果、推动新发展。

（作者：中共湖南省郴州出口加工区工委书记、中共湖南省郴州市苏仙区委书记）

机遇、挑战与应对:大数据时代的执政党建设

徐晨光　郑吉峰

2011 年 6 月,美国麦肯锡全球研究院发布题为《大数据:下一个创新、竞争和生产力的前沿》的研究报告指出"大数据的时代已经来临"。狭义上的大数据是指无法在一定时间内,用常规软件工具对其内容进行抓取、管理和处理的数据集合;广义上则是指从海量信息之中获取有价值信息的能力。大数据深刻地改变了传统的政治生活和社会生态,在大数据时代信息不断涌流,而社会个体则以近乎透明式的姿态呈现在了数据时代的拥有者面前。史蒂芬·E. 弗兰泽奇在《技术年代的政党》中就曾写到:信息传输是政治技术的核心,是政党的面包和黄油;敲击大量的、复杂的数据库,来预测意定的投票模式能力,当然比对投票的瞎猜更加引人注目。

大数据开启思维大变革,启动时代大转型,也塑造了执政党的新使命。在大数据时代,社会个体的生活被悄无声息的影响和改变,也影响到了政党对社会的整合和政党与社会的交往方式,大数据给执政党建设带来了全新的机遇,也带来了无尽的挑战,在挑战与机遇并存的大数据时代,如何实现"执政党建设"(狭义上的执政党建设是指执政党的自身建设,通常认为包括党的思想、组织、作风、反腐倡廉和制度建设五大部分。广义上的执政党建设既包括执政党的自身建设,也包括执政党有效的领导国家和社会建设,包括执政党有效执政)的路径优化,成为了无法逃避的现实问题和迫在眉睫的时代命题。

一、大数据时代执政党建设面临的全新机遇

人类社会从蒙昧走向文明,数字的运用便是文明社会的重要表征。第二次到第三次工业革命,电子信息技术飞速发展,无论从硬件和软件的使用都更加便捷。大数据在逐渐改变政府、市场与社会之间的关系,它使人们获得了新的认知,它是新的创造价值的源泉。在改革开放 30 多年后的今天,中国正快速地走进信息化、工业化与网络化。迈入大数据时代,个人、企业、国家与社会都深受大数据的影响,作为链接个体与国家、企业与国家、社会与国家的纽带,大数据为执政党建设创造了全新的机遇。

(一)大数据有利于传播党的执政理念

大数据时代对信息的收集更加快捷,更加准确。浮于社会生活表面的现象,可以通过大数据而揭示其中的深层次问题。大数据时代,通过对于不同用户的信息的搜集和偏好的分析,可以通过短信、微信、微博等,针对不同的民众进行信息的定点推送,创新执政党执政理念的传播路径。大数据时代意味着一切都被数据化,执政党将党的执政理念数字化为无所不在的二进制代码,然后再通过电脑、智能手机、电视各种可能的载体释放出

去。通过大数据创新执政党执政理念的传播方式,运用大数据将执政党的执政理念融入到居民的日常生活之中,采用卡通化、动态化、持续化的宣传方式,达到润物无声、潜移默化的教育效果,强化社会公众对执政党的政治认同。

(二)大数据有利于夯实党的执政基础

在大数据时代,大数据让社会公众在网络上发表言论,表达自身利益诉求,针砭时弊更加便捷。利用大数据准确抓取数据和对数据进行细分的能力,在“党国同构”的模式下,政党与政府可以快速的就社会公众的相关问题进行分析归纳,然后反馈到不同的责任部门予以处理,然后再通过大数据,将处理结果通过信息高速公路高效快捷的反馈给相关信息的表达者,形成一条快速的反应链条。通过大数据对于信息的高效收集、分析和传播的功能,透过大数据执政党能够更加广泛地掌握社会动态、掌握网络舆情、掌握社情民意,更加广泛准确而又提前性地掌握社会民众的内在诉求,从而做出积极快速的回应。这种利用大数据,对社会个体所开展的精准服务,改善了执政党在社会大众心目中的形象。一切为人民服务本是中国共产党作为执政党的根本宗旨,大数据时代利用大数据作出精确快捷的服务,能够帮助执政党更好地服务社会、服务于广大人民群众,从而密切党群关系,夯实党的执政基础。

(三)大数据有利于提高党的执政能力

执政党的执政能力就是执政党治国理政的能力。党的执政能力是中国共产党在执政过程中驾驭社会主义市场经济的能力、发展社会主义民主政治的能力、建设社会主义先进文化的能力、构建社会主义和谐社会的能力、应对国际局势和处理国际事务的能力。市场经济的发展与互联网密切相关,网络、大数据正在一步步的将市场经济推向新的创新点和兴奋点。网络是文化传播的有力载体,大数据则是进行社会管理的利器。用“用数据说话”而不是“拍脑袋决策,拍屁股走人”,使执政党的决策更加科学,具体工作更加精细化。各类城市安防系统“天网”与智慧城市建设无不与大数据息息相关。同时,大数据、网络安全已经成为国际社会的重点关注的热门话题。大数据高效灵活,而又有很强的可预测性,大数据为党的执政能力提升供给了科学有效的技术手段。

(四)大数据有利于完善党的执政方式

执政方式是党领导和控制国家政权的形式。大数据的信息化、高速化和智能化使得信息的传播更加快捷,为党的有效执政,提高党的执政效率创造了新的契机。党的十六届四中全会将党的执政方式归纳总结为科学执政、民主执政、依法执政这三种基本形式。大数据使科学执政更加科学,数据系统的使用,使执政党在执政的过程中,对于信息的收集更加方便快捷,更加高效的掌握全国各地的基本情况。执政党的相关政策在向下传递的过程中也会保留最真实的部分,避免失真,而又高效快捷的向下传递。大数据使得民主执政更加民主。打开大数据使用的信息之墙,让民众参与到大数据的使用过程中来,民主执政是中国共产党执政的基本方式之一,民主的技术是民主发展的依托,这种技术即可以是实实在在的物质上的,也可以是一些关乎民主有效实行的规则。大数据使依法执政更加有效。大数据时代,社会公众依托于互联网对执政党进行有效监督,数字化信息化使这种监督更加方便,更加有效。

(五)大数据有利于获取党的执政资源

执政资源是执政党实现有效执政、长期执政的基本依托,它是执政党执政所需要的各类积极因素,包括历史资源、政治资源、经济资源和意识形态资源。在信息化时代,信息本身就是最重要的资源。对于大数据的使用使得执政党在信息的传播中更加快捷,在信息的使用中更加方便,在社会的管理中更加高效。大数据使用和变革推动经济的高速发展。《中国大数据技术与服务市场2012-2016年预测与分析》报告显示,中国大数据技术与服务市场这5年的复合增长率达51.4%。互联网、新媒体的运用促进了执政党更加广泛而有效的传播自身的执政理念,更加有效的动员和发动社会民众参与到自身所制定的议程中来,这种对于自身理念的传播和对社会大众的有效动员,使执政党更加方便的获取政治资源、意识形态资源等。大数据是执政党获取社会资源的有力手段和工具。

(六)大数据有利于维护党的执政安全

在信息化、数字化时代,信息安全至关重要。执政安全是指执政党执政不存在威胁或是内外风险都存在的情况下仍然能保证党的执政地位。对于数据的使用是维护党的执政安全的有效手段。大数据维护党的信息安全,对信息的有效使用都至关重要。未来国家之间的战争可能主要以网络战的形式存在,全世界跨国公司的竞争可能会发展到使用入侵网络的方式获取商业情报,大数据时代,企业的安全也会变得越来越重要。对于大数据的使用,能够从网络信息化方面,从网络信息的角度维护党的执政安全。对于大数据的使用能够从网络信息的角度,抵御外部网络行为的攻击,实质上就是对党的执政安全的维护。

(七)大数据有利于推动党的自身建设

数据时代的执政党自身建设,谁能够最早的认识到大数据,将大数据运用到执政党的自身建设中来,以大数据来提高执政党自身建设的水平,谁就掌握了大数据时代提高执政党自身治理水平的制高点。大数据为执政党的思想建设、组织建设、作风建设、制度建设和反腐倡廉建设提供了良好的契机。在思想建设上,党员思想动态的把握,将党员的思想汇报予以电子化。可以通过大数据的形式实现党员思想的快速汇报和快速掌握,通过大数据对党员的思想动态进行分析。在组织建设上,例如干部的人事档案可以予以电子化,大数据使得人事工作,组织建设更加方便。在作风建设上,大数据时代的网络监督,微博微信等使得各类信息高速传播,网络成为了悬在腐败分子头上的一顶达摩克利斯之剑。在制度建设上,数字化信息化使得规章制度更加可视,对于制度的使用更加方便快捷,更能发挥制度本身的功能和效用。在反腐倡廉上,大数据在反腐倡廉上有着独特的功能和作用。数据时代的天网,如在公车上安装GPS,就可以实时掌握公车的使用情况,避免公车私用。利用网络电视等宣传廉洁清正的社会正能量,形成廉洁从政的政治氛围。

二、大数据时代执政党建设遭遇的主要挑战

大数据在深刻的改变人类的政治、经济、文化和社会生活的同时,大数据的发展也给党的建设带来了诸多挑战,在大数据时代,信息快速的产生、发生和转变,数据的产生带来

了国家治理与执政党建设的巨大能量，但是数据废气、信息孤岛、数据膜拜等给执政党的建设带来了或者说造成了一些具体而又显见的挑战。执政党收集数据、分析数据和使用数据的意识不强，数据的失真、失实，使用数据的能力不足，使用数据的程度不够，或者对于数据的盲目崇拜，都影响着执政党的有效执政的开展。

（一）大数据带来的执政风险问题

执政风险是执政党执政所面临的现实威胁。大数据的发展给执政党带来执政风险，主要体现在以下几个方面：一是大数据带来了一些社会个体隐私保护与民生问题、失业问题。在数据与信息的背后，是社会个体面前数据洪流时的无助和担忧，个体的力量在数据面前是弱小的，个人网络记录、电话记录等等都是难以抹去的痕迹，隐藏在数据之中的人生轨迹和人生规律，在数据洪流面前显得相当弱小。大数据时代的数字鸿沟、信息孤岛的问题，也会造成在信息掌握上“富者越富、贫者越贫”的局面。同时，大数据的使用也深刻地影响着社会生产和交往的方式，智能手机的普及使得人们的交往更加方便的同时，也还带来着新的社会问题，如火如荼的互联网创业使得传统的商业模式陷入困境，经济发展问题、就业问题、民生问题也由此产生，数字时代的失业问题将比传统失业问题更加严重。大数据在改变传统的商业业态的同时，也极易导致产业的衰落和凋零。二是大数据的发展在某种程度上强化和加剧了国际竞争。时至今日，网络成为了社会各国普遍关心和广泛关注的社会问题，网络安全问题正逐步演进为一个国际性的议题。一直以来，网络安全问题就是横亘在中美之间的一个重要议题，虽然美国政府宣称并无意就网络安全问题制裁中国，但是网络安全议题时不时都会成为美国敲打中国的由头。2015年8月，就在习近平访美前夕，网络安全问题就再一次成为了美国国内部分人士炒作中国威胁论的借口。对于中国进行网络安全方面的制裁甚嚣尘上，2015年8月31日，美国国务院发言人托纳在当地时间周一的例行记者会上表示，中美在网络安全领域有分歧，需要进一步合作，同时，他还表示，美国没有打算就网络安全问题制裁中国。国内问题的交织，各类问题错综复杂，民生问题、社会问题给党的执政带来风险，国际社会的网络问题导致国际竞争日趋激烈，也给党的执政带来风险。

（二）大数据造成的本领恐慌问题

大数据时代，互联网的高速运转，对于大数据的运用形成了执政党的本领恐慌。这种本领的恐慌包括两个层面的内容：一是执政党本身的本领恐慌。大数据时代信息的高速传递，要求党员能够辨别社会信息，抵御社会不良信息，不要接受社会上的各类不良信息，提高自身辨别社会不良信息的能力。同时，大数据时代的网络工具日趋发达，这就要求党员干部能够有效地利用大数据，对于海量的信息进行分析和处理，将大数据运用到自身的学习和生活工作之中。二是对于如何更加的适应大数据时代提高了更高的要求，而这实际上也就是一种本领恐慌。人类社会从最初的电话，到手机、到互联网，信息技术不断发展，这种信息技术的进步是与人类社会的数次工业革命相伴相随的。在第一、第二次工业革命的过程中，中国基本上与世界顶尖技术、世界技术潮流是无缘的，到第三次工业革命中，中国亦只是亦步亦趋，从未抢得先机，引领世界和时代的潮流。21 世纪，大数据是工业革命中的关键一环，它将开启新一轮的产业和经济转型，是一个国家提高综合国力和国家竞争力的又一关键性的资源。对于中国而言，如何有效运用这一关乎国家富强、民族复兴、人民富裕的战略资源就显得至关重要。而执政党要主动的引领人们去认识大数据，真正挖掘大数据的潜能，有效地运用大数据服务于国家和社会建设，这也就对执政党的治国理政的水平提出了更高的要求。

(三)大数据衍生的信息安全问题

大数据的发展，意味着一个社会将经历从开放市场到开放数据、从经济安全到数据安全的深刻变化。这种数据安全本身就是一种信息安全。执政党建设，同样也面对相关的信息安全问题。从国内一般民众来看，大数据时代、自媒体、新媒体高速发展，人人都有麦克风，人人都是播音台，一些消息在政府部门尚未发布之前，就已然在网络上高速大量的传播，造成极坏的影响。而国内的一些网友，更是容易受到简单的、标题化的信息的诱导，被一些不满的谣言所感染，成为另一个谣言者或者网络泄愤者，更有甚者参与到实际的活动中去，成为一些群体性事件的参与者，在网络中迷失自我而不自知，引起公共危机和社会风险。网络虚拟社会全面崛起，不良信息不对称的信息成为了这种公共危机、社会风险的导火索。从党内的普通党员来看，网络流传的负面信息，关于执政党的网络谣言，以及国际社会网络水军、网络间谍专门针对中国而散布的一些鼓动人心的谣言，对一些年轻而又不明事理的基层党员，有着极大的吸引力，这种道听途说的小道消息，又成为其津津乐道的茶余饭后的谈资。一些党员受到这种网络不良信息的鼓动，轻者，自身的世界观、人生观、价值观发生改变，奉行拜金享乐，贪污腐化；重者，与党离心离德，甚或在不经意间被发展为“第五纵队”，成为党内的蛀虫。无论是从国内的一般民众来看，还是从党内的普通党员来看，大数据时代，网络信息的高速传播，也在客观上造成了信息的繁杂和真假难辨，这也就导致一些不良的网络信息在网上流传，这些不良网络信息的肆虐也就容易引起社会不安定和党员思想的混乱。保障信息安全，成为大数据时代执政党建设面临的巨大挑战。

(四)大数据强化的改革压力问题

党的十八届三中全会指出，全面深化改革的目标就是实现国家治理体系与治理能力的现代化。一是大数据重塑和重构了政府—市场—社会三者之间的关系，大数据创造了新的政府治理、市场治理和社会治理。无论是政府治理、市场治理或是社会治理，大数据带来了治理理念的变革，在治理理念上，大数据与治理的理念相契合，大数据要求对数据进行分析治理，而非传统的管理。大数据所要求的开放、包容、广泛的参与均符合治理的相关目标。同时大数据供给关政府——市场——社会治理的手段，大数据促使政府治理更加社会化、社会治理更加人性化、市场治理更加科学化、公民治理参与更加实质化。在政府、市场、社会相互发展的同时，进一步的深化改革，以大数据促进政府、市场、社会关系的进一步合理化，以大数据来推动实现国家治理体系与治理能力的现代化。大数据推动着全面深化改革的深化，大数据也强化和要求执政党进一步的大力推动改革。二是大数据在改善和强化国家治理的过程中，基于大数据本身所存在的一些问题，大数据本身所可能存在的一些风险给国家治理带来了更大的风险。大数据时代的"数据依赖""数据失真""数据迷信""信息孤岛""数字鸿沟""数字霸权""数字帝国"等问题的演化和生长本身就会带来一些的社会问题，这些问题本身就会要求进一步地去改进政府、市场和社会治理，实现治理现代化。大数据的动态性要求国家治理主体的政府、市场与社会之间的关系更富弹性。而在作为全面深化改革目标的治理现代化的实现就要求进一步地去推动改革、强化改革，执政党作为国家和社会建设的主导性力量，全面深化改革的压力只会进一步的传导到执政党建设上来，成为执政党建设的重要压力。

三、大数据时代执政党建设的现实应对策略

大数据与执政党建设密不可分，在机遇与挑战并存的数据年代，执政党要深化对于发展大数据的认识、完善大数据有关的法律法规、搭建关于大数据的规范平台、培育熟知大数据的干部人才、健全运用大数据的制度机制，主动拥抱大数据，最大限度地去发挥大数据地功能和作用来服务于执政党建设。

（一）深化对于发展大数据的认识

现代国家治理本身是一个各方面协同参与的有机整体，其顺利运行需要以治理主体自觉和有意识地掌握相关数据为基本前提。李克强在2014年的政府工作报告中指出，要大力推动互联网金融的发展，在设立新兴产业创新创业平台，在新一代移动通信、集成电路、大数据、先进制造、新能源、新材料等方面赶超先进，引领未来产业发展。李克强在2015年的政府工作报告中指出，新兴产业和新兴业态是竞争高地，要制定"互联网+"行动计划，推动移动互联网、云计算、大数据、物联网等与现代制造业结合，促进电子商务、工业互联网和互联网金融健康发展，引导互联网企业拓展国际市场。目前在国家层面，国家工信部、发改委都出台了与大数据有关的相关政策。2015年10月，国家工信部部长苗圩在《人民日报》发表署名文章《大数据：变革时代的关键资源》指出，进入21世纪，由信息技术和互联网所引发的新一轮科技革命和产业变革更加深刻地诠释着人类进步的征程；其中，最具时代标志性的标签非大数据莫属，它好比是21世纪的石油和金矿，是一个国家提升综合竞争力的又一关键资源。大数据在国家层面得到了重视，但是国家层面的这种对于大数据的重视更多地来自于经济领域，将大数据视为助推国家经济发展的利器。未来的发展，需要进一步深化对于大数据发展运用的认识，将对大数据的发展和运用上升到事关党的发展全局的战略高度，将大数据上升到执政党建设的战略高度，充分认识大数据在巩固党的执政安全，维护党的执政地位，宣传党的理念、密切党群关系方面的功能和作用，将大数据切实有效地运用到执政党的建设之中。

（二）完善大数据有关的法律法规

党的十八届四中全会通过的《中共中央关于全面推进依法治国若干重大问题的决定》明确指出："要全面推进依法治国、加快建设社会主义法治国家。"法治国家建设，就要确保没有法外之地。在数据横飞的年代，

一切都被视为可数据化，对于数据的收集、归纳、分析、存储被视为技术层面的问题，对数据的管理、使用则涉及法律的问题，需要以法制的手段进行规范和约束。大数据的使用，信息安全的维护，在大数据运用过程中所产生的居民隐私的保护问题，信息安全的问题，都要通过法律法治的方式予以规范和解决。法治是治国理政的基本方式，对大数据的有效使用，就要求完善与大数据发展运用的相关法律，用法律手段的形式对数据的收集、归纳、分析和使用予以规范，用法律的方式明确数据使用的权限，界定数据使用的边界，保护数据时代的个体隐私，维护信息安全。美国于 1967 年颁布关于联邦政府信息公开的行政法规《信息自由法》，在其后又经过了五次修订，距今最近的一次修订是在 2007 年。美国还在 2000 年颁布了《数据质量法》，2012 年宣布了《大数据研究与发展先导计划》。中国相继出台了一系列的关于互联网管理的法律法规，2007 年制定了《中华人民共和国政府信息公开条例》，对我们政府信息公开的范围、方式、程序以及责任认定。但是总体来看，互联网管理及网络信息管理的法规层次不高、内容不全面、执行力不够，难以适应大数据时代的发展需求。随着数据时代数据革命的到来，网络新事物不断出现，对于网络的运用更加广泛、社会个体的相关信息更容易被他人掌握，社会个体对于个人信息的保护更加重视，新的关乎大数据的收集、分析、使用、数据资源权益等方面的法律规范呼之欲出。

（三）搭建关于大数据的规范平台

大数据在政治、经济、文化、社会、生态环境保护等诸多领域都能得到广泛的运用，大数据在金融学领域、物理学领域、社会学领域都有着广泛的功能，它不仅推动创新创业的发展，亦推动着整体社会的进步。对于大数据的使用是国家建设的目标，是政党执政的使命，也是社会发展的使命。将大数据运用到加强执政党的建设过程中来，就需要以执政党的建设为目标导向，搭建大数据使用的规范平台，奠定规范使用大数据，将大数据运用到执政党建设中来的规范基础，提供集数据收集、处理与运用的“一站式平台”、“一站式服务”。在大数据时代，无论从经济利益的角度考量，还是从政治发展的角度来看，数据都是一种无形的资产。诸如美国的谷歌、苹果、亚马逊等国际国内的大型互联网络公司，都掌握了大量的用户信息，成为了大数据的拥有者和使用者。基于如此之多的数据信息，一些大的互联网络公司，开始或者已经建立了属于自己的数字帝国。这些数字帝国集数据的搜集、分析和使用为一体，针对对于用户数据的分析，做出相关预测，其为相关网络用户提供了更好的服务，增强了用户粘性，自身也获取巨大的经济利益。将大数据运用到执政党的建设中来，建立国家层面与执政党层面的数据平台，在国家层面建立国家数据使用平台，集数据的收集、分析处理和使用于一身，并在一定程度上向社会公共进行合理的开放化，依托大数据提高社会公共服务的水平。在执政党层面，建立党员管理、干部选拔任务等的数据库，减少文牍主义，既提高了效率，也有利于向社会公开、接受社会监督。以公共的大数据信息平台的建立，对数据公开、数据隐私、数据伦理、数据保护等问题进行把关，对政府信息公开、个人信息保护等方面予以强化，让对数据的使用走上一条健康发展的轨道。

（四）培育熟知大数据的干部人才

在大数据时代，人的因素是大数据治理的最大制约，对于数据人才的占有，就直接决定了能否抢得数据发展的先机，能否把握大数据时代发展的机遇，真正将大数据的历史机遇、数据力量转变为执政建设的现实效果。数据时代，对人才的要求不再是单一型，不仅仅局限数学、物质学、计算机某一单一学科，需要的是对各门学科、多种知识综合掌握的复合型人才。从国家层面来看，大数据刚刚兴起，国内对于大数据的切实运用又较国外晚，加之相较国外而言，中国本身在信息科学、电子科学等方面起步要晚，基础更薄弱，大数据方面的相关人才在国内是比较缺乏的。从执政党的层面来看，党的干部是执政党的骨干和精英。政治路线确定之后，干部就是决定的因素。从执政党层面培育熟知大数据的相关人才，真正将大数据嵌入到执政党的建设过程中来，在思维上具备大数据思维、在决策上依托大数据开展科学决策、在工作上熟练的运用大数据。在党员的思想教育上，利用大数据来开展个性化的党员思想教育。在党员的组织管理上，运用大数据管理党员；在党员的作风建设上，运用网络媒体来监督党员等。在制度建设上，运用数据的快速存取、简化方便的特点使相关法律、制度、规范更加公开、透明而又与每一个党员如影随形，成为每一个党员身边的长鸣钟。在反腐倡廉上，发挥大数据的监督功能，让腐败分子无所遁形。而这一切的预期效果的实现，都离不开一批熟练掌握和运用大数据的党员干部。创新党员干部的培养模式，将对大数据的掌握和使用作为党员干部素质评价的一个重要内容，积极培养复合型、高素质的党员干部人才。同时，开展党员干部、基层党员关于大数据知识的普及和相关的教育培训，使对大数据的运用成为其内在的一种行为自觉。

（五）健全运用大数据的制度机制

数据使用过程中所带来的风险并不能归咎于数据本身。制度带有长期性、根本性、稳定性和全局性。以制度机制的建立，促进大数据的规范使用。2012 年 3 月 29 日，白宫科技政策办公室发布了《大数据研究和发展计划》，同时组建“大数据高级指导小组”，大数据的发展势头迅猛。中国制定发布了“互联网 +”行动计划，国务院常务会议通过了《关于促进大数据发展的行动纲要》，对于大数据的发展运用作出了总体规划。将大数据运用到执政党的建设之中来看，关键是要建立大数据的统筹运用的协调机制。对于大数据的开发和运用是一项系统工程，各部门之间对于数据的掌握是不同的，而大数据使用的开发和使用过程中的权、责、利也是不同的。建立大数据发展使用的领导协调机制，推动形成职责明晰、协同推进的工作格局。首先是建立发展运用大数据的统筹机制，将不同部门、不同行业的共识与分歧、利益与冲突进行整合，实现数据共享、人才共享、资源共享，形成合力。其次是建立大数据运用的监督机制。从某种程度上来看，大数据就是一把双刃剑，将大数据运用到执政党的建设中来，运用得好可以使党的建设更加科学、使党的执政更加有效，运用不好，大数据就会成为少数人实现个人私利的工具，而一般普通党员的数据权益则难以实现保障。

四、结语

大数据有利于执政党吸引社会资源，管理社会，作为执政党，在变革发展的社会里，应当不断主动去适应社会要求，主动拥抱大数据，把大数据应用到执政党的治国理政之中，应用到党的自身建设之中。但是技术是工具而不是目的，拥抱大数据，将大数据运用到执政党的建设过程中来，并不意味着一味地去依赖大数据。在未来的大数据背景下的执政党建设的过程中，依然要科学理性的认识数据，避免“无数据不决策”、“数据是真理”、“数据是上帝”、“数据依赖”等问题，真正发挥大数据在执政党建设过程中的功能和作用。

（作者：徐晨光，湖南师范大学公共管理学院博士生导师；郑吉峰，武汉大学政治与公共管理学院博士研究生）

农村基层党组织社会治理创新面临的挑战及其归因

尹杰钦　甘信芝　黎　力

农村基层党组织身处农村社会治理的最前沿，对农村社会系统的各个部分、社会发展的各个环节、社会生活的各个领域都具有较强的组织、动员、协调和控制作用，是加强和创新农村社会治理的重要基础和纽带。新中国成立以来，特别是改革开放以来，党和政府一直十分重视社会治理，并在社会建设领域进行了不懈的理论概括和不懈的实践探索，历经了国家(政府)管理——国家(社会)管理——社会治理的逐步深化过程。从党的十六届三中全会提出“完善政府社会管理和公共服务职能”的命题，党的十七大提出“完善社会管理、健全基层社会管理体制”，党的十八大提出“加快形成党委领导、政府负责、社会协同、公众参与、法治保障的社会治理体制”，直至党的十八届五中全会报告进一步指出“坚持依法治理，加强法治保障，运用法治思维和法治方式化解社会矛盾”，这些表明，治理不仅是治国之方式、理政之方法的改变，更是实践“四个全面战略布局”和“五大发展新理念”的需要。

一、农村基层党组织社会治理创新的角色定位

农村是党和政府权力控制与村民自治力量的结合部，是社会治理的前沿阵地。农村基层党组织是党的基本细胞，是执政党密切联系群众和村民利益表达及情感诉求的桥梁。农村社会治理创新实效如何，与农村基层党组织在农村社会治理创新中的角色定位高度正相关，因而，正确认知、系统分析、科学界定农村基层党组织在农村社会治理创新中的角色定位就显得十分必要。

(一)农村基层社会治理创新的组织领导者

一方面，推进国家治理体系和治理能力现代化的重点和难点在基层，动力和源泉自然也在基层，显然，农村就是这个基层中的重要基石之一；另一方面，农村基层党组织是农村社会治理创新的引领者、实践者，在农村社会治理中快速的组织能力、强大的动员能力和随机的号召能力是其他基层社会组织无可替代的。因而，农村基层党组织在农村社会治理创新中处于组织者和领导者地位，这就是说在农村多元治理主体中，村党支部委员会是农村基层社会治理的主导力量，农村社会治理创新，离不开农村基层党组织的组织领导。农村基层组织对农村社会治理创新能力的强弱，是衡量农村基层党组织执政能力、执政水平的一个重要标尺。

(二)农村基层社会治理创新的示范服务者

一方面，由于农村基层改革发展和社会进步，农村党组织作为社会治理的重要主体力量参与农村社会治理的范围越来越广：既有政治领域的三农政策的落实，也有社会领

域的农村基础设施建设——如农村生态保护、农业开发、精准扶贫、农民福利（教育救助、医疗救治）等方面，因此，农村基层党组织成为农村基层社会治理创新中担负做好了解村民需要、满足村民诉求的重要社会服务力量。另一方面，随着社会主义市场经济的发展，农村基层党员自身的利益诉求也发生了诸多变化，有的甚至直接处于各种社会矛盾之中，这使得农村基层党组织成为最先触及社会矛盾并作出迅速反应的主体。因此，农村基层党组织在农村基层社会治理创新中承担消解农村社会矛盾、维护农村公平正义、推动农村社会发展、促进农村社会和谐的主要社会示范主体职能。

（三）农村基层社会治理创新的统筹协调者

农村基层党组织是联系党和政府与村民之间、农村各社会组织之间的重要桥梁。在农村基层社会治理创新的多元治理主体中，农村基层党组织担负履行整合农村社会治理资源，协调共青团、妇代会、农民互助组织、村民自治组织等多元社会治理主体关系，统筹乡（镇）、村社会自治组织互联、互补、互动、互创的农村基层社会治理网络的复合职能，以聚集农村多元社会治理力量，推进农村社会治理按照“四个全面战略布局”的要求和“创新、协调、绿色、开放、共享”的新发展理念，实现农村社会治理空间和农村社会治理主体的加速转型，以推进农民自由主张权利和表达多样性诉求，促进农村经济与社会、人与自然协调健康全面发展，统筹协调农村社会事业与国家治理能力体系和治理能力现代化建设的关系。

二、农村基层党组织社会治理创新面临的挑战

虽然改革开放以来，中国农村基层党组织在农村基层社会治理领域取得了许多创新成果，但不可否认的是，当前农村基层党组织在农村社会治理中还面临新的挑战。

（一）基层党组织与社会间关系尚未理顺，源头治理有待加强

农村基层社区本质上是一个特殊的社会领域。在这个特殊社会领域里，如何处理好基层党组织（村党支部）与农村社会组织、村民之间的关系就是一个必须面对的治理源头问题。由于过去在计划经济体制下长期实行党的一元化领导，农村也被基层党组织（大队党支部、公社党支部）通过单位（生产队、大队）体制以行政组织化方式予以建构。随着社会主义市场经济的发展，农村社区自然地出现了全新的经济组织和全新的社会组织，因而村民提出了政治、经济、文化、社会各方面的“自治”诉求。为此，党的十六届四中全会从党的执政能力建设和“和谐社会”构建的高度，提出了构建“多元社会管理格局”的要求。党的十八届三中、四中、五中全会进一步提出要加强建设国家治理体系的总目标。这一系列要求和论断实际上肯定了农村社会组织、农村经济组织和村民个体在农村基层社会治理中的正当性地位。

然而，就农村基层社会治理实践来看，基层党组织与社会间关系尚未理顺，主要表现为基层党组织与农村社会自治组织之间力量的失衡。从二者的互动过程来看，基层党组织“领导力量”过于强大，社会“自治力量”过于弱小，两种力量之间失去了平衡。从目前

农村基层社会治理的实效看，一方面，农村社会组织、经济组织和民间力量等社会自治的多元主体力量发挥作用的制度空间有限；另一方面，农村基层党组织在一些农村社会治理的实践中演变成了党组织对农村社会事务的直接包办和对农村社会组织和经济组织的直接替代。这就降低了农村社会治理多元主体的活力，不利于农村社会治理的健康、持续发展。因此，今后农村基层社会治理实践中必须加强源头治理，才能平衡、理顺村党支部委员会与村民委员会之间内在的规范与活力的关系。

（二）农村社会治理各主体尚未有效整合，系统治理有待加强

当前，尽管在一些农村基层治理实践中出现了村民、农村经济组织和农村社会组织积极参与农村基层社会治理的经验与模式，如重庆巫溪通过"网格化管理"整合基层党组织、村民委员会、农村社会组织等治理主体资源，实施社会包容式治理；山东泰安通过运用"互联网+"、农村基层"两委"购买服务、引入社会资本等方式，支持、培育和发展农村社会组织，实现公共服务效益的最大化……但就总体而言，农村社会治理各主体尚未有效整合，农村基层自治组织职能转换不够，农村社会组织整体发育不足，村民参与农村基层社会治理的能力尚显不足：

第一，由于农村基层政府（村民委员会）职能尚未有效转变，农村基层党组织和村民自治委员会对市场的不同程度干预还依然存在，这就使得市场机制在农村基层社会治理中不能有效发挥作用，导致民间资本、社会资本不能也不敢轻松进入农村基层社会治理领域。第二，农村各类经济组织、社会组织发育不足。由于农村自然资源受限、农村社会组织自身的自组织能力较弱等影响，使得中国农村基层社会组织在农村基层社会治理中不能有效发挥作用。第三，村民有效参与农村基层社会治理的空间和渠道有限。当前的社会问题（特别是民生难题）主要集中在基层，特别是农村基层，所以加强和创新社会治理的重点也集中在基层，特别是农村基层。尽管"瓮安事件"、"石首事件"等一系列群体性事件，彰显了中国村民（公民）参与农村基层社会治理的意识增强，但也反映出当前中国村民（公民）表达利益诉求的渠道不足和参与农村基层社会治理、化解农村社会矛盾的空间有限。第四，受中国传统儒家文化、农民群体依赖心理和村民自治诉求缺失影响，加上农村基层党组织对村民参与农村基层社会治理意识的培养和能力的训练不够，使得大多数农民在心理、情感上依赖村党支部委员会和村民委员会的权威，不愿积极、主动参与农村基层社会治理事务。因此，加强农村基层党组织社会治理创新，必须加强系统治理，有效整合农村社会治理各主体资源。

（三）农村基层"两委"的互动关系不够协调，民主治理有待加强

农村基层"两委"是"村党支部委员会"与"村民委员会"的简称。村党支部委员会是农村基层党组织，由党员大会选举产生。村民委员会是农村基层自治组织，由村民民主选举产生。村党支部委员会与村民委员会二者并存，目标一致，即维护村民权益，推进农村社会治理创新，促进农村全面建成小康社会。但二者组织性质和组织功能不相同，因而各自的农村基层社会治理功能也不同。村党支部作为农村基层党组织，其社会治理职能主要表现为对方向性、纲领性、全局性、政策性等重要问题的思想引领、政治指导、组织领导等,其合法性依据是《中国共产党章程》和《中国共产党农村基层组织工作条例》。村委会作为农村基层自治组织的常设机构,其社会治理职能主要表现在对事务性、职能性、技术性等农村社会发展事务的自我管理、自我教育、自我服务上,其主要法律依据是《中华人民共和国村民委员会组织法》。

改革开放以来,随着村民自治的不断深入,农村基层社会治理取得了巨大成就。但同时,村党支部和村委会之间的互动关系存在不够协调的情况:一是在农村基层存在着事实上的“二元权力结构”,农村基层党组织与村民票选的村委会组织,二者在农村基层社会治理过程中权责的分配上会出现相互制约和冲突。二是在农村基层存在着事实上的“三元权益博弈”——农村基层党组织、村委会、村民三者之间在农村基层社会治理过程中存在由民选的村委会对党选的村党支部的权威的挑战;村民对村党支部公信度、美誉度的挑战;村民对村委会成为村民合法权益维护者的角色认同。所以,加强农村基层党组织社会治理创新,必须加强民主治理,有效协调农村基层“两委”的互动关系。

(四)农村社会治理的法制体系不够健全,依法治理有待加强

改革开放以来,在依法推进村民自治的基础上,农村基层社会治理创新的法治水平有了显著提高:农村基层社会治理理念的培育、农村基层社会治理组织的逐步健全、农村基层社会治理制度的进一步完善、农村基层社会治理实践的进一步规范、村民依法行使民主权利、依法自治管理……推进了农村基层民主政治建设和农村基层社会治理的全面发展。但是,目前农村基层社会依法治理的能力依然不足,严重影响农村基层社会治理的健康发展。主要表现在:一是农村基层党组织对“依法治理”的精神引导和价值指引不够重视。村党支部委员会和村委会在缺乏法治导向的环境里进行农村基层社会治理,依法引领、依法治理、依法行政能力弱,决策的盲目性、随意性较大。二是农村基层社会治理主体的法律地位不够清晰。农村基层社会治理多元主体缺乏对于农村基层社会治理的明确认知,多元主体缺乏“共治”的自治机制的规范与约束,农村基层党组织的引领与村委会的依法自治结合不够,村民的知情权、参与权和监督权很难得到有效保障。三是农村基层社会治理关系的法律属性得不到应有的尊重。农村基层党组织和村委会不善于依法化解各种社会矛盾、依法处置社会纠纷、依法破解各类社会冲突。四是农村基层党组织和农村自治组织村委会的逐利化倾向严重。农村基层党组织和村委会既扮演着上级党和政府代理人的角色,又承担市场主体(市场监督管理者)的重要角色,这样使得农村基层党组织和村委会在制定农村基层社会治理政策时,既要考虑上级党和政府的政策导向,又必须考虑组织自身利益的满足程度,因而某些农村基层党组织和村委会为了自身利益,不惜歪曲甚至违背上级党和政府的政策,损害村民权益(如非法强拆、破坏环境等)。五是保障民生、民权的法律服务体系不够健全。农村基层社会治理中的重要法治元素(民主决策、村务公开、群众监督、普法宣传、人民调解、法律援助、法律咨询、精准扶贫)以及“基层法治网络平台、法律服务载体、法律服务供给等均不能满足村民的专业法律服务需要”。所以，加强农村基层党组织社会治理创新，必须加强依法治理，进一步健全农村社会治理的法制体系。

三、农村基层党组织社会治理创新的挑战归因

农村基层党组织社会治理创新遇到诸多挑战，其原因是多方面的，概括起来主要有以下四个方面。

（一）农村基层党组织社会治理理念的转换不够

农村基层社会治理创新，是指在推进国家治理体系和治理能力现代化的背景下，整合农村基层社会治理资源和农村基层社会治理实践经验，立足农村基层社会治理自身运行规律和农村基层政治、经济、文化、社会、生态、党建发展的现实要求，依据农村基层社会治理理念、知识、技术、方法和机制等，对传统农村基层社会管理模式、方式和方法进行扬弃，建构新的农村基层社会治理机制，以建设有中国特色的农村社会治理体系。可见，社会治理理念在农村基层社会治理创新中居于十分重要的地位。当前，农村基层党组织在农村社会治理中面临的这些挑战，其原因首先是中国农村基层党组织尚未从传统的体制、历史、文化、社会、心理等层面进行“社会治理”理念的现代转换，即尚未从文件、命令、控制、管理等传统单元管控理念转换至协商、对话、服务等多元“社会治理”创新理念。农村基层党组织这种在治理理念上的缺失，导致其社会治理行为方式发生偏差，进而妨碍良性的、有中国特色的农村基层社会治理体系的形成和发育。例如，有的村党支部委员对农村基层社会治理工作的重要性认识不足，把工作重点放在农村经济发展，而对农村基层社会治理工作思想重视不够、经费投入不够、宣传引导不够、组织培育不够、民生服务不够等。

（二）农村基层党组织社会治理方式的创新不够

当前农村基层党组织在农村社会治理中面临的这些挑战，既有村党支部委员会社会治理理念转换不够的原因，也有村党支部委员会社会治理方式的创新不够的原因。主要表现在三方面：一是农村基层党组织处置各类社会矛盾不妥当、处理各种社会冲突不及时、处理各种社会纠纷不果断。在农村快速城镇化进程的推动下，农村基层经济社会迅速发展，随之而来的是各类关联性社会冲突、突发性社会矛盾、聚合性利益纠纷、对抗性权益诉求日益增多（如农村集体土地征用、村民房屋拆迁的经济补偿等社会问题），一些农村基层党组织面对这些社会问题，或者处置不妥当，或者处理不及时，或处理不果断，因而农村基层社会矛盾、冲突、纠纷等在基层政府难以有效化解。二是农村基层党组织社会治理方法简单，社会治理手段单一。农村基层党组织还没有形成一套完整的渠道畅通、保障到位、效力较高的调解、仲裁、复议、诉讼、执行的社会治理体系，农村基层社会治理的方法和手段仍然停留在社会“管控”层面，村民相信上访的效益大于法治的效益，农村基层党组织和村委会的领导人也习惯于“批示”，这就造成农村基层社会治理进入“诉息访续”、“事了人未了”的非良性甚至恶性循环状态。三是农村基层社会治理领域农村基层党组织主体职能缺位。一方面，随着

农村改革的深入和城镇化建设步伐的加快，流动人口大量增加，农村基层社会治理中出现了新的盲区和空白（如农村的留守儿童、留守妇女、留守老人的问题），给农村基层社会治理带来诸多隐患。另一方面，农村基层社会服务平台建设与维护、宣传与推广不够，使得村民利益诉求渠道不通畅，村民正当合法权益保障不健全。再一方面，农村基层党组织与村民对党和国家给予农业、农民和农村的政策倾斜和优惠的互动认知不及时。党和政府为了改善农村基层社会发展环境，支持“三农”发展，出台了一系列优农惠农政策，如建设农村社会化服务体系、改善农村投资融资服务体制、加强农村基层民主政治建设、健全农业科技创新机制、推进生态农业建设、实现农村经济社会可持续发展等，然而，由于政策宣传方式单一、政策推广渠道不畅、服务主体缺位等因素的影响，使得党和政府的三农优惠政策的效益在政策传输、流转中严重受损。

（三）农村基层党组织社会治理环境的优化不够

当前农村基层党组织在农村社会治理中面临挑战的第三个原因是农村基层党组织社会治理环境的优化不够。这主要表现在：一是随着农村基层社会治理环境逐步走向动态开放，社会治理对象更加多元化（现实社会人、虚拟社会人、法人社会人相互影响和相互制约），社会治理领域更加虚拟化（从现实社会领域延伸到虚拟社会领域），因此带来的一系列社会矛盾和社会问题使得农村基层社会治理环境更加复杂，社会治理难度日益增大。二是农村基层党组织引领的社会治理总体架构有待完善。这既表现在对农村基层社会治理主体资源的统筹、协调、整合不够；也表现为农村基层党组织对农村基层社会整体性、系统性的动态治理不够；还表现为农村基层党组织在农村基层社会治理的体制机制建设、服务平台建设等方面缺乏有序、高效的设计与规划；以及农村基层党组织有限的社会治理经费、社会服务资源与村民不断增长的社会服务需求之间的矛盾越来越突出。三是缺乏明晰的考评农村基层党组织的社会治理主体责任的机制，缺乏激励保障农村基层党组织的社会治理主体责任的有效措施。四是农村基层社会治理的法律服务滞后。尽管中国社会治理的法律法规体系建设取得了巨大成就，但由于农村基层社会治理涉及的领域较多，任务繁重，村民对相关法律法规的服务需求不断扩大，因而严重制约了农村基层社会治理的效能。

（四）农村党员干部推进社会治理所需素养不够

“立党为公、执政为民”是党的宗旨的内在要求。农村基层党员干部“不能靠历史吃饭，不能靠威势吃饭，要以理服人，不能以力服人”。要坚持以人为本、问政于民，“诚心诚意为人民谋利益”。

然而，面对农村基层工作的新特点和涉及群众利益的难点、热点问题，农村党员干部推进社会治理所需素养尚显不够：一是农村基层党员干部对村民主体价值和主体意识的尊重不够，不善于通过价值指引、运用多种社会治理方式与村民平等沟通。二是农村基层党员干部对自身表达、整合和实现群众的利益的功能认知不够，不善于心理引导，调动农民共享农村经济社会发展成果的利益预期心理。三是农村基层党员干部对农民思维习惯、生活方式、文化素养、交往方式认知不够，不善于通过文化引领，对村民进行精神温暖和人文关怀。四是农村基层党员干部对不同农民组织形成的不同利益群体及其利益诉求和利益实现途径的多样化认知不够，不善于通过利益引导，协调农村利益关系并引导村民以合法形式理性表达利益诉求。五是农村基层党员干部对农村宗教、民间信仰、封建迷信活动与农村宗族家族势力的联系与区别及其对村级党组织的负面影响认知不够，不善于通过思想引领，密切农村基层党组织和村委会与农民群众的联系。凡此种种，表明农村基层党组织社会治理创新面临的这些挑战与农村基层党员干部在新形势下启发、劝导、引领服务群众的能力不够，执政为民的素养有待提高是高度正相关的。

总之，农村基层社会治理，说到底是对农民的管理和服务，涉及广大农民群众的切身利益，因而，农村基层社会治理创新必须始终坚持以人为本、执政为民，切实贯彻党的全心全意为人民服务的根本宗旨，不断实现好、维护好、发展好最广大农民群众的根本利益。必须坚持贯彻党的群众路线，坚持人民主体地位，发挥广大农民群众的首创精神。只有这样，才能实现农村基层社会治理新常态。

（作者单位：尹杰钦，湖南科技大学马克思主义学院；甘信芝，湖南科技大学马克思主义学院；黎力，湖南科技大学马克思主义学院）

第八部分

政工专业职称评定工作专辑

积极开展政工专业职称评审工作
加强中央企业政工干部队伍建设

国务院国资委政工职评办公室

国务院国资委政工职评办公室于2015年9月9日至11日在湖南长沙举办了中央企业政工干部队伍建设暨政工专业职称评审工作培训班，中央企业政工专业职评工作有关负责同志100余人参训。培训班上，国资委政工专业职称评审工作领导小组副组长、宣传局局长卢卫东做了重要讲话，全面总结了国资委成立以来，中央企业人才工作总体情况和中央企业政工专业职称评审工作的基本情况、主要成效和存在的主要问题；深入分析了中央企业政工专业职称评审工作面临的新形势新任务，阐述了进一步加强政工专业职称评审工作的重要性和必要性；提出了当前和今后一段时期政工专业职称评审工作的总体思路，对进一步做好中央企业政工专业职称评审工作提出了明确要求。天津市和湖南省政工职评办公室应邀就开展正高级政工专业职称评审工作做了经验介绍。

一、基本情况

（一）培训课程注重理论与实践结合

培训班采用领导动员、现场辅导报告、大会交流等形式，有理论层面的讲解，也有实操培训。培训班邀请中国国际技术智力合作公司党委副书记王旭做了题为《国有企业高级政工人才能力素质评价体系构建研究》的辅导报告。辅导报告从人才评鉴角度阐述了政工人才评定的内容、标准、方法手段等，并详细介绍了如何将人才测评方法和工具引入高级政工专业人才评定，拓宽了思路，开阔了视野，夯实了政工专业职称评审工作的理论基础。培训班上，天津市委宣传部依据政工师指南杂志社掌握的信息，介绍了全国政工专业职评工作情况，并与湖南省委宣传部、中国石油等17家单位分别做了大会交流和书面交流，从不同侧面介绍了各自单位政工队伍建设和开展政工专业职评工作的经验做法。针对高级政工师评审政策修订和教授级高级政工师评审办法制定，国资委政工专业职评办公室副主任张义豪重点对政工专业高级、正高级职称有关政策进行了解读，航天科工培训中心负责人受国资委政工专业职评办公室委托，对相关工作流程、申报材料及表格填报要求进行了具体说明。

（二）培训地点选择基于湖南经验的先进性

此次培训地点选在湖南长沙举办，主要基于以下考虑：一是湖南省的政工专业职评工作基础扎实，开展得深入持久，成效显著，走在全国前列。二是湖南省正高级政工师评定工作开展较早，从2002年开始组织评审，具有较丰富的经验。三是湖南省突破部门界限，将政工专业职称评审纳入了湖南省人社部门，作为第30个系列，由人社厅统一管理，保证了政工专业人员与其他系列职称人员同等待遇。这一举措全国首创,得到了领导认可和社会认同,确保了政工专业人员职称待遇的落实,增强了政工专业职称的权威性和影响力。参训人员在长沙实地学习并与湖南省政工职评办人员面对面交流,印象深刻,收获颇丰。

(三)培训交流材料注重点面结合

培训班开班前,国资委政工专业职评办公室组织各中央企业撰写政工人才队伍建设和政工专业职评工作材料,并对各企业报送的材料进行严格把关,择优汇编成册。培训期间,精心挑选了航天科工、兵器工业、国家电网、神华集团等8家单位在培训班上做经验交流发言。为便于学习,将辅导报告和政策讲解及申报要求做成PPT,印发参训人员。同时,将2014年全国政工职评工作研讨会组稿的全国各省(市)交流材料汇编发给参训人员,方便大家从面上了解全国政工专业职评工作情况。

(四)参训人员兼顾党群和人事系统

目前中央企业负责政工专业职称评审工作的部门有些属党群系统,有些属人事系统。政工专业职称评审工作目的不仅是"评",出发点和落脚点是不断加强和改进企业思想政治工作,提高政工干部素质,加强干部队伍建设。党群和人事两部门工作重点不同,在政工队伍建设和职称评审工作方面各有侧重,互相补充。因此,结合本次培训班的主题,中央企业党群和人事部门人员均应允参加培训。

二、主要特点

这次培训班是国资委成立以来举办的第5次中央企业政工专业职评工作培训,既是培训会,也是动员会和工作部署会,虽然时间不长,但内容丰富、富有创新。这次培训开创了"六个第一",具有以下特点:

一是主题新颖。培训班第一次把政工专业职评工作纳入政工队伍建设这个大范畴,以"政工队伍建设和政工专业职称评审工作"为主题开班,拓宽了培训视野。

二是培训及时。培训班第一次加入教授级高级政工师评定政策和申报工作内容,并在申报前夕组织培训,是一场"及时雨"。而且,在国资国企改革"1+N"文件出台倒计时之际举办这次培训班,时机选择非常好,对于大家提高认识、统一思想,增强做好工作的使命感、责任感和紧迫感,具有积极意义。

三是央地同台。培训班第一次把中央企业政工专业职评工作纳入全国政工专业职评工作系统开展研讨交流,推介了全国各省市政工专业职评工作经验,邀请天津、湖南等两个省市政工职评办负责人与会并介绍经验,央地同台交流,互相借鉴。

四是专业性强。培训班第一次邀请人才评鉴专家到会做专题辅导,从专业角度深化了参训人员对政工专业职评工作的理解。

五是创新模式。培训班首次结合新媒体,用"互联网+培训班"的思维模式,借助"党建云"搭建会务工作组平台和学员学习交流平台,利用"党建云"和微信公众号建立培训班专栏,通过微信窗口实时更新培训班动态,方便学员合理安排时间。推介全国唯一一份专门面向政工专业人员的杂志《政工师指南》,大家有了新的交流互动和展示才华的平台。

六是全员覆盖。第一次实现了全部央企

参训,密切了工作联系。

三、几点建议

此次培训重点突出,取得较好的成效。学员们在培训交流中反映了不少问题,也提出了许多好的建议,主要有四方面。

一是加强工作指导。培训班课程紧凑,内容丰富,但学员们普遍感到意犹未尽,中央企业政工队伍建设和政工专业职评工作需要不断加强和改进,当前特别需要加强顶层设计。建议国资委加强对中央企业政工专业职评工作的督促检查与指导力度,将政工专业职称评审工作纳入党建工作考核体系,提高企业的重视程度。

二是加强与国家有关部门协调。学员们普遍反映,由于机制问题,政工专业职称未纳入国家人社部统一管理,造成在待遇等方面与其他专业职称不同等。建议国资委与中宣部、人社部等有关部门加强协调,把政工专业职称纳入国家第 30 个专业技术职称系列并统一管理,使之与其他 29 个专业技术职称人员在工资福利等方面享受同等待遇。

三是加强工作交流。学员们普遍反映,加强企业间的横向交流是提高工作水平的重要形式。建议国资委多搭建交流平台,尤其是搭建中央企业和地方省市的学习交流平台,方便相互学习借鉴,共同推动政工专业职评工作上台阶、上水平。

四是加快应用信息技术。学员们反映高级政工师申报通过软件、教授级高级政工师申报通过电子表格形式,造成一定的工作不便。建议高级、正高级政工师申报均通过软件进行,对原有高级申报软件进行调整升级,增加国资委组织答辩等内容,以统一功能,提高工作效率。

加强政工干部专业培训 提高中央企业政工干部专业素质

——国务院国资委政工职评办公室举办中央企业政工队伍建设暨政工职评工作培训班

国务院国资委政工职评办公室

为贯彻落实全国国有企业党的建设工作会议、中央关于深化人才发展体制机制改革的意见、中央全面深化改革领导小组第29次会议及其审议通过的《关于深化职称制度改革的意见》精神，指导推进中央企业政工职评工作，国务院国资委政工职评办公室在前期课题研究和专题调研基础上，经国资委领导批准，于12月20日至22日在江苏省南京市举办2016年度中央企业政工队伍建设暨政工职评工作培训班。

参加本届培训班的有来自全国102家中央企业的政工职评工作负责同志共计150人。天津市政工职评办公室、江苏省政工职评办公室、江苏省国资系统政工职评办公室负责同志应邀出席会议。

培训班由国务院国资委宣传局综合处处长、委政工职评办公室副主任张义豪主持。国资委宣传局副局长、委政工职评办公室主任韩天出席并致辞。

韩天同志总结了2015年以来国资委和中央企业政工职评工作在教授级高级政工师评定、调职能转方式、从侧重材料评审到全面评价人才、升级优化工作模式等四方面取得的可喜成绩；分析了党的十八届六中全会和全国国企党建会议、深化人才发展体制机制改革、职称制度改革、中央企业“十三五”改革发展目标给政工职评工作带来的四方面新要求新任务新契机；提出了服从服务政工人才发展总体规划部署、探索创新政工人才评价方式、修订完善政工职评政策、促进政工职评与人才使用制度的有效衔接等四个方面的工作要求。

培训班上，中组部、中宣部、人社部和有关人才测评专业机构的领导和专家为参训人员做了精彩讲座，国资委立项《国有企业中高级政工人才能力素质测评体系研究》课题组向参训人员汇报了课题研究初步成果，部分中央企业介绍了先进经验，国资委政工职评办公室组织参训人员分小组开展交流研讨，并征求参训人员对加强改进政工职评工作的意见和建议。会议安排紧凑，内容丰富。

培训班邀请中央组织部党员教育和干部测评中心副局长杨涛讲授了《新形势下国有企业政工队伍建设和人才测评工作的若干思考》，国家公务员局核心专家田效勋讲授了《政工职称评定原理和方法》，人力资源和社会保障部全国人才测评办公室副主任王琪讲授了《从经历和业绩谈政工干部的学习和能力素质建设问题》，南京航天干部管理学院院长秦勇讲授了《4D卓越领导力》，中宣部

《思想政治工作研究》杂志副总编王开忠讲授了《政工类论文及调研报告草拟和质量评价方法》,北师大心理学院教授车宏生讲授了《面试题目的制备和评分》,中智人才评鉴与发展中心北京总经理张国锋讲授了《国有企业中高级政工人才能力素质测评体系研究》,人社部中国人事科学研究院企业人事管理研究室主任董志超讲授了《职称制度改革与人才队伍建设》。

培训班上,为加强各中央企业之间,以及中央企业和地方省份之间关于政工职评工作的交流,互相学习互相借鉴,国务院国资委政工职评办公室邀请了6家中央企业政工职评工作部门的负责同志为参训人员做经验介绍。华电集团、中核集团、神华集团、中国一汽集团、招商局集团、宝武钢铁集团分别以《全面增强政工干部素质能力,提高工作科学化专业化水平》、《严格标准精细评审,提高职评质量和队伍素质》、《创新人才评价方式,营造人才成长环境》、《严格审核评价,扎实推进政工职评》、《务实高效,创新推进政工职评工作》、《优化工作流程,强化精细管理》为题做了交流发言。

培训班上,国务院国资委政工职评办公室组织参训人员分5组利用晚间进行交流研讨。各组人员结合现阶段政工队伍建设及政工职评工作存在的问题深入探讨,认真思考,提出具有建设性的意见建议30余条。

培训班最后,国务院国资委宣传局综合处处长、委政工职评办公室副主任张义豪做总结发言。他指出,中央企业政工队伍建设暨政工职评工作培训班是中央企业一年一度的盛会。本次是国资委组建以来培训时间最长、参训人员最多的一次培训。本次培训班有五个方面的特点和成效:一是开班讲话指导性强。二是培训内容丰富。三是典型经验值得借鉴。四是培训信息公开和材料共享程度高。五是打造了一流学风和一流服务。

张义豪强调,关于下一步政工队伍建设和政工职评工作,一要深入学习有关会议和文件精神,精准把握政策要求。二要抓紧组织申报2016年度教授级高级政工师。三要进一步完善评审程序。四要鼓励理论和实践创新及价值创造。五要推进量化评价和信息化建设。六要做好重组企业政工职评工作。七要扩大政工职评工作的影响力。八要深入研究和提出课题研究报告的修改意见和运用研究成果。九要扎实贯彻本次培训班精神。

参训人员普遍反映,本次培训不仅帮助大家夯实理论基础、进行释疑解惑、提升业务能力和水平,而且使大家利用培训班这个平台相互进行深度交流和学习,密切了中央企业政工部门之间的信息交流、工作联系、情感沟通。国资央企是一家人,国资央企政工职评人更是一家亲。我们将进一步密切沟通联系,互相给力支持,不断提升中央企业政工队伍建设和政工职评工作水平。

做好政工职评工作　打造高素质政工专业领军者

李树桐

很荣幸参加这个培训班，今天这么多央企的政工职评战线同行济济一堂，总结部署政工队伍建设和政工职评工作，交流体会和经验，对于我们也是一次难得的学习机会。根据国务院国资委安排，我介绍一下天津政工职评工作，特别是评审思想政治工作研究员的做法，还有全国政工职评工作的一些基本情况。不妥之处，还望大家批评指正。

一、天津开展思想政治工作研究员评审工作的情况

天津政工职评工作经历了从无到有、不断完善的过程，经过不断探索创新，形成了比较成熟的评审体系。天津开展思想政治工作研究员评审工作的做法概括起来就是"六有"。

(一)有一个健全的领导体制

我市政工职评工作是从 1990 年正式开始的。市委、市政府高度重视思想政治工作。1990 年 8 月，成立了天津市企业思想政治工作专业职务评定工作领导小组，并在全市分别设立了高、中、初级评审委员会。1994 年，评审范围由企业和企业化管理的事业单位扩大到全市企业、事业单位。为了适应形势发展的需要，2003 年 4 月，天津市企业思想政治工作专业职务评定工作领导小组正式更名为天津市思想政治工作人员专业职务评定工作领导小组。组长由市委常委、市委宣传部部长担任，副组长由市委宣传部、市委组织部和市纪委分管负责同志担任。领导小组成员由市委部分工委、市政府部分局和市总工会、团市委、市工商联以及部分大型企业、大学等有关负责同志和专家学者共 34 人组成。市政工职评办公室作为领导小组的办事机构，设在市委宣传部，负责政工职评的日常工作。市政工职评办公室下设政工师进修学院和政工师指南杂志社两个事业单位。

2003 年，为了适应思想政治工作面临的新形势、新变化，进一步加强思想政治工作和政工队伍建设，经研究并报请市委批准，在政工专业职务系列中增设思想政治工作研究员(正高级)专业职务。天津市委宣传部、市委组织部、市人事局、市劳动和社会保障局、市财政局共同下发了《关于思想政治工作研究员评审工作实施办法》(津党宣发〔2003〕6 号)。随着形势的发展，每年的评审名额由最初的 10 名增加为 20 名，2013 年增加至 30 名。12 年来共评审思想政治工作研究员 233 名，这些研究员在全市各行各业思想政治工作岗位上发挥着极为重要的作用，成为思想政治工作战线上的领军者、政工专业岗位的排头兵。

(二)有一个明确的工作思路

近年来，在市委宣传部、市政工职评工作领导小组的正确领导下，我们认真贯彻中央和市委有关指示精神，以打造高素质政工专

业队伍为目标，提出了增强“六个意识”、深化“六化”工作目标的整体工作思路。增强“六个意识”是：增强宗旨意识，坚持严以修身，全心全意为政工专业人员服好务；增强责任意识，坚持谋事要实，切实提高政工专业人员的理论水平和业务知识水平；增强实干意识，坚持创业要实，切实转变作风，反对工作中的形式主义；增强纪律意识，坚持严以用权，科学严谨地执行政策，坚决杜绝任何违反原则、违反纪律的事情发生；增强清廉意识，坚持严于律己，不仅在生活上提倡节俭，更要在工作中清正廉洁；增强诚信意识，坚持做人要实，为人诚实，不搞两面派，不搞假大空。深化“六化”工作目标是：职评工作标准化，就是要进一步完善各类评审政策，在规范化的基础上使其达到标准化、科学化要求，更具有实际操作性；继续教育层次化，就是要依据政工职评工作和政工队伍建设的实际需要，分门别类组织开展专业理论培训、业务知识培训，以满足实际需要和切实保证培训质量；刊物出版大众化，就是要进一步提高办刊质量，力争为政工专业人员提供一本实用型刊物，做到全覆盖；深入基层常态化，就是要定期深入基层企事业单位和街道社区，了解情况、查找问题、推广典型；队伍建设规范化，就是要努力提高政工职评工作干部的政治思想素质和业务能力素质，使其更加自觉地在各自岗位上发挥作用；制度建设长期化，就是要进一步加强制度建设，在建章立制上下功夫，在长效机制上有实招，在转变作风上见成效。

（三）有一个完善的调研机制

每年年初市政工职评办公室组成调研组，深入各区县、系统，与政工职评部门负责同志、基层政工专业人员代表座谈交流，认真倾听基层的呼声，查找工作不足，提出对策建议，力争为政工专业人员服好务。及时制定下发《政工专业职称申报评审工作意见》、《继续教育工作安排意见》等相关文件，为顺利完成全年工作夯实基础。利用《政工师指南》杂志、《政工职评简报》等总结宣传基层政工职评工作典型经验，引导和推动政工职评工作扎实有序开展。每年5月份，市政工职评办公室对各基层单位符合申报条件的申报人情况进行调查摸底，摸清拟申报人数及其年龄、职务、学历、岗位、专业年限、履职年限、荣誉称号、培养典型、发表论文及参加培训等基本情况。搞好比例分析，进行评审预测，有针对性地制定评审工作计划和安排。

（四）有一个成熟的培训网络

为有效提高政工专业人员素质，我们坚持做好各种培训，做到“三个结合”：集中培训与分散培训相结合，网上培训与学院培训相结合，评前培训与评后培训相结合。一是每年上半年，市政工师进修学院组织完成英语和计算机专业技能培训。二是组织申报人参加经常性继续教育网上培训。2014年，围绕抓好政工人员能力素质的提高，创造性地完成了经常性继续教育网上培训的组织、发动和培训工作。在全国率先开通了天津市政工专业人员继续教育网，为全市3万余名政工专业人员搭建了在线学习培训平台。每年有近2万名政工专业人员参训。网上培训提供由中央党校等专家学者录制的有关党建、思想政治工作、时事政治等方面视频课程并定期更新，政工专业人员参加必修和选修课程，共计32课时，学习结束且考试合格可网上打印合格证书。三是组织全市高级政工专业人员研修班。研修班着重体现三个特点：

一是层次高。聘请中央党校博士生导师张蔚萍教授、戴焰军教授,南开大学国际问题和形势政策专家艾跃进教授等知名专家学者做专题讲座。二是内容实。分别开设了“新形势下思想政治工作面临的五个新课题”、“当前国内外形势和中国的历史任务”、“政工师要修身、睿智、养生为一体”、“解读‘四个全面’”、“新常态下思想政治工作的改革与创新”、“践行‘三严三实’加强党性修养”、“领导者心理健康与卓越人生”等若干专题。专家们理论功底深厚,讲解的内容贴近实际,大大提高了参训人员的认识水平,拓宽了知识层面。三是效果好。学员们都能正确处理工学矛盾,千方百计安排时间准时参加,出勤率均达到95%以上。课上教授与学员们互相交流,课程内容有理论、有实例,讲授内容重点突出,幽默诙谐,通俗易懂,极大地激发了学员们的学习热情,得到了学员们的一致认可。与此同时,我们组织全市政工专业人员开展“思想政治工作务实创新上水平”征文活动,连同高研班学员课题作业一并组织评选,获得二等奖以上的文章将汇编成册,编辑出版《思想政治工作创新文集》,并作为申报研究员的前置条件。

(五)有一套严格的申报条件

研究员评审范围与对象是本市具有一定规模的企业、事业单位中已经具有高级政工师任职资格或转入政工岗具有其他系列副高级专业职务任职资格,受聘在政工岗工作的人员。行政级别不低于正处级(或相当于正处级)职务。

申报条件是担任高级政工师期间,在促进本单位改革和经济发展以及业务建设方面成绩突出。一是曾获得我市或省、部级以上综合性思想政治工作荣誉称号。二是其开展思想政治工作的做法、经验在我市或省、部级以上党政机关被推广,或者所培养、树立的先进典型在全市、全行业产生过重要影响。三是各年度考核及受聘届满的任期考核结果均为称职以上。四是大学本科毕业,担任高级政工师职务累计满5年;双学位、研究生毕业、硕士学位获得者,担任高级政工师职务累计满4年;博士学位获得者,担任高级政工师职务累计满3年。具有其他系列副高级专业职务和无任何专业技术职称、在非政工岗工作满15年的人员转入政工岗后履职年限,大学本科毕业累计满5年;双学位、研究生毕业、硕士学位获得者累计满4年;博士学位获得者累计满3年。五是担任高级政工师期间,主持、承担过省、部级以上思想政治工作课题研究,其成果在一定范围内被采用、引用;或由个人编著、与人合著而本人为第一作者,由出版社正式出版,字数不少于10万字的思想政治工作理论专著1部;或在省、部级以上公开发行的重要报刊上发表过3篇以上,总字数不少于1万字的思想政治工作论文。六是熟练地掌握一门外国语,比较熟练地使用计算机,并通过国家或全市统一组织的职称外语和计算机应用能力考试。七是按照《天津市政工专业人员继续教育实施办法》要求,能完成政工专业继续教育培训任务,有条件的,应参加市政工师进修学院组织的高级政工专业人员研修班,完成课题作业,所著论文或调研报告在省部级作品评比中获二等奖以上,或在作品水平认定中被高评委会评为二级以上。八是申报思想政治工作研究员必须参加不少于32课时网上培训学习,考核合格方可申报。

（六）有一个完整的评审体系

在申报推荐阶段，市政工职评办公室主要负责指导把关和进行政策咨询解答。同时，对基层单位上报的摸底申报表进行初步审阅、排定名次，拟定符合条件名单上报市政工职评工作领导小组领导审定后，正式下达分配名额指标，由申报单位组织报卷。申报人须交书面申请，撰写《业务工作报告》，填写《思想政治工作人员专业职务申报表》，并提供代表作品、获奖证明、学历证明、岗位培训合格证、高级政工师资格证书和聘书、外语和计算机合格证书、年度考核和业绩考核表等材料。进行群众测评和评前公示，并提供申报人政治表现、工作能力和业务水平的证明材料。由各工委、区、县、局政工职评办初审后，向市思想政治工作研究员任职资格评审委员会推荐。申报卷宗经市政工职评办公室初审合格后，分别由思想政治工作研究员评委会评委进行审核把关，每年年底前，正式召开一年一度的思想政治工作研究员评审会。评审会前，申报人先进行分组述职答辩。答辩过程中由评委赋分，申报人获得良好以上得票数方可进入评审程序。答辩会结束后，组织召开评审会，采取无记名投票方式，表决通过申报人任职资格。评审会结束后，编辑出版《思想政治工作研究员材料汇编》，并举办研究员颁证仪式，由市政工职评工作领导小组颁发思想政治工作研究员资格证书。由于我们坚持职评工作标准化，这些年无一例信访上访案件发生。天津政工职评工作虽然取得了一些成绩，但与目前的形势任务要求还有不小的差距，与政工专业人员的期盼还有一定的距离，同兄弟省市区相比，还有很多需要改进的工作要做。今后，我们要虚心学习，不断创新，争取更大的进步。

二、我们所了解的全国政工职评工作的情况

天津在全国政工职评办公室和各省、市、自治区政工职评办公室的大力支持下，于1994年创办了政工师指南杂志社，隶属于天津市政工职评办公室领导。依托杂志社，我们与全国各省、市、自治区加强交流与沟通，每年组织一次有各省、市、自治区政工职评办公室负责人参加的政工职评工作研讨会，就政工职评工作交流信息与各自的做法、体会、经验等，所以，天津市政工职评办公室对全国政工职评工作有一定的了解。在此，就我所掌握的情况做简要介绍。

政工专业职称自1990年开评至今，已经25年了。历经25年的风风雨雨，全国政工职评战线的同志们秉持坚定信心、坚守阵地、坚持发展的“三坚”信念，顽强拼搏，开拓创新，取得了可喜的成绩。

25年来，政工职评工作能够适应新形势，不断创新发展。主要体现在：

1. 评审的标准规范了。一是各级政工职评工作组织机构健全，各地各级党委支持、指导有力。目前，全国除港、澳、台之外的31个省、市、自治区和新疆生产建设兵团均设有政工职评办公室，中央所属各部委也设立了相应的政工职评工作部门。政工职评部门大多设在各地的宣传部门，个别地区例外，如北京设在组织部门，等等。二是各级政工职评部门严格执行和不断改进、完善有关政策规定，严把评审质量关，确保了评审工作质量，树立了政工职评工作的良好形象。第三是加强了继续教育工作和评后管理，政工专业人员整

体素质全面提高。目前在全国内陆31个省、市、自治区中，有27个评审企业政工专业职称，包括新疆生产建设兵团，共计28个，有4个目前暂停了评审。

2.评审的范围扩大了。从企业、企业化管理的事业单位到部分省、市、自治区在事业单位和机关公务员中评定政工专业职称。目前全国内陆31个省、市、自治区中，在事业单位中开评政工专业职称的有13个：北京、天津、重庆、河北、山西、江苏、安徽、河南、湖南、广东、海南、宁夏、浙江。还有7个是过去评，但因为不兑现待遇，目前处于暂停状态。在事业单位中没有开评的有11个。在开评政工专业职称的13个中，兑现待遇方面有以下四种情况：一是只评资格，不兑现待遇的有6个：北京、山西、河南、广东、海南、宁夏。二是兑现最低档的有5个：天津、河北、江苏、安徽、浙江。三是重庆的政策是兑现待遇由基层单位自己掌握，费用自主解决。四是湖南要求与29个专业技术系列相同。目前，北京、宁夏等地在机关公务员中也开评政工专业职称，但只评资格，不兑现待遇。这样做的好处是，一些公务员分流到企、事业单位，一经聘任，就可以享受相应的政工专业职称待遇，这样便于政工专业人才流动。

3.评审的职级提高了。政工专业正高级职称，目前有两种称谓：思想政治工作研究员、教授级高级政工师或高级政工师（教授级）。目前已有12个省、市、自治区实现了正高级（教授级）评审，分别是天津、重庆、黑龙江、河北、山西、山东、江苏、河南、湖南、甘肃、宁夏、内蒙古。今年国资系统开评教授级高级政工师，这是一件可喜可贺的大事，对于国资系统的广大政工专业人员是一个福音，这也体现了国务院国资委领导的高度重视，与宣传局政工职评办公室积极争取不懈努力是分不开的。

从全国政工专业职评工作发展历程来看，1990年全国成立了政工职评办公室，此部门设在中宣部。从1990年至1994年全国政工职评办公室通过每年开工作会、发简报等等，进行工作指导与情况交流。自1995年之后，再没有以全国政工职评办公室名义开过会议和发过工作简报。面临这种状况，全国各地政工职评工作又迫切需要交流信息、研讨工作。当时，在全国政工职评工作领导小组原组长、中宣部原常务副部长徐惟诚和全国政工职评办公室的支持下，天津创办了全国唯一的一份为政工师和政工职评工作服务的杂志——《政工师指南》，各地政工职评部门力推天津政工职评办公室和政工师指南杂志社作为联络员单位，每年组织一次全国政工职评工作研讨会暨《政工师指南》杂志联络会议，这样的会议自1995年至今已开过20次。

去年的全国研讨会议在四川省成都市召开，在那次会议上，大家对政工职评工作进行了总体评价，统一了认识，认为目前全国政工职评工作有以下特点：

一是总体较平稳。大家普遍认为："全国多数省市和地区的政工职评工作都坚持做到严格标准，规范考评；注重培养，提高素质；完善制度，兑现待遇，总体呈现出良好发展态势。"四川、山东、湖南、天津等多个省市政工职评部门同志认为，"由于工作到位，政工专业人员作用发挥得好，使得各级党委对意识形态领域、对思想政治工作越来越重视。"江苏的同志提出，"严格把关是政工职评工作顺利开展的关键所在”。广西认为对政工人员开展评后培训,考试合格后再统一发证上岗,体现了严谨审慎。湖南的同志介绍了他们近年来坚持把政工专业职称评审纳入专业技术系列,实现了待遇完全兑现的做法。广西、辽宁、福建在评后兑现待遇方面实现了与其他专业技术职称的“三个一样”。广州市和厦门运输总公司的同志兴奋地告诉大家:“职评工作总体平稳,进展顺利,政工专业人员参评劲头很足。”大家认为,全国政工职评工作之所以取得明显的成绩,是与各级党委的高度重视、各级政工职评部门同志的辛勤工作和不懈努力分不开的,同时,政工职评工作也得到了组织、人事等部门的支持和广大政工专业人员的拥护。

二是工作有创新。来自北京市委组织部的政工职评办的同志提出:“政工职评工作只有不断赋予时代内涵才更有活力。”如何创新?创新的方向是什么?20 多年政工职评事业发展的历程带来思考和探索。北京不仅开展机关公务员评审政工职称,而且正在尝试初级政工职称实行以考代评的做法。湖南的同志介绍说,他们在积极争取“与其他专业技术职称实现平等互转”。内蒙的同志提出,要积极做好驻区大型国有央企委托代评的衔接工作。大家在交流经验的同时,还针对存在的一些突出问题进行了深入的分析研究。一致认为,2006 年开始事业单位改革后,将政工人员设定为管理岗位,一定程度上影响了评后兑现待遇、影响了参评人员的积极性,目前各地都在积极努力协调解决这个问题。陕西西安的同志提出,“要认真解决评审经费和收费合法的问题”。江苏、湖南、山东的同志提出,“全国应提供统一的政策支持,应该积极与人力社保部门进行沟通”。

三是发展不平衡。天津、重庆、湖南、内蒙等 12 个省市将评审政工专业职称的层级扩大到正高级,有的省市把评审范围扩大到事业单位,也有的省市由于事业单位岗位重新设定的原因,将原先的事业单位评审工作暂停。国务院国资委、国家新闻出版广电总局等单位的同志介绍:“没有开评正高,让我们感到工作没有到位,目前正在积极争取开评。”江苏提出要把评审范围扩大到民营企业。来自河北、云南、西藏、新疆生产建设兵团、国家新闻出版广电总局的同志提出,自去年开展党的群众路线教育实践活动以来,基层政工专业人员对事业单位开评和恢复评审政工专业职称的呼声很高,反映强烈。

(2015 年是政工职评工作开展第 25 年。国务院国资委政工职评办公室于 2015 年 9 月在湖南长沙召开了中央企业政工干部队伍建设暨政工专业职称评审工作培训班,中国航天科工集团公司等部分中央企业政工职评办公室、天津市政工职评办公室、湖南省政工职评办公室共 17 家单位在会议上就政工职评工作畅谈了自己的感想和体会,交流了各自的经验和做法,并对政工职评工作中亟待解决的问题进行了深入探讨。本文为天津市政工职评办公室主任在会议上的发言。)

多方努力　多年坚持　多措并举
精心打造教授级高级政工师评审工作品牌

湖南省政工职评办公室

2002年,湖南省正式启动教授级高级政工师评审工作。13年来,我们通过协调各方、齐心协力,完善了一系列相关政策措施,评定了一大批教授级高级政工师。实践表明,这项工作的深入持久开展,调动了政工人员的积极性主动性创造性,推动了思想政治工作科学化专业化常态化,促进了湖南的经济发展、社会和谐与民生幸福,得到了领导认可和社会认同。

一、多方努力,教授级高级政工师评审工作得以启动

在全国至今还有多个专业职称系列尚未开评正高的情况下,湖南的政工职称评定工作能够走在前面,是有关各方共同努力的结果。

首先是各级党委、政府的重视和支持。1990年后,党中央、国务院出台了一系列政工职评政策。湖南省委、省政府高度重视这一工作,成立了政工职评工作领导小组,由省委常委、宣传部长担任组长。领导小组下设办公室,设在省委宣传部,与当时的企业宣传处(现为思想政治工作处)和省政研会秘书处三块牌子、一套人马,合署办公,负责政工职评日常工作。全省各市州、省直有关厅局也成立了相应的机构,明确了专门人员。这为教授级高级政工师的开评提供了重要的组织保障。

其次是广大政工人员的贡献和要求。随着获得政工师、高级政工师职称的基层政工人员越来越多、能力和素质越来越强,在各自领域所起的作用越来越明显,开评教授级高级政工师的呼声越来越高。特别是相当一部分国有大中型企事业单位的党委书记、副书记高度重视,大力支持,带头参评,充分发挥自身与省领导接触多的机会,积极向领导表达基层政工人员的心声。这为开评教授级高级政工师提供了深厚的群众基础,营造了浓厚的社会氛围。

第三是政工职评系统的协调和努力。经过各方协调和多年努力,我们将政工职评工作纳入省职改领导小组统一管理。2000年7月,召开湖南省思想政治工作人员专业职务评定工作领导小组会议,会议明确指出:“其他系列专业技术职务评聘工作开展到哪里,思想政治工作人员专业职务评聘工作就覆盖到哪里。”此后,我们先后制定出台了《关于教授级高级政工师任职资格评聘工作试行办法》《关于开展教授级高级政工师评聘试点工作的意见》等系列文件。由此,我省教授级高级政工师职称评定工作水到渠成。

二、多年坚持，教授级高级政工师评审工作品牌初步形成

经过评聘试点，我们于2002年首次开评教授级高级政工师。开评3年后，2005年6月，联合省职改领导小组制定下发《湖南省思想政治工作人员专业职务评聘工作实施细则(试行)》。10多年来，我们不断提升工作水平，完善工作机制，逐渐树立起政工职评工作的专业品牌，产生了良好的社会影响。

(一)申报条件明确

主要涵盖以下五个方面：一是政治素质高。二是专业知识广。三是研究成果好。在担任高级政工师任职资格期间，主持过重要的思想政治工作课题研究。在省部级以上报刊发表过3篇以上有分量、有影响的思想政治工作研究成果(包括获得全国思想政治工作优秀论文奖)，或在国家级和省部级报刊各发表过1篇以上有分量、有影响的思想政治工作研究成果(包括获得全国思想政治工作优秀论文奖)，或在省部级以上出版社正式出版过1本(合著2本以上)政工理论专著。四是工作业绩优。在下列三条中具备其中一条：在思想政治工作的实践中总结出新经验，在全省、全行业以至全国产生过重要影响；在所负责的单位获得省部级以上综合性思想政治工作荣誉中起到主要作用；个人获得省部级以上综合性思想政治工作荣誉。五是学历要求高。大学本科以上学历，担任高级政工师职务5年以上(具有博士学位，担任高级政工师职务2年以上)。

(二)申报程序规范

主要经过四个环节：一是个人自愿申报。符合条件的高级政工师均可申报。二是单位统一组织。申报人员所在单位负责组织。三是各级负责把关。所辖地或者系统负责下发通知、收集材料、初步把关后报省里。四是考评结合进行。所谓考，是指英语、计算机、政工专业知识考试。所谓评，是指论文代表作评审、高评委会材料审查、专家面试等。政工高级职称评委会由省委宣传部分管领导担任主任，由省职改办从评委库中随机抽取16名高评委委员担任成员，当场表决，不予复议。

(三)控制比例严格

我省教授级高级政工师职数一般控制在现有高级政工师职称总人数的10%以内。事业单位人员申报教授级高级政工师必须有岗位职数空缺，企业人员申报则无此限制。在评审通过比例上，严格按照省职改办核定的比例要求开评，教授级高级政工师控制在30%以内。

三、多措并举，提高教授级高级政工师的社会地位

为不断提高教授级高级政工师的社会地位，在加大对政工职称宣传的同时，我们主动和相关企事业单位沟通，积极鼓励他们在职位晋升和干部任用上优先考虑具有政工职称特别是正高职称的政工人员。我们每年举办高级政工师岗位培训班，对当年新评定的高级政工师和教授级高级政工师进行岗前培训，提升其专业素质和工作能力。我们每年组织基层政工干部外出学习考察，其中就有很多是教授级高级政工师(现在由于政策因素已暂停)。我们每两年组织一次全省企业文化论坛，为教授级高级政工师提供了展示思想才华的舞台。我们每三年评选表彰一批

全省思想政治工作先进单位、全省优秀思想政治工作者。

四、几点体会和感受

在10多年的工作实践中，我们有三点体会。

(一)争取领导重视是前提

我省政工职评工作能走在前面，与省委省政府领导对这项工作的高度重视是分不开的。比如，在2000年，省委半年之内两次召开常委办公会议，专题研究政工职评工作，并多次明确批示要按照两办文件落实政工专业职务待遇。

(二)取得人社部门支持是关键

人社部门是职称工作的主管部门，政工职评纳入人社部门的统一管理是形势发展的需要，也是规范管理、落实待遇的必然要求。做好政工职评工作要积极争取人社部门的支持。比如，我们在专业知识考试、职数申请、参评材料收集、评审方案审查、材料复核、通过比例控制、评审监督等环节，严格按照省职改领导小组、省职改办的部署要求和时间节点开展工作。同时，我们还主动邀请省职改领导小组领导亲临评审现场进行指导和监督。

(三)落实政策待遇是核心

目前，我省教授级高级职称人员退休后的社保待遇得到有效落实。企业和企业化管理的事业单位按照各自向省人社厅报批的相关文件，根据正高级职称人员退休前在岗在职所缴纳的社保金，在退休后享受相应的社保待遇。

以政工职评为抓手
努力打造一支高素质专业化政工队伍

中国核工业建设集团公司

中国核工业建设集团公司高度重视政工队伍建设，在国资委党委的指导下，在中国核建党组的正确领导下，结合自身实际，加强党组织与群团组织建设，在健全制度、培训提升、丰富内容、创新形式等方面做了大量工作与探索，政工力量不断加强。我们始终把政工职称评审工作作为加强和改进思想政治工作，提高集团公司政工人员素质和政治待遇的重要举措，取得一些经验，形成一些特色做法。

一、政工队伍建设情况

中国核建以选准、配强、用好政工干部为突破口，以加强政工人员思想作风建设为基础，以内外部业务技能培训、党建暨思想政治工作研讨会、政工例会等平台为载体，以党委书记、纪委书记与工会主席述职述学述廉为抓手，以健全制度、强化管理、拓宽渠道为途径，不断促进政工人员学本领、精业务、强素质，着力打造一支高素质、有活力、善于融入企业生产经营发挥助推作用的政工队伍。

中国核建高度重视政工职称评聘工作，建立健全组织机构，修订完善政策文件，认真组织申报，严格评审程序，严格按规定把关，综合评议，最终形成评审意见。通过评审，着力发现人才、培养人才，锻造一批全面过硬的政工干部队伍。截至目前，中国核建21家成员单位已有16家单位组建了政工专业中级职务评审委员会，暂未建立评委会的单位委托其他成员单位代为评审。根据前期对各单位政工队伍基本情况调查摸底，截至2015年7月底，中国核建政工队伍具有政工专业职务的人员共711人，其中高级政工师188人，政工师244人，助理政工师与政工员共279人。

二、政工职称申报及评审工作情况

（一）建立健全政工职评组织机构，不断修订完善政策文件

根据中央办公厅、国资委有关文件要求，中国核建自成立之初就成立了以党组成员为组长的思想政治工作人员专业职务任职资格评审工作领导小组，加强对政工专业技术评聘工作的领导。同时，成立政工专业高级职务评审委员会，负责整个集团系统高级政工师任职资格的评定。

中国核建各成员单位分别成立了思想政治工作人员专业职务任职资格评审工作领导小组，组建了政工专业中级职务评审委员会。按照“分级管理”的原则，总部及各单位中级职务评审委员会负责本单位中级及以下专业技术职务任职资格的评审、申报与组织本单

位高级政工师任职资格的论文答辩工作等。对于未具备组建政工专业中级职务评审委员会的单位，采取委托其他单位进行评审或组成跨单位的评审委员会进行评审工作。

为进一步加强中国核建专业技术职务评聘工作管理，规范工作程序，确保评聘工作质量，根据上级组织要求，结合自身实际，中国核建制定了《中国核工业建设集团公司专业技术职务评聘管理暂行办法》，对专业职务评审权限、申报条件、评审委员会、申报与呈报、评审及认定证书管理、聘任与考核工作等作了详实科学的规定。同时，制定了《中国核工业建设集团公司思想政治工作人员高级专业职务任职资格评定暂行办法》、《关于集团公司高级政工师评审工作外语考试有关问题的若干意见（试行）》，对相关评审事宜做了更加详细的规定。此外，2014 年，中国核建按照国资委政工职评办《中央企业高级政工师任职资格评定办法》的相关要求，重新修订了管理办法。

（二）有计划、分步骤，扎实有序地开展评审工作

按照“分级管理”的原则，各二级单位根据本单位实际情况建立相应的专业技术职务评聘制度，负责本单位及以下专业技术职务任职资格自行评审，报集团公司备案，委托评审和高级专业技术职务资格的申报工作。

中国核建集团统一组织高级政工师专业职务任职资格评审工作，各单位负责申报答辩工作。具体工作概括起来分为七个步骤。一是制定工作计划，明确主要节点，责任到人；二是下发评审通知，安排评审具体事宜，主要是指导各单位评审工作的经办人，对满足参评条件的人员进行提示和协助；三是成员单位在组织论文答辩和资格认定、材料审核的基础上推荐上报，其中，需要对破格申报者进行公示，无异议的方可推荐上报；四是政工专业职务评定工作领导小组办公室对上报人员进行初审，报政工专业职务评定工作领导小组同意；五是召开中国核建集团公司评委会，对申报人员的论文和业务报告进行评议，采取无记名投票方式表决；六是资格认定和聘任，下发资格认定文件，总部与各成员单位根据工作需要予以聘任；七是评审资料整理归档，分类整理，移交档案保管部门存档。为了避免出现意外，造成档案遗失，中国核建政工专业职务评委会办公室还专门采取了将申报通过人员的申报表在部门内保存 3 年的措施。

（三）秉持公开、公正、公平的原则，及时沟通，集体讨论

各单位对破格申报人员的有关情况及申报材料进行为期 7 个工作日的公示，广泛听取干部和职工的意见。经公示后确认无异议的，由呈报单位签署申报意见，党委负责人签字并加盖单位公章，由各单位政工专业职务评定工作领导小组办公室统一提交中国核建集团公司政工专业职务评定工作领导小组办公室。中国核建政工专业职务评定工作领导小组办公室安排专人对各单位申报人员的材料进行逐一认真细致审核，重点核查申报人的资格、申报材料手续是否完备、填报是否符合要求，对不符合要求的材料予以退回并说明原因。待审核完毕后，在正式评审之前，召开集团公司政工专业职务评定领导小组会议，汇报参评人员、申报材料审核情况，征求意见。同时，对跨系列人员、转业军人及公务员专业技术职务任职资格评审提出具体要求。

评审会上，出席会议的委员人数不少于评委会成员的三分之二，分组审议、集体讨论，分组汇报、综合评议，以无记名投票方式对申报人进行投票表决，获应到委员二分之一以上通过方能有效，未出席评审会的委员不得投票或补充投票。同时，各小组在汇报评审意见之时，积极推荐党建思想政治工作理论研究和实践创新等方面的优秀论文。

三、政工职称评定工作主要做法

（一）进一步严格评审条件

只有政策过硬，我们评出来的人才素质才能过硬。中国核建严格按照上级有关政策规定和国资委政工职评新办法，结合集团公司实际，修订完善了《中国核工业建设集团公司高级政工师任职资格评定办法》，进一步规范申报、答辩、评审等各个环节的工作。同时，召开集团公司政工职评系统视频会，组织大家认真学习讨论，使总部及各成员单位相关同志不仅从整体上把握政策要求，还在部分细节上做到准确、熟练掌握评审政策，让大家在评定工作中，对照有关政策文件，由论文看水平，由业务报告看贡献，从严把关。特别是对破格申报人员更加从严，重点把握破格条件，硬性规定不能突破，其他业绩、能力等基本条件也必须过硬。进一步提高中国核建政工职评工作质量，确保评出的高级政工师达到相应的专业水平。

（二）进一步规范评审程序

评审工作不同于其他工作，具有很强的程序性。评审过程中一个步骤连着一个步骤，一个环节套着一个环节。步骤不能乱，环节不能错，只有做好前一个步骤，才能进入下一个环节。所以，在整个评审过程中，中国核建按照规范程序，有步骤地逐项推进工作的开展。中国核建不断探索创新评审方法，严格执行相关规定，在评审过程中各位评委独立行使自己的权力，坚持公平、公开、公正的原则，秉公办事，做出科学公正的评议，负责任地履行好工作职责，切实保证评审质量。同时，通过评审，发现、选拔、推荐高层次人才，发挥评审独特的政策导向作用，使其成为引导政工干部不断更新知识、提升能力、创造业绩的有力杠杆，为推动中国核建政工人才队伍建设发挥更大的作用。

（三）进一步促进优秀人才脱颖而出

政工职评工作政策性强，不仅是经过本专业的专业评委来确定申报人员是否具备高一级职称资格，而且是人才评价的重要一环。中国核建将其作为加强人才队伍建设，落实中国核建人才队伍建设规划的重要手段之一。中国核建通过评审发现人才、培养人才，锻造一支全面过硬的政工干部队伍。并落实政工人员相关待遇，确保高级政工师政治经济地位，激发广大政工人员的积极性和创造性。

（四）进一步运用好评审成果

论文是评审时的硬杠杠，不但要使其真实反映一个人的能力和水平，而且要从中发现一批深入研究探索新形势下企业党的建设、思想政治工作的特点和规律，积极推进党建、思想政治工作理论研究和实践创新的优秀论文，并将其汇编成册，认知分享，运用好成果，借此推动中国核建思想政治工作研究的深入开展。近期，《中国核建加强人文关怀和心理疏导的探索与实践》思想政治工作研究成果，获中国思想政治工作研究会三等奖，获中央企业党建思想政治工作研究成果二等奖。

（五）进一步整合资源规范管理

中国核建将政工职评办公室职能从党群工作部转移至人事劳动部，纳入集团统一规范管理。同时，新组成的政工职评办公室将根据中国核建人员岗位变动，及时调整政工职评领导小组成员与高级评审委员会成员，可按一定比例让其他系列高职专家进入政工专业职称评审委员会，使其更加了解和关注政工干部队伍建设情况。及时修订升级版《中国核工业建设集团公司高级政工师任职资格评定办法》，并作为今后政工专业高级职称评审的依据。

（六）建立中国核建政工专业高级职称评委专家库

中国核建已建立了工程、会计、经济等专业技术职称序列的专家库。在政工专业职称纳入统一管理后，即将建立中国核建政工专业高级职称评委专家库，使政工职称评审工作更加科学公正。同时，建立科学有效的评价体制机制，推进中国核建职称评审工作的建设，发挥职称评审独特的政策导向、调节和评价作用，使其成为引导专业技术人员不断更新知识、提升能力、创造业绩的有力杠杆，助推中国核建事业更大发展。

国资委政工职评办开展教授级高级政工师评审，是中央企业广大政工干部的福音。它不仅可以使政工专业职称序列完整，使政工系列与工程等系列职称在高级别上保持一致，培养高素质、高层次政工人才，促进中央企业党建和思想政治工作，而且对于维护政工干部切实利益，保证退休待遇具有重要意义。中国核建将认真组织学习，认真领悟精神，认真熟悉评审办法，认真执行相关文件规定，认真组织申报工作。

健全机制　规范管理
为培养专业化政工人才队伍搭建平台

中国航天科工集团公司

中国航天科工集团公司最早从1990年开始组织政工职称评审工作，后续不断建立健全政工系列专业技术资格评聘工作制度，现已形成了比较完善的政工系列专业技术资格评聘体系，现将主要做法汇报如下。

一、政工队伍构成及职称评审工作的总体情况

航天科工高度重视政工队伍建设和政工职称评审工作，在政工队伍的成长通道拓展、交流培训、选拔评优及职称评审等方面建立了良好的机制，着力打造一支政治过硬、素质优良、业务精湛、复合高效的政工队伍，为全面落实从严治党、加强党的建设和提高党建工作科学化水平提供人才保障。截至目前，航天科工有专职政工人员1827人，占全部职工人数的1.3%。其中，在职政工人员中，有中级职称的590人，占政工人数的32%，有副高级职称的296人，占比16%，有正高级职称的25人，占比1.4%；形成了良好的梯队结构，基本上能够满足航天科工党建工作开展的需要，保障了航天科工思想政治工作的有序开展。

航天科工是国资委政工高评委授予开展政工系列高级职称评审的单位之一。航天科工各系列职称评审工作由人力资源部牵头，政工系列职称评审工作由党群工作部（政工系列职称评审办公室）具体负责。航天科工正高级（研究员级）高级政工师评审从航天总公司时期就已经开展。1996年，航天工业总公司对航天系统政工系列正高级专业技术资格评聘工作进行调研，1997年制定了评审条件，并开始组织评审工作。1999年航天总公司体制调整，航天科工集团公司独立开展政工系列职称评审工作。据不完全统计，截至2014年底，航天科工共评出正高级（研究员级）高级政工师42人，目前在职25人，有17人已经退休。

二、政工系列职称评审的主要做法

航天科工政工系列职称评审主要按照逐级评审、层层把关、推荐上报、集团终审的程序进行。其中初级职称由各单位人事部门确认，中级及以上职称由航天科工政工系列职称评审办公室在人力资源部统一协调下组织评审。主要程序是：

（一）印发通知

航天科工人力资源部于每年的9月份左右向全系统各单位统一下发专业技术职务评聘工作通知，明确各系列职称评审条件、评审控制指标以及需要上报的评审、备案材料的要求等。

（二）个人申报

申报人按照通知要求向本人所在企、事业单位提出申请，填写《专业技术职务任职资格评审呈报表》，准备专业技术答辩材料以及相关论文、课题研究成果、获奖荣誉证书、外语和计算机成绩证明等复印件，提交本单位职称评审部门进行资格审查。

（三）二级单位组织初评并提出推荐意见

航天科工直属单位对申请人进行资格审查后，组织评审组按照评审条件对同系列同级别申报人员进行初评，综合评委意见并根据指标分配情况确定相应级别推荐人选，如初评通过人员超出分配指标名额须对上报人选进行排序。各单位对初评情况进行说明，提出推荐意见并形成正式报告，统一送航天科工培训中心进行资格审查。

培训中心受航天科工职评办委托，依据评审办法对申报人员材料进行严格审查，对基本条件不符合的提出初步审核意见，对材料不全的申报人员协调各单位核实补充，出具资格审查报告提交航天科工政工职评办复审。

（四）组织评审

航天科工政工职评办在复审的基础上，对申报人员采取“两审制”，即专业组评审和终审组评审。航天科工组建政工系列职称专家评委库，对入选评委库人员在专业资历、职务职称、单位分布等方面均有要求，评委原则上由集团公司总部及各单位具有研究员级职称且在党建工作领域有丰富理论与实践经验的人员担任，并由人力资源部审核后报航天科工分管党建工作领导审批同意。根据实际情况每年对评委库人员进行动态调整，确保评委库人员数量。专业组评委和终审组评委均从评委库中产生，专业组评委其业务和专业性更强一些，终审组评委对答辩人员全面情况更了解。具体评审程序如下：

1. 评审办公室对各单位推荐上报参加评审人员相关材料（学历证明、资历、专业工作年限、外语及计算机考试成绩、论文及获奖情况证明等）再次进行审查，对材料缺失或不全者要求补齐。

2. 组织召开政工系列专业组答辩评审会。专业组评委由9～11人组成。组长由集团公司总助级领导或资深专务担任，副组长由人事、党群部门负责人担任。京内单位参加答辩人员一律到现场答辩，京外单位参加答辩人员在本单位采用视频方式答辩。

3. 答辩分为个人陈述和评委提问两个环节，评委综合考虑答辩人的专业理论水平、工作经历与能力、取得的工作业绩、个人论文著述及培养人才等情况，现场进行综合打分并提出是否向终审组推荐的意见。

4. 答辩结束后由评审办公室负责对各位评委打分进行汇总统计，按得分多少进行排序，形成专业组评审报告上报专业组组长。需要说明的是，专业评审组只根据答辩人的专业能力水平进行评分，并提出是否向终审组推荐的意见，没有淘汰权。

5. 在专业组评审的基础上，组织召开终审评审会。终审会评委由21～25人组成，航天科工党组分管党建工作领导担任评委会主任。终审会评委在听取专业评审组评审意见的基础上，对申报人员情况进行充分讨论，对需要具体了解的有关问题可直接查阅本人相关材料。按照评审标准，在规定的评审指标内进行无记名投票表决。获出席评委三分之二(含)以上同意的方为通过。评委会主任宣布最终通过评审人员名单,并在评审结果单上签字,备案留存。评审结果报人力资源部,由其正式下发文件。

三、五点体会

通过多年来的工作实践,航天科工在政工系列职称评审工作方面积累了一些经验,主要有以下五点体会。

一是完善制度,规范管理。航天科工自开展政工系列专业技术职务评聘工作以来,不断建立完善评聘工作制度,制定并印发了《专业技术职务评聘管理办法》、《政工系列专业技术职务任职资格评审条件》(目前正在根据国资委《教授级高级政工师任职资格评定工作暂行办法》对有关内容进行修订)、《职称外语等级考试管理规范》、《专业技术人员计算机应用能力考试管理规范》等系列规章制度,明确要求,规范管理,严格执行规章制度,确保评审工作科学化、规范化、制度化。

二是健全机制,规范流程。航天科工政工系列职称评审有关上报材料、资质审查等基础工作全面依托其所属培训中心完成。该中心具有全国专业技术人员计算机应用能力考试、国家外国专家局培训中心中国国际化人才外语考试(简称[BFT])资质,熟悉各系列职称评聘有关政策和文件,有完善的工作标准和工作流程,从接收评审材料到汇编整理纸质版、电子版材料,从资格初审到问题反馈都有严谨的程序和流程,并建立了高级专业人员计算机管理系统,做到各项工作有记录、有备案、可检查。

三是逐级评审,层层把关。在开展政工系列职称评审中,航天科工自上而下都成立了政工职称评审组织机构,申报政工职称者必须经所在单位审查,再由二级单位进行审核、评审,最后由航天科工总部评审委员会先后进行专业、终审两次评审,做到公平、公正、公开。

四是坚持标准,确保质量。航天科工统一制定了正高级(以前为研究员级,今后统一为教授级)政工师职称评审条件和要求,并严格控制评审数量,以品德、能力和业绩为导向,突出政工人员的专业性、实践性和创造性,拓宽政工人员成才通道。目前,全系统每年根据各单位上报的参评人数,按照航天科工专业人才发展规划和各单位专业技术人员队伍结构比例,对各单位统一分配指标。各单位根据实际情况对指标进行再分配。经过逐级遴选后上报航天科工进行评审。近几年来,全系统每年政工系列正高级评审指标控制在4~6个名额,且终审通过率原则上不超过80%。

五是评聘分开,动态考核。根据航天科工专业技术职务评聘管理有关规定,专业技术职务实行评聘分开,即符合评审条件的人员根据工作需要,经本人所在单位同意均可报名参加专业技术职务评审,评审通过后取得相应资质,如聘任专业技术职务,兑现相应的工资及福利待遇。专业技术职务聘任实行聘期制,聘期一般为3年。聘期结束后要求各单位及时进行聘期内考核,通过同行评议、业绩考评、评委评审等确定考核结果,考核结果为称职及以上的,可直接续聘,确保专业技术人员质量和素质并充分发挥其应有的作用。航天科工总部人员只参加评审,通过后只具备相应资质,不进行聘任。

航天科工在政工系列职称评审工作上进行了一些实践和探索，为进一步加强政工队伍建设、充分调动和发挥政工人才工作积极性起到了较好的推动作用。目前，航天科工正在根据国资委下发的《中央企业教授级高级政工师任职资格评定暂行办法》的有关要求，对航天科工目前的评审办法重新进行修订，在今后的工作中将严格按照国资委要求组织开展评审工作，为提高党建工作科学化水平提供强有力的人才保证。

严格质量标准　健全评审体系
不断提升教授级高级政工师评审科学化水平

中国航天科技集团公司

中国航天科技集团公司作为我国航天科技工业的主导力量，承担着探索开发宇宙空间、构建战略核威慑力量、推动航天强国建设的使命责任。集团公司党组高度重视政工职称评审工作，将政工职称评审工作作为加强复合型政工干部队伍建设的重要载体，探索建立了有效的政工干部选拔、培训、评价和激励机制，使政工职称评审工作与政工干部队伍建设有机结合起来，极大地提高了政工专业技术资格评审与职务聘任工作的规范化、科学化和制度化水平，充分地调动了思想政治工作专业人员的积极性、主动性和创造性，为加快推动航天强国建设和集团公司科学发展提供了强有力的人才保证和智力支撑。

一、高度重视、周密部署，健全教授级高级政工师评审的组织体系

（一）坚持顶层设计、统筹谋划，完善评审制度体制

我们在深入贯彻中央和国资委党委有关职称评审文件的基础上，专门制定下发了集团公司《关于印发政工等系列正高级评审条件的通知》和《关于印发中国航天科技集团公司专业技术资格评审和专业技术职务聘任管理规定的通知》，对包括教授级高级政工师在内的政工职称评审的机构设置、评审要求、评审程序、评审标准及相关材料等做出了具体规定，保证了评审工作有章可循、规范进行；逐步完善政工职称的评审和聘任管理制度，建立了评审标准严格、评审管理严格、评审政策严格、评审程序严格的“四严格”制度；在评审过程中建立了指标公开、程序公开、条件公开、结果公开的“四公开”制度。同时，还建立了“三倾斜（向一线倾斜、向青年骨干倾斜、向业绩突出人员倾斜）、一控制（控制评审数量）”、“交叉互评”等一系列规章制度，形成了一套科学完整的工作和运行体制，确保了政工职称评审科学系统、公平公正和规范有效地开展。

（二）坚持统一领导与归口管理相结合，完善职称评审管理格局

集团公司积极探索符合自身发展的政工职称评审的管理模式和工作格局，对政工专业技术资格评审和专业技术职务聘任实行统一管理、分类指导、分级负责，建立了党组领导牵头抓，各级党政领导共同负责，各级人力资源部门归口管理的工作模式。同时，组建了集团公司职称改革工作办公室作为评审的最高管理机构，其下设由集团公司党组领导担任主任的集团公司政工系列职称评审委员会、政工系列职称评审专家组、政工系列职称评审办公室、航天人才开发交流中心工作机

构等,进一步明确了政工职称评审的责任体系,规范了政工职称评审的管理流程,形成了权责清晰、分类科学、机制灵活的政工职称评审管理模式和工作格局。

二、严格标准、规范流程,确保职称评审工作规范有序

(一)严格审核,认真把关

为确保申报材料可靠、真实、有效、规范,我们注重从源头上把好"入门关",对申报教授级高级政工师人员的材料审查实行"公示制"、"责任制"和"承诺制"。参评人员申报材料先由所在单位审核把关后进行公示,再由航天人才开发中心、集团公司政工系列职称评审办公室进行逐项核对审查,做到谁审核、谁签字、谁负责,严格界定责任,对不符合规定的一律不能过关,公示中反映有问题的一律不能过关,对不符合评审条件的一律不予审批。同时,实行申报人、推荐单位承诺制度。申报人要对自己申报的个人信息和申报材料的真实性做出承诺,推荐单位要对所推荐人员申报资料的真实性做出承诺并签署承诺书,以确保申报材料的客观、真实,堵住漏洞,严防弄虚作假的现象发生。

(二)规范流程,认真评选

在评审过程中,严肃工作纪律,坚决杜绝"人情关"、"乱开门"的现象,确保把素质高、能力强、知识水平过硬的优秀人才评上去,推上去。一方面组建专业评审专家组和终评审委员会。职称评审专家组由具备教授级专业技术资格,熟悉评审工作的有关程序和政策,具有较高的专业技术水平的9名专家组成;终评审委员会由集团公司党组领导担任主任,具有较强专业能力的18名党委书记和专职副书记担任评审委员会委员,既保证了政工职称的评审质量、权威性和公信力,又确保了企业发展方向和发展思路的贯彻实施。另一方面严格答辩评审流程。答辩环节采取京内单位现场答辩,京外单位视频答辩的方式。答辩过程中专家组除了要对申报人员专业理论水平、工作经历和能力、业绩成果、人才培养能力等方面进行充分的评议外,还增加了企业如何适应新常态、如何实现创新发展等内容。答辩结束后,对于存在异议的情况,进行重新讨论审定,出具明确的评议意见,并根据答辩得分情况,对其进行排序,实行差额淘汰。终评审阶段设置了负责答辩的专家介绍申报人员情况、全体评委评议、当场无记名投票表决等环节,从程序上保证了答辩的质量和评选的公正。

三、实事求是、科学指导,合理设置职务聘任结构比例和评审方式

(一)分类设置职务聘任结构和比例

集团公司系统所属单位构成既有研究院、专业公司及其所属企业和科研事业单位,又有直属大、中型企业和小型企事业单位。不同单位的业务性质、发展模式、机构设置和人员组成各不相同。为适应航天科研生产及管理体制改革和多元化发展的需要,政工职称评审区别不同单位的情况,分类设置专业技术职务及其比例,规定研究院、集团公司机关按岗位设置的高级政工师占政工人员总数的20%~25%,大中型企业和科研事业单位占10%~25%。同时,各单位专业技术职务及比例结构采取5年大调和年度微调相结合的方式。集团公司每5年根据摸底情况对各院、公司及各直属单位的专业技术职务和比

例进行一次调整，每年根据各单位申报的人员情况结合历年的申报情况，对指标比例进行微调，确保了基层各单位能够根据自身发展的需要，科学合理地按岗位、按比例配备和使用思想政治工作人才，形成结构比例合理的政工干部队伍。

（二）科学合理设置评审方式

申报教授级高级政工师的人员由于其岗位结构、学历结构、年龄结构、单位分布等情况各不相同，为防止评审方式的“一刀切”，集团公司建立和完善了定量评审与定性评审相结合的评审方式。在严格政策、严格标准、严格要求的基础上，充分考虑不同地区、不同单位、不同岗位的实际情况，增强了评审过程的可操作性。定量评审实行量化打分的方式，总分为100分，分三个大项、五个小项，涵盖申报人员的理论水平、工作能力、业绩和贡献、论著等内容，作为评审的基本标准和依据；定性评审重点关注其能力、实绩与贡献，对于市场化程度高的专业公司参评人员，一般文化程度高、创新意识强，更多地关注其创新性成果；对于工作年限长、学历低、论著成果少的申报人员则更关注其工作实绩与贡献；对于不同地区的申报人员要充分兼顾其所在地区的经济发展水平、思想政治工作的总体情况和单位发展的现状。同时，还设置了体现工作业绩、专业水平的加分条件和加分标准，为工作能力特别突出、贡献特别大的申报人员提供了加分破格晋升的通道。

下一步，集团公司将按照中央和国资委党委的有关部署和要求，把政工职称评审工作作为推动政工队伍建设的重要杠杆，以建立一支政治强、业务精、作风正的航天复合型政工干部队伍为目标，不断总结政工职称评审工作的经验，努力探索政工职称评审工作的规律，进一步改进和完善政工职称评审体系，充分调动和发挥政工干部的积极性、主动性和创造性，为推进集团公司思想政治工作科学化进程，实现“发展航天事业、建设航天强国”的宏伟目标做出更大的贡献。

不断强化政工职称评审工作　打造坚强政工干部队伍

中国航空工业集团公司

中航工业自2008年重组整合以来，明确提出建设“复合型政工干部队伍”的目标，从选拔、培养、使用和激励等方面不断强化政工干部队伍建设。尤其是将政工职称评审作为主要抓手之一，不断拓宽工作领域、创新管理方式、完善评价机制，政工干部队伍建设得到进一步加强和深化，政工干部的政治意识、大局意识、责任意识和创新意识得到进一步巩固和提升。

一、健全政工职称评审工作模式和程序

2009年以来，中航工业结合自身工作实际和人才发展需求，制定了《专业技术职务评审和聘任管理办法》和《专业技术职务任职资格评审委员会管理办法》等一系列文件，不断丰富完善政工职称评审工作制度和机制。

（一）完善工作模式

中航工业坚持从工作实际需要出发，兼顾专业技术人才队伍现状，秉承精简、高效的原则，因事设岗。岗位级别根据工作性质和人才队伍状况，分正高、副高、中级、初级四个层次进行设置。为保证客观、公正、准确地评定各类各级专业技术人员的专业技术职务任职资格，按照专业技术职务任职资格评定实行分级管理的原则，集团公司有计划、有步骤地把评审权下放到具备条件的基层单位，并完善各级各类评审组织。

（二）严格规范工作程序

1. 下发通知。集团公司人力资源部每年5～6月份下发政工职称评审工作通知，内容包括评审原则、上报材料要求和报送时间、地点等；奇数年下发审核评审权、评审指标通知（每两年对所属单位评审权和评审指标进行一次核定）。

2. 材料审查。集团公司人力资源部组织专家对成员（直属）单位上报的有关材料进行审查，审查内容包括：晋升数量审核、数据审核、资格审核、材料审核，并按照相应系列形成电子信息，分别归类。

3. 材料整理。根据审核结果，按照系列进行分类；将数据库和纸质材料进行核对，制作评审名册，将材料编号、打捆，做好移交准备。

4. 各系列评审。通知各系列联络员按照系列领取评审材料，并提醒注意事项，各系列开展评审工作，按时间节点将评审结果报集团公司人力资源部。

5. 上报结果。将各系列评审结果汇总整理，以“阅批件”形式上报集团公司部门领导、集团公司主管领导审批。

6. 下发文件。拟定发文，正高级职称评定结果以集团公司文件形式下发通知，副高级职称评定结果以人力资源部部门文件形式下发通知。

7. 制作证书。对通过人员呈报表进行盖章确认,按各单位上报原始信息制作证书,将呈报表和证书一并寄回原单位,其他材料原则上不予退回。

8. 材料归档。将通知、阅批件、发文等材料归档。

二、丰富政工职称评审工作内容

自2009年开始,中航工业按照集团公司职称评审工作标准和流程,开展了政工系列职称评审工作。集团公司党建和思想政治工作部承担政工职称评审的具体组织工作。

(一)明确政工职称评审标准

在中航工业《专业技术职务评审和聘任管理办法》中,明确规定了申报晋升副高、正高级政工师的标准和条件:

1. 申报晋升副高级政工师的人员,在取得现专业技术资格以来,应至少获得集团级、省部级或更高级别成果奖或荣誉称号一项,或者达到如下条件之一:

①在国家级及以上级别核心刊物上发表一篇以上独立或第一作者完成的论文;

②在公开发行的省、部、集团刊物发表两篇以上独立或第一作者完成的论文或报告;

③在集团公司组织的本专业学术会议上发表经验总结、调研报告或其他学术报告材料三篇以上;

④在重要报告或工作总结中承担重要起草人任务一项以上。

2. 申报晋升正高级政工师的人员,在取得现专业技术资格以来,应至少获得集团级、省部级三等奖或以上奖励一项,或者达到如下条件之一:

①在国家级及以上级别核心刊物上发表两篇以上独立或第一作者完成的论文;

②在公开发行的省、部级及以上级别专业刊物发表三篇以上独立或第一作者完成的论文或报告;

③在省部级及以上级别本专业学术会议上发表会议论文或学术报告三篇以上;

④在重要报告或工作总结中承担主要起草人任务一项以上。

(二)健全政工职称评审委员会

集团公司人力资源部正式下发了《成立集团公司专业技术职务评审委员会的通知》,成立了工程、政工等10个系列的高评委会。其中,政工系列高评委会的主任委员由党建和思想政治工作部部长担任,副主任委员由人力资源部、纪检监察部部长担任,委员由行业内16名具有正高级政工职称的领导同志担任。

2014年,为进一步加强对高评委的管理,集团公司下发了《关于组建集团公司高级专业技术职务任职资格评审委员专家库的通知》,成立了包括政工系列在内的10个专业的高评委专家库。专家库中的高评委委员原则上具有正高级职称,且具有较高学术、技术水平,在集团公司内外具有较高知名度,并得到业内充分认可。集团公司对专家库实施动态管理,根据工作需要适时调整有关委员专家。高评委会召开时,评委人选原则上需从专家库中产生。根据高评委会两年任期届满且调整人员不少于三分之一、不多于三分之二的原则,至少每两年参会的高评委委员专家应有相应的变动,确保了评审的公平公正。

(三)规范政工职称评审会

党建和思想政治工作部根据集团公司人力资源部文件要求,每年组织召开政工系列职称的评审会。参加高评委会议的评委不少于19名,会议分为小组审议、小组长会议、主任委员会议、投票表决、宣布计票结果等环节。政工系列高评委严格执行职称评审的程序和有关标准的要求,严把被评审对象的业绩关,在综合考虑品德、专业知识、经验和能力等要素的基础上,突出工作业绩的权重,做到业绩突出者优先晋升,无业绩者不能晋升。严格执行集团公司对评审提出最低淘汰率的要求,确保每个级别的淘汰率达到10%以上。

三、做好政工职称评审工作的体会

几年来的探索和实践使我们深刻认识到,政工职称尤其是正高级政工师职称评审工作要取得好的效果,有以下几个方面的做法值得坚持。

一是规范设计职称评审工作体系是基础。科学合理细化的职称评审体系指标可以确保评审工作的规范性和可操作性,是职称评审工作取得预期效果的坚实基础。因此,中航工业先后制定并下发了《专业技术职务任职资格评审和专业技术职务聘任工作暂行办法》等一系列文件,建立了以提高技术水平、工作能力、鼓励创新为导向的政工人员业绩考评体系;制定和实行了结构比例控制与总量预控相结合的专业技术职务宏观管理办法,集团公司总部通过严格执行结构比例管理,总体把控各单位的申报数量;规范评委会的组建、运行和管理工作,明确各级评委会的权限和职责,保证政工职称评审工作有效运行。

二是科学建立重业绩能力的评价机制是关键。考评什么才能得到什么。建立完善以品德、知识、能力、业绩为主要内容的政工人员评价标准是非常关键的价值导向,对评审效果影响巨大而深远。中航工业注重业绩和能力评价,不断完善以获奖成果、工作业绩等为主要内容的政工人员业绩评价标准,通过职称评审,促进政工人员提升技术水平和专业能力。各单位按照科学评价、量化考核的原则,结合实际情况,不断细化、完善政工人员评审业绩条件,逐步建立量化考评指标体系和考评办法,由定性评审向量化评价发展。各单位在集团公司文件的基础上,制定了政工人员高级专业技术职务量化评定细则,从专业成果、论文论著、荣誉、绩效、知识贡献等多个维度设定了政工人员量化评定指标,对答辩人业绩成果和业务能力水平、专题论文水平、答辩水平等进行量化评分,将定性评价与定量评价相结合,综合反映申报人的能力和业绩,人才评价方式不断优化创新,不断走向科学化、规范化。

三是充分调研不断完善制度办法是保障。好的制度机制是评审工作能够取得预期效果的重要保障,而充分的调研和广泛的征求意见是不断完善制度机制的重要保障。为此,中航工业先后于2012年、2015年两次组织专门力量对集团公司所属单位政工职称工作进行调研,区分行业性质、地域性质和人才结构,先后调研30余家单位,系统梳理政工职称评审中出现的问题几十条。结合调研中存在的问题,于2015年两次召开职称专题研讨座谈会,对集团公司相关文件逐条逐句进行分析解读,进一步完善专业技术职务评价机制和办法;广泛征求意见,进一步修订完善专业技术职务评审的相关制度和文件,从而有效发挥制度的刚性约束作用,固化好的经验和做法,保证了政工职称评审工作的规范性、科学性、一致性和延续性。

严守政策　严格把关　严控质量
不断提高政工职评工作水平

中国兵器装备集团公司

中国兵器装备集团公司成立于1999年，是中央直接管理的国有重要骨干企业，是国防科技工业的核心力量，是我国最具活力的军民结合特大型军工集团之一。兵装集团现有军品、汽车、摩托车、输变电等产业版块，拥有长安、天威等50多家企业和科研院所。2014年实现营业收入4245亿元，利润总额169亿元，位列《财富》世界500强第169位，中国企业500强第29位，中国制造业500强第7位。

兵装集团经中央企业工委政工专业职务任职资格评审工作领导小组审核批准，自2000年起开展高级政工师的评审工作，至今共进行了14次评审，通过人数495人，通过率为50%。兵装集团授予所属成员单位中、初级政工专业职务任职资格评审权和审批权，由各成员单位自行组织评审，评审结果报兵装集团备案。高、中、初级任职资格证书均由兵装集团统一制作和发放。目前兵装集团职工人数为19.4万人，从事思想政治工作人员有2500余人。其中，具有助理政工师及以上职称的945人，高级政工师193人。

一直以来，兵装集团思想政治工作专业职务任职资格评审工作均严格按照中宣部、国资委等上级部署要求进行，主要做法有以下几点：

一、健全组织机构，严守政策规定

兵装集团坚持以加强政工队伍建设和发挥其积极作用为目标，高度重视政工专业职务评审工作，健全组织机构，明确工作职责，不断规范工作流程。

（一）成立组织机构，落实工作保障

为规范兵装集团思想政治工作人员专业职务任职资格评审工作，兵装集团成立了以兵装集团公司主管领导任组长，以人力资源部和相关部门领导为成员的政工职评工作领导小组，主要负责研究制定评审工作的制度办法，组建政工专业高评委会，指导、监督和检查评审工作的组织实施情况。兵装集团政工职评工作领导小组下设办公室，主要负责政工专业职务任职资格评审的日常管理工作。

（二）重视工作规范，准确解读政策

兵装集团政工职评工作主要依据《企业思想政治工作人员专业职务试行条例》、《关于实施〈企业思想政治工作人员专业职务试行条例〉的若干规定》、《中央企业高级政工师任职资格评定办法》等文件。兵装集团政工职评工作领导小组办公室每年都要深入研究政策，及时归纳总结，掌握最新政策标准，不断完善工作运行机制和评审工作流程，做

实各程序、各环节工作。

二、把好“三道关口”，严格评审工作

兵装集团政工职评工作领导小组办公室每年根据上级最新文件要求，下发年度政工专业职务评审通知，在实际操作中注重把好“三道关口”，严格整个评审过程。

（一）把好推荐关

各成员单位严格按照兵装集团年度政工专业职务任职资格评审工作要求，在学习、理解政策规定的基础上，一是由人力资源部和党委组织部等部门组成工作组，进行调查摸底，认真审核申报人员岗位职责信息和资历条件。二是各成员单位政工专业职务评委会审核申报人员的材料，评估答辩情况。三是在成员单位范围内进行公开公示，无异议后，确定推荐名单，报送兵装集团政工职评工作领导小组办公室。

（二）把好审核关

兵装集团政工职评工作办公室对各成员单位的推荐人选及材料严格进行资格和完整性审查。一是审查申报人员的毕业证书、学历层次和专业是否符合要求。二是审查聘任书，核实履职年限。三是审查是否取得外语、计算机和各类培训资格证书。四是审查申请破格人员是否符合条件。五是审查公示材料是否符合要求。六是审查《申报材料清单》是否齐全。最终形成审核通过人员信息名单和初审报告，上报兵装集团政工职评工作领导小组。

（三）把好评审关

认真研究制定年度政工职评工作安排，经请示兵装集团政工职评工作领导小组同意后组织开展。一是制定政工职评工作方案，确定评委会成员是否调整或新增，制作评审工作手册。二是召开政工专业职务评审工作会，宣布评审规定、程序和要求。三是兵装集团高评委统一查看申报材料，进行充分讨论研究后，进行无记名投票，并由主持评审工作会议的主任委员或副主任委员签字确认。评审结束后，形成总结报告，报兵装集团政工职评工作领导小组审批后公布评审结果。

三、实现“三个确保”，严控评审质量

政工职评工作关系到每个政工人员的切身利益，也关系到兵装集团的用人导向。为提升评审质量，兵装集团提出“三个确保”，最大限度保证评审工作结果得到广泛认可。

（一）确保好中选优、优中选强

兵装集团高评委在年度评审时，严格按照政策要求审核，严控通过人数，突出三个倾斜：向在思想政治工作方面具有真才实学的人员倾斜、向获得重大荣誉表彰的人员倾斜、向长期在企事业单位思想政治工作一线的人员倾斜，确保把思想政治工作方面的优秀人才评选出来。

（二）确保评审公开公平公正

兵装集团政工职评工作领导小组要求整个评审工作必须透明公开、严格纪律。各成员单位要严格履行程序，执行公示 5 天的要求，并上报盖有单位公章的公示证明材料。申报人员如有弄虚作假等行为，一经核实，即取消其参评资格。各成员单位对评审材料把关不严的，视情节轻重，通报批评或暂停申报。评委会成员对政策和标准把关不严、无组织原则的，取消其评委资格。

(三)确保评审工作平稳进行

兵装集团注重将思想政治工作贯穿整个评审过程。一是做好政策咨询,对来电来人咨询、申诉的,一律认真、热情接待,做好答疑解惑工作。二是做好保密工作,对于评审过程中各位评委发表的评价意见、投票意见等要求高度保密。三是做好思想沟通,对没有通过的人员,要求各成员单位做好思想疏导,指出存在的差距和问题,帮助其改进提高。

新形势下,集团公司将按照全面加强党的建设要求,进一步加强思想政治工作人员队伍建设,适时开展调查研究,摸清现状,分析问题,结合"十三五"人才规划制定相应对策,建设优秀的复合型政工人才梯队,全力提升集团公司在新时期发展中的软实力。

合理定位　规范评审
着力打造高素质政工人才队伍

中国石油化工集团公司

中国石油化工集团公司是1998年7月在原中国石油化工总公司基础上重组成立的国有特大型石油石化企业集团，主营业务涵盖能源化工产品生产与销售、工程设计与施工、相关技术研发、实业投资与管理等领域，2015年在《财富》世界500强排名第二。

中国石化历来高度重视思想政治工作和政工人才队伍建设，经过30多年的发展，逐步建立起一支结构合理、素质过硬的政工人才队伍，职称评审已经成为政工人才队伍建设的一项十分重要的基础性、常规性工作。目前，在90.6万各类用工中，有专职思想政治工作人员2.52万人，其中博士学历77人，硕士学历878人，本科学历1.3万人，专科学历0.8万人；具有政工系列职称的3.1万人中，教授级职称280人，高级职称0.84万人，中级职称1.17万人，初级职称1.06万人。

一、政工职称评审工作概况

按照国家实行专业技术职务聘任制度的规定，经中央职称改革领导小组批准，中国石化于1986年6月成立了第一届高级专业技术职务评审委员会，正式开始了职称评审工作。

到1989年，随着首次职称改革工作的顺利结束，职评工作转入了经常化。但由于国家尚未颁布政工系列职称试行条例，已经明确的29个职称系列中也未包含思想政治工作人员，企业思想政治工作人员的职称评审问题逐渐凸显出来。针对这一问题，中国石化比照其他系列职称试行条例和评审规定，探索开展了政工系列高级职称评审工作，明确参评人员范围是专职政工干部，从事思想政治工作10年以上，或具有中级职称从事思想政治工作5年以上，评审条件参照其他系列执行。在1989年11月召开的二届一次评审会上，首次评定了133人的高级政工师职务。

1990年4月，中央组织部、中央宣传部、人事部发布了《企业思想政治工作人员专业职务试行条例》，中国石化经过认真准备，在前期工作的基础上组建了第一届政工系列高级职称评审委员会，并于1991年9月召开了第一次评审会议。到1993年，按照全国企业思想政治工作人员专业职务评定工作领导小组通知要求，政工职称评审正式转入经常化，与其他专业系列职称统一政策、统一标准、统一程序、统一组织。

1998年7月，按照党中央、国务院对石油石化行业实施战略重组的决定，中国石油化工集团公司正式成立。为进一步规范职称评审工作，1999年2月，中国石化印发了《关于统一规范专业技术职务评聘管理若干规定（试行）》，根据国家职改政策有关精神，适应中国石化业务发展和人才队伍建设需要，为拓展政工人员的成长空间，激励广大思想政治工作者不断创新和持续发展，在认真总结教授级高级工程师评审经验的基础上，研究制定了教授级高级政工师职称评审条件及评审办法，开始了教授级高级政工师职称评审工作。目前，中国石化每年组织一次政工系列职称评审工作，评审按照个人申请、组织人事部门审核、所在单位推荐、评委会办公室复核、专业组初评、评委会评审、评审结果备案审定及公布的程序进行。

二、政工职称评审工作主要做法

政工职称评审是企业思想政治工作的一项重要内容，也是政工人才队伍建设的一项基础工作，既要为加强和改进企业思想政治工作服务，也要为企业培养造就高素质政工人才队伍服务，对政工人才的成长发展起着导向和激励的作用。评审过程中，我们注重把握好以下几个方面：

（一）合理定位，评用结合，把握评审工作的发展方向

随着国有企业改革发展的持续深入，各种利益格局调整过程中的矛盾和问题也不断凸显出来，企业思想政治工作面临着新的机遇和挑战，对政工职称评审工作提出了新的更高要求。为此，我们按照国家深化职称制度改革的方向，结合中国石化改革发展实际，着力解决了职称评审工作的定位问题，明确职称是履行岗位职责的必要条件，职称评审是对专业技术人员学术技术水平和能力业绩的评价，立足于为人才使用服务，为专业技术人员的职位晋升和职业发展服务，为人才成长通道建设服务。同时，以岗位化管理为基础，进一步强化评聘分开，合理控制总量，明确取得教授级、高级、中级职称的人数按照对应岗位数的一定比例（原则上生产单位上限为120%，科研设计单位上限为130%）掌握，为竞聘上岗、动态管理创造条件。

（二）统筹安排，分层实施，提高评审工作的有效性

我们坚持把政工职称评审工作放在整个集团公司改革发展的大背景下进行谋划，做到“三个纳入”：一是纳入集团公司改革发展的总体部署中；二是纳入政工人才队伍建设的总体规划中；三是纳入组织人事部门的日常工作中。统筹安排，合理兼顾，确保政工职称评审工作与公司的改革发展、生产经营、人才队伍建设有机统一，良性互动。

按照分级管理的要求，在评审组织上划分了四个层次，第一层次是集团公司高级评审委员会，负责评审教授级职称；第二层次是各直属单位经集团公司授权后独立或按区域联合组建的高级评委会，负责评审政工系列高级职称，评审结果报总部审核备案后公布；第三层次是直属单位中级评审委员会，负责中级职称评审工作；第四层次是直属单位初级评审委员会，负责员级、助理级职称评审工作。目前中国石化总部设政工系列高级职称评审委员会，授权各直属单位独立组建政工系列高级评委会17个，联合组建政工系列高级评委会16个，每年评审教授级高级政工师40人左右，高级政工师800人左右。

（三）坚持标准，严格条件，增强评审工作的公信度

一是重水平更重实际的业绩。结合中国

石化的行业特点，在对国家《试行条例》规定的学历、资历基本条件进行具体化的同时，对申报各级别政工系列职称的能力、业绩、外语水平等条件也进行了细化，如明确参评教授级高级政工师必须长期（累计15年以上）从事专职思想政治工作，具有较丰富的思想政治工作经验，能领导、组织或指导完成重要的综合性思想政治工作任务。其中，对任职时间的限制，体现了思想政治工作对经验积累的要求，符合高水平政工人员成长的一般规律。

二是重论文数量更重专业水平。评审条件规定申报教授级职称应至少发表3篇论文（其中至少有1篇为核心期刊发表，核心期刊的认定以北京大学图书馆发布的核心期刊要目总览为依据），申报高级职称至少发表1篇论文，并要求论文应结合本职工作撰写。但考虑到思想政治工作的特殊性，对因敏感政策及其他涉密事项等不宜公开发表的论文，经专家审核认定达到申报职称水平要求的，也可视为发表论文。

三是重获奖成果更重解决实际问题。针对社会和企业转型发展过程中出现的一系列问题，政工职称评审既重视对创新成果的评价，更注重对解决实际问题能力的考核，并在评审条件中特别强调要紧密结合生产经营实际，注重加强正面引导和宣传教育，把握正确的舆论导向，维护企业和职工队伍稳定、化解群众矛盾、促进和谐、增强凝聚力、调动积极性、服务企业改革发展等方面的工作成效。对业绩的考核，注重从单位考核推荐结论、群众评议情况、工作经历、岗位职责、相关工作的成效等申报材料中反映其立足岗位所做出的实际贡献，不唯成果，不唯奖项。

（四）严格程序，加强把关，突出评审工作的严肃性

在评审工作中，主要是从程序上把好“六关”：

一是考核推荐关。所在单位采取群众评议、同行互评与年度考核相结合等方式，对申报人的思想品德、工作态度、学识水平、专业能力和工作业绩等进行综合考核，对申报人的评审材料进行审查核实，并出具考核推荐意见。

二是组织审查关。由组织人事部门对申报人提交评审材料的规范性、完整性、真实性、准确性进行初审。同时，为督促参评人员持续不断地加强学习和立足岗位做贡献，特别增加了对参评材料时效性的要求，明确申报人提交的成果、业绩、贡献等应是近5年内取得或完成的。

三是群众监督关。在组织人事部门认真审查的基础上，对申报人有关材料采取张贴书面公告、局域网上公布、内部报纸刊登等方式，在一定范围内进行公示，主动接受群众监督。对公示过程中反映出来的问题，特别是弄虚作假的问题，一律仔细核查，严肃处理。对当事人除取消当年度参评资格外，情节严重的3年内不得参加评审或今后不得参加评审。

四是专家评议关。为体现同行评价和业内认可，各级评审委员会都下设了专业评审组，每个专业组由5名以上同行专家组成，负责审阅参评人的送审论文，组织综合答辩，对参评人能力业绩等进行评价，提出评审的意见或建议，为评委会评审提供依据和参考。通过专家评议后，评委会评审的准确性和工作效率得到显著提高。

五是评委会评定关。评委会评审是政工职称评审的关键环节，在召开评委会时，首先由专业组组长汇报评议的情况，然后全体评委对参评人逐一进行评议，参考专业组专家评议的意见，采用无记名投票的方式进行表决。同时，要求出席会议的委员人数必须超过组成人员的三分之二，出席会议委员三分之二以上同意为通过评审，即严格要求两个“超过三分之二”。

六是备案审核关。各级评委会评审结果要在召开评审会后，报上一级主管部门审核备案，经审核同意后方可发文公布，切实做到责任到位，层层把关。

（五）积极探索，不断创新，实现评审手段的多样性

一是积极探索改进职称评审办法。在坚持分级评审的同时，探索开展量化评审，选取有代表性和针对性的指标，制定量化评分标准，实现评审结果的量化可比，准确、客观、科学、合理地评价人才，提高评审质量。

二是实行远程综合答辩。针对职称评审中存在的只见材料不见人的问题，我们加大了答辩的力度，参评教授级职称人选答辩比例不低于30%，同时，考虑中国石化企业分布情况，为提高效率，降低成本，我们实行了远程综合答辩，通过视频对参评人答辩情况进行现场监控，通过电话语音进行问答，实现了评审专家与参评人的直接互动，取得了良好的效果。

三是积极探索职称评审与人才成长通道建设工作的融合，为职称工作注入了新的生命力。2011年以来，中国石化推行了以岗位化管理为基础的人才成长通道建设工作，按照名称统一、职级统一、责任统一、考核统一的要求，规范完善了经营管理、专业技术、技能操作三个系列四个层次若干职级的人才成长通道职位体系，将职称作为各层级职位的任职条件，同时依据相应层级职位数量，按一定比例确定职称评审总量，实现了职称评审与职位聘任的有机结合，较好地解决了只评不用、为评而评的问题。

三、政工职称评审工作几点体会

通过这些年开展政工职称评审工作的实践，我们感到政工职称评审工作政策性强，涉及面广，责任重大。在国企深化改革、创新发展的新形势下，做好政工职称评审工作，必须结合实际开拓创新。回顾这些年来的实际工作，我们有以下几点体会：

一是做好政工职称评审工作必须站得高一些。国有企业是国民经济的重要支柱，建设一支素质高、业务精、作风正、精干高效的思想政治工作队伍，充分发挥思想政治工作人员的积极性、主动性和创造性，对于促进企业改革发展，维护职工队伍稳定，具有十分重要的意义。开展政工职称评审，必须从加强企业思想政治工作的高度来认识，不断增强政治责任感。

二是做好政工职称评审工作必须把得严一些。在政工职称评审中，我们始终坚持“严把标准、宁缺勿滥”的原则，严格条件和标准，为政工队伍建设把好关。这既是对企业思想政治工作大局负责，也是对申报政工职称的人员负责，更是对从事这项工作的同志负责。政工专业职称评审开始得晚，新形势下思想政治工作的复杂性、艰巨性和工作的难度与日俱增。在这样的情况下，更需要我们以认真负责的精神从严要求。

三是做好政工职称评审工作必须做得细一些。做好每一个环节、每一个细节的工作，对政工职称评审都意义重大。我们的一点点马虎或小小失误都有可能影响到政工专业人员的情绪，影响他们的工作积极性，影响党委职能部门的形象。我们必须把以人为本的人才工作理念落实到职称评审过程中，把评审过程作为激励政工人员学习知识、积累经验、提高素质的过程，以严谨细致的作风来促进评审质量和效率的不断提高。

今后，我们将继续按照中央的要求，坚持“四不唯”的原则，注重突出能力和业绩的评价，进一步完善评审标准和评价办法，使之更适应政工专业发展的需要，适应企业加强和改进思想政治工作的需要，充分发挥职称评审在选拔人才、培养人才、用好人才、凝聚人才方面的重要作用，为中国石化加强和改进思想政治工作，打造高素质政工人才队伍做出新的贡献。

务实高效　创新推进政工职评工作

招商局集团有限公司政工职评办公室

2015 年 12 月，经国务院批准，中外运长航整体并入招商局集团，成为招商局集团二级企业。重组之前，中外运长航下属中国长江航运（集团）总公司于 2001 年经原中央企业工委思想政治工作人员专业职务任职资格评审工作领导小组审核批准，被授予高级政工师任职资格评审权限。原中外运集团与长航集团自 2009 年重组成立中外运长航集团以后，被国务院国资委授予高级政工师任职资格评审权限。在国务院国资委的大力支持和指导下，中外运长航严格执行政工专业职务评审的有关政策规定，评审质量较好，没有违规违纪现象，积累了较丰富的工作经验；同时，形成了一支政工专业人才队伍，目前共有高级政工师 100 余名。

一、开展政工职评工作的主要做法

（一）高度重视重组过程中做好政工职评工作

在重组整合过程中，集团党委将党建工作纳入重组整合整体方案进行统筹考虑，高度重视重组整合过程中的思想政治工作。考虑到重组之后，按照《中央企业高级政工师任职资格评审和审批权限管理暂行办法》有关规定，中外运长航原有的政工职称评审权、审批权限已失效，集团重点对如何利用好中外运长航已经取得的思想政治工作经验，如何进一步加强集团整体的思想政治工作进行了专门研究。集团党委负责同志对做好相关工作做出了专门批示。

（二）严格规范建立健全领导及组织机构

集团严格按照国资委有关规定，建立健全了政工职称评审的领导和组织机构，成立了集团党委书记任组长、党委副书记任副组长、相关分管领导和部门负责人任成员的领导小组；遴选了一批在思想政治工作领域和政工职称评审工作方面具有丰富实践经验的领导和专家组成招商局集团第一届高级政工师评审委员会，并就领导小组组成人员、高评委组成方案与国资委宣传局进行了专题沟通汇报，取得了国资委宣传局的同意。

（三）统筹协调完善政工职称评审工作机制

考虑集团当前面临的实际情况，一方面作为在港央企，党的工作不公开；另一方面，中外运长航在开展政工职称评审工作方面已经做了大量工作，形成了一支具有丰富经验的工作队伍。集团经过慎重研究，并报国资委宣传局同意，决定以务实高效为原则，授权中外运长航在集团政工职称评审领导小组的统一领导下，具体承担政工职称评审的工作职责。这样安排，既便于集团子企业能够不受地域限制开展好相关工作，又充分运用了中外运长航的实践经验优势。实践证明，这样的做法是行之有效的。

二、做好政工职评工作的几点体会

（一）立足政工队伍建设是根本

培养一支技术精、专业强且与时俱进的政工队伍，是确保企业思想政治工作顺利进行的基础，也是企业稳定发展、提升市场竞争力的保证。政工职称评审工作是政工梯队建设的关键一环，是打造专业化政工队伍的重要举措。我们将政工职称评审工作放在人才队伍建设的大局中进行谋划，通过培训提升能力，通过评审认定水平，充分调动政工人员的工作积极性，把更多的优秀人才汇集到政工队伍中来，为企业开展思想政治工作提供坚强有力的人才保障。

（二）各级组织高度重视是关键

在重组过程中，集团党委将政工职称评审工作纳入党建和人才培养工程范围统筹考虑，高度重视相关工作的平稳衔接，指示集团人力资源部就相关工作向国资委宣传局进行专题汇报和沟通。国资委宣传局给予了高度重视，分管局长和处长多次听取工作汇报，并赴实地调研指导，从政策和实践方面提出了具体指导意见。中外运长航对原有情况进行了全面细致整理，指定专人做好基础性工作，选配经验丰富的思想政治工作人员配合集团做好相关工作。正是由于上下各级领导的高度重视，确保了在重组整合过程中政工职称评审工作实现在新的起点上平稳有序进行。

（三）创新工作方式方法是基础

集团作为国资委确定的国有资本投资公司试点之一，坚持通过创新促发展，集团上下多措并举、整合内外部资源，大力开展创新活动。面对新形势、新任务，如何继续做好政工职称评审工作，如何兼顾境内外的环境差异，如何统筹整合过程中的不同资源优势，我们在国资委宣传局的指导下进行了探索和创新，摸索出适合招商局集团特点的工作方法。

（四）建立协同配合机制是保障

政工职称评审工作政策性、规范性强，关系企业人才培养发展，关系企业思想政治工作。为了确保招商局首次政工职称评审工作顺利进行，我们建立了覆盖整个工作流程的工作机制，通过机制建设确保分工到位、职责到人，通过协同配合最大程度地发挥不同层级工作主体的主动性，实现整体工作的效益最大化。

党的事业在人才，做好党的思想政治工作关键也在人才，特别是培养和锻炼一支信念坚定、作风扎实、敢于担当的政工人才队伍尤为重要。招商局集团将按照习近平总书记在全国国有企业党的建设工作会议上的讲话精神，在国资委指导下进一步加强对政工职称评审工作的领导，坚持严谨规范、高效务实的工作作风，扎扎实实做好相关工作，通过不断加大政工专业人才队伍建设的力度，为建设具有国际竞争力的世界一流企业提供坚实的人才保障。

恢复事业单位政工专业职称评定重要而紧迫

河北省政工职评办公室

事业单位政工人员作为我党思想政治工作队伍的重要组成部分，始终在贯彻党的方针政策，推动经济发展和维护社会稳定方面发挥着重要作用。2009 年河北省事业单位政工专业职称评定暂停以后，大部分政工人员受到出路受阻的影响，在工作中出现了积极性下降、热情降低、状态不稳定等问题，严重阻碍了事业单位思想政治工作的正常开展，在一定程度上影响了我省经济发展和社会进步。近日，我省网络问政平台开通后，网民反复追问何时恢复事业单位政工系列职称评审工作。为进一步推进我省新形势下政工队伍建设，充分调动和发挥政工人员的积极作用，切实做好政工人员职称评定工作，我们成立专题调研组，通过多种方式和途径了解我省事业单位政工队伍建设和职称评定情况，并到北京、天津、山东、广东等多个省市进行调研，就当前我省事业单位政工队伍建设存在的问题及解决方法进行了建设性思考。

一、政工队伍作用重要，政工系列职称评定激励效果显著

1. 我省事业单位政工队伍人数多，分布广。统计显示，我省各类事业单位现从事思想政治工作的人员约为 6 万余人。自 1990 年开展政工专业职务评定以来，在省领导的关心支持和省委宣传部的正确领导下，截至 2008 年，我省事业单位共 3.5 万余人评定政工职称，其中，正高级政工师 168 人，高级政工师 7800 余人，政工师 2.28 万余人。在思想政治工作岗位上尚有约 1.5 万人亟待政工职称评定（另有约 1 万人从事政工工作，评定其他系列专业技术职称）。这些人员多分布在事业单位的党群职能部门、行政职能部门及各类基层党组织，专门从事思想政治工作，是维护事业单位团结稳定和健康发展的重要力量。

2. 政工队伍是我省思想政治工作的中流砥柱。我省一直高度重视思想政治工作，并将思想政治工作作为党在中国特色社会主义事业建设中的宝贵经验和有效手段，指导当前经济建设和社会发展。政工人员作为党的干部队伍中重要的骨干力量，是各单位思想政治工作的领导者、实践者和执行者，是加强和改进我省思想政治工作的中流砥柱。他们凭借自身较高的理论修养、文化素养和工作实践能力，推动着思想政治工作不断发展，在不同领域促进了我省各项事业的全面发展和社会进步。

3. 政工队伍是维护我省社会稳定的重要基石。我省政工人员广泛分布在经济、文化、教育、医疗等社会各个领域的工作最前线，了解各领域各行业发展状况及存在问题，熟知工作者的思想状况，许多政工人员拥有敏锐的洞察力、良好的协调能力、很强的问题解决能力和危机处理能力，能够在一线工作中发

现问题、解疑释惑、化解矛盾、掌控局面,是党组织凝聚力的重要源泉,是社会的安全阀和润滑剂,对于安全稳定工作具有重要意义。

4. 政工系列职称评定是调动政工人员积极性的重要方式。我省早在上世纪80年代开始就围绕政工队伍建设进行专题研究,并在全国率先启动和开展政工专业职称评定。这项工作的开展,不仅推动了思想政治工作的专业化、科学化发展,大大提高了政工队伍的素质和能力,更对有效调动和激发政工人员的积极性,坚定政工人员从事思想政治工作的决心起到重要作用。政工专业职称评定的政策一直是事业单位政工人员自身工作的规划依据,是政工人员工作实践和个人发展的指导性纲领,这在很大程度上对于稳定我省政工队伍、提高政工干部素质、优化政工队伍结构起到了积极作用。

二、政工系列职称停评后问题突出,隐患较大

2009年我省暂停事业单位政工系列职称评定后,省委省政府虽然多次在职称转评、落实已评政工人员工资待遇等方面进行了积极尝试,但对解决事业单位政工人员职称、稳定政工队伍、调动政工人员积极性等方面效果并不明显,事业单位政工人员仍然存在职称转评困难、已评政工职称人员待遇不能正常兑现、政工岗位吸引力减弱、政工队伍思想不稳等问题。形成此类问题的根源主要在于,我省暂停政工系列职称评定后,没有其他更好的职称评定方案和政工人员发展政策,致使政工人员出路受阻,目标缺失,工作积极性严重受挫,给我省经济发展和社会稳定带来了较大影响。

1. 与国家加强思想政治工作队伍建设的精神相背离。国家一直非常重视思想政治工作,针对加强思想政治工作队伍建设先后出台多项文件和规定。中央各部门也针对专门领域下发专项文件,如《关于进一步加强和改进大学生思想政治教育的意见》就明确指出:“完善思想政治教育队伍的专业职务系列,从思想政治教育专职队伍的实际出发,解决好他们的教师职务聘任问题,鼓励支持他们安心本职工作,成为思想政治教育方面的专家。”各省、区、直辖市事业单位在落实中央文件的过程中,也都根据本地区本单位的实际,制定了贯彻落实的相关措施,政工职称的评定和聘任作为重要政策对加强思想政治工作队伍建设发挥着重要作用。我省暂停事业单位政工职称评定的做法,与国家思想政治工作常抓不懈的精神不一致,与中央加强思想政治工作队伍建设的精神相背离。

2. 与全国绝大部分省市的政策不一致。从全国范围来看,绝大部分省市已开展事业单位政工职称评定工作。其中,北京、天津、重庆、黑龙江、宁夏、安徽、江苏、浙江、湖南、云南、广西、贵州、广东、海南、福建、新疆兵团等17省(市、区和单位)统一布置并开展事业单位政工职称的评定工作,且兑现了工资待遇,江苏、湖南、福建3省更是将政工岗位列入了专业技术岗位设岗范围,由省人事部门统一管理;西藏、山西、辽宁、吉林、湖北、山东、陕西、河南、四川等9个省区已在部分地区和行业进行了试点工作,并计划开展事业单位政工职称评定;甘肃、内蒙古、新疆等3省区也正在围绕事业单位开评政工职称进行专题调研。仅有青海和江西暂不考虑事业单位开展政工职称评定工作。事业单位政工系

列职称评定适合省情，顺应民意，在实际工作中贯彻落实好，能够充分保证思想政治工作科学发展。我省暂停政工人员的职称评定工作，与全国绝大多数省份的政策不协调不一致。

3. **职称转评困难，工资待遇不能正常兑现**。思想政治工作作为一门科学，具有很强的专业性。政工专业职称评聘和考核内容与其他专业职称差别较大，因此，放弃为政工职称评聘准备的资料而转评其他专业技术职称，很难达到相关专业评定要求，转评异常困难。即使极个别政工人员能够实现转评，也存在着专业不对口、研究内容不一致等问题，导致职称转评对政工人员的引导力没有充分发挥，成为一种形式。对2008年底以前已取得政工专业职务任职资格的人员，虽已参照同级专业技术岗位工资标准进行了套改，但只能对应到相应专业技术职位的最低岗位等级，没有按照每取得3年任职资格晋升一级的办法执行，政策制定与执行存在偏差，严重影响政策权威性。

从医疗卫生系统来看，全国大部分省份医疗卫生系统设立了政工人员职称，职称晋升后的待遇也与其他系列职称的待遇相同。而河北省医疗卫生事业单位参加政工职称评定后，对于政工人员职称的确认问题，相关部门出现了几次争议，以至到2009年《河北省卫生事业单位岗位设置管理实施细则（试行）》和省职改办《关于做好全省事业单位专业技术岗位聘用工作的通知》中明确规定，政工职称不在本次聘任之列，同年，河北省暂停医疗卫生单位政工职称评定工作，医疗卫生系统政工人员职称转评与兑现待遇遇到较大困难。

4. **严重挫伤政工人员的工作积极性**。长期以来，事业单位的政工人员工作辛苦、待遇低，但他们始终以坚强的党性和饱满的热情，辛勤工作在思想政治工作的第一线，兢兢业业，任劳任怨。政工系列职称评定作为稳定这支队伍的一项重要举措，是鼓励和调动政工人员积极性行之有效的好方法。在对基层实际情况缺乏必要了解的情况下，盲目暂停评定政工职称，是对我省政工人员积极性的沉重打击。为党和国家直接工作的政工人员不能评定职称，工作付出得不到肯定，致使事业单位政工岗位留不住年轻人才，留下来的也不愿全身心投入工作，仅是解一时之需或作为职业“跳板”。政工岗位出现了年龄老化、人员流失、岗位吸引力减弱、工作没有积极性、热情难以激发等问题，严重制约了思想政治工作的顺利开展。久而久之，政工工作将处于无人来做的尴尬境地，对社会进步和发展的保障作用将消失。

5. **制约思想政治工作的效果，影响社会稳定**。思想政治工作是一切工作的生命线，政工队伍越来越成为事业单位增强凝聚力、战斗力、创造力和竞争力的重要源泉。我省大部分政工人员处于思想政治工作的第一线，且集中分布在事业单位的基层党群部门，肩负引领基层单位群众政治实践、激发基层党组织战斗活力的重要责任。暂停事业单位政工系列职称评定，无疑相当于阻断这支队伍的出路，动摇政工人员的信心和意志，这对于维护国家安定团结、促进社会和谐进步非常不利。

三、恢复并改革政工专业职称评定事关民生、稳定，意义重大

在全面了解我省事业单位政工队伍建设

状况基础上，本着承认现实、解决问题、规范管理的原则，结合其他省份的先进做法和我省实际情况，尽快恢复事业单位政工系列职称评定是事关经济强省、和谐河北建设的大事。

1. **尽快恢复事业单位政工人员职称评定工作**。严格按照国家人事部《关于印发〈事业单位岗位管理实行办法〉的通知》精神，考虑政工专业职称的特殊性和评定政策的连续性，尽快恢复事业单位政工人员职称评定工作。政工专业高级评委会由省职称改革领导小组授权省委宣传部组建，高级评委会的日常管理机构设在省委宣传部，负责高级专业职务的评定、培训和中级评定工作的指导及联审等工作。中级评委会由各市职称改革领导小组授权各市委宣传部组建，负责高级专业职称的推荐和中级专业职称的评定、培训。

2. **提高政工人员职称评定条件和标准，严格职称评定程序**。在原有政工专业职称评定条件和标准的基础上，结合政工人员的工作性质，把政工人员的工作内容、工作任务、工作数量、研究成果、现实业绩、任职年限等各个指标结合起来进行整体考量，科学确定各项指标的权重，参照其他专业技术岗位评定标准，适当提高政工人员科研成果和工作业绩等评定条件。职称评定工作由省职称改革领导小组统一管理，统一进行，严格程序，规范运作。

3. **深化思想政治工作的专业建设，推进政工队伍专业化**。考虑到思想政治工作的专业性和科学性，借鉴广东、湖南、山东等省份的做法，要强化我省政工队伍的专业化建设。由省委宣传部与人力资源和社会保障厅联合相关单位，结合我省实际情况，制定政工队伍专业化建设的政策，提高政工人员准入“门槛”。由省委宣传部具体负责政工人员的培养和培训，提高政工人员的工作技能、业务水平和效率，切实实现政工队伍的专职化、专业化。

在卫生事业单位，要按照大型综合性医院“医、教、研、管”统筹规划，探索医院科学合理的政工人员配置比例、岗位设置办法，并形成结构合理的政工队伍梯次。要把医院政工人员培养成为研究型、专家型的政工专业人员，能够站在科学的高度审视思想政治工作，探索思想政治工作规律，更新思想政治工作理念，创新思想政治工作方法，进一步推进卫生系统思想政治工作的深入发展。

4. **将政工专业列入专业技术岗位设岗范围**。在推行政工队伍专业化建设、提高政工专业职称评定条件的基础上，将政工专业纳入全省专业技术岗位设岗范围，作为与其他专业技术系列相对等的单独专业系列，由省职称改革领导小组统一管理，与全省职称评定工作同步进行。各类政工师与其他系列专业技术人员一样，统一套改并兑现工资待遇。政工系列职称晋升条件和方法，参照其他专业技术岗位任职资格晋级办法执行，以保证政策的连续性和全面性。

江苏省关于事业单位思想政治工作人员专业职务任职资格评定工作的实施意见

江苏省政工职评办公室

为做好事业单位思想政治工作人员专业职务任职资格评定工作，中共江苏省委宣传部、中共江苏省委组织部、江苏省人事厅、江苏省劳动和社会保障厅、江苏省财政厅于2003年1月7日联合发文（苏宣发〔2003〕1号），就有关事业单位政工职评工作提出实施意见，全文如下。

为贯彻中共中央《关于加强和改进思想政治工作的若干意见》（中发〔1999〕17号）和省委《关于贯彻〈中共中央关于加强和改进思想政治工作的若干意见〉的意见》（苏发〔2000〕7号）精神，加强事业单位的思想政治工作，建设政治强、业务精、作风正、纪律严的思想政治工作队伍，经省企业思想政治工作人员专业职务评定工作领导小组研究决定，在全省事业单位开展思想政治工作人员专业资格评定工作。现就此项工作提出如下实施意见：

一、事业单位思想政治工作人员专业资格评定工作，目前严格按照中共中央办公厅、国务院办公厅批转的《企业思想政治工作人员专业职务试行条例》（中办发〔1990〕8号）和全国、省企业思想政治工作人员专业职务评定工作领导小组的有关规定，依照省职称工作职能部门有关文件精神，结合事业单位深化改革的实际，本着同一政策、同一标准的原则，认真审慎地进行。

二、在我省事业单位中专职从事党的工作、思想政治工作的人员（指党委负责人，组、宣、办、研究、统战等部门和纪委中直接从事思想政治工作的专职人员；专职党总支、党支部书记和编制在行政序列的宣传、宣传部门中直接从事思想政治工作的专职人员；工会负责人及宣教、组织、研究、女工部门中直接从事思想政治工作的专职人员；共青团组织中专职从事思想政治工作的人员），由本单位党组织推荐并经上级组织（人事）部门确认，即可参加思想政治工作专业职务任职资格的评定。上述部门中，非直接和非专职从事思想政治工作的人员，不参加思想政治工作专业资格的评定。

保卫、老干部办、人事（人事档案管理）、信访、计划生育、民事调解、人民武装、监察、退休职工管委会等部门专职干部中，以主要精力直接从事思想政治工作的人员，也可以参加思想政治工作专业资格的评定。

在评审年的上一年12月31日前，已调离思想政治工作岗位的人员，已离退休的人员，及已达到法定离退休年龄尚未办理离退休手续的人员（个别因工作需要按有关规定延缓办理离退休手续的人员除外），不参加思想政治工作专业资格的评定。

在评审年的上一年停薪留职、连续病假六个月以上，及年度考核等级定位“基本合格”的人员，暂不能参加思想政治工作专业资格的评定。

受到党纪、政纪处分的人员，在受处分期间以及受到刑事处分和正在立案审查的人员，不能参加思想政治工作专业资格的评定。

执行国家公务员工资制度的事业单位思想政治工作人员，不参加思想政治工作专业资格的评定。

根据我省的实际情况，教育系统暂不列入思想政治工作专业资格评定的范围。

任何地方和单位都不得擅自扩大参评范围。

三、事业单位思想政治工作专业职务按照《企业思想政治工作人员专业职务试行条例》的有关规定设置。各单位应在确定机构、编制和业务范围的基础上，根据实际需要，合理设置各级思想政治工作专业职务岗位。在设岗时，应充分考虑保持本单位内部思想政治工作专业职务和其他系列专业技术职务的结构比例基本平衡。各单位提出的各级思想政治工作专业职务设岗方案，经主管部门同意后，应经同级思想政治工作人员专业职务评定工作领导小组办公室审核后，报同级政府人事部门批准。

思想政治工作专业职务各档次的比例限额是党委建制的事业单位，在组织、宣传、党办等思想政治工作主要部门，高级岗的比例控制在单位政工人员总数的45% -55%。党总支建制的事业单位，高级岗的比例控制在单位政工人员总数的15% -25%；中级岗的比例控制在单位政工人员总数的40% -50%。党支部建制的事业单位，高级岗的比例控制在单位政工人员总数的35% -45%。没有设立独立党支部的事业单位，原则上不设高级岗，如确需，必须经市（含市）以上政工职评部门审核，报经同级政府人事部门批准，中级的比例控制在单位政工人员总数的30% ~40%。各地各单位对比例限额的使用要留有余地。

四、评定各档次专业职务任职资格所要求的政治和业务条件，按照中共中央办公厅、国务院办公厅《关于转发〈企业思想政治工作人员专业职务试行条例〉的通知》（中办发〔1990〕8号）中的规定执行。有关学历、专业年限、代表作品、破格条件、外语及年度考核、申报程序等方面的要求，按照全国企业思想政治工作人员专业职务评定工作领导小组《关于企业思想政治工作人员专业职务评聘工作转入经常化的意见》（企政职〔1993〕3号），省委宣传部、省委组织部、省人事厅、省劳动保障厅、省财政厅《江苏省企业思想政治工作人员专业职务评聘工作经常化的实施意见》（苏宣〔1993〕72号），省企业思想政治工作人员专业职务评定工作领导小组制定的《江苏省企业思想政治工作人员专业职务评审工作细则》（苏企政职办〔2002〕5号）以及有关规定执行。

事业单位思想政治工作专业人员，在2005年12月31日之前，按从事思想政治工作年限申报和评定；2006年1月1日起，一律按已获专业资格年限申报和评定高一档次思想政治工作专业资格。

五、事业单位思想政治工作专业资格开评之后，“江苏省企业思想政治工作人员专业职务评定工作领导小组”及其办公室更名为“江苏省思想政治工作人员专业资格评定工作领导小组”及其办公室。

各地区、各部门业已成立的企业思想政治工作人员专业职务评审委员会，统一更名为思想政治工作人员专业资格评审委员会。省直厅局，凡思想政治工作专业人员较多、评审任务较重的，可组建思想政治工作专业中级资格评审委员会。不论是更名还是新组建，均需报省思想政治工作人员专业资格评定工作领导小组批准，并同意核发印鉴。

思想政治工作人员专业职务任职资格评审工作分层次进行。今年起，少量试行的研究员级高级政工师专业职务任职资格，由省思想政治工作专业高级资格评审委员会统一评审；高级政工师专业资格（除南京市外），由省思想政治工作专业高级资格评审委员会统一评审；中、初级专业资格，分别由省直有关厅局、市和县（市、区）思想政治工作专业资格评审委员会评审。

不具备组建思想政治工作专业中级资格评审委员会条件的厅局，其思想政治工作专业中级资格的评审，可经省思想政治工作人员专业资格评定工作领导小组办公室同意后委托其他单位代评。

评审委员会评审结果，需报经同级思想政治工作人员专业资格评定工作领导小组同意。

六、事业单位受聘思想政治工作专业职务的人员，按照国家有关规定，与担任其他专业技术人员享受同等工资福利和其他待遇。其职务工资标准，按所在单位其他专业技术人员的职务工资标准执行。其中，研究员级高级政工师执行正高级职务工资标准，高级政工师执行副高级职务工资标准，政工师执行中级职务工资标准，助理政工师执行初级职务工资标准。

事业单位工作人员受聘思想政治工作专业职务后，从受聘的下一个月起，按国家或我省的有关规定享受相应的工资待遇。

聘任思想政治工作专业职务需要增加工资的人员，要办理事业单位正常工资变动的审批手续。

事业单位聘任思想政治工作专业职务的人员，兑现专业职务工资所需经费，从所在单位原有经费渠道解决。

七、根据全国企业思想政治工作人员专业职务评定工作领导小组、国家人事部和省人事厅的有关规定，事业单位参加思想政治工作专业职务评聘的人员必须接受继续教育，其要求按照省委宣传部《关于印发〈2001年~2005年江苏省企业思想政治工作专业人员培训规划〉的通知（苏宣通〔2001〕21号），省委宣传部、省人事厅《关于企业政工专业人员统一使用专业技术人员继续教育证书的通知》（苏宣通〔1998〕10号）及省思想政治工作人员专业职务评定工作领导小组办公室、省干部理论教育讲师团的有关规定执行。

八、本意见下发前，各地在非企业化管理的（包括全额拨款、差额拨款）事业单位中自行评定的思想政治工作专业职务，只有按本意见规定的范围、条件、标准，参加相应的思想政治工作专业职务任职资格评审委员会评审并通过，才能获得全省统一的思想政治工作人员专业职务任职资格证书。

本意见下发之后，各地不得再越权自行评定思想政治工作专业职务任职资格。

九、企事业单位思想政治工作人员专业

职务评聘工作在省和各地思想政治工作人员专业资格评定工作领导小组统一领导下进行，各级思想政治工作人员专业资格评定工作领导小组办公室协同有关部门组织实施。

十、为了确保企事业单位思想政治工作人员专业资格评聘工作规范有序、健康地进行，此项工作2004年将纳入全省专业技术人员职称工作统一管理。

十一、本意见由江苏省思想政治工作人员专业资格评定工作领导小组办公室负责解释。

十二、本意见从下发之日起执行。

山东省教授级高级政工师应具备的条件

山东省政工职评办公室

一、能系统地学习和掌握中国特色社会主义理论体系，自觉运用马克思主义的立场、观点、方法分析和处理思想政治工作中的重大问题。坚持党的基本路线和基本纲领，在政治上、思想上、行动上与党中央保持一致；思想品德优良，善于做群众工作，群众威信高。

二、具有系统的思想政治工作专业知识和哲学、历史、政治、教育、法律、心理、伦理、文学等有关专业知识，有较强的组织协调能力、分析判断能力、专业研究能力、文字写作能力和口头表达能力。

三、担任高级政工师职务以来，主持过重要的思想政治工作课题研究，在省部级以上报刊发表过 3 篇以上有分量、有影响的思想政治工作研究成果（包括获得全省思想政治工作优秀研究成果奖），或在国家级和省部级报刊各发表过 1 篇以上有分量、有影响的思想政治工作研究成果（包括获得全国思想政治工作优秀论文奖），或在省部级以上出版社正式出版过 1 本以上（合著 2 本以上）政工理论专著，成果分数累计达到 18 分以上。

四、能领导、组织、指导完成重要的综合性思想政治工作任务，在加强和改进思想政治工作，促进改革、发展和稳定中取得突出成绩；在思想政治工作实践中总结出新经验，在全省、全行业乃至全国产生过重要影响。在下列条件中具备其中一条：

1. 取得高级政工师专业职务以来（初次参评人员在申报截止日前 5 年内），获得全国政工方面个人荣誉称号或为所在单位获得全国政工方面集体荣誉称号做出主要贡献。

2. 取得高级政工师专业职务以来（初次参评人员在申报截止日前 5 年内），同时获得两项省级政工方面个人荣誉称号；或获得一项省级政工方面个人荣誉称号，又为所在单位获得省级政工方面集体荣誉称号做出主要贡献；或为所在单位获得两项省级政工方面集体荣誉称号做出主要贡献。

五、大学本科以上学历，担任高级政工师职务 5 年以上；博士学位获得者，担任高级政工师职务 3 年以上。

六、在参评单位内部，从行政、业务等岗位转到政工岗位，又没有获得其他高级专业技术职务者，不得直接申报教授级高级政工师职务。

七、政绩特别突出者，可提前申报评定教授级高级政工师。

山东省关于政工研究成果的认定和分数计算的办法

山东省政工职评办公室

1. 申报评定企(事)业政工专业职务人员的研究成果,必须是在获得前一档次专业职务后到申报高一档次专业职务期间正式发表出版和获职工思想政治工作研究会或社会科学优秀研究成果奖的思想政治工作方面的论文、专著、调查报告等。初次参评人员的研究成果,必须是申报截止日之前5年内正式发表出版和获奖的思想政治工作方面的研究成果。

2. 政工师正式发表出版和获奖的研究成果每篇最低不少于1000字,高级政工师正式发表出版和获奖的研究成果每篇最低不少于2000字,教授级高级政工师正式发表出版和获奖的研究成果每篇最低不少于3000字。

3. 申报评定企(事)业政工专业职务人员的研究成果分数按如下标准进行计算:在国家级报刊上发表1篇计8分,在省级报刊上发表1篇计6分,在市地级报刊上发表1篇计4分,在县级报刊上发表1篇计2分;正式出版的政工专著每部计14分;由主编、副主编编写出版的政工著作,每部计12分,每章计6分,每节(或1篇论文)计4分;由国家、省级和市地级新闻出版部门批准出版的论文集中的每篇文章分别计6分、4分、3分。

获全国职工思想政治工作研究会年会表彰的优秀研究成果,一二三等奖分别计10分、9分、8分;获省级职工思想政治工作研究会年会表彰的或者获省级社会科学优秀研究成果一二三等奖的,分别计8分、7分、6分;获市地级职工思想政治工作研究会年会表彰的或者获市地级社会科学优秀研究成果一二三等奖的,分别计4分、3分、3分;获县级职工思想政治工作研究会年会表彰的优秀研究成果一二三等奖的,分别计2分、1分、1分。表彰只设优秀研究成果奖的,按二等奖计分。

2至3人合写的政工专著,每人按发表0.7部计分,4至6人合写的每人按发表0.5部计分;集体撰写的政工著作,主编按发表0.7部计分,副主编按发表0.4部计分;2至3人合写的论文、调查报告等,每人按发表0.5篇计分,4人以上合写的每人按发表0.3篇计分。

1篇作品在多处发表或者获2次以上表彰的不重复计分,只按其中发表(表彰)档次最高的计分。

正式发表出版和获奖成果必须提供作品原件、获奖证书和颁奖单位的表彰文件原件。发表成果的报刊必须能在中国新闻出版总署网站查询到。

申报评定教授级高级政工师职务,只有在省级以上报刊发表、出版社正式出版和获奖的研究成果,方可计分,在增刊、合刊、论文集等发表的文章，不计分数，只作参考。

在内部资料上刊出的思想政治工作方面的论文、调查报告等，以及获其他有关部门表彰的思想政治工作优秀研究成果，只作参考。

4. 国家级和省级刊物的认定，中共中央、国务院、全国人大、全国政协、中宣部、中组部、中央统战部、中央政法委、全国总工会、中国思想政治工作研究会、中央党校主管的报刊为国家级。除此之外其他中直部门主管的报刊为省级。由新华社、中新社、人民日报、光明日报、经济日报、工人日报、农民日报、中国青年报出版发行的报刊为国家级，全国中文核心期刊为国家级。省内大众日报社所属系列报刊、《支部生活》以及省人大、省政协、省委宣传部、省委组织部、省委统战部、省委政法委、省总工会、省委党校主管报刊为省级，其他省直部门主管报刊为市级。全国211 重点院校学报为省级，省属院校学报为市级，市属院校为县级。

内蒙古自治区开评教授级高级政工师

内蒙古自治区政工职评办公室

为了进一步提高我区企业政工队伍建设水平,激发企业政工人员的工作积极性、主动性和创造性,促进企业思想政治工作不断发展创新,自治区政工职评办公室于2013年在全区大型以上企业和相应规模的企业化管理事业单位中开展教授级高级政工师(正高级专业职务)评审工作。

一、参评人员范围和对象

教授级高级政工师是在高级政工师基础上设置的企业思想政治工作最高专业职务(正高级),从我区实际出发,应在大中型企业以上和与之相应规模的企业化管理事业单位中开展其资格的评审工作。根据中办发〔1990〕8号《企业思想政治工作专业职务试行条例》规定及之后一系列中央、自治区有关文件的精神,结合多年来开展企业思想政治工作专业职务评审的工作基础和经验,我区首次开展的教授级高级政工师资格评审工作的具体范围是:自治区、盟市所属大型以上国有及国有控股企业,相应规模的委托地方评审并认可资格的中直企业、实行企业化管理的事业单位。其参评岗位为:大型以上国有及国有控股企业、企业化管理事业单位的党委书记、专职副书记,纪委书记、专职副书记,工会主席、专职副主席;党委组、宣、统、办、研究等部门主要负责人,纪委部门主要负责人,工会宣教、组织、研究、女工等部门主要负责人。

借鉴已开展教授级高级政工师评审省区市的规定,按照少量、公认、突出的原则,教授级高级政工师的结构比例,整体上应是在岗高级政工师总数的5%~10%。因此,每年每批次教授级高级政工师评定人数不宜多,今年的首次评定应控制在20人以内。

二、学历、资历条件

(一)申报人员必须具备国家承认的大学本科及以上学历。

(二)必须具有高级政工师专业职务资格,其中:一直在政工岗位工作,大学本科学历、担任高级政工师10年、从事思想政治工作20年以上,研究生毕业取得硕士学位、高级政工师任职资格10年、从事思想政治工作18年以上,获得博士学位、高级政工师任职资格满10年,从事思想政治工作15年以上方可申报。

(三)获得其他系列副高级专业技术职务资格并调入政工岗位的人员,不得直接参加首次教授级高级政工师资格评审,必须于一年后转评获得高级政工师资格、并在其任职岗位满5年以上方可申报参评教授级高级政工师专业职务。在其他系列副高级专业技术职务岗位上履职资历可连续计算。

(四)获得其他系列正高级专业技术职务资格的,必须在政工岗位工作满3年后,方可转评教授级高级政工师。

（五）从部队转业和党政机关调入企业和企业化管理事业单位、此前无任何专业职务的人员，3 年内第一次申报参评政工专业职务，只能根据与自己情况相符合的评审条件，申报高级政工师以下各档次任职资格。

（六）隶属关系归行业领导的中央企业驻区单位，如金融、邮政、石化等，若无上级主管部门委托，不能参加我区的评审。

三、思想政治、工作能力条件

（一）努力学习并系统地掌握马克思列宁主义、毛泽东思想和邓小平理论、“三个代表”重要思想、科学发展观理论体系与科学内涵，在思想上、政治上同党中央保持一致，正确贯彻执行党的路线、方针、政策，品德优良、遵纪守法、爱岗敬业、作风正派、务实清廉，善于做群众工作，在群众中有较高的威信。

（二）有系统、深厚的思想政治工作专业知识和哲学、史学、教育学、心理学、法学、社会学等相关专业知识，有独到的见解和丰富的经验，有较强的开拓创新、组织指导、调查研究、文字写作和口头表达等能力。

（三）能够适应形势发展的需要，深入研究干部职工思想活动的新情况、新特点，探索新形势下做好思想政治工作的有效方法和客观规律；能够领导、组织、指导完成重要的思想政治工作任务，从理论与实践的结合上回答社会深层次问题，破解现实工作难题，创造性地贯彻落实上级工作部署，在加强和改进思想政治工作，促进改革发展和稳定上取得突出实绩。

（四）其本人获得了自治区级以上思想政治工作、企业文化建设、精神文明建设、党的建设等综合性政工荣誉称号，或在所在单位获得自治区级以上综合性思想政治工作荣誉称号中起了主要作用；或主持、承担、完成过自治区级以上思想政治工作课题研究，其成果在一定范围内被采用、引用，或总结、创造出的新经验新做法，所培养和树立的先进典型，被自治区及中央有关部委认可和宣传推广，并在全区、全行业以至全国范围内进行交流，产生了较强反响。

（五）必须是 10 年来每年度考核和任期考核连续在合格以上；必须在取得高级政工师任职资格后应有参加自治区党委宣传部、自治区政工职评办组织的或委托各地区、有关部门和各大企业举办的研修班、以会代训、岗位培训班等培训经历。

（六）对首次申报人员掌握外语、计算机应用技术程度不做统一要求，但在同等条件下，其参加全国或全区职称外语考试、计算机考试，并取得合格成绩的可作为评定专业职务的优先考虑因素，

符合下列条件之一的申报人员，可不参加外语、计算机考试：

1. 获得自治区级及以上劳动模范，全国优秀思想政治工作者、优秀党务工作者、优秀纪检干部、优秀工会工作者等荣誉称号。

2. 1983 年 12 月 31 日（含）之前参加工作。

四、论文、著作条件

（一）申报人员在取得高级政工师专业职务资格后，必须具备下列条件之一的：

1. 近 5 年在公开出版发行的报刊（CN）、

出版社正式出版的书籍(ISBN)上发表过5篇以上(其中3篇必须在自治区级以上报刊或出版社出版的书籍上发表、本人独立完成)能够代表本人最高学识水平的政工论文、调研报告。报纸发表的论文字数在2000字以上,刊物发表的论文须在3000字以上;5年以前发表的研究成果也可作为评审教授级高级政工师的参考。

2.由个人编著或与人合著而本人为第一作者,自治区级以上出版社正式出版,有较高学术价值、社会影响较大的一部思想政治工作方面的专著(不少于10万字)。

3.作品(论文、调研报告、著作)获得自治区哲学社会科学政府奖二等奖或全国思想政治工作优秀成果二等奖1项以上,或全区思想政治工作优秀研究成果一等奖或国家有关部委政研会优秀成果一等奖2项以上的,评审时可作为优先参考因素。

(二)发表在港澳地区刊物上的政工论文一律不得参评。

五、破格条件

为了发现、培养和造就优秀人才,充分发挥他们在发展创新企业思想政治工作中的重要骨干作用,对确有真才实学、作出突出贡献并取得高级政工师专业职务资格6年以上不足10年的申报者,必须在符合教授级高级政工师专业职务的思想政治、工作能力、学历条件以外,同时具备下列条件中的两条〔其中(一)是必备条件〕,可以破格:

(一)在公开发行的报刊(CN)上发表过6篇能够代表本人最高学识水平的政工论文、调研报告(其中有3篇为独著,3篇在国家级核心期刊上发表);或主编、副主编由自治区级以上出版社正式出版一部有较高学术价值、社会影响较大的思想政治工作方面的专著(不少于20万字)。

(二)其本人获得了国家级思想政治工作、企业文化建设、精神文明建设、党的建设等综合性政工荣誉称号,或在所在单位获得上述国家级综合性政工荣誉称号中起了重要作用。

(三)申报作品(论文、调研报告、著作)获得自治区哲学社会科学政府奖一等奖1项以上,或全国思想政治工作优秀成果一等奖1项以上。

六、评审程序、时间

(一)评审程序:

1.各企业和企业化管理事业单位组织申报、推荐。

2.各盟市、自治区有关部门和大型企业中级政工职评办组织审核,并向自治区政工职评办报送合格参评人员材料。

3.自治区政工职评办复审,组织工作实绩考核和思想政治考察,评委会评定、公示,正式发文确认、颁证。

(二)时间安排:5月下旬或6月初下发通知,对首次评审工作作出安排;6~9月份个人申报、单位推荐、各中级政工职评办审核上报;10~11月自治区政工职评办复审、考核考察,12月或明年1月完成评委会终审、公示和核发证件工作。

七、评审机构组成

(一)教授级高级政工师任职资格评审委员会由自治区党委宣传部、自治区政工职评办负责组织,评委会成员一般在自治区有关部门领导、社科界专家、大型企业负责人中选聘。评委会成员应是政治理论和业务水平较高，作风正派、办事公道，在群众中有较高威信的思想政治工作人员或熟悉思想政治工作的人员。

（二）评委会由13～15人组成，设主任1名，副主任2名。

（三）评委会每年选聘1次，任期1年。

评委会及其办公室如何具体运作，由企业处、干部处协调有关方面负责落实。

八、管理办法

被评为副高级、正高级政工专业职务资格的人员是企业和企业化管理事业单位政工队伍中的中坚力量，是我们可挖掘和倚重，推动企业思想政治工作、企业文化建设发展创新的重要人才资源。为此应逐步设计和实施一套合理、规范、可行，能够发挥作用而且符合我区实际的培训、管理、考核制度和办法。目前阶段，应做到以下几点：

（一）按照政工职评工作开始以来一直实行的评聘分开原则，被批准获得教授级高级政工师专业职务资格的，由其所在单位根据工作需要确定是否聘任。

（二）坚持动态管理办法。教授级高级政工师在任职期间，因本人违法乱纪受到党纪政纪处分或法律追究的，或在年度工作考核被确定为不称职的，经自治区评审委员会审查后取消其任职资格。

（三）建立培训调研制度。教授级高级政工师在任职期间，必须按时按要求参加由自治区党委宣传部、自治区政工职评办组织举办的有关培训和调研活动，并形成有深度、有价值的调研成果。

（四）教授级高级政工师专业职务评审工作发生的费用，仍应按照其他各档次政工专业职务评审时采取的个人缴费申报，政工专业职务评审机构资格审查、推荐上报、组织评审、核准发证等费用从个人缴费中支取的办法执行。

关于开展好政工系列职称评审工作的调研报告

国家新闻出版广电总局政工职评办公室

党的十八届三中全会明确提出，全面深化改革，需要有力的组织保证和人才支撑。开展政工专业职称评定工作是加强和改进思想政治工作、提高政工干部队伍素质、完善基层组织建设的重要举措和有力手段。自1990年以来，根据《中共中央办公厅、国务院办公厅关于转发〈企业思想政治工作人员专业职务试行条例〉的通知》（中办发〔1990〕8号）、《中共中央宣传部、中共中央组织部、人事部、劳动部、财政部关于实施〈企业思想政治工作人员专业职务试行条例〉的若干规定》（中宣发文〔1990〕8号）等文件精神和中宣部的统一部署，总局在直属企业和企业化管理的事业单位中开展了政工系列职称评审工作。政工职称评审工作以服务总局工作大局为中心，以巩固思想政治工作阵地、提高政工人员素质为目标，达到了稳定政工人员队伍，促使他们更好地发挥作用，提高思想政治工作水平的目的。截至目前，共有中影集团、新影集团、电视剧中心、中广公司、设计院、出版社等企业和企业化管理事业单位中的122名政工干部被评为高级政工师。

在工作实践中，总局部分事业单位党务干部提出，总局政工系列职称评审覆盖面较窄，占总局直属单位大部分的事业单位政工人员不能参加评审，与单位其他业务岗位人员相比，缺少必要的上升空间和渠道，直接影响了工作积极性和创造性。特别是在去年开展的群众路线教育实践活动中，此问题作为一条意见被提出，希望总局采取措施解决。按照《中国共产党党和国家机关基层组织工作条例》要求，要有计划地安排党务工作人员与行政、业务工作人员之间的双向交流，而事业单位政工职称评审的缺失，成为这种双向交流的阻碍。对此意见，总局直属机关党委高度重视，专门组成调研组赴广东、天津、湖南等省以及水利部、国土资源部等国家部委开展调研，深入了解高级政工师评审工作的相关政策问题和具体办法。

一、调研的基本情况

调研中，大家普遍认为，政工职称评审工作开展20多年来，取得了丰硕的成绩。各省市、各部委领导高度重视，支持指导有力。政工职称评审工作机构健全，严把评审质量，树立了政工职称评审工作的良好形象。培养了政工专业人才，提高了政工专业人员的整体素质，提升了思想政治工作的水平。

从调研情况看，大部分省区市政工系列评审工作都由省委宣传部牵头，设立了相应的职评领导小组或办公室，负责组织协调相关工作。这些省还组建了由省委宣传部、组织部、人社厅等领导和知名企业、高校的相关专家学者组成的政工高级专业职务评委会，具体负责高级政工师的评审工作。以广东省为例，共设有3个高评委会，除省高评委会之外，还在广州市和深圳市单独设立高评委会。广东21个地级市和一些省、市大型企业、行业中设立了近50个中级职称评委会。

从调研所掌握的情况看，目前全国多数省份已将政工系列职称评审范围扩大到事业单位。水利部、国土资源部等部委从开展这项工作之初就已将事业单位纳入到评审范围中。通过调研走访，这些省市和部委都表示，将事业单位纳入到评审范围中来，既能解决政工干部出口较窄的问题，又能充分调动政工干部工作积极性，对进一步提高和加强基层组织建设具有十分重要的引领和带动作用。

在调研中了解到，目前大部分企业和企业化管理的事业单位中政工系列职称评审，采取评聘分开的方式，由各单位根据工作岗位需要和职务限额，按照干部管理权限，在取得相应专业职务任职资格的人员中择优聘任。从以往工作看，由于企业和企业化管理事业单位在岗位设置、工资发放和落实待遇方面比较灵活，对已通过评审的高级政工师，可自主设置岗位聘用，落实相应待遇。而对于事业单位政工人员，根据《事业单位岗位设置管理试行办法》和《事业单位岗位设置管理试行办法实施意见》等相关文件精神，中央和各地事业单位已全面开展岗位设置管理工作，不能随意增设、变动岗位设置，对政工职称评审尤其是聘任都带来了相应的影响。为此，湖南等省市把政工系列职称纳入其他29个专业系列统一管理，政工专业职务人员与其他系列人员享受同等待遇；天津等省市以及水利部等部委把政工专业职务设在管理岗，比照其他系列专业技术人员享受同等工资福利待遇。

二、几点建议

1. 关于领导机构

目前，总局设立有企业思想政治工作人员专业职务评审领导小组，由总局分管领导担任组长。领导小组办公室设在直属机关党委，具体负责组织实施企业政工系列专业职务的评审工作。总局设立了企业政工高级专业职务评委会，负责高级政工师任职资格评审，由13名委员组成，设主任委员1人，副主任委员1人。评委会实行聘任制，任期一般为两年。任期届满，要对评委会进行调整，每次调整人员不少于三分之一。

参考各省和其他部委模式，结合实际，建议成立总局思想政治工作人员专业职务评审领导小组，由总局分管领导担任组长。领导小组办公室设在直属机关党委，具体负责组织实施总局直属单位政工系列专业职务的评审工作。总局设立政工高级专业职务评委会，设主任委员1人，副主任委员2人。在有条件的直属单位设立相应的中级评委会。

2. 关于评审范围

建议总局将政工系列职称评审从目前仅在直属企业和企业化管理的事业单位扩展至所有直属单位，将在事业单位从事政工工作的人员纳入到评审范围，推动总局各直属单位进一步加强基层组织建设，把高素质、有能力的人员配备到政工岗位上来，同时也使政工岗位人员上升空间更宽泛，从而提高工作效率和积极性。

3. 关于评聘关系

建议对企业和企业化管理事业单位与其他事业单位政工系列职称评审工作区别对待。原来范围中的评审工作仍采取评聘分开的原则，由企业自主掌握。而总局所属事业单位政工系列职称评审应采取评聘结合的方式，由各单位根据岗位设置和人员变动情况，将参加评审人员数量控制在一定范围内，评审领导小组根据各单位上报数量，统筹考虑和评审。这在一定程度上是为了保证评审通过的人员可以按照规定落实待遇，避免造成相应矛盾，给评审工作带来不必要的麻烦。

4. 关于评审标准

由于中央自1990年后，再未对政工职务评审工作出台过相应文件。因此各省及各部委在政工专业职务评审过程中所采取的方法和标准不尽相同。总局2004年修订了《企业思想政治工作人员高级专业职务评审实施细则》（以下简称《实施细则》），对评审原则、参评范围、申报条件、破格申报条件、申报评审程序及评审组织领导作了相应的规定。

为更好适应总局机构改革职能转变，结合将评选范围扩大的实际情况，建议由总局直属机关党委会同人事司对《实施细则》进行修订。在扩大参评范围的基础上，对申报条件、破格条件、评审程序等作相应调整，进一步明确评审原则，严格评审条件，增强评审工作的透明度，努力争取将政工系列评审工作纳入到总局其他系列专业职称评审范围中统一管理。

严格政策标准 健全评审机制
促进政工职评工作的科学化专业化规范化

重庆市政工职评办公室

近年来，重庆市政工职评办围绕中心，贴近实际，加强评审机构建设，规范工作程序，严格政策标准，努力提升政工职评工作的科学化、专业化、规范化水平，较好地发挥了政工职评的政策引领和示范导向作用，为“科学发展、富民兴渝”提供了强有力的精神动力和智力支持。

一、加强评委会建设

重庆市现有思想政治工作专业高级职务任职资格评审委员会（以下简称“市政工高评委会”）1个，负责教授级高级政工师和高级政工师任职资格的评审工作。市政工高评委主任委员由市委常委、宣传部部长担任，副主任委员由市纪委、市委组织部、市委宣传部、市人力社保局、市国资委等分管领导担任。评委会委员共26人，由相关市级部门领导，市社科界、高校专家、企业界政工负责人等组成。

参照重庆市职称改革办公室《重庆市高中级专业技术资格申报评审工作规范》，我们对评审委员会组成及评审会议实行“超员配置，随机抽评”，即每年的评审会议应参加人数为15人，其中包括主任委员、副主任委员和当年从专家委员中确定的3至4名专家组成员，以及从其他委员中随机抽取的部分委员。召开评审会议时，出席评委的人数必须不少于应参加人数的三分之二（10人或以上），评审表决采取无记名投票方式，得到赞成票超过应到评委人数的二分之一（8票及以上）的申报人员方为通过评审。

市政工高评委会下设的重庆市思想政治工作人员专业职务评定工作办公室（以下简称“市政工职评办”），在市委宣传部直接领导下开展日常工作。市委宣传部分管副部长兼任职评办主任，宣传教育处处长兼任副主任。

根据工作需要，全市在各区县（自治县）、有关市级部门设置政工中评委会。各级评委会以系统、行业政工专业带头人为主体，吸收社会科学研究、思想政治教育、政工行业发展研究、人力资源管理、企业人才管理等领域的专家共同组成。由于各级政工领导的高度重视，保持了评审机构的健全和稳定，从组织保障和人力财力等方面，确保了政工职评工作的可持续开展。

二、健全体制，规范程序

在实践中我们认识到，程序严密、流程科学、操作规范，是提高政工职评工作质量的保证。从政工职评工作的文件下发、政策解读、材料报送、资格认定、资料审核、公示范围、述职答辩、群众评议、专家组初审、评委会评审、证书办理、材料归档等，建立并形成了一套比较完整科学的工作体制和运行机制。

每年我们均按照以下5个程序开展政工专业高级职务评审工作。一是整理申报材料。政工职评办核实申报材料，统一编号建档，编印《申报人员综合情况简介》，组织培训和论文答辩工作。二是专家评委审阅评估。每年从专家评委中抽取3～5人组成专家组。专家组采用独立审核申报材料、集中讨论评估的方式进行初步评审，经集体研究后写出评估推荐意见书。三是评委分组审看。把专业组评估推荐意见和申报材料分类送达评委。评委审看申报材料，对申报人的学历、资历、水平、能力、论文、成果和贡献进行全面的审核。四是召开评审会议评定。评审会重点评议评委与专业组推荐意见有异议的申报人。采用无记名投票的方式进行投票表决，赞成票数超过评委会全体委员半数的为通过。五是审批任职资格。政工专业高级职务评委会评审结束后，通过人员经市委宣传部审批，市政工职评办印发任职资格通知书。

三、严格政策，统一标准

政工职评是发现培养政工专业人才、增强政工队伍素质、优化政工队伍结构的制度化举措，是提升思想政治工作者社会地位、加强基层政工队伍建设、稳定基层政工队伍的有益尝试。

政工职评工作是一项政策性很强的工作，同时又与广大基层政工人员切身利益密切相关。在实践中，我们严格执行中央政工职评政策，始终贯彻了“严格标准，宁缺勿滥”的原则，每个阶段、每个环节都有时间节点、目标任务、责任要求、专人服务。始终坚持“公开公正公平”原则，以公开求公正，以公正促公平；着重把好“三关”，即资格认定关、述职答辩关、评委会评审关；力求“三个严格”，即严格学历认证、严格群众评议、严格公示范围。

在评审过程中，一切申报人员原则上统一标准，依据政工实绩、荣誉奖励、论文质量（发表的层次、等级、公开与否等）、文凭学历、政工年限等综合考量确定符合或不符合条件人选。对年龄偏大、政工年限长的“老政工”人员适当放宽；对年纪相对较小的从严把握。

对于破格申报人员，破格条件必须从严掌握。注意保持内部平衡，同一个单位，政策、条件、标准和要求必须一致，不搞特殊和照顾；相关条件差不多的，通过与否必须一致。参评教授级高级政工师的人员，除了政工实绩、荣誉奖励等硬性条件外，重点要看政工理论研究能力，特别是著作和论文情况，尤其要重视相关性，不搞年龄方面的照顾。

近年来，我们在政工专业高级职务任职资格评审过程中，始终做到了严格标准，规范程序，确保评审质量。审核通过的人员均得到各单位的认可，受到广大干部群众的普遍好评，参评者对我市政工职评工作的满意度较高。

做好继续教育培训工作　服务广大政工专业干部

新疆生产建设兵团政工职评办公室

继续教育是对专业技术人员的知识和技能不断补充、更新、拓展和提高的教育。近几年来,为进一步提高兵团政工专业队伍的整体素质和能力水平,兵团政工职评办不断完善政工专业人员继续教育制度体系,建立科学化、制度化、网络化的继续教育培训机制,从而为建设一支高素质、社会化的政工专业队伍提供了有力的保障和支撑。

一、兵团政工专业人员继续教育基本情况

兵团政工人员继续教育培训工作是在借鉴内地省区先进经验基础上,从1996年开始起步的。当年,兵团政工职评办公室组织部分师、院校政工职评办公室主任分别赴四川、重庆、湖北、江苏等地专题学习考察政工人员继续教育培训工作。将兄弟省市在继续教育培训方面好的做法和经验,结合兵团思想政治工作人员的实际,制定出教学计划,举办了政工人员继续教育培训。2004年兵团司令员3号令将专业技术职务人员继续教育享有的权利和履行的义务予以确定,从此兵团的政工人员继续教育培训工作进入制度化和规范化。

兵团政工职评办公室负责政工专业高级职务继续教育培训,各师政工职评办公室负责所属团及师直单位中初级培训。根据兵团企事业单位的实际情况,每年的继续教育安排在年底年初的冬闲季节,工作学习两不误。全兵团每年参加继续教育的政工专业人员在1500名左右。

二、做好继续教育培训工作的体会

继续教育是广大政工干部利用冬闲集中学习,提高专业水平,开阔眼界的好形式。通过这么多年的继续教育培训,我们有四点体会。

1. 领导重视。领导重视是办好继续教育培训的前提。兵团党委宣传部历来对政工专业职务人员继续教育培训工作非常重视,提前部署,周密安排。每期培训班,兵团党委宣传部分管领导到培训班上讲话并提出要求,确保继续教育学习取得实效,不走过场。

2. 要有一个好的机制。继续教育是政工人员申报专业职务的必备程序,凡是没有取得继续教育培训合格证者,不得申报相应专业职务。这样就从制度上保证了继续教育培训工作的正常进行。

3. 合理设置课程。继续教育的内容应当具有针对性、实用性和先进性,在课程设置上分为公共科目和专业科目。安排有思想政治工作、国内外热点问题、兵团精神、企业文化、学习型组织、团队建设、公共礼仪以及公文写作等课程。为使培训取得好的效果,聘请自治区和兵团教学经验丰富,理论水平高的大学、党校教师担任授课任务。参加学习的政

工干部普遍反映教学内容翔实、解渴，对自己工作有较强的实用性和指导性。

三、今后继续教育培训工作的设想

一是进一步加强调查研究，使政工继续教育工作上水平，上台阶。由于兵团政工职评工作点多面广，对象复杂，情况千差万别，因此在政策、条件的把握上必须坚持实事求是，一切从实际出发的原则，广泛听取群众意见，使继续教育进一步符合企业实际。二是进一步提高服务意识，努力做好继续教育培训工作。在今后的培训中，可以采取灵活多样的学习方式，因人施教，做到既严肃认真，又轻松活泼，学有所获，学有所用。

天津市思想政治工作专业职务评审实施意见

津党宣发〔2016〕17号

为适应新常态下思想政治工作面临的新形势、新变化,切实加强思想政治工作和政工队伍建设,促进我市政工职评工作更具科学性、规范性和可操作性,进一步激发广大政工专业人员的积极性和创新精神,充分发挥思想政治工作的服务保障作用,现重新制定《天津市思想政治工作专业职务评审实施意见》。

一、参评范围和对象

1. 本实施意见适用于各种不同所有制企业、事业单位中从事党务工作和思想政治工作的专业人员。其中包括:各级党组织负责人和党的组织、宣传、统战、纪检、办公室、研究室工作人员,工会、共青团,以及在保卫、信访、人事、计划生育、精神文明、老干部、人民调解、人民武装、行政监察工作中从事思想政治工作的人员,分管思想政治工作的行政领导(副职)。在再就业指导办公室(中心)、人力资源管理部门、劳动服务保障部门、托管中心专职或以主要精力从事思想政治工作人员可比照人事岗位参评政工专业职务;在维护稳定办公室、防范和处理邪教办公室、社会治安综合治理办公室岗位专职或以主要精力从事思想政治工作人员可比照保卫岗位参评政工专业职务;在文化中心、文化艺术中心及广播电视等岗位专职或以主要精力从事思想政治工作人员可比照宣传岗位参评政工专业职务;在新经济组织任党建指导员和社区党组织成员可比照组织岗位参评政工专业职务。

2. 申报思想政治工作研究员的范围和对象,限定在本市具有一定规模的企业、事业单位中已经具有高级政工师任职资格受聘在政工岗工作或具有其他系列副高级专业职务任职资格转入政工岗,以及从党政机关分流后从事思想政治工作,且担任正处级以上领导职务的人员。

3. 离、退休人员和因其他原因已经不在政工岗位的,以及在申报当年达到退休年龄的政工专业人员不再参加政工专业职务任职资格的评定。在申报规定受聘专业年限内受到党纪、政纪处分的人员和正在立案审查或受到法律处罚的人员,不能参加政工专业职务的评定。已过处分期又打算申报高一级政工专业职务,应根据其受处分期限,相应延长其履职年限。未明确处分期限的,须将其履职年限向后顺延1年以上。申报人在申报过程中有弄虚作假行为并已查实的,取消原有政工专业职务并终身不得申报任何档次的政工专业职务。

思想政治工作专业正高级、副高级、中级、初级专业职务任职资格名称分别为思想政治工作研究员、高级政工师、政工师、助理政工师和政工员。

二、评审、聘任原则和专业结构比例

1. 评定政工专业职务任职资格,实行能

力、业绩、资历评价量化赋分的办法,把个人、单位、评委评价赋分和群众监督结合起来,评委赋分为申报人能力、业绩、资历最终评价结果。

2. 政工专业职务评聘实行专业职务任职资格评定和专业职务聘任分开的原则。企业、事业单位根据实际需要设置政工专业部门、岗位,进行专业分工。已取得政工专业职务任职资格的人员,其专业职务由其所在单位根据需要自主聘任。

3. 思想政治工作研究员、高级政工师、政工师的申报评定,要在准确把握政策、条件的同时,严格掌握政工专业系列与其他专业系列之间、参评单位之间的平衡。对申报人数,实行职数调控管理。思想政治工作研究员原则上控制在在岗高级政工师总数的 1% ~ 1.5%;高级政工师原则上控制在现有政工专业职务总人数的 30%;政工师原则上控制在现有政工专业职务总人数的 50%。思想政治工作研究员评审及指标下达,由市思想政治工作研究员任职资格评审委员会负责;高级政工师评审及指标下达,由市高级政工师任职资格评审委员会负责;政工师、助理政工师、政工员评审(确认)及指标下达,由各中级、初级评审委员会负责。

三、申报条件

申报政工专业职务任职资格的人员,必须爱党爱国,遵纪守法,关心群众,公道正派,廉洁自律,年度履职考核均在称职以上。

(一)政工员

1. 了解马克思列宁主义、毛泽东思想、邓小平理论、“三个代表”重要思想和科学发展观、习近平总书记系列重要讲话精神,以及党的路线、方针、政策。

2. 有做思想政治工作的一定能力,胜任本岗位工作。

3. 高中(中专)毕业,从事思想政治工作满 3 年;大学专科毕业,从事思想政治工作满 1 年,均可确认政工员资格。

(二)助理政工师

1. 比较熟悉马克思列宁主义、毛泽东思想、邓小平理论、“三个代表”重要思想和科学发展观、习近平总书记系列重要讲话精神,以及党的路线、方针、政策,并能自觉地在自己工作范围内加以运用和贯彻。

2. 比较熟悉党的思想政治工作基础知识和中国革命史,具有从事本职工作的实际能力和经验。

3. 有一定的工作业绩。

4. 高中(中专)毕业,担任政工员职务累计满 3 年;大学专科毕业,担任政工员职务累计满 2 年。大学本科毕业,从事思想政治工作满 1 年;取得双学位、研究生毕业、硕士学位获得者,均可直接确认助理政工师资格。

(三)政工师

1. 熟悉马克思列宁主义、毛泽东思想、邓小平理论、“三个代表”重要思想和科学发展观、习近平总书记系列重要讲话精神,以及党的路线、方针、政策,并能结合实际较好地加以运用和贯彻。

2. 掌握党的思想政治工作基础知识、中国革命史、中共党史和相关的知识,熟悉本职业务,有做思想政治工作的实践经验,并有较突出的工作业绩和贡献。

3. 密切联系群众,能深入细致地做好思想政治工作,具有一定的开拓创新、组织指导、教育疏导、培训辅导、调查研究、专业文字能力。

4. 大学专科毕业、大学本科毕业，受聘担任助理政工师职务累计满4年；后取大学专科毕业，受聘担任助理政工师职务累计满5年；取得双学位或研究生毕业、硕士学位获得者，担任助理政工师职务累计满2年。硕士学位获得者从事思想政治工作满3年，博士学位获得者从事思想政治工作满1年，可直接确认政工师资格。正常申报中级政工专业职务任职资格，其相应的专业能力、业绩、资历评价，应在及格成绩以上。

（四）高级政工师

1. 比较系统地掌握马克思列宁主义、毛泽东思想、邓小平理论、“三个代表”重要思想和科学发展观、习近平总书记系列重要讲话精神，以及党的路线、方针、政策，能结合实际运用马克思主义的立场、观点、方法，分析和处理思想政治工作中比较重大的问题。

2. 对党的思想政治工作的基本原则、优良传统及国内外有关新情况、新理论、新经验有较深入的研究，具有比较系统的历史、社会、伦理、心理、法律、科技等方面的相关知识，有比较丰富的思想政治工作经验，善于做群众工作，在群众中有较高的威信。

3. 具有较强的开拓创新、组织指导、教育疏导、培训辅导、调查研究、专业文字能力，有突出的工作业绩和贡献。

4. 大学专科毕业，受聘担任政工师职务累计满7年；后取大学专科毕业，受聘担任政工师职务累计满8年；取得申报高级政工师专业能力评价良好等级分，业绩、资历加分20分以上。大学本科毕业或后取研究生毕业，受聘担任政工师职务累计满5年；后取大学本科毕业，受聘担任政工师职务累计满6年；取得申报高级政工师专业能力评价及格等级分，业绩、资历加分10分以上。双学位、研究生毕业、硕士学位获得者，受聘担任政工师职务累计满4年；博士学位获得者，受聘担任政工师职务累计满3年或从事思想政治工作累计满4年；正常申报高级政工专业职务任职资格（有特殊规定的除外），其相应的能力、业绩、资历评价，应在及格成绩以上。

（五）思想政治工作研究员

1. 系统地掌握马克思列宁主义、毛泽东思想、邓小平理论、“三个代表”重要思想、科学发展观和习近平总书记系列重要讲话精神的科学内涵，坚持理论联系实际、指导实践，坚持党的基本理论、基本路线、基本纲领和基本经验，在思想上政治上行动上与党中央保持高度一致。

2. 系统地掌握思想政治工作、党的建设、经济、管理理论和相关的哲学、历史、心理学、伦理学、教育学、法律、文学、美学等学科知识。有较强的开拓创新、组织指导、教育疏导、培训辅导、调查研究、专业文字等能力和丰富的思想政治工作经验。对政工专业有深入研究和独到见解，在全市或全国本行业思想政治工作战线具有较高知名度。

3. 有较高的思想政治工作领导水平。能够适应形势发展的需要，坚持深入研究人们思想活动的新情况、新特点，探索新形势下做好思想政治工作的有效方法和客观规律。能够从理论与实践的结合上回答社会深层思想问题，破解工作难题。能够结合实际创造性地贯彻落实中央和市委工作部署。能够策划、组织、指导完成综合性思想政治工作任务，在促进本单位改革发展稳定中有突出的业绩和贡献。

4. 继承和发扬思想政治工作的优良传统。思想品德优良，实事求是，言行一致，示范作用强。关心和依靠群众，善于做群众工作和解疑释惑。正确认识和处理各种社会矛盾，从容应对和驾驭各种复杂、困难局面。在群众中有较高威信，有较强的感召力和凝聚力。

5. 担任高级政工师或履职期间，在促进本单位改革发展以及政工业务建设方面成绩突出。曾获得省、部级以上综合性思想政治工作荣誉称号。其开展思想政治工作的做法、经验在省、部级以上党政机关被推广；所培养、树立的先进典型在全市、全国同行业产生过重要影响。

6. 担任高级政工师或履职期间，各年度考核及受聘届满的任期考核结果均为称职以上。

7. 大学本科毕业，担任高级政工师职务累计满5年；双学位、研究生毕业、硕士学位获得者，担任高级政工师职务累计满4年；博士学位获得者，担任高级政工师职务累计满3年。具有其他系列副高级专业职务和无任何专业技术职称在非政工岗工作满15年的人员转入政工岗后履职年限：大学本科毕业累计满6年；双学位、研究生毕业、硕士学位获得者累计满5年；博士学位获得者累计满4年。

四、代表作品

1. 申报政工师的人员，必须在受聘履职期间有1篇在全国公开发行报刊发表的有一定水平、字数在2500字以上的政工专业论文。

2. 申报高级政工师的人员，必须在受聘履职期间有1篇在全国公开发行报刊发表的有较高水平、字数在3000字以上的政工专业论文。

3. 申报思想政治工作研究员的人员，必须在受聘履职期间主持、承担过省、部级以上思想政治工作课题研究，其成果在一定范围内被采用、引用；或由个人编著、与人合著而本人为第一作者，由出版社正式出版，字数不少于10万字的思想政治工作理论专著1部；或在全国公开发行的重要报刊上发表过3篇以上，总字数不少于1万字的思想政治工作高水平论文。

4. 本人撰写、主编的政工专著，或本人在政工专著中撰写5000字以上的独立章节，均可作为参评政工专业职务资格的代表作品。

5. 代表作品由2人以上合作撰写的，本人应为第一作者。

五、破格申报

1. 破格申报政工师，必须取得申报政工师专业能力评价优秀等级分，业绩、资历加分20分以上。

2. 破格申报高级政工师，必须取得申报高级政工师专业能力评价优秀等级分，业绩、资历加分30分以上，并具备下列条件之一：在担任政工师专业职务期间获得国家级个人或集体政工荣誉称号；创造的思想政治工作经验或培养、树立的先进典型在全国推广并产生重要影响；因工作成绩突出，个人或集体受到市委、市政府表彰。

3. 对不具备规定学历或履职资历，但确有真才实学，业绩非常显著、贡献特别突出的，符合相关申报条件，并具备下列条件之一者，可以破格申报思想政治工作研究员：

(1)受聘担任高级政工师期间,个人曾获得全国“优秀思想政治工作者”、“优秀党务工作者”、“优秀工会工作者”、“五一劳动奖章”等国家级荣誉称号;或作为单位主要领导在本单位获得全国“思想政治工作先进单位”、“精神文明创建先进单位”、“先进基层党组织”等国家级荣誉称号过程中起了主要作用,做出重要贡献。

(2)受聘担任高级政工师期间,其开展思想政治工作的做法、经验或培养、树立的先进典型在全国推广,并产生重要影响和效果。

4. 符合以上破格条件申报思想政治工作研究员、高级政工师、政工师人员,原则上只放宽1个层级的学历要求和受聘履职年限可提前1年晋升的资历条件,其他所有条件则必须符合本实施意见的要求。

六、继续教育

1. 已取得政工专业职务的政工人员,要按照《天津市专业技术人员和管理人员继续教育条例》(2001年12月28日天津市人大常委会通过)的规定,参加由天津市政工职评办公室委托天津市政工师进修学院组织的继续教育并通过考试取得合格成绩。不按规定参加继续教育及其考试或考试成绩不合格的人员,不能申报高一级政工专业职务。

2. 政工专业人员应按照晋升职级所规定的履职年限参加经常性继续教育网络培训。网络培训实行学分制,在应训期内每一年度要自主完成32学分必修课程和选修课程的网上学习和考试,考试合格者方可申报相应政工专业职务。

3. 申报(确认)初级、中级政工专业职务人员应参加“以考参评”考试,考试合格者方能具备正常申报资格,再按申报政工专业职务的申报评审方法进行申报。考试由天津市政工职评办公室委托天津市政工师进修学院组织并统一命题,全市统一划定考试合格分数线。

4. 申报中级、高级政工专业职务任职资格,应参加由天津市政工职评办公室委托天津市政工师进修学院统一组织的相应级别的计算机应用能力考试并取得合格成绩。取得国家教育行政部门承认的计算机专业大学专科及以上学历的政工专业人员,参加全国计算机软件专业技术资格和水平考试取得初级程序员级及以上合格证书的政工专业人员,均可免于计算机应用能力考试。

5. 申报当年达到50周岁者,可免于计算机应用能力考试、初级、中级“以考参评”考试。

七、相关问题

1. 无任何专业技术职称由其他岗转入政工岗申报政工专业职务的人员,除了其原岗位工作年限应符合本人申报的专业职务总履职年限(包括所申报专业职务规定履职年限在内的各级别规定履职年限的累加)和其他相应条件外,确认政工员、助理政工师任职资格,需要在政工岗工作满3年;评定政工师任职资格,需要在政工岗工作满5年;评定高级政工师任职资格,需要在政工岗工作满6年。

2. 由其他专业系列转评政工专业职务的申报人员,其转评条件与正常申报人员的要求基本一致,但比正常申报一律增加1年的政工岗位履职年限。其转系列后从事思想政治工作年限,可按受聘政工专业职务履职年限计算。

3. 转岗、转系列参评人员，从转岗、转系列之日起，应开始参加政工专业继续教育各项培训，补习应训内容和通过市政工师进修学院组织的统一考试。

4. 由国家机关成建制划转为企业、事业单位或从国家党政机关分流到企业、事业单位前后一直从事思想政治工作的人员，首次参加政工专业职务任职资格评定，原工作年限可计为受聘政工专业职务年限，但须计总履职年限。即按照现学历为起点，将本实施意见规定的各级别晋升年限累加，其总年限达到哪一档专业职务晋升总年限，并且符合其他规定条件，即可直接申报相应级别的政工专业职务。原岗为非政工岗，但原职务为正处（正团）级以上干部，在现政工领导岗位工作满2年以上，并具备其他申报条件，可直接申报高级政工师专业职务任职资格。其他分流、转制前为非政工岗，转入政工岗申报政工专业职务任职资格的人员，执行转岗有关规定。

5. 确认政工专业职务任职资格，要依据申报条件对确认人员进行严格审核，符合所申报标准的再履行有关手续。主要由各企业、事业单位党组织按照《天津市思想政治工作专业人员受聘在岗履职情况考核实施意见》的内容和标准进行全面考核，由各区、县、局、集团公司政工职评办公室按规定的任职资格基本条件严格审核合格后，确认相应档次的政工专业职务任职资格，不再进行评审。对取得非政工专业的学历、学位，申报政工专业职务确认，强调充分体现能力业绩突出的要求。确认政工员，需提交2000字左右政工体会文章1篇；确认助理政工师，需提交2500字左右政工体会文章1篇；确认政工师需提交3000字左右政工体会文章1篇。凡确认初级、中级政工专业职务，必须参加“以考参评”考试并取得90分以上成绩。政工专业职务不可以破格确认。确认只能进行一次。

6. 年度履职考核连续3年为优秀成绩，可提前1年申报高一级政工专业职务。

7. 申报政工专业职务，应参加述职答辩、群众评议和公示。在公示过程中，群众反映确有较大问题者，应暂缓申报。

8. 受聘担任政工员、助理政工师、政工师、高级政工师、思想政治工作研究员的待遇，按照《中共中央办公厅、国务院办公厅关于转发〈企业思想政治工作人员专业职务试行条例〉的通知》（中办发〔1990〕8号）第三条“与担任其他专业技术职务的人员享受同等的工资福利和其他待遇”的规定，和《关于印发〈天津市事业单位政工专业职务人员岗位设置管理实施意见〉的通知》（津政职办〔2012〕9号）以及《关于企业化管理事业单位思想政治工作人员评聘专业职务增资指标问题的通知》（津人〔1993〕8号）文件规定执行。受聘担任思想政治工作研究员，享受被评聘为社科类正高级专业职务人员的同等待遇。其工资待遇从受聘的下月起执行。

此实施意见从发布之日起施行。原津党宣发〔2003〕6号、津政职办〔2003〕10号文件同时废止。

中共天津市委宣传部
中共天津市委组织部
天津市人力资源和社会保障局
天　津　市　财　政　局
2016年6月28日

进一步增强“六个意识”　深入实施“六化”工作目标 扎实抓好六项重点工作

——天津市政工职评工作2015年度总结和2016年度安排

天津市政工职评办公室

一、2015年工作总结

2015年，在市委宣传部和市政工职评工作领导小组的领导下，全市各级政工职评部门认真履行工作职责，全面贯彻中央和市委有关指示精神，以开展“三严三实”教育为契机，以打造高素质政工专业队伍为目标，围绕中心，服务大局，努力适应新形势，研究新情况，探索新办法，不断创新工作思路，不断深化政工职评工作“六化”目标，紧紧抓住提高评审质量、提升人员素质、强化队伍管理、发挥职能作用四个重要环节，为推动各项工作务实创新上水平奠定了坚实的基础。

1. 领导重视支持有力。一是为2014年度晋升的27名思想政治工作研究员举行颁证仪式，市政工职评工作领导小组领导出席并讲话。激励广大政工专业人员，特别是思想政治工作研究员立足岗位，多做贡献。二是2015年上半年，在部领导和市委组织部、市人力社保局等有关部门大力支持下，为全市事业单位具有高级政工专业职务的女性专业人员解决并落实了年满60周岁退休问题，实现了与其他专业技术人员同等待遇，在全市各基层单位引起强烈反响，为广大政工专业人员办了一件实事好事。三是积极扩大天津政工职评工作在全国的影响，先后在国务院国资委、中国铁路总公司等单位举办的全行业政工职评培训班介绍了我市开展政工职评工作的做法和经验，受到与会同志一致好评。

2. 调研工作深入扎实。2015年初，市政工职评办公室组成调研组分别深入教育系统、城建系统、国资系统、农村系统、卫生系统、市内六区和滨海新区，组织召开了政工职评工作座谈会，来自16个区县、部分系统和有关单位政工职评部门负责同志、基层政工人员代表参加了调研座谈。一是针对政工职评政策、继续教育培训、政工专业队伍管理和职能部门有效发挥作用等方面存在的问题进行了广泛深入的调研，在认真修订完善相关政策基础上及时制定下发了《2015年政工专业职务申报评审工作意见》、《2015年继续教育工作安排意见》等相关文件，为顺利完成全年工作夯实了基础。二是利用《政工职评简报》总结宣传《城建集团采取有效措施做好政工职评工作》、《教育系统政工职评工作坚持“三重”“三化”效果好》、《津南区做到“三个坚持”扎实开展政工职评工作》等典型经验，引导和推动政工职评工作扎实深入开展。

3. 政策培训广受欢迎。2015年4月下旬，先后两次分别对全市各区县、系统、部分委办局总公司及各企事业单位政工职评工作人员共440余人次进行了专题培训，主要内容为：学习传达市政工职评工作领导小组领导在第12次研究员颁证仪式和第40次高评会上的讲话精神，解读政工职评政策，对“网上培训”内容进行讲解和演示，等等。通过培训，使政工职评干部进一步明确了方向，落实了责任，熟悉了政策标准，把握了评审原则，解决了一些工作中经常遇到的难题。许多同志认为，这样的培训有内容、有效果、可操作性强，希望今后多搞一些类似的培训，特别对新从事这项工作的人员，很有必要。

4. 评审工作稳步推进。围绕标准化工作目标，坚持把提高评审质量作为工作的突破口，努力提高政工职评工作的整体质量和水平。一是周密筹划，合理安排。按照市政工职评办公室2015年评审工作意见，各单位结合实际制定工作计划，安排部署工作任务，分阶段有重点有目标有措施地抓好各项工作的落实。二是细致摸底，掌握实情。认真了解申报人的具体情况，分析和预测工作中可能遇到的问题，有针对性地解决各类矛盾，制定工作预案，做好解疑释惑工作，做好落选人员思想工作，维护政工专业队伍的稳定。三是吃透政策，释疑解难。在组织政工职评工作人员把握政策要求、明确参评条件和标准、掌握申报程序和方法的基础上，认真解答工作中遇到的问题，特别是对于一些难以把握、政策界定不清的疑难问题及时进行沟通，研究合理解决的意见和办法，确保申报评审政策的正确执行。四是履行程序，搞好监督。各申报单位认真落实上级政工职评部门派人参加申报人所在单位群众评议要求，严格规范申报审核程序，严把材料申报关、审核关和评审关，坚持政策面前人人平等，做到评审重能力、重实绩、重贡献，保证了评审工作的公平、公开、公正。召开全市第41次高级政工师评审会和第13次思想政治工作研究员评审会，521人取得高级政工师任职资格，27人取得思想政治工作研究员任职资格。

5. 继续教育注重实效。注重全面提高政工专业人员的素质，顺利完成了经常性继续教育网上培训的组织、发动和培训工作，为全市近2万名政工专业人员搭建了在线学习培训平台。全年共组织27630名政工专业人员参加专业理论知识、专业技能、经常性网络继续教育等内容的培训。其中，晋升前政工专业理论培训3054人（高级914人，中级1377人，初级763人）；计算机、英语技能培训3129人次；思想政治工作高级研修班培训了76名具有高级政工专业职务人员；18930名在岗政工专业人员参加了经常性继续教育网络培训。此外，还对全市2517名申报初级和中级政工专业职务的人员进行“以考参评”考试，取得较好效果。

6. 刊物出版贴近实际。坚持注重效果，提高质量，为广大基层政工专业人员开展思想政治工作和政工职评工作搭建交流平台。一是全年共出版6期《政工师指南》杂志，在注重实用的基础上，增加了信息量，提高了刊物质量。二是编辑出版了《中国思想政治工作年鉴》（2014年3月至2015年2月）、2015年《政工师论文集》、2015年《思想政治工作研究员材料汇编》和2015年《思想政治工作创新文集》等一批在全国及本市政工界较有影响的书籍。三是广泛征求对《新世纪新阶段的思想政治工作》《思想政治工作学教程》《思想政治工作发展史》这套政工专业专用培训教材的教学意见，并积极做好教材和刊物发行工作。

7. 队伍建设规范有序。一是大力开展“思想政治工作务实创新上水平”系列活动。经过层层发动，广大政工专业人员积极响应和参与，征集“思想政治工作创新”论文 321 篇，评出一等奖 26 篇，二等奖 32 篇，优秀奖 263 篇。并将部分获得二等奖以上的论文编辑成册，供广大政工专业人员学习借鉴。二是深入扎实开展“三严三实”教育，在抓好学习的同时，广泛征求基层政工职评部门意见建议，进一步加强了制度建设，营造了干净干事的良好氛围。三是抓好信访工作，严格政策标准，对群众反映的政工专业职务申报人员的问题认真进行调查核实，严肃处理，坚持不“带病”评审。

二、2016 年工作安排

2016 年全市政工职评工作总的要求是：以邓小平理论、“三个代表”重要思想、科学发展观为指导，深入学习习近平总书记系列重要讲话精神，深入学习贯彻党的十八大、十八届三中、四中、五中全会和市委十届四次、五次、六次、七次、八次全会精神，按照全市宣传思想工作会议要求，紧密结合实际，不断开拓创新，不断深化改革，以开展“两学一做”学习教育为契机，进一步增强“六个意识”，深入实施“六化”工作目标，抓好六项重点工作，为建设美丽天津、法治天津，为实现京津冀一体化发展提供坚强的思想保证和人才支撑。

（一）实施“两个六”工程

一是进一步增强“六个意识”。即：进一步增强宗旨意识，全心全意为政工专业人员服好务；进一步增强责任意识，抓好继续教育培训，切实提高政工专业人员的理论水平和专业知识水平；进一步增强实干意识，切实转变作风，力戒工作中的形式主义；进一步增强纪律意识，科学严谨地执行政策，坚决杜绝任何违反原则、违反纪律的事情发生；进一步增强清廉意识，不仅在生活上保持节俭，更要在工作中清正廉洁；进一步增强诚信意识，坚持做人要实，为人诚实，不搞两面派，不搞假、大、空。二是继续深入实施“六化”工作目标。即：职评工作标准化、继续教育层次化、刊物出版大众化、深入基层常态化、队伍建设规范化、制度建设长期化。

（二）抓好六项重点工作

1. 切实加强对政工职评工作的领导。调整充实完善市政工职评工作领导小组、高级政工师和思想政治工作研究员评委会成员。对各区县、各系统政工职评工作领导小组、中评委会情况进行摸底调查和规范指导。

2. 扎实推进政工职评工作科学化、标准化进程。一是认真研究制定 2016 年政工职评工作各项相关安排意见，举办全市政工职评工作培训班，对各级政工职评部门特别是新从事这项工作的人员进行专门的业务培训，达到严肃职评纪律、增强业务能力、吃透政策规定、把握程序标准、统一工作进度、提高评审质量的要求。二是高质量完成初级、中级、高级政工师和思想政治工作研究员申报评审工作。高级政工师和思想政治工作研究员评审数量与 2015 年基本持平。三是充分利用网络资源,大力推进政工职评工作现代化、科学化进程,积极探索政工职评工作网上申报。四是加大考核力度,继续实施申报中初级政工专业职务"以考参评"。五是认真做好政工专业人员在岗受聘履职情况的考评工作,认真落实奖惩措施,防止流于形式。总结推广先进经验,实现政工专业人才培养、培训、奖惩、使用、管理的制度化。六是做好信访工作,把矛盾化解在基层,解决在萌芽状态中。

3. 进一步提升继续教育培训工作质量。一是积极整合培训资源,搞好师资建设管理。在专业理论培训中增加"两学一做"学习内容,在网络培训中增加"两学一做"、《思想政治工作》和《党建》视频课程,在思想政治工作高级研修班培训中增加"两学一做"和卫生健康及心理健康等内容。二是区分层次抓好培训。依据政工专业人员层次结构和知识需求,继续抓好政工专业职务晋升前培训。三是加强已具有政工专业职务人员的评后管理,按照继续教育改革的趋势和要求,充分利用网络资源开展经常性继续教育。四是积极完善政工专业人员继续教育培训政策。2016 年计划各类培训人数达到 30000 人次。

4. 努力提高办刊、学刊、用刊质量。一是继续办好《政工师指南》杂志。2016 年要紧紧围绕增强政治敏锐性、提高政工专业水平、坚持通"天"接"地"和做"高级政工翻译"的办刊思路,增设栏目,扩大容量,加大典型宣传力度和政工职评政策答疑,努力增强刊物的权威性、指导性、实用性。加强基层通讯员队伍建设。二是完成好《中国思想政治工作年鉴》(2015 年 3 月至 2016 年 2 月)、2016 年《思想政治工作研究员材料汇编》、2016 年《思想政治工作创新文集》、2016 年《政工师论文集》等编撰工作。同时,把提高刊物质量和论文水平作为重中之重,抓紧抓好,抓出成效。三是做好《新世纪新阶段的思想政治工作》、《思想政治工作学教程》、《思想政治工作发展史》三本教材的培训使用情况的跟踪调研,为进一步修订完善做好准备。四是加强与各省市、国家有关部委办政工职评办公室联络,及时交流职评工作信息、经验、好的做法、解决疑难问题的工作思路等。

5. 坚持深入基层搞好调查研究。一是集中一个月时间深入基层调研,广泛听取各方面意见,对现行政工职评政策进行重新修订和完善,并搞好政策培训。二是确定基层单位政工职评工作联系点,采取走出去和请进来的方法,每年深入基层联系点不少于 10 次,所到联系点要在一半以上;每年召开座谈会不少于 3 次,邀请联系点代表参加并充分听取大家的意见。三是加大典型经验总结推广力度。及时总结发现和选树先进集体和个人典型,适时加以推广宣传。四是进一步落实信息报送制度。各区、系统和各有关单位政工职评办公室每年报送工作信息动态要在《政工职评工作简报》上选用 3 条以上。

6. 大力提升政工专业队伍的综合素质。2016 年,要认真抓好"四个一"活动。一是树立宣传一批典型。调动基层政工职评部门和广大政工专业人员积极性、主动性和创造性,引导广大政工专业人员在各自岗位上更好地发挥作用。二是继续开展一个系列活动。积极开展"思想政治工作务实创新上水平”征文活动和举办“思想政治工作热点难点大家谈”沙龙。鼓励广大政工专业人员积极参加各级各类征文评选和理论研讨活动，要求政工专业人员每人每年至少撰写1篇政工专业理论文章。三是开发一个互动平台。开通天津市政工职评办公室微信、微博和客户端，积极打造政工专业人员手机、网上交流互动平台。四是开展一项关爱行动。进一步发挥政工师协会作用，使其成为密切联系广大政工专业人员的桥梁和纽带。在政工师队伍中积极开展“献爱心，送温暖”活动，解除他们的后顾之忧，使其切身感受到党组织的关心、关爱和关怀，更好地立足岗位，拼搏奉献。

深入实施“六增六化”目标 扎实抓好六项重点工作

——天津市政工职评办公室2016年工作总结及2017年工作安排

天津市政工职评办公室

一、2016年工作总结

2016年，市政工职评办公室全面贯彻党的十八大和十八届四中、五中、六中全会精神，认真学习贯彻习近平总书记系列重要讲话精神，按照全市宣传思想工作会议的要求，以开展“两学一做”学习教育活动为契机，以打造高素质政工专业队伍为目标，努力适应新形势，研究新情况，探索新办法。以“三升一金”工作思路为指导，不断深化政工职评工作“六化”目标，提高评审质量、提升人员素质、强化队伍管理、发挥职能作用，为实现天津经济社会更好发展提供强大精神动力和思想保证。

1. 深入调研，为提升政工职评工作水平奠定坚实基础。为了适应新形势、新任务、新要求，进一步做好政工职评工作，市政工职评办公室年初提前下发了调研提纲，并组成调研组，于2月至3月，采取走出去和请进来的方式，开展了为期一个月的调查研究。先后召开座谈会14次，全市各区、系统和有关单位政工职评部门负责同志和部分基层政工专业人员代表170余人参加了座谈研讨，同时收到基层调研报告28份。这次调研参与人数之多、覆盖面之广、调研内容针对性之强，为历年之最。调研组分别深入滨海新区、城建系统、市内六区等13个区、系统的基层单位，召开座谈会。同时还将部分单位的同志请到市政工职评办公室进行座谈。大家围绕调研提纲，结合各自工作实际，介绍了基本情况，交流了基本经验，对政工职评政策和评审工作提出了具体意见建议。在摸清底数，认真梳理基层单位提出的9个方面意见建议的基础上，撰写了《深入基层转作风 创新思路谋发展——全市政工职评工作调研综述》和《调研纪实》。利用《政工职评简报》总结宣传《武清区政工职评工作抓好“四突出”、把好“四关”》、《夯实职评工作基础 提升标准化建设水平——轨道交通集团扎实开展政工职评工作》、《坚持“三严格一规范”提高市级机关工委政工职评工作水平》等典型经验，引导和推动全市政工职评工作扎实深入开展。

2. 完善政策，为提高政工专业职务评审质量提供科学依据。一是按照部领导指示精神，在充分调研听取基层单位意见基础上，对《天津市思想政治工作专业职务任职资格评审条件》（津政职办〔2003〕10号）和《关于思想政治工作研究员评审工作实施办法》（津党宣发〔2003〕6号）进行了合并，同时对31项条款进行了重新修订。新修订的《天津市思想政治工作专业职务评审实施意见》以市委宣传部、市委组织部、市人力社保局、市财政局等四部门名义联合颁布实施。在此基础上,及时制定印发了《2016 年政工职评申报评审工作意见》、《2016 年继续教育工作安排意见》。《天津市思想政治工作专业职务评审实施意见》增加了履职年限,加强了组织、纪检部门的监督,增加了“双公示”等内容,体现公开、公平、公正和高标准严要求,将成为今后一个时期我市政工专业职务评审工作的重要依据,标志着政工职评工作向标准化目标又迈上一个新的台阶。二是认真组织政策培训。《实施意见》颁布后,先后两次分别对全市各区、系统、部分委办局总公司及各企事业单位政工职评工作人员共 860 余人次进行了专题培训,受到大家一致好评。培训中学习传达了市政工职评工作领导小组领导在第 13 次研究员颁证仪式和第 41 次高评会上的讲话精神,深入解读了政工职评政策,还对“网上申报”内容进行了讲解和演示,使政工职评工作人员进一步明确了方向,落实了责任,熟悉了政策标准,把握了评审原则,解决了一些工作中经常遇到的难题。

3. 注重实效,稳步扎实推进政工专业职务评审工作。围绕标准化工作目标,坚持把提高评审质量作为工作的突破口,努力提高政工职评工作的整体质量和水平。一是为 2015 年度晋升的 27 名思想政治工作研究员举行颁证仪式,激励广大政工专业人员,特别是思想政治工作研究员立足岗位、多做贡献。二是周密筹划,合理安排。按照市政工职评办公室 2016 年评审工作意见,各单位结合实际制定工作计划,安排部署工作任务,分阶段,有重点、有目标、有措施地抓好各项工作的落实。三是细致摸底,掌握实情。认真了解申报人的具体情况,分析和预测工作中可能遇到的问题,有针对性地解决各类矛盾,制定工作预案,做好解疑释惑工作,做好落选人员思想工作,保证政工专业队伍的稳定。四是吃透政策,搞好解答。在组织政工职评工作人员把握政策要求、明确参评条件和标准、掌握申报程序和方法的基础上,认真解答工作中遇到的问题,特别是对于一些难以把握、政策界定不清的疑难问题及时进行沟通,研究合理解决的意见和办法,确保申报评审政策的正确执行。五是履行程序,搞好监督。各申报单位认真落实上级政工职评部门派人参加申报人所在单位群众评议的要求,严格规范申报审核程序,严把材料申报关、审核关和评审关。坚持政策面前人人平等,做到评审重能力、重实绩、重贡献,保证了评审工作的公平、公开、公正。召开天津市第 42 次高级政工师评审会,有 435 名申报人取得高级政工师任职资格;召开天津市第 14 次思想政治工作研究员评审会,有 25 名申报人取得思想政治工作研究员任职资格;举行第 14 次思想政治工作研究员专业职务任职资格颁证仪式,市委常委、市委宣传部部长、市政工职评工作领导小组组长陈浙闽出席并讲话。六是加强监督,重视信访。做到有信必查、有访必答,杜绝圈子文化和好人主义。今年共接到反映基层政工职评问题的信件 23 封,全部调查落实,取消 13 名申报人员资格。

4. 抓好培训,切实提高政工人员专业素质。一是举办政工专业人员高级培训班,606 名政工专业人员参加了培训。二是积极做好参评人员英语、计算机培训工作。其中,英语培训 716 人,计算机培训 1348 人。三是开展 2016 年经常性继续教育网络培训,针对政工专业人员工作实际和特点，精心筛选培训课程，制定培训计划，同时邀请市委党校有丰富教学经验的党建专家录制“两学一做”视频学习课程。去年先后组织1.8万余名政工专业人员参加了政工专业人员继续教育网络培训并取得合格成绩。四是举办思想政治工作高级研修班，培训了75名高级政工专业人员。此外，还认真组织中、初级政工专业人员参加“以考参评”考试，全市2247名申报初级和中级政工专业职务人员参加“以考参评”考试，取得较好效果。五是大力开展“思想政治工作务实创新上水平”系列活动。经过层层发动，广大政工专业人员积极响应和参与，征集“思想政治工作创新”论文606篇，评出一等奖30篇，二等奖70篇，优秀奖180篇。并将获得二等奖以上的部分论文汇编成册，供广大政工专业人员学习借鉴。

5. 办好刊物，积极搭建政工专业人员工作交流平台。一是确保办刊质量。坚持注重效果，提高质量，为广大基层政工专业人员开展思想政治工作和政工职评工作搭建了交流平台。全年共出版6期《政工师指南》杂志，在注重实用的基础上增加了信息量，提高了刊物质量。二是采取措施严把论文质量关。为提升刊发论文的水平，编辑部的同志对每一篇稿件都按照高标准严要求，认真审核，仔细校对，不追求刊发数量，以稿件质量为最终标准，不符合刊发标准的稿件坚决不发。三是编辑出版2016年《政工师论文集》、2016年《思想政治工作研究员材料汇编》和2016年《思想政治工作创新文集》。四是广泛征求对《新世纪新阶段的思想政治工作》、《思想政治工作学教程》、《思想政治工作发展史》三本政工专业专用培训教材的教学意见，并积极做好教材和刊物发行工作。

6. 抓好学习，不断提高政工职评工作人员自身素质。政工职评办公室把自身学习当作一项重要工作来抓，强调打铁先要自身硬，通过不断学习提升自身素质、增强理论素养。一是始终坚持每人每周利用半天时间学习“两学一做”学习教育规定的必读书目，学习时事政治和党的路线方针政策并做好笔记，每月都要读一本好书，每季写一篇读书心得体会，保持了认真读书习惯，使学习蔚然成风。二是召开会议，集体传达学习党的十八届六中全会和全市宣传思想文化工作会议精神，重点学习《关于新形势下党内政治生活的若干准则》和《中国共产党党内监督条例》，并对天津党建云平台操作进行了系统培训学习。三是组织召开“两学一做”学习教育四个专题组织生活会。围绕“两学一做”学习教育四个专题谈感受、找差距、提意见，认真开展批评与自我批评。四是组织全体人员参观渤轻党校举办的《中国共产党廉洁自律准则》、《中国共产党纪律处分条例》专题图片展览。五是组织全体党员集中观看《纪挺法前探索与实践》专题片，受到了深刻教育，大家纷纷表示要时刻牢记《准则》、《条例》各项要求，坚定理想信念，守住政治纪律底线，做合格的共产党员。

二、2017年工作安排

（一）继续深入实施“六增六化”目标，强化“三升一金”工作思路

做好2017年工作，要进一步增强“六个意识”，深入实施“六化”工作目标，强化“三升一金”工作思路。一是进一步增强“六个意识”。即：进一步增强宗旨意识，全心全意

为政工专业人员服好务；进一步增强责任意识，抓好继续教育培训，切实提高政工专业人员的理论水平和专业知识水平；进一步增强实干意识，切实转变作风，力戒工作中的形式主义；进一步增强纪律意识，科学严谨地执行政策，坚决杜绝任何违反原则、违反纪律的事情发生；进一步增强清廉意识，不仅在生活上保持节俭，更要在工作中清正廉洁；进一步增强诚信意识，坚持做人要实，为人诚实，不搞两面派，不搞假大空。二是继续深入实施“六化”工作目标。即：职评工作标准化、继续教育层次化、刊物出版大众化、深入基层常态化、队伍建设规范化、制度建设长期化。三是强化“三升一金”工作思路。通过提升政工专业职务评审工作质量和水平、提升继续教育培训工作质量和水平、提升办刊质量和论文水平，从总体上增加政工专业职务的“含金量”。

（二）抓好六项重点工作

1. 切实加强对政工职评工作的组织领导。要把讲政治作为第一位的要求，提高政治站位，坚守党的政治属性，坚定党的政治立场，始终保持正确政治方向。一是调整充实完善市政工职评工作领导小组、高级政工师和思想政治工作研究员两个评委会。二是切实加强对政工专业人员的评后管理，进一步落实注册登记和考核管理等制度。三是充分发挥我市政工师队伍在互联网上的红色骨干作用，主动应对网络舆情，积极抢占思想政治工作网络制高点，大力开展网上宣传、监督、引导等工作。四是进一步加大对各区、系统政工职评工作领导小组、中评委会情况摸底调查和工作检查指导力度，切实纠正少数单位中评委会存在的对政策理解不透、把握不准、审核不细、把关不严的问题。

2. 切实推进政工职评工作科学化、标准化进程。一是认真研究制定2017年政工职评工作各项相关安排意见，举办全市政工职评工作培训班，对各级政工职评部门特别是新从事这项工作的人员进行专门业务培训，达到严肃职评纪律、增强业务能力、吃透政策规定、把握程序标准、统一工作进度、提高评审质量的要求。二是高质量完成初级、中级、高级政工师和思想政治工作研究员申报评审工作。高级政工师和思想政治工作研究员评审数量与2016年基本持平。三是充分利用网络资源，大力推进政工职评工作现代化、科学化进程，积极探索和推行政工职评工作网上申报。四是加大考核力度，继续实施申报初、中级政工专业职务“以考参评”。五是认真做好政工专业人员在岗受聘履职情况的考评工作，严格落实奖惩措施，防止流于形式。总结推广先进经验，实现政工专业人员培养、培训、奖惩、使用、管理制度化。六是做好信访工作，把矛盾化解在基层，解决在萌芽状态。

3. 切实加大继续教育培训工作力度。一是区分层次抓好培训。依据政工专业人员层次结构和知识需求，继续抓好政工专业职务晋升前培训。二是依照继续教育改革的趋势和要求，充分利用网络资源对已具有政工专业职务人员开展经常性继续教育。三是充实完善政工专业人员继续教育培训政策。2017年计划各类培训人数达到3万人次。

4. 切实增强刊物的指导性和实用性。一是继续办好《政工师指南》杂志。2017年要紧紧围绕增强政治敏锐性、提高政工专业水平，坚持通“天”接“地”和做“高级政工翻译”的办刊思路，增设栏目，扩大容量，加大典型宣传力度和政工职评政策答疑，努力增强刊物的权威性、指导性、实用性。二是加强对政工专业职务申报工作的宣传力度，编辑出版政工专业职务申报《实用手册》，为各级政工职评工作人员和申报人提供必要的政策依据。三是完成好《思想政治工作研究员材料汇编》、《思想政治工作创新文集》、《政工师论文集》等书籍编撰工作。四是继续加强与各省市、部委办政工职评办公室联络，努力扩大天津影响，及时交流职评工作信息、经验做法、解决疑难问题的工作思路等。

5. 切实加强调查研究力度和深度。进一步转变工作作风，密切与基层政工部门和广大政工人员的联系，切实为基层提供优质服务。一是集中一个月时间深入基层调研，听取意见，了解情况，完善政工职评相关政策，搞好政策培训。二是确定基层单位政工职评工作联系点，采取走出去和请进来的方法，每年深入基层联系点不少于10次，所到联系点达到一半以上；每年召开座谈会不少于3次，邀请联系点代表参加并充分听取大家的意见。三是加大典型经验总结推广力度。及时发现总结和选树先进集体和个人典型，适时加以推广宣传。四是建立信息报送制度。各区、系统和有关单位政工职评办公室每年报送工作信息动态要在《政工职评简报》上选用3条以上。

6. 切实加强政工专业队伍建设。2017年，要搞好“四项活动”。一是加强市政工职评办公室自身建设。以市委巡视组对市委宣传部进行专项巡视工作为契机，加强党支部和党员队伍建设。继续抓好党员的日常学习，加强党建工作，发挥党支部的战斗堡垒作用和党员的先锋模范作用。二是在全市范围内继续开展“思想政治工作务实创新上水平”活动。积极举办思想政治工作务实创新上水平征文活动和思想政治工作“热点难点大家谈”沙龙。鼓励广大政工专业人员积极参加各级各类征文评选和理论研讨活动，要求政工专业人员每人每年至少撰写1篇政工专业理论文章。三是开发一个互动平台。开通天津市政工职评办公室微信、微博和客户端，积极打造政工专业人员手机、网上交流互动平台。四是开展一项关爱行动。进一步发挥政工师协会的作用，使其成为密切联系广大政工专业人员的桥梁和纽带。在政工师队伍中积极开展为贫困会员“献爱心、送温暖”活动，解除他们的后顾之忧，使其切身感受到党组织的关心、关爱和关怀，更好地立足岗位拼搏奉献。

关于申报初、中级政工专业职称实行“以考参评”的意见（试行）

天津市政工职评办公室

根据《2015年政工职称申报评审工作意见》（津政职办〔2015〕4号）安排，从今年起，对申报初、中级政工专业职称实行“以考参评”。现结合我市政工职评工作实际，提出以下意见。

一、指导思想

以邓小平理论、“三个代表”重要思想、科学发展观为指导，进一步做好我市政工职评工作，增强“五个意识”，实现“五化”工作目标，积极探索完善科学、客观、公正和社会各界广泛认可的政工职评工作评价机制，加快培养适应天津经济社会发展需要、德才兼备的初、中级政工专业人才，为建设美丽天津提供精神动力和思想保证。

二、组织领导

在市政工职评工作领导小组的统一领导下，由市政工职评办公室负责全市初、中级政工专业职称申报人员“以考参评”工作宏观指导，市政工师进修学院负责制定《申报初、中级政工专业职称“以考参评”复习考试大纲》并建立题库。各中评委建制单位政工职评部门负责具体组织报名、培训相关工作。

三、考试与评审

从2015年起，对拟申报评审（确认）初、中级政工专业职称人员，全面实行申报资格考试与评审相结合的办法。凡申报评审（确认）初、中级政工专业职称的人员，均须参加全市统一组织、统一命题、统一阅卷、统一颁证的专业理论知识和应用知识考试，考试合格后方可参加评审。

（一）考试

1. 凡符合初、中级政工专业职称申报资格的政工专业人员，由本人提出申请，经所在单位按照政工专业职称结构比例及名额限制等相关要求进行审核同意后，由各中评委建制单位按照《复习考试大纲》组织必要的培训，方可报名参加考试。按管理权限分别经各中评委单位的政工职评部门初审后，统一报各区、各系统和各有关单位政工职评部门进行资格审查，审查合格后，提交市政工师进修学院具体安排参考事宜。

2. 初、中级政工专业职称人员申报资格考试，采取统一试卷和闭卷笔试的方式进行。

3. 考试主要内容为专业理论及应用知识。主要考核参评人员的思想政治工作专业理论基础知识水平，掌握新形势下思想政治工作形势任务和发展趋势的情况，运用思想政治工作理论及相关知识、法律法规分析、判断和解决实际问题的综合能力。

4. 2015年考试报名时间为今年的6月

中旬，考试在6月下旬进行。考试的具体时间、地点另行安排。

5. 考试合格标准由市政工师进修学院根据考试情况制定，被淘汰比例约占参加考试人员的30%，合格人员的资格有效期为3年。

6. 市政工师进修学院负责登录参加考试人员成绩，并在8月底前反馈给各申报单位。

（二）评审

1. 初、中级政工专业职称人员资格评审条件和程序仍按相关规定执行。

2. 根据《2015年政工职称申报评审工作意见》（津政职办〔2015〕4号）文件精神，各中评委建制单位（或委托下属单位）负责初、中级政工专业职称人员资格的评审工作。评审通过人员经公示无异议后，由各中评委审批并下发任职资格文件，颁发由市政工职评办公室统一印制的资格证书。

3. 各中评委建制单位将评审结果及时报市政工职评办公室备案。

四、有关注意事项

1. 对申报（确认）初、中级政工专业职称人员任职资格实行“以考参评”后，在申报评审过程中提倡组织答辩程序，但暂不做统一要求。

2. 各中评委建制单位的评审费用仍按原标准收取。市政工师进修学院将收取一定的考试费用，收费标准按市有关文件规定执行。

3. 对申报初、中级政工专业职称人员任职资格实行考试与评审相结合，是我市政工职评工作改革创新的一项重要举措，各级政工职评部门要提高认识，加强领导，积极稳妥地抓好落实。工作中发现问题，须及时报市政工职评办公室。

第九部分

思想政治工作专题研究与创新

掌握强大思想武器　反对历史虚无主义

张树军

党的十八大以来，以习近平同志为核心的党中央高度重视警惕和反对历史虚无主义。习近平总书记反复强调，坚持实事求是研究和宣传党的历史，必须警惕历史虚无主义的影响，坚决抵制和反对党史问题上存在的错误观点和错误倾向。实践证明，习近平总书记系列重要讲话特别是关于党的历史的重要论述，是认清历史虚无主义实质和危害、抵制和反对历史虚无主义的强大思想武器。

一、充分认识历史虚无主义的实质和危害

纵观历史，与社会变革相适应，社会意识领域必然会出现各种各样的思潮变幻。这其中，积极的、理性的思潮居多数，但也不乏各种消极的、非理性思潮。历史虚无主义就是这样一种消极的、非理性思潮。

近年来，人们对历史虚无主义的实质看得越来越清晰。它以所谓"重新评价"为名或者利用所谓"新资料""新观点"大做"翻案"文章，歪曲近现代中国革命历史、中国共产党历史和中华人民共和国历史。主要表现为：否定革命，宣传反帝反封建的革命只起破坏性作用，只有资产阶级"启蒙"才有建设性意义；否定中国走上社会主义道路的历史必然性，把五四运动以来中国选择社会主义发展方向视为离开"以英美为师"的所谓"近代文明的主流"而"误入歧路"；宣称经济文化落后的中国没有资格搞社会主义，新中国成立以后搞的不过是小资产阶级的空想社会主义；否定已有定论的历史事件和历史人物，宣称党的历史和新中国历史是"一系列错误的延续"，诋毁党的领袖，贬损英模人物，等等。可以看出，历史虚无主义并非一个学术流派或一种学术观点，而是带有强烈政治倾向和政治意图的错误思潮。对此，习近平总书记曾一针见血地指出：历史虚无主义的要害，是从根本上否定马克思主义指导地位和中国走向社会主义的历史必然性，否定中国共产党的领导。

历史虚无主义的危害性是不容忽视的。它把支流夸大为主流，把歪曲塑造成真实，以偏概全、以假乱真，鼓噪史实虚无、规律虚无、理论虚无、文化虚无、道德虚无、价值虚无。在这种解构之下，革命的历史必然性和人民对中国共产党、马克思主义、社会主义道路、改革开放的选择成了"偶然"，先烈的奋斗和牺牲成了"谎言"，狼牙山五壮士、刘胡兰、董存瑞、黄继光、邱少云、雷锋等成了"笑谈"；在这种解构之下，马克思主义的正确性被否定，社会主义道路的必然性被否定，中国共产党执政的必然性被否定；在这种解构之下，人们的思想被搞乱，民族精神受到质疑，中华民族立国传世的根基遭到瓦解。由此看来，历史虚无主义不同于以实事求是的学术研究为基础的学术流派和学术观点，它是敌对势力

拿历史做文章，削弱中国共产党执政的历史基础和思想根基、消解中国共产党长期执政合法性正义性的舆论工具和政治思潮，其危害性是显而易见的。正如习近平总书记告诫我们的："国内外敌对势力往往就是拿中国革命史、新中国历史来做文章，竭尽攻击、丑化、污蔑之能事，根本目的就是要搞乱人心，煽动推翻中国共产党的领导和我国社会主义制度。苏联为什么解体？苏共为什么垮台？一个重要原因就是意识形态领域的斗争十分激烈，全面否定苏联历史、苏共历史，否定列宁，否定斯大林，搞历史虚无主义，思想搞乱了，各级党组织几乎没任何作用了，军队都不在党的领导之下了。最后，苏联共产党偌大一个党就作鸟兽散了，苏联偌大一个社会主义国家就分崩离析了。这是前车之鉴啊！"

二、中国共产党人坚持客观科学礼敬对待历史

习近平总书记指出："中国共产党人是马克思主义者，坚持马克思主义的科学学说，坚持和发展中国特色社会主义，但中国共产党人不是历史虚无主义者，也不是文化虚无主义者。"中华民族有着悠久的历史和文化，这是民族自豪感、认同感和凝聚力的源泉。每一个共产党人，都要认清历史虚无主义的实质和危害，在珍惜和维护历史中坚定道路自信、理论自信、制度自信、文化自信。

历史事实不能篡改，中国革命建设改革的历史不容否定。1840年以来的中国近现代史，经历了旧民主主义革命、新民主主义革命、社会主义革命和建设、改革开放和社会主义现代化建设的历史进程。这一进程，生动诠释了中国共产党领导中国人民"跨过一道又一道沟坎，取得一个又一个胜利"的历史事实和伟大历史贡献。在这一进程中，后一个历史阶段的开启都内生于前一个历史阶段的实践探索，从而得出"历史和人民选择了中国共产党，选择了马克思主义，选择了社会主义道路，选择了改革开放"的必然结论。否定任何一个阶段，都是对历史的无情割裂，都是对历史必然性结论的无理背弃。

革命成果不能丢失，社会主义道路不容否定。习近平总书记多次强调，新民主主义革命的胜利成果决不能丢失，社会主义革命和建设的成就决不能否定，改革开放和社会主义现代化建设的方向决不能动摇，这是党和人民在当今世界安身立命、风雨前行的资格。党和人民90多年奋斗、创造、积累的必须倍加珍惜、始终坚持、不断发展的根本成就，就是开辟了中国特色社会主义道路，形成了中国特色社会主义理论体系，确立了中国特色社会主义制度。那些无视中国革命建设改革取得的巨大成就，质疑中国特色社会主义正确性、合理性、必然性的论调，是同中国人民根本利益完全背离的。

马克思主义没有过时，人类社会发展规律不容否定。习近平总书记指出："事实一再告诉我们，马克思、恩格斯关于资本主义社会基本矛盾的分析没有过时，关于资本主义必然消亡、社会主义必然胜利的历史唯物主义观点也没有过时。"人类社会有其自身的发展规律。中国共产党运用马克思主义立场观点方法观察分析中国社会运动及其发展规律，在认识世界和改造世界过程中不断把握规律、运用规律，推动党和人民事业沿着正确的发展道路阔步前进。历史虚无主义将历史运动视为无规律可循、随英雄人

物意志改变、受偶然性支配的事件堆积的一件件“个案”，以历史的个别现象否定历史的本质。任其蔓延的后果，必将使我们的发展道路偏离社会发展规律，最终走向失败。

历史人物作用不能抹杀，革命领袖不容否定。习近平总书记指出：“革命领袖是人不是神”，“不能因为他们伟大就把他们像神那样顶礼膜拜，不容许提出并纠正他们的失误和错误；也不能因为他们有失误和错误就全盘否定，抹杀他们的历史功绩，陷入虚无主义的泥潭。”党会犯错误，领袖有功也有过，这是不争的历史事实，但如果不是全面地、历史地、辩证地看待党的失误和领袖过失，而是进行夸大、丑化、污蔑甚至诋毁，就会造成否定党的全部历史，就会导致执政地位的丧失。

历史就是历史，假设不能代替历史事实。习近平总书记强调：“历史就是历史，事实就是事实，任何人都不可能改变历史和事实。”历史虚无主义经常通过提出假设的观点而推论可能产生的效应与结果来证明自己判断的正确。这种逻辑是站不住脚的，因为其逻辑基点是不存在的。人们认识问题只能是对已经发生的事实进行分析判断，只能是探寻真实的、已发生的历史逻辑，而不能以想象作为依据，不能依靠无客观依据的伪“逻辑推导”。历史不承认“假设”，研究历史只能研究分析已经发生的事件和人物，判断功过是非也只能放到当时的历史环境下，不能用今天的条件去衡量过去的事件和人物，否则就会陷入历史虚无主义。

三、坚决反对任何歪曲和丑化党的历史的错误倾向

习近平总书记强调，牢牢把握党的历史发展的主题和主线，深刻揭示党的历史发展的主流和本质，坚决反对任何歪曲和丑化党的历史的错误倾向，这是党史工作必须遵循的党性原则，也是每一个党史工作者应该履行的政治责任。

坚定正确的政治方向。党史研究是一门研究中国共产党的历史、从中国共产党的活动揭示当代中国社会运动规律的科学，是一门具有鲜明党性的科学。在党史研究中坚持党性原则，要求党史工作者高举中国特色社会主义伟大旗帜，牢固树立政治意识、大局意识、核心意识、看齐意识，自觉在思想上政治上行动上同以习近平同志为核心的党中央保持高度一致，毫不动摇地坚持党中央关于历史问题的两个决议，坚持党中央对重大党史问题、党史事件和重要党史人物的基本判断和重大结论。要把握正确政治方向，坚定站稳政治立场，不断增强政治定力，注重提高从政治上看待问题、是非的能力。

严格遵守政治纪律。党的十八大以来，以习近平同志为核心的党中央以党章为遵循，大力加强党内法规建设，制定或修订了一系列党内法规。其中，《关于新形势下党内政治生活的若干准则》规定，全党对歪曲、丑化、否定党的历史、中华人民共和国历史和人民军队历史的言行，必须旗帜鲜明反对和抵制。《中国共产党纪律处分条例》规定，对丑化党和国家形象，诋毁、诬蔑党和国家领导人，歪曲党史、军史的党员，要视情节分别给予不同种类的纪律处分。这些党内法规，构筑起抵御历史虚无主义的强大“防火墙”。党员无论从事党史研究工作还是其他工作，都必须坚决抵制和反对党史问题上的错误观点和错误倾向，自觉做捍卫党的历史的忠诚

卫士。

实事求是研究和宣传党的历史。历史虚无主义一个颇为迷惑人的手法就是以学术研究为名,利用“研究无禁区”和“学术民主”等来宣传错误观点、表达政治诉求。这就需要党史工作者坚持实事求是的科学精神,开展严肃认真的学术研究,以令人信服的学术成果抵御历史虚无主义的渗透。要掌握科学的历史观和方法论,持续强化唯物史观在党史研究中的指导作用。要坚持严谨求实的科学态度,准确记载和全面反映党的历史,正确对待党在前进道路上经历的失误和曲折,深入总结正反两方面经验,科学分析和评价历史事件和历史人物,使党史研究成果经得起学术探讨与交流的检验,经得起实践、历史和人民的检验。

积极主动反击历史虚无主义。反对历史虚无主义除了要在学理上揭露其实质、厘清其谬误外,更要从解决实际问题入手清除历史虚无主义的影响。要在做好宣传教育的同时,着力解决人们关注的现实矛盾和问题,不断彰显社会主义制度的优越性,不断增强社会主义意识形态的吸引力和凝聚力。要坚持正面宣传为主,有计划地开展对重大党史问题的研究宣传,特别要研究宣传社会关注度高的党史事件和党史人物,多做解疑释惑的工作,让历史说话,用史实发言,牢牢占领党史的各种舆论阵地。要加强对历史虚无主义观点的收集、分析、研判,主动出击、精准应对、务求实效,对其中有代表性的观点,要摆事实、讲道理,有理有力予以批驳。要落实意识形态工作责任制,加强顶层设计,坚持统筹协调,构筑起反对历史虚无主义的铜墙铁壁。

（作者:中共中央党史研究室副主任）

当前中国社会各阶层分析

苏　伟

习近平总书记指出："实现中国梦必须凝聚中国力量。"中国人民由13亿多人口组成。13亿多中国人,又是由哪些社会阶层组成的呢?这些阶层各有哪些特点?它们对党和国家的政治态度是怎样的呢?更深刻、更具体地研究、认清这些问题,才能更顺当地整合这些阶层,从而凝聚好中国力量,实现中华民族伟大复兴的中国梦。

一、社会主义市场经济条件下的我国阶层的划分及其依据

在社会主义市场经济条件下,剥削阶级虽然作为阶级已经被消灭,但整个社会仍然存在阶级,工人阶级、农民阶级仍是我国社会的主要阶级,工人阶级是领导阶级(知识分子是工人阶级的一部分),农民阶级是工人阶级的可靠同盟军。但是随着社会主义基本经济制度(即以公有制为主体,多种所有制经济共同发展)的确立,我国的经济建设和社会进步得到长足发展,由此也出现了一些新的阶层。因此,认清中国的社会结构,各阶层的现状和特点,对于我们进一步发挥主力军和生力军在经济社会发展中的作用,而且更加广泛地凝聚各阶层的力量,实现中华民族的伟大复兴,有着十分重要的意义。

1. 当前我国阶层划分的理论依据——习近平总书记的重要论述

怎样认识我国当前的社会结构?怎样认识我国当今的阶层划分呢?习近平总书记的一段重要讲话,给我们指明了方向。习近平总书记在第十二届全国人民代表大会第一次会议上的讲话中指出:"全国广大工人、农民、知识分子,要发挥聪明才智,勤奋工作,积极在经济社会发展中发挥主力军和生力军作用。一切国家机关工作人员,要克己奉公,廉政勤政,关心人民疾苦,为人民办实事。中国人民解放军全体指战员,中国人民武装警察部队全体官兵,要按照听党指挥、能打胜仗、作风优良的强军目标,提高履行使命能力,坚决捍卫国家主权、安全、发展利益,坚决保卫人民生命财产安全。一切非公有制经济人士和其他新的社会阶层人士,要发扬劳动创造精神和创业精神,回馈社会,造福人民,做合格的中国特色社会主义事业的建设者。全国广大青少年,要志存高远,增长知识,锤炼意志,让青春在时代进步中焕发出绚丽的光彩。"

习近平总书记的上段论述,实际上对我国现阶段的社会阶层结构,作了一个科学的分析和概括。据此,可以将我国现阶段的社会阶层划分如下。(1)普通工人阶层。即习近平总书记讲的首个阶层:工人,即与企业管理者、经营者、技术人员、一般管理人员相区别的企业"一线"劳动者。(2)农民阶层。即习近平总书记讲的第二个阶层:农民。(3)知识分子阶层。即习近平总书记讲的第三个

阶层:知识分子。(4)公务人员阶层。即习近平总书记讲的“一切国家机关工作人员”。广义上讲,习近平总书记提到的“中国人民解放军全体指战员,中国人民武装警察部队全体官兵”,也可以纳入公务人员阶层。(5)公有企事业管理者阶层。尽管习近平总书记在此次讲话中没有直接提到这一阶层,但他一直非常重视这个阶层。这是由公有企事业的地位和作用决定的。习近平总书记在中央全面深化改革领导小组第四次会议上指出:“国有企业特别是中央管理企业,在关系国家安全和国民经济命脉的主要行业和关键领域占据支配地位,是国民经济的重要支柱,在我们党执政和我国社会主义国家政权的经济基础中也是起支柱作用的,必须搞好。”而要搞好以国有企业为主的公有企业,也“关键在人”。所以,应该将其单列为一个阶层。(6)非公企事业主阶层。即习近平总书记讲的“非公有制经济人士和其他新的社会阶层人士”中的一个阶层。(7)个体户阶层。即习近平总书记讲的“非公有制经济人士和其他新的社会阶层人士”中的另一个阶层。

2. 当前我国阶层划分的客观依据——所有制结构及其变化状况

阶层存在的经济基础,是所有制结构。国家统计局发布的1996年末、2013年末两个时点的企业数据,清楚地显示出改革开放以来我国所有制结构的变化状况。

1996年末,国有和集体企业法人数量合计为194.3万个,占总体的73.9%;私营企业法人个数为44.3万个,占16.9%;外商、港澳台投资并投产开业的企业法人单位数为11.1万个,占4.2%;股份制企业法人7.2万个,占2.7%。

2013年末,在全国第二产业和第三产业的企业法人单位(共计820.8万个)中,国有企业数下降到11.3万个(同时质量不断提高、单个企业规模不断扩大),占1.4%,私营企业发展到560.4万个,占68.3%。港、澳、台商投资企业占1.2%,外商投资企业占1.3%。此外,还有有限责任公司149.4万个、股份有限公司12.3万个,其中有相当部分是国有资本控股的,因此,包括了国家控股企业的广义国有企业的数量,大于11.3万个。

党的十八大以来,中央大力推动“大众创业、万众创新”,非公经济的发展再掀高潮。2015年,全国新登记私营企业421.2万户,共有私营企业1684.5万户。

目前,以公有制为主体,多种所有制经济共同发展的中国特色社会主义基本经济制度,已经基本建立。这是改革开放的重大成就,也是我国社会阶层结构存在的主要客观基础。

二、当前我国普通工人阶层的现状与特点

在改革开放、发展社会主义市场经济的历史巨变中,作为我国领导阶级——工人阶级——的主体力量的普通工人阶层,其结构、地位、特点都发生了深刻的变化。

1. 普通工人阶层的人数

我国普通工人到底有多少人,国家各个部门的统计数据差别很大,需要比较研究。

人社部发布的《2014年度人力资源和社会保障事业发展统计公报》显示,当年我国第二产业和第三产业的就业总人数为5.436亿。但国家统计局发布的《第三次全国经济普查主要数据公报》(第1号)则显示,2013

年末我国第二产业和第三产业的法人单位和有证照个体经营户全部从业人员只有4.46亿。为什么人社部公布的就业人数比国家统计局公布的多出约9760万？很可能是因为有大量的农民工没有被企业登记在册。依照以在册数为准的国家统计局的数据，即二三产业全部从业人员为4.46亿，排除其中的机关、事业单位、社会团体和新社会组织的就业人员，我国二三产业企业法人单位的全部从业人员约为2.91亿。按照经营管理和科技人员平均约占15%的比例排除，我计算，2013年，我国登记在册的“一线普通工人”（即产业工人和商贸服务员工）约为2.48亿人。加上未登记在册的约九千万农民工的人数，可以推论：2013年末，我国二三产业所有企业中的“一线普通工人”（即产业工人和商贸服务员工）约为3.5亿人。其中，农民工占了绝大多数，2014年达2.7亿。如果再加上约七千万的企业退休人员，则我国普通工人阶层的总人数约为4.2亿。

2. 普通工人阶层的结构发生了深刻变化

这一变化的实质，就是在全国城镇就业人数增长的同时，公有制企业普通工人规模急剧缩小，非公有制企业普通工人规模迅速扩大。

根据较专业的“前瞻网”之“中国宏观经济·就业薪酬”数据库发布的数据，我国公有制企业从业人员人数最多时为1992年，共计14510万（其中国有企业10889万，集体企业3621万），到2012年，国有企业从业人数下降至6839万，集体企业下降至589万，另有亦属集体经济性质的股份合作企业从业人数149万。而私营企业从业人数从1992年的98万（城镇）增加到2012年的11295万（其中城镇7557万，乡村3738万）；港澳台企业从业人数从1997年的281万增加到2012年的969万（城镇），外资企业从业人数从1997年的300万增加到2012年的1246万（城镇）。

需要指出的是，1992年后，公司制、股份制企业在我国异军突起并迅猛发展，到2012年，股份制企业共有从业人数1243万，有限责任公司共有从业人数3787万，合计达5030万人。然而，股份制企业、有限责任公司均为混合所有制企业。本来，公有资产所有者控股，则属于公有制企业范畴；非公有资产所有者控股，则属于非公有制企业范畴。但是，因为有关方面从未公布过股份制企业和有限责任公司的股权性质的数据，所以，现在就不能“判定”而只能“推论”这5000多万人中，哪些是公有制企业的普通工人，哪些是非公有制企业的普通工人。

此外，“前瞻网”公布2012年我国“乡镇企业”的从业人数高达16400万。事实上，从20世纪90年代中期后，乡镇企业纷纷改制，大部分转为实质上的私有企业。因此，这批数量最为庞大的从业人员，大部分应归入非公有制企业普通工人范畴。

综上所述，截至2013年末，总数约3.5亿人的我国普通工人阶层中，又可分为国有（含国家控股）企业普通工人群体、集体（含合作）企业普通工人群体、私营（含私人控股）企业普通工人群体、外资（含“三资”）企业普通工人群体、退休普通工人群体、失业普通工人群体等六大群体。

——狭义的国有企业从业人员人数为6839万。如果假定有三分之一的从业人员在国家控股的股份制企业工作，有五分之一的从业人员在国家控股的有限责任公司工作，则广义的国有企业从业人员人数约7700万。

——狭义的集体企业从业人员人数为738万。如果假定有十分之一的乡镇企业从业人员在改制后仍属集体性质的企业中工作，则广义的集体企业从业人员人数约2400万。

——狭义的私营企业从业人员人数为11295万。如果假定有三分之二的从业人员在私人控股的股份制企业工作，有五分之四的从业人员在私人控股的有限责任公司工作，有十分之九的乡镇企业从业人员在改制成为实质上的私营企业中工作，则广义的私营企业从业人员人数约为29300万。

——外资企业从业人员人数为2215万。

也就是说，目前我国在职的公有制企业从业人员总数约1亿，其中普通工人约为8500万；而在职的非公有制企业从业人员总数约3.2亿，其中普通工人约为2.7亿。

另有退休普通工人约7000万，失业人员约1994万（2014年）。

3. 普通工人阶层的特点发生了深刻变化

第一，与中国经济体制改革尤其是所有制改革的进程相一致，普通工人阶层也具备了群体多元化（分别受雇于不同所有制企业）、身份市场化（与企业的劳动关系由市场决定，具备了事实上的雇佣劳动者属性）等特点。

第二，与中国经济持续快速发展尤其是经济结构优化升级相一致，普通工人阶层骨干队伍的整体素质迅速提高。我国产业结构优化升级，装备制造、汽车制造、船舶制造、冶金、石化、电子与信息、生物工程、新材料、航空航天、海洋工程、新能源、运输、邮电通讯、金融保险、科教文卫等产业快速发展，其普通工人队伍不断扩大，成为中国普通工人阶层的骨干力量。在他们身上，集中体现出中国普通工人阶层团结奋进、文化与技能素质稳步提高的特点，体现出中国普通工人队伍与时俱进的发展趋势。

第三，普通工人阶层在生活水平总体不断提高的同时，经济社会地位下降明显。受市场经济“马太效应”和“利润挂帅”片面性的影响，普通工人阶层的收入、就业、养老、工伤、住房公积金等问题长期受到严重忽视，其收入与强势阶层的差距非常巨大。“根据省际收入法GDP构成数据，我国劳动者报酬占GDP的比重1990年为53.4%，2007年为39.74%”，持续下降。

总的来说，普通工人阶层对党和国家的向心力还是比较强的，但又对本阶层的经济社会地位普遍不满意。要凝聚中国力量，首先要全心全意依靠工人阶级，既要加强对普通工人阶层的启发式“灌输”教育，更要注重提高其政治、经济和社会地位。

三、当前我国农民阶层的现状与特点

1. 农民阶层的结构发生了深刻变化

改革开放和市场化、工业化、城镇化的快速推进，使我国的农民阶级由过去占总人口80%以上、结构单一、主要从事集体农业劳动的阶级，演变为一个总量急剧减少（2015年约6.03亿人）、已占总人口少数并将持续减少、结构复杂、分别从事不同生产与经营的农民阶层。可以将现阶段的中国农民阶层分为六大群体，分别为（家庭承包经营的）传统农民，农村专业户，农村个体工商户（包括农业经纪人和农资经营者等），农村私营企业主，乡村干部、农村集体经济管理者，农村知识分子（乡村医生和教师等）。由于农民工及其他进城常住的“农民”已是城镇常住居民，已不在6.03亿“农村居民”之列，只是户籍身份上的农民而非职业上的农民，而农村私营企业主和“独立”的个体工商户已脱离了农业生产，所以，实质意义上的“农民阶层”，应主要指（家庭承包经营的）传统农民、农村专业户、乡村干部和农村知识分子这四大群体，数量近6亿，仍相当庞大。当然，除农村专业户中的大户外，农民有不少在兼营个体工商业，更多的是要外出打工的。

2. 农民阶层的特点发生了深刻变化

经过30多年的大分化后的农民阶层，尽管还将继续分化，但已经进入了一个相对稳定的发展阶段，并呈现出“富裕农”“小康农”“清贫农”三个层次的较清楚区分。“富裕农”主要为各种种养殖业专业户乃至专业大户，主要通过租赁关系得到相当数量的流转土地，多雇工生产，家庭经营。其生产经营规模较大、财力较雄厚、生活较富足。许多“富裕农”同时是农村管理者。“小康农”是农民阶层的主体，主要通过亲戚朋友关系得到一定数量的流转土地，进行农业家庭经营，辛勤劳动，可得农村小康生活。“清贫农”主要为老弱病残和劳动技能低下的农民，基本上只将承包地作为口粮田耕种，生活比较清贫，其中一部分还比较贫困。当前，“富裕农”“小康农”“清贫农”三大层次的农村居民呈现一个“橄榄型”结构。

总的来说，由于“三农”问题的长期存在，改革开放以来农民阶层一直是我国最大的弱势群体，对党和国家有较强的依赖性；但由于农民阶层的经济与生活等方面的独立性较强，而且其个体或特殊小群体，还常常因为利益纠葛与地方尤其是基层的党组织和政权组织发生局部矛盾，因此其对党和国家的向心力不如普通工人阶层强。要凝聚中国力量，必须继续将解决“三农”问题作为全党工作的重中之重，并切实巩固工农联盟。

四、当前我国知识分子阶层的现状与特点

1. 知识分子阶层的人数急剧膨胀，已居世界首位

改革开放以来，我国教育科技文化卫生等事业持续快速发展（2015年我国大陆研究生毕业人数就达55.2万人，本专科毕业生更是高达680.9万人），2015年，我国大陆具有大学（指大专以上）文化程度的人口约为1.5亿。以此学历为标准，可以说我国拥有全世界最庞大的一个知识分子群体。这是广义的知识分子的群体。从事专业技术工作的知识分子是狭义的知识分子，占了大多数，还有相当一部分具有大专以上学历的“知识分子”，分别从事公务管理工作、国有企事业管理工作，或经营管理非公有制企业、个体企业等，因此分属于相应的阶层。这里讲的，是狭义的知识分子阶层，亦即专业技术人员阶层。根据国家统计局发布的《第三次全国经济普查主要数据公报》（第1号），2013年末我国科学研究和技术服务业、教育、卫生及社会工作，文化、体育等行业的全部从业人员约为3800万。排除其中约20%的非专业技术人员，再加上二三产业企业的全部从业人员（约2.91亿）中约10%的专业技术人员，我

国的专业技术人员总数约为6000万。其中，截至2014年底，累计共有2500多万人取得各类专业技术人员资格证书。

2. 知识分子阶层的特点发生了深刻变化

知识分子具备较高的科学技术和文化知识，从事较复杂的创造性劳动，既是社会先进生产力的重要代表者和物质财富的重要创造者，又是社会文化的重要代表者、社会意识形态的重要传播者和精神文明的直接创造者，还是人类自身教育与健康的守护者。在现阶段，我国的知识分子阶层具有以下特点。第一，在社会中的地位愈益重要。我国的改革开放时代，正赶上"信息革命"为代表的新科技—产业革命和"知识经济"的潮流，知识分子阶层成为最主动、最活跃、最有作为的一个阶层，既关注天下与国家，也关注自我价值与利益，两方面的诉求都最强烈。其地位、作用和影响还将随着知识经济的发展而不断得到新的体现。第二，科学精神更加突出。同样由于新科技—产业革命和"知识经济"的推动，我国的知识分子阶层也由"文史类"为主转变为"理工类"为主。因此，其人文精神在继续发展的同时，科学精神得到更大的凸显，更排斥空洞的说教，更笃信客观的事实。第三，角色最易转换，自主性增强。在改革开放和知识经济、文化产业等大发展的背景下，拥有专业知识与技能且主动性较强的知识分子，除从事专业技术工作外，还可有"上朝"从政、"下海"经商、科技入股或成为"自由职业者"等多种选择，角色最易转换，确实也转换最多。因此，其自主性、独立性也空前增强。第四，价值观和意识形态多元化特点突出，民主意识和主人翁观念强烈。知识分子阶层文化程度高，自主性强，信息渠道多样、广泛、快捷，尤其是，不但基于社会利益多元化，而且基于知识分子阶层中各集团自身利益也多元化的客观现实，知识分子的价值观、意识形态和政治态度的多元化，也就强烈地表现出来。但不论其价值观与意识形态的分歧有多大，民主意识和主人翁观念强烈，则是其一个显著的共性。

总的来说，在知识经济时代，知识分子阶层成为自主性、独立性愈来愈强的一个较强势阶层，但就其整体而言，仍是工人阶级的一个重要组成部分。其主体对党和国家改革开放政策有较高度认同，赞同走中国特色社会主义道路。但由于其思想意识的理想化程度较高，并常常与国情和现实脱节，再加上民主法治建设确实滞后，贪污腐败、道德"滑坡"等问题确实严重等客观原因，知识分子阶层对党和国家的向心力的分化也最为严重，爱党、拥党的虽仍为主流，但轻党、远党、怨党者不少。要凝聚中国力量，必须既对知识分子加强信任、尊重和团结，又加强对他们的引导与管理。

五、当前我国公务人员阶层的现状与特点

我国公务人员阶层的主体是习近平总书记讲的"一切国家机关工作人员"，严格意义的"公务员"。根据国家公务员局的统计，2013年底全国公务员总数为717.1万人。但作为一个阶层的"公务人员"，还包括各党派、社会团体和事业单位中的"参公"人员（参照公务员法管理的工作人员），共约1300万人（不包括解放军和武警全体官兵）。

1. 公务人员的结构发生了深刻变化

一是年龄结构和文化结构发生了深刻变

化。自20世纪80年代党和国家推行干部“四化”方针,尤其是90年代建立公务员制度、颁布《党政领导干部选拔任用工作暂行条例》以来,公务人员阶层的年轻化、知识化和专业化逐步实现。以十八届中央委员会组成人员为例,其平均年龄为56.1岁,具有大学以上学历的占95.7%。省部级领导干部的年龄结构、文化结构也差不多。其他几个层次的公务人员的平均年龄,尚无公开数据可查。2012年,成都公务员队伍平均43.8岁,已被称“年龄结构老化”;长春市公务员平均年龄42.8岁。这可能是公务人员阶层的普遍状况。这个阶层的文化水平,基本上都已在大专以上了。所以,总的来说,我国公务人员的年龄是比较年轻、文化水平是比较高的。然而,由于年龄标准“一刀切”政策较长期实行,使得各级别的公务人员阶层尤其是各级别领导班子的年龄趋同问题呈现出来;较长时期对专业基础的或“重理轻文”或“重文轻理”,也使得公务人员阶层各级别领导班子的专业结构趋同问题呈现出来。

二是来源结构发生了深刻变化。亦自20世纪80年代党和国家推行干部“四化”政策,尤其是90年代建立公务员制度、“凡进必考”以来,“三门干部”越来越普遍,逐渐成为这个阶层的主体。2009年中组部的一项统计显示,中央机关的司局级干部中,来自应届高校毕业生的高达44.6%,而具有县、乡基层领导工作经历的仅占12.5%。

2. 公务人员阶层的特点

一是政治地位、社会地位及经济地位较高,政治作用巨大。公务人员阶层的主体是党政机关及参照公务员管理的事业单位的领导者、管理者。他们掌握着社会最主要的组织资源,对社会资源和各种机会也具有巨大的配置权,在社会结构中处于优势地位。

二是选拔任用方式以民主集中制基础上的委任制为主。要到机关事业单位工作,“凡进必考”,在考核合格的基础上录用。由于实行任期制,故公务人员晋升机会较大。在选拔任用方式上,尽管有民主推荐的环节,但起决定作用的是上级党组织的委任。一方面,使公务人员阶层具有了政治忠诚、组织服从的主流性特点,但另一方面,也使其中一些成员容易具有盲目服从、机械执行的特点,会使个别成员容易具有谄上欺下、跑官要官乃至买官卖官的特点。对前者需要大力弘扬,对后者需要特别防范。

三是经济地位与政治地位有不小的落差。公务人员阶层的工资收入总体上虽不算高,但工作条件较好、福利待遇较好,工作、收入均较稳定,没有后顾之忧。社交方面,公务人员阶层联系面较宽,信息较多,容易积蓄社会资本,扩展多方面的发展空间。这些情况,一方面使公务人员多数能够“小富即安”,专心工作;另一方面,初、中级公务人员的收入偏低,处于社会中下水平,即使是不少中、高级公务人员,也同前者一样,往往深感付出与所得反差大,与高收入者相较尤其是相交时,心理极易失衡。对心理失衡者,需要特别防范其蜕变堕落倾向。

四是思想政治素质上“两极分化”现象比较突出。从总体上看,这个阶层成员的思想政治素质呈现出非常明显的“两极分化”现象:在理想信念方面,具有坚定的马克思主义信仰和中国特色社会主义信念的优秀成员更多些,但信仰缺失、信念动摇,在重大原则问题上立场不坚定的问题成员也不少;在为民服务方面，为人民服务的宗旨意识强烈，自觉服务群众、造福一方的优秀成员更多些，但宗旨意识淡薄，脱离群众、官僚主义严重，个人主义突出、跑官要官、以权谋私的问题成员也不少；在勤政务实方面，任劳任怨，重实际、说实话、办实事、求实效，推动科学发展的优秀成员更多些，但为官不为，庸懒散拖，搞形式主义、做表面文章，甚至拍脑袋决策，弄虚作假的问题成员也不少；在敢于担当方面，遵循政治规矩，坚持原则，遵循民主集中制，尽职尽责、敢抓敢管的优秀成员更多些，但处世圆滑，不讲原则，不负责任，推诿搪塞，回避矛盾的问题成员也不少；在清正廉洁方面，廉洁自律，一心为公的优秀成员更多些，但品行不端，铺张浪费，腐化堕落，贪污贿赂，买官卖官，权钱交易的问题成员也不少。经过党的十八大以来的铁腕反腐和作风整顿，问题成员已大为减少。但要克服、消除这些问题，还需要长期的努力。

总的来说，作为执政的中国共产党的执政治国的直接依托公务人员阶层，是中国特色社会主义事业的领导力量、骨干力量和基干力量，但在执政从政、改革开放、发展社会主义市场经济和外部环境四大考验下，加上较长时期党治、法治都不够严的特殊原因，公务人员阶层对党和国家的向心力虽然最强，但内部的分化也相当严重，热爱党、忠于党、拥护党的是主流，但疏远党、背叛党、危害党的也不少。要凝聚中国力量，对这个作为“凝聚主体”的最重要阶层，必须既充分信任和依靠，又施以最严格的管理。

六、当前我国公有企事业管理者阶层的现状与特点

1. 公有企事业管理者阶层的规模

公有企事业管理者阶层的成员，主要是国有（含国家控股）企业及已经或将要按照职员制管理的事业单位的各级管理人员。没有数据公布其总人数，因此有必要推算。

基于我推算的约7700万的国有企业从业人员人数，按照大中型企业平均约占15%的“通例”计算，管理人员约有1150万；集体企业从业人员人数约2400万，按照平均约占5%的“通例”计算，管理人员约有120万。因此，我推算，公有企业的管理人员人数约1270万。

“目前全国有事业单位110多万个，工作人员3000多万人。”按事业单位管理人员平均约占20%的“通例”计算，管理人员约有600万。假定其中有三分之一为参公人员，则职员人数约为400万。

因此，与公务人员非常相近但有重要区别的公有企事业管理者阶层的总人数，我推算共约为1670万。

2. 公有企事业管理者阶层的特点

在社会主义市场经济中，公有企业同时具有市场主体的营利性和社会法人的公益性这双重特点。其营利性体现为公有资产的合理最大化增值；其公益性一方面体现为提供公共产品，以满足国家、社会和群众的特殊需求，另一方面体现为发挥经济导向工具作用，以帮助国家实现宏观调控的目标。前一特点，决定着公有企事业管理者阶层与公务人员阶层的区别；后一特点，决定着公有企事业管理者阶层与私营企事业主阶层的区别。

事业单位也是由政府用国有资产设立的法人实体，但不以赢利为目标，而是以满足社会公共服务需要为目的。可是在社会主义市场经济中，按职员制管理的事业单位的许多

公共服务活动，也要经过市场化运作来进行，所以它们与公有企业有很多相似之处。这是我将此类事业单位管理者与公有企业管理者合为一个阶层的基础性理由。

公有企事业管理者阶层具有以下特点：

一是经济地位、社会地位及政治地位较高，经济作用巨大。公有企事业管理者阶层的主体是公有企业及按职员制管理的事业单位的领导者、管理者。他们掌握着社会最主要的经济资源，对社会资源和各种机会也具有巨大的配置权，在社会结构中也处于优势地位。

二是选拔任用方式与公务人员有较大区别。公有企事业管理者阶层成员提拔升职的大原则也是党管干部原则，但具体原则却有特殊性。中央《关于深化国有企业改革的指导意见》指出，对拟任人选，“根据不同企业类别和层级，实行选任制、委任制、聘任制等不同选人用人方式”；“合理增加市场化选聘比例”；“企业各类管理人员公开招聘、竞争上岗”。《事业单位领导人员管理暂行规定》提出，对拟任人选，“可以采取组织选拔、竞聘(争)上岗和公开选聘(拔)等方式进行”，“逐步加大聘任制推行力度”。而聘任制力度的逐步加大，使公有企事业管理者阶层成员的提拔升职将更加依赖市场。这样，将较大地增强这一阶层的相对独立性与自主性。

三是收入比较丰厚，与普通工人阶层和公务人员阶层形成较大落差。除了较高的薪酬，企业管理者更大得多的收入是股权红利。这些都是发展社会主义市场经济的应有之义，必须坚持。但是，即便是合理合法界限内的薪酬尤其是股权收入，也比普通工人阶层，比公务人员阶层高出很多。而且，这个阶层的成员同样容易积蓄社会资本，扩展多方面的发展空间，再加上虽属必须但毕竟也具有福利乃至享受性质的商务消费，就使得他们与普通工人阶层及公务人员阶层的经济地位高很多。然而，这一阶层的不少成员却常常不将比较的参照系定在公务人员上，更不用说定在普通工人上，而是定在中外私营企业管理者上，因此也有他们的“不平衡”。

四是思想政治素质上“两极分化”现象比较突出。这与公务人员阶层的这一特点基本一致。

总的来说，公有企事业管理者阶层是中国特色社会主义最重要的经济基础和公共事业中的领导主体和骨干力量，对党和国家的向心力是相当强的。但是，由于与公务人员阶层面临相同的考验，也由于社会主义市场经济体制还不够成熟与完善，因此，这一阶层内部的分化也比较严重，与党和国家同心同德干事业的是主流，但与党和国家若即若离，挖公有经济“墙脚”、化公为私乃至鲸吞公有资产的也不少。要凝聚中国力量，对这个阶层既要“用人不疑”，又要严加监管。

七、当前我国非公企事业主阶层的现状与特点

1. 非公企事业主阶层的规模与结构

非公企事业主阶层主要由私营企业主、民办非企业单位业主、民办中介组织业主和境外投资企业中方代理人等构成。

根据国家统计局发布的《第三次全国经济普查主要数据公报》，2013年末，共有私营企业560.4万户，比上一次普查的2008年增加了55.8%。此外，总共的163.7万家联营企业、有限责任公司、股份有限公司中，不少

是私人控股企业。由于不少私营企业是由夫妻、兄弟、朋友一起开办的，因此，2013 年年末私营企业主的总人数就应远远大于 560.4 万。而且，全国另有小微企业 785 万个，它们是私营企业的后备军。党的十八大以来，非公企事业的发展再掀高潮。2015 年，全国新登记私营企业 421.2 万户，从业人员总数达 1.64 亿。国家工商总局 2015 年公布的数据显示共有私营企业 1684.5 万户，注册资本（金）71.8 万亿元。而全国工商联更是公布说："截至 2015 年 6 月底，全国私营企业 1879.8 万户，比上年同期增加 501.9 万户。"尽管工商总局和工商联的数据可能包含了不少小微企业，但也可因此推断：目前我国私营企业主阶层的总人数应该是一千万以上。而且，其数量还在不断增加。

全国的民办非企业单位总数，据民政部相关负责人称，到 2014 年 12 月底已经达到了 28.9 万个，仅全国的 2500 多所普通高校中，就有 8 成是民办的。全国的民办中介组织数量，目前还没有管理或研究机构发布，但仅其中的律师事务所，2012 年便已近 2 万家，其中公办的只占 7.8%；会计师事务所在 2014 年底时总数达到 8295 家。《第三次全国经济普查主要数据公报》显示，2013 年度港、澳、台商投资企业和外商投资企业共为 20.3 万户。从这些数据看，民办非企业单位业主、民办中介组织业主和境外投资企业中方代理人总数可能最多只以百万计，但多为社会精英，是非公企事业主阶层的重要组成部分。

非公企事业主阶层的社会来源，一是农村的乡镇企业和城市的集体企业、校办企业及机关"三产"的负责人或骨干；二是个体大户，他们是早期的主要来源；三是党政机关和事业单位尤其是高校与科研院所的"下海"人员；四是改制的公有企事业单位负责人；五是在各类企事业单位中积累了一定条件的中高层管理人员，他们是后来的主要来源。

2. 非公企事业主阶层的特点

在改革开放和社会主义市场经济的发展过程中，非公企事业主阶层的规模不断扩大，素质不断提高，结构不断优化，现已形成胆识出众、能力出色、学历较高、阅历较广、影响较大、经济社会地位越来越高的一个阶层。这个阶层具有以下一些特点。

第一，作为"创业一代"的我国非公企事业主阶层，具有风险投资者、市场竞争者、经营管理劳动者和生产资料及资产私有者的多重身份。非公企事业的生产资料和资产属于私人所有，业主对其享有所有权、占有权、经营权、收益权和处置权，并且受到国家法律的保护。非公企事业的整体运行，尤其是其生产、交换和分配过程，都由业主调节、控制和指挥，为追求最大化利润的经营目的服务。因此，非公企事业主阶层的本质属性，是经营管理劳动者和生产资料及资产私有者这二重性。

就经营管理劳动者而言，在激烈的市场竞争中，非公企事业主要冒着相当大的风险，投入大量的智力劳动，进行经营管理。因此这一阶层的主要成员确实具有经营劳动者的社会属性。就生产资料及资产的私人所有者而言，非公企事业主拥有的资产规模不论有多大，都归他们私人所有，并由他们支配。非公企事业主除获得自己的高质量经营管理劳动应该获得的经营管理收入外，还获得企业及盈利型民办非企业单位和中介组织的利润。而这些利润,实质上也就是业主凭借对生产资料及资产的占有,获得的“剩余价值”。但需指出,在中国特色社会主义社会制度下,业主们获得的剩余价值的特殊性质与作用,从社会总体上讲,与资本主义制度下的剩余价值是有重大差别的。

第二,作为重要的“中国特色社会主义建设者”的非公企事业主阶层,与作为中国特色社会主义建设大军的雇佣劳动者既有休戚与共的一面,又有相互矛盾的一面。在社会主义初级阶段,非公企事业的大规模发展,不但促进了生产力的大规模发展,而且直接带来了大规模的就业机会。这是非公企事业主阶层与雇佣劳动者成为休戚与共的命运共同体的经济基础。社会主义国家对非公企事业主阶层与雇佣劳动者的合法权益的两方面保护(前者有《企业》、(新)《公司法》等等,后者有《工会法》《劳动法》等等),是非公企事业主阶层与雇佣劳动者成为休戚与共的命运共同体的社会保障。而共产党的领导,是非公企事业主阶层与雇佣劳动者成为休戚与共的命运共同体的政治保障。有这三方面的因素,就决定了我国非公领域的劳资关系总的来说要比资本主义原始积累时期乃至整个工业化初期,都文明得多,和谐得多。尤其是改革开放30多年后,我国大多数非公有企事业已经经过了资本原始积累阶段,进入了理性经营的阶段,更加重视普通工人队伍的稳定和素质的提高,比较注意提高普通工人的工资福利待遇和职业培训,使劳资关系逐步走向稳定和规范化。然而,由于归雇佣劳动者所得的“V”(工资)与归非公企事业主所得的“M”(利润)确实是此消彼长的关系,所以,二者之间不可避免地存在着利益上的矛盾。非公企事业主追求“利润最大化”的冲动,如果得不到国家、社会和雇佣劳动者本身的制约,就会使这种利益矛盾演化为企事业的内部冲突,乃至局部的社会冲突。它要求我们必须高度重视在与雇佣劳动者的关系上,非公企事业主阶层的两面性问题。

第三,非公企事业主阶层的阶层意识在逐渐产生与形成,但尚未成熟。随着非公企事业主阶层的日益发展壮大,内部的自组织程度通过各种商会、协会等逐步提高,其成员之间的共性特征日渐突出,形成了大致相同的“自我意识”。可将其概括如下:一是具有强烈的创业创富事业心,具有强烈的开拓创新意识,并且,强烈关注自己的权益,尤其是关注自己资产与财产的安全;二是拥护党和国家的改革开放政策,并一直担心“左”的倾向导致基本政策转向,同时,持续地希望政策环境更加宽松,也常常对国家必要的经济管控与宏观调控产生抵触;三是随着社会主义市场经济对计划经济的根本性取代,随着社会主义法制的逐步成熟,其“敢闯敢冒”的经营行为日益在向依法经营靠拢,但“找门子”“钻空子”“打擦边球”的意识普遍地还比较强烈,一些欺诈经营、偷税漏税的恶习仍然存在;四是普遍追求高档消费,很多还追求奢侈消费,一些还追求不正当的刺激性消费;五是愈来愈关注自己的社会地位和社会影响,愈来愈多地捐助公益与慈善事业;六是在商言商是主流,但一些已经开始关注自己的政治地位和政治前途。

之所以说非公企事业主阶层的阶层意识尚未成熟,一是因为其成员的来源多样,结构复杂,个人背景(如家庭出身、职业身份、文化水平、素质修养、兴趣爱好等)、经营行为

(如决策能力、经营作风、管理水平等)和企事业状况(如资产规模、从事行业、科技含量等)等千差万别,即内部的同质性程度较低而异质性程度高,故其思想意识虽有共性,但差异性也非常突出。二是因为党和国家对这个阶层的思想意识的引导与整合工作做得还很不够。今后特别需要重视这个工作,使非公企事业主阶层的阶层意识朝着中国特色社会主义的方向趋于成熟。

第四,作为中国特色社会主义基本经济制度的重要组成部分的社会主体,非公企事业主阶层的政治要求既有与社会上层建筑相适应的一面,又有相矛盾的一面。一方面,由于非公企事业主阶层是得益于党的改革开放政策而产生、发展的,又是社会主义市场经济的重要产物,其代表的生产关系是中国特色社会主义社会的经济基础的重要组成部分,因此,这一阶层的发展,总体上是与中国特色社会主义社会的上层建筑的发展相协调的。大多数非公企事业主对党的领导,对多党合作与政治协商制度,对社会主义民主法制和市场经济,对政府的宏观调控和国有经济的主导作用等,都是拥护的。

另一方面,尽管我们党已经将“社会主义初级阶段和中国特色社会主义”“改革开放”“社会主义市场经济的基本经济制度”等道理讲得很透彻、政策执行得很坚定,但是,非公企事业主从心底里对资本主义“那一套”,如私有化、自由放任、“言论自由”“司法独立”乃至多党制、“三权分立”等等,难免会有憧憬之心、向往之情乃至赞颂之语。对这后一方面的情况,我们务必重视、警醒,并持续进行教育、引导、规范、纠正等工作,使得非公企事业主阶层的政治参与能够与中国特色社会主义的发展方向保持一致。

第五,作为我国最积极、最活跃的利润最大化的追求者,非公企事业主阶层的政治交往既有对社会政治生活正向促进的一面,又有反向侵蚀的一面。非公企事业主阶层的政治交往,主要有在经济活动过程中产生的政治交往与在政治参与过程中产生的政治交往这两大类。在这两大类政治交往中,非公企事业主阶层都呈现出多方面的特征。其政治影响,也相应地呈现出多方面的特征。

在经济活动过程中,非公企事业主要与各级党政机关尤其是经济、财政、金融、税收等部门及其领导人员、工作人员打交道;在政治参与过程中,非公企事业主要与从工商联到各民主党派,从政协、人大到党组织等各类政治组织的领导人员、工作人员打交道。这些都是典型的“政治交往”。此外,他们还常与公有经济主体及其领导人员、工作人员打交道。这本是经济交往,但由于公有经济的特殊性,所以也带有政治交往的色彩。随着非公企事业主阶层的发展壮大,其成员政治交往的积极性越来越大、层次越来越高、影响越来越大。其动机带有特殊的功利性也是自然的、正当的。然而,为实现其目的,非公企事业主们在政治交往中,既可能会向交往对象提出正当、合理的要求,会与他们建立正常的人际关系,但也可能会向交往对象提出不正当、不合理的要求,会与他们建立不正常的人际关系,尤其是,有的还会刻意拉拢、巨额行贿交往对象,甚至与他们结成特殊利益同盟。这种交往情况,会扭曲经济关系、破坏社会法制、加剧社会腐败,严重侵蚀党的执政根基,因此要批评、教育、惩罚、打击。当然,重点还是要对他们的政治交往的主要对象——

党和国家的各级领导干部加强管理。

总的来说,非公企事业主也是中国特色社会主义的建设者,得益于、认同于党和国家的改革开放政策,因此对党和国家有比较强的向心力。但是,由于这一阶层是社会主义初级阶段的特殊产物,所以,在这个很长的历史阶段中,其很多成员是以“同路人”的心态,追随着党和国家在中国特色社会主义道路上前进的。党和国家的力量愈强大,他们就会愈心甘情愿地追随前进;反之,他们就会离心离德,自立门户,乃至分道扬镳。对此,一定要心如明镜。也由于在社会主义市场经济大潮中鱼龙混杂,因此,非公企事业主阶层内部的分化也比较明显,守法经营、搏击海内外市场发展壮大的愈来愈成为主流,但违法经营、用“糖衣炮弹”鲸吞财富的也不少。要凝聚中国力量,对这个阶层既要放手支持其发展,又要明确划定政治“警戒线”,使其自身能平安地发展。

八、当前我国个体户阶层的现状与特点

1. 个体户阶层的规模

个体户是改革开放后率先发展起来的阶层,有过几波发展浪潮。第三次全国经济普查数据显示,2013 年末,全国共有具有证照的个体经营户 3279.1 万个,从业人员 9013.4 万人。党的十八大以来,个体户的发展再掀高潮,2015 年全国新登记注册的个体工商户就达 1011 万户,从业人员达 1.17 亿人。截至 2015 年 9 月底,全国实有个体工商户 5285 万户。此外,还有相当大量的无证照个体户,靠小手工业和小商小贩谋生。所以,个体户的数量相当庞大。

个体户阶层的早期来源,是农民和城镇的失业待业人员、返城知青等,后来进城农民、下岗普通工人、城市居民(包括行业青年和退休普通工人)等不断涌入。2011 年国家实施了修改后的《个体工商户条例》,允许有经营能力的公民从事个体经营后,许多在原有工作之外的有经营能力的人,也兼职成为个体工商户。全国的个体工商户中,从事第二产业的只占 5.7%,绝大部分在第三产业中直接服务社会和群众。个体户阶层的发展,不但极大地活跃着经济、方便着群众的生活,而且既容纳了大量的城镇人口就业,又使大量农民进城谋生,并通过个体经营最终融入城市。

2. 个体户阶层的特点

第一,个体户既是小资产所有者,又是个体劳动者。作为劳动者,个体户与工商企业的一线普通工人相似,都在直接进行生产、销售劳动,而且常常劳动的时间更长、强度更大。虽然同为私有者,但个体户与非公企事业主的差别却非常显著。一是个体户为小本经营。2013 年底时,我国私营企业户均注册资金达 313.5 万元,而个体工商户户均注册资金只有 5.5 万元;2015 年上半年新增加的 472.8 万个体户的户均注册资金更是只有一万零几百元。二是个体户大多为自我雇佣者。2011 年前的个体户管理老条例规定个体户雇工不得超过 8 人,新条例虽然取消了人数限制,现实中也有一些雇工达数十乃至上百人的“个体大户”,但由于户均资金的限制,全国约 1.17 亿的从业人员分属于约 0.53 亿户个体户,其雇工规模与私营企业也是远远不能相比的。

第二,个体户波动起伏较大,已从新锐阶

层转变为弱势阶层。个体户是最早开始冲击传统的计划经济体制的社会力量,也是改革开放的最早受益者。从改革开放之初到20世纪末,个体户可以说都是一个新锐阶层,是那个年代闯劲最大、最活跃的一群人。但随着社会主义市场经济的快速发展,这个阶层也发生着巨大的转化与分化:整体上从谋求做大做强的创业型阶层转化为维持生计的守业型阶层;一部分先发展壮大的精英成长为私营企业主,大多数则沉淀为以谋生、糊口为主要目的的底层群体。现在的青年学生及其他“下海”人员创业,多直接创办微型企业,而不再注册为个体户了。个体经济“还原”为市场经济的常态——弱势经济形态,很不稳定。在工商巨头大规模连锁经营浪潮的冲击下,个体户尤其是传统个体户更容易随波沉浮。2015年5月,全国新登记注册个体工商户97万户,但注销了74.7万户个体工商户。可见,个体户阶层已成为需要国家保护、社会呵护的弱势阶层。

第三,个体户兼具自发的诚信经营、难免的非诚信经营这两重性。大多数个体户为“坐地”经营,服务周边群众,需要“回头客”光顾,故自发地具有诚信经营的倾向。然而,一方面,作为“弱不禁风”的市场主体,在市场环境不佳甚至局部恶劣、无序竞争过于剧烈的情况下,不少个体户就会无奈地非诚信经营;另一方面,作为素质相对较低、眼光相对短浅的自我利益追逐者,不少个体户也会自觉或不自觉地非诚信经营。其销售假冒伪劣商品、短斤少两等行为,一直饱受诟病。

总的来说,个体户也是中国特色社会主义的建设者,是社会主义市场经济中独立自主的经营者和劳动者。尽管同为党和国家的改革开放政策和社会主义市场经济发展的产物,个体户阶层与非公企事业主阶层一样,也对党和国家有比较强的向心力,但是,由于这一阶层的成员多为“靠不了”国家与社会,只能靠自己自谋生路者,而且,其散漫的经营方式又往往与现代化的城市管理产生矛盾甚至冲突,与社会主义市场经济的法制秩序产生矛盾甚至冲突,在激烈的市场竞争中很难优胜而极易劣汰,而在矛盾、冲突和“劣汰”来临时,当事者们又往往将怨气发向政府,所以,这个阶层对党和国家的向心力,甚至还不如非公企事业主阶层。还需指出的是,在改革开放的早期,个体户们受到党和国家的“阳光雨露”较多,因此对党和国家的向心力还强些。然而,当非公企事业主阶层发展壮大起来后,个体户阶层往往受到忽视甚至歧视,故怨言加重了。所以,党和国家应该给予这个阶层更多的“阳光雨露”,呵护其成长。同时,对这个阶层天生的各种“遗传病”,尤其是非诚信经营问题,也必须通过加强教育、管理等方式加以解决。

综上可知,当今的中国各族人民,主要就是由上述七个大的阶层构成的;中国各族人民的大团结,主要的就是这七大阶层的团结;中国各族人民大团结的力量,主要的就是这七大阶层团结的力量。因此,凝聚中国力量,就是党和国家要通过经济整合、政治整合、思想文化整合和社会整合,将这七大阶层整合起来,共同建设中国特色社会主义,实现中华民族伟大复兴的中国梦。

(作者:中共重庆市委党校教授)

从马克思人的本质理论看网络思想政治教育

杜广杰

习近平总书记在2016年全国高校思想政治教育工作会议上指出，思想政治工作从根本上说是做人的工作。这一论断要求我们当前的思想政治教育工作必须回归到人自身当中，人的本质当中，才能够取得积极的成效。在网络信息时代，网络成为思想政治教育必不可少、极其重要的一个阵地。网络自身的特点决定了网络思想政治教育面临着各种各样的困境和挑战，从马克思人的本质理论中寻求突破、寻找答案是必由之路。

一、马克思关于人的本质理论的基本思想

1. 人是社会关系的总和

马克思在《关于费尔巴哈的提纲》中深入地探讨了人的具体本质问题，把人的本质论从抽象拉回到现实，即针对费尔巴哈的人本学提出了一个新的科学论断："人的本质不是单个人所固有的抽象物，在其现实性上，它是一切社会关系的总和。"从马克思所处的时代考察，我们可以从这一论断中得到以下两点启示。其一，人的本质不是抽象的，而是具体的，具有现实性。这就说明，不能对人的本质仅仅从头脑中去想象和分析，不能只是得出一个抽象的不可描述的本质性概念。同时人的具体性又体现在其现实性，这就表明了人的本质是随着社会历史的发展而发展的，具有社会历史的时代特征，每一个社会历史时期人的本质都会打上相应的时代烙印。其二，人的本质不是别的什么抽象的东西，它是特定的社会中一切社会关系的总和。这就意味着人只有在也必须在纷繁复杂的社会生活中，在各种各样的社会关系中才能够形成并体现出自身的本质。

2. 人是社会实践和劳动的产物并随着二者的发展不断进步

马克思在《1844年经济学哲学手稿》中指出人的本质就是自由自在的活动即劳动，他认为"有意识的生命活动把人同动物的生命活动直接区别开来。正是由于这一点，人才是类存在物。"马克思主义认为正是人类的有意识劳动创造了人本身，正是不断发展的社会实践创造了人类历史。因此，人在类本质上直接地体现为人的劳动和社会实践，也就是说劳动和社会实践是人的本质内涵中的应有之意。实践不断发展，每一个时代的人都有着崭新的实践内容，因此人的本质在不同的社会历史时期表现出不同的特点。在网络时代之前的传统社会中，人的实践都是现实的，人际关系都具有现实的社会实践纽带。

3. 人在满足自身需求中不断发展

马克思主义历来是重视人的需求的，认为人在现实生活中有许多的需要。他指出："在任何情况下，个人总是'从自己出发的'，但由于从他们彼此不需要发生任何联系这个

意义上来说他们不是唯一的,由于他们的需要即他们的本性,以及他们求得满足的方式,把他们联系起来(两性关系、交换、分工),所以他们必然要发生相互关系。”这里讲的“人的本性”其实就是人的本质,马克思的这段话正是要表明“人的需要是人的本质”。不仅如此,马克思主义还认为,人的需要是分层次的,包括生存需要、享受需要和发展需要三个层次。这就说明,人就是在不断更新的需要中发展与完善着。既然随着更新的需要不断发展与完善,需要必然成为人的本质中不可缺少的一个部分。

通过以上分析可以看出,马克思关于人的本质的论断正是我们当前开展思想政治教育工作的重要理论前提和基础。在网络时代,只有科学理解并发展对这些论断的认识,我们才能够把握思想政治教育的本质内涵,才能够化解当前网络思想政治教育遇到的困境并找到出路。

二、网络对马克思人的本质理论的挑战

1. 网络社会中人的社会关系可以具有虚拟性

网络时代人际关系呈现出与传统社会截然不同的新局面、新特点。人的本质是社会关系的总和,在传统社会人际关系更多的是现实的,是与具体的实践活动相关联的。在网络社会,我们不受具体实践活动、不受时间和空间的限制,时时处处都可能也可以与世界上任何一些人发生联系,进行沟通和交流。这种人际关系已经是虚拟的了,甚至可以没有任何的实际意义,这种社会关系是对传统社会关系的一种颠覆,更是一种挑战。因为社会关系的虚拟性就会导致人自身发展的非现实性,在网络中人的社会角色和实践活动可以虚拟,同样人的思想意识在其能动性和相对独立性的驱使下也会呈现虚拟趋向,偏离其现实的本来的思想观念。

这对思想政治教育的挑战就是,我们很难通过有效的方式来界定人的社会关系以及由此决定的思想属性、价值取向,从而不利于开展有针对性的教育引导工作。

2. 网络社会中人的社会实践可以具有虚拟性

当今时代已经远远超出了马克思当年所能想象的范围,当前的社会实践和社会劳动,当前人的社会关系已经更加复杂化,已经超越了一切地域的限制,呈现出前所未有的新态势,这意味着人的本质需要新的解读和阐释。在信息社会,每个人在网络中可以自由凭借虚拟的角色参与各种虚拟的实践活动。然而这些虚拟的实践活动的确又无时无刻不在影响着人们的思想和行为,甚至产生脱离现实的空想和幻觉,使个体人与现实的社会生活脱节。

实践活动是人的思想意识产生发展的根源,对于思想政治教育而言,面对一个在虚拟实践中寻找自我的人,甚至一个具有多面性思想的人,很难通过他的现实活动来判断和指导他的思想发展趋势,很难通过现实的教育实践来教育和感染他。

3. 网络社会中人的需求可以具有虚拟性

既然网络中人的实践活动可以虚拟化,角色可以虚拟化,那么相应的人的精神追求和物质追求就随之虚拟化,这就导致很多人到网络世界中去寻求在现实生活中无法实现的各种需求。在网络世界中这些人可以是拯

救世界的无敌英雄，可以是富可敌国的巨贾富商，可以是称霸一方的王者诸侯等等。当一旦回到现实，他可能会发现不过是一种虚幻的东西，是黄粱一梦，于是越发不想回到现实。

当一个人的需求可以从虚拟的世界中满足时，这个人现实的、客观的、真实的需求就会被麻痹，而需求的麻痹直接会导致现实的人失去对正常社会生活的精神动力，就容易产生各种各样消极、悲观的思想情绪，甚至被各种虚假、恶意的信息和言论所侵害和鼓动，从而产生不利于国家发展和社会稳定的思想与言行。这种情况下，常规的思想政治教育效果大打折扣。

三、网络思想政治教育必须重回人的本质理论

网络时代人的本质呈现出新的现象、新的特点，这就要求当前的网络思想政治教育从马克思人的本质理论出发，立足于社会实践，把虚拟的网络环境还原到现实生活中，从而开展具有针对性的思想政治教育工作。

1. 网络思想政治教育要认识到人的本质表象的新特点新现象，但是人的本质自身没有变化

人的本质虽然在新时期呈现出新的特点、新的现象，但是人是社会关系的总和这一本质没有发生变化，我们要在这一前提下开展网络思想政治教育，而不能脱离这个根本盲目开展所谓的网络思想政治教育。网络世界虽然具有虚拟性，但是如同意识和思想，它们虽然具有自身的相对独立性，可是始终离不开实践，离不开现实社会生活。很多网络世界的场景，无非是现实社会实践的网络化。这就警示我们，网络思想政治教育有效性的钥匙必须从现实社会生活中寻找和获得，而不能盲目地一头扎进网络中去寻找。

2. 网络思想政治教育要通过人的网上虚拟实践来分析其现实社会生活中遇到的问题，使其对现实充满信心和希望

人在现实生活实践中遇到挫折，就有可能到网络世界中去寻求满足，他在网上所进行的虚拟实践恰恰反映了其真实的实践意愿，网络思想政治教育应该具有逆向思维，不能一味地强调“不能这么干”，而是应该更多地思考“为什么这么干”，继而帮助他分析在现实社会生活中“应该怎么干”。这就是把解决网络世界中的问题与解决实际社会生活中的问题相结合的意识，这样才可以标本兼治，达到良好的教育效果。

3. 网络思想政治教育要通过人的网上虚拟需求来分析其现实需求，并开展相应教育引导，通过自身努力与合理帮扶实现需求

人的需求是现实的，是与生活实践息息相关的，当现实中不能满足，人就会通过各种虚拟的方式来发泄不满或者从心理上满足这种愿望。网络世界是现实世界的一个缩影，是现实社会的反映。网络思想政治教育正是要通过耐心细致的工作，发现和梳理人在网络世界中的各类需求，以及这些需求的层级和满足方式，以此来反推其在现实社会中所遇到的需求困境，这时候再发挥传统思想政治教育的优势，把解决实际问题与解决思想问题相结合，从而提升思想政治教育的实效性。

（作者：天津财经大学高级政工师）

高校家庭经济困难学生思想政治教育工作对策

金学东

随着我国高等教育体制改革的不断深入发展，尤其是在扩大高等教育规模和推进高校收费改革的进程中，家庭经济困难学生问题日益突出，并受到党中央、国务院领导的高度重视，“决不让一个大学生因家庭经济困难而辍学”已成为党和政府的一项庄严承诺。贫困大学生在经济上的困难，导致其思想上承受巨大的精神压力，如果缺乏正确的教育引导，就容易产生负面影响。因此，加强对贫困生的思想教育，培养他们健康、健全的人格，已成为高校教育工作者急需解决的课题。

一、高校贫困生的思想状况分析

高校贫困生是指普通高校中由于家庭经济贫困，其基本生活费用难以达到学校所在地政府规定的最低生活保障线、没有能力交纳学费和日常生活没有保障的一类大学生。调查显示，目前全国普通高校在校生中，贫困生占20%左右，特困生占10%左右。作为教育工作者必须对贫困生问题给予高度的关注，认真分析和掌握贫困生的思想状况。

1. **心理压力过大**。贫困学生的家庭对他们期望都非常大，将他们看作改变家庭现状的希望；另一方面，由于高校的就业率普遍不高，贫困学生的家庭对他们就业也起不到任何帮助，使贫困生对未来感到迷茫。由于担负着家庭希望和所处现实的落差导致高校贫困生的心理压力比较大。

2. **自卑心理严重**。自卑心理在贫困生中相当普遍。从外部环境看，贫困学生大多来自贫困地区，文化差异与生活环境的不同，使他们本身就与其他学生存在着知识面、语言表达能力、接受能力等方面的差距。从内在因素看，由于贫困生对自我现状，如外貌、服饰、语言、能力等方面不满，产生某种消极的自我意识和自我暗示，增加了心理负担和紧张感，抑制了个人能力的发展，加重了自卑感。另外，受社会畸形消费观念的影响，大学生比吃穿、比消费已经成为较为普遍的现象，消费上的差异也是贫困生产生自卑心理的一个重要原因。

3. **心理承受能力差**。贫困生在贫寒的境遇中，较早经受生活的磨练，因而一般比较能够吃苦耐劳，对物质的贫乏具有较强的承受力。但另一方面，他们的心理敏感而脆弱，现实生活中碰到的一些不公正待遇和不愉快的体验，同学间有意无意的伤害，学习成绩优势的丧失等，经常冲击他们敏感脆弱的心理，使他们较容易产生挫折感，甚至产生悲观绝望的情绪。由于情绪调节能力低，长时间地持续这种心理状态肯定会影响他们的学习效果和学习成绩，而学习成绩的退步，又使他们心理变得更加失衡，意志更加消沉，情绪更加恶劣，由此形成恶性循环。

4. **人际交往障碍**。由于自卑，且经济窘迫,加之缺乏较强的心理承受和环境适应能力,就容易在与同学交往中表现出不合群和孤独的特点,从而出现各种人际交往障碍。

5. **嫉妒和敏感**。面对贫困,有的贫困生心理极不平衡,嫉妒家庭富裕的同学。同时,对社会和他人对自己的态度相当敏感,老师、同学一句不经意的话和某个平常的举动都可能引起他们的注意,使他们感到压力。

二、目前我国高校贫困生思想教育工作现状

高校比较重视对贫困生的物质资助,但忽视了对受助贫困生的后期教育引导和监督管理工作,从而在贫困生中出现了还贷信用危机、"攀比"贫困、贫困生高消费等不良现象。到目前为止,我国已经基本建立起了以"奖、贷、助、补、减"为主体的、多元化的贫困生资助体系。由于对受助贫困生后期教育引导与管理的缺失,从而在一部分贫困生身上产生了"等、靠、要"的思想误区,产生了不及时还贷的失范行为,产生了将资助款用于高消费的不良行为。

高校普遍重视对贫困生的心理健康教育,但缺乏系统的责任教育与感恩教育,致使一部分贫困生对学校和社会资助方冷漠,反哺意识淡薄。在我国高校普遍建立健全了心理健康教育工作体系,尤其是对贫困生的关注更是重中之重。但我们在实际工作中发现,在贫困生群体中,有一部分贫困生能勇于承担自我发展的责任,这一部分贫困生也就较早地"脱贫",并对学校对社会充满感恩之心。然而也有一部分贫困生却沉溺于悲观、焦虑、抑郁的情绪中,认为每一次资助理所当然地非他莫属,一旦失望便对学校与他人充满了敌意。

高校对贫困生实施思想教育的主体主要局限于高校思想教育工作者,较少地整合家庭、社会以及学校的其他有效资源。然而从各高校的师生比以及师资力量来看,只依靠专职的思想教育工作者来实行对贫困生的思想教育工作是远远不够的。

三、加强对高校贫困生思想教育工作的对策

1."以学生为本",加强贫困生的思想政治教育

"以学生为本"就是"以人为本"的科学发展观在高校工作中的体现,是对高校提出的构建"教学、科研、管理、服务、环境"五育人的工作体系的要求。作为高校基础工作的学生思想政治工作,就应尊重学生的主体作用,促进学生的身心健康和全面发展。树立"以学生为本"的教育理念,及时掌握贫困生的思想、生活和学习动态,是做好贫困生思想政治教育工作的前提和基础。因此要多与贫困生接触,及时掌握他们思想、学习、生活状况和所面临问题等的真实信息,有针对性地采取措施帮助他们解决问题、克服困难,转变不正确的思想观念,从而健康全面地成长。

2.增强针对性,深化贫困生的心理健康教育

心理健康教育是消除心理问题的重要方法,对促进学生人格健全发展、形成良好的心理品质具有非常重要的作用。目前高校所进行的心理健康教育主要是针对大学生普遍存在的心理问题,而缺乏面向贫困生的有针对性的心理引导。因此,学校对贫困生在心理问题方面表现出来的某些群体特殊性不应加

以渲染和放大，要把握一个适当的度。在具体做法上，除当前高校所普遍采用的形式，还可以通过贫困生心理健康调查，为贫困生建立心理健康档案，做到心理问题早发现早解决；并要充分发挥辅导员的作用，培养辅导员具备相应的心理健康教育知识，以达到更好的教育效果。

3. 助困育人，注重贫困生的感恩教育

随着贫困生感恩意识、诚信观念意识薄弱等问题的凸显，我们应该看到，在加强思想政治教育的过程中，不能忽略道德教育。近年来，随着物质生活的丰富发展，当代大学生的物质追求相比前些年有所提高，但道德追求和责任意识却在一定程度上呈现滑坡趋势。在这种情况下，对贫困学生单纯的物质救助已经无法帮助他们真正走向自主自强，他们更需要的是精神扶贫以及感恩和责任意识的培养教育，要使他们懂得感恩、学会感恩，让每个贫困学生都有一颗感恩之心，感恩父母，感恩他人，回报社会。只有大学生常怀感恩之心，爱和诚信才能成为这个社会的主流声音。感恩教育不仅是让贫困学生觉得“感恩是种义务”，而应该使感恩成为他们积极愉快的心灵感受，成为他们提升生命质量和生存技巧的一个必不可少的环节。

4. 多形式助困，解决贫困生的实际困难

学校要充分利用政府重视和推进大学生助学贷款的有关政策，科学地完善校内学生经济资助运行机制，有效地解决贫困生的实际困难，帮助贫困大学生得到完成学业所需要的最起码的经济保证，从而使贫困大学生基本上消除单纯因经济原因而导致的心理焦虑。经济资助应采取多种助困活动形式，遵循“自助为主，他助为辅”“有偿在先、无偿在后”“以酬代补”的原则进行。同时，学校还应针对部分贫困生不守诚信不偿还贷款、缺乏义务劳动观念等思想现状，开展各种形式的诚信教育、责任感教育、吃苦耐劳教育等深入细致的思想教育工作，让努力学习、力求上进的贫困生获奖受补，以利于某些贫困生克服“等、靠、要”的消极依赖思想，使他们树立自立自强的奋斗精神，艰苦求学、勤奋上进。

（作者：天津工业大学材料科学与工程学院党委副书记）

马克思实践思维的理论特质论析

路晓锋

从整个哲学史来看,每一个重要的理论流派或哲学体系,都意味着看待世界的一种独特的思维方式。马克思在科学阐述实践观点的基础上,实现了思维方式的伟大革命,形成了实践思维方式,这种思维方式显示出独有的理论特质。

一、设定实践思维的起点:物质生产实践

物质生产是人类生产物质产品的活动,是人类为满足生存和发展需要而进行的最为基础性的活动,是人类社会存在的基础,是社会历史发展的根本动力。在《德意志意识形态》中马克思就指出,“首先应当确定一切人类生存的第一个前期,也就是一切历史的第一个前提,这个前提是:人们为了能够创造历史,必须能够生活。但是为了生活,首先就需要吃喝住穿以及其他一些东西。因此第一个历史活动就是生产满足这些需要的资料,即生产物质生活本身。”“人们生产自己的生活资料,同时间接地生产着自己的物质生活本身。”物质生产不仅为人类社会的存在和发展提供了物质前提和基础,同时也为人类从事其他活动创造了条件,制约着其他活动的发展水平和程度。“物质生活的生产方式制约着整个社会生活、政治生活和精神生活的过程。”物质生产的发展水平,直接决定着社会的整体面貌和结构,社会的经济结构、政治结构、文化结构及其发展都受到物质生产实践的制约。也可以说,物质生产活动创造了人类的文明,并推动着人类文明的不断发展。失去了物质生产,人类社会不仅无法发展,人类自身的存在都会受到威胁。马克思曾批判费尔巴哈不理解物质生产对人类社会的重要作用,“这种活动、这种连续不断的感性劳动和创造、这种生产,正是整个现存的感性世界的基础,它哪怕只中断一年,费尔巴哈就会看到,不仅在自然界将发生巨大的变化,而且整个人类世界以及他自己的直观能力,甚至他本身的存在也会很快就没有了。”可以说,物质生产的历史也就是人类社会的发展历史,是人类自身发展的历史。

马克思强调要从物质生产方式出发,去理解人类社会历史,这就确立了实践思维方式的起点,即用实践思维方式考察社会历史发展,应当从特定历史时期的物质生产方式出发,根据当时社会物质生产方式发展的状况和水平,去认识和把握一系列的社会问题。

二、注重实践思维的内在张力:理论与现实的互动

马克思将实践看作是主客体相互作用的过程。思维、意识是主体能力的重要体现,理论是思维、意识活动的结果,是主体能力的重要表征;主体活动的对象是客体,现实世界构

成了客体的主要内容；将实践看作是主客体的相互作用，也就意味着理论与现实之间的相互作用，这种相互作用构成了实践思维方式的内在张力。

从实践思维方式的角度去认识世界，特别是认识人类社会历史的发展，就出现实践主体和客体这对范畴。一般认为，实践的主体就是从事实践活动的人。从主体的角度来看，无论是作为个体的人，或者因为特定关系而组织起来的群体的人，抑或是哲学意义上的人类，都是具有自主性和能动性的因素。当然，人本身所具有的自然力，使其能够与客观世界进行直接的物质交换，从而以一种现实的感性的力量与客观对象发生相互作用，这是实践活动的自然基础。但是人的实践能力并不局限于自然力的范围，不仅能够适应客观世界，还能改造世界，创造出自然界中没有的对象。这种实践能力依靠的就是人的自主性和能动性，依靠的是人类特有的思维和意识活动。无论是主体所掌握的知识、经验，还是自身具有的情感、意志，都是人类主体能力的重要体现，也是实践活动不断展开的重要条件。但其中最能体现人类主体能力的，是思维和意识活动的成果：理论。理论是以概念、原理、规律等逻辑形式反映客观世界规律的知识体系，是对于客观世界内在本质和发展规律的深刻把握，是人类在一定时期所达到的知识水平和思想智慧的凝结。在理论指导之下的人类实践活动，是不断深刻认识客观世界本质，把握客观世界发展规律，进而不断使客观世界满足人类生存和发展需要的过程。离开了理论的指导，实践活动就容易陷入无序、盲目活动的陷阱。所谓实践的客体，就是实践活动指向的对象，是进入人类实践活动领域，并且和人类发生关系的客观事物。人类实践活动对客体的认识范围不断扩大，程度不断延伸。客体的形式也逐渐多样化，如自然客体、社会客体、精神客体等等。无论哪一种客体形式，它们都是作为一种客观的现实存在而出现在实践活动之中的。现实，成为实践客体特征的集中体现。失去了现实，人类实践活动就失去了对象，实践的主体能动性就只能停留在思维的层面，理论也就会迷失在抽象思辨中。

马克思将实践看作是主体和客体相互作用的过程。其中，主体是自主和能动的因素，客体是制约因素。从主客体的特征及其表现来看，二者的相互作用既不同于纯粹的客观实体之间的相互作用，也不同于精神和物质之间的作用，而是包含着上述作用在内的，主客体相统一的作用。在这一过程中，主体一方面受到客体的制约，要根据客体的现实状况和特征展开实践活动；另一方面主体又以自身的能动性不断打破客体的这种限定，从而超越现实客体。这种对现实客体的超越，又构成了新的客体，从而对主体进行新的限定。这种主客体之间的限定和超越的关系，构成了二者之间的内在张力。

如上所述，理论是主体能动性的重要表征，现实是客体特征的集中体现，从一定意义上说，实践主客体之间的这种张力也可以概括为理论与现实之间的张力，这种张力构成了实践思维方式的内在张力。这种张力使得人们得以把握改造现实生活的方向，同时也使得理论的批判具有更多的现实意义，能够不断发展创新。理论和现实的张力推动的实践的发展，其必然的结果就是社会进步。

三、描绘实践思维的致思旨趣：人类社会发展进步

社会进步，一般来说是指社会历史由旧时代向新时代的转变。社会进步往往表现为一个从低级到高级的客观发展过程。我们说这一过程是客观的，主要是说这一过程不是停留在人们想象中的，而在现实世界呈现出来的。

承认社会进步的客观性，并不能忽视社会进步的主体性意蕴。即是说，社会进步的这一客观过程不是完全独立于实践主体之外的。相反，社会的进步是实践的主体即人类，出于改善自身生活状况的需要，通过有意识、有目的的实践活动进行的，并使自身需要不断得到满足的过程。在人类社会早期，人类的需要主要是一种为了维持生存的自然需要。实践水平的不断提高，使人们在满足自然需要的同时，有更多的时间和精力去思考人作为社会人的需要问题，也就是人类社会的发展问题。“人的本质不是单个人所固有的抽象物，在其现实性上，它是一切社会关系的总和。”当人类开始思考社会发展问题的时候，其主体能力有了更为突出的体现。具体来说，就是从社会发展的需要出发，不断对现实提出认识和改造的要求，进而通过实践活动满足这种要求，实现对现实的超越。而理论作为人类主体能力的重要表征，它的价值和意义也不仅仅是完成思想的创新和理论体系的构建，而是要通过对实践活动的影响，推动现实社会的发展和进步。正如马克思在《关于费尔巴哈的提纲》中所指出的“哲学家们只是用不同的方式解释世界，问题在于改变世界”。

因此，社会的进步不仅是一个客观的过程，也是人类主体能力的集中体现，是理论与现实之间张力的结果，是实践思维方式的最终旨趣。

（作者：河北师范大学马克思主义学院讲师）

新媒体环境下思想政治教育话语场域的建构

罗　艳

2017年1月，中国互联网络信息中心发布的《中国互联网络发展状况统计报告》显示，中国网民规模已达7.1亿，互联网进入“微传播”时代，网络自媒体为青年学生群体亚文化的盛行提供了土壤。创新思想政治教育话语体系，提升社会主义意识形态的话语权，是思想政治教育工作面临的重要课题，也是提高思想政治教育实效性的着力点。

一、主流话语体系发展掣肘

高校是我们党意识形态工作的前沿阵地，牢牢把握高校意识形态工作的主导权，增强主流意识形态对青年大学生的话语权，对于帮助大学生树立正确的世界观、人生观和价值观，成为中国特色社会主义事业的合格建设者和可靠接班人具有重大意义。然而互联网的快速发展使传统的话语内容与宣传方式逐渐对当前“95后”、乃至“00后”大学生失去了原有的吸引力，良莠不齐和纷繁芜杂的微博内容分散和转移了他们对我国社会主义主流意识形态的关注视线。同时，一些问题和矛盾的凸显也掣肘着主流话语体系发展。

（一）主流话语体系与青年话语体系错位

网络思想政治教育有时之所以出现言者谆谆、听者藐藐的现象，原因之一就是话语体系错位。射箭要看靶子，弹琴要看听众，宣传思想工作也是如此。做宣传思想工作，首先要考虑的就是我们的工作对象是什么人、他们习惯于什么样的话语体系。

（二）青年话语主体性丧失

在传统媒体场域中，主流话语强势，青年话语被挤压，迫使青年转向新兴媒体寻求话语空间。在传统媒体场域中，主流宣传机构由于掌握着传播的权力资源而处于话语优势地位，主流话语通过国家机器得以传播。这种“宣传导向型”模式所预设的“正确”前提，已经明确地告诉青年应该遵循和服从什么。青年被当作教化的客体，其主体性被弱化，处于人微言轻的尴尬状态。在这种状况下，迫使青年不得不转向新兴媒体寻求自己的话语空间。新兴媒体赋予青年话语自主性的虚假表象掩盖了青年深层次的主体性丧失。

（三）意识形态领域斗争缺乏“亮剑”精神

宣传主流价值观的党报党刊等媒体有着严格的审查机制，信息发布的自主权受到约束，在保证信息真实性、权威性的同时，也容易错失最佳传播时机，无法及时有效地抢占舆论制高点，未能对青年话语及价值观实施有效引导。一些思想政治工作者不敢面对网络上的一些敏感问题、对于错误观念缺乏“亮剑”精神，认为讲意识形态就是搞“左”的那一套，就是搞冷战思维，就会被称作“不开明”。

二、高校思想政治教育话语体系改革

习近平总书记在2016年全国高校思想政治工作会议上指出：做好高校思想政治工作，要因势而化、因时而进、因势而新，推进理念思路、内容形式、方法手段创新，要运用新媒体新技术使工作活起来，推动思想政治工作传统优势同信息技术高度融合，增强工作时代感和实效性。

以往高校思想政治教育内容的最大缺点在于过于死板、老套，往往使得意识形态话语的丰富内容干瘪化，传统宣传媒介和宣传方式是独白性的。“独白”是一个痛疾，以权威性话语传递为要义，强调客体的一味接受。由于“95后”大学生的自主意识大大增强，同时由于信息社会改变了意识形态工作者的话语支配权，因而两者之间的关系模式一改传统的“自上而下”的权威性“灌输——说教”“独白——接受”关系，更多地转化为平等、尊重的双主体关系。

根据网络意识形态场域功能的不同，可以分为官方网媒场域、熟人关系场域、陌生人社会场域。其中官方网媒场域包括高校自身的官方网站、主题教育网站等，在这一场域发布的内容具有很强的权威性和公信力。而学生互动社区、微博、微信、手机客户端组成的“两微一端”则属于熟人关系场域。作为思想政治工作者需要了解学生在话语表达、思想行为等方面的变化，进行实时互动，引起学生的思想共鸣和情感认同，“接地气”地加以引导。

（一）从“一元化”独白向多元对话转变

高校意识形态工作者和接受者之间应改变“自上而下”的灌输式的表达方式，转变为双方平等、相互尊重、相互转化的交互主体关系。

（二）从“高势位”灌输向“嵌入性”表达转变

我们在肯定灌输论作用的同时，也要看到“高势位”灌输模式也引起了高校意识形态接受者的拒斥和反感。为此，要改变传统的话语表达方式，以理论学习、专题报告、课堂讲座、报刊宣传等为主要形式的高势位灌输，要不断地向对话交流、生活化谈心、圆桌会议、专题研讨、座谈会、网络参与和互动等形式转变，将高校意识形态通过学生们喜闻乐见的话语表达，深切地嵌入“95后”大学生的生活空间、交往载体、知识体系和认知框架中。

（三）从“完美化”包装向“生活化”展示转变

当前，高校意识形态宣传依然惯用“完美化”包装的方式塑造“高、大、全”的榜样形象。然而，学生们期待看到校园、身边更多实实在在的学生榜样，不同于台上的“精英”，这些人身上有缺点、有不足、不完美，但就是那些朴实无华的美好品质扎根在他们心底，感动他们的心灵。

生活逻辑的根本特征在于其实践性，这就意味着思想政治教育生命力在于实践，其逻辑起点与最终归宿也在于实践。我们转变思路应注重思想政治教育话语体系从政治逻辑向生活逻辑的转变，与青年的实际生活对接，将青年从被动的、被规定的教育客体转变为实践主体，让青年以主体的身份进入思想政治教育话语场域。

三、新媒体中思想政治教育话语场域的建构

（一）发挥网络领袖作用，提升话语能力

“任意一个现实中的群体，诸多个体在群体中所发挥的作用是不同的，一些个体构成了中心，另一些个体围着这些中心个体成了它的周围的次中心。这样，另外一些个体成了群体中的边缘。”在虚拟空间中，网络领袖就是居于中心地位、拥有核心影响力的个体。这些网络领袖有各自的特长和优势，能把碎片化的信息聚集成强大的网络舆论能量，对青年群体一呼百应，影响最为广泛。思想政治教育要发挥好这些网络领袖的影响力，起到事半功倍的效果。

（二）主动设置议题，占领网络空间

主动设置议题是占领虚拟空间的一条技术路径。话语权本身是流动的，在不同阶级、群体和个体那里转换。习近平总书记在2015年12月11日全国党校工作会议上指出“思想舆论领域大致有红色、黑色、灰色‘三个地带’。红色地带是我们的主阵地，一定要守住；黑色地带主要是负面的东西，要敢于亮剑，大大压缩其地盘；灰色地带要大张旗鼓争取，使其转化为红色地带”。思想政治工作者要增强对社会热点和焦点的研判能力，主动设置议题，寻找与受众者共同的兴奋点，形成导向正确、同频共振的舆论场，占领网络空间，发挥社会主义意识形态的引领功能。

（三）创新网络语言，引领话语风尚

思想政治工作者一方面要透析网络语言背后反映的社会问题和社会心态，做到有针对性的引导；另一方面要区别对待网络语言，对健康积极的语言要大胆运用，对消极腐朽的语言要及时消除。总体说来，网络语言的特点是新、奇、快，简单易懂、新颖时尚，能直指社会思潮的不合逻辑和不合情理之处，使受众者看得酣畅淋漓，能迅速化解社会思潮的消极影响。

每一种话语体系必须通过自我保护来保持其自身的独立性。我们难以想象一个被话语体系排除在外的主体，会对其话语体系的文化产生认可、对话语体系的价值产生认同。作为社会整体话语体系背景下的两个话语子系统，不是你死我活式的话语争夺，也不是非此即彼的价值观灌输，应该以一种开放的姿态，使两种话语体系相互对接、相互融合，最终达成价值共识。

话语源自人的生活方式、文化观念和价值诉求，是文化的载体，是交流的中介和思想理论观念的外在表达形式，它能动态地反映文化变迁的历程。在网络语境中有效加强青年思想政治教育的话语变革，注意寻找与青年学生群体共同的话语源，不断丰富思想政治教育的网络话语资源，创新青年学生群体的话语描述与诠释，充分发挥青年学生群体“网络话语领袖”的作用，使得青年大学生能够切实地拥有思想政治教育话语的主动权，将思想政治教育话语全面渗透于青年话语体系中。通过在学生互动社区、“两微一端”等媒体使用更加积极的话语体系，以青年喜闻乐见的形式和内容，构建既高度契合国家意识形态、符合时代需要，又切合青年需求的思想政治教育话语场域，改革创新话语平台和舆论阵地，深刻地影响和塑造青年群体。

（作者：天津工业大学党委学工部思想教育中心主任）

在信访维稳工作中加强思想政治工作研究

薛丽琴

从信访调查和处理的实践中，总结发现信访问题产生的原因存在一些共性的特点，尤其是与相关当事方的思想政治意识存在重要的关系，为此笔者从企业角度对在信访维稳工作中加强思想政治工作开展研究。

一、企业信访维稳工作的主要目标与任务

企业信访维稳工作是指企业有关部门根据员工的投诉请求、提出的意见或建议、反映的情况等进行处理的工作和活动统称，其主要目的是通过解决上访人的合理诉求，杜绝矛盾的激化，促进企业和社会的和谐稳定。企业信访维稳工作对于增强员工对党和各级组织的信任，对创造稳定和谐的企业和社会发展环境具有重要的作用和意义。

二、新时代下企业信访问题的突出特点及成因

信息时代条件下，企业信访问题呈现出一系列新的特点和变化，使得企业信访维稳工作面临新的挑战。具体表现在：

一是员工价值观多元化，自主意识普遍增强。信息多元化背景下，人们获取信息的渠道增多，个人价值观多元化，员工的自主意识因此也普遍提高，企业内部的各类矛盾、利益冲突增多且呈半公开化状态。广大员工需要统一的价值观教育，以正视听。

二是非正常上访的情形增多。在特权思想的作用下，不少需要依法依规解决的问题，当事人仍希望通过“向上”越级反映，甚至采取闹访的办法，寄希望于通过上级领导的行政干预“快速”解决，而无视相关程序对于公民合法权益的重要约束和保障作用。

三是信访问题影响面呈扩大态势。近几年发生的信访案件，一些当事人选择特殊的敏感时期如重大节日、社会活动期间集中“上访”，甚至采取过激行为，试图通过吸引社会关注，扩大影响来达成其目的，使得信访问题的社会影响面扩大。

在企业内部，引发信访问题的原因往往是客观因素和主观原因综合作用的结果。客观方面，社会和经济的进步与发展，促使企业内部的各种矛盾和利益冲突凸显，原有的行政管理体制在运行过程中确实需要不断完善，以应对更为复杂的现实需要，而这些问题的解决确实是需要时间和过程的。主观方面，首先源头上是相关责任主体的大局意识比较淡薄，对维稳工作未引起足够重视。更多关心个人“政绩”，忽视员工的利益和呼声；对与员工切身利益相关的问题，不公开、不透明或不公平；不敢正视员工的异议，或缺乏足够的耐心去解决问题，官本位思想依然严重，习惯性地将提出问题的员工定性为“刁民”，忘记了为人民服务的初心，简单粗暴处理。长此以往，就会引发员工的不满情

绪，把本可消化和解决在基层的矛盾，逐渐放大并激化到了更高级别的行政层级，形成信访问题源，从而造成了大量信访问题的产生，甚至造成具有负面影响的社会性群体事件。

三、通过加强思想政治工作促进信访维稳工作思路探究

企业信访维稳工作是新时代条件下党的群众路线在企业内部的重要体现形式和载体，是有效连接党与广大员工的重要途径。从某种意义上讲，信访维稳工作中涉及的问题，实质上反映出来的仍是党员干部的突出作风问题。所以，解决或避免了这些突出的作风问题，相当程度上就做好了信访维稳工作。加强企业内部思想政治工作对于信访维稳工作的促进意义也正源于此。

(一)要坚持思想教育先行，建立和完善企业思想政治工作体系

为更好地开展信访维稳工作，需要从思想政治意识的源头对作风问题进行控制。在企业内要重视对党员干部的思想政治教育，把问题前置，做到正本清源。要建立和完善企业内部的思想政治工作体系，在机制建设上下功夫，做好保证。只有真正提高了广大党员干部的思想政治意识，其行为和作风才更有可能获得群众的认可与尊重。

要加强各级尤其是基层党员干部的理论学习并指导其运用。帮助广大基层党员干部回归党员本色，时刻保持为人民服务的初心，积极主动地做好基础工作，从员工切身关心的小事，比如排班、评奖、用人等做起，做到公平、合理，不徇私舞弊。只有从基层做到让小问题、小矛盾不放大和激化，员工身边的领导干部就能及时解决问题，企业信访维稳工作的责任才能真正做到有效分解和落实，关口才会前移。

(二)要加强对思想政治工作成果的验收，做到齐抓共管、疏导结合

为了避免有行动无结果走过场的情形，企业的思想政治工作应在党委的统一领导下，由党政领导共同牵头负责。企业要组建专职政工干部和行政干部相结合的工作队伍，并且强化对企业思想政治工作成果的验收，最好能将这样的验收与领导干部的个人晋升、评级、收入等相结合。只要机制建设跟上了，思想政治工作的相关成果就会显现。

(三)要注重思想政治工作方式方法创新，扩大积极影响

企业在开展思想政治工作的过程中，要注意先抓主要矛盾，从具有典型意义的一般问题着手，通过主题或专项教育，掌握党员干部当下的思想动态，从而有效地向其输入正确的思想观点，帮助其提升政治觉悟及执行政治任务过程中的自觉性，起到提纲挈领的作用，据此掌控企业思想政治工作的主动权。

同时，在开展思想政治工作的过程中，要注重形式创新。形式在引发员工参与和接受方面具有重要作用，通过采取一些员工愿意参与、放松参与的形式，可有效激发其参与热情，提高自愿接受的程度，也会于无形中扩大思想政治工作的积极影响。

(四)要建立畅通的信访受理渠道，健全开放的第三方监督机制

做好企业的信访维稳工作，还需要建立和保证信访渠道的畅通，让员工反映诉求时有便利的受理途径，如结合信息化时代背景，通过移动＋互联网的方式，建立开放的网上信访服务平台、设立企业信访微信公众号等，

让信访渠道向“掌上”延伸，便捷高效，同时消除不必要的人际间影响，有利于相关部门及工作人员增强针对性并在相对隐秘的情形下开展维稳工作，消化和解决问题。

同时，为了更好地防微杜渐，企业内部还需健全开放的第三方监督机制，通过外在的监督促进信访维稳工作的开展。如在企业内部设立多级廉政（作风）监督机制，通过公开招募和选拔，建立一支廉政（作风）监督队伍，并在公司范围内进行公示。这是一种非常有效的第三方监督渠道，既提高了广大员工的参与感，又可以让广大党员干部从思想上重视作风问题，习惯于被监督，从而减少信访问题的发生。这不仅能爱护和挽救各级干部，更能有效防范信访问题的产生，从而巩固和提升企业信访维稳工作的成效。

（作者单位：天津滨海快速交通发展有限公司）

俄罗斯学者视域中的中国特色社会主义及其发展

许　倩

改革开放以来，在中国共产党的领导下中国特色社会主义实践取得了伟大的成就。俄罗斯学者非常关注中国特色社会主义建设，大多数学者基本认同中国特色社会主义制度坚持了社会主义的原则，是马克思主义与中国具体实际相结合的成果，并从比较的角度出发分析中国特色社会主义制度的优势，盼望能从中国特色社会主义实践的分析中汲取对俄罗斯有用的经验和教训。

一、高度评价中国特色社会主义实践取得的伟大成就

俄罗斯著名历史学家罗伊·梅德韦杰夫教授在《中华人民共和国 60 年》一文中盛赞中国取得的成就和经验，“世界还不曾见识过如此大的国家在数十年时间里如此迅速而顺利的改革先例，今天中国的成功得到了所有观察家的承认。”国际知名汉学家、俄罗斯科学院院士，前俄罗斯科学院远东研究所所长季塔连科认为，中国政府近年来不断加快推进和深化各领域的改革，小康社会建设取得突出进展，国际地位显著提高。对于社会发展中出现的一些问题，中国领导人不仅能够正视，而且还找到了解决的方法，这一切都为中国保持快速稳定发展奠定了坚实基础。

二、科学分析中国特色社会主义实践取得成功的经验

在俄罗斯学者看来，中国特色社会主义建设取得伟大成功的经验主要有以下几点：

1. 坚持以马克思主义为指导，并将马克思主义基本原理与中国具体实践相结合

俄罗斯学者季塔连科认为，“建设具有中国特色的社会主义的思想，是对中共多年经验的总结”。俄罗斯学者费奥克蒂斯托夫在 1991 年第二次全苏“中国与社会主义”学术讨论会上表示，在改革开放以后，“中共着手修订自己的理论观点，探索国家社会经济、精神和政治发展的新途径；形成确保国家逐步摆脱危机局面基本上顺利实行新的社会经济政策的方针。中共理论工作的中心课题还是把马克思主义普遍原则运用到中国具体环境中的问题”。

2. 坚持中国共产党领导，解放思想，实事求是，在实践中检验真理

俄罗斯著名政治学家、俄共中央委员会主席根纳季·安德列耶维奇·久加诺夫在接受新华社采访时表示“保持和巩固中国共产党的领导作用是中国遵循既定发展道路的可靠保证”。季塔连科认为，几代中国共产党的领导集体“按照‘一切从实际出发’，‘实践是检验真理的标准’原则提出了新社会建设、国家复兴与现代化的符合现实的合理的政治纲领，这两个原则是方法论的核心，是制定与实施改革政策的统领，它们形成于 1978 年 12 月召开的具有历史意义的中共中央十一届三中全会。此后，这些基本原则在中国

共产党十二届、十三届、十四届、十五届、十六届、十七届代表大会及其中央全会的各项决定以及党或国家领导人的各项指示中得到创造性发展、丰富和具体化。”

3. 充分吸取苏联解体、苏共垮台的经验和教训

俄罗斯学者认为，中国共产党之所以坚持把马克思主义普遍真理与中国实际相结合，原因之一是他们从苏联解体和苏共垮台的教训中受到了启发。国内学者孙代尧认为“中国对造成苏共垮台和苏联解体的原因和条件进行了自己的非常认真的分析。这种分析的结果是中国国内政策、对待少数民族的政策以及中共的一些意识形态提法都开始得到了一定的纠正。1991～1992 年中国切实深化了市场经济体制改革，而同时又保持了国家对经济领域各种变化的有效控制。苏共垮台和苏联解体还加速了中国党政领导干部培养和更新体制的形成。”

4. 坚持改革开放，解放和发展社会主义社会生产力

俄罗斯学者认为，中国特色社会主义理论是在改革开放实践中形成和发展起来的。俄罗斯科学院远东研究所中国经济和社会研究中心研究员、经济学家皮沃瓦洛娃博士在《中国特色社会主义》一书中详细地介绍了中国实行改革开放的进程、特点和成就。

5. 借鉴世界文明，将现代化和中国的传统文化相结合

季塔连科认为，中共领导人善于在广泛借鉴外国经验的同时，避免引进有违中国文化特征、削弱民族凝聚力、破坏国家稳定的所谓外国经验，这是中国取得成功的关键。

三、对中国特色社会主义发展前景的展望

1. 抓住机遇，开创全新局面

关于中国特色社会主义发展的前景，大部分的俄罗斯学者认为只要中国共产党抢抓机遇，稳步推进社会改革，谨慎并正确应对各种困难和挑战，那么中国特色社会主义必将会拥有美好的发展前景。俄罗斯科学院远东所所长卢贾宁称赞“十九大的召开将起到动员全体中国人民的作用，引领人民继续走中国特色发展道路，振兴经济、提高社会福祉。中国将按照此次大会上通过的各项决定来实现国家发展、经济腾飞和深化改革等战略目标和任务。”

2. 贡献中国智慧，促进和平发展

俄罗斯学者非常关注习近平主席提出的“一带一路”倡议和共建人类命运共同体理念，并期待欧亚联盟与丝绸之路经济带对接成为中俄战略协作伙伴关系的新亮点、增长点和出彩点。俄罗斯科学院远东所所长卢贾宁认为，“一带一路”倡议致力于解决全人类发展面临的共同问题，为世界各国开辟了新的合作之路，不仅有助于实现中国梦，也为世界发展贡献了中国智慧。习近平主席致力于采取积极稳健的外交政策，强化大国担当，主动顺应经济全球化趋势，努力维护稳定局面。中国领导人行事稳健，不仅顾及中国的利益，也为实现世界稳定和经济发展着想。他在达沃斯论坛等场合多次强调，构建开放、包容、合作的世界，消除壁垒，摒弃保护主义和孤立主义。这是开放包容、实现共同发展和繁荣的基础。

3. 深化务实合作，实现两国共赢

中俄关系是最健康、最稳定、最成熟的国

家间关系典范，也是中国特色大国外交成功实践的一个缩影。5 年来，习近平主席 6 次来俄，在二十国集团、金砖国家、上海合作组织等多个重要多边场合与普京总统举行 20 多次会晤，部署和引领中俄全面战略协作伙伴关系不断深入发展。对此，俄罗斯战略研究所维切斯拉夫·霍洛德科夫认为，如果中俄两国形成合力，将极大提升金砖国家在世界经济中的地位，跻身世界前列。

从上述俄罗斯学者对中国特色社会主义研究的观点中我们不难发现，俄罗斯学术界非常重视对社会主义尤其是中国发展道路的研究，认为中国共产党领导的中国特色社会主义实践的成功充分显示了社会主义的生命力，对 21 世纪社会主义的命运和发展前景产生了具有世界性意义的深远影响。俄罗斯学者期待着中国特色社会主义在中国共产党领导下稳步向前推进，从而给俄罗斯未来的发展带来新的机遇，引领中俄全面战略协作伙伴关系走向新的高度。

（作者：同济大学马克思主义学院博士研究生）

增强媒介素养　提高互通能力

彭　嬇

提高同媒体沟通的能力，是中国共产党十九大在新时代条件下对我们提出的新要求。敢于善于同媒体交流与沟通，正确有效地引导舆论，是新形势下各级领导干部必须认真面对、认真学习、认真研究、认真解决的必修课程。各级领导干部必须全面提升媒体素养，善于同媒体沟通，不断提高舆论引导水平，为改革发展稳定营造良好的舆论氛围。

一、提高与媒体沟通能力，务必要认清形势

从全国来看，舆论引导形势极为严峻。当今时代，舆论环境、媒体格局、传播方式都在发生深刻变化，媒体种类和形式越来越多，特别是随着互联网和手机媒体的迅猛发展，典型事件、突发事件传播的速度已经越来越快，范围越来越广。据最新《中国互联网络发展状况统计报告》显示，截至2017年6月，我国网民规模达到7.51亿，占全球网民总数的五分之一。全媒体时代人人都是一个潜在的记者，随着国际交流的深入，还有为数众多的国外媒体和记者。媒体和记者不仅数量众多，而且竞争激烈。他们都想追求独家新闻，制造轰动效应，以获得高收视率、高发行量、高点击率，从而追求最大的社会效益和经济效益，故有“记者不坏，读者不爱”之说。2008年奥运会以后，记者可以直接采访当事单位和个人，只要被采访人和被采访单位同意，任何人和单位不得干预正常的采访活动。这么多的媒体，这么多的记者，无声无息，无影无踪，无处不在，无孔不入，让人防不胜防，一些热点问题事发单位领导干部不甚了解，但是记者却知根知底，任何想靠封堵扼杀而避免负面新闻出现的想法，注定都是徒劳的。当前以互联网为代表的信息技术日新月异，具有传播快、影响大、覆盖广、社会动员能力强的微博、微信等社交网络和即时通信工具用户数量巨大，热点事件的“燃点”很低，很容易被放大热炒。当前新时代新常态下各种社会矛盾交织凸显，社会各阶层的利益诉求多样，地方官员被妖魔化，部分群众对官员缺乏最基本的信任，逢官必炒，逢腐必究，干部生活在媒体的聚光灯、显微镜下面，舆论引导的难度空前加大。当前的媒体环境，十年前无法想象，与五年前相比也不可同日而语。所有这些都说明：在网络媒体高度发达、信息传输便捷的今天，媒体报道的时间界限、空间界限、属性界限已被打破，对于一些新闻资源和媒体事件，根本无法封堵。在“人人都是通讯社，人人都有麦克风”的媒体环境下，老办法无法解决新问题，只有加强学习，才能解决本领恐慌。面对媒体、引导舆论，已成为各级领导干部必须认真学习的一门功课；与媒体打交道能力是各级领导干部必须具备的一种执政能力。

从我县来看，应对舆论监督问题不少。

近年来,县委宣传部妥善采取多种措施,积极应对舆论监督,为社会发展营造了稳定和谐的舆论环境,得到了县委、县政府的高度肯定。目前,大部分乡镇和县直单位,面临舆论热点问题时,能够积极迅速妥善应对,有效避免了事态的扩大和恶化。在承认成绩的同时,毋庸讳言,我县最近几年因为部分单位应对突发事件缺少经验,政府大楼、教师上访、土地等问题也被舆论热炒,损害了固始县的对外形象,这方面的教训很深刻。仔细反思问题主要有两个方面:一是态度方面的问题。一些单位在遇到媒体记者时,领导干部高高在上,轻视、躲避记者,不能在第一时间心态平和地解释说理,让一些原本很容易解决,甚至是基本能得到解决的事情,或因麻木不仁,或因轻浮急躁,致使"小事拖大""大事拖爆",有的领导干部不计后果、随便说话、激怒记者、留下话柄,而被媒体记者借题发挥,最终酿成大祸,既损伤了我县形象,也给领导干部个人带来了极大地被动。二是能力方面的问题。一些领导干部,头脑中没有媒体意识,不善于同媒体交流沟通,不能利用媒体推动工作、争取群众理解,出了问题,害怕舆论监督;甚至有了成绩,也不愿意宣传报道。

二、提高与媒体沟通能力,务必要善待媒体

善待媒体应当心态正确。媒体是推动工作的工具,与媒体沟通能力是执政能力的重要组成部分。要敢于、乐于、善于和媒体沟通,学会在媒体监督中工作,给予媒体更多的理解和支持。要把记者当作朋友,记者是来帮助工作的,而不是来找茬的,虚心接受监督。有问题要客观应对,用感情、用配合工作、提供信息的方式,用敢于担当、知错能改的态度,弥补工作中的过失和不足。要坚持把正确导向放在与媒体打交道工作的首位,坚持团结稳定鼓劲、正面宣传为主;坚持把实现好、维护好、发展好最广大人民的根本利益,作为与媒体打交道工作的出发点和落脚点。做到正确对待,有理有节;认真受理,积极回应;加强沟通,多疏少堵;发布信息,先入为主;冷静沉着,友善坦诚。总之,善待媒体不能庸俗化,不代表一味去讨好,刻意地去套近乎、拉关系;也不能避而远之、不理不睬、无可奉告;更不能高高在上、指手画脚,乱讲话、讲假话、不讲话;更不要另眼看待、视为另类。要在平等的基础上,善于与新闻媒体交往、交流、交朋友,并且彼此支持、相互合作,同时,为媒体采访报道提供必要的方便条件。

善待媒体应当注意方法。关于提高与媒体沟通能力,经过多年实践检验,一些行之有效的方法应当坚持:舆论热点事件发生后,要克服害怕监督、遮掩躲避、封堵扼杀、静观其变、侥幸过关等五种心理,必须"从时度效着力,体现时度效要求"。时效决定成效,把握好时机、节奏,重视"首发效应",做好"早"和"快"的文章,舆论引导就能事半功倍。坚持"快报事实、重报态度、慎报原因"原则,第一时间公布事件真相;事件查明多少,知道多少,就公布多少,以后用滚动方式逐渐增加;要准确,不能掩盖事实,更不能说谎;注重"议程设置",通过提供信息和安排议题有效地左右人们关注哪些事实、观点和他们谈论的热点;反思自责原则,事情发生后,首先查找自身原因,检查工作中的缺失,公开坦承失误和不足,争取群众信任,重塑政府形象;实施问责制,上级不为下级的错误"背书""买

单”，迅速启动问责程序，分清责任，罢免失职、渎职干部；必要时，要请第三方介入，以增加可信度。平时要防患于未然，培育一支政治素质高、有影响力的网评队伍，积极组织评论员参与网上跟帖和讨论，号召广大领导干部参与网评，放大网上主流声音，增强正面控制力；注重培养意见领袖，增强网上权威力量，通过有号召力的正面言论孤立非主流言论。

三、提高与媒体沟通能力，务必要转变作风

提高与媒体沟通交流能力，需要有坚强的作风作保障。近年来，党中央抓作风建设雷厉风行，而且是从中央政治局自身做起，率先垂范。具体到与媒体沟通，亟须转变“四种作风”，进而树立“四种形象”。

一是转变麻木不仁的作风，树立以民为本的形象。说到底，媒介是政府与群众交流沟通的平台，对待媒体的态度，也就是对待群众的态度，尊重记者的报道权就是尊重群众的知情权，这是“新闻执政”理念的一个具体体现和检验。思想是行动的先导，做好群众工作，首先要解决好思想认识问题。只有真心诚意地为群众谋利益，群众才会支持你。有了群众的支持，我们就会有源源不断的智慧和强大力量。“树叶离开枝头是腐烂的开始，干部脱离群众是变质的开端”。现在有些干部感叹“为官不易”“官不聊生”，其实我们只要真心为群众办实事，辅以耐心细致的思想政治工作，群众就会拥护我们。要明白我们是为群众服务的，群众享有知情权，更享有监督权，不能因为嫌麻烦，而对记者的采访要求置若罔闻。

二是转变封闭保守的作风，树立开明开放的形象。按照《新闻记者证管理办法》规定，各级人民政府及其职能部门、工作人员应为合法的新闻采访活动提供必要的便利和保障。任何组织或者个人不得干扰、阻挠新闻机构及其新闻记者合法的采访活动。《信息公开条例》确立了以公开为原则，不公开为例外的立法精神，规定县级以上人民政府及其部门要重点公开：扶贫、教育、医疗、社会保障、促进就业等方面的政策、措施及其实施情况；突发公共事件的应急预案、预警信息及应对情况；环境保护、公共卫生、安全生产、食品药品、产品质量的监督检查情况。也就是说无论是中央主流媒体记者，还是地方、行业报记者，无论是媒体从业人员，还是县内网民，无论是否经过宣传部同意，大家对于民生热点问题都享有知情权。

三是转变骄傲浮躁的作风，树立谦虚谨慎的形象。习近平总书记在接受中外媒体记者采访时曾说：领导者要深入了解国情，了解人民所思所盼，要有如履薄冰如临深渊的自觉，要有“治大国如烹小鲜”的态度，丝毫不敢懈怠，丝毫不敢马虎，必须夙夜在公，勤勉工作。如临深渊、如履薄冰、谦虚谨慎这是一名优秀的领导干部所必须具备的品质。我们县一级的有些领导干部都是草根出生，通过自身不断努力，逐渐受到党组织的信任而被提拔重用。但是位居重要岗位后，开始变得骄傲浮躁、盲目自大，听不进不同的意见，接受不了下属的建议，工作和生活上爱排场，讲档次，好面子，慢慢地就脱离了群众，自绝于大众，有的还落了个身败名裂的下场。“心中为念农桑苦，耳里如闻饥冻声”。我们广大的党员干部要牢记为人民服务的宗旨，放

下架子，扑下身子，转作风、动真格，扶真贫、真扶贫、问真苦，多听群众之声，多思百姓之苦，多解民生之困，敢于直面社会的质问与批评，与群众面对面坦诚交流，倾听最真实最迫切的心声，掌握最真实的信息。

四是转变轻视学习的作风，树立学习钻研的形象。一些同志在应对媒体的能力上有欠缺，恐怕主要还是因为缺少学习钻研的态度。每年年底科级干部述职述廉述学时，很多干部省察自己不足的时候总要写上一句学习不够认真。严格地说，学习不认真是一个很严重的问题，因为这不合党章要求，党章指出党员义务的第一条就是学习。不重视学习，就工作没思路；不重视学习，就干不成事；不重视学习，就经常出事。一些干部缺少与媒体沟通交流的能力，就应该审视一下自己，不懂的时候有没有向经常处理此类工作的领导同志虚心请教，与之相关的会议、培训自己认真参加没有，与媒体打交道的文件、材料和书籍好好研究没有、自己有没有学习计划、有没有主动挑选相关书籍系统自学等。

（作者：中共固始县委常委、宣传部长）

论核心地位

葛建忠

核心,汉语词典是这样解释的:中心;主要部分。说明了核心的地位的重要性,是不可替代的。人类的发展,从母系氏族、奴隶社会、封建社会到现今高度发达社会,每一次进步都是集体智慧的结晶,都是在核心人物的带领下推动社会进步,走到了今天的辉煌。然而,人类社会也有在个别核心人物带领下,走向战争,走向停滞不前,甚至走向倒退。因此,核心人物在社会发展中起着极其关键的作用。

在中国历史发展中,核心人物同样也起着极其关键的作用,其地位是别人无法替代的。

中国历史上最伟大的十个皇帝,其中最著名的秦皇汉武唐宗宋祖对祖国的统一、国家的富强做出了巨大的贡献,但正如毛泽东所说,数风流人物,还看今朝。

近代以来中国社会居核心地位的核心人物代表主要有:

孙中山:毕生坚持“三民主义”,坚持民族、民主救中国和三民主义救中国的信念与理想。辛亥革命以“民族”、“民权”、“民生”为核心的“三民主义”理念。倡导“权能区分”——“人民有权,政府有能”,阐明人民行使政权的基本训练与条件:民权初步,即议事规则。提出中央与地方的“均权制度”,以县为单位的“地方自治”。在政治现代化建设方面,主张渐进主义的军政、训政、宪政三阶段说:“军政时期优先消灭军阀土匪,应实行军管。训政时期优先基础建设与民权初步训练,应实行一党执政。宪政实行之条件是全国半数以上县市具有选举罢免地方首长之条件,公民具有发动创制复决之条件,则选举召开国民大会制订宪法,还政于民,实行多党竞争的现代政治制度。”推行以王道为基础的区域合作和政治架构:大亚洲主义,以及向国际投资开放的实业计划。

孙中山以“世界潮流,浩浩荡荡,顺之则昌,逆之则亡”为自己的座右铭,强调要“内审中国之情势,外察世界之潮流,兼收众长,益以新创”。孙中山注重学习世界上的先进知识和有益思想成果,并希望结合中国的实际用来改造中国。孙中山十分关注俄国十月革命和马克思主义在世界范围的传播,敏锐地认识到五四运动和中国共产党成立对中国变革的重要影响,毅然实行联俄、联共、扶助农工的三大政策,赋予三民主义思想以新的内涵。三大政策是孙中山的重要政治主张,是他倡导的民族民主革命从屡受挫折转向成功、进而取得显著成就的正确道路。

毛泽东:伟大的马克思主义者,伟大的无产阶级革命家、战略家、理论家,是马克思主义中国化的伟大开拓者,是近代以来中国伟大的爱国者和民族英雄,是党的第一代中央领导集体的核心,是领导中国人民彻底改变自己命运和国家面貌的一代伟人。他对马克思列宁主义的发展、军事理论的贡献以及对共产党的理论贡献被称为毛泽东思想。被人们尊称为“毛主席”。毛泽东被视为现代世界历史中最重要的人物之一,《时代》杂志也将他评为20世纪最具影响100人之一。

创建了一个新中国——中华人民共和国。毛泽东同志同他的战友们领导中国共产党和中国人民,经过长期艰苦卓绝的斗争,经历了多次挫折和失败,克服了千难万险,在几次危急的时刻力挽狂澜,出奇制胜地挽救了革命,最终取得了革命的胜利,创建了新中国。一个黑暗的旧中国,变成一个光明的新中国;一个四分五裂、内乱不已、匪患不绝、民不聊生的旧中国,变成一个强大统一和人民安居乐业、各民族平等和睦相处的新中国;一个饱受列强欺凌和宰割、被人称为“东亚病夫”的旧中国,变成一个独立自主、屹立在世界东方的新中国;一个由地主、官僚、买办乃至洋人主宰的旧中国,变成一个由人民当家作主的新中国。

建设了一个先进的党——中国共产党。中国共产党刚成立的时候只有几十名党员,在一个相当长的时间里还是一个幼年的党,很不成熟。从一个幼年的党到一个完全成熟的党,直到领导中国人民取得新民主主义革命的胜利,经历了一个漫长的、艰难曲折甚至是痛苦的过程。这中间有胜利,有失败;有前进,有后退;有壮大,有缩小;有正确的时候,有犯错误甚至是犯严重错误的时候。中国共产党在实际斗争中,运用马克思主义的立场、观点、方法,不断总结成功的经验和失败的教训,根据具体情况,实事求是地纠正党内各种错误倾向,包括“左”的和右的,并上升为理论,反过来又指导革命实践向前发展。就这样经过多次的循环往复,中国共产党逐渐发展壮大,从一个幼年的党变成一个成熟的党。对此,许多老一辈革命家都作出了贡献,而贡献最大、起决定性作用的是毛泽东同志。

缔造了一支人民的军队——中国人民解放军。毛泽东同志是中国人民解放军的创建人之一。这个军队开始的时候是很弱小的,其主要成分是农民,又带有旧式军队的影响。要将这样一支军队改造并建设成用无产阶级思想武装起来的人民军队,其艰巨性可想而知。许多老一辈革命家对军队的建设都曾作出过不同贡献,但作出贡献最大、起决定性作用的还是毛泽东同志。为建设和培育这支军队,毛泽东同志耗费了大半生的心血。从三湾改编决定党的支部建在连上,制定三大纪律、六项注意,到古田会议总结建军两年多的经验作出决议,明确红军是一个执行革命的政治任务的武装集团,使红军肃清了旧式军队的影响,完全建立在马克思列宁主义的基础上,整个红军成为真正的人民军队,毛泽东同志的建军路线基本形成。以后,经过抗日战争、人民解放战争,毛泽东同志的建军思想不断丰富和发展。如规定官兵一致、军民一致、瓦解敌军的政治工作的基本原则;提出“三八”作风;在军队内部实行政治、经济、军事三大民主;规定军队是战斗队,又是工作队、生产队。新中国成立后,又提出实现军队的革命化、正规化、现代化,等等。

创立了一个科学理论——毛泽东思想。毛泽东同志把产生于欧洲的先进科学理论——马克思主义创造性地运用到中国这个农民占人口绝大多数的经济文化落后的东方大国,紧密结合中国实际,并汲取中华文明之精华,创立了毛泽东思想,开辟了马克思主义中国化道路。这个理论生长在中国这片土地上并已深深扎根在这片土地上。它具有彻底性、深刻性、严密性、实践性等特点，具有很强的说服力，又体现了新鲜活泼的、为中国老百姓所喜闻乐见的中国作风和中国气派。这个理论培养了一代又一代中国共产党人。这个理论被广大人民群众掌握，就变成改造和建设中国的巨大物质力量。

邓小平：伟大的无产阶级革命家、政治家、军事家、外交家，中华人民共和国开国元勋之一，中国共产党第二代领导核心，马克思主义者，同时也是中国人民解放军、中华人民共和国的主要领导人之一。他创立了邓小平理论，所倡导的"改革开放"及"一国两制"政策理念，改变了20世纪后期的中国，也影响了世界，因此在1978年和1985年，曾两次当选《时代》周刊"年度风云人物"。被称为中国改革开放和现代化建设的"总设计师"。

他领导的改革开放，在民族独立的基础上，把中国的富强、民主、统一变成了生动的现实，极大地调动了亿万人民的积极性，使中国实现了从高度集中的计划经济体制到充满活力的社会主义市场经济体制、从封闭半封闭到全方位开放的历史转折。对时代特征做出了和平与发展是当今世界的两大主题的新判断，及时调整外交政策，为改革开放创造良好的外部环境；对基本国情作出新概括，提出我国正处于社会主义初级阶段的新论断，要求改革开放的一切方针政策都必须从社会主义初级阶段的实际出发；制定"三步走"经济发展战略，绘制了中华民族百年图强的宏伟蓝图；在纪念邓小平同志诞辰110周年座谈会上，中共中央总书记习近平在讲话中回顾了邓小平同志一生的丰功伟绩，总结了邓小平为我国革命、建设、改革作出的卓越贡献，强调邓小平同志为中华民族独立、繁荣、振兴和中国人民解放、自由、幸福奋斗的辉煌人生和伟大贡献，将永远书写在祖国辽阔的大地之上。

习近平：中国共产党的郑重选择——十八届六中全会明确习近平总书记的核心地位，正式提出"以习近平同志为核心的党中央"。这个决定，是中国共产党的郑重选择，不仅将造福中国，而且将影响世界。习近平总书记成为党中央的核心、全党的核心，是在领导和推进伟大事业、伟大工程、伟大斗争的实践中自然形成的。党的十八大以来，以习近平同志为核心的党中央，坚持把党的领导贯彻到党和国家工作的方方面面，充分发挥总揽全局、协调各方的领导核心作用：把战略谋划落实到各个领域，"五位一体"总体布局和"四个全面"战略布局扎实推进；把人民利益始终放在心中最高位置，全面建成小康社会决战决胜迈出坚实步伐；把全面深化改革紧紧抓在手上，重要领域和关键环节改革取得突破性进展；把管党治党责任牢牢扛在肩上，全面从严治党不断向纵深推进。四年来，习近平总书记带领全党全军全国各族人民干了许多开创性的工作，做了许多过去想做而做不了的事情，在改革发展稳定、内政外交国防、治党治国治军等方面取得了一系列具有重大现实意义和深远历史意义的成就，实现了党和国家事业的继往开来，在治国理政道路上开启了新征程，赢得了全党全军全国各族人民衷心拥护，受到国际社会高度赞誉。习近平总书记在新的伟大斗争实践中，事实上已经成为党中央的核心、全党的核心。这次六中全会正式提出"以习近平同志为核心的党中央”，是党心军心民心所向，是党、国家和军队之幸，是人民之福。习近平总书记这个核心，是经过历史证明、实践检验的，是群众公认、全党认同的，是实至名归、当之无愧的，也是形势所求、水到渠成的。

从马克思主义发展史、世界社会主义发展史看，维护党的权威和党的领袖的权威，始终是马克思主义政党一条基本原则。马克思恩格斯在领导欧洲工人运动和建立无产阶级政党的实践中，始终强调“权威”的必要性和重要性。恩格斯专门发表著名的《论权威》一文，指出：权威和服从不是由人的主观愿望确定的，而是社会发展的客观要求。无产阶级无论是在革命时期还是在夺取政权以后，都必须维护无产阶级专政的权威，利用这个权威推翻资产阶级的统治，建立无产阶级新政权，并运用这个政权去组织社会主义建设。列宁也高度重视维护党的权威，注重发挥革命领袖的权威作用。他指出：“群众是划分为阶级的，阶级通常是政党来领导的，政党通常是由最有威信、最有影响、最有经验、被选出担任最重要领导职务而称之为领袖的人们所组成的比较稳定的集团来主持的。”然而，也正是这个列宁缔造的执政 74 年的老资格的党，这个曾经让世界上众多马克思主义政党仰慕和学习的老大哥党，在 20 世纪 90 年代初却顷刻瓦解毁灭。为什么会有这样的结局？很重要的就是习近平总书记精辟指出的，这个党的民主集中制被抛弃了，政治纪律被动摇了，党中央的权威没有了，“谁都可以言所欲言、为所欲为”，党内思想混乱、纪律松弛，在这种情况下，“哗啦啦轰然倒塌”，也就成为难以逃脱的命运了。

中国共产党吸取正反两方面经验教训，意识到加强领导核心建设的重要性，必须有一个在实践中形成的坚强的中央领导集体，在这个领导集体中必须有一个核心。“以习近平同志为核心的党中央”，这是结合新的实际对马克思主义关于群众、阶级、政党、领袖关系基本原理的坚持，是对中国共产党优良传统和独特优势的继承。

相信在在习近平同专为核心的党中央带领下，一定能够实现中华民族的伟大复兴——近代以来中华民族最伟大的梦想。

（作者系天津市职业病防治院党委书记）

第十部分

廉政建设与反腐败斗争

书写人民满意的反腐败“赶考”答卷

——十八大以来党中央反腐败新理念新思想新实践

中国反腐败司法研究中心

党的十八大以来，以习近平同志为核心的党中央着眼于新的形势任务，把全面从严治党纳入“四个全面”战略布局，把党风廉政建设和反腐败斗争作为全面从严治党的重要内容，以反腐败斗争新理念、新思想、新部署和新实践，诠释着“不忘初心、继续前进”的革命精神，以深沉的使命忧患感和顽强的意志品质，续写出人民满意的反腐败“赶考”答卷。

一、以鲜明的政治理念凝聚反腐败精神力量

理念是行动的先导。习近平总书记关于党风廉政建设和反腐败斗争的重要论述，内涵丰富深刻，意义极其深远，传递出对腐败现象“零容忍”的强烈信号，表明了中国共产党人与腐败现象水火不容的鲜明政治立场。习近平总书记指出：“坚持以零容忍态度惩治腐败。对腐败分子，发现一个就要坚决查处一个”；“反腐败斗争没有禁区，没有特区，也不能有盲区”；要做到惩治腐败力度决不减弱、零容忍态度决不改变，坚决打赢反腐败这场正义之战。以零容忍态度惩治腐败，成为当下反腐败斗争的鲜明理念。

反腐败是一场输不起的斗争。对腐败现象“零容忍”既不是一时一事的短期行为，也不是一两次战役就可结束的。反腐败斗争是一项长期的、复杂的、艰巨的任务，不可能毕其功于一役。习近平总书记强调：“反腐倡廉必须常抓不懈，拒腐防变必须警钟长鸣，关键就在‘常’、‘长’二字，一个是要经常抓，一个是要长期抓。”在“常”字上下功夫，就是对腐败现象要及时处理，对具体腐败线索要认真核实，对腐败分子，有一个抓一个，防止小案拖成大案、小贪变成巨贪。在“长”字上下功夫，就是坚持不懈，有踏石留印、抓铁有痕的劲头，有长期作战的恒心和耐心，有惩治腐败的决心和信心。

秉公用权才能赢得人心，为政清廉才能取信于民。零容忍态度惩治腐败蕴含着人民利益至上的价值追求。面对反腐败斗争的长期性复杂性艰巨性，习近平总书记坦露了自己的心迹：“对腐败分子，我们决不能放过去，放过他们就是对人民的犯罪、对党不负责任！我们这么强力反腐，对腐败采取零容忍的态度，目的是什么呢？是为了赢得党心民心。”“不得罪腐败分子，就必然会辜负党、得罪人民。”不反腐败要亡党，真反腐败不仅不会亡党，而且能增强党的“四自”能力，使我们党更加坚强、更有力量。这种人民利益至上的价值追求，不仅为反腐败斗争赢得最终胜利提供了强劲动力，而且赢得了源源不断的群众基础。

二、以严谨的科学思想提出反腐败目标任务

党的十八大以来，党和国家反腐倡廉建

设进入了新的发展阶段。以习近平同志为核心的党中央提出一系列富有创见的新思想新观点新论断，贯穿着马克思主义立场、观点和方法，是党风廉政建设和反腐败斗争经验的科学总结，为打赢反腐败斗争这场攻坚战和持久战奠定了坚实思想基础，提供了有力思想武器。

以唯物论的根本立场提出反腐败目标要求。党风廉政建设和反腐败斗争是我们必须抓好的重大政治任务。习近平总书记指出："我们党作为执政党，面临的最大威胁就是腐败。""人民群众最痛恨各种消极腐败现象，最痛恨各种特权现象，这些现象对党同人民群众的血肉联系最具杀伤力。一个政党，一个政权，其前途和命运最终取决于人心向背。我们必须下最大气力解决好消极腐败问题，确保党始终同人民心连心、同呼吸、共命运。"并多次强调，建设廉洁政治，做到干部清正、政府清廉、政治清明。这些重要论述，彰显我们党执政为民的根本宗旨，回应了人民群众对建设廉洁政治的新期待。

以认识论的深刻洞察提出反腐败基本任务。习近平总书记关于反腐败基本任务的重要论述，蕴含着对国内政治经济社会发展和复杂多变国际形势的准确洞察与研判。他深刻指出："腐败是社会毒瘤。如果任凭腐败问题愈演愈烈，最终必然亡党亡国"；"保持惩治腐败的高压态势，做到有案必查、有腐必惩"；"坚持'老虎'、'苍蝇'一起打，既坚决查处领导干部违纪违法案件，又切实解决发生在群众身边的不正之风和腐败问题"。并强调，要以猛药去疴、重典治乱的决心，以刮骨疗毒、壮士断腕的勇气，坚决把党风廉政建设和反腐败斗争进行到底。这些重要论述，充分体现了我们党对反腐败形势的科学判断，为有效防止腐败和从根本上遏制腐败指明了方向，激励着我们用打"虎"拍"蝇"、"破""立"并行的反腐败实效取信于民。

以法治的思维和方式明确反腐败治理方略。习近平总书记提出，要"善于用法治思维和法治方式反对腐败"，"坚持依法治国与制度治党、依规治党统筹推进、一体建设"，"坚持纪严于法、纪在法前，实现纪法分开"，"努力形成国家法律法规和党内法规制度相辅相成、相互促进、相互保障的格局"等，形成新的历史条件下反腐败的治理方略。当下反腐败斗争更加注重从党纪党规、法律制度、法治方式和法治机制入手，为公权力创设公正、透明的运作机制，规范公权力行使的范围、方式、条件和程序，更加充分发挥法治对公权力的引导和规范作用，使公权力执掌者不能腐败、不敢腐败。

三、以周密的战略部署推进反腐败深入开展

党的十八大以来，经过全党共同努力，反腐败斗争压倒性态势已经形成。面对盘根错节的利益链条和错综复杂的利益调整，以习近平同志为核心的党中央制定了目标明确、计划周密、程序科学、方法得当的反腐败顶层设计方案。从查处的腐败案件中，人民群众感受到我们党是真心实意反对腐败、扎扎实实拒腐防变、认认真真自我纯洁和自我革新。

确定反腐败重心，提高腐败治理的针对性。标本兼治是我们党管党治党的一贯要求。面对腐败易发多发的情况，党中央明确提出以治标为主，为治本赢得时间、打好基础、做好准备、积累经验、赢得主动的决策。

习近平总书记强调:要坚持治标不松劲,不断以治标促进治本,既猛药去疴、重典治乱,也正心修身、涵养文化,守住为政之本。如果将治标的力度降下来,被遏制的腐败现象就会反弹,来之不易的反腐败态势就会逆转,建设清明政治的良好机遇期就可能丧失,反腐治本也就失去了基础和条件。只有持续保持高压反腐的战略定力,对腐败行为坚决"亮剑",对违法乱纪行为毫不留情,才能使制度笼子的"高压线"真正"通上电",从而确保反腐倡廉事业不断向前推进。

完善反腐败布局,增强腐败治理的有效性。党中央在总结以往经验教训基础上,提出纪在法前、纪法衔接、纪法合力的反腐败布局,强调运用监督执纪"四种形态",管住党员干部大多数,用党纪国法惩戒违纪违规者、制裁违法犯罪者。严纠"四风",关口前移,构筑防控腐败增量的坚实屏障;果断打"虎",高频灭"蝇",形成清除腐败存量的高压态势;巡视创新,"派驻"拓展,实现党内监督全覆盖;国际合作,织密天网,决不允许国外成为腐败分子的"避罪天堂"。破除"反腐败一阵风论""影响经济发展论""权力斗争工具论"等杂音噪音,破除"刑不上常委""法不责众"等陈旧观念,不敢腐的目标初步实现,不能腐的制度日益完善,不想腐的堤坝正在构筑,党内政治生活呈现新的气象。

强化反腐败举措,契合腐败治理的持续性。党中央以反腐败永远在路上的战略眼光,加强固本培元的思想建设,增强不想腐的自律力;加强令行禁止的制度建设,增强不能腐的防范力;加强打防并举的法治建设,增强不敢腐的威慑力。思想建设上,坚持把好"总开关",教育引导党员干部补好精神之"钙",铸牢信念之魂,依靠文化自信坚定理想信念,修身慎行、怀德自重、清廉自守,永葆拒腐蚀、永不沾的政治本色。制度建设上,坚持围绕限定权力范围、厘定权力界限、减少自由裁量、规范权力运行等建立健全制度,合理设计权力行使流程,形成用制度管权、按制度办事、靠制度管人的有效机制。法治建设上,坚持纪在法前,把"病毒"和"虫害"消灭在萌芽状态;坚持纪严于法,唤醒党员干部的党章党规党纪意识;坚持严格执法,使腐败分子受到法律的严厉制裁,树立社会主义法治的权威。

四、以改革的实践勇气完善反腐败体制机制

全面深化改革,是党和国家保持生机和活力的关键。以习近平同志为核心的党中央坚持以改革的思路和办法推进反腐败工作,把健全反腐败体制机制作为全面深化改革的重要组成部分,为国家治理体系和治理能力现代化奠定坚实基础。

夯实管党治党政治责任。习近平总书记强调,管党治党不仅关系党的前途命运,而且关系国家和民族的前途命运,必须以更大的决心、更大的气力、更大的勇气抓紧抓好。党的十八届三中全会决定对加强反腐败体制机制创新进行重点部署,主要是加强党对党风廉政建设和反腐败工作统一领导,明确党委负主体责任、纪委负监督责任。党委(党组)对职责范围内的党风廉政建设负有全面领导责任,党委主要负责人是第一责任人。各级党委(党组)特别是主要负责人必须牢固树立不抓党风廉政建设和反腐败斗争就是严重失职的意识,常研究、常部署,抓领导、领导抓,抓具体、具体抓,种好自己的责任田,把主

体责任记在心里、扛在肩头、抓在手上。

推进纪委体制机制创新。习近平总书记指出:“各级纪委要把惩治腐败作为重要职责”;“增强权力制约和监督效果,必须保证各级纪委监督权的相对独立性和权威性”。党的十八届三中全会提出,推动党的纪律检查工作双重领导体制具体化、程序化、制度化,强化上级纪委对下级纪委的领导;明确规定查办腐败案件以上级纪委领导为主,各级纪委书记、副书记的提名和考察以上级纪委会同组织部门为主。这既坚持了党对反腐败工作的领导,又保证了纪委监督权的行使。各级纪委既要协助党委加强党风廉政建设和组织协调反腐败工作,又要集中精力抓好执纪监督主业。纪委不是党内公检法,纪委的责任就是监督执纪问责,不仅要办大案、打“老虎”,更要用党章党规党纪去衡量党员干部行为。

深化国家监察体制改革。习近平总书记指出,要积极稳妥推进国家监察体制改革,加强统筹协调,做好政策把握和工作衔接。针对反腐败存在的体制性障碍、结构性矛盾、政策性问题,党中央作出扩大监察范围、整合监察力量、健全国家监察组织架构、形成覆盖所有行使公权力的公职人员的国家监察体系的重大决策,并决定在北京市、山西省、浙江省开展改革试点。这一改革涉及政府和检察机关两大国家机构的权力分割,从根本上解决反腐败机构力量分散、监察范围受限、执纪执法边界不清、监督机构缺乏独立性等问题,是中国特色反腐败体制改革的重大创新。国家监察委员会和党的纪律检查委员会合署办公,实现反腐执纪与反腐执法的有机衔接,党内监督与国家监察的有机结合,党内监督与党外监督的全覆盖。可以预见,在党的领导下,以党内监督为核心、以国家监察为主体的反腐败监督新格局必将形成。

(执笔:吴建雄 廖永安)

坚决打赢反腐败这场正义之战

中国社会科学院中国廉政研究中心

习近平总书记在十八届中央纪委七次全会上发表的重要讲话强调,党的十八大以来,全面从严治党取得显著成效,但仍然任重道远。要做到惩治腐败力度决不减弱、零容忍态度决不改变,坚决打赢反腐败这场正义之战。党风廉政建设和反腐败斗争,是广大干部群众始终关注的重大政治问题。我们一定要把反腐败斗争引向深入,永葆党的先进性和纯洁性。

一、反对腐败、建设廉洁政治,始终是我们党一贯坚持的鲜明政治立场

我们党自成立起,就高度重视廉洁问题,坚决反对腐败。建党初期,我们党很快淘汰了陈公博、周佛海等投机腐败分子。大革命时期,尽管亟需人才,但党对腐败分子绝不宽宥。1926 年 8 月 4 日,中共中央发出通告,号召坚决清洗贪污腐化分子,要求各级党部“迅速审查所属同志”,对投机腐败分子“务须不容情地洗刷出党,不可令留存党中,使党腐化,且败坏党在群众中的威望”。中央苏区时期,我们党通过《关于党的建设问题决议案》等文件,制定《中央巡视条例》等规章制度,发布《关于惩治贪污浪费行为》等训令,并且依法给予谢步升等腐败分子死刑等惩处。延安时期,我们党坚持把思想建党和制度治党紧密结合起来,开展整风运动,制定《惩治贪污条例》等规章制度,逐步完善党的监督执纪机构,严肃惩处贪污腐败分子。解放战争时期,相继建立行政监察机构,为新中国纪检监察工作提供了有益经验。坚决反对腐败为完成新民主主义革命任务提供了坚强保证。

在新中国成立前的七届二中全会上,毛泽东同志就告诫全党要警惕糖衣炮弹攻击,并提出“两个务必”的明确要求。新中国成立后,我们党开展整风运动、“三反”运动、“五反”运动、“四清”运动等,成立中央和地方各级党的纪律检查委员会、中央和地方监察委员会等机构,并不断完善机构设置、体制机制和职能定位,制定并实施《中华人民共和国惩治贪污条例》《关于加强党的监察机关的决定》等党规国法,将腐败遏制到极低程度,实现了“道不拾遗,夜不闭户”的美好社会图景。坚决反对腐败为社会主义革命和建设胜利提供了坚强保证。

改革开放以后,邓小平同志明确提出,在整个改革开放过程中都要反对腐败,搞廉洁政治。我们党“坚持两手抓,两手都要硬”,在恢复重建党的纪律检查委员会、监察部等机构基础上,建立并逐步调整完善党和国家纪检监察制度体制机制,制定《关于党的纪律检查机关和国家行政监察机关在案件查处工作中分工协作的暂行规定》等规章,并对营私舞弊、中饱私囊、走私贩私、贪污受贿等腐败分子毫不动摇地予以严惩,对领导干部

及其子女、配偶经商办企业、兼职等活动进行限制，坚决纠正招生招工、“农转非”等过程中以权谋私的歪风邪气，同时逐步深化行政审批、政府采购、国库集中支付、部门预算、公共资源交易、党务政务公开等改革创新。坚决反对腐败为改革开放顺利推进提供了坚强保证。

二、坚定不移推进全面从严治党，反腐败斗争压倒性态势已经形成

党的十八大以来，以习近平同志为核心的党中央着力从严从细抓管党治党，坚持反腐败无禁区、全覆盖、零容忍，腐败蔓延势头得到有效遏制，反腐败斗争压倒性态势已经形成，不敢腐的目标初步实现，不能腐的制度日益完善，不想腐的堤坝正在构筑。

驰而不息纠正“四风”，作风建设取得突破。作风关系人心向背，关系党的执政基础。党的十八大后，反腐败打出的“第一拳”就是反“四风”。中央政治局颁布八项规定，从具体行为入手，以身作则立标杆、作示范。抓早抓小，着力解决群众深恶痛绝、反映最强烈的“四风”问题，坚决整治侵害群众利益的不正之风和腐败问题。纪检监察机关主动出击，紧盯元旦、春节、中秋、国庆等关键节点，瞄准公款吃喝、公款送礼、公款旅游、公车私用、“会所腐败”等不正之风，信访举报、明察暗访、约谈函询、通报曝光、巡视监督等多管齐下，严格执纪监督。密切关注新动向，不断采取新招数，坚决防止不正之风反弹回潮。统计数据显示，全国“四风”违纪行为呈逐年下降趋势，作风建设取得明显成效。

打“虎”拍“蝇”，不敢腐的目标初步实现。坚定不移惩治腐败，是我们党有力量的表现，也是全党同志和广大群众的共同愿望。以习近平同志为核心的党中央坚持党纪国法面前没有例外，有腐必反、有贪必肃，不敢腐的震慑作用充分发挥。始终保持惩治腐败高压态势，打“虎”拍“蝇”不做“选择题”、不搞“烂尾楼”，不论什么人，不论其职务高低，都一查到底，决不姑息。严肃查处周永康、薄熙来、郭伯雄、徐才厚、令计划等严重违纪违法案件，充分表明惩治腐败无禁区、全覆盖、零容忍决不是一句空话。织牢织密追逃追赃“天网”，深入开展“天网”行动，红色通缉令头号嫌犯杨秀珠等重点人员被缉拿归案或投案自首。全面加强防逃工作，深化同联合国、二十国集团、亚太经合组织等国际组织和有关国家的合作，新增外逃人数逐年下降。

扎紧制度“笼子”，不能腐的制度日益完善。制度建设是反腐败的治本之策。以习近平同志为核心的党中央坚持依规治党和依法治国统筹推进、一体建设，不断扎紧扎密扎牢制度笼子。印发《建立健全惩治和预防腐败体系 2013—2017 年工作规划》，重拳反腐有了“顶层设计”；修订《中国共产党巡视工作条例》，为开展巡视工作提供了基本依据；修订《中国共产党廉洁自律准则》和《中国共产党纪律处分条例》，对监督执纪明确规范；制定《关于新形势下党内政治生活的若干准则》，修订《中国共产党党内监督条例》，针对当前党内政治生活和党内监督存在的突出问题和薄弱环节，围绕权力、责任、担当设计制度；制定《中国共产党纪律检查机关监督执纪工作规则（试行）》，把监督执纪权力关进制度笼子。可以清晰看到，以党章为根本、以一系列制度为内容的党内法规制度体系，已经构成从严管党治党的“四梁八柱”，必将为

管好党治好党提供强有力的支撑。

筑牢理想信念，不想腐的堤坝正在构筑。坚定理想信念，坚守共产党人精神追求，始终是共产党人安身立命的根本。全面从严治党，既要注重规范惩戒、严明纪律底线，又要引导人向善向上，发挥理想信念和道德情操的引领作用。党的十八大以来，我们党先后开展党的群众路线教育实践活动、"三严三实"专题教育、"两学一做"学习教育等，着力补足共产党人理想信念这个精神上的"钙"。同时注重依靠文化自信坚定理想信念，采取多种措施推进中华优秀传统文化、革命文化、社会主义先进文化内化于心、外化于行。将领导干部家庭生活和社会生活放到党内政治生活准则中部署，要求领导干部注重家庭、家教、家风，自觉净化社交圈、生活圈、朋友圈，永葆共产党人政治本色。

三、大力弘扬愚公移山精神和将革命进行到底精神，把反腐败斗争引向深入

习近平总书记强调，管党治党不仅关系党的前途命运，而且关系国家和民族的前途命运，必须以更大的决心、更大的气力、更大的勇气抓紧抓好。我们党作为执政党，面临的最大威胁就是腐败。要坚持反腐败永远在路上，大力弘扬愚公移山精神和将革命进行到底精神，腐败不除、"挖山不止"，把反腐败斗争引向深入。

深入学习贯彻习近平总书记系列重要讲话精神。思想是行动的先导。习近平总书记系列重要讲话立足推进伟大事业、伟大工程、伟大斗争，来源于治国理政的伟大实践，是对"三大规律"认识的深化，丰富和发展了马克思主义理论宝库，是当代中国的马克思主义、21世纪的马克思主义。习近平总书记关于党风廉政建设和反腐败斗争的重要论述，内涵丰富，思想深刻，是对古今中外反腐败特别是对中国共产党反腐败经验的总结，是指导党风廉政建设和反腐败斗争的行动指南。把反腐败斗争引向深入，就要深入学习贯彻习近平总书记系列重要讲话精神，特别是习近平总书记关于党风廉政建设和反腐败斗争的重要论述，增强思想自觉，"明心见性"，砥砺行动自觉。要增强"四个意识"特别是核心意识、看齐意识，坚决维护以习近平同志为核心的党中央权威。

坚持标本兼治这个管党治党的一贯要求。深入推进全面从严治党，必须坚持标本兼治。管党治党从宽松软走向严紧硬，需要经历一个砥砺淬炼的过程，要严字当头、实字托底，步步深入、善作善成。要坚持治标不松劲，不断以治标促进治本，既猛药去疴、重典治乱，也正心修身、涵养文化，守住为政之本。要持续保持高压态势，力度不减、节奏不变，坚决减少腐败存量，重点遏制增量。同时，坚定旗帜立场、紧盯目标任务，巩固反腐败斗争压倒性态势。从不敢、不能到不想，要靠铸牢理想信念这个共产党人的"魂"。要坚持共产党人价值观，不断坚定和提高政治觉悟，修好共产党人的"心学"。要依靠文化自信坚定理想信念，大力加强反腐倡廉教育和廉政文化建设，充分发挥中华优秀传统文化、革命文化、社会主义先进文化在坚定理想信念中的"强基固本"作用。党员、干部要不断提升人文素养和精神境界，去庸俗、远低俗、不媚俗，做到修身慎行、怀德自重、清廉自守。

进一步加强反腐败体制机制建设。制度问题更带有根本性、全局性、稳定性、长期性。如何依靠制度有效地防治腐败，仍然是我们面临的重大课题。要积极稳妥推进国家监察体制改革，构建集中统一、权威高效的监察体系，推动党内监督和国家监察全覆盖，完善党和国家自我监督。敢于坚持原则，完善配套措施，推动问责制度落地生根，以强有力问责督促各级党组织履行全面从严治党政治责任。深入贯彻落实《中国共产党纪律检查机关监督执纪工作规则(试行)》，围绕全面从严治党持续深化“三转”，推进纪检机关内部体制改革，完善派驻工作机制，建设忠诚干净担当的纪检监察队伍。坚持问题导向，推动执纪方式方法创新，及时将反腐败成果转化成为党纪党规和法律法规，形成可操作性强的反腐败法律体系，推动制定国家监察法。坚持追逃防逃“两手抓”，抓紧构建不敢逃、不能逃的机制。

（执笔：蒋来用）

扎实构建不敢腐不能腐不想腐的有效机制

李雪勤

党的十八大以来，习近平总书记从党和国家全局的高度，对构建不敢腐、不能腐、不想腐机制作出重大部署，提出明确要求，形成了一个动态发展的反腐败目标体系。这对于进一步加强和改进党的建设特别是全面从严治党、深入推进党风廉政建设和反腐败斗争，祛病疗伤，激浊扬清，着力净化党内政治生态，始终保持党的先进性和纯洁性，具有重大而深远的意义。

一、党的十八大以来不敢腐、不能腐、不想腐的有效机制已经初步形成

构建不敢腐、不能腐、不想腐的有效机制，是习近平总书记一以贯之的重要思想。习近平同志早在浙江工作时就初步形成了构建不敢腐、不能腐、不想腐机制的设想：要构建一个惩防并举的体系，事前教育很重要，通过增强自身“免疫力”，让人不想腐败；事后有处理也很重要，通过强化警示作用，让人不敢腐败；全过程监督更重要，通过严格制度规范，让人不能腐败。他要求“努力把‘不能为、不敢为、不想为’的工作抓实做细”。

党的十八大以来，习近平总书记在深刻总结国内外反腐倡廉经验的基础上，每年都在中央纪委全会上发表重要讲话，并对构建不敢腐、不能腐、不想腐机制提出明确要求。在十八届中央纪委二次全会上，他明确指出，要加强对权力运行的制约和监督，把权力关进制度的笼子里，形成不敢腐的惩戒机制、不能腐的防范机制、不易腐的保障机制。这是党的十八大以后，习近平总书记第一次明确提出构建不敢腐、不能腐、不想腐机制的目标任务。在十八届中央纪委三次全会上，习近平总书记把加大查办违纪违法案件力度，保持惩治腐败高压态势，形成不想腐、不能腐、不敢腐的有效机制，作为党风廉政建设和反腐败斗争的主要任务之一。在十八届中央纪委五次全会上，习近平总书记进一步提出，着力营造不敢腐、不能腐、不想腐的政治氛围，等等。这一系列重要论述表明，以习近平同志为核心的党中央把制度笼子越扎越紧。

四年多来，我们党着眼于新的形势任务，把全面从严治党纳入“四个全面”战略布局，把党风廉政建设和反腐败斗争作为全面从严治党的重要内容，着力解决管党治党失之于宽、失之于松、失之于软的问题，着力构建不敢腐、不能腐、不想腐的体制机制。严明党的政治纪律，夯实管党治党责任，正风肃纪，反腐惩恶，充分发挥巡视利剑作用，对各级党组织进行全面扫描，以雷霆万钧之势惩治腐败，不遗余力加强追逃追赃工作。在十八届中央纪委七次全会上，习近平总书记充分肯定了全面从严治党取得的显著成效，指出，腐败蔓延势头得到有效遏制，反腐败斗争压倒性态势已经形成，不敢腐的目标初步实现，不能腐的制度日益完善，不想腐的堤坝正在构筑，党

内政治生活呈现新的气象。人民群众由衷点赞党中央是人民群众的福星、腐败分子的克星，国际社会对我们党敢于向腐败亮剑的行动表示钦佩。

二、构建不敢腐的惩戒机制，对腐败分子形成巨大震慑

不敢腐，就是通过加大惩治力度，提高腐败成本，形成巨大的震慑作用，使党员、干部对腐败心生戒惧、收敛收手。党中央始终坚持惩治腐败不放松，习近平总书记明确提出“实现不敢腐，坚决遏制腐败现象滋生蔓延势头”。

踏石留印、抓铁有痕，以上率下抓作风。不正之风是滋生腐败的温床。新一届党中央制定并带头执行八项规定，坚决纠正“四风”；各级纪委及时查处违纪违规行为，点名道姓通报曝光，有效遏制了不正之风的滋生蔓延。当前，要对各种“四风”问题露头就打、立整立改，同时加大通报违纪违规行为力度。要继续紧盯群众反映突出的“四风”方面具体问题，特别在重要时间节点前严明纪律要求，驰而不息整治“节日病”。针对一些干部“只要不违纪就行”的消极应付思想，要健全科学合理的考核制度，形成“敢为有位”和“不为问责”机制，下大力气解决“为官不为”、不敢担当的问题。

猛药去疴、刮骨疗毒，以零容忍态度惩治腐败。习近平总书记指出，惩治腐败这一手必须紧抓不放、利剑高悬，坚持无禁区、全覆盖、零容忍。党中央在惩治腐败问题上旗帜鲜明、态度坚决，坚持有腐必惩、有贪必肃，做到“老虎”“苍蝇”一起打，形成了严惩腐败的高压态势。当前，要继续保持严打“老虎”势头不放松，坚决查处大案要案特别是高中级领导干部违纪违法案件，重点审查政治问题和腐败问题交织、不收敛不收手、问题线索反映集中、群众反映强烈、现在重要岗位且可能还要提拔使用的领导干部。只要谁敢搞腐败，就必须付出代价，让他们心存敬畏、心惊肉跳、悬崖勒马。

“老虎”要打，“苍蝇”也要打。“微腐败”也可能成为“大祸害”，损害的是老百姓切身利益，挥霍的是基层群众对党的信任。要加大“拍苍蝇、打蚊子”的力度，重点整治基层干部损公肥私、贪污挥霍、执法不公、与民争利以及买官卖官、拉票贿选、为黑恶势力充当“保护伞”等发生在群众身边的腐败问题，维护群众切身利益，让群众更多感受到反腐倡廉的实际成果，增强获得感。

撒下天网，虽远必追，切断腐败分子外逃后路。习近平总书记强调，腐败分子即使逃到天涯海角，也要把他们追回来绳之以法。党的十八大以来，我们启动“天网行动”，加大追逃追赃力度，将一批外逃多年的犯罪分子缉拿归案。主动提出一系列反腐败国际合作倡议，构建国际反腐新秩序，占据国际道义制高点，掌握反腐败国际合作的战略主动权。要继续完善追逃追赃工作机制，把惩治腐败的天罗地网撒向全球，决不能让外国成为一些腐败分子的“避罪天堂”。

三、构建不能腐的约束机制，把权力关进制度的笼子里

不能腐，就是从体制机制和制度上消除腐败发生的条件，使党员干部没有腐败的机会。习近平总书记强调指出，把权力关进制度的笼子里，首先要建好笼子。这个笼子要

松紧有度，疏而不漏，既要让法定的权力充分行使，又要有效防止权力寻租和利益输送现象。如果权力不进笼子，就让滥权者进笼子。

用制度的笼子管住权力。反腐倡廉的核心是制约和监督权力。从这些年查处的腐败案件看，权力不论大小，只要不受制约和监督，都可能被滥用。要强化制约。合理分解和科学配置权力，不同性质的权力由不同部门、单位、个人行使，就像会计和出纳必须由两个人分别担任一样，明确要求领导班子成员不能同时分管相互制约的权力事项，以形成科学的权力结构和运行机制。要强化监督。有效发挥民主集中制这一制度优势，着力加强和改进对“一把手”的监督，加强领导班子内部监督，加强国家监察和审计监督，特别是要加强巡视监督和派驻监督，充分发挥反腐利剑的作用。从这几年查办的周永康、薄熙来、郭伯雄、徐才厚、令计划等人严重违反政治纪律和政治规矩的情况看，必须加强政治监督。要强化公开。推行地方各级政府及其工作部门权力清单制度，依法公开权力运行流程，让权力在阳光下运行，让人民来监督权力。要完善制度。党的十八大以后，党中央从立规矩开始，首先制定了中央八项规定，随后制定和修订了一批工作制度、管理制度和考核制度，发挥了制度治党的重要作用。当前，尤其要着力完善反腐倡廉法规制度，健全反对特权思想和特权现象的制度，更好发挥群众监督和舆论监督的制度作用。

用党的纪律规范党员干部的行为。习近平总书记多次强调，要加强党的纪律建设，把守纪律、讲规矩摆在更加重要的位置。四年多来，根据新形势新要求，党中央在加强党的纪律建设方面提出了许多新观点新论断新举措。一是在纪律和法律的关系上，提出纪严于法、纪在法前，实行纪法分开，把纪律挺在前面，用纪律管住大多数。二是在整合原来各项纪律的基础上，明确提出党的政治纪律、组织纪律、廉洁纪律、群众纪律、工作纪律、生活纪律，形成了六大纪律的体系。三是结合党的建设特别是纪律建设实际，制定和修订党内政治生活准则、廉洁自律准则、党内监督条例、纪律处分条例，颁布问责条例，制定深化国家监察体制改革方案，开展改革试点，推动党内监督和国家监察全覆盖。四是在纪律的执行上，提出监督执纪“四种形态”。五是按照“两个为主、两个覆盖、两个责任”的要求对纪律检查体制进行改革，等等。所有这些，使党的纪律建设的理论和实践得到丰富发展，党的纪律检查工作得到全面提升，有效发挥了党规党纪在“不能腐”中的纪律保障作用。

四、构建不想腐的自律机制，使廉洁从政成为一种行为自觉

不想腐，就是筑牢拒腐防变的思想道德防线，使党员、干部从根本上消除腐败动机。习近平总书记强调：“要加强反腐倡廉教育和廉政文化建设，督促领导干部坚定理想信念，保持共产党人的高尚品格和廉洁操守，提高拒腐防变能力，在全社会培育清正廉洁的价值理念，使清风正气得到弘扬。”这一重要论述为构建不想腐的自律机制指明了方向。

铸牢理想信念这个魂。从不敢、不能到不想，要靠铸牢理想信念这个共产党人的魂。党员干部要不忘初心，始终坚持共产党人价值观，牢记党的宗旨、牢记党对干部的要求、坚守“权力姓公”的底线，消除以权谋私的念头。从大量腐败案件看，领导干部只要奉行

不讲理想讲实惠、不讲奉献讲索取、不讲原则讲钱财的错误信条，就会在“围猎”中被捕获，出现违纪违法的问题。因此，只有在固本培元上下功夫，筑牢信仰之基、补足精神之钙、把稳思想之舵，增强“四个意识”，做到以信念、人格、实干立身，才能顶得住诱惑，防止歪风邪气近身附体；才能站得稳脚跟，固守清正廉洁的政治本色。

践行社会主义核心价值观。反腐败不仅事关政治生态的净化，更是一场价值观的较量。各级领导干部要发挥社会主义核心价值观的引领作用，把秉公用权、廉洁奉公的要求内化为自觉行动，做到堂堂正正做人、老老实实干事、清清白白为官。要始终把人民放在心中最高位置，在为人民谋福祉、带领群众创造美好生活的同时，虚心向人民学习，以道德的力量去赢得人心，成就事业。要把社会主义核心价值观贯穿在政策、措施的制定和执行中，努力践行“三严三实”要求，保持共产党人的高尚品格和廉洁操守。

坚定文化自信这个本。习近平总书记强调，没有中华优秀传统文化、革命文化、社会主义先进文化的底蕴和滋养，信仰信念就难以深沉而执着。要深入挖掘中华优秀传统文化、革命文化、社会主义先进文化中的廉洁因素，把培育廉洁价值观融入国民教育中，进一步增强廉洁文化建设的感染力、渗透力和传播力，使廉洁成为每一位公民的自觉追求。党员、干部要不断提升人文素养和精神境界，去庸俗、远低俗、不媚俗，做到修身慎行、怀德自重、清廉自守，永葆共产党人政治本色。

（作者：中央纪委研究室原主任、中央第八巡视组原副组长）

夺取反腐败斗争压倒性胜利的行动指南

王传利

“当前,反腐败斗争形势依然严峻复杂,巩固压倒性态势、夺取压倒性胜利的决心必须坚如磐石。”党的十九大对反腐败斗争作出全方位的战略安排,展示着新时代我们党要继续坚持无禁区、全覆盖、零容忍的态度惩治腐败,坚持重遏制、强高压、长震慑,坚持受贿行贿一起查,坚决防止党内形成利益集团,彰显了党要管党、全面从严治党,夺取反腐败斗争压倒性胜利的决心。新时代的反腐败斗争方略,是我们党夺取反腐败斗争压倒性胜利的行动指南。

一、党的新时代反腐败斗争方略,体现了我们党跳出政权兴亡周期率的历史清醒和勇于自我革命的政治品格

中国共产党同任何政党一样,对腐败也没有天然的免疫力,但与当今世界上其他政党相比,却对党内腐败始终保持着更高的警惕性。从毛泽东进城前立志“我们决不当李自成”,新中国刚成立就果断发动“三反五反”运动起,到邓小平警示全党“整个改革开放过程中都要反对腐败”,再到党的十九大报告提出“人民群众最痛恨腐败现象,腐败是我们党面临的最大威胁”,都充分体现了中国共产党在由执政走向长期执政的历史进程中,始终不忘初心,牢记使命,坚持党的性质和宗旨,以反腐败永远在路上的坚韧和执着,坚决与腐败进行坚持不懈的斗争,为维护好党内政治生态而不懈努力。

党的反腐败斗争方略,体现了党在反腐败斗争压倒性态势已经形成并巩固发展的关键时刻的政治坚定和政治清醒。党的十八大以来,全面从严治党,“打虎”“拍蝇”“猎狐”,成效卓著。由于党内外、国内外种种复杂因素的影响,党的肌体依然面临病菌感染的危险性,在党风廉政建设和反腐败斗争取得显著的阶段性成就时,尤其需要提高警惕,警钟长鸣,常抓不懈,不断巩固阶段性成果。

党的反腐败斗争方略,更体现了中国共产党勇于自我革命,从严管党治党的鲜明政治品格和高度自觉。中国共产党是伟大的政党,并非意味着自身不存在缺点,并非意味着党内不存在党性不纯、违规违纪的腐败分子,但是,中国共产党有作为马克思主义政党特别明显的优势,那就是勇于自我革命,勇于从严管党治党。因此,中国共产党比世界上任何一个政党都更加重视自我革命,更加注重从严管党治党,能够做到真管真严,敢管敢严,长管长严。以自我革新的政治勇气,着力解决党内存在的理想信念动摇、党性不纯、消极腐化堕落现象,维护党的团结和统一,这是中国共产党能够在一个小农意识浓厚的国度,历尽磨难而不断壮大,经历不少失误而迅速修正错误,以非凡的能力,攻坚克难,勇往直前,不断取得新民主主义革命、社会主义革命建设和改革的巨大胜利的独门法器。中国

共产党勇于自我革命,从严管党治党的鲜明政治品格,经历了革命战争的锻造,经历了社会主义革命、建设和改革的风雨洗礼,始终为行进于中华民族复兴之路上的当代中国共产党人所践行。

二、党的新时代反腐败斗争方略,是最终夺取反腐败斗争压倒性胜利的行动指南

党的十九大报告总结了5年来全面从严治党的经验,阐述了未来一个时期的反腐败斗争的基本方略。牢牢把握、深刻理解十九大报告中关于争取反腐败斗争压倒性胜利的科学论断和战略安排,才能全面贯彻党的新时代反腐败斗争方略,最终夺取反腐败斗争压倒性胜利。

一是坚持党对反腐败工作的绝对领导权,保证反腐败斗争沿着正确的政治方向前进。现阶段,党的建设方面还存在不少薄弱环节,诱发腐败的一些深层次问题尚未得到彻底解决,同时还要防止已得到一定程度遏制的腐败态势再次出现反弹。要保证夺取反腐败斗争压倒性胜利,必须坚持党对反腐败工作的绝对领导。敌对势力诋毁和抹黑党对反腐败工作的领导,将我国现阶段发生的腐败说成是根本制度性腐败,攻击我们党解决不了自身的腐败问题,企图动摇干部群众对党领导的反腐败事业取得胜利的信心,以及对中国特色社会主义制度和党领导的信心。还有一些不明事理的人,迷信并照搬国外反腐败的模式,排斥党对反腐败工作的领导权,这些错误认识必须引起我们的警惕。

中国的反腐败斗争,须臾都不能离开中国共产党的领导,这也是中国的国情。在中国反对和防止腐败,实质就是要防止党在长期执政条件下党的少数干部的腐化变质,这是党的建设的重要内容,必须党把方向、谋大局、定政策才能完成这一任务。历史已经证明并且还将证明,中国共产党完全有信心有能力有办法解决好党内的腐败问题。只有坚持党对反腐败工作的领导权,保证反腐败的正确方向,才能有利于形成并巩固发展反腐败斗争压倒性态势,净化党内政治生态,确保党始终成为中国特色社会主义事业的坚强领导核心。

二是行贿受贿一起查。党的十九大报告提出“坚持受贿行贿一起查”,这是中国反腐败斗争的一个重大进步。实践证明,反腐败是一个复杂的系统工程,仅仅从权力一方入手反腐败显然是不够的。从当前我国的腐败状况可知,权钱交易、行贿受贿是腐败的典型方式。在权钱交易上,同时存在着有“钱”的资本和有权的官员;没有行贿者,自然难以生成受贿者。鉴于行贿受贿的相互依存性,在严厉打击体制内的受贿者的同时,绝对不可放过体制外的行贿者,特别要从严从重惩处肆意“围猎”党政干部的行贿犯罪分子,以提高行贿犯罪的成本。因此在治理腐败方略设计上,既不能放过受贿的官员,也不能放过行贿者,只有这样才能将权力牢牢地关进制度的笼子。

三是拓展标本兼治的认识。腐败现象是我国社会主义初级阶段复杂社会现象的一部分,同时,腐败又是一个由腐败意识、腐败行为、腐败后果三个要件组成的结构完整的小系统。有效治理腐败,制度建设当然属于根本之策。但必须指出的是,制度建设与思想

建设应同步进行。坚持反腐败制度建设,并不是唯制度论。腐败行为是理性行为,是在腐败意识指导下进行的活动。思想问题应由思想教育来解决,对具有腐败意识的人进行思想教育,是防范腐败的必要措施。再严密的制度也是靠人制订和执行的,具有较强防腐意识的人执行反腐败制度,会使反腐败的规章制度发挥出更大的效能;没有反腐败思想建设相配合,再好的反腐败制度也难以发挥出应有的作用。因此,反腐败斗争是一个复杂的系统工程,需要多管齐下、综合施策。

与其他政治组织相比,中国共产党治理腐败措施的特色之一就是重视思想政治工作,强调思想建设。有效反对腐败,需要惩治与预防相结合,制度建设和廉政教育相结合,法治、德治、礼治相结合,党风廉政建设与扭转社会风气相结合。理想信念教育对于防腐具有基础性作用,能够教育党员干部筑牢防腐拒变的思想防线,提高党员干部的党性修养,树立正确的世界观、权力观、事业观,以鲜明的党性原则面对种种考验;对广大国家公职人员进行廉政教育,可使他们提高遵纪守法的道德水平,引导他们树立"拒腐蚀,永不沾"的角色意识;对广大群众进行廉洁教育,可使他们提高政治觉悟和强烈的主人翁精神,主动、勇敢地投入到反腐败斗争中去,营造强大的群众治理腐败氛围,使腐败现象失去社会基础。当然,制度建设、廉政教育、惩治腐败三者是相互配合的。

四是编织国内外反腐败严密的天罗地网。世界上尚没有任何一个国家有资格宣称消除了腐败,这反映出腐败问题是世界各国共同面对的难题,也决定了国际性反腐败合作的必要性和可能性。党的十八大以来,在国内坚决"打虎""拍蝇"的同时,还高度重视同世界各国和有关国际组织进行反腐败合作,开展境外"追逃"的"天网行动""猎狐行动"。针对仍有腐败分子外逃滞留不归的现象,党的十九大指出继续坚定不移地"打虎""拍蝇""猎狐","不管腐败分子逃到哪里,都要缉拿归案、绳之以法"。这表明了党坚决"追逃"以切断腐败分子后路的坚强决心,有力地消除了腐败分子将国外当成"避罪天堂"的幻想。党的十八大以来的追逃工作成效显著,对腐败分子极具震慑力,使一些企图外逃的人员放弃了幻想,新增外逃人数明显下降。党的十九大后,中国的反腐败将继续在《联合国反腐败公约》框架下积极深化反腐败国际合作,坚持追逃防逃两手抓,以不断取得追逃追赃新成果。

五是完善党和国家自身监督。党的十九大报告提出要创新巡视巡察监察等体制机制:"在市县党委建立巡察制度,加大整治群众身边腐败问题力度""推进反腐败国家立法,建设覆盖纪检监察系统的检举举报平台""建立巡视巡察上下联动的监督网""深化国家监察体制改革,将试点工作在全国推开,组建国家、省、市、县监察委员会,同党的纪律检查机关合署办公,实现对所有行使公权力的公职人员监察全覆盖"。这些做法,是对我们党反腐倡廉历史经验的进一步弘扬。1949 年的"共同纲领"规定,在县市以上的各级人民政府,设人民监察机关,以监督各级国家机关和各种公务人员是否履行职责,纠举其中违法失职的机关和人员。1950 年开始在全国范围内逐渐建立国家行政监察制度。在国民经济恢复时期,行政监察机关积极配合了政权建设、恢复生产、统一财经、稳定金融和物价、抗美援朝、土地改革、三反五反等工作。1954 年的全国人民代表大会和 1955 年党的全国代表会议，分别决定在国务院设立监察部，地方各级政府设立监察厅、局，代替国家各级行政机关的人民监察委员会；在党内设立中央和地方各级党的监察委员会。

党的十九大报告总结了十八大以来党风廉政建设和反腐败斗争的经验，创新体制机制，具有很强的创新性和可操作性，如“依法赋予监察委员会职责权限和调查手段，用留置取代‘两规’措施。改革审计管理体制，完善统计体制。构建党统一指挥、全面覆盖、权威高效的监督体系，把党内监督同国家机关监督、民主监督、司法监督、群众监督、舆论监督贯通起来，增强监督合力”等等。这些具有鲜明时代特点的反腐败体制机制创新，很多源于党的反腐败历史经验，具有鲜明的历史继承性。可以想见，在未来一个时期，中国反腐败将释放反腐败制度蕴含的力量，将不断创新反腐败体制机制，强化刚性约束。

六是更加注重反腐败的政策和策略。党的十九大报告提出：“坚持开展批评和自我批评，坚持惩前毖后、治病救人，运用监督执纪四种形态。”这体现了党领导党风廉政建设和反腐败斗争的政策和策略。反腐败斗争是一项政策性强、社会敏感度高的政治斗争。反腐败斗争的目的不只是惩治极少数严重违纪并已涉嫌违法的人，更是为了维护党的勃勃生机，永葆政治清明的本色。党的十八大以来，我们党以雷霆万钧之势强力反腐败，严肃查处了一大批违法乱纪的腐败分子，同时也注意了领导反腐败的政策和策略，比如，用严明的纪律管全党、治全党，发现问题及时纠正，防止小错酿成大错，有利于挽救处于错误边缘的党员干部；坚持惩前毖后、治病救人原则，发挥理想信念教育的优势，立足教育挽救，让审查对象学习党章，重读入党誓词，重温入党志愿书，促使其认识背离信仰和宗旨所犯的错误，有利于犯有一般性错误的党员干部重新回到正确的轨道上来。最能体现党领导反腐败高超策略水平的是监督执纪的“四种形态”，强化日常管理监督，发现违纪苗头就及时谈心提醒，抓早抓小，让“红红脸、出出汗”成为常态，党纪轻处分、组织调整的成为违纪处理大多数，党纪重处分、重大职务调整的成为少数，严重违纪涉嫌违法立案审查的成为极少数，体现了党的政策的刚性约束，让广大党员干部口服心服。

（作者：清华大学马克思主义学院教授、博士生导师）

十八大以来党内监督的实践探索与经验启示

陈东辉

党内监督,实质上就是按照党章、党规要求约束党的各级组织和全体党员。加强党内监督,是马克思主义政党的一贯要求,是中国共产党的优良传统和政治优势。党的十八大以来,以习近平为核心的党中央结合新的时代特点,坚持问题意识和问题导向,立足全面从严治党的新形势新任务,在党内监督方面进行了行之有效的实践探索,收到了净化政治生态、营造廉洁从政环境的效果,积累了新鲜经验,给人以深刻启示。

一、党内监督的思想渊源与客观条件

任何实践探索都是在一定思想指导下进行的,同时又离不开时空条件和现实环境。马克思曾说:“人们自己创造自己的历史,但是他们并不是随心所欲地创造,并不是在他们自己选定的条件下创造,而是在直接碰到的、既定的、从过去承继下来的条件下的创造。”党的十八大以来,强化党内监督的实践探索,也是在直接碰到的客观条件下进行的,既包括有利因素,也有需要破解的问题。

(一)党内监督的思想渊源

中国共产党是以马克思主义为指导的无产阶级政党。党内监督思想早在马克思、恩格斯推进无产阶级解放运动的实践中就已经形成了,并成为建党思想的重要组成部分。作为人类历史上第一个以科学社会主义为指导的国际无产阶级政党,共产主义者同盟的章程明确了民主监督的内容。该章程规定,从基层到中央委员会的领导人,都必须民主选举产生,并且可以随时罢免。对此,恩格斯评价说:“仅这一点就已堵塞了任何要求独裁的密谋狂的道路。”为了便于党内监督,马克思恩格斯提出“党员在党内的地位一律平等”,提倡自由交换意见,开展相互批评。列宁是无产阶级执政党的第一个领导人,经历过执政考验,他对党内监督问题的认识要比马克思恩格斯更加充分更加深刻。根据斗争环境和党自身状况的变化,列宁发展了马克思恩格斯的民主监督思想,提出了民主集中制原则,强调“实行彻底的集中制和坚决扩大党组织内的民主制”。针对党内集权化倾向,列宁还提出了成立专门的党内监督机关的构想,他希望由全国代表大会选举产生最高执行机关中央委员会和最高监督机关中央监察委员会,二者互不隶属,监察委员会向党代会负责,这样便于对党委的监督。毛泽东立足于中国革命和建设的实际,对马克思主义党内监督思想有了新的丰富发展。毛泽东强调要进行自下而上的党内监督,希望干部和党员“敢于和善于提出问题、发表意见、批评缺点”,“能监督党的领袖人物也一起遵守纪律”,“对于领导机关和领导干部从爱护观点出发”发挥监督作用。毛泽东认为,进行批评和自我批评“是一种同志间互相监督,促使党和国家事业迅速进步的好办法”。在长期工作实践中，邓小平对党内监督有很多论述，他最为关注的是党内民主监督，他认为，如果没有民主，监督便会成为一句空话，无论党内的监督和党外的监督，其关键都在于发展党和国家的民主生活。邓小平说“党要领导得好，就要不断地克服主观主义、官僚主义、宗派主义，就要受监督”。

（二）党内监督的现实基础

中国共产党成立以来特别是《中国共产党党内监督条例（试行）》颁布以来的党内监督制度建设和一系列做法举措，构成了党的十八大以来党内监督实践探索的现实基础。作为以马克思主义为指导的无产阶级政党，中国共产党从成立之日起就非常注重党内监督工作。党的一大纲领指出：“地方执行委员会的财政、活动和政策，必须受到中央执行委员会的监督。”党的五大还选举产生了党内维护和执行纪律的专门监督机构——中央监察委员会。1949 年 11 月，在新中国成立不久，便成立了中央纪律检查委员会。1956 年，党的八大通过的党章规定，任何党员和党的组织都必须受到党的自上而下的和自下而上的监督。党的十一届三中全会后，进一步完善了党的纪律检查机构，明确提出“建立和健全党内监督制度和人民监督制度，使各级领导干部得到有效的监督”。2003 年 12 月，中央印发《中国共产党党内监督条例（试行）》，首次以党内法规的形式明确了党内监督的主要内容、职责分工、制度程序，并把党的各级领导机关和领导干部，特别是各级领导班子主要负责人列为党内监督的重点对象。此后，党聚焦重点监督对象，着力构建决策权、执行权、监督权既相互制约又相互协调的权力结构和运行机制，党内权力运行逐步程序化透明化。为了增强监督效果，中央从“条”“块”两方面着手进行监督改革。在“条”上，改革监督机关管理模式，加大垂直管理力度。从中央做起，将派驻纪检监察机关的“双重领导”体制改变为中纪委统一管理，2006 年 2 月已在省部级层面全部完成这项工作。在新的监督体制下，派驻机构的纪检干部在考核、任免、调动时不再受到所派往部门的制约。这样就极大地增强了监督的独立性和权威性。在“块”上，推行巡视监督，着力监督实效。中纪委和中组部联合成立了巡视工作办公室和巡视组，通过开展巡视掌握各地的实际情况，发现重要问题和重大案件的线索。

（三）党内监督存在的突出问题

尽管在党内监督方面做了大量工作，推进了制度建设，出台了相关举措，收到了较好的监督效果，但是，由于权力运行的复杂性及受利益格局多样化、思想观念多元化等因素的影响，党内监督仍然存在着一些亟待解决的突出问题。从党的十八大以来监督执纪的实践和被查处的党员干部的忏悔录看，这些问题主要表现在以下几个方面：一是思想认识问题。党员干部包括主要领导干部，甚至一些高级干部，对党内监督的重要性认识不足，没有意识到监督是另一种形式的关爱，反而把监督看成是“挑刺”“找茬”；既不主动监督别人，也不乐意接受别人监督。二是监督权责不明晰问题。党的各级组织、党委、党的纪检监察机关、党的其他工作部门以及广大党员在监督中肩负哪些责任，拥有哪些权利，规定不够具体，以至于不少党员认为监督是纪检监察部门的事情，与己无关。三是监督内容不聚焦问题。对监督内容把握不准确,错误地认为监督只是监督有无腐败问题,缺少对坚定理想信念、落实党的路线方针政策的监督。四是监督体制不完善问题。纪委受同级党委的领导,实质上是一种同体监督,或者说自我监督。在这种体制下,监督效果可想而知。五是监督制度可操作性不强问题。监督规定和程序设计脱离实际,尤其是在下级对上级、党员对领导干部的监督上表现较为突出,存在"上级监督太远,同级监督太软,下级监督太难"的问题。六是监督保障机制不完善问题。在监督经费、信息、人员等保障措施方面,缺少相应的支撑机制,较难开展普遍性的全方位监督。对监督者的保护机制不够健全,致使一些有心去进行监督的党员干部,因害怕遭受打击报复而不敢监督或者不敢进行实名监督。七是监督责任追究落实不到位问题。一旦有党员干部被查处,往往仅追究其个人的法纪责任。究竟哪个组织、哪个领导对这个干部负有监督责任,这个责任是否得到落实,实践中很少追究。这样就导致普遍性地漠视监督责任。八是"一把手"监督难问题。"一把手"位高权重,对同事和下属的前途和利益有着决定性影响,很少有人敢于对其进行监督。因此,一个落马的县委书记感叹道:名义上有八种监督,到我这只剩下自我监督。

二、十八大以来党内监督的实践探索

办好中国的事情,关键在党,关键在党要管党、从严治党。十八大以来,以习近平总书记为核心的党中央从实现中华民族伟大复兴中国梦的全局出发,立足人民群众利益,深入研究党内监督存在的突出问题,准确把握新形势下党内监督的一般规律,在继承传统经验的基础上,不断推进党内监督理论与实践创新,增强了监督的针对性、实效性和可操作性。

(一)强化监督体系的顶层设计

中国共产党是一个拥有8800万党员的大党,如果没有科学的监督体系,就很难保持肌体健康。习近平提出,要完善监督制度,做好监督体系顶层设计,既加强党的自我监督,又加强对国家机器的监督。十八大以来,党从全局的角度看待党内监督问题,围绕权力、责任、担当设计制度,努力构建科学严密的监督体系。一是建立健全党中央统一领导,党委(党组)全面监督,纪律检查机关专责监督,党的工作部门职能监督,党的基层组织日常监督,党员民主监督的党内监督体系。二是完善党内监督法规,扎紧制度的笼子。2014年修订了《党政领导干部选拔任用工作条例》;2015年修订了《中国共产党巡视工作条例》《中国共产党廉洁自律准则》《中国共产党纪律处分条例》;2016年修订了《中国共产党党内监督条例》。这些条例放在一起就是一个衔接紧密、相互补充的有机整体,共同构成了党内监督的框架体系。三是改革和创新监督体制。推进派驻监督全覆盖,充分发挥派驻监督在全面从严治党中的作用。在北京、山西、浙江开展国家监察体制改革试点工作,试点省市的省级监察委员会由同级人大产生,与党的纪律检查委员会合署办公。在体制机制、制度建设等方面先行先试成熟后在全国推广,形成符合形势要求的新的监督监察组织架构。

(二)坚持完善落实民主集中制

作为党的根本组织制度和领导制度,民

主集中制是正确处理民主与集中关系的典范。这种既有集中又有民主的制度设计，在党内政治生活实践中发挥着民主决策和制约监督的双重作用。但是，一个时期以来，一些地方党组织对民主集中制坚持不够，执行不力，出现了“一言堂”现象。针对现实中的问题，习近平指出：“严肃党内生活，最根本的是认真执行党的民主集中制，着力解决发扬民主不够、正确集中不够、开展批评不够、严肃纪律不够等问题。”近年来，中国共产党对于坚持完善落实民主集中制采取了一些有力举措：一是增强坚持民主集中制的自觉性。在党的群众路线教育实践活动、“三严三实”专题教育、“两学一做”学习教育中，多次强调民主集中制的重要性，要求严格执行民主集中制，努力使坚持民主集中制成为思想自觉和行动自觉。二是着力健全民主集中制。2013 年 11 月，出台《中央党内法规制定工作五年规划纲要》，强调抓紧建立健全民主集中制的具体制度。随后，又出台了一系列准则、条例等党内法规，对落实民主集中制进行了具体化程序化。三是督促民主集中制的执行和落实。一方面，积极提高党员干部运用和执行民主集中制的能力；另一方面，严厉查处“独断专行”“各自为政”“搞人身依附关系”等违反民主集中制的行为。

（三）用好监督执纪“四种形态”

监督执纪“四种形态”，是对党的十八大以来全面从严治党、强化党内监督生动实践的科学总结。“四种形态”，即“党内关系要正常化，批评和自我批评要经常开展，让咬耳扯袖、红脸出汗成为常态；党纪轻处分和组织处理要成为大多数；对严重违纪的重处分、作出重大职务调整应当是少数；而严重违纪涉嫌违法立案审查的只能是极极少数”。这“四种形态”既体现了对党员的关爱，又彰显了强化党内监督的决心。一是立足常态，用好批评和自我批评这个武器。批评和自我批评是党的三大优良作风之一，是党实现自我提高、自我完善的有力武器。党的十八大以来，我们特别注重批评和自我批评，要求批评有“辣味”，做到“红红脸、出出汗”，务求达到排毒治病的效果。二是着眼于大多数，坚持“惩前毖后、治病救人”。这个大多数，包括“四种形态”中的“大多数”和“少数”两部分。对这个大多数进行处理或职务调整，目的还是挽救他们。三是聚焦极极少数，刮骨疗毒，猛药去疴。坚持“老虎苍蝇一起打”，以壮士断腕的决心同腐败分子作斗争。一经发现腐败，无论职务高低，坚决查处，决不姑息。党的十八大以来，查处近 200 名高级干部，包括原中央政治局常委、政法委书记周永康，原中央政治局委员薄熙来、郭伯雄、徐才厚、令计划等人。

（四）发挥巡视巡察监督利剑作用

巡视是发现问题、形成震慑的一把利剑。巡察是巡视工作向市县延伸的实现方式，也是推进党内监督全覆盖的有效途径。党的十八大以来，党把巡视作为加强党内监督和维护党纪党规的重要抓手，明确巡视职责，积极开展巡视工作。2015 年出台的《中国共产党巡视工作条例》强调要实现巡视全覆盖，做到全国一盘棋。为了使巡视达到“八府巡按”的效果，党立足于实际情况采取了一系列有效措施：一是发挥巡视“侦察兵”和“千里眼”作用。为了深入了解问题线索，增强巡视效果，提高巡视震慑力，中央对各省市巡视并不是看一遍就完事，而是出其不意地杀

"回马枪",坚持"回头看"。二是推进巡视工作全覆盖。目前,中央巡视工作全覆盖已经完成80%。河北通过12轮巡视,实现了对设区市、县(市、区)、省属国有企业、金融单位和高校、省直部门单位党组织等345个省委巡视对象的全覆盖。在巡视中,河北共发现领导干部问题线索8024件,立案3772件,1759人受到纪律处分,121人被移送司法机关。三是积极推进市县巡察工作。各地按照习近平"探索市县巡察"的要求,积极开展市县巡察工作。福建制订了《关于建立市县党委巡察制度的意见》;四川绵阳设立巡察办、巡察组共47个,实现巡察工作有组织、有机构、有场所;浙江慈溪创新建立区域联动巡察机制,对14个村开展巡察,发现各类问题133个。

(五)着力破解"一把手"监督难题

"一把手"对决策和决策的执行起着关键作用。培养出一个干部不容易,培养出一个能够统揽全局、协调各方的主要领导干部更难。有效的监督是保护领导干部的有力武器。但是,由于地位特殊,对"一把手"实施监督难度很大。习近平多次强调,要抓住"关键少数",破解一把手监督难题,领导干部责任越重大、岗位越重要,就越要加强监督。近年来,党对"一把手"监督也进行了积极探索。一是从源头上监督"一把手"。重庆出台了《关于党政机关领导班子主要负责人不直接分管人财物等工作的暂行规定》,并对规定的落实情况进行评估,保证"一把手"在"三重一大"决策中处于相对客观公允的状态,真正从源头上将"一把手"权力关进了制度的笼子。二是强化对"一把手"的约谈监督。广州市制订了《落实全面从严治党主体责任约谈"一把手"制度》。根据制度安排,各级党委、纪委逐级开展约谈"一把手"工作,上级纪委把下级"一把手"纳入监督重点,紧盯选人用人、花钱用钱、项目审批等事项,监督是否集体讨论、民主决策,防止"一把手"一人说了算。三是做好"一把手"身边人员的各项工作。江西省建立了市县"一把手"亲属从业情况向省纪委报备制度。湖北省十堰市强化对"一把手"夫人的廉政教育,督促她们多吹廉政"枕边风",发现苗头倾向,及时提醒,及时帮助,当好廉政监督员。

(六)推动党内监督责任的执行落实

要想强化自上而下的组织监督,改进自下而上的民主监督,发挥同级相互监督作用,就必须明确和落实党内监督责任。由于制度设计的缺陷和碍于情面的心理,不少地方党内监督责任落实不到位,没有产生应有的监督效果。为了全面落实党内监督责任,中央和地方采取了一些有力举措,努力让责任人把监督责任牢牢扛在肩上。一是明确党内监督责任分工。新修订的《中国共产党党内监督条例》明确规定,党的中央委员会、中央政治局、中央政治局常务委员会全面领导党内监督工作;党委(党组)在党内监督中负主体责任,书记是第一责任人;党的各级纪律检查委员会是党内监督的专职机关,履行监督执纪问责职责。同时,条例还规定了党的基层组织和党员的具体监督内容。二是建立监督责任追究制度。为推进"两个责任"落实,云南省先后出台《关于落实党风廉政建设主体责任的规定》《关于落实党风廉政建设监督责任的规定》,完善了落实党内监督责任的制度规范,明确了责任追究方式。四川省制订了《党风廉政建设纪委监督责任追究办法

(试行)》,强化了纪检机关领导班子及其成员履行监督责任不力行为的责任追究。三是加大责任追究执行力度。因任内三名市厅级领导落马,河南新乡原市委书记和纪委书记分别因主体责任落实不力和监督责任落实不到位被追究相应责任。据悉,2015 年河南共有 85 个单位的党委(党组)、纪委(纪检组)和 940 名党员领导干部因落实“两个责任”不力受到责任追究。追究力度的加大,促进了落实党内监督责任的积极性。

三、新的实践探索带来的新鲜经验和启示

十八大以来,党坚持解放思想、实事求是,立足新的实践和新的形势,不断创新党内监督的方式方法,逐步形成了以制度监督为核心的多层次全方位的党内监督体系,取得了规范权力运行、净化政治生态的良好效果,形成了不少新鲜经验。

(一)必须把顶层设计与问题意识结合起来

对我们这样一个成立 90 多年、执政 60 多年的世界最大政党来说,党内监督是一项系统工程。强化党内监督,必须从中央层面搞好顶层设计。顶层设计的好坏,关系到党内监督的效果,关系到从严治党的成败。在党内监督顶层设计过程中,可以看出,党始终满怀着强烈的问题意识,一以贯之地坚持问题导向。问题是时代的声音,问题总是在实践中产生、在实践中被发现。基层对问题的感受最真切,最能把握时代的脉搏。从这个意义上说,将顶层设计与问题意识结合起来,就是将顶层设计与基层实践结合起来。这也正是党内监督顶层设计成功的奥秘所在。因为,坚持问题导向,顶层设计就接地气,就不可能是“拍脑袋”决策。这样的顶层设计就自然而然地遵循着党内监督规律,符合形势发展的要求。

(二)必须把制度创新与继承经验结合起来

制度具有根本性和全局性,同时制度又带有稳定性和滞后性。制度一经形成,就会在比较长的时期内存在,并发挥作用。然而,社会发展是变动不居的。随着形势的变化,制度规定中的一些具体举措就会出现不适应。这就需要制度创新。必须清醒的是,创新并不意味着全盘否定,并不意味着另起炉灶。历史上所有创新的成功案例,都是在继承基础上的创新。在创新党内监督制度方面,党十分注重对传统经验的继承,并根据时代需要赋予其新的内涵。比如,批评和自我批评、巡视制度等。这些监督举措,对以往核心内容既有继承,又有立足于新形势的丰富发展。作为党内监督的制度性规定,不少制度的原则性内容是符合一般规律的,是经过实践证明行之有效的。对于这些应予以继承。

(三)必须把发扬民主与党管干部结合起来

党管干部和发扬民主并不矛盾。可以说,发扬民主是党管干部的一种形式或手段。然而,在党内生活的实践中,有一种观点认为,“党管干部”多了,就会影响党内民主的效果。事实上,这种观点是错误的。从近年来党内监督的实践看,党要管党、从严治党,不是削弱了,而是加强了;与之相应的是,党内民主不是淡化了,而是发挥着更加重要的作用。习近平明确指出,民主集中制是激发

党的创造力、保持党的团结统一的根本保证。在强化党内监督的过程中,还非常注重发挥民主监督的作用,强调坚持完善落实民主集中制,着力推进党内民主选举、民主决策、民主监督等制度体系建设,提升了党管干部的效果。必须在坚持发扬民主的同时,做到党管干部不放松,以党的领导引领具有建设性的民主监督。

(四)必须把党内监督与外部监督结合起来

邓小平曾经指出:"我们需要实行党的内部的监督,也需要来自人民群众和党外人士对于我们党的组织和党员的监督。"在强化党内监督的同时,也要十分注重发挥外部监督的作用。一方面,不断创新党内监督形式,深入开展巡视工作,灵活运用监督执纪"四种形态",切实提升党内监督的质量;另一方面,在中纪委监察部官方网站开通"一键通"举报窗口,引导群众参与对党的组织和党的干部进行监督。同时,强化人大、政协、审计等国家机关的监督,注重发挥新闻媒体和社会舆论的监督作用。通过党内监督和外部监督的有机结合,形成了监督合力,产生了震慑效应。群众的眼睛是雪亮的。党内监督固然重要,但仅仅有党内监督还不够,必须把党内监督同来自党外的各种形式的监督结合起来。

(五)必须把严格监督与信任激励结合起来

严格监督的出发点是约束党员干部,使他们杜绝违规违纪行为,更好地践行党的宗旨。信任激励的出发点是温暖党员干部,激发他们为人民谋福祉的热情。人性有善的一面,也有恶的一面。严格监督,重点在抑制"恶";信任激励,重点在激发"善"。从党内政治生活的视角看,严格监督与信任激励恰如一枚硬币的两面,其目的都是为了营造风清气正、干事创业的政治生态,使党和人民的事业兴旺发达。近年来,在严格监督的同时,党非常注重发挥信任激励的暖心作用,强调"为敢于担当的干部担当,为敢于负责的干部负责",收到了凝心聚气的效果。必须把握关爱干部这个关键,做到既有严格监督,又有信任激励,努力使党内监督更易于让党员干部接受。

(作者:河南省社会科学院政治与党建研究所副所长、副研究员)

全面从严治党视域下的反特权问题探析

韩　冰

公平正义是马克思主义的崇高价值追求，是中国特色社会主义的本质特征之一。党的十八大以来，习近平总书记高度重视反特权问题。他曾深刻指出："反腐倡廉建设，必须反对特权思想、特权现象。中国共产党党员永远是劳动人民的普通一员，除了法律和政策规定范围内的个人利益和工作职权以外，所有共产党员都不得谋求任何私利和特权。"当前，在全面从严治党新形势下正确认识特权问题，有效开展反特权斗争，对于协调推进"四个全面"，坚持和发展中国特色社会主义，实现"两个一百年"奋斗目标和中华民族伟大复兴的中国梦具有重要意义。

一、重新审视全面从严治党形势下的特权问题

特权是人类社会发展到一定阶段的产物，伴随着私有制和阶级的产生而出现，普遍存在于不同时期各类社会形态，并随历史条件变化而表现各异。由于历史和现实的种种原因，社会主义初级阶段仍存在形形色色的特权思想和特权现象，反特权斗争依然任重道远。当前，在全面从严治党新形势下，有效反对和消除特权思想、特权现象，必须对特权问题进行重新审视和反思。

(一)关于特权内涵的重新界定

"特权"是一个具有歧义的概念，迄今为止人们对其内涵界定还比较含糊，至少尚未达成权威性共识。英国著名启蒙思想家约翰·洛克认为，立法权和执行权分属于不同的人，由握有执行权的人依照自由裁处来为公众谋福利的行动的权力，并无法律规定，有时甚至是违反法律的，就被称为"特权"。根据洛克的本意，设置特权就是要留给执行权相当宽泛的自由，以便处理那些法律没有规定的特殊事情；而当握有这一执行权的人不是为公共福利而是为其私人目的利用这种权力的时候，人民就不得不以明文的法律来规定和限制它。显然，这与我们今天所理解的特权有着本质区别。

在国内相关著述中，特权一般是指"法外之权"，本质上是一种权力腐败。邓小平在《党和国家领导制度的改革》一文中指出，特权就是"政治上经济上在法律和制度之外的权利"，据此国内不少学者将其引申为个人或集团在政治、经济或其他方面获得法律和制度规定之外的不正当权利。还有学者认为，特权是指个人或集团凭借经济势力、政治地位、身份等有利条件，在经济、政治、文化等领域所享有的特殊权力或权利。这些权力或权利有的为法律所规定，有的在法律规定之外，并且都是建立在对这些权力或权利分配不公平的基础上的。但是，笔者认为，由于党规党法严于国家法律，在全面从严治党视阈下，特权不仅是指超越法律制度之外，在政治、经济、文化以及社会领域所享有的特殊权

力或权利,还指现行政策或法律允许但明显有失社会公正的特殊权利和特殊待遇,以及违反党规党法而取得不正当利益的各种权力或权利。由此,我们可以对新形势下特权概念作如下界定:

一是行使特权的主体是党政机关、国有企事业单位及其公职人员。人民赋予党政机关、国有企事业单位及其公职人员特定的公共管理职能和权力,只有他们才有可能将公共权力异化为特权,从而成为特权行使者和受益者。如某些党政机关超标建设豪奢办公大楼,某些领导干部非法占有两套及两套以上住房,某些垄断行业过高的分配收入等。二是国家法律规定或约定俗成的某些权利,如果有违党规党法或明显有失社会公平正义,也属于特权范围。如按照干部级别配备的医疗、休养及其他与履行职权不相匹配的特殊待遇,某些国有企业领导干部或职工子女"接班入职"等。三是制度设计缺陷导致的不公正现象也应纳入特权范畴。如制度规定本身就存在特权因素,制度对权力边界划定不清、自由裁量权过大等,即使权力运行"符合"法律制度规定,也属于特权行为。四是党政机关公职人员行使公共权力,必须是为公众谋福祉或维护公共利益,遵循党规国法有关规范,并得到社会公众认同,否则就属于特权行为。

(二)关于特权危害性的重新评估

特权的社会危害性是不言而喻的。法国著名政治思想家西耶斯曾深刻揭露封建等级特权的垄断性和寄生性,以及特权的弊端对国家社会的危害性。他尖锐地批评说,特权阶层"充斥宫廷,包围大臣,独占所有的恩赐,所有的年金,所有的带薪职称"。特权犹如盗窃,"让某一个人对属于大家的东西拥有独一无二的特权,这等于为了某一个人而损害大家",特权者"吞下了钱,也吞下了人"。因此,西耶斯毫不留情地指出,所有特权都是不公正的,令人憎恶的,与整个政治社会为最高目的背道而驰,法国第三等级的悲惨处境就是由特权等级的存在造成的。

马克思主义经典作家对资产阶级在废除封建特权斗争中的历史作用给予充分肯定,但同时又指出:"单个人的封建特权被废除了,但是与这种特权相联系的无限权力却转到了整个(资产)阶级手里。"也就是说,资产阶级并没有真正废除人类特权,它只是用以金钱特权为核心的阶级特权取代了封建特权。在资产阶级那里,金钱特权同时也是剥削特权,两者是"一枚硬币的正反面"。正如有学者指出,资产阶级以剥削工人阶级创造的剩余价值获取金钱,这时剥削是获取金钱特权的手段;同时,资产阶级又以金钱来维持对工人阶级的剥削,形成剥削特权,这时金钱是剥削特权的前提。资产阶级特权的直接危害就是造成了资产阶级和无产阶级财富占有的两极分化,公平正义的缺失和道德伦理的丧失,进而引发两大对立阶级矛盾的激化,从而为资产阶级社会的最终灭亡准备了一支声势浩大的掘墓人队伍。

毋庸讳言,社会主义初级阶段仍然存在特权思想、特权现象,且从某种意义上讲,其危害性并不亚于人类历史上其他社会发展阶段的特权危害性。正如邓小平在《党和国家领导制度的改革》一文中所指出,"文化大革命"中,特权思想、特权现象大肆盛行,给群众造成很大灾难,给党和国家带来巨大损失。当前,仍有一些干部"搞特权,特殊化,引起群众的强烈不满,损害党的威信,如不坚决改正,势必使我们的干部队伍发生腐化”,进而“脱离群众,脱离干部,上行下效,把社会风气也带坏了”。他认为,任何抱有或者支持搞特权思想、特权现象想法的人,“就是帮助党的敌人腐蚀我们的党”。为此,邓小平严肃指出,特权思想、特权现象已经成为一个严峻的社会问题,如果不坚决予以纠正,势必使我们党严重地脱离广大群众,那将很难适应改革开放和现代化建设的需要,党和人民的事业必将遭受更为严重的损失。

在全面从严治党视域下,如何认识和把握特权问题的危害性?这有赖于将特权与腐败问题联系起来加以分析。尽管特权在客观上并不等同于腐败,但两者存在着密切的因果关系。从某种意义上讲,特权与腐败的关系实质上就是“本”和“标”的关系,特权是滋生腐败的重要源头和温床。相对于一般意义上的权力腐败,特权腐败危害更甚,因为“一旦承认特权,就意味着它是合法的,由特权导致的腐败是不被追究责任的,特权是一种制度性的腐败”。而且,特权更多地表现为“潜在性腐败”,因为通过量变到质变的转化,特权思想、特权行为就可能发展泛滥成为腐败。可以说,有多大程度特权存在,就有多大程度腐败的可能,特权的危害性丝毫不亚于腐败的危害性。腐败问题解决不好,将会对党造成致命的伤害,甚至亡党亡国;特权问题解决不好,同样会对党造成致命的伤害,甚至亡党亡国。这绝不是什么危言耸听,苏共官僚特权阶层大搞特权导致苏共垮台、苏联解体的沉痛教训为此提供了最好的佐证。

(三)关于特权成因的重新剖析

特权思想、特权现象的滋生有着深刻的历史渊源和体制根源。我国封建专制历史悠久,封建残余思想影响是导致特权思想、特权现象的重要原因。邓小平曾经指出:“搞特权,这是封建主义残余影响尚未肃清的表现。旧中国留给我们的,封建专制传统比较多,民主法制传统很少。”直至现在,社会上“官本位”思想、人治文化传统、崇拜权力和权威情结仍根深蒂固,依然深刻影响和支配着人们的思维和行为。至于特权存在的现实原因,则主要是由党和国家领导制度、组织制度存在弊端,权力过于集中,对权力监督不到位,体制机制改革又相对滞后造成的。正如邓小平所指出:“解放以后,我们也没有自觉地、系统地建立保障人民民主权利的各项制度,法制很不完备,也很不受重视,特权现象有时受到限制、批评和打击,有时又重新滋长。”掌权者控制着公共权力和公共资源的配置,加之存在着产生特权的土壤环境,这就为特权的产生提供了极大可能性。

除上述因素之外,当前特权问题滋生蔓延与过去一定程度上存在管党不力、治党不严紧密相关。中国共产党是当代中国唯一的执政党,各级党政领导干部都掌握着一定的公共权力,如果不采取得力措施加以管控,就会导致这些公共权力出笼越界形成特权。毋庸讳言,过去很长一段时间,我们在管党治党方面确实存在不同程度的软、散、弱问题,致使一些党员领导干部理想信念动摇,人生观、价值观、权力观严重扭曲,党的政治纪律和政治规矩放任松弛,党规国法在一些人眼里成了橡皮筋而不是硬约束,合意的就执行,不合意的就束之高阁。“一朝权在手,便把令来行”“有权不使,过期作废”也成为一些领导干部信奉的圭臬,各种官场“潜规则”大行其道,这必然导致一些特权思想严重的党员领导干部,逐步将手中的权力异化为谋取私利的特权行为和特权腐败。

二、准确把握全面从严治党视阈下反特权斗争的特点及其规律

党的十八大以来,在以习近平同志为总书记的党中央的坚强领导下,全面从严治党正在成为一种新常态,风清气正的政治生态也在逐步形成。同时,反特权斗争也呈现出一些新态势新特点,一些带有规律性的东西也将渐次揭示出来。正确认识和把握新形势下的反特权特点和规律,是有效开展反特权斗争的前提和关键。

(一)清醒认识当前反特权斗争的新特点新变化

首先,反特权范畴比过去有所扩大。如上所述,过去我们所反对的特权,一般就是指政治上经济上在法律和制度之外的权力或权利。但是,随着社会进步和人民群众民主意识的提高,人们不仅不能容忍政治上经济上在法律和制度之外的权力或权利,而且对于“符合”法律制度规定但明显有失社会公平正义的权力或权利也不能容忍。同时,党规党法严于国家法律,在全面从严治党新形势下,特权的具体内容即反特权范畴指向比原先明显扩大了,这其中包括:一般意义上的特权思想、特权现象;法律制度规定之外的各种政治特权、经济特权、文化特权、社会特权以及由此引发的特权腐败;虽然“符合”现有政策或法律规定,但有违党规党法或明显有失社会公正的各种垄断特权和特殊待遇;实际存在着的特权阶层、既得利益集团、特权人物、特殊党员;违反中央“八项规定”精神的特权行为和作风等。

其次,反特权力度比过去明显加大。全面从严治党同时意味着从严反特权。党的十八大以来,我们党以“零容忍”的态度铁腕反腐,坚持“老虎”“苍蝇”一起打,揪出了一大批特权人物、特殊党员,对其他少数存有特权思想和特权行为的党员干部起到极大的震慑警示作用。出台了改进工作作风、密切联系群众的“八项规定”,对过去领导干部下基层高接远迎、封路闭馆、铺张浪费,以及会风文风、住房车辆配备、警卫工作、新闻报道等一些带有特权色彩的行为进行严格规范,要求从中央政治局自身做起,率先垂范。对违反“八项规定”精神的,发现一起、查处一起、曝光一起。同时,按照“照镜子、正衣冠、洗洗澡、治治病”的总要求,在全党深入开展群众路线教育实践活动,对形式主义、官僚主义、享乐主义和奢靡之风的作风之弊、行为之垢进行大排查、大检修、大扫除。所有这些,都使得特权思想、特权现象几无藏身之处,反特权力度较之以前明显加大,反特权正逐步向无禁区、无死角方向推进。

最后,反特权难度比过去日益增大。当前,鉴于全面从严治党和强力反腐造成的高压态势,以及各级党政机关逐步晾晒权力清单、下放行政审批权等,使得各种明目张胆的“显性特权”现象大为收敛。但是,这并不意味着特权问题就销声匿迹、彻底解决了。这是因为,当前一些“显性特权”通过花样翻新,改头换面转变为“隐性特权”,并与早已存在的形形色色的隐性特权相融合。所谓隐性特权,就是公共部门及其公职人员基于自身掌握的公共权力,在法定利益之外隐蔽地享受特殊利益和权利,而难以被监督的现象。

如把公款当作私房钱，用于旅游、吃喝或支付个人待客、交通、通讯乃至健身、按摩等费用；在福利、医疗、住房、用车等方面享受额外照顾等等，都是“隐性特权”的表现。同时，反特权意味着对极少数特权者特殊利益的剥夺，他们势必使自己的特权行为更加隐蔽化，甚至还会采取各种手段暗中抵制反特权行动，这些都给反特权斗争带来相当程度的难度，反特权形势依然严峻、不容乐观。

（二）注重把握新形势下的反特权斗争的基本规律

与反“四风”、反腐败斗争具有自身规律一样，反特权也有其内在规律可循。全面从严治党形势下，尽管反特权规律尚需通过深入实践才能充分揭示出来，但是我们可以借鉴反“四风”、反腐败斗争及以往反特权经验，努力把握新形势下的反特权斗争基本规律。

首先，执政党领袖集团必须具有反特权坚强意志和坚定决心，并有力整合党内外各主体力量形成反特权共识与合力。由于国情党情和传统政治文化不同于西方，我国实行中国共产党领导的多党合作与政治协商制度，这是一种非竞争性政党体制；在国家权力架构上也不能实行西方式的“三权分立”制度，而是实行“议行合一”的人民代表大会制度，这些都是我国政治体制的优势所在，我们必须始终坚持、毫不动摇。但是，毋庸讳言，在对公共权力监督制约问题上，我们缺乏西方政党之间竞争所带来的压力机制，在民主监督、新闻舆论监督等方面也存在一些弊端和不足。因此，我国的反特权斗争更多地体现为执政党的自我净化、自我完善、自我革新、自我提高，说白了就是一种“自我纠错”，这关键就要看执政党尤其是执政党领袖集团的主观态度和实际行动。如果执政党领袖集团对反特权斗争具有坚强意志和坚定决心，就能够得到党内外正义力量的拥护与支持，从而形成高度的反特权共识和强大的反特权合力，这已为党的十八大以来管党治党实践所充分证明。

其次，必须坚持思想建设与制度建设并重，以正确思想为引导、以科学制度为规范来反特权。加强思想建设是我们党的优良传统和政治优势。既然特权思想、特权现象的历史根源在于封建残余思想影响，那么反特权就要从思想教育入手，引导党员领导干部拧紧理想信念“总开关”，树立正确的人生观、权力观、地位观，坚持“权为民所用、情为民所系、利为民所谋”，自觉抵制特权思想和特权现象。同时，正如邓小平所指出，制度更带有根本性、全局性、稳定性和长期性，“制度好可以使坏人无法任意横行，制度不好可以使好人无法充分做好事，甚至会走向反面”。因此，他曾经提出坚持思想建设和制度建设并重的反特权思想。在全面从严治党形势下，尽管反特权斗争内容和形式与过去发生了很大变化，但是这一原则在有效开展反特权斗争中仍然具有时代价值。这就是必须将思想建设与制度建设有机结合起来，以正确思想为引导、以科学制度为规范来反特权，这样才能使反特权斗争取得更大成效。

再次，必须将反特权纳入全面从严治党顶层设计，从两者内在逻辑关系出发一起部署、协同推进。全面从严治党内在要求反特权，反特权为全面从严治党注入新内涵和新动力。习近平总书记在党的群众路线教育实践活动总结大会上，对全面推进从严治党提出了八点要求，这就是落实从严治党责任、坚持思想建党与制度治党有机结合、严肃党内政治生活、从严管理干部、持续深入改进作风、严明党的纪律、发挥人民监督作用、把握从严治党规律，其中每一项从严治党要素，都无不与反特权斗争紧密相关，这也为新形势下反特权斗争提供了重要遵循。也就是说，必须将反特权纳入全面从严治党总体布局和顶层设计，并与其他诸要素紧密衔接，一起部署、协同推进。否则，所谓反对特权思想、特权现象就是“纸上谈兵”。

最后，反特权斗争具有长期性复杂性，全面从严治党条件下反特权仍不可能一蹴而就、一劳永逸。特权问题与作风问题、腐败现象一样，具有反复性和顽固性，集中时间和精力抓一抓，特权问题就会“收一收”；但是倘若一时麻痹大意，对其放松一寸，它就会反弹一尺，致其重新死灰复燃。这就决定了反特权斗争是一项长期复杂的系统工程，不能指望一反就灵、一劳永逸。反特权问题必须经常抓、长期抓，不仅要探寻反特权的切实可行的实现路径，而且还要建立健全反特权长效机制，充分做好反特权斗争的长期思想准备。

三、着力构建全面从严治党视阈下反特权斗争的路径与长效机制

（一）落实从严治党责任，领导干部带头抵制特权

全面从严治党同时意味着全面从严反特权，全面从严治党要落实责任，反特权同样必须落实责任。实践表明，不明确落实和追究责任，全面从严治党是难以真正做到的，反特权斗争也是如此。因此，我们必须从巩固党的执政地位的大局看问题，增强管党治党意识、落实管党治党责任，特别是要把反特权纳入全面从严治党责任体系之中。这就要明确各级党委的主体责任、纪委的监督责任，把从严治党连同反特权责任一起承担好、落实好，建立健全反特权工作责任制，形成党委抓、书记抓、纪委和有关部门抓，一级抓一级、层层抓落实的反特权工作新格局。“其身正，不令而行；其身不正，虽令不从”。各级领导干部是公共权力的具体行使者，如果放松了思想防线和自我约束，就很容易蜕变成为己为私谋利益的特权者。因此，落实全面从严治党责任、反对和消除特权，很重要的一条就是领导干部必须率先垂范，带头不搞特权、坚决抵制特权。否则，他就不可能带好班子、领好队伍，形成风清气正的反特权政治生态。党的十八大以来，中央政治局从自身做起、身体力行落实“八项规定”精神，带动全党上下正在形成反特权斗争良好氛围，就是最好的例证。

（二）坚持思想建党与制度治党紧密衔接、刚柔并济

“坚持思想建党和制度治党紧密结合”这一重要论断，是习近平总书记在党的群众路线教育实践活动总结大会上第一次提出来的，是我们党长期以来管党治党的经验总结和结晶，是对执政党自身建设规律认识的深化和升华。实践证明，从严治党靠教育，也靠制度；反特权同样要靠思想教育和制度约束，既补精神之“钙”，又扎制度之“笼”，两者一柔一刚，同时发力、同向发力，才能相辅相成、相得益彰。对党员干部来说，思想上的滑坡是最严重的病变，倘若理想信念“总开关”拧不紧，不能正确处理公私关系，缺乏正确的是非观、义利观、权力观、事业观，各种出轨越

界、特权腐败问题就在所难免。因此,有效开展反特权斗争,必须加强领导干部理想信念教育、党性教育和道德教育,筑牢领导干部思想防线,坚守共产党人的高尚精神追求;必须加强警示教育,让广大领导干部受警醒、明底线、知敬畏,主动在思想上行为上与特权划清界限。同时,适应新形势下反特权斗争需要,要切实加强党内制度建设,制度不在多而在于务实管用。要增强制度执行力,做到用制度管权管事管人。要坚持制度面前人人平等、执行制度没有例外,坚决维护制度的严肃性和权威性。也就是说,实践中必须把思想建党与制度治党贯穿于反特权斗争始终,从而使反特权的过程成为加强思想建党的过程,也使反特权的过程成为加强制度治党的过程。

(三)坚持从严管理干部、严肃党内政治生活,对特权保持高压态势

各级领导干部手中都掌握着人民赋予的大大小小的权力,如果对其管理不好,他们就有可能成为特权行使者和特权受益者。从严治党,重在从严管理干部,反特权必须抓住领导干部这个"关键少数"。从严管理干部、从严反特权,关键是坚定理想信念,加强道德养成,规范权力行使,培育优良作风,使各级干部自觉履行党章赋予的各项职责,严格按照党的原则和规矩办事。要坚持以严的标准要求干部、以严的措施管理干部、以严的纪律约束干部,使干部心有所畏、言有所戒、行有所止。同时,有什么样的党内政治生活,就有什么样的党员、干部作风;从严管理干部、从严反特权也意味着必须严肃党内政治生活。多年来极少数党员干部搞家长制、独断专行,大搞特权、特殊化,与党内政治生活涣散存在直接关系,一些人甚至不知党内政治生活为何物,是非判断十分模糊。因此,要做到有效反特权,必须严格按照党内政治生活准则办事,贯彻落实民主集中制这一根本原则,拿起用好批评和自我批评这个有力武器。对于那些违背党内政治生活准则,敢于顶风而上、搞特权搞特殊化的党员干部,都要采取断然组织措施,始终对特权现象保持高压态势。

(四)持续深入改进作风、严明党的纪律,对特权实行"零容忍"

"奢靡之始,危亡之渐。"不正之风离我们越远,特权就离我们越远。党的十八大以来,我们党以抓铁有痕、踏石留印的劲头惩治形式主义、官僚主义、享乐主义和奢靡之风,其中明显带有特权色彩的问题一并得到有效治理。这充分证明,持续深入改进作风与反特权斗争呈正相关关系。因此,要有效反对特权思想、特权现象,作风建设必须常抓不懈、久久为功。要从解决"四风"问题延伸开去,努力改进思想作风、工作作风、领导作风、干部生活作风,使党员干部不敢也不能沾染歪风邪气,更不能搞特权和特殊化。古人云:"无规矩不成方圆。"党的纪律就是全体党员干部必须一体遵循的规矩。当前,全党上下要把严明党的政治纪律和政治规矩置于最重要、最根本、最关键的位置,坚决贯彻落实习近平总书记提出的"五个必须",全党向中央看齐,自觉维护中央权威;同时,要坚持纪律面前人人平等,自觉遵守党的组织纪律、人事纪律、宣传纪律、经济纪律、群众纪律、外事纪律等,党内不允许有不受纪律约束的特殊党员、干部。任何时候都不得拿党的原则做交易,不得拿人民赋予的职权搞权力寻租、利益输送,谁也不能把党的纪律当儿戏。不管是谁,无论其职务有多高,只要逾越党的纪律红线搞特权、特殊化,都要受到最严格的党纪处分,从而使党的纪律真正成为不可碰触的高压线和刚性硬约束。

(五)发挥人民监督作用,对特权现象形成"人人喊打"的生动局面

人民群众是历史的创造者、社会变革的推动者,人民群众中蕴藏着治国理政、管党治党的无穷智慧和力量。对发生在人民群众身边的特权现象和特权腐败,他们最有切身感触、最深恶痛绝。全面从严治党、坚决反对特权,必须依靠人民,发挥人民群众主体作用。正如毛泽东曾经指出:"只有让人民起来监督政府,政府才不敢松懈;只有人人起来负责,才不会人亡政息。"同样,群众的眼睛是雪亮的,只有人人起来反特权,才能使特权无从恣意横行。这就要求我们要进一步扩大党务政务公开,充分尊重人民群众的知情权、参与权、监督权。只要我们织密人民群众监督之网,畅通建言献策和批评监督渠道,开启全天候"探照灯",充分发挥人民群众监督作用,就一定能对特权现象形成"老鼠过街,人人喊打"的生动局面,使特权思想、特权现象、特权人物、特殊党员无藏身之地。

(六)建构反特权长效机制,使反特权斗争常态化持续化

全面从严治党形势下,要注重建立健全反特权长效机制,不断巩固反特权成果,使反特权斗争常态化持续化。一是建立健全反特权思想教育机制,加强反特权文化建设,形成崇尚公平、鄙视特权的社会氛围;二是建立健全权力运行公开与制约机制,使权力在阳光下运行,把权力关进制度的笼子里,确保权力不能随意"越栏出笼"而异化为特权;三是将反特权与反腐败有机结合起来,在形成不敢腐的惩戒机制、不能腐的防范机制、不易腐的保障机制的前提下,对特权现象形成强势"倒逼"机制;四是健全完善党内外民主机制,依靠党内外健康力量形成反特权斗争正能量;五是建立健全特权追究和惩处机制,坚持特权必反、特权必究、特权必惩;六是要通过全面深化改革,铲除特权滋生的制度温床,并通过全面推进依法治国,实现国家法律与党内法规的有效衔接,依靠严明的党规国法防治种种特权;七是在上述基础上,出台一部中国共产党反对特权和特殊化条例,厘清履行领导岗位职责必须赋有的权力、与之相匹配的待遇同搞特权、特殊化的根本区别,对特权现象做出明确界定,列出详尽特权清单,明确规定反对特权和特殊化的具体可操作措施,坚持以党章为灵魂统帅、以党内法规形式,对现实存在着的种种特权现象进行强制约束,从而实现反特权斗争科学化、规范化、制度化。

(作者:山东社会科学院政策研究室副主任、副研究员)

党内监督的必要性、难点与路径分析

纪中强

党内监督是指在党内政治生活中，党的各级组织、专门机构和党员干部等监督主体，依据党章和党规党法，通过各种途径和方式，对党内监督对象进行的权力监督。主要包含党的组织、纪律检查机关的监督，党的领导干部相互之间的监督、党员的监督和党内上下级组织之间的监督，等等。早在民主革命时期，中国共产党就已经意识到党内监督的重要性，并建立了专门的监督机构，为党的发展壮大发挥了巨大的作用。取得执政地位以后，党为加强执政党建设，对党员干部提出了“两个务必”的总要求，把党内监督作为保持党纯洁性、先进性的重要路径。然而遗憾的是，“文化大革命”打断了我们党完善自我监督的进程，党的执政权力被滥用，执政能力弱化，执政形象受损。改革开放以后，尤其是党的十八大之后，我们党从理论上、实践上强化党内监督，进而把党内监督作为全面从严治党的重要抓手，党的执政成效和执政形象显著提升。

一、党内监督的必要性

“信任不能代替监督。”为了增强党在长期执政条件下自我净化、自我完善、自我革新、自我提高能力，适应新时期党要管党、从严治党的要求，保持党的先进性和纯洁性，党的十八届六中审议通过了新的《中国共产党党内监督条例》，为强化党内监督提供了制度保障和有力支撑。党内监督是马克思主义政党实行民主执政题中应有之意，是确保权力正确运行的根本保证，是全面从严治党的现实要求，也是党提高执政成效，摆脱“历史周期律”怪圈的根本途径。

（一）党内监督是党内民主题中应有之义

我们党是一个由革命党转化而来的执政党，不仅长期居于执政地位，而且还是领导中国特色社会主义事业的领导党，对于一个兼具执政党和领导党双重身份的马克思主义政党，党执政的合法性取决于民心，即人民的认同。如何赢得民心，如何保持党的先进性和纯洁性，如何在长期执政中有效防控执政风险，是党必须积极应对的现实课题。中外政党执政的经验教训昭告我们，党内民主是党内监督的基础和前提条件，而党内监督则是党内民主的必然要求，二者相互包含，相互制约。党内民主搞好了，党员的知情权、参与权、监督权等各项权利就有了保障，党才能在执政过程中确保权力不至于集中到少数人手中而被滥用，让权力始终在严格的监督下运行，切实做到权为民所用。党内监督实质上是对权力的监督与制约，是党内民主的保障。一个缺乏监督的执政党不可能遵循民主的原则治国理政，没有监督的民主也不可能是真实的民主，正是有了卓有成效的党内监督，才能实现党内程序民主和党内实体民主的合体。党内监督是党内民主的体现，监督本身就包含着对民主实现程度的监督。如若一个执政党没有形成有效的党内监督机制，党内民主就无从谈起，也就很难保证这个政党能够按照人民的意愿行使权力。因而，强化党内监督就是优化党内民主，党内监督是党内民主题中应有之意。

（二）党内监督是确保权力正确运行的根本保证

列宁认为，党“不仅受党的‘上层’的监督和领导，而且受党的‘下层’，受全体加入党的有组织的工人的监督和领导”。中国共产党在中国既是执政党又是领导党，目前已拥有 8900 多万名党员和 440 多万个基层党组织，毋庸置疑，党拥有巨大的权力。而这样一个规模庞大的党组织如何行使权力，并确保权力的正当性，这是我们党必须应对的课题。显然，就党内而言，党的权力是由全体党员赋予的，但现实中不是也不可能是全体党员集体行使权力，而是由党的各级组织和少数党员干部代行权力，也就是说，权力的所有者和权力的执行者是不相同的。实践证明，我们不能预设所有的党组织和党员干部都能代表全体党员正当地行使权力，相反，有的党员干部在利用手中的权力充当为自己或小集体谋取私利的工具，这足以说明，权力不受监督和制约就可能被异化和滥用。监督党的各级组织和党员干部是否代表全体党员的意志行使权力，是否依照党章和党规党法的要求严于用权，这是党员的一项基本权利，也是党内监督的重要内容。

（三）党内监督是落实全面从严治党战略举措的主渠道

全面从严治党是中国共产党为应对各种风险考验、化解执政危险提出的重大战略举措。中国共产党兼具执政党和领导党双重身份，这一特殊地位决定党内问题的解决主要依靠自身的力量，换言之，党必须要具有强大的自我监督和自我纠错能力，才能破解党面临的种种难题，达到“自我净化、自我完善、自我革新、自我提高”的目标。监督不仅能防患于未然，使党员干部对权力有敬畏心理，谨慎用权，而且能通过周密的监督把任性的权力关进制度的笼子里，构筑“不想腐、不敢腐、不能腐”的廉政监督网络体系。全面从严治党，就是要从思想、纪律、作风、廉政等各方面严格要求党员干部，尤其是领导干部这一“关键少数”，严格要求必然需要在严格监督的基础上进行，全面从严治党的成效在很大程度上取决于党内监督是否完善，没有严格周密的党内监督，全面从严治党也只能是流于表面和形式。党内监督同全面从严治党一样强调“全面”二字。所谓“全面”，是指不仅监督党员干部的从政行为，而且还要监督党员干部的从政道德；不仅重视自上而下的监督，而且要重视自下而上的监督；不仅注重经济领域的监督，而且注重政治、文化等领域的监督。党内监督还要凸显一个“严”字。所谓“严”，一是要设计严密、科学的监督制度体系，把“权力关进制度的笼子里”；二是制度的执行要严，党内任何党员干部都要依规依纪接受严格监督，确保人民赋予的权力始终用来为民谋利。

（四）党内监督是党提高执政成效、摆脱“历史周期律”怪圈的根本途径

中国共产党能够成为执政党是人民的选择，当然这种选择不是说我们党可以一劳永逸地成为执政党，如果党取得了令人民满意的执政成效，党的执政地位就牢不可破，否则，就有丧失执政地位的风险。党内监督就是要使我们的党员干部珍视手中的权力，牢记党的宗旨，始终利用权力用来为民服务，不断提高执政成效。在取得执政地位之前的革命战争年代，以毛泽东为核心的党的第一代中央领导集体，对于破解“历史周期律”问题已经有了答案，强调要通过民主的方式加强对党和政府的监督。监督是为了使党对人民赋予的权力有敬畏之心，不能有丝毫懈怠，更不能利用权力谋取私利。监督当然既包括人民对党的监督，也包括党内的监督。现在看来，对于一个拥有8900多万党员的执政党而言，党内监督更为关键。我们党既然把人民的利益看得高于一切，就不应遮蔽自身存在的问题，而是敢于自我监督，自我纠错，利用自身的力量把问题解决在萌芽状态，不断增强自身的免疫力。党内监督做得好，党就能凝聚党心民心，从而取得令人民认同的执政成效，任何外部力量也就不可能撼动党的执政地位。

二、党内监督的难点

在新的历史方位下，中国共产党在取得巨大执政成就的同时，面临的考验和风险也前所未有，无疑，党内监督是我们党保持纯洁性、先进性的重要战略举措。党内监督归根结底是对权力的监督，是党更深层次的自我约束与完善，不过，当前还存在诸多影响党内监督的因素和难点：

（一）党内监督意识不强

“思想是行动的先导”，党内监督意识的强弱直接影响党内监督的实效性。尽管自建党以来，我们党就十分重视加强对自身的监督，但不可否认的是，一些党员干部至今对党内监督仍然存在一些片面的认识。例如，一些党员干部党性意识不强，缺乏大局观念，对党内监督有排斥心理，认为上级监督是“不信任”，同级监督是“不友好”，下级监督是“找茬”，不愿主动查找问题，自觉接受监督。再如，一些党员干部没有意识到党内监督是党“自我净化、自我完善、自我革新、自我提高”的战略举措，是党对人民负责、赢得民心的一大法宝，而是错误地认为，党内监督暴露的问题，影响了党的执政形象，动摇党的执政地位。殊不知，如果我们党不加强自我监督，故意遮蔽存在的问题与不足，那样才可能会失去民心，动摇党执政的根基。又如，一些党员干部不以党的事业为重，而是奉行“多栽花、少栽刺”的明哲保身哲学，认为党内监督会得罪人，遭来打击报复，即使发现违反党规党纪的问题，也不敢甚至不愿履行监督职责。显然，这些对党内监督的种种曲解是影响党内监督成效的重要因素。

（二）党内监督制度滞后

王岐山指出，“没有制约的权力是危险的，制度应起到制衡的作用”。党内监督的实效性，需要依靠党员干部监督意识的增强，更需要依靠科学规范的监督制度。2003年我们党颁布了《中国共产党党内监督条例（试行）》（以下简称《条例》），《条例》的颁布施行，使党内监督开始步入制度化、规范化的轨道，对于落实党要管党、从严治党的方针，发挥了积极的效应。同时，在全面从严治党的新形势下，《条例》与新实践新要求不相适应的问题也越来越显现出来。一是党内监督的内容需要进一步完善。例如，违反八项规定精神问题、反“四风”问题等，是饱受人民群众诟病的突出问题，当然应成为现阶段党内监督的重要内容；二是有些规定比较原则化，责任主体不够明确，实际操作性不强。如党的各级委员会和党的各级纪律检查委员会的监督职责如何落实，如果监督不力，责任应由谁承担，承担什么样的责任等，没有在监督条例中做出具体规定；三是监督的方式方法不明确，监督程序不够规范。可见，监督制度内容滞后，且缺乏程序化、规范化的监督路径，是影响党内监督成效的重要因素之一。

（三）党内监督主体的动能不足

党内监督主体是指在党内监督活动中，对党的各方面工作以及党的各级组织和党员干部实施监督的各级党组织、专门机关和全体党员。如果把党内监督视为党的免疫系统的话，那么，党内监督主体就是党免疫系统中实施免疫功能的免疫组织、免疫器官和免疫细胞。党内监督主体只有具备实施监督的强劲动能，才能真正履行监督职责，发挥监督主体的作用。当前，党内监督的动能还不能适应全面从严治党新常态的要求，主要表现为：党内还没有形成上下联动、互相制约的监督体系，监督缺位或流于形式，“上级难以监督、同级不愿监督、下级不敢监督”的现象较为普遍；党员主体监督的基础地位及作用没有得到充分发挥，党员主体对各级党组织和党员领导干部民主监督的渠道不畅通，监督的积极性不足，存在“不敢监督”、“不能监督”和“不会监督”的问题；纪检机关作为专门的监督机构，主要受同级党委的横向领导，独立性不强，权威性不够，难以发挥应有的监督职能。

（四）对权力受托者的监督，尤其对主要领导干部的权力监督制约弱化

监督，从本质上说是委托之权对受托之权的监控，也可以说是权力的委托者对受托者的制约和控制。就党内而言，权力的所有者是全体党员，权力的受托者是党的各级组织和党员领导干部，因而，“党内的一切事务要由一律平等的全体党员直接或者通过代表来处理”。换言之，全体党员即权力所有者有权利对权力受托者即党的各级组织和党员领导干部施行监督。权力的监督主要包括监督权力的授予是否正当，权力的运行是否规范，权力是否被滥用。当前存在的问题：一是权力授予过程中由于党内选举制的缺失，党员的主体地位没有凸现出来，各级领导干部主要不是由党员选举产生，而是由党的上级领导机构或党的上级负责人任命或变相任命，导致党员权力授予权缺失，对权力受托者缺乏监督；二是党务公开制度不完善，权力的运行不能做到公开、透明，广大党员难以准确了解党组织的权力运作过程、选人用人取向以及领导干部的从政行为、从政绩效等，使党员监督难免会陷入监督困境；三是党的各级主要领导干部权力过于集中，决策权、执行权、监督权往往集中到一个人身上，党员缺乏对领导干部监督的有效途径，对各级党政“一把手”的监督弱化、虚化。

三、强化党内监督的路径选择

“党的执政地位，决定了党内监督在党和国家各种监督形式中是最基本的、第一位的。”强化党内监督需要培育与党内监督协同发展的政治文化，完善党内监督制度，充分发挥党内监督主体的能动作用，加强权力运行的制约和监督。

（一）培育与党内监督协同发展的政治

文化

政治文化作为潜在地影响人们政治行为的心理因素，属于政治系统的“软件”部分，是人们对于政治生活的政治价值取向模式，主要包括政治认知、政治情感和政治评价三个基本成分。党内监督离不开政治文化土壤，培育与党内监督相适应的政治文化是强化党内监督的重要路径。

党内监督需要培育民主平等的政治文化。党内民主是党内监督的前提条件，如果党员享受不到民主平等的权利，党内监督就无从谈起。而中国是一个经历了2000多年封建社会的国家，封建社会属于等级社会，没有民主平等可言，中国共产党领导建立新中国后，封建制度被消灭，但封建意识却不可能自然而然地在人们头脑中消失掉。可见，民主平等观念的培育，对于我们这样一个背负着沉重历史包袱的国家来说，具有特殊的难度。培育民主平等的政治文化，需要加强对党员干部的教育，使他们从思想上认识到党内民主是党的生命，关系到党的生死存亡。同时，还需要从制度上保证党员民主平等权利的实现，通过制度的硬约束，让民主平等的观念转化为党员的行为习惯。民主平等氛围形成以后，党员领导干部在行使权力的时候就会受到严格监督，确保党和人民赋予的权力用来为党和人民服务。

党内监督需要培育依法依规治党的政治文化。党内监督是在全面依法治国、全面从严治党的背景下，依据党规党法管党治党的战略举措。实践表明，通过搞群众运动的方式监督党员干部，虽然在特定的历史条件下也能奏效，但却不够深入也不够持久。惩罚不是监督党员干部的目的，相反，监督主要起一个预防和警示的作用，是为了更好地保护党员干部。在实施党内监督过程中，监督者依法依规监督党员干部，既能够保护受监督者正当的合法权益，也能够使他们受到教育和监督。法治的观念一旦深入人心，党员干部对法规就会形成敬畏心理，内化为他们判断是非的标准，违纪违法的现象自然会减少，监督的成本和代价随之降低，监督的效果则因之而上升。

党内监督需要培育保障党员权利的政治文化。党内监督是党员的一项基本权利，而权利意识不可能自发产生，需要较长时期的自觉培育。受“官本位”等封建等级文化因子的影响，一些党员认为对领导干部只有服从的义务，没有监督的权利。权利意识不被唤醒，导致监督的内在动力不足，监督的社会环境难以形成。保障党员的监督权利，除了靠教育以外，还应引入激励机制和保护机制，破除阻滞党员监督的各类障碍，让敢于监督的党员受到表彰和重用，让打击报复监督者的人受到惩罚，在党内形成维护监督权利不受侵犯的政治文化环境，激发党员监督的积极性。

（二）完善党内监督制度

我们党在从一个革命党向执政党转型的过程中，尤其是经历“文革”之后，开始逐步意识到制度治党的重要性。邓小平曾深刻地指出，“我们过去发生的各种错误，固然与某些领导人的思想、作风有关，但是组织制度、工作制度方面的问题更重要。……领导制度、组织制度问题更带根本性、全局性、稳定性和长期性。”党在改革开放后的执政实践表明，制度是一种带有强制性的刚性约束，是我们党自我革新、自我完善不可或缺的利器。

党的十八届六中全会强调，“党内监督必须贯彻民主集中制，依规依纪进行，强化自上而下的组织监督，改进自下而上的民主监督，发挥同级相互监督作用。”设定规范严谨的监督制度，规矩也就立起来了，就如同给每位党员干部戴上了“紧箍咒”，任何人都没有置身于制度之外的特权，违背制度就要受到党纪党法的惩处。

当然，党内监督制度的完善及其效能的发挥不可能一蹴而就。不可否认，尽管现在我们已经清醒地意识到监督制度的重要性，也制定了一系列党内监督制度，但显然并没有完全达到预期的目标和效果，在制度的制定、执行过程中还存在许多不能回避的问题需要解决。当前，依据党的十八届六中全会通过的《中国共产党党内监督条例》，我们应主要从以下几个方面进一步完善和执行党内监督制度：一是适应新形势新任务的要求，制定和推行党员领导干部权力清单制度，发挥好党内监督“把权力关进制度的笼子里”的功用；二是制定针对领导干部这一“关键少数”的监督制度，强化对“一把手”的监督；三是党内监督制度减少原则性的、粗线条的、有弹性的规定，增加具体的、刚性的规定，强化监督制度的实施和监督效能的发挥；四是完善党内监督制度程序，明确落实实体性制度的形式、途径和步骤，增强制度的执行力；五是完善党内监督的执行和保障机制，建立党员领导干部利用职务权力干扰、破坏党内监督的责任追究制度，保障普通党员履行监督的正当权利。

完善党内监督制度，需要把制度的制定与制度的执行有机地结合起来，二者不可偏废。有了好的制度，如果不能严格执行，不能成为党员干部的行为准则，制度就成了形同虚设的“纸老虎”、“稻草人”。党内监督制度的权威和魅力在于不折不扣地执行，坚持制度面前人人平等的原则，执行制度不搞“下不为例”。唯有如此，每一个党员干部才会发自内心地敬畏制度，信仰制度，制度才有价值和生命力。

（三）激发党内监督主体的动能

党内监督主体是党内监督活动的实施者，包括党的各级组织、专门机关和全体党员。党内监督能否取得预期的成效，主要依赖党内监督主体能动作用是否得到充分的发挥。

激活党内监督主体的内在动力是激发党内监督主体动能的内驱力。“徒法不足以自行”。监督主体是监督活动的具体执行者，负有监督的责任和义务，但如果内在动力不足，消极对待党内监督，再好的监督制度也难以保证监督目标的实现。因而，激活党内监督主体的动力，是做好党内监督的关键。党内监督主体的根本动力源自党和人民的利益。这种利益的驱动，一方面从党和人民根本利益的角度，通过卓有成效的思想政治教育，提高监督主体对党内监督重要性的认识，进而积聚自觉监督的动能；另一方面，从责任和义务的角度，依据党内法规对监督主体提出具体要求，由外在的约束转化为内在的动力。可见，党内监督既是自觉监督也是责任监督，激活党内监督主体的动力，一靠教育，二靠法规。另外，还要引入奖惩机制，科学考评党内监督主体的监督成效，调动监督主体的积极性和创造性。

保障党内监督主体权力的有效行使是激发党内监督主体动能的必要条件。党内监督本质上是以权力监督制约权力，确保党赋予的权力不被滥用和异化。监督主体履行监督权力，不是出于道义，而是依据党章和党规党法要求应当承担的责任和义务。根据党章和有关党规党法的规定，党内监督主体拥有知情权、批评权、咨询权、检举权、罢免权等多项监督权力，这些权力是保证党内监督工作展开的基本条件。党内监督主体拥有权力，还需要充分利用权力，科学配置权力，既要保证权力的正当性、合法性，还要保证权力的实效性。当前，监督主体在行使权力方面关键要注意：一是要将各监督主体的权力进一步细化、具体化，避免因为一些模糊化的规定而导致监督缺位；二是要保障监督主体权力的独立性和权威性，避免监督主体受制于监督客体的现象；三是要强化和保障党员这一监督主体的权益，健全举报人保护和奖励制度，建立党员在党内生活中正常反映意见的制度；四是要明确监督主体履行权力的程序，保证监督渠道的畅通。

提升党内监督主体的监督能力是激发党内监督主体动能的前提和保证。党内监督不同于一般意义上的监督，政治性、原则性、规范性方面的要求很强。因而，党内监督主体要履行好监督职能，必须要有较高的党性修养和政策理论水平，熟悉党内法规，熟知党的路线方针政策，能够依法依规行使监督权力，明确监督目的，科学选择监督方式，严格按照监督程序办事。否则，监督主体的热情再高，权力再大，也难以胜任党内监督的职责。尤其是在消极腐败现象易发多发的市场经济条件下，党内廉政建设的任务更加严重，违规违纪行为也愈加隐蔽，党内监督的难度加大，对党内监督主体的能力也提出了更高的要求。

（四）加强权力运行的制约和监督

权力的制约和监督，顾名思义就是对权力进行限制、约束、监视和督促。加强权力运行的制约和监督，是党内监督的核心问题，也是党内监督的治本之策。习近平强调指出："要加强对权力运行的制约与监督，把权力关进制度的笼子里。"从权力的构成看，其主要包括决策权、执行权和监督权三大权力，因而，加强权力运行的制约和监督，关键是对这三个方面权力的监督、制约与协调。

党的十八大报告提出，要"坚持科学决策、民主决策、依法决策，健全决策机制和程序，发挥思想库的作用，建立健全决策问责和纠错制度。"决策权是权力行使的首要环节，关系到党和人民的切身利益，对决策权的制约和监督，是从源头上遏制腐败的关键。因而，要做到"把权力关进制度的笼子里"，必须要解决决策权"入笼"的问题。制约和监督决策权，确保党内决策权的法治化、科学化，一是要遵循民主集中制的原则，规范决策程序，充分尊重党员在决策中的权利，严格限制"一把手"的权力界限，避免民主集中制被异化为权力集中制；二是明确责任主体，建立奖罚分明的决策责任制，将决策考评结果与决策者的职务晋升、工资待遇挂钩；三是要以党规党法为依据，引导党员领导干部树立法治理念，以法治方式行使决策权。

按照党章规定，党的各级委员会行使党的执行权，对党的各级代表大会负责并报告工作、接受质询。在我们党的政治生活中，执行机关担负着贯彻执行党的路线方针政策以及党规党法的政治任务。党的领导职能和执政职能也是通过党的各级委员会行使执行权来实现的。因而,执行权在党内权力结构中发挥着中枢作用。为了确保执行机关权力的合理运行,执行权同其他权力一样需要受到监督和制约。为此,一是要设定党内执行机构的权力界限,避免权力越位、缺位、错位;二是实行党务公开和权力清单制度,要"推进权力运行公开化、规范化,完善党务公开、政务公开、司法公开和各领域办事公开制度,健全质询、问责、经济责任审计、引咎辞职、罢免等制度,加强党内监督、民主监督、法律监督、舆论监督,让人民监督权力,让权力在阳光下运行。"避免暗箱操作;三是要吸纳西方分权制衡原则的合理成分,党委会各成员之间应形成分工合理、相互制约的权力关系,重大事项由党委会集体决定,实行票决制;四是权力运行法治化,不因领导人的改变而改变。

党的各级纪律检查委员会是党内监督的专门机关,负责行使党内监督权,对党员干部,尤其是对党员领导干部是否依法依规运用权力进行监督。任何公权力都需要监督与制约,监督权当然也不例外。因而,谁来监督监督者,如何监督监督者,是我们党必须破解的难题。为了避免"灯下黑",防止监督权的滥用,确保监督权的规范运行,需要采取以下几个方面的措施:首先,依照《中国共产党党内监督条例》的规定,"各级纪律检查机关必须加强自身建设,健全内控机制,自觉接受党内监督、社会监督、群众监督,确保权力受到严格约束。"为此,应尽快制定《中国共产党纪律检察机关监督执纪工作规则》,通过制度制约监督执纪权力;其次,加强同级党委和上级纪委对各级纪检部门的监督,发挥好同级党委和上级纪委的双重领导作用。再次,扩大党员干部的监督权,疏通党员干部表达意见、反映问题的渠道,及时受理党员干部的来信来访,从而形成对纪委直接、有效的监督;另外,发挥好党媒的监督作用,通过被称为"第四种权力"的舆论监督制约、规范监督权的行使。

综上,党内监督是党增强"自我净化、自我完善、自我革新、自我提高"能力的重要途径,加强党内监督需要深入分析影响党内监督的各种因素,破解制约党内监督成效的难点,多方面探求党内监督的有效路径。

(作者:河南科技大学马克思主义学院副教授)

中国共产党为什么要强调廉洁自律

李庆云

党的十八届六中全会将“建设廉洁政治,坚决反对腐败”提高到“加强和规范党内政治生活的重要任务”的高度,这一新提法和新思想顺应了时代的呼声和人民的期盼,彰显出中华民族遵循历史发展规律的廉洁文明,更体现出马克思执政党的内在根本要求。广大党员和干部必须从历史和现实两个维度出发,全面深刻地认识中国共产党加强廉洁自律的严肃性和无条件性,不断增强遵纪守规、慎独守节和严于律己的自觉性。

一、廉洁自律是马克思主义建党思想的重要内容,也是马克思主义政党先进性的必然要求

马克思和恩格斯一向重视共产党的先进性,将党的先进性理解为无产阶级先锋队的生命,视为党保持创造力的基础。其中,关于党的先进性的内涵,马克思、恩格斯指出,它“没有任何同整个无产阶级的利益不同的利益”,党以消灭私有制为革命的最终目的,以自己的廉洁清白和公正无私,联合一切可能的同盟者,努力争取全世界的民主政党之间的团结和协议,并始终对工人阶级及其他阶级和基层的劳动人民进行广泛的教育。

1871 年 6 月,为总结巴黎公社经验教训,马克思、恩格斯撰写了《法兰西内战》,对巴黎公社实行普选、监督、罢免和废除高薪制给予了很高评价,指出:反对特权、实行底薪制和防止国家工作人员生活特殊化,是“防止国家和国家机关由社会公仆变为社会主人”的两个正确的办法。对无产阶级政党加强自身建设,马克思和恩格斯尤其强调以无产阶级世界观改造党内非无产阶级立场,净化党的肌体,巩固党的无产阶级性质,保持和提高党的先进性。

在马克思、恩格斯之后,列宁从领导苏联社会主义革命和建设的实际出发,在继承和灵活运用马克思主义的基础上,对无产阶级政党自身建设提出了新的思想理论观点。列宁指出,无产阶级夺取并建立了自己的国家政权后,必须注意加强执政党自身的组织建设,强调共产党必须通过端正自己的政治立场和态度,“同大多数工农群众保持牢固的联系”。

针对托洛茨基等人所持的党同工会、群众关系的错误观点以及现实中布尔什维克党的实际状况,列宁严肃地发出警告:“对于一个人数不多的共产党来说,对于一个作为工人阶级的先锋队来领导一个大国在暂时没有得到较先进国家的直接援助的情况下向社会主义过渡的共产党来说,最严重最可怕的危险之一,就是脱离群众。”他极其严肃地批评了党内官僚主义、特权思想、腐化堕落、违法乱纪、骄傲自满、不负责任等严重脱离群众的错误倾向和消极现象。列宁在马克思和恩格斯之后,首次对无产阶级政党执政和在执政

条件下从严治党进行了探索,提出了加强文化、思想政治教育,反对官僚主义,建立监察制度,完善法制,建立廉价政府等一系列新的观点和主张。这对于马克思主义政党进行自身建设发挥了极大的鼓舞和正确的引领作用。

二、推进中国共产党自身建设的伟大工程必然要求加强廉洁自律

在革命、建设和改革开放的各个历史时期,中国共产党始终坚持以马克思主义为指导,将马克思列宁主义的建党学说不断自觉运用于指导党的自身建设伟大实践。

1929 年,毛泽东依据“红军第四军的共产党内存在着各种非无产阶级的思想”,特别是红军中存在着的享乐主义,提出了克服各种非无产阶级思想的原则和方法,强调要最紧迫地开展党内教育以解决“思想入党”的根本问题和重大问题。1934 年 1 月,毛泽东指出:“应该使一切政府工作人员明白,贪污和浪费是极大的犯罪。”

1942 年至 1945 年,毛泽东根据很大数量的党员“不免或长或短地拖着一条小资产阶级的尾巴”的状况,领导全党深入开展了以马克思主义克服党内“三风”的延安整风运动,并于 1944 年 4 月通过评价郭沫若所写的《甲申三百年祭》,要求以李自成起义失败的教训为鉴戒,警惕重犯胜利时骄傲的错误。

1949 年 3 月全国胜利前夕,毛泽东针对党内存在着的和革命胜利后可能发生的“骄傲情绪,以功臣自居的情绪,停顿起来不求进步的情绪,贪图享乐不愿再过艰苦生活的情绪”的低俗享乐主义,向全党发出了务必继续保持谦虚、谨慎、不骄、不躁和艰苦奋斗作风的警示和敦勉。

1951 年 11 月,毛泽东觉察到党内存在着的贪污、浪费和官僚主义问题,指出腐化堕落分子是“叛变人民的敌人”,打击党内大小老虎,是“一场大斗争”,强调必须雷厉风行、不要放松,“务将一切贪污分子追出而后止”,“不得姑宽”、不得“遗祸将来”。1956 年 9 月,党的八大提出了加强党的建设的正确路线,表现出了党在执政条件下从严治党的高度自觉性和对党内腐败敢动真格、敢于碰硬的坚定决心和巨大魄力。

邓小平在 1978 年领导党和国家实行改革开放政策之后,一如既往地秉持共产党人廉洁自律的从政准则。一是继续强调坚持中华民族和中国共产党长期以来的艰苦朴素优良传统,将“两个文明一起抓”作为党和国家永远要坚持的奋斗方向;二是倍加重视领导干部勤俭节约、廉政守节和率先垂范;三是高度重视党和国家领导干部制度的改革,着力制定和执行党内法规和制度,力求从稳定性、全局性、根本性和长远性上实行依规治党。他多次强调:“我们的国家越发展,越要抓艰苦创业。”并且指出:领导干部特殊化、走后门、铺张浪费、损公利己、不接受监督等这些违法乱纪与腐败现象会败坏党风和社会风气。要求领导干部要“夹着尾巴做人”,要“很谨慎,一点不能疏忽”,要“勤俭办一切事情”。他勉励全党只有守住艰苦朴素这个传统,才能抗住腐败,我们党才有希望,国家才有希望。

江泽民同志针对全党特别是党员领导干部的廉洁自律也提出了明确要求。他指出,是艰苦奋斗、勤俭朴素,还是铺张浪费、奢侈挥霍,涉及一个共产党员的基本政治素质,是

对党员和干部政治立场、政治观点、政治鉴别力的一种考验。他向党内追求奢靡腐朽生活方式的党员和干部发出警示:"贪图享受,自毁前程。"他要求领导干部不仅要管好自己,还要管好配偶子女和身边工作人员。

胡锦涛同志针对党内一段时间拜金主义、享乐主义、奢靡之风蔓延态势,要求全党同志务必讲操守、重品行、多检点,务必注重培养健康生活情趣、保持高尚精神追求、摆脱低级趣味,务必注意净化社交圈、择善而交、加强警惕。他对全党特别是党员领导干部保持共产党人的政治本色提出了"带头执行""带头反对""带头抵制"的殷切希望。

党的十八大以来,以习近平同志为核心的党中央,以高度的紧迫感、危机感以及使命感、责任感,站在党要管党和全面从严治党的战略高度,对加强党员干部廉洁自律提出了一系列新要求。习近平总书记深刻指出:"我们党作为执政党,面临的最大威胁就是腐败。"他谆谆告诫全党:"如果不坚决纠正不良风气,任其发展下去,就会像一座无形的墙把我们党和人民群众隔开,我们党就会失去根基、失去血脉、失去力量。"他还指出:"干部廉洁自律的关键在于守住底线。只要能守住做人、处事、用权、交友的底线,就能守住党和人民交给自己的政治责任,守住自己的政治生命线,守住正确的人生价值。"

将自律与他律统一起来,将思想建党与制度治党统一起来,将完善政治规矩、健全制度与提升党员干部思想政治觉悟统一起来,才能筑牢党员干部廉洁自律的堤坝。2016年10月召开党的十八届六中全会,将"建设廉洁政治,坚决反对腐败"提高到是"加强和规范党内政治生活的重要任务"的高度。这一新提法和新定位再次突出了廉洁自律的重要意义和创新执行廉洁自律的紧迫性。全会审议通过的《中国共产党廉洁自律准则》和《中国共产党纪律处分条例》,为党内实行自律有遵循、他律有依据提供了强有力的制度保障,也鲜明体现了马克思主义建党理论与实践创新的时代成果。

三、巩固反腐败斗争成果,解决好不想腐的问题,必须加强廉洁自律

96年来,中国共产党从诞生之时不足百人的小党,成长为一个拥有8900多万党员的执政大党,其中最重要的一条经验就是从严治党。党要保持两个先锋队的性质,要永葆其先进性和纯洁性,并带领全国人民完成中华民族伟大复兴的中国梦,就必须全面从严治党。处于全面深化改革的重要阶段,党面临着严峻的考验和巨大的危险,只有在党内构建起铁的纪律与规范,严格执行党纪党规,才能使党化险为夷,转危为安,才能完成这个光荣而艰巨的历史使命。

党的十八大之后,党中央从严治党"重拳出击","老虎苍蝇一起打",反腐败取得了巨大成效,党内政治生活有明显好转,但反腐败形势依然复杂严峻,党内政治生活中一些突出问题依然存在,一些政治顽疾亟待医治:理想信念不坚定、对党不忠诚、脱离群众、个人主义、宗派主义等不同程度存在于部分党员中间;形式主义、官僚主义、享乐主义和奢靡之风等问题突出;任人唯亲、买官卖官、拉票贿选等现象屡禁不止;滥用权力、贪污受贿、腐化堕落、违法乱纪等滋生蔓延。信仰缺失、信念动摇严重侵蚀党的思想道德基础;个人主义、宗派主义等之猖獗严重破坏党的团

结和统一；选拔任用等制度失之公平破坏党在人民群众中的形象和威信；贪污腐败之屡禁不止严重破坏党和人民群众的血肉联系。这些问题都迫切要求一方面持续推进反腐败斗争，形成强力震慑，解决好不敢腐的问题，同时强化制度建设、扎牢制度笼子，解决好不能腐的问题，另一方面更要进一步加大党员干部廉洁自律教育，让每个党员从思想深处筑牢防腐拒变的堤坝，解决好不想腐的问题。

针对怎么才能做到廉洁自律、实现“不想腐”，习近平总书记在这方面作过一系列指示，概括起来就是以下几个方面：

首先是坚定理想信念，补足精神之“钙”。理想信念的缺失好比思想上的“雾霾”，有了崇高的理想信念就有了健康的、积极的精神追求，就不会消极、颓废，思想就会“干净”起来，就能经受住诱惑和考验，永葆忠诚、干净、担当的政治本色。

其次是强化宗旨意识，站稳群众立场。始终把党员干部联系群众看作“最大优势”，把服务群众看作“最大责任”，把脱离群众看作“最大危险”。身为党员干部，就是要讲大公无私、公私分明、先公后私、公而忘私，和群众一块苦、一起过、一同干。

再次是严明纪律和规矩，做政治上的“明白人”。不以规矩，不能成方圆。“不想腐”靠自觉也靠他律，党章、党纪、国法，还有党的优良传统，都是全党必须遵守的规矩，广大党员干部必须牢固树立纪律和规矩意识，在守纪律、讲规矩上作表率。

最后是强化廉政教育，培育廉洁价值理念。把廉政教育纳入干部教育培训规划，有针对性地开展示范教育、警示教育、岗位廉政教育，使“不想腐”成为思维习惯和价值取向，并升华为廉洁从政的政治操守，转化为拒腐防变的能力。

（作者：上海社会科学院中国马克思主义研究所副研究员）

新时期反腐败机制构建研究

刘　峰　戴树源

习近平总书记在党的十八届五中全会提出要“着力构建不敢腐、不能腐、不想腐的体制机制。”近年来,通过持续保持高压态势,以零容忍态度惩治腐败,坚决查处违纪违法问题,在减少腐败存量、遏制腐败增量的工作上取得重大进展。通过以惩促治,在深化改革过程中,正逐步形成反腐败的有效机制。当前,亟须进行实践的总结与理论的升华,探索形成有效的反腐败机制。本文拟从如何构建不敢腐、不能腐、不想腐的反腐败机制展开论述。

一、保持惩腐之“势”,增强刮骨疗毒的政治定力,形成“不敢腐”的有效机制

党的十八大以来,以习近平为总书记的党中央以刮骨疗毒、壮士断腕的勇气,继续保持惩治高压态势,以零容忍态度坚决查处违纪违法问题,高悬惩腐之“剑”,坚持“攻坚战”和“持久战”一起打,形成并保持了三个“高压态势”:一是惩治腐败,“任何人触犯了党纪国法都要依纪依法严肃查处,决不姑息”,坚持无禁区、全覆盖、零容忍,有案必查、有腐必反、有贪必肃,加大查处办理贪腐案件的力度。二是狠刹“四风”,坚持早发现早惩处、一查到底、违法必究。各级纪检监察机关针对各专项整治工作展开严格的监督检查,对违规发放津贴、违规配备使用公务用车、违规收送礼品礼金等进行查处。三是严厉打击犯罪活动,遏制黑恶势力。针对黑恶势力渗透党政机关、寻找“保护伞”等问题,把反腐败和打黑除恶结合起来,严厉打击各类犯罪活动,坚决遏制黑恶势力横行,形成了对腐败分子的强力震慑,有力地遏制腐败蔓延的势头,达到了“不敢腐”的初步成效,良好的政治生态正在形成。

1. 坚持刮骨疗毒、壮士断腕的坚决态度,保持正风肃纪的力度。党风廉政建设和反腐败斗争是当前的重大政治任务,不可能毕其功于一役,必须坚持常抓不懈,坚持久久为功,着力打好“攻坚战”和“持久战”。

一是坚持落实“八项规定”,坚决反“四风”,打好正风肃纪的“组合拳”。近年来,通过查处一批大案要案,形成了对“老虎”、“苍蝇”的高压态势,得到了人民群众的衷心拥护。但是,反腐败的形势依然严峻复杂。因此,要保持政治定力,持续强化不敢腐的氛围,严肃查处和曝光典型的腐败案件,使有问题的干部及早收手收敛,使有想方设法捞点好处的人住手,使正在搞“四风”的人断念,把严格查处的威慑力贯穿到日常工作当中,形成常抓细抓作风建设的习惯和风气,实现正风肃纪的常态化。

二是坚持整治“庸懒散奢”,破解“中梗阻”,打好实现正风肃纪的“持久战”。“四风”问题积习甚深,克服不良作风难以一蹴而就。治庸问责是正党风、净政风、淳民风的

有效实践,要重点整治“庸懒散奢”等不良风气,对顶风违纪,造成恶劣影响的干部要严肃处理,推动治庸问责常态化。要按照动员大众参与、敞开大门问责、敢于大胆问政的思路,把评判权交给服务对象和群众,让领导干部经常有红脸出汗的机会,实现从门难进、脸难看、事难办到马上办、帮你办、我来办的转变。要大力破解“中梗阻”,通过集中晒权、电子监察、查处曝光等方式,及时把规定制度化,列明违纪责任、处理办法,破除陈规陋习,提倡健康工作方式和生活方式,推动干部作风持续好转,使作风建设要求真正落地生根。

三是坚持完善反腐败工作机制,营造良好工作环境,打好正风肃纪的“攻坚战”。不断完善反腐败工作机制,根据各时期工作重点,抓住重要时间节点,开展专项治理行动,着力“解决发生在群众身边的不正之风和腐败问题”。深入抓好反腐败工作,及时掌握苗头性、倾向性问题,采取有针对性的措施,防止小问题演变成大案件,个人问题变成群体问题。坚持以锲而不舍的决心把目前作风转变的好势头保持下去,健全社会监督机制,扩大群众参与力度,畅通举报渠道,构建全民监督网络,健全通报曝光制度,让权力在阳光下运行。通过选择重要节点,分级分类、点名道姓内部通报或公开曝光一批典型案件。打好正风肃纪的“攻坚战”,使作风全面纯洁起来,以反腐败的新成效取信于民。

2. **保持全党动手、齐抓共管的坚强意志,加大严明纪律的力度。**“打铁还需自身硬”,纪律严明是党的光荣传统和独特优势。习近平总书记指出:“党要管党、从严治党,靠什么管,凭什么治?就要靠严明纪律。”严明党的纪律就是遵守和维护党章,把政治纪律和政治规矩突出出来,使党章党规的纪律要求发力生威。

一是切实增强纪律意识。党的纪律是铁的纪律,必须严格遵守、切实维护。通过加强对纪律的宣传,主动唤醒和强化组织意识、纪律意识和规矩意识,把纪律挺在前面。习近平总书记指出:“没有规矩,不成方圆”。要严守政治纪律和政治规矩,自觉践行“三严三实”要求,做到遵守党的纪律不讲价钱,有令必行、有禁必止,言论不越界、行为不越轨、干事不越底线,以更强的党性意识、政治觉悟和组织观念,不断提升思想境界,摒弃名利诱惑,做一个严格遵守党的纪律,对党忠诚,光明磊落,公道正派的好党员。

二是自觉严明政治纪律。执行政治纪律主要体现在能否做到对党忠诚、立场坚定、政治敏锐、敢于担当。严明政治纪律,必须自觉做政治上的“明白人”,在党为党、在党言党、在党忧党、在党兴党,在思想上筑起防线,在行动上明确界限,把严明政治纪律和政治规矩落到实处。

三是严格执行组织纪律。反腐败的现实表明,许多干部出问题是从违纪开始,干部的腐化堕落往往始于漠视党纪。严格执行组织纪律,就要强化服从意识,遵守和服从宪法法律,自觉服从组织决定,正确处理确保政令畅通和立足实际创造性开展工作的关系,工作安排要以贯彻中央精神和上级党委的决策部署为前提。强化责任意识,自觉做到对上负责、对下负责、对自己负责相结合,时刻做到对组织忠诚、对纪律敬畏。强化程序意识,自觉做到事前请示,事后报告,摒弃找关系、开后门的惯性思维和不良习气,让潜规则没有生存的土壤，不给腐败以可乘之机。强化底线意识，把从严管理看做是关爱，明确底线，划清红线，适应在约束中工作，习惯在监督下办事，不心存侥幸心理，做到不能做的坚决不做。严格执行党的纪律，要敢于板起脸来批评违反纪律的人和事，开展积极健康的思想斗争，主动拿起批评与自我批评这个武器，使纪律真正成为带电的高压线，营造风清气正的良好政治生态。

3. **保持猛药去疴、重典治乱的坚定决心，加大惩治腐败的力度。**党的十八大以来，通过严格查办、快速处理、重抓典型，形成并保持了“打老虎、拍苍蝇”高压态势，让干部群众看到了希望、赢得了信心。腐败问题影响恶劣，反腐败斗争是一项长期复杂艰巨的任务，要继续保持对腐败的惩治高压态势，形成对腐败分子的强大震慑，将反腐败斗争进行到底。

一是坚持以“零容忍”的态度惩治腐败，形成“减存遏增”的态势。党的十八大以来，反腐败取得了很大的成绩，但没有取得压倒性胜利，腐败活动有所减少但没有绝迹。要严格依纪依法查处各类腐败案件，始终保持对腐败分子的高压态势，坚持发现一处查处一处。要坚持对贪腐行为，即使违法违规的小错，也不因恶小而“置之不理”，不因初犯而“下不为例”，不因面广而“法不责众”，以不姑息迁就、不心慈手软、不养痈为患的态度做到有恶必除、有责必究，提高腐败成本，让腐败分子得不偿失，牢记“手莫伸，伸手必被捉”的道理。坚持党纪国法面前没有例外，真正做到反腐不怕权重，治贪不畏根深，反腐没有“禁区”，治乱没有“特区”。通过对腐败的“零容忍”，把反腐利剑举起来，使有问题的干部及早收手收敛，心存敬畏，切实减少腐败存量，坚决遏制腐败增量，营造“不敢腐”的社会氛围。

二是加大严厉惩戒的力度，形成“越往后处理越严”的态势。继续保持打“老虎”的势头，将位高权重的“老虎”绳之以法，让人民群众看到党中央清除腐败的决心和意志。砍断腐败利益的保护伞，清除攀附于“老虎”周围的腐败分子，惩治腐败的首要分子，有利于消除反腐败的阻力，提振反腐败的信心，激发起强大的全社会反腐败的正能量。继续加强拍“苍蝇”的密度，加快拍“苍蝇”的频率，针对数量大、分布广、职位低、权力小的特点，“大错不多，小错不断”的实际，在严早、严小、严防上下功夫，本着对事业负责、对干部负责的态度，坚持惩前毖后、治病救人的方针，对问题要早发现、早教育、早查处，防止小问题变成大问题。善于运用法治思维和法治方式反对腐败，持之以恒落实八项规定精神，坚决防止“四风”反弹，坚决查处十八大后不收敛不收手，问题反映集中、群众反映强烈的顶风违纪的行为。

三是保持反腐败的强大震慑，形成“诛一恶而众恶惧”的态势。以落实“两个”责任为着力点，持之以恒落实中央八项规定精神，坚决遏制腐败现象蔓延势头。高举巡视反腐利剑，把巡视摆上更加突出的位置，充分发挥巡视发现问题、形成震慑的重要作用，提高巡视的针对性和有效性。坚持大案小案一起查，通报和解剖典型案例，形成触高压线如飞蛾扑火的惩戒局面，形成“诛一恶而众恶惧”的态势。对十八大以后出现的违法违纪问题进行及时处理，切实提高反腐败法律法规的执行力，让腐败分子胆战心惊、惶惶不可终日，不敢再心存侥幸，不敢再从事腐败行为。

不断铲除腐败滋生的土壤，遏制腐败蔓延势头，切实推动“不敢腐”的制度建设。

二、整治腐败之“源”，扎牢反腐败的制度笼子，形成“不能腐”的有效机制

习近平总书记指出：“没有健全的制度，权力没有关进制度的笼子里，腐败现象就控制不住。”“要把笼子扎紧一点，牛栏关猫是关不住的，空隙太大，猫可以来去自如。”“要狠抓制度执行，扎牢制度篱笆，真正让铁规发力、让禁令生威。”现实中许多不良风气的形成、许多腐败行为的出现，在很大程度上是由于对权力监督制约的缺位造成。因此，必须加强对权力运行的制约和监督，把管权管事管人的制度笼子结密扎紧关严。

1. 从源头上有效防治腐败，最大限度减少体制障碍和制度漏洞，抓紧形成一整套“不能腐”的严密制度体系。防治腐败必须从源头防起，腐败的源头就是权力寻租和反腐败制度的漏洞。防止权力寻租和严密制度体系是源头防腐的关键。

一是结密反腐败法规制度笼子。要以最大限度地减少腐败机会、加大腐败的机会成本为着力点，切实加强法规制度建设，真正建立起一套让腐败分子不愿“冒险”、不敢“伸手”、不易“投机”的机制。针对高压态势下存在的“牛栏关猫”的问题，必须降低腐败的发生率，加大腐败的成本，提高腐败的可查处率，推动形成“不能腐”的有效机制。习近平总书记指出：“要善于用法治思维和法治方式反对腐败，加强反腐败国家立法，加强反腐倡廉党内法规制度建设，让法律制度刚性运行。”必须加大反腐败法规制度建设力度，逐步建立起系统完备的反腐败法律制度体系。完善廉洁从政的法律法规制度、政务公开制度、腐败行为惩处制度，减少和杜绝制度安排上存在的漏洞和薄弱环节，用制度规范权力运行、约束从政行为，挤压权力寻租空间，结密反腐败法规制度笼子，让任何腐败行为无空可钻，腐败分子无处可藏，确保反腐败法规制度网络的细密。

二是扎牢反腐败法规制度笼子。坚持以问题为导向、以制度建设为核心的一系列反腐败重大部署、重要举措相继落地生根，推进反腐败工作呈现制度化、规范化、常态化的良好势头。着力查找并弥补权力制约和监督、违法违纪行为查处、廉洁自律、反腐败工作机制等各个领域存在的法规制度“空白”，做到应建尽建，使这些领域中的各项反腐败建设、工作、活动都有规可依。通过健全党内监督制度，切实加强管理，适时将防治腐败的行政和党内法规制度转化为国家法律，以增强权威性、强制性和约束力，使制度成为反腐败工作的生命线，成为遏制腐败的高压线。

三是锁好反腐败法规制度笼子。有了制度“笼子”，权力才知道哪里是自身活动的空间和延伸的边界，才知道权力行使到哪里就应该“休止”。要把笼子上好锁，钥匙要另外一个人拿，实现权力的相互制约，做到不留“暗门”、不开“天窗”，锁定权力运行边界。针对反腐败法规制度执行上存在的主要问题，要确保有令必行、有禁必止，违者必究，不搞“酌情处理”、“下不为例”、“法不责众”，维护法规制度的权威。坚持“法律面前人人平等”、“制度约束没有例外”的原则，对违反反腐败法规制度的组织或个人，不论级别，一视同仁、依法依规惩处，绝不容许任何人享有可以干扰法规制度执行、突破法规制度约束、免

受违规惩罚的特权。

2. 扎实推进反腐败法规制度在重点岗位重点领域和重点环节的贯彻落实，抓紧形成化解廉政风险的防控体系。突出对权力行使的监督，在重点岗位、重点领域和重点环节形成一套全面覆盖、层层监管、责任到位的廉政风险防控体系，构建起“不能腐”的防范机制。

一是突出“一把手”管理。积极探索“一把手”监督的具体实施办法，突出对“一把手”用人用权的规范和监督。习近平总书记指出：“吏治腐败是最大的腐败，用人腐败必然导致用权腐败”。因此，必须贯彻执行《党政领导干部选拔任用工作条例》，纠正干部选拔任用方面的不正之风。突出对“一把手”资金使用权的管理和监督，运用好审计等手段，做好事前防范、事中管理和事后追踪的全过程监督。

二是突出重点领域管理。通过廉政风险评估，建立廉政风险台账，完善监督机制，发挥组织监督、民主监督和群众监督对权力的制约和风险防控作用，对重点领域提供坚强的监督保障。突出行政执法领域的监督，把行政执法领域作为监督重点，切实降低腐败发生几率。

三是突出重点岗位和重点环节管理。习近平总书记指出：“对矿产资源、土地出让、房地产开发等重点领域的腐败问题，要集中惩治，坚决遏制这些领域腐败现象蔓延势头”。对固定资产投资、国有土地和矿产资源管理、城市规划、食品药品质量、教育收费、医疗卫生服务、征地拆迁以及社保基金、住房公积金、扶贫救灾资金使用和管理等干部群众极为关注、反映较为强烈且问题易发多发的岗位和环节，要加强廉政风险防控，规范日常行为、公务活动、权力使用等，特别是把重大决策、重要干部任免、重大项目安排及大额度资金使用情况作为干部管理监督的重点。认真分析重点岗位和重点环节的廉政风险，制定监督防范措施。抓好各项制度的落实，及时发现和解决重点岗位干部队伍中存在的问题，加大对重点岗位干部违法行为的惩处力度，保持高压态势，突出警示教育，切实化解廉政风险。

3. 加强内外监督，大力推进舆论监督，形成有效监督的强大合力。当前，各种监督制度已经初步建立，要发挥好各种监督的作用，切实提高监督效能，形成监督合力。

一是强化内部监督。充分发挥党组织在机关反腐败工作中的主体责任，在层层签订党风廉政建设责任状的基础上，将党风廉政建设和反腐败工作纳入绩效考核，明确落实“一岗双责”，把廉洁自律情况纳入个人量化考评，考评结果直接与个人绩效目标奖金、各类评优评先和提拔使用挂钩。

二是加强外部监督。不定期对重要工作、重要项目进行监督，重点抽查，对政风行风情况明察暗访。针对单位或个人出现苗头性、倾向性问题，通过批评教育和谈话教育提醒的方式纠正错误行为，早打“预防针”，提高监督针对性。通过公布纪检举报电话等方式引导更多的干部群众加入社会监督队伍。干部群众拿起纪检举报电话的监督武器，及时向纪检监察机关监督举报，将会形成禁绝腐败现象的强大力量，实现监督内容和监督领域全覆盖。

三是推进舆论监督。新闻舆论监督的社会影响力越来越大，干部群众对其关注程度越来越高。要把握舆论监督的正确导向,充分发挥新闻舆论对各种违法违纪行为进行的揭露、报道、评论、抨击的监督作用,形成对腐败现象和腐败分子如“过街老鼠,人人喊打”的舆论氛围。注重引导电视、报刊、新媒体等媒介发挥好监督功能。随着网络时代的到来,网络举报和监督已成为群众监督、举报的主要渠道。要规范网络监督,正确引导实名上网,建立健全网络举报信息收集、研判、处置机制,保证网络监督诚实守信、健康发展,形成严密无缝的监督网,使贪污腐败行为无所遁形。

三、补足精神之“钙”,构筑拒腐防变的廉政防线,形成“不想腐”的有效机制

习近平总书记明确指出:“理想信念不坚定,精神上就会‘缺钙’,就会得‘软骨病’”,“就可能导致政治上变质、经济上贪婪、道德上堕落、生活上腐化。”通过加强廉政文化建设与反腐败的思想教育,建立廉洁的文化环境,可提高廉政价值取向的认可度和普遍约束力,使领导干部从内心里拒绝腐败,构筑起拒腐防变的廉政防线。

1. 加强反腐败教育,坚定“不想腐”的思想信念。开展反腐败教育是提高思想政治素质,筑牢思想道德防线,增强拒腐防变能力的重要举措。

一是强化理想信念教育,搭建廉洁自律的精神支撑。理想信念是一个人的世界观、人生观、价值观的根本反映,是立身之本,是思想和行动的总开关。当前,领导干部理想信念大多比较坚定,能够在思想上政治上同与习近平为总书记的党中央保持高度一致。但在个别的领导干部中,思想观念呈现出多样性、多变性和差异性的情况。主要表现在:有的对马克思主义的信仰有所模糊,对社会主义的信念有所怀疑,对党和政府的信任有所减退;有的党性观念、群众观念、全局观念淡薄;有的世界观、人生观、价值观发生扭曲,不能正确对待名位和权力,存在个人主义、拜金主义、享乐主义现象等等。因此,必须强化理想信念教育,通过深入学习习近平总书记系列重要讲话精神,加强党纪国法、廉政法规、从政道德教育,深刻认识反腐败建设现状,坚定道路自信、理论自信和制度自信,使思想纯洁起来,精神振作起来,时刻保持改革创新、勤政廉政的良好精神状态。

二是提高反腐败教育的精准度,唤醒廉洁从政的思想自觉。明确党风廉政教育的重点对象和核心内容,抓紧形成以党员干部特别是领导干部为重点、以纪律教育为核心、以警示教育为特色的反腐败教育工作格局。注重剖析反面典型,用身边的人和事给党员领导干部打预防针、上廉政课、算廉政账,实现廉政教育精准高效。要加强廉政教育,全面推行新任领导干部廉政谈话、党委(组)理论中心组学习、廉政党课等多种形式,加强对人财物岗位人员的廉政风险意识教育,提升岗位业务能力和拒腐防变能力,推进廉政教育常态化。抓好新录用公务员的反腐败教育,将反腐败教育纳入公务员初任培训。抓好干部家属反腐败教育,通过廉政文化进家庭等多种方式进行反腐败教育,帮助家属树立正确的幸福观、财富观、亲情观,依托亲情和感情纽带构筑家庭反腐“防火墙”,增强自我教育、自我约束、自我净化的能力。要通过开展廉政教育,增强廉洁自律的自觉性和拒腐防变的免疫力,补足精神之“钙”,筑牢“不想

腐”的思想防线。

2. 加强道德修养，提升“不想腐”的道德境界。习近平总书记指出：“道德高尚是领导干部做到清正廉洁的基础。”“不想腐”归根到底是一种清廉的道德品质，也是一种道德境界。只有强化对“不想腐”的道德认知，内化“不想腐”的思想信念，才能外化为“不想腐”的廉洁行为。

一是坚持以学修德。道德水平与从事的工作、担任职务和党龄的长短没有必然联系，道德不会随着职务的提升而提升，不会随着工作能力的提升而提升。终生坚持学习是加强道德修养的基本方法。要把学习作为人生追求，把读书当作人生乐趣，用科学理论和文化知识净化灵魂、陶冶情操，不断提升道德境界。要通过学习先进楷模来修德。有高尚品格和廉洁操守，方能保持健康生活情趣，弘扬社会正气，提高拒腐防变和抵御风险能力。要通过学习，树立正确的道德观，模范遵守社会公德、职业道德、家庭美德和个人品德，培养良好的生活作风和健康的生活情趣，做一个没有贪心没有贪念没有贪污的人，一个有益于人民有益于社会的人。要通过学习历史来修德。历史是最好的教科书，以史鉴今，资政育人。必须看到，古今中外从来没有几个做官的死于饥寒，但死于敛财的每个朝代都有；从高官到贪官有时只有一念之差，从功臣到罪犯往往只有一步之遥。要通过正反两方面强烈的对比，触及到灵魂深处，使党员干部在观照反省中明纪知耻、崇德向善，深刻理解“立德才能立稳，失德必然失足”的道理。

二是坚持以行修德。高尚的道德要在工作和生活实践才能体现出来。要自觉经受苦与乐的考验，树立正确的苦乐观。艰苦奋斗、崇尚节俭是我们中华民族的传统美德，是保持居安思危、增强拒腐防变能力的重要法宝。要把勤俭办事业，把艰苦奋斗的观念贯穿于具体工作和生活细节之中。俭生廉，欲生贪，艰苦奋斗俭朴节约既是一种工作作风和生活方式，又是保持廉洁和防止腐败的有效措施。要自觉经受荣与辱的考验，树立正确的荣辱观，把荣辱观内化为个人的操守和品行，不做违法乱规的行为，保持违法乱纪的耻辱感，去掉违法乱纪的侥幸心，坚决抵制歪风邪气，牢固树立以服务人民为荣，以背离人民为耻的荣辱观，自觉践行为民务实清廉，提升道德境界。要自觉经受公与私的考验，树立正确的公私观。“公”就是公心、公利、公益。“私”就是私心、自私自利、损公肥私。廉与贪之间的界限实际上就是公与私之间的红线。办事情，作决策要出以公心，有立党为公、执政为民的心胸和情怀。要为人公正。“公生明，廉生威”，要树立正确的权力观，始终坚持权为民所用、情为民所系、利为民所谋。把私欲关进纪律的笼子里，不假公济私，做到诚心向善，倾心尽责，净心律己。要办事公道。始终把人民的利益放在第一位，依法行政，依章办事，坚持公平正义，不打人情牌，不凭个人喜好办事，坚守职业操守和道德底线，自觉践行党的宗旨。

三是坚持以律修德。廉政本身是一种人格力量。实践证明，谁办事公道，谁廉政勤政，谁就有权威。清正廉明是道德修养的永恒主题。习近平总书记指出：“法是他律，德是自律，自律和他律结合才能达到最佳效果。”要通过他律来提升道德修养。反腐败的法律法规是不能触碰的红线，一旦逾越，就会受到法律惩罚。通过他律来增强法律意识，树立起对法律的敬畏感，常除非分之想，常思贪欲之害，常怀敬法之心，常去侥幸心理，真正做到防微杜渐，自觉遵法守法，不断提升道德修养。通过加强自律来提升道德修养。习近平总书记指出："一个人能否廉洁自律，最大的诱惑是自己，最难战胜的敌人也是自己。"要耐得住寂寞，当职务和事业发展不顺时，保得住气节，严防心理失衡、行为失范；要经得住清贫，当受到小恩小惠的侵扰时，要做到防微杜渐，止祸拦萌，不以恶小而为之；要洁身自好，当单独活动或无人监督时，保持心理定力，慎独慎微，做到人前人后一个样；要抗得住诱惑，对送上门的钱财和物质享受，要理直气壮地拒绝，防止"千里之堤，溃于蚁穴"，把好人生道路上的每一个重要关口。要始终以党性原则和道德规范严格要求自己，以德服人、以能立业，严于律己、宽以待人，注重自身品行的修养，珍重自己的人格，珍爱自己的声誉，珍惜自己的形象，提升高尚的道德情操。

3. 加强廉政文化熏陶，营造"不想腐"的文化氛围。习近平总书记提出要"大力加强反腐败教育和廉政文化建设。"廉政文化作为一个"廉荣贪耻"的价值规范，具有激浊扬清、惩恶扬善的独特功能。实现从"不敢腐""不能腐"到"不想腐"的跨越，离不开廉政文化的力量。要以建设廉洁文化为抓手，将廉洁文化渗透到工作和生活的每个角落，营造"清正廉洁做人，干干净净做事"的工作环境。

一是推动廉洁理念进大脑。廉政文化可以影响、支配、改变人的行为选择，能够让人从中汲取持久不衰的廉洁力量。要通过宣传，使廉洁理念逐步得到认知并认同，提升廉洁意识，规范行为方式。用廉洁文化理念对党员干部进行行为训练，使廉洁理念成为良好习惯和行动自觉。要推进廉政文化建设，破除"笑贫不笑贪"的羡腐心理、"朝里有人好做官"的裙带思想、"马无夜草不肥"的发财念头、"天下乌鸦一般黑"的从众迷思。铲除这些腐败心理和腐败文化，必须通过润物无声的文化熏陶，培育根植于灵魂深处的廉洁正气。通过着力创新廉政文化载体，使党员干部在耳濡目染中得到熏陶，在潜移默化中受到教育，形成清正廉洁的文化自觉，把廉洁价值理念融入头脑中，用清廉之风吹散污浊之气，从源头上严把不想违纪、不愿腐败两道关口，构建起从源头上自觉远离腐败的立体"隔离网"，最大限度地防止腐败发生。

二是推动廉政文化进机关单位。要通过开展廉政文化进机关活动，广泛传播廉政知识，营造"人人受教育、处处受熏陶、事事受警示、时时受鞭策"的氛围，进而推动在全社会形成廉政文化氛围。

三是运用历史智慧推进反腐败建设。习近平总书记指出："研究我国反腐败历史，了解我国古代廉政文化，考察我国历史上反腐败的成败得失，可以给人以深刻启迪，有利于我们运用历史智慧推进反腐败建设。"要构建不想腐的机制，就必须深入研究古代廉政文化，注重挖掘我国传统文化的精神养料，积极借鉴我国历史上优秀廉政文化，古为今用，推陈出新。

总之，"不敢腐、不能腐、不想腐"是反腐败的三重境界。要通过治病树、拔烂根，持续保持高压反腐的态势，让搞了腐败的人摔跟头、在搞腐败的人松手头、想搞腐败的人断念头、遵纪守规的人有甜头、干事创业的人有奔头,起到“不敢腐”的效果。通过完善法治反腐法规体系,推动形成科学规范、简明易懂、务实管用的反腐败制度,使拥有公权者难以弄权,使投机者无机可投,钻营者无空可钻,达到“不能腐”的目标。通过发扬党的优良传统,建设廉政文化,进一步从思想上反贪,从道德上反腐,建设良好的政治生态,提升到“不想腐”的最高境界。

(作者单位:刘峰,湘潭大学法学院;戴树源,湖南省社会科学界联合会)

构建中国特色的科学反腐制度

王明高

在世界范围内,腐败犯罪早已超越国界、种族、文化传统和社会制度,成为各国现代化建设和人类文明发展的一大障碍。有学者断言,如果说癌症是目前危害人类生理躯体的难治之症的话,那么腐败则是侵蚀人类社会肌体的"政治之癌"。

面对腐败犯罪的严重威胁,世界各国都加大了预防和惩治的力度。我国正处在社会转型的关键时期,腐败现象的滋生和蔓延有其历史原因和现实条件。面对腐败,我们不能被吓倒,要寻求科学的反腐战略和反腐制度,这是历史赋予我们的使命。

中共十八届四中全会强调全面推进依法治国,在这一基本治国方略的背景下,加强反腐领域的制度建设和立法,做到反腐败于法有据、立法主动适应科学反腐的需要,是值得我们认真思考的重大问题。

一、腐败的定义及其产生的原因

关于腐败的定义,政治学、经济学、社会学和法学都有着不同的阐释,笔者认为,用"腐败——利用公权谋取私利"来阐释,既简洁又可谓一语中的。因为利益永远是腐败的终极目的。在人、权力和利益这三个因素中,人是腐败的主体,权力是腐败的载体,利益是腐败的目的。任何腐败行为的产生都离不开这三个因素,同样,任何遏制腐败、惩治腐败的措施也无不围绕这三者展开。

人与权力、利益的结合为什么会产生腐败?这是因为:其一,人的天性是有缺陷的。在人区别于动物的一系列高级心理活动中有一根本特征,即占有和支配心理,这一心理既是权力存在的心理基础,也是腐败产生的根源。其二,权力本身蕴藏着导致腐败的因素。权力本质上具有强制性、支配性、扩张性和任意性。权力的这种本性往往与人类自身的弱点联姻,从而使双方互相强化,并诱惑人们去扩张权力、滥用权力。法国启蒙思想家孟德斯鸠曾经说过:"一切有权力的人都容易滥用权力,这是万古不易的一条经验。"其三,高回报的利益是引发腐败的催化剂。人类的绝大多数行为无不在追求利益的最大化。"如果有10%的利润,它就保证到处被使用;有20%的利润,它就活跃起来;有50%的利润,它就铤而走险;有100%的利润,它就敢践踏世间一切法律;有300%的利润,它就敢犯任何罪行,甚至冒绞首的危险。"腐败犯罪意识和行为的演变过程,往往循此路径发展。

二、反腐败的四种主要方式

数千年来,世界各国与腐败犯罪的斗争,大体遵循两条路径,一是通过道德建设,在道德自律上下功夫,把人的行为约束寄托在主体的道德良知上,可称之为伦理型反腐或人治型反腐;二是求助于法律制度,在权力制约和制度控制上下功夫,把人的行为约束寄托在外在的强制性规范的压力上，可称之为法理型反腐或法治型反腐。两条路径互相交叉，各有侧重，衍生了清官反腐、重典反腐、运动反腐、制度反腐四种主要方式。这四种方式各有特色，在特定的历史条件下都体现了独特的存在价值，产生了积极的效应。

1. **清官反腐**。千百年来，包拯、海瑞等一批批有良知的官员以其刚正不阿、秉公执法、舍生请命、除暴安民的政治品格留下了千古美名，深受世人的爱戴和称颂。清官的出现，为历代士大夫树立了道德的标杆，对于封建政权的维系和巩固，有着一定的积极意义。但封建社会的官吏，由于其剥削阶级的本性，大多贪赃枉法。清官反腐的实质是理想的人治期待，试图以一人之力对抗一个体制，挽救一个王朝，其成效不但取决于清官本人的道德、能力、地位、精力和寿命，更取决于统治者的认识和决心。在“家天下”的封建王朝，清官反腐的最终目的也是为了维护统治者的地位，是否要反腐，如何反腐，一切都要遵从统治者的旨意。这就决定了清官反腐只能是隔靴搔痒、昙花一现，不可能真正带来政治的清明和社会的公正。

2. **重典反腐**。面对腐败对统治秩序的侵害，为了达到根治腐败犯罪的目的，统治者不得不动用严刑酷法，这就是重典反腐。重典反腐以其手段的严酷，常常使许多官吏慑于刑罚的威严，不敢越雷池一步。这对于革除时弊、缓和社会矛盾、维护政权的运转，在一定时间内能起到立竿见影的作用。但血淋淋的惩罚手段可以震慑于一时，不能适用于长久。事实证明，重典肃贪决心最大、手段最残酷的明朝，仍然是中国历史上最腐败的朝代。开国皇帝朱元璋曾百思不得其解，叹曰：“吾欲除贪赃官吏，为何朝杀而暮犯？”究其原因，主要是重典反腐缺乏法律的普适性、稳定性、公平性等特点，既无法制约统治者，也无法惩罚皇亲国戚，而常常沦为政治斗争的工具。重典反腐的不彻底、不严密、不可行由此可见一斑。

3. **运动反腐**。国际上比较典型的反腐运动，有意大利的“净手运动”、韩国的“庶政刷新运动”等。中国比较典型的反腐运动，有20世纪50年代的“三反”、“五反”运动等。国内外运动反腐的实践表明，发动群众与腐败现象作斗争影响大，震慑力强，能对腐败分子形成巨大的打压态势，能及时遏制腐败现象的滋长，同时能引导和培养公民的自治意识和民主意识，净化政治环境和社会风气。但是，在现代化进程的大背景下，运动反腐存在着诸多严重不足：一是反腐败成为一阵风，无法保证反腐的稳定性和长期性；二是人治因素和主观随意性大，反腐“过头”与反腐“无力”并存；三是侧重于事后打击，疏于事前防范，往往事倍功半；四是降低经济效益，影响社会发展进程。

4. **制度反腐**。当清官反腐、重典反腐和运动反腐不可能从根本上惩治腐败时，制度反腐便成了人类文明由人治反腐到法治反腐的必然选择。这是人类历史上预防和惩治腐败理念的一次飞跃。所谓制度反腐，就是通过制度和法律手段，制约和监督权力异化。世界各国的反腐经验表明，制度反腐是从源头上遏制腐败产生的最佳方法，具有普适性、根本性、稳定性、权威性和科学性。

三、制度反腐的几点反思

在人类几千年的反腐实践中，历朝历代也制定过许多制度，为什么最终还是难免因腐败而亡？笔者认为主要原因有三：

一是制度设计不科学。正如法有良法、恶法一样，制度也有好和坏、优与劣之分。就我国目前的制度设计而言，虽然也注重权力的制约，但没有形成权力制衡的有效机制。造成这种现象，首先是因为部门立法现象的大量存在。部门立法，往往只注重本部门权力的设计，忽视本部门责任的设计，宁可设计得粗一点，不愿设计得细一些，好扩充部门的行政自由裁量权，好给部门多留一点“活动空间”。部门立法不可避免地本能地回避权力制衡机制的设计。这些由制度设计本身而带来的问题，使制度本身充满可钻的“空子”，给制度执行者的腐败提供机会。其次是法律条文内容紊乱、形式分散，或见之于刑事法律，或见之于行政经济法规，或见之于部门规章制度，在反腐败斗争中难以操作，随意性强，在一定程度上影响了反腐工作的进展。

二是制度执行没有刚性。制度的生命在于执行，再好的制度不执行，就会形同虚设，执行不到位，就会如同一纸空文。就执法需要而言，现在惩治腐败犯罪的法律明显滞后。现有刑法既没有对国家机关工作人员在廉洁自律方面的法律责任和义务作出特殊规定，对腐败犯罪的惩处也明显低于一般的盗窃犯罪，没有贯彻罪刑相适的原则，难以起到应有的惩戒和威慑作用。意大利著名刑法学家贝卡利亚有一句名言：“制止犯罪发生的最有效的手段并不在于刑罚的残酷性，而在于刑罚的不可避免性。”邓小平曾认为“这些年来党内确实滋长了过分容忍、优柔寡断、畏难手软、息事宁人的情绪，这就放松了党的纪律，甚至保护了一些坏人。”可见制度执行缺乏刚性所带来的后果是十分严重的。

三是反腐败工作没有一部统一的纲领性法律。目前，我国防治腐败的法律法规种类繁多，各种法律、规章制度多达 1200 余件。但是，这些法律、规章、制度没有统一的规范要求，很多规章、制度缺乏科学论证，制度与制度之间互相抵触、互相矛盾、缺乏系统性，各反腐机构之间职能重叠，对一些具体法律条款解释不一，严重影响和削弱了法律的严肃性和权威性。要改变这一状况，必须出台一部具有纲领性的反腐败法，来协调各反腐败机构的关系，解决反腐败机构职能交叉重叠、反腐败法律互不统属、同一案件参照法律自由度较大等问题。

综上所述，要提高反腐倡廉制度的执行力，必须提高制度的质量和执行的刚性。一是制度设计必须持定“无赖原则”。在制度设计时，应有这样一个假设，就是每个人都是“无赖”，只有以硬性的制度制约，才能让其规规矩矩服从公共利益。二是制度操作必须具有可行性。制度是运用于实践的，不是用来装饰的，它必须具体、可操作，具有内在逻辑性，既有实体性要求，又有程序性规定；既有宏观架构，又有微观措施。要在实际工作中行得通、用得上。三是好的制度应该上升为法律。只有把制度变为法律，上升为国家意志，才能强化制度的权威性和惩治性，让遵纪守法者在全社会畅通无阻，使破坏法律者在全社会无路可逃。这样的制度才称得上科学的反腐制度。

四、中国特色的反腐制度的重要内容

科学的反腐制度是政治制度的重要组成部分，涵盖了政治、经济、法律等方方面面。

基于对人性的缺陷、权力的滥用和利益的催化三个关键因素的限制，世界各国从加强对人的教育、对权力的制衡和对个人财产的监督考虑，建立了一系列预防和惩治腐败的制度，如家庭财产申报制、金融实名制、公民信用保障号码制等经济社会管理制度。此外，芬兰、瑞士、英国、德国、新加坡、韩国等国，也都形成了具有各自特色的反腐败机制，这些制度的运用，对于政治权力的制约和腐败犯罪的预防惩处，起到了至关重要的作用。

中国的反腐败有中国的特殊性，因此，中国应走中国特色的反腐败之路。借鉴世界各国的反腐成果，中国特色的科学反腐制度，主要应包括家庭财产申报制度、金融实名制度、遗产税和赠与税制度、公民信用保障号码制度、反腐败国际合作制度，并以此为核心内容，制定和出台《中华人民共和国反腐败法》。

家庭财产申报制度，是有关家庭财产申报、登记、公布的制度，是科学反腐制度体系的核心内容，是体现"终端治腐"理念的一项重要措施。其理论基础在于公共利益优先，其实践价值在于反腐高效。目前世界上已有近百个国家推行了这一制度，家庭财产申报制已成为世界各国共同的反腐利器。

金融实名制度是家庭财产申报制度的孪生兄弟，反腐败的实践证明，它是目前世界上最好、最有效的惩治和预防腐败的制度。金融实名制度的实践价值在于任何反腐败制度的设计和实行，都必须依赖反腐败对象金融资料的真实性，而不透明、不规范的金融制度是滋生腐败的主要土壤。金融实名制度的推行，使个人收入的来源更加透明，使腐败行为在透明的金融交易中难以遁形。

家庭财产申报制和金融实名制的实施必然面临三大难题：一是鉴于中国目前没有公开、统一、标准的公民信用保障系统，个人资信难以查实，反腐败工作缺乏坚强的技术支撑；二是腐败分子为了逃避财产申报和资金核查，必然会将大量腐败资金和非法收入转移到他人名下，或馈赠亲朋好友，逃避法律的制裁；三是腐败分子在国内无法藏身，必然想方设法外逃，势必给国家财富造成巨大损失，破坏法律的实施，损害社会的公正，影响党和政府的形象。

为了解决上述三大难题，必须出台三项配套制度和一部法律，即出台遗产税和赠与税制度、公民信用保障号码制度、反腐败国际合作制度和《中华人民共和国反腐败法》。

遗产税和赠与税制度，是世界许多国家普遍开征的税种。作为财产课税体系中的重要分支，在现实生活中对平均社会财富、调节收入分配、抑制社会浪费、促进生产投资等方面有着十分积极的作用。在中国实行遗产税和赠与税制度，有利于淡化腐败动机，有利于将部分灰色收入和非法所得转化为国家收入、增加国家财富，有利于缩小贫富差距，维护社会稳定。

公民信用号码保障制度是许多发达国家实行的一种制度，其主要特点是一人一号，终生不变。它以全国性的信用数据库为基础，通过关键号码的设立，建立完善的社会信用体系，政府对其实行严密的交叉网络管理。一旦某人实施违规行为，将被记录于信用保障号码对应的档案中，从而对该人的切身利益发生影响。设立公民信用保障号码，不仅有助于重塑社会信用，完善社会保障体系，降低社会犯罪率，而且有助于切断腐败分子处理非法所得的途径，打击贪官外逃。

法律是制度权威的最高表现形式。世界各国的反腐败经验表明，惩治腐败，必须依靠科学的制度和完备的法律体系。据不完全统计，目前制定了反腐败法的国家有 30 多个。如新加坡的《防止贪污法》和《没收贪污所得利益法》、韩国的《腐败防止法》与《反腐败法》，以及英国的《反腐败法》等。这些反腐败的专项法律制度，对腐败犯罪的认定、定罪、量刑以及惩治方式都做出了详尽规定，不仅便于执法机关执法操作，更重要的是对腐败分子产生巨大的震慑作用。因此，我国应着手制定《中华人民共和国反腐败法》，旨在通过构建一套系统有效的法律制度，界定反腐败机构的职能职责、腐败犯罪的侦查取证和定罪量刑等内容，为我国的反腐败斗争提供必要的法律依据和手段，从而对腐败行为进行预防和惩治，达到从根本上遏制和铲除腐败的目的。

五、推行科学制度反腐的意义

在中国社会主义市场经济的变革时期，推行科学制度反腐，对于顺应世界各国的反腐潮流，对于社会主义民主政治建设，对于提升中国的整体形象和综合竞争力，有着重要而深远的意义。

1. **推行科学制度反腐，是发展社会主义民主政治的必然要求。**依法治国是社会主义民主政治的基本要求，实践证明，反腐败靠法治比靠人治更可靠、更有效、更长久。而我国现在的反腐败工作，很大一部分措施还停留在规定和政策的层面上，并没有上升为法律。这对于推进反腐败事业极为不利。推行科学制度反腐，出台反腐败法，在法律的框架下反腐败，做到有法可依、有法必依、执法必严、违法必究，这是依法治国的具体体现，也是发展社会主义民主政治的必然要求。

2. **推行科学制度反腐，是世界反腐败潮流的必然趋势。**世界反腐败工作的发展趋势，一是公开，二是法治。体制的公开和透明是腐败的天敌，暗箱操作则是腐败的温床。在操作公开和透明的基础上，通过制度建设铲除滋生腐败的体制性土壤，消除孕育腐败的温床，是反腐败工作取得成效的必由之路。推行科学制度反腐，把中国的反腐败工作纳入全球视野，对于借鉴世界各国的反腐经验，加强国际合作，赢得世界各国的尊重、理解和国际社会的支持有着重要意义。

3. **推行科学制度反腐，是提升中国竞争力的必由之路。**国家的竞争力分硬实力和软实力两种。国家制度属于软实力的重要部分。当今世界，国家之间的竞争不仅体现在经济、科技、军事领域的竞争，也体现在制度上的竞争。制度竞争力强则国强，制度竞争力弱则国弱。科学的反腐制度是国家制度体系建设的重要内容。推行科学制度反腐，从软实力上讲是国家制度建设的重大飞跃，是从根本上提高党免受腐败侵蚀的免疫力，解除腐败这一心腹大患的重要举措；从硬实力上讲能创造巨大的经济效益，增强国家的经济实力，加速中华民族的伟大复兴。

推进制度反腐，是将中国的反腐工作从治标推向治本的重要举措。科学的反腐制度必将开启中国反腐新的征程。只有加快推进反腐败国家立法，完善惩治和预防腐败体系，让依法治国成为惩治腐败的国之利器，形成不敢腐、不能腐、不想腐的有效机制，才能从根本上遏制和预防腐败。

（作者：湖南商学院副校长、教授）

第十一部分

“一带一路”研究

“一带一路”建设在新起点上扬帆远航

王 毅

5月14日至15日,“一带一路”国际合作高峰论坛在北京成功举行。这是新中国成立以来我国首倡主办的层级最高、规模最大的主场外交活动,是中国国际地位和影响力显著提升的重要标志。习近平主席在开幕式上发表主旨演讲,出席并主持高峰论坛圆桌峰会。29位外国国家元首、政府首脑和3位重要国际组织负责人出席圆桌峰会,多国高级官员出席开幕式和高级别会议等活动。与会代表来自五大洲130多个国家和70多个国际组织,总数约1500人,嘉宾云集、盛况空前,凸显“中国倡议、全球响应、世界共赢”的积极成效,成为“一带一路”建设和国际合作进程中的一座里程碑。

一、高峰论坛举世瞩目、成果丰硕

当前,世界经济增长动力不足,经济全球化遭遇逆风,全球治理体系变革深入推进,国际形势中不确定性增多。在此背景下,我国以“加强国际合作,共建‘一带一路’,实现共赢发展”为主题举办高峰论坛,唱响开放包容、合作共赢的主旋律,为世界经济增长谋求动力,为经济全球化发展提振信心,为构建人类命运共同体探索路径,得到国际社会热烈响应,彰显我国在全球治理和国际合作中的引领作用。

凝聚了广泛国际共识。习主席2013年提出“一带一路”倡议以来,100多个国家和国际组织积极支持参与,使“一带一路”成为全球最受欢迎的公共产品。同时,也有一些国家对“一带一路”倡议内涵缺乏了解,少数国家对中方意图仍存疑虑。习主席在论坛上积极倡导和平合作、开放包容、互学互鉴、互利共赢的丝路精神,系统梳理“一带一路”建设4年来取得的丰硕成果,深刻阐释共商、共建、共享的合作理念,生动揭示“一带一路”倡议的历史源头和发展大势,取得了消疑释惑、扩大共识的显著成效。高峰论坛发表圆桌峰会联合公报,是首份关于“一带一路”建设的国际性、权威性文件,既有理念引领也有行动规划,集中反映了关于“一带一路”国际合作目标、原则和举措的国际共识。俄罗斯总统普京强调,习主席描绘的“一带一路”合作蓝图符合国际潮流,前景广阔。印度尼西亚、乌兹别克斯坦、白俄罗斯等多国领导人认为,“一带一路”倡议是长期、宏伟的历史性工程,高峰论坛具有重要现实意义和深远历史影响。联合国秘书长古特雷斯表示,“一带一路”倡议是一项充满智慧和极富远见的战略,不仅有利于实现可持续发展,也有利于实现可持续和平。习主席在开幕式上的演讲犹如火炬照亮世界。很多国家领导人在讲话中引用“要想富,先修路”、“人心齐,泰山移”等中国俗语,表达对“一带一路”的衷心认同和支持。论坛期间,我国在已与40多个国家和国际组织签署共建“一带一路”合作协议基础上,又与20多个国家和国际组织商签有关合作文件,有力拓展了“一带一路”朋友圈,形成各方合力共建“一带一路”的强大声势。

明确了共同努力方向。“一带一路”建设进入全面展开的新阶段,方向指引、路径规划至关重要。习主席从顶层设计角度指出,要将“一带一路”建设成为和平之路、繁荣之路、开放之路、创新之路、文明之路,强调要构建以合作共赢为核心的新型国际关系,营造共建共享的安全格局;深入开展产业、金融、设施联通合作,实现经济大融合、发展大联动、成果大共享;打造开放型合作平台,携手构建广泛的利益共同体;坚持创新驱动发展,建设21世纪数字丝绸之路;建立多层次人文合作机制,以文明交流超越文明隔阂、文明互鉴超越文明冲突、文明共存超越文明优越。上述主张顺应时代发展潮流,契合各国发展需求,为“一带一路”国际合作长远发展指明了前进方向,得到与会各方积极响应。论坛期间,我国同有关国家达成重要共识,明确了今后一段时期“一带一路”合作的重点领域和具体路径,把美好的愿景转化为具体的行动,把宏大的蓝图转化为清晰的路线图。

推动更多合作项目落地。在各方共同努力下,高峰论坛以政策沟通、设施联通、贸易畅通、资金融通、民心相通为主线,达成5大类、76大项、270多项合作成果,体现了“一带一路”以行动为导向、以项目为落脚点的行动力和实效性。我国同柬埔寨、土耳其、巴基斯坦等多国签署加强基础设施建设和促进交通运输合作协议,中欧班列合作、雅万高铁和匈塞铁路等重大项目取得积极进展,亚欧大陆互联互通网络逐步显现。我国同30个国家签署政府间经贸合作协议,同格鲁吉亚签署双边自贸协定,同多个国家致力于共建经贸产业园区、跨境经济合作区,增添了全球贸易和世界经济的内在活力。同泰国、马来西亚、波兰、阿富汗、联合国教科文组织、联合国环境规划署等签署核能、水资源、电信、科技、环保、教育、文化、医疗卫生等方面合作协议,有力拓宽了“一带一路”合作领域,让有关国家人民感受到实实在在的参与感和获得感。各方赞赏中方推进“一带一路”建设不是空谈,而是取得了实实在在的成果,高度评价“一带一路”建设开创了以统筹协调、改革创新、战略对接、优势互补为特点的合作新模式,将推动各国共同走上发展富裕的新道路。

构筑了完善支撑体系。“一带一路”是着眼长远的系统工程,需要建立牢固完善的支撑体系。习主席宣布我国将于2019年举办第二届“一带一路”国际合作高峰论坛,设立高峰论坛后续联络机制,为“一带一路”建设长远发展奠定坚实基础。中方提出向丝路基金新增资金1000亿元人民币,鼓励金融机构开展人民币海外基金业务、规模预计约3000亿元人民币,国家开发银行和进出口银行分别提供2500亿元和1300亿元等值人民币专项贷款等举措,同多边开发银行建立多边开发融资合作中心,同国际货币基金组织合作建立能力建设中心,同有关各方共同制定“一带一路”建设融资指导原则,鼓舞了各方参与“一带一路”的信心和干劲。我国推动建设一批科技、环保、新闻等领域综合性服务平台,为“一带一路”建设提供了长效支持。中方上述举措赢得广泛赞赏,与会领导人表示这些举措体现了中方作为首倡国的历史担当和共建“一带一路”的决心,各国也应拿出更多实际行动,全力推进“一带一路”合作。

拓展了全球伙伴关系网络。论坛期间,习主席同所有与会外国元首和政府首脑举行双边会谈会见,有力拓展了以“一带一路”为主干的伙伴关系网络。习主席会晤俄罗斯总统普京,双方一致同意加强各领域合作,加快推进“一带一路”建设和欧亚经济联盟对接,进一步充实了中俄全面战略协作伙伴关系的内涵。习主席会见意大利等欧洲国家领导人,就支持多边主义、推进中欧四大伙伴关系达成重要共识。习主席广做周边国家领导人工作,引导其与我国增进互信、扩大合作,以共建“一带一路”为契机维护周边稳定发展的良好势头。习主席还与非洲、拉美等与会发展中国家领导人亲切交流,深入探讨在“一带一路”框架下的合作机遇,推动我国同各方关系进一步发展。

二、“一带一路”建设意义重大、影响深远

“一带一路”倡议是习近平总书记外交思想的集中体现,是中国特色大国外交的伟大实践。高峰论坛集中展示了“一带一路”建设取得的丰硕成果,描绘出“一带一路”沿线国家开展合作的宏伟愿景,彰显了“一带一路”建设对解决人类发展难题、促进世界和平与繁荣的重大意义和深远影响。

推动国际经济合作再出发。世界经济长期低迷,迫切需要挖掘潜在需求、创造新的增长点、形成新的发展引擎。“一带一路”贯穿亚欧非大陆,连接东亚经济圈和欧洲经济圈,以完善基础设施为先导,通过推进“五通”实现资源有效配置和市场深度融合,为各方搭建了一个开放高效、优势互补、联动发展的国际合作平台。“一带一路”倡议提出4年来,各方战略对接有序展开,一批重点合作项目开工建设,区域贸易和投资年均增速高于全球平均水平近一倍,形成一批早期收获成果并产生示范效应。越来越多国家看好“一带一路”蕴含的巨大机遇和广阔前景,期待共同参与、共同建设、共同受益。本次高峰论坛在已有基础上又推出一系列重大合作举措,必将推动“一带一路”国际合作向更高水平、更深层次、更广领域迈进,为促进世界经济复苏和各国共同发展带来更多红利。国际货币基金组织预测,到2020年,“一带一路”沿线国家和地区货物贸易总额将达到19.6万亿美元,占全球货物贸易总额的38.9%。

在“一带一路”框架下,中国发展对沿线国家的辐射效应不断增强。2014年至2016年,中国与“一带一路”沿线国贸易总额超过3万亿美元,对“一带一路”沿线国投资累计超过500亿美元。中国企业在20多个国家建设了56个经贸合作区,为有关国家创造近11亿美元的税收和18万个就业岗位,中国与世界经济联动融合发展的势头日益强劲。

推动经济全球化再平衡。当前,“逆全球化”暗流涌动,各国面临封闭僵化还是开放合作的重要抉择。“一带一路”建设顺应人类社会相互依存的发展趋势,使各种经济要素冲破地理障碍得到更合理配置,通过提高有效供给催生新的需求,重塑世界生产、投资和消费格局,为经济全球化找到可持续的新动能。“一带一路”倡议坚持开放包容,推动解决发展失衡、治理困境、数字鸿沟、分配差距等全球性问题,为引导经济全球化向更加开放、包容、普惠、平衡、共赢方向发展开辟

了新路径，为构建更加公正合理的全球治理体系勾画了新愿景。

高峰论坛与会各方称赞“一带一路”建设为构建开放型世界经济、维护经济全球化、改善全球治理提供了中国方案。一些发展中国家领导人表示，“一带一路”倡议让处于经济全球化边缘的欠发达国家获得前所未有的发展机会，朝着工业化和现代化目标加快进发。发达国家代表也认为，“一带一路”倡议不走保守、封闭、排他的“回头路”，而是提供了开放、连接、融合的新选择，是新型全球化模式的代表，是经济全球化条件下一场规模宏大的“经济地理革命”，体现了卓越的东方智慧。

推动中国国际地位再提升。“一带一路”建设是统筹国内国际两个大局、实现内外联动发展的世纪工程。高峰论坛的成功举办，是我国推进新一轮对外开放和国际合作的新起点。高峰论坛期间，国内 16 个省区市的代表同来自 100 多个国家的高官、企业家等对接交流、商洽合作，为我国地方扩大对外开放、促进经济社会发展提供了新抓手。随着我国同有关国家和国际组织合作协议的逐步落实，我国装备、技术、投资、标准“走出去”将迎来新机遇，为国内经济发展和转型升级开辟广阔空间。“一带一路”建设同京津冀协同发展、长江经济带发展等区域战略紧密衔接，将为引领我国经济发展新常态、打造东中西部联动发展新局面注入强劲动力。

高峰论坛的成功举办，也是我国在国际上发挥更大作用和影响的新起点。我国创新、协调、绿色、开放、共享的新发展理念在高峰论坛成果文件中得到充分体现，扩大了中国理念的世界影响。习主席演讲和发言中蕴含的中国特色安全观、发展观、合作观、文明观、全球治理观得到广泛响应，显著增强了我国的国际话语权。“一带一路”建设日益成为开展中国特色大国外交的着力点和实践场。通过“一带一路”国际合作，越来越多的中国理念上升为国际共识，中国方案转化为国际行动，我国在全球治理和国际事务中的引领作用不断迈上新台阶。

三、“一带一路”国际合作前景广阔、大有可为

方向既定，关键在于行动。高峰论坛吹响了“一带一路”建设全面推进的号角。我们将以此为契机，集众智、汇众力，在开放中合作，在合作中共赢，同各方携手推进“一带一路”建设，更好造福我国人民和世界各国人民。

我们将以落实高峰论坛成果为抓手，推动“一带一路”建设深入向前迈进。同各方进一步加强政策协调和发展战略对接，推动各项行动计划和合作项目落地生根。扎扎实实推进经济走廊建设，深入开展国际产能和装备制造合作，推进跨国互联互通，提高贸易投资合作水平，打造更多产业带、增长极和经济圈，塑造亚欧大陆联动发展格局，助推全球经济稳定复苏。着眼“一带一路”建设长远发展，在理论政策、经济金融、体制机制、安全保障等层面加大投入，构建全方位、多层次的支撑体系。汇集政府、企业、智库、媒体、民间等力量，形成各方齐抓共建的强大合力，推动“一带一路”建设行稳致远。

我们将以共建“一带一路”为平台，打造更加紧密的伙伴关系网络。我们将坚持对话

不对抗、结伴不结盟方针，贯彻共商、共建、共享原则，积极推进同有关国家和国际组织的平等互利合作，把我国经济转型升级同各国共同发展有机结合起来，为伙伴关系建设注入新的活力和内涵。依托“一带一路”建设拓展伙伴关系网络，以周边为基础，面向亚欧大陆，辐射五洲四海，打造更加紧密强劲、遍布全球的“朋友圈”。

我们将以合作共赢理念为引领，构建人类命运共同体。开放包容、合作共赢是“一带一路”建设的核心理念，也是中国特色大国外交的重要原则。我们将通过推进“一带一路”建设，把以合作共赢为核心的新型国际关系具体化、实践化，同各国一道应对全球性问题和挑战，推动国际社会共同探索全球治理新模式，引导全球治理体系向更加公正合理的方向发展，为打造人类命运共同体作出新的贡献。

“一带一路”合奏着历史和现实的壮丽交响，承载着中国人民和各国人民的共同梦想，在探索中前进，在发展中完善，在合作中成长。以高峰论坛为契机，“一带一路”这艘巨轮正蓄满和平发展的能量，扬起合作共赢的风帆，载着各参与方乘风破浪，驶向和平繁荣的美好未来。

（作者：中华人民共和国外交部部长）

古路新生与民族复兴

张宏志

“一带一路”建设,是世界历史上从未有过的国际间互利合作的大规模合作项目,更是中国与外部世界史无前例的交汇交融。这一历史性事件只能发生在经济全球化发展到现阶段的今天,只能由实行中国特色社会主义的当代中国来发起,已成为中国迈向民族伟大复兴、迈向世界舞台中心的标志性事件。“一带一路”建设一经提出,立即引发了海内外各方的热议,三年多来,关注的热度持续不衰,各类解读层出不穷。然而,各种解读之中也不乏曲解之处,即便在正面理解之中,也有一些片面、狭隘之见。因此,回顾“一带一路”建设思路自提出到逐步完善的历程,进而深入分析和把握“一带一路”建设提出的时代背景,深刻理解这一建设的现实和历史意义,认真思考其中蕴藏的全局性战略思维,对于凝聚全党和全国人民意志,跟上以习近平同志为核心的党中央理论和实践创新的步伐,投身于新的历史条件下的伟大斗争,具有十分重要的作用。

一、正确认识“一带一路”建设在国家长远发展战略中的重要地位

“一带一路”建设倡议提出,距今已三年多了。随着这一建设的渐次推进,其框架结构日益清晰,思想内涵不断丰富,充分显示出这是以习近平同志为核心的党中央为实现中华民族伟大复兴而提出的一项重大战略决策。

2013 年 9 月,习近平总书记在访问哈萨克斯坦时首次提出了以创新的合作模式共同建设“丝绸之路经济带”的倡议,并就合作的基本内容作了初步阐述。同年 10 月,他在访问印度尼西亚时又提出共同建设“二十一世纪海上丝绸之路”的倡议,从而与“丝绸之路经济带”形成鸟之双翼,构成了“一带一路”建设的总体框架。此后,习近平总书记又多次从不同角度对“一带一路”建设进行论述。2014 年 6 月,他在中阿合作论坛第六届部长级会议开幕式上阐释了以“和平合作、开放包容、互学互鉴、互利共赢”为主要内容的丝绸之路精神和“共商、共建、共享”的“一带一路”建设原则,明确了“一带一路”建设的指导思想。同年 11 月,他在“加强互联互通伙伴关系”东道主伙伴对话会上全面阐述了“一带一路”建设主要内容。他指出:“一带一路”和互联互通是相融相近、相辅相成的,互联互通是“一带一路”这两只翅膀的血脉经络,互联互通不仅是修路架桥,不光是平面化和单线条的联通,而更应该是基础设施、制度规章、人员交流三位一体,是政策沟通、设施联通、贸易畅通、资金融通、民心相通五大领域齐头并进,是全方位、立体化、网络状的大联通。这一年,我国通过了《丝绸之路经济带和二十一世纪海上丝绸之路建设战略规划》。2015 年 3 月,国务院授权国家发展改

革委、外交部、商务部发布了《推动共建丝绸之路经济带和二十一世纪海上丝绸之路的愿景和行动》,详细说明了“一带一路”建设的时代背景、共建原则、框架思路、合作重点、合作机制和中国的相应政策和行动。2016 年 4 月,中央政治局就历史上的丝绸之路和海上丝绸之路进行集体学习,习近平总书记在主持学习时对“一带一路”建设的时代要求、指导思想和重大问题进行了全面论述,指出:“一带一路”倡议顺应了时代要求和各国加快发展的愿望,具有深厚历史渊源和人文基础。从我们自己的情况来看,倡议符合我国经济发展内生性要求,也有助于带动我国边疆民族地区发展。但建设“一带一路”不是我们一家的事,不应仅仅着眼于我国自身的发展,而是要以我国发展为契机,让更多国家搭上我国发展快车,帮助他们实现发展目标。我们要在发展自身利益的同时,更多考虑和照顾其他家利益。要坚持正确义利观,以义为先、义利并举,不急功近利、不搞短期行为;统筹我国同沿线国家的共同利益和具有差异性的利益关切,寻找更多利益交汇点,调动沿线国家积极性。他全面阐释了“一带一路”建设中应注意把握的几个重大问题,强调要处理好我国利益与沿线国家利益的关系,政府、市场、社会的关系,经贸合作和人文交流的关系,对外开放和维护国家安全的关系,务实推进与舆论引导的关系,国家总体目标和地方目标的关系。2016 年 6 月,习近平总书记在访问乌兹别克斯坦时,又就构建“一带一路”互利合作网络,共创“一带一路”新型合作模式,打造“一带一路”多元合作平台,推进“一带一路”重点领域项目等问题,提出了四点新建议,倡导以共商、共建、共享为原则,以丝绸之路精神为指引,以打造命运共同体和利益共同体为合作目标,共同建设“一带一路”。他提出:构建务实进取、包容互鉴、开放创新、共谋发展的“一带一路”合作网络;以“一带一路”沿线各国发展规划对接为基础,以贸易和投资自由化便利化为纽带,以互联互通、产能合作、人文交流为支柱,以金融互利合作为重要保障,积极开展双边和区域合作,努力开创“一带一路”新型合作模式;推动各国政府、企业、社会机构、民间团体开展形式多样的互利合作,打造“一带一路”沿线国家多主题、全方位跨领域的互利合作新平台;抓好完善基础设施网络,全面推进国际产能合作,加强金融创新和合作,加强人文领域合作等重点领域的合作,并发出了打造“绿色丝绸之路”“健康丝绸之路”“智力丝绸之路”“和平丝绸之路”的新倡议。2016 年 8 月,习近平总书记又在推进“一带一路”建设工作座谈会上发表重要讲话,对“一带一路”建设的战略定位和本质意义进行了论述,指出“一带一路”建设是党中央着眼于我国“十三五”时期和更长时期的发展而提出的大的发展战略,并就推进“一带一路”建设提出了八项要求。至此,关于“一带一路”建设的总体思路基本形成,这一宏伟的蓝图已比较完整地展现在世人面前。

随着“一带一路”建设构想的不断完善,这一建设在实践中也迈出了巨大步伐。自“一带一路”建设倡议提出以来,已得到了 100 多个国家和国际组织的积极响应。目前,这一倡议已经与俄罗斯的欧亚经济联盟、蒙古国的“草原之路”、哈萨克斯坦的“光明之路”等发展规划相对接,规划和启动了中巴经济走廊、中俄蒙经济走廊等多个经济走廊建设项目,促进了中国与中亚、西亚、中东欧和东南亚、南亚、非洲等多个区域多边合作机制的深化和发展,中欧国际铁路班列实现了常态化运行,与“一带一路”建设配合的丝路基金和亚洲基础设施投资银行已开始运作,其中亚投行的建立得到了从发展中国家到发达国家的踊跃参与,创始成员国达到了57个。

从习近平总书记的论述和我国采取的一系列政策举措来看,“一带一路”建设绝不是单纯的经济项目,也不是一个为短期需要服务的建设目标,而是从国家长远发展需要出发的战略考量,在整个国家未来发展战略中占据十分独特而重要的地位。从这一建设获得的国际反响来看,“一带一路”建设顺应了时代的潮流,得到了国际社会的广泛支持,对于未来世界、对中国与世界的关系将产生广泛而深刻的影响。对这样一个历时长久、跨洋越洲、涉及多个不同领域的重大国际性建设项目,我们有必要对其产生的时代背景,未来的深远影响,以及决策的思维方式进行深入考察。

二、准确把握“一带一路”建设提出的时代背景和根本目的

“一带一路”建设为什么会在当今时代应运而生?它的初衷又是什么?弄清这一点,对于我们正确认识这项建设的本质、内涵有着十分重要的意义。“一带一路”建设提出之后,一方面得到了国际社会特别是广大发展中国家的热烈响应,另一方面却遭到了某些西方势力的猜忌和质疑,有论者称之为中国版的“马歇尔计划”,是要建立和营建势力范围;也有论者称是陆权大国要重温旧梦,对冲美国的海上霸权;还有论者称是要搞经济扩张,谋求建立中国经济圈,种种论调,不一而足。国内许多学者在深感振奋之余,也作出了种种分析,有的认为是输出过剩产能、破解当前经济下行压力的突围之举,有的认为是拓展国家西部战略空间的谋篇布局,也有的认为是打破“马六甲困局”的战略部署,这些观点各有一定道理,但似都不够全面深入。还有一些人认为,我国经济困难尚多、国力仍不充足,不应过多关注域外事务。由此看来,深刻理解“一带一路”建设的意义,首先有必要对其产生的时代背景进行全面深入地分析。

“一带一路”建设的提出,带有鲜明的时代印记。对此,可从国际、国内和中国与世界的关系三个方面加以认识。

第一,从国际视角来看,世界正处于一个艰难的调整期。2008年爆发的国际金融危机给世界带来了深刻的变化,二次世界大战后逐步兴起、冷战后加速发展的这一轮经济全球化进程严重受挫,世界经济长期低迷,进入了深度调整期。不同国家间经济走势明显分化,贸易保护主义、政治保守主义或者是民粹主义等反全球化思潮迅速上升,抢占国际经济技术制高点的竞争更加激烈,政治、经济摩擦大幅度增加。新兴大国发展趋缓。许多发展中国家出现政治动荡,在西方国家的错误干预下,政权崩溃、社会瓦解,极端主义、恐怖主义势力急剧发展,甚至出现了“伊斯兰国”这样占据大片土地的恐怖实体,引发了二战后最大的难民潮。西方国家内部阶层分化加剧,排外主义思潮抬头,一体化进程停滞,甚至出现倒退趋势。西方国家政府和政治代表人物中,放弃国际责任、追求各自私利

的倾向日益蔓延。这一切加剧了世界经济、政治的不稳定和不确定性,增加了国家间的利益冲突,改革开放以来有利于我国经济快速发展的国际大背景发生了重大变化。

第二,从国内视角来看,中国正处于一个痛苦的转型期。经过30多年的高速发展,中国的经济成长和社会进步取得了举世瞩目的成就,但一些传统的增长优势也不复存在。随着劳动力成本上升和人口红利的下降,以出口为导向的劳动密集型产业风光不再,结构调整压力陡增,国际市场的长期低迷和国内产业结构调整导致大批传统产业产能过剩,经济超高速增长的时代已成过去。恰在此时,为了应对2008年爆发的国际金融危机,我国采取了强刺激措施,这虽然一时缓解了金融危机的冲击,但也留下了后期如何消化其负面影响的难题。这些因素的相互作用,使我国面临着增长速度换挡期、结构调整阵痛期和前期刺激措施消化期叠加的局面,急需新的增长动力。与此同时,我国长期面临的城乡、区域发展不平衡的问题仍然存在,短期内尚无法完全解决,仍需保持较高的增长速度。这使我国经济面临着加速转型升级与确保持续增长的两难处境。面对这种复杂局面,中央推出了全面深化改革的一系列措施,特别是大力推进创新驱动发展战略,加大产业结构调整力度,从供给和需求两侧发力推动经济持续增长,努力使我国经济平稳进入迈向中高端、保持中高速的新常态。然而,创造新的有效供给与需求需要一个过程,在传统市场萎缩、潜在的新兴市场尚未形成之际,保持一定经济增长速度的难度很大。在我国这样一个经济基数已经很大的国家,维持中高速增长尤为不易。如何破解发展瓶颈,顺利渡过经济增长动力转换时期,完成经济的转型升级,避免跌入“中等收入陷阱”,是中华民族伟大复兴道路上必须跨越的一道新的险关。

第三,从中国与世界的关系来看,相互间正处于一个复杂的磨合期。中国近年来的迅猛发展,已对当今世界格局产生了重大影响,西方既有大国对中国防范、猜忌之心日益上升,美国推出“亚太再平衡战略”以制衡中国;周边某些国家也不适应中国日益壮大的现实,趁中国将强未强之际抢占利益的战略投机心理增强。特别是由于我国体量巨大、地区间发展不平衡,使我国与世界上许多发展程度不同的国家之间,同时存在着竞争关系,无论是发达国家、发展中国家还是新兴大国,都可能在某一方面或多或少地与我国产生利害纠葛,加之以政治制度、意识形态差异和领土、海洋权益纠纷等各种因素的影响,中国面临的国际环境和周边环境未随国力的增长而缓解,反而进入一个阶段性的紧张时期,呈现出一种“成长中的烦恼”。中国和世界正处于一个深度磨合、调整适应期。中国这样规模的大国实现现代化是史无前例的,对世界格局的冲击也会前所未有。如何在维护我国根本利益的前提下使我国顺利融入现有国际体系,而不产生剧烈的震荡,不陷入“修昔底德陷阱”式的零和博弈,也是中华民族复兴进程上必须越过的一道障碍。

综合上述三个视角,可以说进入21世纪第二个十年之后,中国的发展已到了一个“三期叠加”的特殊时期,也是新的转折时期,正面临着又一个重大的历史关节点。一方面,国际环境已发生了重大变化。国际金融危机的影响极其深远,现在尚难以完全预料其结果。虽然,随着时代的变迁,此次危机的影响与上世纪二三十年代的世界经济危机的后果相比有很大不同,尚不致引发世界大战,但有可能造成一个时期的国际紧张局势以及一些国家和地区的长期动荡;虽然不可能中断经济全球化进程,但有可能导致世界经济格局和秩序、规则的重大变化。30 多年来借助全球化浪潮成功实现了自身发展的中国,可能要面对一次新的变局。另一方面,这一变局又恰与中国经济自身转型升级的历史节点相契合,大大增强了转型升级的困难。这使得我们面临的新的历史条件下的伟大斗争更加艰巨,其中既有新的考验,也有新的机遇。我们既要增强抗压能力,顶住各种风浪的冲击,也要拿出战略性的重大举措,抓住历史机遇,选准关键环节,实现重点突破。“一带一路”建设就是在这种背景下提出的一项重大举措。

正如习近平总书记在推进“一带一路”建设工作座谈会上所指出的:随着我国经济总量跃居世界第二,随着我国经济发展进入新常态,我们要保持经济持续健康发展,就必须树立全球视野,更加自觉地统筹国内国际两个大局,全面谋划全方位对外开放大战略,以更加积极主动的姿态走向世界。以“一带一路”建设为契机,开展跨国互联互通,提高贸易和投资合作水平,推动国际产能和装备制造合作,本质上是通过提高有效供给来催生新的需求,实现世界经济再平衡。特别是在当前世界经济持续低迷的情况下,如果能够使顺周期下形成的巨大产能和建设能力走出去,支持沿线国家推进工业化、现代化和提高基础设施水平的迫切需要,有利于稳定当前世界经济形势。这些论述充分表明,“一带一路”建设的根本目的,既是要在国际风云激荡之时为腾飞的中国大鹏再插上两只翅膀,使之飞得更高更远,同时也是为了通过国际间的互利合作重振全球经济,为周边国家乃至世界的发展创造新的机遇和空间。这一建设的提出绝非偶然,只能诞生于当今的时代、当代的中国,是经济全球化发展到今天的客观要求,是实行社会主义市场经济的中国成长壮大到一定阶段后的现实需要,对中国和世界未来走向有着深远的影响,标志着实现中华民族伟大复兴的历史征程进入一个新的历史阶段。

三、深刻理解“一带一路”建设的现实作用和历史意义

如果说“一带一路”建设是习近平总书记和党中央在关键时期、关键方向投出的一枚战略性棋子,那么它会产生哪些现实和历史的影响呢? 对此,我们可以从以下四个方面加以认识。

第一,“一带一路”建设的实施和不断推进,将释放出巨大的经济增长潜力,创造无数发展机遇,推动和引领下一轮新型全球化浪潮。国际金融危机发生后,经济全球化进程遇阻、经济增长乏力,西方国家无力甚至无意引领新一轮经济全球化进程。“一带一路”建设为沿线国家的经济发展按下了快进键,同时也为新一轮全球化进程按下了启动键,为恢复全球经济增长提供了新动力。与过去经济全球化进程中仅偏重于投资贸易自由化的模式不同,由“一带一路”建设引领的这一轮新的全球化浪潮,着力于促进亚欧非三大洲及附近海洋范围内各国间的政策沟通、设施联通、贸易畅通、资金融通、民心相通,实现

经济要素有序自由流动、资源高效配置和市场深度融合，特别是更加注重开发性建设，尤其是注重以基础设施互联互通引领经济走廊、经贸产业合作园区建设，并结合区域内多重自由贸易区的建立，在整个沿线区域促进投资和消费，创造需求和就业。这既为落后国家和地区打开了发展的希望之门，也为发达国家创造出再发展的机会之窗，影响力远超古代丝绸之路范围，为全球化进程注入了新的正能量。在某种程度上也可以说，“一带一路”建设是供给侧结构性改革思路在国际范围内的运用。

当今时代是和平与发展的时代，发展中的问题还要用发展的办法解决。中国通过自身几十年的发展实践，探索出一条成功的发展道路，创造了世界最大发展中国家经济腾飞的奇迹。这条发展道路有利于改变落后地区的面貌，有利于贫困人口脱贫致富，从而创造出新的市场需求，带动经济的持续增长。“一带一路”建设中多方面参考了中国发展的成功经验，特别是以交通等基础设施建设带动经济持续发展的经验，对于加快沿线国家工业化进程，对于打破固化的国际分工、开辟一条不同于传统“雁阵”发展模式的全球化道路具有重要意义，进而有利于探索一条适合发展中国家现代化建设需要的成功之路，促进建立各方互利共赢的世界经济新秩序。

第二，“一带一路”建设目标的成功实现，将极大改变世界经济版图和政治格局，促进世界的和平稳定。“一带一路”东连活跃的东亚经济圈，西接发达的欧洲经济圈，沿线穿越无数山川险阻，连接了众多发展中国家，横跨进入海权时代之后长期被忽视的内陆地区。通过“一带一路”建设的带动，可将昔日的闭塞之地变为通畅安全高效的运输大通道和经济、文化交流枢纽，融入到世界经济社会发展的大潮之中。随着“一带一路”建设的持久推进，最终将从根本上改变沿线欠发达地区的贫困落后状态，进而淡化国家、民族、宗教之间的矛盾，消弥社会不稳定因素，压缩极端主义思潮的生存空间，实现整个地区的长治久安。这一建设的实施，还将实现不同发展水平国家之间经济上的深度耦合，不仅有利于提升发展中国家的经济社会发展水平，也将使发达国家从中获得再发展的动力和机遇。这对于促进南南合作、南北合作，增加不同国家间的政治互信、人文交流、文明互鉴，进而用创新、协调、绿色、开放、共享的新发展理念影响世界，也会起到重要作用，最终有利于推进世界多极化和国际关系民主化进程。

第三，“一带一路”建设的实施，对于实现国家的均衡和持续发展具有全局性的战略突破作用。我国经济正处于转型升级的关键时期，跨越“中等收入陷阱”需要在“创新局”和“补短板”两个方面取得突破。“创新局”，就是要为经济发展开创新空间，这一方面要大力推进创新驱动发展战略，加快转型升级步伐，创造更高层次的新需求；另一方面要积极走向世界，进一步拓展国际经济空间。“补短板”，就是要消除我国经济发展中的薄弱环节，带动经济整体向前发展。我国区域经济发展的不平衡性，特别是广大西部地区的相对落后状态，就是一块突出的短板。本世纪初为缩小东西部的发展差距，我国实施了西部大开发战略，取得巨大的成就，为西部地区的下一步发展打下了良好基础。但是，由于地理位置限制,西部地区始终在全球化经济浪潮中处于不利地位。如不能真正解决好东联西出的问题,变西部边陲为对外开放前沿和经济发展中心,西部地区的面貌就不能得到根本性改变。“一带一路”建设恰好处于“创新局”和“补短板”的结合点。这一建设巧妙而充分地运用了中国位居东亚经济圈中心、相邻国家众多的地理优势和历史上丝绸之路的文化积淀,抓住沿线国家借助中国力量谋求自身发展的高度期待,把打开西部国门、实现东联西出作为突破口,将促进西部地区发展和开拓境外经济空间有机结合了起来,将产业升级与对外产能合作有机结合了起来,将扩大内需与创造外需有机结合了起来。这对于实现国家均衡和持续发展,维护民族团结和国家统一,具有无可估量的作用。

第四,建设“一带一路”,开启了中国主动塑造周边、影响世界的历史进程。随着人类历史的不断发展,世界越来越紧密地连接为一个整体,任何一个国家的兴衰成败都不能不受周边和国际环境的影响,大国的崛起尤其易与现有世界格局和国际秩序产生剧烈碰撞,引发巨大震荡。历史上的中国,由于其独特的地理位置、发达的农业文明和悠久的文化传统,在近代以前较少主动与外部世界交往,也较少受到外来影响的冲击,保持了一个相对稳定的封闭生存环境。鸦片战争之后,西方列强的入侵打破了这种稳定,迫使中国卷入了帝国主义时代的激流旋涡之中,积贫积弱的中国只能在激流中奋起实行民族自救。新中国建立之后,中国人民掌握了自身的命运,但一穷二白的面貌和繁重的建设任务,要求我们把主要精力放在了国内,对外来干扰多以应对为主。直至改革开放之后,中国日益走向了世界,但我们的对外开放也主要是利用现有的国际环境谋求自身的发展,较少主动去影响世界。中国在国际上的影响力主要来源于自身发展而带来的辐射作用和溢出效应。而当今的中国已成为世界第二经济大国,外部环境也日益复杂,如何融入世界的问题更加突出,单纯被动地适应和利用外部环境已远远不够,必须要主动塑造外部环境,为中华民族的伟大复兴创造有利的条件。

历史上的大国崛起,往往伴随战争和冲突。当今的时代特征和中国的国家性质、根本利益和文化传统,决定了中国不可能走传统的大国争霸之路,只能走和平发展的道路。这条道路能否走得通,很大程度上要看我们能不能把世界的机遇转变为中国的机遇,同时把中国的机遇转变为世界的机遇;中国能否在这条道路上继续快速前进,也要看中国能不能在自己“开快车”的同时让别人“搭便车”。因此,抓住发展这个当今世界各国利益上的最大公约数,以共同发展、互利共赢的方式创造一个有利于自身发展的外部环境,同时承担必要的国际责任,是中国的必然选择。中国是世界上邻国最多的国家,周边环境复杂多变,“一带一路”建设从周边入手,以塑造周边来影响世界,开辟了中国对外交往的新局面。“一带一路”不是某个国家的私家小路,而是沿线各国携手前进的阳光大道。它追求的不是一枝独秀的小利,而是百花齐放的大利,既不是仅仅着眼于为中国的经济发展寻求市场和资源,也不是搞排他性的“圈子”和“集团”,而是建立一个沿线国家共商、共建、共享的开放、包容、均衡、普惠的合作架构和发展平台,并与沿线各国的发展战略相互对接、耦合;既不是单纯对外援助和扶贫济困,更不是满天撒钱、沽名钓誉,而是授人以渔、共同发展,优势互补、互利共赢。这就如同一列高铁列车,既有中国作为车头来牵引带动,又有沿线各国作为一节节动车协同发力,沿着共同发展的高速铁路一齐飞奔。这是顺应世界多极化、经济全球化、文化多样化、社会信息化潮流之举,是按照客观经济规律打造一条横贯东西的交流大通道,通过做大经济蛋糕,实现共同繁荣。在此基础上,建立起沿线国家间政治互信、经济融合、文化包容的利益共同体、责任共同体、命运共同体。这一建设的实现,不仅扩大了中国的经济空间和战略回旋余地,增强了中国的影响力、吸引力等软实力,还将形成一个有利于世界和平与发展的地区新格局;不仅有利于沿线各国经济上的合作共赢,还将打破一切自然与人为的阻隔,实现各个国家和各国人民之间的团结互信、平等互利、包容互鉴,使人类命运共同体的观念深入人心。这将为中国的持续发展塑造一个良好的周边环境和国际环境,也是走向复兴的中国融入21世纪世界的唯一正确选择。完全可以说,只有成功实践了中国特色社会主义的当代中国,才可能提出如此有远见、胸怀和气魄的建设项目。

“一带一路”建设是一个宏伟的蓝图,实现起来绝非易事,更不可能一蹴而就,建设过程中必然面临着种种复杂的挑战。其中既有沿线地区战乱与动荡的阻碍和各种不同方面利益间的碰撞博弈,更有域外大国的猜忌和或明或暗的干扰破坏。这一建设成功实施后,对现存国际政治经济格局和秩序产生的冲击,也必将引起一定的反弹。对此,我们必须要有足够的承受能力和战略定力。但是,这一建设符合世界经济发展的客观需求,符合沿线各国人民和整个国际社会的利益,决定了它存在的合理性、必然性和成功的可能性,只要我们有坚忍不拔的意志和真诚合作的态度,兼顾早期收获和长远发展,步步为营、久久为功,试点先行、多路并进,这一事业就一定能够取得成功。

四、认真思考“一带一路”建设带给我们的启示

“一带一路”建设,作为一项总揽国际国内大势,涉及经济、政治、文化、社会、外交和安全等各个方面的重大战略性决策,在中国国家战略决策历史上开创了先河。它的提出不仅体现出时代发展的需要,也体现了以习近平同志为核心的党中央在重要历史转折时期表现出的战略思维、历史思维、辩证思维、创新思维、底线思维能力,表明了中国共产党的国家治理能力和水平跨上了新的台阶,树立了一个成功决策的新范例。从这项决策中,我们可以得出以下五点启示。

第一,以大国的视角谋划战略全局。自古以来,“不谋全局者,不足谋一域”。当今的中国已经逐步摆脱了过去“大而不强”的局面,进入了“由大而强”的关键阶段,更加需要以大国的视角看待自己、看待世界,处理好自身与世界的关系,为人类作出更大贡献。这是发展起来的中国所必须承担的责任,也是中国继续发展的必然要求。一方面,我们要坚决拒绝西方某些人强加在我们头上的“中国责任论”,不随他人的曲调起舞;另一方面,我们要度德量力,积极提出自己对国际事务的主张和方案。一方面,我们要继承“韬光养晦”外交方针的精神实质,坚持不称

霸、不当头、不偏激、不冒进;另一方面,也要积极有所作为,为世界提供具有中国特色的公共产品,在促进共同发展中实现中国的继续发展,维护国家的根本利益。"一带一路"建设是我国对外开放的顶层设计,也是中国为解决世界问题贡献的中国智慧、提供的中国方案,是对国际合作和全球治理体系变革的积极探索。这一建设的提出和创办亚洲基础设施投资银行、金砖国家新开发银行等一系列重大举措,就是习近平总书记和党中央以大国视角谋篇布局的成果,显示了中国新的世界眼光。

第二,以统筹内外克服发展瓶颈。中国的发展已离不开世界,世界的发展也已离不开中国。解决中国的发展问题,不仅要从国内着手,而且要从国际着眼;不仅要考虑经济因素,而且要综合考虑政治、文化、社会、生态、安全、外交等其他诸多因素。"一带一路"建设,内外相联、东西互动、陆海并举,包容了全方位对外开放、区域经济协调发展和西部开发、产业结构调整和企业"走出去"、边疆地区建设和扶贫开发等多种战略考虑,与长江经济带、京津冀协同发展等战略相互衔接,兼顾地缘政治、国家安全、反恐维稳的需要,重点突破、带动全局,一着棋落、满盘皆活,是统筹兼顾各方面需要、从战略上把握大局的提纲挈领之举。在我国各方面建设经纬万端、经济发展破茧欲飞的关键时期,为谋划国家发展的全局树立了一个范例。

第三,以经济共赢突破军事围堵。中国的发展已触动了霸权主义者的神经,也引发了某些地区大国的疑忌,围堵中国的图谋已是"山雨欲来风满楼"。然而,在和平与发展的时代,冷战的旧思维已不合时宜,发展的愿望已成为全世界的共同追求。古语说,天时不如地利,地利不如人和。围堵战略的重点在军事方面,是通过挑动地区矛盾来构建军事同盟体系和军事基地网络。但是,这种战略缺少经济内涵作为支撑,恶化区域内政治空气,不利于沿线各国经济发展,有害于地区和平稳定,纵然能够喧嚣一时,但终究是违背历史发展的大势和人民愿望的。这也就违背了天时与人和。从地利方面来说,中国西有高原、沙漠,南北西三面与多国接壤,东虽临海,但有岛链重重环绕,与众多周边邻国间难免有种种利害冲突,以军事角度看处于四面被围之势,易于被包围封堵;但反过来逆向思维,走和平发展道路,从经济角度入手,以开放、合作、共赢的方式联络邻国、经营周边,这些围堵的堡垒就一变而为走向世界的踏板、互利共赢的桥梁,形成广大的战略回旋空间,地理因素反过来有利于我。因此,就破解军事围堵而言,在加强国防力量的同时,倡导"一带一路"建设就是一次改变被动态势的主动出击。这种出击适应沿线各国的发展需求,兼顾各方利益和关切,努力寻求不同合作者之间利益上的契合点,不强迫选边站队,以潜移默化的方式塑造周边环境,进而塑造整个世界。这种软硬实力结合的突围思路,刚柔相济的斗争策略,顺应了天时、地利、人和,对于弱化军事同盟的作用,孤立少数顽固的霸权主义者,破解"修昔底德陷阱",有着重要意义。

第四,以历史文化促进经济建设。"一带一路"建设涉及区域广,所需时间长,其中不确定的因素很多。虽然,这一建设符合沿线国家和人民的根本利益,但如何冲破各种矛盾冲突的阻碍和牵绊,如何战胜各种敌对势力的挑拨和破坏,使其真正赢得沿线广大国家和人民的衷心支持,并保持持久的生命力,确也殊为不易。这就需要借助历史传统和地缘文化的支撑,构筑“一带一路”建设的人文基础,形成沿线国家民众相互欣赏、相互理解、相互尊重的人文格局。始于两千多年前、在漫长的历史长河中逐步形成的丝绸之路,为东西方之间的商贸流通、人文交流、文明交融作出了巨大贡献,在沿线国家和全世界深入人心,成为了和平、友好、繁荣的象征,形成了和平合作、开放包容、互学互鉴、互利共赢的丝绸之路精神,也使中华文化中正平和、推己及人、天下一家的思想传知天下,代表了中华文明在世界历史上曾经具有的先进地位。以此作为媒介和切入点,推动沿线国家开展紧密经济交流,可在各国人民中引起强烈共鸣和持久关注,收到事半功倍之效。

“一带一路”以经济建设为基础,但又不仅仅是经济发展战略,也是沿线不同国家、民族、文明之间人文交流的渠道。因此,民心相通是“一带一路”建设的重要内容,也是“一带一路”的人文基础。在这里,经济建设借助文化的力量而推进,而又推动文化交流深入发展,可以说是文化载经济出海,经济助文化远航。随着“一带一路”建设的不断推进,也必将进一步推动中华文化走向世界,形成经济、文化协力推进,软硬实力相互借助的中国对外交流新格局,使中国更加顺利地融入世界。

第五,以增量变化改革国际秩序。现行的国际政治经济秩序以及这一秩序下的国际治理体系是第二次世界大战后形成的,其中既包含世界人民反法西斯战争胜利的成果,也留有大国争霸的烙印;既反映了人类经济社会发展的某些客观规律,又体现出西方国家以强凌弱的主导地位,存在着许多不公正、不合理的地方。冷战结束之后,世界力量对比失衡,其负面影响更加显著。改革开放以来,我国充分利用了现行国际秩序中的合理因素来发展自己,并团结广大发展中国家为争取自身权利而进行不懈斗争,取得一定成果。但是,随着时代的发展变化,广大发展中国家呈现出整体崛起的态势,旧的国际秩序及其治理体系的不适应性越来越突出,枝枝节节的修改已不能满足要求。推动国际治理体系变革,使国际秩序朝着更加公正合理的方向发展的问题日益紧迫。无所作为、坐待国际治理体系自身演变是无法接受的,全盘否定、打破重建则是不现实的,也是不正确的,将会引起国际关系的剧烈动荡。因此,在不断修补原有国际治理体系的同时,提供新的国际公共产品,以增量变革冲淡、抵消其中的负面因素,是一条现实可行的道路。这不是颠覆现行国际秩序,不是另起炉灶,而是对现行国际秩序的改革和完善。提出“一带一路”建设和创立亚洲基础设施投资银行、金砖国家新开发银行等,就是中国为世界提供新公共产品的尝试。这些产品的成功运行,将有力推进国际治理体系的变革,促使国际秩序向积极方面转化,引导国际关系走向良性循环。

进入21世纪以来,中国更加需要世界,世界也更加需要中国,中国梦与世界梦紧密相通。争取和平环境以发展自己,以自身的发展维护和促进世界和平,坚持走和平发展道路,是中国从自身利益出发作出的战略抉择。处理好中国与世界的关系,营造良好的外部环境，实现中国与国际伙伴的共同发展，是确保和平发展道路畅通的必然要求。历史上的丝绸之路是与中华文明的兴盛相生相伴的。中华兴则丝路兴，中华衰则丝路衰。丝绸古路的新生将为中华民族伟大复兴提供新的动力，成为中华民族重新屹立于世界民族之林前列的标志。而中华民族伟大复兴中国梦的实现，也必将使中国为丝绸之路沿线各国人民、为整个人类作出更大贡献。

（作者：中共中央文献研究室副主任、编审）

“一带一路”开辟合作共赢新天地

阮宗泽

2017 年 5 月 14 日至 15 日，举世瞩目的“一带一路”国际合作高峰论坛在北京举行，习近平主席出席开幕式并发表主旨演讲。作为 2017 年中国主场外交的重头戏，此次论坛是“一带一路”倡议提出三年多来中国就此召开的规格最高的国际性会议，得到国际社会广泛支持。来自 28 个国家的元首和政府首脑，110 个国家的官员、学者、企业家和金融机构、媒体等各界人士，61 个国际组织的 89 名负责人和代表云集北京。论坛承上启下，凝聚更多共识、明确合作方向、推动项目落地、完善支撑体系、规划未来合作蓝图。

三年多来，“一带一路”合作不断开花结果，影响迅速席卷全球，成为迄今为止最受欢迎的国际公共产品，也是目前前景最好的国际合作平台。“一带一路”之所以取得成功，根本原因是中国秉持共商、共建、共享的开放包容理念，回应了沿线各国加强互利合作的迫切愿望。尤其在当前保护主义、单边主义抬头的形势下，“一带一路”是各国“撸起袖子一起干”的共同事业，是推动世界经济可持续发展的新增长点，是构建以合作共赢为核心的新型国际关系的重要实践。

一、“一带一路”为世界经济增长注入新动力

当今世界经济处在一个关键当口，虽然总体保持复苏态势，但面临增长动力不足、需求不振、金融市场反复动荡、国际贸易和投资持续低迷等多重风险。地缘政治紧张、反全球化、保护主义、民粹主义思潮抬头、“黑天鹅”频现等挑战，更是加剧了世界经济的脆弱性和不确定性，加大了全球宏观经济政策协调的难度。如何为世界经济增长提供正能量、注入新动力，引导全球化向更加平衡、普惠、包容的方向发展，是国际社会面临的重大课题。“一带一路”倡议是解决这一重大课题的“中国药方”。三年多来，这一“药方”的疗效日益得到国际社会广泛认可，逐渐进入全面务实合作新阶段，迄今有 100 多个国家和国际组织积极响应支持，中国同 40 多个国家和国际组织签署了合作协议。“一带一路”成为多方竞相参与、开展互利合作的重要平台，成为 21 世纪和平与发展的康庄大道。

作为“一带一路”的首倡国，中国是当今世界第二大经济体，近年来一直是世界经济增长的重要动力。据国际货币基金组织 2017 年 4 月预测，今年中国经济将增长 6.6%，继续领跑世界主要经济体，对世界经济增长的贡献率高居榜首。作为负责任的发展中大国，在推动构建“一带一路”的过程中，中国秉承共商、共建、共享的理念，努力让合作项目更接地气，让世界人民更有获得感。诚如习近平主席所指出的：“‘一带一路’倡议来自中国，但成效惠及世界。”在这一思想

指导下，中国遵循新发展理念，海陆统筹、东西兼顾，构建新的大开放格局，不断深化改革、提升开放水平，增强与世界各国的发展衔接，使中国从“世界工厂”转型为“世界市场”，为世界经济增长注入宝贵动力。

与“一带一路”相辅相成的亚洲基础设施投资银行、丝路基金、金砖国家新开发银行独立运作、各有侧重、相互合作，成为新兴经济体和广大发展中国家促进全球基础设施建设、推动世界经济增长、完善国际经济治理改革的重要抓手。亚投行开张运营一年多来，起步稳健，运转顺利。2016年6月，亚投行通过了首批4个项目，总计约5亿美元，涉及孟加拉国、印度尼西亚、巴基斯坦和塔吉克斯坦的能源、交通和城市发展等领域。2017年3月23日，亚投行宣布批准13个新成员加入，成员数增至70个，超过欧洲复兴开发银行和亚洲开发银行，成为仅次于世界银行的全球第二大多边开发机构。亚投行队伍发展壮大是国际社会对中国投出的重要信任票。丝路基金专注于“一带一路”中长期投资，是中国规模最大、规格最高的政府多边合作基金。2016年初，丝路基金首个投资项目——位于中巴经济走廊的卡洛特水电站主体工程开工。金砖国家新开发银行也是“一带一路”的重要合作伙伴。

二、“一带一路”是沿线国家的发展之路、机遇之路

习近平主席指出：“我们必须以更高的站位、更广的视野，在吸取和借鉴历史经验的基础上，以创新的理念和创新的思维，扎扎实实做好各项工作，使沿线各国人民实实在在感受到‘一带一路’给他们带来的好处。”三年多来，中国的对外开放与合作辐射“一带一路”沿线，带来良性互动，为中国和沿线国家经济发展提供了难得的历史机遇。

中国是诸多沿线国家的最大贸易伙伴，最大出口市场和主要投资者。“一带一路”沿线国家共同聚焦政策沟通、设施联通、贸易畅通、资金融通、民心相通，亚投行、丝路基金牵引的金融合作不断深入，一批有影响力的标志性项目开花结果。2016年，中国与沿线国家进出口总额为6.3万亿人民币，中国对沿线国家直接投资145亿美元，累计投资超过185亿美元，为这些国家创造了近11亿美元税收和18万个就业机会。2017年以来，中国与“一带一路”沿线国家的投资合作持续升温。一季度，中国企业在沿线43个国家有新增非金融类直接投资，合计29.5亿美元，占同期对外投资总额的14.4%，较去年同期上升5.4个百分点。

“一带一路”成功搭建合作平台，通过各层次双多边合作机制，中国与沿线国家和地区的发展战略实现交会对接。目前，“一带一路”倡议已经与俄罗斯“欧亚经济联盟”、蒙古国“草原之路”战略、哈萨克斯坦“光明大道”、欧洲“容克投资计划”、越南“两廊一圈”、沙特“2030愿景”、英国“北部振兴”计划、土耳其“中间走廊”计划、澳大利亚“北部大开发”计划、老挝“变陆锁国为陆联国”等多个国家和地区的战略规划形成对接，这充分体现了“一带一路”合作的包容性、开放性。作为“一带一路”倡议的旗舰项目，中巴经济走廊对其他地区的“一带一路”建设和布局具有很强的示范效应。目前，中巴经济走廊建设稳步推进，掀开了本地区互联互通新的一页。中蒙俄经济走廊建设也稳步开

展，实现了“一带一路”在多边经济走廊方面的突破。

“一带一路”连接亚欧大陆两端，一头是充满活力的东亚经济圈，一头是发达的欧洲经济圈，中间是潜力巨大的腹地。在“一带一路”倡议的引领下，中国与沿线经济体的发展诉求一拍即合，催生了一系列合作成果。例如，作为铁轨上的“丝绸之路”，中欧班列宛如一条条大动脉，将亚欧大陆两大经济体串连起来，实现互联互通，提升贸易和投资水平，推动国际产能和装备制造合作，打造亚欧大陆超级发展板块。中欧班列已成为国际物流陆路运输的骨干通道。

三、“一带一路”是构建以合作共赢为核心的新型国际关系的重要实践

世事如棋局局新。随着新兴经济体和广大发展中国家的发展壮大，世界多极化趋势日益不可阻挡，人类社会变得更加多元、包容与平衡。这是时代的进步，不仅不是问题，而且是化解挑战的答案。全球化之势不可逆转，任何国家都不可能独善其身，应对全球性挑战需要全球性努力。然而，西方一些人却一叶障目，认为自己在全球化过程中吃了亏，开始打退堂鼓，从全球化的旗手变为全球化的阻力。一度甚嚣尘上的“历史终结论”沉寂下去，西方日益担忧其优势丧失、辉煌不再，人类社会或迈向“后西方”时代，因此不惜祭出保护主义、以邻为壑的武器。可见，冷战结束20多年来，人类和平与发展的事业仍面临重重挑战，国际形势的发展变化错综复杂、波谲云诡，全球性挑战层出不穷，增加了未来的不确定性。

“弄潮儿向涛头立，手把红旗旗不湿。”越来越多的人将目光投向中国，期待中国发挥更大作用。中国因势而谋、应势而动、顺势而为，站在关注人类前途命运的高度，提出构建人类命运共同体的理念，为塑造新型国际关系、完善全球治理贡献了中国智慧。中国还坚持正确义利观，以义为先、义利并举，不急功近利，不搞短期行为，着力构建命运与共的恢宏画卷，成为世界乱局中的稳定之锚。围绕“一带一路”倡议，习近平主席多次进行出访并作出系列重要论述，充分体现了合作共赢的精神。2017年1月，习近平主席在联合国日内瓦总部发表重要演讲，深刻阐释了共建人类命运共同体的理念，为推动世界发展和人类文明进步提出了令人耳目一新的中国方案。“一带一路”化身为中国与国际社会坚定推动经济全球化、共同构建开放型世界经济、支持自由贸易、构建人类命运共同体的新动力。尽管你输我赢的零和思维在当前国际关系中仍有一定市场，但“一带一路”所倡导的共商、共建、共享理念具有时代的先进性，旨在构建全球伙伴关系网络，结伴不结盟，有助于重塑国家之间的互动模式，让各国聚焦合作、分享机遇，散发着无法抗拒的魅力。

“一带一路”已经从中国方案变成“世界方案”，其蕴涵的合作共赢理念得到越来越多国家及国际组织欢迎和支持。2016年11月，在秘鲁利马举行的亚太经合组织领导人非正式会议上，共商、共建、共享等“一带一路”核心理念首次写入领导人宣言。11月17日，“一带一路”倡议首次写入第71届联合国大会决议，体现了国际社会对“一带一路”的广泛认同。2017年3月27日，中国与新西兰签署关于加强“一带一路”倡议合作的安

排备忘录。新西兰是首个与中国签署“一带一路”合作文件的西方发达国家，具有重要示范意义。4月初，习近平主席在美国佛罗里达州海湖庄园同美国总统特朗普举行会晤时表示，中美加强经贸合作前景广阔，双方要抓住这个机遇。中方欢迎美方参与“一带一路”框架内合作。这实际上是向美国发出了参与“一带一路”合作大计的邀约。4月11日，外交部长王毅与联合国亚太经社会执行秘书阿赫塔尔在北京共同签署《中国外交部与联合国亚太经社会关于推进地区互联互通和“一带一路”倡议的意向书》。这是中国与国际组织签署的首份“一带一路”合作文件，旨在扩大双方开展“一带一路”合作的共识，加强交流对接，深化务实合作。

“一带一路”开辟了世界各国合作共赢的新天地，为中国赢得更多朋友与伙伴。“一带一路”唱响合作共赢的主旋律，不仅拉近了中国与沿线国家的关系，推动了世界经济的可持续增长，为相关国家民众带来实惠，而且是对国际关系理论的丰富和发展。“一带一路”虽然是中国倡议的，但所创造的红利与机遇是世界的，正如习近平主席强调的，中国“不是要营造自己的后花园，而是要建设各国共享的百花园”，这正是“一带一路”的吸引力。“一带一路”国际合作高峰论坛必将成为促进沿线国家实现和平与繁荣、推动构建人类命运共同体伟大实践中一座崭新的里程碑。

（作者：中国国际问题研究院常务副院长）

“一带一路”开创包容联动共享的新型全球化

王义桅

2008年国际金融危机爆发后，资本主义主导的全球化矛盾和弊端更加凸显，孤立主义、保护主义、民粹主义交织，“逆全球化”思潮不断蔓延。习近平总书记指出：“经济全球化确实带来了新问题，但我们不能就此把经济全球化一棍子打死，而是要适应和引导好经济全球化，消解经济全球化的负面影响，让它更好惠及每个国家、每个民族。”“一带一路”倡议正是为解决当前世界和区域经济面临的问题而贡献的“中国方案”，是探索新型全球化、完善全球经济治理、实践人类命运共同体的重要抓手。

一、“一带一路”通过互联互通推动世界包容发展

上世纪80年代以来，在新自由主义政策推动下，以贸易自由化、生产国际化和资本全球化为主要特征的经济全球化飞速发展，为世界经济增长提供了强劲动力；但同时也使财富迅速集聚到极少数顶层资本所有者手中，造成世界范围的贫富两极分化加剧、发展不平衡问题突出、社会分裂现象严重。

近代西方开创的全球化是一种“海洋型”全球化。按照世界银行数据，当今世界产出的八成来自于沿海一百公里的地带，90%的国际贸易通过海洋进行。西方国家通过海洋实现全球贸易和投资的扩张，并形成了一套以西方为中心的世界分工和分配体系，从而攫取了大量非对称利益。这种全球化其实是“部分全球化”，或曰单向度全球化，从某种意义上说是畸形的、不平衡的全球化。一方面，它使海洋国家、沿海地区先发展起来，而陆上国家、内地则长期落后；另一方面，正如《共产党宣言》描绘的：“它使未开化和半开化的国家从属于文明的国家，使农民的民族从属于资产阶级的民族，使东方从属于西方。”

“一带一路”是由铁路、公路、航空、航海、油气管道、输电线路、通信网络组成的综合性立体交通网络，能够在很大程度上把内陆和海洋连在一起，帮助那些内陆国家寻找出海口，实现沿海与内陆联动发展。比如欧洲有“三河”（易北河、多瑙河、奥得河）通“三海”（波罗的海、亚得里亚海、黑海）的千年梦想，“一带一路”激活了这一梦想，使欧洲内陆国家能够走向海洋，搭上全球化的快车，目前已形成中欧陆海快线、三海港区等项目。同时，“一带一路”能够把沿线小国连通在一起，形成大市场，实现规模效应和联动发展。

“一带一路”构成的互联互通将把作为世界经济引擎的亚太地区与世界最大经济体的欧盟联系起来，实现各个区域、各个国家生产要素及产业产能优势互补。以基础设施建设为契机，“一带一路”为沿线发展中国家创造需求和就业；同时鼓励它们从要外援到要投资，在引入资金、技术后培养相关人才，增

强自主发展能力,实现可持续发展。

以互联互通为基础,“一带一路”能够超越传统全球化造成的地区发展不平衡问题,推动包容联动发展,开创陆海联通、南北联动的全球化,让全球化“无死角”。

二、以发展为导向,“一带一路”为世界经济增长提供新动力

传统经济全球化是以资本为主导的全球化,是以资本获取最大限度利润为动力的。金融资本的过度逐利导致了国际金融危机的爆发,而世界经济长期低迷又加剧了增长和分配、资本和劳动、效率和公平的矛盾。当前最迫切的任务是引领世界经济走出困境,做大世界经济的“蛋糕”。“一带一路”坚持发展导向、民生导向,着眼于基础设施建设和实体经济,不仅正在成为世界经济新的增长点,而且能够增强广大民众的参与感、获得感、幸福感。

“一带一路”是中国为世界提供的“公共产品”,有利于世界经济再平衡。国际金融危机爆发以来,中国经济增量占全球30%以上,成为世界经济增长的重要动力源。建设“一带一路”旨在同沿线各国分享中国发展机遇,实现共同繁荣。正如习近平总书记指出的,以“一带一路”建设为契机,开展跨国互联互通,提高贸易和投资合作水平,推动国际产能和装备制造合作,本质上是通过提高有效供给来催生新的需求,实现世界经济再平衡。特别是在当前世界经济持续低迷的情况下,如果能够使顺周期下形成的巨大产能和建设能力走出去,支持沿线国家推进工业化、现代化和提高基础设施水平的迫切需要,有利于稳定当前世界经济形势。

“一带一路”开启国际贸易新篇章。金融危机爆发前,国际贸易增长速度是世界经济增速的两倍,而之后却低于世界经济增速,这是全球化处于逆转的重要原因。未来十年,“一带一路”将新增2.5万亿美元的贸易量,这给全球化打了一剂强心针。不仅如此,“一带一路”建设推动中国与沿线国家的自贸区、投资协定谈判,已完成11个,并强调与沿线各国发展战略和已有的合作机制对接,推动全球层面的投资协定谈判进程,为全球贸易开创新局面。

“一带一路”中的基础设施建设成为世界经济增长的新动能。传统全球化中的关税减让,最多能推动世界经济增长5%,而“一带一路”中的互联互通,将推动世界经济增长10%—15%。据麦肯锡咨询公司预测,到2050年,“一带一路”将推动新增30亿中产阶级。按照世界银行前高级副行长林毅夫教授的模型,发展中国家每增加1美元的基础设施投资,将增加0.7美元的进口,其中0.35美元来自发达国家。因此,“一带一路”不仅能助力发展中国家经济发展,也将增加发达国家的出口,为其经济复苏和结构性改革创造机遇。

“一带一路”引导热钱流向实体经济,切实为各国发展服务。全球的热钱流动是新自由主义政策下全球化的顽疾。热钱流动由于规模庞大,流到哪里,哪里就是泡沫;从哪里出来,哪里经济就塌方。热钱流动造成了少数人在全球化中获得极大利益、多数人受损的现象。管住全球的热钱流动,才可能解决全球化当中的各种问题。“一带一路”引导全球资本向基础设施、带动实体经济的方向流动,把热钱变成冷钱,把虚钱变成实钱,把

盲目流动的投资变成有目标、有结果的投资，使全球化中流动的资金服务于各国经济发展和民生改善。这就是中国对全球化发展方向开出的重要药方。

“一带一路”倡议所带来的增长动力将是强大而持久的，可以说“一带一路”建设的每一条公路或铁路、每一个工业园、每一个合作项目，都是在种下一个经济增长的动力源。

三、共商共建共享，“一带一路”为全球治理提供新思路

西方发达国家在世界经济中占据优势和主导地位，其制定的全球化规则和治理体系也是为西方资本主义国家服务的，发展中国家和新兴市场国家严重缺乏话语权。“一带一路”倡导共商共建共享的全球治理理念，是使全球治理更加公正合理、推动全球化向合作共赢方向发展的“中国智慧”。

“一带一路”秉承共商共建共享原则，是践行协商共治、合作共赢的典范。“共商”，即充分尊重沿线国家对各自参与的合作事项的发言权，沿线各国无论大小、强弱、贫富，都是“一带一路”的平等参与者，都可以积极建言献策，都可以就本国需要对多边合作议程产生影响。“共建”，即全面调动沿线国家地区的积极性，各施所长，各尽所能；强调与现有双多边机制、区域合作平台的对接，同时欢迎世界各个国家和国际、地区组织的建设性参与，倡导政府、企业、民间多层面共同推进。“共享”，即所有人参与，所有人受益，不搞一家独大或者赢者通吃，而是寻求利益共享，实现共赢目标。“一带一路”在广泛协商沟通的基础上探索构建新型国际合作机制，在共同推动和建设过程中创新全球治理模式，为破解全球治理的现实困境提供了思路。

“一带一路”是构建人类命运共同体的伟大探索和实践。人类命运共同体理念是中国推动全球治理体制变革的指导思想，旨在寻求各国发展的最大公约数、实现合作共赢。这一愿景符合国际社会的根本利益，彰显了人类社会共同理想和美好追求。“一带一路”建设强调秉持和平合作、开放包容、互学互鉴、互利共赢的“丝路精神”，全方位推进务实合作，打造政治互信、经济融合、文化包容的利益共同体、责任共同体和命运共同体。可以说，“一带一路”正是化理念为行动、变梦想为现实的重要举措，是通往人类命运共同体的现实路径。

四、互学互鉴，“一带一路”助推文明的共同复兴

传统全球化由西方发达国家主导，不仅贸易、投资规则由它们确定，它们还试图推动“西方中心主义”价值观的全球化，其表现就是在全世界推广“普世价值”和输出“民主革命”。这本质上是西方寻求塑造文明等级秩序，必然造成文明的冲突，伊斯兰极端恐怖主义的扩散某种程度上就是这种矛盾的产物。

“一带一路”注重文明交流互鉴，重塑平等、包容、均衡的全球化文明。习近平总书记指出：“千百年来，在这条古老的丝绸之路上，各国人民共同谱写出千古传诵的友好篇章。两千多年的交往历史证明，只要坚持团结互信、平等互利、包容互鉴、合作共赢，不同种族、不同信仰、不同文化背景的国家完全可以共享和平，共同发展。”不同于近代以来西方的殖民主义、帝国主义和霸权主义，以国际掠夺、竞争为常态而合作、妥协为非常态，也

不同于战后西方对外援助等各种名目的国际合作模式,“一带一路”建设充分尊重文明差异性,尊重发展模式多样性,鼓励各国走符合自身国情的发展道路,以文明交流互鉴超越文明隔阂冲突。

从人类文明史看,近代西方文明勃兴于海洋,东方文明走向封闭保守,进入所谓的“西方中心”时代。“一带一路”将人类四大古文明——埃及文明、巴比伦文明、印度文明、中华文明,串在一起,推动内陆文明、大河文明的复兴,重塑全球地缘政治及全球化版图,改变内陆文明从属于海洋文明、东方从属于西方的“西方中心论”,推动各种文明在新的历史条件下平等交流、借鉴和创新,从而实现整个人类文明共同进步。

“一带一路”从理念到实践正在扬弃传统全球化,其方向不是单向度而是包容性全球化,特点不是资本全球化而是实体经济全球化,路径不是规则导向而是发展导向的全球化,目标不是竞争型而是共享型全球化,从而开创更有活力、更加包容、更可持续的新型全球化。

(作者:中国人民大学国际关系学院教授)

中国道路与中国话语建构

张康之

一、中国走了一条独特的道路

改革开放以来，我国走了一条独特的道路，从经济发展所取得的巨大成就看，这条道路是成功的。在此过程中，社会发展也取得了一定成就。党的十八大以来，在社会治理创新的名义下，我们正在探索一条适合中国的社会治理方案，其中，建立起中国独特的社会体制是我们未来若干年所要实现的目标。虽然在是否有一条中国道路的问题上有着不同意见，但毫无疑问，中国在改革开放的30多年中，已经走出了一条独特的道路。也许人们可以把中国经济社会发展所取得的成就纳入西方理论的解释框架中，特别是当前中国所遭遇的诸多社会问题也似乎表明中国是因为走在追赶发达国家的道路上而出现了这些问题，是西方国家进入发达状态后出现的问题。但是，我们也必须看到，当前中国也遭遇了一些在西方国家不曾遇到的问题。如果不是对这些问题视而不见的话，我们就必须承认，那是一些在中国经济社会发展中产生的问题，是一些仅仅属于中国的问题。因此，我们也就必须在逻辑上承认，中国的经济社会发展走了一条独特的道路。事实上，我们之所以在经济体制建设方面突出强调“有中国特色的社会主义市场经济”，如果在改革开放初期所表明的是一种探索中国道路的追求的话，那么今天看来，已经成为现实。

其一，中国改革开放后的市场经济建设面对着与早期西方国家完全不同的世界环境。西方国家在近代早期所走的是一条资本主义世界化的道路，面对的是一个有待开发的世界，即通过建立殖民地、开拓海外市场去获取资源和商品销售的市场，而中国的市场经济建设所面对的是全球化环境，无法通过军事等手段去海外获取资源和开拓海外市场，而是要在国际贸易规则的基础上去获取资源和销售商品。在世界已经形成的中心——边缘结构中，这些规则又是由发达国家制定的，遵守这些规则，也就意味着必须接受边缘弱势的事实。这说明，中国社会主义市场经济的发展因为国际环境而走了一条历史上从来没有过的道路。

其二，市场经济肯定有着一般性的规律和共有的基本特征，但中国特色的社会主义市场经济体制的建立不是一个自发过程，而是在政府的引导下建立起来的。在学术界，长期以来存在着关于政府与市场关系的讨论，而且，这些讨论更多的是基于西方理论做出的，一个共同点就是要求政府尽可能少地干预市场，让市场自然发育。从实践来看，关于政府定位的问题也一直困扰着政府，但中国政府并没有采用放任的方式，而是在干预和引导之间进行选择，事实上，中国政府在职能实现方式方面走出了一条建构引导型政府职能模式的道路。这也是与西方国家完全不同的。可以认为,即便是在凯恩斯主义盛行的时期,西方国家也没有放弃自由主义原则,而在中国的社会主义市场经济发展过程中,政府却从来也没有按照自由主义原则去处理与市场之间的关系。就中国经济社会发展所取得的成就而言,中国实践是成功的。也就是说,中国政府在实践中找到了一种引导型政府职能模式,并成功地建立起了有中国特色的社会主义市场经济体制。

上述可以说明,中国在改革开放30年中走出了一条独特的道路,是一条不同于西方的道路。在正在开展的建构有中国特色的社会主义社会体制进程中,这条道路会坚持下来。也就是说,基于中国的现实,从中国实际出发,回应时代的要求,去探索共享经济发展成果、人际关系和谐的社会体制,也必将是一条中国独特的社会发展之路。

要承认我们的社会中存在着诸多可以批评的问题,但改革开放以来所取得的成就是必须看到的基本面。事实上,中国经济社会发展在这么短的时期内取得这么大的成就是空前的,这在人类历史上是罕见的。最为重要的是,我们所取得的成果是坚持走中国道路所取得的成果。既然中国在坚持走自己的发展道路上取得了这么巨大的成就,它是否应反映在话语上?答案是肯定的。中国走了一条独特的道路,也意味着它应该拥有独特的话语。在哲学社会科学座谈会上,习近平总书记提出了这个问题,并以党的方针政策的形式提出来,准确反映了国家发展的要求。

二、话语以及话语权的产生

从学术的角度看,话语的问题是在近代以来才出现的,是在工业化、城市化的进程中,特别是在资本主义世界化的运动中,出现了话语问题。具体地说,正是在18世纪的启蒙运动,建立起了今天处于统治地位的话语体系。

我们知道,农业社会是一个地域性的社会,在隔离的一个一个的地域中,语言以及由语言所承载的观念都具有单一性,就每一个地域而言,不存在语言的多样性,也没有意识形态冲突。所以,在人们的生活中没有并立的或同时存在的多元话语,因而,人们不会意识到话语问题。工业化、城市化打破了地域,当人们流入城市后,混杂地居住在一起,才有了语言的多样性,也把不同地域中的观念、习俗、习惯等带入了共同生活的空间中,从而有了语言、观念、习俗、习惯等方面的差异。正是这种差异,促使人们产生了话语意识。当然,这种话语意识并未引发普遍性的话语冲突,即便出现了话语冲突,在工业化、城市化进程得以深化的过程中也很快就得到了消解和实现了融合。真正引发话语冲突的是资本主义世界化运动,即在那些率先实现了工业化的国家和地区开始海外扩张的过程中,出现了宗主国与殖民地间的话语对立和话语冲突,而且,在很长一段时间,这种对立和冲突是持续展开的,有的时候甚至会表现得非常激烈。所以,话语问题产生于资本主义世界化进程中,我们今天在学术活动中使用“东方”“西方”等概念,虽然在泛泛的意义上也可以用来指政治、经济、军事、生活方式等,但更多的时候,所指的是不同话语体系的存在,甚至包含着话语并立、对立和冲突的内涵。

总的说来,在农业社会地域隔离的条件下,人们并没有明晰的世界观念,而是拥有着非常模糊的天下观念,可以认为,“世界”这个词是在资本主义世界化进程中产生的，它意味着那些率先实现工业化的国家和地区所征服的地域范围。也就是说，近代以来，随着西方国家兴起和率先实现了工业化，进入了对外扩张、殖民、开拓海外市场的进程中，它们“走到了哪里，哪里就变成它的世界”。这个过程就是我们所说的“资本主义世界化”。在今天，当我们谈到世界的时候，必然隐含着一个判断，那就是谁的世界？虽然我们都在这个世界之中，但这个世界其实是在资本主义世界化过程中开拓出来的世界，在本质上属于西方国家的世界。因而，西方话语在资本主义世界化进程中得到传播，在世界所及的地方，遍布着西方话语。开始的时候，西方话语的传播可能是不自觉的，从近代早期的情况看，传教士的传教并不属于现代西方话语传播的范畴，只是到了后来，西方国家才发现，话语有着某种独特的力量，可以产生资本和军事所无法企及的征服效果。正是在这一认识的基础上，杜勒斯才提出“和平演变”的策略。

进而言之，世界属于谁，谁就有权为世界确立一种话语。在一种话语无法将其他话语完全消灭的情况下，或者说在多种话语并存的条件下，就会出现话语权的问题。也就是说，主宰世界的人（民族、国家等）就会将自己的话语凌驾于其他话语之上，成为一种强势话语。所以，人们今天在谈论话语的问题时，基本上是在话语权的意义上使用“话语”概念的，只有在严格的学术探讨的意义上才会将“话语”与“话语权”加以区分。

我们今天所在的世界是在资本主义世界化进程中生成的，它是率先发展起来的西方工业化国家开拓出来的世界。开拓了这个世界的国家处在世界的中心，而广大的发展中国家则处在世界的边缘，是层层展开的边缘。也就是说，这个世界有着中心——边缘结构。反映在话语上，也同样存在着中心－边缘结构。当人们谈论“西方中心主义”时，首先所指的就是西方话语处于中心地位，也可以说西方拥有话语权。从现实来看，世界的中心——边缘结构不仅造就了西方国家的话语权，而且这种话语权是以话语霸权的形式出现的。如果说近代以来——直到冷战结束——西方国家的霸权主要是以经济霸权、军事霸权的形式出现的，那么，在冷战结束后的几十年时间内重建起来的西方霸权则主要是以话语霸权的形式出现的。我们今天看到的是这样一个世界图谱：话语霸权处在国家间关系的前沿地带，军事霸权是保障，经济霸权是目的。

应当说，在世界中心——边缘结构的构图中，18 世纪启蒙运动所确立起来的话语体系一直处于中心地位，二战之后，特别是在冷战期间，西方国家一直努力将这种处在中心地位的话语转化为话语霸权。杜勒斯提出的“和平演变”策略就包含着这重内容，或者说，在杜勒斯看来，西方已经建立起了话语霸权，基于话语霸权可以实施“和平演变”策略。然而，从“二战”后以及冷战期间的实际情况看，西方话语霸权的地位并不稳固，或者说并未完全建立起来，因而，“和平演变”策略并未收到预期效果。冷战后的情况则是，西方话语霸权完全确立了起来，以至于西方国家在推动颜色革命方面显得得心应手。虽然在一些地区，颜色革命后出现的社会动荡给西方国家带来了一些利益上的损失，但从战略上看，这些利益上的损失则可以看作是维护和增强话语霸权的必要成本。可以认为，冷战结束后，西方国家——特别是美国——的基本策略就是经营话语霸权，希望通过话语霸权去维护世界中心——边缘结构和获取更大的经济利益。

之所以西方国家在冷战后如此重视话语权的经营，一方面是因为人们关于行为的文明标准得到了进化，军事霸权受到了更多的诟病；另一方面，可能得益于文化人类学等诸多社会科学门类的研究，使得人们发现通过话语权能够获得比经济手段、军事手段更多的利益，而且成本是非常低廉的。在某种意义上，可以认为，西方国家早已认识到，掌握了话语权也就能够掌握世界，并实现对世界更为充分的控制。冷战的结束，只是为西方国家建立话语霸权提供了一个机遇，使得西方国家最终建立起了话语霸权，通过话语霸权去控制世界和实现颜色革命，并从中获得所期望的利益。

三、中国需要建构自己的话语

改革开放后，中国在取得了经济社会发展的巨大成就的同时却没有在话语建设方面取得相应的成绩。在某种意义上，可以认为，中国是一个富裕了起来的失语了的国家，即使发声，也是学着人家的腔调和复述人家的语言。如果有创新的话，也只是接着人家的话头再多说几句。用此来描述中国哲学社会科学研究的现状，绝不过分。从中国哲学社会科学研究所取得的成果来看，不仅其中缺失了中国话语，而且是服务于西方话语传播和增强西方话语霸权的。

一种话语必然包含着一定的观念，反映着一定的价值，并会以一定的判断标准的形式出现。当中国的社会科学研究走在对西方话语的使用、推广、维护和增强的道路上时，其直接后果就是引发对中国道路的怀疑。也许人们会在表面上承认中国经济社会发展所取得的成就，却会在享用这些成就的同时对取得这些成就的道路做出怀疑。不难想象的是，一旦怀疑自己走过的道路，就会提出重新选择前进道路的要求。由于中国哲学社会科学的所谓研究更多地致力于使用、推广、维护和增强西方话语，致使我们的思想和观念都受到了西方话语的控制，一旦提出重新选择道路的话，会走向哪个方向也就非常清楚了。

我们看到，关于中国改革开放以来的成就可以分为两个方面，其一，是已经取得的经济社会发展成就，这一点是举世瞩目的，没有人怀疑和否认；其二，就是中国在取得这些成就的过程中走出了一条独特的道路，作为已经成为事实的历史过程，人们也不会怀疑，但是，在回答是否应当继续走在这条道路上的问题时，出现了不同意见。之所以会出现这种情况，主要原因就是中国虽然走出了一条独特的道路，却没有得到理论总结和科学概括，即使对中国道路给予肯定的人，也只是提出了一些口号，完整的理论体系没有建立起来，更没有以话语形式出现的力量，更不用说让人信服了。

必须承认，在改革开放的30多年历程中，我们没有去解决建构中国话语的问题。在改革开放初期，我们曾有一段时间有过朦胧的话语意识，但那是在“拒绝”的意义上认识话语问题的，即防止和反对西方的和平演变。可是，话语的问题是非常复杂的，是与工业社会的科学乃至工业文明联系在一起的，特别是在我们需要向世界开放和需要向西方学习的情况下,只能在国家安全行动的意义上去防止西方国家的和平演变图谋,在思想观念和意识形态的意义上,不仅无法拒绝西方话语,反而在学习和引进方面表现出了如饥似渴的状态。从中国的哲学社会科学研究现状来看,直到今天,基本上属于学习和引进的范畴,对中国现实,特别是对中国改革开放实践的系统化理论总结的成果少之又少,更不用说有着明确的中国话语建构意识了。

中国是一个人口大国,在改革开放所取得的经济成就的基础上,我们也正在成为经济大国,而且中国是一个有着悠久历史的文明古国。即便如此,如果没有属于自己的话语的话,也就没有立国之本,也就不可能成为举世承认的大国。更为严重的是,如果缺乏自己的话语,就无法凝聚共识,所取得的经济社会发展成就也有可能付之东流。对于中国而言,拥有自己的话语是能否成为一个真正大国的前提,也决定了中国在国际社会中的地位和承担国际责任过程中能够发挥的作用。所以,中国的话语建构已经成为一项非常迫切的任务。

改革开放以来的中国经济发展大致经历过两个阶段:第一阶段主要是引进,即引进外资、引进技术和设备、引进管理经验;第二阶段是输出,这就是当前正在进行的以资本输出为主的“走出去”策略,所谓“一带一路”,当前也主要反映为资本的输出。中国的话语建构也许可以复制这条道路。从20世纪80年代中期开始,我们大量翻译引进西方文献,这是一个向西方学习的阶段,直到今天,我们依然处在这个阶段中。如果中国的社会科学发展也像经济发展那样经历两个阶段的话,那就可望在下一个阶段输出中国的思想和理论。然而,与经济发展相比,哲学社会科学的发展,思想和理论的建构,都要复杂得多。如果我们在哲学社会科学研究上缺乏话语自觉的话,不仅无法产生可以对外输出的科学成果,反而会在引进和学习的过程中失去自我。思想和理论是中国话语的构成要素,反过来,没有中国话语,也就不可能产生具有中国特色的思想和理论,也就没有可资向外输出的东西了。

近些年来,“本土化”“中国化”等词语成为热词,这反映出一种积极追求。但是,在如何实现“本土化”的问题上,一直无法破题。一个重要原因就是中国的哲学社会科学研究者更多地希望把西方的思想和理论转化为中国实际。在这样做的时候,往往无法把西方的思想和理论与西方话语区分开来,因而受到怀疑甚至抵制。其实,本土化的正确道路应是从中国现实出发,基于中国现实需要去决定对西方思想和理论的取舍。那样的话,就会在引进和学习的过程中把西方的思想和理论与西方话语区分开来,并使之服务于中国话语的建构。进一步地说,中国话语应当反映中国经验,特别是在改革开放过程中所取得的经济社会发展经验,应当以中国话语的形式确立起来。如果实现了这一点,中国就可以回馈人类,就可以把中国成功的经验推广到世界,使更多的发展中国家受益。

对于中国自身而言,虽然我们笼统地说改革开放以来经济社会发展取得了巨大成就,然而,如果我们把经济与社会分开来看的话,又必须看到,社会发展与经济发展是不平衡的,它表现在社会问题的增多,有些社会问题解决起来还是非常棘手的。在此过程中,很多人会首先想到引进西方经验和理论来解决中国的社会问题。对于中国这样一个发展中国家来说,考察西方国家的发展历程,学习西方经验是必要的。但我们也必须看到,与经济相比,社会问题要更为复杂,而且,中国社会是一个有着悠久历史的社会,一些问题是在现代化过程中产生的问题,对于这些问题,也许可以在对西方经验的引进中去加以解决;也有一些问题是在社会转型中出现的问题,这就有一个新旧冲突的问题,旧的东西是西方国家所没有的,而是一些中国自身传承中特有的问题,即便假设中国社会历史转型中出现的新的因素与西方国家现代化进程中的遭遇相一致,由于旧的因素的不同,也会在解决其所引发的问题方面有所不同,甚至完全不同;再者,如上所说,中国启动工业化、现代化进程时,在时间节点上已经完全不同于西方国家了,无论是在国际关系还是国内环境方面,都完全不同,因而,所遭遇的社会问题即便在形式上类似于西方国家现代化过程中所遇到的问题,而在实质上,也是不同的,因而,解决方式也会不同。事实上,这些方面并不是孤立的,而是纠缠在一起的。所以,中国是无法从西方谋求既成的社会问题解决方案的,而是需要像建立有中国特色的社会主义市场经济过程那样,做出自己的探索。在此意义上,总结中国改革开放以来所走过的道路以及所取得的经验,建构起中国话语,不仅对于当前中国正在进行的社会体制建构有着非常重要的意义,而且也是一项迫切性程度极高的任务。

四、中国话语的全球价值

我们正处在全球化、后工业化进程中,这是人类历史的又一次伟大的社会转型。自20世纪80年代开始,全球都进入了改革的季节,几乎所有的国家都致力于一场持续的改革运动。然而,正是在改革的过程中,世界迎来了恐怖主义,危机事件频发,陷入了全球风险社会。这是令人深思的,也是值得忧虑的,它不能不让我们重新检视各个国家所走过的改革历程。在我看来,全球性的改革运动所取得的成就都是巨大的,如果没有这场全球性的改革浪潮,也许会有许多问题已经爆发了,甚至是人类不堪承受的。但是,现状又促使我们不得不提出这样的问题,那就是,也许始于20世纪80年代的这场全球性的改革并没有触及根本性的问题,而是停留在表象的层面,仅仅解决了那些已经暴露出来的问题。用中国人的话说,就是“治标不治本”。如果这个提问是正确的,我们就更应当看到中国经验的可贵之处。

中国的改革开放在时间点上是与全球性的改革重合的,也是始于20世纪80年代。就中国的改革所要解决的问题来看,可以认为是纯粹的中国问题,但中国改革的环境却是与全球性的改革相同的,那就是人类社会的全球化、后工业化进程。事实上,中国的改革包含着双重内容,一方面,要通过改革走上工业化、现代化的道路;另一方面,中国在承担这项任务的同时也感受到了全球化、后工业化的压力。可以认为,中国在改革的过程中是把这两项任务同时承担了起来。比较而言,西方国家的改革更多的是对全球化、后工业化压力的回应,要单纯得多了。正是因为这一原因,我们认为,中国经验中也包含了回应全球化、后工业化压力的内涵。更为重要的是,中国因为承担着工业化、现代化的任务,使得中国的改革实践者没有背负起工业文明中的那些政治上的、文化上的、意识形态上的包袱，而是轻装上阵地去进行探索，从而取得了许多可以去发掘和进行理论概括的经验。与中国改革实践中所做出的那些探索相比，西方国家则背负着沉重的工业文明的包袱，以至于其改革更多地停留在社会转型的表象层面去寻求社会问题的解决方案。而且，由于文化的、意识形态的原因，对于根本性的政治体制和社会体制只能维护而不会触动。

我们看到，从今天我们所在的世界范围来看，中国在农业社会的历史阶段中所拥有的是任何一个地区都无法比肩的发达农业文明。然而，在人类工业化、现代化进程启动的时候，中国伟大而辉煌的农业文明则成了压垮这个民族的包袱，致使中国经历了百年战争也无法走进工业化、现代化进程，使一个有着发达文明的国家在工业化、现代化进程中被远远地甩在了后面。审视这个问题，我们不禁要问，是什么因素阻碍了中国社会的工业化、现代化？显然，首先是话语，是中国农业社会所建立起来的那个发达的、无所不在的话语，是因为这一话语太过发达，而且有着很强的自我维护、自我修复功能，以至于抛弃它的一切努力都无法收获预想的效果。

中国社会的这段历史经历会不会在全球化、后工业化进程中得到复制，显然是一个需要追问的问题。也就是说，有着发达工业文明的国家和地区会不会成为全球化、后工业化进程中的巨大阻力，它不仅会绊住这些国家和地区的脚步而且会成为全球走向后工业社会的强大阻力。如果这个问题是存在着的，那么，可以想象，那些背负着工业文明包袱不甚沉重的国家和地区，就有可能探索出一条新路，从而引导人类顺利地走上全球化、后工业化进程。从现实来看，近些年来，中国社会是如此热情地拥抱着全球化，而在西方国家，则出现了反全球化的声音，甚至有了一些反全球化的行动。我们可以断言，之所以在西方国家中出现了反全球化的声音和行动，是合乎我们的判断的，那就是工业社会的话语力量已经转化成了人类后工业化的阻力。从历史上看，资本主义世界化为工业化开辟了道路，而正在发生的全球化则必然要为人类社会的后工业化开辟道路，如果说全球化、后工业化已经成为人类社会发展的必然趋势，那么，反全球化则属于倒行逆施。那样的话，人类社会的发展将会付出极其惨痛的代价。从工业化、现代化的经验来看，几乎在所有国家、所有地区都发生过战争，如果全球化、后工业化进程也出现这种情况，那将是何等可怕。因为，人类今天所拥有的大规模杀伤性武器可以顷刻毁灭地球，一旦发生战争，其后果肯定与工业化、现代化进程中的战争无法相比。

第一，人类社会处在一种非常不确定的状态，人类能否有一个乐观的未来，不能寄托于工业社会建立起来的、既有的模式，在某种意义上，如果人类必将走向后工业社会的话，恰恰是要扬弃工业社会所建构起来的模式。因为，后工业社会意味着人类的一个新的历史阶段，正如人类进入工业社会的时候没有把农业社会所建立起来的东西完整地继承下来，而是从根本上摧毁了农业社会所建立起来的那一切。在后工业化进程中，工业社会所建构起来的一切也都需要重新审视，需要得到扬弃。这是一场根本性的社会变革运动，其中，工业社会的话语所发挥的是阻碍作用，要突破工业社会的话语，就必须建构起全新的话语。而且，只有建构起新的话语，才有可能引导人类顺利地走在后工业化进程。

第二，由于中国在开始实现工业化、现代化的时候遭遇了后工业化的课题，由于中国改革开放的30多年是同时承担起了工业化和后工业化两项任务，也由于中国社会尚未完全背负起工业文明的包袱，所以，中国在改革开放过程中所做出的探索是积极的，所形成的经验是有价值的，对于全球而言，都能够发挥积极作用。只不过，中国的哲学社会科学研究者尚未形成话语意识，不愿意去总结中国经验并制作成中国话语，才致使我们的行动缺乏话语依据，致使中国“走出去”的战略受到某种怀疑。如果我们自此开始按照习总书记在哲学社会科学座谈会上的精神去形成话语意识并自觉地建构中国话语的话，就能够实现中国话语对全球化、后工业化的引领作用。这可以看作是中国社会在人类全球化、后工业化进程中做出的一项巨大贡献。

第三，中国的“一带一路”战略并不是一项单纯的经济行动，也不应理解成政治行动，如果那样的话，我们无非是复制了西方资本主义世界化的道路。在全球化、后工业化进程中，资本主义世界化的历史已经为全球所诟病，受到抵制。事实上，中国的“一带一路”战略包含着让全人类受益的追求，反映了全球化、后工业化的历史趋势。然而，从中国实施“一带一路”战略以来的美国和日本表现来看，极尽破坏之能事，而且也并未得到沿路国家的充分理解，它们往往看到和想到的只是经济上的利益。这无疑会增加“一带一路”战略实施的难度。由此也可以看出，对于这项战略性的行动而言，得到话语支持是何等重要。可惜的是，我们并未建立起这样的话语。正是因为我们面对着话语缺失的问题，也就无法避免其他国家戴着西方话语的有色眼镜来看中国的“一带一路”战略行动。

另外，从中国近年来在国外开办孔子学院来看，表现出一种积极追求。但是，它更多地停留在宣传中国形象和汉语推广的层面上，所传播的内容也以中国古代思想文化为主。我们必须承认，中国传统文化是这个民族的根，能够说明中华民族有着悠久的历史。不过，我们也必须看到，这些东西是农业社会的产物，是我们的先祖们在农业社会的历史阶段中创造出来的伟大的农业文明成果。其实，全世界最想了解的是中国改革开放的经验，即中国取得巨大经济和社会发展成就的奥秘。可惜的是，由于我们未建构起中国话语，也就无法将中国经验介绍给世界。总之，中国话语建构已经成为一项迫切的任务，我们这些哲学社会科学研究工作者应当承担起这项任务。

（作者：中国人民大学公共管理学院教授、博士研究生导师，教育部长江学者）

“一带一路”开创中国改革开放新局面

顾学明

党的十八大以来，面对复杂的国际政治经济形势和繁重的国内发展改革任务，以习近平同志为核心的党中央着眼于我国“十三五”乃至更长发展时期，统筹国内国际两个大局，提出了建设“丝绸之路经济带”和“21世纪海上丝绸之路”的伟大构想。倡议提出四年来，“一带一路”建设已取得丰硕成果，为推动各国合作发展、繁荣稳定作出了重大贡献。2017 年 5 月 14 日至 15 日，“一带一路”国际合作高峰论坛在北京举行，习近平总书记发表重要讲话，对“一带一路”倡议作出新的阐述，这标志着中国改革开放和世界合作发展步入新的历史阶段。

一、“一带一路”提供了中国经济增长的新方略

随着中国进入以速度变化、结构优化、动力转换为特点的经济发展新常态，主要依靠要素投入、投资驱动的传统增长模式难以为继，亟待以新的战略来推动新一轮发展。“一带一路”倡议正是针对制约中国经济持续健康发展的重大问题开出的治本良方，不仅符合解决区域经济失衡的客观需求，也是实现经济结构转型升级的必然选择。

“一带一路”是扭转中国区域发展失衡的新契机。改革开放以来，受自然条件、历史沿革、政策倾向等因素影响，我国对外开放在区域空间上并不平衡。东部沿海地区经济发展水平高，资金技术聚集度高。中西部地区由于起步晚，经济发展水平与东部地区相比总体上存在较大差距。特别是西部地区基础设施落后，沿边地区与邻近国家连而不通、通而不畅，交通条件成为束缚发展的绊脚石。如不及时有效扭转这一格局，有可能成为稳人心、保增长、促发展的重大隐患，影响国家经济稳定和发展水平的全面提升。“一带一路”首先要实现的就是“设施联通”，六大经济走廊建设将为中西部地区开启开放发展的快车道，中欧班列的运营也将加速中西部地区经济的腾飞。

“一带一路”是提升中国经济发展质量的新引擎。推动中国经济向形态更高级、分工更复杂、结构更合理阶段演进，是我们做好经济工作的出发点。“一带一路”贯穿欧亚非大陆，覆盖全球经济增长最活跃的多个国家和地区。通过扩大与沿线国家双向广泛务实的经贸合作，能够改善和拓宽中国经济发展的国际环境与市场空间，有利于促进产业转型升级，促进经济朝着提质增效方向发展。“一带一路”致力于实现“五通”，将疏通世界经济脉络，促进要素自由流动，实现资源高效合理配置，为中国充分发挥比较优势提供舞台。例如：“一带”覆盖的中亚五国，能源资源相对富集，但缺乏人力保障与技术支撑，基础设施建设囿于资金短缺而举步维艰；“一路”覆盖的东南亚地区，人力成本较低，但就

业岗位不足,资金和技术相对紧缺。通过“一带一路”建设,不仅可以进一步发挥我国在资本、技术、市场等方面的比较优势,也有助于推动市场、产业和项目实现彼此深度融合,形成各取所需、优势互补、互惠互利、共享共赢的良好局面。

二、“一带一路”是改革开放实践的新篇章

中国近40年的发展历程充分说明,改革开放是决定当代中国命运的关键抉择。习近平总书记指出,中国经济发展进入新常态,妥善应对经济社会发展中面临的困难和挑战,更加需要扩大对外开放。“一带一路”倡议正式确立并上升为国家战略,展现了中国负责任大国的形象,开启了中国发展的新征程,将谱写出新一轮改革开放的历史篇章。

“一带一路”标志着中国进入全方位开放的新时期。长期以来,中国改革开放主要依托东部沿海港口优势,借助东向的海上贸易发展经济,并逐步向中西部内陆延伸。“一带一路”倡议既强调海上合作,也强调陆路联通,既鼓励与欧美等发达国家合作,也积极推动对发展中国家的开放。通过向西开放,连接亚欧陆路大通道,推动向东开放和向西开放均衡发展。“一带一路”建设强调同京津冀协同发展、长江经济带发展等国家战略的对接,同西部大开发、东北振兴、中部崛起、东部率先发展、沿边开发开放的结合,真正实现了与国内发展战略的全面对接与贯通,带动形成了内外联动、陆海统筹和东西互济的全方位开放新格局。

“一带一路”标志着中国逐步迈入主动引领全球经济合作的新阶段。四年来,“一带一路”建设成果丰硕,已有100多个国家和国际组织积极响应支持,40多个国家和国际组织同中国签署合作协议,30多个国家同中国开展机制化产能合作,“一带一路”的“朋友圈”不断扩大。中国同“一带一路”沿线国家贸易总额超过3万亿美元,对沿线国家投资累计超过500亿美元,中国企业已在20多个国家建设56个经贸合作区,一系列重大项目落地开花,带动了各国经济发展,创造了大量就业机会。当前,全球总需求不振,新的经济增长点尚未形成,扩大经贸合作是“一带一路”沿线各国的共同愿望。中国发挥贸易和投资大国优势,以开放的胸怀持续向世界释放发展正能量,有力带动了沿线国家实现贸易优化升级。“一带一路”倡议不仅提振了我国与各国共同应对复杂严峻国际经济形势的信心,也提振了我国与新兴经济体共同推动全球经济朝着更加开放方向发展的信心。

三、“一带一路”铸造了世界共同繁荣的新起点

“一带一路”源自中国,但属于世界。习近平总书记指出:“‘一带一路’倡议是中国根据古丝绸之路留下的宝贵启示,着眼于各国人民追求和平与发展的共同梦想,为世界提供的一项充满东方智慧的共同繁荣发展的方案。”“一带一路”倡议既顺应了沿线国家实现共同发展的良好诉求,也顺应了发展中国家要求变革全球治理体系的合理诉求,是中国与沿线国家和地区携手筑梦的新起点。

“一带一路”是推动全球化更均衡包容的新载体。经济全球化是一把双刃剑,既为

全球发展提供强劲动能,也带来一些新情况新挑战,需要认真面对。我们要适应和引导好经济全球化,消解负面影响,更好惠及每个国家、每个民族。“一带一路”倡议正是中国促进全球化均衡发展的最好阐释。“一带一路”沿线多为发展中国家和新兴经济体,要素禀赋差异较大,基础设施、资源开发、产业发展等水平普遍较低。中国改革开放积累的经验为“一带一路”倡议提供了丰富的给养,中国工业园区、经济走廊、产业转型升级等经验对广大发展中国家非常有吸引力。“一带一路”强调共商、共建、共享,不附带任何政治条件,不是一家唱独角戏,而是欢迎各方共同参与。沿线国家无论大小、强弱,都可以平等参与,发挥经济互补性,在合作中共享成果。这充分体现了“一带一路”与“马歇尔计划”的本质不同。中国通过“一带一路”倡议,实现全球化的包容发展,带动沿线国家共同富裕,造福沿线各国人民。

“一带一路”是完善全球经济治理体系的新尝试。现行全球经济治理体系是以第二次世界大战后逐步形成的国际经贸规则与制度安排为核心的,以美国为首的西方发达国家在规则制定与实施中长期占据绝对主导地位。进入21世纪后,世界经济格局发生深刻调整,全球经济增长重心发生转移,以中国为代表的一大批新兴市场国家和发展中国家的国际影响力不断增强。全球经济治理需要与时俱进、因时而变,必须以平等为基础,更好反映世界经济格局新现实,增加新兴市场国家和发展中国家代表性和发言权,确保各国在国际经济合作中权利平等、机会平等、规则平等。“一带一路”倡议是中国积极参与全球经济治理的重大实践,也是中国致力于维护世界和平、促进共同发展的体现。中国坚持睦邻、安邻、富邻,秉持亲、诚、惠、容理念,希望沿线国家乃至世界各国能够分享中国改革开放的成果和经济发展的红利。“一带一路”建设不是另起炉灶,而是对现有国际机制的有益补充和完善,它致力于建设开放、包容、普惠、平衡、共赢的经济全球化,推动构建公正、合理、透明的国际经贸投资规则体系,降低了少数国家对全球经济规则从制定到实施的“垄断”。这是我们避免陷入“修昔底德陷阱”的中国智慧,是推动沿线国家在互利共赢的基础上深化区域合作的中国方案,是我们对全球经济治理理论和新型国际关系的中国贡献。

四、“一带一路”开创了人类发展理念的新境界

发展是人类社会永恒的主题。习近平总书记指出:“推进‘一带一路’建设,要聚焦发展这个根本性问题,释放各国发展潜力,实现经济大融合、发展大联动、成果大共享。”“一带一路”倡议致力于在全球视野中谋划开放大格局、在开放格局中谋划世界大发展,赓续了古丝绸之路“开放包容、和平共处、互利共赢”的精神,承载着中国希望与世界和平共处、包容共享、连接彼此发展梦想的美好愿望,开创了当代人类社会关于和平发展与共赢发展的发展理念新境界。

“一带一路”是和平发展理念的新诠释。长期以来,以西方“人权、自由、民主”等为核心的所谓“普世价值”席卷全球,“霸权稳定论”和“民主和平论”大行其道,发展中国家经济发展受到压制。随着国际金融危机的爆发和持续发酵,西方“普世价值”逐渐被越来

越多的国家抛弃,以“德行天下”“义利合一”等为核心的中华传统文化价值观的全球吸引力和影响力悄然上升。“一带一路”倡议是中国提供给国际社会的公共产品,彰显了中国勇于担当的精神风貌和包容发展的合作态度,集中体现了中国和平发展的正确义利观。同时,“一带一路”倡议也是世界上各个国家共同合作的开放性平台,它跨越不同地域、不同发展阶段、不同文明,秉持正义公道,顺应天下人心,坚持所有国家不分大小、一律平等相待,旗帜鲜明地反对霸权主义和强权政治,反映了人类社会共同的主张与行动,彰显了人间正道。

“一带一路”是互利共赢理念的新演绎。“孤举者难起,众行者易趋。”“一带一路”的最终目标是要实现合作共赢,不仅着眼于中国自身发展,而且以中国发展为契机,让更多国家搭上中国发展快车。习近平总书记指出,世界繁荣稳定是中国的机遇,中国发展也是世界的机遇。要把世界的机遇转变为中国的机遇,把中国的机遇转变为世界的机遇,在中国和各国良性互动、互利共赢中开拓前进。“一带一路”以推动区域内政策沟通、设施联通、贸易畅通、资金融通、民心相通为重点,与沿线国家共同打造命运共同体、利益共同体和责任共同体,是“中国梦”与“世界梦”的桥梁和纽带。“一带一路”倡议致力于形成“五色交辉,相得益彰;八音合奏,终和且平”的当代文明盛况,为中华文明与世界交融耦合创造战略机遇。承载着中国梦与世界梦的“一带一路”倡议,已经成为全球繁荣发展的共同蓝图。

(作者:商务部国际贸易经济合作研究院院长)

习近平“一带一路”倡议：参与全球治理的中国智慧

孙劲松

一、“一带一路”倡议的提出

党的十八大之后，以习近平总书记为核心的党中央，在全面深化改革、提出实现中华民族伟大复兴中国梦的同时，中国走向世界的蓝图也在着手规划。

2013年9月，国家主席习近平访问哈萨克斯坦。在哈萨克斯坦纳扎尔巴耶夫大学发表的讲演中，习近平主席提出：“为了使我们欧亚各国经济联系更加紧密、相互合作更加深入、发展空间更加广阔，我们可以用创新的合作模式，共同建设‘丝绸之路经济带’。这是一项造福沿途各国人民的大事业。”这是“一带”的首次提出。紧接着，2013年10月，习近平主席在亚太经合组织领导人非正式会议上又提出，中国愿与东盟国家加强合作，发展海洋伙伴关系，共同建设21世纪“海上丝绸之路”。这是“一路”的首次提出。这时，在党的十八大闭幕不到一年的时间里，“一带一路”的框架已经基本形成。

习近平总书记8月17日在北京人民大会堂出席推进“一带一路”建设工作座谈会并发表重要讲话强调，党的十八大以后，党中央着眼于我国“十三五”时期和更长时期的发展，逐步明确了“一带一路”建设、京津冀协同发展、长江经济带发展3个大的发展战略。2014年我们通过了《丝绸之路经济带和21世纪海上丝绸之路建设战略规划》，2015年对外发布了《推动共建丝绸之路经济带和21世纪海上丝绸之路的愿景与行动》，有关地方和部门也出台了配套规划，在国际上引起较大反响。

习近平指出，目前，已经有100多个国家和国际组织参与其中，我们同30多个沿线国家签署了共建“一带一路”合作协议、同20多个国家开展国际产能合作，联合国等国际组织也态度积极，以亚投行、丝路基金为代表的金融合作不断深入，一批有影响力的标志性项目逐步落地。“一带一路”建设从无到有、由点及面，进度和成果超出预期。

此外，各相关省市积极作为，举办了一系列以“一带一路”为主题的论坛、研讨会、博览会，还有文艺演出、汽车拉力赛事等活动，为凝聚共识、增进理解、深化合作和民心相通发挥了重要作用。前不久，中欧“丝路”班列已发车达2000次。

至此，“一带一路”作为新时期中国发展战略的定位和功能更加清晰，政策和原则的设计更加完善。同时，为避免周边及沿线国家不必要的疑虑和增进共识，中国政府特别强调“一带一路”重大倡议。

二、“一带一路”是和平崛起走向世界的中国模式

今年是中国共产党建党95周年。作为一个近百年的政党，中国共产党“以全心全

意为人民服务为根本宗旨”的初心始终没变。但是,时代变了,中国变了,因此,今天中国共产党要接力完成的宏伟任务具有新的时代特征。

1. **新时期中国的发展任务是实现中华民族伟大复兴中国梦**

中华民族伟大复兴一定是建立在现代化国家的基础上,在全球化时代,一个现代化国家一定是世界性的。因为在世界范围内,中国才能更有效地进行资源配置、人才交流、市场共享、文明互鉴,才能真正实现现代化。所以,走向世界,成为国际社会的重要成员是中华民族要实现伟大复兴的题中应有之义。正如习近平总书记今年8月17日在北京人民大会堂出席推进“一带一路”建设工作座谈会并发表重要讲话时强调:“一个国家强盛才能充满信心开放,而开放促进一个国家强盛。党的十一届三中全会以来我国改革开放的成就充分证明,对外开放是推动我国经济社会发展的重要动力。随着我国经济总量跃居世界第二,随着我国经济发展进入新常态,我们要保持经济持续健康发展,就必须树立全球视野,更加自觉地统筹国内国际两个大局,全面谋划全方位对外开放大战略,以更加积极主动的姿态走向世界。”

如果说中国的崛起必须要走向世界的话,那么摆在中国面前的首要任务就是解决如何走向世界的问题。

2. **中国不能简单复制西方的工业化现代化模式**

中国不可能简单地模仿西方,这不是意识形态问题,而是直接影响14亿中国人民现实的切身利益的发展道路选择问题。中国不可能简单的模仿西方,是因为中国没有与西方国家一样的历史给定的发展条件。

比如,英国工业化时只有一千万人口,它的农业和粮食问题、就业和社保的压力、城镇化的庞大和复杂程度与当代中国十几亿人口的巨大体量不可同日而语。当今的世界粮食市场根本承担不起十几亿中国人的粮食供应。为此,有两个美国人还专门写了一本书,叫做《将来谁来养活中国人》,渲染所谓的中国威胁。更何况,英国从1760年代开始的工业革命,已经250多年了,可至今整个欧盟28个国家,包括刚决定退出欧盟的英国也才只有5亿人口,全球西方文明国家的人口也不过12亿,还没有今天中国的人口多,西方政客自己都承认,中国政府管理的几乎就是小半个联合国。

还比如,英国以及紧跟其后的欧洲,在工业化期间利用科技革命武装起来的军队和大量商品,占领了庞大的殖民地,为其国内经济提供充足的生产资料和巨大的产品市场,以至于英国被称为“日不落帝国”。打开世界地图,非洲国家的版图整齐划一,像是用刀切出来的蛋糕。没错,非洲的国界线就是被欧洲殖民者的军刀分割出来的。由于殖民者的入侵和占领,曾经在美国大陆生活着的3000万土著民,只剩下今日的30万左右。中国作为曾经的殖民地国家,饱受被奴役之屈辱,不可能选择这样一条可耻的道路。这不是中国文化的属性。

又比如,欧洲在其工业化过程中,可以凭借其文明优势,将大量离开土地和农业的人移民到其他地区。18世纪末,整个欧洲的人口不过1个亿左右,但欧洲人却占有今天的美洲、澳洲及遍布世界各地,而中国多达几亿的离开土地的农民,却只能冲进国内有限的城市和工业,只能由中国内部自行解决几亿农民从农业向工业的跨越问题。大家都熟悉的每年春节期间2.4亿多的农民工在国内各条铁路线上流动的场景,就是中国工业化进程中的独特现象。

再比如,西方国家拥有自近代以来的傲视全球的科技能力。这种科技能力不仅是巨大的,而且构成了西方国家在工业化时期发展所具有的自主性和独立性特质,而其他落后国家在工业化现代化进程中,无一例外地要依附于西方文化。因此,模仿、追随必定是发展中国家工业化的突出特点,并引发自身传统文化与外来文化的移植冲突与发展道路的选择问题。

这些极为复杂的困难构成了中国工业化现代化的特殊性。同时,中国工业化的性质不是西方那样的自生型的工业化,而是为了民族生存而被迫进行的非自生型的嵌入式工业化,其动力来自外部环境的压力。这就决定了中国发展道路总体上不具备西方的历史条件,因而不可能简单地模仿西方道路。

既然不能照搬西方道路,那么,有中国道路吗?如果有的话,中国道路又是什么呢?

3.“一带一路”是中国走向世界的重要路径

中国道路的价值取向和基本理念是以人为本,在国内我党概括为“全心全意为人民服务”,在国际间中国国家主席提出“人类命运共同体”。在此基础上,“和平合作、包容开放、互学互鉴、互利共赢”的丝路精神是中国走向世界的价值指向。因此,“一带一路”必定是表达互利共赢精神的实践形式。

以英国为代表的19世纪西方工业化的重要特征是殖民地体系的建立。殖民地经济是西方工业化的重要组成部分,也可以说,殖民地是工业化期间西方走向世界的主要方式。工业革命后的英国是世界工厂,殖民地提供生产资料和商品市场,殖民地经济是西方工业国家以贸易作为剥削手段,完成工业资本主义社会化生产的循环体系。美国国家情报委员会顾问,新加坡国立大学李光耀公共政策学院高级研究员帕拉格·康纳在本月出版的新书《超级版图》说:“在这种重商主义的帝国主义经济秩序下,殖民国家以极低成本甚至零成本从拉美、非洲和亚洲攫取了大量的资源运往欧洲。来自非洲的奴隶和亚洲的苦力被转卖到古巴以及南太平洋诸岛的种植园和煤矿进行劳作。各大洲都依附于这种全球殖民体系,即由一个大国势力范围构成的世界。”由此可见,西方工业化不仅是建立在对本国工人阶级进行剥削的基础上,也是建立在对落后国家掠夺和残杀的基础上,因此,是血腥的工业化。

以美国为代表的20世纪西方现代化是以布雷顿森林体系为制度依托的。在美国等西方国家制定并主导的世界规则下,通过WTO、联合国、世界银行和国际货币基金组织等国际组织,试图将全球纳入其控制之下,以全球生产分工的形式完成了自工业化以来的逆向发展,即去工业化的过程,而将生产环节转移至发展中国家,利用位居生产链条上端的有利地位,实现资本利益和西方国家利益最大化。特别是冷战结束以来,西方国家加快推进有利于其自身利益的全球化。因此,这种建立在忽略发展中国家利益基础上的西方现代化,是很不公平的。

可以说,无论是以英国为标志的全球化贸易殖民地体系和以美国为标志的全球化生产和金融体系,都是以资本为核心、以西方国家为主导的全球化模式,其存在是以剥夺其他民族和国家、包括生存环境为前提的,是不公平的。近几年,西方有人说,21 世纪是中国的世纪,大家都知道,这是不怀好意,或者是太过简单。但从中国崛起的力度和中国参与国际事务所提供的动能以及产生的影响力趋势来讲,这句话也不是没有一点道理。中国提出“一带一路”倡议就其整体思路和项目设定来看,无疑是具有中国特色的新时代的全球化模式。正如王毅外长在今年初讲的那样:“一带一路是中国提出的,但机会是世界的”。

“一带一路”的起始点分别在西安和福州,终点抵达欧洲和非洲,形成连接亚欧非的两大通道。“一带一路”沿线国家有 65 个,覆盖 44 亿人口,占世界人口总量的 63%,经济容量约为 21 亿美元,占全球经济总量的 29%。重要的是,中国在“一带一路”倡议中坚持的是共商、共建、共享的原则,强调的是“和平合作、开放包容、互学互鉴、互利共赢”的丝路精神,彻底摒弃以往西方国家实行的零和游戏规则。无疑,“一带一路”将是为全球化提供的新形式,是中华文化精神的展示,是中国道路的重要特征。

三、“一带一路”倡议充分展示出积极参与全球治理的中国智慧

中国提出的“一带一路”倡议的重要性,不仅在于其未来将产生的巨大经济效益,它还展示出崛起的中国在积极参与国际事务中的意愿、能力和智慧。

1. 构建以中国为主导的命运共同体

近代以来,西方发明的科学技术极大地推动了人类文明的进步,其思想观念、制度模型、文化形态、生产方式为其他民族国家提供了模仿和借鉴的目标。因为大家都可以用,愿意用,所以称之为公共产品。应该说,尽管以战争的残酷和数千万人的生命作为代价,西方文明对近现代人类文明的发展还是起了极大的推动作用和伟大贡献。但是,不可否认的是,西方为世界提供的公共产品由于其提供者的主导地位和私利目标,因而也不可避免地具有公害的特征。

中国“一带一路”倡议将提供一种新的国际公共产品。众所周知,中国“一带一路”倡议的主要内容是基础设施建设。即在合作互利的基础上,与沿线及周边国家共同修建道路(高速铁路和高速公路)、港口、输油管道以及通信电缆等所有国家和地区都迫切需要的民生项目,把亚欧非大陆紧紧连接起来,形成跨越国境的人流物流大通道。这不仅必将推动其所经过国家和地区的发展,而且,这些基础设施也必将成为各国人民的公共产品。美国国家情报委员会顾问,新加坡国立大学李光耀公共政策学院高级研究员帕拉格·康纳在《超级版图》一书中也认为,现在又出现了另一种极为重要的全球公共产品——基础设施建设。就像每个国家都需要安全一样,它们同样也都需要基础设施。在这方面,中国无疑是主要提供方。这个观点反映了“一带一路”的真实特点。

其一,交通连接促进人民交往和生产生活物资的交流。国家主席习近平讲过多次:“国之交在于民相亲,民相亲在于心相通。”各民族之间只有加强交往,才能加深理解和做到民心相通。通畅的物流则形成全球化的新平台和各国之间生产生活的相互依赖。民

相亲与经济上的相互依赖，共生共存的状态必然要求和睦相处的世界和平环境。

其二，基础设施是现代人类社会生活最基本的必需品。近代以来形成的国家及其在此基础上，由西方主导制定的国际关系为世界提供了一个不公平，但是有序的国际秩序。从历史来看，基础设施作为公共产品的功能及对民众的重要性显然远远超过国家。条条大路通罗马，罗马帝国早已尘封在历史的遥远之中，但大路仍在。苏联作为国家已经消失了25年，但是，原苏联境内所有的交通设施、石油管道、通讯网络还在为人们提供服务。都江堰距今已经将近2300年了，中国王朝更迭无数，而都江堰仍在默默地造福于中华民族。新加坡是一个缺乏资源的很小的城市国家，但它凭借其地理位置和优良的深水港口设施，吸引了世界各国的物流聚集，并衍生出庞大的金融业和服务业，日子由此过得很滋润，以至于都忘记了自己是从哪来的。所以，基础设施比相关国家政权有更长时间的存在，基础设施可以重塑不同地区人群和经济体间的关系，同时实现了土地、劳动力以及资本产出的最大化。可见，“互联互通”的力量远远强于政治和军事力量。在现行的国际秩序下，美军的横行自由、美元的为所欲为，已经引起了世界很多国家人民的不满。所以，苏联解体后，很多西方左翼学者甚至认为，对于现实世界的最大的苦恼在于，西方现行体制虽然问题多多，苏联自身也是问题多多，但苏联解体毕竟使其失去了一个替代模式的参照系。目前，亚洲和其他发展中国家基础设施有巨大缺口，“一带一路”需要中国和其他国家一起合作提供公共产品，这是中国“一带一路”受欢迎的重要原因。“一带一路”不仅仅是倡议，更是愿景和行动。“一带一路”通过走出去，重新认识世界、走进世界，改变自己，我们改造世界的同时也被世界重新改造。显然，中国“一带一路”倡议为现行的国际秩序带来了新思路和新经验。

2. 彰显中国经验

本世纪初以来，由国外开始，继而在国内热议的一个话题——“中国模式”。“中国模式”提出的基础是中国改革开放30多年取得的巨大成就。于是，中国是怎样取得伟大成就的系统描述就是一个理论问题。对这个问题的基本判定，我们肯定不能将其解读为是照搬西方，完全没有自己的原创。如果真是这样的话，就很难解释为什么西方一些主要国家至今不给中国市场经济地位的问题，也不能解释中国是怎样解决几亿农民的问题，因为几亿农民的问题是西方根本没有遇到过的，更不能解释一直被西方攻击的中国共产党的领导地位问题。所以，在巨大的成就面前，谦虚地讲，我们至少有一些中国经验。

中国提出“一带一路”倡议的实践基础就是来自中国经验。在改革开放中，中国人民在自己的生活经验中，深刻感受到一个道理：要想富先修路。四通八达的交通网把全国经济联系起来，带动起来，中国开始腾飞，人民迈向小康。许多发展中国家的朋友面对中国成就，充满了好奇，迫切想知道中国是怎样做到的。2015年12月5日，中国国家主席习近平在南非约翰内斯堡的中非合作论坛上，与非洲国家签署了“中非十大合作计划”。计划的主要内容有：工业化、农业现代化、基础设施建设、减贫惠农、绿色发展、公共卫生等，其中的中国经验跃然纸上。

不仅如此，中国经验还包括中国共产党

的领导。中国经验的实质是中国从农业社会向工业社会转型这一重大发展阶段的理论说明,也是中国特色社会主义的国际标识和话语体系。在中国共产党的领导下,中国已经沧海桑田,换了人间。今天的英国还敢与中国进行一场鸦片战争式的较量吗?日本胆敢再来一场侵华战争吗?美国的两个航母战斗群在中国家门口的南海转悠,威胁、恐吓中国,除了做样子给它的小盟友撑腰之外,还敢怎么样呢?新中国成立时,5亿多人口的人均GDP只有13美元,今天将近14亿人口的中国人均GDP为8千多美元,经济总量跃升为世界第二。美国在奥巴马医疗改革前,仍有17%的美国人没有医疗保险,欧盟人口最多的德国总人口都加入医保也不过8千万。中国虽然至今问题很多,差距很大,但是,拥有世界第一庞大体量的中国,十几亿人口的吃穿住行、教育、医疗、社会保障都有基本保障,这不能不说很了不起!伟大的成就是由许多成就积累而来。因此,伟大成就绝无可能都是来自偶然,其中必有规律可言,即中国经验。“一带一路”就出自中国经验。

既然中国进行基础设施建设的经验是成功的,既然这个经验可以提供其他国家迫切需要的全球公共产品和符合自己国情的发展道路的选择,为什么有些西方人还拼命唱衰,或者对着干呢?因为,中国经验的意义还在于,它打破了西方模式全部正确的神话。

毫无疑问,西方模式取得了近代以来的极大成功。虽然这并不能逻辑地推导出,西方模式是世界各国人民走向现代化的唯一道路。但是,以美国为首的西方国家长久以来,利用手中强大的话语权和俯视他国的综合国力,一直神话西方模式并断言:其他民族国家只有按照西方的模式,才能走向现代文明。除此之外,别无选择。比如,不实行西方那样的民主政治制度就是独裁专制,就是野蛮。美英军队打击伊拉克,没有找到其宣扬的军事入侵的理由后,时任美国总统的小布什居然说,美国军队入侵伊拉克是给伊拉克人民送民主,以结束萨达姆的暴政专制。十几年过去了,当年军事入侵伊拉克的始作俑者,英国前首相布莱尔已经认错、道歉,并说他将承担全部责任。不知道,二十多万伊拉克人死了,二百多万难民流离失所的人道主义灾难,布莱尔将怎样承担!这种民主的“文明”形式让人不寒而栗。

所以,中国成就证明了中国经验,也证明了西方模式不是其他国家和民族通往现代化的唯一道路,世界是多元的,各民族国家是平等的,可以有,而且肯定有其他模式。西方国家的很多做法和制度模式,有其存在的特定条件。中国经验是当代人类社会发展的重要推动力,其影响将随着“一带一路”的逐步实施,而愈发显现。

3. 助推中国文化、中国价值的国际传播

中国“一带一路”倡议不仅向世界提供了公共产品和中国经验,还展示了新的文化观念。

冷战结束后,西方主导了国际话语权。西方文化观中的核心观念,比如自由、民主、公正、既反映了西方文明中生产方式的性质,也代表了西方文化中的价值取向,现在更成为西方意识形态的组成部分。这些西方观念已经随着西方商品影响到世界的每一个角落。这是西方文化对人类文明的伟大贡献。

随着中国的快速发展和综合国力的不断提高,中国维护自身权益的文化信心也日益强大。中国要向世界发声，说明自己，展示自己，为调整西方主导下的国际现行秩序中的弊端和不公正而进行的全球治理做出努力。在“一带一路”倡议中，习近平主席强调了其中的文化理念，即被中国称之为“丝路精神”的“和平合作、开放包容、互学互鉴、互利共赢”。这是中国继“和平共处五项原则”之后，对国际社会的又一次思想观念的贡献。

习近平总书记在中央召开中央财经领导小组会议上指出，“一带一路”的提出是“时代的要求”，是“一个包容性的巨大发展平台”，“把快速发展的中国经济同沿线国家利益结合起来”。“要集中力量办好这件大事”，“要抓住关键的标志性工程，力争尽早开花结果”。资料显示，目前中国在建自贸区 20 个，涉及 32 个国家和地区，其中已签署自贸协定 12 个，涉及 20 个国家和地区，目前均已实施；正在谈判的自贸协定 8 个，涉及 23 个国家。无疑，当“一带一路”倡议变成现实的时候，世界会呈现出一个新的样子。

习近平指出，以“一带一路”建设为契机，开展跨国互联互通，提高贸易和投资合作水平，推动国际产能和装备制造合作，本质上是通过提高有效供给来催生新的需求，实现世界经济再平衡。特别是在当前世界经济持续低迷的情况下，如果能够使顺周期下形成的巨大产能和建设能力走出去，支持沿线国家推进工业化、现代化和提高基础设施水平的迫切需要，有利于稳定当前世界经济形势。

王毅外长在参加 2016 年 8 月 3 日上午在外交部蓝厅举行的，主题为“第五届中国—亚欧博览会——共商共建共享丝路：机遇与未来”的发言中讲到，“一带一路”三年来取得的进展时指出，规划布局初步完成。70 多个国家和国际地区组织表达了支持和参与“一带一路”建设的积极意愿，超越了传统的丝绸之路的范围，形成了具有广泛影响的国际合作框架。迄今有 34 个国家和国际组织与中国签署了共建“一带一路”的政府间合作协议，中巴经济走廊建设全面展开、中蒙俄经济走廊规划纲要正式签署，新亚欧大陆桥经济走廊、孟中印缅经济走廊建设稳步推进，“一带一路”建设从规划布局向落地生根、深耕细化的阶段迈进。

（作者：中共中央党校教授、博士生导师）

"一带一路"倡议与民族海洋意识提升

章忠民

"一带一路"倡议通过时空互动、欧亚共赢构建陆海统筹的文明圈。而实施这一具有历史性战略迫切需要由陆地意识到海洋意识的自觉调适,急切召唤民族精神内在有机成分的融会贯通。因而,提升海洋意识成为时代重大的应然课题,也是民族发展急迫的当代使命。民族海洋意识便是两者的融合与再生,它是"一带一路"倡议实施的精神传播机、民族力量驱动器,它必将推动这一重大战略的成功展开。本文阐释的理路是:立足于"一带一路"建设的现实要件,对海洋意识型塑为社会意识重要内涵及提升为民族精神的应然性和使然性给予剖析、强调,并对其助推"一带一路"顺利实施的必然性给以揭示与阐明。本文强调,对中华民族海洋意识在当代及"一带一路"倡议下生发与嬗变的内在机理的一种深度思考,旨在呼吁全社会关注并合力完成"一带一路"倡议大背景下海洋意识应提升为民族精神这一时代命题,以此凝聚民族力量,助推"一带一路"战略的顺利实施与中华民族的伟大复兴。

一、现实发展的应然:"一带一路"型塑海洋意识为社会意识的重要内涵

海洋意识源于社会意识理论境域,是当代中国对外开放、对内改革发展的社会心理、社会意识之需求。社会意识是社会心理学哲学范畴,它是社会存在在社会精神领域的反映,其既受社会存在的约束与制约,又推动或阻滞着社会存在的变革。作为社会意识范畴内的海洋意识,其产生与发展取决于其所在的社会存在状况,并随着所处的社会状况的变化而做被动调整或自觉调适。中国改革开放从其开启之时就已预设了朝向海洋进发的逻辑进程,全面深入改革开放更迫切需要海洋意识的跟进革新。我们必须将海洋意识从传统被动、结构单一的状态中抽离出来,塑造一种全球、经济、安全的海洋意识。由此观点出发,我们结合当下现实,通过剖析"一带一路"倡议下海洋意识提升的必要性,来阐明海洋意识提升的内在历程:即从传统陆地文明中剥离,提升为社会意识、社会心理的关键要素,由此呈现海洋意识提升逻辑步伐之第一步。

(一)"一带一路"实施的现实条件亟须海洋意识的提升

"一带一路"实施的现实要件就是改革开放成果的拓展及其与中国在欧亚大陆发展空间的整合。那么,前者必须积极"走出去",开拓广阔的海外市场;后者则自然实现陆海空间对接,宽阔的海洋随之步入国人的视野范围。提升海洋意识成为"一带一路"倡议所蕴含的时代意识的产物。

第一,拓展改革开放的成果,全面深化改革开放,呼唤全球海洋经济意识。30 多年改革开放的成果显示:中国日益融入全球化,对

国际经济依赖程度越来越高,且国内的发达经济集聚于东部、南部沿海一带,呈现出依赖太平洋海路通道的单一发展路径和沿海与内地二元的经济结构。要破解这种二元结构与单一路径就必须实施积极的走出去战略,“走出”东南沿海的地域局限和太平洋单一通道,以负责任的大国姿态,跨越海洋积极“走进”世界。也就是以中国大陆为中心往东强化并力争主导跨洋越海的经济合作秩序,往西则构建欧亚大陆经济共同体,以贸易合作、投资与开发等经济方式解决中国地区发展二元结构与海外经济通道单一的困境。这样,经济手段与海洋思维构成解决路径的根本要素,中华民族的全球海洋经济意识自然应运而生。它深刻表达我们民族的共同心声和共同意志,也显示了中华民族走向深海、远海的伟大理想与坚定信念,是提振我们民族精神的必不可少的重要元素。

第二,欧亚大陆发展空间的整合迫切需要充分的海洋安全意识。当下亟须欧亚大陆空间的联动整合,以经济为纽带的“一带一路”倡议便是时代发展的必然选择,它整合了欧亚大陆与太平洋、印度洋的空间区域。海洋成为这个区域的外缘地带,承载着海上经济航线及维护国家安全的重大使命,且“一带一路”涉及地区广,海洋领土归属问题复杂及沿线国经济密度大等多种因素,我们必须具备综合、全面、稳健的海洋安全意识方能应对。其事关这一区域存在和发展的前提及战略布局,只有将其充盈并切实落实到“一带一路”倡议中,欧亚大陆经济的发展才有稳健的基底和基本保障。

那么,“一带一路”倡议实施的重要先决条件(拓展改革开放的成果与整合欧亚大陆空间)、内在要求呼唤并孵化了全球海洋经济意识。海洋意识的提升既是现实社会意识应然嬗变,更是当代我们亟须解决的重大时代课题。然而,悠久农业文明社会所形成的陆地意识至今依然根深蒂固,因而战略实施必须对现有海洋意识有一个清晰、完整、全面的梳理和把握,以廓清当代海洋意识所处的本源基底,增进我们对现有整体社会意识的变革、增进与提升的共同认知。

(二)现有海洋意识对“一带一路”倡议的助推乏力

澄明当下国民海洋意识的广度、深度,并厘清海洋意识基本状况,就要对当下“一带一路”建设适逢的社会意识基本状况进行充分了解,以准确把握和认知海洋意识提升的时代感、必要性和紧迫性。事实上,现有海洋意识的基底来自于历史及改革开放以来民众关于海洋认知、情感和理性境域,它受陆地意识的惯性、近代史被动性与改革开放中经济独自领先等综合因素影响,呈现出明显的地域、群体结构和意识深浅等差异性特征。显然,这些既有的成分及其特征难以支撑甚至会妨碍、阻滞具有开放性、统筹性与前瞻性的“一带一路”倡议实施,有可能出现支撑缺失且助推乏力的困顿。因此,对亟须深刻有效的认知与共识,这将有助于强化当代海洋意识提升的时代责任感和使命感。

第一,历史的惯性使海洋意识依然处于传统的半边缘状态。具有悠久农业文明的中国,历史的惯性、惰性及文化的接续性使陆地意识至今在我们的整体社会意识中依然占据主导地位。历经数千年且相对静态的历史流变,内倾尚德、循环求稳、主静修和的农耕意识深深渗透在中华民族的血液之中,传承和沿袭至今,并深深影响着我们民族的生活习惯、精神气质和行为风格。内陆民众缺乏海洋知识常识,不习惯于吃海鲜,畏惧和抵制海洋的心理等这些简单、平凡的生活积习,无不深刻地折射出海洋意识在社会中所具的含量极低。相对来说,农耕意识明显占据社会意识主体内涵,其体现在民众生活、思维习惯、知识结构和气质风貌等方面。这种普遍和浓重的陆地意识因袭盘踞着社会意识的重要场地,而海洋意识依然处于传统半边缘状态,它是中国当下最广泛、最常见也最现实的社会习俗惯性和国民性。

第二,近代海洋意识在被动调整中凸显海洋意识主体的结构性问题。19 世纪 70 年代日本侵袭我国台湾,这一事件激发了陆防与海防之争,主张海防一方的获胜,由此第一次扭转中国传统重陆轻海的陆地意识,萌生海陆并重的海洋意识。然而,此时的海洋意识是应对海上入侵的意识产物,而非自觉革新传统陆地意识的精神产品,海洋意识的生发明显呈现被动、无意识性及主体非大众化等特征,且这一主体结构性问题延续至今。今日反思现代海洋意识在中国的生发历程,我们深切领悟到海洋意识嬗变的被动性、民族无意识性与主体单一性乃是中国现代海洋意识中途流产、近于夭折的致命归因;我们深刻觉悟到一部近代史就是一部西方海洋意识制胜中国陆地意识(海洋意识羸弱)而致中华民族苦苦挣扎的沉痛历史。改革开放正是基于此经验教训,在反思、解构和重建海洋意识中对近代海洋意识给予很大矫正。但是海洋意识主体的结构性问题依然存在。

第三,改革开放形成的积极的海洋意识仍具有单一性和地区差异性特征。当今的改革开放是中国历史上第一次自觉地向海洋发展的大行动,并形成了积极的海洋经济意识。但是以经济建设为中心的总体要求导致了地区发展不平衡,出现了沿海地区海洋意识明显高于中西部地区的问题。更为严重的是,由于“一心一意”谋发展,因而在某些方面的措施弱化了对周边地理空间的整合,造成海洋意识构建的单一性:一是“搁置争议、共同开发”的海洋发展策略虽然有其特定功效,但却加剧了海防问题的复杂性;二是以地区组合和地区发展为目标的国际合作机制(如东盟、上合组织、金砖国家等)使得国际合作机制碎片化,凸显陆海统筹意识的缺失;三是注重国际经济合作而淡化对西方海洋文化、海洋意识的反思,缺乏鲜明中国特色的海洋意识。海防意识、陆海统筹意识的不足是中国近代以来社会意识基底的总体延续和全面映射,因而,它需要沿着积极海洋经济意识轨道,在拓展发展空间过程中弥补不足,寻求化解问题的关键。

历史与现实的联姻、重叠、纠缠演绎出当下社会整体海洋意识欠缺、民众基础薄弱、地域主体的结构性差异及海洋经济意识单一性的特征。显然,这些综合特征不能与“一带一路”倡议实施的现有要件相匹配、相协同、相适应。因而,时至今日,我们既有的海洋意识必须要进行自觉的蜕变,使其从传统的状态中剥离出来,提升为与时代相协调、相契合的当代海洋意识。

(三)海洋意识的当代蜕变:从传统边缘状态中抽离并嬗变为社会意识的重要因素

当代海洋意识的蜕变是“一带一路”建设的内在逻辑要求,又是“一带一路”对海洋意识的需求、企盼与现有海洋意识状况难以协同的矛盾产物。这一矛盾产物与变迁的社会存在共同要求现有海洋意识从传统边缘状态到中心状态的蜕变,在“一带一路”倡议下塑造并提升为当代社会意识的重要因素。当代海洋意识要摆脱原有农耕意识的束缚,构建和型塑积极综合的海洋经济意识、全面稳健的海洋安全意识,以适应并驱动“一带一路”及全球化的时代正题。

第一,基于“一带一路”及全球经济一体化背景,我们必须将海洋经济意识提升为社会意识的核心内容。当代海洋意识的蜕变需要克服改革开放形成的单一海洋经济意识,塑造全球、高密度的海外经济布局,亟须建构海洋通途、跨洋经济体及全球话语相互动的全球经济海洋意识,实现我们普遍经济利益追求和共同经济目标认同:一是海洋通道意识是海外拓展的前提,它以“走出去”战略弥补我们“迎进来”的前期发展视野不足;二是争取以多重跨洋经济共同体来增强海外经济容量与市场源头,以增强海洋经济活力;三是必须建构全球话语权意识,开创新的国际经贸规则及相关海洋法规制定权。显然,具有这种全球的权力结构意识可成功摆脱掉中国传统东亚的地理经济意识,走出东西二元结构及太平洋通道单一的困扰。这一现实对象性成果显示了全球经济海洋意识提升为普遍共识性社会意识的时代内涵和民族使命,它将带动中国“走进”世界,融合世界,引领世界,并为“一带一路”建设提供宏大思想和鲜活力量。

第二,从欧亚大陆空间整合来看,综合主动及全方位的海洋安全意识应该被深化为社会意识的首要内涵。“一带一路”极大地扩展了中华民族的陆地活动空间,海洋成为中国乃至欧亚诸国抵御风险及航线通道的前沿阵地,海洋安全成为欧亚大陆的共同诉求。对于高度依赖海洋运输而周边不稳定因素集聚的中国来说,意义更为明显。因而,我们应从微观、中观和宏观三个层面来建构综合主动和全方位的海洋安全意识:一是中国关于海洋知识、海洋科技力量储备相当有限,因而海洋认知意识的丰富提升是我们海洋安全建设的前提要务;二是当下真切关系到中国海防安全问题的马六甲海峡困局、东海岛链封锁及海疆争端等警示着近海安全是整个战略布局的关键所在,海防意识不得不成为社会意识的核心要义;三是“一带一路”整合了海权、陆权与“边缘地带”三大理论,而依靠海洋制导权实现全球经济贸易顺畅的海权战略,既是中国远海安全航线的重要保障,也与我们全球海洋经济意识相契合,其必须成为社会意识的关键因子。海洋认知意识、海防意识及海权意识在微观、中观和宏观三个层面上建构了当下积极稳健的海洋安全意识。事实上,海洋安全意识是我们发展中最迫切、最紧急的社会安全意识,而它们在民众心理上却十分匮乏。因而,我们必须将综合稳健的海洋安全意识作为当代海洋意识型构的前提要务与核心要义汇入到社会意识当中,使其成为“一带一路”战略实施的基本保障意识及中华民族持久发展所必需的、新型社会安全意识。

第三,从现有海洋意识整体状况来看,普遍深厚的海洋意识理应成为民众的基本社会意识。由于历史的原因,现代海洋意识依旧处于半边缘化,因而,我们必须将海洋意识化育到普通社会大众的心里,使其成为社会通识:一是将顶层设计与基层民众参与相结合,通过现实感化、实践内化和教育孵化使海洋意识具有广泛的主体,尤其是要注重在建设前期,通过教育路径培育相关专业人才和骨干力量来支撑“一带一路”建设;二是大力改变改革开放形成的海洋意识东西地域差异,使普通群体都能感受到海洋在社会发展与生活中的存在价值;三是在喜闻乐见的生活学习中使民众理解海洋、认知海洋和倾情海洋,普及并使其大众通识化。这样,海洋意识在思想领域、文化地域和情感境域中成长为社会心理、社会智识、社会情感的不可缺少的组成部分,夯实海洋意识的社会根底和民众基础,以便发挥其对时代变革支撑和助推的作用和能效。

总体说来,当代海洋意识的蜕变是一场社会意识见之于社会存在的革新,在推进“一带一路”倡议实施中,从传统陆地文明剥离出来,型塑为海洋经济意识、海洋安全意识以及普遍大众的海洋意识,从而内化为社会意识的重要内涵和必备因素。由此迈出了海洋意识到民族海洋意识嬗变逻辑步伐的第一步。关于海洋意识提升的逻辑学理与实践步伐的阐释,表明海洋意识的提升与时代变迁有着互动互塑的勾连、互推共进的必然。那么,事实上,在“一带一路”宏大战略建设中,务必将其与伟大民族精神相融合,并提升为宏大的民族海洋意识以助推社会进步和历史转折。

二、过程推进的使然:演进机制与实施方式互联促成海洋意识的提升

海洋意识自身演进机制与“一带一路”宏伟目标实施方式将共同推进海洋意识上升为民族精神的重要因子。首先,海洋意识作为精神现象其发育演进机制与“一带一路”目标定位相契合,实现其精神现象发育与嬗变;其次,海洋意识发育的经济动力演进机制与“一带一路”倡议实施的经济手段及空间整合相联袂,在“一带一路”经济增进与空间格局重整中形成民族海洋经济意识、海洋安全意识及海洋意识主体精神。海洋意识的精神现象生发过程与“一带一路”倡议下海洋意识嬗变历程,共同促进海洋意识融入民族精神,从而实现“一带一路”倡议下海洋意识的提升。

(一)海洋意识、民族精神、民族海洋意识的内涵阐释及其内生逻辑关联

要阐释海洋意识到民族精神的升华,就必须要厘清相关概念内涵以及其演进的内在动力机制。因为海洋意识的提升说到底主要是对概念到概念及此境界何以到彼境界的阐明,而其本质则是对实践中精神现象发育过程的揭示。因而在“一带一路”倡议下理解这些核心概念及其嬗变就必须从概念内涵及其演进的内在动力机制入手,从而深刻把握海洋意识提升的精神发育历程。

第一,海洋意识与民族精神有着内涵相通的前提预设。两者共有民族集体精神总和的属性,都有引领时代思想、凝聚时代力量的现实意义。但是,两者区别在于:人对海洋的“精神总和”与人自身活动凝结的“精神总和”而言,后者更具有向心力、凝聚力、号召力以及鲜活、生动等更高精神层面。因而前者融汇于后者是一种嬗变、增进和提升,而海洋意识内涵自身也涵盖民族精神的要素。关于海洋意识定义,学界尚未完全达成共识,其本质上属于社会意识范畴,它是人们在涉海活动中形成的所有的精神现象总和,包括集

体情结、思维模式、共同意志及行为模式，它们凝聚民族力量共同推动力度更深、范围更广的海洋实践。因而，海洋意识是一种精神现象，且具有极强的民族性、动态性和引领性。

第二，民族精神内涵上有海洋意识的预设。民族精神是个西方舶来词，诞生于18世纪德意志资本主义蓬勃发展的文化民族主义时期，其向海发展的民族意愿相当强烈。从阐发者弗里德里希·卡尔·冯·莫泽尔至赫尔德，再到黑格尔，他们都对民族精神进行过考察与阐发，民族精神从他们意向中的“观念”（莫泽尔）、“遗传力量”（赫尔德）上升到“必然性”（黑格尔）。在中国，民族精神由梁启超于1904年在《江苏》杂志第七、八期发表的《民族精神论》一文中首次提出，随后成为救亡图存、民族复兴的强大精神动力支撑，至今依然表达着“伟大时代呼唤伟大精神”的强大召唤力和向心力。民族精神在西方历史上的发育过程，充分显示其先天与海洋意识有着交织与重叠，且随着民族国家发展走向而内在地成长与嬗变，这一点以上三位德国哲学家都做过深刻思考，尤其是黑格尔在其《历史哲学》中进行过深入的论述。而中国民族精神的张扬正是在西方海洋力量要挟、挤压下的觉醒。因而，东西方的民族精神与海洋意识皆有先前的预设。

第三，民族海洋意识是两种精神的融汇与再生。民族海洋意识是海洋意识融入到具有“遗传力量”“必然性”及召唤力的民族精神当中，并融聚为其重大因子的“精神现象”，是其从“意识”到“精神”、由浅层到深入的发育、提升之结果。民族海洋意识既有民族精神“遗传”的性格，鼓舞士气催发斗志、凝聚力量的品质，又有广泛的意识主体和深厚社会心理情感境域。因而，民族海洋意识的双重性格在现实中更能凸显其引领性、民族性和拓展性，展示出精神对存在的内在力量及其必然性。

第四，经济交往与地域整合是海洋意识升华为民族精神的内在动力。从海洋意识到民族精神的升华并不是概念间的自然流动，而是经济交往和地区整合内在动力机制的演进结果。世界是普遍联系的有机整体，经济交往与地域整合带动世界区域国家之间的汇通，同时也是民族自觉的形成过程。马克思在分析“精神生产”的时候指出，“世界市场”的开拓、闭关自守状态的打破与“精神生产”具有同步性和耦合性。从海洋意识到民族精神的提升就是以打破闭关自守状态的区域整合为前提，以世界市场形成纽带、以民族精神鼓舞为动力的历史过程。对于当下中国来说，“一带一路”欧亚大陆经济秩序的重塑及其空间整合必将促使、激励海洋意识由一种观念浸透到民族精神里，并对原有相抵触的、不符合时代的“遗传力量”进行改造，而再塑一种新的时代精神。

（二）“一带一路”倡议目标实施的内在逻辑链条推动民族海洋意识的蝶变

上层建筑顶层设计的“一带一路”倡议目标反映了整个民族的共同愿望、心声和意志，其通过弘扬民族精神、凝聚民族力量，克服实施过程中因历时性、动态性和延展性所带来的种种困难，推动海洋意识汇入到民族精神之中。“一带一路”倡议目标设计的主体意志及具体实施的历史主体力量，共同推动我们的民族精神由陆地意识朝向海洋意识的变革。海洋意识在“一带一路”倡议目标定位、实施力量及转折结果（文明转型）这一内在逻辑链条中，通过历史宏大叙事的建构，来推动和兑现民族海洋意识的当代蝶变。

第一，“一带一路”倡议目标的定位彰显了中华民族精神状态调整和嬗变的趋势。关于“一带一路”战略目标定位，学术界从各自学科研究视野出发看法不一，而国家《推动共建丝绸之路经济带和21世纪海上丝绸之路的愿景与行动》明确指出“合作共赢”“文明互鉴”的远景目标。这与文明史观相贯通，它标识着“一带一路”是对农耕社会发展方式的超越，是中华民族长久发展、陆海统筹的文明模式的构建，意味着中华文明发展的重大历史转折。这一目标定位是顶层设计的大手笔、大视角，是宏观全局的民族发展战略，体现了全民族的意志，具有极大的影响力、号召力与凝聚力。它将带动着整个中华民族精神由海洋意识的边缘状态到中心地位的调整、嬗变与升华。

第二，从文明社会演进看，文明转型有力地推动海洋意识融入民族精神。“一带一路”倡议要实现的是陆地文明与海洋文明的互鉴共融，它是中华文明史的大转折。这就必然将海洋意识汇聚到民族精神里，使其植入并扎根于中华文明的内核当中。依此提升现有海洋意识在民族精神中的基因含量和比重等级，使海洋意识从现有农耕的社会“观念”成长为新型海洋意识“遗传力量”，从而得以持久、稳定地汇聚人心，凝聚力量，展示出民族精神对推动目标实现及文明转型的必然性。

第三，从战略目标实施过程上看，社会存在的动态性和延展性驱使海洋意识上升到民族精神。战略目标实施的长期性与历时性决定社会存在的动态性和延展性，那么这就迫使海洋意识提升到更高的精神层面，以保证核心社会意识的持续供给。这也就是将当代海洋意识的塑造融贯于中华民族精神当中，实现战略目标实施的动态性、延展性与民族海洋意识内在机制的持续供给相契合，从而推动海洋意识融生为民族精神的魂魄、精髓，并聚生为新的伟大时代精神。

总之，以文明升华与转型为战略目标的“一带一路”内含了中华民族对海洋意识的自觉调整，它有力地催生了民族精神状态调整和嬗变的进步趋势，同时也推进海洋意识融入民族精神的步伐。

（三）“一带一路”实施方式的经济手段与地域整合催生民族海洋意识的升华

海洋意识演进的经济动力机制与“一带一路”倡议实施的经济手段相契合，其实现精神现象发育和战略实践的对接，现实地催生现代海洋意识的升华。“一带一路”倡议通过亚欧国家外部的全球交往与内部市场嵌入及基础设施的互联互通来实现，其先天为海洋意识的提升预设并创制内生动力，创建升华民族精神的历史契机。海洋意识在“一带一路”经济联系增进与空间格局重整中完成民族海洋经济意识的嬗变，海洋安全意识的重塑，以及海洋意识主体精神的升华，从而落实了海洋意识内化为民族精神重大因子的转变。

第一，亚欧共同体在参与全球竞争中促进了民族海洋经济意识的嬗变。经济交往是从海洋意识到民族精神升华的关键内在动力，中国特色的海洋经济意识需要在全球化进程中得到认可、张扬和兑现。显然，当下建构我们自己的全球话语权意识为重中之重，以改变美国长期把持世界经济贸易话语权的局面。我们通过“一带一路”这个庞大的经济体构建，建设全球高密度的海外经济，形成自己的如亚投行、金砖银行及丝路基金等金融体系，并逐步实现人民币国际化，以缔造具有中国特色、合作共赢、互利互惠的海洋经济意识，力争加强自己的世界话语权。从而在全球经济交往中实现民族利益，弘扬民族精神，体现民族意志。如此，从海洋意识到民族精神升华这一“精神的生产”便在普遍的、全球的经济链条上得到了实现。

第二，“一带一路”基础设施互联互通推动中华民族海洋安全意识的重塑。空间拓展是海洋意识升华为民族精神的又一重要内生动力。“一带一路”对我们生存空间的拓展客观上重塑了中华民族的海洋安全意识。基础设施的互联互通促成了“东西双向开放”的“双向双开”新格局，将中国内陆新疆、广西、云南等省份与印度洋接通，大大扩展了中华民族的生存视野，减轻了中国海上经济的风险；但是“一带一路”互联互通内陆身份与海洋接通，也预设了海洋安全范围、危险系数的增大。尤其是与雄心勃勃、视印度洋为己属的印度共同开发利用这一海域的风险之大更为显著，加之其与太平洋美日势力的遥相呼应，中国海上安全风险达到史上最高点。因而，“一带一路”倡议对海上安全来说具有双重效应，它既是中华民族对海上安全的深谋远虑和运筹帷幄，也是重塑中华民族海洋安全意识的重要战略。

第三，亚欧共同体内部市场机制的运行促成海洋意识主体精神的升华。“一带一路”倡议首先是个经济方案，在（马克思所说的）世界秩序与世界市场的逻辑同构中方能得以落实。它通过利益的嵌入、市场的对接与区域文明主体之间的文化互动等，形成巨大的历史洪流，从而消除改革开放以来形成的东西二元地区差异，并催生众多社会群体、企业、个人参与资金流、技术流及人员流，以自觉消融陆地意识对海洋意识的历史性抵触，扩大海洋意识的主体并促进其主体精神的升华。“一带一路”倡议中广泛、深度的市场机制的运行扩散提升了海洋意识的民众基础及精神境遇，从而使其升华为中华民族的灵魂与时代精神。

总之，从海洋意识到民族精神的提升是“一带一路”宏伟目标定位及其实施的时代精神产物；海洋意识与民族精神的内在动力机制催生了海洋意识的当代嬗变；“一带一路”倡议实施促使和带动了海洋经济意识的变化、海洋安全意识的重塑、海洋意识主体精神的羽化。如此，民族海洋意识在实践中完成精神现象的发育历程，嬗变为民族精神的核心要义，从而完成“一带一路”的重大战略，推进中华民族精神的重塑。

三、历史规律的必然：海洋意识释放能量及助推“一带一路”实施的内在逻辑

当代海洋意识是“一带一路”倡议在社会精神领域的反映，它是中华民族新形势下社会意识的自觉调适，必将推动当下社会经济文化的整体变革。“一带一路”倡议的实施及其目标定位要求并带动了民族精神的嬗变与升华，同时民族精神的嬗变势必引起社会环境的变化。它们之间的互动关系必将推动历史的巨大进步。世界历史上四次重大转折及中国历史近代以来的由受挫而崛起，便是海洋意识巨大历史能量释放的真实见证。

那么,这一历史规律表明:海洋意识到民族精神的蝶变,必然挣脱传统陆地意识束缚,协同并凝聚民族力量开拓新的历史进程,从而借助于“一带一路”建设推进而引发中华民族社会发展的伟大历史性转折。

(一)世界史四次重大转折彰显西方海洋意识的历史能量对世界历史进程的张力

海洋意识的历史能量随着其与民族精神融合、互动而再生并发展,其所显示的历史张力也呈现出正负交织与重叠互生的状态。它既有推动世界历史形成与世界资本主义体系的全球扩张,也带来资本主义全球扩张的种种矛盾。更具有现实感的是21世纪全球海洋意识的觉醒和调整,它是我们中华民族发展的历史机遇及应对国际挑战的现实考验。那么,我们须通过反思历史经验教训并总结把握历史规律,以全新的民族海洋意识为引领开辟新的历史进程。

第一,西方海洋意识内涵对其历史能量的正解。西方国家从文明发端上就离不开海洋,因为其文明源起于地中海的希腊文明。其海洋意识内涵丰富,主导整个社会意识的生发,表现为社会的主导意识、海洋经济意识及扩张性的海权意识。显然,主导、外向和扩张是西方海洋意识最为鲜明的特征,正是这些特征赋予了其巨大的历史能量,使它在地理大发现以后形成民族发展的精神自觉,与民族精神融合、互动而再生并发展,从而推动西方对海外的探险、扩张。海洋意识对西方发展进程的推动显示出其历史能量的张力、冲击力和迸发力,这既是西方侵略性的缘起,更是其走出地中海、大西洋从而获得全球生存空间的根本精神动力与根源所在。

第二,借鉴世界历史进程来透视海洋意识对世界历史形成与发展的能量张力。15世纪以来海洋意识的渐增、趋强、高涨与鼎盛推动了世界历史进程的四次大转折:一是新航路的开辟加速了资本原始积累,推进了人类进入资本主义历史阶段的步伐;二是被黑格尔理性化了的海洋民族精神加速了世界资本主义体系在全球的确立;三是19世纪末马汉的海权理论被民族国家神话化而催生了当代的世界海洋强国;四是21世纪海洋既是资源能源产地,又是复杂的国际利益关系、民族冲突的汇聚点,因而全球海洋热情被引爆。海洋意识对世界历史进程的张力充分显示,海洋意识一旦与民族精神融合所产生强大的生命力、冲击力和迸发力,足以带动一个国家发生巨大的历史转折。

第三,西方海洋意识历史能量深刻反映出其牵引、带动和促进社会存在变迁的历史必然。世界发展史上的四次重大转折显示出,没有海洋意识的提升就没有世界历史的形成与发展,也就没有了当今的全球化。那么,当代中国发展必须以强大的海洋意识为支撑,否则民族将会在世界历史进程中僵化、停滞、沉沦甚至灭亡。也就是说,海洋意识上升为民族精神是历史规律的本质必然要求,其对社会存在变迁的牵引、带动和促进也是历史规律的必然显现。

(二)中国近现代的历史折射出海洋意识强弱对社会变迁的不同影响

在中国近现代史中,其海洋意识能量的张弛,激生中国近现代的受挫与崛起。我们反观近代以来中国历史,海洋意识对中国历史发展具有重要的作用。

第一,缺乏海洋意识的近现代历史致使中国百年沉沦。近现代史上,陆地意识把持着整个社会意识的各个阵脚,海洋经济意识严重缺失,海洋意识主体严重缺位,海洋安全意识虽有犹无。所谓的海防不过是将闭关自守的大门扩大到近海岸而已。仅有的19世纪70年海洋意识的有限萌生,无法推动中国走出传统陆地意识的禁锢,只能在西方蹂躏中苦苦挣扎百年。

第二,改革开放以来积极海洋意识助推中国步入世界大国阵营,极大地振兴了民族精神。改革开放30多年的历史塑造了我们积极的经济意识,并预设了宏大的全球海洋经济意识、海洋安全意识。中国正以积极的姿态走进世界,复出中华文明的当代精神风貌。

(三)民族海洋意识释放的时代能量助推“一带一路”实施并促进中华民族伟大复兴

海洋意识对世界历史形成所展现的张力与缺乏海洋意识的中国近代的沉沦形成鲜明比照。其历史逻辑的寓意在于:自觉调整与民族精神相融合的海洋意识,将发挥其历史能效,推动中国社会的变革。海洋意识的嬗变(从社会意识重要内涵到民族海洋意识两层逻辑步伐)既是对“一带一路”倡议实施方式(主要是对经济手段与地域整合的实施方式)的民族自觉调适,又是对海洋意识自身生发演进动力(经济交往和空间整合)的自觉结合与应用。因而,嬗变的海洋意识通过市场经济的运营、空间安全的保障与社会民众力量的集聚来发挥其历史能效,从而促进中华民族安全稳健地走向伟大复兴。

第一,通过经济手段的运营促进新的生产方式和新的社会阶层的生成。经济交往是海洋意识嬗变为民族精神的内生动力,也是“一带一路”倡议实施的方式与手段。“一带一路”倡议就是通过亚欧经济的重塑来实现亚欧诸国之间市场嵌入与利益对接,这种市场经济的运营将带动中国国内、亚欧诸国及全球之间各生产要素的流动,更新并提升创新能力、合作能力,从而促进生产方式的变革、生产关系优化及新的社会阶层的生成,直接、鲜活、有力地促成了社会的变革。

第二,通过空间整合来保障和提供持续安全稳定的社会环境。海洋安全意识是“一带一路”实施的社会意识、民众心理的基本条件和根本保障,也是当下我们“一带一路”建设得以有效且可持续实施的最现实、最迫切的问题所在:一是海洋开采、管理和利用等海洋认知能力的提高将会增强我们的生产要素优势,可以加速提高中国在全球的竞争能力;二是海防意识的强化充分保证欧亚近海海上安全;三是海权意识的贯彻与运行,可以有力排除远海传统与非传统风险,确保海上航运、海上贸易顺利进展。海防、海权所构筑的近海、远海全方位保护、综合有序的安全网与海洋自然资源一起,持续稳定地为“一带一路”提供安全环境的供给与资源能源的自然供给。这样的海洋安全意识有力保证各种要素之间的流动,在相对静态、稳定与平和中递推社会变革。

第三,通过社会民众力量的集聚推动中国文明的转型。中国文明转型说到底是民众力量集聚的结果,民族海洋意识嬗变带动海洋意识主体大众化,推动中国文明的当代转型。“一带一路”构筑的是全球经济合作、和谐运行的模式,其本质上蕴含着全球商品流通、资本流通和和谐共赢的人文精神的整合。这意味着:中国在广大国民、众多企业团体参与、互动、共进中获得陆海文明的新生;在扬弃西方排他式海洋意识,减除其历史负能量的过程中促进世界和谐。海洋意识提升与嬗变产生的推动力、牵拉力将有力推动中国历史的前进。

当下实施的"一带一路"现实要件、目标定位及其实施等诸多因素,预设和规划着海洋意识嬗变为民族精神因子的现实应然和逻辑步伐;民族海洋意识演进的内在动力机制与"一带一路"经济交往、空间拓展促成其实现;从海洋意识到民族精神境域的提升与嬗变必将引领民族意志、激发民族情感、凝聚民族力量积极投入"一带一路"建设及全球化进程,促动生产要素、文化思想和人员的流动、互通、共进,带动社会生产方式和社会关系及整个中华文明的转型,从而推动中华民族的伟大复兴。我们在此以中国问题为中心和出发点,以中国"一带一路"倡议实施为解决问题的桥梁和纽带,阐发和论证海洋意识提升的现实应然、过程使然、规律必然的逻辑进程,从而为解决"一带一路"及中华民族复兴的动力问题提供一个深度思考的维度,一个有效的解决路径,以期有助于中国"一带一路"建设及民族的伟大复兴。

(作者:上海财经大学马克思主义学院院长、教授、博士生导师)

努力推进“一带一路”建设下中外文化交流

刘　娜　刘山山

习近平总书记指出:“一个国家、一个民族的强盛,总是以文化兴盛为支撑的,中华民族伟大复兴需要以中华文化发展繁荣为条件。”推进“一带一路”建设为中外文化交流合作提供了新的机遇,通过文化交流互鉴,更有利于各国人民相知相交、和平友好,更有利于促进区域合作、实现共同发展,更有利于推动中华文化繁荣发展乃至走向世界。

一、推进“一带一路”建设下文化交流大有可为

“一带一路”源自历史文化概念。其中,文化交流合作是“一带一路”的灵魂,可以推动我国与沿线各国的全方位、多领域的交流与合作。

文化交流可以促进民心相通。“一带一路”沿线国家民族和宗教众多,政治立场、利益诉求、行为模式都存在巨大差别。国之交在于民相亲,民相亲在于心相通,而实现民心相通,首要而有效的手段就是文化交流。文化的影响力超越时空,超越国界。发挥文化交流的向导力、融合力、创造力、想象力、感染力,可以全面反映“一带一路”沿线各国的历史文化、政治现状及利益诉求,从而起到消除偏见、化解歧见、增进共识的效果,奠定坚实的民意基础和社会基础。

文化交流可以保障合作共赢。近年来,恐怖主义、分裂主义、极端主义等“三股势力”在欧亚地区活动日益猖獗;在“21世纪海上丝绸之路”沿线,相关国家仍存在一些领海、岛屿和海洋权益之争。要保证“一带一路”建设顺利推进,实现合作共赢,就离不开文化交流和民心相通。文化交流是民心工程、未来工程,潜移默化、润物无声。在推进“一带一路”建设中,充分发挥文化的桥梁作用和引领作用,加强各国、各领域、各阶层、各宗教信仰的交流交往,并使之成为政治、经贸、军事、社会等各领域交流与合作的“润滑剂”“催化剂”,促进沿线国家共同发展、合作共赢。

文化交流可以提升中国形象。“一带一路”是借用古丝路历史资源与沿线各国发展合作伙伴关系,共同打造政治互信、经济融合、文化包容的利益共同体、责任共同体和命运共同体。这就要求我国能够换位思考,通过中华文化对外交流互鉴,促进各国人民相逢相知、互信互敬,以“中国智慧”丰富人类文明,主动塑造好文明大国的整体形象,让“一带一路”更加体现中国发展的包容性、普惠性、共享性,提高我国在国际社会的影响力和亲和力。

二、推进“一带一路”建设下文化交流的基本原则

文化交流让世界更加丰富多彩,使人类社会更加和睦。要真正做到文化交流,必须

坚持平等对话、相互尊重、开放包容和互学互鉴的基本原则。

文化交流前提是平等。世界是丰富多彩的,“物之不齐,物之情也”。“一带一路”沿线每个国家和民族都有自己的文化传统和发展模式,都为共同构建几千年的人类文明史大厦作出了自己的贡献,都是全人类、全世界的宝贵精神财富。承载文化和文明的国家与民族有大有小,但决无优劣高下之别,这就如同联合国每一个成员国都有平等的表决权一样。

文化交流必须相互尊重。每一个国家和民族的文化都有着十分丰富而深刻的内涵,决不能因为科技和物质发展水平不同,就胡乱给各种文化贴上“先进”或“落后”标签。我们中华民族历来平等对待一切平等待我之民族,尊重“一带一路”沿线各国的文化传统,绝不会搞西方“普世价值”那一套,将其他文明视为“未开化”,将自身的文化价值观念凌驾于其他国家之上。

文化交流重在学习互鉴。不同文化和文明不仅需要“一带一路”沿线国家与民族的代代相传,而且需要以开放包容的心态相互学习、借鉴,取长补短,共同发展。我国古代就从与西域文化交流中获益良多,石榴、葡萄、胡萝卜等物产都是从西域传入内地,在唐朝著名的十部乐中,西域音乐就占五部,等等。推进“一带一路”建设下的文化交流需要特别注意,互学互鉴而不是刻意排斥,取长补短而不是定于一尊。

三、推进“一带一路”建设下文化交流的实现路径

在推进“一带一路”建设过程中,要坚持文化先行,树立文化引领经济的高度自觉,推动传统文化的传承与现代文化的创新,通过进一步深化与沿线国家的文化交流,促进区域共同发展,实现合作共赢。

加快文化交流合作基础设施建设。我们要在对“一带一路”沿线国家文化基础设施建设进行调查、研究与整合的基础上,推动相关技术标准对接和示范性规则的制定,加快文化交流合作基础设施建设,特别是互联网的互联互通。以文化创新为核心,搭建投融资和交易平台,推动开展创意研发、遗产保护与利用、贸易与资源配送等文化交流合作服务,为促进沿线国家间文化交流合作的深入开展提供基础支撑。同时要根据合作交流国家的文化资源特性,构建不同价值形态的文化产业合作平台。

丰富文化交流合作的内涵与形式。文化交流合作除文艺展演、新闻出版、影视交流、文物博览等传统文化领域交流外,还要拓展教育、科技、旅游、学术往来、知识产权保护等文化交流合作新领域,搭建新的交流合作平台,创新交流合作的形式。不仅要深度挖掘沿线各国的人文资源、弘扬人文传统,而且要围绕人类文明发展的潮流,另辟蹊径,开创新局面,在平等双向互动中“制造同心”、构筑“民心工程”的文化基础。

推进文化精品建设与创新。打造并形成富有特色又形式多样的文化精品是文化交流的重要载体。培育文化精品关键是要以产品为核心创新技术、创新业态、创新资源。为此,我们要在“请进来”和“走出去”中培育品牌文化产品,并举办富有内涵、形式多样的文化论坛、展览、演出、贸易等活动。我们还要注重利用网络等新媒体手段,

通过影视、图书、音乐、动漫、网游等业态传承“一带一路”历史渊源、文化精神,让丝绸之路精神薪火相传,成为促进沿线各国繁荣发展的重要纽带。

讲好“一带一路”故事,传播好“一带一路”声音。消除中外文化隔膜,一个有效的方式就是要利用所在国民众习惯的语言和方式讲好“一带一路”的故事及其背后的价值根源与普遍性,向国际社会广为传播“一带一路”所承载的共商、共建、共享的原则与和平合作、开放包容、互学互鉴、互利共赢的精神,只有这样才能讲好“一带一路”故事,传播好“一带一路”声音,才能把富有魅力、具有时代价值的文化精神弘扬起来、传播出去。也只有这样,我们才能提高国际话语权与影响力,从而更好地推动“一带一路”建设顺利进行。

(作者单位:武汉大学新闻与传播学院)

第十二部分

政法专题研究

全面充分认识党的十九大重要历史意义

郭声琨

党的十九大是在全面建成小康社会决胜阶段、中国特色社会主义进入新时代的关键时期召开的一次十分重要的大会，在我们党和国家发展进程中具有极其重大的历史意义。习近平总书记的报告，是一个举旗定向、汇聚力量、催人奋进的好报告，给人以信仰的感召、方向的指引、进取的力量、胜利的信心，是一篇极富政治性、思想性、理论性、实践性、继承性、创新性的马克思主义纲领性文献，是马克思主义中国化的最新成果，是我们党迈向新时代、开启新征程、续写新篇章的政治宣言和行动纲领。大会通过的《中国共产党章程(修正案)》，把习近平新时代中国特色社会主义思想同马克思列宁主义、毛泽东思想、邓小平理论、"三个代表"重要思想、科学发展观一道确立为党的指导思想，党的十九届一中全会选举产生了以习近平同志为核心的新一届中央领导机构，充分体现了全党的意志和全国各族人民的意愿，展现了我们党朝气蓬勃、永葆活力的精神风貌，对于确保我们党始终成为时代先锋、民族脊梁，在新时代凝聚全党、团结人民、战胜挑战、破浪前进，开创中华民族伟大复兴更加光明的前景具有重大意义。党的十九大聚焦主题、充满自信，体现了坚定不移走社会主义道路的战略定力，具有深刻的政治、思想、理论和实践意义。但最重要的是其历史意义，从人类社会发展历史、世界社会主义发展历史、党的发展历史、新中国的发展历史、改革开放的发展历史来理解，它既影响上述历史，也使中国向新的更高的目标前进。深刻理解党的十九大里程碑式的历史意义和历史地位，是理解其政治、思想、理论和实践意义的基础。

一、学习宣传贯彻党的十九大精神是首要政治任务

要进一步增强学习贯彻的思想自觉、政治自觉、行动自觉，以高度的政治责任感和强烈的历史使命感，把学习宣传贯彻党的十九大精神作为首要政治任务。紧密结合深入推进"两学一做"学习教育常态化制度化和党中央关于在全党开展"不忘初心、牢记使命"主题教育的部署要求，引导广大政法干警增强政治意识、大局意识、核心意识、看齐意识，坚决维护以习近平同志为核心的党中央权威和集中统一领导。深入肃清周永康的流毒影响，不断强化忠诚核心、拥戴核心、维护核心、捍卫核心的思想自觉、政治自觉、行动自觉，在政治立场、政治方向、政治原则、政治道路上同以习近平同志为核心的党中央保持高度一致，矢志不渝做新时代中国特色社会主义事业的建设者、捍卫者。如何凝聚四百万政法君的智慧，为同心共筑中国梦提供磅礴的法治力量？就是要坚决维护以习近平同志为核心的党中央权威和集中统一领导，坚决维护习近平总书记党中央的核心、全党的核心

地位。肩负新时代的历史使命，更好进行伟大斗争、建设伟大工程、推进伟大事业、实现伟大梦想，更加需要一个坚强的领导核心和中央领导集体。坚定不移地沿着习近平总书记的思想指引，坚定不移地按照习近平总书记勾画的美好蓝图，从社会发展规律去把握新的思想指引，结合政法工作抓好落实，才能推动十九大决策部署在法治中国落地生根、开花结果。

二、迅速兴起学习宣传贯彻热潮

中央政法各单位要积极响应习近平总书记的号召，紧密结合党中央部署的集中宣讲活动，加强领导、精心安排、周密部署，在采取党组中心组学习、专题报告会、集中宣讲辅导等形式基础上，抓紧组织对广大政法干警进行集中轮训。迅速兴起学习宣传贯彻热潮，深入学习领会党的十九大精神实质，真正把思想认识统一到党的十九大精神上来，把智慧力量凝聚到实现以习近平同志为核心的党中央提出的目标任务上来。政法领导干部要带头学、带头讲、带头干，把党的十九大精神弄清楚、讲明白、落实好，做党的十九大精神宣讲家、实干家，发挥好表率作用。党的十九大闭幕后，中央政法各单位都组织了深入的学习讨论活动，贯彻党的十九大精神的举措非常有力。学习领会党的十九大精神实质，就是要强化学习的自觉性坚定性创造性，改进学习方法，提高学习质量，做到认识有新高度、学习有新境界、组织实施有新气象，立起学习贯彻的新风尚新导向。

三、要用最先进的理论开辟政法工作的新境界

党的十九大精神博大精深，我们要原原本本学习、逐字逐句研读党的十九大报告和修改后的党章，深刻领会精神实质、准确把握核心要义，努力学深悟透、融会贯通，真正用党的十九大精神武装头脑、指导实践、推动工作。要深入学习领会习近平新时代中国特色社会主义思想，深刻认识其时代背景、历史地位、科学体系、精神实质和实践要求，准确把握贯穿其中的坚定信仰信念、鲜明人民立场、强烈历史担当、求真务实作风、勇于创新精神和科学方法论，更加自觉地把习近平新时代中国特色社会主义思想作为政法工作的思想旗帜、理论指引、根本遵循，贯彻落实到政法工作各方面，引领政法事业不断开辟新境界。要深入学习领会过去五年党和国家事业取得的历史性成就、发生的历史性变革，深刻认识其最根本的在于以习近平同志为核心的党中央的掌舵定向，在于习近平新时代中国特色社会主义思想的科学指引，进一步引导广大政法干警坚定“四个自信”，不断增强在新的历史起点上开创政法事业新局面的自觉性、坚定性。学习领会习近平新时代中国特色社会主义思想，重在深学笃用，从武装头脑到指导实践。学而信、学而思、学而行。习近平新时代中国特色社会主义思想，是一个主题鲜明、逻辑严谨、系统完整的科学理论体系，只有深入领会、准确把握，全面贯彻党的基本理论、基本路线、基本方略，才能推动政法事业不断发展。

四、社会主要矛盾的变化已经深刻影响政法工作未来发展

要深入学习领会中国特色社会主义进入了新时代的重大政治判断，精确标定新时代

政法机关的职责使命，以永不懈怠的精神状态和一往无前的奋斗姿态，朝着新时代政法工作目标任务奋勇前进。要深入学习领会我国社会主要矛盾发生的历史性变化，科学分析这一关系全局的历史性变化对政法工作的深刻影响，主动聚焦人民对民主、法治、公平、正义、安全、环境等方面日益增长的需要，加强和改进政法工作，推动提高保障和改善民生水平。要深入学习领会党在新时代肩负的新的历史使命，深刻认识“四个伟大”是以习近平同志为核心的党中央治国理政大格局、大战略、大逻辑，自觉把政法工作放到“四个伟大”中来谋划，推动政法工作在服从服务于“四个伟大”中实现更大作为。要深入学习领会全面建设社会主义现代化国家“两步走”的新目标，科学谋划制定政法工作分阶段的总体框架、目标任务、工作步骤，为建设富强民主文明和谐美丽的社会主义现代化强国提供法治保障和服务。要深入学习领会新时代党的建设总要求，认真贯彻落实新形势下全面从严治党的重点任务，以更大的决心、更大的气力抓紧抓好政法队伍建设，为做好新时代政法工作提供思想组织保证。政法君的责任担当和历史使命从哪里来？新时代有新矛盾，政法工作位于社会矛盾的最前沿，是解决社会主要矛盾的重要力量，我们必须认识到自己的光荣使命，把增进人民福祉作为出发点和落脚点，把人民群众对美好生活的向往作为永远的奋斗目标！

五、新时代政法工作已经开始布局

要在以习近平同志为核心的党中央坚强领导下，坚持以习近平新时代中国特色社会主义思想为指导，坚持把人民对美好生活的向往作为奋斗目标，坚持稳中求进工作总基调，坚持一手抓当前、一手谋长远，认真研究谋划新时代政法工作，奋力开创新时代政法事业新局面。要坚持围绕中心、服务大局，牢固树立新发展理念，紧紧围绕实施一系列重大发展战略、重大开放战略、重要改革举措、重要民生政策，进一步找准结合点、着力点，充分发挥法治的引领、保障作用，为新时代经济社会持续健康发展提供法治保障。要坚持居安思危、知危图安，牢固树立总体国家安全观，始终把维护国家政治安全特别是政权安全、制度安全放在第一位，严密防范、坚决打击各种渗透颠覆破坏活动、暴力恐怖活动、民族分裂活动、宗教极端活动，坚决捍卫党的领导和社会主义制度，坚决维护新时代国家安全。要坚持与时俱进、创新思路，从推进国家治理体系和治理能力现代化的高度，把社会治理创新摆到更加重要位置来抓，提高社会治理社会化、法治化、智能化、专业化水平，打造共建共治共享的社会治理格局，依法打击和惩治黄赌毒黑拐骗等违法犯罪活动，切实保护人民群众人身权、财产权、人格权，努力建设更高水平的平安中国。要坚持厉行法治、深化改革，坚定不移走中国特色社会主义法治道路，紧紧围绕良法善治的基本取向，全面深化司法体制改革，深化司法体制综合配套改革，全面落实司法责任制，统筹推进公安改革、国家安全机关改革和司法行政改革，深入推进严格规范公正文明执法，深入开展全民普法工作，推动新时代法治中国建设迈上新台阶。要坚持科技引领、信息支撑，把现代科技应用作为政法工作现代化的大战略大引擎，不断提升新时代政法机关的核心战斗力，推动新时代政法工作跨越式发展。我们要奋力开创新时代政法事业新局面，坚持一手抓当前，一手谋长远：从总体国家安全管理、社会治理创新、全面深化司法体制改革以及综合配套改革，到把现代科技作为大战略大引擎。新时代里，全面依法治国是国家治理的一场深刻革命，中国在未来将面临着许多新形势，引领新形势需要政法事业的新发展，开创新局面需要政法事业的新布局。在新布局中，全国政法工作者都是这场深刻革命里不懈的革命者和前行者。

六、新时代政法队伍应该这个样

要坚持不忘初心、牢记使命，按照新时代党的建设总要求，在常和长、严和实、深和细上下功夫，切实加强正规化、专业化、职业化建设，努力造就一支既政治过硬又本领高强的新时代政法队伍。坚持把政治建设摆在首位，把坚决维护以习近平同志为核心的党中央权威和集中统一领导作为首要任务来抓，切实做到对党忠诚、为党分忧、为党尽职、为民造福。坚持用习近平新时代中国特色社会主义思想武装头脑，教育引导广大政法干警把坚定理想信念作为人生的头等大事，解决好世界观、人生观、价值观这个“总开关”问题，自觉做共产主义远大理想和中国特色社会主义共同理想的坚定信仰者和忠实实践者。深入推进专业化建设，提升善于学习本领、运用法治本领、改革创新本领、科技应用本领、群众工作本领、社会沟通本领、狠抓落实本领。坚持无禁区、全覆盖、零容忍，保持重遏制、强高压、长震慑，建立纪律作风督查、巡查、核查机制，健全执法司法权运行制约和监督体系，强化监督执纪问责，坚决查处害群之马，促进干警清正、队伍清廉、司法清明。政法领导干部要按照习近平总书记关于坚定理想信念、强化政治责任、全面增强本领、扎实改进作风的要求，勤勤恳恳为民、兢兢业业干事、干干净净用权、清清白白做人，自觉接受党内监督和群众监督，做一个堂堂正正的共产党人。什么才是新时期合格的政法队伍？政治过硬，本领高强！政法队伍从来就是捍卫党的领导、捍卫国家安全和社会稳定的重要力量，是中华民族伟大复兴之路坚定的护航者。新时代有着新矛盾，也给政法队伍提出了新的要求。我们必须以习近平新时代中国特色社会主义思想为指引，以人民群众对美好生活的向往为目标，以变应变、以新应新，必须提高正规化、专业化、职业化水平，不断增强创造力、凝聚力和战斗力。让党放心，让人民放心。

（作者：中共中央政法委员会书记）

全面深化司法改革情况的报告

曹建明

司法改革是政治体制改革的重要组成部分，是法治领域一场广泛而深刻的革命，在全面深化改革、全面依法治国中居于重要地位，对推进国家治理体系和治理能力现代化意义重大。党的十八大以来，习近平总书记对深化司法改革作出一系列重要指示，明确了改革的方向、目标和重点任务，为改革提供了根本遵循。党的十八届三中、四中全会作出系列重大部署，中央全面深化改革领导小组多次审议司法改革重大议题，确定了改革路线图和时间表。全国人大常委会及时作出授权决定、审议改革情况报告、及时制定修改法律，全国人大内司委加强改革调研，为深化司法改革提供了有力的法治保障。中央政法委加强领导和指导，中央组织部、中央编办、财政部、人力资源社会保障部等中央有关部门全力支持，形成了改革合力。在党中央坚强领导和全国人大及其常委会有力监督下，司法改革走过了不平凡的历程，改革主体框架基本确立，符合司法规律的体制机制逐步形成，司法质量效率和公信力持续提升，人民群众对公平正义的获得感、对司法工作的满意度明显增强。

一、检察机关司法改革的进展和成效

全国检察机关坚决贯彻落实党中央关于司法改革各项决策部署，牢牢把握改革正确方向，坚持顶层设计和实践探索相结合，制定实施深化检察改革五年规划。在各级党委领导、人大监督和政府支持下，勇于啃硬骨头、闯难关，各项改革取得重大进展。至今年9月，中央部署由最高人民检察院承担的29项改革任务已基本完成或结项；检察改革规划提出的91项具体改革举措，82项已出台改革意见或结项。

（一）全国检察机关面上的司法责任制改革基本完成，初步建立了权责明晰、监管有效、保障有力的检察权运行新机制

司法责任制改革的根本要求是落实“谁办案谁负责、谁决定谁负责”。2014年以来，在中央政法委统一部署下，全国31个省区市和兵团检察机关分3批开展试点。2015年9月，最高人民检察院发布关于完善人民检察院司法责任制的若干意见，各省级检察院普遍结合实际制定实施细则。最高人民检察院机关今年6月正式启动司法责任制改革，10月起全面推行检察官办案责任制。

一是推行检察人员分类管理。2013年3月，最高人民检察院与中央组织部共同发布分类管理制度改革意见，将检察人员明确划分为检察官、检察辅助人员、司法行政人员三类。2015年10月，与中央组织部、中央政法委等共同发布试点方案，建立符合职业特点和司法规律的检察官单独职务序列；2016年5月，与中央组织部共同发布建立检察官逐

级遴选制度的意见;2016 年 6 月,与中央组织部、中央政法委等又共同发布检察官助理和书记员职务序列改革试点方案。今年 3 月,最高人民检察院制定建立健全检察人员职务序列的指导意见,指导各地检察机关分类定岗、规范管理。今年 5 月,与财政部、人力资源社会保障部等共同发布聘用制书记员管理制度改革方案,试行省级统筹配备聘用制书记员。

二是推行员额制改革,择优遴选检察官承担办案任务,促使检察官回归办案本位。改革前,检察官数量占中央政法专项编制近三分之二,一些检察官不在办案岗位或不能办案。中央明确提出对检察官实行员额制管理,以省为单位,检察官员额比例不超过中央政法专项编制的 39% 。我们坚持“以案定额”和“以职能定额”相结合,明确将员额配备给办案部门,配备给必须由检察官行使职能的岗位,并向基层一线倾斜。严格掌握入额标准和条件,真正让愿办案、能办案的检察官入额。聘请人大代表、政协委员、法学专家以及法官、检察官、律师代表等组成检察官遴选委员会把关。经严格考试考核、遴选委员会审议、人大常委会依法任命等程序,全国检察机关遴选出员额内检察官 84444 名,占中央政法专项编制的 32. 78% 。其中最高人民检察院机关首批遴选 228 名员额内检察官,占中央政法专项编制的 31. 89% 。建立员额动态调整机制,上海等地检察机关探索“跨院遴选”,引导检察官向办案任务重的检察院有序流动。建立员额退出机制,不办案、不胜任办案工作或离开办案岗位的,及时退出员额。通过这项改革,基层检察院 85% 以上的人力资源配置到办案一线,办案力量增加20% 以上。

三是推行检察官办案责任制。改变过去“案件承办人、部门负责人、检察长”审批办案模式,赋予员额内检察官在职权范围内独立对案件作出决定的权力,并明确相应司法责任。最高人民检察院制定完善检察官权力清单的指导意见,强调突出检察官主体地位与检察长统一领导检察院工作相统一、明确检察官权力与强化监督制约相统一,确保放权不放任、有权不任性。各省级检察院统一制定辖区内检察官权力清单,明确检察委员会、检察长、检察官的职责权限。根据案件类型、复杂难易程度,实行独任检察官或检察官办案组两种基本办案组织形式,一些地方检察机关还根据办案需要,组建未成年人、知识产权、金融、网络、环境资源案件等专门办案组。完善案件承办确定机制,以随机分案为主、指定分案为辅。建立领导干部带头办理重大、复杂、疑难、新类型案件制度。建立检察官联席会议制度,提供专业参考意见。建立检察官惩戒制度,完善司法责任体系,检察官在职责范围内对办案质量终身负责。

四是推动建立检察官职业保障制度,提高职业尊荣感。在党中央、国务院亲切关怀和中央有关部门大力支持下,建立并落实与检察官职务序列相配套的职业保障制度,建立与办案数量、质量直接挂钩的绩效考核办法。出台贯彻执行领导干部干预司法活动、插手具体案件处理的记录、通报和责任追究规定实施办法,建立检察官履行职务受到侵害保障救济机制。

五是以基层检察院为重点,稳步开展内设机构改革。针对一些基层检察院案多人少、机构臃肿的问题,2016 年 8 月,最高人民检察院与中央编办联合发布省以下检察院内设机构改革试点方案，坚持扁平化管理与专业化建设相结合，综合机构与业务机构同步改革，机构精简与职能优化统筹推进。至今年9月，全国1854个检察院开展内设机构改革，内设机构大幅精简，大批业务骨干回归办案一线。吉林省97个检察院同步推进内设机构改革。海南基层检察院内设机构由平均14.7个减少至7.8个。

六是推进跨行政区划检察院改革试点。会同中央司改办深入调研，探索建立与行政区划适当分离的司法管辖制度。2014年12月，上海市检察院第三分院、北京市检察院第四分院先后挂牌成立，着力探索跨行政区划管辖范围和办案机制，至今年9月共办理跨地区案件以及食品药品安全、环境资源保护、知识产权、海事等特殊类型案件1137件。

七是积极稳步推进省以下检察院人财物统一管理。认真贯彻中央要求，市、县检察院检察长由省级党委（党委组织部）管理，领导班子其他成员可委托市级党委管理。政法专项编制收归省级统一管理，根据人均办案量，在全省范围内统一调剂使用。吉林、湖北、广东、安徽等16个省份实现省级财物统一管理，保障水平进一步提高。

（二）刑事诉讼制度改革扎实推进，在更高层次上实现惩治犯罪与保障人权相统一

各级检察机关坚决贯彻党中央部署，落实分工负责、互相配合、互相制约的原则，与各政法机关共同推进刑事诉讼领域各项改革。

一是积极推进以审判为中心的刑事诉讼制度改革。最高人民检察院与最高人民法院、公安部等共同研究制定相关改革意见。积极探索检察机关审查逮捕、公诉标准化，严格证据标准。2015年7月发布常见50个罪名的审查逮捕指引、公诉案件证据指引，今年6月又会同最高人民法院等制定办理刑事案件严格排除非法证据若干问题的规定。2013年以来，因排除非法证据决定不批捕2624人、不起诉870人。重视发挥检察机关审前主导和过滤作用，与公安部共同推进重大疑难案件侦查机关听取检察机关意见建议制度改革；落实中央司改要求，探索对公安派出所刑事侦查活动监督机制。适应庭审实质化要求，制定加强出庭公诉工作的意见，推动证人、鉴定人、侦查人员出庭作证，重视利用庭前会议有效解决程序性争议，着力提高庭审效率和当庭指控犯罪能力。

二是高度重视律师在促进司法公正中的重要作用。2014年12月，最高人民检察院制定依法保障律师执业权利的规定。2015年9月，“两高三部”发布依法保障律师执业权利的规定。2016年11月部署全国检察机关开展保障律师执业权利专项检查；今年6月，部署建立健全维护律师执业权利快速联动处置机制。今年8月，“两高三部”又联合出台关于开展法律援助值班律师工作的意见。2013年以来，全国检察机关对有关机关及其办案人员阻碍律师依法行使执业权利的，监督纠正6542件。

三是积极开展刑事案件速裁程序试点。根据全国人大常委会授权决定，2014年6月起在北京等18个城市开展为期二年的试点，对事实清楚，证据充分，被告人自愿认罪，当事人对适用法律没有争议的轻微刑事案件，适当简化程序，提高办案效率。试点期间，212个试点检察院共对5.6万余件案件建议适用速裁程序，审查起诉周期由过去平均20天缩短至5天。

四是积极开展认罪认罚从宽制度试点。根据全国人大常委会授权决定，2016年11月与最高人民法院等共同发布试点办法，对犯罪嫌疑人、被告人自愿如实供述自己罪行，对指控的犯罪事实没有异议，同意检察机关量刑建议并签署具结书的，依法从宽处理。坚持"事实清楚、证据确实充分"，既认真审查认罪认罚的自愿性，又加强对主要证据的实质审查，防止被迫认罪、替人顶罪、以钱赎罪。至今年9月，276个试点检察院共对6.36万件案件适用认罪认罚从宽制度，占同期办结刑事案件总数的34.7%。

五是健全冤错案件防范、纠正机制。针对已发现、纠正的冤错案件，检察机关全面总结分析，深刻吸取教训。2013年9月，最高人民检察院制定切实履行检察职能防止和纠正冤假错案的若干意见，建立重大冤错案件发现报告、指导办理、异地审查、监督纠正、依法赔偿工作机制。重视加强对立案、侦查活动的监督，从源头上严把事实关、证据关、法律适用关，防止案件"带病"进入审判环节。以高度负责的精神认真办理每一起申诉案件，2014年10月颁布复查刑事申诉案件规定，对有冤错可能的重大刑事申诉案件公开审查；2015年2月发布在刑事执行检察工作中防止和纠正冤假错案的指导意见，要求对长年坚持申诉、拒绝减刑以及因对裁判不服而自残的罪犯，注意听取其申诉，及时调查处理。2013年以来，检察机关对从办案或申诉中发现的"张氏叔侄强奸杀人案""于英生杀妻案""王玉雷故意杀人案""陈满故意杀人案""沈六斤故意杀人案""王本余奸淫幼女、故意杀人案""徐辉强奸杀人案""黄家光故意杀人案""谭新善故意杀人案""丁国勤故意杀人案"等重大冤错案件，依法启动纠错、监督程序，与有关部门共同纠错。

（三）检察机关提起公益诉讼制度改革取得重大成果，走出了一条具有中国特色的公益司法保护道路

最高人民检察院深入贯彻落实党中央和全国人大常委会决策部署，推动检察机关提起公益诉讼改革完整经历了顶层设计、法律授权、试点先行、立法保障、全面推进五个阶段，成为全面深化改革的一个典型样本。

一是以党中央顶层设计为引领。党的十八届四中全会明确提出"探索建立检察机关提起公益诉讼制度"。习近平总书记在全会上专门就此作了说明，为改革导航定向。最高人民检察院坚决贯彻，起草改革试点方案，提请中央全面深化改革领导小组第十二次会议审议通过。

二是以全国人大常委会法律授权为前提。为确保改革于法有据，2015年7月，全国人大常委会第十五次会议通过决定，授权在北京等13个省区市开展为期二年的检察机关提起公益诉讼试点。最高人民检察院先后颁布试点工作实施办法等规范性文件，并与最高人民法院就公益诉讼案件受理、审理程序等共同探索研究，构建了完整的试点工作制度。

三是以部分检察机关试点先行为基础。各试点省级检察院组织87个市级检察院和759个县级检察院扎实开展试点工作，牢牢抓住公益这个核心，突出加强对生态环境和资源、食品药品安全、国有财产的保护，两年试点期间共办理公益诉讼案件9053件。全覆盖、多样化的试点探索使检察机关提起公益诉讼制度顶层设计得到全面检验。

四是以立法保障为支撑。最高人民检察院认真总结试点经验,向全国人大常委会提交修改法律的议案。今年6月27日,全国人大常委会第二十八次会议通过修改民事诉讼法、行政诉讼法的决定,正式建立检察机关提起公益诉讼制度。这不仅是党中央重大改革举措法制化的标志性成果,也是中国特色社会主义诉讼制度、司法制度创新发展的重大成果。

五是以全面推进为新起点。各级检察机关认真研究部署贯彻落实修改后民事诉讼法和行政诉讼法、全面开展检察机关提起公益诉讼工作,主动向各级党委、人大、政府报告,组织全员培训,忠实履行法律赋予的职责。今年7—9月,全国检察机关共办理公益诉讼案件2935件。

(四)检察权运行监督制约机制不断健全,自身司法活动监督更加有力

各级检察机关把强化自身监督放在突出位置,坚持严格规范公正文明司法。

一是深化人民监督员制度改革。从人民群众中聘请人民监督员监督查办职务犯罪工作,是检察机关自觉接受人民监督的重大制度设计。2014年9月,根据党的十八届三中、四中全会精神,最高人民检察院与司法部共同在北京、吉林等10个省市开展深化人民监督员制度改革试点,2015年12月制定人民监督员监督工作规定,2016年7月制定人民监督员选任管理办法。为增强这个制度的权威性和公信力,实行“四个一律”:

人民监督员一律由市级以上司法行政机关选任和管理,各地司法行政机关独立选任人民监督员21492名;

检察机关办理职务犯罪案件各关键环节一律接受监督,监督情形扩大至11项,涵盖立案、羁押、扣押冻结涉案财物、起诉等环节;

参加监督评议的人民监督员一律由司法行政机关随机抽选产生;

市、县两级检察院办理的职务犯罪案件一律由上一级司法行政机关组织监督。

2016年7月全面深化这项改革以来,人民监督员共监督案件5148件。

二是完善规范司法行为长效机制。紧紧围绕检察权运行重点环节,编制并修订检察机关司法工作基本规范,推进精细司法、精细管理。健全案例指导制度,发布9批38个在审查证据、适用法律等方面具有典型意义的指导性案例,统一司法尺度。自2014年12月起,持续开展规范司法行为专项整治,最高人民检察院先后6次组织对各省区市检察院全覆盖的督导检查,对193起司法不规范案件挂牌督办,对32起典型案例向社会集中公开通报。针对发现的问题,先后颁布加强执法办案活动内部监督防止说情干扰、检察机关办案部门和办案人员违法行使职权行为纠正记录通报及责任追究、刑事诉讼涉案财物管理、同步录音录像、指定居所监视居住、职务犯罪侦查工作“八项禁令”和“八项公开”等制度规定。

三是强化内部监督制约机制。强化案件管理部门对司法办案活动的集中统一管理,运用信息化手段开展流程监控、案后评查、数据分析、业绩考核,构建了全程、同步、动态监管机制。强化刑事执行检察部门对检察环节羁押犯罪嫌疑人情况的监督。强化控告申诉检察部门对其他办案部门的纠错功能。强化上级检察院对下级检察院的监督制约,健全省级以下检察院办理职务犯罪案件立案报上一级检察院备案审查,逮捕报上一级检察院决定,撤案、不起诉、指定居所监视居住报上一级检察院批准制度。

四是完善纪检监察机构监督机制。落实全面从严治党要求,坚持从严治检,层层落实主体责任,严明纪律。落实中央要求,建立健全检察机关系统内巡视制度。健全检务督察制度。推进重点岗位、关键环节廉政风险防控机制建设,着力解决人民群众反映最强烈的突出问题。完善领导干部及办案检察官任职回避制度。完善问责制度,对自身腐败行为"零容忍",2013 年以来共查处违纪违法检察人员 1833 人。

(五)构建阳光司法机制,保障人民参与,接受人民监督

全国检察机关落实党的十八届三中、四中全会要求,坚持"公开是原则、不公开是例外",坚持以案件信息公开为重点,建立完善开放、动态、透明、便民的司法公开机制。最高人民检察院先后颁布全面推进检务公开工作意见、案件信息公开工作规定,全国四级检察机关 3662 个检察院已实现"六个全覆盖":

一是案件信息公开系统全覆盖。2014 年开通人民检察院案件信息公开网,运行案件程序性信息查询、法律文书公开、重要案件信息发布、辩护与代理预约申请"四个平台",已发布案件程序性信息 603 万余条、重要案件信息 30 万余条、法律文书 224 万余份,接受辩护与代理预约申请 13 万余人次。2016 年全面运行案件信息公开微信服务平台,主动向当事人和律师告知案件进展情况,实现从被动查询到主动推送、"网上公开"向"掌上公开"转变。

二是电子卷宗系统全覆盖。2015 年全面部署电子卷宗系统,将纸质案卷材料转换为电子文档,方便律师查阅复制,已提供服务 16 万余件次。

三是远程视频接访全覆盖。2016 年建成四级检察机关全联通的远程视频接访系统,已通过视频同步接访 1.8 万余次。

四是微博、微信、新闻客户端全覆盖。2016 年 6 月,全国四级检察机关全部开通"两微一端"。目前,检察新媒体总数达 1.3 万余个,发布信息 2300 万余条,总粉丝数近 1.2 亿。

五是新闻发言人全覆盖。今年 1 月,向社会公布全国四级检察机关 4473 名新闻发言人名单和电话。

六是检察开放日活动全覆盖。广泛邀请社会各界代表走进检察机关,了解监督检察工作。今年 5 月,四级检察机关统一组织"防治校园欺凌"检察开放日活动。

(六)把深化司法改革和现代科技应用结合起来,智慧检务建设迈上新台阶

最高人民检察院先后颁布实施全国检察信息化发展规划纲要、科技强检规划纲要等指导性文件,推动检察工作与现代科技融合发展。

一是深入推进电子检务工程建设。今年底将全面建成覆盖全国四级检察机关司法办案、检察办公、队伍管理、检务保障、检察决策支持、检务公开与服务的"六大平台"。

二是全面推进网上办案。部署融办案、管理、监督、统计、查询、评查等功能于一体的统一业务应用系统。2014 年起,全国四级检察机关已实现各类案件一个平台、一个标准、一个程序,所有办案信息网上录入、办案流程网上管理、办案活动网上监督、办案数据网上生成。今年又适应改革要求，对该系统进行结构性、功能性升级，以软件的“硬制约”推动司法责任制改革落地。上海、贵州等地检察机关研发运行智能辅助办案系统，由计算机初步处理简单案件中的证据筛选、相关案例、法律适用条款、法律文书草拟、量刑建议等，办案效率大大提升。江苏省检察院研发“案管机器人”，整合优化内部控制、智能辅助、决策分析、绩效考核等功能。新疆维吾尔自治区检察院研发运行“量刑建议”“量刑比对”“文件纠错”等系统。

三是推动大数据和人工智能在检察工作中的深度运用。发布检察大数据行动指南，推进“一中心、四体系”建设，即建设国家检察大数据中心，建设检察大数据标准体系、应用体系、管理体系、科技支撑体系，依托大数据提升司法质量和效率。探索“人工智能＋检察工作”新模式，制定检察人工智能创新指南。与有关高校和科研机构深化科技合作，共同建设智慧检务创新研究院。最高人民检察院制定智能语音云平台建设指导方案，推进讯（询）问和会议语音同步转录，在新疆、西藏等民族地区开展办案和教育培训智能语音双语应用。

在全面深化司法改革的同时，检察机关坚决贯彻党中央决策部署，坚决拥护、坚定支持国家监察体制改革。最高人民检察院及时传达贯彻党中央改革部署，全力配合中央纪委和北京、山西、浙江三省市开展试点工作。试点地区检察机关深入细致开展思想政治工作，严明组织纪律，做好案件线索清理、结案与移交，顺利完成机构、职能、人员转隶。最高人民检察院在党组会、全院干部大会、全国检察长会议、全国查办和预防职务犯罪等工作会议上反复强调和专门部署，明确要求非试点地区检察机关坚持惩治腐败力度决不减弱、零容忍态度决不改变，为改革创造良好氛围和环境。2017 年 1 ~ 9 月，非试点地区检察机关共立案查办职务犯罪 43614 人，同比上升 21.2%。

二、检察机关进一步深化司法改革的打算和建议

当前，深化司法改革处于承前启后的关键阶段。全国检察机关要深入学习贯彻党的十九大精神，以习近平新时代中国特色社会主义思想为指导，认真贯彻党中央部署和全国人大常委会要求，高举中国特色社会主义伟大旗帜，坚持全面深化司法改革，坚持和完善中国特色社会主义司法制度，更好满足人民在执法司法方面日益增长的需要，努力让人民群众在每一个司法案件中感受到公平正义。

（一）要保持政治定力和战略定力，深化司法体制综合配套改革，提高改革整体效能

从全局和战略高度，牢固树立“四个意识”，坚决把思想统一到党中央决策部署上来，坚持按司法规律办事与从中国实际出发相结合，始终沿着中国特色社会主义法治道路深化改革。检察机关各级领导干部要切实肩负起推进改革的政治责任，增强改革创新本领，保持锐意进取的精神状态，做改革的促进派和实干家。要善于运用辩证思维和系统思维，坚持重点突破与整体推进相结合，深化司法体制综合配套改革，着力增强改革系统性、整体性、协同性。

（二）要全面落实司法责任制，切实把中央部署的各项改革举措落到实处、落到基层

加大改革落实力度，加大改革督察力度，健全改革监督评估体系，确保改革措施落地生根。严格执行员额内检察官遴选标准和程序，畅通员额进出渠道。妥善解决未入额人员分流使用、检察辅助人员和司法行政人员职业发展等问题。重视检察辅助人员的配备，构建以检察官为中心的专业化新型办案团队。完善和落实检察官权力清单，抓住关键节点强化监督制约，绝不允许以言代法、以权压法、逐利违法、徇私枉法。健全各类检察人员职务序列，完善和落实薪酬待遇、职级晋升等保障机制。完善政府购买服务机制，探索司法辅助事务外包，推动解决案多人少矛盾。推动省以下检察院人财物统一管理。加快推进省以下检察院内设机构改革，规范内设机构数量、职责和名称。积极稳妥推进跨行政区划检察院改革，深化铁路运输检察院改革。落实以审判为中心的刑事诉讼制度改革，推动构建新型检警、检法、检律关系，共同维护司法公正和法治权威。深入推进认罪认罚从宽制度试点，推动构建具有中国特色的轻罪诉讼体系。全面开展检察机关提起公益诉讼工作。全力支持、积极配合深化国家监察体制改革试点工作在全国推开。

（三）要善于运用互联网技术和信息化手段助推司法改革

充分认识现代科技的巨大推动作用，大力推进现代科技在司法改革和检察工作中的应用。推进检察大数据行动指南、检察人工智能创新指南落地实施，推进跨部门大数据办案平台建设，与相关部门共同运用现代科技实现基本证据标准数据化、模型化。加快推进智能辅助办案系统建设，提升司法办案现代化水平。推进 12309 检察服务平台建设，打造集信访举报、检察宣传、监督评议等于一体的检察为民综合服务平台，提供“一站式”服务。

（四）要坚持把思想政治工作贯穿始终，加强政策解读和改革宣传，凝聚各方面深化改革的信心和共识

持续加强思想政治工作，重点做好未入额人员、检察辅助人员和司法行政人员思想工作。加强对改革政策正面解读，把改革精神讲清楚，把改革目标讲透彻，引导检察人员理解改革、支持改革、参与改革。及时宣传改革进展和成效、基层改革创新和先进典型，讲好改革故事，增强人民群众和全体检察人员改革获得感。

（五）要深化研究论证，为推动司法改革向纵深发展做好准备

加强对深化依法治国实践、完善检察监督、维护国家法制统一尊严权威的前瞻性研究，多推有利于促进社会公平正义的改革，多推有利于增强人民群众获得感的改革。加强与高校和科研机构深度合作，推动学术界深入研究中国特色社会主义司法制度，为深化改革提供理论支撑。

全国检察机关将不忘初心、牢记使命，更加紧密团结在以习近平同志为核心的党中央周围，深入学习贯彻党的十九大精神，深入学习贯彻习近平新时代中国特色社会主义思想，认真落实本次会议审议意见，更加自觉坚持党的领导、人民当家作主、依法治国有机统一，坚持全面深化司法改革，充分发挥中国特色社会主义司法制度的优越性，为决胜全面建成小康社会、开启全面建设社会主义现代化国家新征程作出新的更大贡献！

（作者：最高人民检察院党组书记、检察长）

宣传贯彻党的十九大精神

赵克志

为认真贯彻落实《中共中央关于认真学习宣传贯彻党的十九大精神的决定》(中发〔2017〕28 号,以下简称《决定》),贯彻落实中央政法委《关于深入学习宣传贯彻党的十九大精神的通知》(中政委〔2017〕33 号)要求,教育引导广大公安民警和公安现役官兵认真学习、深刻领会、全面贯彻党的十九大精神,自觉用习近平新时代中国特色社会主义思想武装头脑、指导实践、推动工作,深入践行习近平总书记提出的对党忠诚、服务人民、执法公正、纪律严明“四句话、十六字”总要求,切实增强政治意识、大局意识、核心意识、看齐意识,坚决维护以习近平同志为核心的党中央权威和集中统一领导,坚决彻底肃清周永康流毒影响,为新时代中国特色社会主义保驾护航,奋力开创新时代公安工作新局面。

一、充分认识党的十九大的重大意义,切实把学习宣传贯彻党的十九大精神作为首要政治任务抓紧抓好

党的十九大是在全面建成小康社会决胜阶段、中国特色社会主义进入新时代的关键时期召开的一次十分重要的大会,是一次不忘初心、牢记使命、高举旗帜、团结奋进的大会,在党的历史上、新中国发展史上和中华民族发展史上都具有开创性、划时代的重大意义。习近平总书记所作的党的十九大报告,深刻回答了新时代坚持和发展中国特色社会主义的一系列重大理论和实践问题,描绘了决胜全面建成小康社会、夺取新时代中国特色社会主义伟大胜利的宏伟蓝图,深刻阐明了未来一个时期党和国家事业发展的大政方针和战略部署,是我们党团结带领全国各族人民在新时代坚持和发展中国特色社会主义的政治宣言和行动纲领,是马克思主义的纲领性文献。

公安机关是人民民主专政的重要工具,是党和人民手中掌握的“刀把子”,是维护国家安全和社会稳定的专门力量,担负着新时代中国特色社会主义事业建设者、捍卫者的重大使命。认真学习宣传贯彻党的十九大精神,对于动员广大公安民警和公安现役官兵更加紧密地团结在以习近平同志为核心的党中央周围,高举中国特色社会主义伟大旗帜,用习近平新时代中国特色社会主义思想武装头脑,进一步增强“四个意识”、坚定“四个自信”,切实履行好新时代赋予的新使命,为新时代中国特色社会主义保驾护航,具有重大的现实意义和深远的历史意义。全国公安机关要认真贯彻落实中央《决定》,把学习宣传贯彻党的十九大精神作为当前和今后一个时期的首要政治任务,紧密结合贯彻落实习近平总书记提出的“四句话、十六字”总要求,切实把党的十九大精神学习好、宣传好、贯彻好,迅速兴起学

习宣传贯彻党的十九大精神的热潮，教育引导广大公安民警和公安现役官兵在学懂、弄通、做实党的十九大精神上下功夫，真正把思想和认识统一到党的十九大精神上来、把智慧和力量凝聚到党的十九大确定的各项任务目标上来，坚持立足新时代、着眼新目标、把握新要求、力求新作为，奋力开创新时代公安工作新局面，努力为决胜全面建成小康社会、夺取新时代中国特色社会主义伟大胜利作出新的更大贡献。

二、全面领会、准确把握党的十九大精神实质，切实用党的十九大精神统一全警的思想认识和行动步调

党的十九大提出了许多新理念、新论断，确定了许多新任务、新举措。各级公安机关要组织广大公安民警和公安现役官兵认真学习党的十九大精神，注重读原著、学原文、悟原理，深入研读党的十九大报告和党章，认真学习习近平总书记在党的十九届一中全会上的重要讲话精神，全面领会、准确把握精神实质和核心要义。要紧紧围绕中央《决定》提出的“十个深刻领会”，紧密结合公安工作实际，切实用党的十九大精神统一全警的思想认识和行动步调。

（一）深刻认识党的十九大的主题

不忘初心，牢记使命，高举中国特色社会主义伟大旗帜，决胜全面建成小康社会，夺取新时代中国特色社会主义伟大胜利，为实现中华民族伟大复兴的中国梦不懈奋斗。党的十九大的这一主题，开宗明义地宣示了我们党在新时代举什么旗、走什么路、以什么样的精神状态、担负什么样的历史使命、实现什么样的奋斗目标的重大问题。要牢牢把握这一主题，高举中国特色社会主义伟大旗帜，始终把人民对美好生活的向往作为奋斗目标，进一步坚定理想信念，牢记党和人民赋予的重大职责使命，坚定不移为新时代中国特色社会主义保驾护航，矢志不渝做新时代中国特色社会主义事业的建设者、捍卫者。

（二）深刻认识习近平新时代中国特色社会主义思想是我们党必须长期坚持的指导思想

党的十八大以来，围绕国内外形势变化和我国各项事业发展提出的重大时代课题，习近平总书记以马克思主义政治家、理论家的深刻洞察力、敏锐判断力和战略定力，提出了一系列具有开创性意义的新理念新思想新战略，形成了习近平新时代中国特色社会主义思想。党的十九大通过的党章修正案把习近平新时代中国特色社会主义思想确立为我们党的行动指南，实现了党的指导思想的又一次与时俱进。习近平总书记还从党和国家事业全局出发，就政法公安工作发表了一系列重要讲话、作出了一系列重要指示，特别是对公安队伍提出了“四句话、十六字”总要求，科学指明了我们党在新形势下建警治警的指导思想、基本原则和目标方向。要准确把握习近平新时代中国特色社会主义思想的时代背景、历史地位、科学体系、精神实质和实践要求，准确把握“八个明确”的基本内涵和“十四个坚持”的基本方略，紧密结合学习贯彻习近平总书记关于公安工作的系列重要论述，坚持把习近平新时代中国特色社会主义思想作为公安工作的思想旗帜、理论指引、根本遵循，切实用以武装头脑、指导实践、推动工作。

（三）深刻认识党的十八大以来党和国

家事业取得的历史性成就和发生的历史性变革

党的十八大以来，以习近平同志为核心的党中央举旗定向、运筹帷幄，统揽伟大斗争、伟大工程、伟大事业、伟大梦想，统筹推进“五位一体”总体布局、协调推进“四个全面”战略布局，以巨大的政治勇气和强烈的责任担当，提出一系列新理念新思想新战略，出台一系列重大方针政策，推出一系列重大举措，推进一系列重大工作，推动党和国家事业取得了历史性成就、发生了历史性变革。这些成就的取得，最根本的是在于习近平总书记作为党中央核心、全党核心的举旗定向、掌舵领航，在于习近平新时代中国特色社会主义思想的科学指引，集中彰显了中国特色社会主义的无比优越性和强大生命力。五年来的伟大实践充分证明，习近平总书记作为全党核心、人民领袖、军队统帅，是我们党的郑重选择，是众望所归、实至名归、当之无愧。要进一步增强政治意识、大局意识、核心意识、看齐意识，切实增强忠诚核心、拥戴核心、维护核心、捍卫核心的思想自觉、政治自觉、行动自觉，坚决维护习近平总书记在党中央、在全党的核心地位和权威，坚决维护以习近平同志为核心的党中央权威和集中统一领导。要进一步坚定中国特色社会主义道路自信、理论自信、制度自信、文化自信，更加自觉地做共产主义远大理想和中国特色社会主义共同理想的坚定信仰者和忠实践行者。

（四）深刻认识中国特色社会主义进入了新时代这一我国发展新的历史方位

经过长期努力，中国特色社会主义进入了新时代，这是我国发展新的历史方位。党的十九大报告用“三个意味着”全面阐述了中国特色社会主义进入新时代的历史意义、政治意义、世界意义，用“五个是”科学界定了新时代的深刻内涵，充分体现了我们党对我国发展所处新的历史方位的准确把握，标志着我们党对中国特色社会主义建设规律的认识和把握上升到了一个新高度。要准确把握我国发展新的历史方位和时代坐标，准确把握新时代公安机关的职责定位和历史使命，以更高的境界、更强的本领、更好的精神状态，积极适应新时代、主动顺应新要求，以与时俱进的精神进一步加强和改进公安工作，努力使公安工作更好地体现时代性、把握规律性、富于创造性。

（五）深刻认识我国社会主要矛盾发生新变化的重大政治论断

中国特色社会主义进入新时代，我国社会主要矛盾已经转化为人民日益增长的美好生活需要和不平衡不充分的发展之间的矛盾。党的十九大报告还用“两个必须认识到”辩证指出了社会主要矛盾转化中的“变”与“不变”，充分体现了我们党对我国发展阶段性特点的清醒认知。这一重大政治论断，是从历史和现实、理论和实践、国内与国际等的结合上进行思考而得出的正确结论，与我们党作出我国仍处于并将长期处于社会主义初级阶段的重大政治判断一样具有全局性、战略性意义。要深刻认识我国社会主要矛盾变化是关系全局的历史性变化，准确把握我国社会主要矛盾变化对公安工作提出的新要求，牢牢把握人民过上美好生活这一目标导向、发展不平衡不充分这一问题导向，始终坚持以人民为中心的发展思想，更加积极主动地做好推动发展、深化改革、保障民生、维护稳定等各项工作，更好地满足人民在安全、法治、公平、正义等方面日益增长的需要，让人民获得感、幸福感、安全感更加充实、更有保障、更可持续。

（六）深刻认识实现中华民族伟大复兴这一新时代中国共产党的历史使命

实现中华民族伟大复兴是近代以来中华民族最伟大的梦想。中国共产党一经成立，就义无反顾肩负起实现中华民族伟大复兴的历史使命。经过我们党96年来的不懈奋斗，今天，我们比历史上任何时期都更接近、更有信心和能力实现中华民族伟大复兴的目标。党的十九大把新时代党的奋斗目标与国家民族前途命运高度统一起来，并全面阐述了伟大斗争、伟大工程、伟大事业、伟大梦想的内在逻辑关系，是以习近平同志为核心的党中央治国理政的大格局、大战略、大逻辑。要自觉把公安工作放到“四个伟大”中来谋划，切实把推进“四个伟大”与公安机关担负的职责任务紧密结合起来，进一步增强使命意识、担当精神、斗争本领，推动公安工作在服从服务于“四个伟大”中实现更大作为，为夺取新时代中国特色社会主义伟大胜利作出新的更大贡献。

（七）深刻认识全面建设社会主义现代化国家的“两个阶段性战略安排”

党的十九大综合分析国际国内形势和我国发展条件，对从现在到本世纪中叶的发展进程作出了战略安排，到2020年全面建成小康社会，在此基础上，经过第一个阶段15年的奋斗，到2035年基本实现社会主义现代化；再经过第二个阶段15年的奋斗，到本世纪中叶把我国建设成富强民主文明和谐美丽的社会主义现代化强国。这一战略安排，更加清晰地描绘了实现中华民族伟大复兴中国梦的宏伟蓝图，必将与上世纪我们党提出“三步走”战略部署一样产生重大而深远的影响。要准确把握这一战略安排的时间表、路线图，科学研究谋划全面深化公安改革的着力点和公安工作创新发展的新路径，为实现“两个一百年”奋斗目标、实现中华民族伟大复兴的中国梦营造安全稳定的政治社会环境、公平正义的法治环境和优质高效的服务环境。

（八）深刻认识党的十九大对“五位一体”总体布局的重大决策部署

党的十九大着眼于新时代中国特色社会主义发展的战略安排，就社会主义经济建设、政治建设、文化建设、社会建设、生态文明建设等方面作出了新部署、明确了新任务、提出了新要求。特别是对深化依法治国实践、建设平安中国、打造共建共治共享的社会治理格局、有效维护国家安全等作出了具体部署，强调要坚持总体国家安全观，加快社会治安防控体系建设，严格规范公正文明执法，为我们做好新时代公安工作指明了方向。要紧紧围绕统筹推进“五位一体”总体布局和协调推进“四个全面”战略布局，坚持围绕中心、服务大局，在大局中谋划、在大局下行动，努力在推进更高水平的平安中国建设中发挥更大的作用，在推进法治中国建设中有新的更大作为。

（九）深刻认识党的十九大对国防和军队建设、港澳台工作、外交工作的重大部署

党的十九大从中国特色社会主义进入新时代的战略高度，对坚持走中国特色强军之路、全面推进国防和军队现代化，坚持“一国两制”、推进祖国统一，坚持和平发展道路、推动构建人类命运共同体作出了战略部署，这是习近平新时代中国特色社会主义思想的重要内容、实现中华民族伟大复兴中国梦的重要保证。公安工作在维护边境安全、促进军民融合和深化国际警务合作、服务外交大局等方面担负着重要职责,要积极适应我国日益走近世界舞台中央的新形势新挑战,进一步服务好国防和军队建设,在推进祖国统一、维护世界和平发展中作出新的贡献。公安现役部队要毫不动摇地坚持党对公安现役部队的绝对领导,坚决贯彻落实军委主席负责制,坚决听从习主席的命令和指挥,切实担当起党和人民赋予的新使命。

(十)深刻认识新时代党的建设总要求

党的十九大鲜明提出了新时代党的建设总要求,明确了八个方面的重点任务,对推进党的建设新的伟大工程作出了顶层设计、战略部署,丰富和发展了马克思主义建党学说,进一步回答了“建设什么样的党、怎样建设党”这一历史性课题,标志着我们党对执政党建设规律的认识达到了新的高度。要深刻认识党的建设伟大工程在“四个伟大”中的决定性作用,毫不动摇地坚持和加强党的全面领导,毫不动摇地坚持党要管党、全面从严治党,坚持政治建警、全面从严治警,努力打造一支对党忠诚、服务人民、执法公正、纪律严明的党和人民满意的公安队伍,为履行好新时代赋予的新使命提供坚强有力的保证。

三、坚持突出重点、抓住关键,扎实抓好党的十九大精神在全国公安机关的学习宣传工作

各级公安机关要在整体把握、全面系统学习领会党的十九大精神上的基础上,坚持突出重点、抓住关键,把着力点聚焦到习近平新时代中国特色社会主义思想是我们党必须长期坚持的指导思想上,聚焦到五年来党和国家事业取得历史性成就和发生历史性变革上,聚焦到作出中国特色社会主义进入了新时代、我国社会主要矛盾已转化为人民日益增长的美好生活需要和不平衡不充分的发展之间的矛盾等重大政治论断的深远影响上,聚焦到贯彻落实党的十九大的重大决策部署上,聚焦到以习近平同志为核心的新一届中央领导集体是深受全党全国各族人民拥护和信赖的领导集体上,聚焦到习近平总书记是全党拥护、人民爱戴、当之无愧的党的领袖上。要紧紧围绕上述重点,在全国公安机关扎实抓好党的十九大精神的学习宣传工作,确保党的十九大精神真正入脑入心,成为凝聚警心、激励斗志的强大精神动力。

(一)精心组织集中宣讲活动,全面准确深入解读党的十九大精神

从现在起到明年初,要在全国公安机关集中开展党的十九大精神宣讲活动。要通过组织宣讲团、专题辅导报告、举办培训班、研讨会等形式,深入浅出、释疑解惑,将党的十九大的新精神、新思想、新判断向广大民警和公安现役官兵说清楚、讲明白,做到听得懂、能领会、可落实。各级公安领导干部特别是主要负责同志要以身作则、率先垂范,先学一步、学深一层,带头学习、带头宣讲。公安部党委理论中心组要把学习贯彻十九大精神作为主题,深入开展学习研讨;部党委委员要在自己所在支部及分管部门,并到一个基层单位,带头宣讲十九大精神。公安部组织由部机关局级干部、公安院校思想政治教育教师、十九大民警代表组成的党的十九大精神宣讲团,面向广大民警、公安现役官兵、公安机关

离退休干部和公安部京外单位干部宣讲党的十九大精神,与基层民警和公安现役官兵座谈交流学习体会。省级公安机关党委要围绕"认真学习习近平新时代中国特色社会主义思想,进一步坚定理想信念;深刻理解新时代中国共产党的历史使命,进一步明确公安机关职责使命;准确把握社会主要矛盾发生变化带来的新挑战,进一步回应人民群众新期待"等题目,分专题组织召开党委中心组学习扩大会。

(二)切实抓好学习培训,推动党的十九大精神进课堂、进教材、进头脑

要紧密结合党中央即将部署开展的"不忘初心、牢记使命"主题教育,开展多形式、分层次、全覆盖的全员培训,组织广大公安民警认真学习党的十九大精神。要以领导干部、基层科所队长为重点,分层次组织学习培训。公安部举办部直属机关局级干部学习贯彻党的十九大精神培训班和部直属机关党支部书记(处长)培训班。公安现役部队举办军师级干部学习贯彻党的十九大精神培训班,并分批组织对副师职干部进行轮训,指导各级对团以下干部全员轮训。要将党的十九大精神纳入公安教育培训工作整体计划,结合入警培训、晋升培训、专业培训、发展培训等,组织开展多种形式的学习培训活动。公安院校和训练基地要充分吸收理论创新成果,把习近平新时代中国特色社会主义思想作为思想政治教育和课堂教学的重要内容,打造一批研究阐释党的十九大精神的精品课程,形成一批指导解决新时代公安工作面临新矛盾新问题的理论研究成果,切实发挥好公安院校在学习宣传贯彻党的十九大精神中的重要作用。

(三)认真组织开展主题教育,推动党的十九大精神学习贯彻常态化

要认真贯彻落实中央的部署要求,以县处级以上领导干部为重点,在全国公安机关认真组织开展"不忘初心、牢记使命"主题教育,部署开展"践行习近平新时代中国特色社会主义思想"大学习活动。公安现役部队组织开展"传承红色基因、担当强军重任"主题教育活动。要不断创新方式方法和载体,充分利用公安信息网、移动互联网、手机客户端等新媒体,及时推送学习内容,采取知识问答、视频解读、分享心得相结合的方式开展互动式交流学习。要发挥公安民警革命传统教育基地的作用,通过重温入党誓词、走访公安前辈、阅读革命回忆录等形式,开展革命传统教育。要发挥基层党组织的组织功能、组织优势、组织力量,紧密结合推进"两学一做"学习教育常态化制度化,把学习宣传贯彻党的十九大精神作为党支部"三会一课"的重要内容,作为基层党建工作考核的重要内容,确保学习贯彻党的十九大精神抓在日常、学在经常、融入平常,不断推动学习贯彻党的十九大精神常态化。

(四)精心组织宣传,大力展示公安机关学习贯彻党的十九大精神的举措成效

要充分利用各种宣传形式和手段,推动党的十九大精神进警营、进网络,进一步激发广大公安民警为夺取新时代中国特色社会主义伟大胜利不懈奋斗的信心和决心。要积极争取党委宣传部门支持,将公安机关学习宣传贯彻党的十九大精神的举措成效列入党委宣传部门宣传计划,组织社会主流媒体和人民公安报记者深入公安基层一线采访报道,不断推出具有公安特色的生动鲜活的报道内容。各级公安自媒体要精心策划、集中报道，切实强化学习贯彻党的十九大精神的宣传。要坚持传统媒体和新媒体联动，“报、刊、网、端”立体化运作，形成强大宣传声势，努力营造公安机关学习贯彻党的十九大精神的浓厚氛围。要及时挖掘、大力选树、集中表彰一批在学习贯彻党的十九大精神过程中涌现出的先进典型，充分发挥先进典型的示范引领作用。要紧贴公安工作实际，组织开展丰富多彩的文化活动，运用文化手段向广大公安民警和人民群众传播党的十九大精神。

四、坚持以习近平新时代中国特色社会主义思想为指导，努力为新时代中国特色社会主义保驾护航

学习宣传贯彻党的十九大精神，关键是要坚持理论联系实际。要坚持以习近平新时代中国特色社会主义思想为指导，牢牢把握新时代提出的新要求，紧密结合新时代赋予的新使命，认真研究、精心谋划好新时代公安工作创新发展思路，努力为新时代中国特色社会主义保驾护航，在新的历史起点上开创公安工作新局面。

（一）牢牢把握公安机关是党和人民手中掌握“刀把子”的政治属性，坚决捍卫国家政治安全

公安机关是人民民主专政的重要工具，是党和人民手中掌握的“刀把子”，必须牢牢把握坚持党对公安工作绝对领导这一根本政治原则，坚持“公安姓党”、强化“四个意识”，毫不动摇地坚持和加强党对公安工作、党对公安现役部队的绝对领导、全面领导。要确保对以习近平同志为核心的党中央绝对忠诚，在政治方向、政治立场、政治原则、政治道路上同以习近平同志为核心的党中央保持高度一致，坚决维护习近平总书记在党中央、在全党的核心地位和权威，坚决维护以习近平同志为核心的党中央权威和集中统一领导，坚决听从以习近平同志为核心的党中央的命令和指挥。特别是要严守党的政治纪律和政治规矩，不断提高政治觉悟和政治能力，确保绝对忠诚、绝对纯洁、绝对可靠。要确保对以习近平同志为核心的党中央绝对负责，勇于担当、勇于担责，敢于斗争、敢于亮剑，充分发挥“刀把子”的作用，运用人民民主专政的武器，坚决捍卫以政权安全、制度安全为核心的国家政治安全，坚决捍卫中国共产党的长期执政地位和中国特色社会主义制度。要始终坚持把维护国家政治安全放在首位，进一步加强反渗透反颠覆反分裂反恐怖斗争和网上意识形态斗争，严密防范、坚决打击境内外敌对势力的捣乱破坏活动，坚决打击网上各类有害信息，坚决挫败敌对势力策划实施“颜色革命”的政治图谋。要时刻绷紧反恐怖斗争这根弦，毫不动摇地坚持严打方针，深入推进打击整治、情报预警、隐患排查、源头治理、整体防控等各项措施。要高度重视矛盾风险排查化解，紧紧围绕经济、金融、环保等重点领域，进一步加强风险评估、排查预警、源头防控和应急处置工作，及时消除影响社会稳定的重大隐患。

（二）牢牢把握坚持总体国家安全观的指导思想，着力建设更高水平的平安中国

要紧紧围绕促进国家治理体系和治理能力现代化的总目标，坚持以总体国家安全观为指导，以人民安全为宗旨，充分发挥公安机关在推进平安中国建设中的主力军作用，把专项治理和系统治理、综合治理、依法治理、

源头治理有机结合起来,进一步推进社会治理创新,着力形成有效的社会治理、良好的社会秩序。要始终保持对各类违法犯罪的高压态势,依法严厉打击黄赌毒、盗抢骗、黑拐枪等违法犯罪活动,大力整治群众反映强烈的突出治安问题,加快推进社会治安防控体系建设,不断巩固和增强人民群众安全感。要继续全面深化公安改革,紧紧围绕提升公安机关核心战斗力,更加注重理念转变、机制完善、科技应用,大力推进改革强警、科技兴警,加快推进警务机制改革与现代科技应用深度融合,进一步提高警务实战效能。要牢固树立安全发展理念,坚持生命至上、安全第一,切实履行好公共安全管理责任,努力从源头上预防和遏制重特大安全事故,最大限度地保障人民群众生命财产安全。

(三)牢牢把握促进社会公平正义的基本价值取向,深入推进法治公安建设

公安机关是国家重要的行政执法和刑事司法力量,在深化依法治国实践中既是重要参与者、践行者,更是关键推动者、维护者。要把促进社会公平正义作为基本价值取向,充分发挥公安机关在深化依法治国实践中的生力军作用,深入推进法治公安建设,积极回应人民群众对民主法治、公平正义的新期盼。要深入贯彻落实中办国办《关于深化公安执法规范化建设的意见》,进一步健全执法制度、规范执法行为、加强执法培训、强化执法监督,坚持不懈推进执法规范化建设,切实把严格规范公正文明的执法要求落实到公安机关的每一个执法环节,让人民群众在每一起案件中都感受到公平正义。

(四)牢牢把握人民公安为人民的初心和使命,积极回应人民对美好生活的向往

要坚持以人民为中心的发展思想,坚持人民公安为人民的根本宗旨,从人民群众满意的事情做起、从人民群众不满意的事情改起,进一步加强和改进各项行政管理服务工作,让人民获得感、幸福感、安全感更加充实、更有保障、更可持续。要牢固树立新发展理念,结合公安机关职责任务,紧紧围绕国家实施一系列重大发展战略,认真研究推出服务经济社会发展的新政策新措施,进一步激发社会创新创造活力。要大力深化“放管服”改革,加快惠及民生的各项改革政策的全面落实,不断推出新的简政放权、便民利民举措,进一步扩大改革受益面,增强人民群众获得感。要下大力气整治群众反映强烈的突出问题,深入推进窗口单位规范化建设,着力解决好老百姓办事不方便等问题,让人民群众享受更加高效便捷的服务,切实把工作做到老百姓心坎上,不断增强人民群众的幸福感和满意度。

(五)牢牢把握新时代全面从严治党新要求,切实打造过硬公安队伍

要牢牢把握新时代党的建设新要求,全面落实习近平总书记提出的“四句话、十六字”总要求,努力以全面从严治党治警的新气象、忠诚干净担当的新作为,开创公安队伍正规化、专业化、职业化建设新局面。要毫不动摇地坚持政治建警方针,突出党的政治建设这一根本性建设,把维护以习近平同志为核心的党中央权威和集中统一领导作为首要政治任务,把对党忠诚、为党分忧、为党尽职、为民造福作为根本政治担当,始终确保坚定正确的政治方向。要加强思想建设,把坚定理想信念作为首要任务,坚持不懈地用习近平新时代中国特色社会主义思

想武装全警，自觉做共产主义远大理想和中国特色社会主义共同理想的坚定信仰者和忠实践行者。要坚持从严治警与从优待警相结合，对队伍严格管理、严格监督，持之以恒正风肃纪，坚定不移反腐惩恶，进一步营造风清气正的良好警风，同时要切实关心关爱民警，着力解决实际问题，不断激发队伍的凝聚力、创造力和战斗力。各级公安领导干部要牢固树立"抓好党建是最大政绩"的理念，坚持一手抓党建、一手抓业务，做到"两手抓，两手都要硬"，切实担负起从严治党治警的主体责任。

学习贯彻党的十九大精神，必须要付诸于行动、见诸于实效。各级公安机关既要注重着眼长远，认真研究谋划新时代公安工作创新发展思路，又要坚持立足当前，扎扎实实地抓好当前维护国家安全和社会稳定各项工作措施的落实，确保当前社会大局持续稳定，以实际行动彰显学习贯彻党的十九大精神取得的实效。

五、切实加强组织领导，确保学习宣传贯彻党的十九大精神工作取得实效

各级公安机关要把学习宣传贯彻党的十九大精神作为首要政治任务、摆上重要议事日程，切实加强组织领导，作出专题部署，提出具体要求，着力抓好落实，迅速兴起学习宣传贯彻党的十九大精神热潮。

（一）切实负起领导责任

各级公安机关党委要认真履行抓好党的十九大精神学习宣传贯彻工作的主体责任，主要负责同志要切实担负起第一责任人的责任。要紧密结合本地区本部门本警种工作实际，制定工作方案，细化工作措施，明确工作责任，强化系统指导。

（二）牢牢把握正确导向

坚持团结稳定鼓劲、正面宣传为主，充分发挥公安宣传思想文化阵地作用，弘扬主旋律、传播正能量，多做解疑释惑、疏导情绪的工作，着力用党的十九大精神统一思想、凝聚力量。

（三）着力增强吸引力感染力

要从广大公安民警和公安现役官兵的接受习惯和心理特点出发，因地制宜、因时制宜，坚持既严谨又生动，善于运用民警乐于参加、便于参与的方式，采取富有时代特色、体现实践要求的方法，不断拓展学习宣传贯彻的广度和深度，不断增强实际效果。

（四）大力加强检查指导

要通过开展对下指导、督察、检查等方式，抓好学习宣传贯彻，力忌形式主义、务求取得实效，确保各项决策部署不折不扣地落到实处。

（作者：中华人民共和国公安部部长）

全面推进新时代人民法院工作实现新发展

周　强

最高人民法院召开学习贯彻党的十九大精神干部大会，要深入学习贯彻党的十九大精神，坚持以习近平新时代中国特色社会主义思想为指导，全面推进新时代人民法院工作实现新发展，充分发挥司法职能作用，为决胜全面建成小康社会、夺取新时代中国特色社会主义伟大胜利、实现中华民族伟大复兴的中国梦、实现人民对美好生活的向往作出新的更大贡献。

一、党的十九大是在全面建成小康社会决胜阶段、中国特色社会主义进入新时代的关键时期召开的一次十分重要的大会

党的十九大回顾和总结了过去五年的工作和历史性变革，作出了中国特色社会主义进入新时代、我国社会主要矛盾已经转化为人民日益增长的美好生活需要和不平衡不充分的发展之间的矛盾等重大政治论断，深刻阐述了新时代中国共产党的历史使命，确立了习近平新时代中国特色社会主义思想的历史地位，提出了新时代坚持和发展中国特色社会主义的基本方略，确定了决胜全面建成小康社会、开启全面建设社会主义现代化国家新征程的目标，对新时代推进中国特色社会主义伟大事业和党的建设新的伟大工程作出了全面部署。习近平同志代表十八届中央委员会所作的报告，高屋建瓴、统揽全局、气势磅礴、催人奋进，通篇闪耀着马克思主义真理的光辉，展现了强大的真理力量。报告描绘了决胜全面建成小康社会、夺取新时代中国特色社会主义伟大胜利的宏伟蓝图，进一步指明了党和国家事业的前进方向，是全党全国各族人民智慧的结晶，是我们党团结带领全国各族人民在新时代坚持和发展中国特色社会主义的政治宣言和行动纲领，是马克思主义的纲领性文献。

党的十九大根据新形势新任务，与时俱进对党章进行修改，在党章中把习近平新时代中国特色社会主义思想同马克思列宁主义、毛泽东思想、邓小平理论、“三个代表”重要思想、科学发展观一道确立为党的行动指南，使党章充分体现马克思主义中国化最新成果，对于全党更好地学习党章、遵守党章、贯彻党章、维护党章，进一步加强党的长期执政能力建设、先进性和纯洁性建设，深入推进党的建设新的伟大工程，具有重大意义。

要深刻认识和把握党的十九大的重大现实意义和深远历史意义，坚持以习近平新时代中国特色社会主义思想武装头脑、指导实践、推动工作。要深入学习习近平新时代中国特色社会主义思想，深入领会其时代背景、历史地位、科学体系、精神实质、实践要求，深入领会贯穿其中的坚定信仰信念、鲜明人民立场、强烈历史担当、求真务实作风、勇于创

新精神和科学方法论。要坚决维护习近平同志在全党的核心地位，坚决维护以习近平同志为核心的党中央权威，坚决服从党中央集中统一领导，把“四个意识”落实在岗位上、落实在行动上，不折不扣执行党中央决策部署，坚决做到维护核心、绝对忠诚、听党指挥、勇于担当，始终在思想上政治上行动上同党中央保持高度一致。要坚持以习近平新时代中国特色社会主义思想统揽人民法院工作，深入贯彻落实新时代坚持和发展中国特色社会主义的基本方略，紧紧围绕“努力让人民群众在每一个司法案件中感受到公平正义”目标，更好地坚持司法为民、公正司法，推动人民司法事业实现新发展。

二、要深刻认识和把握党的十八大以来的历史性变革

进一步坚定决胜全面建成小康社会、基本实现现代化、全面建成社会主义现代化强国的必胜信念。要充分认识过去五年取得的历史性成就和历史性变革，根本在于以习近平同志为核心的党中央坚强领导，根本在于习近平新时代中国特色社会主义思想的科学指引，根本在于习近平同志作为全党核心的掌舵领航。要充分认识民主法治建设迈出重大步伐，全面依法治国取得显著成就，科学立法、严格执法、公正司法、全民守法深入推进对人民法院工作带来的新机遇，充分发挥人民法院的职能作用，努力推动法治中国建设取得新成效。要进一步增强做好新时代人民法院工作的责任感、使命感、紧迫感，切实增强大局意识、责任意识、忧患意识，更加充分有效地发挥审判职能作用，积极服务和保障党和国家各项事业健康发展。

要深刻认识和把握中国特色社会主义进入新时代的历史方位，准确把握社会主要矛盾变化对人民法院工作提出的新要求。要充分认识中国特色社会主义进入新时代、我国社会主要矛盾发生历史性变化对人民法院工作带来的影响，紧紧抓住人民群众日益增长的司法需求与人民法院工作发展不平衡、保障群众权益不充分之间的矛盾，切实满足人民群众多元司法需求，满足人民群众对美好生活的新期待。要密切关注人民日益增长的美好生活需要呈现出的多样化多层次多方面的特点，健全确保公正司法的制度机制，创新司法为民措施。要认识到我国仍处于并将长期处于社会主义初级阶段的基本国情没有变，我国是世界最大发展中国家的国际地位没有变，努力服务和保障发展这个第一要务，立足司法职能更好地满足人民群众对物质文化生活提出的新要求，推动人的全面发展、社会全面进步。

要深刻认识和把握新时代中国共产党的历史使命，积极投身于进行伟大斗争、建设伟大工程、推进伟大事业、实现伟大梦想。要牢牢坚持党的领导和社会主义制度，深刻认识党的领导的巨大政治优势，深刻认识中国特色社会主义制度的巨大优越性，深刻认识只有在以习近平同志为核心的党中央坚强领导下，进行伟大斗争、建设伟大工程、推进伟大事业、实现伟大梦想才能取得决定性胜利。要更加自觉地增强道路自信、理论自信、制度自信、文化自信，牢固树立社会主义法治信仰，教育引导广大干警恪守法治原则，忠诚司法事业，把个人的理想和追求融入伟大历史进程中，在为党和人民奋斗中贡献自己的全部智慧和力量。

三、要深刻认识和把握新时代中国特色社会主义发展的战略安排

围绕大局履职尽责，为决胜全面建成小康社会、夺取新时代中国特色社会主义伟大胜利提供更加有力的司法服务和保障。要紧紧围绕党和国家大局履职尽责，依法妥善审理各类案件，切实维护社会大局稳定、促进社会公平正义、保障人民安居乐业，为统筹推进“五位一体”总体布局、协调推进“四个全面”战略布局提供更好的司法服务和保障。要充分发挥司法职能，依法保障国家重大战略顺利实施。要在贯彻新发展理念上有新作为，深入推进供给侧结构性改革。要在保证人民当家作主上有新作为，充分保障人民知情权、参与权、表达权、监督权。要在推动社会主义文化繁荣兴盛上有新作为，推动提高国家文化软实力。要在保障和改善民生上有新作为，妥善审理涉民生案件，积极服务脱贫攻坚工作大局，切实维护人民群众合法权益。要在依法保障美丽中国建设上有新作为，依法公正高效审理各类环境资源案件，推进绿色发展。要在依法保障国防和军队现代化、推进祖国统一、促进国际交流合作上有新作为，坚决维护国家主权和领土完整，为推进全球治理、国际法治贡献更多中国司法智慧。

四、要深刻认识和把握新时代坚持全面深化改革的要求

坚决把司法体制改革进行到底。要全面深化新时代司法体制改革，对于已经完成的改革任务，加强跟踪问效，进一步深化和巩固改革成果，对于正在推进的改革举措，继续加强试点工作，努力形成更多可复制、可推广的经验做法。要加大对改革的督察和评估，健全常态化督察机制，确保全面完成中央部署的各项改革任务。要全面落实司法责任制，确保“让审理者裁判，由裁判者负责”落到实处。要深化执行工作体制机制改革，坚决打赢“基本解决执行难”这场硬仗。要加快智慧法院建设，加强大数据、云计算、物联网、人工智能与司法改革的深度融合，深度应用并不断完善智能辅助办案系统，促进科学决策，提升审判质效。要进一步深化司法公开，完善四大司法公开平台功能，创新司法公开举措，确保审判权在阳光下运行。

五、要深刻认识和把握新时代党的建设总要求，坚定不移推进全面从严治党

要坚持把政治建设摆在首位。按照党中央统一部署，认真组织开展“不忘初心、牢记使命”主题教育，认真学习党章修正案，用习近平新时代中国特色社会主义思想武装头脑，进一步坚定理想信念，更好践行党的宗旨。要按照党的十九大报告提出的增强“八个本领”的要求，大力推进法院队伍正规化、专业化、职业化建设，着力提升法院队伍适应新时代中国特色社会主义发展要求的能力。要紧紧围绕党的十九大报告提出的夺取反腐败斗争压倒性胜利的目标，认真履行全面从严治党“两个责任”，持之以恒推进党风廉政建设和反腐败斗争，坚持从严教育、从严管理、从严监督，严肃查处司法人员腐败问题，确保公正高效廉洁司法。要切实加强基层基础建设，加强基层党组织建设，关心爱护干

警，加大履职保障力度，进一步提升基层司法能力和水平。

要在人民法院迅速兴起学习贯彻党的十九大精神的热潮。要把学习宣传贯彻党的十九大精神作为当前和今后一个时期人民法院的首要政治任务，加强组织领导，精心制定方案，有计划、分步骤抓好实施。要坚持学以致用，切实找准人民法院贯彻落实党的十九大精神的结合点和着力点，把学习成效体现在提高政治站位上，体现在牢固树立“四个意识”上，体现在坚决贯彻党中央决策部署的实际行动上，体现在依法履行职责、坚持司法为民公正司法的实际成效上。要贯彻落实党的十九大关于发展中国特色社会主义法治理论的重要部署，紧紧围绕习近平新时代中国特色社会主义思想，围绕党的十九大提出的一系列重大理论创新和重大决策部署，充分发挥国家法官学院、中国特色社会主义法治理论研究中心、中国应用法学研究所等平台作用，加强理论研究和阐释，为做好新时代司法为民、公正司法各项工作提供智力支持。要充分利用各种宣传形式和手段，营造浓厚氛围，把学习宣传贯彻党的十九大精神不断引向深入。

（作者：最高人民法院党组书记、院长、首席大法官）

深化公证改革创新　服务经济社会发展　服务人民权益保障

张　军

近年来,习近平总书记和其他中央领导同志对包括公证工作在内的法律服务工作和队伍建设,作出重要指示,为公证事业发展指明了方向。司法行政机关、公证协会和广大公证员充分发挥职能作用,全面介入到国家经济社会活动、民生领域和涉外民商事交往各个方面,全国公证机构年办证量近 1400 万件,公证文书发往 180 多个国家和地区使用,为服务经济社会发展、预防化解矛盾纠纷、保障当事人合法权益作出了积极贡献。但公证机构体制不顺、新型业务拓展不够、服务品质不能保证,社会不了解、公众信任度有待增强、公证生存难等问题还不同程度地存在,严重制约影响了公证事业的发展,需要认真研究解决。

一、下大气力让全社会知晓、认可并充分运用公证制度

公证制度是一项古老的法律制度,起源于古罗马时代,迄今已有两千多年历史。我国公证制度是 20 世纪初从国外引进的。早在 1946 年,中国共产党政权领导下的第一份公证书就在哈尔滨诞生。现在,公证制度已经成为世界各国通行的一项重要法律制度。但是,时至今日,公证是干什么的？为什么要办公证？公证到底有什么用？还是时常被人们提起。一方面,反映出公证制度还缺乏其应有的社会知晓度,公证制度的价值和作用仍然没有被社会和人民群众广泛了解和认识;另一方面,也说明公证工作本身,包括公证普法宣传工作做得还不够。

首先要让社会知道公证。2008 年北京奥运会时,奥组委曾向公证处申请为奥运会物资提供保全公证服务。中美男子篮球比赛时,公证员在比赛场地内全程监督、观看比赛,比赛结束的哨声一响,两名公证员立即进入场内,将比赛用球固定、确认,加贴奥运物资保全公证专用标签、装箱封存,拍照留证后交由奥组委指定工作人员签收保管至指定场所,作为奥运遗产收藏于奥运博物馆。很多人都是第一次认识到公证在奥运赛事中还有这么重要的作用。前段时间,江苏省南京公证处主持完成了南京首批商品住房选房顺序公开摇号,通过公证机构严审可售房源、严把申购资格、严密摇号流程,保证“供不应求”的商品住房实现了公平、公开、公正销售。据在线数据显示,当天通过南京公证处视频网站观看两场摇号的网友共有 10 万人。从受众规模看,这也是一次较大范围的公证知识的宣传和普及。其实,神舟载人飞船搭载物的证据保全,国际展会参展侵权事实的证据保全,打击假冒伪劣产品,法院调解、取证、送

达、执行等等，都活跃着公证员的身影。

让社会知道公证还不够，更为重要的，是让公众认可公证、信任公证、运用公证，知道公证有用。首先，公证具有法定证明力。经过公证证明的事项具有优先证明效力、强制执行效力、法律行为生效要件效力等法律效力。一份债权文书，如果经过公证赋予了强制执行效力，债务人不履行时，债权人可以仅凭公证文书，不经诉讼，直接向人民法院申请强制执行。这既能防范和减少风险，又能节约司法资源和行政成本，减轻群众负担。2016 年全国公证机构共办理赋强公证 84.6 万件，出具执行证书 4.3 万件。深圳公证处赋强公证的债权文书履约率 100%；深圳市前海公证处办理 559 件强制执行公证，其中 99.6% 的合同都得到了顺利履行。这正是公证的价值所在。其次，公证可以预防矛盾纠纷。“多设一家公证处，就可少设一家法院”。在大陆法系国家，公证制度被誉为预防性司法，公证的功能是法官审判作用的补充，这些国家普遍规定不动产流转、继承等方面的法定公证事项。我国公证处最初就设在法院内部，后来才从法院分离出来。董必武曾经指出，有了公证处，如果在执行合同中间，公私双方发生了问题，经过公证以后，就可以把责任搞得更清楚，这样做有很大好处。目前我国虽然还没有真正意义上的法定公证事项，但公证预防纠纷不可或缺的作用正在日益显现。比如，与群众生活密切相关的遗嘱、继承公证就发挥着重要作用。2016 年全国法院审结一审继承纠纷案件 10.16 万件，而同年全国公证机构办理继承公证 104 万多件，预防、减少了多少不必要的继承纠纷？另据报道，有 60% 的未经公证遗嘱被法院认定为无效，这又从另一侧面说明了公证遗嘱的优先证明效力。第三，公证能够有效保障当事人合法权益。马克思曾经说过，对公证人的需要，难道不是以一定的民法（民法不过是所有制发展的一定阶段，即生产发展的一定阶段的表现）的存在为前提吗？公证的价值充分体现在服务、沟通、证明、监督，通过对经济社会生活的适度干预，实现维护法律秩序，有效保护公民、组织合法权益的目的，不仅没有增加老百姓的负担，反倒预防了大量纠纷的发生，减轻了可能的讼累。要下大气力，做精做优公证，使全社会更加广泛知晓和认可公证制度，进而更加信任和充分运用公证制度。“谁服务谁普法”。做好公证工作的同时，要坚持以案释法，广泛、充分宣传我国公证制度。

二、拓展创新公证服务领域

当前，公证业务还有很大的拓展空间。要巩固传统业务，开拓新的业务，努力实现公证事业创新转型。一是拓展创新金融领域公证服务。推动公证参与重大资产重组和并购、金融衍生品交易等业务，在资产转让、清收、处置等方面提供综合性、个性化专项公证服务。比如，深圳市前海公证处在全国率先开拓了商业保理等新型金融公证业务。要按照司法部、最高人民法院、中国银监会联合通知要求，积极拓展金融债权文书的赋强公证业务。二是拓展创新知识产权保护公证服务。按照司法部、国家工商总局、国家版权局、国家知识产权局联合通知要求，开展知识产权创造设立、运用流转、权利救济等公证业务，引导公证机构做好“一带一路”“走出去”企业的知识产权境外保护工作。三是拓展创新司法辅助公证服务。目前，福建、上海、四川、云南等地都在探索开展公证参与司法辅助事务。司法部、最高人民法院选择在北京、内蒙古等12省（区、市）开展试点，推动公证机构全方位参与人民法院调解、取证、送达、保全、执行等司法辅助事务，有效提升了司法效率和司法公信，下步将根据试点情况进行总结和推广。四是拓展创新产权保护公证业务。开展资产评估、清点登记、清算退出的现场监督、保全证据等公证业务，为国有企业股权多元化和公司治理现代化提供服务。要拓展家庭理财、资产管理、财富传承方面的公证业务，还要研究探索婚姻法与公司法、信托法交叉业务，等等。

三、加快推进公证工作改革

当前，一些地方公证队伍发展不起来，服务能力跟不上，不能很好满足社会公证需求，有的地方甚至"一证难求"，归根到底是公证机构体制机制不顺、活力不足。推动公证事业发展，当务之急是向改革要动力、以改革增活力。

关于公证工作改革的政策、法律规定已经十分明确，问题是落实得很不到位。习近平总书记强调，"最后一公里"，决定着改革成效。要知难而进，不能畏首畏尾，遇到困难绕道走，看到烫手山芋就放手。要对症下药，推动改革精准落地。我们必须以更有力举措，打通系列改革文件落实落地"最后一公里"。截至2016年底，全国3001家公证机构中，行政体制的公证机构还有894家，占29.8%；事业体制1984家，占66%；合作制试点公证机构20家，占0.7%。不同体制的公证机构办证数量不同，对公证事业发展的贡献差异巨大。2016年，全国公证机构办理公证事项1399万件。其中，行政体制公证机构年办证122万件，人均415件。事业体制公证机构年办证1178万件，人均1216件。合作制公证机构年办证71万件，人均2601件。合作制的厦门鹭江公证处，主动与法院对接，在法院送达、取证、保全、执行等环节提供公证法律服务，既发挥了公证职能作用，又有效解决了法院案多人少的问题。而同样处于大城市中心区的一些行政体制公证处，屡屡被反映"门难进、脸难看""一证难求、排长队"。在缺乏激励机制的体制下，他们"干多干少一个样"。实践表明，实行灵活机制的事业体制或者合作制公证机构，服务能力和发展活力明显更强，发挥的作用更大。公证体制改革早改早受益，不改无异于"慢性自杀"。

为什么还有近三成的公证机构是行政体制，多年来就是改不动呢？首先，是司法行政机关不愿改。因为"管办合一"有巨大的利益在里面，钱在自己的袋子里，潜规则在起作用：人财物都可上下其手。其次，是公证机构不想改。拥有双重身份，既是公证员，又是行政干部，改制之后有压力，适应不了。说到底是"既要帽子、又要票子"，脚踩两条船，企图"两头占"，什么也不愿丢。再有，就是机构编制政策尚不到位，有的可能想改也难，或者是以上情况兼而有之。我认为，影响改革进程固然有客观因素，但主观方面思想认识问题是主要原因。李克强总理指出，"放管服"改革是一场深刻的刀刃向内的自我革命。公证机构改革，不改不行，改晚了也不行。再不推进改革，就会拖了地方经济社会发展的后腿，这是政治上和改革发展中的不作为。

公证机构要怎么改？改成什么样？就是

要按照中央关于公证机构改革的部署，加快推进行政体制公证机构转为事业体制公证机构，2017 年年底前，行政体制公证处都要改革到位。完善配套扶持政策，优化事业体制公证机构体制机制。进一步扩大合作制公证机构试点，激发、增强公证工作活力。

四、严管公证质量和公证队伍

公证质量无小事，离开质量谈业务，只能是空中楼阁。近期有些地方陆续出现一些违规公证个案，影响极坏，教训十分深刻，暴露出少数公证员防范意识不强，质量观念淡漠，屡屡突破底线。必须切实吸取教训，查补工作漏洞，强化公证质量管理和队伍管理。一要抓好检查。工作部署了就要抓落实，要有问责跟进。检查决不能搞一团和气，必须有配套的奖惩制度，要把铁面检查的作用切实发挥好。二要强化核实。每一个公证机构、每一名公证员必须明白，只有做好核实，把好公证质量关，出具的公证才能获得法律效果、社会效果、政治效果的统一。三要触及利益。在制度设计上加大公证机构、公证员的失信违法成本，决不允许“劣币驱逐良币”。公证员执业情况与公证员个人利益挂钩要有正相关性。四要严管队伍。严管就是厚爱。要健全公证员执业准入和退出制度，加大对违法违纪公证员的查处力度，做到有诉必理、有案必查、违法必究。五要完善“两结合”管理体制。司法行政机关要依法加强对公证工作的监督、指导。公证协会要依法依章程履行行业自律管理职责，凡是仍在实行“一套班子、两块牌子”的地方，必须尽快分开。要把行规挺在前面，敢于亮剑，狠抓惩戒。同时，要团结好、服务好广大公证机构和公证员，努力建设好“公证员之家”。

（作者：中华人民共和国司法部部长）

中国司法体制改革的特点和目标

徐显明

司法体制改革是顶层设计的改革，顶层到什么程度？一定要跳出司法看司法体制改革。至少要有三跳。第一跳要跳出司法而跳到法治的高度，把司法放在整个法治的所有环节中观察，司法只是法治体系中的一环或者一部分；第二跳要跳出法治看司法体制改革，跳到哪里？跳到政治制度的高度上，要从中国特色民主政治发展的需要上来设计司法体制改革；这还不够，第三跳要跳到从党和国家事业全局的高度，即从“五位一体”和“四个全面”的全局和战略高度去设计司法体制改革。

一、为中宣部和中央电视台做一个广告

从8月18日开始，六集《法治中国》开播，该政论片实际是由中央政法委策划的。第一集《奉法者强》，讲的是我们为什么选择法治以及如何走中国特色社会主义法治道路；第二集是《大智立法》，讲的是民主立法、科学立法以及破解立法体制的难题；第三集是《依法行政》，讲的是法治政府建设的一系列成就；第四、第五两集是《公正司法》，主要是总结十八大以来司法体制改革的经验和成效；最后一集是《全民守法》，讲的是普法、法治信仰和社会治理。四五两集共88分钟，大家看完这两集获得的收益一定会大过我十分钟演讲的内容，故此，我不再讲司法体制改革的成效与经验，而是想讲一下《公正司法》片子中没有的内容。

二、怎样认识司法体制改革和第三句话——司法体制改革的目标是什么

怎样认识司法体制改革？以我这几年从事司改工作的学习和体会，我认为十八大之后的司法体制改革有四个显著的特点。第一个特点，司法体制改革是政治体制改革，或者说是政治体制改革在法治领域中的展开。为什么把司法体制改革当作政治体制改革？最主要的根据是司法体制改革涉及到司法制度与党的关系，涉及到司法制度与国家权力之间的关系。十八届四中全会决定中对党与法治的关系作了一个非常科学的概括，总结的是：“一个根本”“两个必须”“三统一”“四善于”，最后落在法治的四个环节之中，即党领导立法，党保证执法，党支持司法，党带头守法。“党支持司法”是党在处理与司法权关系时的最新和最科学的表述。在正式文件中第一次使用。用“支持”而不用“领导”，其科学性就在于这是在落实宪法中保证人民法院、人民检察院依法独立公正行使审判权和检察权的原则。为什么司改的关键性举措中要出台对领导干部干预司法、插手过问案件的记录和责任追究制度，目的也在于约束住“关键少数”从而支持司法机关独立行使职权。处理党、国家机关、领导干部与司法的关

系，这是政治问题，而不是单纯的司法问题。在这个意义上，司法体制改革就是政治体制改革。

三、司法体制改革是顶层设计的改革，顶层到什么程度

一定要跳出司法看司法体制改革。至少要有三跳。第一跳要跳出司法而跳到法治的高度，把司法放在整个法治的所有环节中观察，司法只是法治体系中的一环或者一部分；第二跳要跳出法治看司法体制改革，跳到哪里？跳到政治制度的高度上，要从中国特色民主政治发展的需要上来设计司法体制改革；这还不够，第三跳要跳到从党和国家事业全局的高度，即从“五位一体”和“四个全面”的全局和战略高度去设计司法体制改革。此次司法体制改革是以习近平同志为核心的党中央所设计和推动的全局性改革，已完全不同于人民法院、人民检察院自身为某些机制完善所进行的改革。这次改革的项目中，既有政治的内容，也有经济、社会、文化的内容，还有生态文明建设的内容。

四、此次司法体制改革是在进行公权力和公权力之间关系以及功能职能的重新配置

“两高”自我推进的“二五”“三五”改革，都无法触动外部权力与外部关系。此次改革，最核心的是触动了权力关系，有的甚至是在革自己的命，是在打破自己的一亩三分地。十八届三中、四中两次全会涉及到司法体制改革内容总共129项，这么多的内容几乎件件都涉及到公权力和公权力之间的关系。体制改革一定要重新调整公权力和公权力的关系。举一个最典型的例子：如人民检察院提起行政公益诉讼制度改革，在一个法庭上大家可以看到一种从未见过的现象——有审判权的存在，有作为被告的行政权的存在，还有作为起诉者的检察权的存在。这在中国过去的权力格局中是不曾有过的。这项制度的改革使得在同一个法庭上三种公权力在交织。交织的结果一定会涉及到我们对人民代表大会制度的重新认识，这就是体制改革。何谓改革要于法有据？其实这也是一个成功范例。第一步，由中央进行顶层设计；第二步，由立法机关进行试点授权；第三步，在一定范围内试点先行；第四步，进行试点经验总结，向人大作出报告；第五步，将改革经验上升为法律，即修法成制；第六步，结束试点，依法在全国范围内展开，一项新的制度就此诞生。又如以审判为中心的刑事诉讼制度改革，又如让审理者裁判、由裁判者负责的改革，又如人财物省级统管的改革，又如审执分离的改革等，这些都是在重新调整公权力关系及其职能。

五、司法体制改革一定要涉及到公权力和公民权利关系的重新调整

这一系列的改革都使得公民的各项权利尤其是诉讼权利得到保证和扩大。比如说立案制改革就涉及到公民的诉权，由审查制改为登记制，约束了人民法院审查权的任性，缩小了公权力，但在扩大公民权利。又如司法公开，把司法权关进制度的笼子里，扩大的就是公民的知情权和监督权。又如人民陪审员制度、人民监督员制度的改革，扩大的就是公民的司法参与权。司法体制改革最终的结果必定使公民的权利逐步地扩大，使其与国家权力

形成正当的比例关系。

六、我们司法体制改革的目标在哪里

改革的总目标两句话要放在一起讲，第一句话是完善和发展中国特色社会主义制度，第二句话才是推进国家治理体系和治理能力现代化。习近平总书记一再告诫大家这两句话不能分开，第一句更重要。因此，司法体制改革的顶层设计是要完善和发展中国特色社会主义制度，即要使我们的司法制度在改革后能够在世界范围内更具先进性、文明性和竞争力，也就是要创造更高水平的司法文明。第二层就是要扭住提高司法公信力这个根本。习近平总书记曾经讲过，这是判断司法体制改革成功与否的根本尺度，司法公信力提高了改革就成功了，司法公信力没有提高改革就失败了。第三个目标就是要恢复和遵循司法规律。过去我们的很多关起门来的改革，在一定程度上是扭曲了规律，有一些所谓的改革已经成为今天改革的对象，所以这次的改革就要使司法权的运行再回到规律上。如司法责任制的四项改革就是要去司法的行政化和地方化。第四个目标是建立一支高素质的法官、检察官队伍，员额制改革、国家统一法律职业资格制度改革直接指向这个目标。这个目标需要若干年之后才能检验出来。

（作者：最高人民检察院党组成员、副检察长）

忠实履行新时代司法审判职能 推动深化依法治国实践进程

江必新

以习近平总书记所作的十九大报告，立意深远，境界高蹈，思想精深，气度宏阔，旗帜鲜明，内涵丰富，系统回顾了过去五年来党和国家建设取得的伟大成就，站在历史和时代的高度，回答了新时代坚持和发展中国特色社会主义一系列重大理论和实践问题。报告以新时代开篇，指明中国特色社会主义进入了新时代；以新矛盾定向，明确新时代我国社会主要矛盾是人民日益增长的美好生活需要和不平衡不充分的发展之间的矛盾；以新使命举旗，明确新时代中国共产党的历史使命是实现中华民族伟大复兴；以新蓝图定格，描绘决胜全面建成小康社会，开启全面建设社会主义现代化国家新征程的宏伟蓝图；以新思想引航，提出新时代中国特色社会主义思想；以新方略布局，将坚持党对一切工作的领导，坚持以人民为中心，坚持全面深化改革，坚持新发展理念，坚持人民当家作主，坚持全面依法治国，坚持社会主义核心价值体系，坚持在发展中保障和改善民生，坚持人与自然和谐共生，坚持总体国家安全观，坚持党对人民军队的绝对领导，坚持“一国两制”和推进祖国统一，坚持推动构建人类命运共同体，坚持全面从严治党，作为新时代坚持和发展中国特色社会主义的基本方略；以新举措谋实，要求贯彻新发展理念，建设现代化经济体系，健全人民当家作主制度体系，发展社会主义民主政治，坚定文化自信，推动社会主义文化繁荣兴盛，提高保障和改善民生水平，加强和创新社会治理，加快生态文明体制改革，建设美丽中国，坚持走中国特色强军之路，全面推进国防和军队现代化，坚持“一国两制”，推进祖国统一，坚定不移全面从严治党，不断提高党的执政能力和领导水平。党的十九大报告主题鲜明而深刻，境界高蹈而深远，思想博大而深邃，气度雄阔而深厚，论证了新时代的历史背景和时代特征，揭示了新时代的历史方位和主要矛盾，确立了新时代的思想旗帜和基本方略，描绘了新时代的奋斗目标和宏伟蓝图，宣示了新时代整体布局和前进路径，确立了新时代的政治保障和建党纲领。我们要认真学习坚决贯彻十九大报告精神，切实将十九大报告要求落实到各项工作之中。

一、党风廉政建设和反腐败工作取得显著成效，得益于以下七个“一”：一份许党许国的责任担当；一把震慑力极强的巡视利剑；一个长牙带电的制度铁笼；一套切实管用的督查机制；一套深谋远虑的反腐策略；一柄刀刃向内的解剖利器；一种锲而不舍的坚强定力。人民法院要认真研究党的十八大以来从严治党的经验，按照十九大报告要求，以反腐败永远在路上的坚韧和执着，深化标本兼治，坚持无禁区、全覆盖、零容忍,坚持重遏制、强高压、长震慑,坚持受贿行贿一起查,做好人民法院党风廉政建设和反腐败工作,保证人民法院干部队伍清正清廉。

二、在法治建设方面,党的十九大报告有十个“最”:最值得骄傲的是认可“法治建设迈出重大步伐”;最令人鼓舞的是法治地位空前提高;最令人欣喜的是明确了基本建成法治国家、法治政府、法治社会的时间表;最令人振奋的是成立中央全面推进依法治国领导小组;最令人瞩目的是提出推进合宪性审查工作,维护宪法的权威;最引人关注的是在全国推开国家监察体制改革;最值得探索的是在省市县对职能相近的党政机关探索合并设立或合署办公;最值得品味的是打造共建共治共享的社会治理格局,提高社会治理社会化、法治化、智能化、专业化水平;最值得盼望的是“统筹使用各类编制资源”,解决法院案多人少的问题;最感到责任重大的是“努力让人民群众在每一个司法案件中感受到公平正义”。作为法治队伍中的一员,必须坚决维护以习近平同志为核心的党中央权威和集中统一领导,忠实履行新时代司法审判职能,推动法治进程,为基本建成法治国家、法治政府、法治社会而竭忠尽智。

三、党的十九大报告对司法工作提出明确要求,作为司法审判队伍中的一员,应当做到八个“要”:一要认真研究新时代司法审判的职责和使命,深化司法体制综合配套改革,全面落实司法责任制,进一步推进智慧法院和信息化建设,实现司法体系和能力的现代化;二要用习近平新时代中国特色社会主义思想指导司法实践;三要围绕新时代中国社会的主要矛盾,确定司法审判工作的使命和方位;四要通过司法审判活动有力打击各种犯罪,强化司法监督,有效解决法律争议,保护人民各项权利,维护社会稳定和国家长治久安;五要围绕建设社会主义现代化强国的目标,定位司法审判服务大局的职能;六要围绕人民群众对幸福生活的向往,进一步奉献优质、高效、公正的司法产品;七要及时把握人民群众对司法的新期待,进一步丰富司法为民举措;八要始终坚持党的领导,建设一支有觉悟、有能力、有担当的过硬队伍,以天下为公、锐意进取、埋头苦干的精神,努力让人民群众在每一个司法案件中感受到公平正义。

(作者:最高人民法院党组副书记、副院长)

把社会主义核心价值观融入法治政府建设全过程

马怀德

中共中央办公厅、国务院办公厅印发了《关于进一步把社会主义核心价值观融入法治建设的指导意见》。意见指出，把社会主义核心价值观融入法治建设，是坚持依法治国和以德治国相结合的必然要求，是加强社会主义核心价值观建设的重要途径。要求把社会主义核心价值观融入法治国家、法治政府、法治社会建设全过程，融入科学立法、严格执法、公正司法、全民守法各环节。意见是党中央继十八届四中全会之后对法治建设工作提出的新要求，也是继《关于培育和践行社会主义核心价值观的意见》发布后对践行社会主义核心价值观具体路径的再诠释。

一、把社会主义核心价值观融入法治建设，应当是潜移默化、润物无声的

具体而言，就是通过相应的制度设计，将社会主义核心价值观的内容内化到法治建设全过程，让社会主义核心价值观的精神内涵在制度设计和法治实践中得到贯彻和落实。要以适当的方式方法，将一些道德要求转化为法律要求，将价值层面的软性约束转化为法治层面的硬性约束。全面推进依法治国，首先要解决的是法治政府建设的问题。因此，把社会主义核心价值观融入法治建设，关键在于以社会主义核心价值观统领和把握法治政府建设全过程。

二、以社会主义核心价值观为标尺，加强行政立法和规范性文件制定

社会由多元主体构成，多元主体之间呈现的利益格局通常也是多元化的，而多元的利益格局有可能造成价值观的分歧。对多种多样的价值观和价值标准进行判断和整合，确立正确的价值导向，是立法的一项重要功能。立法所发挥的价值判断和价值衡量作用，也是法规范能够作为社会生活基本准则的重要原因。

在法治政府建设过程中，把握好行政立法的价值导向尤为重要。社会主义核心价值观作为社会意志的共同凝练和社会价值的统合，体现着社会治理的价值取向，彰显着社会进步的主要方向。在立法活动中，应当充分重视社会主义核心价值观的要求，将其贯彻到立法的各个具体环节，并将其中适宜的部分转化为具有刚性约束力的法律规定。

在制定立法规划、立法工作计划时，要更多考虑到社会主义核心价值观的内涵，保证立法格局和立法思路在整体上符合社会主义核心价值观的要求。在实践中，应当结合社会生活的实际情况，通过立法的倡导和鼓励，弘扬、践行社会主义核心价值观。如通过立法确立相应的国家荣誉、国家奖励等制度，有针对性地对爱国、敬业、诚信、友善等价值观要求进行弘扬。

在日常的行政立法活动中，要加强重点领域的立法，更多回应社会民众的需求。要更加充分地衡量、考虑各种利益，运用科学的方法，以社会主义核心价值观为标尺，对多种利益、多种价值进行取舍，选择有利于人民的、有利于社会发展的、符合社会主义核心价值观要求的立法策略，充分发挥立法的指引、宣示作用，通过立法引导社会走向。

在当前的行政立法中，部分地方的规范性文件还依然“任性”，规范性文件违背社会主义核心价值观的情况时有发生。应当加强规范性文件备案审查的制度和能力建设，形成规范性文件出台前价值观审查机制。涉及价值判断问题的，要以社会主义核心价值观为标准，进行反复考量，保证所制定的规范性文件符合社会主义核心价值观。

三、以社会主义核心价值观为依据，完善重大行政决策程序

重大行政决策在一级政府的工作中具有基础性、全局性的地位，决策结果通常与公民的切身利益密切相关，将长时间影响公民的生产生活。因此，以社会主义核心价值观为依据，完善重大行政决策程序，保证重大行政决策符合社会主义核心价值观的要求尤为重要。

重大行政决策应当体现社会道德要求，并与社会道德形成良性互动。出台重大行政决策，应当履行公众参与、专家论证、风险评估、合法性审查和集体讨论等法定程序，重视决策的社会效果，重视决策对社会道德风尚的引导作用。在基础设施建设、城乡发展、特种行业监管等重要领域，应当以国家富强、人民幸福等目标为导向，出台有利于弘扬和践行社会主义核心价值观的重大决策，对于与社会主义核心价值观相悖的行政决策，要果断制止，防止错误决策对核心价值观的不利影响。

在决策过程中，应当确保公众有效参与，形成实质性、回应型参与。目前，在一些地方的重大决策中，行政机关对公众意见的回应不够，导致公众失去参与热情，民主价值大打折扣。在决策形成阶段，要积极通过座谈会、论证会、听证会及互联网等形式向社会公开征求意见，同时应当对社会公众、新闻媒体提出的主要观点和意见进行回应。对于争议巨大的公共政策，可以进一步提供讨论与争辩的平台，鼓励形成充实有效的辩论，保障民主价值的充分实现。

四、以社会主义核心价值观为指导，推进规范公正文明执法

行政执法是法律实施的主要过程，是行政机关与民众接触最为密切、最为频繁的环节。在行政执法过程中融入和贯彻社会主义核心价值观，运用社会主义核心价值观指导执法活动，有助于促进民众对社会主义核心价值观的遵从与敬仰，同时也有助于推进严格规范公正文明执法，解决行政执法中长期存在的不作为、乱作为、选择性作为等痼疾，实现执法要求与执法形式相统一、执法效果与社会效果相统一。

应当进一步深化行政执法体制改革，保障行政执法体制符合制度文明的要求。从目前的情况看，在部分行政领域，各级执法机关的力量并未与该级政府承担的管理职能相匹配。执法机关的层级过多导致执法力量分散，执法责任与执法力量不能有效下沉，在基

层尤其是乡镇、街道一级缺乏应有的执法力量和执法资源，难以保障执法效果。应当通过深化行政执法体制改革，减少执法中间层级，将执法力量下沉到基层，加强联合执法，强化综合执法，以科学的执法体制机制，保障法律所追求价值的实现。

应当根据社会发展的具体情况，及时调整执法范围，科学分配执法资源，优先处理人民群众最关心的问题。要管好人民群众最关注的健康和安全之事，加大重点领域的执法力度，将与人民群众切身利益最为相关的食品药品、安全生产、环境保护、文化市场等领域的执法工作放在优先位置，借助执法活动的开展和执法结果的公布引导社会形成良好的环境，促进和引导市场从业者在相应领域严格守法、爱岗敬业、诚信友善。

应当创新行政执法的方式，加强行政执法信息化建设，进一步完善信息共享的体制机制。在法治框架内，综合运用守法诚信褒奖、违法失信惩戒等机制，形成相对人自我约束、行业自律的社会效果。要加快社会信用体系建设步伐，规范和引导征信业的发展，建立统一、规范的社会信用信息系统，探索推动相对人违法信息记录与个人信用记录、保险费率等挂钩，通过信息机制和声誉机制，将正面的激励作用和负面的威慑效应相结合，促使公民、法人和其他组织主动遵守市场秩序，在全社会范围内推动诚信氛围的形成，打造诚信市场、诚信社会。

应当重视执法手段的更新，重视行政执法中教育、调解、规劝、疏导等手段的运用，融法、理、情于一体，将行政执法外在的强制力、威慑力和内在的指引教育作用相结合，推动行政执法从对相对人的刚性约束，逐渐转化为对相对人的内心引导。要积极运用行政指导、行政合同等软性手段，缩短执法者与相对人的距离，使相对人能够真正理解执法者所追求的价值目标，主动尊法、守法，彻底扭转实践中存在的“以罚代管”“以批代管”等不当执法习惯。

要用社会主义核心价值观提升执法理念，指导执法活动，规范执法行为。让执法者时刻意识到自己的任何一项执法行为和执法活动，都是践行社会主义核心价值观的过程。前一阶段某市城管上街撕春联的行为，不仅不是践行社会主义核心价值观，反而是对弘扬核心价值观的损害。对于此类执法行为，应当引以为戒，坚决防止。

五、以社会主义核心价值观为指引，加强对权力的监督和制约

社会主义核心价值观融入法治建设不能忽视对权力的监督和制约。党的十八大以来，中央重拳反腐，扎紧制度的笼子，强化对权力的监督与制约，不敢腐的态势已经形成。但是，在一些领域和地方，公权力不受制约，法外用权、滥权等情况还时有发生；权力行使的过程还不够透明；违背市场规律和法治原则行使权力的现象仍然存在。这需要通过坚持自由、平等、公正、法治原则，倡导诚信理念，完善权力的监督制约机制，切实把权力关进制度的笼子里。

法治的核心要义即法的统治，而不是人的统治。要实现法的统治，必须依法监督和制约公权力。法治政府建设是监督制约公权力，把权力关进制度笼子里的最有效途径。因为法治政府的基本特征就是职能科学、权责法定，只有通过科学配置政府职能，严格依

法限制政府滥用权力，防止政府滥用权力，才能防止公权力滥用。也只有把权力关进制度的笼子里，公民的权利才能够得到有效的保障，社会才能越来越公平公正，国家也才能长治久安。

真正实现有效的监督，必须要在民主和法治的保障下进行。要进一步建立健全民主制度，保障民主权利，在保障民主选举、民主监督、民主管理、民主决策等权利的基础上，继续扩大民主权利，落实参与权、表达权、知情权、程序参与权和监督权等新兴权利。

要通过立法和制度建设，对公权力加以严格的硬约束，主动引导和利用公众已经逐渐觉醒的权利意识和监督热情，发挥互联网时代新媒体的特点，开通互联网举报、投诉等平台，构建全天候、无死角的监督制度，实现对地方各级党政领导干部的有效监督。

六、以社会主义核心价值观为依托，完善社会矛盾化解与行政争议解决机制

当前，我国的社会矛盾纠纷呈现出数量过多，参与主体多元化和有组织化，表达宣泄方式极端化、暴力化、网络化等特征，影响了社会和谐与稳定。尽管有一部分纠纷依靠行政手段甚至依靠行政首长的个人意志推动得到了解决，但这样的纠纷解决方式在深层次上破坏了纠纷解决机制的客观性、权威性、终局性，埋下了更多的社会隐患，不利于定纷止争，不利于有效维护社会和谐稳定。

应当以社会主义核心价值观为指导，进一步完善社会矛盾化解与行政争议解决机制。通过对体制机制的变革，使行政复议、行政诉讼等法治化的争议解决渠道成为最有效的、最受公众信赖的纠纷解决方法，引导公众在正当、理性的法治程序之下，进行平等、自由、充分的表达，防止因为诉求不满而引发的纠纷升级为剧烈的、对抗性的冲突。

应当进一步扩大行政复议、行政诉讼、国家赔偿制度的受案范围，降低起诉条件，将更多的争议纳入到法治渠道进行解决；应当改进审判方式，充分利用调解和解制度，推动行政争议的实质性解决，及时化解社会矛盾，调和不同价值的冲突，保证社会的和谐稳定。

应当进一步推进司法体制改革，破解制约司法公正的体制性因素，在试点跨区划法院和集中管辖行政案件的基础上，推动设立专门行政法院，促进行政案件的公正审理，以司法公正带动和保障社会公正，让人民群众在每一个案件中感受到公平正义。应当进一步完善案例指导制度，及时选择对培育和弘扬社会主义核心价值观有示范作用的案例发布，通过案例解释法律，统一法律适用标准，保障同案同判。应当增强裁判文书说理，真正做到“以理服人”，满足人民对公正的期待，通过对公正价值的保障，促进社会的文明、和谐与友善。

七、弘扬社会主义核心价值观，提高领导干部的法治意识和法治素养

全面推进依法治国的成效和进展，很大程度上取决于法治工作队伍。而其中最为关键的部分，是各级行政机关领导干部这一“关键少数”。《关于培育和践行社会主义核心价值观的意见》同样提出，党员、干部要做培育和践行社会主义核心价值观的模范。可以看出，无论是在全面推进依法治国的进程中，还是在培育和践行社会主义核心价值观的过程中，领导干部都应当充分发挥表率作

用，身体力行、率先垂范。

各级领导干部应当积极将社会主义核心价值观的要求融入提高法治意识和法治素养的过程中。目前，大部分地方政府已经建立了常态化的领导干部学法制度，开展了领导干部法治专题培训班、法治专题讲座等一系列活动。应当推动社会主义核心价值观的教育学习活动与领导干部学法制度相结合，把社会主义核心价值观贯穿到学法过程中，增强法治教育的价值色彩和道德底蕴。在提高领导干部法治意识和法治素养的同时，提高领导干部的道德水准与道德追求，推动领导干部真正理解、践行社会主义核心价值观，并保证各级领导干部有能力将其融入和贯彻到法治政府建设的各个环节。

（作者：中国政法大学副校长）

试论社会主义法治精神

马博伟

在中国共产党第十九次全国代表大会上，习近平总书记在报告中55次提及“法治”：“民主法治建设迈出重大步伐”“建设中国特色社会主义法治体系”“深化依法治国实践”……吹响了中国特色社会主义法治建设全面升级的嘹亮号角，绘制了亿万人民向往公平正义的幸福指南。

“法治”二字重千钧。回望法治五年来的发展进程，习近平同志把依法治国与坚定不移走中国特色社会主义政治发展道路联系起来，把全面依法治国放在中国特色社会主义“五位一体”建设的总体布局之中，放在“四个全面”的重大战略布局之中，对全面依法治国一系列重大理论与实践问题做出科学的阐释，有力地促进了中国特色社会主义法治理论的创新发展，从而把中国特色社会主义法治道路推向一个新的历史阶段。

法治社会建设是依法治国社会主义法制建设的重要保障，法治文化建设是依法治国法治实施理论的基石，法治文化建设是促进传统民族文化及道德底蕴的科学支撑，法治文化建设是推进中华民族文化自信、文化制度建设的有效设计形式，法治文化建设是实现中华民族伟大复兴中国梦的理想基础，要正确认识加强社会主义法治文化建设的重大意义。

一、要正确认识加强社会主义法治文化建设的重大意义

2014年10月23日，习近平在党的十八届四中全会第二次全体会议上强调：“全面推进依法治国，是着眼于实现中华民族伟大复兴中国梦，实现党和国家长治久安的长远考虑。”社会主义法治文化是全面推进依法治国的重要保证，实现中华民族伟大复兴中国梦和“两个一百年”奋斗目标，就要推进“四个全面”战略布局，充分发挥文化引领风尚，教育文化服务社会，推动发展作用；社会主义法治文化是社会主义先进文化的组成部分，是法治建设的实践内容和基本要素，要把法治文化建设放在“四个全面”的战略布局中把握，努力做到“四个全面”相辅相成、相互促进、相得益彰。

党的十八大以来，习近平总书记提出“宪法的伟力在于人民出自真诚的信仰”，“坚决运用法治思维和法治方式解决矛盾和问题”等重要思想，体现了党对法治文化的高瞻远瞩、战略部署，为法制体系建设更加务实的文化内涵基础。加强法治文化理论创新、发展具有中国国情，具有社会主义特色，体现社会发展规律的社会主义法治理论体系，为依法治国建设发展提供理论框架支撑。社会主义法治文化的基本内涵，法治文化理论是法律文化制度、法律文化体系和法治文

化建设实践的理论基石。推进依法治国是国家理论现代化的重要使命，只有在科学法治文化理论的指导下，才能实现建设中国特色社会主义法治文化体系，建设社会主义法治国家的理想目的。以公平正义为核心的法治文化价值观是法治国家的基本衡量尺度，是贯穿于全面推进依法治国，加强国家伦理现代化的主旋律。我党的宗旨是为人民服务，维护人民合法权益、公平正义，体现司法公正、公开、公平。通过科学立法、公正司法和严格执法，推动国家治理及法治文化成为社会主义核心价值的文化。

社会主义法治文化具有国家性、意识性、历史性等特点，实现中华民族伟大复兴中国梦和“两个一百年”奋斗目标，推进“四个全面”战略布局，加强社会主义法治建设任重道远，挑战与机遇并存，提高全社会法治文化建设的整体意识，文化修养、法治理念、人员素质、公正执法及法治实施能力也愈来愈重要，提高法治公平权威、树立法治公正形象，为新时期加强社会主义法治文化建设提出了新课题、新任务、新目标。让我们紧密团结在以习近平为总书记的党中央周围，认真学习贯彻党的十八大以来的方针政策，认真学习习近平总书记的系列讲话精神，不断进取、不断创新、不断奋斗，为实现中华民族伟大复兴中国梦谱写新的历史篇章，做出新的更大的贡献！

二、社会主义法治文化的含义是什么

法治文化是一种崇尚法治理念和禀赋；法治精神渗透于社会生活的各领域、各层面，法治精神、法治体系支配着人的行为，就构成了法治文化。法治方式反映了该社会的经济方式、政治方式，凝结为精神文化层面，就形成了法治精神文化。法治精神、法治文化一旦形成，又能够塑造和引导该社会的法治方式。

社会主义法治精神和文化，吸取中华法律文化精华。从我国历史上看，虽然几千年来的人治传统根子很深，但春秋战国时期就有了自成体系的成文法典，汉唐时期就形成了比较完备法典，反映了重法用法的精神文化。社会主义法治精神和文化，借鉴国外法治有益精神。19 世纪初，拿破仑主持编制《民法典》，是“以法国大革命的社会成果为依据并把这些成果转化为法律的唯一的现代民法典，即现代化法兰西法”，体现着资本主义的法治精神，塑造着现代法兰西的法治文化。但我们绝不能照搬模仿外国法治理念和文化，“道”不同，“神”亦不同。

法治精神、法治文化赋予法治方式的价值观。为什么要实行法治，实行什么样的法治，怎样实行法治，这些法治理念表明了一定的价值观，法治方式实际上也是一定法治价值观的实践方式。18 世纪启蒙思想家的“永恒的真理，永恒的正义，基于自然的平等和不可剥夺的人权”理念，在法国大革命通过的《人权宣言》中系统化为新的资产阶级制度的政治原则，构成了法国共和国宪法的精神底蕴，在实践中表现为资产阶级的所有权、司法和民主共和国。建设社会主义法治国家，同样需要以社会主义核心价值观为支柱的法治精神、法治文化。《中共中央关于全面推进依法治国若干重大问题的决定》提出的“四个维护”即坚决维护宪法法律权威，依法维护人民权益、维护社会公平正义、维护国家安全稳定，都是在弘扬社会主义法治精神，推进社会主义法治文化建设。

法治精神和法治文化的核心是法治信仰。建立宪法宣誓制度，是《中共中央关于全面推进依法治国若干重大问题的决定》的一个亮点。习近平总书记指出："这样做，有利于彰显宪法权威，增强公职人员宪法观念，激励公职人员忠于和维护宪法，也有利于在全社会增强宪法意识，树立宪法权威。"宪法宣誓表明，忠于和维护宪法，必须上升到信仰的高度。宪法和法律的权威，基于法制的严肃性、严格性、严密性，源自人民的内心拥护和真诚信仰。不是任何精神、任何文化都可以、都能够成为信仰，但现代社会的国民信仰应该包括法治信仰。法治精神、法治内涵具有丰富、具体的内涵，核心的内容是把法治作为信仰、让法治成为信仰。不仅要敬畏自然、敬畏道德，而且要敬畏法治。

三、法治文化建设的基本内容和途径

一是构建法治文化价值体系是法治文化建设的基本任务。法治文化价值体系应当以民主、权利、公平正义、法律至上为基石。民主是指由人民当家做主，按照平等和少数服从多数，同时尊重少数人权利的原则来共同管理国家事务；权利是指公民在一个国家的权利体系或社会生活中应当享有的地位与权利；公平是指公民参与政治、经济、文化及其他社会活动的权利、机会、程序和结果公平；正义包括政治、社会、法律正义等，体现在司法领域主要是指程序公正、及时高效和依法公正审判；法律至上是指法律成为评判公民、法人和国家机关行为最基本的准则，其他任何规范都不能与法律相冲突，任何组织或者个人都不能有超越宪法和法律的特权。

二是完善法治理论与法治体系是法治文化建设的基本内容。应当说，我国的法治理论建设尚处于初级阶段，表现为理论框架体系尚未建立，研究基本处于解读文件水准、有分量的理论著述较少，缺乏系统全面深入探讨。我们应当开展多层次、多形式的社会主义法治理论研究，完善社会主义法治理论的丰富内涵，夯实法治文化建设坚实的理论基础。此外，我国虽然初步建成社会主义的法律体系，但法律体系只是法治体系的一个方面，十八届四中全会把建设中国特色社会主义法治体系作为总目标，并把它作为总揽全局、牵引各方的总抓手，这对于法治文化的建设具有重大意义。

三是理顺党与法治的关系、从严治党是法治文化建设的关键。党和法治的关系既是法治建设的核心问题，也是法治文化建设的关键问题。新形势下，党要履行好执政兴国的重大职责，就必须完善党内法规制定体制和机制，形成配套完备的党内法规制度体系，党应当依据党章从严治党，运用党内法规把党要管党、从严治党落到实处，提高党员干部法治思维和依法办事能力。中国共产党作为执政党，必须依据宪法治国理政，必须在宪法和法律范围内活动，真正做到党领导立法、保证执法、带头守法。

四是让政府守法是法治文化建设的重中之重。法治的中心在于依法治官，规范权力，制约权力，用法律把政府的权力关在笼子里。政府是执法主体，必须做依法行政的楷模，对执法领域存在的有法不依、执法不严、违法不究甚至以权压法、权钱交易、徇私枉法等突出问题，老百姓深恶痛绝，需要下大力气解决。政府守法是法治文化建设的关键，法治文化建设的重心就在于将各级政府的工作纳入法治的轨道，建设一个职能科学、权责法定、执法严明、公开公正、廉洁高效、守法诚信的法治政府。

五是抓好队伍建设是法治文化建设的基本保证。法治文化建设需要建设一支思想政治素质好、业务工作能力强、职业道德水准高、忠实于法律的法治工作队伍。我们需要着力推进立法、司法、行政执法专门队伍的正规化、专业化、职业化建设，构建社会律师、公职律师、公司律师等优势互补、结构合理的律师队伍，发展公证员、基层法律服务工作者、人民调解员队伍。同时要创新法治人才培养机制，重点打造一支高水平的法学家和专家团队，建设高素质法学专、兼职教师队伍，培养造就熟悉和坚持社会主义法治体系的法治人才及后备力量。

六是强化宣传教育力度、营造法治文化氛围是法治文化建设的基本手段。强化法治文化宣传和教育的目的在于使全体公民掌握法律知识、培育法治信仰、增强法治意识、坚持法治原则、弘扬法治精神、提高法治素质，营造浓厚的法治文化氛围，增强全社会厉行法治积极性和主动性。我们需要加大普法宣传力度，改进先行的普法方式，加强法治文化的阵地建设，使全体公民循着学习法律——知晓法律——信仰法律——遵守法律——维护法律的路线前行，成为社会主义法治忠实崇尚者、自觉遵守者、坚定捍卫者。

七是实施“六化”是法治文化建设的基本途径。“六化”首先是政治的民主化，民主政治是依法治国精髓，是建设法治中国的前提，没有真正的民主政治就不会有真正意义上的法治；其次是立法的人本化，立法应当以人为本，顺应人性的正当需求，讲究科学和民主，以保障公民的自然权利和社会权利为基本价值取向；三是司法的人性化，是指司法机关在办理案件和诉讼活动中要体现出一种人为情怀；四是执法的文明化，政府部门不得法外设定权力，要消除权力设租与寻租空间，在有法可依的基础上在不损害法律权威与尊严的前提下，讲究执法态度和执法方式，尊重执法对象的人格和名誉；五是守法的常态化，是指全体公民要在行为处事中信奉法律、遵守法律，形成守法光荣、违法可耻的社会氛围；六是监督的高效化，在建立健全权力制约机制的同时，使法律、纪检监察审计、新闻舆论、民主党派等等监督真正地发挥作用，并且是高效率地发挥作用。

习近平同志在党的十九大报告中提出依法治国的新要求是：“全面依法治国是国家治理的一场深刻革命，必须坚持厉行法治，推进科学立法、严格执法、公正司法、全民守法。”加强宪法实施和监督，推进合宪性审查工作，维护宪法权威。推进科学立法、民主立法、依法立法，以良法促进发展、保障善治。建设法治政府，推进依法行政，严格规范公正文明执法。深化司法体制综合配套改革，全面落实司法责任制，努力让人民群众在每一个司法案件中感受到公平正义。加大全民普法力度，建设社会主义法治文化，树立宪法法律至上、法律面前人人平等的法治理念。各级党组织和全体党员要带头尊法学法守法用法，任何组织和个人都不得有超越宪法法律的特权，绝不允许以言代法、以权压法、逐利违法、徇私枉法。必须把党的领导贯彻落实到依法治国全过程和各方面,坚定不移走中国特色社会主义法治道路,完善以宪法为核心的中国特色社会主义法律体系,建设中国特色社会主义法治体系,建设社会主义法治国家,发展中国特色社会主义法治理论,坚持依法治国、依法执政、依法行政共同推进,坚持法治国家、法治政府、法治社会一体建设,坚持依法治国和以德治国相结合,依法治国和依规治党有机统一,深化司法体制改革,提高全民族法治素养和道德素质。

要加强社会治理制度建设,完善党委领导、政府负责、社会协同、公众参与、法治保障的社会治理体制,提高社会治理社会化、法治化、智能化、专业化水平。

我们要以习近平新时代中国特色社会主义思想为指引,“不忘初心,牢记使命,高举中国特色社会主义伟大旗帜,为实现中华民族伟大复兴的中国梦不懈奋斗。”

(作者:中国思想政治工作年鉴编委会副主任兼常务副主编)

高举党章旗帜　深入推进全面从严治党

冒国军

“法与时转则治，治与世宜则有功”。中国共产党第十九次全国代表大会在深刻总结党的建设历史经验，直面当前党内政治生活存在的突出矛盾和问题基础上，吸收习近平总书记全面从严治党思想和党的十八大以来党的理论创新和实践创新对党章进行了修改，确立了全面从严治党的战略思想，开辟了党治国理政的新境界、新高度、新征程，为从根本上实现党要管党，全面从严治党提供了根本遵循。

一、全面从严治党是对党建理论和实践的创新发展

全面从严治党开辟了党治国理政的新境界。习近平总书记在党的十九大报告中强调，坚定不移全面从严治党，不断提高党的执政能力和领导水平。在新的历史条件下，党面临的执政环境和执政条件发生了深刻变化，“四大考验”“四种危险”是长期的、复杂的、严峻的。在新形势下加强全面从严治党，既要坚持过去行之有效的治理办法，也要结合新的时代特点与时俱进。党的十八届四中全会审议通过的《中共中央关于全面推进依法治国若干重大问题的决定》，对建构社会主义法治社会体系中的立法、司法、执法、守法等重点任务做了部署，同时强调“加强和改进党对全面推进依法治国的领导”“党的领导是全面推进依法治国，加快建设社会主义法治国家最根本的保证。必须加强和改进党对法治工作的领导，把党的领导贯彻到全面推进依法治国全过程。”从严治党是实现依法治国，建立社会主义法治国家这一长远目标不可或缺的基础环节。全面从严治党战略思想，是我党以执政党的身份、用法治的视角，对党长期坚持的全面从严治党方针的法治化、规范化、程序化的演进，亦是我党执政历史经验的总结，是党在新的历史条件下治理方式和执政方式的创新和发展。

全面从严治党标注了党要管党治党的新高度。要破解党要管党、全面从严治党的难题，就必须采取强有力的措施。全面从严治党，要害在“从严”。党章53条，条条是铁规，处处体现着全面从严治党的纪律要求。习近平总书记指出：“定了规矩就要执行。让铁规生威、铁纪发力。”依法依规管党是全面从严治党、加强党的建设的一条重要途径。我们党历来高度重视党内法规制度建设，毛泽东同志在党的六届六中全会上指出，“须制定一种较详细的党内法规，以统一各级领导机关的行动”，邓小平同志强调，“国有国法，党要有党规党法，没有党规党法，国法就很难保障”，深刻揭示了党内法规的地位作用及党规与国法的关系。党的十八大以来，以习近平总书记为核心的党中央高度重视党要管党、全面从严治党，始

终把制度治党、依规治党作为全面从严治党的应有之义，强调治国必先治党，治党务必从严，从严必有法度，“严”的法度或者说标准就是党章和党内法规。离开了党章和党内法规，就无所谓严还是宽。从严治党就是要求党章和党内法规必须成为衡量是否全面从严治党的标准。党要管好党治好党，不仅需要外部的监督和配合，还需要强有力的党规党法，让那些自律能力不强的党员干部接受他律的支配。从严治党还要确保自身治理的法治化，党的十八届六中全会突出尊崇党章、贯彻党章、维护党章，出台了位阶仅次于党章的《关于新形势下党内政治生活的若干准则》和《中国共产党党内监督条例》，这两部重要文件坚持高标准与守底线相结合，是推进全面从严治党制度创新的重要成果，是深入贯彻落实党中央关于加强党内法规制度建设、党内政治生活和党内监督的具体要求的重要体现。

全面从严治党开启了党带领人民实现中国梦的新征程。习近平总书记指出，中国特色社会主义进入新时代，我们党一定要有新气象新作为。党政军民学，东西南北中，党是领导一切的。打铁必须自身硬，办好中国的事情，关键在党。党要管党，全面从严治党是党在加强自身建设的过程中得出的宝贵经验。如果说，依法治国还在路上，一个重要的原因就是全面从严治党还在路上。因为，我党已有8900多万名党员，在领导岗位中，95%是党员领导干部；在国家公务员中，80%是中共党员。如果从严治党能够成为每个党员领导干部的执政意识，从而在头脑中形成了党内规则意识，那么从严治党就能得到很好实现。从严治党实现了，必定能有效推动依法治国的进程。因此，要实现依法治国其必然的逻辑结论只能是先从严治党，即我党依据国家法律和党内法规，依法加强政党建设，规范和管治各政党及其政治活动，依法调节党政关系、党际关系、党民关系，全方位扎紧制度的笼子，不断规范自己的行为，把纪律和规矩挺在前面，真正把党员的党章意识激发出来，把党的观念、纪律和规矩意识树立起来，把党的优良传统和作风传承发扬下去，在全党形成自觉尊崇党章、切实维护党章，遵规守纪的高度自觉。“百代兴盛依清正，千秋基业仗民心”。党的十九大，对全面从严治党战略进行再动员再部署再靠实，反映了全党全军全国各族人民的共同心愿，传达了全面从严治党走深走实的强烈信号，从而开启了我党带领人民实现伟大复兴的中国梦，全面从严治党永远在路上的新时代。

二、全面从严治党要恪守和维护党章的根本地位和权威

要树立党章是推进全面从严治党的总规矩。强化党章总规矩意识，就是要用习近平新时代中国特色社会主义思想武装全党，充分认识和发挥党章在协调推进“四个全面”战略布局，推动国家治理体系和治理能力现代化建设中的根本性规范和指导作用。党的十九大把党的建设必须坚持全面从严治党的要求写入了党章。当前和今后一个时期，全党的首要政治任务是要全面学习贯彻好党的十九大精神，带头学习遵守党章各项规定，持续深入推进全面从严治党，引导广大党员干部牢固树立“四个意识”，特别是核心意识、看齐意识，始终与以习近平同

志为核心的党中央在思想上、政治上、行动上保持高度一致，始终坚持正确的政治方向。

要夯实党章作为全部政治活动的法理基础。恩格斯称："党章是党的共同法律。"这表明了党章在治党环节的极其重要地位，暨党章就是党的根本大法，是我们立党、治党、管党的总章程、总依据和总准则，在党内具有最高的权威性和最大的约束力，集中体现了党的性质和宗旨、党的理论和路线方针政策、党的主要主张，规定了党的重要制度和体制机制，是全党必须遵守的总规矩，同时明确了党的组织结构和组织规程、成员构成及其权力义务，规定了政党的行动方略和组织纪律，这是我党组织党员开展各项政治活动的法理基础。坚持以党章为根本依据，突出尊崇党章、贯彻党章、维护党章，就是要着力把党章关于党内政治生活和党内监督的要求具体化，把改革开放以来特别是近年来党中央出台的重要文件和党内法规中关于党内政治生活、党内监督有关规定和要求系统化，推动党内政治生活和党内监督制度化、规范化、程序化，使党内法规制度体系不断健全完善，为提高党管党治党水平奠定坚实的制度基础和法理支撑。

要确保党章作为全面从严治党的根本性和权威性。党章的生命力在于执行。贯彻党的十九大精神，坚定不移推进全面从严治党，关键在真抓、靠的是严管。制度不执行，只能是镜中花、水中月，再好的制度也是摆设、不管用，只有严格执行，制度的效用和价值才能充分显现。要理直气壮地要求党员严格遵守党章，牢固树立党章意识，真正把党章作为加强党性修养的根本标准，作为指导党的工作、党的行动、党的建设的根本依据，把党章各项规定落实到行动上，落实到各项事业中。"天下之事，不难于立法，而难于法之必行"。立法和守法是党章意识的两面，要实现全面从严治党，必须依党章治党，通过各种途径和形式管理党务，加强自身建设，保证党建工作都依照党法党规进行。

三、全面从严治党根本上要靠以党章为核心的法规制度

要将以党章为核心的法规制度作为全面从严治党的根本。党的十八大以来，以习近平总书记为核心的党中央坚持用法治思维和法治方式全面从严治党，突出强调了党章作为"党内宪法"，在党的建设中的根本地位和权威性。习近平总书记指出："党章就是党的根本大法，是全党必须遵循的总规矩。"正因为党章地位如此之高，位置如此之重要，党的十九大把实践中产生的重大理论观点、重大战略思想、重大工作部署写进了党章，为推进党的事业和党的建设明确了奋斗方向。党的十八届六中全会审议通过的《关于新形势下党内政治生活的若干准则》在序言部分就强调"新形势下加强和规范党内政治生活，必须以党章为根本遵循"，《中国共产党党内监督条例》第一条就明确根据《中国共产党章程》，制定本条例。无论是位阶仅次于党章的准则还是条例，一个突出的特点就是以党章为根本依据，通篇贯穿了习近平新时代中国特色社会主义思想，充分体现了全面从严治党新要求。两个重要文件的出台标志着党从顶层设计上更好地编织监督权力的制度笼子，把全面从严

治党落到实处，对增强党在长期执政条件下自我净化、自我完善、自我革新、自我提高能力，具有十分重大的现实意义。

要将党内法规制度建设作为全面从严治党的治本之策。“急则治其标，缓则治其本”。党中央在全面从严治党过程中以雷霆风暴的手段反腐败，是治标；在治标的过程中，以问题为导向，在坚持思想建党、制度治党和推进全面从严治党进程中，着手中国特色党内法规制度体系建设是治本。根据《中国共产党党内法规制定条例》规定，我党的党内法规体系包括法规和规范性文件两个层次，党内法规包括党章、准则、条例、规则、办法、细则等；规范性文件包括决议、决定、指示和实施意见等。党章是这一系列法规和规范性文件的制定依据，处在最高层级。十八届中央纪委四次全会提出了党内法规制度体系的建设“时间表”：确保到建党100周年也就是2021年时，建成内容科学、程序严密、配套完备、运行有效的党内法规制度体系。目前，党中央已连续制定和出台了《中国共产党巡视工作条例》《中国共产党廉洁自律准则》《中国共产党纪律处分条例》《中国共产党地方委员会工作条例》《中国共产党党组工作条例（试行）》《中国共产党问责条例》《关于新形势下党内政治生活的若干准则》《中国共产党党内监督条例》等重要的党内法规。这些法规的出台，初步形成了以党章为根本的党内法规制度体系框架，党内生活的一些主要领域实现了有章可循、有规可依，为全面从严治党提供了重要依据，共同形成了全面从严治党的合力。

要将完善的法规制度链条作为全面从严治党的保障。形成具有中国特色的党内法规制度体系，在规范建构上，注重党内法规制定的科学性，加强党内规范的编撰与清理，在规范执行上，通过纪检、监察、组织、人事等方式保障党内规范落到实处。特别是，党内规范的构建须实现与国家法律的衔接性，形成完善的法规制度链条，使党员干部对党内规范以及国家法律怀敬畏之心，在思想上与党的宗旨保持一致，在行动上与违法乱纪划清界限，防微杜渐。要深刻认识新时代需要党有新作为，强化党委（党组）的责任担当，增强政治意识、大局意识、核心意识、看齐意识，明确抓法规制度治党的责任清单，抓住领导干部这个“关键少数”，认真执行“一岗双责”，健全党委（党组）书记向上级党组织报告党建工作制度，建立党委（党组）班子成员向本级党组织报告履行党建工作的责任制度，健全从严治党工作述职考核考评制度，以完善的制度链条确保全面从严治党责任的落实，用习近平新时代中国特色社会主义思想为指引，“不忘初心、牢记使命”，砥砺前进，为推动全面从严治党不断向纵深发展作出贡献。

（作者：甘肃省定西市国家安全工作领导小组办公室副主任）

依法履行检察职权

蔡 宁

深入学习贯彻党的十八大、十八届历次全会和省第十次党代会精神，认真落实省十二届人大五次会议决议，切实按照人大代表审议意见改进检察工作，持续理性务实工作导向，忠实履行宪法和法律赋予的职责，各项检察工作取得新成效。

一、立足检察职能，积极服务大局

服务大局是检察机关的重大使命。省检察院始终把检察工作放在全省工作大局中谋划和推进，围绕省委、省政府重大决策部署，积极做好服务保障工作。

主动服务国有企业改革。开展检察机关服务深化国有企业改革专项调研，召开服务企业座谈会，找准检察机关服务保障的着力点和切入点。紧盯国企改革重点岗位、关键环节，依法查办国企改革中贪污、贿赂、私分国有资产和监管人员失职渎职、滥用职权造成国有资产重大损失的职务犯罪。开封市检察机关查办该市国有企业破产清算中发生的职务犯罪窝串案19人，包括市国资委原主任、副主任等县处级干部6人，有力保障了国企改革秩序。安阳市检察机关紧紧围绕钢铁行业供给侧结构性改革，出台服务钢铁园区建设15条措施，依托派驻钢铁园区检察室，积极开展送法进企业活动，受到企业的欢迎和当地党委政府肯定。在服务好国企改革的同时，牢固树立平等保护理念，积极服务保障非公有制企业发展，依法批准逮捕各类侵犯非公有制企业犯罪429件630人，提起公诉445件873人，为非公有制企业发展营造良好法治环境。

主动服务脱贫攻坚工作。研究制定服务保障脱贫攻坚工作24条意见，与省扶贫办共同部署开展为期5年的集中整治和加强预防扶贫领域职务犯罪专项工作，查办发生在扶贫资金管理、使用，项目审批、实施等环节贪污贿赂犯罪616人、渎职犯罪224人。最高人民检察院和国务院扶贫办部署，在全国开展“精准扶贫、廉洁为民”专题警示宣传教育基层行活动，我省承办了这项活动的全国启动仪式，全省检察机关和扶贫部门共举办专场宣传报告会492场次。省检察院分包商水县瓦房庄村助力脱贫工作，多名院领导多次实地督导，机关各党支部结对帮扶，派驻3名干部分别担任挂职副县长和村第一书记，有力促进了当地脱贫攻坚工作。省检察院驻村干部裴杰被评为“2016河南十大年度扶贫人物”。

主动服务生态环境整治。与省环保厅共同会签文件，建立环境资源司法执法联动机制。加强破坏环境资源犯罪专项立案监督，监督环境监管部门向公安机关移送案件250件297人。持续开展环保领域渎职犯罪专项查案活动，查办环境监管部门渎职犯罪32人。以环保领域为切入点，探索开展公益诉讼,省检察院指导洛阳市检察院支持起诉了辉鹏养殖专业合作社严重污染饮用水源地环境案件,是我省首例由检察机关支持起诉的环境公益诉讼案件,省政府专门召开新闻发布会予以公布。针对濮阳市境内发生的山东企业跨省倾倒强酸性化工废液上千吨、严重污染土壤和水资源案件,检察机关积极介入,监督环保部门将案件线索移送公安机关,22名涉案人员被追究刑事责任,并立案查处3名涉嫌渎职犯罪的环保执法人员,同时,省检察院积极联系、督促河南省环保联合会作为适格主体提起公益诉讼,指导濮阳市检察院支持起诉。目前,上述两起侵害环境公益诉讼案件均正在法院审理中。

主动服务郑洛新国家自主创新示范区建设。示范区是带动全省创新驱动发展战略的核心载体。围绕这一重大决策部署,省检察院出台充分发挥检察职能保障促进示范区建设的意见,召开由郑州、洛阳、新乡三市检察院负责人和相关职能部门参加的服务保障示范区建设推进会。特别是针对示范区开展创新改革先行先试的新特点,明确提出“两不三宽”处理原则,要求司法办案中注意做到“六个区分”“六个慎重”,依法支持改革、激励创新、保护创业、教育失误、惩治犯罪,尽量避免办案给企业科技创新和正常生产经营活动造成负面影响。组织开展侵犯知识产权犯罪专项立案监督活动,依法办理侵犯知识产权犯罪65件90人。省检察院被全国扫黄打非领导小组办公室评为“查处侵权盗版案件有功单位”。

二、维护社会稳定,促进平安建设

平安是人民幸福安康的基本要求。全省检察机关牢固树立总体国家安全观,认真履行审查逮捕、审查起诉职能,全年批准逮捕42382人,提起公诉85058人,有力促进了平安河南建设。

依法严惩危害国家安全和暴力恐怖犯罪。积极投入严打暴恐专项行动,组织召开邪教犯罪精准打击和教育转化现场会,批捕暴恐犯罪、邪教组织犯罪163人。洛阳市检察机关从办理的一起盗窃案件中挖出重大暴恐犯罪线索,有关部门据此抓获13名“伊吉拉特”暴恐分子,国家反恐办专门致信,委托最高人民检察院进行表扬。

突出打击严重危害市场经济秩序的涉众型经济犯罪。落实省公、检、法三家会签的非法集资类案件适用法律指导性意见,与公安、法院和政府有关部门密切配合,加快诉讼进度,做好资产处置工作,最大限度地追赃挽损,共批捕非法集资类案件1080件1464人,起诉1175件2599人。积极投入互联网金融整治、打击治理电信网络新型违法犯罪等专项行动,严厉惩处了一批电信诈骗、网络投资诈骗犯罪,依法批捕此类犯罪632件1528人。

坚决惩治危害公共安全和人民群众安全感的严重刑事犯罪。深化打黑除恶专项斗争,批捕黑恶势力犯罪,故意杀人、伤害,强奸犯罪6166人。依法严惩盗抢拐、黄赌毒等刑事犯罪,共批捕14980人。连续三年开展危害食品药品安全犯罪专项立案监督,派出10个督导组赴各地督促检查,监督立案危害食品药品安全犯罪201件216人。特别是“山东疫苗事件”发生后,检察机关主动作为,依法批准逮捕非法经营疫苗刑事犯罪63人,同时,深挖相关监管部门人员职务犯罪，查处渎职犯罪24人，有力保障了群众“舌尖上的安全”和就医用药安全。

积极推进社会治理体系和治理能力现代化。继续开展送法“五进”活动，2016年受教育人数91万余人。针对县乡人大换届的启动，省检察院要求全省检察机关从10个方面积极履职，依法做好服务保障工作。推进轻微刑事案件非羁押诉讼，牵头与省直政法部门制定《关于规范死刑案件民事赔偿工作若干意见》，开展律师参与化解和代理涉检信访案件工作，在4个市开展律师代理赔偿案件试点工作，积极化解社会矛盾、修复社会关系。注重对未成年人等特定人群的保护和管理，高度关注“校园欺凌”问题，开展严厉打击“校园暴力”专项行动；对234名犯罪情节较轻的涉罪未成年人决定附条件不起诉；对因受害而生活困难的涉案被害人进行司法救助，发放救助金795.4万元；对农村留守儿童、父母涉罪失管未成年人分别出台司法保护性文件，彰显司法人文关怀。根据人大代表建议，指导信阳等地检察机关，对吸毒人员、流浪乞讨人员、精神病人等特殊群体管控状况调研摸底，督促职能部门履职尽责，排除隐患。

三、加大惩防力度，坚决遏制腐败

惩治腐败是检察机关的重要政治责任。我们坚决贯彻中央省委反腐败决策部署，持续加大查办和预防职务犯罪工作力度，促进营造风清气正的政治生态。共立案侦查职务犯罪3245件4487人，其中贪污贿赂犯罪2474件3211人，渎职侵权犯罪771件1276人。去年8月，我应邀到最高人民检察院，通过视频为全国检察机关就职务犯罪侦查能力建设专题授课，介绍了我省经验做法。

突出查办大案要案。共立案侦查职务犯罪大案1615件，要案227人，其中省部级干部2人，厅级干部32人，县处级干部193人。经中央纪委移送，最高人民检察院指定管辖，依法查办了国台办原副主任龚清概，济南市原市长杨鲁豫2名省部级干部和2名厅级干部案件；配合最高人民检察院查处了辽宁省委原书记王珉案件。配合省纪委，依法查办了焦作市委原书记孙立坤、省农村信用社联合社原理事长鲁铁、省有色金属地质矿产局原局长朱东晖、鹤壁市委原副书记费银普等23名厅级干部案件。根据自身发现的线索，省检察院和有关市检察院查办了郑州铁路局原副局长李学章、省农业银行原副行长陈茂杰等7名厅级干部案件。更加注重贪渎并查，促进勤政廉政，严肃查办国家工作人员贪渎交织案件58件97人。更加注重办案效果，特别是反渎查案法律效果与社会效果的统一，新乡市检察院在初查一起有关职能部门因把关不严、监督缺位致使某企业挪用1200万元环保技改资金的渎职问题线索时，没有简单地就案办案，而是以查案促整改，一方面引导企业筹资3000余万元完成环保技术改造，另一方面向有关部门发出检察建议，督促完善制度、依法履职，实现了依法办案和服务大局工作的双赢。南阳市检察院结合查办的9件13人卫生监管人员渎职犯罪，对全市非法行医监管问题进行调研，并向市委专题报告，引起高度重视，在全市部署开展了非法行医专项整治活动，有力维护了该市医疗卫生秩序。

着力增强惩处有效性。积极落实纪法衔接要求，对于办案中发现虽不构成犯罪但具有违法违纪行为的，及时移交纪检监察部门，建议作党政纪处分。深入开展追逃追赃专项工作，全省在逃职务犯罪嫌疑人归案 100 人，境外归案 3 人，涉案款物 2 亿余元。注重依法向法院提出自由刑和财产刑并重的量刑建议，让腐败分子既付出人身自由代价，也在经济上占不到便宜。云南省委原书记白恩培案件，检察机关向法院提出适用终身监禁的量刑建议，法院判决采纳，在社会上引起了较大的积极影响。归国投案的全国“红通”第 4 号逃犯黄玉荣，目前已经提起公诉。

更加注重预防效果。牢固树立“查处腐败是政绩，结合办案搞好预防、减少犯罪是更大政绩”的理念，在严查的同时，更加注重预防、更加注重治本。坚持预防职务犯罪年度报告制度，省检察院报送的《惩治和预防惠农扶贫领域职务犯罪情况报告》，受到省委副书记、省长陈润儿批示肯定，被评为全国检察机关“十佳预防报告”。注重结合办案提出检察建议，通过办理科技部高新司原副司长胡世辉受贿案，建议完善国家科研项目专家评审机制，科技部专门致信感谢。认真开展行贿犯罪档案查询服务，共受理查询 41.7 万余次，其中出具有行贿犯罪记录 3851 件次，促进了社会诚信体系建设。发挥全省 177 个警示教育基地作用，共有近 26 万人次接受警示教育。广泛开展廉政公益海报进地铁、进机场、进商圈、上电视活动，使警示常在。省人大常委会听取了省检察院预防职务犯罪专项工作报告，对预防工作给予充分肯定，审议通过了《河南省预防职务犯罪工作条例》，为我省预防职务犯罪进一步实现法治化、社会化提供了基本依据。

四、强化诉讼监督，维护公平正义

司法公正对社会公正具有重要引领作用。我们紧盯执法不严、司法不公突出问题，强化监督纠正，努力让人民群众在每一个司法案件中感受到公平正义。

强化刑事立案、侦查和审判监督。着眼解决有罪不纠、违法办案、量刑畸轻畸重等问题，依法监督纠正侦查机关应当立案而未立案 1223 人、不应当立案而立案 494 件，纠正漏捕 1250 人，纠正漏诉 2122 人，向法院提出刑事抗诉 550 件。为有效监督纠正刑讯逼供、指供诱供问题，防止冤假错案发生，省检察院专门印发文件，严格落实“疑罪从无”原则，坚决排除非法证据，排除非法证据后作证据不足不捕 92 人、不诉 2 人。省检察院在办理一起死刑上诉二审案件中，调查认定上诉方在二审期间提供的精神病证据材料为虚假证据，建议依法排除，同时监督查处 3 名帮助伪造证据犯罪嫌疑人，有力维护了司法公正，目前该故意杀人案二审维持了原死刑判决。

强化刑事执行监督。为防止法律判决“打白条”，认真开展集中清理活动，清理纠正判处实刑未执行刑罚罪犯 501 人；为防止刑罚执行“打折扣”，解决群众反映强烈的“提钱出狱”“以权赎身”问题，监督纠正减刑、假释、暂予监外执行不当 948 人。坚持“大墙内”监督与“大墙外”监督并重，建立 56 个社区矫正检察信息平台，监督纠正在社区矫正过程中的脱管漏管 266 人。

强化民事行政诉讼监督。坚持监督纠错与维护司法权威并重，依法提出民事行政抗诉 361 件，发出再审检察建议 481 件、民事行政审判活动违法检察建议 915 件，依法作出不支持监督申请决定1548件，并协助法院做好释法说理、息诉服判工作。部署开展虚假诉讼专项监督活动，全年监督纠正虚假诉讼案件88件，移送追究党政纪责任14人，刑事立案7人。周口市检察院成立了全省首个行政检察部门，平顶山市委专门听取行政执法检察监督工作汇报，并下发加强此项工作的意见。积极探索社会公益检察保护工作，支持起诉36件涉及国家利益、社会公共利益和弱势群体利益的公益诉讼案件。

严肃查处司法腐败。依法查处执法不严、司法不公、虚假诉讼背后的徇私枉法、滥用职权、索贿受贿等职务犯罪行为，共立案查处司法人员233人。安阳市检察院支持抗诉的李冲强奸案，在依法监督纠正错误认定的立功情节的同时，深挖虚假立功背后的渎职犯罪，2名侦查人员和1名辩护律师分别被判处有期徒刑，原案被告人李冲由原判有期徒刑8年改判为有期徒刑10年。

五、加强自身建设，提升履职能力

打铁还需自身硬。全省检察机关认真落实全面从严治党、全面从严治检方针，切实加强自身建设，努力提升法律监督能力，打造过硬检察队伍。

坚持抓党建、带队建。强化"四个意识"，特别是核心意识、看齐意识，坚定维护以习近平同志为核心的党中央权威，确保中央、省委重大决策部署在检察机关得到全面贯彻执行。扎实开展"两学一做"学习教育，各级院检察长带头讲党课，组织巡回演讲和微型党课竞赛，认真贯彻《检察官职业道德基本准则》，举行检察官宣誓仪式，组织三级院全体干警开展党纪检纪理论测试和知识竞赛，检察干警党的观念、纪律观念和职业道德观念进一步增强。加强法律监督能力建设，大力开展正规化分类培训，省检察院举办培训班49期，培训干警6959人次；开设专家讲堂，组织重大典型案件庭审观摩，分类组织精品案件、业务能手评选，去年有4名干警被评为全国检察业务标兵、办案能手；4名干警被评为全国检察业务专家，我省全国检察业务专家达到12名。与省人社厅共同组织第二届专业技术职称评审，521名检察技术人员获得法医、文检、司法会计等专业技术职称。

坚持抓规范、强公信。在2015年全面开展规范司法行为专项整治工作基础上，部署开展"回头看"活动，重点围绕职务犯罪侦查工作"八项禁令"，集中整治违规适用指定居所监视居住、执行同步录音录像制度不严格、限制律师执业权利、涉案款物管理处置不规范等问题，开展案件评查活动36次，评查案件1250件。注重眼睛向内开展反向审视，结合涉检信访案件主动查找、反思、解决司法不规范问题，举一反三，改进工作，做法受到中央政法委、最高人民检察院肯定和总结推广。注重从制度上解决问题，修订完善职务犯罪指定居所监视居住、同步录音录像等6个规范性文件，推动规范司法常态长效。在规范司法问题上，省检察院态度坚定、明确，对于因司法不规范侵害当事人合法权益、损害司法公正的，坚决依纪依法查处，决不护短、决不手软。2016年，因违犯办案纪律给予有关责任人纪律处分6人。

坚持抓监督、严管理。认真开展"主体责任深化年"活动，将各级检察机关党组主体责任细化为可以量化分值的内容，并明确规定"一票否决"事项，促进主体责任不断走向“严实硬”。对8名履行主体责任、监督责任不力的领导干部进行了追究，其中有2名厅级干部。做好中央巡视组“回头看”反馈意见整改落实，同时扎实推进检察系统巡视巡察工作制度化、规范化，对3个市级检察院党组和河南检察职业学院党委进行了巡视，组织4个市级院检察长到省检察院述职述廉。紧盯自身作风问题新动向，紧盯司法岗位和办案一线，对19个市级检察院和46个基层检察院开展检务督察，实名通报问题20余个。严肃处理违法违纪检察人员55人。

坚持抓基层、打基础。加大对基层检察院帮扶指导力度，对22个基层检察院进行抽样评估，挑选业务骨干组成讲师团赴基层开展“巡讲”活动。树立向科技装备和信息化要战斗力的观念，积极推进科技强检和“互联网+检察”工作模式，提升检察工作信息化、科技化水平。组织开展检察好故事评选活动，弘扬法治正能量。大力开展创先争优，全省187个检察院中，已创建全国文明单位20个，省级文明单位158个；11个基层院被评为“全国先进基层检察院”。河南检察职业学院被确定为全国检察机关民事行政检察特色培训基地。年仅47岁的新郑市检察院干警陈玉柱积劳成疾，在工作岗位上突发心脏病，不幸殉职，省检察院为其追记个人二等功并作出向其学习的决定。

坚持抓改革、促发展。根据省委批准的司法体制改革试点方案，省检察院成立检察官遴选委员会办公室，出台检察官权力清单，安阳、许昌两市6个试点院首批233名检察官入额工作已在2016年10月完成。在总结试点工作基础上，组织全省三级检察院7475人参加检察官入额考试，业绩考核和民主测评工作已基本结束，入额检察官遴选检察院环节的工作将在春节前完成。下一步重点在深化司法责任制上下功夫。其他方面的改革也都在积极有序推进。

六、主动接受监督，推进“阳光检察”

监督者更要接受监督。全省检察机关坚持深化检务公开，注重在监督下改进、提升检察工作。

自觉坚持党的领导。认真落实党内请示报告制度，重要工作部署、重大事项、重大案件和重要改革措施，及时主动向省委、省委政法委请示报告。严格执行职务犯罪要案请示报告制度，坚决落实省委指示要求。前不久，省委常委会听取了省检察院党组工作汇报，在充分肯定基础上，对我们提出新的要求。

积极接受政协民主监督和社会各界监督，认真办理政协委员转交案件2件。充分发挥人民监督员、特约检察员和专家咨询委员参与检察决策、监督司法办案等作用，认真听取律师意见，虚心接受公安、法院的监督制约。深化检务公开，通过组织召开新闻发布会，开展举报宣传周、“检察开放日”活动等多种形式，主动接受社会监督。共发布35243件符合公开条件的不起诉决定书、起诉书、抗诉书等法律文书，发布18498件重要案件信息，公开109104件案件程序性信息。加强检察官方微博、微信、客户端建设和应用，河南检察新媒体分别获全国检察新媒体年度特殊贡献奖和全国检察微博20强、全国检察微信20强。

紧紧围绕建设经济强省目标，以推进检察工作强省建设为抓手，全面履行检察职责，着力做好六个方面的工作。

一是着力服务大局。找准全面建设检察工作强省与建设经济强省目标的结合点和着力点，特别要围绕我省"四大战略规划、四大战略平台""三大提升""三个高地"建设、国企改革、脱贫攻坚、生态环境保护、供给侧结构性改革、党的建设等履职尽责，确保全省检察工作融入全局、服务大局。

二是深入推进平安河南建设。强化总体国家安全观，依法严惩暴恐、邪教和其他严重刑事犯罪，积极参与打黑除恶专项斗争和其他专项行动，全力保障政治安全、公共安全、金融安全和网络安全。认真化解社会矛盾纠纷，积极推动社会治安防控体系建设，努力促进社会和谐稳定，为平安河南建设作出贡献。

三是持续做好查办和预防职务犯罪工作。坚决落实中央省委反腐败决策部署，坚决拥护国家监察体制改革，强化政治担当，今年要一如既往地履行好宪法和法律赋予的反腐查案职责，坚持力度不减、节奏不变，持续抓好惩治和预防职务犯罪工作。突出查办影响重大战略实施、关键改革措施推进的职务犯罪案件和发生在群众身边、严重危害群众切身利益的职务犯罪案件，以及为官不为、失职渎职造成严重后果的职务犯罪。以贯彻落实《河南省预防职务犯罪工作条例》为契机，深化预防职务犯罪工作，促进形成不敢腐、不能腐、不想腐的政治生态。

四是切实维护社会公平正义。全面加强刑事、民事、行政诉讼监督工作，积极推进诉讼监督向主动监督、全程监督转变，努力维护执法、司法的公平公正。探索开展公益诉讼工作。严格落实"罪刑法定""疑罪从无""非法证据排除"等原则和规定，强化程序公正意识和人权保障意识，严防冤假错案发生。

五是扎实推进以司法责任制为核心的各项检察改革。按照统一部署，推进各项司法体制改革任务落实落地，特别是要把深入推进和完善司法责任制作为司法改革的重中之重，着力构建公正高效的检察权运行机制和公平合理的司法责任认定追究机制，切实把司法责任制全面落实到检察工作中去，使进入员额内的检察官真正担负起办案责任，提高办案质量。

六是强化过硬检察队伍建设。要进一步加大全面从严治党、全面从严治检的力度，严格落实管党治党主体责任，更加注重对检察队伍的教育、管理和监督。切实强化自身反腐倡廉和纪律作风建设，把握好监督执纪"四种形态"，对违法违纪干警做到早发现、早教育、早处理。持续抓好司法规范化建设，切实解决司法办案突出问题。忠实履行法律监督各项职责，为建设经济强省、决胜全面小康，让中原更加出彩作出应有贡献，以优异成绩迎接党的十九大胜利召开！

（作者：河南省高级人民检察院检察长）

海洋新闻人的责任与担当、创新与使命

赵晓涛

从中国共产党的发展历史看，新闻舆论工作为我们党取得革命胜利，建立新中国起到了非常重要的作用。

中国共产党第十九次全国代表大会于2017年10月18日在北京开幕，习近平总书记代表第十八届中央委员会向大会作了精彩报告。报告旗帜鲜明、高屋建瓴，深邃精辟、气势磅礴，深刻回答了事关党和国家长远发展的一系列重大理论和实践问题，提出了一系列新的重大思想观点、重大判断、重大举措，指明了实现“两个一百年”奋斗目标和中华民族伟大复兴中国梦的前进方向。报告通篇闪耀着马克思主义真理的光芒，充分体现了大国大党的大历史观和大时代观，是一篇当代马克思主义的最新成果之作，是中国特色社会主义进入新时代的开篇之作，是实现中华民族伟大复兴的奠基之作。

党的十九大报告对意识形态和新闻舆论工作作出了重要部署和要求：牢牢掌握意识形态工作领导权。意识形态决定文化前进方向和发展道路。高度重视传播手段建设和创新，提高新闻舆论传播力、引导力、影响力、公信力。加强互联网内容建设，建立网络综合治理体系，营造清朗的网络空间。落实意识形态工作责任制，加强阵地建设和管理，注意区分政治原则问题、思想认识问题、学术观点问题，旗帜鲜明反对和抵制各种错误观点。这足以显示了以习近平同志为核心的党中央对新闻宣传工作的高度重视。

国家海洋局党组历来重视新闻舆论宣传工作。国家海洋局党组书记、局长王宏在视察中国海洋报社时指出，要充分发挥耳目喉舌的作用，准确把握新常态下海洋工作面临的新形势，进一步梳理报道思路、明确宣传重点，在原有的工作基础上，围绕核心，服务大局，开拓进取，再上新台阶。

百舸争流，千帆竞发。这几年，海洋事业飞速发展，新闻媒体飞速变化，海洋新闻宣传出现了多样性、立体化、组合式的新模式。在体制改革的大潮中，在媒体变革的涌动下，中国海洋报社提出“以服务求生存，以创新谋发展”的理念，全面提升服务意识，全面实施创新战略，全面凸显海洋特色。

无冥冥之志者，无昭昭之明；无惛惛之事者，无赫赫之功。要实现“以服务求生存，以创新谋发展”，除了持之以恒地以新闻规律生产新闻作品外，还必须要做到“突出一个重点，搭建两个平台，建设三个中心，实现四个突破。”这是海洋报社今后发展的“一二三四”战略布局。

一、突出一个重点，就是突出为党中央、国务院制定的海洋战略发展，国家海洋局强调的各项工作服务

坚持突出这个重点不动摇。报纸头版和网站头条或置顶新闻专属这个重点，必须做

足用好。凡是围绕这个重点开展的工作、突出的人物、亮点的事件、先进的经验、创新的方法等，均可择优给予重头稿件、重要版面、突出位置。我们将围绕这个重点，根据报道时机，策划相应选题，定时派出优秀采编人员到沿海各单位采写，精心编辑、精心排版。

二、搭建两个平台，即海洋新闻传播平台和海洋文化发展平台

搭建海洋新闻传播平台，就是深度整合一报一网、两微一端及视频资源，快速推进全媒体建设，拓展媒体之间的合作渠道，形成符合现代媒体的发展模式。采用多样性、立体化、组合式、全方位的传播理念，迅速报道海洋新闻，准确发布海洋资讯，全面分析海洋局势，权威解读海洋政策，深度采写海洋事件，大力宣传海洋人物。

搭建海洋文化发展平台，任务是生产特色产品，目标是繁荣海洋文化，提升全民族的海洋意识。自古以来，我国就有着优秀的海洋文化作品，“鹏之徙于南冥也，水击三千里，抟扶摇而上者九万里”“春江潮水连海平，海上明月共潮生”“可上九天揽月，可下五洋捉鳖”等等。这些脍炙人口的海洋文化作品虽然流传千古，但不深刻，数量也有限，大多描写自然景色。

建设海洋强国离不开发展和繁荣海洋文化。海洋文化既是先导，也是动力，既是海洋事业之花，也是海洋事业之果，内涵丰富、外延广博。影视、小说、诗歌、散文、书法、动漫等等都属于海洋文化之列。近几年，海洋报社在繁荣海洋文化方面做了许多努力。与中央电视台联合制作了纪录片《南极大救援》，获得优秀纪录片奖；出版了为国家海洋局成立 50 周年、极地考察 30 周年的献礼之作——“极行军”系列图书。其中一本《极至》登上“百道——中国好书榜 2014 年 11 月榜单（共 20 名）”，也是“蓝色星球之爱——世界地球日新知图书推荐”的书目之一。今后，我们还将组织创作重大题材剧本，拍摄并争取向社会发行；邀请国内知名作家，对已经发生的重大海洋事件进行深入采访，创作相应的纪实文学作品。此外，我们还会继续培养创作力量，对未发生的重大海洋事件，有能力、够精彩地记录下来。

三、建设三个中心，即海洋新闻信息中心、海洋资讯发展中心和海洋传媒人才中心

海洋新闻信息中心重点记录、收集、整理、存档公众关注的重大海洋事件资料、可圈可点的海洋人物资料、精彩有趣的历史故事资料等等，成为中国海洋领域最权威、最准确、最丰富的信息源。现在，我们正在建设海洋图片库、海洋网上博物馆等，开展了各种展览活动。

海洋资讯发展中心通过报纸、网站、两微一端，发布各种海洋信息，提供相应资讯服务。如，宣传海洋有关法律法规，介绍海洋各类科普知识，解析海洋政策文件，提供点对点问题答疑，等等。

海洋传媒人才中心以知名专家、新闻写手、潜力人群为依托，既建立智库，也浇灌花蕾。报社拥有海洋领域众多的院士、专家、学者、教授资源，借助他们的智慧，结合报社力量，在重大战略的研究和推动上，在重大政策的制定和解读上，在重大问题的应对和解决上，群策群力、献智献计，为海洋事业不

断前进助力。报社还拥有一支400多人的通讯员队伍，就像一朵朵含苞待放的花蕾，一旦遇到重大海洋事件，一旦涌现先进海洋人物，一旦需要落实宣传任务，在报社的组织引导下，就会绚丽绽放，镶嵌在祖国一万八千公里海岸线上，光彩夺人。只要发挥这些人力资源的优势，策划、创新、加工、研究、引导各类海洋选题，就能百花齐放、百家争鸣。

四、实现四个突破，即新闻宣传工作、影响力、经济效益和人才工作新突破

一是通过突出一个重点，实现新闻宣传工作的新突破。新闻宣传工作一直是报社的中心工作。我们将坚持这个中心不动摇，为海洋事业发展的各项工作服务。首先，宣传国家重要海洋战略和各项海洋政策方针。既宣传海洋强国战略的深刻内涵，为建设海洋强国鼓与呼，又以"21世纪海上丝绸之路"倡议为载体，把海洋强国的概念具体化、生动化。此外，还将法律规划、经济发展、维权执法、生态文明、海洋管理、防灾减灾、科技创新、国际合作、极地大洋科考的故事写出来、传出去；把海洋人善于创新、勇于开拓、甘于寂寞、乐于奉献的感人事迹挖掘出来、广布天下。其次，培育和传播海洋文化，为海洋强国战略营造良好的文化氛围。再次，发掘和弘扬海洋精神，为海洋强国建设注入动力源泉，弘扬正能量，传播正形象。四是积极宣传海洋科普知识，使全国人民进一步认识和了解海洋，提升全民族的海洋意识。

二是通过媒体合作，推动新闻广泛传播，实现影响力的新突破。目前，我们与中央电视台、中央人民广播电台、中国网、凤凰网达成战略合作关系，报纸刊登的新闻信息被广泛转载。在中央行业新闻网站传播力排行榜中，报社微博、微信传播力实现了新媒体不但榜上有名，而且名列前茅的好成绩。但是，海洋报在陆域影响太小，海洋事件在陆域的影响也太小。今后，报社在做好采写工作的同时，将邀请有重大影响力的媒体联合采访，扩大影响力。同时，重奖获得中国新闻奖、长江韬奋奖等有功人员，以鼓励创作优秀的新闻作品。

三是通过深入挖掘海洋文化，实现经济效益的新突破。如何培育和传播海洋文化，是一个新课题，也是报社的必修课和重要责任。广义地讲，与海洋有关的文化活动、文化现象、文化作品都属于海洋文化范畴。但纵观中国历史，海洋文化的确非常单薄。除了东南沿海的"妈祖文化"外，在内地人心目叫得响的海洋文化主题还真不多。因此，报社要积极主动地营造"海洋文化圈"：在形式上，要成立海洋文化发展与传播中心；在做法上，要与国内相关文化团体合作，开展丰富多样的海洋活动；在收益上，要创作出叫好又叫座的优质产品，逐渐走出合作开发、吸引投资、扩大市场的路子。比如创作并拍摄《走进海洋》系列纪录片，登岛屿、上渔船、下海底、探礁石、进渔家……这些题材对于内陆的人来说，都是神秘的、少见的，而神秘和稀少就是影视作品的最大看点。我们将创新体制机制，引入市场竞争，把做好海洋文化产品当作树立品牌、名牌的一个新的手段，当作报社发展的一个新的经济增长点，努力生产出社会影响好、投资回报高的文化作品。

四是通过创新体制机制，实现人才工作的新突破。在这个信息爆炸的时代，不缺少

信息，但是缺少对信息的筛选与辨析；不缺少意见和意见表达，但是缺少权威声音和事实真相；不缺少传播者，但是缺少具有专业能力强、政治敏感高、市场嗅觉灵的生产者和发布者。任何事业发展，离不开人才。目前，就报社来讲，优秀记者、全媒体记者、综合性人才缺乏；就海洋系统来讲，优秀通讯员、写作能手、新闻敏感强的人才缺乏。这就导致很多好题材、好故事生产的数量还不够、品种还不多。这与海洋事业发展、海洋强国建设的实际不符，与繁荣海洋文化的条件不符，与沿海各单位的宣传需求不符。因此，我们将探索新体制、新机制，吸引更多的人才关注文化建设，培养更多的人才参与文化建设，培训更多的人才助力文化建设。

中国海洋报社是海洋领域新闻宣传重要阵地和重要力量，是海洋领域的传媒旗舰，责任重大，使命光荣。今后，我们将以十九大精神为指引，在新闻舆论工作中将十九大精神认真贯彻落实，并继续认真贯彻党中央、国务院的相关要求，继续认真贯彻国家海洋局党组的各项指示精神，坚持正确的舆论导向，以服务求生存，以创新谋发展，进一步全面推进海洋新闻宣传事业，在建设海洋强国的进程中发挥积极作用，做出应有贡献。

（作者：中国海洋报社社长、总编辑）

抓党建带队伍促审判

——湖南省高级人民法院行政一庭党建工作行与思

曾新田　张坤世　潘敏华

湖南省高级人民法院行政一庭党支部成立于1988年初，现有党员21名，其中支委5名。近年来，该党支部紧紧围绕工作中心，积极开展创先争优活动，全面加强思想、政治、组织、作风和制度建设，推动了各项工作的发展。2010～2016年连续七年，行政审判工作的主要绩效指标排全国前列；在院机关绩效考核中连续六年位列审判岗位前三名，被评为先进集体、先进党支部。2011年被评为全省法院先进集体，2012年被评为“创先争优先进基层党组织”，2016年被推荐为“省直机关先进党支部”。

一、紧扣实际，明确工作目标

以贯彻落实党的十九大精神和“两学一做”学习教育活动为契机，深入开展习近平总书记系列重要讲话和党章党规的学习，深刻领会和把握“新时期中国特色社会主义思想”的精神实质与核心要义，切实以党的十九大精神武装头脑、指导实践、推动工作；紧密联系党的理论创新和实践创新进程，牢牢坚持党对人民法院工作的绝对领导，时刻树立遵纪守法意识，坚持公正司法、一心为民的审判理念。引导全庭同志增强党的意识和党员意识，做到政治身份和职业身份同等重要，党员义务和法官职责同样履行。

针对一个时期我省行政审判工作在省院机关绩效考核中排位靠后，与全国先进地区差距越来越大的实际，行政一庭党支部分析形势，鼓舞士气，强化敢于争先、勇于争先、善于争先的意识，提出了“三年内重新进入全国前10名”的工作目标，明确了“一审行政诉讼案件收案数年增长率达到20%、法定审限内结案率达到100%、案件评查合格率达到100%、协调结案率不低于45%、申诉上访率不超过5%”的工作要求。

同时，明确全庭人员尤其是党员干部的岗位工作职责，确保“人人肩上有担子，项项工作有要求”，提出了争创“五好”先进党支部、院机关先进集体的奋斗目标。全庭每个党员积极参加由省直工委主办的“我是一名共产党员”网上大讨论，对照“五个带头”的基本要求进行自查，在增强党性观念、提高自身素质、促进工作发展、深化服务质效等方面，作出郑重承诺，并在宣传栏上公布，主动接受监督。

二、精心组织，营造良好氛围

为了确保各项工作的有序进行，行政一庭党支部制定方案，细化措施，精心组织，努力营造“学有先进、比有榜样、赶有目标”的积极向上、奋勇争先的工作氛围。

一是把党建工作与“忠诚、为民、公正、廉洁”的政法干警核心价值观教育结合起

来。认真开展“两学一做”，教育引导全庭党员干部树立正确的人生观、价值观和权力观，自觉以先进典型为榜样，以群众满意为目标，切实转变工作作风，改善服务态度，更新办案理念，取得了明显成效，得到了当事人的好评，不少当事人给行政一庭送来“执法为民”“司法为民”“执法如山”等锦旗和牌匾。

二是把党建工作与促进审判工作结合起来。每年年初在研究部署各项工作时，将争创工作与党建工作、审判工作一并研究、一并部署，明确年度争创目标、工作要求和具体措施，做到统筹兼顾。工作中，坚持每月对本庭办案法官绩效进行通报，对全庭各项工作半年一小结、全年一总结；支部书记对本庭党员干部的工作情况每月进行一次点评，肯定成绩，指出问题，提出努力方向，把创先争优活动作为支部建设的一项经常性工作常抓不懈。

三是把党风廉政建设与各项工作结合起来。通过支委会、支部大会、民主生活会、个别谈心等形式，教育和引导全体干警树立正确的义利观、廉政观。落实党风廉政责任制，强调不能因为行政庭廉洁风险相对较小而有任何松懈，强调不能认为“小节无大碍”而有任何麻痹，要求认真算清“得失账、名利账、家庭账”，时刻绷紧廉洁弦，自觉抵制和防止各种不廉洁的行为，维护人民法院和人民法官的良好形象。近年来，行政一庭法官没有发现一例违法、违纪行为。

三、完善机制，确保工作实效

行政一庭党支部根据行政审判的特点和我省实际，积极探索，建立健全各项规章制度，形成了“指标引领、绩效考核、监督指导、整体推进”的工作格局。

一是内部工作规范化。为确保庭内各项工作的规范有序开展，支部在健全完善岗位目标责任制、党风廉政建设责任制、思想政治工作责任制等各项工作制度的同时，制定了本部门的司法绩效考核办法，坚持“绩效优先、兼顾公平”的原则，将个人司法绩效作为年度考核、评先评优的主要依据，真正做到用制度管人、管事、管案。近年来，该庭在收案数大幅增加的情况下，法定审限内结案率均达到100%，无一件超审限，无一件被上级法院改判或发回，质量评查得分平均在98分以上。五年来，全庭21位同志有37人次获记功、嘉奖或表彰等奖励。

二是指导监督制度化。该庭在全国率先制定了行政审判绩效考核办法，用5个一级指标（即诉权保护、审判质量、审判效率、权益实现、司法规范），19个二级指标，从不同方面明确工作目标和考核要求。根据工作重点，坚持每两个月以中院为单位进行质效排位通报，严密监控行政审判质效各项主要指标的变化，对指标反映出的异常情况，及时与中院分管副院长和庭长交换意见。设立行政审判工作基层联系点，以点带面，促进工作。对工作中出现的具有普遍性的问题，认真调研，及时出台指导意见，促进了全省行政审判工作的平衡健康发展。

通过五年持续不断地努力，到2016年，全省法院一审行政诉讼收案数上升到10563件，增幅居全国第2位；行政案件上诉率比全国平均低4个百分点，居全国第5位；发改率为1.6%，比全国平均低2个百分点，居第4位；申诉率为4.2%，远低于全国平均的9.7%，居第3位。行政审判案例指导组织工作被评为全国先进；先后应邀在全国法院行政审判工作会议上，就行政案件的协调、行政审判绩效考评工作和降低申诉上访率作经验介绍。“司法与行政良性互动，共同预防和化解行政争议”及每年出具全省法院行政案件司法审查报告的做法，得到省委领导的批示肯定，最高法院强力推介，《人民法院报》和《法制日报》均作了深度报道。在全省政法工作会议上，湖南高院行政一庭介绍了相关经验。

成绩只能代表过去。下一步，行政一庭党支部将在三个方面继续着力，争取各项工作上一个新台阶，以实际行动贯彻落实十九大精神。

一是提升为民意识。司法为民是党的为人民服务宗旨在司法领域中的具体体现；公正审判是党建的出发点和落脚点。司法为民要求司法从业人员增强服务意识，时刻提醒自己为民、利民、便民的职责，用好手中衡量利弊的标尺、定纷止争的法碰，在每个案件中严格落实司法为民、公正司法，提高司法公信力的职责。同时，对违纪行为早发现、早提醒、早纠正，并且持续整改作风突出问题，坚决纠正损害群众利益行为，避免“以权压法”“以言代法”的现象发生。

二是突出工作重点。在三大诉讼中，行政诉讼调整的是不平等主体之间的行政法律关系，行使审查监督各级行政机关行政行为合法性的重要职责，体现的是司法权对行政权的监督与维护机制。从这个意义上说，行政诉讼更能体现宪法和法律的权威，更有利于树立法治形象及公信力。因此，必须在思想上根除行政审判“超前”“难有作为”等认识误区，切实增强搞好行政审判工作的自觉性和坚定性，开拓进取，在提高行政审判工作质效上有所作为，让人民群众在每一个行政案件中都感受到公平正义。

三是完善监督机制。内部监督是根本，外部监督是保障。一方面落实法官的考评测评机制，完善考核办法，量化考核指标，从测评看党性，以考核促落实，使全庭同志牢固树立“四个意识”，坚定“四个自信”，时刻检验自己的党性修养、为民意识。另一方面深入落实中央八项规定和湖南省委九项规定，在求真务实上下功夫，切实转变工作作风。通过开通举报热线、领导过问窗口，完善信访接待平台等措施，对违法违纪行为从严查处，坚决防止法官办“关系案、人情案、金钱案”，确保法官清正、法院清廉、司法清明。

（作者单位：湖南省高级人民法院）

第十三部分

高校思想政治工作研究

旗帜鲜明地抓好高校思想政治工作

金德水

习近平总书记在全国高校思想政治工作会议上的重要讲话，从全局和战略高度，深刻回答了事关高等教育事业发展和高校思想政治工作的一系列重大问题。做好高校思想政治工作，要认真学习贯彻讲话精神，牢牢掌握党对高校的领导权，使高校成为坚持党的领导的坚强阵地，把党建和思想政治工作优势转化为高校发展优势。

准确把握新形势下高校党委管党治党、办学治校的责任使命

当前，全球范围的教育竞争、科技竞争、人才竞争不断加剧，对我国高校改革发展各项事业提出新的更高要求，也赋予高校党委更为重大的责任使命。我们要立足中国特色社会主义事业全局，牢牢抓住党建伟大工程“龙头”，切实承担起管党治党、办学治校的主体责任，进一步把方向、管大局、做决策、保落实，引领推动高校真正成为担当历史重任、争创一流成果，实现民族复兴伟大事业的强大力量。

着眼交流互鉴，加强统揽全局，为扎根中国大地办大学把好方向。习近平总书记指出，我国有独特的历史、独特的文化、独特的国情，决定了我国必须走自己的高等教育发展道路，扎实办好中国特色社会主义高校。要坚定扎根中国大地办大学的目标定位和路径选择，确保党委始终成为坚持正确办学方向的“舵手”。要坚定道路自信、理论自信、制度自信、文化自信，以中华优秀传统文化的智慧内涵塑造品牌、扩大话语权。

着眼意识形态斗争新变化，加强思想引领，为培养合格建设者和可靠接班人定好基调。习近平总书记指出，要坚持不懈传播马克思主义科学理论，坚持不懈培育社会主义核心价值观，引导广大师生做社会主义核心价值观的坚定信仰者、积极传播者、模范践行者。在思想文化交流交融交锋日益激烈、多元化利益诉求日趋凸显、境外意识形态渗透暗流潜行、网络负面信息伺机扩散的严峻形势下，坚持党的领导，筑牢意识形态阵地，不断强化立德树人的根本任务，是固本工程、铸魂工程，更是办好让党放心、人民满意的高等教育的必然选择。2015 年教师节前夕，习近平总书记表达了他对浙江大学教师的节日祝贺和殷切期望，希望浙江大学在源源不断培养和造就一代又一代社会主义事业的合格建设者和可靠接班人方面走在前列。我们要牢记习近平总书记嘱托，建设一支信念坚定、师德高尚、业务精良的教师队伍，保证高校始终成为培养社会主义事业合格建设者和可靠接班人的坚强阵地。

着眼建设创新型国家新要求，夯实支撑，为服务国家重大急需贡献力量。在新的历史条件下，创新是大势所趋、国家命运所系，也是大学责任所在。实践证明，高校在解决重

大科研问题、实现科技创新的加速突破上潜力巨大。我们要加强党建，发挥制度优势，集中科研力量实现重大突破，打造高水平、强辐射的创新源和思想库，更加自觉地促进经济社会的发展创新。

着眼高等教育强国新战略，深化改革，为加快建成世界一流大学集聚动力。高等教育发展水平是一个国家发展水平和发展潜力的重要标志。对标国家“双一流”建设目标和社会期待，我国大学还存在一定的差距，迫切需要我们增强党建工作在筑牢基础、抢抓机遇、凝聚师生、推动发展等方面的重要作用，以全面深化综合改革激发活力和创造力，进一步提升办学治校能力水平，早日实现建成世界一流大学目标。

奋力开创高校思想政治工作和党的建设新局面

围绕党中央对建成高水平大学的要求，浙江大学党委按照“实施党建伟大工程，实现党的伟大事业”的总体要求，切实加强思想政治工作和党的建设，取得了积极成效，形成了有益经验。

坚持把握社会主义办学方向不动摇。习近平总书记强调，我们的高校是党领导下的高校，是中国特色社会主义高校。我们要全面贯彻落实党的教育方针，坚持和完善党委领导下的校长负责制，实施“培育时代高才、构建学科高峰、打造科研高地、汇聚名师高人、积累文化高度、探索改革高招”的“六高强校”战略，主动服务国家区域发展。坚持马克思主义指导地位，通过与浙江省委宣传部共建马克思主义学院、传媒学院，实施“马克思主义理论研究和建设工程”等，加强马克思主义中国化、时代化、大众化研究。与全校56个院级党组织签订意识形态工作责任书，确保“学术研究无禁区但要有规范、课堂讲授高水平且要有纪律”。

坚持聚焦立德树人根本任务不动摇。“为谁培养人、培养什么人、如何培养人”始终是高校的核心使命。学校重视育人工作，深入开展教育教学大讨论，构建起以立德树人全面发展为导向的人才培养体系。实施“育人强师”全员培训计划，组织教师干部赴井冈山、延安等革命老区接受理想信念和革命传统教育。连续六年实施“新生之友”寝室联系制度，校领导、两院院士和广大教授带头与本科新生寝室建立一对一联系。面向学生党员开展“先锋学子”全员培训，重点做好理论教育和党性教育。强化网络思政工作，建成一支善用“网言网语”引领舆论的“求是网军”队伍。

坚持发挥党组织和党员作用不动摇。党的工作最坚实的力量支撑在基层，我们充分调动各级党组织和广大党员的主动性、积极性，发挥应有的战斗堡垒和先锋模范作用。学校建立了院系党政联席会议制度和院级党组织书记抓基层党建述职评议制度，推动落实党内政治生活制度化常态化。坚持重心下移、资源下沉，倡导党员为群众办实事，实施“事业之友”党员与非党员教职工结对联系制度。不断强化党建条件保障，确保党支部有责有权。

坚持落实师生为本办学理念不动摇。将依靠师生、服务师生、成就师生作为工作的出发点和落脚点，努力为师生创造一流的成长发展环境。学校建立校领导班子成员联系院系、民主党派、党支部等制度，开展“书记有约”“校长有约”活动，畅通校领导与师生交流的渠道。建设行政服务办事大厅，全面梳理学校“责任清单”“审批清单”和“服务清单”。坚持和完善以“双代会”为基本形式的民主管理制度。加强对统战工作的指导，成立社会主义学院，积极发挥党外人士在学校改革发展中的作用。改善教职工待遇，保障教师安居乐业。

坚持营造风清气正发展环境不动摇。作为真善美的殿堂，大学应以更高的标准和更严的要求，不断强化政治纪律和政治规矩。学校切实落实党风廉政建设党委主体责任和纪委监督责任，发挥院级单位纪委作用，建立和推进内部巡查制度。深化反腐倡廉建设和反腐败工作，完善领导班子民主集中制和“三重一大”决策制度，端正选人用人风气，建设素质过硬的干部队伍。加强科研经费、资产处置、成果转化等重点关口的过程管理和风险防控，全力实施招生“阳光工程”。坚决贯彻中央八项规定精神，加强党的优良传统和作风教育，在校院两级公务接待、公务用车、办公用房、出国（境）管理等方面深入自查自纠，持之以恒抓好整改落实。大力开展平安校园建设，维护校园和谐稳定，营造“心齐、气顺、劲足、实干”的良好氛围。

（作者：浙江大学党委书记）

高校思政课:坚持在改进中加强

顾海良

习近平总书记在全国高校思想政治工作会议上发表的重要讲话,在深刻阐明加强和改进高校思想政治工作的重大意义、目标定位、主要任务和基本要求等一系列重大问题中,对高校思想政治理论课建设提出了要"坚持在改进中加强"的总体要求,为加强高校思政课建设的科学性、针对性和实效性,提供了理论指导和实践指南。

"坚持在改进中加强"的总体要求中,关于高校思政课的建设目标和教学要求、教学目的和任务、教学体系和教学内容问题,是提升高校思政课建设质量和水平的重点。

从高校立身之本在于立德树人的高度,加强高校思政课建设目标和教学要求的认识,提升"坚持在改进中加强"的信心和信念

习近平总书记的重要讲话强调,高校思想政治工作关系"高校培养什么样的人、如何培养人以及为谁培养人"这个根本问题,高校要把思想政治工作贯穿教育教学全过程,坚持把立德树人作为中心环节,实现全程育人、全方位育人。在解决好这个根本问题中,高校思政课起着特殊重要的作用,发挥着理论武装、政治引领、思想教育和道德修养等方面的重要作用,起着正确的世界观、人生观、价值观形成和教育的重要作用。"坚持在改进中加强",重要的是要提高高校思政课在"培养什么样的人、如何培养人以及为谁培养人"这个根本问题上的地位和作用的认识,紧紧围绕"培养什么样的人、如何培养人以及为谁培养人"这个根本问题,真正提升办好高校思政课的信心和信念,切实提高高校思政课的质量和水平。

从决胜全面建成小康社会历史进程的高度,提高高校思政课建设目的和任务的认识,明确"坚持在改进中加强"的基本方向和必要措施

习近平总书记的重要讲话强调,我国高等教育发展方向要同我国发展的现实目标和未来方向紧密联系在一起,为人民服务,为中国共产党治国理政服务,为巩固和发展中国特色社会主义制度服务,为改革开放和社会主义现代化建设服务。习近平总书记提出的高等教育发展方向的"四为",把党的教育方针同党在现阶段实现全面建成小康社会的奋斗目标紧密结合在一起,把高等教育发展方向同坚持和发展中国特色社会主义、实现中华民族伟大复兴中国梦的宏伟目标紧密结合在一起,把当代中国社会发展的现实同未来趋势紧密结合在一起,确定了中国高等教育发展的历史方位、现实旨向和未来趋势,也为高校思政课建设指明了发展方向与建设目的和任务。

党的十八大以来,以习近平同志为核心的党中央从坚持和发展中国特色社会主义全局出发,举旗定向、谋篇布局、攻坚克难、强基固本,确立了新的历史条件下党和国家各项工作的战略目标和战略举措。在这一过程中,习近平总书记以非凡的理论勇气、高超的政治智慧、坚韧不拔的历史担当精神,在改革发展稳定、内政外交国防、治党治国治军等重大理论和实践问题上发表了系列重要讲话,形成了治国理政新理念新思想新战略,提出了新的历史条件下实现新的奋斗目标的基本遵循,形成了中国特色社会主义理论体系的新形态。在这一理论新形态中,“四个全面”战略布局以全面建成小康社会为根本战略目标,以全面深化改革、全面依法治国和全面从严治党为战略举措,确立了治国理政的总体战略、整体方略,形成了治国理政新理念新思想新战略的根本大计。“五位一体”总布局,凸显了社会主义现代化建设各方面相协调,在根本上就是促进生产关系与生产力、上层建筑与经济基础相协调,以此形成治国理政新理念新思想新战略的全面部署。新发展理念是构成全面建成小康社会的决战纲领和决胜攻略的核心内容,也是今后很长一个时期推动我国经济社会发展的总要求和总方向。实现中华民族伟大复兴的中国梦,不仅是治国理政新理念新思想新战略的根本目标,也是其价值追求和精神力量的根本所在。

针对当前高校思政课建设的实际,根据“四为”的发展方向,要把推进党的十八大以来习近平总书记系列重要讲话精神和治国理政新理念新思想新战略的“三进”工作,作为把握“四为”方向的重点任务,作为“坚持在改进中加强”的重点任务。

从提升思想政治教育亲和力和针对性的高度,拓展和深化高校思政课的教学体系和教学内容,使“坚持在改进中加强”更好地体现在满足学生成长发展的理论需要和学习期待

习近平总书记的重要讲话强调,要从“四个正确认识”上加强对学生的教育。这“四个正确认识”就是:正确认识世界和中国发展大势,从我们党探索中国特色社会主义历史发展和伟大实践中,认识和把握人类社会发展的历史必然性,认识和把握中国特色社会主义的历史必然性,不断树立为共产主义远大理想和中国特色社会主义共同理想而奋斗的信念和信心;正确认识中国特色和国际比较,全面客观认识当代中国、看待外部世界;正确认识时代责任和历史使命,用中国梦激扬青春梦,为学生点亮理想的灯、照亮前行的路,激励学生自觉把个人的理想追求融入国家和民族的事业中,勇做走在时代前列的奋进者、开拓者;正确认识远大抱负和脚踏实地,珍惜韶华、脚踏实地,把远大抱负落实到实际行动中,让勤奋学习成为青春飞扬的动力,让增长本领成为青春搏击的能量。这“四个正确认识”切合了学生成长的理论需要和学习期待,有利于提升思想政治教育亲和力和针对性。

“四个正确认识”是对思想政治教育中“问题意识”探索的深刻概括。习近平总书记在全国哲学社会科学工作座谈会的讲话中,提出了哲学社会科学研究的五个方面的“问题意识”。一是在意识形态领域面对的是社会思想观念和价值取向日趋活跃、主流和非主流同时并存、社会思潮纷纭激荡的新态势,凸显了如何巩固马克思主义在意识形态领域的指导地位,如何培育和践行社会主义核心价值观,如何巩固全党全国各族人民团结奋斗的共同思想基础等“问题意识”;二是在经济和社会建设领域面对的是我国经济发展进入新常态、国际发展环境深刻变化的新形势，产生了如何贯彻落实新发展理念、加快转变经济发展方式、提高发展质量和效益，如何更好保障和改善民生、促进社会公平正义等“问题意识”；三是在全面深化改革中面对的是改革进入攻坚期和深水区、各种深层次矛盾和问题不断呈现、各类风险和挑战不断增多的新形势，提出了如何提高改革决策水平、推进国家治理体系和治理能力现代化等“问题意识”；四是在更为广泛的思想文化领域面对的是世界范围内各种思想文化交流交融交锋的新形势，提出了如何加快建设社会主义文化强国、增强文化软实力、提高我国在国际上的话语权等“问题意识”；五是在党的建设中面对的是全面从严治党进入重要阶段、党面临的风险和考验集中显现的新形势，提出了如何不断提高党的领导水平和执政水平、增强拒腐防变和抵御风险能力，使党始终成为中国特色社会主义事业的坚强领导核心等“问题意识”。

高校思政课多年来增强“问题意识”，在教学实践中注重“发现问题、筛选问题、研究问题、解决问题”。习近平总书记从五个方面的“问题意识”到高校思想政治教育“四个正确认识”的论述，全面地把握了大学生对马克思主义理论和思想政治教育的需求和期待。

综合五个方面的“问题意识”和“四个正确认识”，在高校思政课教学内容和教学体系上，一是涉及马克思主义基本原理和中国化马克思主义的教学内容；二是涉及中国特色社会主义道路自信、制度自信、理论自信和文化自信的教学内容；三是涉及当代中国与世界关系的教学内容；四是涉及大学生时代责任和历史使命的教学内容；五是涉及大学生理想信念道德修养的教学内容。从这五个方面的教学内容及其教学体系上看，核心内容是马克思主义基本原理和中国化马克思主义的教学内容。

马克思主义基本原理同马克思主义理论整体一样，具有与时俱进的理论品质。对于坚持和发展马克思主义基本原理问题，习近平总书记曾经指出：一方面“必须坚持马克思主义基本原理不动摇。这是发展马克思主义的基础和出发点，否则就会迷失方向走上歧途”；另一方面“必须随着实践发展不断丰富发展马克思主义，不断赋予马克思主义新的生命活力，以更好地把马克思主义坚持下去”。这两个“必须”，是对什么是马克思主义基本原理和怎样加强马克思主义基本原理教学的科学阐述。党的十八大以来，习近平总书记多次提到：“我们一定要以我国改革开放和现代化建设的实际问题、以我们正在做的事情为中心，着眼于马克思主义理论的运用，着眼于对实际问题的理论思考，着眼于新的实践和新的发展。”这里提出的两个“一定要”和三个“着眼于”，与两个“必须”结为一体，构成习近平系列重要讲话中体现的马克思主义理论教育观的基本精神。高校思政课“坚持在改进中加强”，就要以马克思主义基本原理和中国化马克思主义理论教育为核心，进一步完善教学体系，在实现“四个正确认识”上取得更大的成效。

（作者：教育部高校思想政治理论课教学指导委员会主任）

做学生思想成长的引路人

郑登文

以“名家领读经典”系列课程为补充的教学体系，切实增强课堂教学主渠道作用。抓住新生入学之机，采用多种形式开展以思想道德教育和学习生活指导为内容的“新生引航”。学生教育的关键在于思想理论的引领和理想信念的培育，筑牢人生和事业之舟的压舱石。

习近平总书记在全国高校思想政治工作会议上的重要讲话中指出：“高校思想政治工作有丰富的内容，但要注重联系学生思想实际，有针对性地回答一些综合性、深层次的理论和认识问题。”近年来，北京市委教育工委实施“思想引领”工程，广泛动员、精心组织，充分调动首都地区专家学者资源，帮助广大青年学子树立正确的世界观、人生观、价值观，探索出了一条引领学生成长成才的新路径。

“名家领读经典”增强思政课主渠道作用

为深化北京高校思想政治理论课改革创新，让课堂教学效果真正“实起来”“活起来”“强起来”，北京市委教育工委于2016年9月启动“名家领读经典”活动，设立一门市级思想政治理论课“中国共产党与国家治理体系和治理能力现代化”，邀请金一南、胡鞍钢、李稻葵、邓小南等13位享誉国内外的名师大家走上讲台，权威解析中国共产党历史发展与国家治理体系建设。

首先，坚持问题导向，让课堂“实起来”。“名家领读经典”活动旨在发挥北京高校及首都地区理论名家的感召力、吸引力，解决当前高校思政课教学中说服力、感染力、针对性及实效性还不够强的问题，引导大学生通过研读经典，正确认识世界和中国发展大势，正确认识时代责任和历史使命，坚定“四个自信”。课程内容聚焦大学生普遍关心的重大理论和现实问题，包括“中国共产党与中华民族的伟大复兴”“改革与中国道路”“中国特色社会主义道路”等。课程面向8所试点高校全日制本科2015、2016级学生，每周一讲，连续举办12讲、36学时，并以讲座形式完成其他授课计划。

其次，依托“名师效应”，让课堂“活起来”。授课名家从不同研究视角，为大学生解析中国的历史文化、思想理论、改革发展等各领域问题，并对学生关心的问题释疑解惑。例如，中央社会主义学院谢茂松教授在为学生介绍《传习录》时将王阳明知行合一的理念、家国天下的情怀及共产党的党性修养、“不忘初心”融为一体，引导学生思考信仰和人生意义；中国社科院黄平教授从李大钊的《我的马克思主义观》讲起，为学生介绍五四新文化运动与马克思主义中国化道路，提出当今中国面临的挑战、西方制度的困境及我国四个自信背后的理性思考。选课学生表示:“能近距离听这么多名家的高论,拓展了我在认识事物方面的深度和广度。过去我觉得思政课很呆板,这门课上老师们的讲述很生动,让我对马克思主义理论和价值观有了更深的理解。”

再次,优化保障机制,让课堂“强起来”。“名家领读经典”活动作为深化北京高校思想政治理论课改革的重大举措,在制度设计、政策保障上提供了有力支持。“中国共产党与国家治理体系和治理能力现代化”课程列入各校公共选修课或思想政治理论课实践环节,记2学分。课程结束后,市委教工委向考核合格学生颁发学习证书,登记学分,同时组建理论学习团队,为学习优秀学生提供名家指导、思想交流、实践锻炼等机会。担任课程班主任的思政课教师们表示,通过在现场与学生共同聆听名家授课,一方面拓展了知识视野和研究领域,另一方面也学到了许多教学方法、经典案例,对自己讲好思政课大有裨益。

下一步,北京市将以深入贯彻落实全国高校思想政治工作会议精神为契机,全面开展“名家领读经典”活动,开设2~3门市级思政课,形成以4门本科生必修课为主干、以“名家领读经典”系列课程为补充的教学体系,充分实现名师资源整合,切实增强课堂教学主渠道作用。

“新生引航”帮助学生系好人生的第一粒扣子

现代科学教育学创始人、19世纪德国教育家、哲学家赫尔巴特强调,要按照受教育者心理活动的规律,去规定教学的过程和阶段,选择教学的手段和方法。大学生入学时的年龄一般在17~19岁之间,这一阶段,学生的身体状态由生长发育期进入到生长稳定期,认知水平和观察能力达到较高程度,记忆力处于最佳状态,思维的独立性、批判性、创新性大大增强,个性心理品质趋于稳定,世界观、人生观、价值观正在成熟,具有求知、求真的强烈愿望,再加上对大学生活充满好奇和憧憬,都决定了新生学年必然是大学“指数式成长”的最快阶段。用经济学观点讲,这是边际效益最大的时期。

为开展好新生教育工作,市委教育工委、市教委从2011年开始,在每年9~11月实施新生引航工程,抓住新生入学之机,采用多种形式开展以思想道德教育和学习生活指导为内容的“新生引航”。五年来,各高校高度重视,精心组织,新生教育工作体系不断健全,理想信念教育、学风建设、专业认知教育、军事训练、心理帮扶等工作卓有成效。实践表明,新生引航工程已经成为高校学生教育的重要引擎和有力抓手,在大学生思想政治教育体系中具有不可替代的重要作用。

一是统筹规划,将新生教育作为人才培养的重要环节。新生教育是一项基础性、系统性工程。北京市委教育工委、市教委加强市级统筹,与市委宣传部、市广电出版局、团市委、市委讲师团等部门合作,开展了主旋律电影进校园、向学生赠书、优秀事迹宣讲等教育活动。各高校将新生教育作为人才培养的重要内容,制订教育教学计划,健全学生教育工作体系,学生、教学、后勤等部门协同配合,学风建设、专业教育、军事训练、心理帮扶等贯穿全年,将教育管理服务渗透到各个环节。

二是强基固本,切实加强新生的理想信念教育。坚定的理想信念是青年学生成长成才的首要条件。抓住新生入校这一有利契机,广泛开展中国特色社会主义和“中国梦”宣传教育,引导学生培育和践行社会主义核心价值观,举办了“部长进校园”形势报告会、“理论名家讲堂”“学理论读经典”等系列活动,编辑出版《引航——大学生关心的热点问题解读》等学习读物,积极运用网络等新媒体平台,深化了学生的世情国情教育和思想理论教育,坚定了中国特色社会主义的“三个自信”。北京各高校发挥思想政治理论课的主渠道作用,通过党团班级活动、学生骨干培训、学生读书会等形式,引导学生感受理论的魅力。有的高校开设“新生第一课”,学校领导以课堂讲授的方式向学生阐述国家责任和民族担当,受到学生欢迎。

三是强化实践,不断增强学生的社会责任感。针对新生社会阅历缺乏、实践能力薄弱等情况,各校注重以社会实践为载体,引导学生深化社会认识,增强社会责任感。一些高校实行了“入学前成长助力计划”,设立学生实践项目,要求学生在暑期进行社会实践,入学报到时提交实践报告;一些高校组织学生参观爱国主义教育基地、到天安门广场参加升旗仪式,引导学生在实践体验中升华认知。有的高校组织学生深入农村、社区等基层一线,通过参观学习、志愿服务、社会调研等形式,帮助学生了解社情、体察民情、知晓国情,为学习成长定下方向、立下目标。

四是加强指导,为学生健康成长提供有力支持。为帮助新生尽快适应大学生活,各校加强专业教育,发挥专业教师、班主任辅导员等队伍作用,帮助学生明确专业思想;针对学习困难学生,积极开展学业辅导;加强学生心理健康教育,开展心理状况测查,开设心理教育课程,普及心理健康知识,帮助学生提升心理素质。有的高校通过自主开发的“大学生成长发展数字化平台”,全面掌握学生思想、心理特点,有针对性做好教育指导;加强家庭经济困难学生的资助工作,规范程序,加大力度,解决了学生后顾之忧。

“思想引领”筑牢学生人生之舟的压舱石

青年是祖国的未来,只有做好青年的思想政治工作,做好思想引导和价值观塑造,才能确保在高校培养什么样的人、如何培养人以及为谁培养人这个根本问题上坚持正确的方向。

第一,坚持价值引导,找准“着力点”。当前的大学生出生于世纪之交、成长在网络时代,独立、自主、权利意识强烈,网络化生存特征明显,个性鲜明,思维活跃,但在价值选择、是非判断上也容易被形形色色的社会舆论诱导。因此,一定要将培育和践行社会主义核心价值观的主题贯穿学生教育全过程,抓住有利契机和重点领域为学生成长注入正能量。要积极举办“青春与价值对话”活动,邀请奥运冠军、知名人士、学校领导、师德标兵、心理专家等与学生面对面交流,共话人生价值,探讨人生意义,引导学生树立正确的世界观、人生观和价值观。要注重发挥中华优秀传统文化的涵养作用,依托“戏曲进校园”等活动载体,引导学生通过欣赏红色经典剧目感悟革命精神、增强民族文化自信自觉。要继续开展研究生科学道德与学风建设集中宣讲教育活动,邀请两院院士、知名教授、研究生导师等举办报告会,组织开展学习讨论,引导研究生养成崇尚科学、勇于创新的优良品质。

第二，坚持精准服务，提供“助推器”。 教育的一项重要任务就是帮助学生解决学业、心理等方面实际困难和需求，实现健康成长。要深入推进学业辅导工作，开展专业认知教育，组织学科带头人、教务部门或院系教学院长为学生讲授专业建设和发展情况，组织学生参观实验室、图书馆、研究基地等，帮助他们增强专业学习兴趣。近年来我们发现，学生由于受到适应问题、情感问题等因素的困扰，也已成为大学生中容易发生心理危机的重点群体。要加强学生心理素质教育，举办“阳光心灵”学生心理健康节，普及心理健康知识，开展朋辈辅导、团体辅导和素质拓展等活动；组织覆盖全体的学生心理健康状况筛查，对重点人群及时跟进咨询和辅导工作；持续关注学生群体的心理变化，防止个别学生出现危机事件。北京市组织开展“学生常见心理问题及其识别与应对”——全市高校辅导员班主任共上一堂课活动，帮助一线思想政治教育工作者提高学生心理工作水平。

第三，坚持统筹协同，强化“动力源”。 学生教育是一项系统工作，只靠高校学生工作部门单打独斗难以奏效。必须调动各方力量，发挥各方的积极性主动性，以充沛的动力协同推进。我们注意到，在近年来工作中，有的高校学生教育全校一盘棋的工作理念还未形成，部门、院系各自为战，导致学生忙于“赶场”各种活动；有的高校对学生特点及教育模式研究不够，各院系内容相似、形式相近，教育针对性、系统性、实效性不强：有的高校学生辅导员、班主任配备力量不到位，专业教师育人意识不强，与学生接触指导不多，使学生感受不到教师的关心关怀，等等。这些薄弱环节都在一定程度上影响了高校育人的质量，必须引起关注。北京市委教育工委要求高校从人才培养的整体工作出发，高度重视学生教育，成立领导小组，宣传、学生、教学、后勤和院系等共同参与，系统规划、研究制定学校新生引航工程的实施方案，实现各方面、各部门的协调联动，同时抓好实施过程的指导检查和资源保障，真正唱好“一台戏”。

学生教育的关键在于思想理论的引领和理想信念的培育。北京市始终坚持引导学生树立中国特色社会主义的道路自信、理论自信、制度自信、文化自信，筑牢人生和事业之舟的压舱石，始终围绕立德树人的根本任务，提升高校思想政治教育质量，从而确保了北京高校的长期稳定和健康发展。

（作者：北京市委教育工委副书记）

关于加强新形势下高校思想政治工作的思考

王维才

高校思想政治工作，历来是我国高等教育的鲜明特色，也是办好中国特色高等教育的优势所在。党中央历来高度重视高校思想政治工作，特别是党的十八大以来，以习近平同志为核心的党中央就加强和改进高校思想政治工作作出一系列部署，推动了高校思想政治工作健康发展。2016 年 12 月，中央召开了全国高校思想政治工作会议，这是新中国成立以来首次从中央层面对高校思想政治工作进行专门部署的最高规格会议，对于办好中国特色社会主义大学、推进党和国家事业发展，具有重大而深远的意义。

习近平总书记的重要讲话，从坚持和发展中国特色社会主义、实现中华民族伟大复兴的全局高度，深刻回答了事关我国高等教育事业发展的一系列重大问题，深刻阐明了加强和改进高校思想政治工作的重大意义、目标定位、主要任务和基本要求。讲话具有很强的战略性、政治性、思想性和针对性，是指导新形势下高校思想政治工作的纲领性文献。我们要以高度的政治责任感和使命感，按照习近平总书记重要讲话精神和中央文件要求，紧紧围绕立德树人这一根本任务，不断推动大学生思想政治工作创新发展，为中国特色社会主义事业培养更多全面发展的合格建设者和可靠接班人。

一、深入学习贯彻习近平总书记重要讲话精神，努力做到学而信、学而用、学而行

习近平总书记指出，高校思想政治工作关系高校培养什么样的人、如何培养人以及为谁培养人这个根本问题。要坚持把立德树人作为中心环节，把思想政治工作贯穿教育教学全过程，实现全程育人、全方位育人，努力开创我国高等教育事业发展新局面。这为我们做好新形势下的大学生思想政治工作指明了方向，提出了新的更高的要求。我们要全面深入系统地学习习近平总书记重要讲话精神，把握核心要义和精神实质，科学谋划和创新推进大学生思想政治教育工作。

做好高校思想政治教育工作，必须紧紧围绕立德树人根本任务。“才为德之资，德为才之帅。”要落实立德树人根本任务，把思想政治工作融入学校各项规章制度，融入课堂教学主阵地，融入学生日常行为规范，融入管理服务工作中，形成教书育人、科研育人、实践育人、管理育人、服务育人、文化育人、组织育人的全方位协同育人体系，提升聚合效应和育人成效。

做好高校思想政治工作，必须坚持以人为本、强化问题导向。思想政治工作从根本上说是做人的工作，只有围绕学生、关照学生、服务学生，才能在传道授业、释疑解惑中

不断给学生以思想启迪和价值引领。要把握学生思想特点和成长需求，树立“精实化、精细化、精品化”导向，着力破解难点难题，出实招、补短板、求实效，强基础、立精品、上水平，综合施策、精准发力，形成长效机制。

做好高校思想政治工作，必须按规律办事、推进改革创新。“舟循川则游速，人顺路则不迷。”遵循思想政治工作规律和教书育人、学生成长规律，是提高工作能力和水平的有效途径。要沿用好办法，改进老办法，探索新办法，不断提升工作的亲和力说服力和针对性实效性，增强学生的获得感。

党的十八大以来，北京科技大学遵照党中央、教育部和北京市有关精神和工作导向，全面贯彻落实党的教育方针，紧密围绕立德树人的根本任务，以培育和践行社会主义核心价值观为统领，以理想信念教育和爱国主义教育为主线，注重发挥学生主体作用，构建重点突出、载体丰富、协同联动的思想政治工作体系，不断提高大学生思想政治教育工作的针对性和实效性，学校学生党员教育、大学生社会实践、辅导员队伍建设等工作取得了积极成效。

学校高度重视辅导员队伍建设，严格按照1:200配备辅导员，构建辅导员“选配、培训、考核、发展”四位一体的建设机制，搭建辅导员年级组、志趣发展小组、研究专项、创新工作室等多个业务平台，提高辅导员专业化水平，近3年40余人(集体)获北京市和全国荣誉；学校积极拓展思想政治工作阵地，探索与“楼——层——宿舍”学生公寓管理模式相对应的“党建工作进宿舍”工作模式，着力将学生公寓打造为学生思想教育引领、学风建设引领、宿舍文化引领、文明行为引领、自我管理服务五个平台，取得良好反响，获2014～2015年北京高等学校党的建设和思想政治工作优秀成果一等奖、创新奖。

二、深刻认识高校思想政治工作的成绩和短板，进一步增强改革创新的紧迫感和主动性

当前，大学生思想政治状况总体态势良好，广大学生对以习近平同志为核心的党中央拥护信任，对坚持中国共产党的领导和中国特色社会主义制度高度认同，对中国特色社会主义的道路自信、理论自信、制度自信、文化自信持续增强，对中华民族伟大复兴的中国梦充满信心。与此同时，在全面从严治党的背景下，面对国际国内形势复杂多变、社会思想文化和意识形态领域斗争异常激烈、互联网时代下价值多元、师生思想异常活跃的新形势新挑战新要求，对照习近平总书记和中央的要求，大学生思想政治教育工作还存在诸多短板和问题，主要表现在以下几方面。

(一)对思想政治工作重要性认识仍需深化

一定程度上存在重智育轻德育、重教书轻育人等现象，领导体制和工作机制有待完善。一些部门对思想政治工作认识不到位，认为思想政治工作就是党组织、学工系统、辅导员的事，开展工作的主动性不强；部分专业课教师育人意识不强，存在只教书不育人的现象；学校各部门和院系的协调配合不够，学工、教学、后勤等系统的育人协同不够，全程育人、全方位育人格局尚未真正形成。

(二)思想政治工作的针对性和实效性有待提高

思想政治理论课建设存在薄弱环节，教材内容与话语体系不够与时俱进，教学方法创新和理论联系实际不够，尤其是结合学生生活实际的教育针对性不够；思想政治教育第一课堂与德育第二课堂的协同联动、优势互补和成果共享仍需进一步加强，理论性与实践性未能有机融合；德育第二课堂“泛事务化”现象仍然明显，在大众化教育背景下大学生思想政治教育的方式方法和内容供给还不能很好满足学生的个性化需求；研究生思想政治工作相对薄弱，缺乏有效的载体和措施。

（三）思想政治工作队伍有待加强

学校辅导员、思想政治理论课教师队伍从数量和素质上仍不能满足需求；辅导员队伍专业化程度不高，尤其在理论储备、系统研究能力、国际化视野等方面尤显不足，面临“泛事务化”和“本领恐慌”的窘境；研究生导师、班主任在思想政治工作中作用发挥不明显，不能有效形成合力。

（四）思想政治工作创新有待提升

思想政治工作缺少新思路、新观点，方式方法相对单一，内容不够鲜活。网络思想政治效果不明显，网络资源匮乏和资源分散问题并存，运用网络和新媒体能力不足，对学生难以产生亲和力和粘合力；思想政治工作评价体系不健全，特别在当前网络环境下如何进行网络理论成果评价和认定尚无有效办法。

三、主动对标对表中央要求，推动高校思想政治工作各项任务落地生根、持续见效

从学校实际情况看，大学生思想政治教育工作取得突破，关键就是主动对标对表中央和市委要求，聚焦问题，破解短板，改革创新，求实重效，把各项目标任务落到实处。

（一）在加强理想信念教育和价值引领上落地见效

习近平总书记用“人生的扣子从一开始就要扣好”的生动比喻，深刻诠释了高校思想政治工作的使命所在。近年来，学校在坚持用社会主义核心价值观引领学生培养、校园文化建设方面取得了积极成效，但在入脑入心、身体力行上还有待深化，在贯穿结合融入、落细落小落实上仍需狠下功夫。

强化理论武装，筑牢意识形态“安全阀”。要以学习习近平总书记系列重要讲话精神为重点，引导学生牢固树立中国特色社会主义的道路自信、理论自信、制度自信、文化自信。要扩大学习的覆盖面，抓好各级各类学习培训，通过主题党团活动、主题班会等多种形式，创新学习方式，丰富学习载体，加强学习交流讨论，在思想碰撞中筑牢防线、深化认识。

深化价值引领，画好理想信念“同心圆”。要持续深入开展社会主义核心价值观培育践行工作，在不断扩大宣传覆盖面的同时，适应形势发展变化，针对学生心理特点和接受习惯，创新方式方法，搭建具体有效的平台和载体，实现内容和形式的有机结合，让学生便于参与、乐于参与，提高宣传教育的吸引力和实效性。

注重以文化人，凝聚学校发展“精气神”。要将社会主义核心价值观宣传教育与弘扬中华优秀传统文化结合起来，与弘扬学校优良传统、校训精神、校风学风有机结合起来，积极开展文明校园创建活动，坚持不懈地

培育风清气正的校园文化，努力营造静心学习、静心从教、严谨治学、理性平和的校园氛围。

（二）在实现全程、全方位育人上落地见效

把握90后学生的思想特点和接受规律，不断丰富教育内容和形式，使思想政治工作在学生心灵中真正产生“回响”，加强工作联动和协同，实现全程、全方位育人。

加强思想政治理论课建设，建强立德树人“主渠道”。高校作为意识形态工作的前沿阵地，肩负着马克思主义研究教育的重要任务。要以学科建设为牵引，持续支持马克思主义理论学科发展。要进一步推进思想政治理论课建设综合改革，建设专兼结合的教师队伍，在保持规范的思想政治理论课理论体系前提下，探索多种授课形式，设置部分兴趣式、时政化的专题讲座，不断提高课堂教学效果。

加强学生日常思想政治教育，用活思想引领“主阵地”。实施“大学生思想引航工程”，不断优化大学生思想政治教育工作体系。要突出内容创新和形式创新，强化精耕细作和精准引领，提高针对性，增强实效性，突出创新性，运用学生喜爱、接受的话语和活动方式，真正把思想政治工作做到大学生的心坎里，体现在他们的具体行动上，增强学生实实在在的“获得感”。拓展学生生活区、实验室等场所的育人功能，有效拓展思想政治工作阵地。

加强学生日常指导综合服务，充实学生发展“能量源”。实施“大学生成长暖心工程”，坚持把解决思想问题同解决实际问题结合起来，多做得人心、暖人心、稳人心的工作，在关心学生、帮助学生中教育学生、引导学生。精准推进学业辅导工作，帮助学生解决学业问题，引导学生树立正确的学业观。强化心理健康教育，培育学生理性平和的心态，提升应对挫折的心理素质。加强就业指导和创新创业教育，引导学生把视线投向国家发展的航程，把汗水洒在艰苦创业的舞台。

加强思想政治工作队伍建设，建强思想政治工作“生力军”。传道者首先要明道、信道。思想政治工作队伍是开展工作的骨干和依靠。要拓展选拔视野，注重培训培养，加大激励力度，落实发展政策，整体推进高校党政干部和共青团干部、思想政治理论课教师和哲学社会科学课教师、辅导员班主任、心理健康教师等队伍建设。要立足大局，像关心教学科研骨干成长一样关心思想政治工作队伍成长，使他们工作有条件、干事有平台、待遇有保障、发展有空间。

（三）在推进思想政治工作改革创新上落地见效

习近平总书记强调，做好高校思想政治工作，要因事而化、因时而进、因势而新。面对时代的快速发展、社会的深刻变革和教育对象的全新变化，不革新理念，不创新工作，大学生思想政治教育工作就难以见到好的效果。

主动探索思想政治工作新模式。围绕学生、关心学生、依靠学生，坚持价值导向、问题导向和需求导向，不断推进大学生思想政治教育工作理念创新、机制创新、载体创新和方法创新，努力实现思想政治工作的内容供给由“大锅饭”向“分餐制”转变，话语体系由说教式向启发式转变，教育方式由灌输式向体验式转变，传授形式由单向式向互动式转变。

打造网络育人新平台。树立互联网思维，运用新媒体技术，推动思想政治工作传统优势同信息技术高度融合，增强思想政治工作的时代感和吸引力。加强数字化校园建设，推进“两微一端”及流媒体展示平台建设，构建一体化的思政网络数据平台。创新评价激励机制，注重思想政治工作过程评价和方式创新；完善新媒体环境下理论成果评价和使用办法，将优秀网络文化成果纳入科研成果统计、职务（职称）评聘和评奖评优范围。

健全实践育人新机制。组织广大学生到革命圣地、改革开放前沿地区、经济社会发展一线学习实践，在生动、鲜活的现代化建设实践中弘扬以爱国主义为核心的民族精神和以改革开放为核心的时代精神。创新实践载体和形式，积极探索推行社会实践课程化、“第二课堂”成绩单等建设，提高实践育人效果。

（作者：北京科技大学副校长）

高校思想政治工作的新变化、新观点和新趋向

佘双好

2016 年 12 月 7 ~ 8 日中共中央召开的全国高校思想政治工作会议，是新的历史条件下党中央召开的关于高校思想政治工作重要会议，这次会议虽然围绕高校思想政治工作而召开，但其论及主题并不仅仅局限于高校思想政治工作，而是从“事关推进中国特色社会主义伟大事业、事关推进党的建设新的伟大工程、事关更好进行具有许多新的历史特点的伟大斗争”的战略高度，对高等教育改革发展、党的建设和思想政治工作等若干重大问题进行新的目标定位和战略部署。本次会议和中共中央 2005 年 1 月 17 ~ 18 日召开的全国加强和改进大学生思想政治教育工作会议，都是对新时期加强改进大学生思想政治教育工作、高校思想政治工作乃至整个高等教育发展具有里程碑性质的重要会议。本文对比两次会议及下发的相关文件，对全国高校思想政治工作会议的新变化及其意义进行探讨。

一、高校思想政治工作的新变化

两次以中共中央名义召开的大学生思想政治教育工作、高校思想政治工作会议，都是在中共中央国务院下发相关文件以后召开的重要会议，前次会议中共中央、国务院下发《关于进一步加强和改进大学生思想政治教育的意见》(简称 16 号文件)，本次会议中共中央、国务院下发《关于进一步加强和改进新形势下高校思想政治工作的意见》(简称 31 号文件)，对比两个文件和两次会议，两次会议精神从总体思想和基本思路是高度一致的，体现了既一脉相承又与时俱进的辩证关系，但两次会议也有一些新的变化。

(一)时代方位：从全面建设小康社会到实现中华民族伟大复兴

两次会议聚集大学生思想政治教育和高校思想政治工作问题，但两次会议是在不同的历史发展时段和不同发展要求下召开的，因此，会议所表现的时代方位不同。前次会议是在全面贯彻党的十六大会议精神、继往开来、与时俱进、全面建设小康社会、加快推进社会主义现代化、开创中国特色社会主义事业新局面的背景下召开的。会议主要针对大学生思想政治工作面临的新情况新问题，与新形势新任务不相适应的问题，以及工作中的薄弱环节。采取的策略具有全面布局的性质和特点。本次会议是在党的十八大以后，我国全面实现建设小康社会的战略目标，中华民族正以昂扬的姿态向着中华民族伟大复兴目标阔步向前迈进的重要历史时期召开，是在大学生思想政治教育已经取得明显成效、高校思想政治工作持续加强和改进并呈现良好发展态势的形势下，党中央在新的历史起点上主动谋划，积极开展思想政治工作的重要举措。对比 16 号文件和 31 号文件的文字表述，16 号文件侧重阐述大学生思想

政治教育各个方面的重要意义，提出建设性意见；31 号文件重点针对高校思想政治工作中存在的薄弱环节和问题，有针对性地提出意见和措施，是在前一个文件的基础上重点推进。从两次会议体现的总体心态来看，本次会议对中国特色社会主义发展、对高校思想政治工作发展显得更有信心，各方面的举措更坚决有力。

（二）聚焦主体：从大学生为主体到以高校为主体

从两次会议聚焦的主体来看，2005 年会议的主题是大学生思想政治工作，聚焦主体是大学生，是针对大学生的重要地位、大学生面临的新要求和挑战、大学生中存在的问题以及大学生思想政治教育薄弱环节提出的加强和改进大学生思想政治教育工作的重大举措，虽然也涉及高等教育全局性的工作，但建设的主体是大学生，政策的着力点也围绕大学生而展开。本次会议的主题是高校思想政治工作，聚焦的主体是高校，也就是高校如何加强和改进思想政治工作，针对高校思想政治工作的特殊重要性，高校思想政治工作在当前国际国内形势发生深刻变化的情况下的现实紧迫性，以及高校思想政治工作中存在的问题而展开，是对高校思想政治工作进行改进和加强。习近平总书记重要讲话重点阐述的是办什么样的高校、如何办高校以及培养什么样的人、如何培养人、为谁培养人的问题。讨论的是扎根中国大地、办好中国特色社会主义高校的问题。因此，习近平强调高校要"为人民服务，为中国共产党治国理政服务，为巩固和发展中国特色社会主义制度服务，为改革开放和社会主义现代化建设服务"。提出以立德树人为核心点来带动其他工作。从 31 号文件和习近平总书记重要讲话来看，虽然两次会议同是为实现培养社会主义合格建设者和可靠接班人战略任务而召开，但前者聚焦主体是大学生，后者聚焦主体是高校。

（三）治理问题：从大学生思想政治教育到高校思想政治工作

两次会议治理的问题从总体上都是加强大学生思想政治教育工作和高校思想政治工作，但两者治理的问题具有不同。前者针对"一些大学生不同程度地存在政治信仰迷茫、理想信念模糊、价值取向扭曲、诚信意识淡薄、社会责任感缺乏、艰苦奋斗精神淡化、团结协作观念较差、心理素质欠佳等问题"。以及"一些地方、部门和学校的领导对大学生思想政治教育工作重视不够，办法不多。全社会关心支持大学生思想政治教育的合力尚未形成。学校思想政治理论课实效性不强，哲学社会科学一些学科教材建设滞后，思想政治教育与大学生思想实际结合不紧，少数学校没有把大学生的思想政治教育摆在首位、贯穿于教育教学的全过程。学生管理工作与形势发展要求不相适应，思想政治教育工作队伍建设亟待加强，少数教师不能做到教书育人、为人师表"等问题；后者针对"有的地方和高校对思想政治工作重视不够，存在重智育轻德育、重学术轻思想政治工作、重科研轻课堂教学等现象，领导体制和工作机制有待完善；对高校思想政治工作规律的认识和把握不够，针对性、实效性需要进一步增强；哲学社会科学育人功能有待提升，学术评价导向存在一定偏差；个别教师不能很好做到教书育人、为人师表，师德师风建设和思想政治工作队伍建设亟待加强；有的高校阵地建设管理不到位，错误观点仍有传播空间；有的高校基层党组织软弱涣散，存在工作弱化、效应递减现象，等等。”前者治理大学生思想政治教育相关问题，后者治理整个高等教育整体和各个环节问题。

（四）解决方法：从思想政治工作内部环节建设到外部环境营造

由于时代方位、聚焦主体和治理问题不同，两次会议出台的文件在指导思想、基本原则和具体举措上存在着明显不同。16号文件的指导思想、基本原则和具体举措主要侧重于大学生思想政治教育本身，着重处理大学生思想政治教育过程内部关系，比如教育者与教育对象之间的关系，教育主体与教育内容、教育途径、教育手段、教育方法、教育管理等的关系，涉及教育教学过程本身；采取的策略涉及大学生思想政治教育工作的各个环节，相对比较具体和微观。而本次会议和31号文件在指导思想上侧重从办什么样的高校、如何办高校的问题，基本原则主要强调坚持党的领导和社会主义办学方向以及扎根中国大地办社会主义大学的根本问题，它处理的高等学校与党的领导、社会主义制度、高等学校性质等外部环境的问题。在具体举措上，重点讨论高校办学方向、高校哲学社会科学建设、高校教师队伍建设、高校思想政治工作体制和机制以及加强党对高等学校领导方面具体措施，建设举措涉及高等教育中观层面和宏观层面的问题。从建设措施的覆盖面和措施的有力程度来看，31号文件所覆盖的范围更加广泛，其举措的约束力更强。

二、高校思想政治工作的新观点

本次全国高校思想政治工作会议以及31号文件，特别是习近平总书记的重要讲话，不仅根据新的历史条件提出新的要求，而且提出了一些新的思想和观点，这些新的思想和观点主要体现在以下几个方面。

（一）高校思想政治工作是高等教育的核心工作

本次会议和下发的31号文件，特别是在习近平总书记重要讲话中，对新时期高校思想政治工作地位作了新的概括。主要包括：一是坚持正确政治方向是高等教育的基本原则。31号文件中加强和改进高校思想政治工作的指导思想明确提出，要全面贯彻党的教育方针，坚持社会主义办学方向，扎根中国大地办大学。习近平指出：“我国高等教育肩负着培养德智体美全面发展的社会主义事业建设者和接班人的重大任务，必须坚持正确政治方向。”明确指明我国高校的性质和方向。二是立德树人是高等学校核心任务。我国高校虽然肩负着人才培养、科学研究、社会服务、文化传承创新、国际交流合作等重要任务，但立德树人是核心任务，要以立德树人为根本。习近平指出：“高校立身之本在于立德树人。只有培养出一流人才的高校，才能够成为世界一流大学。办好我国高校，办出世界一流大学，必须牢牢抓住全面提高人才培养能力这个核心点，并以此来带动高校其他工作。”三是高校思想政治工作关系到为谁培养人的重大问题。本次会议，习近平讲话中首次提出“为谁培养人”的问题。“为谁培养人”是一个十分尖锐的问题，它关涉到中国特色社会主义大学性质和办学方向，它的提出把高校思想政治工作地位从服务整个高等教育改革和发展的地位，提升了高等教育的根本性问题的重要地位，高校思想政治工作并不是游离于高等教育的额外工作，也不仅仅服务于“中心工作”起保障作用的基础性工作，更不是“说起来重要，做起来次要，忙起来不要”的可有可无的工作，而是关涉到高等教育性质、人才培养方向和高等教育中心任务的重要工作。

（二）党对高校领导是高校思想政治工作重要体现

我国高校是社会主义高校，是党领导的高校，高校思想政治工作是党对高校领导的重要体现。本次全国高校思想政治工作会议中，31 号文件和习近平重要讲话强化了高校思想政治工作必须坚持党的领导，社会主义办学方向和必须坚持立德树人根本任务。31 号文件提出加强和改进高校思想政治工作的基本原则第一条是坚持党对高校领导。“坚持党的政治路线、思想路线、组织路线、群众路线，落实全面从严治党要求，把党的建设贯穿始终，着力解决突出问题，把加强和规范党内政治生活、加强党内监督各项任务落到实处，维护党中央权威、保证党的团结统一，牢牢把握党对高校的领导权。”习近平指出：“我们的高校是党领导下的高校，是中国特色社会主义高校。办好我们的高校，必须坚持以马克思主义为指导，全面贯彻党的教育方针。”“办好我国高等教育，必须坚持党的领导，牢牢掌握党对高校工作的领导权，使高校成为坚持党的领导的坚强阵地。”31 号文件和习近平重要讲话中的新观点主要体现在：一是对高校领导体制进行明确说明，提升高校党委在办学治校中的重要作用。“高校党委对学校工作实行全面领导，承担管党治党、办学治校主体责任，把方向、管大局、作决策、保落实。”二是对院（系）党的组织进行明确规定。“要加强高校党的基层组织建设，创新体制机制，改进工作方式，提高党的基层组织做思想政治工作能力。”三是对每一个党员干部的职责进行进一步明细：“要做好在高校教师和学生中发展党员工作，加强党员队伍教育管理，使每个师生党员都做到在党爱党、在党言党、在党为党。”四是对地方党委的作用提出明确要求：“各地党委书记和有关部门党组书记要多到高校走走，多同师生接触，多次去高校作报告，回答师生关注的理论和现实问题。要加强同高校知识分子的联系，多关心、多交流、多鼓励，善交朋友、广交朋友、深交朋友，多听他们的意见，真听他们的意见。”有一些规定具有政策上的创新性，比如要求“纪委书记、组织部长、宣传部长、统战部长担任党委常委或不设常委会的委员。”“推行党政班子成员交叉任职，党员院长（系主任）一般应同时任党委（党总支）副书记或委员，党员副院长（系副主任）一般应进入党委（党总支）。”“各省（自治区、直辖市）党委常委会每年至少研究一次高校思想政治工作，党委书记是高校思想政治工作的第一责任人”等，都具有政策上的创新性。

（三）高校思想政治工作要强化思想理论教育和价值引领

马克思主义是我们党的意识形态的根本，立党立国的思想基础，学习研究宣传马克思主义是思想政治工作的根本任务。因此，习近平在全国宣传思想工作会议讲话中明确指出：“宣传思想工作就是要巩固马克思主义在意识形态领域的指导地位，巩固全党全国人民团结奋斗的共同思想基础。”本次会议上，习近平进一步强调指出：“我们的高校是党领导下的高校，是中国特色社会主义高校。办好我们的高校，必须坚持以马克思主义为指导，全面贯彻党的教育方针。”习近平重要讲话和31号文件对思想理论教育和价值引领给予高度重视，提出的新观点主要体现在以下几个方面：一是提出高校思想政治工作新的基本任务。高校思想政治工作的新任务：“要坚持不懈传播马克思主义科学理论，抓好马克思主义理论教育，为学生一生成长奠定科学的思想基础。要坚持不懈培育和弘扬社会主义核心价值观，引导广大师生做社会主义核心价值观的坚定信仰者、积极传播者、模范践行者。要坚持不懈促进高校和谐稳定，培育理性平和的健康心态，加强人文关怀和心理疏导，把高校建设成为安定团结的模范之地。要坚持不懈培育优良校风和学风，使高校发展做到治理有方、管理到位、风清气正。”二是提出高校思想政治工作新的重点。当前高校思想政治工作的重要是：“要教育引导学生正确认识世界和中国发展大势，从我们党探索中国特色社会主义历史发展和伟大实践中，认识和把握人类社会发展的历史必然性，认识和把握中国特色社会主义的历史必然性，不断树立为共产主义远大理想和中国特色社会主义共同理想而奋斗的信念和信心；正确认识中国特色和国际比较，全面客观认识当代中国、看待外部世界；正确认识时代责任和历史使命，用中国梦激扬青春梦，为学生点亮理想的灯、照亮前行的路，激励学生自觉把个人的理想追求融入国家和民族的事业中，勇做走在时代前列的奋进者、开拓者；正确认识远大抱负和脚踏实地，珍惜韶华、脚踏实地，把远大抱负落实到实际行动中，让勤奋学习成为青春飞扬的动力，让增长本领成为青春搏击的能量。”三是明确思想理论教育和价值引领内容，31号文件把“强化思想理论教育和价值引领”作为首要任务，提出加强理想信念教育、培育和弘扬社会主义核心价值观、弘扬中华优秀传统文化和革命文化、社会主义先进文化等任务，要“进一步办好高校思想政治理论课”、“加强高校马克思主义学院建设”的重要举措，强化了马克思主义理论学科领航作用，思想政治理论课引领作用和马克思主义学院示范作用。

（四）各类课程要与思想政治理论课同向同行

把思想政治工作贯穿于学校教育全过程，全程、全方位施教，是党对高校思想政治工作的基本要求，本次会议和习近平总书记重要讲话更进一步重申了这方面的思想。习近平重要讲话中提出的新思想主要体现在以下几个方面：一是把课堂教学作为思想政治工作的主渠道，这就进一步拓展了思想政治工作主渠道概念，在以往的文件中，我们主要强调思想政治理论课在思想政治工作内部的主渠道地位和作用，并没有把整个高等学校课堂教育作为思想政治工作主渠道，习近平重要讲话把课堂教学作为主渠道，从更开阔的视野拓展了思想政治教育的渠道。不仅如此，总书记也论述了课堂教学主渠道中思想政治理论课程的作用，述“要用好课堂教学这个主渠道”。二是思想政治理论课要坚持在改进中加强。习近平在论述课堂教学主渠道作用以后，专门论述了思想政治理论课的问题，思想政治理论课的主要问题在于亲和力不够和针对性不强，要在改进中加强，“提升亲和力和针对性，满足学生成长发展需求和期待”。三是各类课程要与思想政治理论课同向而行。其他各门课除了发挥好课程育人作用,“守好一段渠、种好责任田”以外,还要“与思想政治理论课同向同行”,并且“要形成协同效应”。四是进一步提出文化育人和实践育人的问题。习近平除了充分阐述哲学社会科学加快构建中国特色哲学社会科学学科体系和教材体系,发挥哲学社会科学育人作用以外,还专门阐述文化育人的作用:“要更加注重以文化人以文育人,广泛开展文明校园创建,开展形式多样、健康向上、格调高雅的校园文化活动,广泛开展各类社会实践。”五是要推动思想政治工作传统优势同信息技术高度整合。习近平高度重视网络新媒体作用,把我们能否占领网络和新媒体阵地作为我们能否打赢意识形态攻坚战的重要指标,在本次会议讲话中,习近平进一步对新媒体在思想政治工作中的作用作了新的阐述:“要运用新媒体新技术使工作活起来,推动思想政治工作传统优势同信息技术高度融合,增强时代感和吸引力。”提出实现思想政治工作传统优势同信息技术的高度融合,使思想政治工作活起来的思想。

(五)高校思想政治工作是全体人员所开展的工作

思想政治工作并不是思想政治工作专门力量所开展的工作,而是高校全体人员都要开展的工作,要实现思想政治工作的全员化与专门化的结合。习近平重要讲话中提出的新思想主要体现在:一是对所有高校教师提出明确思想政治工作职责:“教师是人类灵魂的工程师,承担着神圣使命。传道者自己首先要明道、信道。”正因为如此,所有教师都应该“坚持教书和育人相统一,坚持言传和身教相统一,坚持潜心问道和关注社会相统一,坚持学术自由和学术规范相统一,引导广大教师以德立身、以德立学、以德施教。”“四个统一”的要求进一步深化了习近平在北京师范大学师生座谈会上讲话中对教师的要求。二是要从选拔、教育、锻炼、激励等方面整体推进思想政治工作专门力量建设。习近平重要讲话既肯定思想政治工作队伍的重要作用,又对专门队伍建设提出新的要求,他指出“长期以来,高校思想政治工作队伍兢兢业业、甘于奉献、奋发有为,为高等教育事业发展作出了重要贡献”,“要拓展选拔视野,抓好教育培训,强化实践锻炼,健全激励机制,整体推进高校党政干部和共青团干部、思想政治理论课教师和哲学社会科学课教师、辅导员班主任和心理咨询教师等队伍建设。”表明我们以往思想政治工作专门队伍建设选拔的视野相对比较局限、教育培训不够、缺乏实践锻炼、激励机制不健全,并且没有整体推进各类思想政治工作专门力量建设。习近平重要讲话,不仅指明了专门力量建设的方向和路径,而且从更开阔的角度提出了队伍建设的路径。三是心理咨询教师是思想政治工作的专门力量。在讲话中,习近平第一次把心理咨询教师作为高校思想政治工作教师队伍的一支独立力量提出来,充分肯定心理咨询教师在高校思想政治工作队伍中的相对独立地位,丰富和拓展了思想政治工作专门力量。

三、高校思想政治工作的新趋向

从大学生思想政治教育工作会议到全国高校思想政治工作会议,从 16 号文件到 31 号文件,特别是习近平的重要讲话,充分反映了改革开放以来高校思想政治工作取得的重要成果，昭示着高校思想政治工作发展的基本趋势和发展方向。

（一）从首位拓展到中心地位

改革开放以后，伴随着党的中心工作转移，党的思想政治工作一度受到削弱，甚至出现过像1989年政治风波和“法轮功”现象等重大政治事件，邓小平曾反思：“十年最大的失误是教育，这里我主要是讲思想政治教育，不单纯是对学校、青年学生，是泛指对人民的教育。”江泽民在中央思想政治工作会议上也指出：“在思想政治工作方面，我们也有过教训，一段时间内曾发生过邓小平同志批评的抓经济建设一手比较硬、抓思想政治建设一手比较软的现象。”在高校，伴随着高等教育改革进程，也出现了“重智育轻德育、重学术轻思想政治工作、重科研轻课堂教学等现象”，中共中央16号文件对高校思想政治工作的地位的论述，主要强调思想政治工作的首要位置，强调“学校教育要坚持育人为本、德育为先，把人才培养作为根本任务，把思想政治教育摆在首要位置。”本次会议及31号文件，明确把高校思想政治工作放在办什么样的高校、如何办高校以及培养什么样的人、如何培养人、为谁培养人的战略高度，把高校思想政治工作作为高等教育的核心环节，进一步具体和明确高校思想政治工作在整个高等教育中的地位和作用，高校思想政治工作成为扎根中国办社会主义大学的核心环节，是高等教育的内在有机组成部分，起着核心和中心环节的作用，是党的领导和社会主义大学在高等学校的集中体现。这就使高校思想政治工作的地位发生了深刻变化，高校思想政治工作从在德育、智育、体育、美育的对比中争取一席之地的位置，提升到是所有教育活动的中心环节和必须贯穿的内容，要把思想政治工作贯穿教育教学全过程，实现全程育人、全方位育人，高校思想政治工作从边缘、首位走到了高等教育的中心和核心地位。

（二）从局部拓展到整体

改革开放以来，伴随着思想政治工作的专门化、职业化的进程，高校思想政治工作形成了相对独立的专门领域，有了一支专门思想政治工作力量，高校思想政治工作日益成为专门的职业，这是高校思想政治工作的发展和进步。但在这个过程中，也出现了另外一种偏差，即高校思想政治工作越来越成为思想政治工作专门人员的工作，高校辅导员工作，思想政治理论课教师的工作，高校思想政治工作也日益局限于从思想政治工作的专门领域来加强和改进思想政治工作，“这样，直接学科德育课程地位得到了强化，但是间接德育课程的地位却遭到了弱化；专门德育教师在德育过程中的地位得到了保证，而学校广大教职员工教书育人、服务育人、管理育人的地位，遭到了弱化。”16号文件虽然着力倡导整体大思想政治工作格局，强调教书与育人结合，既充分发挥思想政治理论的主渠道作用，也充分发挥高校哲学社会科学和各门课程的育人功能；既充分发挥党团组织、班级社团和日常思想政治工作的主阵地作用，也充分发挥网络、社会实践和社会服务教育等渠道的作用，但文件的着力点是从大学生思想政治教育的角度，对整体高等学校的要求和制约相对比较弱。31号文件，特别是习近平重要讲话，把高校思想政治工作提升到我们办什么样的高等教育、如何办高等教育以及培养什么样人、如何培养人和为谁培养人的战略高度，从改变整个高等教育的宏观整体生态来改变思想政治工作的内部循环，使高校思想政治工作生态发生了重大变化。加强和改进高校思想政治工作就不能仅仅停留在高校思想政治工作专门领域，而应从整个高等教育整体的角度来加强思想政治工作。高校思想政治工作要适应从局部到整体，从思想政治教育行业内部工作向整个高等教育宏观生态环境的营造的转变，充分发挥党的领导、社会主义大学的整体优势，培养社会主义合格建设者和可靠接班人。

（三）从国内拓展到国外

从国内拓展到国外，这是我国改革开放和社会主义现代化建设新的历史时期的新要求。伴随着我国对外开放的不断拓展，我国与世界的依存关系日益紧密，我们已经不可能把自己的发展置于世界之外，事实上，改革开放以来，大学生思想政治教育、高校思想政治工作中的很多问题，既有来自国内的影响因素，但相当多的因素也来自国外的干扰，我们不可能封闭起来开展思想政治教育工作，高校思想政治工作应统筹国际国内因素，从国际和国内两个方面来思考思想政治工作的改革和创新，而不能单纯强调思想政治工作的中国特色而忽略其与世界的联系。因此，在本次会议上，习近平重要讲话对大学生提出的“四个正确认识”中有两个“正确认识”与国外相关：一是“教育引导学生正确认识世界和中国发展大势，从我们党探索中国特色社会主义历史发展和伟大实践中，认识和把握人类社会发展的历史必然性，认识和把握中国特色社会主义的历史必然性，不断树立为共产主义远大理想和中国特色社会主义共同理想而奋斗的信念和信心”；二是要“正确认识中国特色和国际比较，全面客观认识当代中国、看待外部世界。”第一个正确认识涉及人类社会发展规律、社会主义建设规律和中国特色社会主义建设规律，体现人类社会发展的宏观整体视野；第二个正确认识阐述中国和世界的关系，即处理好中国特色和国际比较，从世界发展的大格局来充分认识和理解中国特色社会主义的特色和优势，增强中国特色社会主义道路自信、理论自信、制度自信和文化自信。本次会议和习近平总书记重要讲话表明，高校思想政治工作不能局限于思想政治工作领域讨论思想政治工作，不能局于高校做高校思想政治工作，不能局限于从国内讨论高校思想政治工作，而应从全面统筹国际国内、校内校外、行业内与行业外的全局，不断拓展高校思想政治教育领域，挖掘高校思想政治工作资源，实现高校思想政治工作的全方位变革。

（四）从专门拓展到全员

高校思想政治工作是全员全方位的工作，这是我们党的高校思想政治工作的优良传统，毛泽东指出：“思想政治工作，各个部门都要负责任。共产党应该管，共青团应该管，政府主管部门应该管，学校的校长教师更应该管。”但改革开放以后，伴随着思想政治工作的专业化进程，思想政治工作逐渐成为一个具有专门内涵和领域的工作，思想政治工作专业化在提升思想政治工作能力和水平的同时，也造成了专门力量与全员思想政治工作相脱离的倾向，正如有学者分析“就学校管理人员而言，有主管教务的、政务的和后勤的。一般认为政务人员抓思想品德教育工作，理所应当，而教务人员和后勤人员往往忽视对学生有意识的影响。就德育专任教师与其他科任教师而言,班主任、少先队辅导员、团委书记、思想品德课教师往往被赋予明确的德育责任,而自然科学、音体美各科教师则觉得德育非份内之事,名不正,言不顺,不必承担责任和义务。”因此,在本次会议和习近平总书记重要讲话中,既充分强调高校思想政治工作专门力量的专门作用,同时也对广大教师和学校的所有力量提出思想政治工作职责,高校思想政治工作队伍应从加强专门力量专门化、职业化建设的基础上,拓展到所有人员,各方面力量都需要围绕高校立德树人这个核心任务而展开人才培养、科学研究、社会服务、文化传承创新和国际交流合作等任务,做到高校思想政治工作人人有责、人人负责,实现高校思想政治工作的全员化。从全员到专门再到全员思想政治工作的转变,并不是一种简单的重复,而是一种更高水平的发展,它揭示了高校思想政治工作力量发展的一种新的趋向。

(作者:武汉大学马克思主义学院院长、教授、博士生导师)

马克思主义理论学科建设与发展的内在依据

马永庆

经过十几年的建设,我国马克思主义理论学科不断走向成熟。然而,随着中国特色社会主义建设的推进和发展,马克思主义理论学科建设与发展面临着诸多的挑战。如何打牢基础,全面有序地发展马克思主义理论学科,成为当下亟需解决的重要问题。本文就马克思主义理论学科建设与发展的依据和内在基础谈点看法。

一、科学性是马克思主义理论学科建设与发展的主要依据

一个学科的存在和发展的根本是什么?这个看起来非常简单的问题,却涉及一个学科的蓬勃生命力和强劲的动力问题。马克思主义理论学科研究马克思主义理论及其教育教学实践和规律的系统结构。这一学科确立与发展的首要依据在于其本身的科学性。

1. 马克思主义理论学科的科学性之一,是内在结构的科学严密性。根据国务院学位委员会、教育部颁发的《关于调整增设马克思主义理论一级学科及所属二级学科的通知》(学位〔2005〕64 号)以及后来的《关于增设"中国近现代史基本问题研究"二级学科的通知》(学位〔2008〕15 号)等文件,目前马克思主义理论学科包括马克思主义基本原理、马克思主义发展史、马克思主义中国化研究、国外马克思主义研究、思想政治教育和中国近现代史基本问题研究六个二级学科。六个二级学科,都是从不同的方面研究马克思主义的历史发展、基本原理、科学内涵和精神实质,但又是马克思主义理论学科不同角度的具体化,是一个整体的有机组成部分。由此,马克思主义理论学科体系的建构是整体性与层次性的统一。

目前,马克思主义理论学科建设取得了较大的成就,马克思主义理论学科的整体建构初现规模,六个二级学科有着各自的研究领域,界限划分较为明确。然而,由于马克思主义理论学科设置只有短短的十几年的时间,学科建设尚在不断探索的过程中,还有诸多的问题需要有针对性地加以把握。每个二级学科还是在各自为战,都强调着自己的势力范围,甚至讨论谁最为重要的问题。实际上,马克思主义理论学科本身的建构还缺乏一定的科学性,需要明确各个二级学科在马克思主义理论学科体系中地位、价值的同时,着力强调相互间的互补性、不可分割性,应该围绕马克思主义理论学科的总体建设目标而展开学科的发展规划。当下,我们所需要考虑的是马克思主义理论学科的内涵和外延的问题。也就是说,需要把握马克思主义理论学科到底需要下设几个二级学科,现有的六个二级学科及其构成要素有哪些与一级学科有联系,但还不能有机相融,根据马克思主义的发展规律,又有哪些新的内容需要融入一级学科中,同时,马克思主义理论学科需要包

括哪些内容。马克思主义理论学科不是收容箱,不可以包罗万象,甚至代替一切。马克思主义理论学科应该建构具有自己特点的逻辑严密的体系。

2. **马克思主义理论学科的科学性之二,是其基本内容的科学性。**马克思主义理论学科的主要研究对象是马克思主义理论及其发展规律。从内容上,马克思主义理论学科要围绕马克思主义基本理论和方法论建构自己的研究体系。首先需要强化对马克思主义理论的研究,进一步梳理马克思主义经典著作中的精辟论述,熟读经典作家的文献资料,求真求实地科学理解马克思主义经典作家的思想,总结概括马克思主义基本理论,探索马克思主义理论的历史发展规律。现在有一种观点认为,马克思主义理论是马克思、恩格斯对当时历史条件下无产阶级社会实践的总结和概括,随着社会发展变迁,理论的科学性就要随之发生变化。这种观点认为马克思主义仅仅是过去时代的产物,不能适用现代社会,因此,再读马克思主义经典著作是没有任何用处的。这种观点是偏颇的。马克思主义理论是一个不断发展着的概念,既有着人们对现代社会的总结概括,更有着一代又一代马克思主义经典作家的科学解读。不懂马克思,不读马克思主义的经典著作,不仅无法科学地研究马克思主义,也不能把握马克思主义理论发展规律,当然更不能完善马克思主义理论学科。

对于马克思主义理论的态度,我们需要厘清照着念还是接着说的关系。也就是我们要念好马克思主义理论,而且要真正还原马克思主义理论的真实内容,不仅能以现代眼光诠释马克思主义,同时还要不断发展马克思主义,使马克思主义理论与中国实际有机结合。在中国特色社会主义建设不断推进的过程中,我们首先要坚持理论创新发展,从中国现实需要出发,从世界科学社会主义运动的实践出发,从马克思主义理论学科面临的任务出发,拓展马克思主义理论研究,丰富完善马克思主义理论体系。我们要审时度势,认真研究面对的各种问题,分析各种复杂现象,探究问题的实质,揭示其规律性的东西,建设具有时代特征的马克思主义学科体系。我们也需要认识到一个问题,即认真研读马克思主义经典文献,学习马克思主义基本原理与发展马克思主义理论是一致的。不能把马克思主义经典著作抛至一边,借鉴所谓现代社会思潮试图建构当下意识形态体系,或以所谓的西方现代理论取代马克思主义,需要结合国情,不断完善中国特色社会主义体系。

就学科本身而言,马克思主义理论学科的基本内容还应包括对马克思主义理论教育教学实践及其规律的研究问题。学科的任务不仅是建构理论知识体系,还是一个知识的传递与人才培养的过程。马克思主义理论学科不仅有着一般教育教学规律,而且还有着自身学科特有的教育教学规律,因而需要从一般和特殊两个层面把握马克思主义理论教育教学实践及其规律。马克思主义理论的把握也是不断由少到多、由不熟悉到逐渐认知又到熟练运用的过程。我们要根据人的生理心理状况以及知识传授的规律,分阶段、分层次地对学生进行系统的马克思主义理论教育,引导学生读一些马克思主义经典著作,培养他们研究马克思主义的兴趣和能力,进而转向信仰马克思主义。在传授马克思主义理论的过程中，既要注意各个阶段的衔接，使学生从小接受马克思主义理论的熏陶，逐步系统整体地把握马克思主义理论，又要注意马克思主义理论教育的规律性，不要强行灌输，更不要将其当成僵化知识让学生死记硬背。马克思主义既是周延的逻辑体系，需要从理论的高度和深度上进行研究，又渗透在日常生活中，体现在诸多的点滴细节中，需要把马克思主义理论生活化、大众化。我们可以利用多种形式、通俗易懂的语言使学生加以接受。总而言之，应按照社会主义教育方针的要求和学生健康成长的需要，遵循教育规律进行马克思主义理论的传授。

3. **马克思主义理论学科的科学性之三，是其具有超越性。**马克思主义理论是科学的理论体系，是我们党和国家的指导思想，它是现实性与超越性的结合。马克思主义理论学科就是从整体上研究马克思主义原理和科学体系的一门学科，需要从马克思主义在人类文明发展的历史及中国现代化建设中的作用等方面进一步展现其科学性，并揭示研究马克思主义理论的重要价值。一方面，马克思主义需要完成理论上的超越，使马克思主义理论能够对现实世界起到思想武器的作用，在批判现实世界中实现超越。另一方面，我们需要有创新精神，在建设中国特色社会主义的过程中，认真总结社会主义现代化建设的经验，使马克思主义理论时代化。当前，党提出的“两个百年”目标，中国特色社会主义现代化建设，都向我们提出了新的要求。为了应对我们面临的新课题，完成历史赋予我们的重任，我们需要以马克思主义为指导，建构完善的中国特色社会主义理论体系，形成解决现实问题的新举措，为广大人民群众带来实际利益的满足。研究这些问题不仅是社会发展的需要，更是马克思主义理论学科建构的必然趋势。马克思主义需要高屋建瓴，透过纷繁复杂的社会现象，把握社会发展规律，预测社会历史发展趋势。马克思主义理论学科建设需要突出中国特色，为解决当下我国社会主义现代化建设所面临的重大基础理论和现实问题提供理论和实践上的准备。在这方面，我们要从战略的高度，从意识形态的指导地位上，从国家建设的指导思想，从马克思主义与中国实际结合方面做好顶层设计。

二、当前马克思主义理论学科建设过程中存在的问题

马克思主义理论学科的提升必须有一支思想过硬、意志坚定、理论水平较高的师资队伍做基础，马克思主义理论学科的设立，培养了一大批马克思主义理论人才，提升了教师队伍的理论素养和科研水平，反过来又促进了马克思主义理论学科的整体提高。然而，目前马克思主义理论学科师资队伍建设，还存在一些亟待解决的问题。

1. **马克思主义理论学科师资队伍建设迫在眉睫。**当前从事马克思主义理论教学与研究的人员有七万人左右，其中思想政治理论课教师有六万余人。一个学科拥有这样规模的师资力量应该说是非常强大的，然而，当下这一支队伍还有较大的提升空间，在教学科研、育人方法、改革理念等方面存在需要改进的地方。一些教师对于马克思主义学科的发展只是寄希望于中央的政策、财政的支持，没有看到自己的责任。虽然制度与财力等良好的外在条件是马克思主义理论学科发展不可

或缺的要素，但是如果我们不能充分地利用这些条件，没有责任感、紧迫感、危机感，不能较好地发挥自身的主观能动性，那再好的外在条件也无法提升马克思主义理论学科的地位和声誉。

2. **马克思主义理论学科的教学教育理念亟须更新。** 对马克思主义理论学科的设立，有些人说这只是适应当下我国建设的政治需要，甚至有些人还不屑地认为马克思主义理论不是一个学科。在我国，设置马克思主义理论学科不仅是当前我国社会主义现代化建设的要求，更是中华民族实现伟大复兴的必然趋势。以马克思主义作为我国的指导思想，中华民族的历史发展充分地证明了一点，中国特色社会主义的实践亦彰显了这一颠扑不破的真理性。作为马克思主义理论学科的教师，不仅要"在马信马"，更要"在马研马"，对马克思主义理论学科要有一个全新理念。在我国，马克思主义理论学科不仅要设立，而且要努力办好，把其打造成为优势学科。每一位马克思主义理论工作者，要全力为马克思主义理论学科发展贡献自己的智慧和力量。

3. **马克思主义理论学科教师的理论功底亟待增强。** 马克思主义理论要成为优势学科，需要广大的马克思主义理论工作者具有坚实的理论功底，即"在马懂马"。只有研究、传播马克思主义的人具有了马克思主义的头脑，真正懂得了马克思主义理论的价值所在，才能使马克思主义理论学科有领军之人、扛旗之人和引领意识形态的主力军。但是现在有许多思想政治理论课教师并没有系统读过几本马克思主义经典著作，对中国特色社会主义理论没有深入研究，根本不能承担相应的教学科研任务。他们不仅不能较好地认识马克思主义理论的整体性、全面性，不能较好地把握教学科研的侧重点和落脚点，更不能把马克思主义理论有效地传递给受教育者。他们在教学中只是照本宣科，生搬硬套，使马克思主义理论失去了勃勃的生命力。

4. **马克思主义理论学科的教学方法亟须改革。** 教学方法的改革一直都是我们关注的焦点之一。当前，在马克思主义理论教学中有一个倾向值得注意，有的教师为了使抽象的理论生动、易于为学生掌握，而加大了教学方法的改革力度。这本来是非常好的事情，然而，有的教师忽视了对基本理论知识的研究与教学，只关注所谓课堂的华丽与热闹，甚至迎合一些不健康的心理，使马克思主义理论教学庸俗化，反而弱化了马克思主义理论的教学效果。

三、高素质的师资队伍是马克思主义理论学科发展的关键因素

1. **加强马克思主义理论学科的师资队伍建设。** 加强马克思主义理论学科建设，必须了解马克思主义理论学科的师资队伍状况。即了解整个队伍接受马克思主义理论教育的状况、目前研究达到的理论深度与广度，了解教师的马克思主义理论水平、对教育教学规律的认识程度等。其目的在于使每一个马克思主义理论学科的教师必须明确应该承担的历史使命，以及自己的不足和缺憾，由此筑牢自己的马克思主义理论功底，不断地汲取中国特色社会主义知识。尽管不是每一位教师都能成为学者专家，但是从事马克思主义教学研究的人，必须能够掌握马克思主义的基本理论、立场和观点，能够理论联系实际，善

于运用马克思主义理论分析我国现代化建设中的现实问题，把马克思主义融入我国实际。如果一个思想政治理论课教师做不到这一点，那他就不是一个真正的马克思主义理论学科教师，马克思主义理论学科的建设就会是一句空话。

2. 构建融传授知识、培养能力和提高素质为一体的教学模式。我们要正确地认识马克思主义理论教学中的学术性与应用性等各方面关系，正确处理好理论教学与实践教学的关系。理论与实践的结合是思想政治理论课教学需遵循的基本原则。我们要把马克思主义理论讲深讲透，使学生对马克思主义的基本原理有一个全面、系统的把握；同时又要运用实践教学手段，让学生在生活实践中深入领会、运用马克思主义理论。这就是说，马克思主义理论教学应该增强时代性，面向学生实际，解决学生成长发展中的困惑。实践教学不是让学生进行一些简单的动手操作，而是培养学生的一种实践理性，使其行为成为一种有目的、有意志的自觉活动。马克思主义理论教学必须让学生把专业理论知识的学习和实践能力的提高紧密结合起来，让学生在实践中学，在实践中创新，不断地发现问题、解决问题。

3. 马克思主义理论教学需要注意内容和形式的结合。在教学内容上，要删减观点过时、观念陈旧的教学内容，及时吸纳学科最新研究成果，注重反映国家的价值导向和马克思主义中国化的最新理论成果，及时进行教学内容的补充和完善，形成反映经济社会发展对人才需求具有示范作用的教学内容体系。教学内容不能使理论支离破碎，使学生无法把握马克思主义理论体系；教师也不能照本宣科，使学生不能深刻领会马克思主义理论的实质。在思想政治理论课教学中，要根据中国特色社会主义发展规律，根据学生的认识水平和实践能力，拓展和丰富马克思主义理论的教学内容。同时，马克思主义理论教学要不断创新教学方法与手段，要改革“满堂灌”“填鸭式”的传统灌输式教学方式，积极探索实施启发式、探究式、讨论式、参与式和案例分析等教学方法。当然，教学方法的创新必须注意形式一定要服务于内容。采用丰富多彩的教学形式的目的就是要实现教学目标，使教学内容能够为学生所接受。目前，我们的思想政治理论课教学虽然进行了教学方法的改革，但还是较为单一，有的教师注重课堂讲授的趣味性、形式的多变，看似引发了学生的兴趣，但是有的学生认为课堂上嘻嘻哈哈一阵子，过后大多知识很快就忘记了，效果不理想。

四、建构具有中国特色的话语体系是马克思主义理论学科发展的活力所在

马克思主义理论学科建设是一个长期复杂的积累和完善过程，在这个过程当中建构中国特色的马克思主义理论学科话语体系，并实现有机的转换是非常必要且可行的。

建构中国特色的马克思主义理论学科话语体系，首先是注重中国特色。也就是说，我国的马克思主义理论学科话语体系要体现中国风格、中国智慧，其基础是中国共产党领导的社会主义现代化建设的伟大实践。“一切划时代的体系的真正内容都是由于产生这些体系的那个时期的需要而形成起来的。”也许有人会说，我们所设立的马克思主义理论学科需要有开放性，需要与国外马克思主义

理论学科接轨，不然就是关起门来搞马克思主义。实际上，我们现在建构的马克思主义理论学科，正是以马克思主义理论为基本架构并加入中国的优秀传统和现代元素而形成的，并没有离开马克思主义的理论体系而另起炉灶。但是中国的实际是不断变化的，面临的国际环境是复杂的，我们不能照搬马克思主义理论。马克思主义理论学科只有创新发展，才能适应变化发展的客观实际，才能为世界文明进步和我国的社会主义建设提供方法论的指导。中国特色不是特立独行，它离不开世界文化的滋润和助推。中国马克思主义理论学科建设需要与国外马克思主义研究保持密切的联系，而且需要不断借鉴国外马克思主义理论学科的经验，同时在交流互动中创新、丰富和发展马克思主义。

马克思主义理论学科话语体系不是自说自话，或是为了装潢门面，而是为了在学术上起到引领作用，成为人们的思想武器，指导现实行动。因而马克思主义理论学科有一个话语体系的转换问题，即如何实现马克思主义理论学科话语体系从学术话语到大众话语、从理论话语到实践话语的转换。当前，我们要努力建构内容丰富、结构严谨、条理清晰、特色优势明显的马克思主义理论学科学术话语体系，并且能够有效地融入到人民群众的社会主义现代化建设中，成为人们的理性自觉，经得住实践的检验，在社会主义现代化建设中发挥应有的作用，让人们真正体会到学科理论体系的理论意义和实践价值。“理论在一个国家实现的程度，总是取决于理论满足这个国家的需要的程度。”当前马克思主义理论学科的重要任务之一，是让青年学生真正掌握马克思主义理论的真谛，能够从总体上了解马克思主义理论体系，明确马克思主义在中国社会主义革命、社会主义建设和改革开放中的成功所在，从而使马克思主义融入他们的现实生活并起到指导作用。

（作者：山东师范大学马克思主义学院教授、博士生导师）

马克思主义理论学科人才培养的问题与出路
——基于国外马克思主义专业的分析

杨乐强

马克思主义理论学科的总体规范化建设和相关二级学科的逐渐完善是最近十多年来马克思主义发展史中的重大成就,形成了一支政治可靠和学术精湛的学科建设队伍,实现了学科综合职能的转换和人才培养的常规化。但马克思主义理论的六个二级学科的发展规模和建设质量并不均衡,体现在人才培养上,国外马克思主义专业在培养对象方面有些问题,这些问题会造成不利于学科发展的消极后果。客观分析问题,寻求问题解决的正确出路,是本文所要解决的问题。

一、国外马克思主义专业人才培养中的问题

国外马克思主义专业的人才培养既是国外马克思主义专业的目标工程,也是其基础工程,包括硕士和博士两个层次。尽管经过多年的摸索获得了一定的经验,但是依然面临很多深层次的问题,在根本上影响人才培养的质量和规模:

第一,选拔机制上缺乏针对性,难以招收到适应专业培养的优秀人才。国外马克思主义专业硕士招生是按照马克思主义基本原理、马克思主义发展史和马克思主义中国化三个专业相同的标准(同样的试卷考试)进行的,依分数高低择优录取,这种体制运作,导致国外马克思主义专业硕士是在无任何相关专业知识积累的情况下进行培育的;博士招生虽然需要前期国外马克思主义专业的相关背景和学习经历,但也只是一考定终身,单纯的考试选拔,使得通过考试的国外马克思主义的博士生的真实水平和研究能力难以得到系统的检验,有相当一部分博士生缺乏进行这一专业研究基本知识的必要积累和认知准备,他们也几乎与硕士生一样,处于从零开始的培养状态。这是体制限定造成的选拔难题,也是专业建设的掣肘因素。

第二,人才培养过程中主体性匮乏,严重滞后于专业发展的要求。国外马克思主义专业的人才培养,需要进入培养过程的硕士和博士攻读人员具备强烈的专业意识、积极进取的研究状态、敏锐的课题捕捉能力、严谨的逻辑思维、良好的吃苦耐劳和学术求真品质等主体性的条件,同时还需要摒弃功利意识、畏难情绪和短视肤浅无学术涵养的市井心态。那种对国外马克思主义缺乏足够的专业认知,不能以积极热情的精神状况投入研究过程,追求以非专业成果代替专业研究的表象成功等;或进入专业学习状态缓慢,自主性投入偏低,对专业文献阅读和解析效率低下,一学期下来完成不了规定的阅读书目,搜集和驾驭最新文献的能力始终处于研究前的未萌状态等;或者在经历了较长的专业学习之后,难以用专业语言表达研究主题,学术再构

和学术叙事长期陷入失语境地，甚至用外行话或无知来对付专业主题的研讨等，都是国外马克思主义专业人才培育中的主体性匮乏的表现，也是这一专业人才培育所面临的深层次问题。

第三，学术取向倒错，学术品行堪忧，与人才培养的专业要求相悖逆。国外马克思主义专业的学科规范是严格的，对人才培养的要求和培养过程是严肃的，在总体上锻炼人才的学术能力和提高人才的学术境界是有成功经验的。但是，在硕士和博士培养的多年实践中，总是有一个挥之不去的学术取向倒错和学术品行堪忧的问题，具体表现为过分依赖于教师在各种系列学术主题上的思想框架、逻辑理路和叙事话语，难以独立开拓新的主题，无力构建独立的思想框架，更无可能展开自己特有的逻辑思维和叙说语言；所通过的开题报告是经过指导小组集体具体规范达成的进一步研究的指导性纲要，但是在后续的论文写作中总是变来变去，直至最终完成的论文与开题报告风马牛不相及，甚至把不相干的东西拿来滥竽充数，表现出严重的无方向感；研究过程中参考和评判已有的成果，发现和纠偏谬见，进而解构重建或推陈出新，是重要的学术研究方式，但是，总有一些硕士生或博士生整块搬用学科领域已有的成果，复制套用他人非常陈旧的观点，查重率就是对相关人员学术品行的一种客观评定，而为规避查重，他们往往进行改写重叙，即便如此，最终的文章或学位论文依然概念不清，语言表达十分混乱，几张皮相拼接，很难见其内在逻辑。这种学术取向的倒错和学术品行的失范，既是学术能力低下的表现，也是学术品行低下的外显，发现这些问题的存在并从根本加以解决，是人才培养的根本责任，也是专业建设的严峻任务。

二、国外马克思主义专业人才培养问题的成因及后果

国外马克思主义专业的人才培养难题是必须加以解决的，要解决这些问题，就必须把握这些问题的复杂根源及其造成的后果。

第一，学科建设晚造成吸引优秀人才困难。从与马克思主义理论学科的其他二级学科的比较来看，国外马克思主义专业的设立十分晚，独立招收硕士和博士进行人才培养的工作具有任何一个学科在其起步时期所具有的初生性质，这就使得国外马克思主义专业在学科积淀、社会认知等方面远未形成应有的气场，必然要经历和处于吸引优秀人才困难时期。在马克思主义理论学科之外的那些能够吸引大量优秀人才的专业或学科是无数代人薪火相传不断努力的结果，而其创始阶段的艰辛和迷茫作为一个学科建设历程的一部分是任何一个新型学科在其初创阶段必然要经历和面对的，马克思主义理论学科中的国外马克思主义专业也概莫能外。

第二，生源多样性和非专业性，导致培养过程十分困难。进入硕士和博士攻读的人员大多是转专业或跨专业招收进来的，他们没有相关专业知识的积累，更无法适应国外马克思主义专业所要求的全新研究方式的精神准备，这种生源状况的确会造成了后续培养的困难。以国外马克思主义专业领域中的西方马克思主义研究为例，它要求研究人员精通马克思的重要经典著作，熟悉马克思主义思想史和国际共运史，同时要求对十九世纪下半期以来的西方哲学演变及其不同流派的

思想有深度的把握,对二十世纪西方资本主义社会政治经济发展的历史有清晰的跟进和了解,对二十世纪社会主义理论和实践发展史有比较系统的知识掌握,而对这些内容缺乏系统积累,会造成西方马克思主义研究的困难,这种生源质量与国外马克思主义专业要求的不适应,是国外马克思主义专业人才培养困局的始源因素。

第三,角色定位模糊和局外人心态,导致人才培养步履维艰。进入国外马克思主义专业攻读硕士学位和博士学位,需要转变角色,抛弃先前茫然和无所适从的状态,尽快进入学科研究状态。但多年来的观察表明,很多人即使是在指导教师反复敦促下也不能尽快转变身份,进入研究过程,他们对所从事专业缺乏严肃、严谨和严格的体悟,因而不能通过具体的学习过程建立起应有的学业崇敬感,表现出较普遍的局外人心态,不能适应教师的讲课进度,有时甚至对教师的专业术语都感到陌生;课堂讨论缺乏自己独到的见解,学术语言贫乏;疲于应付教师规定的课程论文,有部分学生甚至为应付交差,偏离专业主题,文不对题地照搬其他学科的内容。

第四,功利意识浓厚,急于求成无底线,使得学术能力难以提高,思想境界难以升华。进入攻读学位的人员,大多不能从根本上正确看待学术研究的真谛,不知道学术的根本在于以术修心、以思做人、以求真达至善的道理。有的把学术研究当成获取好处实现功利的手段;有的为了求成出名,不惜突破做人的底线,千方百计窃取他人的劳动和学术成果;个别人做事做人,甚至无原则,无品位。这是人才培养中的最严重问题,它使专业建设和人才培养陷入危机,甚至丧失意义,这是必须加以遏制的。

第五,缺乏马克思主义的使命意识,不能把马克思主义内化为自己精神信仰的力量源泉,也会在根本上贬损人才培养的价值。国外马克思主义专业如同整个马克思主义理论学科一样,不光是培养学术人才,还要同时使所培养的人才转化为坚定的马克思主义信仰者。如果我们不能把培养的人才提升为马克思主义的坚定信仰者,不能把发展马克思主义内在化和具体化为所培养人才的应有的使命意识和责任意识,他们必然不可能有意识地去探索马克思主义发展中的重大理论和实践问题。他们的学习过程也就必然陷入一种疲于应付的消极状态,研究能力难以有显著提高,更不可能有创新性的研究成果。

国外马克思主义专业人才培养中存在的问题,会进一步衍生出很多严重的后果。其一,这些问题的存在会逐渐损害马克思主义理论学科的学术声誉。由于部分学生基本的理论素质偏低,专业执著精神不够,精力投入有限而依然能够通过毕业,让学界觉得马克思主义理论学科的人才培养不够严谨。其二,这些问题使培养成本越来越大。所谓培养成本,是指指导教师时间和精力的超负荷的支出,包括规定书目的阅读需要教师反复引导和多次讲解,学术论文写作中专业学术语言的使用,以及逻辑构架的形成都需要指导教师耗费大量的时间和心力去规范。其三,这些问题的持续存在会损害师生的正常学术关系,减损教师培养学生的热情和信心。教师在培养学生的过程中,对学生的正常付出和热情关怀是必需的,但耗费大量时间和精力而依然不能培养出真正合格的或高质量的优秀人才，教师的职业成就感必然会受到损害。

三、国外马克思主义专业人才培养问题的解决

国外马克思主义专业人才培养中的问题，是该专业学科建设的掣肘因素，解决这些问题，需要从多方面入手。

第一，要明确对国外马克思主义专业学科定位的认识。在六个二级学科中，国外马克思主义专业的设立和建设，是体现马克思主义理论学科系统性、完整性或学科规范性的重要领域，是马克思主义学科整体性的基础构成。不懂得国外马克思主义发展的历史轨迹和演进规律，不知道国外马克思主义的理论和实践贡献，不能跟进国外马克思主义对当代世界社会的运行机制的揭示，就不能领悟马克思主义改造整个世界的根本宗旨，不能从实质上理解马克思主义的人类关怀和人类解放的核心价值，因而也就不能从时代的世界整体把握马克思主义的当代意义。设立和建设国外马克思主义专业的目的，就是要从整体上研究马克思主义发展历程和运行规律，探索马克思主义在解构当代资本主义社会过程中的理论价值，把握马克思主义解决各国社会主义实践难题的指导意义。同时，发展国外马克思主义专业，对于推动马克思主义中国化、时代化和大众化，也具有不可或缺的重大作用。毫无疑问，发展国外马克思主义专业，既是整体研究马克思主义发展规律、解决各种时代课题的需要，也是推进马克思主义理论学科建设的需要，尤其是学科的人才培养，是推动马克思主义学科研究和具体发展马克思主义的最基本工作。健全的研究队伍和高质量人才的培育是马克思主义学科发展和马克思主义实践发展的重要主体条件，国外马克思主义专业无疑承担着重要的责任和使命。

第二，要从学科队伍建设入手。学科队伍是人才培养的主体条件，学科队伍建设的如何，往往会影响到学科发展的规模和质量，也会进一步影响到学科传统的积淀和学术精神的培育。国外马克思主义专业是马克思主义理论学科的新建专业，相较于马克思主义基本原理、马克思主义中国化和思想政治教育等二级学科，它缺少学科前的历史积淀，缺少有长期历练的学科队伍的代际传承，甚至缺少统一的学科范式和学科规程。因此，作为马克思主义理论的二级学科，必然要经历一个摸索过程和追赶时期；必然需要在承受学科建设重任和各种无形压力中积蓄力量壮大自身，不断地克服各种不成熟不完善，努力走向健全；必然要在探索和遵循国外马克思主义发展规律的基础上，借鉴马克思主义理论其他二级学科的成功经验，谋求国外马克思主义专业学科优势的建构和学科特点的孕育。这种学科发展的客观趋势对国外马克思主义专业学科队伍自身的成长提出了高质量、高规格和高水平的严格要求，构成这支队伍的学者个体，要具有世界性的目光，敏锐的感知和超常的努力，既需要从整体上把握国外马克思主义发展历程和演变规律，又需要捕捉国外马克思主义的最新动态和重要的前沿热点问题；既需要进行文本的系统解读和深度难题的探究，又需要方法论的提炼和学科范式的建构；既需要长期细致的学科经验积累，又需要不断进行学术创新成果的产出。在这过程中，停留于个性的、局部性的和封闭

性的研究,或止步于简单的文本阐释或单纯的学科知识积累,或者离开时代课题流连于注经式解释等等,都将不利于国外马克思主义专业学科队伍的快速成长。

第三,要从具体程序上做到人才培养的科学化。其一,硕士生和博士生的选拔必须注重综合素质和创新潜质的考核,尤其是博士招生选拔要从考试主导变为考核主导,重点突出对被选对象前期研究范围、主题、方法和成果的综合考核;突出对被选对象专业兴趣、知识积累和学科判断力及专业自主研究能力的系统考核;突出对被选对象研究计划、资料积累、研究的预期成果及研究条件的整体考核。其二,人才培养要从指导教师个体主导转向专家组集体主导,发挥专家组集体见解、集体智慧的规范和指导作用,增强专家组在人才能力提升、人才高素质发展中的责任。其三,人才培养要注重过程投入、内涵增强和不同阶段有效有序的衔接三者的统一。所谓过程投入,一是指被培养对象发挥自身主动性,全身心进入专业问题的思考和写作;二是指教师对学生学习研究过程的布局和每一研究环节的具体关怀;三是指常态互动的投入,除一般性教学互动外,还应尽可能倾听专家讲座,与专业研究者进行对话等。所谓内涵增强,是指对人才的培养要从程序主导转向对人才知识素养的提升、人才学术能力的训导、人才道德品质的炼造等,使学生真正成为有马克思主义信仰的有用人才。此外,硕士的培养是国外马克思主义专业人才培养的基础,造就高质量的硕士人才,既为社会提供建设人才,又同时为博士人才的遴选和有效培养提供坚实的后备力量。所以对不同层次的人才培养,做好过程投入和内涵增强的工作,也是做好人才的层次衔接和社会供给性衔接的过程,它是人才培养的重要内容和有机组成部分。

综上所述,国外马克思主义专业人才培养必须从问题出发,找到问题形成的根源,消除问题带来的各种消极后果,有针对性地总结经验教训,从提高认识,加强队伍建设到强化人才培养的具体环节,打造出人才健全成长的高效模式,为学科建设和服务社会作出实质性的贡献。

(作者:武汉大学马克思主义学院教授、博士生导师)

高校思想政治理论课课程体系问题探析与优化思考

王仕民　汤玉华

高校思想政治理论课(以下简称思政课)在提高大学生马克思主义理论素养,落实立德树人根本任务,帮助大学生树立正确世界观、人生观、价值观等方面发挥着重要作用。因此,结合当前的新理论、新战略、新形势、新问题,深入分析高校思政课课程体系的现实问题,进一步优化课程理念、课程结构、课程内容、课程衔接,是当前高校思政课课程建设面临的重大课题。

一、全面认识高校思政课课程体系建设

所谓高校思政课课程体系,是指高校按照国家的教育目标方针,将思想政治理论教育的各门课程加以系统组织安排,形成思想政治理论教育的整体效果,达到立德树人之教育目的,由此所构成的思政课各门课程在动态过程中实现统一指向的目标实现系统。

当前,高校思政课建设面临着"四大体系"(即理论体系、课程体系、教学体系、素质体系)的"三大转化"问题,即如何将马克思主义理论体系转化为高校思政课课程体系,将思政课课程体系转化为思政课教学体系,将思政课教学体系转化为大学生思想道德综合素质体系。在这"四大体系"中,理论体系是基础,课程体系是核心,教学体系是载体,素质体系是目的,而课程体系在整个思政课建设中处于承上启下的重要地位。

自"05方案"实施以来,高校思政课教学弱化的状况有了明显的改观,在思政课课程体系建设方面积累了很多成功经验,新的课程体系体现了科学性、权威性、务实性、时代性,较好地解决了过去存在的课程门数和总学时偏多、知识体系比较零散等问题。当前,课程体系发生了巨大变化,慕课、微课等新形式不断涌现,我国高校思政课也需要紧跟新的课程改革步伐。而且,面对西方多种复杂思潮和西方和平演变威胁的国际严峻形势,西方敌对势力无时无刻不在利用网络、科技等新方式对大学生进行渗透,对大学生思想政治教育发展产生了负面影响,再加上当前中国社会发展处于矛盾多发期、利益调整期、社会转型期,对高校思政课课程建设也提出了新的挑战。

这些问题如果处理不好,就会产生不良后果。事实上,我们曾经也有过这方面的教训。在新中国成立初期,党和国家高度重视高校思政课课程建设,但是也出现了过于抬高思政课课程的政治意义,忽视了大学生成长成才的实际规律等问题。改革开放后,在市场经济的影响下,高校思政治课课程建设又一度处于放松状态,有些课程内容滞后于新的国际国内形势,对大学生思想政治教育工作显得有些疲软乏力,没有及时回应这些新变化,没能对少数思想状况出现偏差的大学生产生积极影响。

同时，作为高校思政课授课对象的大学生也发生了新变化，“95后”大学生的生活环境、思想理念、个性特点、行为方式等都发生了巨大变化。思政课课程体系必须为新时期大学生开展马克思主义理论的全面性、整体性思想教育，以发展中的中国化马克思主义理论成果引领当代大学生的思想精神、政治觉悟、理论认识。思政课课程只有保持课程体系的系统性、整体性，提升其说服力，使之内化于心、外化于行，才能切实提高大学生对中国特色社会主义事业的目标认同、价值认同、文化认同。因此，高校思政课课程体系必须随着时代的发展补充新的内容，并对部分内容进行修改、调整、完善。

二、高校思政课课程体系问题分析

针对新的形势，我们必须反思高校思政课课程体系存在的问题，无论是从文本视角，还是从实践视角来看，目前思政课课程体系研究在宏观、微观研究方面仍显不足。

（一）课程理念不够创新

当前高校思想政治理论研究仍较薄弱，理论创新研究需进一步加强，尤其是各种社会思潮的冲击和挑战愈演愈烈，高校思政课必须解决新时期面临的新问题，必须用中国的话语体系解释中国的成功经验，针对这些问题，在提供基本理论支撑的同时，不断加强自身的学科建设，改革和创新理论教育的新方式和新渠道。高校思政课建设必须吸收习近平总书记系列重要讲话精神。供给侧结构性改革、中国方案、人类命运共同体、五大发展理念、全球经济治理、包容性发展等一系列新战略新思想，共同构成党的最新理论成果，系统梳理党和国家关于高校思政课课程建设的相关政策文件、习近平总书记系列重要讲话精神，为充实高校思政课课程体系提供了基本遵循。

（二）课程结构不够合理，缺乏整体性系统性

思政课课程体系布局存在比较单一、线性、分散的状态，缺乏系统性、全面性、立体性的科学布局，存在重视传统理论阐述，而解释现实回应现实乏力的问题。思政课四门主干课程之间的有机关系有待进一步明晰，缺乏必要的选修课程的辅助补充，系统、完整、立体的高校思政课课程体系建设仍任重道远。一是高校思政课课程体系缺乏以马克思主义理论整体性统筹，要把握高校思政课课程间关系，就必须“把马克思主义理论的整体性、马克思主义理论学科的整体性与思政课教学的整体性结合起来”，进而统筹四门课程在教学内容结构上的衔接性。二是四门课程之间的关系有待进一步明晰。四门课程内容设置，需要进一步体现教育教学规律的递进性和层次性。现行课程体系没有设置课程开设的时间顺序，一些教学安排也没有理顺四门课的逻辑关系，缺乏合理的递进关系。每一门课程相对独立，但与其他三门课程又有着不可分割的联系，“‘原理’是基础，‘概论’是重点，‘纲要’是主线，‘基础’是落脚点”，只有站在马克思主义学科的整体性高度来科学理解和认识四门主干课程的关系，才能指导思政课教师科学开展四门课的具体教学。

（三）课程内容不够全面

思政课课程体系需要有效地融入中国优秀传统文化、党的革命文化内容。中国优秀传统文化是中华民族的精髓，也是世界文明的重要组成部分。必须深入挖掘中国优秀传

统文化的宝贵资源，将优秀传统文化转化为现代化的精神资源，将民族性、传统性与时代性有机结合。而思政课课程内容与中国优秀传统文化息息相关，所以，有必要在思政课课程体系建设中融入中国优秀传统文化、党的革命文化因子，使之成为涵养当代大学生思想和心灵的重要土壤，真正实现马克思主义与中国传统文化的高度契合，使大学生接受全面的爱国主义教育和历史观教育，增强马克思主义理论的自信和中国民族优秀文化的自信。课程内容不够全面还体现在："思想道德修养与法律基础"课（以下简称"基础"课）道德理论的一些内容缺乏更新，与社会实际有些脱节。"马克思主义基本原理概论"课（以下简称"原理"课）没有将中国哲学的基本精神内涵以及中国化马克思主义的内容有效融入课程内容。

（四）课程衔接不够科学

中小学的"思想品德"课已改为"道德与法治"课，其内容结构体系方面发生了较大变动。但由于当前少数高校教师对思政课课程认识偏差及内容缺乏整体规划等因素，导致大中小学思政课课程体系缺乏有机衔接。大学与中小学的思政课既有差异，又一脉相承，大中小学思政课有内在的密切联系和递进关系。必须从大中小学思想政治教育的整体性出发，科学规划大中小学思政课课程体系的衔接问题，以防止出现违背思想政治理论教育规律，出现内容重复、反复教育的现象，甚至是教育内容倒置的情况。

（五）对四门主干课程具体问题分析

具体就四门主干课程来讲，"毛泽东思想和中国特色社会主义理论体系概论"课（以下简称"概论"课）需要处理好毛泽东思想与中国特色社会主义理论体系之间的关系问题。"原理"课没有有效地、及时地将中国化的马克思主义基本原理融入课程内容，如毛泽东的实践论、矛盾论，习近平的治国理政哲学思想等。"原理"课的课程设计也没有有效地把马克思主义哲学与中国的传统哲学思想统一起来，使两者之间缺乏互动发展。"基础"课的内容结构设计有待优化，一是思想道德部分与法律部分没能充分体现道德修养与法治精神的关联性、整体性；二是"基础"课对心理健康教育内容缺乏足够重视，大学生心理健康教育缺位；三是"基础"课的一些道德理论内容对现实中出现的一些新的道德现象缺乏解释力。"中国近现代史纲要"课（以下简称"纲要"课）没有充分重视历史与文化相融的规律，中国古代优秀传统文化、中国共产党的革命文化内容融入方面也有待加强。

三、高校思政课课程体系优化思考

高校思政课课程体系设置和调整是一项政治性、权威性很强的工作，要在现行"05 方案"的基础上处理好继承性和创新性的关系，必须遵循系统性、整体性、理论性、现实性的优化原则。既要实现课程体系的优化以及时反映主流意识形态建设的最新成果，又要符合现行的政策规定以保持课程体系发展的延续性，既要体现党和国家治国理政的思想要求，又要体现教育学生成长成才的目标，这样才能反映马克思主义理论体系完整系统的思想理论体系。同时，要立足中国改革开放的理论探索与实践经验，既要保持传统课程体系的课程设置、核心内容，又要结合具体情况作必要的修改、补充与完善；既要解释总结中国革命建设的成就，又要能够用中国的话语体系表达中国的方案。总之，要统筹兼顾历史与现实、理论与实际、教材与教学等关系，在保持现行课程体系基本稳定的基础上，进一步改进课程内容、完善课程名称、优化课程结构，推进中国化马克思主义的最新成果进教材、进课堂、进头脑，进一步提升思政课的吸引力和实效性。

（一）“概论”课要处理好毛泽东思想与中国特色社会主义理论体系之间的关系

“概论”课中“毛泽东思想”和“中国特色社会主义理论体系”同属于中国化马克思主义理论的有机组成部分，可以考虑试点将“毛泽东思想和中国特色社会主义理论体系概论”课程更名为“马克思主义中国化概论”。有效整合“概论”课中毛泽东思想和中国特色社会主义理论体系二者的关系和内容，将毛泽东思想、邓小平理论、“三个代表”重要思想、科学发展观与习近平总书记的“四个全面”等治国理政思想等纳入中国化马克思主义理论成果，整体、系统地开展教学，进一步丰富和拓展中国革命理论和中国特色社会主义建设理论的重要内容。可在课程中增加相应的章节和内容，进一步加强“四个全面”战略思想教育、党的优良传统教育、法纪和廉政文化教育、五大发展理念教育等。同时，通过增设“习近平治国理政思想”“社会主义核心价值观”“当代中国与世界”等选修课设置，进一步丰富课程的内容体系和结构体系。

（二）“原理”课的课程设计可以考虑将马克思主义哲学与中国传统哲学思想统一起来

“‘原理’课的课程指导思想不能忽视马克思主义哲学与中国优秀传统哲学的关系”。要体现中国哲学的基本精神内涵，又要体现马克思主义哲学思想的历史性、传承性。“原理”课主要思想内容是讲解马克思主义基本哲学原理，但实际上，马克思主义哲学原理要融入中国的传统哲学思想，因为中国哲学思想博大精深，影响着当今中国也辐射着世界，也要吸收最新的马克思主义哲学思想，如习近平的治国理政哲学思想等，真正形成完整系统的中国化的马克思主义基本原理体系。

（三）“基础”课的优化可强化思想道德部分与法律部分的有机融合

思想道德部分与法律部分二者如何有机结合，尤其是法律的理念、精神、观念如何融入思想道德体系中，是“基础”课课程体系的一大问题。可以考虑试点将现行的“思想道德修养和法律基础”课程更名为“思想道德与法治修养”，以便与中学阶段的“道德与法治”科学衔接，实现思想、道德、法治等内容一体化，社会主义的道德和法律具有共同的任务和目标，既要体现道德教育的柔性一面，又要体现法律规范的刚性一面，使道德建设与法治精神在增强大学生的社会规范理念层面实现融通。同时，心理健康对大学生成长成才发挥着关键作用，“基础”课还应该加入心理健康的内容，“如果没有良好的心理素质作为基础和辅助，那么道德品质就会成为建立在沙滩上的空中楼阁”，就无法发挥道德品质使人向善的积极作用，就不能使人作出有利于他人和社会的道德行为。

（四）“纲要”课的优化可将历史与文化相结合，充分吸收中国古代优秀传统文化、中

国共产党的优秀革命文化

“历史与文化是分不开的”,“纲要”课中融入中国优秀传统文化和党的革命文化内容,有利于构建完整的历史文化教育新体系。中国近现代史不是孤立的,是与中国古代的优秀传统文化紧密相连的。中华优秀传统文化内容丰富,爱国主义、艰苦奋斗、自强不息是其精髓,一部中国近现代史就是一部爱国主义的历史,“纲要”课程是对大学生进行爱国主义教育的最好载体。因此,可以根据“纲要”课的教学目标和课程内容,确定中华优秀传统文化融入的具体内容与方式,具体来说,“纲要”课上篇综述“鸦片战争前的中国与世界”一目下关于“中国灿烂的古代文明”可以专门设置成一个专题,宏观介绍中国古代文明和中国优秀传统文化,培养大学生的文化自信。在第四章的第二节第三目“中国共产党的创建及其历史特点”部分可以增加“中国共产党优秀革命文化”内容,中华民族在近代历史发展中能够完成思想和实践上的伟大转折,实现救国救民的伟大目标,除了有马克思主义理论的正确指导之外,还有中华民族爱国主义、自强不息精神文化的延续和支撑。

将中国优秀传统文化融入“纲要”课教学,注入中国精神强劲的内在活力,既有利于弘扬中华优秀传统文化,又为“纲要”教学开辟了新的讲授视角和研究视角,使大学生接受全面的爱国主义教育和历史观教育,真正实现马克思主义与中国传统文化的融合契合,培养大学生的家国情怀,增强对马克思主义理论的自信和对中国民族优秀文化的自信。

(作者:王仕民,中山大学马克思主义学院教授,博士生导师;汤玉华,中山大学马克思主义学院)

加强高校思想政治工作队伍建设

黄蓉生

2016 年 12 月,习近平总书记在全国高校思想政治工作会议上讲话指出:“高校思想政治工作关系高校培养什么样的人、如何培养人以及为谁培养人这个根本问题。要坚持把立德树人作为中心环节,把思想政治工作贯穿教育教学全过程,实现全程育人、全方位育人,努力开创我国高等教育事业发展新局面。”(以下所引该讲话原文不再标注出处)高校思想政治工作是党的思想政治工作的重要组成部分。党的十八大以来,以习近平同志为核心的党中央在治国理政新的实践中,举旗定向、谋篇布局、攻坚克难、强基固本,对新形势下加强和改进高校思想政治工作提出许多新观点、新论断、新要求,做出一系列决策部署。习近平总书记指出,“办好我们的高校,必须坚持以马克思主义为指导,全面贯彻党的教育方针。”这为加强新形势下高校思想政治工作指明了前进方向,提供了根本遵循。高校要把加强马克思主义学习研究宣传作为重要职责,坚持不懈传播马克思主义科学理论。习近平总书记针对加强高校思想政治工作队伍建设着重指出,要“拓展选拔视野,抓好教育培训,强化实践锻炼,健全激励机制,整体推进高校党政干部和共青团干部、思想政治理论课教师和哲学社会科学课教师、辅导员班主任和心理咨询教师等队伍建设,保证这支队伍后继有人、源源不断”。着力建设好高校思想政治工作队伍,使之敢抓敢管、敢于亮剑,做到守土有责、守土负责,事关高校培养什么样的人、如何培养人以及为谁培养人这个根本问题,对于巩固马克思主义指导地位,发展社会主义意识形态,确保中国特色社会主义事业后继有人,具有十分重大而深远的意义。

一、立足思想引领,塑造高校思想政治工作队伍精神新风貌

毛泽东说过:“人是要有一点精神的,无产阶级的革命精神就是由这里头出来的。”高校思想政治工作队伍建设,首要的是引导高校思想政治工作队伍深化认识思想政治工作的重大意义,在思想上“定好位”“定准位”,塑造精神新风貌。在世界范围内各种思想文化交流交融交锋更加频繁,国际思想文化领域斗争深刻复杂,国内一些错误观点时有发生,思想道德领域出现一些不容忽视的消极现象的社会历史条件下,一刻也不能放松和削弱思想政治工作,这关系党的前途命运,关系国家长治久安,关系民族凝聚力和向心力。高校作为意识形态工作前沿阵地,加强高校思想政治工作阵地建设,是一项战略工程、固本工程、铸魂工程。这些年高校思想政治工作领域主流积极健康向上,始终坚持正确方向、立德树人、服务大局和改革创新,广大师生对以习近平同志为核心的党中央坚决拥护信任,对党中央治国理政新理念

新思想新战略高度认同，对中国特色社会主义和中华民族伟大复兴的中国梦充满信心。总体上看，高校思想政治工作持续加强和改进呈现出良好发展态势，为保证高等教育改革发展、服务党和国家工作大局做出了重要贡献。然而，目前有些高校思想政治工作队伍成员对高校思想政治工作的重要性缺乏深刻认识，工作存在不少薄弱环节。如有的党政干部片面追求学校硬件设施的"高大上"、课程设置的"吸金力"以及科研成果的"国际范"，轻视德育，忽略意识形态工作；有的高校共青团干部理想信念模糊，精神生活空虚，对高校思想政治工作深刻认识和把握不够，团学工作针对性实效性不强；有的思想政治理论课教师和哲学社会科学课教师课堂讲授无纪律，学术研究欠底线，曲解历史、呲必中国、妄议中央的错误言论时有出现，没有很好地做到教书育人、为人师表；个别高校辅导员对大学生的精神信仰和价值观培育关注不够，用社会主义核心价值观引领青年大学生时常缺位失位；少数高校宣传思想工作和网络舆论工作者存在明显的畏难情绪和避责心理，思想宣传阵地管理不到位，使错误思想观点仍有传播空间。如此一些高校思想政治工作队伍在思想认识上、精神状态上的偏差偏误，与新形势新任务的要求严重不相适应，迫切需要加以思想引领，塑造新的精神风貌。

"总结苏联解体的教训，从一定意义上讲，可以看到这样一条明显的脉络：苏联解体的主要原因出在苏联共产党党内，党内存在问题中，理论上的问题是发端。理论上出现问题的一个十分重要的原因，在于党的主要领导人的理论素养，理论素养的低下则必然导致其对共产主义理想信念的动摇。"显见，引领高校思想政治工作队伍思想，关键在于提升队伍的马克思主义理论素养。中国共产党从成立之日起就把马克思主义写在自己的旗帜上。马克思主义尽管诞生在一个半多世纪之前，但历史和现实都证明它是科学的理论，迄今依然有着强大的生命力，是"科学思想中的最大成果"，具有鲜明的实践品格，不仅致力于科学"解释世界"，而且致力于积极"改变世界"。在人类思想史上，还没有哪一种理论像马克思主义那样对人类文明进步产生如此广泛而巨大的影响。在历史和人民的选择中，马克思主义成为中国共产党立党立国的根本指导思想，也成为高校的鲜亮底色。长期以来，高校在学习研究宣传马克思主义、培养马克思主义理论人才方面发挥了重要作用，为推进马克思主义中国化、时代化、大众化做出了重要贡献。

高校思想政治工作队伍应认真学习马克思主义基本原理和马克思主义中国化成果，不断深化对辩证唯物主义和历史唯物主义的认识，解决真懂真信的问题。只有真正弄懂了马克思主义，才能自觉坚持马克思主义基本原理和贯穿其中的立场、观点和方法，将中国特色社会主义理论体系融入研究和教学全过程及其学习工作生活中，并转化为清醒的理论自觉、坚定的政治信念、科学的思维方法，更好识别各种唯心主义观点、更好抵御各种历史虚无主义谬论。同时，以当前开展"两学一做"学习教育为契机，从战略高度上认识高校思想政治工作。"开展'两学一做'学习教育，是落实党章关于加强党员教育管理要求、面向全体党员深化党内教育的重要实践，是推动党内教育从'关键少数'向广大党员拓展、从集中性教育向经常性教育延伸的重要举措，是加强党的思想政治建设的重要部署”，旨在着力解决一些党员理想信念模糊动摇的问题，党的意识淡化的问题，宗旨观念淡薄的问题，精神不振的问题，道德行为不端的问题。高校思想政治工作队伍建设要与之紧密结合起来，我们要组织高校思想政治工作队伍深入学习习近平总书记有关思想政治工作战略思想，深刻领会习近平总书记在全国高校思想政治工作会议等重要会议上的讲话精神，牢固树立政治意识、大局意识、核心意识和看齐意识，向以习近平同志为核心的党中央看齐，向党的理论、路线、方针、政策看齐，把思想和行动统一到习近平总书记的重要讲话精神上来，明确目标任务和工作要求，解决思想认识问题，以良好的精神风貌，切实担负起应尽的职责和使命。

二、补齐能力短板，提升高校思想政治工作队伍水平新境界

大学是一个研究学问、探索真理的地方；高校承担着人才培养、科学研究、社会服务与文化传承创新的重要职能；能否充分发挥这一职能，与教师队伍建设密切相关。正如邓小平所指出的，“一个学校能不能为社会主义建设培养合格的人才，培养德智体全面发展、有社会主义觉悟的有文化的劳动者，关键在教师。”亦如习近平总书记所强调的，“教师是人类灵魂的工程师，承担着神圣使命。高校教师思想政治状况具有很强的示范性。”教师的重要，就在于教师的工作是塑造灵魂、塑造人的工作。抓好高校思想政治工作，关乎国家政治安全和高校稳定。这就决定了必须提升高校思想政治工作队伍的能力水平，努力使这支队伍成为先进思想文化的传播者、党执政的坚定支持者，更好地担负起大学生健康成长指导者和引路人的责任。从总体上看，目前高校思想政治工作队伍在能力方面存有一些短板，突出表现在：有的思想政治理论课教师的思想理论水平和教书育人能力不足，课堂仍然为“一言堂”，师生间缺乏有效的沟通，教学说服力不强，极个别教师甚至传播错误观点和思潮；一些辅导员班主任思想政治教育和工作方法改革创新不够，把握“火候”不当，难以从根本上触及大学生的思想心灵；一些共青团干部组织的党团教育活动满足于形式化、表面化；一些网络思想宣传工作者网络意识形态阵地建设经验和网络舆论引导能力缺乏，难以有效处理突发网络舆情，出现“本领恐慌”，等等。总之，高校思想政治领域中存在的建设以马克思主义为指导的学科体系、学术体系、话语体系上的功力不足、高水平成果不多现象，马克思主义在有的领域中被边缘化、空泛化、标签化，在一些学科中“失语”、教材中“失踪”、论坛上“失声”等状况，都反映出高校思想政治工作队伍的能力“短板”成为制约高校思想政治工作向上向好发展的瓶颈。因而，高校思想政治工作队伍建设，必须在补齐能力短板上下工夫，努力提升队伍工作水平新境界。

第一，围绕立德树人根本任务，提升高校思想政治工作队伍的思想政治教育能力。习近平总书记在全国高校思想政治工作会议上强调：我们正处在全面建成小康社会决胜阶段，我们比历史上任何时期都更加接近中华民族伟大复兴的目标。我们对高等教育的需要比以往任何时候都更加迫切，对科学知识和卓越人才的渴求比以往任何时候都更加强烈。我国高等教育肩负着培养德智体美全面

发展的社会主义事业建设者和接班人的重大任务，更要扎根中国大地办大学。这就要求高校思想政治工作队伍具有较强的思想政治教育能力，成为意识形态宣传的有力组织者、社会主义核心价值观的自觉传播者。应通过社会实践、骨干研修、择优资助、国内访学、挂职锻炼、岗前培训、专题轮训等途径，提高思想政治工作队伍的宣传教育能力。还要鼓励有条件的高校思想政治工作队伍成员在职攻读马克思主义理论、思想政治教育专业硕士博士学位，支持队伍成员开展意识形态教育科学研究，在实践中提升思想政治教育能力。

第二，围绕社会网络化趋势，提升高校思想政治工作队伍的网络管理防控能力。当前，互联网已成为舆论斗争的主战场，“网络+教学”、“网络+科研”、“网络+生活”已成为高校师生学习工作生活的常态，微博、微信、BBS论坛等网络社交平台已成为高校思想政治舆情酝酿发酵的源头，传统教育引导方式面临网络新媒体的挑战，网络思想政治工作形势复杂而严峻。加强网络舆论引导，充分运用新型传播手段创新高校思想政治工作，掌握网络舆论主动权的任务更加凸显。这就要求高校思想政治工作队伍具备网络思想政治工作能力。具体而言，就是要做到习近平总书记所指出的“全面加强网络安全检查，摸清家底，认清风险，找出漏洞，通报结果，督促整改”，“经常上网看看，潜潜水、聊聊天、发发声，了解群众所思所愿，收集好想法好建议，积极回应网民关切、解疑释惑”。同时，还要增强网络意识形态阵地管理能力与网络意识形态舆情风险防控能力，运用最新的信息技术手段密切关注微博、微信、网站、论坛等网络社交平台，全程跟踪网络舆情，妥善处理各种网络意识形态舆情事件，管好导向、管好阵地、管好队伍，牢牢把握党对高校网络思想政治工作的领导权和话语权。

第三，围绕新闻舆论导向，提升高校思想政治工作队伍的意识形态宣传能力。习近平总书记指出：“做好党的新闻舆论工作，事关旗帜和道路，事关贯彻落实党的理论和路线方针政策，事关顺利推进党和国家各项事业，事关全党全国各族人民凝聚力和向心力，事关党和国家前途命运。”多年以来，“不仅最热门的网络，而且世界知名并传播很广的电视、广播、报刊、杂志、电影以及后台为之间接服务的大学、研究和咨询机构等，也都被以美国为首的西方控制”，新闻舆论成为国内外社会思潮对高校进行意识形态渗透的潜隐渠道。高校新闻舆论是意识形态工作的“风向标”“晴雨表”，直接关涉高校稳定发展。高校思想政治工作队伍应不断提升舆论宣传能力，即通过多种方式不断增强新闻舆论议程设置能力、新闻媒体驾驭能力，把握好新闻舆论宣传的时、效、度，既要用好校园广播电视、校报校刊等传统新闻媒体，为高校师生提供有品质、有思想、有温度的深度新闻报道，又要用好网络新媒体，积极探索交互式、分众式、碎片式信息传播模式下营造健康向上的文化氛围、壮大主流思想舆论的有效之策，做大做强正面宣传，集聚教育人引导人的正能量。

三、采取有力措施，增强高校思想政治工作队伍管理新能量

马克思恩格斯说：“统治阶级的思想在每一时代都是占统治地位的思想。这就是说，一个阶级是社会上占统治地位的物质力

量，同时也是社会上占统治地位的精神力量……占统治地位的思想不过是占统治地位的物质关系在观念上的表现，不过是以思想的形式表现出来的占统治地位的物质关系。”这是马克思恩格斯在考察社会意识起源及其与社会物质的关系后对社会意识形态本质及重要性的揭示。高等教育是一种社会存在，高校思想政治工作就是要通过对社会主义意识形态的构建、宣传、教育和传播等，使高等教育更好地为人民服务、为中国共产党治国理政服务、为巩固和发展中国特色社会主义制度服务、为改革开放和社会主义现代化建设服务。这就要求高校采取有力措施，增强高校思想政治工作队伍管理新能量。

第一，形成齐抓共管格局。“建立健全高校党委统一领导、党政工团齐抓共管、党委宣传部门牵头协调、有关部门和院（系）共同参与的工作机制。”高校党委应充分意识到忽视高校思想政治工作所导致的严重消极后果。高校党委必须增强做好高校思想政治工作的责任感、使命感，切实发挥领导核心作用，把思想政治工作纳入重要议事日程，加强政治领导和工作指导，切实发挥院（系）党组织教育管理党员和宣传引导凝聚师生的主体作用，发挥基层党支部战斗堡垒和党员先锋模范作用；同时，分层次建好高校党校，加大党务工作者培训力度，不断创新基层党建工作，夯实高校思想政治工作队伍的组织基础，加强共青团建设，充分发挥团组织在教育培养青年大学生中的作用；并在推进现代大学制度建设中，健全和完善相关法律法规，为高校思想政治工作队伍建设提供法制保障。

第二，从人抓起、久久为功。结合高校实际，应在发现、培养上花力气，努力造就一支政治坚定、学养深厚、有重要影响的思想政治理论建设队伍，集聚一批功底扎实、开拓创新、有发展潜力的学科学术人才，切实开展思想政治教育相关学科研究，为思想政治工作提供学理支撑。特别要深入实施“青年马克思主义者培养工程”，注意在青年教师和学生中培养政治骨干，充分发挥他们在思想政治工作中的示范带动作用。鼓励和支持学生会、学生团体等开展自我教育、自我管理。尤其要关注的是，在管理高校思想政治工作队伍“从人抓起”中，必须直面和解决学风问题，因为正如习近平总书记所说，“一所高校的校风和学风，犹如阳光和空气决定万物生长一样，直接影响着学生学习成长”，影响着思想政治工作的基础。眼下，高校“存在一些不良风气，学术浮夸、学术不端、学术腐败现象不同程度存在，有的急功近利、东拼西凑、粗制滥造，有的逃避现实、闭门造车、坐而论道，有的剽窃他人成果甚至篡改文献、捏造数据”。如果这些问题得不到及时有效解决，必然会累积成顽疾，削弱思想政治教育实效，阻碍高等教育事业发展。因而必须运用“软约束和硬措施结合起来”的策略，推动形成崇尚精品、严谨治学、注重诚信、讲求责任的优良学风，为高校思想政治工作队伍建设营造风清气正、互学互鉴、积极向上的生态环境。

第三，管好阵地平台。高校思想政治教育尽管侧重于哲学社会科学、思想政治理论、核心价值观念、基本道德规范等方面，但并不意味着不需要一定的载体、阵地、平台等。相反，这些看似无“形”的内容，都要凭借有形的途径和方式予以表现和传播，所以应完善高校思想政治教育阵地管理，运用新媒体新技术制定校园网上信息发布和舆论引导工作流程,建立校园网络使用实名登记制和可追溯制,推动思想政治工作传统优势同新信息技术高度融合,增强时代感和吸引力。切实落实举办报告会、研讨会、讲座、论坛一会一报制,规范各类社团管理,绝不给违法、有害言论提供传播空间。尤其要强化思想政治教育主阵地的课堂教学管理,坚持学术研究无禁区、课堂讲授有纪律,绝不允许在课堂教学中传播违背和反对社会主义意识形态的观点和思想。对散布反动言论、编写制作政治非法出版物或从事非法活动、造成恶劣影响的,坚决依规依法追究责任及时作出严肃处理。

四、完善评价机制,激发高校思想政治工作队伍干事新动力

毋庸置疑,在当前国际国内形势深刻复杂变化,社会思想文化和意识形态领域情况更加复杂的历史境遇下,高校思想政治工作面临一系列新的挑战:马克思主义一元化指导思想遇到多样化社会思潮的挑战,社会主义核心价值观教育遇到各种消极思想文化的挑战,传统校园宣传言论方式遇到新媒体迅猛发展的挑战,我国在实现民族复兴过程中遇到美国等西方国家遏制渗透、西化分化的挑战。这无疑给高校思想政治工作提出了新课题、新任务,要求高校思想政治工作队伍勇于担当、迎接挑战,更加有自信有底气地干事创业。特别不容忽视的是,目前高校思想政治工作存在的“认识上不够重视、举措上不够有力、效果上不够明显、阵地建设管理不到位、错误思想观点仍有传播空间”问题与“领导体制和工作机制有待完善”密切相关。因此,高校思想政治工作队伍建设,要在评价机制方面立规矩,激发队伍干事创业新动力。

第一,要完善考核机制。考核是评价的基础和前提,加大对高校思想政治工作队伍的考核力度,有利于调动他们工作的积极性、主动性与创造性,形成良好的工作局面。完善考核机制,第一位的是以习近平总书记提出的做好老师应“有理想信念、有道德情操、有扎实学识、有仁爱之心”的“四有特质”为基本标准,从“坚持教书和育人相统一、坚持言传和身教相统一、坚持潜心问道和关注社会相统一、坚持学术自由和学术规范相统一”的“四个统一”等方面的要求予以综合考察。考核时,要选用易于操作、师生参与面广、公平公正公开的方法,如网络评价、问卷调查、小型座谈、个人述职等都是效度值较高的常用方法。最重要的是用好考核结果,将考核结果与晋职晋级、评优评奖、学习深造等结合起来。对于履行责任不力、思想政治工作薄弱、师生评价不高的思想政治工作队伍成员,要追究责任;对于责任心强,塑造灵魂、塑造人的工作成绩显著、师生公认的思想政治工作队伍成员,应给予相应的奖励表彰,并提供更多的发展机会,以增强高校思想政治工作队伍的凝聚力战斗力。

第二,完善追责机制。追责是处理考核结果必不可少的环节。需在厘清党政干部、共青团干部、思想政治理论课教师、哲学社会科学课教师、辅导员班主任、心理咨询教师和网络思想宣传工作者权责边界基础上,建立问题清单、任务清单、责任清单,做到有责必问、有责必查、有责必究。既要治“懒”,即对那些在工作岗位上不作为的队伍成员给予严

肃批评教育，通过谈话、处分等手段促其端正工作态度、改换工作状态；又要治“乱”，即对那些在工作岗位上乱作为、唱反调又不听教育劝阻的队伍成员一定要调离、解聘，决不允许继续留在队伍中玷污高校思想政治工作队伍整体形象。同时，要建立层层问责制，防止个别思想政治工作队伍成员为了躲避追责而掩盖个人失职渎职责任，酿成更大的祸端。在此过程中，要始终把纪律挺在前面，充分发挥党的政治纪律和政治规矩的“硬约束”作用，依规严肃处理个别思想政治工作队伍成员在组织上、纪律上、作风上的违纪行为，绝不姑息。

概言之，“中国的事情能不能办好，社会主义和改革开放能不能坚持，经济能不能快一点发展起来，国家能不能长治久安，从一定意义上说，关键在人。”办好中国的事情，关键在党。高校思想政治工作队伍有素养、有能力、做到忠诚干净担当，高校思想政治工作就能抓常抓细抓长，落地落实落小。“一切向前走，都不能忘记走过的路；走得再远、走到再光辉的未来，也不能忘记走过的过去，不能忘记为什么出发。”新形势下高校思想政治工作队伍建设，只要不忘初心、继续前进，把思想政治工作的领导权、管理权、话语权牢牢掌握在手中，任何时候都不旁落，就一定能坚定队伍的道路自信、理论自信、制度自信、文化自信，不断提高工作能力和水平，推动高校思想政治工作在与时俱进中不断改革创新。

（作者：西南大学马克思主义理论研究中心教授）

高校思想政治理论课载体创新

——以思想政治理论课微平台设计为例

姚小玲　杨　帅

大学生思想政治理论课(以下简称思政课)是培育中国特色社会主义建设人才的重要课程,是引领我国大学生在关键阶段实现思想和道德健康发展的重要手段。在信息化产业与大众传媒迅速发展的态势下,我国高校思政课发展迎来了历史性的机遇和挑战。传统课堂这一教学载体向互联网新媒体的延展已变得势在必行。当前,如何实现传统思政课内容在网络空间的有效传播,借助打造网络思政课平台,引导思政课教师在传统课堂外开展创新性教学,是高校搞好思政课载体创新的重点课题。

一、传统思政课教学载体的优势与不足

传统的思想政治理论教学,以思政课教师在教室内进行面对面授课作为教育传播的活动载体。这种经典的教学方式历经时代的检验,表现出其特有的优势。传统课堂的优点在于,教师能够以"一节课"为教学活动单元,面向所有学生,利用一切传统教学资源,使教学效率达到最大化。在思政课的传统课堂上,教师通过对教材进行解读,结合现实案例剖析,帮助大学生在初步接触社会的人生阶段树立正确的世界观、人生观和价值观,促进学生走上自由全面发展的人生道路。当然,传统课堂也存在着无法回避的现实问题。

首先,传统课堂给学生留下了有限的提问与讨论空间。在有限学时内,思政课教师需要集中精力完成课程的必要内容,往往在下课铃声响起时才匆忙完成授课内容。这种状态使得传播者与受众形成一点对多点的单方向传播形态,容易使学生群体产生被动的学习心理。如果学生关注的问题无法在思政课上得到老师的答疑解惑,将可能会对学生个体的思想观念产生消极的影响,进而在学生群体间引发负面效应。当前,缺乏与教师互动的"90后"大学生在拥有互联网社交圈子的状态下,将自我寻求通过虚拟空间表达思想和诉求。在这种情形下,互联网传播功能的两面性也就凸显出来。可以说,传统课堂在师生教学互动方面的天然劣势将会影响高校思政课的授课效果。

其次,传统课堂教学效率难以得到有效保障。到课率低是当前采取传统课堂授课模式需要面对的共同难题。有许多原因导致高校思政课出勤率低下:一些学生通过自学而非课堂学习的方式进行课外学习,也有一些学生因为沉迷于网络游戏而使自身处在非学习状态。但究其现象背后的原因不难看出,传统模式下的思政课对学生的吸引力正在逐渐削弱。新一代大学生群体或是对思政课的老旧素材兴趣不浓,或是对传统

的授课模式产生了消极情绪。因此，如何保障传统课堂到课率是思政课教学需要面对的一大难题。

最后，传统课堂课后作业与课外拓展给教师带来繁重的工作压力。与理工科课程的课后作业不同，思政课作业重在评价学生的思想水平、思辨能力和语言逻辑能力。因此，教师想要了解学生的真实水平，就需要通过课堂讲授、布置作业、回收作业、批改作业和教学成果反馈的测试过程。在一些理工科高校，一位思政课教师需要负责几百名学生的教学任务，其布置作业的完成难度可以想象。

二、正确认识互联网两面性，以思政课为载体创新引领学生发展

在新媒体蓬勃发展的背景下，掌握各种移动互联网消息来源的学生群体，已经在纸质书本和传统课堂之外为自己开辟了新的学习途径与言论空间。学生群体通过使用手机，对各种信息实现时间与空间维度无障碍的接触。对于典型案例、热门话题和国际新闻，学生们往往能够在第一时间通过移动互联网获取。当前，互联网已经成为大学生群体获取信息和表达思想的重要场所。

大学生注意力向互联网的转移，使得思政课教学载体改革势在必行。具体而言，思政课教学载体的改革是将互联网这一大众传播载体与传统课堂活动载体相结合的过程。大众传播载体因为使用媒体的多样化，能够拓展思政课覆盖面、提升思政课时效性，并且能够使得思政课的社会影响具有增值力。尤其是在大学生参与度极高的社交网络平台，如果能将思政课融入网络虚拟环境中，使思政课教学更接地气，会全面提升高校思政课的教学效果。

但是，在为引领高校主流意识形态和实现校园文化安全提供机会的同时，互联网大数据中夹杂的不良信息，也给大学生群体意识形态建设乃至国家安全保障带来严峻挑战。近年来，“黄继光堵枪眼不合理”“雷锋日记全是造假”“狼牙山五壮士是土匪”等一些虚假信息的传播，加上网络水军无底线的恶意炒作，使得网络虚拟空间一时间充斥着各种不和谐的声音。如果任凭这些信息在社交网络中大肆传播，将会动摇学生对历史人物和事件的正确而积极的认识。特别是对刚刚走向社会的大学生而言，他们既是网络活动的主力军，同时也更容易受虚假信息的蛊惑。因此，思政课教师应当主动参与到和学生互动的社交网络中，倾听学生的想法，并能及时化解学生圈子的舆论压力。

总的来看，一方面，新的传播载体已经成为高校学生获取各类信息的直接途径。一些高校的学生组织和学校有关部门已经在通过微信公众号等平台实现通知或新闻的传播。另一方面，这一容量丰富的虚拟空间也为不同思想观念的传播提供了平台。例如，为了避免不良信息的传播，微信为用户提供了举报功能，让用户参与，及时禁止色情、虚假信息、反动言论等内容在社交网络中散播。因此，如何扭转被动辟谣的不利局面，通过实现思政课教学形式和传播载体的创新，进而实现主流价值观和正能量在网络空间中的有效传播，已成为当前高校思想政治教育工作者需要面对的重要挑战。

三、明确思政课微平台设计思路，以新媒体为载体拓展思政课堂

思政课教师应当通过与学生形成双向交

流互动，并通过传统教学资源向网络新媒体资源转变，真正实现思政课课堂的拓展，以此弥补传统课堂的不足，真正将思政课教学效率提高到一个新的水平。当前，一些院校已经开始运用微平台中的公众号实现校园资讯的及时发布。公众号是开发者在微信公众平台上申请的应用账号。通过公众号，用户可在社交平台上运用文字、图片、语音、视频等功能实现和特定群体的全方位互动。例如，微信公众号“人文北航”（微信号：renwen-beihang）及时跟进关于学校、学院、学生党支部的最新消息，第一时间向教师和学生推送消息，已成为师生获取校园的教、学、研与生活新闻的重要渠道。又如公众号“平安校园”（微信号：beihangsafety）将传统的校园安全课堂搬上互联网，让学生能够随时随地接受安全教育，在线进行自我安全意识测评，并且能够实现师生即时在线办理或预约办理户籍管理、行前教育、车证办理等烦琐业务。通过观察不难发现，其中一些成功的办法可以在思政课微平台中运用；与此同时，微平台的建设也需要遵循大学生思想政治教育的内在规律，使设计更有针对性、可行性和可持续性。

从“点——线——面”的设计理念出发，从不同层次给出微平台的一般设计思路。其中，以思政课教师为出发“点”，让教师成为微平台的主持者；以公众号和微信群的组合为时间“线”，贯穿学生群体在微平台学习思政课的全过程；将传统课堂和微平台相结合，以学生在微平台的参与为覆盖“面”，打造出勤考核、作业实践和答疑评价的综合体系。

首先，思政课教师应当成为主导微平台建设的领头人。在微时代背景下，价值观在社交网络中的传播往往需要以人物作为切入点。在微博平台中，拥有上百万粉丝的“大V”往往能够通过转发一条微博，引发全社会对某一事件的关注。虽然在微信平台上很难获得如此高的关注人数，但是思政课教师能够借助微平台获取传统课堂无法企及的校园关注度。例如，某高校微信公众号推送的“名师带你读党章”系列学习活动，通过高校思政课名师的校园影响力，带动大学生党员和群众一起重温并学习党章。该活动专栏的内容图文并茂，并且涵盖了思政课名师的原声解读，使大学生对“两学一做”学习教育活动产生了浓厚的兴趣，激发了学生学习思政课的主动性。可见，不论传统课堂或是微平台，思政课教师都应当通过亲自参与教学设计来理解高校思政课的主旨与内涵。只有思政课教师将自己视为思政课载体创新的出发“点”，才能使高校思政课学科建设有“灵魂”。

其次，微平台的搭建应当高效利用社交网络平台提供的现有功能。具体而言，社交网络平台能够为思政课微平台提供以下三点功能。一是利用微信群实现思政课教师与全体学生的零距离实时互动。微信群是微信软件提供的一种移动端多人即时在线聊天服务，能够满足500人同时参与通信交流的用户需求。一方面，微信群的优势在于能够为教师和学生的沟通提供平台，而这一平台的时空延展性是传统课堂无法达到的。另一方面，微信群能够帮助思政课教师及时掌握学生出勤率，保障传统课堂的授课效率。二是通过公众号推送数字化教学资源。思政课教师呈现教学素材往往要受制于传统课堂。然而，当教师利用微平台进行课前、课上和课后的资源推送时，能够将传统的板书、图文素材和幻灯片内容及时呈现在学生面前,从而提升了学生的注意力和学习兴趣。三是通过微平台评论和点赞情况随时获取教学效果反馈。思政课教师在传统课堂中难以全面了解授课效果。而在微平台环境下,教师可以通过观察学生对推送资源、作业、时事新闻等内容的评论和赞同数,及时获取对思政课教学效果的反馈,进而可以对教学内容和方式做出调整。综合上述三种功能,思政课微平台的搭建过程能够从社交网络平台获取资源支持。

最后,通过思政课微平台与传统课堂优势互补,实现学生和教学过程全覆盖。思政课微平台建设是对高校思政课载体创新的探索性实践。应当明确,微平台并不是要取代传统课堂,而是对传统课堂的补充和提升。通过弥补传统课堂在师生互动、学生测评、教学资源等方面的不足,思政课微平台能够在很大程度上将现有传统教学资源转化为新媒体教学资源。而这种对原有资源的重组利用,恰恰体现了思政课教学改革的创新性思维。通过课堂和课后教学的优势互补,能够帮助思政课教师掌控思想政治教育的全过程,实现对每一个教育对象的聚焦。在理想状态下,思政课教师应当通过把控课内外教学全过程,形成思政课出勤考核、作业实践和答疑评价的综合体系。

(作者单位:北京航空航天大学)

论高校思想政治工作的科学发展

万美容

高校思想政治工作，既是我国社会主义高校的鲜明特色，也是办好我国高等教育事业的重要优势。党的十八大以来，以习近平同志为核心的党中央把高校思想政治工作摆在重要位置，提出了一系列新战略、新部署、新措施。全国高校思想政治工作会议的召开、有关加强和改进高校思想政治工作文件的印发，又一次充分体现了党中央对高校思想政治工作的高度重视。深入学习和全面贯彻习近平总书记在全国高校思想政治工作会议上发表的重要讲话，对于加强和改进高校思想政治工作，促进思想政治工作的科学发展有着重要的理论和实践意义。

一、高校思想政治工作科学化进程回顾

高校思想政治工作的科学发展，是我国思想政治工作科学化的重要组成部分。所谓思想政治工作科学化，是指以马克思主义理论为指导，运用科学的理念、原则和方法，掌握和运用思想政治工作规律，不断增强思想政治工作实效性的过程，是合规律性与合目的性相统一的过程。科学化，是我国改革开放以来思想政治工作理论和实践发展的重要诉求和趋势，也是加强和改进思想政治工作的基本逻辑。回顾和总结思想政治工作科学化的发展历程，有利于我们总结经验，推动新形势下高校思想政治工作的科学发展。

（一）思想政治工作科学化的初步探索

20 世纪 70 年代末 80 年代初，伴随着改革开放的历史进程，“思想政治工作科学化”的命题被提出并开始了初步探索。在拨乱反正的新时期，邓小平在倡导思想解放的过程中，提出要用科学的态度对待毛泽东思想，这为思想政治工作科学化作了理论上的铺垫。1978 年，叶剑英在全军政治工作会议上指出，毛主席关于军队政治工作的学说，是无产阶级军事科学的一个重要组成部分，是马克思主义军事科学的重大发展。1980 年，解放军总政治部主任韦国清在总政治部直属党代会上提出“政治工作也是一门科学”。同年 5 月 27 日至 6 月 6 日，第一机械工业部和全国机械工会、中国科学院心理研究所等单位召开了思想政治工作座谈会，重点讨论了“思想政治工作科学化”问题，形成了《思想政治工作科学化研究设想》的会谈纪要，提出“我们必须坚持用马克思主义的世界观、方法论，以及心理学、社会学等科学知识，在总结我们过去经验的基础上，研究掌握人们思想活动的规律，使思想政治工作系统化、理论化，成为一门科学”。之后，《光明日报》《人民日报》《文汇报》等纷纷围绕“思想政治工作要科学化”展开相关讨论，“将思想政治工作的实践提高到新的科学水平，并使之形成一门系统的科学”的观点成为越来越多的人的共识。1981 年 8 月，山西人民出版社出版的

《论思想政治工作科学化》一书，就是这场大讨论形成的深刻见解和重要观点的结集，在思想政治工作科学化进程中具有重要价值。

这场声势浩大的讨论活动及相关成果，引起中央有关领导的关注，也得到了党中央的重视。党的十一届六中全会通过的《关于建国以来党的若干历史问题的决议》，明确把党的思想政治工作理论列为毛泽东思想理论体系的重要组成部分，这实际上是对"思想政治工作是一门科学"论断的肯定。1983年，中共中央印发了由中宣部、中组部、全国总工会、共青团中央、全国妇联等单位共同制定的《国营企业职工思想政治工作纲要(试行)》。《纲要》明确指出，思想政治工作是科学性、政治性、政策性很强的工作，思想政治工作干部是专业干部；现有的全国综合性大学、文科院校，各部、委、总局所属的大专院校，有条件的都要增设政治工作专业。"思想政治工作科学化"命题的提出和讨论对如何提高思想政治工作的科学化水平进行了有益的探索，为思想政治工作科学理论体系的构建和创设相关学科创造了前提和基础。

(二)思想政治工作科学化的全面推进

"思想政治工作科学化"大讨论，为思想政治教育学科的创立、专业设置奠定了基础。思想政治教育的专业和学科建设，又为思想政治工作科学化的全面推进带来了契机。1984年上半年，教育部先后发出《关于在十二所院校设置思想政治教育专业的意见》和《关于在六所高等院校开办思想政治教育专业第二学士学位班的意见》，决定采取正规化的方法培养大专生、本科生和第二学士学位学生等各种规格的思想政治工作专门人才。有了思想政治教育专业依托，思想政治工作科学化的理论研究与实践探索有了可靠的学科平台和人才支持。1987年5月29日，中共中央颁布的《关于改进和加强高等学校思想政治工作的决定》指出："思想政治教育是一门以马克思主义理论为基础、综合性和实践性都比较强的科学"。同年9月，国家教委印发了《关于思想政治教育专业培养硕士研究生实施意见》，决定从1988年开始培养思想政治教育专业硕士研究生，标志着学科和专业建设取得了新的进展。1988年9月30日，党的十三届三中全会原则通过了《中共中央关于加强和改进企业思想政治工作的通知》，第一次在党的全会通过的文件中肯定了"思想政治工作是一门科学"这一论断，这不仅表明了对建立这门新兴学科的认可，也表明思想政治工作科学化发展到了一个新的阶段。

邓小平南巡讲话以后，我国开启了社会主义市场经济建设新征程，思想政治工作出现许多新情况、新问题。中央及有关部门相继研究了社会主义精神文明建设、企业思想政治工作、军队思想政治建设、学校德育等方面的工作，对社会主义市场经济条件下的思想政治工作进行了全面部署和安排。在此基础上，1999年9月，中共中央颁发了《关于加强和改进思想政治工作的若干意见》，要求"企业、农村、学校、科研院所、街道和其他基层单位，都要根据自己的实际，解决好把思想政治工作落到实处的问题"，对全国各行各业思想政治工作的科学发展起到了巨大的推动作用。进入20世纪后，信息网络技术拓展了思想政治工作的空间和渠道，也向思想政治工作的科学发展提出了挑战。中央及时分析、部署，提出了“研究其特点，采取有力措施应对这种挑战。要主动出击，增强我们在网上的正面宣传和影响力”的要求，将思想政治教育拓展到网络领域。总体来看，这一时期，思想政治工作理论与实践研究不断深化，全面提高了思想政治工作的科学化水平。

（三）高校思想政治工作科学化的深入发展

大学生是宝贵的人才资源，是民族的希望，是祖国的未来。加强和改进大学生思想政治教育是一项重大而紧迫的战略任务，高校思想政治工作、大学生思想政治教育、高校德育的科学发展是思想政治工作科学化的重要组成部分。1994 年 8 月，中共中央、国务院在《关于进一步加强和改进学校德育工作的若干意见》中，对学校思想政治工作进行了科学规划，明确了新形势下学校德育工作的根本任务、总目标、指导思想和必须坚持的原则，提出了德育内容、途径、方法和组织实施等方面需要进一步加强和改进的意见和措施，极大地推进了高校、中小学德育及思想政治工作科学化的进程。2004 年 8 月，中共中央、国务院下发了《关于进一步加强和改进大学生思想政治教育的意见》，立足于中国特色社会主义的实际，以大学生的思想现状为基点，全面阐述了大学生思想政治教育的指导思想、基本原则、主要任务、方法途径等，进一步提出了加强和改进思想政治教育学科建设的明确要求，为思想政治教育的学科建设和科学化发展提供了重要依据和动力，也标志着高校思想政治工作科学化进入了新的阶段。2004 年，中共中央印发了《关于进一步繁荣发展哲学社会科学的意见》，提出实施马克思主义理论研究和建设工程（简称“马工程”）。“马工程”不仅是巩固马克思主义在意识形态领域指导地位的基础工程，也是一项重大的理论创新工程。该工程的持续、深入推进，为高校思想政治工作的开展注入了持久的动力。加强学科建设是推动高校思想政治工作科学化的重要举措，高校思想政治工作科学化进程也是伴随思想政治教育学科化而逐步推进的。2005 年 12 月 23 日，国务院学位办和教育部印发了《关于调整增设马克思主义理论一级学科及所属二级学科的通知》，决定增设马克思主义理论一级学科及所属二级学科。新增设的马克思主义理论一级学科，设置于“法学”门类内，思想政治教育作为五个二级学科之一。这就为学科定位确立了框架和坐标体系，推进了学科的内涵建设和科学化发展。此后，思想政治教育学科建设力度持续加大，思想政治教育人才培养的规格、层次、目标等不断完善和继续拓展，形成了从本科专业、硕士点到博士点至博士后流动站的完整的人才培养体系，人才培养的目标、内容、结构也在进一步优化，研究方向和专业设置更加科学、合理、完备。这些举措为思想政治工作科学化提供了重要的学科支撑，推动了高校思想政治工作科学化向纵深发展。

二、习近平重要讲话对高校思想政治工作科学发展的指导作用

思想政治工作是一项复杂的社会实践活动，思想政治工作科学化也不是一蹴而就的。党的十八大以来，高校思想政治工作紧紧围绕“立德树人”这一根本任务，坚定理想信

念，增强“四个意识”，不断推动高校思想政治工作创新发展，不断巩固马克思主义在高校工作中的指导地位，高校思想政治工作成效显著。为了适应新要求、应对新挑战、解决新课题，中央适时召开了具有里程碑意义的全国高校思想政治工作会议。习近平总书记在全国高校思想政治工作会议上的重要讲话，深刻回答了事关高等教育事业发展和高校思想政治工作的一系列重大问题，具有鲜明的政治性、突出的思想性和强烈的针对性，是指导做好新形势下高校思想政治工作的纲领性文献，为新形势下推进高校思想政治工作科学化提供了总依据、总遵循。

（一）《讲话》阐明了高校思想政治工作科学发展的若干根本性问题

习近平总书记在全国高校思想政治工作会议上的重要讲话具有丰富的内涵和广泛的指导意义，指明了高校思想政治工作科学化的根本方向、根本目的和根本任务。

其一，思想政治工作的根本方向是指思想政治工作的价值取向。我国的思想政治工作以社会主义为根本方向，以社会主义为坚定立场。思想政治工作科学化要坚持社会主义方向，就要始终坚持不懈地传播马克思主义科学理论，坚持不懈地培育和弘扬社会主义核心价值观。牢牢把握社会主义的方向，这是高校思想政治工作科学化的根本性和原则性问题。

其二，思想政治工作的根本目的为思想政治工作的具体实践活动指明方向、提供动力，也为衡量思想政治工作成效提供依据。习近平总书记强调“为人民服务，为中国共产党治国理政服务，为巩固和发展中国特色社会主义制度服务，为改革开放和社会主义现代化建设服务”，既是高校思想政治工作科学化的目的所在，也是评价高校思想政治工作是否取得成效的根本标准。高校思想政治工作是否取得成效，成效如何，主要看思想政治工作根本目的实现的程度如何，也就是，是否很好地实现了“四个服务”。

其三，思想政治工作的根本任务是思想政治工作在社会主义现代化建设中所承担的重要责任，是为了达到思想政治工作根本目的所需要完成的基本工作。习近平指出“坚持把立德树人作为中心环节”，“思想政治工作从根本上说是做人的工作，必须围绕学生、关照学生、服务学生，不断提高学生思想水平、政治觉悟、道德品质、文化素养，让学生成为德才兼备、全面发展的人才”。这既是高校思想政治工作科学化的基本要求，也是高校思想政治工作科学化的根本任务。高校思想政治工作目的的完成、功能的发挥，都依赖于任务的顺利完成。

（二）《讲话》指明了高校思想政治工作科学发展的基本要求与实现路径

习近平总书记的讲话阐明了全面推进高校思想政治工作科学化发展的若干理论问题，为高校思想政治工作的科学发展确定了实现路径。

其一，自觉遵循客观规律。思想政治工作的开展必须以遵循客观规律为前提，必须建立在对规律正确认识和科学把握的基础上，合目的性与合规律性相统一才能取得实效。高校思想政治工作科学发展，不能脱离对客观规律的科学把握与基本遵循。习近平总书记指出：“做好高校思想政治工作，要因事而化、因时而进、因势而新。要遵循思想政治工作规律，遵循教书育人规律，遵循学生成长规律，不断提高工作能力和水平。”只有遵循规律，高校思想政治工作科学发展才能事半功倍。

其二，全面把握具体要求。内容体系创新是高校思想政治工作科学发展的基本要求。习近平总书记强调：“要教育引导学生正确认识世界和中国发展大势，从我们党探索中国特色社会主义历史发展和伟大实践中，认识和把握人类社会发展的历史必然性，认识和把握中国特色社会主义的历史必然性，不断树立为共产主义远大理想和中国特色社会主义共同理想而奋斗的信念和信心；正确认识中国特色和国际比较，全面客观认识当代中国、看待外部世界；正确认识时代责任和历史使命，用中国梦激扬青春梦，为学生点亮理想的灯、照亮前行的路，激励学生自觉把个人的理想追求融入国家和民族的事业中，勇做走在时代前列的奋进者、开拓者；正确认识远大抱负和脚踏实地的关系，珍惜韶华、脚踏实地，把远大抱负落实到实际行动中，让勤奋学习成为青春飞扬的动力，让增长本领成为青春搏击的能量。”这为我们在新形势下推进高校思想政治工作科学发展具体指明了前进方向和基本着力点。

其三，努力拓展工作途径。方法途径的科学化是高校思想政治工作科学化的重要方面。创新高校思想政治工作途径，要用好课堂教学这个主渠道，提升思想政治教育亲和力和针对性，满足学生成长发展的需求和期待；要更加注重以文化人、以文育人，广泛开展文明校园创建，开展形式多样、健康向上、格调高雅的校园文化活动，广泛开展各类社会实践；要“运用新媒体新技术使工作活起来，推动思想政治工作传统优势同信息技术高度融合，增强时代感和吸引力”。哲学社会科学对高校校园文化具有独特的建构功能，也是高校思想政治工作的重要文化资源。为此，习近平总书记还着重强调：“要加快构建中国特色哲学社会科学学科体系和教材体系，推出更多高水平教材，创新学术话语体系，建立科学权威、公开透明的哲学社会科学成果评价体系，努力构建全方位、全领域、全要素的哲学社会科学体系。”

（三）《讲话》明确了高校思想政治工作科学发展的保障体系

习近平总书记讲话中关于党的领导、队伍建设和师德建设的内容，从总体上谋局布阵，为高校思想政治工作科学发展的保障体系设计了蓝图。

其一，坚持党对高校思想政治工作的领导。党的领导是推进高校思想政治工作科学化的根本保证。任何企图淡化、否定、脱离党的领导的做法，都将把高校思想政治工作引入歧途。习近平总书记强调：“各级党委要把高校思想政治工作摆在重要位置，加强领导和指导，形成党委统一领导、各部门各方面齐抓共管的工作格局，使高校成为坚持党的领导的坚强阵地。”坚持党的领导必须改善党的领导。为此，习近平总书记还指明了加强高校基层党组织建设的基本路径。他强调：“要加强高校党的基层组织建设，创新体制机制，改进工作方式，提高党的基层组织做思想政治工作的能力。要做好在高校教师和学生中发展党员工作，加强党员队伍教育管理，使每个师生党员都做到在党爱党、在党言党、在党为党。”

其二，加强高校思想政治工作队伍建设。队伍建设是促进高校思想政治工作科学发展的基本保障。习近平总书记强调:“要拓展选拔视野,抓好教育培训,强化实践锻炼,健全激励机制,整体推进高校党政干部和共青团干部、思想政治理论课教师和哲学社会科学课教师、辅导员班主任和心理咨询教师等队伍建设,保证这支队伍后继有人、源源不断。”高校思想政治工作主体具有多样性,只有通过整合思想政治工作主体力量、调动广大师生的积极性、形成思想政治工作强大合力,高校思想政治工作科学化才能顺利推进。

其三,加强师德建设。师德建设是高校建设适应“立德树人”根本任务要求的高素质教师队伍的重要一环,也是当前高校推进思想政治工作科学发展的重要抓手。习近平总书记指出:“教师是人类灵魂的工程师,承担着神圣使命。传道者自己首先要明道、信道。高校教师要努力成为先进文化的传播者、党执政的坚定支持者,更好地承担起学生健康成长指导者和引路者的责任。”“树人德”必先“立己德”。广大教师要自觉加强师德师风建设,坚持教书和育人相统一,坚持言传和身教相统一,坚持潜心问道和关注社会相统一,坚持学术自由和学术规范相统一,在日常教育教学活动中以高尚的师德感染学生,引领学生前行。

三、全面推进高校思想政治工作科学发展

学习贯彻习近平总书记在全国高校思想政治工作会议上重要讲话的精神,关键在于充分认识新形势下高校思想政治工作的战略地位,树立科学理念,遵循思想政治工作规律、教书育人规律、学生成长规律,不断完善“三全”育人体系建设,实现高校思想政治工作的内涵发展、有序发展、整合发展,全面提升高校思想政治工作科学化的水平。

(一)树立“立德树人”理念,促进高校思想政治工作内涵发展

面对新形势新任务,推进高校思想政治工作科学化,首要的就是要以科学理念为指导。党的十八大报告旗帜鲜明地提出,“把立德树人作为教育的根本任务,培养德智体美全面发展的社会主义建设者和接班人”,为教育改革发展指明了方向。在全国高校思想政治工作会议上,习近平总书记强调:“高校立身之本在于立德树人”,“要坚持把立德树人作为中心环节。”立德树人理念是对中华民族优秀传统文化精髓的理论自觉,是我们党对教育事业长期发展实践经验的深刻总结,彰显了马克思主义教育思想的时代内涵。

当前,推进高校思想政治工作科学化,首要的就是应当确立并坚持立德树人这一科学理念。在立德树人中,先“立德”后“树人”,“树人”是目的,“立德”是前提,强调教育应塑造学生品德、培养学生德行,解决“用什么培养人”的问题;“树人”是目的,构成教育的根本价值追求,回答“培养什么样的人”的问题。

目前,确立并坚持立德树人这一科学理念,具有十分重要的现实意义。应该看到,一段时间以来,在社会思想文化和意识形态领域情况日益复杂的环境中,高等学校的育人工作尤其是思想政治工作遇到了十分严峻的挑战,出现了一些亟待解决的新问题。这些新问题反映出来的是有的地方和高校办学方向模糊,重教书轻育人、重智育轻德育、重科研轻教学的现象长期得不到解决,严重影响到“立德树人”这一根本任务的完成。确立

高校思想政治工作“立德树人”理念，有利于高等学校把思想政治工作摆在学校改革发展中的重要位置，始终坚持社会主义办学方向，紧紧围绕“立德”这一核心全面深化学校各项工作改革，有效解决人才培养各环节存在的突出问题，为中国特色社会主义事业培养合格建设者和可靠接班人。

高校思想政治工作的主要任务，是对大学生进行思想、政治、道德教育即大学生思想政治教育，促进大学生思想品德的发展、思想政治素质的提高，“立德”是其核心、根本。确立并坚持立德树人这一科学理念，有利于正确处理“立德”与“树人”之间的辩证关系，从为改革开放和社会主义现代化建设事业培养合格建设者和可靠接班人的战略高度，更加积极主动地丰富教育内容，拓展工作途径，创新工作方法，完善工作体系，优化工作机制，更加自觉地推进高校思想政治工作的内涵发展。

（二）遵循客观规律，促进高校思想政治工作有序发展

科学发展，首先是合规律的发展。高校思想政治工作遵循思想政治工作规律、教书育人规律、学生成长规律，就能做到科学有序地向前发展。

1. 遵循思想政治工作规律。遵循高校思想政治工作规律，就是要在“因事而化、因时而进、因势而新”方面下工夫，处理好以下几个辩证关系。

因事而化，强调的是思想政治工作应当遵守质量互变规律。朱子曰：“变者，化之渐；化者，变之成。”“变”是事物从小到大、不断积累的渐变过程；而“化”是渐变已经完成后，发生质变的状态。近年来，高校思想政治工作坚持“因事而变”，切实增强思想政治教育的时代性，收到了良好的效果。高校思想政治工作坚持因事而化，就是要坚持在改进中加强，满足学生成长发展的需求和期待，不断提升思想政治教育的亲和力和针对性，实现高校思想政治工作由渐变发展向质变发展的有序推进。

因时而进，强调的是思想政治工作应当遵守对立统一规律。高等教育事业的发展、青年学生的培养，需要解决好当下、特殊的矛盾与长期、普遍的矛盾。因此，高校思想政治工作因时而进的核心就在于对“时”的把握，立足当下现实把握好“现在进行时”，着眼长远和未来把握“将来完成时”。只有清楚地认识、科学把握这种“当下——长远”“现实——未来”“特殊——普遍”中相互对立又统一的辩证关系，才能不断激发思想政治工作者的主观能动性，因时而进，以时促进，与时俱进。

因势而新，强调的是思想政治工作应当遵守否定之否定规律。当前国内国际形势深刻变化，改革开放和社会主义市场经济的深入推进，互联网等新的传播渠道的迅速发展，造就了高校思想政治工作“不同思想文化交流交融交锋，社会思潮多元多样多变”的崭新环境生态。面临这些新情况新生态，高校思想政治工作要完成新任务、破解新课题，不能满足于解决外部且可直观的矛盾现象，而需顺势而为，借势而作，因势而新，在自我扬弃、自我更新的有序过程中加快科学发展的进程。

2. 遵循教书育人规律。高校思想政治工作的思想理论教育和价值引领贯穿于教师的日常教育教学活动中，只有遵循教书育人规律方能得以实现。教育即教书育人,主体是教师,遵循教书育人规律要求教师注重教学与德育的结合,既教学生如何做事又教学生如何做人,引导学生重视科学素养和人文修养同步发展。

教书和育人,在实际操作环节是互相渗透的,育人是教书的目的,教书是育人的基本方式。无论是教书还是育人都是十分复杂的系统工程,都有着各自内在的客观规律性要求。遵循教书育人规律,首先就是要求以教书的规律和育人的规律为基本遵循,完成好教学工作和其他各项育人工作。这是遵循教书育人规律的基本要求,但又不止于此。遵循教书育人规律更重要的是把教书和育人真正统一起来,在教书中育人,也就是要把立德树人作为中心工作,贯穿到教育教学工作的全过程。教书育人也是衡量教育工作者职业能力及素养的重要标志之一,教育要从历史与现实、理论与实践出发,通过多种教育途径,运用多种教育方法,引导学生科学地认识世界、认识中国、认识社会、认识自己,学会承担时代责任和历史使命,自觉地把自己造就成为合格的建设者和可靠的接班人。

3. 遵循学生成长规律。“思想政治工作从根本上说是做人的工作,必须围绕学生、关照学生、服务学生,不断提高学生思想水平、政治觉悟、道德品质、文化素养,让学生成为德才兼备、全面发展的人才。”遵循学生成长规律,在帮助学生成长成才中引导其形成正确的价值观念、生活态度、行为方式,是思想政治教育的内在要求,也是促进高校思想政治工作有序发展的根本方式。高校思想政治工作的科学发展,既要遵循思想政治工作规律,遵循教书育人规律,也要遵循学生成长规律。

从教育的针对性要求来看,学生思想行为发展变化的特点和规律,是选择教育方法时需要考虑的首要因素。目前在校的 90 后、95 后大学生,每个人的生活环境不同,身心发展、思想品德和思想表现呈现出多样复杂的特征。因此,思想政治工作要取得良好效果,需要加强针对性,因人而异,因材施教,尤其是在思想政治工作方式方法上适应青年学生的成长发展特点与规律。在校大学生处在身心发展和个人成长的关键时期,情感丰富但心理不够成熟、思想活跃但缺乏辨识能力、理想远大但能力相对不足。这就要求高校思想政治工作关注学生成长,加强理想信念教育,加强价值引领,加强实际锻炼,强化文化熏陶,有序推进,科学发展。

(三)推进“三全”育人,促进高校思想政治工作整合发展

高校思想政治工作是一项系统工程,要通过全员育人、全程育人、全方位育人体系的构建,实现整合发展。

1. 全员育人,不断增强高校思想政治工作的系统性。高校思想政治工作不只是宣传思想工作相关部门及其工作人员的任务,而是全校教职员工的共同使命。全体教职人员都要爱岗敬业,以德养德,言传身教;充分合理地利用高校资源,不断提高自身的文化修养和技能水平;真心实意关爱学生,为学生的学习、生活和实践创造良好的环境。只有全员参与,才能集聚教学、行政、后勤等各个部门的合力,在教书育人、管理育人与服务育人的协调整合中促进高校思想政治工作科学发展。

首先,思想政治理论课教师以及其他课

程教师需要不断强化个人理论素养。在马克思主义的指导下、在具体的教育教学活动中与时俱进,转变话语表达体系、创新教育教学方法,从而使教育内容春风化雨、入脑入心。其次,行政部门需要完善管理,在实际行动中彻底转换重管理轻育人的思维定式。高校各类管理人员要牢固树立管理育人意识,将思想政治工作与行政管理工作有机结合,积极创造风清气正的高校育人氛围。最后,后勤部门在日常服务过程中与思想政治工作相向同行,保障思想政治工作价值的影响力,是高校思想政治教育工作中不可或缺的部分,各类职工应自觉树立起服务育人意识,在服务学生中发挥育人的功能,全心全意为学生服务,影响和教育学生。

2. 全程育人,不断强化高校思想政治工作的渗透性。全程育人即将育人活动贯穿教育对象成长发展的全过程,把思想政治工作贯穿教育教学全过程。就学生成长而言,这里的全程不仅包括在校学习的几年,还包括入学前的准备阶段和毕业后就业前的过渡阶段,使学生因为在校期间受到的教育而受益终生。这就要求注重学生品德发展、精神成长、成人成才的过程性特征,针对学生在不同时期不同阶段面对的主要矛盾采取相应的育人措施,满足不同阶段的实际需要,使思想政治工作做到切实有效、影响长远。

在信息化飞速发展的当代社会,自媒体与慕课的出现为高校实现全程育人提供了重要的技术支持与平台支撑。自媒体不仅为大学生在校期间的教育,同时也为毕业后的再教育扩展了平台,为全程育人提供了更为便利的手段。大学生在校期间的教育,是全程育人的核心环节。这一时期是学生价值观确立的关键时期,也是高校可最充分地利用育人资源的时段。在理论层面上,高校思想政治工作者应重视对接受理论的研究,科学揭示真学、真懂、真信、真用的规律,创新高校思想政治工作的理论与方法。在实践层面上,把思想教育、价值引领融入学生日常学习、生活的各个环节,渗透到教学、管理、服务的各个方面,不断增强高校思想政治工作的渗透性。

3. 全方位育人,不断丰富高校思想政治工作的协同性。全方位育人在学界有狭义和广义之分。广义上的全方位育人是指政府、社会、家庭、学校等共同育人的实践过程;狭义上的全方位育人,即强调高校党委、党的基层组织、教职员工各方面的育人责任,共同构建起党政工团学齐抓共管,全方位覆盖的思想政治工作运行模式。

首先,以高校党委为核心,整合教育资源,发挥高校基层党组织与全体教职工的能动作用,不断提高大学生思想政治工作的组织协同性,构建"多元一体化"思想政治工作科学化机制。其次,高校教师要强化思想政治工作的自觉性,肩负起教育引导青年学生的重要使命,立足课堂,教书育人。最后,学校思想政治工作的主体部门要协调全校力量,做到"哪里有工作对象哪里就是工作现场",把思想政治工作延伸到校园的各个部分,拓展到师生生活工作的各种场域,营造以优良校风学风为核心的育人环境,构建全方位育人的科学体系。

(作者:华中师范大学马克思主义学院院长、教授、博士生导师)

针对现实问题　抓紧抓好高校思想政治工作

李照雨

习近平总书记在全国高校思想政治工作会议上发表重要讲话，从全局和战略高度深刻回答了事关高等教育发展和高校思想政治工作的一系列重大问题。百年大计，教育为本，高校思想政治工作事关国家政治安全与社会稳定，事关社会主义事业合格建设者与可靠接班人的培养，任何时候都不能忽视、不容松懈，必须直面突出矛盾、针对现实问题，旗帜鲜明、理直气壮地抓紧抓好高校思想政治工作。

1. 当前我国高等教育发展存在的突出问题是去政治化、去意识形态化。“欲灭其国，必先去其史。”欲去其史，必先乱其教育。教育关乎国家兴衰、民族存亡、百姓祸福，不可不察。近年来，我国教育事业尤其是高等教育事业发展取得了显著进步，整体办学条件和科研实力都获得大幅提升，一批重点高校和学科已经位居世界前列，各类重要科研成果正在不断涌现。我们在为此感到振奋的同时也必须清醒认识到，我国高等教育发展仍然存在着短板与不足，其中一个突出问题就是高校思想政治工作弱化和思想政治理论课边缘化，一些高校内部存在着去政治化、去意识形态化的杂音。一些所谓的大V、公知乃至少数高校教师长期鼓吹高校应该是“价值中立”的非政治地带，要求取消高校党委制和思想政治理论课；一些人利用青年大学生思想稚嫩、世界观价值观尚未成型的特点，将高校课堂当成了传播反党反社会主义观点与西方所谓“普世价值”的平台；更有个别教师非法接收国外政府或NGO组织资助，成为外部敌对势力对我国实施政治渗透、政权颠覆、“颜色革命”的“提线木偶”。这些人及其背后势力不断鼓噪高等教育去政治化、去意识形态化的实质和目的是为了推动去社会主义化和历史虚无主义。这就迫切要求我们必须全面加强和改进高校思想政治工作，必须正确认识几对关系：即教育与政治的关系、思想政治工作与办学治校的关系、去行政化与去政治化的关系。

首先，教育就是政治，是政治的独特表现形式。教育本身天然具有双重功能，一是教授给学生各学科领域的专业知识，实现人类文明知识生产体系在社会代际间的继承与积累，是人完成知识化的过程；二是教授和引导学生形成对世间事物的一系列观念、思想与理性认知，通俗点讲就是使人形成能够对事物的是非曲直、善恶对错进行判断取舍的世界观、人生观、价值观的过程，而这一过程就是意识形态化的过程。本质上讲，人自从接受教育那一刻起，就开始受到某一种或几种意识形态的影响与同化，而意识形态本身就是政治。因此，教育既是当前政治的反映，又影响塑造着未来的政治。

其次，思想政治工作与高校办学治校水

平休戚相关。开展高校思想政治工作是为了提高学生的思想水平、政治觉悟、道德品质,重在帮助青年人立德立心,而高校办学治校的首要目标就是为社会培养德才兼备的优秀人才。如果高校思想政治工作搞不好,那么拜金主义、享乐主义、利己主义等消极思想就会在青年人与大学生群体中间拥有更大的扩散空间。

再次,高校去行政化绝不是去政治化、去意识形态化。高校是教书育人、立德树人的地方,绝不能成为官僚主义、形式主义的集散地,其管理运行理应尊重教育发展规律和学术研究规律,因而推进去行政化是必行之举。高校天然肩负着对青年人进行政治教育的功能,这在任何时代任何国家或地区都是一样的,如果把去行政化搞成了去政治化、去意识形态化,那就是因噎废食、饮鸩止渴,其结果也必然是南辕北辙,不仅不利于学校发展和学生健康成长,相反还会滋生出许多政治和社会问题。

2. 建设中国特色社会主义大学和世界一流大学必须抓好高校思想政治工作。办好中国的事情,关键在党;办好中国特色社会主义大学,关键在高校党委。党的领导是中国特色社会主义高校的突出特点和最大优势,也是我国高校在创建世界一流大学和一流学科的进程中所必须坚持的根本原则。抓好高校思想政治工作是落实高校党委对学校工作实行全面领导的突破口,也就牵住了办好中国特色社会主义大学和建设世界一流大学的“牛鼻子”。中国独特的历史文化、面临的现实国情世情,决定了我们必须走自己的高等教育发展道路。“君子务本,本立而道生。”对中国来说,这个“本”就是中国特色社会主义制度、道路、事业。党领导的高校必须紧紧围绕“为人民服务,为中国共产党治国理政服务,为巩固和发展中国特色社会主义制度服务,为改革开放和社会主义现代化建设服务”这个根本前进方向开展各方面工作,使高校成为坚持党的领导的坚强阵地。只有把这个“本”立住了,办好中国特色社会主义大学的“道”才能清晰明朗、周道如砥。

办好中国特色社会主义大学是实现建设世界一流大学的重要前提和基础,两者相互协调、高度统一。全面提高人才培养能力,培养出世界一流人才是决定一所高校能否成为世界一流大学的关键。何为一流人才?各种评判标准或许有很多,但德才兼备必须是第一位的。“才者,德之资也;德者,才之帅也。”一个人没有好的德行,才能越高对社会的危害越大。在当代中国,这个“德”就是社会主义核心价值观。做好高校思想政治工作就是要坚持不懈在大学校园里培育和弘扬社会主义核心价值观,培育优良校风和学风,引导广大师生做社会主义核心价值观的坚定信仰者、积极传播者、模范践行者。必须强调的是,中国要建设世界一流大学不能仅仅把目光盯在国外发布的一些国际大学排名上,必须不断推动高校发展与国家发展的现实目标与未来需要紧密联系起来,要在不断为中华民族和中国特色社会主义事业培养有才华、敢担当、善作为的合格建设者与可靠接班人的奋斗中才能实现。

3. 充分发挥好高校党委在抓紧抓好高校思想政治工作中的主体责任。毛泽东说:“党委对主要工作不但一定要‘抓’,而且一定要‘抓紧’。什么东西只有抓得很紧，毫不放松，才能抓住。抓而不紧，等于不抓。”高校思想政治工作更是如此，唯有抓紧，才能抓好。高校党委必须抓铁有痕、驰而不息地落实好习近平总书记关于高校思想政治工作的各项要求，制订改进工作的时间表，划定工作分工的责任制，将抓紧抓好思想政治工作的成效作为考核高校党委工作的重要指标。在实际工作中坚持因事而化、因时而进、因势而新。首先是突出抓好高校思想政治工作队伍建设，着力从师资、教材、授课方式等方面优化高校思想政治课教学。其次要坚持问题导向，针对突出问题，创新方式方法，不断增强新时期思想政治工作的针对性、实效性。再次，探索建立高校思想政治工作督查体系和在校大学生思想动态调查反馈机制。最后，高校思想政治工作应坚持以人为本，倾听学生心声，特别要注意发挥好高校团组织和学生党支部在关爱学生、引导学生、服务学生、团结学生中的基础性作用。

打铁还需自身硬。高校党委必须不断加强自身建设，要求教师和学生党员做到的，校党委成员必须首先做到。牢固树立责任意识、阵地意识、使命意识，从严管理高校党员队伍特别是教师党员，使教师党员成为模范遵守党章党规的带头人，做到在党爱党、在党言党、在党为党。对一些经常在课堂或网络上公开发表反党反社会主义言论、宣扬历史虚无主义、社会影响恶劣的教师和一些个人道德败坏、严重侵害学生切身利益的教师，高校党委必须要敢管严管、及时进行严肃批评教育，必要时应将这些人清除出党员和教师队伍。中国特色社会主义大学是为党和国家立德树人、培育英才的阵地，绝不能成为少数丧失党性者进行反动鼓噪、传播错误思潮的“广播站”，绝不能成为海外敌对势力对我国进行意识形态渗透的“桥头堡”。只有打造出一支讲政治、有纪律的高素质教师队伍，才能对青年大学生形成强大感召力、吸引力，才能培育出有理想、有信仰、有纪律、有担当的大学生队伍。

（作者单位：求是杂志社）

第十四部分

军队思想政治工作

从人民军队90年历史中汲取强军智慧

军事科学院

伟大的中国人民解放军从南昌城头起步创建，走过了90年的光辉历程。90年来，在中国共产党的领导下，人民军队在血雨腥风中奋起，在硝烟烈火中壮大，在艰难险阻中砥砺前行，从小到大，由弱到强，战胜了国内外的强大敌人，克服了前进道路上的种种困难，成为夺取中国革命胜利的骨干力量，巩固社会主义制度和人民民主政权的坚强柱石，保卫国家安全与利益、维护世界和平与发展的钢铁长城。90年来，在党的领导下，人民军队不仅用战争胜利改变了中国历史进程，创造出了人类战争史上一个个奇迹，而且用建设成就证明了发展道路的正确，积累了穿越古今的历史智慧。在纪念建军90周年的伟大时刻，重温人民军队发展壮大的辉煌历程，感悟人民军队以弱胜强的历史智慧，对于实现党在新形势下的强军目标、建设世界一流军队具有重大意义。

始终坚持党对军队的绝对领导，坚决听党指挥，是我军的立军之本和强军之魂

柱石坚固，成于军魂铸就。我军的历史，就是坚持党对军队绝对领导的历史；我军的胜利，就是在党的绝对领导下取得的胜利；我军的辉煌，就是在党的绝对领导下铸造的辉煌。90年间，正是由于一贯坚持从思想上政治上建设和掌握部队，紧紧抓住政治工作这条生命线，人民军队才能在风云激荡的环境下始终听党话、跟党走，在九死一生的历程里愈挫愈勇，在千难万险的磨砺中越战越强，成为经得起任何考验的雄师劲旅。

建军之初，人民军队就鲜明打下了党领导军队的烙印。从“三湾改编”创造性地把“支部建在连上”，到古田会议党对军队绝对领导的原则和制度正式定型，红军正是在这个生存发展的根本性问题上坚定不移，才能够历经艰险而不溃散，能够在长征路上克服张国焘分裂党和红军的严重危机。抗日战争中，红军可以改编为国民革命军，但党对军队绝对领导的原则没有丝毫动摇，从而保证了在错综复杂的环境中坚定正确的方向。解放战争中，党对军队绝对领导的原则和制度得到进一步加强和完善，确保了军队的高度集中统一。新中国成立后，人民军队成为国家机器的重要组成部分，尽管职能使命发生转变和拓展，但始终把思想政治建设摆在军队各项建设的首位，我军听党指挥的信念更加坚定，军魂意识更加牢固。新形势下，在国家安全和发展面临复杂严峻的风险挑战面前，正是由于高度自觉听党指挥，人民军队才始终保持了坚定正确的政治方向，始终保持了强大的凝聚力和战斗力，始终保持了蓬勃旺盛的生机活力。

坚持党对军队的绝对领导，既是历史传承的必然结果，也是时代发展的客观要求。

党的十八大召开后，习近平主席明确指出：党对军队实施绝对领导有一系列根本原则和制度，无论战争形态怎么演变、军队建设内外环境怎么变化、军队组织形态怎么调整，都必须始终不渝坚持。如今，人民军队正处于迈向“世界一流”的重要关口，我们要稳中求变，要实现跨越式发展，前提是坚守军魂永远不变，关键是推动实施政治建军大方略，核心是维护贯彻好军委主席负责制，这是确保我军建设发展的根本，是党的事业成败之所系，国家长治久安之所系，人民军队保持性质、宗旨、本色之所系，任何时候都不能有丝毫的动摇和削弱，绝不容许任何人破坏。加强和改进新形势下我军政治工作，要围绕如何把理想信念、党性原则、战斗力标准、政治工作威信这四个根本性的方面牢固立起来，把着力点深扎在坚定党对军队绝对领导的政治自信和政治自觉上，做到一切行动听从党中央、中央军委和习主席的指挥，确保全军上下绝对忠诚、绝对纯洁、绝对可靠，确保人民军队始终保持正确的政治立场和方向。

英勇善战，能打胜仗，是我军克敌制胜的重要优势和根本价值

能打胜仗反映军队的根本职能和军队建设的根本指向。我军英勇善战、能打胜仗的优良传统，融合了革命的英雄主义精神和科学的军事艺术的高度统一，凸显了人民军队智勇双全的本色和优势，是人民军队履行根本职能使命的必然要求。

人民军队是在武装斗争中诞生、在浴血奋战中成长的。90 年来，我军从小到大、从弱到强，演出了一幕幕威武雄壮的战争活剧。从中央苏区时期的“七百里驱十五日”到长征中四渡赤水，从抗日战争中的平型关大捷到解放战争三大战役，从鏖战上甘岭到攻占一江山岛，我军由打小仗到打大仗，由游击战到运动战、阵地战、诸军兵种协同作战，由夺取解放战争胜利到抗美援朝战争胜利，创造了一个又一个战争史上的奇迹。

我军英勇善战、能打胜仗，在于具有灵活机动的战略战术。革命战争年代，以毛泽东同志为代表的老一辈无产阶级革命家、军事家，把马克思主义军事理论创造性地运用于中国革命战争实践，创立了适合我军自身特点、符合客观实际的灵活机动的战略战术，如土地革命战争时期的游击战“十六字诀”，抗日战争时期的持久战总方针，解放战争时期的十大军事原则，等等。在人民战争战略思想指引下，我军在战争中学习战争，仗越打越精、越打越奇，堪称世界军事史上的经典。历经革命战争血与火的考验，我军锻造出一大批智勇双全的优秀指挥员和不畏强敌、敢打硬仗、能攻善守的英雄部队，涌现出董存瑞、黄继光、邱少云、“大渡河十七勇士”“狼牙山五壮士”“塔山英雄团”等英雄个人与集体。他们所展现出的无畏、无惧、无敌，是人民军队战斗精神的血性和意志的最好诠释，是我军特有战斗精神和作风的典型代表，是一座座高耸云天的精神丰碑。

当今时代，战争形态正发生深刻变化，我军的职能使命也有了新的拓展。习主席运筹当前与未来，果断发出实现强军目标、建设世界一流军队的号召，为我军战斗力建设标定了方向。他在许多重要场合反复指出，必须扭住能打仗、打胜仗这个强军之要，牢固树立战斗力这个唯一的根本标准，按照打仗的要求搞建设、抓部队，确保部队召之即来、来之

能战、战之必胜。这就要求必须坚持把战斗力标准贯穿到军队建设全过程和各方面，坚持把提高战斗力作为全军各项建设的出发点和落脚点，坚持用是否有利于提高战斗力来衡量和检验各项工作，使全军各项建设和工作向实现建设信息化军队、打赢信息化战争的战略目标聚焦，向实施信息化条件下联合作战的要求聚焦，推动战斗力建设不断取得实质性进展。

注重作风建设，树立良好形象，是我军从胜利走向胜利的坚强保证

我军在长期实践中始终以从严治军而著称，也以作风优良而闻名，这是我军始终赢得人民支持、保持良好形象、具有强大战斗力的重要保证。

人民军队的优良作风，是在长期艰苦卓绝的革命和建设实践中形成的。从革命战争年代形成的以“三大纪律、八项注意”为标志的严明纪律，到新中国成立后军队实行“五统四性”，再到进入新世纪将依法治军、从严治军确立为我军建设的重要指导方针，党始终高度重视用严格的法规、严明的纪律建军治军。特别是在紧要关头、重大转折时期，更是注重作风整肃，把加强作风建设摆到突出位置，以此保证部队的团结统一。“三湾改编”、延安整风、新式整军运动等等，都是党领导人民军队培育优良作风的成功实践。在我党我军历史上，作风建设方面大的教育整顿有很多次，每一次整顿后，部队都在政治上更加统一，思想上更加纯洁，组织上更加坚强，作风上更加过硬，极大地巩固了党对军队的绝对领导。正是靠着过硬作风和良好形象，我军才凝聚成夺取革命、建设和改革伟大胜利的强大力量，赢得了人民的信任支持，被广大群众视为“共产党的队伍”“人民的子弟兵”。

战争实践反复证明：作风就是战斗力，就是凝聚力，关系到一支军队的兴衰存亡。作风优良是我军弥足珍贵的精神财富，也是新形势下铸牢强军之魂的现实要求。党的十八大以来，习主席站在历史和时代的制高点，直面世情国情党情的深刻变化，明确提出依法治军、从严治军是强军之基，针对“四大考验”“四种危险”的挑战，要求把作风建设作为军队一项基础性长期性工作抓紧抓实，并以此开局，亲率三军开始“新赶考”、启程“新长征”。加强和改进作风建设，深入推进依法治军、从严治军，要抓住领导干部这个“关键少数”，坚持自上而下、以上率下改进作风，树好领导带头导向；要抓住官兵反映强烈的突出问题，从思想根子上拿出打硬仗的劲头，坚决啃下“四风”这块硬骨头；要坚持发扬“钉钉子”精神，反腐正风不手软，打虎拍蝇抓“常”“长”，坚决打赢整风肃纪攻坚战，确保部队保持严明的作风、铁的纪律和良好形象。

立足使命任务，不断改革创新，是我军始终保持旺盛生机与活力的关键之举

不断推进军事改革是古今中外建设强大军队的历史铁律。人民军队发展史，就是一部接续递进、波澜壮阔的改革创新史。我军由建军之初只有手握大刀梭镖的几千人起义军发展到今天拥有现代化武器的百万雄师，奥秘就在于以坚决履行不断变化着的使命任务为目标，既顺应时代潮流又不脱离国情军情，既注重学习借鉴又不照搬照抄，坚定不移

地走改革创新之路，这是决定我军发展壮大、赢得未来的关键一招。

新民主主义革命时期，毛泽东同志把马克思列宁主义的革命理论灵活运用于我国战争与革命实践，创造性地提出了我军执行打仗、做群众工作和组织生产“三大任务”的职能使命，成功把以农民为主要成分的队伍改造成为无产阶级性质的新型人民军队。新中国成立后，党中央、中央军委着眼于党的历史任务和时代条件的重大转变，制定了建设一支优良的现代化革命军队的总方针，确立国家军事领导体制和积极防御军事战略方针，推动我军由单一陆军转变为诸军兵种合成军队，奠定了我军建设改革的政治前提和制度基础。改革开放后，邓小平同志提出了建设一支强大的现代化正规化革命军队的总目标，领导实现军队建设指导思想战略性转变，走上中国特色精兵之路，向精兵、合成、高效的方向大大前进了一步。在把中国特色社会主义推向21世纪进程中，江泽民同志着眼解决“打得赢、不变质”两个历史性课题，确立了我军建设“两个根本性转变”的改革目标，开启了我军军事体系由机械化向信息化的转型之路。新世纪新阶段，胡锦涛同志着眼促进国防和军队建设科学发展，以推进军事理论、军事技术、军事组织体制、军事管理创新为抓手，积极稳妥推进国防和军队改革。党的十八大以来，习主席立足于发展和完善中国特色社会主义军事制度，把深化国防和军队改革纳入国家全面深化改革总体布局、上升为党的意志和国家行为，亲自领导设计改革强军蓝图，引领我们开创了强军兴军的新局面。

习主席多次强调指出，全军要以高度的历史自觉和强烈的使命担当，以踏石留印、抓铁有痕的精神，坚决打赢改革这场攻坚战，努力交出让党和人民满意的答卷。这是对全军官兵发出的政治号令，也是全军官兵必须担当的时代重任。深化国防和军队改革，关键就是要牵住党在新形势下的强军目标这个“牛鼻子”。坚持用强军目标审视改革、以强军目标引领改革、围绕强军目标推进改革，通过改革把强军兴军的重大战略谋划和战略设计落实好，为贯彻强军目标提供强大动力和体制保障。要牢牢把握能打仗、打胜仗这个聚焦点，坚持以军事斗争准备为龙头，坚持问题导向，让一切战斗力要素的活力竞相迸发，让军队现代化建设的一切源泉充分涌流。要牢牢把握军队组织现代化这个指向，持续深入推进领导指挥体制、力量结构、政策制度等方面改革，为建设牢固国防和强大军队提供有力制度支撑。

紧紧依靠人民，坚持军民兼顾，是我军永远立于不败之地的力量源泉

军队打胜仗，人民是靠山。我军来自人民，忠于人民，依靠人民，与人民血肉相连，始终全心全意为人民服务，这是我军的最高准则和唯一宗旨，是我军区别于其他军队的根本标志。

土地革命战争时期，红军人数少、武器差，但军民团结一致，到处得到人民的欢迎，主力红军与地方红军相结合，正规红军和赤卫队、游击队相结合，武装群众和非武装群众相结合，使红军“处处明亮”，敌军“处处黑暗”。抗日战争中，在“兵民是胜利之本”著名论断的指引下，人民军队把军民一致作为政治工作的三大原则之一，与广大人民群众

密切结合,建立主力军、地方武装和民兵游击队三结合的武装力量体制,造成了陷敌于灭顶之灾的人民战争的汪洋大海。在解放战争中,解放区人民全力支援前线,与人民解放军并肩作战,显示了人民战争的强大威力。

新中国成立后,国防建设亟待加强,国家财政经济严重困难,毛泽东同志果断提出“两手抓”的思想,倡导“军民两用”的发展模式,使国民经济获得稳步发展,为建设强大国防奠定了初步基础。改革开放后,基于国防和军队建设由临战状态转到和平时期正规化、现代化建设的重大变化,邓小平同志强调国防建设必须在大局下行动,走“军民结合,平战结合,以军为主,以民养军”的道路,使国防和军队的现代化建设迈开了新步伐。进入 20 世纪 90 年代,江泽民同志提出“寓军于民”的战略方针,探索出一条投入较少、效益较高的军队现代化建设道路。新世纪新阶段,胡锦涛同志提出要走出一条中国特色军民融合式发展路子,逐步确立了经济建设与国防建设相互促进、协调发展的战略格局。党的十八大以来,习主席着眼强国强军梦,明确把推进军民融合深度发展上升为国家战略,描绘出军民融合“两个有利于”的广阔前景,为新形势下实现富国和强军统一指明了前进方向。

军政军民团结是实现富国和强军统一的重要政治保障,是实现军民融合国家战略的现实基础。习主席深刻指出,军民融合发展是实现发展和安全兼顾、富国和强军统一的必由之路。这就要求全党全军全国各族人民必须同心协力做好军民融合发展这篇大文章,加快形成全要素、多领域、高效益的军民深度融合发展格局。要科学统筹经济建设和国防建设,军队要遵循国防经济规律和信息化条件下战斗力建设规律,自觉将国防和军队建设融入国家经济社会发展体系。地方要注重在经济建设中贯彻国防需求,自觉把经济布局调整与国防布局完善有机结合起来,真正实现经济与国防协调发展、平衡发展、融合发展,让经济与国防两个拳头都硬起来。要坚持以改革的视野、思路和办法,不断拓展军民融合的领域范围,更新军民融合的思想观念,提升军民融合的层次水平,突破制约军民融合的体制障碍和利益藩篱,实现经济实力和国防实力同步增长,不断提升国家战略能力特别是一流军队实战能力,为维护国家和平发展营造良好安全环境,为实现中华民族伟大复兴的中国梦提供坚强力量保证。

在党的强军思想指引下努力建设世界一流军队

——深入学习习近平总书记在庆祝中国人民解放军建军90周年大会上的重要讲话

国防大学党委理论学习中心组

在庆祝中国人民解放军建军90周年大会上，习近平总书记指出："党的十八大以来，我们党围绕国防和军队建设提出一系列新思想新观点新论断新要求，形成了党在新时期的强军思想。全军要认真贯彻党的军事指导理论，坚持用党在新时期的强军思想武装官兵，引领强军事业不断取得新进步。"我们要深入学习习近平总书记的重要讲话精神，不断把贯彻落实党在新时期的强军思想引向深入。

一、深刻领会党在新时期的强军思想的重大意义

伟大的时代呼唤伟大的理论，伟大的理论引领伟大的时代。党的十八大以来，以习近平同志为核心的党中央，从坚持和发展中国特色社会主义、实现中华民族伟大复兴中国梦的战略高度，立足国家安全和发展战略全局，深刻阐明国防和军队建设带根本性方向性全局性的重大问题，提出一系列重大战略思想、重大理论观点、重大决策部署，建构起党在新时期的强军思想，为建设巩固国防和强大军队树起了思想旗帜和行动指南。

中华民族伟大复兴大目标下的强军方略。国防和军队建设所处的"时"与"势"，是谋划和推进强军伟业的客观基点和时代依据。党的十八大以来，我们前所未有地靠近世界舞台中心，前所未有地接近实现中华民族伟大复兴的目标，前所未有地具有实现这个目标的能力和信心，同时也比历史上任何时期都更需要建设一支强大的人民军队。正如习近平总书记指出的："前进道路从来不会是一片坦途，必然会面对各种重大挑战、重大风险、重大阻力、重大矛盾"；"中华民族实现伟大复兴，中国人民实现更加美好生活，必须加快把人民军队建设成为世界一流军队。"习近平总书记把国防和军队建设放在夺取具有许多新的历史特点的伟大斗争新胜利中来考量，放在我们党勠力复兴的执政使命中来把握，放在"五位一体"总体布局和"四个全面"战略布局中来运筹，鲜明提出党在新时期的强军思想，对军队职能使命和战略功能、强军兴军的指导原则和规划布局进行新的标定，为新形势下推进强军伟业提供了根本指针。

马克思主义军事理论高原的新高峰。恩格斯说过："一个民族要想站在科学的最高峰，就一刻也不能没有理论思维。"90年来，我们党不断推动马克思主义军事理论中国化，形成巍然屹立于世界军事理论之林的中国化马克思主义军事理论高原，并用不断创新发展的军事指导理论铸就了一座又一座军事理论发展的新高峰。党在新时期的强军思想，在继承毛泽东军事思想、邓小平新时期军

队建设思想、江泽民国防和军队建设思想、胡锦涛国防和军队建设思想的基础上，创造性地提出一系列新思想新观点新论断，深刻阐明了新形势下强军兴军的目标任务、指导方针、基本途径、强大动力、根本保证、科学方法等，极大地丰富和发展了党的军事指导理论，是我们党推进军事理论创新的最新成果，是党的军事指导理论的新飞跃，谱写了马克思主义军事理论中国化的新篇章。

实现强军目标、建设世界一流军队的顶层设计。当今时代，世界新军事革命浪潮风起云涌，各主要国家加快推进军事革命，谋求军事优势地位的竞争加剧。与此同时，我军建设存在着“两个差距很大”“两个能力不够”等突出矛盾和问题。党在新时期的强军思想，坚持目标导向和问题导向相统一，科学总结我们党建军治军历史经验，深刻洞察国际战略形势和国家安全环境发展变化，着眼破解国防和军队建设中的突出矛盾问题，形成一系列新理念新思想新战略，为实现强军目标、建设世界一流军队擘画了统揽全局的战略蓝图。党的十八大以来，在强军思想引领下，人民军队在中国特色强军之路上迈出了坚实步伐，推动政治生态重塑、组织形态重塑、力量体系重塑、作风形象重塑，人民军队体制一新、结构一新、格局一新、面貌一新。实践证明，党在新时期的强军思想是新形势下强军兴军的强大思想武器，是加快推进国防和军队现代化的行动纲领，必将指引我军更好更快实现强军目标、建成世界一流军队。

二、牢牢把握党在新时期的强军思想的科学体系

党在新时期的强军思想，战略意蕴深厚，实践特色鲜明，既抓住了强军兴军的重点和关键，又涵盖国防和军队建设各领域各方面；既提出了立意高远、思想深邃的重大理论观点，又蕴含着大气磅礴、精妙缜密的军事思维方法，是一个内涵丰富、逻辑严密、体系完备的科学理论体系。

实现强军目标、建设世界一流军队的理论主题。党在新时期的强军思想，紧紧围绕实现强军目标、建设世界一流军队这个主题建构和展开。在强军目标中，听党指挥是灵魂，决定军队建设的政治方向；能打胜仗是核心，反映军队的根本职能和军队建设的根本指向；作风优良是保证，关系军队的性质、宗旨、本色。提出建设世界一流军队，进一步明确了我军由大向强新的时代定位，标定了人民军队新的样子。“世界一流”与“强军”叠加，使强军目标展现出新的时代意蕴，包含着人民军队整体重塑的全面性，破解突出矛盾问题的突破性，跻身世界强国军队的赶超性。党在新时期的强军思想，用强军目标统领军队建设、改革和军事斗争准备，作出顶层设计和战略部署，为国防和军队建设明确了目标图、路线图和展开图。

围绕强军目标构建诸多重大思想的理论框架。党在新时期的强军思想，由一系列具有独创性的重大思想构成。强军目标思想、军事战略思想、现代战争思想、政治建军思想、改革强军思想、科技兴军思想、依法治军思想、军队党建思想、军民融合思想等，是强军思想体系的“四梁八柱”，支撑起党在新时期的强军思想的理论大厦。在这些重大思想中，强军目标思想居于核心和引领地位，其他思想都紧扣强军目标依次展开。强军目标思想，以及军事战略思想中的新形势

下军事战略方针、“五个更加注重”，共同构成军队建设发展的战略指导原则；现代战争思想、政治建军思想、改革强军思想、科技兴军思想、依法治军思想、军队党建思想、军民融合思想等，规划了强军兴军的战略举措和宏大布局。所有这些重大思想，都以强军目标这条红线相贯通，共同构成有机统一的强军思想体系。

凝炼马克思主义军事辩证法思想的理论基石。马克思主义的军事辩证法思想是催生新的军事思想的“母乳”。党在新时期的强军思想，将辩证唯物主义和历史唯物主义的世界观方法论与当代中国国情军情相结合，深刻回答了新形势下实现强军目标应当处理好哪些重大关系、如何处理好这些重大关系，需要运用哪些科学方法、如何运用这些科学方法等问题，是我们强军兴军的“桥和船”，为加快推进国防和军队现代化提供了哲学智慧。特别是坚持用战略思维、辩证思维、创新思维、底线思维等思维方法筹划指导国防和军队建设，形成了战略与政略的辩证法、战争与和平的辩证法、发展与安全的辩证法、威慑与实战的辩证法、全面与重点的辩证法、返本与开新的辩证法、保底与进取的辩证法等，明确了强军兴军新的认识论和方法论，为推进强军事业提供了科学思维方法和强大思想武器。

揭示强军制胜科学规律的理论指导。国防和军队建设是合目的性与合规律性的统一，既要着眼战略目标进行谋划，又要基于客观规律进行运筹。党在新时期的强军思想，深刻揭示了新形势下强军制胜的客观规律，有力推进了政治建军、改革强军、科技兴军、依法治军实践。比如，与时俱进加强军事战略指导，整体运筹备战与止战、维权与维稳、威慑与实战、战争行动与和平时期军事力量运用，深化了对相对和平时期军事力量运用规律的认识；跟踪现代战争演变趋势，研究现代战争制胜机理，深化了对现代战争作战指导规律的认识；形成军委管总、战区主战、军种主建的格局，使作战指挥和建设管理职能相对分离，深化了对领导管理和联合作战指挥规律的认识；抓住治权这个关键，构建严密的权力运行制约和监督体系，深化了对依法治军从严治军规律的认识；把国防和军队建设融入国家经济社会发展体系，努力形成全要素、多领域、高效益的军民融合深度发展格局，深化了对军民融合发展规律的认识，等等。

三、立足时代高度深入学习贯彻党在新时期的强军思想

深入学习贯彻党在新时期的强军思想、努力建设世界一流军队，是当代中国革命军人的神圣使命。全军广大官兵要充分认清党在新时期的强军思想的根本指导作用，高举强军思想伟大旗帜，推动学习贯彻不断向广度和深度拓展。

提高政治站位学深悟透。党在新时期的强军思想，从政治高度和世界视野观察和处理军事问题，坚持置身世界新军事革命大潮谋划强军兴军，坚持从民族复兴大目标和强国大方略出发推进强军兴军，坚持把军事安全纳入国家总体安全中运筹强军兴军，体现了很高的政治站位和宽广战略视野。学好强军思想，必须紧密联系强军的时代坐标、政治动因、战略需求，深刻领悟习主席强军兴军的政治谋略和战略考量，不断强化政治意识、大局意识、核心意识、看齐意识，紧紧跟上党中

央、中央军委和习主席决策部署,时刻在大局下思考和行动。必须紧密联系5年来强军事业取得的历史性成就,深刻领悟党在新时期的强军思想的创新特色,主动来一场思想上的革命,从一切不合时宜的思维定势、固有模式、路径依赖中解放出来,把思想统一到党的强军思想上来。牢牢把握强军思想的精神实质和科学方法,提高观察、分析、解决矛盾问题的思维水平和实际能力,切实提高推进强军事业的能力素质。

坚定理想信仰真学真信。推进强军兴军伟大事业,不仅要深入学习领悟党在新时期的强军思想,而且还要坚定对其的信仰。要真信强军目标一定能实现。深刻认识强军目标是在准确把握世情国情军情、深邃洞察发展大势、广泛凝聚党心军心民心的基础上提出来的,是有坚实基础的伟大梦想。要真信强军战略一定能管用。深刻认识强军战略是在对接强军目标、运筹强军布局、遵循强军规律的基础上提出来的,在推动强军实践中已经发挥出强有力的指导和牵引作用,并将继续彰显威力。要真信强军决策部署一定能起效。深刻认识强军决策部署是在聚焦矛盾问题、着眼于革除积弊根源提出来的,深入贯彻落实就一定能够突破强军的瓶颈制约,补齐短板,破解难题。我们要牢固树立党在新时期的强军思想在国防和军队建设中的指导地位,把强军思想铸塑为强军的精神支柱,转化为强军的思想武器。

推动强军实践砥砺笃行。深学的目的全在于运用,真信最终要外化为笃行。深入学习贯彻党在新时期的强军思想,重在联系实际、学以致用。在强国强军新征程中,我们可能会受到陈旧观念和思维方式禁锢、利益藩篱阻滞、尖锐矛盾纠缠、外来挑衅干扰的影响。无论面对多大的阻力压力,都要积极运用党在新时期的强军思想这个法宝,坚决抵御重大挑战,妥善应对重大风险,有效克服重大阻力,强力破解重大矛盾。要勇于砺炼非凡的忠诚和本领,自觉把党在新时期的强军思想转化为价值准绳和行为准则,铸就强军兴军新辉煌。

在中华民族伟大复兴进程中实现富国和强军相统一

——深入学习贯彻习近平总书记军民融合战略思想

中国行政体制改革研究会军民融合发展课题组

党的十八大以来,习近平总书记高度重视军民融合发展。在出席十二届全国人大五次会议解放军代表团全体会议时,习近平总书记深刻指出,要立足经济社会发展和科技进步的深厚土壤,顺势而为、乘势而上,深入实施军民融合发展战略,开展军民协同创新,推动军民科技基础要素融合,加快建立军民融合创新体系,下更大气力推动科技兴军,坚持向科技创新要战斗力,为我军建设提供强大科技支撑。军民融合发展战略是富国目标和强军目标的统一,标志着中国特色社会主义伟大事业总体布局的进一步丰富,是为中华民族伟大复兴提供物质保障和安全保障的关键一招。

一、以清醒头脑和紧迫心态认识军民融合发展的重大意义

当今世界,军民融合发展,既是大国竞争新范式所指,也是引领经济发展新常态所需,更是新科技革命汹涌而至形势所迫。这就要求我们必须从战略高度充分领会军民融合发展的全局意义和紧迫态势。

大国竞争胶着升级,军民融合成为强化国家综合实力和国防竞争力的不二选择。目前各主要大国都采取了符合本国国情的军民融合发展模式。美国力推“军民一体化”模式。1994 年,美国发布《军民一体化的潜力评估》报告,标志着美国军民融合战略全面展开,2001 年美国国防报告显示军民两个工业体系已基本融为一体。美国的军民一体化战略,其实质是把国防科技工业基础同更大的民用科技基础结合起来,组成一个统一的国家科技工业基础,这极大地扩展了国防实力的根基。日本采取“以民掩军”模式。日本没有国营军工企业,军品研制和生产全部由民营企业完成,国家高科技规划大部分与军事应用关联,骨干企业军民转化能力极强且相当隐蔽,在微电子、生物、智能机器人等军事科技领域处于全球领先地位。俄罗斯是“军民并重”模式。苏联时期 75% 的科技活动与军事相关,强大而封闭的国防体系难以惠及经济发展。上世纪 90 年代以来,俄罗斯将“军备竞赛”转型为“综合国力竞赛”,打造“国防工业联合体”,实现军品民品兼容。可见,任何大国如果不能尽快摆脱昂贵、低效、重复建设的军民二元体制,在激烈较量中必然落伍。

引领我国经济发展新常态,需要充分释放国防尖端科技对经济增长的带动能力。国防建设绝非纯粹消耗性的,同时也是社会生产力和经济增长驱动力,只要向民用开放,与市场对接,就可以催生新动能、新业态、新经济。美国的“曼哈顿计划”“阿波罗计划”“信息高速公路计划”,我国的“神舟”飞天、“嫦

娥探月”，都包含着巨大的战略性新兴产业簇群。以北斗导航为例，最初为服务国家安全战略研制，如今推动导航和位置服务产业急速增长，从2003年起十年间保持50%以上年均增速，2015年总产值达1735亿元。以色列是一个国防工业辐射带动经济发展的突出例子，其国防工业占工业比重高达50%，但以色列极力鼓励国防高科技向民用转化、为经济服务，全国高技术企业大部分由此孵化而来，国防高科技成为国民经济的“发动机”。

技术创新呈现三大规律性变化，不走军民融合道路就难以保持技术竞争优势。其一，民用领域日益成为重大技术创新的“策源地”。在20世纪，国防科技一直是技术变革的“火车头”，技术扩散的主要方向是“军转民”。但进入21世纪，引领性技术变革往往发轫于民用领域，如人工智能、3D打印、网络技术、大数据等，国防部门只有迅速吸收这些颠覆性创新成果，才能在技术竞争中胜出。其二，工业生产方式转向柔性制造，为军民融合提供客观前提。柔性制造是对大规模生产方式的超越，同一生产线可以灵活地在民品和军品之间切换，军民融合的转换成本大幅降低。其三，前沿技术同时具备军用和民用双重属性的现象大量涌现。如人工智能、互联网、大数据等前沿技术在军民两方面均有战略意义，目前美、德、俄等世界强国军民通用技术超过80%。

二、准确把握军民深度融合发展的要求和任务

习近平总书记强调，“军民融合是国家战略，关乎国家安全和发展全局，既是兴国之举，又是强军之策”，并从核心要求、组织创新、新兴领域等角度，精准透彻地指明了推动军民融合的发力点。这为我们准确把握军民深度融合发展的要求和任务提供了遵循。

一是紧扣“核心要求”，形成全要素、多领域、高效益的军民深度融合发展格局。习近平总书记指出，“既要发挥国家主导作用，又要发挥市场的作用，努力形成全要素、多领域、高效益的军民融合深度发展格局”。所谓“全要素”，就是要让人才、资金、技术、管理、数据信息、知识产权、基础设施等全部生产要素，既充分服务于生产力发展，又充分服务于战斗力提高。这就要打破人才身份限制、军民二元标准限制、企业所有制限制、知识产权归属限制，激励生产要素双向流动，释放价值。所谓“多领域”，就是既要和国有企业融合，又要和民营高科技公司融合；既要注重海、陆、空等传统领域融合，又要重视天、电、磁、网、数据空间等新兴领域融合，尤其要重视颠覆性创新领域的融合。所谓“高效益”，就是要坚持国家主导下的市场化机制，做到一份投入两重产出，实现国防效益和经济效益双丰收。

二是着眼“组织创新”，完善组织管理、工作运行、政策制度三个体系。习近平总书记强调，要努力形成统一领导、军地协调、顺畅高效的组织管理体系，国家主导、需求牵引、市场运作相统一的工作运行体系，系统完备、衔接配套、有效激励的政策制度体系。目前“三个体系”建设正在稳步推进。组织管理上，2017年中共中央政治局首次会议设立高规格中央军民融合发展委员会，加之近年成立的中央军委军民融合局等协调小组，以及湖北等省成立的军民融合发展体制机制创

新专项领导小组，全国军民融合格局立起“四梁八柱”，组织效率产生质的飞跃。工作运行上，军地协调机制迅速完善，通过联席会议、信息互通、合署办公、项目联审、网络平台建设、成果双向推送等多种形式，克服了军事需求提报分散重复、军地对接卡壳不畅、执行情况反馈滞后等积弊。政策制度上，全面优化准入退出机制、公平竞争机制、双向传导机制、创新激励机制、金融支持机制、保密监管机制，初步形成了较为完备的中国特色军民融合制度体系。

三是发力“新兴领域”，拓展网络强国、海洋强国、航空强国、人工智能等领域的军民融合深度。习近平总书记指出，要在更广范围、更高层次、更深程度上把军事创新体系纳入国家创新体系之中，使军事创新得到强力支持和持续推动。在新兴安全领域，必须充分发挥军民双方创新优势的加乘效应。如网络强国领域，美国极其强调构建由国防部与其他政府部门、私营企业合作的国家网络空间安全系统。我国网络强国战略必须把军民融合作为基本框架，这既是对美国网络攻势的回应，也是对网络强国建设规律的遵循。在海洋强国领域，习近平总书记在中共中央政治局第八次集体学习时系统阐述了海洋强国战略，提出经略海洋要把维护海洋权益和发展海洋经济统一起来，海洋产业军民“共融”，海洋科技军民“共兴”，海洋设施军民“共建”，海洋信息军民“共享”。在航空强国领域，探月工程已向社会资本和企业开放，嫦娥四号为社会资本提供技术验证、产品搭载、数据应用等条件，这对打破航天工业壁垒、加速技术创新、加深军民融合程度有重要意义。

三、落实军民融合战略布局需确立三个保障

习近平总书记指出，“要强化大局意识，军地双方要树立一盘棋思想，站在党和国家事业发展全局的高度思考问题”。实践上看，迫切需要思想破旧立新、标准二元归一、法律立修废并举，为军民融合提供坚实保障。

思想上破旧立新。思想是行动的先导。目前我国军民融合存在思想观念跟不上、工作执行力度不够等问题，需从四方面纠正偏误。一是强化“政治意识”。如“大利大干、小利小干、无利不干”，属于只算经济小账、不算政治大账，要坚决清除。二是树立“全局意识”。对于“一个司令一把号，各吹各的调”、“我的地盘我做主”、“共享别人资源可以，分享自己资源不行”等做法，属于只算局部小账、不算全局大账，应自觉抵制。三是破除“封闭意识”。我国军民二元体制惯性很大，不少部门自我封闭、自成体系的观念根深蒂固，这与开放式创新潮流很不合拍，须坚决破除。四是提升“作为意识”。譬如政策落实上不配套、不具体、不落地，市场准入上存在玻璃门、弹簧门、旋转门等问题，干部作为意识是解决这些“摩擦力”的决定性因素，各级干部要克服不敢为、不愿为、不会为现象，打通战略落地“最后一公里”。

标准上二元归一。重视军民技术标准统一并向民用标准靠拢，是发达国家的普遍做法。美国国防部 1994 年进行标准改革，确认没有民用标准才能制定军用标准，并淘汰不利于采购民品的军用标准。欧洲各国亦对军用标准进行改革，认为军民技术之间已不存在严格界限，强调向商业标准靠拢，不应该封

闭地追求标准上的“最佳方案”。当前我国军民两套标准不兼容的问题突出，成为军民融合的“绊脚石”，亟须加快构建军民通用标准体系。一是梳理出可用民用标准替代的军用标准，逐步加大民用标准的比例；二是推行军事标准改革，对不适用的军用标准全面清理，将先进适用军用标准妥善转化为民用标准；三是建立军民标准协同平台，从标准立项、研发、实施、评价全流程协同，打破军民融合的“标准壁垒”。

法律上立修废并举。目前军民融合政策多属“意见”“办法”，具有指导性而缺乏约束性，亟须从法律层面硬化约束。首先，推进军民融合主干法律的立法工作，适时出台军民融合促进法，并出台国防知识产权、军品市场监督管理、军民通用标准管理等配套法规，使军民融合根本问题的解决有法可依。其次，消除“民参军”法律壁垒，从法律上简化资质审查，疏通“民参军”渠道。再次，修废不合时宜的法律条款。比如，对保密法及相关法律规定进行修改，解决当前定密积极、解密懈怠的问题，促进国防先进技术走向市场。再如，我国军品免税政策仅对企业成品免增值税，但实际中大多数企业难以完成总装成品，多属配套企业，难以享受免税政策，因而应适时调整相关税收政策。只有根据时代发展变化，及时修订不合时宜的法律条款，才能从根本上推动军民融合走向深入。

（执笔：王 露）

牢记强军目标　献身强军实践

——向改革强军的时代楷模李浩同志学习

马晓天　于忠福

党的十八大以来，习近平主席着眼坚持和发展中国特色社会主义、实现中华民族伟大复兴的中国梦，围绕“实现强军目标、建设世界一流军队”，以强烈使命担当、宏大战略运筹和坚定决心意志推动深化国防和军队改革，开启全面实施改革强军战略、坚定不移走中国特色强军之路的伟大征程。

空军党委深入学习贯彻习主席系列重要讲话精神特别是“军事篇”“改革篇”“空军篇”，以坚定维护核心、坚决看齐追随的高度政治自觉，引领空军广大官兵拥护支持改革、积极投身改革，部队上下涌动着矢志改革强军、建设世界一流空军的巨大热潮。空军某试验训练基地李浩同志，就是用实际行动学习践行习主席强军思想的突出代表。李浩参军入伍37年，始终把个人价值追求融入强军事业，多次转隶换岗、始终无怨无悔。他48岁从零开始，短短几年间成长为我军察打一体无人机部队的中坚力量，在加快我军新型作战力量建设进程中作出重要贡献，立起了时代标杆。深入学习宣传李浩先进事迹，就是要进一步激励广大官兵以积极主动精神和强烈使命担当，自觉肩负起改革强军的时代重任，在新的历史起点上勠力同心开创强军兴军新局面，以投身改革强军、接受改革大考的优异成绩迎接党的十九大胜利召开。

一、学习李浩对党忠诚、矢志强军的执着信念，坚定自觉看齐追随，打牢维护核心、听从指挥的思想政治根基

习主席深刻指出，坚持党对军队的绝对领导不是一句空洞的口号，必须落实在行动上，以行动来检验。在国防和军队改革这个检验党性、彰显忠诚的特殊考场上，李浩以坚决听从指挥、绝对服从安排的实际行动交出了一份强军报国的忠诚答卷。37年飞行生涯，他经历见证过大小10余次调整改革，在事关个人切身利益的转隶调动、改飞机型、进退走留等重大人生关口，始终不忘初心、党叫干啥就干啥。2011年，李浩放弃到地方高薪工作的机会，“清零”30多年的成绩和荣誉，毅然加入刚刚起步的空军无人机飞行事业，从叱咤蓝天的“空中骄子”成为一名无人机地面操控员。2014年，我军组建集作战、试验、训练于一体的国家空天无人装备训练场，李浩再次被选调担当重任，成为空军新型无人机部队“第一茬人”。李浩5年间经历4次转隶，实现由歼击机飞行员到无人机操控员、指挥员、教员的转身，体现的是绝对忠诚的政治品格、追求强军的坚定信念。

学习李浩先进事迹，就要把对党绝对忠诚、坚定看齐追随作为根本政治信仰来恪守和践行，坚定理想信念，筑牢精神支柱。要固

牢根本指导，把学习贯彻习主席系列重要讲话精神作为举旗定向的根本引领、政治建军的首要任务、履行使命的核心要求，紧紧围绕迎接宣传贯彻党的十九大，进一步把认识向高处提领、学习向信仰扎根、工作向纵深推进，切实在掌握体系、改造学习、强化追随、引领发展上下功夫，真正学出信仰来、学出忠诚来、学出感情来、学出使命来。要恪守最高要求，强化政治意识、大局意识、核心意识、看齐意识，把“三个维护”作为最大的政治、最重要的政治纪律政治规矩来坚守，经常主动坚决地向党中央看齐、向习主席看齐，不折不扣贯彻落实习主席决策部署，真正使听习主席的话、跟习主席走成为思想自觉、党性观念、纪律要求和实际行动。要锻造绝对忠诚，厚植红色基因，扎实开展“维护核心、听从指挥”主题教育活动，推进“两学一做”学习教育常态化制度化，全面彻底肃清郭伯雄、徐才厚流毒影响，坚决打好意识形态主动仗，培育“四有”新一代革命军人、锻造“四铁”过硬部队，永葆“搏击长空心向党、飞行万里不迷航”的忠诚底色，确保一切行动听从党中央、中央军委和习主席指挥。

二、学习李浩勇于创新、追求卓越的进取精神，紧盯世界一流目标，在改革强军新起点上加快推进空军战略转型

习主席指出，要破除思维定势，树立与强军目标要求相适应的思维方式和思想观念。李浩同志投身全新的无人机事业，经历了“脱胎换骨”式的转变，仅有大专学历的他，年近50从头开始学习掌握高智能化、高信息化新型作战装备；彻底打破近30年有人机飞行“一人一机”的思维模式和操作习惯，从零建构“多人一机”系统思维，实现了思维理念、知识结构、能力素质的立体性变革；提出无人机“8字飞行法”，主导突破60余项重大技术难题，发现解决无人机各类问题缺陷20余项，大大提升了无人机作战使用效能，这种敢为人先、勇于超越的创新品质，正是我们走强军之路、干强军事业需要的宝贵精神。

习主席强调“空军是战略性军种，在国家安全和军事战略全局中具有举足轻重的地位和作用”，提出“加快建设一支空天一体、攻防兼备的强大人民空军，为实现中国梦、强军梦提供坚强力量支撑”的战略要求，为空军建设发展指明了前进的方向。党的十八大以来，在强军目标引领下，强军思想焕发出巨大实践魅力，奋进在强军征程上的人民空军，已经历史性地接近战略空军门槛，历史性地接近空天领域前沿，尤其要像李浩那样以不畏强手、勇攀高峰、敢于超越的创新自信，瞄准世界一流，锐意开拓进取。要以强军思想引领转型，打破定势、重塑思维，确立起与改革强军、战略转型要求相适应相契合的新理念，进一步解放思想、更新观念，学习新知识，熟悉新战法，掌握新装备，钻研新技术，以思想转型的“引擎”，加快引领推动部队转型。要以深化改革为契机，聚焦力量结构、武器装备、军事训练、人才培养、军事理论等主要领域寻求重点突破，推动力量编成向新的组织形态转变、作战能力向战略层次转变、军事训练向战斗力生成新模式转变、人才培养向构建新型高素质人才群体转变、军事理论研究向引领助推转变。要以创新驱动发展，大力弘扬创新文化、倡导创新精神、集聚创新人才、培育创新生态，大力推进理论创新、科技创新、管理创新、制度创新，构建与空军转型

相适应的现代化武器装备体系，推动军民深度融合发展，为空军战略转型提供有力支撑和持久动力。

三、学习李浩苦练精飞、谋战为战的使命担当，始终牢记备战打仗根本职能，大力锻造能打仗打胜仗的过硬部队

习主席强调指出，深化国防和军队改革要“牢牢把握能打仗、打胜仗这个聚焦点”；要求“打仗本领要过硬，加强实战化训练，确保关键时刻上得去、打得赢”。作为我军察打一体新型无人机部队的“领跑者”，李浩始终把练兵备战作为第一职责，把胜战打赢作为最高追求，以只争朝夕的紧迫意识、责无旁贷的担当精神，投入到空中无人作战力量建设和新质战斗力生成的实践中。在他和战友的共同努力下，攻击—1 型无人机接装当年就担负战备值班，先后参加空军“红剑”演习、全军大型综合性演习、“和平使命”上合组织联合反恐军事演习等任务，迅速形成战斗力、融入作战体系。李浩的先进事迹，充分展示了新一代革命军人矢志强军、追梦空天的价值追求和时代风采，更充分体现了空军广大官兵牢记习主席“思想政治要过硬、打仗本领要过硬、战斗作风要过硬”的希望嘱托，练就过硬打仗本领、建设全面过硬部队的使命担当。

学习李浩先进事迹，就要强化使命担当，牢固确立战斗力这个唯一的根本的标准，增强当兵打仗、带兵打仗、练兵打仗意识，培育一不怕苦、二不怕死的战斗精神，做好随时投入战斗的准备。要大兴学习战争、研究战争之风，深入学习贯彻新形势下军事战略方针，广泛开展“双学”和“实战化训练规律大家谈”活动，深化作战问题研究，把握现代战争特点规律和制胜机理，探索新体制下作战体系融合有效途径，搞好军种训练与联合训练有效衔接，加快解决联合作战短板弱项，不断提高联合作战、体系制胜能力。要积极投身实战化军事训练，坚持战斗力标准不能变、大抓实战化训练决心定力不动摇、紧扣使命依法从严根本要求不放松，用好现实军事斗争任务和“红剑”“蓝盾”“金头盔”“金飞镖”等富有空军军种特色的实战化训练品牌，坚持依法按纲抓训，严格考核考评，彻底纠治训练中的形式主义，立足最困难、最复杂情况做好各项军事斗争准备，确保召之即来、来之能战、战之必胜。

四、学习李浩情系空天、默默奉献的大爱情怀，培塑新一代革命军人的精神风骨，以实际行动向时代大考交出合格答卷

改革必然会触及既得利益。习主席指出，关键是我们要有大局观念，做到个人利益服从集体利益、局部利益服从全局利益。李浩随部队 5 次调整驻地，从繁华城市到戈壁荒滩，从设施完备的航空兵部队到白手起家的新组建单位，面对工作条件越来越艰苦、责任压力越来越大的实际，他始终不忘初心、艰苦奋斗、无怨无悔，从容对待进退走留、名利得失，在强军兴军征程中书写了精彩的军旅人生。

现在，强军的责任历史地落到了我们这一代人肩上，要挑起这副担子，必须敢于担当，这既是党和人民的期望，也是当代革命军人应有的政治品格。当前国防和军队改革正处于关键时期，部队面临着传承厚重历史与

聚力开新图强的“双重使命”、职能拓展深化与能力转型升级的“双重挑战”、外部环境复杂与人员思想活跃的“双重考验”、部队编成优化与武器装备发展的“双重助力”阶段性特征。面对变革大潮中的各种机遇与挑战，我们要时刻铭记习主席嘱托，牢记强军目标、献身强军实践，像李浩那样胸怀全局、顾全大局，甘于牺牲奉献，敢于担当尽责，一心一意想强军、竭尽全力谋强军，以“加油干”的状态和崭新的姿态，坚决拥护改革、积极支持改革、自觉投身改革。要有甘当“铺路石”的境界，把个人发展融入改革强军征程，多从党的事业和部队长远建设着想，自觉强化大局意识和使命担当，跳出个人利益“小圈子”，少算一点个人得失的“小账”，多算一些顾全大局的“大账”，以勇于自我牺牲的实际行动带头支持改革，做改革的促进派和实干家。要有争当“主人翁”的精神，把推进改革强军事业作为分内之责，干一行爱一行、专一行精一行，以“人一之我十之、人十之我百之”的精神状态搞建设、谋发展、促转型，用每个人的奋斗汇聚起强军兴军的磅礴力量。要有勇当“领头雁”的胸怀，各级领导干部带头保持定力、稳住心神，立起绝对忠诚的政治标准、能打胜仗的战斗力标准、英勇顽强的作风标准、永不落后的创新标准和永远负责的担当标准，崇严尚实、真抓实干，当好部队建设的奠基者、发展的推动者，以自身的表率作用，感召和带动部队投身建设世界一流军队的伟大实践，创造无愧于历史和时代的业绩。

（作者：马晓天，中央军委委员、空军司令员；于忠福，空军政治委员）

锻造“四铁”部队　培养“四有”军人

——学习陆军某部“大功三连”先进事迹

李作成　刘　雷

陆军某部三连，是诞生于抗日烽火中的英雄连队，战争年代先后4次荣立大功，被誉为“大功三连”。和平建设时期，该连先后荣立集体一等功5次、二等功18次，被授予“思想工作模范连”“基层建设模范连”“科学发展模范连”荣誉称号，连队党支部被中组部表彰为“全国先进基层党组织”。党的十八大以来，连队赓续“煤油灯下学毛著”优良传统，坚持把习主席系列重要讲话精神作为建连之魂、育人之本，以强军目标为统领，实现全面进步全面过硬，被中宣部授予“时代楷模”荣誉称号。2017年1月，习主席亲临连队视察，勉励官兵发扬优良传统，紧贴时代、紧贴实践、紧贴官兵，做好用党的创新理论武装头脑工作，推动强军目标在连队落地生根。学习宣传该连先进事迹，对于更加牢固确立习主席系列重要讲话精神根本指导地位，锻造“四铁”过硬部队，培养“四有”新一代革命军人，具有重要示范引领作用。

一、“大功三连”在学习贯彻系列讲话中强固忠诚之魂，打牢听党话跟党走的命根子。学习他们的先进事迹，就要把举旗铸魂摆在首要位置，强化维护核心、看齐追随的政治信仰

三连始终高举习主席系列重要讲话这面光辉旗帜，坚持用讲话强根固本、补钙铸魂，深扎官兵听党指挥、绝对忠诚的思想根子。领悟讲话真谛坚定信仰，紧紧扭住系列讲话贯穿的对马克思主义和共产主义的坚定信仰、对中国特色社会主义的坚定信念这条红线，采取多种形式全面学、深入学，帮助官兵汲取政治营养，增强政治定力，自觉做远大理想和共同理想的坚定信仰者、忠实践行者。体悟伟大梦想坚定信念，开展“中国梦强军梦我的梦”实践活动，畅谈十八大以来党、国家和军队发展变化、连队建设成果、官兵成长进步，以及连队退伍战士创业成就，感悟系列讲话蕴含的科学真理和实践威力，引导官兵把个人梦融入中国梦强军梦，在追梦逐梦中铸牢听党指挥的理想信念。感悟领袖风范坚定信赖，利用士兵讲堂、手机APP专栏，学习主席青年寄语、讲习主席人生经历，感悟习主席的政治智慧和人格魅力，坚定对习主席的忠诚信赖。连队官兵始终做到党让干啥就干啥，出色完成改制换装、实兵演习、抗战阅兵等重大任务，以实际行动践行忠诚于党的铮铮誓言。三连的先进事迹表明，系列讲话是强军兴军的思想之旗、理论之旗、精神之旗，坚持不懈用讲话精神武装头脑、强固军魂，部队建设就有了主心骨和定盘星，就能凝聚起砥砺前行的磅礴力量。

当前国家安全形势复杂严峻，意识形态领域斗争更趋尖锐，国防和军队改革向纵深挺进，必须坚定不移高举旗帜、固根铸魂。学习“大功三连”的先进事迹,就要像他们那样,坚定理想信念,筑牢精神支柱,锻造忠诚品质。要打牢听党指挥的思想根基。持续深化党的创新理论武装,深入学习领悟习主席系列重要讲话精神,筑牢信仰之基、补足精神之钙、把稳思想之舵。要恪守维护核心的制度规矩。强化政治意识、大局意识、核心意识、看齐意识,把维护和贯彻军委主席负责制作为最大忠诚、最大政治和铁规铁律,认真落实“三项机制”,做到习主席的决策部署坚决拥护,习主席的指示要求坚决执行,习主席赋予的任务坚决完成。要强化看齐追随的行动自觉。经常主动向习主席对表看齐,始终与党中央、习主席同心同德,深入贯彻习主席政治建军、改革强军、依法治军重大战略部署,扎实抓好部队练兵备战,坚决完成规模结构和力量编成改革任务,向党中央、中央军委和习主席交出优异答卷。

二、“大功三连”在学习贯彻系列讲话中锻造胜战之能,磨砺能打仗打胜仗的刀尖子。学习他们的先进事迹,就要把练兵备战作为核心任务,提高敢打善战、战之必胜的过硬本领

习主席多次强调,军队首先是一个战斗队,必须把全部心思向打仗聚焦,使各项工作向打仗用劲。三连坚持把学系列讲话的落脚点放在能打仗、打胜仗这个核心任务上,把实战化要求落实到战备训练全过程,不断提高连队战斗力建设水平。他们以临战姿态备战,用习主席关于国家安全形势的战略判断教育官兵,使打仗思想内化于心,从细节抓起,坚持“三五”战备日制度,常态开展战备演练,始终保持枕戈待旦的战备状态。以实战标准练兵,深入开展战斗力标准大讨论,坚持真难严实抓训练,组织专业通、信息通、外军通、兵器通、战术通尖兵比武竞赛,在近似实战环境中精武强能。以胜战意志砺胆,组织开展“新一代革命军人样子”大讨论,以所在旅革命先辈“狼牙山五壮士”为榜样,把训练场作为培育战斗精神的主课堂,把完成大项任务作为砥砺意志的磨刀石,强化官兵任何情况下不向对手认输、不向困难低头的血性虎气。近年来,连队先后17次出色完成集团军以上组织的临机拉动,23人次在比武竞赛中摘金夺银,年年被评为军事训练一级连。三连的先进事迹表明,系列讲话是部队抓备战谋打赢的科学指南,只有立起这个根本指导,把练兵备战作为最大职责,把胜战打赢作为最高追求,才能练强战之必胜的过硬本领。

锻造“四铁”部队,关键要有打赢的担当;培养“四有”军人,必须锤炼制胜的本事。学习“大功三连”的先进事迹,就要像他们那样,强化使命担当,加强战斗力建设,有效履行使命任务。要树牢战斗队思想。强化忧患意识和底线思维,加强军队根本职能教育,解决好当兵干什么、练兵为什么等根本性问题,立足最复杂最困难情况加紧练兵备战,使部队始终保持常备不懈的战备状态,确保随时上得去、打得赢。要狠抓实战化训练。坚持仗怎么打兵就怎么练,聚焦实战抓精确训练,面向联合抓体系训练,立足实际抓求实训练,基于任务抓分类训练,把打什么仗搞透、把使命课题练实、把训练基础打牢,不断提升部队信息化条件下体系作战能力。要提高打胜仗本领。大兴学习战争、研究战争之风,深入研究现代陆战特点规律和制胜机理,真正把作战任务、作战对手、作战环境搞透,把作战指导、战法运用、指挥协同、综合保障等问题搞清，不断增强善谋打仗、能打胜仗的素质本领。

三、“大功三连”在学习贯彻系列讲话中激发创新之力，趟出抓转型谋发展的新路子。学习他们的先进事迹，就要把改革创新作为关键一招，担起深化改革、推进转型的时代重任

习主席指出，要把创新摆在军队建设发展全局的核心位置，不断提高创新对战斗力增长的贡献率。三连注重从系列讲话中领悟创新理念和创新思维，用新的思路举措破解矛盾问题，推进连队由传统步兵向合成精兵转型。他们注重更新理念，针对连队改制换装实际，坚持转型先转思想，认真学习习主席关于陆军转型建设重要论述，开展“新型陆军怎么看、转型建设怎么办、改制换装怎么干”大讨论，革除按部就班、等靠依赖的思想，确立主动作为、弯道超车等理念，引领官兵瞄准一流、奋发进取。注重聚焦中心，按照“聚焦实战谋发展、人才先行打基础、精准施训练打赢”的思路，区分专业定岗培养、按需强能，探索出升级过关、结对整合、分组对抗等 8 种训练方法，换装当年实弹射击考核 8 个课目全部优秀，连续 3 年名列全旅第一。注重依靠官兵，紧盯制约连队转型发展的突出矛盾问题，通过问兵计、纳兵言、集兵智，研究制作 10 多套训练器材，试验论证的两项战法创新成果在全旅推广。三连的先进事迹表明，抓创新就是抓发展，谋创新就是谋未来，必须大力培植创新精神、提高创新能力，在锐意进取、破冰前行中推动部队建设跨越发展。

创新是引领发展的第一动力，创新能力是一支军队的核心竞争力，推进强军事业、实现强军目标，根本出路在创新。学习“大功三连”的先进事迹，就要像他们那样思创新、抓创新，以改革创新精神推动部队建设发展，为强军兴军、建强陆军注入强劲动力。用创新思维引领发展。坚持解放思想、转变观念，主动来一场思想革命、头脑风暴，真正从机械化时代、大军区体制下的思维定势中走出来，牢固确立信息主导、体系制胜、跨越发展、开放融合、精准高效等理念，用新的视野、新的方法、新的标准推进军事斗争准备和各项建设。用创新举措推动发展。扭住影响和制约部队建设发展的深层次矛盾问题，大胆创新、积极创新，以新型作战力量建设为突破口，以陆军党委确定的“十大创新工程”为抓手，走开军民融合深度发展路子，加快推进部队转型建设。用创新文化支撑发展。尊重官兵主体地位，发挥官兵首创精神，完善有利于释放创新潜能、激发创新活力的制度机制，营造鼓励创新、宽容失败、尊重人才的良好环境，让创新创造蔚然成风、充分涌流。

四、“大功三连”在学习贯彻系列讲话中培塑严实之风，立起纪律严作风硬的好样子。学习他们的先进事迹，就要把依法治军抓得紧而又紧，营造律令如山、风清气正的良好生态

三连坚持把习主席依法治军、从严治军和“三严三实”等指示要求贯穿连队建设各方面，落细落小、落到实处。严制度强堡垒，雷打不动落实七项组织生活制度，从严从实开展批评和自我批评，较真认真解决党员问题，公平公正处理敏感事务，让歪风邪气无所遁形、“微腐败”无处栖身。近 3 年，连队发展党员、选晋士官、保送入学提干 81 人，官兵都很服气。严干部树形象，党员干部时时处处当标兵做表率，练兵备战冲在前、工作任务干在前、知兵爱兵做在前、纪律规矩严在前，形成了官勤兵不懒、官严兵不散、官硬兵不软的好风气。严作风促自律，坚持把依法治军作为连队建设的基本方式，依据条令法规强化日常养成，使纪律规矩内化于心、外化于行。这些年，连队没有发生一起严重违纪的人和事，年年保持安全稳定。三连的先进事迹表明，风气连着士气，铁纪铸就铁拳，建设过硬部队，必须紧紧扭住厉行法治、严肃军纪这个治军带兵铁律。

依法治军、从严治军，是我们党建军治军的基本方略，一支现代化军队必然是法治军队。推进强军事业、建设强大军队，必须发挥法治的引导、推动、规范、保障作用。学习“大功三连”的先进事迹，就要像他们那样，坚持行法治、抓从严，把依法治军、从严治军贯彻落实到部队建设的全过程和各方面。要强化法治思维。坚持尊法学法守法用法，把法治教育训练纳入部队教育训练体系，把培育法治精神作为强军文化建设的重要内容，引导广大官兵把法治内化为政治信念和道德修养，外化为行为准则和自觉行动，形成党委依法决策、机关依法指导、部队依法行动、官兵依法履职的良好局面。要健全法规制度。结合深化国防和军队改革做好立改废释工作，加快构建与新体制相适应、上位法相衔接、各自职能相配套的法规制度体系，建立健全权力运行制约和长效监督机制，以刚性制度规定和严格制度执行，使部队建设在法治轨道上运行。要突出纠风治弊。深入做好贯彻古田全军政治工作会议精神“下篇文章”，全面彻底肃清郭伯雄、徐才厚流毒影响，抓住依法治官、依法治权这个关键，坚决纠正发生在官兵身边的不正之风，努力实现部队作风根本好转，为迎接党的十九大胜利召开营造良好环境。

（作者：李作成，陆军司令员；刘　雷，陆军政治委员）

运用辩证思维　推进转型建设

—— 学习习近平主席视察陆军机关时重要讲话的体会

白　吕

习近平主席今年“八一”前夕视察陆军机关并发表重要讲话，鲜明提出建设一支强大的现代化新型陆军，强调要“加快把陆军转型建设搞上去”。贯彻落实习主席这一重要指示，必须注重结合自身实际，深刻理解把握习主席重要讲话蕴含着的科学思想方法和工作方法，着力提高运用辩证思维破解发展难题、推动工作落实的能力，不断增强推动转型发展的系统性、预见性和创造性。当前，应着力把握和处理好以下六对关系。

一、处理好塑型与铸魂的关系，锻造忠诚可靠的钢铁部队

习主席强调，推进陆军转型建设任务艰巨繁重，必须做好从思想上政治上建设和掌握部队工作。并深刻指出，改革必须更好坚持党对军队的绝对领导，更好坚持人民军队的性质宗旨，更好坚持我军的光荣传统和优良作风。这些重要论述，体现了政治建军与改革强军的高度统一。推进陆军转型建设，必须加强部队思想政治建设，以政治工作的坚强有力确保改革转型顺利推进。

把党委班子建设抓在手上。要认真学习贯彻习主席重要讲话精神，在强化“四个意识”、践行“三严三实”上立起标杆，在强化首任首责、勇于担当进取上叫响“跟我上”，在强化艰苦创业、永葆清正廉洁上叫响“看我的”，充分发挥领导班子的“领头雁”作用，引领带动整个部队，使转型建设沿着正确方向稳步推进。

把思想政治工作贯穿全程。本轮改革，战区陆军部队压规模、调结构任务繁重，对官兵个人冲击明显。坚持用习主席系列重要讲话精神凝魂聚气，尤其把严管严治与加强人文关怀结合起来，把解决思想问题与解决实际困难结合起来，把加强思想教育与搞好心理疏导结合起来，广泛开展各种有针对性的帮扶活动，确保部队的高度稳定和集中统一。

把政治纪律规矩挺在最前。纪律是块铁，谁碰谁流血。改革必然有牺牲，无论涉及到谁、哪个部门、哪个单位，都必须听招呼、守规矩。特别是要全面彻底肃清郭伯雄、徐才厚流毒影响，加强执纪问责，以铁规铁纪推进改革，考验面前确保绝对忠诚、绝对纯洁、绝对可靠。

二、处理好务战与务建的关系，立起一切为战的价值坐标

习主席强调指出，陆军转型建设必须坚持能打胜仗要求，坚持战斗力这个唯一的根本的标准。这一要求，揭示了军事实践活动的本质，体现了唯物辩证法在对立统一中把握事物发展规律的方法论。在“军委管总、战区主战、军种主建”新体制新格局下，战

区陆军处在“战”与“建”的交汇点上，正确认识和处理好“战”与“建”的关系，是加快转型建设的根本问题。

着力把职能定位搞清楚。军队的根本职能在打仗，组建战区陆军的所有价值和全部意义同样也在打仗。在新领导指挥体制下，战区陆军担负着主战又主建的双重任务。因此，战建合一是战区陆军的基本职能定位，由此也决定了必须坚持“建”与“战”相统一，切实做到建为战、练为战、管为战、保为战，所有建设和工作向胜战聚焦用力。

着力把胜战导向树鲜明。坚决摒弃过去那种一提搞建设就盲目铺摊子、要银子、建房子的片面认识和习惯做法，坚持以作战需求为牵引，深入研究主要战略方向、主要作战对手、主要使命任务，做到打仗最需要什么就抓紧建什么，什么对提升核心军事能力最有效就重点抓什么，把有限的资源用在刀刃上，把建设的发力点打在靶心上。

着力把战斗力标准立起来。战斗力标准的唯一性和根本性，决定了必须把战斗力建设作为压倒一切的中心任务。要坚持军事训练这个中心不偏移，始终把战斗力建设往前放，一切工作都要为军事斗争准备让路，树好军心士气向胜战凝聚、战备训练向胜战进击、选人用人向胜战着力、服务保障向胜战倾斜、领导精力向胜战集中的鲜明导向，真正使战建“两条线”合成战斗力“一股绳”，使各项工作统一于备战打仗，经得起实战检验。

三、处理好继承与创新的关系，打造特质鲜明的陆上精锐

习主席指出，陆军部队的光荣传统和优良作风是陆军的特有优势。战区陆军在改革强军大潮中组建，跳动着时代的脉搏，必须以创新谋未来；同时，战区陆军从光荣历史和优良传统中走来，积淀着特色文化和战力优势，这是改革重生的沃土源泉。坚持继承与创新相统一，既是推进转型建设的必由之路，也是打造具有自身特色陆上精锐的必然选择。

巩固已有的。改革既是对军队未来的设计和重塑，也是对现有优势的巩固和优化。南部战区陆军既有“塔山精神”“两山精神”“钢铁精神”等特有革命精神，也有“全面搞建设、扎实打基础、反复抓落实”抓建基层经验，还有“四个知道、一个跟上”等经常性工作原创方法，同时还拥有上百个英模团队和战斗英雄。所有这些，既是宝贵的精神财富，也是推进转型建设的根基所在，必须保持好、巩固好、弘扬好，加强创造性转化和创新性发展，赋予其新的活力。

培育新生的。弘扬战区陆军部队地处改革开放前沿，思想解放、敢为人先、求真务实的优良传统，落实“机动作战、立体攻防”战略要求，立起着眼全球、立足本土、辐射周边的大视野，壮大数字化、立体化、特战化、无人化等新质作战力量，尽快在态势感知、远程机动、精确打击、信息对抗建设上取得实质性突破，打造新的发展优势。

形成自己的。南部战区陆军地处陆海衔接的特殊战场环境，担负经略塑造、镇守南疆特殊使命。必须紧扣主要使命任务，紧盯主要战略方向、紧抓主要作战对手，切实把创新作为第一动力，在科学把握信息化时代陆军建设模式和运用方式上精准发力，因地因势制宜，以创新思路量身定制“南部方案”，探索具有南部特色的现代化转型新路。

四、处理好重点抓与体系建的关系，达成融合聚能的倍增效应

习主席指出，长期以来，陆军分散建设、条块分割问题比较突出，要从战略层面把陆军转型建设统住管好。战区陆军转型建设，必须坚持“两点论”与“重点论”相统一，处理好全局与局部、整体推进与重点突破、顶层设计与探索开拓等各方面关系，既要抓好自身体系集成，也要搞好与其他军兵种力量的有效衔接，既要抓紧快干，也要科学统筹。

设计上重体系。信息化战争拼的是体系，体系建设是推动战区陆军转型建设必须下大力解决的短板弱项。要从抓好规划设计入手，把各项建设放到联合作战大体系中来定位，放到网络信息大环境下来谋划，既坚持立足当下又面向未来，既整体协调又突出重点，既抓大系统，又重子系统，以规划引领建设，用体系贡献率、融合度实现体系增能。

推进上分主次。建设现代化陆军，核心是建设信息化陆军，目标是提升基于网络信息体系的联合作战能力。强化目标和需求牵引，走出各自为战误区，清除利益藩篱，打破数据互不兼容壁垒，运用信息技术尽快把各种作战力量、作战单元、作战要素融合为一个有机整体，以信息化建设的跨越发展带动部队体系作战能力的整体跃升。

质效上讲规律。老老实实按科学规律办事是建设发展的最好捷径。越是工作任务百端待举，越要始终从实际出发，坚持突破与渐进相统一，不搞整齐划一、不搞大干快上、不搞层层加码，在踏石留印抓铁有痕中谋求突破，在办一件事成一件事中提高效率，真正把转型发展更好地建立在实事求是、顺应规律的基础上，确保发展速度、质量和效益的有机统一。

五、处理好武器现代化与人才现代化的关系，提供坚强过硬的人才支撑

习主席指出，要培养造就大批适应陆军转型建设要求的新型军事人才。赢得战争胜利的是人而不是武器，建设现代化陆军离不开现代化武器装备的有力支撑，但最基础、最关键的还是现代化军事人才，特别是精通信息化的新型军事人才。让陆军“插上信息化的翅膀”，必须在加快武器装备更新换代的同时，把加快提高官兵信息化素养放在优先位置。

打造深谙现代战争制胜机理、具有战略思维和使命担当的“指挥人才方阵”。要以旅团以上领导干部为重点，以“两学三研究”为抓手，深入开展学联合作战知识、学陆军建设理论，研究战史战例、研究作战对手、研究战法训法活动，下大力解决“两个能力不够”等问题，着力打造忠诚有魂、战建有方、行事有矩、团结有力、创新有为的“第一班”。

打造熟谙指技合一、能参善谋、既专又通的“参谋人才方阵”。当前，参谋队伍中有“参”无“谋”、重“技”轻“谋”的问题不容忽视。要以加强新老“六会”技能训练为基本载体，着力提高信息化条件下的谋略能力，尤其要注重提高运用一体化指挥平台的核心功能手段，进行辅助决策、出谋划策的能力。

打造能操作、会使用、懂维修的装备“技术保障人才方阵”。随着陆军武器装备和新型作战力量的快速发展，装备的信息化程度日益提升，技术保障人才需求不断增加。要

以培养作战部队装备技术人才为重点，健全完善科学规范、运行顺畅的培养工作机制，走开军民融合培养的路子。

打造懂基层、爱部队、精专业、会指挥的“一线带兵人才方阵”。现代战争一个鲜明特征，是通过班组台站精确释放体系效能。要大力加强一线带兵骨干队伍的新装备运用操作和组训能力训练，培育更多信息化通、技术通、组训通、运用通，既提高打仗能力、又提高带兵能力，把一线带兵骨干队伍打造成“刀锋战士”。

六、处理好转体制和转方式的关系，释放体制机制的最大效能

习主席科学把握陆军转型建设的阶段性特征，深刻指出要“对陆军建设管理模式进行重大调整和改进”。推进陆军转型的过程，是对陆军管理模式进行重大调整和改进的过程，也是对传统领导和指导工作方式进行全面检视和革新的过程。适应新的领导指挥体制，坚持转体制与转方式相统一，核心在推进“三个根本性转变”，关键在从一切不合时宜的思维定势、固有模式、路径依赖中解放出来，以思想观念的更新引领管理方式的转型。

尽快实现人治型向法治型转变。新的领导指挥体制对传统领导和指导方式形成了倒逼态势，再搞文山会海、大包大揽那套肯定行不通。特别是战区陆军处在指挥链和领导链的交汇点，应强化法治信仰和法规制度权威性，强化能级化管理，充分发挥承上启下的枢纽作用，做好有机统合和关闸分流工作，真正把“五多”问题压下去，确保聚焦主责、轻装前行。

尽快实现经验型向科学型转变。组织形态向联合作战转变、技术形态向信息化转变，是这场变革的时代背景。传统的人力密集型、经验习惯型管理方式日益暴露出其弊端，必须强化信息主导观念，着力在建好用强信息化管理手段上下功夫，在挖掘用好网络信息资源上求突破，切实把信息优势转化为管理优势，实现“完整意义上的信息化”。

尽快实现粗放型向精准型转变。军队越是现代化，管理越要精准化。要重点围绕解决作决策凭经验、拍脑袋、靠感觉，定方案笼而统之、大而化之等问题，引入目标化管理、工程化作业、模块管控等现代管理理念，强化分类指导、跟踪督导、精确评估，切实在精确、精细、精密中提质增效。

（作者：南部战区陆军政治委员）

继承和弘扬“五个坚持”的优良作风

——深入学习贯彻习近平主席在中央军委后勤工作会议上的重要讲话

何振喜

2016年11月9日,习近平主席在中央军委后勤工作会议上发表重要讲话,深刻阐明了新形势下我军后勤建设发展一系列带根本性方向性全局性的重大问题,高度凝练了我军后勤工作“五个坚持”的光荣传统和优良作风,为建设强大的现代化后勤提供了科学指南和根本遵循。我们必须深入学习贯彻习主席重要讲话精神,确保习主席和中央军委战略意图坚定有效地落实到后勤建设各个方面。

一、坚持一切为了前线、一切为了胜利,着力把握后勤工作的根本指向

习主席指出,着眼建设一切为了打仗的后勤,一切为了前线、一切为了胜利,是后勤工作的出发点和落脚点。“两个一切”是我军后勤优良传统的核心,揭示了后勤工作的根本价值和使命任务。在长期革命战争中,我军后勤始终保持了战胜一切困难、保障作战胜利的革命意志,主动作为、后勤先行,为中国革命战争的胜利建立了不朽的功勋。

习主席指出,后勤工作要坚持保障打仗的根本指向,把战斗力标准牢固树立起来。当前,弘扬“两个一切”光荣传统,就要牢固确立战斗力这个唯一的根本的标准,坚决纠正重生活轻战备、重平时轻战时的和平麻痹思想,紧紧围绕保障打仗抓工作、搞建设;就要认真研究现代战争后勤保障机理,把保障什么、怎么保障这个根本问题搞清楚,在战略筹划、顶层设计、理论研究上下功夫;就要持续推进后勤备战打仗,加紧推进重点方向后勤准备,加大后勤实战化训练力度,加快让后勤保障部队“联”起来、“动”起来、“强”起来,确保习主席一声令下,能够随时拉得出、上得去、保得好。

二、坚持依靠国家、依靠人民,着力贯彻落实军民融合发展战略

依靠国家、依靠人民,是我军后勤优良传统的根本着眼点,揭示了我军后勤工作的人民属性。革命战争年代,我军后勤以党提出的“发展经济、保障供给”为指导,紧紧依靠人民、动员人民开展根据地经济建设,军事经济工作始终围绕着革命战争中心任务展开。新中国成立后,我军后勤始终做到为人民排忧解难,每当人民群众面临生死威胁时,后勤官兵都冲在第一线;始终做到算好政治账,主动为国分忧,服从国家建设大局,在忍耐中求发展,精打细算努力把紧日子过好;始终做到军政军民一致,拥政爱民、让利于民,积极响应国家号召,充分发挥后勤军民通用性强的优势,贯彻军民结合、平战结合的方针,支援国家经济建设。

习主席高度重视军民融合发展,专门成

立中央军民融合发展委员会并亲自担任主任，把军民融合发展上升为国家战略。我军后勤发扬“两个依靠”光荣传统，加快形成全要素、多领域、高效益的军民融合深度发展格局，就要认真贯彻《关于经济建设和国防建设融合发展的意见》，依托国家主渠道、借力地方政府、融合社会力量，不断推动军民融合向深度发展，把国家实力转化为强大的保障力；就要准确把握后勤工作的军事经济属性，兼顾后勤输血与造血双重功能，发挥好服务强军与助推国家经济社会发展双向拉动作用；就要主动承担那些周期长、风险大、后勤优势明显的科研项目，在抢险救灾等重大活动中当好“八一队”。

三、坚持服务部队、服务官兵，着力促进战斗力生成

服务部队、服务官兵，是我军后勤优良传统的落脚点，揭示了战斗力生成的基本要求和后勤工作方向，是党的群众路线在后勤工作中的具体体现。习主席指出，后勤服务战斗力，说到底要服务部队官兵。长期以来，全军后勤坚持“后勤就是服务”的理念，贯彻落实“心往基层想，人往基层走，钱往基层花，劲往基层使”的要求，得到了广大官兵认可。后勤战线先后涌现出了傅连暲、白求恩、雷锋、吴孟超等先进典型，成为全国全军的学习榜样。

新形势下，发扬“两个服务”光荣传统，就要始终把建设重点放在基层，把基层需要放在心上，带着责任搞保障，着力克服自我服务、“倒服务”的问题；就要始终把官兵疾苦放在心上，带着感情做工作，对一线官兵多一点“雪中送炭”，对领导机关少一点“锦上添花”；就要始终把事业举过头顶，按照极端认真、极端负责的要求搞服务，特别是要持续推进制度改革，让官兵有更多获得感。

四、坚持艰苦奋斗、勤俭建军，着力加强后勤科学管理

艰苦奋斗、勤俭建军，是我军后勤优良传统的鲜明特色，揭示了我军后勤工作的政治本色。战争年代，为革命“节省每一个铜板”，是后勤官兵的自觉追求。新中国成立后，“厉行生产节约，反对铺张浪费”，依然是我军后勤的基本原则。老一辈后勤人坚持“生活上低要求，工作上高标准”，始终恪守精神底线，为我们树立了光辉榜样，体现了新型人民军队的先进性本质特征。

习主席指出，我军后勤建设要搞上去，必须来一场深刻的管理革命；勤俭建军这一条什么时候都不能丢。发扬艰苦奋斗、勤俭建军的光荣传统，就要围绕科学化、专业化、精确化，更新后勤管理理念，创新后勤管理模式，大力实施科技兴后勤战略，加快后勤管理向信息化转型，全面提高后勤管理的质量效能；就要树立没有标准化就没有后勤现代化的理念，发挥标准在后勤保障中的主导、调节、约束、控制功能，做到按标准搞供应、依制度抓管理，不断完善后勤标准体系；就要认真贯彻精准原则，做到精准谋划、精准规划、精准部署、精准落实、精准检验，不断提高后勤管理科学化、法治化、精细化水平。

五、坚持克己奉公、清正廉洁，着力贯彻落实全面从严治党要求

克己奉公、清正廉洁，是我军后勤优良传统的职业底色，揭示了我军后勤工作者应具

备的道德规范。对这一优良传统，无论是在革命时期还是建设、改革时期，我党我军一以贯之地积极倡导、躬身践行。党的十八大以来，以习近平同志为核心的党中央高度重视党风廉政建设，出台了中央“八项规定”、军委“十项规定”，并以身作则，带头执行，深得党心军心民心。特别是在这次中央军委后勤工作会议上，习主席专门强调后勤系统要以全面从严治党新成效把各项工作做得更好，体现了对全军后勤官兵政治上的关爱厚望。后勤系统是受郭伯雄、徐才厚流毒影响的重灾区，也是腐败问题的多发区，重塑政治生态必须标准更高要求更严。

新形势下重塑后勤政治生态，就要把铸魂固本作为首要任务，打牢信仰之基、补足精神之钙、把稳思想之舵；就要把依法治军作为基本方略，树立法治信仰、健全法规制度、增强监督效果、持续正风肃纪，打赢肃清郭徐流毒影响攻坚战；就要把与各种错误倾向作斗争作为基本经验，注重抓小抓早抓常，针对后勤特点做好预防工作，强化官兵的纪律规矩意识；就要把各级领导和机关带头践行作为基本要求，正确处理是与非、公与私、得与失的关系，清清白白做人、干干净净做事，带头树立起忠诚、为战、创新、服务、干净的崭新形象。

（作者：解放军后勤学院政治委员）

维护核心　对党忠诚

宋清渭

今年是中国人民解放军诞生90周年。回顾人民军队90年的光辉历程，没有光荣而伟大的中国共产党的领导，没有一代代党的领导核心的正确指引，我们的军队就不可能克敌攻坚、发展壮大，就不会有今天的强大实力和辉煌成就。在全面建成小康社会决胜阶段、中国特色社会主义发展关键时期，党的十八届六中全会确立了习近平总书记在党、国家和军队的核心地位，意义重大，影响深远。全体官兵、新老党员都要发扬我军优良传统和政治优势，坚决拥护党中央的决定，坚决拥护以习近平同志为核心的党中央。这是对人民军队建军90周年最好的献礼！

一、维护核心、对党忠诚是铸牢军魂的根本要求

坚持党对军队的绝对领导，是人民军队的军魂，反映了党和人民军队的本质联系，是我军同古今中外其他各种类型军队的根本区别。人民军队从诞生那天起，就以党的旗帜为旗帜、以党的方向为方向、以党的核心为统帅。

维护核心、对党忠诚是人民军队与生俱来的政治品质。中国人民解放军是中国共产党缔造和建立的，也必须由中国共产党来掌握和领导。90年前的南昌起义既是人民军队诞生的标志，也是党领导军队的开始。从南昌起义设立“中共中央前敌委员会”，到“三湾改编”提出“支部建在连上”，再到古田会议确立党对军队绝对领导的一系列原则和制度，党对军队的领导在革命斗争实践中逐步确立和完善。维护核心、对党忠诚是人民军队建军原则的必然要求，是深深根植于我军血脉之中的红色基因。在福建、江西这些用革命先烈鲜血染红的土地上，可以随处亲身感受到红色基因的强大。

维护核心、对党忠诚是人民军队取得胜利的重要保证。遵义会议之前，党内没有形成领导核心，反映在军事上，要么是投降主义，反对进行武装斗争，要么是冒险主义，不从红军力量薄弱的实际出发，盲目和敌人争阵地、拼消耗，导致党和军队遭受重大损失。遵义会议形成了以毛泽东同志为核心的党中央领导集体，中国革命走上了正确的发展道路，人民军队才能从小到大、由弱到强，不断发展壮大。人民军队之所以能取得一个又一个胜利，谱写出世界战争史上最壮丽的篇章，靠的就是以毛泽东同志为核心的党中央的英明领导和指挥，凭的就是对毛泽东同志这个坚强核心的忠诚和信赖。

维护核心、对党忠诚是人民军队永不变质的唯一选择。军队归谁领导、归谁指挥，是军队建设的核心问题。革命战争年代，不坚持党的领导，不强调对党的忠诚，枪杆子就要失控，革命就会失败；建设改革时期，党的领导弱化了，对党的忠诚降低了，军队就会脱离

人民，就会变质，党和国家事业就要遭受挫折。邓小平同志强调："我们的军队能够始终不渝地坚持自己的性质。这个性质是，党的军队，人民的军队"。西方敌对势力知道，只要中国的枪杆子掌握在中国共产党手中，他们西化分化中国的图谋就难以实现。有的人抛出军队"非党化、非政治化""军队国家化"等口号，就是企图改变人民军队的性质，把军队从党的旗帜下拉出去。对此，我们必须高度警惕、坚决斗争。中国共产党是中国最广大人民根本利益的忠实代表，忠于党就是忠于人民，维护党的核心就是维护人民利益。对党忠诚、听党指挥，人民军队就能始终站稳政治立场，保持政治本色。

二、维护核心、对党忠诚是强军兴军的迫切需要

经过90年的发展，军队建设在党的领导下取得了辉煌成就。党的十八大以来，习近平主席鲜明提出"建设一支听党指挥、能打胜仗、作风优良的人民军队"这一党在新形势下的强军目标。实现强军目标，必须把维护核心、对党忠诚作为军队建设最根本的政治任务和最迫切的现实需要。

维护核心、对党忠诚，最根本的是要维护以习近平同志为核心的党中央权威。确立习近平同志为全党的核心是历史的选择、时代的选择、人民的选择，是党之幸、国之福、军之向、民之归。党的十八大以来，以习近平同志为核心的党中央以高度的历史使命感，运筹谋划发展蓝图，形成了一系列治国理政的新理念新思想新战略，在关系党和国家发展的重大问题上，以大气魄、大担当力挽狂澜、开新图强，取得了令人激奋的成就。G20杭州峰会、"一带一路"国际合作高峰论坛等，向世界充分展示了中国风采，得到国际社会的广泛赞誉。维护和忠诚于以习近平同志为核心的党中央，是全军官兵必须牢记的神圣使命。

加强党对军队的绝对领导，净化军队政治生态，必然要求与以习近平同志为核心的党中央保持高度一致。在新的历史时期，坚持党对军队的绝对领导、保证官兵对党绝对忠诚面临不少新考验。少数官兵受极端个人主义、自由主义等观念影响，理想信念滑坡、政治要求放松；一些别有用心的人歪曲革命历史、丑化英雄形象，甚至还散播抹黑党的领袖的言论，有些青年官兵缺乏分辨能力，对党的历史、军队的历史产生怀疑；不良风气严重破坏军队政治生态，等等。这些问题不是一天两天形成的，对人民军队的危害是深层的。党的十八大以来，党中央、中央军委下猛药去沉疴，郭伯雄、徐才厚等腐败变节分子被清除出党和军队，全党全军作风根本好转，军队政治生态明显净化。全军官兵必须同党中央、中央军委和习主席保持高度一致，持续深入做好思想清理和组织清理工作，全面彻底肃清郭伯雄、徐才厚流毒影响，切实纯洁思想、纯洁队伍。

实现强军目标，建设世界一流军队，必须靠以习近平同志为核心的党中央来引领。强国先强军，强军必改革。习主席提出的强军目标为在新的起点上推进国防和军队建设提供了目标引领；习主席谋划部署的国防和军队改革是建设世界一流军队的必然选择。习主席亲自决定在古田召开全军政治工作会议并发表重要讲话，确立了新形势下政治建军方略；亲自担任中央军委深化国防和军队改

革领导小组组长，研究解决军改重大问题；亲自为陆军、火箭军、战略支援部队和五大战区授旗，构建起“军委管总、战区主战、军种主建”体制，国防和军队改革迈出坚实步伐。习主席围绕深化国防和军队改革作出一系列重要论述，回答了改革强军根本性方向性全局性的重大问题，开辟了马克思主义军事理论和当代中国军事实践发展的新境界。一些多年来想解决但一直没有很好解决的问题、许多过去认为不可能解决的问题解决了，军队面貌焕然一新。实践证明，军队改革是一项政治工程，必须由以习近平同志为核心的党中央实施高度集中统一领导；军队改革是一项系统工程，只有在习主席的统一号令下才能上下同心、统筹推进。

三、坚持从自身做起，把维护核心、对党忠诚落到实处

维护核心、对党忠诚不是空洞的口号，需要落实在行动上。广大官兵尤其是各级领导干部，要听党的话，勇于担当，真抓实干。

传承红色基因，铸造忠诚品格。党对军队的绝对领导是我军永远不变的军魂，听党指挥、对党忠诚是我军始终传承的红色基因。在新的历史条件下，这个军魂和基因只能加强、不能削弱，更不能丢弃。现在大多数官兵没有经过战争环境和复杂斗争的考验，对党指挥枪的必要性缺乏切身感受和深刻体验。忠诚需要培养，品格需要铸造。要组织官兵认真学习党史、军史，深刻认识党对军队绝对领导的理论科学性、历史必然性和制度优越性，深入理解这个根本原则的重大意义、科学内涵和实践要求。要大力加强革命传统教育，用军队忠于党的事实教育人，用革命先烈的事迹激励人，使广大官兵更加自觉地传承和发扬优良传统，更加自觉地爱党信党跟党走。

抓好理论武装，自觉看齐追随。习主席系列重要讲话，是马克思主义中国化的最新理论成果，既是我们行动的纲领，又是武装头脑的有力武器，全体官兵要认真学习、准确理解、系统把握。铸牢维护核心、对党忠诚的坚强品格，要在长期的斗争实践中经受磨砺和考验。当前进行的国防和军队改革，涉及全军上下各个部门和全体官兵。在改革触及部门利益、个人利益时，要从大局出发考虑问题，要把组织需要放在第一位，不断强化“四个意识”，自觉在思想上政治上行动上同以习近平同志为核心的党中央保持高度一致。

贯彻军委主席负责制，坚决听从指挥。把军委主席负责制落到实处，要自觉维护党中央、中央军委和习主席权威，自觉落实党中央、中央军委和习主席决策部署，做到一切重大事项由习主席决定、一切工作对习主席负责、一切行动听习主席指挥。要做到平时听招呼、战时听指挥，任何时候都对党忠心耿耿，任何情况下都保证政令军令畅通。党叫干啥就干啥，习主席指向哪里就打向哪里，不惜一切代价完成党和人民赋予的任务。

严守政治纪律和规矩，站稳政治立场。严守政治纪律和政治规矩是坚定维护核心、对党忠诚的必然要求。军队领导干部特别是高级干部，在重大政治问题上，在大是大非面前，要始终站稳立场。要敢于同一切弱化党对军队领导、破坏党的政治纪律政治规矩的现象作斗争。要充分认清郭伯雄、徐才厚流毒对党和军队带来的严重危害，真正做到除恶务尽、不留隐患。领导干部要坚决管住家

里人、身边人,管好本单位、本部门。要坚决反对政治上的自由主义,思想上的个人主义,坚决纠正有令不行、有禁不止的行为,对违反政治纪律、破坏政治规矩的人和事,要依纪依法严肃查处,确保对党忠诚的绝对纯粹。

90年来,人民军队面对穷凶极恶的敌人没有被打垮,经历多次挫折考验没有被压垮,经受各种错误思想影响没有被冲垮,靠的是一代代党的核心坚强领导,靠的是千百万官兵对党的绝对忠诚。站在新的历史起点上,人民军队要不忘初心、继续前进,忠心向党,铁心跟党走。我坚信,在以习近平同志为核心的党中央坚强领导下,我们的强军梦一定能够实现,我们的中国梦一定能够实现。

(作者:原济南军区政委、上将)

第十五部分

企业思想政治工作研究

坚定不移做强做优做大国有企业

—— 党的十八大以来国有企业改革发展的理论与实践

国务院国资委党委

党的十八大以来，以习近平同志为核心的党中央高度重视国企国资改革发展和党的建设。习近平总书记站在党和国家事业发展全局的高度，多次发表重要讲话，作出重要指示批示，深刻回答了新形势下国企国资改革发展中的重大理论和实践问题，形成了以做强做优做大国有企业为核心要义的系列重要论述。

习近平总书记关于国企国资改革发展系列重要论述，内涵丰富、思想深邃，涵盖了国有企业地位作用、国有企业改革、国有企业发展、国有资产监管和国有企业党的建设五个方面。一是强调国有企业是中国特色社会主义的重要物质基础和政治基础，关系公有制主体地位的巩固，关系我们党的执政地位和执政能力，关系我国社会主义制度，明确了坚定不移做强做优做大国有企业，不断增强国有经济活力、控制力、影响力、国际竞争力、抗风险能力的发展目标。二是提出国有企业改革要沿着符合国情的道路去改，要遵循市场经济规律，明确了国有企业改革要有利于国有资本保值增值，有利于提高国有经济竞争力，有利于放大国有资本功能。三是强调国有企业要按照创新、协调、绿色、开放、共享发展理念的要求，在供给侧结构性改革中发挥带动作用，明确了推进结构调整、创新发展、布局优化等重点任务。四是提出国有企业改革要先加强监管、防止国有资产流失，明确了要深化国有资产监督管理体制改革，加强出资人监督，把管资本为主和对人监督结合起来，重点管好国有资本布局、规范资本运作、提高资本回报、维护资本安全。五是指出坚持党的领导、加强党的建设是国有企业的“根”和“魂”，是我国国有企业的独特优势，明确了要坚持“两个一以贯之”，把加强党的领导和完善公司治理统一起来，建设中国特色现代国有企业制度。这五个方面的重要内容，体现了国有企业改革发展的历史逻辑、理论逻辑和实践逻辑，形成了一个有机联系、全面系统的科学理论体系。

习近平总书记关于国企国资改革发展系列重要论述，具有很强的思想性、理论性、指导性和现实针对性，是党中央治国理政新理念新思想新战略的重要组成部分。这些重要论述丰富了中国特色社会主义政治经济学的理论内涵，闪耀着马克思主义唯物辩证法的思想光芒，为我们坚定不移做强做优做大国有企业、夯实党执政的基础提供了强大理论武器和科学行动指南。党的十八大以来，国务院国资委党委和国有企业干部职工深入学习贯彻习近平总书记系列重要讲话精神，深刻领会其精神实质和核心要义，坚决在思想上政治上行动上同以习近平同志为核心的党中央保持高度一致，努力把学习成果转化为推动国企国资改革发展的思路和举措，推动国有企业走出了一条中国特色的改革发展道路。

一、始终坚持基本经济制度，理直气壮发展壮大国有经济

国有企业是壮大国家综合实力、保障人民共同利益的重要力量。党的十八大以来，我们以习近平总书记重要讲话精神为指引，坚持国有企业在国家发展中的重要地位不动摇，坚持把国有企业做强做优做大不动摇，推动国有企业不断发展壮大。

规模实力明显提升。全国国资监管系统企业2016年底资产总额达到144.1万亿元，比2012年底增长了101.8%，上缴税费总额约占全国税收收入的1/3，增加值贡献约占全国GDP的1/7。2016年进入《财富》世界500强的国有企业有83家，比2012年增加29家。

综合竞争力不断提高。国有企业在载人航天、探月工程、深海探测、高速铁路、特高压输变电、第四代移动通信等领域取得了一批具有世界先进水平的标志性重大科技创新成果。今年天舟一号飞行任务圆满成功、国产航母下水、国产大飞机首飞成功，更加彰显了国之重器的实力与担当。

对经济社会的支撑作用进一步增强。国有企业认真履行政治责任、经济责任、社会责任，在贯彻落实国家宏观调控政策、实施国家重大战略、支持国防现代化建设、保障能源资源安全、维护社会安全稳定等方面发挥了重要作用。特别是积极参与脱贫攻坚和援疆、援藏、援青工作，定点帮扶246个国家扶贫工作重点县，增强了人民群众共享改革发展成果的获得感。

二、始终坚持社会主义市场经济改革方向，不断增强国有企业内生动力和发展活力

习近平总书记指出，要坚定不移深化国有企业改革，着力创新体制机制，加快建立现代企业制度。党的十八大以来，我们坚持问题导向，坚持试点先行，加快推进“1+N”文件体系制定，大力推动改革重点任务落实落地，国有企业改革呈现出全面推进、重点突破、成效显现的崭新局面。

分类改革扎实推进。明确了国有企业分类改革、发展、监管和考核的基本原则，完成了中央企业功能界定分类，并同步配套分类考核、差异化薪酬分配等措施，为下一步国有企业深化改革奠定了坚实基础。

现代企业制度不断健全。持续推动国有企业及其子企业公司制改制，目前中央企业各级子企业改制面已经超过92%，省级国资委监管企业的改制面超过90%。绝大部分中央企业建立了规范的董事会，适应市场竞争要求的决策、执行、监督机制进一步完善。

混合所有制改革稳妥实施。分批推进混合所有制改革试点，部分中央企业在三级子企业探索开展员工持股试点。截至2016年底，中央企业混合所有制企业户数占比为68%，上市公司的资产、营业收入和利润总额在中央企业整体占比分别达到61.3%、62.8%和76.2%，国有资本功能不断放大。

企业内部三项制度改革进一步深化。国有企业负责人薪酬、履职待遇、业务支出管理进一步规范，考核与薪酬挂钩的激励约束机制不断强化。市场化用工机制基本形成，一些企业开展了市场化选聘经营管理者并探索

实施职业经理人制度。解决历史遗留问题取得突破性进展,国有企业公平参与市场竞争的环境进一步形成。

三、始终坚持新发展理念,持续提升国有企业质量效益和核心竞争力

党的十八大以来,我们坚持稳中求进工作总基调,坚决落实新发展理念,深化供给侧结构性改革,发展质量和效益不断提高。

经济效益不断提升。2016 年全国国资监管系统企业实现营业收入 43.5 万亿元,同比增长 4%;实现利润总额 2.3 万亿元,同比增长 6.3%,圆满完成预期目标。

布局结构不断优化。党的十八大以来,中国北车与中国南车、中远集团与中国海运、宝钢与武钢等 26 家中央企业完成了重组,中央企业数量从 117 家调整到 102 家,设立了国有企业结构调整基金、国有资本风险投资基金和中央企业国创投资引导基金,目前国有资产在军工、电信、民航、能源等领域占比达 90% 以上。

瘦身健体扎实推进。2016 年中央企业累计减少法人 2730 户,减少管理费用、人工成本 125.7 亿元;共完成 420 户"僵尸企业"和特困企业处置治理,减少亏损 512 亿元;化解钢铁过剩产能 1019 万吨、煤炭过剩产能 3497 万吨,重组煤炭产能 8000 万吨,超额完成目标任务。

科技创新取得明显进展。中央企业研发经费约占全国研发经费支出总额的 1/4。2013 ~2016 年国家科技奖励中,中央企业获得 335 个奖项,占获奖项目总数的 1/3。

国际化经营迈出新步伐。"一带一路"建设加快推进,中央企业在基础设施建设、能源资源开发、国际产能合作等领域承担了一大批具有示范性和带动性的重大项目和标志性工程,有力提升了我国在国际舞台上的话语权。

四、始终坚持依法监管,坚决守护好人民的共同财富

习近平总书记指出,国有资产是全国人民的共同财富,要坚持以管资本为主加强国有资产监管。党的十八大以来,我们牢牢把握出资人职责定位,持续完善国资监管体制机制,不断改进监管方式和手段,国资监管的科学性、针对性和有效性进一步增强。

职能转变加快推进。对内设机构进行了优化调整,健全法规制度体系,建立和完善出资人监管权力和责任清单,把监管重点聚焦到管好国有资本布局、规范资本运作、提高资本回报、维护资本安全上来。

国资监管方式进一步完善。开展国有资本投资、运营公司试点,探索以管资本为主加强国有资产监管的有效方式。改进监管手段,不断健全企业产权、投资、财务等监管信息系统,监管效率不断提高。完善信息公开制度,努力打造"阳光央企"。

国有资产监督进一步加强。坚持以问题和风险为导向,不断强化当期和事中监督,形成发现、调查、处理问题的监督工作闭环;积极推动出资人监督、外派监事会监督与审计、纪检监察、巡视等监督力量协同配合,形成监督合力。据统计,2013 ~2016 年中央企业国有资产保值增值率平均为 107%。

五、始终坚持党的领导,为国有企业持续健康发展提供坚强保证

习近平总书记指出,国有企业党的领导、

党的建设只能加强、不能削弱。党的十八大以来,特别是全国国有企业党的建设工作会议召开后,我们坚决落实全面从严治党要求,大力推动中央企业党建工作严起来、实起来、强起来。

层层落实管党治党责任。落实中央企业党建工作责任制实施办法,建立"述评考用"相结合的工作机制,实行中央企业党委报告年度党建工作制度、党委(党组)负责人述职、基层党组织书记抓党建述职评议三项制度,通过严格考责问责,使党建工作真正从"软指标"变为"硬约束"。

进一步明确党组织在公司治理中的法定地位。积极推动党建工作总体要求进章程,目前中央企业基本完成了集团层面章程修订。全面推行党委(党组)书记和董事长"一肩挑",目前建立规范董事会的83家中央企业基本实现"一肩挑"。进一步健全党建工作机构,充实加强党务工作力量,目前中央企业集团专职党委(党组)副书记已实现应配尽配。

从严选拔管理企业领导人员。按照"对党忠诚、勇于创新、治企有方、兴企有为、清正廉洁"的20字标准从严选拔、教育、监督、管理企业领导人员,着力打造一支高素质企业领导人员队伍。

深入推进党风廉政建设和反腐败工作。严格落实中央八项规定精神,对中央企业中违反中央八项规定的典型案件进行通报。实现对中央企业巡视全覆盖,推动中央企业内部巡视巡察工作,有效发挥从严治党的利剑作用。对落实"两个责任"不力的中央企业党委书记、纪委书记严肃问责,对违规决策造成国有资产重大损失案件的相关责任人坚决查处,努力营造风清气正的良好环境。

电力企业切实发挥基层党委双核心作用的若干思考

——以华电集团若干电力公司为例

2017 年华电党校优干二班二组

按照集团公司优秀年轻干部强化培训班暨劳模研修班的课程安排,7 月 17 日～31 日,优干二班二组前往贵州区域开展岗位实践活动。我们围绕《把方向、管大局、保落实,切实发挥基层党委领导核心和政治核心作用》这个课题,先后到乌江公司本部以及东风发电厂、构皮滩发电厂、桐梓发电公司 3 家基层企业,采取查阅资料、座谈交流、现场访谈等方式,全面了解各企业党委发挥领导核心和政治核心作用的方式方法,结合这次优干班学习的政治理论知识,提出了加强和改进基层党组织建设的几点思考和建议。

一、选题的目的和意义

我们这次选取《把方向、管大局、保落实,切实发挥基层党委领导核心和政治核心作用》作为岗位实践课题,主要基于以下几点考虑:

一是贯彻中央全面从严治党战略部署的必然要求。党的十八大以来,中央将全面从严治党作为“四个全面”战略布局之一,不断加强和改善党的领导,确保党始终成为中国特色社会主义事业的坚强领导核心。

二是落实华电集团公司党组 1 号文件的具体体现。华电集团公司认真贯彻国企党建工作会议精神,年初印发了党组 1 号文件,聚焦党组织五个方面建设和发挥基层党委领导核心和政治核心作用提出了坚持党的领导加强党的建设二十八条具体举措。

三是提升我们自身政治素质的内在需要。我们二班二组 11 名学员分别来自集团总部、二级单位和基层企业,从事经营管理、人力资源、财务会计等工作,没有一个是从事党务工作的。为了落实党组领导在培训班开班仪式上提出的党员领导干部要提升“五种能力”的要求,同时也为了提高自身政治素质,满足履行“一岗双责”的需要,我们毅然选择了党建这个课题。

四是破解部分基层企业党委发挥两个核心作用不到位的问题。部分基层企业领导干部对坚持党的领导加强党的建设的认识不到位,对党委应发挥什么作用、如何发挥作用认识模糊,希望通过本课题的研究,对基层企业领导干部提高认识和明晰方法及路径起到一定的作用。

二、对新形势下坚持党的领导加强党的建设的理解和认识

为了搞好本次调研,二班二组按照集团公司党组提出的提升“五种能力”的要求,以提升学习领会中央精神的能力为开端,小组共组织了 6 次集中学习,重点学习了《关于深化国有企业改革的指导意见》、全国国有企业党的建设工作会议精神和集团公司党组

《关于新形势下加强党的领导加强党的建设的若干意见》等，以深刻领会新形势下坚持党的领导和加强党的建设的重要意义和具体要求。通过学习，对为什么和怎样加强党的领导有了较为深刻和系统的认识。

一是充分认识到国有企业的重要地位。国有企业是中国特色社会主义的重要物质基础和政治基础，是我们党执政兴国的重要支柱和依靠力量，是党领导的国家治理体系的重要组成部分，坚持党的领导和加强党的建设，是国有企业的“根”和“魂”。

二是充分认识到加强国有企业党建工作的总要求是要做到“四个坚持”，即坚持党对国有企业的领导不动摇，发挥企业党组织的领导核心和政治核心作用；坚持服务生产经营不偏离，以企业改革发展成果检验党组织的工作和战斗力；坚持党组织对国有企业选人用人的领导和把关作用不能变；坚持建强国有企业基层党组织不放松。

三是充分认识到中国特色现代国有企业制度的具体要求，即把党的领导融入公司治理各环节；把企业党组织内嵌到公司治理结构之中；明确和落实党组织在公司法人治理结构中的法定地位。

四是充分认识到党对国有企业的领导方式，即政治领导、思想领导、组织领导三者有机统一，归结就是把方向、管大局、保落实。

五是进一步明确了集团公司党组1号文件就坚持党的领导加强党的建设提出的七个方面二十八项具体举措。这些要求和措施聚焦党组织要发挥两个核心作用。

通过学习总结我们认识到，全面从严治党，国有企业党委必须发挥两个核心作用，切实履行“把方向、管大局、保落实”职能，这是党委发挥两个核心作用的根本路径。

三、强化党委“把方向、管大局、保落实”职能

党委发挥领导核心和政治核心作用，把方向是前提，管大局是关键，保落实是落脚点。我们紧紧围绕乌江公司及所属3家企业党委如何落实“把方向、管大局、保落实”职能，开展实地调研，收获很大，感触很深。乌江公司各级企业党委发挥两个核心作用主要体现在以下三个方面。

（一）“四个坚持”把方向，强化政治引领发展

把好方向，必须清醒认识把什么方向。国有企业有两个属性，一是政治属性和社会属性，所以必须要坚决贯彻落实中央的精神和各项决策部署，坚持党的基本路线，坚决维护中央权威，时刻同中央保持一致；二是经济属性，国有企业必须服从服务于国家战略，理直气壮做强做大，实现资产保值增值。从集团公司内部讲，要按照集团公司“五个更加注重、五个转型”要求，实现企业健康可持续发展。

乌江公司履行“把方向”职能，主要是做到了“四个坚持”。

1. 坚持党的组织及工作机构同步设置、人员同步配备，为把方向提供组织保障。乌江公司党委注重党的组织建设，全面贯彻落实“四个同步”要求，构建党委、纪委和工会三个组织，整合政工、监审、办公室、人资部、工会办、团青六大职能部室“三加六”大党建工作格局，基层党支部设置实现了全覆盖，切实做到企业发展到哪里，党的建设就跟进到哪里，如东风发电厂党委针对援疆、对外检修

等特点，指导相关支部建立临时党小组。在健全机构的同时，人员也同步配备，乌江公司政工部有编制9人，3个基层企业政工人员按照企业定员配备到位。

2.坚持党内组织生活常态化，为把方向提供思想保障。乌江公司党委及3个基层企业党委注重加强思想建设，强化党性教育，用好党委中心组、“三会一课”和“党员活动日”等平台，及时传达贯彻中央精神和上级党组织的安排部署，确保了各级党组织始终同中央保持一致。注重党组织活动阵地建设。基层企业党员活动室设置规范，如桐梓发电公司每个支部都有一个党员活动室，为党支部开展党内组织生活等活动提供了专门的阵地。注重规定动作不走样。严格执行党委中心组学习、“三会一课”和“党员活动日”等制度，各项活动有序开展，并建立了“党员活动日”活动常态化机制。构皮滩发电厂坚持每周三下午固定时间活动，并坚持每次活动不少于2小时。注重学习实效。东风发电厂党委中心组推行“123”学习方法，即1人领学原文，2人根据学习内容结合工作实际谈心得体会，至少3人结合学习内容和实际情况提出工作思路，“123”学习方法改变了“你说我听”的学习模式，确保了学习实效。

3.坚持把党的政治纪律和政治规矩挺在前面，为把方向提供政治保障。乌江公司党委以党章为遵循，按照新形势下加强和规范党内政治生活的要求，持之以恒抓好理想信念教育，引导党员把坚定理想信念、坚决维护党中央权威、严明党的政治纪律、严格党的组织生活制度、坚持正确用人导向、贯彻民主集中制、加强对权力运行的制约和监督等十二项政治要求贯穿于学习工作生活中，强化作风建设，培育良好政治生态，使党员干部牢记自己第一身份是党员，第一职责是为党工作。

4.坚持党风廉政建设责任落实、教育、督查和执纪四管齐下，为把方向提供制度保障。加强党风廉政建设是中央从严治党的基本要求，乌江公司党委坚持责任落实、教育、督查和执纪四管齐下。一是分解落实责任。积极履行党委主体责任和纪委监督责任，制定下发党风廉政“两个责任”清单，将责任履行分解细化为21个大项和98个小项，确保责任履行到位，同时层层传导，逐级签订党风廉政建设责任书。二是深化反腐倡廉教育。组织开展学习党章、两个《准则》、三个《条例》主题教育，开展集体廉洁谈话、反腐倡廉“情景剧”展演及“家庭助廉”等活动，印制《党风廉政建设手册》，做到领导班子成员和部门负责人人手一册。三是强化督查检查。乌江公司党委强化对各单位和关键岗位人员履行职责和改进作风的督查两个重点。专项监察动真格，督促各级人员履行职责，各三级企业均结合实际制定了专项监察项目，如构皮滩发电厂每月针对通航工程建设全过程管理从不同角度和不同层次不定时开展廉洁调访，发现问题及时处理。乌江公司本部常态化开展“四风”问题突击检查，2017年元旦、春节期间组织对基层企业“四风”问题突击检查，对车辆管理、业务接待等六个方面的问题提出了整改意见。四是严格执纪问责。积极落实集团公司关于监督执纪的两个文件，2017年上半年，开展诫勉函询23人次，问责处分5人，下发有关情况通报3起。

（二）“四个明确”管大局，强化顶层设计

管好大局，必须清醒认识什么是大局。大局就是涉及方向性的问题，从全局看，党和国家工作大局就是大局，从内部看，集团公司在新常态下转型升级就是大局；管大局就是议大事、抓重点，就是研究涉及企业战略、发展规划、重大改革措施等“三重一大”事项。乌江公司各级党委强化组织领导作用，抓好企业党组织与法人治理结构中的顶层设计，做到“四个明确”，较好地发挥了党组织的“管大局”作用。

1. 明确和落实党组织在公司法人治理结构中的法定地位。《关于深化国有企业改革的指导意见》明确要求把党建工作要求写入国有企业公司章程，为党组织发挥两个核心作用提供制度保障。乌江公司本部已经完成党建工作要求进章程，已经批复下属14家公司制企业章程修改报告，法人单位正在履行股东会等相关程序。

2. 明确党组织的机构设置、职责分工、工作任务纳入企业的管理体制、管理制度、工作规范。在企业改革、新单位组建过程中要实现党建工作体制对接、机制对接、制度对接和工作对接，要同步改革或建立推动制度正常运行的组织，同步改革或建立规范、稳定、配套的制度体系。乌江公司在发展过程中，确保了党建工作在新公司同步开展。

3. 明确决策程序和决策机制。决策程序上，党组织研究讨论是董事会、经理层决策重大问题的前置程序。决策机制上，乌江公司及其下属企业积极完善党委“三重一大”决策机制，均制定下发了《“三重一大”集体决策制度》，厘清党委“三重一大”决策清单。在深化“三重一大”决策机制上，乌江公司在所属企业全面推行“一事一议一表”，增设了“三重一大”事项集体决策表，对决策提出部门、决策范围、决策依据、决策结论、决策方式、决策人签名等提出规范要求。2017年1～7月份乌江公司“三重一大”决策事项87项，其中通过党委会决策59项，通过总经理办公会决策28项，全部有据可依、有案可查。

4. 明确坚持党管干部原则。干部是党的事业的骨干，党管干部是实现党的领导的重要组织保证，是坚持党的领导的根本原则。明确党管干部原则就是要强化党组织在干部选拔任用、培养教育、管理监督中的责任。对各级党委来说，坚持党管干部原则，就是要坚持加强班子自身建设，坚持党委讨论研究干部问题，坚持加强对干部的管理和监督，坚持正确的用人导向，坚持发挥纪检监察部门在干部任免过程中的监督作用，坚持党管人才、加大年轻干部的培养力度。

（三）“四个融入”保落实，强化融入中心

乌江公司党委坚持服务生产经营不偏离，积极将党建工作融入中心，实现了党建工作和业务工作的有机融合，实现了党建工作目标和中心工作目标的有机统一，将党的各项决策部署落实落地。党建工作融入中心做到了“四个融入”。

1. 融入体制机制，实现“双向进入、交叉任职”。“双向进入、交叉任职”是保证党委的意志在日常生产经营活动中贯彻落实的有效举措。乌江公司本部党委班子成员实现了与董事会、监事会、经理层的“双向进入、交叉任职”，党委班子共7人，其中2人进入董事会，1人进入监事会，5人与经理层交叉任职；东风发电厂、构皮滩发电厂经理层人员全部是党委班子成员，桐梓发电公司除股东外派1名经理层高管外，其余经理层高管全部是党委班子成员。

2. 融入管理链条，搭建载体和平台。党

建工作坚持服务生产经营不偏离，就要将党建工作融入管理链条，切实履行党委“保落实”职能。乌江公司各单位结合生产经营实际、结合本企业特点、结合不同时期的中心任务，开展多种多样的党内主题实践活动，取得很好实效。桐梓发电公司各支部根据部门特点，大力开展党员责任区和党员示范岗活动，用党员的先锋模范作用影响和带动身边的职工。

3. 融入急难险重，发挥党支部战斗堡垒和党员先锋模范作用。在调研学习过程中，我们了解到很多党支部、党员在急难险重中勇挑重担、甘于奉献的事迹。如构皮滩发电厂第五党支部在该厂通航工程施工中组织党员开展技术攻关、保施工安全和防汛安全，在急难险重中，党员吃住在一线，涌现出了一批党员、劳模代表；东风发电厂党委在全厂推行“现场工作法”，水工党支部组织党员围绕生产中的急、难、险、重任务开展“党员突击队”活动，做到“重要技术环节有党员、紧急问题处理有党员、加班加点有党员”，使党员的形象具体化、形象化，让员工时刻感到身边有党员、有榜样，进一步增强了党支部的凝聚力。

4. 融入价值创造，把创造可持续价值作为行为准则。融入价值创造就是要注重加强对群众工作的领导，全心全意依靠职工办企业，尊重职工的首创精神和实践经验。乌江公司党委注重对工团工作的领导，工团工作不忘中心、不忘创新，发挥了团结带领职工建功立业的作用。重视工团品牌建设，助推企业和员工幸福发展。乌江公司工会创建了“三力工会贵彩乌江”品牌，共青团创建了“四叶草”团青工作品牌，受到广大职工和团员青年的欢迎。尊重员工创新，培育工匠精神。大力开展创新创效、职工先进操作法命名、技能大赛等活动，助推员工“成名成家”，涌现出了一大批省级技术能手、劳模和金牌工人。广泛开展“劳模创新工作室”创建活动，有效激发了员工的创新热情。东风发电厂“张围围劳模创新工作室”获省直属企业工会四星级“劳模创新工作室”。构皮滩发电厂的“贵来创新工作室”累计创新成果40余项，创造经济效益上亿元。积极推进民主管理。重点抓职工代表公推直选制、分工会主席竞聘竞选制、职工代表考评制、重大议案票决制、厂务公开制、安全健康巡视制，促进职工代表履职意识增强和履职能力的提升，切实保障职工的知情权、参与权、表达权和监督权落到实处。发挥企业文化引领作用。乌江公司重视企业文化建设，我们调研的3个发电企业都形成了自己独特的企业文化体系。桐梓发电公司挖掘红色基因，总结提炼了“从头越”文化，继承红军“长征精神”，沐浴红色文化，传承遵电历史，充分发挥企业文化引领职工、凝聚职工、激励职工的作用，在企业经营较为困难的情况下，该公司厂区7S管理规范，员工精神面貌好、干劲足，给我们调研小组成员留下深刻印象。

四、关于基层企业党委发挥两个核心作用的几点思考

通过在乌江公司及其下属企业的岗位实践，我们对于基层企业党委更好地履行“把方向、管大局、保落实”职能，发挥两个核心作用，有如下思考和建议：

（一）要把党的五大建设贯穿于党委履行“把方向、管大局、保落实”职能的全过程

党的十八大报告提出，牢牢把握加强党

的执政能力建设、先进性建设和纯洁性建设这条主线，全面加强党的思想建设、组织建设、作风建设、反腐倡廉建设和制度建设，即党的五大建设。要把党的五大建设贯穿于党委履行“把方向、管大局、保落实”职能的全过程。

（二）党委要加强对群众工作的领导

善于做群众工作是我党的传家宝，加强对群众工作的领导就是要充分调动职工的积极性，发挥职工在价值创造中的作用，要积极维护职工权益，注重做好职工的思想政治工作，确保党的路线方针政策在企业的贯彻落实。乌江公司党委加强对工团工作的领导，工会工作经验值得总结推广。

（三）要正确认识和把握党委会的决策内容和程序

我们发现集团内部很多基层企业还不能准确把握和理解“党委研究讨论是董事会、经理层决策重大问题的前置程序”这一要求，我们小组通过认真学习相关文件精神，有如下理解和认识：一是党委不是什么事情都要抓、事无巨细都要管，党委是研究谋划企业战略、发展规划、重大改革措施等“三重一大”事项，所以企业要制定需党委研究讨论的“三重一大”事项清单。二是党委研究讨论是董事会、经理层决策重大问题的前置程序，不可颠倒。把握决策清单是关键，对需要党委研究事项，一方面切不可因为是事关经营管理事项，而先由经理层决策，再报党委会研究，同时要落实“党员干部的第一身份是党员”的要求，建立党员高管定期向党委汇报工作的制度；另一方面党委不是企业生产经营的指挥中心，不能代替董事会或经理层的决策，党委要支持董事会、经理层依法依规履行职责。三是党委要民主决策、科学决策，就要在决策前广泛征求意见，思想碰撞、讨论酝酿、集思广益，决策时实行民主集中制，少数服从多数，党委成员中有不同意见的可保留，除可能造成严重后果的紧急情况外，必须坚决服从并执行，但可通过一定方式向上级党组织反映。民主决策、科学决策还必须严格执行主要领导“末位发言制”。

（四）要加大党务工作队伍建设力度

坚持党的领导加强党的建设，有一支坚强有力的党务工作队伍是基本前提和保障。通过调研学习，我们认为当前集团公司党务工作队伍不同程度地存在如下两个方面的问题：一是政工人员准确把握党建工作要求的能力还不足，对很多要求知其然不知其所以然；二是政工岗位的吸引力不足，主要原因是政工人员的“出口不畅”，很多政工人员长期从事政工工作，政工队伍活力不够。

解决这些问题，建议立足于两个方面：一是加大党务工作队伍的培训力度，特别是基层党务工作队伍的培训，通过培训提升党务工作人员的“五种能力”。二是尽快研究“严把入口、畅通出口”的党务工作人员选拔、培养机制，解决队伍活力不够的问题。比如建立政工人员定期转岗制度，实现政工岗位与业务岗位的双向流动；探索建立各类评先、岗位晋升等事项中的“优先原则”，即同等条件下有党务工作经历优先；干部管理工作中把各级书记岗位作为选拔企业领导人员的重要台阶。

（五）要完善企业监督的方式方法

基层企业要创新领导体制，完善工作机制，整合监督力量，进一步增强监督工作的独立性、权威性和有效性，使党内监督和企业监察、审计监督、监事会监督、法律监督、职工民主监督等相互促进,实现监督全覆盖。

1. 履行好纪检监察职能,发挥制度监督和组织监督作用。中纪委提出纪委"转职能、转方式、转作风"要求后,很多基层企业纪检监察部门不知道如何开展工作了,通过学习,我们的认识是:一是当好"裁判员",不当"运动员",不直接参与具体业务工作;二是正确履行纪检监察两项职能,即纪检的监督、执纪、问责职能,监察的督查职能。纪检监察部门履行监察的督查职能,要聚焦监督检查各单位和各级人员履行职责情况,定期开展对业务领域制度、流程执行情况的检查,确保制度刚性执行,发现制度缺陷;针对不同时期的重点任务和突出问题不定期开展专项抽查,形成监察报告,督促整改落实,这要成为基层企业的一项日常化工作。

2. 实现"双向进入"领导机制与监事会监督相结合。完善"双向进入、交叉任职"的领导机制,依照规定和程序推荐党委班子成员如工会主席以职工监事的方式进入监事会,通过监事会加强对高管人员的监督,特别是对股东方外派的非党员高管或非党委班子成员高管的监督,实现监督无死角、全覆盖。

3. 畅通群众监督渠道,发挥群众监督作用。二级单位可探索定期开展区域内巡察工作,三级单位应畅通群众监督渠道,比如采取主动访谈、设置意见箱、定期测评等方式,通过工会依法开展职工民主监督。

4. 搞好与企业其他外部监督方式的结合。目前企业外部监督方式主要是上级公司监督以及出资人审计监督,企业内部监督要与这些外部监督相结合,一方面注重举一反三,及时发现其他类似问题;另一方面注重发现问题的闭环整改,对账消号。

(六)要探索开展争做"四优"共产党员活动的方式方法

2017 年集团公司党组 1 号文件明确提出要深入开展争做"四优"共产党员活动,扎实开展好这项活动,可探索运用如下两个方法:一是全面推行党员"三亮",即亮身份、亮承诺、亮业绩。亮身份:佩戴党徽就是一种很好的亮身份的方式;亮承诺:要结合自己的岗位实际,以一定的方式将自己的承诺公开,主动接受群众的监督;亮业绩:就是要公开晒业绩,把党员的业绩和普通员工的业绩一起公开。二是全面建立党员个人档案,运用"事项记录法",探索党员积分制管理。将党员工作、生活、党内活动中的优劣事项进行实时记录,优则加分,劣则扣分,定期公布党员得分,结果可作为党员民主评议的依据之一。

(七)要固化"党员活动日"常态化、长效化机制

"党员活动日"形成常态化、长效化机制要在学习内容、活动地点、活动方式等方面总结经验,创新方式方法。

1. 学习内容:必须坚持突出政治性、思想性,可采取"1+1"的学习方式,即1小时的政治理论学习,1小时的其他学习,比如岗位技能学习、国家或集团公司内部新政策和新要求解读、先进事迹学习、先进经验介绍等,丰富学习内容。

2. 活动地点:可转到生产现场解决实际问题,可转到开展群众志愿服务活动等。

3. 活动方式:可灵活采取收看电教片、红色基地参观、轮流讲党课、道德讲堂、法律讲堂、先进事迹报告会、先进经验介绍等方式。

(八)要建立更广泛的党内谈心谈话

制度

基层企业党组织面对的是广大党员，部分党员先进性体现不够、对党员的关心和帮助不够是当前基层党组织普遍存在的问题。基层党委可探索把党员先进性要求纳入谈心谈话情形，进一步发挥党支部的主体责任，充分运用关心谈、帮助谈、提醒谈等方式，更广泛地开展谈心谈话活动，比如实行谈心谈话“五必谈”：工作变动时必谈、出现矛盾或意见分歧时必谈、受到表彰或处分时必谈、遇到困难或挫折时必谈、群众有不良反映时必谈。

（九）要搞好党建工作评价与全员绩效评价的融合

如何将党建工作要求纳入全员绩效评价体系，我们认为可探索将党建工作评价与全员绩效评价工作融合，实现“四融合一结合”：

1. 目标融合。党建工作目标和绩效目标要融合，确保两个目标的统一。

2. 体系融合。将党建日常工作要求作为“硬指标”纳入全员绩效评价体系，党建管理评价结果纳入全员绩效考核。

3. 评价融合。将日常党建工作评价与月度绩效评价融合，重点要研究日常党建工作的评价方法，以解决日常党建工作虚做的问题，确保每一项活动、每一项工作都要从安排、过程以及成效三个维度进行评价，评价结果纳入月度绩效考核。

4. 党员民主评议与全员绩效结果融合。要将党员的全员绩效结果作为党员民主评议的内容之一，把业绩作为党员评议的重要指标，

5. 党内谈心谈话与绩效反馈和改善相结合。党员的绩效反馈实行“双反馈”，除了绩效管理部门的正常反馈外，还要通过党组织进行业绩反馈，对绩效较差的党员和绩效持续改善不明显的党员，要以党组织的名义开展谈心谈话，明确努力的方向，提出改进的办法和要求。

（十）要发挥新媒体作用，探索“互联网+”党建模式

新一代员工伴随着互联网成长，抢占互联网阵地，探索“互联网+”党建模式是当前党建工作的新课题。鉴于手机等移动终端的普遍使用，我们认为微信公众号是一种好的载体，要把微信公众号打造成五个平台：理论学习和教育平台、主旋律宣传平台、热点新闻推送平台、先锋模范展示平台、释疑解惑平台。

铸牢国有企业的“根”和“魂”

——深入学习贯彻习近平总书记全国国有企业党的建设工作会议重要讲话精神

中国石油天然气集团公司党组

国有企业是我们党执政兴国的重要支柱和依靠力量。习近平总书记在全国国有企业党的建设工作会议上强调：坚持党的领导、加强党的建设，是我国国有企业的光荣传统，是国有企业的“根”和“魂”，是我国国有企业的独特优势。要通过加强和完善党对国有企业的领导、加强和改进国有企业党的建设，使之成为“六个重要力量”。作为关系国计民生的重要能源企业，中国石油坚决落实习近平总书记治国理政新理念新思想新战略，坚决贯彻全面从严治党各项要求，大力弘扬石油精神和优良传统，以实的要求、实的举措、实的效果，严的制度、严的管理、严的纪律，不断加强企业党的建设，打造保障国家能源安全的坚强柱石，努力建设成为党和国家最可信赖的骨干力量。

一、将全面从严治党落实到行动上，抓作风、倡廉洁、强队伍，重塑中国石油风清气正良好形象

习近平总书记强调，坚持党对国有企业的领导是重大政治原则，必须一以贯之。中国石油工业在几十年的发展历程中，几代石油人在党的坚强领导下，自力更生、艰苦奋斗、奋发图强，为国分忧、为油奉献，不仅创造了巨大的物质财富，而且创造了宝贵的精神财富，得到了历代党和国家领导人的高度评价和充分肯定，赢得社会公众和国际同行广泛认可，树立了中国石油良好的企业形象。但是，一个时期特别是近年来，受周永康、蒋洁敏等人违纪违法案件和重特大环保事故等影响，中国石油形象和声誉受到严重损害，“我当个石油工人多荣耀”被蒙上深深的阴影。中国石油新一届党组清醒地认识到，作为具有代表性的石油企业，中国石油的公众形象不仅事关百万石油员工的尊严和价值，而且事关中央企业的社会认可和群体形象。为重拾公众对中国石油的信赖，新一届党组把全面从严治党作为重塑企业良好形象的切入点和突破口。

严肃党内政治生活，增强纪律意识规矩意识。“政治雾霾”因贪腐而起，根子在党建松弛、作风滑坡。中国石油新一届党组对症下药，从抓党内政治生活着手，把从严治党要求落实到各业务领域、各单位和各级党组织。先后出台了《集团公司党组关于落实党风廉政建设主体责任和监督责任的实施意见》等10项制度。严明党的政治纪律和政治规矩，增强政治意识、大局意识、核心意识、看齐意识，坚决做到“五个必须、五个决不允许”。强化组织观念，做到“四个服从”，坚持和完善民主集中制，规范集体决策，严格按规则议事，严格执行请示报告制度。规范领导班子民主生活会，充分运用批评和自我批评有力

武器，实行民主生活会整改事项清单制度，落实整改承诺制、公示制。全面推行党委书记述职述廉制度。结合“两学一做”学习教育，严格党内组织生活。修订完善集团公司《厂务公开民主管理实施办法》，推动落实职工群众的知情权参与权表达权监督权。

深入推进反腐倡廉建设，逐步形成不敢腐、不能腐、不想腐的有效机制。以中央专项巡视反馈问题的整改为契机，严格落实“两个责任”，大力正风肃纪，一批违纪人员受到处理和惩治，风清气正的良好政治生态正在形成。针对中央巡视组提供的1598件信访件进行专项核查，认真组织开展“三严三实”专题教育和重塑形象大讨论活动，以权力集中、资金密集、资源富集、资产聚集等部门和岗位为重点，加大内部巡视力度，强化对权力运行的制约和监督。进一步完善廉洁从业教育机制，健全完善改进文风会风、控制“三公”支出、治理各类违纪违规行为等方面的制度规定，坚持和完善违纪违规行为内部通报制度，完善党员干部考核评价制度，保障作风建设持续深入推进。制定实施《关于严守纪律严明规矩的若干规定》等制度规定，深化纪检体制机制改革，从严管党治党迈出坚实步伐。

培养造就一支“对党忠诚、政治坚定、精通管理、善于经营”的石油企业家群体。各级党员干部是企业各个领域的主力军和带头人。中国石油140多万员工中，党员比例接近36%。按照习近平总书记提出的国企领导人员“对党忠诚、勇于创新、治企有方、兴企有为、清正廉洁”的20字要求，强化石油企业家队伍建设，树立正确的用人导向和鲜明的激励导向，创新领导干部选拔交流机制，重点抓好各级领导班子建设，重视从实践从基层从偏远地区从艰苦岗位培养选拔优秀企业管理者。狠抓队伍作风建设，毫不松懈落实中央八项规定精神，一以贯之纠正“四风”，引导党员干部自觉践行“三严三实”，推行党风廉政“一票否决”，加大“庸懒散浮拖”整治力度，强化对主要领导的监管和廉政考核，考核权重由过去5%增至10%。狠抓纪检监察队伍自身建设，打造执纪监督的“铁军”。

二、将全面从严治党融入到弘扬石油精神中，传承石油精神红色基因，凝聚干事创业的强大力量

石油精神是攻坚克难、夺取胜利的宝贵财富，什么时候都不能丢。以“苦干实干、三老四严”为核心的石油精神，与全面从严治党要求高度契合、深度融合，是中国石油持续发展的强大思想武器。在新的历史起点上，我们依然要大力弘扬石油精神，深挖时代内涵，凝聚新时期干事创业的精神力量。

用党建铸党魂，打造新时期“铁军”。坚持“抓生产从思想入手，抓思想从生产出发”，充分发挥思想政治工作凝心聚力、解疑释惑作用。注重人文关怀和心理疏导，将解决思想问题与解决实际问题相结合，使思想政治工作贴近实际、贴近基层、贴近员工。准确把握队伍思想状况，注重做好一人一事的思想工作，知员工情、答员工疑、解员工难、聚员工心。强化传统意识，不断深化大庆精神铁人精神等传统石油精神再学习再教育，聚焦“苦干实干”“三老四严”，深挖石油精神时代内涵，持续完善石油精神体系，使石油精神成为每名员工的思想主脉和行为方式，着力打造铁人式干部员工队伍。传承和创新中国

石油特色企业文化，深入学习以王进喜、王启民、李新民三代“铁人”为代表的石油英模事迹，用典型示范推动石油精神的传承发展。重点突出一个“干”字，唱响“我为祖国献石油”的主旋律；体现一个“实”字，坚持科学求实、脚踏实地不浮躁，当老实人、说老实话、办老实事；落实一个“严”字，坚持全面从严、严抓严管不放松，始终以严格的要求、严密的组织、严肃的态度、严明的纪律对待工作。

全面夯实基层党建，打造中国石油的“强大现场”。习近平总书记指出，坚持建强国有企业基层党组织不放松，确保企业发展到哪里，党的建设就跟进到哪里、党支部的战斗堡垒作用就体现在哪里。石油行业无论上游还是下游，重心都在现场。强大的企业必须有强大的现场作支撑，强大现场必须有强大的灵魂作支点。这个“魂”就是坚强的基层党组织和优秀的党员干部队伍。集团公司党组坚持抓基层、打基础，加强以党支部建设为核心的基层建设，大力弘扬“宁愿少建几个钻井队，也要把党支部书记配齐”的优良传统，实现“队队有支部、班班有党员”目标。重视发挥广大党员尤其是基层党员干部的先锋模范作用，使党员成为公司最优秀的人力资源、基层岗位的中流砥柱，并以此带动队伍整体素质和基层工作的整体提升，真正把基层建设成弘扬石油精神的高地、提质增效的中心、履行责任的基地。

三、将全面从严治党成效体现到改革发展工作中，做强做优做大中国石油，打造保障国家能源安全的坚强柱石

习近平总书记指出，新形势下，国有企业坚持党的领导、加强党的建设，要坚持服务生产经营不偏离，把提高企业效益、增强企业竞争力、实现国有资产保值增值作为国有企业党组织工作的出发点和落脚点，以企业改革发展成果检验党组织的工作和战斗力。作为国内最大的油气生产和供应企业，中国石油正站在“十三五”发展新的历史起点上，处于推进世界一流综合性国际能源公司建设的关键时期，面对经济新常态和持续低油价的严峻形势，必须坚持党的领导不动摇、加强党的建设不放松，推进改革创新，厚植发展优势，坚决做强做优做大。

把全面从严治党与党员干部队伍建设紧密结合起来。建设世界一流综合性国际能源公司，必须最大限度激发百万石油员工干事创业的热情，尤其需要一大批政治素质和业务素质都过硬的带头人。新的光荣使命，对中国石油的广大党员干部队伍提出了更高要求。必须坚持思想建党和制度治党紧密结合，严格落实管党治党责任，严肃党内政治生活，严明党的纪律规矩，严格干部管理监督，做到真管真严、敢管敢严、长管长严。只有突出全面从严，把全面从严治党的要求落实到各业务领域、各单位和各级党组织，才能确保实现奋斗目标。

把全面从严治党与企业改革发展紧密结合起来。要把全面从严治党渗透到生产经营、企业管理全过程，增强党建工作的实效性，使党建真正成为增强企业核心竞争力的关键因素和企业价值链上的重要环节。强化融入中心，把企业改革发展中的难点热点作为党建工作重点，把提高生产经营成效作为党建工作出发点和落脚点，建立与企业发展战略目标相一致、与企业发展模式相匹配、与企业经营管理方式相协调的党建工作

机制，使企业党建工作与改革发展中心任务相互促进、相得益彰。推进党建工作体制机制、方式方法、内容载体等创新发展，使企业党建工作与现代企业制度合拍、与发展同步。通过加强党的建设，在企业改革发展创新各个方面，更好地发挥党组把方向、管大局、保落实的政治核心作用，党支部推动落实、服务群众、凝聚人心的战斗堡垒作用，广大党员牢记宗旨、心系职工、干事创业的先锋模范作用。

不忘初心，继续前进，全面从严治党永远在路上。中国石油各级党组织和广大党员干部深切体会到，加强党的建设是落实中央决策部署、确保正确政治方向的必然要求，是适应形势发展变化、实现公司战略目标的根本保证，是应对挑战战胜困难、全面提升党建工作科学化水平的迫切需要。我们决心在以习近平同志为核心的党中央坚强领导下，自觉把严的标准进一步确立起来、把实的作风进一步恢复起来、把好的经验进一步运用起来，不断开创集团公司党的建设新局面，建设党和国家最可信赖的骨干力量，为全面建成小康社会、实现中华民族伟大复兴的中国梦作出更大贡献。

推动全面从严治党要求在国有企业落地生根

神华集团有限责任公司党组

2016 年 10 月，习近平总书记在全国国有企业党的建设工作会议上发表重要讲话，从坚持和发展中国特色社会主义、巩固党的执政基础执政地位的高度，深刻回答了事关国有企业改革发展和党的建设的一系列重大问题。他强调，新形势下，国有企业坚持党的领导、加强党的建设，总的要求是：坚持党要管党、从严治党，紧紧围绕全面解决党的领导、党的建设弱化、淡化、虚化、边缘化问题，抓好国有企业党的建设，把党要管党、从严治党落到实处。这一重要讲话，具有很强的战略性、思想性、针对性和指导性，是加强新形势下国有企业党的建设的纲领性文献。坚持党的领导是国有企业的独特优势。神华集团作为中央管理的重要骨干企业，之所以一步步发展壮大，最根本的一条就是始终坚持党的领导，始终把加强党的建设作为推动企业改革发展稳定的力量源泉和根本保证。

一、培育全面从严治党责任担当精神，正确处理党的建设与法人治理结构关系，保证党的领导在企业改革发展中得到切实加强

习近平总书记指出，历史和现实都告诉我们，不明确责任，不落实责任，不追究责任，从严治党是做不到的。落实全面从严治党责任要从树立正确的政绩观做起，明确党的各级组织和党组织书记的主体责任，始终把抓好党建作为最大政绩，形成以一级抓一级、层层抓落实为主，包括责任落实制度、责任考核制度、责任追究制度等在内的完善的从严治党责任制。在实践中，我们把落实主体责任作为全面从严治党的“牛鼻子”来抓，组织制定集团公司党组工作规则和规范子分公司党委工作的指导意见，成立集团公司党的建设工作领导小组，健全党建工作责任制，明确责任清单，坚持分类指导，加强监督检查、考核评价和责任追究，坚持党建工作与中心工作一起谋划、一起部署、一起考核。集团党组书记定期约谈子分公司党政主要负责人，层层传导压力，督促其种好自己的“责任田”。认真开展党委书记抓基层党建工作述职评议，将考核结果与领导人员岗位调整、薪酬待遇紧密挂钩。认真贯彻落实《中国共产党问责条例》，强化政治责任、压实主体责任、实行终身问责，坚持有责必问、问责必严，进一步唤醒责任意识、激发担当精神。

习近平总书记强调，坚持党对国有企业的领导是重大政治原则，必须一以贯之；建立现代企业制度是国有企业改革的方向，也必须一以贯之。中国特色现代国有企业制度，“特”就特在把党的领导融入公司治理各环节，把企业党组织内嵌到公司治理结构之中，明确和落实党组织在公司法人治理结构中的法定地位，做到组织落实、干部到位、职责明确、监督严格。我们与中组部党建研究所联

合开展“新常态下如何正确处理加强企业党的建设与完善公司法人治理结构的关系、建设中国特色社会主义合格市场主体与追求企业利润最大化的关系”重大理论课题研究。以理论探索推动实践运用，坚持做到党的建设与企业改革发展同步谋划、党的组织及工作机构同步设置、党组织负责人及党务工作人员同步配备、党的工作同步开展，实现体制对接、机制对接、制度对接和工作对接。着手修订公司章程，明确党组织在公司治理中的法定地位和职责权限，坚持和完善党委领导成员与董事会、监事会和经理班子成员“双向进入、交叉任职”的领导体制，各级党委重点围绕参与决策、带头执行、保证监督三项职能，积极探索发挥政治核心作用的有效途径，支持企业法人治理结构依法行使职权，在保证公司法人治理结构有效运转的同时，实现了党组织发挥作用的组织化、制度化、具体化。

二、坚持思想建党和制度治党相结合，不断增强各级党组织的凝聚力和战斗力，为提高党的建设科学化水平提供全面基础保障

习近平总书记指出，党对国有企业的领导是政治领导、思想领导、组织领导的有机统一；全面从严治党要在国有企业落实落地，必须从基本组织、基本队伍、基本制度严起。我们始终把思想建设作为党建工作的一条主线，以中心组学习为引领，切实推进党员干部思想教育，引导党员干部拧紧“总开关”、坚定“四个自信”、增强“四个意识”、严守党的政治纪律和政治规矩。成立中共神华集团党校，组织培训管理骨干和党务干部3000多人次。发挥企业各级党建思想政治研究会的作用，积极开展国企党建基础理论研究。通过信息化手段构建起覆盖全集团的党组织网络体系和面向全体党员的学习教育平台，建成学习教育评价和组织生活管理系统，打造出“空中大学堂、支部小讲堂、指尖微课堂”三个课堂学习品牌，在全体党员干部中开展“敢作为、有担当”专题研讨。

我们高度重视党的基层组织建设，不断优化党组织设置，创新党组织工作方式，加强党内民主建设，健全党员权利保障机制和服务关爱机制，不断夯实党的基层组织基础。设立集团直属党委办公室，加强对集团总部和在京企业党组织、党员的管理。明确提出党建工作“两个1%”：企业专职党务工作人员按职工总数1%比例配备，党组织活动经费按上年度工资总额1%提取，为做好党建工作提供有力保障。以“三明确四规范”（即组织机构明确、规章制度明确、岗位职责明确，日常党务工作规范、党员教育管理规范、党内主题活动规范、群团工作管理规范）为目标，深入开展标准化党支部建设，整顿软弱涣散基层党组织，严格党组织换届工作。认真做好党员发展工作，严把党员入口关，及时处置不合格党员，保持队伍纯洁性。大力推进“党员素质提升工程”，努力把党员培养成骨干，输送到重要岗位，发挥示范带动作用。鼓励基层创新创造，扩大基层党组织党代会常任制和提案制试点，探索党建项目化管理，推广党员责任区等有效载体和方法，不断把典型经验变成示范、形成制度。积极探索现代信息技术与党建工作的融合，建设党建信息化平台，以一体化流程落实党的“五大建设”，通过大数据技术增强党组织的管控力，

实现了对党组织和党员“全覆盖、全过程、全方位、全周期、全维度”管理。

我们本着把各级党组织、领导干部、全体党员管好的“三管好”目标,制定修订严肃党内政治生活、标准化党支部建设等51项党建制度。探索构建政治本质安全体系,有效控制和化解各类政治风险。深入推进“法治神华”建设,把依法治企全面融入企业决策运营各环节,贯穿各业务领域,实现法治工作全流程、全覆盖。建立内部管理授权体系,实行权力清单制,强化对权力运行的制约和监督。修订完善“三重一大”决策实施办法、投资管理办法等经营管理制度,与党建工作制度一起构成全面从严治党的制度屏障。

三、加强对干部从严管理和从严监督,建立健全科学有效的选人用人工作机制,为企业改革发展打造坚强有力的干部人才队伍

习近平总书记强调,国有企业领导人员是党在经济领域的执政骨干,是治国理政复合型人才的重要来源,肩负着经营管理国有资产、实现保值增值的重要责任。要坚持党管干部原则,保证党对干部人事工作的领导权和对重要干部的管理权,保证人选政治合格、作风过硬、廉洁不出问题。我们深入探索党管干部、党管人才原则的实现形式,充分发挥党组织在选人用人中的领导和把关作用,坚持好干部“五条标准”,匡正选人用人风气,真正把政治强、懂专业、善治理、敢担当、作风正的好干部选出来用起来。深化拓展“四好”班子创建,积极推进干部交流轮岗,调整优化子分公司领导班子,2015年以来共涉及237人次。以严的措施管理干部,健全考核考评机制,动态掌握干部现实表现,加强针对性管理和激励约束。着力改进对领导干部特别是一把手行使权力的监督,结合巡视整改问题,重点围绕选人用人、机构编制、人事档案管理等工作开展了专项检查。出台《神华集团公司中层领导人员能上能下实施细则》,明确“下”的标准,规范“下”的方式,疏通“下”的渠道,形成了能者上、庸者下、劣者汰的良好局面。持续抓好各层次优秀人才培养,积极引进风光发电、核电、节能环保、煤炭清洁利用等方面急需紧缺的专业人才,努力打造一支适应未来发展的人才队伍。深化人事制度改革,创新人才激励机制,在人员能进能出、收入能高能低上迈出坚定步伐,从总部开始实施绩效联动,有效激发了人才队伍活力。

四、始终保持正风肃纪反腐高压态势,以敢抓敢管敢担当的精神捍卫党规党纪,努力推动党风廉政建设“治本”目标早日实现

习近平总书记强调,党和人民把国有资产交给企业领导人员经营管理,是莫大的信任。要加强对国有企业领导人员的党性教育、宗旨教育、警示教育,严明政治纪律和政治规矩,引导他们不断提高思想政治素质、增强党性修养,从思想深处拧紧螺丝。要突出监督重点,强化对关键岗位、重要人员特别是一把手的监督管理,完善“三重一大”决策监督机制,严格日常管理,整合监督力量,形成监督合力。我们认真贯彻落实中央的要求部署,通过扎实开展党的群众路线教育实践活动、“三严三实”专题教育、“两学一做”学习教育,以严的标准和严的举措整治作风之弊、行为之垢,以作风建设新常态树立党员干部新形象,使清风正气得到广泛弘扬。成立党

风建设和反腐败工作协调小组，建立党风建设和反腐败工作联席会议制度、子分公司党委履行党风廉政建设主体责任汇报制度，对出现腐败问题或履行党委主体责任和纪委监督责任不力的单位从严进行责任追究。强化履职行为监督，突出对关键岗位、重点人员特别是“一把手”的监督，加强对权力集中、资金密集、资源富集、资产聚集的部门和岗位的监督，将腐败风险防范嵌入业务流程，充分运用信息化工程最新成果和大数据手段，分析人、财、物、销售、采购等业务领域中可能存在的流程审批、内部控制、领导决策等方面的风险和漏洞，在线监控主要业务活动。集团党组纪检组层层签订履行党风廉政建设监督责任书，建立完善约谈、签字背书、述职述廉、考核评价等制度，实行“一岗双责”和“一案双查”。各级纪检监察机构积极协助党组织加强党风建设、组织协调反腐败工作，把维护党的纪律作为首要任务，针对工程建设领域存在的突出问题、“三重一大”集体决策等开展了专项检查整治。积极推行直派纪委书记、区域纪检监察中心、子分公司纪检监察资源集约共享模式，就进一步强化垂直领导体制进行了有益探索。加强纪律检查工作，以零容忍态度惩治腐败，集中力量对党的十八大以来收到的举报信件进行了调查核实，重点查办了一批严重违纪违法案件。积极配合中央巡视组专项巡视，认真抓好反馈意见的整改落实，巩固巡视整改效果。全面加强内部巡视监督，实现对所属子分公司党组织巡视全覆盖，确保巡视利剑高悬、震慑常在。

皓天国际企业文化建设若干问题思考

皓天国际企业文化建设课题组

文化建设是社会主义建设事业的一个重要方面。一个国家、一个民族的强盛，总是以文化兴盛为支撑的，中华民族伟大复兴需要以中华文化发展繁荣为条件。文化建设的奋斗目标是建设社会主义文化强国。企业文化建设是社会主义文化建设的重要组成部分。鉴于企业文化建设的重要性，根据中国特色社会主义核心价值观的精神和《2006～2020中国企业文化建设发展规划纲要》的要求，以及相关法律法规，并借鉴其他相关企业文化建设的成功经验，结合皓天国际企业文化建设现状和皓天国际企业发展战略规划，对皓天国际的企业文化建设提出了若干有价值的建议。

一、加强企业文化建设的重要意义

企业文化建设关系着国家文化软实力的增强，关系着企业战略目标的实现，关系着企业健康与可持续发展。企业文化是企业的灵魂，是企业发展的软实力，是推动企业发展的不竭动力。企业文化是生产力，是凝聚力，是辐射力，是竞争力，是导向力。

企业文化是企业新思想、新观念的最好体现；是增强企业活力和创新能力的基础；是发挥员工积极性、主动性和智慧的有效途径；是全面提高企业员工整体素质和发掘潜力的源泉；是确保企业生存发展、转型升级的根本；是营造企业和谐氛围和优良环境的保证。因此，必须重视企业文化建设，要以企业文化建设带动企业整体素质的提升。

二、皓天国际集团企业文化建设的现状

企业文化建设对于集团转型升级和走向世界意义重大。本集团企业文化建设的现状表现为如下特点：一是企业文化建设滞后于企业的业务发展。业务优先，文化滞后的特点使得集团发展中智力与精神动力的支撑不足。二是领导高度重视企业文化建设，但各级机构的文化建设进展参差不齐。三是文化建设还停留于整体设计的层面，具体运作机制有待完善。四是对本企业文化建设的目标和特色还有待进一步明确。

有鉴于此，制定皓天国际企业文化建设指南并在实践中贯彻落实，甚为重要。

三、皓天国际集团的企业文化体系

皓天国际集团的企业文化主要包括企业理念、企业价值观、企业使命、企业愿景、企业道德、企业精神等。

（一）企业理念：胜人者力 自胜者强

皓天国际的企业理念是：胜人者力，自胜者强。皓天人秉承这种理念，不断克服发展中的困难，迎接国内外市场风云变幻的挑战，主动从自身找原因，战胜自身弱点，积极从市场发现机遇，不断开拓进取，自强不息。

（二）企业价值观

皓天国际的价值观是以社会主义核心价值观为基本遵循，结合企业发展特点形成的具有自身特色的价值观。皓天国际的核心价值观是：诚信为本，以质立业；创新为魂，超越为基；崇尚行动，注重执行；勇于开拓，锐意进取。

1. 诚信为本，以质立业 。诚信是一个企业得以延续发展的重要保障，产品质量是企业在市场中安身立命之根。皓天国际要实现百年皓天的品牌信誉，就须坚守诚信，并永远为市场提供优质的产品和服务。

2. 创新为魂，超越为基。创新是发展的第一驱动力，在第四次工业革命到来之际，皓天国际要创新理念、创新技术、创新市场、创新经营模式、创新服务方式。只有这样才能超越他人、超越自我，始终立于不败之地。

3. 崇尚行动，注重执行。皓天国际自上而下高度重视执行力，崇尚行动，拒绝空谈，切实提高运营效率。

4. 勇于进取，锐意开拓。皓天国际涉猎不同产业板块，布局全国各地并向海外拓展，立足中国，走向世界。

（三）企业使命：皓天百年 创新报国

皓天国际使命定位于“皓天百年 创新报国”。皓天国际是员工成长的好场所，是培养卓越人才的摇篮。皓天国际以创建百年品牌为目标，广聚天下英才，促进人的全面发展，推动企业走向辉煌，实现“皓天梦”和“中国梦”的高度结合。

（四）企业愿景：精益求精 打造一流

皓天国际以绿色理念为指导，完成转型升级任务，实现集团内部融合与外部拓展的双向腾飞，到2026年，建成以金融业务为统领，以绿色产业为主导，产融协同发展、适度多元的现代化、国际化一流的领军级大型企业集团。

（五）企业道德：心存感恩 公益回馈

皓天国际的企业道德最集中的体现是：心存感恩 公益回馈。在回馈社会中，已经做出了重大贡献。皓天国际的发展是全体皓天人共同努力的结果，对于成绩，感恩时代，感恩党和政府，感恩社会，感恩客户，感恩合作伙伴。皓天人还将继续致力于社会公益，服务于更多利益相关者，奉献于更多群体，使更多人受益。

（六）企业精神：海纳百川 追求卓越

皓天国际顺势而上，激流勇进，快速发展，与皓天人的胸怀和使命密切相关。皓天人以其实力携手各类合作伙伴，来者不拒，合而有为，共同致力于打造百年卓越企业。坚持多元而守本，扩张而慎行的原则，以更稳健的方式促进企业战略目标的实现。

（七）企业风尚：严谨务实 追求效率

皓天国际的企业风尚是严谨务实、追求效率。皓天人勤奋实干、不夸张、不铺张、不怠惰。对于工作，皓天人严谨务实，鞭策自我，苦干快干巧干，崇尚效率。

（八）企业文化特色：“以合为本” 合和共赢

皓天国际的企业文化特色表现为“以合为本”，合和共赢。全体员工间“团结合作”；子公司间“融合经营”；各产业链条间“联合共赢”；在拓展域外业务中，力争“合和共赢”；形成集团人文建设和经营实力的“双合力”。

四、皓天国际集团加强企业文化建设的对策

为使企业文化建设更好地服务于企业宏

伟目标的实现,必须继续加强建设力度,提升企业文化水平。

(一)主体保障:全员关注,普遍参与

皓天国际企业文化建设主体是全体皓天人,其文化建设、贯彻落实不是少数人的行为,需要全员关注、普遍参与。皓天人是皓天企业文化建设的主体,也是皓天企业文化的承载者。集团的高管首先要发挥模范带头作用,积极投身建设、践行皓天国际的企业文化;新进的青年员工,也不应自怀稚嫩,而要努力积淀文化涵养。

(二)舆论保障:加强企业文化宣导

文化建设需要有舆论保障。企业文化建设需要在企业内部加强宣导与贯彻,办公和公共场所要展示企业文化理念,彰显浓厚的企业文化氛围。还要积极借助传统媒体与新媒体加强对皓天国际企业文化的宣传,对于集团重大活动要全面正向宣导,发挥舆论导向作用,接受社会各界监督与建议,不断丰富企业文化的新理念、新精神、新风尚。

(三)组织保障:设置专门机构负责

企业文化建设需要有专门机构负责,在集团内部把企业文化建设放在重要的战略地位。党组织牵头,各职能部门积极参与,企业工青妇等组织也需积极助力企业文化建设。同时,应积极争取中国企业文化促进会等相关组织机构的支持。

(四)资金保障:设置专项经费

皓天国际应在每年预算中,划拨专项经费保障企业文化建设,用于购买和印制有关学习和宣传资料,举办必要的会议,进行必要的奖励,支付外出考察费用,购置相关设备等。

(五)外部保障:积极组织向相关单位学习

为提升企业文化建设水平,应不定期组织员工到相关单位交流学习,并派送优秀员工出国或者在国内知名学府进行专业进修,努力构建学习型企业。

(六)内部机制:开展评比与褒奖

企业内部的评比与褒奖,是全体员工不断践行皓天国际企业文化理念和价值观的重要举措。要定期对企业文化建设中表现突出的分公司和个人给予表扬与奖励。

(七)实施路径:细化、深化、多样化

企业文化建设要注意实施路径的选择。各分公司要结合自己产业特点、区位条件、公司性质、员工构成制定企业文化建设的实施方案。贯彻落实集团企业核心文化理念,力求其细化、深化、多样化。

发挥好国有企业的"独特优势"

朱洪波

习近平总书记指出："坚持党的领导、加强党的建设，是我国国有企业的光荣传统，是国有企业的'根'和'魂'，是我国国有企业的独特优势。"在世界经济一体化日益加深、国内经济转型换挡升级、各种所有制经济竞相发展的新时期，如何进一步发挥党的领导独特优势，促进国有企业做强做优做大，迫切需要探索加强国有企业党的建设工作新思路。

一、提高思想认识，促进党建工作有机融入企业发展

坚持融合统一。必须明确，坚持党对国有企业的领导是重大政治原则，必须一以贯之；建立现代企业制度是国有企业改革的方向，也必须一以贯之。中国特色现代国有企业制度，"特"就特在把党的领导融入公司治理各环节，把企业党组织内嵌到公司治理结构中。要更好地打造国有企业的市场竞争综合优势，必须把坚持党的领导、加强党的建设和完善公司治理统一起来，使党组织的领导核心和政治核心作用融入现代企业制度，把党的政治优势、组织优势和群众工作优势，转化为企业竞争优势、创新优势和科学发展优势。

突出实绩实效。加强党对国有企业的领导必须体现到实绩实效上。归结起来，一是把方向。国有企业要在思想上政治上行动上同以习近平同志为核心的党中央保持高度一致，全面贯彻执行党和国家的方针政策，确保国有企业的社会主义发展方向；二是管大局。国有企业各级党组织要树立政治意识和大局意识，凝心聚力保障企业中心工作有效完成；三是保落实，把党的领导最终转化为国有企业市场核心竞争力。抓住这三个核心指标，国有企业党的建设就有了灵魂和血肉，就能以实际成效接受组织、群众和市场的检验。

务求集约高效。国有企业的干部职工肩负着企业经营发展的重任，经受着履职尽责的考验、市场竞争的考验、业绩任务的考验和各种诱惑的考验。要努力实现党的建设科学集约高效开展，就必须始终围绕企业中心工作，坚持融入业务、创造价值、促进发展；必须聚焦主责主业，紧扣党建工作主要目标和任务，找准重点领域、关键环节和突出问题，精心筹划安排，务求实效；必须立足企业实际，紧紧结合企业自身行业属性、管理模式、员工组成、业务特点，不断提升党建工作的针对性和实效性。

二、完善体制机制，打造国有企业治理体系综合优势

明确党委（党组）的公司治理主体地位。国有企业党委（党组）要按照"总揽全局、协调各方"原则，在同级各种组织（即董事会、监事会、高级经营层等）中发挥领导核心作

用;支持保证其他治理主体积极主动地、独立负责地、协调一致地工作,董事会、监事会和高级经营层在权责范围内享有充分的自主权;在法律和公司章程范围内活动,按规定程序将主张和意见经由董事会、监事会和高级经营层转化为企业的决策意志、监督意志和执行意志。各公司治理主体之间要建立制度化的工作沟通协调机制,既分工又合作,特别是交叉任职的成员要分别按照职责要求及时报告工作。

坚持和完善交叉任职体制。按照职责匹配、科学换位、协调高效原则,调整优化交叉任职比例,实现党委和董事会、监事会、高级经营层权责合理配置。推进党委会与董事会决策职能有机融合,适当增加党委领导班子与董事会成员交叉任职比例,合理控制董事会规模及股权董事占比;有效保障高级经营层经营自主权,适当减少高级经营层与党委领导班子成员交叉任职比例,推进落实职业经理人制度;强化监事会监督权威,完善监事会与纪委工作协调机制,形成监督合力。交叉任职比例"一增一减一强化",既聚焦了党委职能,保证了党委对企业决策、执行和监督各环节的必要影响,又有利于做实董事会、监事会和高级经营层职责,更好地发挥它们作为企业法定决策主体、监督主体和经营主体的作用。

建立分类分层选人用人制度。坚持党管干部、党管人才原则与落实用人主体自主权相结合,区别党委领导班子和董事会、监事会、高级经营层成员的不同职责和履职特点,分类分层选任国有企业领导人员。对交叉任职的党委领导班子成员,由上级党组织会同企业股东单位选拔任用,分别按有关规定履行考察任免程序。对非交叉任职的董事会、监事会和高级经营层成员,由用人主体在规定权限内选任,相关党组织在确定标准、规范程序、参与考察、审核把关方面发挥作用。加大市场化选聘人才力度,实行内部培养和外部引进相结合,畅通现有经营管理者与职业经理人身份转换通道。

三、创新方式方法,提升党建工作质量和实效

做实"一岗双责"。国有企业党委(党组)对党的建设负有不可推卸的主体责任,必须守土有责、守土负责、守土尽责,在谋划开展党建工作时,要紧紧围绕企业改革发展中心任务进行,决不能就党建抓党建。国有企业董事会、监事会和高级经营层要主动支持和参与党建工作,自觉将党建工作落实到企业的决策、执行、监督各环节。突出"关键少数",既切实落实党委书记全面从严治党第一责任人的责任,也明确党员董事长、总经理、监事长在职责范围内抓党建工作落实的主要领导责任。健全国有企业各级党组织设置,完善党建工作责任传导和任务分解机制,一级抓一级,实现党的组织与党建责任同步全覆盖。

注重专业专注。从严从优选配专职党委副书记主抓企业党建工作。按照"总、分结合"的原则完善党务工作部门设置,国有企业总部和直属机构单独设立党务工作部门,负责党建工作的总体谋划和推进实施,确保党建工作专职专责;坚持以合署办公形式,实现党的组织、宣传、纪检、巡视等职能与企业相关业务部门职能有机融合。开展党支部领导班子和党务工作部门"三定"工作,明确党

务工作岗位、职责和编制，选好配强“精业务、爱党建、善党建”的专业化人才队伍。加强国有企业党建工作理论研究和实践探索，创新运用现代信息科技手段，不断提高党建工作综合能力和水平。

强化激励约束。对党委、党支部和党员领导干部等不同责任主体实行分层分类考核，研究建立职责对等、重点突出、内容明确、过程与结果并重、定性与定量相结合的党建工作考核评价指标体系，定期组织实施党建工作考核，将考核结果与单位评级、领导班子评价、干部调整使用、个人绩效分配和评先评优等挂钩。逐步建立党建工作公开述职与民主评议制度，接受基层党员群众代表直接监督评议。将全面从严治党和全面从严治企有机结合起来，同步强化党组织和企业的纪律约束，运用落实监督执纪“四种形态”，切实把纪律挺在前面，为国有企业党的建设和改革发展营造良好氛围。

（作者：中国光大集团党委副书记、监事长）

国有企业落实全面从严治党主体责任的思考

赵化刚

全面从严治党的提出，体现了党对自身建设面临新形势新挑战的高度警醒，体现了党对肩负历史责任历史使命的强烈担当，表明党对新形势下执政党建设规律、治国理政规律有了更深入的把握。全面从严治党说到底是个责任问题，特别是落实主体责任更为重中之重。全面从严治党，靠全党、管全党、治全党，国企不能例外。

一、准确把握全面从严治党思想的新内涵

全面从严治党内涵丰富深刻，为新形势下国企管党治党落实主体责任指明了方向。只有准确认识全面从严治党思想的科学内涵，主体责任才能落实到位。国企各级党组织要切实担负起主体责任，层层传导责任压力，在思想认识的深度、贯彻执行的力度、管党治党的能力上，全面跟上中央的步伐，把全面从严治党的要求落到实处。

（一）“全面”是从严治党的基础

全面治党是从严治党的集中表现，只有全面治党才能真正落实从严治党，才能凸显“严”字当头。全面从严治党表明了党中央整体性、系统性从严管党治党的意志与决心，与“四个全面”战略布局相吻合。这就决定了全面从严治党在管党治党的范围。“全面”在覆盖层次上，它涉及中央、地方和基层各级党组织，对各级党组织都要从严要求、从严管理。“全面”在覆盖领域上，涵盖党政军和企事业单位等各个领域，不留任何领域、任何死角。“全面”除体现在覆盖层次和覆盖领域外，更重要的是其内涵还包括党的自身建设的各个方面建设。全面治党不仅要从党的建设各个方面的问题出发，抓好每个领域的具体建设，还要将思想、组织、作风、制度、反腐倡廉等各领域视为整体，做到系统内部联动起来，才能实现从严全面治党。

（二）“从严”是全面从严治党的关键

世间事，做于细，成于严。从严治党是全面治党的实践抓手，只有从严治党，才能以点带面，解决当前党内管党治党中存在的“失之于宽、失之于软”的现象。一是政治纪律上，强调遵守政治纪律和政治规矩这一“生命线”，要求增强“四个意识”，杜绝逾越红线、突破底线。二是思想教育上，强调补好精神之“钙”，要求拧紧理想信念“总开关”，预防患上“软骨病”。三是组织建设上，强调严肃党内政治生活、严格党员队伍管理，要求增强“自我净化、自我完善、自我革新、自我提高”能力，防止党内生活庸俗化、党员队伍低俗化。四是作风建设上，强调“作风建设永远在路上”，要求“抓小、抓早”，更要“抓常、抓细、抓长”，克服过关思想和一蹴而就。

（三）“治”是全面从严治党的要害

从治的对象上，“没有例外、没有死角”，

在重点关注党员干部这个"关键少数"、防止纪检监察队伍"灯下黑"的同时，还需要兼顾"最大多数"党员。党的各级组织、各级领导干部和全体党员都对全面从严治党负有责任，既是主体，也是客体；既是监督者，也是被监督者；既是依靠对象，也是"管""治"对象。从治的原则上，要在"惩前毖后，治病救人"指引下，切实推进监督执纪"四种形态"落地生根。从治的目的看，是"防发病""正歪树""治病树""拔烂树"，使"政治生态也山清水秀"。从治的方法上，既惩戒又激励，既靠教育又靠制度；既有党内监督又有党外监督，既实施横向监督又实施纵向监督。

二、国有企业落实全面从严治党主体责任的途径

全面从严治党，是一个理论问题，更是一个实践问题。落实主体责任，必须坚持问题导向，有针对性地制定有效措施，切实破解责任落实方面存在的不想为、不敢为和不会为的问题。

（一）强化职责意识

落实全面从严治党，第一位的要求就是增强管党治党、从严治党的职责意识。党委作为全面从严治党的领导者、执行者、推动者，必须自觉增强政治意识、责任意识、担当意识，始终把全面从严治党放在心上、抓在手上、扛在肩上，为国企改革发展稳定提供坚强保障。全面从严治党主体责任，是领导班子的整体责任、全面责任，不是主要领导的"个体责任"。党组织书记要坚持主业主抓，牢固树立"第一身份是党的书记、第一职责是管党治党、第一任务是管好班子带好队伍、第一政绩是抓好党建"的理念，担起"应担之责"，努力成为"从严治党的书记"。党群工作部门要积极发挥组织协调、跟踪管理、监督指导作用，把党委决策部署落到实处。领导班子其他成员要认真履行"一岗双责"责任，根据工作分工对职责范围内的党的建设负领导责任，定期研究、布置、检查和报告分管范围内的党的建设情况。纪委既是监督主体、执纪主体，也是问责主体、管理主体，要切实担负起监督执纪问责责任。纪委书记要专司执纪，把精力放在"监督的再监督、检查的再检查"上。

（二）清晰责任清单

明责知责，才能履责尽责。厘清不同责任主体的责任，是实现"守土有责""严格问责"的基本前提。当前，加强主体责任落实力、完善制度建设的切入口是从建立"务实不务虚"的"责任清单和负面清单"抓起，以"两个清单"的"常态化"推进整个制度体系建设。一方面，要清晰界定党委集体、党委书记以及班子成员的主体责任清单和负面责任清单，明确各个主体该干什么、不该干什么，详细规定在组织领导、严格用权、选任干部、一岗双责、作风建设等方面的责任内容，具体限定在政策执行、选人用人、权力监管等方面"不可为"的内容；另一方面，要明确区分党委责任和纪委责任。党委主体责任与纪委监督责任是同一责任范畴的两个方面，不能互相替代，必须相互协调、共同促进，形成双轮驱动格局。要按照"三转"的要求建立纪委的监督责任清单和监督责任负面清单，聚焦纪委"主阵地"、划定履职"警戒线"。另外，对主体责任的分解、落实不能只落实到党群、纪检等职能部门，还要渗入各项业务活动全流程，将压力层层传导下去，把责

任压紧压实。

（三）完善考核体系

完善党建工作考核评价体系，有利于党建工作责任制的落实。一是要提高党建工作在绩效考核中的比重。在比重的设定上，要根据本企业党建工作受重视程度的实际情况，在现有20%比重的基础上进行相应的提高，切实发挥党建绩效的触动作用。二是要完善考核内容指标。考核内容的制定要坚持分类制定、切合实际的原则，考核指标的设计要做到质量和数量相统一，并根据工作重点和新的要求进行动态调整。三是要改进考核督查方式。对落实党建工作责任、完成任务情况开展专项考核，注重以随机抽查、实地走访、民意调查等方式加大平时考核力度。考核时，要避免凭印象打分、凭喜好打分、凭关系打分，要禁止搞平衡、搞照顾、走过场、搞形式，确保考核评价的权威。四是要强化考核结果的运用。在考核结果的使用上，要防止对成绩不合格者处罚，而对成绩突出者不给予鼓励的做法。要既报经济账、又报党建账，把党的建设考核同企业领导班子综合考评、经营业绩考核衔接起来，同任免、薪酬、奖惩紧密挂起钩来。

（四）严格责任追究

责任追究是落实主体的关键环节，是全面从严治党的重要利器，也是抓早抓小、防止小问题变成大问题的有效举措，守不住这个关卡，从严治党责任就会流于形式、陷入空谈。一是要制定可操作的问责办法。要明确责任追究主体，解决追究谁的责任问题；要明确责任追究内容，解决追究什么责任的问题；要明确责任追究标准，解决如何追究的问题；要明确责任追究形式，解决追究效果问题。二是要进一步完善“一案双查”制度。对落实责任差的党组织视情况进行诫勉谈话、通报批评和组织处理，对党建工作做不好的党组织书记及时予以调整或者免职。严格按照《中国共产党纪律处分条例》规定，既追究当事人的责任，又倒查追究相关领导的责任，主要负责人不管是现职还是已经调离或者升迁，都要倒查追究责任，切实做到有错必究、有责必问。三是各级纪委要严格监督执纪问责，纪委领导班子成员要定期下沉一级调研指导、座谈交流，约谈下级党组织主要负责人。四是要建立责任追究典型问题通报制度，真正形成“问责一个，警醒一片”的强大震慑力。

（作者：中国远洋海运集团有限公司高级政工师）

掌握国有企业宣传舆论主动权的途径与方法研究

孙　媛

当前去中心化的网络传播环境对国企宣传舆论工作提出了更高的要求。本文基于国企性质与时代背景，对掌握国有企业宣传舆论主动权的途径与方法进行探究，构建了"5W对话"模式，制定了"五为"工作标准，并结合具体实践，提出了"以小见大"的操作理念与相关方法，旨在帮助国有企业在自我表达与他人反馈的博弈中寻求共赢。

一、两个决定：掌握国企宣传舆论主动权的必要性

从传播学角度来讲，掌握企业宣传舆论主动权，实际就是要在上下通达的交互传播中掌握话语权，在自我表达与他人反馈的博弈中寻求共赢。为什么要掌握国有企业宣传舆论主动权？可以从以下两个方面追根溯源。

（一）国有企业的性质地位决定

作为国民经济的支柱，国有企业在社会主义现代化建设中的地位举足轻重。习近平总书记强调，国企必须理直气壮做强做优做大。话语权决定主动权，国企良好的话语权无疑有利于自身发展与形象传递，有利于企业自身的体制机制深化改革，更有利于民生保障与国家长治久安。

（二）当前去中心化的网络传播环境决定

web2.0技术的兴起，极大地释放了公众的媒介接近使用权。我们应该清醒地认识到，在当今去中心化的传播环境中，企业的社会形象与公共影响力，不再仅仅取决于自己怎么说，还要看受众怎么看。因此，无论是为了更好地实现国有企业与公众的良性互动，还是当前国企形象面临被解构、被歪曲受损的风险，亟须重塑话语权的现实层面，掌握宣传舆论主动权的途径方法都值得深入探究。

二、"5W对话"模式：新形势下掌握国企宣传舆论主动权的途径与方法

从语艺修辞到形象构建，从权变应对到公共关系，国有企业若想在新形势下占据沟通主动权，必须要思考宣传舆论的五个关键环节，即出发点（Why）、受众是谁（Who）、说什么（What）、以何种途径传播（Way）、何时发声（When），用好"五为"标准，建立"5W对话"模式，从而在企业与公众之间搭建一个双向的、符合时代发展趋势的、和谐平等的沟通桥梁。

（一）Why：责任为魂

在这个被快餐文化包裹的信息时代，受众的猎奇与窥视心理使得网络上充斥着大量的夸张、另类、消极、泛娱乐化的新闻报道。这些看似微不足道的事件，实则潜移默化地转移着公众的关注点，间接导致社会价值传递的错位，助长淡漠的社会风气，不利于社会主义和谐社会的构建。在当前社会改革错综

复杂的形势面前,国有企业应时刻牢记自身围绕中心、服务大局的担当责任,弘扬社会主义核心价值观,传递社会正能量,凝聚社会共识。

(二)Who:以人为本

中国人民大学新闻学院传播系主任胡百精曾说过,凡是有利于公众的才有利于企业。然而许多企业对外传播时却往往忽略以人为本的人文关怀,更多从企业价值领地而非社会公众高地宣传企业文化,这种缺乏换位思考的强行灌输很难形成价值认同。因此,国企要始终把自身和公众放在一个"共同体框架"中去思考问题,多关注企业声音中的公众接近性,向公众呈现一个真实客观的、贴心的、与自身息息相关的企业脸谱。

(三)What:内容为王

宣传舆论中的主动权,并非是简单的"将信息传达给你"这种物理意义上的到达,而是心灵上的到达,即打通从接收到接受的最后一公里。内容永远是王道,受众群体越是庞大、多样化,越是需要我们在选题、措辞上下功夫,少一些枯燥无味的鸡肋题材,多一些彰显企业个性、独特标签的呈现,少一些冗长赘余的表达陈述,多一些有血有肉的故事情节,打造个性化、接地气、触动心灵的题材内容。

(四)Way:渠道为基

完善、立体的传播渠道是强化企业话语体系的基础。一方面,国企要适应时代发展,在加强与传统媒体合作的同时,建立由微博、微信、网站、APP为主的新媒体体系,进而搭建全媒体传播平台,拥有自主发声权。另一方面,要善于运用以职工、直接受众为主的口碑传播,无论是职工,还是企业的直接受众,都可以成为企业文化的传播者、企业形象的代言人。

(五)When:以时为令

宣传营销讲求时机,而危机公关则要及时。实际上,大多数国企工作重心依旧是节假日等重大节点的主题宣传,潜在的、随时可能爆发的危机管理往往被忽视或轻视。面对网络信息传播的混乱无序,寄希望于拖延时间、转移注意力的侥幸心理已然不能奏效,当危机发生时,第一时间迅速反应、3小时内主动发声、后期事态不断跟进,才是化被动为主动的关键。

三、以小见大:在自我表达与他人反馈的博弈中寻求共赢

细节决定成败,在新媒体时代开放性、非组织性的大环境中争夺主动权更是如此,只有把握一点一滴,以小见大,才能在自我表达与他人反馈的博弈中寻求共赢。

(一)借助小活动,呈现大局观

一个企业若想长远发展,就必须把社会责任感和使命感植根于灵魂中,成长在血液里。国企在开展宣传工作时,应把积极履行社会责任作为前提,从大处着眼、小处着手,借助公众开放日、文艺展演、文化宣讲、志愿服务、慰问帮扶、公益献爱心等参与性较强的小活动,呈现大局观,真正做到走出去、请进来,传承社会责任,进而实现企业价值,提升社会影响力。

(二)挖掘小人物,走上大舞台

在满屏宏大叙事的信息冲击下,鲜活平凡的小人物往往更能触动人的心灵。国企要在日常留心素材的搜集与积累,尽可能多地去挖掘小人物身上的闪光点与感动点,培养

企业自己的"形象代言人",将他们普通却不平凡的事迹从后台搬上公众舞台,用这些碎片化的记忆为企业代言。在素材积累方面,企业可以利用大数据概念,建立人才档案库与信息提报平台,及时记录职工的成绩成果,上传部门的先进典型事例;同时,号召每名员工撰写职工日记,随时随地记录自己的所思、所想、所感,搭建人人参与、人人分享的展示平台。

(三)讲好小故事,打造大品牌

从某种意义上来说,在信息碎片化的时代,掌握宣传舆论主动权等同于对注意力经济的争夺。注意力经济既讲求呈现的直观化、具象化、感性化,即强烈的视觉冲击,同时也追求文本的生动性、差异性、独特性,即用好企业文化这张名片。国有企业需要摒弃千篇一律的"通稿填空模式",找准受众群体的兴趣点,挖掘基层真实案例,讲好专属品牌故事。不妨换个思路,由职工自主创作剧本,结合直播、微电影、秒拍、公益广告等深受广大群众喜爱的方式,唱响企业好声音。

(四)依托小载体,发现大问题

网络是一面放大镜,一点点的瑕疵错误可能就会被无限放大,一条负面信息的未有效处理或者选择性忽视,企业可能就会被戳上逃避、掩饰的标签。目前,很多企业均形成了"一报一网双微"的全媒体宣传格局,实现了横向拓展的目标,但却在纵向延伸上还有所欠缺。在当前舆论多元化与尖锐化现象频发的时代背景下,国有企业应广度、深度两手抓,提高与公众互动的有效性,学会透过这些"逆耳"声音看问题,有则积极吸纳反馈,无则主动解释澄清,同时建立日上报、周分析、月总结的舆情信息报送机制,加强与专业舆情监测服务机构的沟通合作,利用大数据智能监控技术,逐步建立起公众信任。

(五)利用小契机,扭转大格局

危机是不可避免的,然而在危机管理中,机遇与挑战并存。如果我们能够秉承"先通后复再重塑"三步走的理念,即畅通对话沟通渠道,及时有效回复发声,以积极行动重塑公司良好形象;按照"快速、公开、真诚、责任、沟通、控制"12 字操作方针开展工作,那么就可以利用小契机,化危机为转机。第一,快速反应、全局统筹,开展舆情搜集与应急处置;第二,透明度决定公信度,第一时间公开发布权威信息;第三,开诚布公,以诚挚之心换取公众信任;第四,牢记命运共同体,把公众的利益放在首位;第五,积极沟通,必要时培育"意见领袖",主动出击应对谣言;最后,分层部署,上下联动,实现负面舆情"可控、能控、在控"。

当前,国有企业掌握企业宣传舆论主动权意义深远,迫在眉睫。如果我们能够充分发挥国企优势,用好"五为标准",建立"5W 对话"模式,以小见大,小中求大,用发展的眼光和方法看待问题,那么主动权也就水到渠成。

(作者单位:天津滨海快速交通发展有限公司)

国企改革发展是振兴实体经济的压舱石

肖　斌

实体经济是我国经济发展的根基。着力振兴实体经济,防止经济运行“脱实向虚”,是经济发展新常态下我们必须迈过的坎。振兴实体经济,必须理直气壮地充分发挥国有企业的顶梁柱作用,全力做好深化国企改革大文章,使国有企业在振兴实体经济中当好排头兵。

一、国有企业是发展实体经济的中坚力量

纵观我国社会主义建设、改革和发展历程,不论经济发展到什么阶段,不论国内外形势如何变化,国有企业都是壮大综合国力、促进经济社会发展的重要力量,特别是在发展实体经济的过程中起着不可替代的压舱石作用。

新中国建立后,正是依靠国有企业白手起家发展实体经济,我国在较短时间内建立起独立且较为完整的工业体系和国民经济体系,夯实了我国经济社会发展的基本面。仅“一五”时期,国有经济总投资为612 亿元,其中对工业建设投资达到 260. 1 亿元,占总投资的42.5% 。“二五”至“四五”期间,虽然经历了“大跃进”和“文化大革命”的严重冲击,但包括大庆油田、武钢、攀钢、刘家峡水电站、湖北二汽及兰新铁路等一大批重点项目仍然在重重困难中纷纷建成。可以说,新中国建设史既是一部实体经济的发展史,更是一部国有企业从无到有、从小到大的创业史和奋斗史。

改革开放新时期,正是依靠国有企业不断改革发展,增强了我国在经济全球化格局中的分工地位,一跃成为世界制造大国,让“中国制造”成为一张闪亮的国家名片。随着社会主义市场经济体制的确立,国有经济比重降低但质量和影响力大幅提升,对实体经济的引领和带动作用不断增强。以制造业为例,国有企业为我国建立起门类齐全、独立完整的制造体系奠定了重要基础,并通过持续推动技术创新,大大提高了我国制造业的综合竞争力。在载人航天、载人深潜、北斗卫星导航、高铁装备等领域,国有企业取得一批重大技术突破,形成了若干具有国际竞争力的骨干企业,同时有效发挥辐射作用,带动了大批非公有制企业发展。

党的十八大以来,正是依靠国有企业在推进供给侧结构性改革中的带动作用,我国经济转型升级步伐不断加快,实体经济企稳向好态势日趋明显。当前,有人把实体经济出现困难归咎于国有企业,这既不符合事实,也无助于振兴实体经济。振兴实体经济的出路,在于深化供给侧结构性改革。在这方面,国有企业当仁不让,再次挑起了供给侧结构性改革的大梁。国有企业通过主动化解过剩产能、提高创新能力等方式不断解决结构失衡问题,通过引导体外循环资金重新流回实

体经济，不断解决"脱实向虚"问题，为振兴实体经济发挥了顶梁柱和主力军的作用。2016年全年，中央企业分别化解钢铁、煤炭过剩产能1019万吨、3497万吨，处置"僵尸企业"和特困企业398户。

二、充分发挥国有企业独有的制度优势

事实胜于雄辩。国有企业一直是我国实体经济发展壮大的主力军，特别是每当实体经济遇到困难或是处在爬坡过坎的关键时期，国有企业总是能挺在最前面，为实体经济振兴起到至关重要的作用。这些作用，正是中国特色社会主义制度优势的鲜明体现。

公有制经济的根本优势，使国有企业能够克服市场经济的盲目性。自上世纪80年代以来，西方资本主义国家金融化程度不断加深，虚拟经济逐渐脱离实体经济的运行基础。这种"脱实向虚"的倾向，根源于资本主义私有制无法适应和满足社会化大生产要求而日益显现的制度困境。资本的终极目的是追求剩余价值最大化，发展实体经济、创造使用价值不过是其在价值增殖过程中必须经历的环节。因此，每当经济向好之时，资本的获利冲动促使虚拟经济伴随实体经济扩张而不断自我膨胀，并不断抬高实体经济使用资金的成本；而一旦经济危机降临，悲观的避险情绪又会诱导资本从实体经济中大量出逃，进一步加剧实体经济的困难。相形之下，公有制经济尤其是国有经济能够适应经济社会发展规律的内在要求，最大限度主动避免和自动纠正"脱实向虚"的弊端，保障我们在利用资本的同时，又能有效节制资本，克服市场经济与生俱来的盲目性、自发性和滞后性，在经济波动中进行有力的"反向调节"。

党的领导与党的建设的独特优势，使国有企业始终把维护最广大人民的根本利益放在第一位。坚持党的领导、加强党的建设是我国国有企业的"根"和"魂"，是国外企业所不具备的独特优势。国有企业党组织在企业中发挥领导核心和政治核心作用，集中表现为把方向、管大局、保落实。把方向，就是坚持满足人民物质文化需要这一社会主义生产目的不动摇。无论国内外经济形势和环境如何变化，始终坚持以人民为中心的发展思想，始终紧握实体经济这个"命根子"，坚定"靠实体经济起家，也要靠实体经济走向未来"的信心和决心。管大局，就是抓住工作的主线和重点，将深化供给侧结构性改革，特别是提高供给质量和核心竞争力作为当前和今后一个时期的中心工作来抓。通过充分发挥党组织的战斗堡垒作用，国有企业不断攻坚克难，弘扬精益求精的"工匠精神"，持续提升产品质量，并实现了诸多核心技术的突破。保落实，就是敢于担当，把中央精神不折不扣落到实处。党领导下的国有企业拥有一个坚强有力的领导班子，一支勇于攻坚克难的高素质干部队伍，一支充分组织起来的职工队伍，还有一种为国家为人民真诚奉献的精神，始终是落实供给侧结构性改革各项任务的排头兵。"沧海横流，方显出英雄本色。"事实充分证明，实体经济发展越是困难重重，这种内生于党对国有企业领导的"根"与"魂"就越能成为砥砺前行、行稳致远的不二法宝。

我国基本经济制度的巨大优势，使国有企业发挥了重要的带动引导作用。改革开放以来，我国逐步确立了公有制为主体、多种所有制经济共同发展的基本经济制度。非公有

制经济快速发展，为我国实体经济发展起到了重要作用。非公有制经济由弱变强，离不开国有企业的支持、带动和引导。在基础设施建设领域，国有企业投入大量人财物力，承担短期不能盈利的风险，发挥自身产业协作的功能，为民营经济的发展奠定了坚实的产业基础。在基础研发和高新技术领域，国有企业不断攻克关键技术，培养和储备一批科学技术人才，并通过多种方式将这些先进技术和人才向民营企业外溢。伴随西方发达国家启动“再工业化”进程，我国制造业发展面临产业技术标准、核心技术、品牌以及生产销售网络多被西方跨国企业垄断的难题。应对这一难题，可以充分利用我国基本经济制度的巨大优势，发挥国有企业对民营企业的引导和带动作用，激发实体经济两个微观基础的积极性，共同构筑一个掌握自主核心技术、品牌和全球生产销售网络的企业群。经济形势越是艰难，这种内生于我国基本经济制度的“国引民进，共同发展”就越能激发出一种“撸起袖子加油干，众人拾柴火焰高”的精气神。

三、在深化国企改革中助推实体经济振兴

打铁还需自身硬。我国经济发展进入新常态以来，一些国有企业生产经营出现了困难，部分行业产能过剩严重，高速增长时期积累的矛盾和问题凸显。作为实体经济战场的重要阵地，国有企业唯有自强不息，通过全面深化改革不断自我完善和补齐短板，才能真正在振兴实体经济的攻坚战中承重担、打硬仗。

抓住供给侧结构性改革这条主线。深化国有企业改革，助推实体经济发展，要抓住供给侧结构性改革这条主线，以重点任务带动全面改革。深入推进“三去一降一补”，继续推动钢铁、煤炭行业化解过剩产能，牵住处置“僵尸企业”这个牛鼻子，采取有力措施降低企业杠杆率。着力提升产品质量和竞争力，按照特定的行业发展规律，主动在产品结构、产业结构、工艺结构、技术结构等各个方面，按照高标准进行自我调整和更新升级，使产品更好适应市场需求。

抓住创新发展这个制胜法宝。创新是实体产业发展的制胜法宝，要把创新作为引领国有企业改革发展的第一动力。坚持以创新人才为依托，以创新产业为支撑，以创新型企业为主体，形成持续创新的系统能力。加快工业化和信息化深度融合，把数字化、网络化、智能化、绿色化作为提升产业竞争力的技术基点，以技术的群体性突破支撑引领新兴产业集群发展。构建高水平研发机构，形成完善的研发组织体系，联合中小企业和科研单位系统布局创新链，提供产业技术创新整体解决方案。

抓住体制机制改革这个关键。要以提高核心竞争力和资源配置效率为目标，加快形成有效制衡的公司法人治理结构、灵活高效的市场化经营机制。积极稳妥推进混合所有制改革，按照完善治理、强化激励、突出主业、提高效率的要求，在电力、石油、天然气、铁路、民航、电信、军工等领域迈出实质性步伐。实行以增加知识价值为导向的分配政策，加大对科技人员的激励。加快推动国有资本投资、运营公司改革试点，提高国有资本运行和配置效率。

抓住加强和改善党的领导这个根本。

坚持党对国有企业的领导不动摇，把加强党的领导和完善公司治理统一起来，把党的领导有效融入公司治理各环节。明确和落实党组织在公司法人治理结构中的法定地位，明确党组织在企业决策、执行、监督各环节的权责和工作方式。充分发挥国有企业中党组织的先锋队作用，不打折扣地履行党在经济领域执政骨干的责任担当。切实抓好中央各项政策的贯彻落实，确保改革落地见效，使国有企业成为打赢供给侧结构性改革攻坚战和振兴实体经济最可信赖的依靠力量。

（作者单位：厦门大学中国特色社会主义研究中心）

第十六部分

中国传统文化与治国理政研究

论中国传统文化的起源及其基本内容

中国传统文化研究课题组

以习近平为核心的党中央倡导学习和研究中国传统文化,这对于加强思想文化建设,有着重要的现实意义。研究中国传统文化,首先必须搞清楚中国传统文化的起源即源头。关于中国传统文化的源头问题,众说纷云,各执已见。如果对传统文化的起源搞不清楚,传统文化的内容和基本精神就很难讲清楚,甚至会搞偏了方向,对民众进行误导。于是,我们课题组专门来研究中国传统文化的起源即源头问题,我们认为:中国传统文化起源于《黄帝四经》、《黄帝内经》和《神农本草经》。

关于传统文化的起源问题,人们的认识有一个不断深化的过程。改革开放初期,很多国学专家认为,儒学是中国传统文化的源头,孔子是主要代表人物,论语是主要代表著作;后来有人提出道学是中国传统文化的源头,老子是主要代表人物,道德经是主要代表著作;新世纪前后,一位教授写了《易经新解》,不少人提出易学是中国传统文化的源头,周文王是主要代表人物,易经是主要代表著作。在新世纪的新阶段,中央党校和北京大学几位教授,提出炎黄学说是中国传统文化的源头,黄帝和炎帝是主要代表人物,也是中华文明的始祖,《黄帝内经》、《黄帝四经》和《神农本草经》是主要代表著作。尽管这些著作是春秋战国时期著名医学家和黄老学派学者系统整理成文的,但思想反映了黄帝和炎帝的思想。据说这是黄帝和炎帝的子孙后代传承到商周和春秋战国时期成书的。有人把先祖的光辉思想,仅仅看成是春秋战国黄老学派的思想,这是不正确的。黄老学派在文字整理中有贡献,但讲述的是先祖的思想。当然,他们在整理中有丰富和发展,这点也应该肯定。基于上述认识,我们课题组着重研究了《黄帝四经》和《黄帝内经》的基本内容和思想。《神农本草经》没有专门列题,主要融入《黄帝内经》一起研究。

一、关于《黄帝四经》的基本内容和思想

《黄帝四经》有人称《黄帝外经》,它主要以“道”的哲学思想论述治国理政的方略。从五千多年前的历史背景看,黄帝和炎帝的父亲少典,是北方黄河流域最强大的一个部落,建部落都城于陕西乔山(即今黄陵),因为黄帝才能出众,英勇善战,少典将主要权力交给黄帝。少典死后,炎黄分别征战,炎帝占领了黄河中上游,黄帝占领了中原和华北平原。因九黎族蚩尤侵占了炎帝的领土、连年战争,蚩尤强暴,炎帝败退,求黄帝相助。于是,炎黄在河北涿鹿,联合打败蚩尤。很多年之后,炎黄两大部落族群发生矛盾,曾在河北省阪泉决战,黄帝胜,炎帝败,黄帝令炎帝退往长江以南,不可再建独立王国。经过长期的努力,黄帝统一了北方各大小部落,在涿鹿

釜山召开统一大会,被拥戴为正式君王,并在涿鹿建立了黄帝都城,为中华第一帝国。据宋《轩辕黄帝传》讲,涿鹿之战后,黄帝曾派人回陕西乔山,“勒功乔岳”,即整修乔山原来的黄城。多年以后,黄帝在黄陵城统领和治理国家:制衣冠、造房屋、立法度、讲礼仪、行年月日、计亩设井、划野分州、制造车舟、养蚕制丝、革新农耕、研究医病、倡导养生,奠定了中华文明的基础。这里还应该强调,黄帝和炎帝共同创造了中华文明,因为炎帝不仅在耕田地、养家畜、创纺织、制陶器、保火种、用草药、采茶饮等方面作出了突出贡献,而且在江南扩疆土作出了重大贡献。炎帝以湖北神农架为基地,不断开辟新的疆土:南至湖南与广东交界处,东至湖南与江西交界处,西至云贵地区,北至湖北与河南交界处,这些地域都有炎帝的足迹。所以我们说,炎帝和黄帝共同创造了中华文明,共同奠定了中华版图的雏形,是中华民族的伟大始祖。了解这个历史背景,我们就容易理解《黄帝四经》所论述的以道为核心治国理政的光辉思想。

《黄帝四经》由四篇经文组成:第一篇《经法》;第二篇《十大经》;第三篇《称经》;第四篇《道原》。

第一篇《经法》,共有九项内容,核心思想是以道的哲学理念论述治国理政的方略。

第一项内容讲《道法》,主要论述道和法的关系,强调“道生法”。这里说的“道”,指事物的本源和普遍规律;这里说的“法”,指法度和法则。该文中强调,制定法度、法则必须符合道的普遍规律。这实质上是以法治国的思想。而要以法治国,必须做到“公者明”。黄帝所说的“公”,是指君臣的心胸如天地一样广阔,能包容一切,能做到“四无”,特别是能“去私而立公”。“去私立公”,是《道法》的重要思想。第二项内容《国次》,主要论述为政治国不能失去正常法度,若失去法度就会使“社稷大匡”,即国家恐惧不安。因此主张:要以道法为统,首治兵戎;在国家稳定后,再治理农、地、民、臣。这就是《黄帝四经》提出的治国方案和脉络。第三项内容《君正》,主要论述国君如何正确治国理政问题。这里讲的“正”,实际是指要正确处理内政和外政。内政主要强调要实施安民亲民之策,必须遵从民俗,选用德臣,使民众衣食富足;外政,主要强调对诸候各小国的大政方针要善严结合,使之归顺,实现统一。第四项内容《六分》,主要论述治理国家必须理顺六种关系,重点应理顺君与臣、王与妃、圣贤与不贤的关系,强调君与臣、王与妃不能逆位,若逆位必丧于德,导致天下大乱、甚至亡国。第五项内容《四度》,进一步论述君与臣、贤与不肖、动与静、赏与罚四个方面的关系,强调要“审知四度,可定天下,可安一国”。第六项内容《国论》,继续论述用天道和法度治理国家的理论。这一项内容着重从正面讲道理,所以题目简称“论”。第七项内容《亡论》,主要从国家政策和君主德行失误的角度,论述造成亡国的种种因素,强调在众多因素中,内在因素是主要因素,特别要防止国家内部臣民对于权和利的追逐趋骛。第八项内容《论约》,主要论述天道的合成,强调君臣管理国家要符合天道人理。这里说的天道,是指自然界春夏秋冬的运转规律;这里说的人理,是指民心、民力。只要符合天道民理,就能成就大业,稳定天下。否则就会遭受天灾人祸的惩罚。第九项内容《名理》,主要论述“循名究理”问题。“名”,指事物的名称;

“理”，是指事物运转的道理。认为循名究理与循法执度有内在联系，其联系点就是道的神妙作用；而道的神妙作用在于掌握“度”，即天道规定的度数。强调“处于度之内者，静而不可移也；见于度之外者，动而不可化也。”就是说，当事物处于量变积累的静态时，事物仍维持质的相对稳定性；当事物运动到量变积累的极度时，事物即使发生质变，但“道”的神妙作用仍然不会变化。这就告诉人们，客观规律只能适应，不能违背。

综观《黄帝四经》第一篇的九项内容，其首尾互相呼应，其核心思想是论述“道”的哲理，并以道的哲理阐述古代明君治国理政的方略，这不仅有历史价值，而且有现实意义。

第二篇《十大经》，共分十五节，包括《立命》、《观察》、《五正》、《果童》、《正乱》、《姓争》、《雌雄》、《兵容》、《成法》、《三禁》、《本伐》、《前道》、《行守》、《顺道》、《名刑》等内容，其核心思想是提出了“敬天、爱地、亲民”的大政方针。

这一篇的特点，采用了黄帝与大臣力墨、果童、阉冉对话的形式论述，同《黄帝内经》是一种写作形式。这十五节的内容很丰富，概括起来有三个方面的内容：一是从宇宙观和人生观的角度论述治国理政的理念，比第一篇的论述深入了一大步；二是主要从形名、刑德、阴阳、雌雄等对立统一及其相互转化的关系，深入论述朴素的唯物辩证法哲学思想；三是在《兵容》、《本伐》等篇中论述了古代军事战争和兵法思想。其实，这也是治国理政的一个重要组成部分。

下边，着重从宇宙观、人生观的角度进一步论述黄帝治国理政的理念和方略问题。

《十大经》的首篇《立命》一文，记述了黄帝即位时的演说。黄帝说：“吾受命于天，定位于地，成名于人。”因此，“吾畏天爱地亲民。”这里说的“畏天”，即敬畏上天之意。因此，这句话可以译为“吾敬天爱地亲民。”黄帝在演说中接着说：因为我敬畏天命所以上天保佑我，我热爱大地所以土地不荒废，我亲近人民所以人民不会饥馁疲劳而流于死亡。正因为这些，所以我能永守帝位而不会失去。如果再能在理政中眷爱亲属和起用贤人，那就功德圆满，再无缺憾了。黄帝在即位演说中讲的这段话，不仅反映了他治国理政的宇宙观和人生观，而且对后世的尧、舜、禹和夏、商、周都有很大的影响。

在《观察》一节，黄帝从“敬天爱地亲民”的治国理念出发，记述了他派辅臣力墨到各地微服私访的实际情况，并根据实情为臣民制定了行为标准，建立了制度，其要点是对丑恶品行要严加惩罚，对善良品行要加以褒奖，以此来约束官员行为，顺正民情。黄帝特别强调：在治理百姓时，不要人为强制性地去执行，而要“始于德教，继之以刑罚”。这就是黄帝提出的“教育与处罚相结合、以教育为先”的治理思想，至今仍有现实意义。

另外，在《十大经》里还论述了治国理政的原则、能力、态度、前道等问题。比如，在《五正》一节，黄帝与辅臣阉冉以对话的形式，讲述了君臣治国理政要坚持“正己修身”和“先德后刑”的原则，强调首先要完善自己，即“正人先正己”，这样才能取得事业的成功。在《果童》一节，黄帝又与辅臣果童以对话的形式，探讨了理政的能力问题，认为人的能力有强弱，这就决定了社会上必然出现富贵贫贱的等级制度，要使这种制度稳定存在，既要“教化臣民而使之端正”，又要“严明法度和端正名分而使臣民得以治理。”在《前道》一节，提出了“上知天时，下知地利，中知人事”的理念。在《行守》一节，提出了“为人修身，要言行一致”；治国理政，要光明正大，而不应娇益好争、刑于雄节、耍弄阴谋。否则，就会自取灭亡。从以上十多节论述中可以看出，黄帝在五千多年前建立帝国后治理国家的基本情况，其中很多思想，至今仍有现实指导意义。研究中国传统文化，绝不可忽视这些问题。

第三篇《称经》。该篇不分章节，只分段落，内容很丰富，其核心思想仍然是以道的哲理论述治国修身问题。其重点内容是论述“七大对称关系”的治国策略。

一是论述了“特殊与常规”的对称关系。指出：要用特殊手段处理特殊事情，用常规的手段处理常规的事情，特殊与常规，各有其位，不能混淆。强调“凡出现改变常规超越准度时，其应对之策便是谦抑退让，虚静无为。”其实质是“顺天道而为”，若失去天道，必然导致国家衰亡。

二是论述了“君主与大臣”的对称关系。认为：作为君主的大臣，名义上是臣子，其实也是老师；濒危国家的大臣，名义上是君主的臣子，其实只是临时雇员；流亡君主的大臣，名义上是臣子，其实只是仆人罢了。黄帝强调：那些自以为德能广大的人，必被人们所唾弃，盛气凌人者很危险，甚至会自取耻辱和灭亡。

三是论述了“夺取与给予”的辩证关系。认为：天道控制着寒来暑往，地道掌握着高低差异，人道决定着夺取与给予。强调：如果取予得法，就可以尊为圣王；取予失当，就会流徙四方、身死国亡。而要做到取予得法，最重要的是消除“一己之私”。

四是论述了“内事与外事”的辩证关系，认为“内事不和，不得言外”，如果连家庭内部事情都不能理顺，就没有资格谈论外事，即国家的大事。同时还指出：“天地之道，有左有右”。因此，一切行事，都不能固执己见，而应顺应天道，即顺应客观规律。

五是论述“表面与内在”的辩证关系。提倡表里如一，反对用表面的和善掩盖内在的丑恶。如果用表面和善掩盖内在丑恶，即使没有内乱，也会有外敌侵悔，这是治国修身应重视的一个问题。

六是论述了刑罚与法度的辩证关系。认为善于治理国家的明君，最理想的不是用刑罚，而是善于正定法度，审明是非曲直。通过考察是非曲直，审核它的性质，来加以权衡判断。这是治理国家的一个重要问题。

七是论述了“阴阳”原则，强调研讨一切问题，都要从“阴阳”这个总原则出发，并指出了“阴阳”的表现。首先指出了大自然界的阴阳：“天阳地阴，春阳秋阴、夏阳冬阴、昼阳夜阴”。同时还指出了社会方面的阴阳：有事阳无事阴，申者阳屈者阴，君主阳辅臣阴、上阳下阴，男阳女阴、父阳子阴、兄阳弟阴、长阳少阴、贵阳贱阴、达阳穷阴、生阳死阴，制人者阳被制者阴，长官阳士兵阴、说话阳沉默阴、给予阳接受阴，等等。该篇经文在指出阴阳表现的同时，还指出了阴阳的“道源”，认为凡属阳的都是取法天道，凡属阴者都是取法地道。以上论述，初步构建了阴阳体系的框架，为后世阴阳学说的形成奠定了基础。

第四篇《道原》，主要对“道”的名号、功用和特点进行探源，重点是探索道的本源和“二重组合”特质。

什么是道？它的本源特点是什么？《黄帝四经》在最后一篇进行了探讨并做出了明确的回答。

首先，什么是道？道是客观事物运转的基本规律。黄帝认为，道的名号是一，道的处所是虚无，道的作用是合和，道的实质是无为而有为，道的基本内容是天道、地道、人道。其次，道的本源和特点是什么？《道原》在第二段开门见山地说："一者其号也"。这里讲的"一"，是指道的名称和本源。所谓"一"，指宇宙之元气，即第一能量。黄帝还指出：道的特质既无形又有形，既无始又有始，既无名又有名，既隐微又显明，既虚无又实在，既运动变化又静止恒定。这种二重组合特质，又使它具备了阴阳转化、刚柔转化、强弱转化、进退转化、伸屈转化以及无为与有为转化等一系列辩证法的特征。由此可见，《道原》这篇经文是《黄帝四经》以道治天下的最后终结，也反映了《黄帝四经》从始到终都以道的哲理论述治国理政的方略问题。这是全书的灵魂。

二、关于《黄帝内经》的基本内容的和思想

《黄帝内经》是5000多年前黄帝与他的太医歧伯（陕甘交界处庆阳人），以对话形式探讨治病与养生的传世之作。该经典在夏、商、周时代就有文字记载；春秋战国时代留下来的古本只有几千字，共18卷；秦汉时期已发展到数万字，是崇拜《黄帝内经》的名家在释译中增加了自己的体验；唐宋时期译释本已达十多万字，多为在运用中的发挥；现代人解说《黄帝内经》已达数十万字，多为技术上的发挥。然而，对其深刻的思想性和理论性论述甚少。我们研究《黄帝内经》，主要从理论和战略策略角度进行探讨。

《黄帝内经》的内容很丰富，主要由两大部分构成：一是"素问"，二是"灵枢"。"素问"原文共9卷，后经唐王冰订补，增编为24卷81篇。该经文最重要的是《素问》篇。从《素问》所论内容看，它以人与自然和谐统一以及阴阳学说、经络学说、五行学说、脏腑学说为主线，论述养生、防病、治病、修练以及人体脏腑、经脉、病因、治疗、药物等方面的关系，集医论与医方于一体，养生与治理于一体，不仅是中医养生的理论渊源，而且是黄帝实施亲民政策的重要组成部分。

《黄帝内经》的第二篇是《灵枢》。《灵枢》也称《针经》，原文共9卷，后经修订增至12卷81篇，是针灸按摩学说的理论渊源。《灵枢》与《素向》于春秋战国时期合称《黄帝内经》，传承至今。《灵枢》的重要特点是将理论性与操作性融为一体，其操作性更强。尤其对经脉、腧穴、针刺、气血等，有系统而精细的论述。黄帝之所以创立针灸按摩理论和操作方法，主要出于爱民之心和怜民之情。据《灵枢》第一卷记述："黄帝问歧伯：我对万民如同对待自己的亲人，……我想让他们不吃有毒的药草，也不用砭石而是用微针疏通经脉，调节血气，使血气在经脉中逆顺往返出入会合，以使身体肌能恢复正常。若要使这种疗法流传百世，必须阐明针刺的方法，使它永不失传，且使用方便又不被人们所遗忘，若要做到这样就得制定法则，区别表里、明白气血周而复始的循行规律。要说明各种针具的形状和用途，我认为首先应创立《针经》。我想听一听你有何看法。"于是，黄帝与歧伯一起探讨了"经血的变化"、"九针的功用"、"邪

气的危害与针刺原则、针刺要点”等，详尽论述了如何根据人体经络运行进行针灸的问题，形成了中国特色的针灸学说，为当代的针灸按摩学奠定了理论和实践基础。

《黄帝内经》及其解释，发展到唐宋时期已达十多万字，有学者将其内容概括为 18 论 24 法。我们研究《黄帝内经》多年，认为它的核心理论是“平和”二字，这里讲的“平和”有两层含义：一是平衡；二是和谐。“平和”理论的基本内容是五大平和论和三大养生治病学说。五大平和论的主要内容有：一是人与自然平和论；二是阴阳平和论；三是经脉血气平和论；四是营养平和论；五是心态平和论。三大养生治病学说主要是：上医治未病；中医治欲病；下医治已病。这三大学说，用现代语言可以译释为“上策治未病，中策治欲病，下策治已病。”五大平和论是中华医学与养生学说的基础理论，这里首先加以介绍。

关于人与自然平和论

这是贯穿《黄帝内经》的一根红线，是五论中的根本。所谓人与自然平和，是指人与自然界要相适应，要和谐相处。自然界的阳光、空气、水分、食物和各种元素等，是维持人的生命和健康的基本物质条件，人类一刻也不能离开它。人既要吸收自然界的正气和精华，又要避开自然界的邪气和病毒，防止这些邪气和病毒侵入肌体。养生和医疗都是为了维护人与自然的平和，使其相通相合，这是生命的根本。《黄帝内经》认为，自然界有金、水、木、火、土五大要素，人体有肺、肾、肝、心、脾五大脏腑，两者相通相合，中医养生就是求其和谐统一，这样人才能健康长寿。自古以来，历代开明帝王和专家学者，都很重视研究自然界的五行与人体五脏的关系，形成了五行学说，这既是中医的基础理论，也是养生的基本学说，其根本问题是把握人与自然的平和问题。

关于阴阳平和论

这是《黄帝内经》的核心理论，也是人与自然保持平和的关键所在。《黄帝内经》认为，自然界的阴阳平和运转，决定人体阴阳平和运转。在自然界，天为阳、地为阴，天地协调运转构成和谐世界；白天为阳、夜晚为阴，昼劳夜眠协调运转构建和谐人生；风为阳、水为阴，风与水协调运转形成吉祥风水；南为阳、北为阴，南北对应协调运转，构成健康屋室；男为阳，女为阴，男女婚配协调运转，构成美满家庭。黄帝对歧佰说：“自古以来，人与自然力量息息相通相合是生命的根本，就在于把握生命之气与自然息息相通的规律，其关键又取决于阴阳的变化规律。”所谓阴阳变化规律，是指阴阳平和与不平和的矛盾统一规律，包括人体阴阳平和与自然界阴阳平和相乎应的规律。《黄帝内经》认为，阴阳的作用在于阴气宁静，阳气固密。阴气藏精于体内扶持阳气，阳气卫护外表使人体固密。只要阴阳平和就能坚固精髓、调和血气，使体内外调和，内毒不能滋生，外邪不能入侵，保证人体健康。为此，黄帝同歧伯就如何维护阴阳平和的一系列问题，包括阴阳平和与饮食作息的关系问题，阴阳平和与五脏六腑健康的关系问题，阴阳平和与四季气候变化的关系问题，以及阴阳失衡如何调节的对策措施问题，作了认真的探讨。这些理论和医治措施，历代中医大师在传承中不断丰富发展，形成了中华民族独特的阴阳治病学说和养生学说。

关于经脉平和论

这里说的经脉是指人体的经络和脉络两

大部分，它遍布全身，把人体各部位联结成有机整体，在和谐运转中使人体充满生机与活力。《黄帝内经》认为，人体有十二大经络，它以阴阳属性分布在手足两大部位循环，并同五脏六腑相对应。十二经络分布在手上的有六经，分布在足上的也有六经。这十二大经络的沿线，共设有365处气穴，是针刺按摩的穴位。其中涉及五脏的有50穴位，涉及六腑的72穴位，涉及头部的有25穴位，治热病的有59穴位，治水病的有57穴位，还有其它若干穴位，构成了一个宏大而严密的经络系统工程，简称“经络学说”。

同经络学说相对应的还有脉络学说。脉络是血气运行的通道，遍布人的肌体全身。脉络以心脏为轴心，分动脉和静脉两大类，其中动脉有大动脉、小动脉、支动脉、细动脉和微动脉等，相应的是静脉系统分支，两者共同构成人体的脉络系统。这个脉络系统，不仅承担着为全身运送氧气和营养的任务，而且还承担着运送废气和废料的任务，使人体不断吐故纳新，维护人体的生命与活力。《黄帝内经》认为，血气是脉络运转的动力，是脉络生命之本，是生化精神的物质基础。血气在和谐运转中发挥各自的功能，其中血为氧气和营养之载体，气为血运行之动源。人体内之气有两类：一是先天之气，也称元气，是生育之本，精神之源，存储于肾脏之中，沿经脉输送关键部位。二是后天之气，由营气和卫气构成。营气也称精气，是水谷、肉类、果蔬生化所演变，汇入血脉流动全身，滋养五脏六腑和全身肌体，也是动力之源；卫气也称悍气，是维护肌体免疫和抵抗外界病毒侵袭之卫士，它也由营养物质化生，主要循行于皮肤、肌肉、肓膜之间，敷布于胸腹之内。只要营卫两气有活力，人的生命就有活力，身体就健康，否则，疾病就会发生，甚至危及生命。所以，爱惜元气，保护营卫两气，是中医养生极其重要的问题。

关于营养平和论

营养是精、气、神的物质基础，营养平和的关键是满足人体的合理需要。《黄帝内经》把提供营养的食物分为五色、五味。所谓五色，就是以食物的颜色为标志，分为白色食物、黑色食物、赤色食物、绿色食物和黄色食物，《黄帝内经》强调：在食用多种多样的食物中维护其营养平衡，是养生健康首先应重视的问题。所谓五味，是以人的味觉感受将食物分为五种味道：一是酸味食物，二是辣味食物，三是苦味食物，四是甜味食物，五是咸味食物。《黄帝内经》把食物分为五色五味，是对人类养生的伟大贡献。更为重要的是，《黄帝内经》在《素问》第一卷和第二卷，还论述了五色五味食品对人体特别是五脏的影响，提出了营养“平和”思想，强调只有五色五味营养平衡，并和谐运转，才能保证五脏六腑和谐运转，而五脏六腑和谐运转则能保证人体生化机能。若五色五味任何一种过量，就会危害五脏六腑，影响人的健康。这就告诉我们，营养的关键要多样化和适量，这是养生的秘决；多样化和适量的关键，又在于身体是否需要。无论怎么好的营养，身体已满足而不再需要，吃进去就会堆积成有害垃圾，久而久之，就会造成肌体病变。所以，养生之秘决，就要在营养多样化中求“平和”。

关于心态平和论

心态平和是养生的决定性因素。《黄帝内经》一开始就关注这个问题，认为心态平和之根本就是遵循天地阴阳变化之道，以此来调和自身的阴阳变化；同时要努力做到饮食有节，作息有律，劳作适度，使形体与精神协调统一，这样才能活到自然寿命终结。黄帝在同歧伯的对话中，认为先古高人养生的心态有三种境界：一是“真人”的心态境界。“真人”能顺应自然变化规律，不断吸收自然界的清精之气，使精神守待于内；同时又能远离世俗纷扰，养精蓄锐，保全精气，从而益寿延年。二是“圣人”的心态境界。“圣人”能顺应潮流变化，没有恼怒怨恨之心，既不刻意超凡脱俗，也不刻意与世俗混同，外不为事务过累，内不被思虑所伤，以安静愉快为生活之根本，努力保持自得其乐的心情，这样也能延年益寿。三是“贤人”的心态境界。“贤人”能根据天地、日月、星辰和四季的运行规律来调养自身，争取符合“真人”和“圣人”的养生心态，这种人也能延年益寿。从以上三种人的心态可以看出，他们的共同特点是个体心态与客观外界保持平和，心境适应客观外界变化，遇变遇难不着急、不悲伤、不上火；遇喜或身居高位不盛气、不自傲。这样，就能使身体不受伤害，使生命永葆活力。

如何保持心态平和呢？《黄帝内经》提出了如下三种方法：一是保持清心寡欲，使精气内守而不耗损，使真气在体内正常运行。二是能够淡泊名利，使心境坦荡无怨。为此，就应不因出身贵贱而傲丧，不因名利地位而伤神，这样才能保持真气在肌体中平和运转，抵抗邪气入身。三是修心养性，提高心境素质，使淫乱邪念不动摇心志，使歪理邪说不迷惑心态，使不良嗜好不伴随终生。歧伯特别警告那些沾染恶习之人，批评他们把喝酒当成饮水，醉酒之后肆行房事，纵情色欲使精气枯竭、真元之气耗散，不到半百就衰亡终结。

《黄帝内经》不仅创立了养生治病的五大理论，而且还提出了养生治病的策略原则，强调上策治未病，中策治欲病，下策治已病。

关于“上策治未病”问题

上策治未病，是《黄帝内经》养生治病的首选方针原则。所谓治未病，是指没有得病之前就要防治疾病发生，使身体始终保持健康状态。如何治未病？主要有三条对策措施：一是预防，二是保健，三是修炼。预防的基本措施是讲卫生、防事故、防传染。预防必须同保健措施紧密结合。保健的内容很广泛，主要有以下三个要点：一是饮食保健；二是补充保健品；三是戒烟限酒和调节劳作时间。

治未病的第三项对策措施就是修炼。修炼有两个方面：一是修心养性；二是锻炼身体。所谓修心养性，就是通过静养和反省提高心理素质和道德素质，使自己既保持良好心态，又养成良好品行。修心养性的关键是心神宁静，默念“真、善、美”，排除“假、恶、丑”，使心灵纯洁，品质端正，行为高尚，时刻想着民众。修心养性必须与锻炼身体相结合。如果说修心养性主要靠宁静，那么锻炼身体主要靠运动，动静结合，协调一致，才能修炼成功。

关于中策治欲病问题

研究《黄帝内经》的学者认为，人主要有四欲：一是食欲、二是性欲、三是利欲、四是权欲。治欲病不是治欲望，而是治疗人的欲望出了毛病，过盛和丧失，就是欲病的主要表现。下边讲讲四欲问题。

关于食欲。这是人人都有的欲望，若没有食欲，就不能从食物中吸取营养，人就无法生存，食欲是人的生理本能，是人类生存的法宝。但食欲不能过盛,若食欲长期过盛,又不能自控,就必然使人体的营养供大于求,造成人体不断肥胖,营养失去平衡,五脏六腑就出现毛病,久而久之,就可能出现高血糖、高血脂、高血压等病症,进而还可能演变成心脑和血管等疾病。所以,食欲长期过盛是一种欲病,必须通过养生调节和治疗。

关于性欲。这也是正常人都有的欲望。若没有性欲,就无法产生性爱和后代,人类就无法繁衍。所以,性欲是爱情和传承后代的基础,不可没有。然而,性欲如果过度而不能自控,就会损伤元气,摧残身体,甚至造成道德沦丧和犯罪。

关于利欲。这是常人所具有的基本欲望,也是人们劳作的重要动力。这一点必须首先看到。然而利欲不能过度,如果过度可能导致利欲熏心,追求不正当的利益,甚至昧着良心,坑害他人和国家利益,直至发展到谋财害命,走向犯罪道路。在这种情况下,利欲过盛就成了一种病症,必须在初盛时就注意养生治疗。《黄帝内经》特别强调要防止私欲过度,这是公正办事的重要条件。

关于权欲。这是治欲病的深层次问题。所谓权欲,有三层意思:一是话语权、二是指挥权、三是领导权。话语权和指挥权,从家庭层面到社会层面都存在;领导权主要在社会层面,从基层到高层都存在。权欲具有两重性,并且同利益密切相关。所谓两重性,是指权欲既可以激励人们为家庭和社会谋福利,又可以激励人们争权夺利和图谋不正当的私利。《黄帝四经》曾提醒臣民不要过度追逐权和利。可见,古代先祖就重视防止权欲过度问题。

关于"下策治已病"问题

从《黄帝内经》提出"上医治未病"和"下医治已病"以来,到现在已经有几千年的历史了。然而,当今运用"上医治未病"的人还是少数,而践行"下医治已病"的人仍然是多数。应该指出,人们已经得了病,那就要积极治疗。这一点绝不能忽视。问题是如何正确处理"治已病"与"治未病"的关系。

为什么大多数人在养生治病问题上采用"下策"呢? 一是认识不够深刻。绝大多数人都对《黄帝内经》提出的"上医治未病"认识不深刻,有的人根本不知道有《黄帝内经》,更不知道"治未病"是上策,因而不可能在预防、保健、修炼三大措施上多下功夫。只是有了病症,万不得已才去医院看病,采取"下策治已病"是痛苦所迫而为之。二是宣传不够广泛。三是措施不够得力。关键是上层领导部门没有采取得力措施。2014 年 5 月,有一位医学专家告诉我:日本只有 1 亿 2703 万人,可是从事中医和养生的医疗工作人员却有 400 多万,他们高度重视《黄帝内经》里的"上策治未病"思想,其结果是人均寿命男性 80 岁,女性 87 岁;中国有 13 亿多人口,是日本人口的十几倍,可中医养生医疗工作者只有 150 多万人,其队伍是日本的三分之一;我国人口平均寿命,男性为 74 岁,女性为 77 岁,与日本相差甚远。《黄帝内经》源于中国,是中华民族的文化瑰宝,应该在我国首先发扬光大。我们研究传统文化,就是要提高中华民族的素质,包括文化素质和健康素质。

(课题组成员主要是中央党校、北京大学和清华大学教授,执笔者为张蔚萍教授)

简论中国传统文化在春秋战国时期的丰富发展

中国传统文化研究课题组

黄帝创立的以道为核心的治国理政学说，历经尧舜禹夏商周到了春秋战国时期，其思想不断丰富和发展。其丰富发展主要表现在三个方面：一是春秋战国之前的周朝初年，出现了周文王创立的周易学说；二是春秋战国之初的东周末年，出现了老子创立的道家学说；三是春秋战国时期百家争鸣中出现了以孔子为代表的儒家学说。这三大学说，对黄帝的以道为核心的哲学思想及其治国理政理念进一步丰富发展，使中华传统文化的兴旺发展达到了新的高峰，对后世的影响重大而深远。下边着重介绍易学、道学、儒学的主要内容及其对黄帝学说的丰富发展。

一、关于易学的内容及其对黄帝治国理政学说的丰富发展

易学，也称周易学说。何为周易？周易是指周朝创立的“易经”和“易传”的总称。其中“易经”是根本，“易传”是对“易经”产生、形成和内容的注解。

易经在流传中不断丰富，共分上下两篇：上篇30卦，下篇34卦，其基础仍是八卦。它对黄帝学说的丰富发展很多，概括起来有两个方面：

首先，在道的哲学理论方面，对天道、地道、人道做了新的解释和发挥，提出了以“乾、坤、震、巽、坎、离、艮、兑”为内容的新“八卦”学说，象征着“天、地、雷、风、水、火、山、泽”八种自然现象。八卦中提出了很多重要思想。比如，在“乾卦”中提出了“自强不息”的奋斗精神；在“坤卦”中提出了“厚德载物”的道德理念；在“系辞”中提出了“方以类聚、物以群分”和“鼓之以雷霆，润之以风雨”等论断。这些新思想，对世人理政修身有重大影响，也有现实意义。当然，易学也有神奇之说，曾被一些巫师利用，造成不良影响。

其次，在治国理政的实践方面，对黄帝的“内事外事”治家兴国学说有新的丰富发展，强调内事即后宫之事，由贤明皇后管理，提出了“以德治家”的方略，倡导“仁义礼智”，族亲互相信任。周文王的第三子周公旦，在这方面做出了突出贡献，他所倡导的“仁义礼智信”理念，对世人特别是儒家有重大影响，是儒学的奠基人。在外事方面，也就是治国理政方面，周文王坚持黄帝的“敬天爱地亲民”的治国理政方略。这里说的亲民，就是了解民心，爱惜民力，减轻民负，使农民休养生息，生产发展，社会稳定，国泰民安。这些思想和政策，影响了周朝的子孙后代。这是周朝稳定发展800年的奥秘所在。

二、关于老子道学的基本内容及其对黄帝学说的丰富发展

老子是春秋战国时期楚国苦县人（今河南鹿邑人），姓李名耳，生活于公元前571至

471年之间,长寿百岁。他自幼家境富裕,聪明智慧,曾在周朝末年在“守藏室”为吏,苦读天文、地理、人伦、史书,尤其对易经有研究。公元前516年,周朝王室内乱,老子厌烦争权夺利之斗争,离官归隐,欲出函谷关,西游秦国,写出了《道德经》五千文,后继者对其进行研究,形成道学。史称老子是道家学说的创始人,实为黄帝、周易道论的继承发展者。道学的内容涉及到哲学、人生观、政治观、品德观和养生观等方面,对黄帝创造的道学和易学有进一步丰富发展,概括起来有以下五个要点:

一是丰富发展了以道为核心的宇宙观。认为宇宙由物质和空间组成,两者相互对应,其核心是道在发挥作用,因而在《道德经》一开篇就指出:“道可道,非常道”,即道是可以讲清楚的,但道的运转基本规律是不能违背的。老子强调:“道生一(指元气,即能量);一生二(指阴阳二气);二生三(指天地人);三生万物。”这是老子朴素的唯物辩证法思想,是《道德经》的精华。

二是提出了“道尊德贵”和“清静无为”的人生观,主张“仁慈、善良、柔弱、勤俭、不为天下先”,强调做事应“顺其自然,无为而有为”;关键是内心要“无欲”和“无私”,努力做到“上善若水”、“上德若谷”、“与世无争”。这就是老子倡导的人生观。

三是坚持了黄帝“以道治国”的政治观,认为以道治理天下,美德就会普及天下;讲道崇德,就会使百姓减欲、心静、温饱、体强,使天下太平,防止战乱发生。

四是提出了“有无皆是气”的生死观,认为生命就是“有”,死亡就是“无”,这是人道变化之规律。所以老子认为:“有无皆是气,生死一气也”。因此,不要因“有”而过喜,因“无”而过悲,自觉做到“以智统情”的崇高境界。

五是倡导“神静心清”的养生观。明确指出:“养生之道,在神静心清。神静心清者,洗内心之污垢也。心中之垢,一为物欲,一为知求。去欲去求,则心中坦然;心中坦然,则动静自然。动静自然,则心中无所牵挂,于是当卧则卧,当起则起,当行则行,当止则止,外物不能扰其心。”他还倡导,养生应动静结合,因为“动而与阳同德,静而与阴同波。其动若水,其静若镜,其应若响,此乃养生之经也。”

老子的上述思想,得到黄老学派的高度评价和传颂,其中一些重要思想,至今仍有现实意义。当然,老子不是神人,某些见解也有不当,如不鼓励追求上进和革新,不加分析反对一切战争等。对于2000多年前的道学名家,不能苛求,我们应学习其思想精华,借鉴其正确的人生观和宇宙观来修身养性。

三、关于儒家学说的主要思想及其对黄道学说的丰富发展

孔子是儒家学说的主要代表,山东曲阜人,姓孔名丘,生活于公元前551年至479年,活了73岁。孔子比老子小20岁,曾两次拜访老子,向老子请教,自称是老子的学生。很多学者认为,儒学是对道学的进一步丰富发展。孔子自幼家境贫寒,随母到富裕的舅家居住学习,刻苦学习了“礼、乐、射、御、书、数”六艺;19岁担任“委吏”,管理仓库,之后被提升为“乘田”,管理放牧;30岁创办私学,收徒讲学,开启平民教育,曾收弟子三千,其中有72贤士,最优秀者有颜回、子路、曾

参、子贡、伯牛，冉有等人。公元前504年，孔子带领学生修“六经”，即《诗经》、《书经》、《礼经》、《易经》、《乐经》、《春秋》，为后人留下了宝贵文化遗产。孔子去世之后，由弟子将他的言论编成《论语》，是中国最早的语录体著作，被信奉者称为“圣经”。全书共20篇，内容很丰富，在传承中不断丰富发展，形成了儒家学说，简称儒学。

儒学的内容很广泛，其核心是研究和弘扬孔子治国、济世、救民的理念及思想体系。这个思想体系主要有四个要点：

一是“仁爱”思想。“仁”字最早出现在《尚书》，孔子崇学《尚书》中的“仁”，认为“仁者，爱人。”于是提出了“仁爱”思想。孔子讲的“仁爱”有三个方面的含义：一是家庭之“仁爱”，保持家庭和睦；二是社会群体之间的“仁爱”，维护社会和谐；三是君王对臣民施“仁政之爱”，这种“仁爱”源于黄帝亲民的治国理政思想。

二是“德治”思想。孔子主张“为政以德”。他之所以提倡“德治”，主要有两个原因：一是执意将“仁爱”理念应用于政治思想领域；二是春秋战国时期诸侯争战不断德失礼乱、社会不安，他寄望于“德治”稳定天下。孔子提出的“德治”与“仁、义、礼、智、信”密切相关。孔子认为“德治”的实质是“仁治”，而且必须有君、臣、佐、史之间的礼仪相辅；必须有君主的智慧才能实施；必须有“信”和“义”的保证才能持久施政。孔子的梦想是建立“天下为公”的理想社会。由此可见，“德治”和“仁爱”是孔子政治思想的核心理念。

三是“民教”思想。孔子崇拜黄帝始祖的“亲民”思想，结合自身的经历，针对贵族垄断学校教育的不公平现象，产生了创办私学的平民教育思想，并在办学中提出了“有教无类”的办学方针；提出了“因材施教”、“诲人不倦”、“循循善诱”的教育原则；提出了知识教育与道德教育相结合的重要思想；提出了既要培养熟读“四书”、“五经”的学者，又要培养“学而优则仕”的优秀管理人才，使这些人才能够“齐家、治国、平天下”。这些教育思想，对历代教育事业都有重大影响。

四是“品德修养”思想。孔子认为，要做到“德治”和“仁爱”，从君臣到平民，人人都要重视品德修养。强调要用“仁”、“义”、“礼”、“智”、“信”严格要求自己；要努力做到“与人为善”，“谦逊祥和”，“已所不欲，勿施于人”；要善于“慎独”、善于“自我反省”，努力做到“吾日三省吾身”，等等。这就是孔子的“品德修养”思想，对世人进行思想道德修养有重大的影响。

由以上情况可以看出，中国传统文化在春秋战国时期有了很大的丰富发展，并且随着历史的发展继续丰富和发展。从秦汉到唐宋，从明清到现代，都在不断丰富和发展。这表明中华传统文化和中华文明，具有极其强大的生命力和推动力。

（课题组文稿集体讨论，由张蔚萍教授执笔）

简议中国传统文化对现代中国新文化的影响

张卫平

我们这里说的现代中国新文化，主要是指1919年“五四”运动以来的新文化和现代中国文化。新文化对传统文化既有继承发展又有批评扬弃。特别是中国共产党诞生以后，逐渐形成了中国红色文化，这是中国现代新文化的精华。下边，着重研究中国传统优秀文化对中国红色文化特别是建国以后中国新文化的影响。我们这里说的影响，主要是指继承发展问题。应该说，这种影响是多方面的，不能一一都详细谈到，而只能从社会哲学思想、中医学思想、学校和家庭教育思想四个方面略加探讨。

一、关于对中国共产党社会哲学思想的影响

中国共产党的哲学思想同毛泽东哲学思想是一致的。毛泽东很重视研究中国古代的朴素唯物辩证法思想，并同马克思主义哲学思想相结合，对先祖创立的“道”的哲学思想进一步丰富和发展。所谓“道”，就是指事物发展变化的基本规律。古人认为它很神妙，看不见摸不着，但始终存在，发挥作用。毛泽东总结了古今中外的实践经验，认为事物发展变化的基本规律，主要有三大基本规律，即对立统一规律、质量互变规律，否定之否定规律，这就把神秘的“道”，用简洁的现代理论语言加以概括，既有高度，又很实在，容易掌握，是对古代朴素唯物辩证法的创造性发展。毛泽东还把黄帝的“敬天、爱地、亲民”道学思想，用于治国理政方面，强调核心是“实事求是”和“为人民服务”，并以此作为党执政的根本宗旨。“不忘初心”，最重要的是不忘“亲民”和“为人民服务”的初心，有现实指导意义。

二、关于对中国医药卫生事业的影响

众所周知。《黄帝内经》和《神农百草经》是中医学的理论渊源，它对现代中医的影响主要表现在两个方面：一是在理论方面，它在继承传统中医学说的基础上，努力使中医科学化和现代化，进而促进中西医结合和不断创新，在创新中逐渐形成比较系统的、科学的现代中医学说；二是在实践方面，《黄帝内经》等传统中医学说，引领和推动着中医队伍不断扩大，中医技术不断更新，中医药材不断丰富，中医医疗保健观念不断深入；特别是“上策治未病”的先进理念正在深入人心，将对增强中华民族的健康素质发挥重要作用。总之，中医传统文化对现代中医学的影响越来越大，其中某些成果已经获得了诺贝尔奖，被世界科学家所公认。这说明传统中医文化在世界上也有影响。

三、关于对中国学校教育事业的重要影响

传统教育对现代中国教育事业的影响很

多，突出表现在以下三个方面：一是在办学理念上的影响，使平民教育思想发展为全民教育事业；二是在培养人才上的影响，引导培养人才必须在“自强”和“厚德”上下功夫。如清华大学把“自强不息”和“厚德载物”作为校训，培养了大批德才兼备的人才。三是在办学方针上的影响，坚持“有教无类”，坚持“因材施教”，坚持“德、智、体”全面发展，使中华民族素质普遍提高；四是在教学原则上，坚持多方面的知识教育和社会实践相结合，坚持传统教育与现代化教育相结合，坚持“以我为主，博采众长，融合提炼，自成一家”的原则，从而推动教育事业不断创新，走出一条中国式的教育发展道路，也就是又红又专的培养人才道路。

四、关于对中国家庭教育的重大影响

在中国传统文化中，家庭教育是一项重要内容。中国的传统家教强调“忠、孝、仁、爱、信”；强调勤俭奋斗，努力做好人，做实事，创大业，这些对中国现代家教有很大的影响，培养出了许多优秀人才。这方面的事例很多，我不能一一列举。下边我仅举钱家和习家两个家庭的家教例子，来说明家教对人才成长的影响。钱家的家教就是四个字：忠孝、勤奋。这是传统家教最重要的思想，也是红色文化最重要的思想。这种“传统”与“红色”相结合，就培养出了钱学森、钱三强等一批忠党爱国的科学家。再看看习家特别是习仲勋同志的家教，也是传统文化与红色文化相结合，培养出了习近平同志这样的优秀领导人。

习仲勋的家教内容有五个方面：一是要坦诚忠厚做人；二是要勤奋埋头做事；三是要有信仰追求；四是要有赤子情怀；五是要坚持俭朴生活。习仲勋同志建国后身为国务院副总理兼秘书长 10 多年，始终坚持传统文化“内事严、外事正”的原则。所谓内事严，就是家教要严。这种严格的家教，对子女的影响很大，这从习近平 2011 年 10 月 15 日给父亲写的一封长信中可以看出。当时，习近平全家给习仲勋过 88 岁大寿，习近平时任福建省省长，因工作繁忙不能回家，于是写了一封长信给父亲拜寿，感谢父亲培育之恩。信中说：“我从父亲这里继承和吸取的高尚品质很多。”“一是学父亲做人，……为人坦诚忠厚”；“二是学父亲做事，……为党和人民建国立业。……但从不居功，从不张扬”；“三是学父亲对信仰的执著追求，……永远坚持正确的方向”；“四是学父亲的赤子情怀，……热爱中国人民，热爱革命战友，热爱家乡父老，热爱父母、妻子、儿女。您用自己博大的爱，影响着周围的人们，您像一头老黄牛，为中国人民默默地耕耘着。这也激励着我将自己毕生的精力投入到为人民服务的事业，报效养育我的锦绣中华和父老乡亲。”“五是学父亲的俭朴生活。……父亲的节俭几近苛刻，家教的严格，也是众所周知的。我从小就是在父亲的这种教育下，养成勤俭持家习惯的。这是一个堪称楷模的老布尔什维克和共产党人的家风。这样的家风，应世代相传。”当习近平的姐姐习桥桥读完这封信时热泪盈眶，习仲勋听完后对家人说：“为人民服务，就是对父亲最大的孝。”习近平同志多次对外国朋友讲：“我的执政理念就是为人民服务，敢于担当自己应担当的责任。”这说明老祖宗的亲民思想和毛主席的“为人民服务”思想，已经在习仲勋和习近平心里深深地扎了根。这也说明，优秀传统文化与红色文化相结合，必然具有强大的生命力和影响力。

中国传统文化，从炎黄到当代，已有5000多年的历史。它不仅历史长久，而且内容丰富，涉及到天文地理、社会哲学、治国方略、伦理道德、医药卫生、学校教育、家教家风等，是博大精深的知识宝库和文化遗产。我们研究它，是为了传承和弘扬它，以推动社会主义先进文化大发展。愿我们团结协作，互相学习，共同努力，为祖国的文化繁荣，做出力所能及的应有贡献。

（作者：中共中央党校教授）

论《黄帝四经》的治国理政思想

张蔚萍

习总书记《在北京大学师生座谈会上的讲话》中指出："我们要虚心学习借鉴人类社会创造的一切文明成果，但我们不能数典忘祖。"这里说的不能忘祖，就是指不能忘记炎黄始祖。因为"中华文明绵延数千年，有其独特的价值体系。中国优秀传统文化已经成为中华民族的基因，根植在中国人民内心，潜移默化影响着中国人民的思想方式和行为方式。今天，我们倡导和弘扬社会主义核心价值观，必须从中汲取丰富营养，否则就不会有生命力和影响力。"（见《习近平谈治国理政》第一卷第170、171页）为了更好地汲取中华传统文化的营养，就必须研究中华传统文化的源头《黄帝四经》这部经典。有几位外国朋友多次问我："你们中国人常说自己是炎黄子孙，炎黄是什么样的人物？他有何重大贡献？怎么会让中国人那么样地崇拜？"我回答说："炎黄是指炎帝和黄帝两个人，他们共同开创了中华文明，距今已有5500年的历史。中国远古时代有一个"神农时期"，神农时代末期，黄河流域有一个很大的部落，其首领叫少典，他有两个同父异母的儿子：大儿子施姓姜，号称神农；二儿子施姓姬，号称轩辕。少典死后，炎黄先后称帝，黄帝居中原和华北一带，炎帝居黄河中上游，因黄河下游九黎族首领蚩尤侵占炎帝领地而争斗。蚩尤强暴，炎帝败退，并求黄帝相助。于是，炎帝同黄帝联合，打败了蚩尤，并杀死蚩尤，其蚩尤部落骨干和族民，大部归顺黄帝管辖，一部归顺炎帝管辖。多年之后，炎帝与黄帝部落发生矛盾，最后在今河北省阪泉决战，黄帝胜，炎帝败，黄帝未杀炎帝，令其退往江南，不可再建独立王国。炎帝在江南集中精力研究南方农耕和草药，并以湖北神农架为基地，行走湖南等地考察，扩大了领土，开创了南方文明，逝后葬于湖南炎陵县。与此同时，黄帝统一了长江以北和黄河流域各部落，曾在河北涿鹿釜山召开建国会议，被各部族正式推选为君主，接着在涿鹿建立了都城，制定法典，选择了歧伯、力墨、阉冉、果童四名大臣辅佐执政，以贯彻他提出的"敬天、爱地、亲民"治国理政方略。这是世界上第一个以"敬天爱地亲民"为宗旨的贤明帝国，因而使中华民族千年无战事，推动了中华文明的发展。"记得有一次讲到这里，有位美国朋友激动地说："这的确是伟大的贡献！你们中华文明已有5000多年的历史，而我们美国只有二、三百年的历史，零头都比我们多，敬佩！敬佩！"

关于炎黄两帝对中华文明的贡献，我在《中国传统文化的源头》一文中，主要概括了五个方面：一是在家庭文明上，制衣冠、建房屋、造车舟、行婚嫁、讲伦理、孝父母、育子女等；二是在农耕文明上，计亩设井，养畜耕田、改良农具、更新谷物等；三是在治国理政方向，修城建宫、选臣辅佐、划分州野、征收田税、建立法制，法德结合，留下了《黄帝四经》

这部治国理政的经典；四是在医病养生方面，首创了阴阳学说、五行学说、经络学说、脏腑学说、血气学说，留下了《黄帝内经》和《神农本草经》这两部中医学经典；五是在天文方面，观察天象、敬天爱地、行年月日、循四季节气等。中华文明历史悠久，内容丰富，令外国友人赞叹。我们中国人，有中华文明的基因，更要研读中华文明，积极吸收其精华和营养。

令人敬佩的是，黄帝在5000多年前创建第一个神圣帝国的时候，就探讨治国理政的方略问题。史传与《黄帝内经》相对应的有《黄帝外经》，已经失传很久。一九七三年，我国在古汉墓中发现了《黄帝四经》帛书，很多学者认为，这就是相传的《黄帝外经》。《黄帝四经》的中心思想是讲述黄帝治国理政的方略问题，提出了"敬天爱地亲民"的光辉思想，是我们研究先祖治国理政方略的宝贵文献，其中很多思想，对现代治国理政也有重要参考价值和指导意义。

那么，《黄帝四经》在治国理政方面都讲了那些内客呢？

《黄帝四经》由四篇经文组成：第一篇《经法》；第二篇《十大经》；第三篇《称经》；第四篇《道原》。下边，分别介绍各篇的重要内容。

第一篇《经法》，共有九项内容，核心思想是以道的哲学理念论述治国理政方略。

第一项内容讲《道法》，主要论述道和法的关系，强调"道生法"。这里说的"道"，指事物的本源和普遍规律；这里说的"法"，指法度和法则。《道法》中强调，制定法度、法则必须符合道的普遍规律。而要做到这一点，就必须做到"公者明"，"无私者智"。黄帝所说的"公"，是指人的心胸如天地一样广阔，能包容一切，能做到"去私而立公"。"去私立公"，这是人类历史上第一次论述对待公与私的正确态度问题，意义深远。第二项内容《国次》，主要论述治国不能失去正常的法度，若失去法度就会使"社稷大匡"，即国家恐惧不安。因此主张：要以道法为统，首治兵戎；在国家稳定后，再治理农、地、民、臣。这就是《黄帝四经》提出的依法治国思想和实施脉络。第三项内容《君正》，主要论述国君如何正确处理内政和外政的关系问题。内政主要讲应实施安民亲民之策，强调必须遵从民俗，选用德臣，使民众衣食富足；外政，主要论述对诸候各国的大政方针，强调必须善严结合，使之归顺，实现统一。第四项内容《六分》，主要论述治理国家必须理顺六种关系，重点应理顺君与臣、王与妃、圣贤与不贤的关系，强调君与臣、王与妃不能逆位，若逆位必丧于德，导致天下大乱、甚至亡国。第五项内容《四度》，进一步论述君与臣、贤与不肖、动与静、赏与罚四个方面的关系，强调"审知四度，可定天下，可安一国"。第六项内容《国论》，继续论述用天道和法度治理国家的理论。这一项内容着重从正面讲道理，所以题目简称"论"。第七项内容《亡论》，主要从国家政策和君主德行失误的角度，论述造成亡国的种种因素，强调在众多因素中，内在因素是主要因素，特别要防止国家内部臣民对于权和利的追逐趋骛。实质是反对争权夺利。第八项内容《论约》，主要论述君臣管理国家要符合天道人理。这里说的天道，是指自然界春夏秋冬的运转规律；这里说的人理，是指民心、民力。只要符合天道民理，就能成就大业，稳定天下。第九项内容《名理》，主要论述"循名究理"问题。"名"，指事物的名称;“理”,指事物运转的道理。认为循名究理与循法执度有内在联系,关键在于掌握“度”,即天道规定的度数。《名理》这节告诉人们,事物不管怎样变化,客观规律只能适应,不能违背。

综观《黄帝四经》第一篇《经法》的九项内容,其首尾互相呼应,其核心思想是论述“道”的哲理,并以道的哲理阐述了治国理政的方略,特别是依法治国的方略,这不仅有历史价值,而且有现实意义。

第二篇《十大经》,共分十五节,包括《立命》、《观察》、《五正》、《果童》、《正乱》、《姓争》、《雌雄》、《兵容》、《成法》、《三禁》、《本伐》、《前道》、《行守》、《顺道》、《名刑》等内容,其核心思想是阐述“敬天、爱地、亲民”的基本国策。

这一篇的特点,采用了黄帝与大臣力墨、果童、阉冉对话的形式论述,同《黄帝内经》是一种写作形式。这十五节的内容很丰富,概括起来有三个方面的内容:一是从宇宙观和人生观的角度论述“敬天、爱地、亲民”的治国理政国策问题,比第一篇《经法》的论述深入了一步;二是主要从形名、刑德、阴阳、雌雄等对立统一及其相互转化的关系,深入论述朴素的唯物辩证法哲学思想;三是在《兵容》、《本伐》等篇中论述了古代军事战争和兵法思想。其实,这也是治国理政的一个重要组成部分。

下边,着重从宇宙观、人生观的角度进一步论述黄帝治国理政的理念和国策问题。

《十大经》的首篇《立命》一文,记述了黄帝即位时的演说。黄帝说:“吾受命于天,定位于地,成名于人。”因此,“吾畏天爱地亲民。”这里说的“畏天”,即敬畏上天之意。因此,这句话可以译为“吾敬天爱地亲民。”黄帝在演说中接着说:因为我敬畏天命所以上天保佑我,我热爱大地所以土地不荒废,我亲近人民所以人民不会饥馁疲劳而流于死亡。正因为这些,所以我能永守帝位而不会失去。如果再能在理政中眷爱亲属和起用贤人,那就功德圆满,再无缺憾了。黄帝在即位演说中讲的这段话,不仅反映了他治国理政的宇宙观和人生观,而且对后世的尧、舜、禹和夏、商、周都有很大的影响。

在《观察》一节,黄帝从“敬天爱地亲民”的治国理念出发,记述了他派辅臣力墨(也称力黑)到各地微服四访的实际情况,并根据实情为臣民制定了行为准则,建立了制度,其要点是对丑恶品行要严加惩罚,对善良品行要加以褒奖,以此来约束官员行为,顺正民情。黄帝强调:在治理百姓时,不要人为强制性地去执行,而要“先德后刑以养生。”这就是黄帝提出的“先进行德教,后实施刑罚”的治理思想,至今仍有现实意义。

另外,在《十大经》里还论述了治国理政的原则、能力、态度、前道等问题。比如,在《五正》一节,黄帝与辅臣阉冉以对话的形式,讲述了君臣治国理政要坚持“正己修身”的原则,强调首先要完善自己,正人先正己,这样才能取得事业的成功。在《果童》一节,黄帝又与辅臣果童以对话的形式,探讨了理政的能力问题,认为人的能力有强弱,这就决定了社会上必然出现富贵贫贱的等级制度,要使这种制度稳定存在,既要“教化臣民而使之端正”,又要“严明法度使民得以治理。”在《姓争》一节,提出了“刑德相养,逆顺若成”的治国方略,强调刑法和德教要互相配合。在《前道》一节,提出了“上知天时,下知地利，中知人事”的理念。在《行守》一节，提出了为人修身，要言行一致；治国理政，要光明正大，不应娇益好争、刑于雄节、要弄阴谋。否则，就会自取灭亡。从以上十多节论述中可以看出，黄帝治理国家中有丰富的经验，其核心思想是“敬天、爱地、亲民”和“法德结合”。这些思想，对当代治国理政仍有现实指导意义。

第三篇《称经》。该篇不分章节，只分段落，内容很丰富，其核心思想仍然是以道的哲理论述治国理政问题。其重点内容是论述“七大对称关系”的治国策略。

一是论述了“特殊与常规”的对称关系。指出：要用特殊手段处理特殊事情，用常规的手段处理常规的事情。特殊与常规，各有其位，不能混淆。强调处理“特殊与常规”的关键是掌握度，必须顺天道而为。

二是论述了“君主与大臣”的对称关系。认为：作为君主的大臣，名义上是臣子，其实也是老师；濒危国家的大臣，名义上是君主的臣子，其实只是临时雇员；流亡君主的大臣，名义上是臣子，其实只是仆人罢了。黄帝强调：那些自以为德能广大的人，必被人们所唾弃，盛气凌人者很危险，甚至会自取耻辱和灭亡。

三是论述了“夺取与给予”的辩证关系。认为：天道控制着寒来暑往，地道掌握着高低差异，人道决定着夺取与给予。强调：如果取予得法，就可以尊为圣王；取予失当，就会流徒四方、身死国亡。而要做到取予得法，最重要的是消除一己之私。

四是论述了“内事与外事”的辩证关系，认为“内事不和，不得言外”，如果连家庭内部事情都不能理顺，就没有资格谈论外事，即国家大事。同时还指出：“天地之道，有左有右”。因此，一切行事，都不能固执己见，而应顺应天道，不可偏向。

五是论述“表面与内在”的辩证关系。提倡表里如一，反对用表面的和善掩盖内在的丑恶。如果用表面和善掩盖内在丑恶，即使没有内乱，也会有外敌侵侮，这是治国修身应重视的一个问题。

六是论述了刑罚与法度的辩证关系。认为善于治理国家的明君，最理想的不是用刑罚，而是善于正定法度，审明是非曲直。通过考察是非曲直，审核它的性质，来加以权衡判断。这是治理国家的一个重要问题。

七是论述了“阴阳”原则，强调研讨一切问题，都要从“阴阳”这个总原则出发，并指出了“阴阳”的表现。首先指出了大自然界的阴阳：天阳地阴，春阳秋阴、夏阳冬阴、昼阳夜阴。同时还指出了社会方面的阴阳：有事阳无事阴，申者阳屈者阴，君主阳辅臣阴、上阳下阴，男阳女阴、父阳子阴、兄阳弟阴、长阳少阴、贵阳贱阴、达阳穷阴、生阳死阴，制人者阳被制者阴，长官阳士兵阴、说话阳沉默阴、给予阳接受阴，等等。该篇经文在指出阴阳表现的同时，还指出了阴阳的“道源”，认为凡属阳者都是取法天道，凡属阴者都是取法地道。以上论述，初步构建了阴阳体系的框架，为后世阴阳学说的形成奠定了基础。

第四篇《道原》，主要对“道”的名号、功用和特点进行探源，重点是探索道的本源和“二重组合”特质。

什么是道？它的本源特点是什么？《黄帝四经》在最后这一篇进行了探讨并做出了明确回答。

首先，什么是道？道是客观事物运转的

基本规律。黄帝认为，道的名号是一，道的处所是虚无，道的作用是合和，道的实质是无为而有为，道的基本内容是天道、地道、人道。其次，道的本源和特点是什么？《道原》在第二段开门见山地说："一者其号也"。这里讲的"一"，是指道的名称和本源。所谓"一"，指宇宙之元气，即第一能量。黄帝还指出：道的特质既无形又有形，既无始又有始，既无名又有名，既隐微又显明，既虚无又实在，既运动变化又静止恒定。这种二重组合特质，又使它具备了阴阳转化、刚柔转化、强弱转化、进退转化、伸屈转化以及无为与有为转化等一系列辩证法的特征。由此可见，《道原》这篇经文是《黄帝四经》以道治天下的最后终结，也反映了《黄帝四经》从始到终都以道的哲理论述治国理政的方略问题。这是全书的灵魂。

有人问：在5000多年前的远古时代，黄帝为什么要谈论治国理政问题？黄帝之所以谈治国理政，既有社会发展原因，又有个人素质原因。首先，从社会发展原因看，那时我国社会，已经从原始社会的燧人氏、伏羲氏、神农氏三个时期，经历数万年已进入农耕部落征战联合的新时期。学者们称这个"新时期"为奴隶社会初创时期。在这一时期，北方各部落族群，已经由游牧生活过渡到农耕定居生活，人们已经学会了驯养家畜、种植农作物、交换物品，包括交换农作物、手工产品等，并且已经由母系家庭过渡到父系家庭，出现了婚姻嫁娶和私有财产。社会的演变产生了部落氏族之间的利益矛盾和冲突，先是炎帝与黄帝部落联合打败了蚩尤部落，后是黄帝部落又打败了炎帝部落。于是，北方各部落归顺于黄帝，统一了各部落。为了稳定社会秩序，推动经济发展，黄帝决定建立统一的国家，并不断探索和总结治国理政的经验，逐渐形成了《黄帝四经》这部世界上最早的治国经典文献。

其次，从黄帝个人素质的原因看，他自小就聪慧过人，具有善心，能团结人，深得父亲少典和族群喜爱；成人之后，父亲将主要权力交给黄帝。因他能征善战，擅长治理，使疆土不断扩大，威望不断提高；称帝之后，又不居功自傲，善于团结辅臣一起治理国家。其治理思想和才能，主要表现在以下三个方面：

一是善于战略思维，提出了以道治天下的哲学理念，认为自己是受天道、地道、人道之命来治理国家的，因而实施"敬天爱地亲民"的基本国策，这样政权才能稳固，人民才能安居乐业，这是黄帝能长期执政的思想认识基础。二是倡导臣民共同创新，发明了车舟，营造了城池，建设了宫殿，开创了土木工程，用砖瓦建造房舍；他重用良臣谋士，划分州野管理，实施法德结合制度，推动农具谷物更新，使社会经济不断发展。这是黄帝能赢得民心的社会经济基础。三是具有历史眼光，着眼现实，展望未来，有博大胸怀。他对大臣们说：当下所采取各项良策，尽力使其流传百世，使后代不断发扬光大。正因为黄帝具有上述战略思维和不断实践的素质，才形成了他治国理政的这一套方略；经过一代一代传承，才在春秋战国时期形成这部有文字记载的《黄帝四经》重要文献。这部文献的核心思想是以"道"的哲学思想治国理政，而治国理政的基本国策就是"敬天、爱地、亲民"。这是中华民族治国理政的优良传统和基因。我们中国共产党，从毛泽东到习近平，他们都继承了这个基因，始终把亲民放在心目中的最高位置,因而得民心,固天下,能不断发展壮大。

首先,从开国元勋毛泽东的治国思想来看,他早在延安时期就探讨治国理政的国策问题,认为"全心全意为人民服务是共产党的根本宗旨。"在党的七大政治报告中,毛泽东进一步强调:"共产党人的一切言论行动,必须以合乎最广大人民群众的最大利益,为最广大人民群众所拥护为最高标准。"建国以后,毛泽东从历史唯物主义观点出发,多次强调:人民,只有人民,才是推动历史前进的根本动力。毛泽东同志的这些思想,是对黄帝"亲民"思想的丰富和发展,为后几代人治国理政奠定了坚实的基础。

其次,从新时代习近平治党理政的思想来看,他坚定不移地继承发展了毛泽东"为人民服务"的光辉思想,并且公开向全世界宣布:"我的执政理念,概括起来说就是:为人民服务,担当起该担当的责任。"他不仅继承了毛泽东"为人民服务"的执政理念,而且强调关键是敢于担当责任。如果不敢于担当责任,为人民服务就是一句空话。习近平同志既是中国共产党的总书记,又是中华人民共和国主席,他很自然地把党的执政理念推广到全国人民代表大会和全国政协会议。所以,他在今年三月召开的"两会"期间,大力号召所有党政干部都要全心全意为人民服务,急人民所急,想人民所想,把为人民谋幸福作为自己一切言论行动的最高标准。并且在新修定的《宪法》明确规定:"一切权力属于人民。"这不仅继承发展了黄帝的"亲民"思想,而且进一步丰富发展了毛泽东"为人民服务"的光辉思想。这些光辉思想,对于共产党长期执政具有深远的历史意义。

(作者:中共中央党校教授)

企业、事业单位风采

Company **公司简介** profile

中港灏瀛投资有限公司位于北京市大兴区，是一家专注于从事项目投资、投资银行与投融资咨询、财务顾问的综合性机构。公司主要从事地方政府及融资平台的综合投融资解决方案、ppp项目投资与融资服务，并为国内大型民营企业、上市公司提供一站式的融资规划与咨询服务等。

公司秉承“诚信、友善、专业”的经营理念，始终坚持诚信是企业成功之本，始终坚持以国家民生产业政策为导向，以服务国家和社会为己任，发挥丰富的实业投资和资本运作经验优势，为客户提供专业的服务，实现回报社会和企业发展共赢的奋斗目标。

以人为本抓党建 抓好党建促发展

——河南省平顶山市九方圆商贸有限公司党建工作掠影

公司董事长、党总支书记张平稳同志

公司党总支在党员活动室召开民主生活会

新华区委乔彦强书记等领导同志莅临公司调研

公司组织党员职工到延安革命老区参观学习

张平稳同志在新华区焦店镇颊山阳村党支部会议室讲党课

公司员工参加新华区迎"五一"职工拔河比赛

河南省平顶山市九方圆商贸有限责任公司始建于1957年，是平顶山市集体工业联合社下属的经理部，2003年11月28日由集体企业平顶山市二轻工业供销总公司改制为民营企业。公司位于平顶山市区和平路步行街东段路南8号院，下设九方圆商城儿童购物大世界、步行街专卖店和河南九方圆文化艺术传播有限公司，安排就业人员500多人。目前，公司拥有9个职能科室，正式职工170人，资产总值2000多万元，年纳税金200万元，已发展成为集儿童用品商场管理、临街服装门店出租、文化艺术品传播及展销为一体的现代综合生活服务企业。

该公司在董事长张平稳同志及党政领导班子的带领下，强化基层党建工作，坚持企业文化建设，更新思维模式，创新经营理念，开创出全新的工作局面。公司党总支下设机关、商城、退管和文化公司4个党支部，现有正式党员67名。近年来，公司党总支始终恪守"为员工谋福祉，为企业谋发展，为社会添财富，为党旗添光彩"的理念，坚持以人为本抓党建，抓好党建促发展，从容应对挑战，使企业成功转型，实现了从传统商贸业向现代服务业的历史跨越。

经过多年来变革发展、艰苦拼搏，该公司在全体职工的团结奋斗下，在抓好经济建设、稳步发展的同时，积极加强企业员工的思想道德建设，努力创建和谐、文明企业，取得了党建工作活力增强与企业效益持续增长的双赢效果：先后获得河南省"五好"基层党组织、"省轻工集体经济先进单位"、"省文明诚信企业"；平顶山市"先进基层党组织"、"企业党建示范点"、"五一劳动奖状"、"优秀民营企业"、"十大成长之星企业"、"模范劳动关系和谐企业"；平顶山市新华区"党建带团建工作先进单位"、"先进基层党组织"、"文明单位"、"优胜单位"等荣誉称号。

张平稳同志参加光彩助学捐助活动

张平稳同志参加平顶山市电视台《心桥》栏目现场直播，为失学少女陈亚丹捐款3000元

慰问消防官兵

公司地址：河南省平顶山市和平路步行街东段路南8号院　电话：0375—3397387　3397388

深圳市寄语希望影视传媒有限公司

宣传正能量　维护党中央领导核心地位

▲公司主要领导在学习习近平总书记的专著

深圳市寄语希望影视传媒有限公司是宣传正能量和红色文化、以维护中国共产党领导核心地位为宗旨的影视传媒公司。公司领导班子认为，我们处世交往原则是：热爱中国共产党，热爱毛主席，拥护以习近平同志为核心的党中央，永远跟着共产党走社会主义道路，为实现中华民族伟大复兴的中国梦服务。为此，他们已着手组织有关人员创作拍摄《新的神圣使命》这部电影。该片描述了一位党性很强的领导干部，响应党中央的号召，领导群众脱贫致富、反腐倡廉、敢于担当、履行神圣职责的模范事迹。公司领导班子决心在党的十九大精神指引下，力争在影视方面为国家作出新贡献。

▲公司领导向警务人员赠送《中国思想政治工作年鉴》

◀公司组织职工学习讨论《习近平的七年知青岁月》一书

◀公司领导与专家、教授及剧作者研讨《新的神圣使命》剧本

喝昆仑山雪水长大的新疆水果

公司在新疆和田地区种植的薄皮核桃，产量高，口感香脆，营养丰富

公司在新疆和田地区种植的葡萄，含有丰富的葡萄糖及多种维生素，是养生保健佳品

公司在新疆和田地区种植的巴旦木，含有丰富的蛋白质、膳食纤维、维生素E、胡萝卜素，营养价值很高

2017年元月，公司表彰援疆工作先进单位

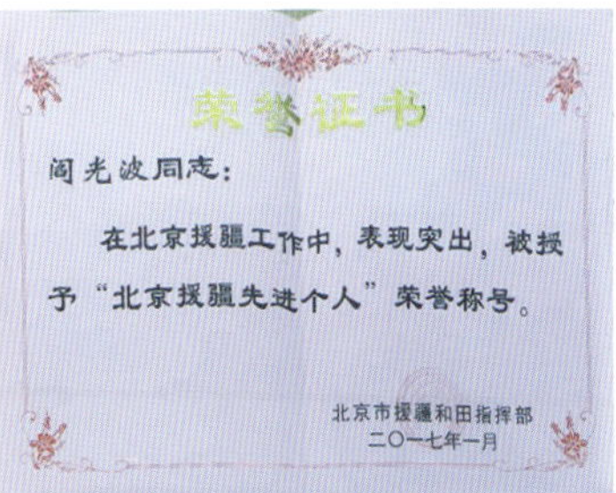

荣誉证书

阎光波同志：

在北京援疆工作中，表现突出，被授予“北京援疆先进个人”荣誉称号。

北京市援疆和田指挥部
二〇一七年一月

2017年元月阎光波同志荣获援疆工作先进个人称号

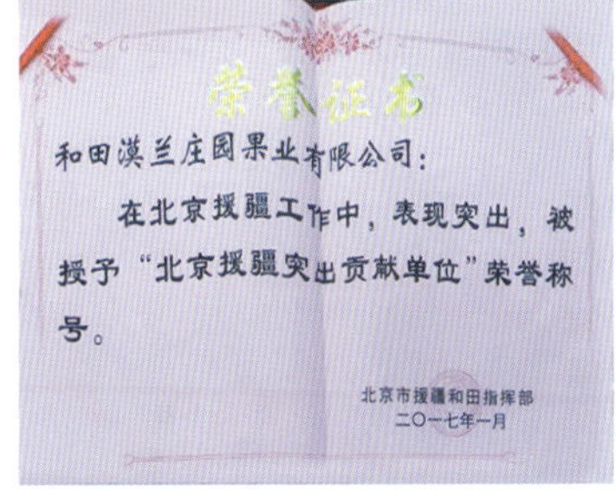

荣誉证书

和田漠兰庄园果业有限公司：

在北京援疆工作中，表现突出，被授予“北京援疆突出贡献单位”荣誉称号。

北京市援疆和田指挥部
二〇一七年一月

2017年元月果业公司被授予援疆工作先进单位称号

和田红枣通过高科技流水线精深加工，产品面市品质高，受到消费者赞誉

漠兰庄园面市的系列红枣产品包装精美，物美价廉，深受消费者喜爱

公司生产的石化漠兰系列产品，面市后供不应求，深受消费者青睐

浙江昌达营养食品有限公司

浙江昌达营养食品有限公司由浙江医药股份有限公司新昌制药厂(“浙江医药”于1999年10月在上海证券交易所上市，证券代码600216)与香港志达贸易有限公司于1991年6月10日共同投资50万美元合资创办。2003年6月13日，该公司从浙江医药股份有限公司中剥离，成为私营有限责任公司。

公司经过20多年的创业和发展，现拥有标准化、规模化和各类基础设施完善的现代化新厂区，已形成初具规模的现代化调味品生产企业。旗下产品拥有复合调味料系列、鸡精调味料系列、酱油系列、酱菜系列和速冻食品系列等五大系列几十个品种，并与浙江大学等科研院所建立了良好的产学研合作关系，特别是浙江大学应铁进教授团队合作研制和成功开发原生态鸡精、加硒鸡精等新产品。

公司遵循“天人合一”的产品理念，在传统工艺的基础上，结合现代生物工程技术进行优化配比，讲究阴阳相配，五味调和，符合人体的营养需求，引领和倡导原生态、健康饮食。

▲▼中共中央党校张蔚萍教授莅临公司指导

▼浙江大学应铁进教授莅临公司指导

▼浙江昌达“26年坚持，不忘初心，原生态鸡精和加硒鸡精的生产和研发”文化与健康产业座谈会现场

▶原生态鸡精及天然鸡场

军民融合行业发展委员会陕西省中心

中心主任　张恒

军民融合行业发展委员会陕西省中心是报经上级领导机构严格审核批准设立的在陕分支机构。该中心在国家民政部作了登记备案，属具有独立法人资格的行业社团组织。该中心响应党中央号召，结合自身和陕西实际，在军转民及民转军项目、老兵创业和就业、老兵服务基金、老兵俱乐部等方面积极开展工作，促进军民融合保障平台、军民直购基地、军民融合生态系统的建设，同时在陕西省各市、县设立了办事机构。

该中心成立时，吴海波等领导同志到会指导工作，并就军民融合行业发展专题召开了座谈会。中共中央党校教授张蔚萍也到会作了《创新是军民融合行业发展的第一动力》的发言，吴海波主任等也热烈发言，会议开得很成功。

陕西恒亚置业有限公司是军民融合行业发展委员会指定的陕西省中心商业运营公司。该公司属国家级园林绿化二级资质企业，是一支拥有高级技术职称2人、中级技术职称68人的专业施工队伍。公司自有苗木基地2680余亩，繁育4大类160多个品系。近年来，先后参与和承接了省内外数十个重大项目的绿化设计和施工工程，多次荣获各级政府和主管部门的嘉奖，工程优良率达100%。

公司自有资金1200万元，固定资产2560万元，年均产值达1850万元。本着诚实守信、质量第一的宗旨，该公司愿与各界朋友携手共进，共同发展，努力为我国的园林绿化事业共同奋斗。

公司地址：陕西省西安市旺座曲江A座29楼
联系电话：029-89558136转621
手　　机：18191022235
传　　真：029 -88668402

郑州鑫鸿交通科技有限公司

郑州鑫鸿交通科技有限公司是集土木行业建设监控系统和运营状态监测系统的生产、研发、系统集成、技术服务与平台运营于一体的高新技术公司。

公司积极响应党和国家号召，立足创业创新，弘扬工匠精神，率先尝试将互联网、大数据、人工智能和土木行业建设融合，为公路、铁路、水利、矿山和超高层建筑等工程的建设管理和运营管理提供监控（测）仪器设备、系统解决方案和技术服务，为客户构架平台化的监测服务系统。

面向未来，公司将认真贯彻落实党的十九大精神，将“物联网”、“大数据”、“云平台”等高新技术手段和“智慧交通”先进理念有机结合，突出颠覆性技术创新，为建设交通强国、智慧社会贡献一份力量。

创新驱动，科技攻关，技术领先

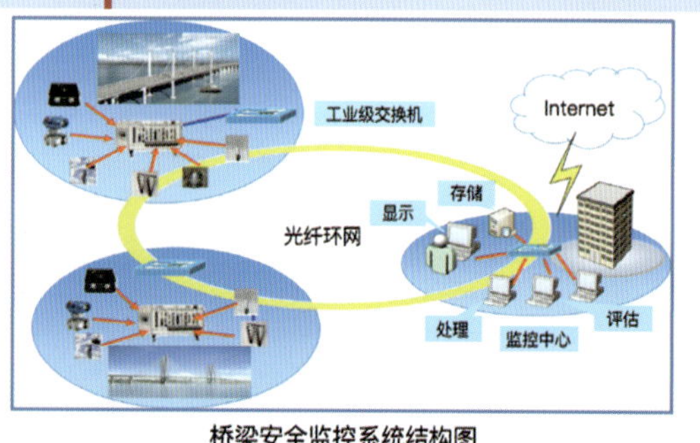

弘扬工匠精神，严审项目质量，服务回报社会

桥梁安全监控系统结构图

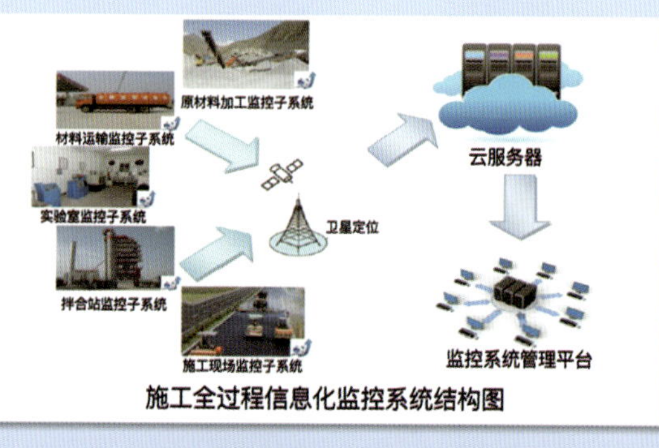

施工全过程信息化监控系统结构图

核心技术团队研读“加快建设创新型国家”新论断

公司精神： 创新是推动企业发展的第一动力

公司理念： 重视质量、重视创新、重视以人为本

公司愿景： 献力智慧交通，建设美好城市，共筑中国梦

促进校企合作，促进科技转化，造福国家社会

献力贫困地区建设

重视以人为本，丰富文化活动

中国梦 民生梦

民生能源集团
抓党建、促发展、
立足慈善、造福民生掠影

民生能源集团董事长 薛方全

薛方全，1955 年 4 月生于重庆，民生能源集团董事长、重庆市人大代表、重庆市政协民宗委副主任、重庆市政府参事、中国光彩事业促进会理事、重庆市光彩事业促进会副会长。1996 年创立民生能源集团，该集团是一家集工业、民用天然气、能源化工、塑胶管道、石化物流等为一体的跨区域大型民营企业集团。薛方全把捐赠财富作为回报社会、关切民生的重要责任。他对自然灾害的救助、对边远山区的扶贫、对帮教助学的支持、对困难老人的赡养，尽其所能，倾力相助。2007 年，在薛方全的倡议下，公司出资 6000 万元建立“民生思源慈善基金”。目前，薛方全在公益事业的现金支出超过 1.5 亿元。

在薛方全的带领下，民生能源集团先后获得国务院授予的“民族团结进步先进集体奖”、“全国就业与社会保障先进民营企业”、“中华慈善突出贡献奖” 等荣誉称号。他本人也先后获得全国劳动模范、全国优秀社会主义事业建设者、全国优秀企业家、中共中央统战部和全国总工会授予的“关爱员工民营企业家”、中共中央统战部授予的“光彩事业奖章”、中华慈善总会授予的“中华慈善之星”等荣誉称号。2017 年 9 月 29 日在北京召开的全国厂务公开民主管理工作经验交流暨先进单位表彰电视电话会议上，民生能源集团被授予“全国厂务公开民主管理先进单位”荣誉称号。

▲2016 年 5 月 24 日央视播出 “CCTV 慈善之夜” 颁奖晚会，重庆市璧山籍民营企业家、民生能源集团董事长薛方全获央视 2015 年度“十大慈善人物”称号，成为重庆市获此荣誉第一人。

▲集团党委组织民生能源各党总支、党支部党员干部和总部机关中层以上领导干部收看党的十九大会议直播，认真聆听了习总书记向大会作的报告。集团董事长、总裁薛方全与大家一起观看了党的十九大开幕会实况直播。

▲民生能源集团董事长、总裁薛方全做客“寻找善的力量”公益访谈。